フランス新語辞典
―英語対応語付―

外務省研修所講師
大井正博 編著

DICTIONNAIRE DES NOUVEAUX TERMES

エディシヨン・フランセーズ

フランス新語辞典

— 英語対応語付 —

芦屋音声医科研究所
大井 正博 編著

DICTIONNAIRE
DES
NOUVEAUX
TERMES

エディシオン・フランセーズ

はじめに

　仏和辞典は何冊も出版されているが、大学生向けのせいか内容が似たり寄ったりになっている。英語については新語辞典や情報辞典のように便利で補足的な英和辞典が数多くあるが、仏和辞典については残念ながらそうしたものは存在しない。各種翻訳を行う私はこうした状況に対処するのに、訳すべきフランス語がいかなる英語に相当するのかを調べ、その英語の定訳を調べるという方法を用いてその結果をデータベース化した。フランスの新聞ならびにインターネットサイトで見つけた新語についても、同じようにデータベース化の対象とした。フランス関係の専門書及び専門語辞典などに掲載されていながら通常の仏和辞典にない単語も、気がつくたびにパソコンに打込んだ。こうした結果、10年間で約22,600の見出し語が集まった。集めた語彙は実に様々であるとはいえ、一定の篩に掛けられている。政治・法律・経済及びコンピュータ用語についてはかなり広くカバーしたが、文芸・芸術・医学についてはやや手薄となってしまった。通常の辞書では企業名や各種団体名をほとんど取り上げてないが、本辞典ではこれを積極的に取り上げた。これはフランス語を実務に使用する人たちにとっては重要と思われるからである。地名は従来の辞書にないものを、また人名はカバーしていないが、マスコミが使用する各種人名の言換え表現は多数収録した。さらに日本特有の習慣や風俗、最近日本でよく使われる一部語彙については、あいうえお順に並べてそれを付録にまとめてある。新語辞典と銘打っているが、従来の仏和辞典には掲載され

はじめに

ていない語彙をカバーするというのが本辞典の目的である。なにはともあれ本辞典の存在により、国際的な仕事の上でフランス語を使用する方々が何冊もの本をひっくり返す苦労をなくす手間が省けるならば、本書を手がけた著者にとりこれ以上の幸せはない。最後に各種訳語について大変世話になった金川忠敏氏とアンドレ・ガルデラ氏、出版の機会を提供してくださった遠藤慶一社長に対して心から感謝の意を表したい。

2003年11月

大井　正博

凡 例

I. 見出し語の掲載順

　見出しはアルファベット順とした。しかし本辞典では長々とした名詞表現のほか、簡単な文章までも見出し語として立ててあるため、以下の処理をした上でアルファベット順を決定した。

①アクセント記号は、アルファベット順に当たっては全て無視する。

②ハイフンはスペースと同一視して、そこで単語が切れていると見なす。

③アポストロフィーはそれがないと見なし、例えばl'usine ならば lusine と同じものと考える。

④複数の s については原則的に s を削除した単数形と同じものと考える。ただし des / les といった複数を従える冠詞の後の複数形については、s を削除せずにそのまま尊重する。

⑤最上級などで常に le / la / les が使われる場合、あるいは見出し語が一つの文章でしかも定冠詞で始まっている場合については定冠詞をそのまま示したが、これら定冠詞はアルファベット順に当たっては無視する。

⑥原則として見出し語はひとつずつ示した。しかし結果的に比較的近い位置に同義語が並ぶようなケースでは、それら同義語を個別的にではなく2つないし3つひとまとめにして示してある。

　以上の作業を行った上、各単語間のスペースを尊重しつつ、アルファベット順に並べてある。

凡例

II. 各見出し語に盛り込まれている情報

①見出し語の前に（ ）がある場合は、当該固有名詞が無冠詞で使用されることを意味する。大半のフランス語及び英語の略語についてはすぐ後に（= ）をつけてその中に正式の名称を入れた。そのほかの（ ）は単に括弧内の言葉を入れた言い方もできることを示す。なお略語については字と字の間にピリオドを使わずに、大文字のみで記した。

②見出し語の前に（le）/（la）/（les）がある場合は、一般に定冠詞を先立てて使用することを示す。ただし一部については、単に男性名詞か女性名詞かを示すためにも使用した。

③見出し語は長さにかかわらず全てゴシック体で示した。

④大半の見出し語については和訳の後に「,」をつけてからイタリック体で英語対応語を示してある。

⑤英語対応語は原則として米語を使用した。あくまで一部ではあるものの、最後の（ ）の中に見出し語の訳と直接関係のない英語が入っている。これは見出し語が使われている機関、国、分野といった補足的情報である。

III. 本辞典で使用されている記号

〈 〉　見出し語に使われた場合、特殊な意味に使用されていることを意味する。

;　　和訳において並列する同義語を区切る。

:　　和訳についての解説がこの後に続く。

～　　一定の単語がこの部分に入ることを意味する。

X　　一定の数字がこの部分に入ることを意味する。これはフランス語と英語部分のみで使用され、日本語部分では～となっている。

/ フランス語及び英語の部分に使用されていて前後にスペースがある場合は、一般に同義語の並列を区切るために使用されている。前後にスペースがない場合は、通常のスラッシュの用法である。

// 見出し語において複数形を提示する。

網羅的に分類はしなかったものの、和訳が誤解を招きかねないような場合あるいは特殊な用語と断るべき場合には、以下のような分類を用いた。

〖言換〗	名詞の言換え表現	〖通〗	電気通信関連用語
〖バイオ〗	バイオテクノロジー関連語	〖日〗	日本に関連した単語
〖ODA〗	経済援助用語	〖風〗	風俗及び流行関連用語
〖オプ〗	オプション取引用語	〖仏〗	フランスに関連していると特に断るべき単語
〖会〗	会計用語		
〖金〗	金融用語		
〖経〗	経済用語	〖法〗	法律用語
〖コンピュ〗	コンピュータ関連用語	〖貿〗	貿易用語
		〖保〗	保険用語
〖証〗	証券用語	〖羅〗	ラテン語
〖スポ〗	スポーツ用語	〖和〗	日本独自の風習に関連した単語
〖地〗	地名		

付録　現代風俗・流行語及び日本特有の表現を中心とした
和・仏・英順の用語集

インターネット国別コード一覧表

国際単位系の接頭語一覧表

ユーロ導入12カ国と換算レート

主要参考文献

Le Monde
Quid 2003, Robert Laffont
Harrap's Shorter Dictionnaire Anglais-Français / Français-Anglais, Harrap, 1996
Mokhtar Lakehal, *Dictionnaire d'économie contemporaine,* Vuibert, 2000
European Communities Glossary, French-English, 8th edition, Council of the European Communities, 1990
French Dictionary of Business, Commerce and Finance, Routledge, 1996
French Technical Dictionary, Routledge, 1994
Lexique anglais / français / japonais des sports olympiques, Jeux d'hiver, Institut national du sport et de l'éducation physique, 1997

日本学術会議事務局編「国際学術団体総覧」, 1979
インタープレス「科学技術25万語大辞典和英編」, 1986
大賀正喜・他編「小学館ロベール仏和大辞典」, 1988
平出价弘編「経済フランス語辞典」, 白水社, 1992
井上邦夫著「英和国際金融経済辞典」, 研究社出版, 1993
山岡洋一編「経済・金融 英和実用辞典」, 日経BP社, 1996
長谷川啓之編「最新英和経済ビジネス用語辞典」, 春秋社, 1997
簗田長世編著「ビジネス英和辞典」, 研究社, 1998
松田徳一郎・他編「リーダース英和辞典」第2版, 研究社, 1999
山口俊夫編「フランス法辞典」, 東京大学出版会, 2002
田辺宗一・他編「新和英中辞典」, 第5版, 研究社, 2002
中條屋進・他編「ディコ仏和辞典」第3版, 白水社, 2003
「イミダス」, 集英社, 1999年以降

A

à découvert 〖オプ〗ショート:空売りを意味する, *short*

à découvert 〖金〗保証なしで, *unsecured*

à des coûts majorés コストプラス方式の:原価に適正利益を加えて価格を決定する方式の, *cost-plus basis*

à échéances déterminées 〖証〗確定期限に, *at the fixed maturities*

à fonds perdu 〖金〗資本金回収の見込みなしに, *on a grant basis / non returnable*

à forte consommation d'énergie 〖経〗エネルギー集約的な, *energy-intensive*

à forte densité de main-d'œuvre 〖経〗労働集約型の, *labor-intensive*

à guichet ouvert 〖金〗(融資について)要請のあり次第, *on demand*

à (haute) intensité capitalistique / à (haute) intensité de capital 〖経〗資本集約的, *capital-intensive*

à (haute) intensité de matière grise 〖経〗知能集約的, *knowledge intensive*

à la pointe du progrès 最先端技術の, *state-of-the-art*

à parité 〖オプ〗アット・ザ・マネー:オプションを行使しても損得ほぼゼロの状態, *at the money*

à part entière 〖経〗全額出資の, *fully-owned*

(bottes) à plateforme 厚底の(ブーツ), *platform (boots)*

à protester 〖金〗(小切手の)支払拒絶証書を作成すべき, *to protest*

(bottes) à semelles compensées ウェッジヒールの(ブーツ), *wedge heel (boots)*

à taux de change constant 〖金〗為替不変として, *at constant foreign exchange rate*

à tempérament 〖経〗分割払いで, *on installments*

à temps partagé (リゾートマンションが)会員制の, *time-sharing*

à titre d'échange 〖経〗トレードオフで, *trade-off*

à un contact inverseur 単極双投の(スイッチ), *single-pole double-throw*

à vocation exportatrice 〖経〗輸出志向の, *export-oriented*

abaissement de l'âge de la retraite 定年引下げ, *reduction of pensionable age*

abaissement d'échelon 号棒降格, *lowering of degree*

abaissement des taux d'intérêt 〖金〗金利引下げ；利下げ, *lowering of the interest rates*

abandon 〖コンピュ〗アボート：失敗または無効を意味する, *abort*

abandon de la prime 〖オプ〗（プレミアム取引で買付の）オプションの放棄, *abandonment of the option*

abandon du lieu du travail 〖法〗職場放棄, *desertion*

abandon excessif （会計上の）特別減価, *exceptional write-off*

abaque japonais そろばん, *Japanese abacus*

abeilles à gros rapport 〖金〗（会社乗っ取りを阻止する援護勢力）キラービー, *killer bees*

abkhaze 〖地〗（グルジア共和国内の自治共和国）アブハーズの, *Abkhasian / Abkhazian*

Abkhazie 〖地〗（グルジア共和国内の自治共和国）アブハーズ, *Abkhazia*

(se mettre aux) abonnés absents （自宅の電話を）留守宅メッセージ取次ぎサービス（へ切換える）：その昔フランスの電話局が夏季休暇中の電話加入者に提供していたサービス, *(to put one's phone on to the) holiday answering service*

abonnement 〖会〗発生主義, *accrual basis*

abonnement à l'essai 試験的購読契約, *trial subscription*

abonnement saisonnier （演劇などの）シーズン入場券, *season ticket*

abrasion monétaire 硬貨の摩滅, *abrasion of coin*

abri fiscal 〖金〗タックスシェルター：税金避難地または税金を軽減できる仕組み, *tax shelter*

absence de cotation 〖証〗（商いの不在による）相場不明, *absence of quotation*

absentéisme scolaire 不登校, *truancy*

absorption des coûts 〖経〗原価吸収, *cost absorption*

absorption des sociétés 〖経〗企業吸収, *merger of companies*

abstentionnisme électoral 選挙投票の棄権傾向, *election abstentionism*

abus des stupéfiants 麻薬乱用, *drug abuse*

abus d'état de sujétion （カルト教団防止法の）マインドコントロール濫用罪

Académie d'ophtalmologie pour l'Asie et le Pacifique アジア太平洋眼科学アカデミー, *Asia-Pacific Academy of Ophthalmology*

Académie européenne d'allergologie et immunolo-

gie clinique 欧州アレルギー臨床免疫学会, *European Academy of Allergy and Clinical Immunology*

Académie européenne des sciences, des arts et des lettres 欧州科学・芸術・文学アカデミー, *European Academy of Sciences, Arts and Literature*

Académie internationale d'astronautique 国際宇宙航行学アカデミー, *International Academy of Astronautics*

Académie internationale de droit comparé 国際比較法学会, *International Academy of Comparative Law*

Académie internationale de la gestion 国際経営管理アカデミー, *International Academy of Management*

Académie internationale de médecine aéronautique et spatiale 国際航空・宇宙医学アカデミー, *International Academy of Aviation and Space Medicine*

Académie internationale de médecine légale et de médecine sociale 国際法医学・社会医学会, *International Academy of Legal Medicine and of Social Medicine*

Académie internationale de pathologie 国際病理アカデミー, *International Academy of Pathology*

Académie internationale de science politique et d'histoire constitutionnelle 国際政治学・憲法史学会, *International Academy of Political Science and Constitutional History*

Académie internationale de science sur bois 国際木材学会, *International Academy Wood Science*

Académie internationale de sécurité environnementale 国際環境安全アカデミー, *International Academy of Environmental Safety*

Académie internationale des sciences moléculaires quantiques 国際量子分子科学アカデミー, *International Academy of Quantum Molecular Science*

Académie internationale d'héraldique 国際紋章学アカデミー, *International Academy of Heraldry*

Académie internationale d'histoire de la médecine 国際医史学アカデミー, *International Academy of the History of Medicine*

Académie internationale d'histoire de la pharmacie 国際薬学史アカデミー, *International Academy for the History of Pharmacy*

Académie internationale pour la qualité 国際品質アカデミー, *International Academy for Quality*

Académie mondiale des arts et des sciences 世界芸術・科学アカデミー, *World Academy of Art and Science*

acarophobie ダニ恐怖症, *acarophobia*

accaparement du marché 〖経〗商品買占め, *cornering of the market*

accélérateur en virgule flottante 〖コンピュ〗浮動小数加速器, *floating-point accelerator*

accélérateur flexible 〖経〗伸縮的加速度因子, *flexible accelerator*

accélérateur linéaire 〖経〗線形加速度係数, *linear accelerator*

accélérateur linéaire à ions lourds 重イオン線形加速器, *heavy ion linear accelerator*

accélérateur non linéaire 〖経〗非線形加速度係数, *non-linear accelerator*

accélération de la pesanteur 重力加速度, *acceleration of gravity*

acceptation bancaire / acceptation de banque (手形の)銀行引受, *bank acceptance*

acceptation de complaisance 融通手形引受, *accommodation acceptance*

acceptation en blanc 白地手形引受, *blank acceptance*

acceptation par intervention (為替手形の)参加引受, *acceptance by intervention*

acceptation renouvelable par offre 回転銀行引受手形入札ファシリティ, *revolving acceptance facility by tender*

accès à distance 〖コンピュ〗遠隔アクセス, *remote access*

accès aléatoire 〖コンピュ〗ランダムアクセス, *random access*

accès athlètes 〖スポ〗選手用入口, *competitors' access*

accès au bus local 〖コンピュ〗ローカルバスアクセス, *local bus access*

accès au capital 〖経〗資本調達, *access to capital*

accès au début de base (デジタル通信の)基本レートアクセス, *basic rate access*

accès au système 〖コンピュ〗システムアクセス, *system access*

accès au travail 〖法〗就職可能性, *entry into the profession*

accès direct à la mémoire 〖コンピュ〗ダイレクトメモリーアクセス, *direct memory access*

accès direct à l'arrivée 〖通〗ダイヤルイン, *direct inward dialing*

accès en écriture 〖コンピュ〗書込みアクセス, *write access*

accès libre (市場などの)自由参入, *free entry / unrestricted access*

(à) accès multiple 〖通〗多元接続(の) ; 多重アクセス, *multiple access*

accès multiple par détection de porteuse 〚通〛搬送波検出多元接続；キャリア検出多重アクセス, *carrier sense multiple access*

accès multiple par détection de porteuse avec détection de collision 〚通〛搬送波検出多元接続／衝突検出, *carrier sense multiple access with collision detection*

accès multiple par répartition dans le temps 時分割多元接続；時分割多重アクセス, *time-division multiple access*

accès multiple par répartition en code 符号分割多元接続；コード分割多重アクセス；符号分割多重アクセス, *code-division multiple access*

accès multiple par répartition en fréquence 周波数分割多元接続；周波数分割多重アクセス, *frequency-division multiple access*

accès parallèle 〚コンピュ〛並列アクセス, *parallel access*

accès personnalités 〚スポ〛VIP入口, *VIP access*

accès sécurisé par mot de passe 〚コンピュ〛パスワードで保護されたアクセス, *password-protected access*

accès sélectif 〚コンピュ〛選択アクセス, *selective access*

accès séquentiel 〚コンピュ〛順次アクセス, *sequential access*

accessoires 保険証券発行付帯費用, *accessories*

accident de criticité （原子力の）臨界事故, *criticality accident*

accident par perte de fluide de refroidissement 冷却剤喪失事故, *loss of coolant accident*

accises 〚法〛個別消費税：酒税・タバコ税などの消費税, *excise duties*

accise proportionnelle 〚法〛比例的物品税, *proportional excise duty*

accises sur l'alcool 〚法〛酒税, *excise duties on spirits*

acconier 〚貿〛沖仲士, *stevedore*

Accord à long terme concernant le commerce international des textiles de coton 綿製品国際貿易長期取決め, *Long-Term Arrangement regarding International Trade in Cotton Textiles*

Accord andin d'intégration sous-régionale （アンデス共同市場設立の）カルタヘナ協定, *Andean Subregional Integration Agreement*

Accord anglo-irlandais de zone de libre-échange 英アイルランド自由貿易圏協定, *Anglo-Irish Free Trade Area Agreement*

accord atypique 非典型協定, *untypical agreement*

Accord aux fins de l'application des dispositions de

accord-cadre 6

la Convention des Nations unies sur le droit de la mer relatives à la conservation et à la gestion des stocks de poissons dont les déplacements s'effectuent tant à l'intérieur qu'au-delà des zones économiques exclusives et des stocks de poissons grands migrateurs ストラドリング魚類資源及び回遊性魚類資源の保存及び管理に関する国連海洋法条約の規定の解釈のための協定, *Agreement for the Implementation of the Provisions of the United Nations Convention on the Law of the Sea relating to the Conservation and Management of Straddling Fish Stocks and Highly Migratory Fish Stocks*

accord-cadre 〚ODA〛ジェネラルコミットメント, *general commitment*

accord-cadre アウトラインアグリーメント, *outline agreement*

accords commerciaux multilatéraux (世界貿易機関の)多角的貿易協定, *Multilateral Trade Agreements (WTO)*

accords commerciaux plurilatéraux (世界貿易機関の)複数国間貿易協定, *Plurilateral Trade Agreements (WTO)*

Accord d'Alma-Ata アルマータ協定, *Alma-Ata Agreement*

accord d'assistance technique 〚ODA〛技術協力協定, *technical cooperation agreement*

accord d'association (欧州共同体と非加盟国との)連合協定, *association agreement (EC)*

accord d'autolimitation 〚貿〛自主規制合意, *agreement on voluntary restraint*

Accord de Carthagène (アンデス共同市場設立の)カルタヘナ協定, *Cartagena Agreement*

accord de change 為替合意, *exchange agreement*

accord de clearing 清算協定, *clearing agreement*

accord de coentreprise 〚法〛ジョイントベンチャーアグリーメント, *joint venture agreement*

Accord de commerce préférentiel de l'ASEAN アセアン特恵貿易協定, *Agreement on Association of Southeast Asian Nations Preferential Trading Arrangements*

Accord de commerce préférentiel de l'Asie du Sud 南アジア特恵貿易協定, *South Asian Preferential Trade Agreement*

accord de commercialisation avec contingentement 市場秩序維持のための協定, *orderly marketing agreement*

accord de concession exclusive 排他的取引契約, *exclusive dealing agreement*

accord de confirmation (国際通貨基金の)借入予約協定;

スタンドバイ取決め, *standby arrangement (IMF)*

accord de consolidation 〖経〗リスケジュール合意, *rescheduling agreement*

accord de coopération scientifique et technique 科学技術協力協定, *scientific and technical cooperation agreement*

Accord de financement collectif des stations océaniques de l'Atlantique Nord 北大西洋定点観測船協定, *Agreement for Joint Financing of North Atlantic Ocean Stations*

Accord de la Jamaïque (国際通貨基金の)ジャマイカ協定, *Jamaica Agreement (IMF)*

Accord de libre-échange des pays d'Europe centrale 中欧自由貿易協定, *Central European Free Trade Agreement*

Accord de libre-échange entre les Etats-Unis et le Canada 米加自由貿易協定, *United-States Canada Free Trade Agreement*

Accord de libre-échange nord américain 北米自由貿易協定, *North American Free Trade Agreement*

accord de licence 〖法〗ライセンス契約, *licensing agreement*

Accord de Maastricht マーストリヒト条約, *Maestricht Agreement*

accord de maintien de statu quo 据置合意, *standstill agreement*

accord de paiement différé renouvelable 回転掛売勘定, *revolving charge account*

accord de participation 資本参加協定, *participation agreement*

accord de rachat 〖証〗買現先；買戻し約定, *repurchase agreement*

Accord de rapprochement économique entre l'Australie et la Nouvelle-Zélande オーストラリア・ニュージーランド経済緊密化自由貿易協定, *Australia-New Zealand Closer Economic Relations Agreement*

accord de régulation du marché 市場秩序維持のための協定, *orderly marketing agreement*

accord de réméré 〖証〗(現先に似た)レポ, *repurchase agreement*

Accords de Schengen (欧州共同体市民の自由な国境間移動の)シェンゲン協定, *Schengen Agreements (EC)*

accord de siège (国際機関の)本部協定, *headquarters*

agreement

accord de swap 〚金〛スワップ協定, *swap arrangement*

accord de taux futur 〚金〛金利先渡し契約；先渡し金利契約, *forward rate agreement*

accord de tutelle 信託統治協定, *trusteeship agreement*

accord de volontés 意思の一致, *meeting of the minds*

accord d'échanges compensés 〚貿〛バーター協定, *barter agreement*

accord d'échange 〈dette-nature〉 債務環境スワップ, *debt-for-nature swap*

Accord des Bermudes バミューダ協定：二ヵ国間航空協定の標準, *Bermuda Agreement*

accord d'exclusivité 排他的取引契約, *exclusive dealing agreement*

Accord du Plaza 〚経〛プラザ合意, *Plaza Agreement*

Accords du Smithsonian Institute 〚経〛スミソニアン合意, *Smithsonian Agreements*

accord entre les garants 〚証〛幹事団契約, *agreement among managers*

Accord établissant un régime provisoire applicable à un système commercial mondial de télécommunications par satellites (1964年の)通信衛星協定, *Agreement establishing Interim Arrangements for a Global Commercial Communications Satellite System*

accord européen (欧州共同体で連合協定 accord d'association 改め)欧州協定, *Europe Agreement (EC)*

Accord européen relatif au travail des équipages des véhicules effectuant des transports internationaux par route 道路輸送を行う車両乗組員作業に関する欧州協定, *European Agreement concerning the Work of Crews of Vehicles engaged in International Road*

Accord général sur les tarifs douaniers et le commerce 関税と貿易に関する一般協定；GATT, *General Agreement on Tariffs and Trade*

accords généraux d'emprunt (国際通貨基金の)一般借入取決め, *General Agreement to Borrow (IMF)*

accord global 包括合意；総括合意, *comprehensive agreement*

Accord instituant l'Organisation mondiale du commerce 世界貿易機関を設立する協定, *Agreement establishing the World Trade Organization*

Accord intergouvernemental sur la station spatiale internationale 国際宇宙基地政府間協定, *International*

Space Station Intergovernmental Agreement

accord intérimaire 暫定協定, *interim agreement*

Accord international sur le blé 国際小麦協定, *International Wheat Agreement*

Accord international sur le cacao 国際ココア協定, *International Cocoa Agreement*

Accord international sur le café 国際コーヒー協定, *International Coffee Agreement*

Accord international sur le caoutchouc naturel 国際天然ゴム協定, *International Natural Rubber Agreement*

Accord international sur le jute et les articles en jute 国際ジュート協定, *International Agreement on Jute and Jute Products*

Accord international sur le sucre 国際砂糖協定, *International Sugar Agreement*

Accord international sur les bois tropicaux 国際熱帯木材協定, *International Tropical Timber Agreement*

Accord international sur les céréales 国際穀物協定, *International Grains Agreement*

Accord international sur les matières premières / Accord international sur les produits de base 国際商品協定, *International Commodity Agreement*

Accord international sur l'étain 国際錫協定, *International Tin Agreement*

Accord international sur l'huile d'olive 国際オリーブ油協定, *International Olive Oil Agreement*

accord interprofessionnel 複数職業間協定：農産物の生産から消費まで各段階に関連する者同士の集団的協定

accord mixte (欧州共同体の)混合協定, *mixed-type agreement (EC)*

Accord monétaire européen 欧州通貨協定, *European Monetary Agreement*

accord monétaire triangulaire 三国間通貨協定, *triangular monetary agreement*

accord multilatéral // accords multilatéraux 〖貿〗多角協定, *multilateral agreement*

Accord multilatéral relatif aux certificats de navigabilité des aéronefs importés 輸入航空機の耐空証明に関する多数国間条約, *Multilateral Agreement relating to Certificates of Airworthiness for Imported Aircrafts*

accord multilatéral sur l'environnement 環境に関する多数国間条約, *multilateral agreement on environment*

accord multilatéral sur les investissements 投資に関

A

する多数国間協定, *multilateral agreement on investment*

Accord nippo-américain sur les semi-conducteurs
日米半導体協定, *US-Japan Semiconductor Agreement*

accords non tarifaires 非関税協定, *non-tariff agreements*

Accord portant création de la Banque européenne pour la reconstruction et le développement 欧州復興開発銀行設立協定, *Agreement establishing the European Bank for Reconstruction and Development*

Accord pour la mise en œuvre d'un service d'évaluation économique pour le charbon 石炭の経済的評価に関する事業設定協定, *Implementing agreement for the establishment of the economic assessment service for coal*

Accord pour la mise en œuvre d'un service d'information sur conversion technique de biomasse バイオマス転換に関する技術情報事業設定協定, *Implementing agreement of the biomass conversion technical information service*

Accord pour l'importation d'objets de caractère éducatif, scientifique ou culturel 教育科学文化的資材輸入協定, *Agreement on the Importation of Educational, Scientific and Cultural Materials*

Accord relatif à l'organisation internationale de télécommunications par satellites ⟨INTELSAT⟩ 国際電気通信衛星機構協定, *Agreement relating to the International Telecommunications Satellite Organization ⟨INTELSAT⟩*

Accord relatif au transport aérien international 国際航空運送協定, *International Air Transport Agreement*

accord relatif aux services aériens 航空協定, *Air Transport Agreement*

Accord relatif aux textiles et aux vêtements (世界貿易機関の)繊維及び衣料品に関する協定, *Agreement on Textiles and Clothing (WTO)*

accord stand-by (国際通貨基金の)借入予約協定, *standby arrangement (IMF)*

Accord sur la station spatiale 宇宙基地協定, *Space Station Agreement*

Accord sur le sauvetage des astronautes, le retour des astronautes et la restitution des objets lancés dans l'espace extra-atmosphérique 宇宙救助返還協定, *Agreement on Rescue of Astronauts, the Return of Astronauts and the return of objects launched into outer space*

**Accord sur le statut de la présence militaire améri-

caine au Japon 日米地位協定, *Agreement regarding the Status of United States Armed Forces in Japan*

accord sur les effectifs 人員配置協定, *manning agreement*

accord sur les marchés publics 政府調達協定, *Agreement on government procurement*

accord sur les prix 価格協定, *price agreement*

accouchement dystocique 難産, *difficult confinement*

accouchement sans douleur 無痛分娩, *painless delivery*

accrédité 信用状受領者, *accredited person*

accréditif documentaire 荷為替信用状, *documentary credit*

accroissement de capacités 資本拡張, *capital widening*

accroissement de la population active 労働力の伸び, *labor force growth*

accroissement de l'intensité capitalistique 資本の深化, *capital deepening*

accroissement de patrimoine 資産の増加, *increase of assets*

accroissement démographique nul 人口ゼロ成長, *zero population growth*

accroissement des demandes intérieures 内需拡大, *increase of domestic demand*

accueil de stagiaires 研修生受入れ, *acceptance of trainees*

accumulation de risques 危険の集積, *accumulation of risk*

accumulation des armes nucléaires 核兵器貯蔵, *nuclear buildup*

accumulation du capital 〚経〛資本の蓄積, *accumulation of capital*

accumulation extensive 〚経〛外部拡大的蓄積, *extensive accumulation*

accumulation intensive 〚経〛一点集約的蓄積, *intensive accumulation*

accumulation première 〚経〛原始的蓄積, *original accumulation*

accumulation primitive 〚経〛本源的蓄積, *primitive accumulation*

accumulation socialiste 〚経〛社会主義的蓄積, *socialist accumulation*

accusé de réception 配達証明;受領通知;受取確認, *acknowledgment of receipt*

accusé de réception 〚通〛応答文字, *acknowledge character*

accusé de réception négatif 〚通〛否定応答, *negative acknowledgment*

accusé de réception positif 〚通〛肯定応答, *positive acknowledgment*

( ) Aceh 〚地〛(スマトラ島の)アチェ, *Aceh*

acérophobie 酸味恐怖症, *acerophobia*

achat à découvert 〚証〛信用買い；空買い, *margin buying*

achat à la hausse 〚証〛強気買い, *bull buying*

achats à payer 買掛金, *trade accounts payable*

achat à tempérament 割賦購入, *installment purchase*

achat à terme 確定日渡し購入：相場変動回避のため一定額で先に買付け, 確定日に引渡しを受ける, *outright forward purchase*

achat à terme ferme (旧)確定定期取引の買付け, *firm purchase for the settlement*

achat au comptant 〚証〛(株式などの)無条件購入, *outright purchase*

achat au comptant 現金買い, *cash purchase*

achat avec carte de crédit カードでの購入, *credit card spending*

achat avec effet de levier 〚金〛レバレッジドバイアウト：借入金をてこにした買収, *leveraged buyout*

achats centralisés 集中仕入れ, *central purchasing*

achat comptabilisé d'avance 未着商品, *good accounted in advance*

achat d'anticipation つなぎ買い, *hedge buying*

achat de l'étranger 〚証〛外人買い, *buying of foreign investors*

achat de ses propres actions 〚証〛自社株買い, *buying of his own stocks / buying corporation own stocks*

achats de sous-traitance 外注加工費, *expenses arising from outside manufacture*

achat défensif 〚証〛防戦買い, *defensive purchase*

achat d'impulsion 衝動買い, *impulse buying*

achat d'option couverte 〚オプ〛カバードロング, *covered long*

achat d'un call synthétique 〚オプ〛合成コールの買い, *synthetic long call*

achats en bloc 〚経〛ブロック買い, *block purchase*

achats en gros 〚経〛大量購入；一括購入, *quantity purchase*

achats groupés 〚経〛まとめ買い, *bulk-buying*

achat marginal 〚経〛限界購入, *marginal purchase*

achat non prémédité 衝動買い, *impulse buying*

achat ou vente des fonds de commerce 営業譲渡, *transfer of business*

achat sélectif 〘証〙選別買い, *selective buying*

achat spéculatif 〘証〙思惑買い, *speculative buying*

acheminement 〘コンピュ〙ルーティング：ルーターによる最適経路の選択, *routing*

acheminement aérien （貨物の）航空輸送, *air forwarding*

acheminement de secours 〘通〙オルターナティブルーティング, *alternative routing*

acheminement par voie détournée 迂回中継, *rerouting*

acheminement routier （貨物の）陸上輸送, *forwarding by road*

acheteur d'option 〘オプ〙オプションの買手, *option buyer*

acheteur d'un straddle 〘オプ〙複合オプションバイヤー, *straddle buyer*

acheteur marginal 〘経〙限界購買者, *marginal buyer*

acheteur potentiel 〘経〙潜在的購入者, *potential buyer*

achèvement de la liquidation 〘証〙清算の結了, *achievement of the liquidation*

achluophobie 暗闇恐怖症, *achluophobia*

achmophobie / aichmophobie 鋭利突端恐怖症, *aichmophobia*

achromatique 色消しの, *achromatic*

acide désoxyribonucléique 〘バイオ〙デオキシリボ核酸, *deoxyribonucleic acid*

acide eicosapenténoïque エイコサペンタエン酸：血栓症予防薬, *eicosapentaenoic acid*

acide éthylène-diamino-tétracétique エチレンジアミン四酢酸, *ethylenediaminetetraacetic acid*

acide gras essentiel 必須脂肪酸, *essential fatty acid*

acide gras libre 遊離脂肪酸, *free fatty acid*

acide lysergique diéthylamide LSD（エルエスディー）：幻覚剤の一種, *lysergic acid diethylamide*

acide oléique オレイン酸, *oleic acid*

acide para-aminobenzoïque パラアミノ安息香酸, *para-aminobenzoic acid*

acide ribonucléique 〘バイオ〙リボ核酸, *ribonucleic acid*

acompte annuel 年賦金, *yearly installment*

acompte de dividende 〘証〙仮配当, *interim dividend*

acompte d'impôt sur les sociétés （税制の）企業予納税, *advance corporation tax*

acomptes échelonnés 〘金〙繰延払い, *progressive payment*

acompte mensuel 月賦金, *monthly installment*

acomptes reçus sur commande 注文品受取賦払い金, *payments received on account of orders*

acompte sur dividendes 〚証〛中間配当, *interim dividends*

acompte sur les frais 経費の一部支払い, *part payment of costs*

acompte sur prix 前払金, *part payment of price*

acompte sur rémunération 報酬の内金, *down payment of wages*

aconier 〚貿〛沖仲士, *stevedore*

acquis communautaire 〚法〛欧州共同体法令の集積, *all regulations and decisions adopted since the EC were established*

acquisition avec effet de levier 〚金〛レバレッジドバイアウト：借入金をてこにした買収, *leveraged buyout*

acquisition d'actions propres 〚証〛自己株式の取得, *acquisition of own stocks*

acquisition de données 〚コンピュ〛データ収集, *data acquisition*

acquisition de valeurs refuge 〚金〛インフレヘッジ資産の購入, *purchase of assets as a hedge against inflation*

acquisition des bons émis par des pays en développement 〚経〛開発途上国発行債券取得, *acquisition of bonds of developing countries*

acquittement négatif 〚通〛否定応答, *negative acknowledgment*

acquittement positif 〚通〛肯定応答, *positive acknowledgment*

acquittements superposés 〚通〛ピギーバック肯定応答, *piggyback acknowledgment*

acrobaties aériennes 〚スポ〛曲芸飛行；アエロバティックス, *aerobatics*

acrylonitrile butadiène styrène アクリロニトリルブタジエンスチレン, *acrylonitrile butadiene styrene*

〈**ACT-UP**〉エイズ解放連合：エイズ患者や感染者の権利擁護を訴える団体, *ACT-UP (AIDS Coalition to Unleash Power)*

acte-condition 条件行為, *act of condition*

acte d'avarie commune 〚保〛共同海損行為, *general average act*

acte de cautionnement 保証書, *letter of guarantee*

acte de fidéicommis / acte de fiducie 信託証書, *trust deed*

Acte fondateur sur les relations, la coopération et la sécurité mutuelles entre l'OTAN (=Organisa-

tion du traité de l'Atlantique Nord) et la Fédération de Russie (1997年5月の)NATOロシア基本文書, *Foundation Act on Mutual Relation, Cooperation and Security between NATO and Russian Federation*

Acte unique européen 単一欧州議定書, *Single European Act*

actif acyclique 固定資産, *fixed assets*

actif circulant / actif cyclique / actif de roulement 流動資産, *circulating assets*

actif commun 共通積極財産, *assets hold in common*

actif corporel non reproductible 再生産不能有形資産, *non-reproducible tangible assets*

actif de rendement 収益資産, *live assets*

actif d'exploitation 運用資産, *working assets*

actif disponible 流動資産, *current assets*

actif durable / actif fixe / actif immobilisé 固定資産, *fixed assets*

actif en nature 実物資産, *physical assets*

actif éventuel 不定資産, *contingent assets*

actif fictif 擬制資産, *fictitious assets*

actif gelé 凍結資産, *frozen assets*

actif immatériel / actif incorporel 無形資産, *intangible assets*

actif latent 含み資産, *latent assets*

actif liquide 流動資産, *liquid assets*

actif monétaire 金融資産, *monetary assets*

actif net par action 〖証〗一株当たり純資産, *net asset worth*

actif net réel 純実物資産, *net real assets*

actif nominal 名目資産, *nominal assets*

actif non monétaire 非貨幣的資産, *non-monetary asset*

actif non qualifié 非熟練労働力, *unskilled labor*

actif non reproductible 再生産不能資産, *non-reproducible assets*

actif physique 物的資本, *capital assets*

actif réalisable et disponible 流動資金, *current assets*

actif réel 実物資産, *genuine assets*

actif risqué 有リスク資産, *risky assets*

actif sous-jacent 〖オプ〗原資産:オプション取引の裏付けとなる現物の資産, *underlying asset*

actif successoral 承継資産, *assets of succession*

actif support 〖オプ〗原資産:オプション取引の裏付けとなる現物の資産, *underlying asset*

actinide mineur (アクチニド系元素の)マイナーアクチニド, *minor actinide*

action à bons de souscription d'obligations convertibles 〖証〗転換社債ワラント付き株, *stock with convertible bond warrants carrying preferential subscription rights*

action à dividende prioritaire non cumulative 〖証〗非累積的優先配当株, *non-cumulative preferred dividend stock*

action à dividende prioritaire sans droit de vote 〖証〗議決権のない優先配当株, *preference dividend stock without voting right*

action à droit de vote double 〖証〗二重議決権株, *stock with double voting right*

action à faible dividende 〖証〗低配株, *low dividend stock*

action à haut rendement 〖証〗高配当株, *high yield stock*

action à la Bourse 〖証〗当所株, *stock exchange stock*

action à la souche 〖証〗未発行株, *unissued stock*

action à ordre 〖証〗指図記名株, *registered stock transferable by endorsement of the certificate*

action à souscrire contre numéraire 〖証〗金銭出資株, *stock to subscribe in cash*

action amortie 〖証〗償却済の株, *amortized stock*

action au-dessous du pair 〖証〗額面割れ株, *stock below par*

action au porteur 〖証〗無記名株, *bearer stock*

action autodétenue 〖証〗買戻し株, *repurchased stock*

action boudée 〖証〗人気凋落株, *wallflower*

Action catholique カトリック・アクション:教会の指導・委任の下で平信徒が聖職者の使徒職を援助するための団体, *Catholic Action*

actions communautaires pour la conservation de la nature (欧州共同体の)自然保護共同体行動, *Community actions for the conservation of nature (EC)*

action contracyclique 景気対策, *anticyclical policy*

action cotée (en Bourse) 〖証〗上場株, *listed stock*

action cumulative 〖証〗累加的優先株, *cumulative preferred stock*

action d'apport 〖証〗発起人株, *vendor's stock*

action d'apport en nature 〖証〗現物出資株, *stock of contribution in kind*

action d'apport en travail 〖経〗スウェットエクイティ:労働付加によって得た所有権, *sweat equity*

action de capital 〖証〗資本株:享受株または労働株に対する呼称, *ordinary stock*

action de concert （企業乗っ取りなどで議決権掌握目的の）合意締結；協調行為, *concerted action*

action de fondateur 〚証〛発起人株, *founder's stock*

action de formation alternée 交代職業訓練活動, *action of linked work and training*

actions de garantie 〚証〛資格株：取締役の資格要件として所有すべき株式, *qualification stocks*

action de gros capital à bas prix 〚証〛大型低位株, *low-priced giant capital stock*

action de jouissance 〚証〛配当株；享受株；享益株, *profit-sharing certificate*

action de numéraire 〚証〛金銭出資株, *cash stock*

action de préférence à taux variable / action de priorité à taux variable 〚証〛配当率調整型優先株, *adjustable rate preferred stock*

action de priorité amortissable 〚証〛償還可能優先株, *redeemable preference stock*

action de priorité cumulative 〚証〛累加的優先株, *cumulative preference stock*

action de sécurité 〚証〛防衛株：不況時における値下がりを一定にとどめ，投資を防衛する株式, *defensive stock*

action de spéculation 〚証〛投機株, *speculative stock*

action de travail 〚経〛（労働出資を表象する）労働株, *employee's stock*

action détenue en commun 〚証〛共同保有株, *jointly held stock*

action différée 〚証〛後配株, *deferred stock*

action directrice en matière de prix 〚経〛プライスリーダーシップ, *price leadership*

action dont la fluctuation est sensible 〚証〛値動きの激しい株, *yo-yo stock*

actions d'or 黄金株：政府系石油会社のように取引に強い制約のある株, *golden stocks*

action dynamique spécifique （生理学の）特異動的作用, *specific dynamic action*

action en garantie 〚証〛担保株, *qualifying stock*

action en perte 〚証〛額面以下に割引かれている株, *stock which stands at a discount*

action entièrement libérée 〚証〛全額払込み株, *fully paid-up stock*

action entièrement payable à la souscription 〚証〛応募時全額支払い株, *stock payable on application*

action garantie 〚証〛保証株：配当が発行会社以外の第三者に

より保証されている優先株, *guaranteed stock*

action gratuite 〖証〗ボーナス株；特別配当株；無償交付株, *bonus stock*

action industrielle （欧州共同体の）産業計画, *industrial project (EC)*

action industrielle 〖証〗功労株, *kind of founder's stock*

Action internationale contre la faim 国際飢餓撲滅運動, *International Action against Hunger*

action négociable 〖証〗譲渡可能株, *transferable stock*

action nominative 〖証〗記名株, *registered stock*

action non consentante 〖証〗不同意株, *non-assented stock*

action non réglée 〖証〗未払込み株, *unpaid stock*

action nouvelle 〖証〗新株, *new stock*

action ordinaire 〖証〗普通株, *common stock*

actions partiellement libérées 〖証〗一部払込み株, *partly-paid stocks*

actions préférentielles à taux ajustable convertibles 〖証〗配当率調整型転換優先株, *convertible adjustable preferred stocks*

actions préférentielles à taux variable convertibles en actions ordinaires 〖証〗転換調整可能優先株, *convertible adjustable preferred stocks*

actions privilégiées convertibles 〖証〗転換優先株：転換権を認められた優先株, *convertible preferred stocks*

action rachetable 〖証〗償還株, *redeemable stock*

action sanitaire et sociale 保健・社会福祉活動, *sanitary and social action*

action sans droit de vote 〖証〗議決権のない株, *nonvoting stock*

action sans valeur nominale 〖証〗無額面株, *non-par stock*

action sociale 社会福祉, *social welfare*

action stabilisatrice sur l'économie 経済への安定化効果, *stabilizing effect on the economy*

actionnaire défaillant 〖証〗払込み不履行株主, *defaulting stockholder*

actionnaire majoritaire 〖証〗多数株主, *majority stockholder*

actionnaire minoritaire 〖証〗少数株主, *minority stockholder*

actionnaire ordinaire 〖証〗普通株主, *ordinary stockholder*

actionnaire organique 〖証〗法人株主, *corporate stock-*

holder

actionnaire paravent 〚証〛ノミニー株主:他の実質的所有者のために株式名簿に登録されている株主, *nominee stockholder*

actionnaire titulaire de titres nominatifs 〚証〛記名株の保有者, *holder of registered stocks*

actionnariat des salariés / actionnariat ouvrier 従業員持株制度；労働者持株制度, *employee stock ownership*

actionnariat important 〚証〛主要株主, *major stockholders*

actionnariat majoritaire 〚証〛過半数株保有, *majority stockholding*

actionnariat populaire 〚経〛一般投資家による株式保有, *general public stockholding*

actionnariat public 〚証〛浮動株, *investment of general public*

actionnariat stable 〚証〛安定株主, *stable stockholders*

activation des biens détenus sur contrat de crédit-bail リースの資本化, *capitalization of leases*

activités accessoires 付随的活動, *accessory business*

activité bancaire internationale 〚金〛インターナショナルバンキング, *international banking*

activités d'appoint サイドビジネス, *side business*

activités de petits groupes （1960年代に始まった日本の）小集団活動, *small group activity*

activités de recherche et de sauvetage 搜索救助活動, *search-and-rescue activities*

activités d'ensemble en matière de nuisances 公害防止総合策, *overall anti-pollution program*

activités d'éveil （児童の情緒教育的）目覚まし活動, *early-learning games*

activités industrielles et commerciales 経営活動, *business activity*

〈**activités menées dans la Zone**〉 （国連海洋法条約で）深海底における活動, *activities in the Area*

activité salariée 賃金労働, *professional activities*

activité secondaire 副業, *sideline*

activité tertiaire 第三次産業, *tertiary industry*

actualisation 実質評価, *conversion to present worth*

actualisation 〚コンピュ〛更新；アップツーデート化, *updating*

(méthode d')actualisation des flux financiers 〚経〛キャッシュフロー実質評価(法), *discounted cash flow (method)*

actualisé via Internet インターネット経由でアップツーデート化された, *up-to-dated via Internet*

actuariel 〖証〗(利回りが)実効の, *actuarial*

acupressing 指圧, *acupressure*

adaptateur de support 媒体アダプター, *medium adaptor*

adaptateur de terminal (ISDNの)ターミナルアダプター；端末アダプター, *terminal adaptor*

adaptateur graphique couleur 〖コンピュ〗エンハンスドグラフィックスアダプター, *enhanced graphics adaptor*

adaptateur interface-périphérique 〖コンピュ〗周辺インターフェースアダプター, *peripheral interface adapter*

adaptation à l'usager カスタマイゼーション：顧客の嗜好・ニーズに合わせた製品の個性化, *customization*

adaptation des primes 保険料調整, *adaptation of the premium*

addition de construction 建築物の付足し部分, *accession of a building*

additionnalité 付加性：欧州共同体援助の補足的役割, *additionality (EC)*

additionneur binaire 〖コンピュ〗2進加算器, *binary adder*

additionneur complet 〖コンピュ〗全加算器, *full adder*

additionneur série 〖コンピュ〗直列加算器, *serial adder*

adéquation de couverture 〖金〗担保適正, *adequacy of coverage*

adéquation des fonds propres 〖金〗(金融機関の)自己資本適正率, *capital adequacy*

adéquation du capital 〖金〗自己資本比率；資本の充実度, *capital adequacy*

adhérent compensateur général 〖証〗(MATIFの)総合清算会員, *general clearing member (MATIF)*

adhérent compensateur individuel 〖証〗(MATIFの)個人清算会員, *individual clearing member (MATIF)*

adhérent mainteneur de marché 〖証〗(MATIFの)マーケットメーカー会員, *market maker member (MATIF)*

adhérent ordinaire 〖証〗(MATIFの)通常会員, *ordinary member (MATIF)*

adhocratie アドホクラシー：特別委員会主体の政治, *adhocracy*

adhocratique アドホクラシーの, *of ad-hocracy*

adjonction budgétaire 追加予算, *supplementary budget*

adjudicateur 競売人, *awarder*

adjudication à la hollandaise 〖証〗ダッチ方式入札；競(せり)下げ競売, *Dutch auction*

adjudication au prix marginal 〖証〗競(せり)下げ競売, *Dutch auction*

adjudication ouverte / adjudication publique / adjudication publique ouverte 〚法〛公開入札, *open tendering*

adjudication publique restreinte / adjudication restreinte 〚法〛指名入札, *closed tendering*

adjuvant à l'économie 〚証〛(有価証券の)甘味料, *sweetener*

administrateur adjoint 行政官補, *assistant administrator*

administrateur de base de données 〚コンピュ〛データベース管理者, *database administrator*

administrateur de la santé du personnel à l'étranger (日本の外務省)在外保健調整官, *Health Administrator for Overseas Personnel*

administrateur délégué 常務取締役, *Executive Director*

administrateur en fonction 在任中の取締役, *Executive Director in office*

administrateur extérieur 外部取締役, *External Director*

administrateur supplémentaire 補欠取締役, *Supplementary Director*

Administration de la fonction publique 人事院, *National Personnel Authority*

Administration de secours et de restauration de l'Organisation des Nations unies 国連救済復興事務局, *United Nations Relief and Rehabilitation Administration*

administration parentérale 非経口投与, *parenteral administration*

administration pénitentiaire 〚法〛行刑当局, *correctional administration*

Administration transitoire des Nations unies au Timor oriental 国連東ティモール暫定統治機構, *United Nations Transitional Administration in East Timor*

Administration transitoire des Nations unies pour la Slavonie orientale, la Baranja et le Srem occidental 国連東スラボニア, バラニャ及び西スレム暫定機構, *United Nations Transitional Administration for Eastern Slavonia, Baranja and Western Sirmium*

admission à la cote 〚証〛上場承認, *admission to quotation*

admission au travail 就労, *admission to employment*

admission dans le Marché commun 欧州共同市場への加盟, *admission to the Common Market*

admission en franchise 免税輸入, *duty-free entry*

admission temporaire 仮免税輸入許可, *duty-free entry*

for reexport / temporary admission

ADN (=acide désoxyribonucléique) génomique 〖バイオ〗ゲノムDNA, *genomic DNA (=deoxyribonucleic acid)*

ADN recombinant / ADN recombiné 〖バイオ〗組換えDNA, *recombinant DNA (=deoxyribonucleic acid)*

adoration de l'argent 拝金, *worship of Mammon*

adressage 〖通〗アドレス指定, *addressing*

adressage absolu 〖通〗絶対アドレス指定, *absolute addressing*

adressage de groupe 〖通〗グループアドレッシング, *group addressing*

adressage direct 〖通〗直接アドレス指定, *direct addressing*

adressage électrochimique 〖通〗電気化学アドレス指定, *electrochemical addressing*

adressage étendu 〖通〗拡張アドレス指定, *extended addressing*

adressage implicite 〖通〗暗ボアドレス指定, *implied addressing*

adressage indirect 〖通〗間接アドレス指定, *indirect addressing*

adressage relatif 〖通〗相対アドレス指定, *relative addressing*

adressage symbolique 〖通〗記号アドレス指定, *symbolic addressing*

adresse d'affaires 営業所の所番地, *business address*

adresse effective 〖通〗実効アドレス, *effective address*

adresse électronique メールアドレス:電子メールの宛名, *mail address*

adresse électronique 〖コンピュ〗(ケベックで)Eメール, *e-mail*

adresse électronique de l'expéditeur 〖通〗発信者のアドレス, *From (when you send e-mail)*

adresse électronique du destinataire 〖通〗送信相手先アドレス, *To (when you send e-mail)*

adresse explicite 〖通〗絶対アドレス, *explicit address*

adresse machine 〖通〗機械語アドレス, *machine address*

(à) adresses multiples 〖通〗複数アドレス(の), *multiple address*

Adriamycine (抗生物質の)アドリアマイシン, *Adriamycin*

Adyghé / Adyghéen 〖地〗アディグ族:Adyghéeの住民, *Adygey*

(faire de l')aérobic 〖スポ〗エアロビクス(をする), *(to do) aerobics*

aérobic-danse 〚スポ〛エアロビクスダンス, *aerobics dance*
aérodromophobie 飛行機恐怖症, *aerophobia*
aéroglisseur guidé 高速空圧電車, *tracked air cushion vehicle*
aéronef pirate 海賊航空機, *pirate aircraft*
affacturage international 〚金〛国際ファクタリング, *international factoring*
affaires à primes 〚証〛オプション取引, *option dealing*
affaires d'assurance 保険営業, *insurance business*
affaire de la semaine 今週のお買得, *super saver*
affaires financières 財務, *financial matters*
〈**affaire Méry**〉 メリー事件：シラク大統領の闇献金受領を証言したと称するテープが Jean-Claude Méry の死後発表された事件, *Jean-Claude Méry Affair*
affaires sociales 社会福祉問題, *social questions*
affectation binaire 〚コンピュ〛ビットマッピング, *bitmapping*
affectation de fonds détaillé 項目別資金配分, *itemized appropriation*
affectation défectueuse des facteurs 諸要素の不適性配分, *defective appropriation of factors*
affectation des bénéfices 利益の充当, *appropriation of profits*
affectation des fonds du prêt 借入資金の割当, *allocation of loan proceeds*
affectation des ressources 資源配分, *allocation of resources*
affectation des résultats 損益の配分, *apportionment of loss and profit / appropriation of results*
affectation des touches du clavier 〚コンピュ〛キーバインディング, *keybinding*
affermage 広告スペースの賃貸, *contracting*
affichage à plasma 〚コンピュ〛プラズマディスプレイ, *plasma display*
(à) affichage digital デジタル表示(の), *digital representation*
affichage du numéro de l'appelant (電話の)ナンバーディスプレイ：発信者番号通知を意味する, *caller ID*
affichage en couleurs 〚コンピュ〛カラーディスプレイ, *color display*
affichage graphique avec trame 〚コンピュ〛ラスタ方式グラフィックディスプレイ, *raster-mode graphic display*
affichage multifonction 〚コンピュ〛多機能ディスプレイ, *multifunction display*

(à) affichage numérique デジタル表示(の), *digital representation*

affichage sur écran 〘コンピュ〙ソフトコピー, *soft copy*

affichage tel écran-tel écrit 〘コンピュ〙WYSIWYG(ウィジウィグ), *what you see is what you get*

affiliation à la Sécurité sociale 社会保障への加入, *joining the Social Security*

affiliation obligatoire au syndicat (労働組合加入についての)クローズドショップ制, *closed shop*

affirmation de sincérité (会計上の)真正さの主張, *affirmation of sincerity*

affluent 〘通〙端局, *tributary*

affrètement coque nue 裸傭船, *bareboat charter*

afghani (アフガニスタンの通貨単位で)アフガニ, *afghani*

afro- (連結形)アフリカの:用例としては afro-asiatique, *Afro-*

âge de la mise à la retraite 年金受給資格年齢, *pensionable age*

âge terme 〘保〙満期時年齢, *age at maturity*

agence bancaire internationale 〘金〙(ニューヨークオフショア市場を意味する)国際銀行業務, *International Banking Facilities*

Agence canadienne de développement international カナダ国際開発庁, *Canadian International Development Agency*

Agence Chine nouvelle 新華社, *New China News Agency*

agence comptable de la dette publique 国公債会計機関, *accounting agency of public debts*

agence d'aide multilatérale 多国間援助機関, *multilateral aid agency*

agence de courtage 〘証〙株屋, *stockbroking firm*

Agence de l'Organisation des pays exportateurs de pétrole 石油輸出国機構通信社, *Organization of Petroleum Exporting Countries News Agency*

agence de notation / agence de rating 〘証〙格付機関, *rating agency*

agence de placement 職業紹介所, *placement agency / employment office*

Agence de presse sénégalaise セネガル通信社, *Senegal Press Service*

agence de recouvrement 〘金〙債権取立機関, *debt collection agency*

agence de renseignements commerciaux / agence d'information financière 〘金〙信用照会機関, *credit ref-*

erence agency
Agence d'évaluation de la solvabilité 商業興信所, *credit agency*
Agence d'évaluation financière 〘証〙フランス金融格付機関:1990年3月にスタンダード＆プアーズと合併, *French rating agency*
Agence européenne de productivité 欧州生産性本部, *European Productivity Agency*
Agence européenne pour l'énergie nucléaire 欧州原子力機関, *European Nuclear Energy Agency*
Agence française de codification フランス統一証券識別手続協会, *French CUSIP*
Agence française de développement フランス開発庁, *French Development Agency*
Agence internationale d'assurance des investissements 国際投資保険機関, *International Investment Insurance Agency*
Agence internationale de l'énergie 国際エネルギー機関, *International Energy Agency*
Agence internationale de l'énergie atomique 国際原子力機関, *International Atomic Energy Agency*
Agence monétaire d'Arabie Saoudite サウジアラビア通貨庁, *Saudi Arabian Monetary Authority*
Agence monétaire de Bahreïn バーレーン通貨庁, *Monetary Authority of Bahrain*
Agence monétaire de Singapour シンガポール通貨庁, *Monetary Authority of Singapore*
Agence multilatérale de garantie des investissements 多国間投資保証機関；国際投資保証機構, *Multilateral Investment Guarantee Agency*
Agence nationale de l'aéronautique et de l'espace （米国の）航空宇宙局, *National Aeronautics and Space Administration (USA)*
Agence nationale de valorisation de la recherche 国立研究有効化機関, *National Development Research Center*
Agence nationale pour l'amélioration de l'habitat 国立住宅改善局, *National Housing Agency*
Agence nationale pour le développement de l'éducation permanente （フランス文部省）国立生涯教育開発協会, *National Agency for the development of lifelong learning*
Agence nationale pour l'emploi 国立雇用局, *National Placement Agency*

Agence nationale sur le sida 国立エイズ調査局, *National AIDS Research Agency*

Agence pour la protection de l'environnement 〖仏〗環境保護庁, *Environmental Protection Agency*

Agence pour la protection des droits de l'homme (日本の法務省)人権擁護局, *Civil Liberties Bureau (Japan)*

Agence pour la sécurité de la navigation aérienne en Afrique et à Madagascar アフリカ・マダガスカル航空運行安全機関, *Agency for the Security of Aerial Navigation in Africa and Madagascar*

Agence pour le développement international (米国の)国際開発局, *Agency for International Development (USA)*

Agence pour l'énergie nucléaire (経済協力開発機構の)原子力機関, *Nuclear Energy Agency (OECD)*

agence publicitaire 広告代理店, *advertising agency*

Agence spatiale européenne 欧州宇宙機関, *European Space Agency*

agencements et aménagements 整備工事, *alterations and improvements*

agencements et installations 装備と設備, *fixtures and installations*

agenda de bureau デスクダイアリー, *desk diary*

agenda électronique 〖コンピュ〗電子手帳, *electronic organizer / electronic notebook*

agent accrédité 公認代理人, *authorized agent*

agent antimoussant 消泡剤, *antifoam agent*

agent commercial 代理商, *commercial agent*

agent comptable 公会計官, *public accountant*

agent d'affaires 周旋人, *business agent*

agent d'assurances 保険代理人, *insurance agent*

agent de change 〖証〗公認仲買人, *stockbroker*

agent de classement 文書整理係, *filing clerk*

agent de la Lloyds ロイド代理人, *Lloyd's Agent*

agent de la police de l'air et des frontières 〖仏〗入国管理官, *immigration officer*

agent de liaison 連絡員, *contact man*

agent de recouvrement 借金取立人, *debt collector*

agent de transfert de message 〖通〗メッセージ転送エージェント, *message transfer agent*

agent d'encaissement / agent encaisseur 取立代理人, *collector*

agent des marchés interbancaires インターバンク取引業者, *interbank transaction agent*

agent double 二重スパイ, *double-agent*
agent du fisc 税務署員, *tax official*
agent économique 経済主体, *economic agent*
agent en douane 通関業者, *customs broker*
agent exclusif / agent général 総代理人, *sole agent*
agent financier 財務代理人, *fiscal agent*
agent général d'assurances 保険代理業者, *insurance agent*
agent immobilier 不動産ブローカー, *estate agent*
agent intermédiaire 仲立営業者, *intermediary*
〈**agent orange**〉 エージェントオレンジ：ベトナム戦争で使用され，ベトナムに後遺症を残したダイオキシンを含む枯葉剤, *Agent Orange*
agent payeur 支払代理人, *paying agent*
agent receveur (税金などの)徴収員, *collector*
agent recruté localement 現地雇い, *local employee*
agent utilisateur 〚通〛ユーザーエージェント, *user agent*
aggloméré 人造建材, *fiber board*
agio bancaire 〚金〛当座貸越分の銀行手数料, *bank commission*
agiotage 〚証〛(不正な)投機売買, *stock jobbing*
agioteur 〚証〛(偽情報で相場を煽る)株価操作人, *gambler*
âgisme 高齢者差別, *agism*
agoraphobie 広場恐怖症, *agoraphobia*
agrarianisme 農地改革論, *agrarianism*
agrarien 農地改革論者, *agrarian*
agréage (de la marchandise) (荷物の)引取り, *acceptance (of the goods)*
agrégats économiques (国民総生産などの)経済集計, *economic aggregate*
agrégat monétaire / agrégat de monnaie (le plus large) (最広義の)金融総量, *(broadest) monetary aggregate*
agriculture biologique (化学肥料や農薬を使わない)自然農法；有機農法, *organic farming*
agriculture extensive 粗放農業, *extensive agriculture*
agriculture propre クリーン農業, *clean agriculture*
agro-industriel 農業関連産業の, *agro-industrial*
agrobiologie moléculaire 〚バイオ〛分子農業生物学：遺伝子組換えなどにより品種改良を行う学問, *molecular agrobiology*
agrochimie 農芸化学, *agro-chemistry*
agroéconomie 農業経済学, *agricultural economics*
agroéconomiste 農業経済学者, *agricultural economist*
agroécosystème 農業生態系, *agroecosystem*

agroforesterie 農業・林業両用の土地利用, *agroforestry*
agroforestier 農業・林業両用の土地利用者, *agroforester*
agrologie 応用土壌学, *agrology*
agrosystème 農業生態系, *agroecosystem*
agroville (ソ連の)農業都市, *agrograd*
aide à la césure ハイフネーションヘルプ, *hyphenation help*
aide à la création d'entreprise 企業創立援助金, *enterprise allowance*
aide à la réinsertion 勤労福祉制度, *workfare*
aide à la vieillesse 老人扶助, *old-age assistance*
aide à l'accroissement de la production alimentaire 食糧増産援助, *aid for increased food production*
aide à l'écran 〘コンピュ〙ヘルプ画面, *help screen*
aide à l'étranger 〘ODA〙対外援助, *foreign aid*
aide à l'exportation 輸出援助, *aid to export*
aide à un projet 〘ODA〙プロジェクト援助, *project-type co-operation*
aide alimentaire de Kennedy Round 〘ODA〙ケネディーラウンド食糧援助, *Kennedy Round Food Assistance*
aide alimentaire d'urgence 〘ODA〙緊急食料援助, *emergency food aid*
aide au développement économique 〘ODA〙経済開発援助, *economic development assistance*
aide au programme 〘ODA〙プログラム援助, *Program Assistance*
aide aux chômeurs créateurs ou repreneurs d'entreprise 失業者の事業創設・継承者援助, *financial help to the unemployed who want to become self-employed in addition to an exemption from social security contribution for one year*
aide aux gens âgés 高齢者介護, *care of the aged*
aide bénévole 〘ODA〙任意の援助, *voluntary help*
aide-comptable 会計補佐, *assistant account*
aide concessionnelle 〘ODA〙譲許的の援助, *concessional aid*
aide d'activité culturelle 〘ODA〙文化関係援助, *Grant Aid for Cultural Activities*
aide déliée pour les pays tiers 〘ODA〙第三国アンタイローン, *third country untied loan*
aide d'urgence 〘ODA〙緊急援助, *emergency assistance*
aide d'urgence pour un désastre 〘ODA〙災害緊急援助, *grant aid for disaster relief*
aide en ligne 〘コンピュ〙オンラインヘルプ, *on-line help*

aide en nature 〖ODA〗現物援助, *aid in kind*
aide familiale (社会保険機関が派遣の)家事援助員, *homemaker*
aide financière 交付金, *grant-in-aid*
aides 〈horizontales〉 (欧州共同体諸国全ての)一般的利益追求型の援助, *horizontal assistance (EC)*
aide hors-projet 〖ODA〗ノンプロジェクト援助, *non-project aid*
aide humanitaire 〖ODA〗人道的援助, *humanitarian assistance*
aide internationale d'urgence 〖ODA〗国際緊急援助, *international emergency assistance*
aide liée 〖ODA〗タイド援助, *tied aid*
aide liée à la population et au sida 〖ODA〗人口・エイズ関連援助, *population- and AIDS-related aid*
aide ménagère ホームヘルパー, *home help*
aide non remboursable en marchandises déliées 〖ODA〗アンタイ無償商品援助, *untying grant commodity aid*
aide personnalisée au logement 住宅個人援助;応能住宅援助, *individual housing assistance*
aide pour la pêche 〖ODA〗水産関係援助, *grant aid for fisheries*
aide pour l'environnement 〖ODA〗環境援助, *green aid*
aide publique au développement 〖ODA〗ODA；政府開発援助, *official development assistance*
aide sociale 社会扶助：国・地方自治体による貧窮者保護制度, *social assistance*
aides sur les boissons (王政時代の)飲料税, *excise taxes*
ailes rigides 〖スポ〗リジッドウイング：グライダーの翼を利用したハンググライダーの一種, *rigid wings*
ailourophobie 猫恐怖症, *ailurophobia*
air de transition 〖スポ〗(フリースタイルスキーの)ジャンプトランジション, *jump transition*
Air Outre-Mer (旧)アーオーエム航空, *AOM Airline (France)*
〈Air Union〉 エアユニオン：エール・フランス, サベナ, アリタリア, ルフトハンザが協力して結成した国際民間航空組織, *Air Union*
aire de chargement (貨物車両用の)積込区画, *loading bay*
aire de repos (高速道路の)休憩エリア, *rest area*
aire de service (高速道路の)サービスエリア, *highway services*
aire de stationnement パーキングエリア, *parking area*

ajournement （計画の）棚上げ, *shelving*

ajout （印刷文字の）網掛け, *shading*

ajustement à la baisse 〖経〗下方修正, *downward adjustment*

ajustement à la hausse 〖経〗上方修正, *upward adjustment*

ajustement au titre du coût de la vie 賃金物価スライド制, *cost-of-living adjustment*

ajustements conjoncturels 景気調整, *cyclical adjustment*

ajustement de la balance des paiements 国際収支の調整, *balance of payments adjustment*

ajustement de la valeur de l'obligation 〖証〗アクリーション：期間の経過とともに債券価値が増加して行くこと, *accretion*

ajustement de la valeur des stocks 棚卸評価修正, *inventory valuation adjustment*

ajustement des cours-pivots 基準レート調整, *adjustment of pivot rates*

ajustement des prix 価格調整, *adjustment of prices*

ajustement des salaires 給与修正, *wage adjustment*

ajustement d'évaluation 評価調整, *valuation adjustment*

ajustement économique 経済調整, *economic adjustment*

ajustement fiscal en fin d'année 年末調整, *year-end adjustment*

ajustement monétaire 通貨調整, *monetary adjustment*

ajustement pour réévaluation des stocks 棚卸評価修正, *inventory valuation adjustment*

ajustements structurels 構造調整, *structural adjustment*

alcool isopropylique イソプロピルアルコール, *isopropyl alcohol*

alcooliques anonymes アルコール中毒者更生会, *Alcoholics Anonymous*

aléa de moralité / aléa moral 〖金〗モラルハザード：一定の救済が見込まれることに起因する真剣さの欠如, *moral hazard*

aléa des applications industrielles des biotechnologies 〖バイオ〗バイオハザード：遺伝子組換え生物の管理不全などにより病気が発生する危険, *bio hazard*

alexithymie 失感情症：自分の怒りや悲しみといった感情さえ読み取れなくなること, *alexithymia*

algophobie 疼痛恐怖症, *algophobia*

algothérapie 海草を利用した関節痛治療, *algotherapy*

aliénation 〖証〗(株式の)譲渡, *transfer*
alignement de prix 価格調整, *price alignment*
alignement monétaire 為替レート調整, *exchange rate re-alignment*
alignement monétaire non adapté 為替レートの不整合, *exchange rate misalignment*
alignement sur les prix du marché 実勢価格付け, *going rate pricing*
aliments biologiques 自然食品, *organic food*
aliments de régime ダイエットフード, *dietary foodstuff*
aliments de sevrage 離乳食, *weaning food*
aliments diététiques de l'effort 栄養強化食品, *fortifying foodstuffs*
aliments naturels 健康食品, *health food*
aliments pour animaux familiers ペットフード, *pet food*
aliments tout préparés コンビニ食品, *convenience food*
alimentation auxiliaire 〖コンピュ〗バッテリーバックアップ, *buttery backup*
alimentation bio 自然食品, *organic food*
alimentation feuille à feuille (プリンターの)帳票紙給紙, *sheet feeding*
alimentation ininterruptible / alimentation non-interruptible / alimentation statique sans coupure 〖コンピュ〗無停電電源装置, *uninterruptible power supply*
alimentation parentérale 非経口栄養法, *parenteral nutrition*
allégement de (la) dette 債務軽減；債務救済, *debt relief*
allégement fiscal // allégements fiscaux 優遇税制措置；減税, *tax break*
allégement transitoire 一時的減税, *temporary tax mitigation*
allèle 〖バイオ〗対立遺伝子, *allele*
aller et retour 〖証〗ベッド・アンド・ブレックファースト：売却した証券を翌日買戻す操作, *bed and breakfast (of securities)*
allergie au nucléaire 核アレルギー, *allergy to anything nuclear*
alliage monétaire 貨幣の品位, *standard of coins*
Alliance 90 (ドイツの政党で)90年連合, *Alliance '90*
Alliance atlantique 北大西洋条約機構, *North Atlantic Treaty Organization*
Alliance coopérative internationale 国際協同組合同盟,

International Cooperative Alliance
alliance de sécurité multilatérale 多国間安全保障同盟, *multilateral security alliance*
Alliance des démocrates libres (ハンガリーの)自由民主同盟, *Alliance of Free Democrats*
Alliance des forces démocratiques pour la libération du Congo-Zaïre (Laurent-Désiré Kabila の)コンゴザイール解放民主勢力同盟, *Alliance of Democratic Forces for the Liberation of Congo Zaire*
alliance politique dans un but intéressé 議員の慣合い協力, *logrolling*
Alliance radicale européenne 欧州急進連合：欧州議会の左派, *European Radical Alliance*
allocation avec préemption 〖コンピュ〗横取割付け, *preemptive allocation*
allocation d'actifs 資産配分, *asset allocation*
allocation de base 基本手当, *basic allowance*
allocation de mémoire 〖コンピュ〗記憶配分, *storage allocation*
allocation de processeur 〖コンピュ〗プロセッサーアロケーション, *processor allocation*
allocation de rentrée scolaire 新学期手当, *allowance for school children*
allocation des fonds 予算割当, *budget appropriation*
allocation des ressources 資源配分, *resource allocation*
allocation dynamique 〖コンピュ〗動的割当, *dynamic allocation*
allocation en devises 外貨の割当, *foreign currency allowance*
allocation et déblocage des crédits 予算の割当と分配, *allocations and allotments*
allocation sans préemption 〖コンピュ〗横取不可割付け, *non-preemptive allocation*
allocation statique 〖コンピュ〗静的割当, *static allocation*
allongement de l'âge de la retraite 定年延長, *extension of the retirement age*
alourdissement automatique de la fiscalité 財政的歯止め, *fiscal drag*
alpha-hydroxy acides フルーツ酸, *alpha-hydroxy acid*
〈**Altadis**〉 アルタディス：タバコ・マッチ専売公社の1999年末以降の新名称
altermondialisation 代替的グローバリゼーション：市民サイドから反グローバリゼーション, *alterglobalization*

altermondialiste 代替的グローバリゼーションの運動家
altruisme (社会学の)集団本位主義, *altruism*
amalgamation アマルガム化法, *amalgamation*
amatophobie 埃恐怖症, *amathophobia*
Ambassadeur, délégué aux investissements internationaux 〖仏〗外国投資誘致移動大使, *Ambassador-at-Large, Special Representative for International Investment*
ambassadeur en disponibilité 無任所大使；待命大使, *ambassador-at-large*
ambassadeur extraordinaire en mission spéciale 特派大使, *Ambassador on Special Mission*
ambassadeur extraordinaire et plénipotentiaire 特命全権大使, *Ambassador Extraordinary and Plenipotentiary*
ambassadeur itinérant (米国の)移動大使, *roving ambassador*
ambiance à la baisse 〖証〗軟調, *bearish tone*
amélioration des conditions de travail 労働条件改善, *amelioration of working conditions*
amélioration itérative 〖コンピュ〗逐次改善, *iterative improvement*
aménagement de zones à urbaniser en priorité 優先市街化区域整備, *urban development in accordance with official plans for improving urban zones*
aménagement des horaires 時間管理, *time management*
aménagement du temps de travail フレックスタイム, *flex-time*
aménagement du terrain 用地開発, *site development*
aménagement foncier 土地整備, *land development*
aménagement urbain 都市整備, *town planning*
américano- (連結形)米＝アメリカの, *Americano-*
américanophile 親米家, *Americanophile*
ameublissement 動産化, *inclusion in the communal estate*
Amis de la terre 地球の友：国際環境保護団体, *Friends of the Earth*
aminolévulique アミノレブリンの, *aminolevulinic*
amniocentèse 羊水穿刺, *amniocentesis*
amorçage 着手金, *seed money*
amorçage de la pompe 〖経〗呼び水政策；誘い水政策, *pump-priming policy*
amorçage de la reprise économique 景気回復の開始, *beginning of the economic upturn*
amorce de pompe 〖経〗誘い水, *pump-priming*
amortissement accéléré 加速償却, *accelerated deprecia-*

tion

amortissement anticipé 〚証〛（自社発行社債などの）期限前償還, *prior retirement*

amortissement constant 定額償却, *straight line depreciation*

amortissement cumulé 減価償却引当金；減価償却累積額, *accumulated depreciation*

amortissement de financement 財務上の償却, *financial amortization*

amortissement de la dette 債務償還, *retirement of outstanding debt / debt redemption*

amortissement de la dette publique 〚証〛公債償却, *amortization of the public debt*

amortissement de stock 在庫価値の下落, *stock depreciation*

amortissement dégressif 逓減償却, *declining-balance depreciation*

amortissement dérogatoire 特別償却, *derogatory depreciation*

amortissement des immobilisations 固定資本の減価償却, *depreciation of fixed assets*

amortissement différé 繰延償却；据置減価償却, *deferred depreciation*

amortissement du capital 資本の償却, *capital amortization*

amortissement d'une dette 債務の返済, *discharge of a debt*

amortissement en ligne directe 定額償却, *straight line depreciation*

amortissement exceptionnel 臨時償却, *exceptional depreciation*

amortissement financier ローン返済計画, *loan refund schedule*

amortissement fiscal 税務償却, *fiscal amortization*

amortissement fonctionnel 機能的償却, *functional depreciation*

amortissement linéaire 定額償却, *straight line depreciation*

amortissement minimal 最低減価償却, *minimum depreciation*

amortissement négatif 負の返済, *negative amortization*

amortissement optionnel 随意償還, *optional redemption*

amortissement porté en déduction de la valeur 圧縮

記帳, *advanced depreciation*

amortissement pour dépréciation 減価償却, *depreciation on diminishing value*

amortissement progressif 逓増償却, *progressive depreciation*

ampleur de la hausse 伸び率, *extent of increase*

ampleur d'intervention financière 財政規模, *fiscal scale*

amplificateur à faible bruit 低雑音増幅器, *low-noise amplifier*

amplificateur à tube à onde progressive 進行波管増幅器, *traveling-wave tube amplifier*

amplificateur de puissance (高周波)電力増幅器, *power amplifier*

amplificateur multivoie 多重チャンネルアンプ, *multi-channel amplifier*

amplificateur opérationnel 〘コンピュ〙演算増幅器, *operational amplifier*

amplification de la lumière par rayonnement stimulé レーザー, *light amplification by stimulated emission of radiation*

amplitude de fluctuation 〘金〙変動幅, *degree of fluctuation*

ampoule à économie d'énergie 電球形蛍光ランプ, *energy saving bulb*

amputation de salaire 給与削減, *salary cut*

anabolisant 同化促進物質, *anabolic steroid*

anachnophobie 蜘蛛恐怖症, *anachnophobia*

anadrome (魚類が)遡河(そか)性の, *anadromous*

analyse causale de la croissance 〘経〙成長会計, *growth accounting*

analyse comparative entre pays 国際比較分析, *cross country analysis*

analyse coût-avantage / analyse coût-bénéfice 費用便益分析, *cost-benefit analysis*

analyse coût-volume-profit 原価・営業量・利益分析, *cost-volume-profit analysis*

analyse de la situation 所有期間利回り分析, *horizon analysis*

analyse de la variance (統計の)分散分析法, *analysis of variance*

analyse de l'effet sur l'environnement (lors d'un nouveau développement des terrains) (土地新開発の際の)環境アセスメント, *environmental assessment*

analyse de point mort / analyse de rentabilité 損益分岐点分析, *break-even analysis*

analyse de profit à la transaction 取引別採算分析, *profit analysis by transactions*

analyse de rapport 指標分析, *ratio analysis*

analyse de séquence 経過分析, *sequence analysis*

analyse de (la) tendance 時系列分析, *trend analysis*

analyse de valeurs 〖証〗証券分析, *security analysis*

analyse d'entrées-sorties 投入産出分析, *input-output analysis*

analyse des écarts 分散分析, *variance analysis*

analyse des flux financiers キャッシュフロー分析, *cash flow analysis*

analyse des risques liés au portefeuille 標準ポートフォリオリスク分析, *Standard Portfolio Analysis of Risk*

analyse détaillée des résultats 収支内容分析, *detailed analysis of the profit and loss statement*

analyse du chemin critique 〖経〗クリティカルパス分析, *critical path analysis*

analyse du rapport coût-efficacité 費用効果分析, *cost-effectiveness analysis*

analyse entrées-sorties / analyse input-output / analyse intrants-extrants 投入産出分析, *input-output analysis*

analyse factorielle 〖経〗因子分析, *factor analysis*

analyse financière 財務分析, *financial analysis*

analyse fonctionnelle 〖コンピュ〗システム分析, *systems analysis*

analyse par poste de travail 〖経〗職務分析, *job analysis*

analyse par produit 〖経〗製品別分析, *product-by-product analysis*

analyse-programmeur 〖コンピュ〗システムアナリスト, *systems analyst*

analyse thermique différentielle (化学・物理の)示差熱分析, *differential thermal analysis*

analyse transversale 横断面分析, *cross section analysis*

analyseurs multicanaux (電子工学の)波高分析器, *multichannel analyzer*

analyseur thermogravimétrique (物理学の)熱重量分析機, *thermogravimetric analyzer*

analyste du travail 職務分析家, *job analyst*

analyste en placements 〖証〗投資アナリスト, *investment analyst*

analyste financier 〚証〛証券アナリスト, *financial analyst*

analyste travaillant sur graphiques 〚証〛罫線家：チャートで株価動向を探る人, *chartist*

anarcho-capitalisme アナルコ資本主義, *anarcho-capitalism*

anatomopathologie 病理解剖学, *anatomopathology*

〈l'ancien abattoir de New York〉 〚言換〛(旧ニューヨーク屠殺場であった)国連本部, *United Nations Headquarters*

ancrage 〚コンピュ〛ジャスティフィケーション, *justification*

ancrage à droite 〚コンピュ〛右揃え, *right justification*

ancrage à gauche 〚コンピュ〛左寄せ, *left justification*

ancrage au dollar ドル連動, *pegging to the dollar*

ancrage de change 為替連動, *pegging of exchange rate*

andragogie 成人教育学, *andragogy*

androphobie 男性恐怖症, *androphobia*

anémophobie / ancraophobie 風恐怖症, *anemophobia*

anginophobie 狭心症恐怖症, *angionophobia*

anginophobie 狭さ恐怖症, *anginaphobia*

angiotensin アンジオテンシン：血液中に生成される血圧上昇物資の一つ, *angiotensin*

anglo- (連結形)英＝英国の, *Anglo-*

〈Angolagate〉 アンゴラゲート：アンゴラへの武器不正輸出スキャンダル, *Angolagate*

animal de compagnie / animal familier 愛玩動物, *pet*

animateur de tranche horaire (報道番組の)アンカーマン, *anchorman*

animation des ventes 販売促進, *sales promotion*

animation par ordinateur 〚コンピュ〛コンピュータアニメーション, *computer animation*

anjouanais 〚地〛アンジュアン島の, *Anjouanese*

anneau à jeton 〚コンピュ〛トークンリング, *token-ring*

anneau d'antiprotons de basse énergie 低エネルギー反陽子リング, *low-energy antiproton ring*

année financière 会計年度, *fiscal year*

année fiscale 財政年度, *fiscal year*

année géophysique internationale 国際地球観測年：1957年7月-1958年12月, *International Geophysical Year*

année mariale 聖母マリア年：一定の周期で祝われる, *Marian Year*

année sociale (当該企業の)会計年度, *business year*

année statistique internationale 国際統計年, *International Statistical Year*

annonce double page 見開き広告, *double spread*

Annuaire du génome 〚バイオ〛ゲノム年鑑, *Genome Directory*

Annuaire statistique de la France (国立統計経済研究所刊)フランス統計年鑑, *Statistic Yearbook of France*

annuité 〚法〛(年金計算での)勤続年数, *year of pensionable service*

annuité à long terme 長期年金, *long-term annuity*

annuité à vie 生命年金, *life annuity*

annuité complète 完全年金, *complete annuity*

annuité contingente 偶成年金, *contingent annuity*

annuité d'amortissement / annuité d'emprunts 償却年額;(減債基金による)年賦償還, *annual sinking-fund payment*

annuité différée 据置年金, *deferred annuity*

annuité fixée 定額年金, *fixed annuity*

annuité officielle 確定年金, *official annual installment*

annuité perpétuelle 永久年金, *life annuity*

annuité réversible 条件付き据置年金, *reversionary annuity*

annuité terminable 定期年金, *terminable annuity*

annuité tontinière トンチン年金, *Tontine annuity*

annuité variable 変額年金, *variable annuity*

annuité viagère 終身年金, *life annuity*

anomalie des prix qui provoque l'achat d'un titre et la vente d'un autre 〚証〛価格の歪みを利用した証券入替え, *anomaly switch*

anorexie mentale 拒食症, *anorexia nervosa*

antécédents en matière de crédit 〚金〛クレジットヒストリー:完全支払い済みの勘定についての過去からの記録, *credit history*

antémémoire 〚コンピュ〛キャッシュメモリー, *cache memory*

anthropographie 人類誌, *anthropography*

anthropologie économique 経済人類学, *economic anthropology*

anthropophobie 対人恐怖症, *anthropophobia*

anti-européen 欧州統一反対の, *anti-European*

anti-inflationniste インフレ抑制の;インフレ防止の, *anti-inflationary*

anti-mousse 消泡の, *antifoam*

antibactérien 抗菌の, *antibacterial*

anticipation convergente 収束性予想, *convergent anticipation*

anticipations inflationnistes インフレ期待, *inflationary expectation*

anticipation par extrapolation 外挿的期待, *extrapolative expectations*
anticonjoncturel 景気対策の, *anticyclical*
anticorps monoclonal // anticorps monoclonaux （生物学の）モノクローナル抗体, *monoclonal antibody*
anticrénelage 〖コンピュ〗アンチエイリアシング：ぎざぎざを目立たなくする技法, *anti-aliasing*
anticyclique 景気対策の, *anticyclic*
antiéconomique 経済原則に合わない, *uneconomic*
antifléchissant （画面が）ノングレアの, *glare-free*
antigène d'histocompatibilité 〖バイオ〗組織適合抗原, *histocompatibility antigen*
( ) Antigua et Barbuda 〖地〗アンティグア・バーブーダ, *Antigua and Barbuda*
antiguais et barbudien 〖地〗アンティグア・バーブーダの, *of Antigua and Barbuda*
antimondialisation 〖経〗反グローバリゼーション, *antiglobalization*
antiréglementaire 規則に反する, *against regulation*
antirequins （鮫防止の意味から）企業乗取防止策, *shark repellent*
antirétrovirus レトロウイルス阻害剤, *antiretrovirus*
antisélection 〖保〗逆選択, *adverse selection*
antisida エイズ撲滅の, *anti-AIDS*
antivirus 〖コンピュ〗コンピュータウイルス用ワクチン, *antivirus*
antlophobie 洪水恐怖症, *antlophobia*
aperçu du marché 市況概観, *market view*
aperçu monétaire 金融見通し, *monetary outlook*
apériteur 共同保険の筆頭保険者, *leading insurer of coinsurance*
apiculture fixiste （巣箱）固定式養蜂, *fixed-comb hive system (bee-keeping)*
apiphobie 蜂恐怖症, *apiphobia*
apopathodiaphulatophobie 便秘恐怖症, *coprostasophobia*
appareil photo jetable 使い捨てカメラ, *disposable camera*
appareil photo numérique デジタルカメラ, *digital camera*
appareil productif 生産機構, *production machinery*
appareil reflex mono-objectif 一眼レフカメラ, *single lens reflex camera*
appartement de fonction 社員寮, *company flat*
appartement en rez-de-jardin 庭園マンション, *garden*

apartment

appartenance non obligatoire au syndicat (労働組合加入についての)オープンショップ制, *open shop*

appauvrissement en ozone オゾン層の破壊, *ozone depletion*

appauvrissement paradoxal 貧困の罠；低所得者の収入増が生活保護カットを招き，結果的に収入増にならない現象, *poverty trap*

appauvrissement relatif 相対的貧困化, *relative impoverishment*

appeau デコイ, *decoy*

appel à frais virés (カナダで)コレクトコール, *reverse-charge call*

appel anonyme (匿名の)嫌がらせ電話, *nuisance call*

appel au public pour la souscription d'une émission 〖証〗債券購入者の公募, *invitation to the public to subscribe to an issue*

appel au remboursement 〖金〗融資返済要求, *call*

appel au superviseur 〖コンピュ〗スーパーバイザー呼出し, *supervisor call*

appel de couverture / appel de garantie / appel de marge 〖証〗追加証拠金請求, *margin call*

appel de fonds 〖証〗払込み請求, *call for capital*

appel de procédure à distance 〖コンピュ〗遠隔手続呼出し, *remote procedure call*

appel d'offres 〖金〗(フランス銀行の)買いオペ, *competitive bidding*

appel d'offres avec concours コンペ付き入札, *invitation to tender with design competition*

appel d'offres limité 限定入札；募集選考, *limited tender*

appel d'offres ouvert 公開入札, *open tender*

appel d'offres truqué (入札での)談合, *bid-rigging*

appel en instance 通信中着信サービス, *call waiting*

appel général 〖コンピュ〗一斉呼出し, *general call*

appel nominal (投票などの際の)指名点呼, *call-over*

appel récursif 〖コンピュ〗再帰呼出し, *recursive call*

appel système 〖コンピュ〗システムコール, *system call*

appelable 〖証〗償還請求可能な, *callable*

applet 〖コンピュ〗アプレット：軽快なパーソナルコンピュータソフト, *applet*

applicatif 〖コンピュ〗ソフトウェア, *software*

application du label écologique (communautaire) (欧州共同体の)エコ表示, *eco-labeling (EC)*

application hors cote 〖証〗市場外クロス, *crossing*
application logicielle 〖コンピュ〗ソフトウェア, *software application*
applications 〈prioritaires〉 〖コンピュ〗オントップアプリケーション, *On Top applications*
apport de capitaux 資本流入, *capital inflow*
apport de capitaux étrangers 外資流入, *foreign capital inflow*
apport économique 経済的成果, *economic contribution*
apports locaux 〖経〗ローカルコンテント, *local content*
appréciation du mérite 人事考課, *merit rating*
appréciation du yen 円高, *high yen rate*
appréciation monétaire 通貨騰貴, *currency appreciation*
apprentissage des langues assisté par ordinateur 〖コンピュ〗コンピュータ支援語学教育, *computer-assisted language learning*
apprêt d'un tremplin 〖スポ〗(フリースタイルスキーの)キッカーのシェーピング, *shaping of a kicker*
approbation officielle des manuels scolaires 教科書検定, *official authorization of school books*
approche à deux vitesses (経済通貨同盟の)ツースピードアプローチ, *two-speed approach*
approche à la carte / approche du menu (対累積債務国への)メニューアプローチ, *menu approach*
approche bottom up ボトムアップアプローチ：商店が顧客ニーズに応じて行う品揃え, *bottom up approach*
approche de rendement 所得分析, *income approach*
approche holistique 全体論的アプローチ, *holistic approach*
approche par la quantité de monnaie 貨幣的考察, *monetary view*
approche par les prix des actifs monétaires et financiers 信用観, *credit view*
approvisionnement à l'étranger アウトソーシング：国産部品を安い海外部品に代替していく企業活動, *outsourcing*
approvisionnement écologique 〖経〗グリーン調達, *green procurement*
approximation des dépenses 支出の概算, *approximate expenditure*
appui financier 金融支援, *financial backing*
après Bourse 〖証〗販売後市場, *after-market*
après correction des variations saisonnières / après dessaisonalisation 〖経〗季節調整済の, *seasonally ad-*

justed

aptitude à assurer le service de la dette 債務返済能力, *debt servicing capacity*

aptitude physique au travail 労働能力, *physical ability to work*

apurement collectif du passif 負債の一括決済, *collective discharge of the debt*

apurement de coût marginal 限界原価計算, *marginal costing*

aquaculture 水産養殖, *aquiculture*

aquaculture en eau douce 淡水魚養殖, *fresh water fish farming*

aquaculture marine 海水魚養殖, *fish farming*

(café) arabica アラビカコーヒー, *arabica coffee*

arabo- 〈連結形〉アラブの, *Arab-*

arabophone アラビア語を話す, *Arabic-speaking*

arachnophobie 蜘蛛恐怖症, *arachnephobia*

arbitrage 〚証〛鞘取り；鞘取り売買, *arbitrage*

arbitrage 〚証〛トレードオフ：同時に満たし得ないいくつかの条件の取捨についての考慮, *trade-off*

arbitrage bilatéral (為替相場の) 2 点間裁定：直接裁定を意味する, *two point arbitrage*

arbitrage des indices 〚証〛指数利用株式裁定取引, *index arbitrage*

arbitrage des risques 〚証〛リスク裁定取引, *risk arbitrage*

arbitrage du change 〚金〛外為鞘取り, *arbitrage of exchange*

arbitrage sur taux d'intérêts 〚金〛金利裁定, *interest arbitrage*

arbitrage trilatéral (為替相場の) 3 点間裁定：間接裁定を意味する, *three point arbitrage*

arbitragiste 〚金〛アービトラージャー：鞘取りをする人, *arbitrage broker*

arbitragiste 〚金〛鞘取売買の, *of arbitrage*

arbitragiste-risque 〚金〛リスクアービトラージャー：リスクを伴った裁定取引をする人, *risk arbitrager*

arbitre dans un conflit du travail 労働紛争の裁定人, *adjudicator in an industrial dispute*

arbre de décision 意思決定樹, *decision tree*

〈l'Archipel du Goulag〉 (Soljenitsyne の小説の題名から転じて旧ソ連の) 強制労働収容所網, *Gulag Archipelago*

architecture distribuée 〚コンピュ〛分散型アーキテクチャー, *distributed architecture*

architecture orientée objet 〖コンピュ〗オブジェクト指向アーキテクチャー, *object-oriented architecture*

architecture unifiée d'application 〖コンピュ〗システムズアプリケーション体系, *system application architecture*

architecture unifiée de réseau 〖コンピュ〗システム網アーキテクチャー：IBM社開発の通信体系, *systems network architecture*

archivage 〖コンピュ〗アーカイビング, *archiving*

archivage électronique 〖コンピュ〗電子ファイル, *electronic filing*

archives cinématographiques フィルムライブラリー, *film library*

archives comptables 会計帳簿, *accounting records*

ardoise électronique 〖コンピュ〗(ペンポイント式などの)データ記入ポケットコンピュータ, *pocket computer*

argent à vue 〖金〗コールマネー：要求あり次第随時返済条件の銀行融資, *call money*

argent au jour le jour 〖金〗(金利の)翌日物, *overnight money*

argent bon marché 低金利資金, *cheap money*

argent cher 高金利資金, *dear money*

argent en caisse 〖金〗キャッシュポジション：正味資産総額に対する現金の割合, *cash position*

argent improductif 遊休貨幣, *money lying idle*

argent natif 天然銀, *native silver*

argent qui dort 非生産的資金, *dead money*

argenté 〖オプ〗イン・ザ・マネー：オプションを行使すると利益が出る状態, *in the money*

argument de vente セリングポイント：当該製品の有するメリット, *selling point*

argument du protectionnisme éducateur 幼稚産業保護論, *infant industry protection argument*

armes à rayonnement renforcé 放射増強兵器, *enhanced radiation weapons*

armes binaires 二成分神経ガス兵器, *binary weapons*

armes classiques 通常兵器, *conventional weapons*

armes de destruction massive 大量破壊兵器, *mass destruction weapons*

armes de théâtre 戦域核, *theater nuclear weapons*

armes légères et de petit calibre 小型武器, *small arms*

arme libre 〖スポ〗(バイアスロンの)フリーライフル, *free rifle*

armes NBC (=nucléaire, biologique et chimique) 核・生物・化学兵器, *ABC (=atomic, biological and chemical)*

weapons
armes nucléaires tactiques 戦術核兵器, *tactical nuclear weapons*
armes portatives 携帯兵器, *small arms*
Armée de libération du Kosovo コソボ解放軍：アルバニア系住民の武装組織, *Kosovo Liberation Army*
Armée de libération nationale irlandaise アイルランド民族解放軍, *Irish National Liberation Army*
armée de métier 正規軍, *regular army*
armée de réserve des chômeurs / armée industrielle de réserve 〘経〙産業予備軍, *reserve army of industry*
armée permanente 常備軍, *standing army*
Armée populaire de libération du Soudan スーダン人民解放軍, *Sudanese Popular Liberation Army*
Armée républicaine irlandaise アイルランド共和国軍, *Irish Republican Army*
Armée zapatiste de libération nationale （メキシコの）サパティスタ国民解放軍, *Zapatista National Liberation Army*
ARN (＝acide ribonucléique) de message 〘バイオ〙伝令RNA, *messenger RNA (＝ribonucleic acid)*
ARN de transfert 〘バイオ〙転移RNA；運搬；受容RNA, *transfer RNA (＝ribonucleic acid)*
arobase 〘コンピュ〙（@を意味する）アットマーク, *at sign*
Arrangement concernant la viande bovine 牛肉取決め, *Arrangement regarding Bovine Meat*
Arrangement concernant le commerce international des textiles 国際繊維取決め, *Arrangement regarding International Trade in Textiles*
arrangement de commercialisation ordonnée 市場秩序維持のための協定, *orderly marketing agreement*
arrangement de crédits croisés スワップ取決め, *swap arrangement*
Arrangement de l'OCDE (＝Organisation de coopération et de développement économiques) sur le crédit à l'exportation 経済協力開発機構輸出信用取決め, *OECD Understanding on Export Credit*
Arrangement de Strasbourg concernant la classification internationale des brevets 特許の国際分類に関するストラスブール協定, *Strasbourg Agreement Concerning the International Patent Classification*
Arrangement de Wassenaar ワッセナー取決め：通常兵器の輸出規制を定めた1995年12月の取決め, *Wassenaar Arrange-*

ment

arrangement équitable 公正な取引, *fair deal*

arrangement multifibres 多国間繊維取決め, *multi-fiber arrangement*

arrangement sur l'envoi des volontaires de coopération d'outre-mer 青年海外協力隊派遣取決め, *dispatch agreement of Overseas Cooperation Volunteers*

arrêt brutal 〖コンピュ〗クラッシュ, *crash*

arrêt de livraison 配達中断, *suspension of deliveries*

arrêt fin de papier 〖コンピュ〗用紙切れ, *form stop*

arrêt imprévu 〖コンピュ〗ハングアップ, *hang-up*

arrêt sur image （ビデオの）一時停止, *pause*

arrêté de compte 〖会〗勘定締切り, *account settled*

arrêté mensuel des écritures comptables 〖会〗毎月の計算確認書, *closing off of the monthly account*

arrhénophobie 男性恐怖症, *arrhenophobia*

arrhes non remboursables 払戻し不可能な保証金, *non-refundable deposit*

arrière corps （航空機の）後部胴体, *afterbody*

arriéré d'impôts 滞納税, *back tax*

art minimal ミニマルアート, *minimal art*

art optique オプティカルアート, *optical art*

art topiaire トピアリー：装飾的剪定術, *topiary*

articles d'achat et d'usage courants 便宜品, *convenience goods*

article d'appel 特売商品, *loss leader*

article de crédit 〖会〗受取項目, *item of credit side*

article de débit 〖会〗支払項目, *item of debt side*

articles de dépense 〖会〗支出の部, *items of expenditure*

article de dessus de ligne 〖会〗アバブ・ザ・ライン：特別損益項目および利益処分項目を除いた項目, *above the line*

article de fond 社説, *leading article*

articles de recette 収入の部, *items of revenue*

article défraîchi 店晒しの品, *shopsoiled item*

article d'imputation 〖金〗帰属項目, *imputed item*

articles en solde à moitié prix 半値割引商品, *articles of half-price sales*

article restreint 〖貿〗制限品目, *restricted item*

article sacrifié 見切品, *loss leader*

article taxable 有税品, *dutiable good*

article très demandé 売筋商品, *good seller*

article vedette おとり商品, *loss leader*

article vedette 特別記事, *feature article*

⟨artilects⟩ 人工知性, *artificial intellects*

artiste de travesti 〚風〛ニューハーフの芸人, *drag artist*

ascenseur 〚コンピュ〛スクロールバー, *scroll bar*

aseptiseur (手などを滅菌する)ステリライザー, *sterilizer*

aspartame アスパルテーム:砂糖の180倍の甘さでカロリーは1/180という合成新甘味料, *aspartame*

asphyxie de l'économie par la voie du crédit 金融逼迫, *credit crunch*

assainissement des finances 財政健全化, *financial reconstruction*

assainissement structurel 構造的改善, *structural improvements*

Assemblée fédérale (スイスの衆参合同会である)連邦議会, *Federal Assembly*

assemblée générale annuelle 年次総会, *annual general meeting*

assemblée générale extraordinaire 臨時総会, *extraordinary meeting*

assemblée générale ordinaire 通常総会, *ordinary general meeting*

Assemblée mondiale de la jeunesse 世界青年会議, *World Assembly of Youth*

Assemblée mondiale de la santé 世界保健会議, *World Health Assembly*

Assemblée nationale du peuple (中国の)全国人民代表大会:略称は全人代, *National People's Congress (China)*

Assemblée parlementaire européenne 欧州議院会議:欧州議会の旧称(1958-62年), *European Parliamentary Assembly*

assembleur croisé 〚コンピュ〛クロスアセンブラー, *cross assembler*

assembleur-désassembleur de paquets 〚通〛パケット組立分解機能, *packet assembler/disassembler*

asservi 〚コンピュ〛スレーブの:他の装置に制御されているという意味, *slave*

⟨**assiette au beurre**⟩ 利権, *cushy job / pork-barrel*

assiette des cotisations 〚保〛保険料の算定基礎, *contribution base (Social Security)*

Assistance (publique) 児童養護施設, *protective institution*

assistance annuaire (カナダの)電話番号案内, *directory assistance*

assistant spécial pour la construction et l'entretien des immeubles (日本の外務省)営繕管理官, *Special As-*

sistant for Building and Property Management (Japan)

assistant spécial pour la protection des ressortissants japonais à l'étranger (日本の外務省)邦人援護官, *Special Assistant for Protection of Japanese Nationals Abroad*

assistant spécial pour l'administration des employés locaux (日本の外務省)現地職員管理官, *Special Assistant for Administration for Local Employees (Japan)*

assistant spécial pour le budget (日本の外務省)予算経理官, *Special Assistant for Budgetary Affairs (Japan)*

assistant supérieur chargé des relations avec le Parlement (日本の外務省)国会担当企画官, *Senior Assistant for Parliamentary Affairs (Japan)*

assistant supérieur pour la planification administrative (日本の外務省)外交機能強化担当企画官, *Senior Assistant for Administrative Planning (Japan)*

association à but religieux 宗教目的の団体, *religious purpose association*

Association actuarielle internationale 国際保険数理協会, *International Actuarial Association*

Association aéronautique et astronautique de France フランス航空宇宙工学協会, *Aeronautical and Astronautical Association of France*

Association africaine de cartographie アフリカ地図学協会, *African Association of Cartography*

Association africaine de l'éducation des adultes アフリカ成人教育協会, *African Adult Education Association*

Association africaine d'éducation pour le développement 開発のための教育アフリカ協会, *African Association of Education for Development*

Association africaine pour la promotion de main-d'œuvre 労働力促進アフリカ協会, *African Association for Manpower Advancement*

Association asiatique de gastro-entérologie アジア消化器病学会, *Asian Association Gastroenterology*

Association asiatique des chirurgiens pédiatriques アジア小児外科学会, *Asian Association Pediatric Surgeons*

Association cambiste internationale 世界フォレックスクラブ：通称はACI, *International Foreign Exchange Dealers Association*

Association cartographique internationale 国際地図学協会, *International Cartographic Association*

Association consultative des producteurs du bois

de l'Asie du Sud-Est 東南アジア木材生産者協調会, *Southeast Asia Timber Producer's Association*

Association d'Amérique pour les langues modernes アメリカ近代語協会, *Modern Language Association of America*

Association de bibliothèques internationales 国際図書館協会, *Association of International Libraries*

Association de conseils de recherche sur les sciences sociales en Asie アジア社会科学研究協議会連盟, *Association of Asian Social Science Research Councils*

Association de coopération régionale pour l'Asie du Sud 南アジア地域協力連合, *South Asia Association for Regional Cooperation*

Association de coordination de la manipulation des chargements 国際船荷輸送協会, *International Cargo Handling Coordination Association*

Association de défense de l'environnement 環境保護団体, *environment protection association*

Association de droit international 国際法協会, *International Law Association*

Association de gestion des prêts étudiants (米国の) サリーメイ, *Sallie Mae (Student Loan Marketing Association)*

Association de la protection et de l'indemnité 船主責任相互保険組合, *Protection and Indemnity Association*

Association de langue et littérature modernes d'Afrique occidentale 西アフリカ近代語学・文学協会, *West African Modern Language and Literature Association*

Association de l'Asie du Sud-Est 東南アジア連合, *Association of Southeast Asia*

Association de libre-échange des Caraïbes カリブ自由貿易連合, *Caribbean Free Trade Association*

Association de linguistique et de philologie d'Amérique latine 中南米語・文学研究協会, *Linguistic and Philological Association of Latin America*

association de malfaiteurs 凶徒の結社；犯罪者の結社, *conspiracy*

Association de neurologie d'Asie et d'Océanie アジア大洋州神経学会, *Asian and Oceanian Association of Neurology*

association de participation 損益参加組合, *joint venture*

association de propagande 宣伝普及協会, *propaganda*

association

Association de recherche apicole 養蜂研究協会, *Bee Research Association*

Association de science régionale 地域学会, *Regional Science Association*

Association démocratique des Français à l'étranger 在外フランス人民主協会, *Democratic Association of French Citizens Abroad*

association d'employés 従業員組合, *employee association*

Association dentaire française フランス歯科協会, *French Dental Association*

Association des anciens fonctionnaires internationaux 国際公務員OB協会, *Association of Former International Civil Servants*

Association des avocats américains 米国弁護士協会, *American Bar Association*

Association des banques centrales africaines アフリカ中央銀行協会, *Association of African Central Banks*

association des chambres de commerce et d'industrie 商工会議所協会, *association of the chambers of commerce and industry*

Association des chimistes analytiques officiels (米国の)分析化学研究者協会, *Association of Official Analytical Chemists (USA)*

Association des constructeurs d'automobiles 自動車工業会, *Automobile Manufacturers' Association*

Association des constructeurs européens d'automobiles 欧州自動車製造業者協会；欧州自動車生産者連盟, *Association of European Automobile Manufacturers*

Association des constructeurs japonais d'automobiles 日本自動車工業会, *Japan Automobile Manufacturers' Association*

Association des correspondants des radios et télévisions étrangères à Paris 在パリ外国ラジオテレビ特派員協会, *Association of Foreign Radio and Television Correspondents in Paris*

Association des courtiers et négociateurs de marchandises à terme 先物ブローカー・ディーラー協会, *Association of Futures Brokers and Dealers*

Association des courtiers internationaux en obligations 国際債券取引業者協会, *Association of International Bond Dealers*

Association des dépôts dentaires européens 欧州歯

科デポ剤協会, *European Association of Dental Depots*

Association des écrivains de langue française フランス語作家協会, *Association of French-Language Writers*

Association des éditeurs de logiciels ソフトウェア出版協会, *Software Publishers Association*

Association des exportateurs de céréales d'Amérique du Nord 北米穀物輸出業者協会, *North American Export Grain Association*

Association des fabricants européens d'équipements ferroviaires 欧州鉄道設備メーカー協会, *Association of European Railway Equipment Manufacturers*

Association des fabricants européens des rubans adhésifs 欧州接着テープメーカー協会, *Association of European Manufacturers of Self-Adhesive Tapes*

Association des historiens africains アフリカ史研究協会, *Association of African History*

Association des industries agro-alimentaires 農産物加工業協会, *Agribusiness Association*

Association des industries de l'électronique du Japon 日本電子機械工業会, *Electronic Industries Association of Japan*

Association (américaine) des industries électroniques (米国の)電子工業会, *Electric Industries Association (USA)*

Association des instituts d'études européennes 欧州学研究所協会, *Association of Institutes for European Studies*

Association des intermédiaires, gestionnaires et agents financiers 金融仲介業者規制協会, *Financial Intermediaries, Managers and Brokers Regulatory Association*

Association des langues et littératures des universités d'Australasie オーストラリア・ニュージーランド大学語学・文学協会, *Australasian Universities Language and Literature Association*

Association des médecins français pour la prévention de la guerre nucléaire 核戦争防止国際医師の会, *International Physicians for the Prevention of Nuclear Wars*

Association des musées d'Afrique tropicale 熱帯アフリカ博物館協会, *Museums Association of Tropical Africa*

Association des nations de l'Asie du Sud-Est / Association des nations du Sud-Est asiatique アセアン；東南アジア諸国連合, *Association of Southeast Asian Nations*

Association des Nations unies 国連協会, *United Na-*

tions Association

Association des organisations africaines de promotion commerciale アフリカ貿易振興機関協会, *Association of African Trade Promotion Organizations*

Association des pays exportateurs de minerai de fer 鉄鉱石輸出国連合, *Association of Iron Ore Exporting Countries*

Association des pays producteurs de caoutchouc naturel 天然ゴム生産国協会, *Association of Natural Rubber-Producing Countries*

Association des régimes de retraite complémentaire 付加年金組合, *Supplementary Retirement Regime Association*

Association des régions frontalières européennes 欧州国境地域協会, *Association of European Border Regions*

Association des répartiteurs d'avaries 海損精算人協会, *Association of Average Adjusters*

Association des résidents coréens au Japon （日本の親北朝鮮組織）在日朝鮮人総連合会：略称は朝鮮総連または総連, *Chongryon (pro-Pyongyang organization of Korean Residents in Japan)*

Association des services géologiques africains アフリカ地質調査所協会, *Association of African Geological Surveys*

Association des sociétés nationales européennes et méditerranéennes de gastro-entérologie 欧州・地中海胃腸病学会, *Association of European and Mediterranean Societies of Gastroenterology*

Association des sociétés pédiatriques de la région Sud-Est asiatique 東南アジア小児学会, *Association of Pediatric Societies of Southeast Asian Region*

Association des universités africaines アフリカ大学協会, *Association of African Universities*

Association des universités partiellement ou entièrement de langue française フランス語圏大学連盟, *Association of Wholly or Partially French Language Universities*

Association d'études des humanités modernes 近代人文科学研究協会, *Modern Humanities of Research Association*

Association d'études et de statistiques pour l'industrie textile 繊維産業研究・統計協会, *Association for the Study of Statistics in the Textile Industry*

Association d'instituts européens de conjoncture économique 欧州景気研究所協会, *Association of European Conjuncture Institutes*

Association du marché de l'escompte ロンドン割引市場協会, *London Discount Market Association*

Association du marché secondaire 流通市場協会, *Secondary Market Association*

Association du Saint-Esprit pour l'unification du christianisme mondial 世界基督教統一神霊協会:いわゆる「統一協会」の正式名, *Holy Spirit Association for the Unification of World Christianity*

association en participation 匿名社団, *undisclosed partnership*

association européenne 欧州組合, *European Association*

Association européenne d'athlétisme 欧州アスレチック協会, *European Athletic Association*

Association européenne de la thérapie de comportement 欧州行動療法学会, *European Association of Behavior Therapy*

Association européenne de laboratoires de télédétection 欧州リモートセンサー研究所協会, *European Association of Remote Sensing Laboratories*

Association européenne de l'asphalte 欧州アスファルト協会, *European Mastic Asphalt Association*

Association européenne de libre-échange 欧州自由貿易連合, *European Free Trade Association*

Association européenne de normalisation des télécommunications 欧州電信標準化協会, *European Telecommunications Standards Institute*

Association européenne de psychologie sociale expérimentale 欧州実験社会心理学会, *European Association of Experimental Social Psychology*

Association européenne de radiologie 欧州放射線学協会, *European Association of Radiology*

Association européenne de rédacteurs-en-chef de publications relatives aux sciences de la Terre 欧州地学編集協会, *European Association of Earth Science Editors*

Association européenne de vente par correspondance 欧州通信販売協会, *European Mail Order Traders Association*

Association européenne des agences de publicité 欧州広告代理店協会, *European Association of Advertising*

Agencies

Association européenne des audioprothésistes 欧州補聴器製造技士協会, *European Association of Hearing Aid Dispensers*

Association européenne des centres d'audiophonologie 欧州聴覚音声学協会, *European Association of Audiophonological Centers*

Association européenne des conservatoires 欧州音楽院協会, *European Association of Conservatories*

Association européenne des constructeurs de matériel aérospatial 欧州航空宇宙機材メーカー協会, *European Association of Aerospace Equipment Builders*

Association européenne des contribuables 欧州納税者協会, *European Taxpayers Association*

Association européenne des courtiers en valeurs mobilières 欧州証券ディーラー協会, *European Association of Securities Dealers*

Association européenne des directeurs d'hôpitaux 欧州病院経営者協会, *European Association of Hospital Administrators*

Association européenne des écoles et collèges d'optométrie 欧州検眼学校協会, *European Association of Schools and Colleges of Optometry*

Association européenne des éditeurs d'annuaires 欧州年鑑編集者協会, *European Association of Directory Publishers*

Association européenne des études chinoises 欧州中国研究協会, *European Association of Chinese Studies*

Association européenne des exploitants frigorifiques 欧州冷蔵業者協会, *European Association of Refrigeration Enterprises*

Association européenne des fabricants d'électronique grand public 欧州コンシューマーエレクトロニクス製造業者協会, *European Association of Consumer Electronics Makers*

Association européenne des festivals de musique 欧州音楽祭協会, *European Association of Music Festivals*

Association européenne des gaz de pétrole liquéfiés 欧州LPガス協会, *European Liquefied Petroleum Gas Association*

Association européenne des graveurs et des flexographes 欧州彫版・フレキソ印刷協会, *European Association of Engravers and Flexographers*

Association européenne des industries de l'habillement 欧州衣料産業協会, *European Association of Clothing Industries*

Association européenne des industries de produits de marque 欧州ブランド商品産業協会, *European Association of Industries of Branded Products*

Association européenne des industries et commerce de boyauderie 欧州腸解体形成作業協会, *European Natural Sausage Casings Association*

Association européenne des musées de plein air 欧州野外博物館協会, *Association of European Open Air Museums*

Association européenne des officiers professionnels de sapeurs-pompiers 欧州職業消防隊員協会, *European Association of Professional Fire Brigade Officers*

Association européenne des producteurs d'acides gras 欧州脂肪酸生産者協会, *European Association of Fatty Acid Producing Companies*

Association européenne des radios 欧州ラジオ協会, *European Association of Radio*

Association européenne des sociétés de capital-investment 欧州ベンチャーキャピタル協会, *European Venture Capital Association*

Association européenne des spécialités pharmaceutiques grand public 欧州専売薬品協会, *Association of the European Self-Medication Industry*

Association européenne du film d'animation 欧州アニメ映画協会, *European Association of Animation Film*

Association européenne du laser 欧州レーザー協会, *European Laser Association*

Association européenne du moulinage 欧州撚り糸工協会, *European Throwsters Association*

Association européenne pour la coopération 協力のための欧州団体, *European Association for Cooperation*

Association européenne pour les études japonaises ヨーロッパ日本研究協会, *European Association for Japanese Studies*

Association européenne pour l'étude des diabètes 欧州糖尿病研究協会, *European Association for the Study of Diabetes*

Association européenne pour l'étude du marché pharmaceutique 欧州医薬品市場調査協会, *European Pharmaceutical Marketing Research Association*

Association Eveil Japon エベイユジャポン協会, *Eveil Japan Association*

Association française de bicrossing フランス自転車モトクロス協会, *French BMX Association*

Association française de documentation et d'information nucléaires フランス核資料情報協会, *French Association for Nuclear Documentation and Information*

Association française de la télématique multimédia フランスマルチメディア情報通信協会, *French Telematics-Multimedia Association*

Association française de normalisation フランス規格化協会, *French Standardization Association*

Association française de télématique フランステレマティック協会, *French Telematics Association*

Association française des banques フランス銀行協会, *French Bankers' Association*

Association française des equity dealers フランスエクイティディーラー協会, *French Equity Dealers' Association*

Association française des sociétés de Bourse フランス証券市場会員会社協会, *Bourse member firms' representative body*

Association française des utilisateurs du téléphone et des télécommunications フランス電話電信利用者協会, *French association of telephone and telecommunication users*

Association française des volontaires du progrès フランス進歩ボランティア協会, *French Association of Volunteers for Progress*

Association française d'experts de la coopération technique internationale フランス国際技術協力専門家協会, *French Association of Experts Assigned to International Technical Cooperation*

Association française du calcul フランス計算協会, *French Computing Association*

Association française pour la Communauté Atlantique フランス大西洋共同体協会, *French Association for the Atlantic Community*

Association française pour l'accroissement de la productivité フランス生産性向上協会, *French Association for Increased Productivity*

Association française pour l'étude du cancer フランス癌研究協会, *French Association for the Study of Cancer*

Association francophone d'éducation comparée フランス語圏比較教育協会, *French-Speaking Comparative Education Association*

Association générale des fédérations internationales de sports 国際スポーツ連盟機構, *General Association of International Sports Federation*

Association Henri Capitant アンリ・カピタン協会, *Henri Capitant Association*

Association HUGO (米国の)ヒトゲノム機構, *Human Genome Organization (HUGO)*

Association internationale contre la torture 国際拷問防止協会, *International Association Against Torture*

Association internationale contre le bruit 国際騒音防止協会, *International Association Against Noise*

Association internationale d'aérobiologie 国際好気性生物学機構, *International Association for Aerobiology*

Association internationale d'allergologie 国際アレルギー学会, *International Association of Allergology*

Association internationale d'archéologie classique 国際古典考古学協会, *International Association for Classical Archaeology*

Association internationale d'archives sonores 国際音声資料館協会, *International Association of Sound Archives*

Association internationale d'assistance juridique 国際法律扶助協会, *International Legal Aid Association*

Association internationale d'asthmologie 国際喘息協会, *International Association of Asthmology*

Association internationale de bibliophilie 国際ビブリオフィル協会, *International Association of Bibliophiles*

Association internationale de bibliothécaires et documentalistes agricoles 国際農業図書館・ドキュメンテーション協会, *International Association of Agricultural Librarians and Documentalists*

Association internationale de bibliothéconomie 国際学校図書館協会, *International Association of School Librarianship*

Association internationale de boxe amateur 国際アマチュアボクシング協会, *International Amateur Boxing Association*

Association internationale de broncho-pneumologie 国際気管支肺臓研究協会, *International Association for Broncho-Pneumology*

Association internationale de bryozoologie 国際蘚苔

類学会, *International Bryozoology Association*

Association internationale de chimie céréalière 国際穀物化学協会, *International Association for Cereal Chemistry*

Association internationale de cybernétique 国際サイバネティックス協会, *International Association for Cybernetics*

Association internationale de cytologie 国際細胞学アカデミー, *International Academy of Cytology*

Association internationale de développement 国際開発協会, *International Development Association*

Association internationale de documentation 国際資料協会, *International Documentation Association*

Association internationale de droit africain 国際アフリカ法協会, *International African Law Association*

Association internationale de droit constitutionnel 国際憲法協会, *International Association of Constitutional Law*

Association internationale de droit des assurances 国際保険法学会, *International Association of Insurance Law*

Association internationale de droit nucléaire 国際原子力法協会, *International Nuclear Law Association*

Association internationale de droit pénal 国際刑法協会, *International Association of Penal Law*

Association internationale de génie séismique 国際地震工学会, *International Association for Earthquake Engineering*

Association internationale de géochimie et de cosmochimie 国際地球化学・宇宙化学協会, *International Association of Geochemistry and Cosmochemistry*

Association internationale de géodésie 国際測地学協会, *International Association of Geodesy*

Association internationale de géologie de l'ingénieur 国際土木地質学協会, *International Association of Engineering Geology*

Association internationale de géomagnétisme et d'aéronomie 国際地球電磁気学・超高層物理学協会, *International Association of Geomagnetism and Aeronomy*

Association internationale de gérontologie 国際老年学会, *International Association of Gerontology*

Association internationale de la bauxite 国際ボーキサイト生産国連合, *International Bauxite Association*

Association internationale de la couleur 国際色彩学

会, *International Color Association*
Association internationale de la Croix-Rouge 国際赤十字協会, *International Red Cross Association*
Association internationale de la distribution des produits alimentaires et des produits de grande consommation 国際食品・大衆消費製品流通協会, *International Association for the Distribution of Food Products and General Consumer Goods*
Association internationale de la meunerie 国際製粉協会, *International Milling Association*
Association internationale de la presse échiquéenne 国際チェス記者協会, *International Association of Chess Press*
Association internationale de la presse sportive 国際スポーツ記者協会, *International Sports Press Association*
Association internationale de la psychologie adlérienne 国際個体心理学協会, *International Association of Individual Psychology*
Association internationale de la psychologie appliquée 国際応用心理学会, *International Association of Applied Psychology*
Association internationale de la savonnerie et de la détergence 国際石鹸洗剤協会, *International Association of the Soap and Detergent Industry*
Association internationale de la science du sol 国際土壌学会, *International Society of Soil Science*
Association internationale de la Sécurité sociale （国際労働機関の）国際社会保障協会, *International Social Security Association (ILO)*
Association internationale de la soie 国際絹業協会, *International Silk Association*
Association internationale de la teinture et de l'impression textiles 国際繊維染色・プリント協会, *International Association of Textile Dyers and Printers*
Association internationale de lecture 国際読書学会, *International Reading Association*
Association internationale de l'étanchéité 国際防水協会, *International Waterproofing Association*
Association internationale de l'hôtellerie 国際ホテル協会, *International Hotel Association*
Association internationale de limnologie théorique et appliquée 国際理論・応用陸水学会, *International Association of Theoretical and Applied Limnology*

Association internationale de linguistique appliquée 国際応用言語学会, *International Association of Applied Linguistics*

Association internationale de littérature comparée 国際比較文学会, *International Comparative Literature Association*

Association internationale de logopédie et phoniatrie 国際音声言語医学会, *International Association of Logopedics and Phoniatrics*

Association internationale de matériel de terrassement 国際路外車輛学会, *International Society for Terrain-Vehicle Systems*

Association internationale de médecine agricole et de santé rurale 国際農業農村医学会, *International Association of Agricultural Medicine an Rural Health*

Association internationale de médecine de réadaptation 国際リハビリテーション医学協会, *International Rehabilitation Medicine Association*

Association internationale de médecine des accidents et du trafic 国際交通災害医学会, *International Association for Accident and Traffic Medicine*

Association internationale de médecine et de biologie de l'environnement 国際環境医学・生物学協会, *International Association for Medicine and Biology of Environment*

Association internationale de météorologie et de physique de l'atmosphère 国際気象学・大気物理学協会, *International Association of Meteorology and Atmospheric Physics*

Association internationale de minéralogie 国際鉱物学連合, *International Mineralogical Association*

Association internationale de mycologie 国際菌学会連合, *International Mycological Association*

Association internationale de papyrologues 国際パピルス紙学協会, *International Association of Papyrologists*

Association internationale de pédiatrie 国際小児科学会, *International Pediatric Association*

Association internationale de philosophie du droit et de philosophie sociale 国際法哲学・社会哲学会, *International Association for the Philosophy of Law and Social Philosophy*

Association internationale de photobiologie 国際光生物学協会, *International Photobiology Association*

Association internationale de planétologie 国際惑星学会, *International Association of Planetology*

Association internationale de professeurs d'allemand 国際ドイツ語教師連盟, *International Association of Teachers of German*

Association internationale de prophylaxie de la cécité 国際失明予防協会, *International Agency for the Prevention of Blindness*

Association internationale de psychiatrie infantile et des professions affiliées 国際児童精神医学会, *International Association for Child Psychiatry and Allied Professions*

Association internationale de psychologie analytique 国際分析心理学協会, *International Association for Analytical Psychology*

Association internationale de psychologie interculturelle 国際異文化間心理学協会, *International Association for Cross-Cultural Psychology*

Association internationale de publicité 国際広告協会, *International Advertising Association*

Association internationale de radiologie dento-maxillo-faciale 国際歯顎顔面放射線学会, *International Association of Dento-Maxillofacial Radiology*

Association internationale de recherche consacrée à la paix 国際平和研究学会, *International Peace Research Association*

Association internationale de recherche en informatique toxicologique 国際毒物学研究情報協会, *International Association of Toxicological Research and Information*

Association internationale de recherches ergonomiques 国際人間工学会, *International Ergonomics Association*

Association internationale de recherches sur le revenu et la fortune 国際所得国富研究学会, *International Association for Research in Income and Wealth*

Association internationale de recherche sur les radiations 国際放射線研究連合, *International Association for Radiation Research*

Association internationale de relations professionnelles 国際労使関係研究協会, *International Industrial Relations Association*

Association internationale de sauvetage et de pre-

miers secours en cas d'accidents 国際救命救急医療学会, *International Association for Rescue and First Aid in Accidents*

Association internationale de science politique 世界政治学会, *International Political Science Association*

Association internationale de sédimentologistes 国際堆積学連合, *International Association of Sedimentologists*

Association internationale de séismologie et de physique de l'intérieur de la Terre 国際地震学・地球内部物理学協会, *International Association of Seismology and Physics of the Earth's Interior*

Association internationale de signalisation maritime 国際灯台協会, *International Association of Lighthouse Authorities*

Association internationale de sociétés s'occupant des agents mutagènes présents dans l'environnement 国際環境変異原学会連合, *International Association Environmental Mutagen Societies*

Association internationale de sociologie 国際社会学会, *International Sociological Association*

Association internationale de sociologie rurale 国際農村社会学会, *International Rural Sociology Association*

Association internationale de standardisation biologique 国際生物標準化協会, *International Association for Biological Standardization*

Association internationale de statisticiens d'enquêtes 国際調査統計学会, *International Association of Survey Statisticians*

Association internationale de strabisme 国際斜視学会, *International Strabismological Association*

Association internationale de terminologie 国際術語学協会, *Association of Terminology*

Association internationale de thalassothérapie 国際海水療法協会, *International Association of Thalassotherapy*

Association internationale de toxicologie légale 国際法毒物学協会, *International Association of Forensic Toxicologists*

Association internationale de volcanologie et de chimie de l'intérieur de la Terre 国際火山学・地球内部化学協会, *International Association of Volcanology and Chemistry of the Earth's Interior*

Association internationale d'écologie 国際生態学会, *International Association for Ecology*

Association internationale d'entreprises de dragage 国際浚渫業協会, *International Association of Dredging Companies*

Association internationale d'épidémiologie 国際疫学協会, *International Epidemiological Association*

Association internationale d'épigraphie grecque et latine 国際ギリシャ・ラテン碑銘金石学協会, *International Association for Greek and Latin Epigraphy*

Association internationale d'épigraphie latine 国際ラテン碑銘金石学協会, *International Association for Latin Epigraphy*

Association internationale des anatomistes du bois 国際木材解剖学協会, *International Association of Wood Anatomists*

Association internationale des anthropobiologistes 国際人類生物学協会, *International Association of Human Biologists*

Association internationale des arts plastiques 国際造形美術協会, *International Association of Plastic Arts*

Association internationale des bibliothèques, archives et centres de documentation musicaux 国際音楽資料情報協会, *International Association of Music Libraries, Archives and Documentation Centers*

Association internationale des bibliothèques de droit 国際法律図書館協会, *International Association of Law Libraries*

Association internationale des bibliothèques d'universités polytechniques 国際工科大学図書館協会, *International Association of Technological University Libraries*

Association internationale des Bourses de valeurs 国際証券市場協会, *International Securities Market Association*

Association internationale des chirurgiens de la bouche 国際口腔外科学会, *International Association of Oral Surgeons*

Association internationale des constructeurs de matériel roulant 国際鉄道車両製造業者協会, *International Association of Rolling Stock Builders*

Association internationale des critiques d'art 国際美術評論家連盟, *International Association of Art Critics*

Association internationale des critiques littéraires 国際文芸評論家協会, *International Association of Literary Critics*

Association internationale des dispatcheurs européens 国際欧州海損精算人協会, *International Association of European General Average Adjusters*

Association internationale des distributions d'eau 国際水道協会, *International Water Supply Association*

Association internationale des écoles de service social 国際社会事業学校協会, *International Association of Schools of Social Work*

Association internationale des écoles des sciences de l'information 国際情報科学学校協会, *International Association of Information Sciences Schools*

Association internationale des économistes agronomiques 国際農業経済学会, *International Association of Agricultural Economists*

Association internationale des éducateurs de jeunes inadaptés 国際社会的適応不良児童教育者協会, *International Association of Workers for Maladjusted Children*

Association internationale des éducateurs pour la paix mondiale 世界平和教育者国際協会, *International Association of Educators for World Peace*

Association internationale des études byzantines 国際ビザンチン研究協会, *International Association for Byzantine Studies*

Association internationale des études de l'Asie du Sud-Est 国際東南アジア研究協会, *International Association for Southeast Asia Studies*

Association internationale des études et recherches sur l'information 国際マスコミュニケーション研究協会, *International Association for Mass Communication Research*

Association internationale des études françaises 国際フランス研究学会, *International Association of French Studies*

Association internationale des études germaniques 国際ドイツ研究協会, *International Association for Germanic Studies*

Association internationale des études hongroises 国際ハンガリー研究協会, *International Association of Hungarian Studies*

Association internationale des études néerlandaises 国際オランダ研究学会, *International Association of Dutch Studies*

Association internationale des études néo-latines 国際ネオラテン協会, *International Association for Neo-Latin*

Studies

Association internationale des études tamiles 国際タミル研究協会, *International Association of Tamil Research*

Association internationale des étudiants dentaires 国際歯学生協会, *International Association of Dental Students*

Association internationale des étudiants en agriculture 国際農学生協会, *International Association of Agricultural Students*

Association internationale des étudiants en sciences économiques et commerciales 国際経済・商科学生協会, *International Association of Students in Economics and Commerce*

Association internationale des femmes médecins 国際女医会, *Medical Women's International Association*

Association internationale des grands magasins 国際デパート協会, *International Association of Department Stores*

Association internationale des hispanistes 国際スペイン研究協会, *International Association of Hispanists*

Association internationale des historiens de la Renaissance 国際ルネッサンス史協会, *International Association of Renaissance History*

Association internationale des historiens de l'Asie 国際アジア史研究協会, *International Association of Historians of Asia*

Association internationale des hydrogéologues 国際水文(すいもん)地質学会, *International Association of Hydrogeologists*

Association internationale des instituts de navigation 国際航法学会, *International Association of Institutes of Navigation*

Association internationale des interprètes de conférence 国際会議通訳協会, *International Association of Conference Interpreters*

Association internationale des jardins botaniques 国際植物園協会, *International Association for Botanical Gardens*

Association internationale des jeunes avocats 国際青年弁護士協会, *Young Lawyers' International Association*

Association internationale des juristes démocrates 国際民主法律家協会, *International Association of Democratic Lawyers*

Association internationale des langues et littéra-

tures slaves 国際スラブ語文学協会, *International Association of Slavonic Languages and Literatures*

Association internationale des loteries d'Etat 国際国営宝くじ協会, *International Association of State Lotteries*

Association internationale des maires francophones 国際フランス語圏市長協会, *International Association of French-Speaking Mayors*

Association internationale des mathématiques et calculateurs en simulation 国際シミュレーション数理・計算連盟, *International Association for Mathematics and Computers in Simulation*

Association internationale des musées d'agriculture 国際農業博物館協会, *International Association of Agricultural Museums*

Association internationale des musées d'armes et d'histoire militaire 国際軍事博物館協会, *International Association of Museums of Arms and Military History*

Association internationale des musées de transports 国際交通博物館協会, *International Association of Transport Museums*

Association internationale des musées médicaux 国際医学博物館協会, *International Association of Medical Museums*

Association internationale des numismates professionnels 国際古銭貨幣専門家協会, *International Association of Professional Numismatists*

Association internationale des opérateurs de swaps 国際スワップディーラーズ協会, *International Swap Dealers' Association*

Association internationale des organisateurs de courses cyclistes 国際自転車競技主催者協会, *International Association of Organizers of Cycle Competitions*

Association internationale des palais des congrès 国際会議場協会, *International Association of Congress Centers*

Association internationale des parcs d'attraction 国際遊園地協会, *International Association of Amusement Parks*

Association internationale des parlementaires de langue française 国際フランス語議員協会, *International Association of French-Speaking Parliamentarians*

Association internationale des passagers aériens 国際旅客機乗客協会, *International Airline Passengers Asso-*

ciation

Association internationale des ponts et charpentes 国際構造工学協会, *International Association for Bridge and Structural Engineering*

Association internationale des ports 国際港湾協会, *International Association of Ports and Harbors*

Association internationale des producteurs de l'horticulture 国際園芸家協会, *International Association of Horticultural Producers*

Association internationale des professeurs d'anglais des universités 国際大学英語教授協会, *International Association of University Professors of English*

Association internationale des professeurs de langue et littérature russes 国際ロシア語学文学教師連合会, *International Association of Professors of Russian Language and Literature*

Association internationale des professeurs et maîtres de conférences des universités 国際大学教授協会, *International Association of University Professors and Lecturers*

Association internationale des recherches dentaires 国際歯科学会, *International Association for Dental Research*

Association internationale des recherches hydrauliques 国際水理学協会, *International Association for Hydraulic Research*

Association internationale des recteurs d'universités 国際大学長協会, *International Association of University Presidents*

Association internationale des ressources en eau 国際水資源協会, *International Water Resources Association*

Association internationale des sciences économiques 国際経済学協会, *International Economic Association*

Association internationale des sciences hydrologiques 国際水文(すいもん)科学協会, *International Association of Hydrological Sciences*

Association internationale des sciences juridiques 国際法学協会, *International Association of Legal Science*

Association internationale des sciences physiques de l'Océan 国際海洋科学協会, *International Association for Physical Sciences of the Ocean*

Association internationale des sélectionneurs pour la protection des obtentions végétales 国際植物新

種保護育種者協会, *International Association of Plant Breeders for the Protection of Plant Varieties*

Association internationale des sociétés d'assurance mutuelle 国際相互保険会社協会, *International Association of Mutual Insurance Companies*

Association internationale des sociétés de classification 国際船級協会連合, *International Association of Classification Societies*

Association internationale des sociétés réticulo-endothéliales 国際網内系学会連合, *International Association of Reticuloendothelial Societies*

Association internationale des sociologues de langue française 国際フランス語圏社会学協会, *International Association of French-Language Sociologists*

Association internationale des swaps et des produits dérivés 国際スワップ・デリバティブ協会, *International Swap and Derivatives Association*

Association internationale des technologistes de laboratoires médicaux 国際医学検査技師協会, *International Association of Medical Laboratory Technologists*

Association internationale des transports aériens 国際航空運送協会, *International Air Transport Association*

Association internationale des travailleurs 国際労働者協会：第一インターナショナル, *International Workingmen's Association*

Association internationale des travaux en souterrain 国際地下掘削協会, *International Tunneling Association*

Association internationale des universités 国際大学協会, *International Association of Universities*

Association internationale des urbanistes 国際都市地域計画学会, *International Society of City and Regional Planners*

Association internationale des villes d'avenir 国際未来都市協会, *Association of Cities of the Future*

Association internationale des villes nouvelles 国際ニュータウン協会, *International New Towns Association*

Association internationale d'essais de semences 国際種子検査協会, *International Seed Testing Association*

Association internationale d'études de la genèse des minerais 国際鉱床学連盟, *International Association on the Genesis of Ore Deposits*

Association internationale d'étude des civilisations

méditerranéennes 国際地中海文明研究協会, *International Association of Studies on Mediterranean Civilizations*

Association internationale d'études du Sud-Est européen 国際東南欧州研究協会, *International Association of Southeast European Studies*

Association internationale d'études patristiques 国際初期キリスト教教父学協会, *International Association for Patristic Studies*

Association internationale d'experts scientifiques du tourisme 国際観光学会, *International Association of Scientific Experts in Tourism*

Association internationale d'histoire contemporaine de l'Europe 国際欧州現代史協会, *International Association for Contemporary History of Europe*

Association internationale d'histoire du droit et des institutions 国際法制史協会, *International Association for the History of Law and Institutions*

Association internationale d'histoire économique 国際経済史協会, *International Economic History Association*

Association internationale d'hydatidologie 国際胞虫症学会, *International Association of Hydatid Disease*

Association internationale d'ingénierie éolienne 国際風工学会, *International Association for Wind Engineering*

Association internationale d'océanographie biologique 国際海洋生物学会, *International Association of Biological Oceanography*

Association internationale d'océanographie physique 国際海洋物理学会, *International Association of Physical Oceanography*

Association internationale d'odontostomatologie infantile 国際小児歯科学会, *International Association of Pediatric Dentistry*

Association internationale d'orientation scolaire et professionnelle 国際教育・就職ガイダンス協会, *International Association for Educational and Vocational Guidance*

Association internationale du barreau 国際法曹協会, *International Bar Association*

Association internationale du congrès des chemins de fer 国際鉄道会議協会, *International Railway Congress Association*

Association internationale du droit des eaux 国際水資源法協会, *International Association for Water Law*

Association internationale du film d'animation 国際

アニメ映画協会, *International Animated Film Association*

Association internationale du marché primaire 国際引受業者協会, *International Primary Markets Association*

Association internationale du théâtre amateur 国際アマチュア演劇協会, *International Amateur Theater Association*

Association internationale du théâtre pour l'enfance et la jeunesse 国際青少年演劇協会, *International Association of Theater for Children and Youth*

Association internationale du tourisme 国際観光協会, *International Tourism Association*

Association internationale fiscale 国際租税学会, *International Fiscal Association*

Association internationale Hegel 国際ヘーゲル協会, *International Hegel Association*

Association internationale permanente des congrès de la route 常設国際道路会議協会, *Permanent International Association of Road Congresses*

Association internationale permanente des congrès de navigation 常設国際航空会議協会, *Permanent International Association of Navigation Congresses*

Association internationale pour la conservation d'environnement dans l'industrie pétrolière 国際石油工業環境保全協会, *International Petroleum Industry Environmental Conservation Association*

Association internationale pour la culture des tissus de plantes 国際植物組織培養学会, *International Association for Plant Tissue Culture*

Association internationale pour la dynamique de système de véhicule 国際車輛力学協会, *International Association for Vehicle System Dynamics*

Association internationale pour la géologie mathématique 国際数理地質学会, *International Association for Mathematical Geology*

Association internationale pour la physiologie des plantes 国際植物生理学会, *International Association for Plant Physiology*

Association internationale pour la prévention de la pollution de l'air 国際大気汚染防止団体連合, *International Union of Air Pollution Prevention Association*

Association internationale pour la prévention du suicide 国際自殺防止協会, *International Association for Suicide Prevention*

Association internationale pour la protection contre la radiation 国際放射線保護学会, *International Radiation Protection Association*

Association internationale pour la protection de la propriété industrielle 国際工業所有権保護協会, *International Association for the Protection of Industrial Property*

Association internationale pour la psychothérapie de groupe 国際集団精神療法学会, *International Association of Group Psychotherapy*

Association internationale pour la recherche médicale et les échanges culturels 国際医学研究・文化交流協会, *International Association for Medical Research and Cultural Exchange*

Association internationale pour la recherche sur la pollution des eaux 国際水質汚濁研究協会, *International Association on Water Pollution Research*

Association internationale pour la statistique régionale et urbaine 国際地方・都市統計協会, *International Association for Regional and Urban Statistics*

Association internationale pour la taxonomie végétale 国際植物分類学会, *International Association for Plant Taxonomy*

Association internationale pour l'avancement de la recherche et de la technologie aux hautes pressions 国際高圧力科学技術協会, *International Association for the Advancement of High Pressure and Science Technology*

Association internationale pour le contrôle de la pollution 国際汚染制御協会, *International Association for Pollution Control*

Association internationale pour le progrès social 国際社会進歩協会, *International Association for Social Progress*

Association internationale pour le sport des aveugles 国際盲人スポーツ協会, *International Blind Sports Association*

Association internationale pour l'éducation intégrative 国際人種差別禁止教育協会, *International Association for Integrative Education*

Association internationale pour l'énergie hydrogène 国際水素エネルギー協会, *International Association for Hydrogen Energy*

Association internationale pour l'enseignement du

droit comparé 国際比較法教育協会, *International Association for the Teaching of Comparative Law*

Association internationale pour les édulcorants 国際甘味料協会, *International Sweeteners Association*

Association internationale pour les études littéraires anglo-irlandaises 国際アングロ・アイリッシュ文学研究協会, *International Association for the Study of Anglo-Irish Literature*

Association internationale pour les études sanscrites 国際サンスクリット研究協会, *International Association of Sanskrit Studies*

Association internationale pour les études scandinaves 国際スカンジナビア研究協会, *International Association of Scandinavian Studies*

Association internationale pour les propriétés de vapeur 国際蒸気性質協会, *International Association for the Properties of Steam*

Association internationale pour les recherches comparatives de la leucémie et ses maladies relatives 国際比較白血病学会, *International Association for Comparative Research on Leukemia and Related Diseases*

Association internationale pour les voiles minces et les voiles spatiaux 国際シェル構造協会, *International Association for Shell and Spatial Structures*

Association internationale pour l'étude de la langue et la littérature italiennes 国際イタリア語文学研究協会, *International Association for the Study of the Italian Language and Literature*

Association internationale pour l'étude de la mosaïque antique 国際古代モザイク研究協会, *International Association for the Study of Ancient Mosaics*

Association internationale pour l'étude de la végétation 国際植生学会, *International Society for Vegetation Science*

Association internationale pour l'étude des argiles 国際粘土研究連合, *International Association for the Study of Clays*

Association internationale pour l'étude des bronches 国際気管支研究会, *International Association for Bronchial Study*

Association internationale pour l'étude du foie 国際肝臓研究会, *International Association for the Study of the Liver*

Association internationale pour l'étude scientifique des déficiences intellectuelles 国際知的障害研究協会, *International Association for the Scientific Study of Intellectual Disabilities*

Association internationale pour l'évaluation de la santé 国際健康評価協会, *International Health Evaluation Association*

Association internationale pour l'évaluation du rendement scolaire 国際教育成績評価協会, *International Association for the Evaluation of Educational Achievement*

Association internationale pour l'histoire des mers du Nord de l'Europe 国際北海欧州史研究協会, *International Association of North Sea History of Europe*

Association internationale pour l'histoire des religions 国際宗教学・宗教史学会, *International Association for the History of Religions*

Association internationale pour l'histoire du verre 国際ガラス史協会, *International Association for the History of Glass*

Association internationale Shakespeare 国際シェイクスピア協会, *International Shakespeare Association*

Association internationale vétérinaire de production animale 国際家畜増殖獣医学協会, *International Veterinary Association for Animal Production*

Association japonaise du véhicule électrique 日本電動車両協会, *Japan Electric Vehicle Association*

Association japonaise pour la simplification des procédures du commerce international 日本貿易関係手続簡易化協会, *Japan Association for Simplification of International Trade Procedures*

Association latino-américaine de développement et d'intégration 中南米統合連合, *Latin American Integration Association*

Association latino-américaine de libre-échange 中南米自由貿易連合：1981年中南米統合連合に発展解消, *Latin American Free Trade Association*

Association latino-américaine de philosophes catholiques 中南米宗教哲学学会, *Latin American Association of Catholic Philosophy*

Association latino-américaine des Académies nationales de médecine 中南米医学アカデミー協会, *Latin American Association of National Academies of Medicine*

Association médicale internationale pour l'étude des conditions de vie et de la santé 国際生活状態・保健医学会, *International Medical Association for the Study of Living Conditions and of Health*

Association médicale mondiale 世界医師会；世界医学協会, *World Medical Association*

Association mondiale de prospective sociale 世界社会展望研究協会, *World Social Prospects Study Association*

Association mondiale de psychiatrie 世界精神医学連合, *World Psychiatric Association*

Association mondiale de zootechnie 世界家畜生産学会, *World Association for Animal Production*

Association mondiale des anatomistes vétérinaires 世界獣医解剖学協会, *World Association of Veterinary Anatomists*

Association mondiale des fédéralistes mondiaux 世界連邦主義者世界協会, *World Association of World Federalists*

Association mondiale des femmes chefs d'entreprise 世界女性企業主協会, *World Association of Women Business Leaders*

Association mondiale des inventeurs 世界発明家協会, *World Association of Inventors and Researchers*

Association mondiale des opérateurs nucléaires 世界原子力発電事業者協会, *World Association of Nuclear Operators*

Association mondiale des organisations de recherche industrielle et technologique 世界工学・技術研究機構協会, *World Association of Industrial Technological Research Organization*

Association mondiale des pathologistes vétérinaires 世界獣医病理学協会, *World Association of Veterinary Pathologists*

Association mondiale des sciences de l'éducation 世界教育研究促進協議会, *World Association for Educational Research*

Association mondiale des sociétés d'anatomie pathologique et de biologie clinique 世界臨床病理学会協会, *World Association of Anatomic and Clinical Pathology Societies*

Association mondiale des vétérinaires microbiologistes, immunologistes et spécialistes des maladies infectieuses 世界獣医微生物学・免疫学・伝染病学協

会, *World Association of Veterinary Microbiologists, Immunologists and Specialists in Infectious Diseases*

Association mondiale des vétérinaires physiologistes, pharmacologistes et biochimistes 世界獣医生理学・薬理学・生化学協会, *World Association of Veterinary Physiologists, Pharmacologists and Biochemists*

Association mondiale pour l'avancement de la parasitologie vétérinaire 世界獣医寄生虫学協会, *World Association for the Advancement of Veterinary Parasitology*

Association mondiale pour l'école instrument de paix 平和手段としての学校世界協会, *World Association for the School as an instrument of Peace*

Association mondiale pour l'étude de l'opinion publique 世界世論調査協会, *World Association for Public Opinion Research*

Association mondiale pour l'histoire de médecine vétérinaire 世界獣医学史協会, *World Association for the History of Veterinary Medicine*

Association mondiale vétérinaire 世界獣医学協会, *World Veterinary Association*

Association mondiale vétérinaire de la volaille 世界家禽獣医学協会, *World Veterinary Poultry Association*

Association mondiale vétérinaire de petits animaux 世界小動物獣医学協会, *World Small Animal Veterinary Association*

Association nationale de la recherche technique 全国技術研究協会, *Association for Technical Research*

Association nationale des actionnaires de France 全国フランス株主協会, *French Stockholders' Association*

Association nationale des assistants de service social 全国社会保障サービスアシスタント協会, *National Association of Social Service Assistants*

Association nationale des organismes de radiodiffusion (des Etats-Unis) 全米報道業協会, *National Association of Broadcasters (USA)*

Association nationale des techniques biologistes 全国生物工学協会, *National Association of Biological Techniques*

Association nationale pour le développement des départements d'outre-mer 全国海外県開発協会, *National Association for Developing the Overseas Departments*

Association nationale pour l'étude de la neige et

des avalanches 全国雪・雪崩研究協会, *National Association for the Study of Snow and Avalanches*

Association paléontologique internationale 国際古生物学協会, *International Palaeontological Association*

Association pan-pacifique de chirurgie 汎太平洋外科学会, *Pan-Pacific Surgical Association*

Association phonétique internationale 国際音声学協会, *International Phonetics Association*

Association pour la coopération scientifique en Asie アジア科学協力連合, *Association for Science Cooperation in Asia*

Association pour la prévention de la pollution atmosphérique 大気汚染予防協会, *Association for the Prevention of Atmospheric Pollution*

Association pour le développement de la riziculture en Afrique de l'Ouest 西アフリカ稲作開発協会, *West Africa Rice Development Association*

Association pour l'emploi dans l'industrie et le commerce 商工業雇用協会, *Commercial and Industrial Employment Association*

Association pour l'enseignement en pédiatrie en Europe 欧州幼児教育協会, *Association for Pediatric Education in Europe*

Association pour les études asiatiques アジア研究協会, *Association for Asian Studies*

Association pour les études d'obésité 肥満症研究会, *Association for the Study of Obesity*

Association pour les relations à travers le détroit （中国・台湾の）海峡両岸関係協会, *Straits Relations Association*

Association pour l'étude des langues et littératures du Commonwealth コモンウェルス語学・文学研究協会, *Association Commonwealth Language and Literature Studies*

Association pour l'étude des problèmes de l'Europe 欧州問題研究会, *Association for the Study of European Problems*

Association pour l'étude taxonomique de la flore d'Afrique tropicale 熱帯アフリカ植物群分類学協会, *Association for the Taxonomic Study of Tropical African Flora*

association professionnelle （業種毎の）職業団体；組合, *professional association*

Association psychanalytique internationale 国際精神分析学会, *International Psycho-Analytical Association*

association reconnue d'utilité publique 公益法人, *public service corporation*

Association régionale asiatique d'étudiants en médecine アジア医学生協会, *Asian Regional Medical Student Association*

association sans but lucratif 非営利団体, *non-profit institution*

association sans personnalité civile 権利能力なき社団, *unincorporated association*

Association scientifique du Pacifique 太平洋学術協会, *Pacific Science Association*

Association scientifique et technique pour l'exploitation de la Méditerranée 地中海開発科学・技術協会, *Scientific and Technical Association for the Exploitation of the Mediterranean*

Association scientifique et technique pour l'exploitation des océans 海洋開発科学・技術協会, *Scientific and Technical Association for the Exploitation of the Oceans*

Association scientifique internationale du café 国際コーヒー科学協会, *International Scientific Association of Coffee*

Association sportive アスレチック協会, *Athletic Association*

Association sportive de médecine スポーツ医学会, *Association of Sports Medicine*

Association stomatologique internationale 国際口腔病学会, *International Stomatological Association*

Association universelle d'aviculture scientifique 万国家禽学会, *World's Poultry Science Association*

Association vétérinaire mondiale d'hygiène alimentaire 世界畜産食品衛生学協会, *World Association of Veterinary Food Hygienists*

Association zen internationale 国際禅協会, *International Zen Association*

associé étranger 外国人会員, *foreign associate*

assouplissement de frictions commerciales 貿易摩擦緩和, *easing of trade frictions*

assouplissement monétaire 金融緩和, *monetary relaxation*

assurance à capital différé 養老保険, *endowment insurance*

assurances à forfait 総括保険, *insurance proividing fixed-sum payments*

assurance à prime unique 一時払い保険, *single premium insurance*

assurance à temps 定期保険；期間保険, *time policy*

assurance à terme fixe 確定期間保険；確定日払い保険, *fixed term policies*

assurance accidents 傷害保険, *casualty insurance*

assurance accidents de voyage 旅行傷害保険, *personal accident insurance*

assurance accidents du travail 労災保険；労働者傷害保険, *industrial injuries insurance*

assurance aérienne 航空保険, *aviation insurance*

assurance agricole 農業保険, *agricultural insurance*

assurance au voyage 航海保険, *voyage policy*

assurance automobile obligatoire 強制自動車保険, *compulsory automobile insurance*

assurance automobile tierce 自動車車両保険, *third party insurance*

assurance aviation corps 航空機体保険, *aviation hull insurance*

assurance bagages 手荷物保険, *baggage insurance*

assurance bris des glaces ガラス破損保険, *plate glass insurance*

assurance bris des machines 機関保険；機械破損保険, *engine insurance*

assurance cargo aérien 航空運送保険, *air cargo insurance*

assurance-caution / assurance cautionnement 保証保険, *suretyship insurance*

assurance chaudières ボイラー保険, *boiler insurance*

assurance chômage 失業保険, *unemployment insurance*

assurance chômage industriel 営業中断保険；利益保険, *profit insurance*

assurance collective 団体保険, *group insurance*

assurance collective contre les accidents 団体傷害保険, *group accident insurance*

assurance combinée 総合保険, *multirisk insurance*

assurance construction 建築保険, *building insurance*

assurance contre la grêle 雹保険, *hailstorm insurance*

assurance contre la maladie 疾病保険, *health insurance*

assurance contre la perte de loyers 家賃損失保険；借料損失保険, *rent insurance*

assurance contre le bris des glaces ガラス破損保険,

plate glass insurance
assurance contre le bris des machines 機関保険, *engine insurance*
assurance contre le chômage 失業保険, *unemployment insurance*
assurance contre le décès 死亡保険, *insurance payable at death*
assurance contre le vol 盗難保険, *burglary insurance*
assurance contre les abus de confiance 身元信用保険, *fidelity insurance*
assurance contre les accidents 傷害保険, *casualty insurance*
assurance contre les accidents de voyage 旅行傷害保険, *travel personal accident insurance*
assurance contre les accidents du travail 労災保険, *industrial injuries insurance*
assurance contre les dégâts des eaux 水管保険, *water damage insurance*
assurance contre les dommages 損害保険, *damage insurance*
assurance contre les grèves ストライキ保険, *strike insurance*
assurance contre les pertes indirectes 間接的傷害保険, *consequential loss insurance*
assurance contre les risques de change 為替リスク保険, *exchange risk insurance*
assurance contre les risques de transport 運送保険, *transport insurance*
assurance contre les séismes / assurance contre les tremblements de terre 地震保険, *earthquake insurance*
assurance contre l'incendie des forêts 森林火災保険, *forest fire insurance*
assurance contre l'infirmité / assurance contre l'invalidité 廃疾保険, *disability insurance*
assurance corps d'aéronef 航空機機体保険, *aviation hull insurance*
assurance crédit 信用保険；貸倒保険, *credit insurance*
assurance crédit à l'exportation 輸出信用保険, *export credit insurance*
assurance cumulative 重複保険, *double insurance*
assurance de cautionnement / assurance de garantie 身元信用保険；信用保険, *fidelity insurance*
assurance de dommages 損害保険, *damage insurance*

assurances de financement (国際通貨基金の)融資保険, *financing assurances (IMF)*

assurance de groupe 団体保険, *group insurance*

assurance de groupe contre la maladie 団体疾病保険, *group health insurance*

assurance de la qualité 品質保証, *quality assurance*

assurance de la responsabilité civile atomique 原子力損害賠償責任保険, *nuclear energy liability insurance*

assurance de la responsabilité civile privée 個人賠償責任保険, *private liability insurance*

assurance de personnes (transportées) 乗客保険, *passenger insurance*

assurance de plus-values 増し値保険, *increased value insurance*

assurance de portefeuille ポートフォリオインシュアランス, *portfolio insurance*

assurance de rente 年金保険, *annuities insurance*

assurance de responsabilité (civile) 責任保険, *liability insurance*

assurance de veuve 寡婦保険, *widow insurance*

assurance décès 死亡保険, *insurance payable at death*

assurance dégâts des eaux 水管保険, *water damage insurance*

assurance des cargaisons 積荷保険, *cargo insurance*

assurance des choses 物保険, *property insurance*

assurance des choses des risques atomiques 原子力危険物保険, *nuclear energy property insurance*

assurance des dépôts bancaires 預金保険, *deposit insurance*

assurance des enfants 子供保険, *juvenile insurance*

assurance des forêts 森林保険, *forest insurance*

assurance des frais d'armement 船費保険, *disbursement insurance*

assurance des frais médicaux 医療費保険, *medical expense insurance*

assurance des machines 機械保険, *machinery breakdown insurance*

assurance des marchandises transportées 貨物運送保険, *cargo insurance*

assurance des pertes indirectes 間接損失保険, *consequential loss insurance*

assurance d'hypothèques 抵当保険, *insurance on mortgagee's interest*

assurance directe 元受保険, *direct insurance*
assurance double 重複保険, *double insurance*
assurance du bétail 家畜保険, *livestock insurance*
assurance du fret 運送賃保険, *freight insurance*
assurance du risque nucléaire 原子力危険保険, *unclear risk insurance*
assurance en cas de vie 生存保険；養老保険, *insurance on survival to a stipulated age only*
assurance en valeur totale 全額保険, *full value insurance*
assurance facultative 任意保険, *voluntary insurance*
assurance familiale 家族保険, *family insurance*
assurances financières (国際通貨基金の)融資保険, *financing assurances (IMF)*
assurances forfaitaires 総括保険, *insurance providing fixed-sum payments*
assurance fractions 変額保険, *variable insurance*
assurance gel 霜害保険, *frost insurance*
assurance grêle 雹保険, *hailstorm insurance*
assurance incendie des forêts 森林火災保険, *forest fire insurance*
assurance incendie des risques industriels 工場火災保険, *factory fire insurance*
assurance indexée 指数約款付き保険, *indexed insurance*
assurance individuelle accidents 個人傷害保険, *personal accident insurance*
assurance individuelle chasse 個人狩猟保険, *personal hunting insurance*
assurance industrielle 産業生命保険, *industrial insurance*
assurance infirmité / assurance invalidité 廃疾保険, *disability insurance*
assurance infirmité permanente 永久廃疾保険, *permanent invalidity insurance*
assurance instruments de musique 楽器保険, *music instrument insurance*
assurance maladie 疾病保険, *sickness insurance*
assurance maladie des exploitants agricoles 農業経営者疾病保険, *farmers' sickness insurance*
assurance maladie pour voyages à l'étranger 海外旅行疾病保険, *overseas travel sickness insurance*
assurance marchandises 貨物保険, *cargo insurance*
assurance maritime 海上保険, *marine insurance*

assurance maternité 母性保険；出産保険, *maternity benefit*

assurance mauvais temps 悪天候保険, *bad weather insurance*

assurance mobilière 動産保険, *movables insurance*

assurance multirisque 総合保険；マルチリスク保険, *multirisk insurance*

assurance mutualiste 共済保険, *mutual insurance*

assurance mutuelle 相互保険, *mutual insurance*

assurance non-vie 損害保険, *non-life insurance*

assurance obligatoire 強制保険, *compulsory insurance*

assurance obligatoire de responsabilité 強制責任保険, *compulsory liability insurance*

assurance ouvrière 労働災害保険, *industrial insurance*

assurance par le paiement annuel 年賦保険, *installment insurance*

assurance partielle 一部保険, *under-insurance*

assurance pension 老齢保険, *compulsory old-age insurance*

assurance personnelle 個別加入保険；個人保険, *individual insurance*

assurance perte de bénéficiaires et des frais généraux permanents 利益保険, *loss of profit insurance*

assurance perte de loyers 家賃喪失保険, *rent insurance*

assurance pour compte de qui il appartiendra 不特定人のためにする保険, *insurance for account of whom it may concern*

assurance pour le service militaire 徴兵保険, *military service insurance*

assurance pour l'indemnisation des accidents industriels 労働者災害補償保険, *Workmen's Accident Compensation Insurance*

assurance pour soi-même 自家保険, *self insurance*

assurance primitive 元受保険, *original insurance*

assurance privée 私営保険, *private insurance*

assurance professionnelle 工業従業員保険, *industrial insurance*

assurance publique 公営保険, *public insurance*

assurance réparation 修理保険, *repairing risk insurance*

assurance responsabilité civile des employeurs 雇用責任保険, *employers' liability insurance*

assurance responsabilité civile du producteur 生産者責任保険, *producers' liability insurance*

assurance responsabilité civile produits 生産物責任保険, *product liability insurance*

assurance responsabilité civile professionnelle プロフェッショナルライアビリティー保険, *professional liability policy*

assurance responsabilité civile transporteur 運送人責任保険, *transporters' liability insurance*

assurance retraite 定年退職保険, *retirement pension*

assurance sans examen médical 無診査保険, *insurance without medical examination*

assurance santé 健康保険, *health insurance*

assurance santé-invalidité-retraite et garantie-décès (米国の)老齢・遺族・高度障害・健康保険, *old age, survivors, disability and health insurance (USA)*

assurance sociale 社会保険, *social insurance*

assurance sportive スポーツ保険, *sport insurance*

assurance sur corps / assurance sur corps de navire 船舶海上保険, *hull insurance*

assurance sur deux têtes 連合生命保険, *joint life insurance*

assurance sur facultés 積荷保険；貨物保険, *cargo insurance*

assurance sur facultés maritimes 貨物海上保険, *cargo insurance*

assurance sur la fidélité 身元保証保険, *fidelity guarantee insurance*

assurance sur la vie 生命保険, *life insurance*

assurance sur la vie anormale 弱体保険, *insurance of substandard lives*

assurance sur la vie de groupe 団体生命保険, *group permanent insurance*

assurance sur la vie entière 終身保険, *whole life insurance*

assurance sur la vie unique 単生保険, *single life insurance*

assurance sur propriété 物保険, *property insurance*

assurance tempête 暴風雨保険, *windstorm and flood insurance*

assurance temporaire 定期保険, *term policy*

assurance terrestre 陸上保険, *land insurance*

assurance tierce 自動車車両保険, *third party insurance*

assurance tous risques オールリスク保険, *all-risks insurance*

assurance tous risques automobiles 自動車総合保険, *automobile all-risks insurance*

assurance transit 運送保険, *transit insurance*

assurance valeur à neuf indexée 可変指数式新価保険, *indexed replacement value insurance*

assurance valeur partielle 一部価額保険, *under-insurance*

assurance vie de groupe 団体生命保険, *group permanent insurance*

assurance vie par la poste 郵便生命保険, *postal life insurance*

assurance vieillesse 老齢保険；長寿保険, *old-age insurance*

assurance vol 盗難保険, *burglary insurance*

assurance volontaire 任意保険, *voluntary insurance*

assureur cédant 出再保険者, *cedent*

assureur direct 元受保険者, *direct insurer*

assureur expert 専門保険者, *expert insurer*

assureur individuel 個人保険者, *individual insurer*

assureur maritime 海上保険引受業者, *marine underwriter*

assureur original 原保険者, *original insurer*

asthénophobie 衰弱恐怖症, *asthenophobia*

astrapephobie / astraphobie 雷電恐怖症, *astraphobia*

astrophobie 星恐怖症, *siderophobia*

asymétrie des taux d'intérêt 金利ミスマッチ, *interest mismatch*

asynchrone 〖通〗非同期の, *asynchronous*

atelier flexible automatisé 自動化フレキシブル生産体制, *automated flexible manufacturing system*

atelier ouvert オープンショップ：労働組合に加入していないものでも雇用する事業所, *open shop*

atelier protégé 保護作業所：障害者受入工場, *sheltered workshop*

atélophobie 不完全恐怖症, *atelophobia*

atéophobie 廃墟恐怖症, *atephobia*

atermoiement 弁済猶予, *arrangement with creditors for extension of time for payment*

( ) Atjeh 〖地〗(スマトラ島の)アチェ, *Aceh*

atjehnais 〖地〗(スマトラ島の)アチェの, *Achinese*

atomicité 原子状の構成：売手, 買手が多数存在する完全競争の状態, *atomicity*

atonie de la demande 需要不振, *slack demand conditions*

attaquant 〚証〛（政府奨励語で）レイダー：企業乗っ取りを企てる人, *raider*

attaque à l'aube / attaque à l'ouverture 〚証〛（株買占めの）暁の急襲, *dawn raid*

attaque des baissiers 〚証〛（株の）売崩し, *bear raiding*

attaque DoS 〚コンピュ〛サービス強制停止攻撃, *denial of service attack*

atteinte à l'ordre public 公共の秩序に対する侵害, *breach of the peace*

attentat à la bombe (à retardement) （時限）爆弾テロ, *terrorist bombing*

attentat à la liberté 自由の侵害, *violation of liberty*

attentat à la voiture piégée 自動車爆弾テロ, *terrorist car bombing*

attentat aux droits 権利の侵害, *violation of rights*

attentat non revendiqué 犯行声明の出ないテロ, *attack for which nobody has claimed responsibility*

attentat-suicide 自爆テロ, *suicidal terrorist bombing*

attentat terroriste à l'explosif / attentat terroriste par explosif 爆弾テロ, *terrorist bombing*

attente d'inflation インフレ期待, *inflationary expectation*

attente mauvaise 天候待ち, *waiting on weather*

attentisme préélectoral 選挙を控えての模様眺め, *wait-and-see policy before election*

atténuation dégressive de la taxe 税率逓減, *graduated tax relief*

atténuation des fluctuations conjoncturelles 景気変動の緩和, *reducing the amplitude of business fluctuations*

atterrissage brutal ハードランディング：過熱後に景気が急降下する現象, *hard landing*

atterrissage en douceur ソフトランディング：過熱後に景気が緩やかに降下する現象, *soft landing*

atterrissage sans visibilité 無視界着陸, *instrument landing*

attestation d'assurance 保険引受証, *insurance certificate*

attestation de rejet （不渡りによる）戻り小切手の通知, *notification of returned check*

attestation négative 非介入決定：欧州共同体委員会が企業間の協定などに介入しないとの決定, *negative clearance (EC)*

attestation provisoire d'assurance カバーノート：保険ブローカーが契約者に出す仮契約書, *cover note*

atto- （連結形）アト：10のマイナス18乗, *atto-*

attraction commerciale (d'un produit) （製品の）セー

ルス面での魅力, *sales appeal (of a product)*
attrait d'un produit (消費者が買う気を起こす)製品の魅力, *customer appeal*
attribut de fichier 〚コンピュ〛ファイルの属性, *file attribute*
attribut de mise en forme 〚コンピュ〛形式パラメーター, *formatting parameter*
attribut du produit 製品特質, *product attribute*
attribution 〚ODA〛(経済協力案件の)落札, *award*
attribution d'actions 〚証〛株式割当, *stock allocation*
attribution d'actions gratuites 〚証〛(株の)無償発行;無償増資, *capitalization issue*
attribution gratuite 〚証〛無償交付, *free appropriation*
attribution préférentielle 〚証〛優先分与, *preferred attribution*
(être) au courant 滞納分がない, *(to be) up to date*
au-dessous de la ligne 〚会〛ビロー・ザ・ライン:会社会計で特別損益項目・利益処分項目の損益, *below the line*
au-dessous de la normale 標準以下, *below standard*
au-dessous de pair 〚金〛アンダーパーで;額面を下回って, *under par*
au meilleur des 5 matches 〚スポ〛(アイスホッケーの)5ゲームマッチ, *best of five series*
au mieux 〚証〛アットベスト, *at best*
au moins-disant 最低入札価格提示, *lowest estimate / most competitive estimate*
au prorata du temps 〚証〛経過期間分を考慮して, *prorata temporis*
au top 絶好調の;一番売れっ子の, *in top*
audience de la presse 新聞購読部数, *circulation figures of the daily press*
audiofréquence 可聴周波数, *audio frequency*
audiotypie 録音テープからの直接タイプ, *audiotyping*
audiotypiste 録音テープから直接タイプするタイピスト, *audiotypist*
audiovisuel 放送メディア:特にラジオテレビ放送, *audiovisual press*
audit externe 外部監査, *external auditing*
audit externe 外部監査人, *external auditor*
audit interne 内部監査, *internal auditing*
audit interne 内部監査人, *internal auditor*
audit social 企業診断報告, *management consultancy report*
auditeur à la Cour des comptes 会計検査院傍聴官, *junior officer of the Cour des Comptes*

augmentation 〖証〗アクリーション：期間の経過とともに債券価値が増加して行くこと, *accretion*

augmentation de capital par apports en numéraire 〖証〗現金払いによる増資, *increase of capital by subscription in cash*

augmentation du capital souscrit par incorporation des réserves 引受資本の増加, *increase of capital stock subscribed*

augmentation du salaire au mérite 成績昇給, *merit increase*

augmentation régulière des bénéfices 利益の安定増加, *steady increase of profit*

augmentation uniforme (de 10%) （10%の）一律値上げ, *flat-rate increase (of 10%)*

aulophobie フルート恐怖症, *aulophobia*

auraphobie オーロラ恐怖症, *auraphobia*

austérité budgétaire 財政引締め, *fiscal restraint*

austral // australes （アルゼンチンの旧通貨単位で）アウストラル, *austral*

australo- （連結形）濠＝オーストラリアの, *Austro-*

austro- （連結形）南の, *Austr(o)-*

austro- （連結形）墺＝オーストリアの, *Austr(o)-*

austro-asiatique アウストロアジア語族, *Austroasiatic*

auto-amortissable 自己精算の, *self-liquidating*

auto-approvisionnement 自給自足, *self-sufficiency*

auto-assistance 自助, *self-help*

auto-assurance 自家保険, *self-insurance*

auto-caravane 移動住宅, *mobile house*

auto-extractible 〖コンピュ〗（ファイルが）自己解凍の, *self-extracting*

autobanque ドライブイン銀行, *drive-in bank*

autocode 〖コンピュ〗オートコード, *autocode*

autocommutateur privé / autocommutateur téléphonique privé 構内自動電話交換機, *private automatic branch exchange*

autoconcurrence 自社競争, *self-competition*

autoconsommation 自家消費, *self-consumption*

autocontrôle 自己統制, *self-control*

autocopiant （ノーカーボン紙による）複写の, *self-copying*

autocopie （ノーカーボン紙による）複写, *duplicating*

autocorrection 自己修正, *self-correction*

autodysosmophobie 悪臭恐怖症：悪臭をふりまくのではないかという恐怖症, *autodysosmophobia*

autoentretenu 自己維持的な, *self-maintaining*
autofinancement net annuel 年間ネットキャッシュフロー, *annual net cash flow*
s'autofournir 自給自足する, *(to be) self-sufficient*
autogestion ouvrière 労働者自主管理, *worker self management*
autolimitation des exportations 輸出自主規制, *voluntary export restraint*
automate à pile 〖コンピュ〗プッシュダウンオートマトン, *push-down automaton*
automate d'arbre 〖コンピュ〗木オートマトン, *tree automaton*
automate d'état fini 〖コンピュ〗有限オートマトン, *finite-state automaton*
automation industrielle ファクトリーオートメーション, *factory automation*
automatique international 国際直接ダイヤル通話, *international direct distance dialing*
automatique interurbain 加入者市外ダイヤル方式, *subscriber trunk dialing*
automatisme du marché 市場の自立性, *self-regulating nature of the market*
automatisme industriel 行程管理：コンピュータによる生産プロセス管理, *computer-aided process control*
automatisme séquentiel シーケンスロボット, *sequence robot*
automitrailleuse légère 軽装甲車, *light armored car*
automobile écophile 排気ガス規制適合車；無公害車, *clean-air car*
automorphisme 〖コンピュ〗自己同型, *automorphism*
autonomie de gestion 自主管理, *autonomy of management*
autonomie des données 〖コンピュ〗データ独立性, *data independence*
autonomie financière 独立採算；財政自治, *financial autonomy*
autonomie syndicale 組合自治, *trade-union autonomy*
autonomisation 自立強化, *empowerment*
autoproducteur 自家発電者, *autoproduct*
autopropulsion 自動推進, *self-propulsion*
autorégulation 自主規制, *self-regulation*
autorisation 〖金〗手形割引限度額, *limit of bill discount*
autorisation de crédit 限度枠, *credit line*
autorisation de crédits budgétaires 予算承認, *appro-*

priation

autorisation de découvert 当座借越契約, *overdraft facility*

autorisation d'engagement 雇用許可；採用通知, *hiring permit*

autorité chargée de l'administration d'un territoire sous tutelle 信託統治国, *trustee*

autorité de contrôle des assurances 保険監督官庁, *insurance business supervisory authority*

Autorité de la route transafricaine トランスアフリカンハイウェー公団, *Trans-African Highway Authority*

autorités de surveillance / autorités de tutelle 監督官庁, *supervisory authority*

autorités désignées 指定当局, *designated authority*

autorités fiscales 租税当局, *fiscal authority*

Autorité provisoire des Nations unies au Cambodge 国連カンボジア暫定統治機構, *United Nations Transitional Authority in Cambodia*

Autoroutes de France フランス高速道路公団, *French Highway*

autotest 〘コンピュ〙セルフテスト, *self-test*

autotransfusion 自己輸血, *autotransfusion*

auxiliaire 補助帳簿, *subsidiary book*

auxiliaire （公務員の）補助職, *auxiliary staff*

auxiliaire clients 買掛金元帳, *accounts payable ledger*

auxiliaire fournisseurs 売掛金元帳, *accounts receivable ledger*

avance à découvert 無担保ローン, *uncovered acceptance*

avance à découvert 当座貸付け, *overdraft loan*

avances à vue コールマネー, *call money*

avance de caisse 〘金〙現金前貸し, *cash advance*

avance de fonds à plafond 定額前渡し資金, *imprest fund*

avances de la Banque de France （国庫に対する）フランス銀行前渡し金, *advance of the Bank of France*

avance de trésorerie （フランス銀行から）国庫への前渡し金, *Treasury advance*

avance du papier 〘コンピュ〙用紙送出し, *paper slew*

avance en compte courant 当座貸越し；現金前貸し, *cash advance*

avance en devises 外貨貸付け, *loan in foreign currency*

avances et acomptes 前渡金と内金, *advance and downpayment*

avances et acomptes reçus sur commandes en cours 受注前受金, *advance on accounts of sellers*

avances et acomptes versés sur commandes 仕入先前渡金, *advance on accounts of sellers*

avances garanties 担保貸付け, *collateral loan*

avance-papier 〚コンピュ〛書式送り, *form feed*

avance permanente de trésorerie 永久無利子貸上げ, *permanent advance*

avance rapide （ビデオの）早送り, *fast-forward*

avance reçue 前受金, *received advance*

avance remboursable 払戻し可能な保証金, *refundable deposit*

avance sur découvert 当座貸付け, *overdraft loan*

avance sur garanties 抵当貸付け, *collateral loan*

avance sur marchandises 商品担保前貸し, *collatelized loan*

avance sur nantissement 担保貸付け, *collateral loan*

avance sur police 保険証券担保貸付け, *policy loan*

avance sur titres / avance sur valeurs 証券担保貸付け, *security loan*

avancement à l'ancienneté 年功序列, *promotion by seniority*

avancement d'hoirie 相続分の前渡し, *part of inheritance given in advance*

avant-projet de contrat 契約草案, *first draft of the contract*

avantages acquis 既得利益, *vested interests*

avantages annexes 〚経〛フリンジベネフィット; 付加給付, *fringe benefits*

avantages compétitifs （企業の）競争優位, *competitive advantage*

avantages divers liés au salaire 付加給付, *fringe benefits*

avarie-dommage / avaries matérielles 物的海損, *average damage*

avaries en frais / avaries-frais 費用海損, *average expenses*

avarie grosse 共同海損, *gross average*

avarie ordinaire 通常海損, *ordinary average*

avarie par la buée de cale 汗ぬれ損害, *sweat damage*

avarie particulière / avarie simple 単独海損, *particular average*

avarie particulière en frais 単独費用海損, *particular*

charges

avec 〚オプ〛オプション料, *option premium*

avec 〚証〛カム：利札付きといった表現の「付き」を意味する, *cum*

avec avarie particulière 〚保〛分損担保, *with average*

avec dividende 〚証〛配当付きで, *cum dividend*

avec faculté de rachat 買取オプション付き, *with option of repurchase*

avec un anneau d'ouverture de boîte （缶のふたが）ジップトップ式の, *zip-top*

avec warrant 〚証〛カムワラント：ワラント分離以前のワラント債, *cum warrant*

avenant （保険契約の変更・追補を確認する）裏書条項, *endorsement*

(l')avenue de Ségur 〚言換〛（住所からフランスの）厚生省, *Ministry of Health and Welfare (France)*

aversion au risque / aversion pour le risque リスク回避, *risk aversion*

avertissement fiscal 納税通知, *tax bill*

avertisseur 〚経〛兆候指標, *warning signal*

avion à décollage et atterrissage courts 短距離離着陸機, *short takeoff and landing aircraft*

avion à décollage et atterrissage ordinaires 通常離着陸機, *conventional takeoff and landing aircraft*

avion à décollage et atterrissage réduits 短距離離着陸機, *reduced takeoff and landing aircraft*

avion à décollage et atterrissage silencieux 無騒音離着陸機, *quiet takeoff and landing aircraft*

avion à décollage et atterrissage verticaux 垂直離着陸機, *vertical takeoff and landing aircraft*

avion d'affaires 重役専用機, *executive jet*

avion de combat européen 欧州戦闘機, *European Fighter Aircraft*

avion de fret 貨物輸送機, *cargo plane*

avion de ravitaillement 空中給油機, *aerial tanker*

avion de reconnaissance 偵察機, *reconnaissance aircraft*

avion de transport militaire 軍用輸送機, *military air transport*

avion de transport régional 通勤用航空機, *commuter aircraft*

avion de transport supersonique futur 将来の超音速機：いわゆるスーパーコンコルド, *advanced supersonic transport*

avion nolisé チャーター機, *charter plane*
avion transbordeur 車両空輸機, *air ferry*
avis d'attribution 〚証〛株式割当通知；割当証, *letter of allotment*
avis de passage 国境通過許可証, *frontier transit note*
avis de prélèvement (口座からの)引落し通知, *debit notice*
avis de remise à l'encaissement 送金通知, *remittance advice*
avis de résiliation à l'échéance 保険利益不供与約款, *not-to-insure clause*
avis de virement (銀行の)振替通知書, *transfer advice*
avis d'émission d'obligations 債券発行広告, *bond issue advertisement*
avis d'émission publié dans la presse (債券発行を報じる)墓石広告, *tombstone advertisement*
avis d'exécution 〚証〛(株の)売買確認書, *execution note*
avis d'opéré 〚証〛(株の)売買確認書, *advice of execution of purchase or sale*
avis du Comité consultatif international télégraphique et téléphonique 国際電信電話諮問委員会勧告, *International Telegraph and Telephone Consultative Committee recommendation*
avis fiscal anticipé (米国の)歳入見込証券, *revenue anticipation note (USA)*
avoirs à l'étranger 海外保有資産, *assets held abroad*
avoir de réserve (各国の)準備資金：金, 外貨, SDR, *reserve assets*
avoirs des actionnaires 自己資本, *stockholders' equity*
avoirs en banque 銀行預金, *assets on bank account*
avoirs en devises 為替持高, *exchange position*
avoirs en devises étrangères 外貨保有, *foreign exchange holdings*
avoirs en espèces 現金資産, *cash assets*
avoirs libres 正味残高, *free balances*
avoirs mobilisables 換金可能資産, *realizable assets*
avoirs officiels en sterling ポンド残高, *sterling balances*
avortement en voie de naissance 部分出産中絶, *partial-birth abortion*
axé アシェー：ブラジル生まれのポップス, *Axé*
axel Paulsen 〚スポ〛(フィギュアスケートの)アクセルパウルゼン, *Axel Paulsen*
axel retardé 〚スポ〛(フィギュアスケートの)ディレイドアクセ

axiome des choix 選択公理, *axiom of choice*
ayant au jour le jour 〖金〗コール資金, *money at call*
Azacitidine アザシチジン, *Azacitidine*
(l')Azerbaïdjan 〖地〗アゼルバイジャン, *Azerbaijan*
azerbaïdjanais 〖地〗アゼルバイジャンの, *Azerbaijani*
Azeri 〖地〗(トルコ系少数民族)アゼリー人, *Azeri / Azari*
azerty (qwertyに対する)フランス語専用キーボード配列, *azerty*
azidothymidine (エイズ治療薬)アジドチミジン, *azidothymidine*

B

Baathisme バース主義：アラブ統一と独自の社会主義を唱えるバース党の考え, *Baathism*

Baathiste バース党支持者：アラブ統一と独自の社会主義を唱えるバース党の考えの支持者, *Baathist*

〈**Baby Doc**〉〖言換〗(Papa Doc の息子である元ハイチ大統領の)ジャン・クロード・デュバリエ, *Jean-Claude Duvalier*

bac aérien 車両空輸機, *air ferry*

bac d'alimentation de papier 〖コンピュ〗カットシートフィーダー, *cut-sheet feeder*

bac transbordeur 列車航送船, *train-ferry*

baccalauréat international 国際バカロレア, *International Baccalaureat*

bacille Calmette-Guérin BCG(ビーシージー)：結核予防ワクチン, *BCG*

bacille de Koch コッホ桿菌, *Koch's bacillus*

(attaque au) bacille du charbon 炭疽菌(生物テロ事件), *anthrax (attack)*

bacillophobie 細菌恐怖症, *bacillophobia*

bactérie résistant aux antibiotiques 抗生物質耐性菌

badge 〖コンピュ〗バッジカード, *badge card*

badger 〖コンピュ〗バッジカード用タイムカード器, *badger*

bahreïni 〖地〗バーレーンの, *Bahraini*

baht (タイの通貨単位で)バーツ, *baht*

baie historique 〖法〗歴史的湾, *historic bay*

baignoire encastrée ユニット式バスタブ, *fitted bathtub*

bail accéléré ステップアップリース, *step-up lease*

bail rural // baux ruraux (à long terme) (長期)農事賃貸借, *agricultural lease*

bain linguistique 語学の集中体験学習

baisse consécutive 〖証〗続落, *consecutive fall*

baisse de la fécondité 少子化, *decline in the number of birth*

baisse de productivité 生産性の低下, *fall in productivity*

baisse des prix 物価下落, *fall in prices*

baisse des prix imposée ロールダウン：強制的な価格引下げ, *roll down*

baisse tendancielle du taux de profit 利潤率傾向低下, *falling tendency of the rate of profit*

baissier à découvert 〚証〛裸の弱気筋：カバーをとっていない弱気筋, *uncovered bear*

baladeur à cassette digitale ＤＡＴウォークマン, *DAT Walkman*

balai canadien 〚スポ〛カーリングブルム, *broom*

balai écossais 〚スポ〛（カーリングの）ブラシ, *brush*

balance commerciale défavorable / balance commerciale déficitaire / balance commerciale en déficit 貿易赤字；逆調の貿易収支, *unfavorable balance of trade*

balance commerciale élargie （多国籍企業の国外取引を考慮した）拡大貿易収支

balance commerciale en excédent / balance commerciale excédentaire （貿易収支の）出超；貿易黒字, *favorable balance of trade*

balance compensatoire 拘束預金；補償残高；歩積み；両建て預金, *compensating balance*

balance courante 経常収支, *current account balance*

balance de base 基礎収支, *basic balance*

balance de clôture 期末試算表, *closing balance*

balance de monnaie requise 必要貨幣残高, *required money balance*

balance de vérification 〚経〛試算表, *trial balance*

balance des capitaux à court terme 短期資本収支, *short-term capital balance*

balance des capitaux à long terme 長期資本収支, *long-term capital balance*

balance des comptes courants / balance des opérations courantes 経常収支, *balance on current account*

balance des comptes extérieurs 対外収支, *external balance*

balance des échanges commerciaux invisibles / balance des invisibles 貿易外収支, *invisible trade balance*

balance des liquidités （米国の）純流動性収支, *liquidity basis*

balance des opérations en capital / balance des mouvements de capitaux 資本収支, *balance of capital account*

balance des paiements 国際収支, *balance of payments*

balance des paiements courants 国際収支経常勘定, *balance of payments on current account*

balance des services サービス収支；貿易外収支, *balance*

balance des transactions courantes 経常収支, *balance on current account*
balance des transferts 移転収支, *balance of transfer account*
balance d'inducteur-contribution 誘引貢献のバランス
balance du rendement des investissements extérieurs 資本収益収支, *capital returns balance*
balances financières 金融残高, *financial balances*
balance générale 差引試算表, *trial balance*
balance globale des paiements (国際収支の)総合収支, *overall balance of payments*
balayage récurrent 〖コンピュ〗ラスタ走査, *raster scan*
balboa (パナマの通貨単位で)バルボア, *balboa*
balladurien (エドアール)バラデュールの, *of Edouard Balladur*
ballaste séparé (タンカーの)分離バラストタンク, *segregated ballast tank*
ballistophobie ミサイル恐怖症, *ballistophobia*
banalisation (特殊法人などの)一般との同等化
banalisation des frontières 国境検査の簡易化, *streamlining frontier controls*
〈**banane bleue**〉 青いバナナ地帯:ロンドン,フランクフルト,ミラノと伸びるバナナ状ダイナミックゾーン
banc d'essai 〖コンピュ〗ベンチマークテスト, *benchmark test*
bancable (フランス銀行の)手形割引条件を満たす, *bankable*
bancarisation 銀行利用率, *spread of the use of banking*
bancarisation de la population française フランス人の銀行利用拡大, *spread of the use of banking services among the French population*
bancassurance 銀行生保相互参入, *bancassurance*
bancatique 〖金〗エレクトロニックバンキング, *electronic banking*
bande audionumérique DAT:デジタルオーディオテープの略称, *Digital Audio Tape*
bande CB シチズンバンド;個人用周波数帯, *citizen's band*
bande de base 〖通〗ベースバンド, *baseband*
bande de fluctuation 〖証〗変動幅, *band (of exchange rates)*
bande de fréquence banalisée 市民バンド;シチズンバンド;個人用周波数帯, *citizen's band*
bande démo デモ用テープ, *demo tape*
Bande des quatre (江青などの)四人組, *Gang of Four*
bande étroite 狭帯域, *narrowband*

bande latérale supérieure 上側波帯, *upper sideband*
bande latérale unique 単側波帯, *single sideband*
bande vidéo (政府奨励語で)ビデオテープ, *video tape*
bande vidéo promotionnelle / bande promo ビデオクリップ, *video clip*
bandelette d'arrachage 開封用帯：セロファンカバーをワンタッチで開封するための細い帯
banque à charte (カナダの)特許銀行, *chartered bank*
banque à distance (無店舗で電話で顧客に対応する)ダイレクトバンキング, *distance banking*
banque à domicile ホームバンキング, *home banking*
banque à réseau national 全国銀行, *all-nation bank*
banque à statut spécial 非登録銀行：庶民金庫, フランス貿易銀行などの銀行
banque à vocation générale 〖金〗ユニバーサルバンク, *multi-purpose bank*
Banque africaine de développement アフリカ開発銀行, *African Development Bank*
Banque arabe pour le développement économique en Afrique アフリカ経済開発アラブ銀行, *Arab Bank for Economic Development in Africa*
Banque asiatique de développement アジア開発銀行, *Asian Development Bank*
Banque centrale de Russie ロシア中央銀行, *Central Bank of Russia*
Banque centrale du Luxembourg ルクセンブルク中央銀行：ルクセンブルク通貨庁とも呼ぶ, *Central Bank of Luxembourg*
Banque centrale européenne 欧州中央銀行, *European Central Bank*
banques centrales nationales 各国中央銀行, *national central banks*
Banque centraméricaine d'intégration économique 中米経済統合銀行, *Central American Bank for Economic Integration*
banque chef de file 幹事銀行, *leading bank*
banque compensatrice 手形交換所組合銀行, *clearing bank*
banque confirmatrice (信用状)確認銀行, *confirming bank*
banque correspondante コルレス銀行, *correspondent bank*
banque créneau ニッチバンク：一点強化型銀行, *niche bank*

banque d'acceptation 手形引受銀行, *accepting bank*
banque d'affaires 事業銀行, *investment bank*
banque d'affaires (英国の)マーチャントバンク：貿易金融及び外国為替手形の引受専門銀行, *merchant bank*
Banque d'Angleterre イングランド銀行, *Bank of England*
banque de cellules 〖バイオ〗セルバンク；細胞銀行；遺伝子銀行, *cell bank*
banque de circulation 発券銀行, *issue bank*
banque de commerce 商業銀行, *commercial bank*
banque de confirmation 確認銀行, *confirming bank*
banque de consommateurs 〖金〗消費者金融機関, *consumer bank*
banque de crédit à moyen et long terme 中長期信用銀行, *middle and long-term credit bank*
banque de crédit hypothécaire 抵当銀行, *mortgage bank*
banque de détail 〖金〗リテールバンキング, *retail banking*
Banque de développement des Caraïbes カリブ開発銀行, *Caribbean Development Bank*
banque de gènes 〖バイオ〗遺伝子銀行, *gene bank*
banque de gros 〖金〗ホールセールバンキング：大企業を取引先とする大口の預金・貸付業務を専門にした銀行業務, *wholesale banking*
banque de premier rang 中央銀行, *central bank*
banque de second rang 商業銀行, *commercial bank*
banque de trésorerie (大手企業の)金融子会社銀行
banque des banques 〖言換〗(銀行の中の銀行である)中央銀行, *banker's bank*
Banque des Etats de l'Afrique centrale 中部アフリカ諸国銀行, *Bank of Central African States*
Banque des Etats de l'Afrique équatoriale 赤道アフリカ諸国銀行, *Bank of Equatorial African States*
Banque des Pays-Bas (中央銀行である)オランダ銀行, *Bank of Netherlands*
Banque des règlements internationaux 国際決済銀行, *Bank for International Settlements*
banque des yeux アイバンク：角膜銀行, *eye bank*
Banque d'escompte 割引銀行, *Discount Bank*
Banque d'exportation et d'importation du Japon 日本輸出入銀行, *Export-Import Bank of Japan*
banque d'images (テレビ局などの)映像バンク, *image bank*
banque d'ingénierie financière 〖金〗マーチャントバン

ク：割賦金融・長期企業金融・証券取受け・投資管理・投資信託を扱う金融機関, *merchant bank*

banque directe 無店舗銀行：電話，インターネット利用の銀行

banque dont les guichets sont accessibles aux clients depuis leurs voitures ドライブスルー銀行, *drive-in bank*

banque d'origine 親銀行, *parent bank*

banque du marché 証券取引集中型銀行：先物取引を中心とした証券運用を専門とする銀行

Banque du Maroc (中央銀行である)モロッコ銀行, *Bank of Morocco*

banque émettrice 発券銀行, *bank of issue*

banque et gestion financière à domicile 〖金〗ホームバンキング, *home banking*

banque étatisée 国有銀行, *nationalized bank*

Banque européenne d'investissement 欧州投資銀行 (EIB), *European Investment Bank*

Banque européenne pour la reconstruction et le développement 欧州復興開発銀行, *European Bank for Reconstruction and Development*

banque fiduciaire 信託銀行, *trust bank*

banque hors-lieu オフショア銀行, *offshore bank*

banque hypothécaire 抵当銀行, *mortgage bank*

banque implantée dans l'entreprise 〖金〗ファームバンキング, *firm banking*

banque industrielle 興業銀行, *industrial bank*

banque inscrite 登録銀行：特別法以外の通常銀行, *registered bank*

Banque interaméricaine de développement 米州開発銀行, *Inter-American Development Bank*

banque intermédiaire agréée habilitée à réaliser des opérations de change extérieur 外国為替公認銀行, *authorized foreign exchange bank*

Banque internationale d'investissements (COMECONの)国際投資銀行, *International Investment Bank*

Banque internationale pour la coopération économique 国際経済協力銀行, *International Bank for Economic Cooperation*

Banque internationale pour la reconstruction et le développement 国際復興開発銀行, *International Bank for Reconstruction and Development*

Banque internationale pour l'Afrique occidentale

西アフリカ国際銀行, *International Bank for West Africa*

banque islamique （貸出しをしない）イスラム銀行, *Islamic bank*

Banque islamique de développement イスラム開発銀行, *Islamic Development Bank*

banque mixte 兼営銀行：短期・長期とも扱う銀行, *all-purpose bank*

banque multinationale 多国籍銀行, *multinational bank*

banque mutuelle 相互銀行, *mutual loan and savings bank*

Banque nationale de Belgique （中央銀行である）ベルギー国民銀行, *National Bank of Belgium*

Banque nationale du commerce extérieur （ラオスの）国立貿易銀行, *National Bank for Foreign Trade (Laos)*

Banque nationale d'Ukraine ウクライナ国立銀行, *National Bank of Ukraine*

Banque nationale française du commerce extérieur フランス国民貿易銀行：BFCE の前身, *French National Bank of Foreign Commerce*

Banque nationale suisse （中央銀行である）スイス国立銀行, *Swiss National Bank*

banque non inscrite 非登録銀行：庶民金庫，フランス貿易銀行などの銀行を意味する, *non-registered bank*

Banque nordique d'investissement 北欧投資銀行, *Nordic Investment Bank*

banque notificatrice 信用状通知銀行, *advising bank*

banque offshore 〚金〛オフショアバンキング：非居住者向けの金融, *offshore banking*

banque ordinaire 普通銀行：フランス銀行（中央銀行）以外の銀行, *ordinary bank*

banque prêteuse au maximum 貸出限度一杯の銀行, *loaned up bank*

banque régionale 地方銀行, *regional bank*

banque-relais （金融不安対策の）ブリッジバンク, *bridge bank*

banque universelle 〚金〛ユニバーサルバンク；兼営銀行, *universal bank*

〈**banque verte**〉〚言換〛（農業のシンボルカラー「緑」の銀行）クレディアグリコル銀行, *Crédit Agricole*

banqueroute frauduleuse 詐欺破産, *fraudulent bankruptcy*

bar à vins ワインバー, *wine bar*

baratin de vendeur 売込口上, *sales pitch*

barbiturique バルビツル酸剤, *barbiturate*

barème d'assurance 保険料率表, *insurance premium scale*
barème de demande 需要表, *demand schedule*
barème des impôts 税額表, *tax scale*
barème des rémunérations 給与表, *salary scale*
barème des salaires 基本賃金率, *basic wage-rates*
barème d'imposition (累進所得税の区分別)課税率表, *tax scale*
baril équivalent pétrole 石油1バレル換算, *barrel oil equivalent*
baromètre de conjoncture 経済指標, *economic indicator*
barophobie 重力恐怖症, *barophobia*
barquette (食品を乗せる舟形の)トレー, *food tray*
barrage de retenue 治水用ダム, *dam*
barrage des Trois-Gorges 〖地〗(中国湖北省)三峡ダム, *Three Gorges Dam*
barrage militaire (軍隊による治安維持のための)警戒線, *military roadblock*
barrage-poids 重力ダム, *gravity dam*
barrage routier 道路閉鎖, *roadblock*
barrage-voûte アーチダム, *arch dam*
barre de défilement 〖コンピュ〗スクロールバー, *scroll bar*
barre de menu / barre de sélection 〖コンピュ〗メニューバー, *menu bar*
barre de style 〖コンピュ〗スタイルバー, *style bar*
barre de tâches 〖コンピュ〗タスクバー, *task bar*
barre de titre 〖コンピュ〗タイトルバー, *title bar*
barre d'espacement 〖コンピュ〗スペースバー, *space bar*
barre d'icônes 〖コンピュ〗アイコンバー, *icon bar*
barre d'outils 〖コンピュ〗ツールバー, *tool bar*
barre oblique inversée バックスラッシュ, *backslash*
barre transversale 〖スポ〗クロスバー, *crossbar*
barre verticale バーティカルバー, *vertical bar*
barrement général (小切手の)一般線引, *general crossing*
barrement spécial (小切手の)特定線引, *special crossing*
barrette Simm 〖コンピュ〗SIMM(シム), *single in-line memory module*
barrières à la sortie (投資の際の)流出障壁, *barriers to exit*
barrières à l'entrée 参入障壁, *entry barriers*
bas de gamme (商品などが)低級な, *down-market*
bas de page (頁末尾の)フッター, *footer*
bas en filet 編み目のストッキング, *fishnet stocking*
bas-produits 副産物, *residual product*

bas résille 編み目のストッキング, *fishnet stocking*

bascule bistable JK 〖コンピュ〗JK フリップフロップ, *JK flip-flop*

bascule bistable maître-esclave 〖コンピュ〗マスタースレーブフリップフロップ, *master-slave flip-flop*

bascule bistable universelle 〖コンピュ〗汎用フリップフロップ, *universal flip-flop*

bascule électronique 〖コンピュ〗フリップフロップ, *flip-flop*

bases 〖経〗(政府奨励語で)ファンダメンタルズ, *fundamentals*

base de données client-serveur 〖コンピュ〗クライアントサーバーデータベース, *client-server database*

base de données relationnelles 〖コンピュ〗リレーショナルデータベース, *relational database*

base de la valeur de remplacement 〖経〗取替価値基準, *base of the value of replacement*

base de l'échange 〖経〗交換の基礎, *basis of exchange*

base de l'évaluation 〖経〗課税標準, *basis of assessment*

base de pourcentage d'achèvement 工事進行基準, *percentage of completion method*

base de prix de revient actuel 〖経〗現在原価基準, *current cost basis*

base d'imposition 〖経〗課税基準, *taxable amount*

base du coût d'acquisition 〖経〗取得原価基準, *basis of purchase cost*

base-jump 〖スポ〗ベースジャンプ：切り立った山頂からのパラシュート降下, *base-jump*

base mensuelle du calcul des allocations familiales 家族手当算定基準月額, *monthly basis for calculating family allowances*

base monétaire 〖経〗貨幣的ベース, *monetary base*

basophobie 歩行恐怖症：転倒を恐れて歩行できなくなること, *basiphobia*

bassin de main-d'œuvre / bassin d'emploi 労働市場圏；労働力プール, *labor market area*

bassin méditerranéen 地中海沿岸諸国, *Mediterranean countries*

bataille boursière 仕手戦, *deal between speculators*

bataille des prix 価格競争, *price war*

bataille pour la diffusion des journaux (新聞の)発行部数拡大競争, *circulation battle*

bateau-arsenal 無人ミサイル・兵器庫艦, *arsenal ship*

bateau-citerne fluvial 河川航行小型タンカー, *river tanker*

bateau-école (de pêche) (水産)実習船
bathophobie 深み恐怖症, *bathophobia*
bâtiment de mer 海洋船舶, *sea vessel*
bâtiment de soutien logistique ロジスティック支援艦
bâtiments préfabriqués プレハブ建築, *prefabricated buildings*
bâtiments ruraux 農事建築物, *rural buildings*
bâton de colle スティック糊, *stick paste*
bâtonnet de colle 口紅タイプ糊
bâtonnets de poisson フィッシュスティック：魚肉を細長い形にまとめてパン粉をつけたもの, *fish sticks*
batrachophobie 爬虫類恐怖症, *herpetophobia*
battage 誇大広告, *bait advertising*
battage médiatique メディア動員, *media hype*
batterie à entretien réduit イージーケアバッテリー, *low-maintenance battery*
batterie antirequins (敵対的買収を防ぐ)サメ避け剤, *shark repellent*
batterie au nickel-cadmium ニッカド電池, *NiCad battery*
batterie sans entretien メンテナンスフリーバッテリー, *maintenance-free battery*
battre le marché (株式投資が)市場平均を上回る
bazarette コンビニエンスストアー, *convenience store*
BD (= bande dessinée) costumé (アニメの主人公を気取る)コスプレ
〈**bébé tigres**〉 ベビータイガー：タイ，マレーシア，インドネシアを指す, *Baby Tigers*
〈**le Bébête Show**〉 ベベットショー：似顔人形使用のフランスで人気のテレビ政治風刺劇
(**la) Bélarus** 〘地〙ベラルーシ, *Belorussia*
(**îles) Bélau** 〘地〙ベラウ(諸島)；パラオ, *Belau*
bélauan 〘地〙ベラウ(諸島)の, *of Belau*
belgo- (連結形)白＝ベルギーの, *Belgo-*
〈**le bélier de Yamoussoukro**〉 (初代コートジボワール大統領で「ヤムースクロ出身の牡羊」)フェリックス・ウフェボワニー, *Félix Houphouët-Boigny*
bélonéphobie 針恐怖症, *belonephobia*
bénéfices bruts d'exploitation 総営業利益, *gross operating profits*
bénéfices comptables 帳簿利益, *book profits*
bénéfices consolidés 連結利益, *consolidated profits*
bénéfices de change 為替益, *exchange gains*
bénéfice de l'âge 長幼の序：獲得得票が同数の場合における

年長者の優位, *Elders first*
bénéfices de l'exercice 年度利益, *profits for the year*
bénéfices de l'exploitation agricole 農林経営利潤, *income from agriculture and forestry*
bénéfice de mortalité 〖保〗死差益
bénéfice de placement 投資利益, *income from portfolio investment*
bénéfice des professions non commerciales 自由業収益, *income from personal and professional services*
bénéfice d'exploitation 経常利益；操業利潤, *operating profits*
bénéfice dilué par action 完全希薄化後一株当たり利益, *fully diluted EPS (=earnings per share)*
bénéfice d'intérêt 利子収益, *interest income*
bénéfice distribuable 分配可能利益；処分利益, *distributable profit*
bénéfice distribué 分配された利益, *distributed profit*
bénéfice escompté 見込利益, *anticipated profit*
bénéfice fiscal 税制上の優遇, *tax benefit*
bénéfice forfaitaire 約定課税利益, *contractual taxable profit*
bénéfices hors exploitation 営業外収益, *other profits*
bénéfices imposables 課税対象利益, *taxable profits*
bénéfices industriels et commerciaux 商工業収益；営業利得, *industrial and commercial benefit*
bénéfices inter-sociétés 会社間利益：連結会社間で生じた利益, *intercompany profits*
bénéfice journalier en argent liquide 日銭, *daily receipts*
bénéfices mis en réserves 留保利益, *retained earnings*
bénéfice mondial 世界収益, *world profit*
bénéfices nets 純益；正味利益, *net profits*
bénéfice net avant amortissement 償却前利益, *net income before depreciation*
bénéfices nets consolidés 連結純利益, *consolidated net income*
bénéfices non commerciaux 非商業利益；非商業収益, *non trading profits*
bénéfices non distribués / bénéfices non répartis 未配当利益；未処分利益；留保利益；内部留保, *undistributed profits*
bénéfices occultes 隠匿利益, *secret profits*
bénéfices ou pertes non réalisés 未実現損益, *unreal-*

ized profit or loss
bénéfice réinvesti 再投資金, *plowback*
bénéfice reporté 繰越利益, *deferred profit*
bénéfice sur frais de gestion 費差益, *loading surplus*
bénéfice théorique 帳簿上の利益, *paper profit*
bénéficiaire de l'assurance 保険受取人, *beneficiary of insurance*
bénéficiaire d'une pension 年金受取人, *beneficiary of a pension*
benzodiazépine ベンゾジアゼピン：精神安定剤の基礎薬品となる化学物質, *benzodiazepine*
Bercy 〖言換〗(所在地から)フランス財務省, *French Ministry of Finance*
Berlaymont 〖言換〗(入居しているビルの名ベルレモンから)欧州委員会, *European Commission*
besoin 手形予備支払人, *referee in case of need*
besoins de consommation 消費者のニーズ；消費者欲求, *consumptive demand*
besoin de financement 借入需要額, *borrowing requirement*
besoin de financement du secteur public 公共部門借入所要額, *public sector borrowing requirement (Japan)*
besoin de fonds de roulement 運転資金需要, *working capital requirements*
besoin de liquidité 流動性需要, *need for liquidity*
besoin d'emprunt 借入需要, *borrowing requirement*
besoin en fonds 資金需要, *fund requirement*
besoin en fonds de roulement (d'exploitation) 事業運転資金需要, *working capital needs*
besoin en fonds de roulement hors exploitation 事業外運転資金需要
besoins essentiels de l'être humain / besoins humains de base 基本的人間ニーズ, *Basic Human Needs*
besoins financiers maximaux 最高資金需要, *maximum financial requirements*
besoins fondamentaux 基本的欲求, *basic needs*
besoins potentiels 潜在的ニーズ, *potential needs*
besoins primaires 本源的欲求, *primary wants*
besoins tutélaires (Richard A. Musgraveの)推薦欲求, *merit wants*
bêta (ポートフォリオ理論の係数)ベータ, *beta*
bêta carotine ベータカロチン, *beta carotine*
bêtabloquant ベータ遮断薬：狭心症, 不整脈, 高血圧の治療

薬, *beta blocker*
bi-pop nippon 〚和〛(電話の)PHS, *Personal Handy Phone System*
(le) Biafra 〚地〛ビアフラ, *Biafra*
biafrais 〚地〛ビアフラの, *Biafran*
bibliophobie 書籍恐怖症, *bibliophobia*
bibliothécaire en chef au ministère des Affaires étrangères (日本の)外務省図書館長, *Chief Librarian of the Library of the Ministry of Foreign Affairs*
bibliothèque de programmes ビデオオンディマンド, *video on demand*
Bibliothèque François-Mitterrand フランソワ・ミッテラン新国立図書館, *François Mitterrand Library*
Bibliothèque nationale de France フランス国立図書館, *French National Library*
bicaméralisme boiteux 跛行型二院制, *limping bicameralism*
bichromate 重クロム酸塩, *bichromate*
bicross 〚スポ〛自転車モトクロス, *bicycle motocross*
bicyclette à assistance électrique 電動自転車, *power assisted bicycle*
bidépartementalisation 2県化:レユニオン島のように元々1つの県を2つの県に分割すること
bidirectionnel 〚通〛二重の, *duplex*
bidirectionnel à l'alternat 〚通〛半二重の, *half duplex*
bidirectionnel intégré 〚通〛全二重の, *full duplex*
biélorusse 〚地〛ベラルーシの, *Byelorussian*
(la) Biélorussie 〚地〛ベラルーシ, *Byelorussia*
biens à usage privé 民間財, *private goods*
biens-capitaux 資本財, *capital goods*
biens collectifs 集合財, *collective goods*
biens collectivisés (国,県,市などの)公共財, *public goods*
biens communs (夫婦の)共通財産, *common property*
biens complémentaires 補完財, *complementary goods*
biens consomptibles 非耐久消費財, *non-durable goods*
biens corporels 有形財;有体資産, *tangible good*
biens culturels importants 重要文化財, *important cultural property*
biens de confort 快適財, *comfort goods*
biens de consommation courante 大衆消費財, *first-moving consumer goods*
biens de consommation semi-durables 半耐久消費財, *consumer semi-durables*

biens de Giffen ギッフェン財, *Giffen's goods*
biens de haute technologie ハイテク財, *high technology goods*
biens de main morte 法人財産
biens de position 社会関連財
biens de production 生産財, *producers' goods*
biens de production durables 生産者耐久財, *producers' durables*
biens d'équipement 設備財;資本財;生産財, *capital equipment*
biens d'équipement ménager 家財道具, *household goods*
biens d'équipements professionnels 産業設備財, *industrial facilities goods*
biens d'intérêt social 価値財, *merit goods*
biens d'investissement 資本財, *capital goods*
biens d'occasion 中古財, *used goods*
biens domaniaux 国有財産, *state property*
biens donnés en location 賃貸中の財, *leased goods*
biens échangeables 交換可能財, *exchangeable goods*
biens et services 財貨用役, *goods and services*
bien-étalon 価値基準財, *standard good*
bien-être collectif 公的福祉, *public welfare*
bien-être économique net par habitant 経済純福祉, *net economic welfare*
bien-être national net 純国民福祉, *net national welfare*
biens finis 完成財, *finished goods*
bien-fondé 妥当性, *adequacy*
bien-fonds 不動産, *real property*
biens Heckscher-Ohlin-Samuelson HOS財, *Heckscher-Ohlin-Samuelson goods*
biens hors du commerce 非融通財産, *goods for restricted sale only*
biens inférieurs 〚経〛劣等財;下級財, *inferior goods*
biens intermédiaires 中間財, *intermediate goods*
biens libres 自由財, *free goods*
biens méritoires / biens préférés par la communauté / biens sous tutelle / biens tutélaires (Richard A. Musgrave の)推薦財, *merit goods*
biens mobiliers 動産, *personal estate*
biens naturels 天然財, *natural goods*
biens non substituables 非競争財, *non-competitive goods*
biens publics 公共財, *public goods*
biens reproductibles 再生産可能財, *reproducible goods*

biens sans maître / biens vacants　無主物, *ownerless property*

biens substituables　競争財, *competitive goods*

bière à l'eau de mer　海洋深層水ビール, *sea water beer*

bijection　〘コンピュ〙全単射, *bijection*

bilan abrégé　簡易貸借対照表, *abridged balance sheet*

bilan actualisé　現価評価バランスシート, *net present value method*

bilan comparatif　比較貸借対照表, *comparative balance sheet*

bilan conditionnel　試算表, *trial balance*

bilan consolidé du groupe　企業グループ連結貸借対照表, *group consolidated balance sheet*

bilan de clôture　閉鎖貸借対照表, *closing balance sheet*

bilan de clôture d'un exercice　期末貸借対照表, *closing balance sheet of a fiscal year*

bilan de l'économie nationale　国民経済バランス, *balance of national economy*

bilan de santé　(無償)健康診断, *medical checkup*

bilan d'entrée / bilan d'ouverture　開始残高勘定, *opening balance sheet*

bilan d'une catastrophe　惨事の死傷者数, *consequence of a catastrophe*

bilan en fin d'exercice　収支報告, *balance sheet at the end of fiscal year*

bilan en forme de compte　勘定式の貸借対照表, *horizontal balance sheet*

bilan financier　資産負債表, *financial statement*

bilan fiscal　(法人の)納税申告書, *tax return*

bilan initial　期首残高, *initial balance*

bilan intérimaire　中間財務諸表, *interim financial statement*

bilan provisoire　中間収支, *interim closing*

bilan résumé　総合貸借対照表, *consolidated balance sheet*

bilan simplifié　簡略貸借対照表, *abbreviated balance sheet*

bilan social　(雇用福祉面の)社会貸借対照表；社会監査；労働条件報告書, *social audit*

bilan synthétique　国民経済バランス, *balance of national economy*

bilantiel　バランスシート上の, *of balance sheet*

Bilatérale franco-japonaise　日仏クラブ

bilharziose　ビルハルツ住血吸虫症, *bilharziasis*

billet à courte échéance　短期手形, *short-dated bill*

billet à domicile 他所払い手形, *domiciled bill*
billet à longue échéance 長期手形, *long-dated bill*
billet à ordre négociable 譲渡可能約束手形, *tradable promissory note*
billet à ordre-relevé 計算書約束手形：ペーパーレス方式でコンピュータ処理され，計算書のみ発行される手形, *promissory note statement*
billet à ordre-relevé magnétique 磁気読取計算書約束手形
billet à payer 支払手形, *bill payable*
billet à recevoir 受取手形, *bill receivable*
billet circulant 流通手形, *negotiable bill*
billet de complaisance 融通約束手形, *accommodation note*
billet de dépôts 〖金〗デポジットノート：預金通知, *deposit note*
billet de faveur 優待券, *complimentary ticket*
billet de fonds 営業財産手形；営業権賦払い手形
billet de service 優待券, *complimentary ticket*
billet de trésorerie 〖金〗コマーシャルペーパー：一流企業が資金調達のために発行する単名約束手形, *commercial paper*
billet d'option de change indexé 〖証〗為替オプション付き債, *indexed currency option note*
billets en circulation 銀行券流通高, *bank notes in circulation*
billet en classe économique エコノミークラスの切符, *economy ticket*
billet financier 自己宛為替手形
billet gratuit 招待券, *complimentary ticket*
billet hypothécaire 長期抵当手形
billet non transmissible 名義変更不能の切符, *ticket which is not transferable*
billet open （航空機の）オープンチケット, *open ticket*
billet stand-by （航空機の）スタンバイチケット, *standby ticket*
billet vert 米国紙幣；米ドル, *greenback*
billetophile お札収集家
billetterie 現金自動支払機, *automated teller machine*
binaire de parité 〖コンピュ〗パリティービット, *parity bit*
binaires par pouce 〖コンピュ〗インチ当たりビット, *bits per inch*
binaires par seconde 〖コンピュ〗秒当たりビット, *bits per second*
binationalisme 二民族併合主義：同じ国に二つの文化二つの

言語を併存させる主義, *binationalism*

binette 〖コンピュ〗(スマイリーズのような)フェースマーク, *emoticon*

bio-industrie 〖バイオ〗バイオインダストリー, *biotechnology industry*

bio-informaticien 〖バイオ〗バイオ情報科学者, *bioinformatician*

bio-informatique 〖バイオ〗バイオ情報科学, *bioinformatics*

bio-ingénierie 〖バイオ〗生物工学, *bioengineering*

bio-ingénieur 〖バイオ〗バイオエンジニア, *bioengineer*

biocapteur 〖バイオ〗生物化学検知器, *biosensor*

biocarburant 生物燃料, *biofuel*

biocosmétique バイオ化粧品, *biocosmetics*

biodisponibilité バイオアベイラビリティー, *bioavailability*

bioéthique 〖バイオ〗生命倫理, *bioethics*

biolixiviation バクテリアリーチング, *bacteria lixiviation*

biologique (農作物が)有機栽培の, *organic*

biomatériau 〖バイオ〗バイオマテリアル；生体適合物質, *biomaterial*

biomécanique 〖バイオ〗バイオメカニクス；生体力学, *biomecanics*

biomimétique 〖バイオ〗バイオミメティックス, *biomimetics*

biopuce 〖バイオ〗生物化学素子, *biochip*

biosurfactant 〖バイオ〗バイオサーファクタント, *biosurfactant*

biotechnique 〖バイオ〗生物工学, *biotechnology*

biotechnologie marine 〖バイオ〗海洋バイオテクノロジー, *marine biotechnology*

bioterrorisme (炭疽菌などによる)バイオテロ, *bioterrorism*

bip (フランスの携帯用)呼び出しベル, *pager*

bip (電話, コンピュータなどの)ビーッという音, *beep*

bipolaire 〖コンピュ〗バイポーラの, *bipolar*

birr (エチオピアの通貨単位で)ビル, *birr*

(touche) bis (電話機の)再ダイヤル(ボタン), *recall*

bischloroéthyl nitrosourée ニ-クロロエチルニトロ尿素：発癌性の化学物質, *bischloroethyl nitrosourea*

bison futé 交通情報センター, *traffic information bureau*

bison futé 渋滞時の迂回システム, *alternative route*

bissau-guinéen 〖地〗ギニアビサウの, *of Guinea Bissau*

bit d'arrêt 〖コンピュ〗停止ビット, *stop bit*

bit de contrôle 〖コンピュ〗チェックビット, *check bit*

bit de départ 〖コンピュ〗スタートビット, *start bit*

bit de plus faible poids 〖コンピュ〗最下位のビット, *least significant bit*

bit de service 〖コンピュ〗サービスビット, *service bit*

bit de signe 〖コンピュ〗符号ビット, *sign bit*
bits par seconde 〖コンピュ〗ビット毎秒, *bits per second*
bitmap 〖コンピュ〗ビットマップ, *bitmap*
bitrochosophobie 自転車恐怖症, *cyclophobia*
〈**blancs, blacks, beurs**〉「白人，黒人，アラブ人」: フランスが複数人種で構成されていることを示す表現
blancs budgétaires 予算白書, *budget white book*
le blanc, le brun et le gris dans l'électro-ménager 家電の大型製品(洗濯機, 冷蔵庫), AV製品(ステレオ, テレビ), ハイテク製品(コンピュータ, 携帯電話), *white goods, brown goods and gray goods*
blanchiment 〖金〗マネーロンダリング: 不正取得金銭の浄化, *money laundering*
blanchiment du produit 〖金〗不正収益の浄化, *money laundering*
〈**blanco**〉(誤字修正液を俗に称して)ホワイト, *correcting fluid*
blastocyste 〖バイオ〗肺盤胞, *blastocyst*
blemmophobie 他人の目恐怖症
bléomycine (癌の特効薬)ブレオマイシン, *Bleomycin*
(steak) bleu (レアよりも)生焼けの(ステーキ), *very rare*
bleus (budgétaires) 予算青書, *budget blue book*
blister ブリスターパック, *blister pack*
bloc d'actions 〖証〗大口の株, *block of stocks*
bloc de bordereaux de commande (はぎとり式)注文用紙の束, *pad of order forms*
bloc de constitutionnalité 憲法ブロック: 憲法改正によってしか変更できない法規部分
bloc de contrôle 支配議決権; 支配株, *control stock*
bloc de titres (投資家間で交換される)大量の株券債券, *block of securities*
bloc-diagramme (情報処理の)ブロックダイアグラム, *block diagram*
bloc-évier 流し台ユニット, *sink unit*
blocs imbriqués 〖コンピュ〗入れ子のブロック, *nested blocks*
bloc monétaire 通貨圏, *monetary block*
bloc-notes à base de Pentium 〖コンピュ〗ペンティアム搭載のノート型コンピュータ, *Pentium notebook PC*
bloc-notes informatique 〖コンピュ〗電子手帳, *personal organizer*
bloc obturateur de puits 噴出防止ブロック, *blowout preventer*
bloc-sièges 椅子のブロック, *block of seats*

blocage 〖コンピュ〗ハングアップ, *hang-up*
blocage 〖コンピュ〗ロックアウト:ネットワークからの締め出し, *lockout*
blocage 〖コンピュ〗トラップ:CPU内部から生じる割込み, *trap*
blocage des prix 価格凍結;物価凍結, *price freeze*
blocus économique 経済封鎖, *economic blockade*
bobine d'induction 〖通〗装荷コイル, *loading coil*
bobsleigh à quatre 〖スポ〗四人乗りボブスレー, *four-man bobsleigh*
Bochiman (南アの)ブッシュマン, *Bushman*
bœuf aux hormones 〖バイオ〗ホルモン牛:ホルモン処理により体重を増加させた米国牛の肉で,人体への影響が懸念されている, *hormone-treated US beef*
bogue 〖コンピュ〗(政府奨励語で)バグ, *bug*
bogue informatique de l'an 2000 〖コンピュ〗西暦2000年のコンピュータバグ, *millennium bug*
boisson énergisante 活力ドリンク, *energizing drink*
boisson isotonique 〖風〗アイソトニック飲料, *isotonic drink*
boîte à lettres (郵便受けの意味から)ペーパーカンパニー, *paper company*
boîte à outils 〖コンピュ〗ツールボックス, *tool box*
boîte à suggestions (アイディア提案用の)投書箱, *suggestion box*
boîte aux lettres électronique 〖コンピュ〗Eメールボックス, *e-mail box*
boîte (de conserve) bombée 膨張缶:製造時に誤って空気が混入した缶詰
boîte de dialogue 〖コンピュ〗ダイアログボックス, *dialog box*
boîte de secours 救急箱, *first-aid box*
boîtes postales 5000 (1977年創立の消費者苦情受付用の)私書箱5000
boîte vocale メッセージボックス:留守番電話などのように電話してきた人に録音メッセージを伝えるシステム
boîtier à deux rangées de broches / boîtier à double rangée de connexions / boîtier DIP 〖コンピュ〗デュアルインラインパッケージ:DIPスイッチのDIPのこと, *dual-in-line package*
boîtier à une rangée de broches / boîtier SIP 〖コンピュ〗シングルインラインパッケージ:SIPスイッチのSIPのこと, *single-in-line package*
boîtier de circuit intégré à plots de connexion 〖コンピュ〗LCC(エルシーシー), *LCC (=leadless chip carrier)*

boîtier grande tour 〖コンピュ〗ラージタワー用ケース, *large tower case*
boîtier mini-tour 〖コンピュ〗ミニタワー用ケース, *minitower case*
bolivar (ベネズエラの通貨単位で)ボリバル, *bolivar*
boliviano (ボリビアの通貨単位で)ボリビアノ, *boliviano*
bombardement intensif 絨毯爆撃, *carpet bombing*
bombardement sans restriction 無差別爆撃, *blind bombing*
bombardier d'eau (森林火災の)消防用航空機, *water bomber*
bombe 〖コンピュ〗ハングアップ, *hang-up*
bombé 〖証〗株を売れずにもたついた
bombe à fragmentation 集合破壊爆弾, *cluster bomb unit*
bombe dépoussiérante 〖コンピュ〗掃除用エアーボンベ
bombe logique 〖コンピュ〗論理爆弾, *logic bomb*
bombe sale 汚い爆弾:放射性物質を拡散させる爆弾, *dirty bomb*
bombe thermonucléaire 熱核爆弾, *thermonuclear bomb*
bon à intérêts mensuels 金利月払い債券, *bond with monthly-paid interest*
bon à intérêts payés d'avance 金利先払い債券, *bond with interest paid in advance*
bon à lots 割増賞金社債
bon à moyen terme négociable 〖証〗(フランス版)中期ノート；ミディアムタームノート, *medium-term note (France)*
bon à taux variable 変動利付き債, *floating rate note*
bon anonyme 無記名債券, *bearer debenture*
bon au porteur 無記名債券, *bearer bond*
bon-cadeau ギフト券, *gift token*
bon d'achat 購買券, *gift voucher*
bon de caisse 金券, *cash voucher*
bon de caisse (利息付きの)定期預金証書, *interest-bearing note*
bon de capitalisation 投資信託貯蓄証券:高い利回りをねらって定期的利払いをしない証券, *accumulation bond / capitalization bond*
bon de financement anticipé 長期借換予定債券, *bond anticipation note*
bon de lait ミルク券, *milk coupon*
bon de livres 図書券, *book token*
bon de réduction 割引券, *discount coupon*
bon de refinancement hypothécaire 抵当証券, *mort-*

gage certificate

bon de sortie 搬出指図書, *stock issued form*

bon de souscription 仮株券, *scrip certificate*

bon de souscription d'actions 〚証〛ワラント, *equity warrant*

bon de souscription d'actions remboursables ou rachetables 〚証〛返済可能買戻し可能ワラント, *reimbursable and redeemable warrant*

bons de souscription de parts de créateurs d'entreprises 〚証〛起業家証券ワラント：優遇税制の対象となる創立後15年で未上場企業のストックオプション

bon de souscription détaché 〚証〛エクスワラント：ワラント部分のないワラント債, *ex warrant*

bon de souscription d'obligations d'Etat 〚証〛国債購入ワラント, *sterling warrant into gilt edged share (UK)*

bon de trésorerie en eurodollars 〚証〛ユーロコマーシャルペーパー, *Euro-commercial paper*

bon de visite （不動産見学者への）参観許可証

bon d'échange 引換券証券：変動利付き債を固定利付き債に変換する基準として相場の対象となる証券

bon dénommé en yens 円建て債, *bond denominated in yen*

bon d'épargne 郵貯債, *savings bond*

bon des institutions financières spécialisées 特殊金融機関債：現在は金融機関金融会社債と名称変更, *note issued by certain financial institutions*

bon des maisons de titres 証券会社債, *securities houses bond*

bon d'option 〚証〛カバーワラント, *cover warrant*

bon d'option d'achat 〚証〛コールワラント, *call warrant*

bon du Trésor 財務省証券, *treasury bill*

bon du Trésor (américain) à court terme （米国の）財務省短期債券, *T-bill*

bon du Trésor (américain) à long terme （米国の）財務省長期債券, *T-bond*

bon du Trésor à taux fixe et intérêts annuels 中期利付き国債, *interest-bearing fixed-rate treasury bill*

bon du Trésor à taux fixe et intérêts précomptés 短期割引国債, *discount treasury bill*

bon du Trésor mobilisable 償還可能国庫債券, *redeemable treasury bond*

bon du Trésor négociable 譲渡可能TB；短中期国債, *tradable treasury bill*

bon du Trésor sur formule / bon 〈moderne〉 満期一括

利払いの中期国債

bon émis en robinet continu 〚証〛（必要に応じて随時発行の）タップビル, *tap bill*

bon (du Trésor) en compte courant 登録証券：1945年の証券ペーパーレス化後にフランス銀行の当座口座で保有が義務化された証券

bon et loyal inventaire 適正な財産目録, *true and fair inventory*

bon indiciel 〚証〛指数カバーワラント

bon pour services divers （航空会社などが発行する）海外旅行有価証票, *miscellaneous charge order*

bon-prime 無料ギフト券, *free gift voucher*

bon risque 〚保〛優良危険, *good risk*

bon sens politique 政治的抜け目なさ, *political savvy*

bon〈traditionnel〉 従来型短中期国債：新型の金利後払い国債に対する旧型の割引国債

bond (de la Bourse) （株式市場の）急騰, *sudden rise in price*

boni de fusion 合併利益, *value of the merged company's assets over and above its nominal capital*

boni de suractivité 生産アップ余剰金：当初生産予定を上回ることから生じる余剰金

boni d'inventaire 棚卸差益, *inventory surplus*

bonification à taux forfaitaire 定率割戻し, *standard-rate rebate*

bonification d'ancienneté 年功加俸, *seniority premium*

bonification d'intérêts （政府助成による）利子補給, *interest subsidization*

bonification gratuite partielle 〚証〛小刻み無償交付, *fractional free issue*

bonne autonomie 〚コンピュ〛（ノート型コンピュータ用電池の）長時間駆動可能性, *good battery life (note computer)*

bonne gouvernance 適切な管理, *good governance*

bonne livraison 完全受渡し, *good delivery*

bonne orientation 〚証〛反発, *rally*

bonne passe 順調な時期, *good period*

bonnes pratiques de laboratoire 適正ラボラトリー基準, *good laboratory practice*

bonne qualité loyale 真正品質, *genuine quality*

bonne tenue 〚証〛堅調, *firmness*

bonus-malus 料率割引割増制度, *no-claim bonus and loss of no-claim bonus*

bonus pour non-sinistrés 〚保〛無事故戻し, *no-claim bo-*

nus

bonus réversible 保険金増額配当, *reversionary bonus*

bootleg (コンサートの無断録音 CD などの)違法商品, *bootleg*

bordereau d'acceptation 〚保〛引受明細書, *acceptance slip*

bordereau d'achat 買付明細書, *purchase contract*

bordereau Dailly ダイイ明細書；職業債権譲渡明細書

bordereau de caisse 現金有高表, *cash statement*

bordereau de cession 〚保〛出再明細書

bordereau de collocation (倒産時弁済の)順位決定明細書；配当明細書

bordereau de commande 注文書, *order form*

bordereau de commission 手数料明細書, *commission schedule*

bordereau de compte 収支明細書, *statement of account*

bordereau de dépôt 預金伝票, *deposit slip*

bordereau de livraison 引渡し明細書, *delivery note*

bordereau de réassurance 再保険報告書, *reinsurance bordereau*

bordereau de salaires 給与明細書, *pay slip*

bordereau de sinistres 〚保〛損害明細書

bordereau de situation fiscale 納税証明書, *certificate of tax payment*

bordereau de versement 預金伝票；預け入れ伝票, *deposit slip*

bordereau d'envoi 発送通知状, *dispatch note*

bordereau des prix 価格明細表, *price schedule*

bordereau d'escompte 手形割引一覧表, *discount note*

bordereau d'expédition 発送明細書；送り状, *dispatch note*

bordereau d'ordre 債権順位一覧表

borne 〚コンピュ〛バウンド, *bound*

borne interactive 双方向情報案内端末, *electronic communication and information terminal*

borne Internet インターネット端末, *Internet terminal*

borne minitel ミニテル用端末, *minitel terminal*

borne Moneo (小額決済用カード「モネオ」の金額補充用)モネオカードチャージャー, *Moneo card charging machine*

borne Vitale (電子健康保証証である)ヴィタルカード情報更新機；戸籍の変更や妊娠などの新情報をインプットできる機械

bosses (dans le ski acrobatique) 〚スポ〛(フリースタイルスキーの)モーグル, *mogels*

botswanais 〚地〛ボツワナの, *Botswanian*

bottes souples ソフトブーツ, *soft boots*
Bottin administratif (Bottin 社発行の)官庁人名録
Bottin mondain (Bottin 社発行の)紳士録, *Who's Who*
bouchon de raccord (連結)アダプター, *adapter*
boucle 〘スポ〙(フィギュアスケートの)ループ, *loop*
boucle à blocage de phase 〘通〙位相同期ループ, *phase-locked loop*
boucle d'attente 〘コンピュ〙ウェイトループ, *wait loop*
boucle de rétroaction 〘コンピュ〙帰還ループ, *feedback loop*
boucle d'itération 〘コンピュ〙反復ループ, *iteration loop*
boucle faire 〘コンピュ〙DOループ, *DO loop*
boucle fermée 〘コンピュ〙閉じたループ, *closed loop*
boucle locale radio 〘通〙局地中継ループ:インテリジェントビルの屋上につけてデータ送受信をする
boucle piquée 〘スポ〙(フィギュアスケートの)トーループ, *toe loop*
boucle pour 〘コンピュ〙FORループ, *FOR loop*
boucle tant que 〘コンピュ〙WHILEループ, *WHILE loop*
boucliers humains (旧ユーゴ紛争などにおける)人間の盾, *human shields*
bouffée d'air frais / bouffée d'oxygène (比喩的に)カンフル剤, *breath of fresh air*
bouillie explosive ペースト状火薬, *slurry-blasting agent*
bouilloire 〘証〙(デマによる)株価つり上げ
boule de commande / boule de pointage / boule de pointer / boule roulante 〘コンピュ〙トラックボール, *track ball*
boule IBM (IBMの)タイプライターボール, *typewriter ball (IBM)*
bouquet (デジタル放送による多チャンネルの)パッケージ放送
bourgeois-bohème 〘風〙カウンターカルチャー的資本主義者, *Bohemian-Bourgeois*
Bouriate 〘地〙ブリヤート族:Bouriatieの住民, *Buryat*
bourrage 〘コンピュ〙(プリンターの)ジャム, *jam*
bourreau de travail 〘和〙ワーカホリック:仕事中毒の人, *workaholic*
Bourse de matières premières de Chicago シカゴ商業取引所, *Chicago Mercantile Exchange*
Bourse d'échange des options et valeurs à terme suisse 〘オプ〙スイスオプション金融先物取引所, *Swiss Options and Financial Futures Exchange*
Bourse d'échanges internationales de Singapour シンガポール国際金融取引所, *Singapore International Monetary*

Exchange

Bourse des céréales de Minneapolis / Bourse des grains de Minneapolis ミネアポリス穀物取引所, *Minneapolis Grain Exchange*

Bourse des échanges à terme de Londres 〖オブ〗ロンドン国際金融先物取引所, *London International Financial Futures Exchange*

Bourse des marchandises 商品取引所, *commodity exchange*

Bourse des matières premières de New-York ニューヨーク商品取引所, *New York Mercantile Exchange*

Bourse des métaux de Londres ロンドン金属取引所, *London Metal Exchange*

Bourse des options négociables de Londres 〖オブ〗(LIFFEと合併した)ロンドンオプション取引所, *London Traded Options Market*

Bourse d'options européennes 〖オブ〗(アムステルダムの)欧州オプション取引所, *European Options Exchange*

Bourse du Pacifique 太平洋岸証券取引所, *Pacific Coast Stock Exchange*

Bourse du travail 労働組合会館, *local trade union center*

Bourse internationale des produits pétroliers (ロンドンの)国際石油取引所, *International Petroleum Exchange (in London)*

bouteille en plastique PET ペットボトル, *polyethylene terephthalate bottle*

boutiquage (大型店舗内の小型店)ショップインショップ, *shop in shop*

boutique de droit 〖法〗法のブティック：裁判外紛争解決制度の一つ

boutique franche / boutique hors taxes 免税店, *duty-free shop*

boutique sous franchise フランチャイズ店, *franchisee*

boutique virtuelle avec transactions financières sécurisées セーフティー機能付き取引のバーチャルショップ

bouton de réinitialisation / bouton de remise à zéro 〖コンピュ〗リセットボタン, *reset button*

bouton ⟨Démarrer⟩ de Windows 〖コンピュ〗ウィンドウズのスタートボタン, *Windows ⟨Start⟩ menu button*

bouton dièse (電話の)シャープボタン, *sharp button*

bouton rotatif ジョグダイヤル, *jog dial*

boxe anglaise 〖スポ〗(タイ式などに対して普通の)ボクシング, *boxing*

boxe française 〚スポ〛 キックボクシング, *kickboxing*
boxe thaïe 〚スポ〛 (タイ式の)キックボクシング, *kickboxing*
boycottage du Japon ジャパンバッシング：外国の日本たたきのこと, *Japan bashing*
bracelet électronique (囚人用)電子ブラスレット, *electronic bracelet*
bradeur des billets d'avion 〚風〛格安航空チケット販売店, *bucket shop*
branche 〈accidents du travail〉 個人傷害保険部門, *industrial accident insurance section*
branche groupe (保険会社の)団体保険部門, *group insurance section*
branche populaire (保険会社の)普通保険部門, *ordinary insurance section*
branche vie (保険会社の)生命保険部門, *life insurance section*
branchement différé 〚通〛遅延分岐, *delayed branch*
branchement inconditionnel 〚通〛無条件分岐, *unconditional branch*
braquage de la jambe arrière 〚スポ〛(スノーボードの)スイーピング効果, *sweeping effect*
brasseur-répartiteur numérique 〚通〛デジタルクロス接続, *digital cross-connect*
brebis clonée 〚バイオ〛クローン羊, *clone sheep*
brebis Dolly 〚バイオ〛(1997年春に話題となった)クローン羊ドリー, *clone sheep Dolly*
bretelle de tir ハーネス：銃のつり革, *gunstrap*
〈bretelle sauvage〉 (一般人による)電話盗聴
(acte en) brevet 原本交付証書, *contract delivered by a notary in the original*
brevet antérieur 先願特許, *earlier patent*
brevet d'addition 追加特許, *patent of addition*
brevet de sécurité routière (フランスで原付き自転車の免許に当たる)交通安全免許
brevet de technicien supérieur 上級技術者免状, *superior technician license*
brevet dépendant 従属特許, *dependent patent*
brevet d'études du premier cycle 中等教育第一課程修了証, *lower certificate*
brevet d'études professionnelles 職業教育免状, *vocational diploma*
brevet européen 欧州特許, *European patent*
brevet principal 親特許, *parent patent*

brevet professionnel 職業証書, *vocational qualification*
brevetabilité des gènes 〖バイオ〗遺伝子特許登録可能性
brigade franco-allemande 仏独合同軍：1995年に欧州軍に発展解消された軍
Brigades rouges （イタリアの極左テロ）赤い旅団, *Red Brigades*
brigade VTT (= vélo tout terrain) マウンテンバイク警官隊
bris des machines 〖保〗機関故障, *engine trouble*
brise-béton コンクリートブレーカー, *concrete breaker*
brise-vents （農作物保護の）防風林, *shelter belts (agriculture)*
(connecteur à 16) broches 〖コンピュ〗(16)ピン（コネクター）, *pins*
bronthémophobie / brontophobie 雷鳴恐怖症
brosse à dents électrique 電動歯ブラシ, *electric toothbrush*
brosse interdentaire 歯間ブラシ, *interdental brush*
browser 〖コンピュ〗（インターネットの）ブラウザー, *browser*
broyeuse シュレッダー：秘密書類などの断裁機, *shredder*
bruit blanc 〖コンピュ〗白色雑音, *white noise*
brunéien 〖地〗ブルネイの, *Bruneian*
brut d'impôt 税込みの, *pre-tax*
brutalisme ブルータリズム：ポンピドゥーセンターのように材料や設備をむきだしのまま表現する建築様式, *brutalism*
(architecture) brutaliste ブルータリズムの（建築）, *brutalist (architecture)*
Bruxelles 〖言換〗（所在地から）欧州連合, *European Union*
budget à base zéro ゼロベース予算, *zero-based budget*
budget à compte général 一般会計予算, *General Account Budget*
budget civil de recherche et développement 民生用研究開発費, *non-military R&D budget*
budget cycliquement neutre 景気中立的予算, *cyclically neutral budget*
budget de fonctionnement 実行予算, *operating budget*
budget de report 繰越予算, *budget carried over*
budget de trésorerie 現金予算, *cash budget*
budget d'équipement 資本的資金勘定, *capital account*
budget des dépenses et recettes courantes / budget des opérations courantes 経常予算, *current budget*
budget des immobilisations 資本支出予算, *capital budget*
budget des matériaux 材料予算, *materials budget*

budget déséquilibré / budget non équilibré 不均衡予算, *unbalanced budget*

budget d'exploitation 損益予算, *operating budget*

budget d'investissement 投資予算；資本予算, *investment budget*

budget du producteur 製造予算, *production budget*

budget initial / budget primitif 当初予算, *initial budget*

budget principal 本予算, *regular budget*

budget promotionnel 販売促進予算, *promotional budget*

budget temps 労働時間配分；時間振分け, *time budget*

budgétaire 予算係, *budgeteer*

budgétisation de programmes プログラム予算, *program budgeting*

buffet multipoint 〚風〛スクランブル式立食, *scramble*

buggy デューンバギー：砂丘走行用自動車, *dune buggy*

〈le bulldozer〉 〚言換〛（ブルドーザーのような男）ジャック・シラク, *Jacques Chirac*

bulle 〚証〛バブル：実勢価格との大きな乖離, *bubble*

bulle de savon de la mer du Sud 〚証〛南海の泡大暴落, *South Sea Bubble*

(à) bulle d'encre 〚コンピュ〛(プリンターが)バブルジェット(の), *bubble jet*

bulletin de commande 注文書, *order form*

bulletin de consigne 倉庫証券, *warehouse warrant*

bulletin de la cote 証券取引所公報, *stock market daily official list*

Bulletin de la propriété industrielle 〚仏〛工業所有権公報, *Official Bulletin of the Industrial Property*

Bulletin de la Société franco-japonaise de biologie 日仏生物学会報

Bulletin de la Société franco-japonaise des sciences historiques 日仏歴史学会会報

Bulletin de la Société franco-japonaise des techniques industrielles 日仏工業技術：日仏工業技術会の定期刊行物

bulletin de livraison 引渡し通知書, *delivery note*

bulletin de recoupement (税監査用)納税者ファイル, *cross checking file (for fiscal control)*

bulletin de souscription (株などの)申込書, *application form*

bulletin d'engagement 登録申込用紙, *entry form*

bulletin d'enregistrement des bagages 荷物預かり証, *claim check*

Bulletin des annonces légales obligatoires 決定公告公報, *bulletin where French quoted companies disclose financial information*

Bulletin des oppositions / Bulletin officiel des oppositions (紛失盗難無記名証券の)支払差止用公報

bulletin d'essai 金地金真正証明書

bulletin météo d'enneigement (スキー場の)積雪量便り, *report of snow conditions*

Bulletin officiel des annonces des Domaines 国有財産管理局公報

Bulletin officiel des contributions directes 直接税公報, *Official List of Direct Taxation*

Bulletin officiel des cours de la Bourse 株式相場公報, *Stock Exchange Daily Official List*

Bulletin trimestriel sur les activités solaires 太陽活動季刊誌, *Quarterly Bulletin on Solar Activity*

bureau à modules (間仕切りの少ない)オープンプランオフィス, *open plan office*

Bureau central de l'information (英国の)中央情報局, *Central Office of Information*

Bureau central des télégrammes astronomiques 天文電報中央局, *Central Bureau for Astronomical Telegrams*

Bureau d'aide sociale 社会扶助事務局:地方自治体社会福祉センターの旧称, *Social Assistance Office*

Bureau d'analyse économique (米商務省)経済分析局, *Bureau of Economic Analysis*

Bureau d'appui des Nations unies pour la consolidation de la paix en République centrafricaine 国連中央アフリカ平和建設支援事務所, *United Nations Peacebuilding Support Office in the Central African Republic*

Bureau de cadastre 土地台帳課, *Land Registry Office*

⟨**bureau de contact**⟩ (bureau de proximité に対して)商業発展地区郵便局

bureau de courtier marron 〘証〙(詐欺まがいの証券取引をする)バケットショップ, *bucket shop*

bureau de fusion et regroupement d'entreprises 企業集中促進部, *merger and acquisition department*

Bureau de l'assistance technique (国連)技術援助評議会, *Technical Assistance Board (UN)*

Bureau de législation du Gouvernement 内閣法制局, *Cabinet Legislative Bureau*

Bureau de l'hygiène générale 公衆衛生局, *Office of General Hygiene*

Bureau de marque de fabrique 登録商標事務局, *Trade Mark Office*

bureau de perception 税務署, *tax office*

bureau de placement payant 有料職業紹介所, *fee-charging employment agency*

bureau de placement pour les gens de mer 海員に対する職業紹介所, *employment office for seafarers*

⟨**bureau de proximité**⟩ (bureau de contact に対して)商業活動希薄地区郵便局

bureau de représentation à l'étranger 海外駐在員事務所, *overseas representative office*

Bureau de représentation de la ville de Tokyo à Paris 東京都パリ事務局

Bureau de représentation du textile et de l'habillement français フランス繊維服飾協会, *French Fashion and Textile Center*

Bureau de vérification de la publicité 広告審査事務局, *Advertising Standards Authority*

Bureau des affaires administratives du premier ministre 総理府, *Prime Minister's Office*

Bureau des brevets 特許庁, *Patent Agency*

Bureau des hypothèques 不動産登記所, *mortgage registration office*

bureau des méthodes (工場の)作業効率化決定部

Bureau des résumés analytiques du Conseil international des unions scientifiques 国際学術連合会議文献抄録委員会, *Abstracting Board of International Council of Scientific Unions*

bureau d'études 研究開発部, *research department*

bureau d'informations 広報課, *public relations section*

Bureau d'information logement 住宅情報センター, *housing information office*

Bureau d'inspection des normes du travail 労働基準監督局, *Labor Standards Inspection Office*

Bureau d'investigation des fraudes graves (英国の)重大詐欺捜査局, *Serious Fraud Office (UK)*

bureau d'ordonnancement (工場の)段取り決定部

Bureau du budget du Congrès (米国の)連邦議会予算事務局, *Congressional Budget Office (USA)*

Bureau du Pacifique Sud pour la coopération économique 南太平洋経済協力機関, *South Pacific Bureau for Economic Cooperation*

Bureau européen de l'artisanat et des PME pour la

normalisation 欧州手工業・中小企業技術標準化事務局, *European Office of Crafts, Trades and Small and Medium-sized Enterprises for Standardization*

Bureau européen de l'environnement 欧州環境事務局, *European Environmental Bureau*

Bureau européen des Unions de consommateurs 欧州消費者団体連合会, *European Bureau of Consumers' Unions*

Bureau fédéral d'investigation (米国の)FBI；連邦捜査局, *FBI*

Bureau gravimétrique international 国際重力測定委員会, *International Gravimetric Bureau*

Bureau international catholique de l'enfance 国際カトリック児童局, *International Catholic Child Bureau*

Bureau international d'anthropologie différentielle 国際分化差異人類学協会, *International Bureau of Differential Anthropology*

Bureau international de containers 国際コンテナ事務局, *International Container Bureau*

Bureau international de l'éducation 国際教育局, *International Bureau of Education*

Bureau international de métrologie légale 国際法定計量事務局, *International Office of Legal Metrology*

Bureau international de recherches sur la sauvagine 国際水禽・湿地調査局, *International Waterfowl and Wetland Research Bureau*

Bureau international des chambres de commerce 国際商業会議所事務局, *International Bureau of Chambers of Commerce*

Bureau international des expositions 万国博覧会国際事務局, *International Exhibition Bureau*

Bureau international des poids et mesures 国際度量衡局, *International Bureau of Weights and Measures*

Bureau international des producteurs d'assurances et de réassurances 国際保険再保険外野協会, *International Association of Insurance and Reinsurance Intermediaries*

Bureau international des sociétés gérant les droits d'enregistrement et de reproduction mécanique 国際レコード著作権協会事務局, *International Bureau for Mechanical Reproduction*

Bureau international des tarifs douaniers 国際関税率事務局, *International Customs Tariffs Bureau*

Bureau international du béton manufacturé 国際プ

レキャストコンクリート学会, *International Bureau for Precast Concrete*

Bureau international du travail 国際労働事務局, *International Labor Office*

Bureau international pour l'épilepsie 国際てんかん協会, *International Bureau for Epilepsy*

Bureau local des finances (日本の財務省)財務局, *Regional Financial Bureau (Japan)*

bureau paysager 大部屋方式のオフィス, *open-place office*

Bureau pour la reconstruction et l'assistance humanitaire (米国の)復興人道支援局, *Office for Reconstruction and Humanitarian Assistance (USA)*

Bureaux internationaux réunis pour la protection de la propriété intellectuelle 知的所有権保護国際合同事務局, *United International Bureaux for the Protection of Intellectual Property*

Bureau Veritas フランス船級協会, *Bureau Veritas*

burkinabé 〖地〗ブルキナファソの, *Burkinabe*

bus à jeton 〖コンピュ〗トークンバス, *token bus*

bus de données 〖コンピュ〗データバス, *data bus*

bus ISA 〖コンピュ〗ISA(アイサ)バス, *Industry Standard Architecture bus*

bus local 〖コンピュ〗ローカルバス, *local bus*

bus rapide 〖コンピュ〗高速バス, *high-speed bus*

bushien (George H. W. または George W.)ブッシュ(大統領)の, *of George H.W. Bush (or George W. Bush)*

buste de Marianne マリアンヌ像:フランスを象徴する女性像で市庁に置かれる胸像

but en or 〖スポ〗(サッカーで日本のVゴールに当たる)ゴールデンゴール, *golden goal*

but marqué dans le but vide 〖スポ〗(サッカーの)エンプティゴール, *empty net goal*

but vainqueur 〖スポ〗(サッカーの)ウイニングゴール, *game-winning goal*

butée 〖スポ〗(スキーの)トーピース, *toe piece*

buticolaricrophile ミニチュア収集家

C

cabine d'ascenseur エレベーターのケージ, *cage of lift*
cabine de commentateurs コメンタリーブース, *commentary booth*
cabine pour commentaires loin de la manifestation オフチューブブース, *off-tube booth*
cabine publique 電話ボックス, *telephone booth*
cabinet d'affaires ビジネスコンサルティング会社, *business consultancy*
cabinet d'aisance dit à la turque トルコ式トイレ：和式のようにしゃがむトイレ, *squatting closet*
cabinet d'assurances 保険代理店, *insurance broker*
cabinet d'audit 会計事務所, *audit company*
cabinet de chasseurs de tête ヘッドハンティング会社, *head-hunting firm*
cabinet de conseil コンサルティング会社, *consultancy firm*
cabinet de conseil en gestion 経営コンサルティング会社, *management consulting company*
cabinet de conseil en stratégie 経営戦略コンサルティング会社, *management strategy consulting company*
cabinet de recrutement 人材派遣会社, *placement agency*
cabinet d'expertise comptable 会計事務所, *accounting firm*
cabinet fantôme シャドーキャビネット；影の内閣, *shadow cabinet*
cabinet juridique 弁護士事務所, *law office*
câble aux fibres optiques 〘通〙光ファイバーケーブル, *optical fiber cable*
câble de connexion sans modem 〘コンピュ〙ヌルモデムケーブル, *null modem cable*
câble série 〘コンピュ〙シリアルケーブル, *serial cable*
câblo-opérateur ケーブルテレビ局, *cable television*
cabotage consécutif （国際便がコースの都合により結果的に行う）外国の国内路線運行
cache-prise コンセントカバー
cachet effervescent 発泡錠：アルカ・セルツァーのように

コップの水に入れると発泡して溶けるタブレット状の薬, *effervescent tablet*

cadeau d'entreprise 法人ギフト, *corporate gift*
cadeau publicitaire (客寄せの)景品, *giveaway*
cadence de frappe (タイプを打つ)キーストロークレート, *keystroke rate*
cadence de renouvellement des stocks 棚卸資産回転率, *inventory turnover*
cadre alternatif africain aux programmes d'ajustements structurels 構造調整計画に対するアフリカの代替案, *African Alternative Framework to Structural Adjustment Programs*
cadre communautaire d'appui 欧州共同体支援フレームワーク, *Community Support Framework (EC)*
cadre comptable 勘定体系, *accounting system*
cadres de direction 経営幹部, *executive men*
cadre débutant 下級経営幹部, *junior executive*
cadres dirigeants トップマネージメント, *top management*
cadre institutionnel 制度的枠組, *institutional framework*
cadre logique 〘ODA〙ロジカルフレーム：ODA計画の効果の評価, *logical framework*
cadres moyens 中間管理職, *middle management*
café à BD (= bandes dessinées) 〘風〙漫画喫茶, *Internet café reading room for comics*
cafés flottants 発送中のコーヒー, *coffee in the pipeline*
cafteur (告げ口屋の意から)発信番号表示サービス
cage d'ascenseur エレベーターシャフト：エレベーターを上下させるためにビル内部に確保するスペース, *elevator shaft*
cahier d'entrée et sortie 出納簿, *cash-book*
〈**le Caillou**〉〘言換〙(小石の形をしている)ニューカレドニア, *New-Caledonia*
caisse à laser (商品の)レーザー自動読取会計, *laser checkout*
Caisse centrale de coopération économique 経済協力中央金庫, *Bank for Economic Cooperation*
caisse d'avance (定額の)前渡し資金, *imprest fund*
caisse de crédit mutuel (米国の)相互貯蓄銀行, *mutual savings bank (USA)*
caisses de l'Etat 国庫, *national treasury*
caisse de liquidation (商品の)取引決済所, *clearing house*
caisse de prévoyance 異常危険準備金, *contingency fund*
caisse de règlement des sinistres 保険金支払資金, *claims settlement fund*

caisse de retraite 年金金庫, *pension fund*
caisse de secours ストライキ資金, *strike fund*
caisse de sortie (スーパーの)レジ, *checkout counter*
Caisse d'épargne 〖仏〗貯蓄金庫, *public savings bank (France)*
Caisse d'épargne ordinaire 〖仏〗普通貯蓄金庫, *ordinary public savings bank (France)*
Caisse des assurances sociales 社会保険局, *Social Insurance Office*
caisse enregistreuse 金銭登録機, *cash register*
Caisse française de développement 〖ODA〗フランス開発公庫
Caisse interprofessionnelle de dépôts et de virement de titres (ベルギーの)証券預託振替金庫, *Securities Deposit and Clearing Office of the Financial Sector (Belgium)*
Caisse nationale de Crédit Agricole 全国クレディアグリコル銀行連合会；全国農業信用金庫, *National Farm Credit Agency*
Caisse nationale de prévoyance 国民共済金庫, *National Provident Fund*
Caisse nationale des autoroutes 全国高速道路金庫, *National Highway Fund*
caisse noire 裏金, *slush fund*
Caisse populaire 庶民金庫, *credit union*
Caisse primaire d'assurance maladie 疾病保険初等金庫, *French government department dealing with health insurance*
Caisse primaire de Sécurité sociale 社会保障初等金庫, *French government department dealing with social security*
caisse syndicale de grève ストライキ資金, *strike fund*
calcéologiste 靴収集家
calcul d'amortissement 返済スケジュール, *repayment schedule*
calcul des assurances 保険数理, *calculus of contingency*
calcul des coûts 原価計算, *cost accounting*
calcul d'expirations des immobilisations 固定資産増減明細表, *lapsing schedule of fixed assets*
calcul du coût unitaire de production 単一原価計算, *unit costing*
calcul du coût variable 直接原価計算, *direct costing*
calcul économique 計量経済学, *econometrics*
calculateur numérique デジタルコンピュータ, *digital computer*

calculateur périphérique 周辺プロセッサー, *peripheral processor*

calendrier de remboursement d'emprunt ローン返済スケジュール, *loan repayment schedule*

call synthétique 〖オプ〗合成コール, *synthetic call*

calligraphie 西洋書道, *calligraphy*

cambiste 外国為替ディーラー, *foreign exchange dealer*

cambre du ski 〖スポ〗スキーの反り, *camber of the ski*

camée (映画用語で)カメオ出演：有名人・名優が一場面だけに顔を出す特別出演, *cameo*

caméra vidéo pour la sécurité 防犯カメラ, *security camera*

camion de retransmission (テレビの)中継車, *OB van*

camion-magasin 移動販売店, *mobile ship*

campagne anti-tabac 嫌煙運動, *anti-smoking campaign*

campagne antimondialisation 反グローバリゼーション運動, *anti-globalization campaign*

campagne d'assainissement (社会悪などの)浄化キャンペーン, *cleanup campaign*

campagne de calomnies 対立候補を中傷するような選挙運動, *negative campaign*

campagne de pêche 漁業シーズン, *fishing year*

campagne de production 農繁期, *crop year*

campagne institutionnelle 企業キャンペーン, *corporate campaign*

campagne publicitaire 宣伝キャンペーン, *publicity campaign*

Canada français フランス語圏カナダ：特にケベック州をいう, *French Canada*

canal de commande intégré 〖通〗埋込制御通信路, *embedded control channel*

canal de transmission 〖通〗伝送チャンネル, *transmission channel*

canal mosaïque マルチスクリーンチャンネル, *multiscreen channel*

canal multiplexeur 〖通〗多重チャンネル, *multiplexer channel*

canal sélecteur 〖通〗選択チャンネル, *selector channel*

canal virtuel 仮想チャンネル, *virtual channel*

canaux 〖証〗(株の妥当な)上下幅, *fluctuation range*

cancéreux non-évoluteurs 癌治療の長期間生存者, *long-term survivors of cancer patients*

cancérophobie 癌恐怖症, *carcinomophobia*

candidat retenu (入社試験などの)合格者, *successful applicant*
candidat retenu 被任命者, *appointee*
caninet / canisette 犬用トイレ
cannibalisation シェアの食い合い：同じ会社が異なる販路などでシェアを競い合ってしまうこと
cap 〖証〗大台, *cap*
capacité bénéficiaire 収益力；利得能力, *earning power*
capacités contributives (税の)支払能力, *ability to pay (tax)*
capacité d'absorber aide économique 〖ODA〗援助吸収能力, *ability to absorb economic aid*
capacité d'absorption des protons 陽子吸収能力, *proton absorptive capacity*
capacité d'absorption du marché 市場の吸収能力, *market's absorption capacity*
capacité d'autofinancement キャッシュフロー；自己金融能力, *cash flow*
capacité d'autofinancement net 〖金〗ネットキャッシュフロー：一定期間内に企業が内部蓄積した資金, *net cash flow*
capacité de chargement (トラックなどの)積載容量, *carrying capacity*
capacité de crédit 借入能力, *borrowing capacity*
capacité de financement 財政力：例えば家計で所得が支出を上回る部分, *financial means*
capacité de paiement / capacité de payer 支払能力, *ability to pay*
capacité de production 生産能力, *production capacity*
capacité de remboursement 返済能力, *reimbursement capacity / ability to repay*
capacité de stockage / capacité d'entreposage 倉庫収容能力；在庫収容力, *warehouse capacity*
capacité de stockage 〖コンピュ〗記憶容量, *storage capacity*
capacité de travail 労働能力, *capacity for work*
capacité d'emprunt / capacité d'endettement 借入能力, *borrowing power*
capacité d'intégration 吸収能力, *absorption capacity*
capacité double / capacité multiple 〖証〗デュアルキャパシティー：同一ブローカーによる自己勘定，顧客勘定取引の行使可能性, *dual capacity*
capacité excédentaire 過剰生産能力, *surplus capacity*
capacité financière 資金力, *financial ability*
capacité simple / capacité unique 〖証〗シングルキャパ

シティー：同一ブローカーは自己勘定と顧客勘定の両方の取引を行えないこと, *single capacity*

capital à court terme 短期資本, *short-term capital*

capital à haut coefficient de risque 危険負担資本, *risk capital*

capital à risques ベンチャーキャピタル；危険負担資本, *venture capital*

capital-actions 株式資本, *capital stock*

capital ajouté du paiement au pair 額面払込みによる有償増資, *paid-in capital increase through par value allocation*

capital appelé 請求済資本金；払込み済資本金, *called up capital*

capital assuré 保険金額, *insured amount*

capital autorisé 授権資本, *authorized capital*

capital circulant 運転資金, *working capital*

capital collectif de la société 社会的間接資本, *social overhead capital*

capital comptable 貨幣資本, *capital disposal*

capital-création 企業新設融資, *start-up financing*

capital d'amorçage 当初資本, *seed capital*

capital d'apport 期首資本, *initial capital*

capital de sécurité 安全資本, *security capital*

capital-développement 開発資本, *development capital*

capital d'exploitation 経営資本；運転資本, *operating capital*

capital dilué 〖証〗水増株, *watered stock*

capital disponible 使用可能資本, *available capital*

capital dormant 遊休資本, *idle capital*

capital doublé en cas de décès par accident 災害倍額支払保険金, *double indemnity*

capital émis 発行済み資本金, *issued capital*

capital emprunté 借入資本；他人資本, *borrowed capital*

capital engagé 使用資本, *invested capital*

capital entièrement libéré 全額払込み済資本金, *fully paid-up capital*

capital étranger 外国資本, *foreign capital*

capital financier 金融資本, *financial capital*

capital fixe 固定資本, *fixed capital*

capital foncier 土地資本, *real estate equity*

capital garanti 保証資本, *guaranteed capital*

capital humain 人的資本, *human capital*

capital immatériel 無形資本, *intangible capital*

capital immobilier 不動産資本, *real estate equity*
capital improductif 非生産的資本, *unproductive capital*
capital indépensé 未使用資本, *unspent capital*
capital initial 期首資本；当初の資本金, *start-up capital*
capital initial 〖保〗基金, *initial capital*
capital intellectuel 知的資本, *intellectual capital*
capital investi 投下資本費用, *capital cost*
capital juridique 法定資本金, *legal capital*
capital libéré 払込み資本, *paid-in capital*
capital monétaire 貨幣資本, *money capital*
capital national 国民資本, *national capital*
capital nominal 名目資本：発行株の額面額で表示した資本金, *nominal capital*
capital non émis 未発行資本, *unissued capital stock*
capital non versé / capital non appelé 未払込み資本金, *unpaid capital*
capital porteur d'intérêt 利子付き資本, *interest-bearing capital*
capital productif 事業資金, *productive capital*
capital réel 実物資本, *real capital*
capital-risque 〖経〗ベンチャーキャピタル, *venture capital*
capital social 株式資本；会社資本, *capital stock*
capital souscrit 引受資本, *subscribed capital*
capital technique 生産財, *production goods*
capital variable 可変資本, *variable capital*
capital versé 払込み資本, *paid-in capital*
〈**capitale des Gaules**〉〖言換〗(ガリアの首都であった)リヨン, *Lyon*
capitalisation (des intérêts) (金利の)資本組み入れ；元本組み入れ；資本還元, *capitalization*
capitalisation (生保の)積立保険, *capital-redemption*
capitalisation 〖金〗積立方式, *capitalization*
capitalisation boursière 〖証〗(株の)時価総額, *market capitalization*
capitalisation de base ajustée 〖証〗(CACスタート時の)調整済時価総額, *market value on an adjusted basis*
capitalisation de l'impôt 租税の資本還元, *capital redemption of tax*
(taux de) capitalisation des bénéfices 株価収益(率), *price earning (ratio)*
capitalisation des intérêts 〖金〗複利, *compounding of interests*
capitalisation des intérêts 利子の元本への組入れ, *capi-*

capitalisation des réserves au capital 準備金の資本組込み, *capitalization of reserves*

capitalisation financière 〚証〛(株の)時価総額, *market capitalization*

capitalisation instantanée 〚証〛直近(ちょっきん)時価総額

capitalisme commercial 商業資本主義, *commercial capitalism*

〈**capitalisme de guichet**〉 銀行金融中心の資本主義

capitalisme de monopole 独占資本主義, *monopoly capitalism*

capitalisme d'Etat 国家資本主義, *state capitalism*

capitalisme industriel 産業資本主義, *industrial capitalism*

capitalisme managérial 経営資本主義, *managerial capitalism*

capitalisme monopoliste d'Etat 国家独占資本主義, *state monopoly capitalism*

capitalisme monopolistique 独占資本主義, *monopoly capitalism*

capitation graduée (歴史上の)社会的階層分類式人頭税, *head tax on individuals*

capitaux à court terme 短期的資本, *short-term capital*

capitaux à long terme 長期的資本, *long-term capital*

capitaux à risques 〚経〛ベンチャーキャピタル, *venture capital*

capitaux bancaires 銀行資金, *bank funds*

capitaux circulants 流動資本, *circulating capital*

capitaux d'amorçage / capitaux de lancement 初期投入資金, *seed money*

capitaux d'emprunt 借入資本, *debenture capital*

capitaux des compradores 買弁(ばいべん)資本, *comprador capital*

capitaux engagés 投下資本, *invested capital*

capitaux fébriles / capitaux fluctuants 〚金〛ホットマネー：国際金融市場を動き回る投機的な短期資金, *hot money*

capitaux fixes 資本資産, *capital assets*

capitaux flottants / capitaux mobiles 浮動資本；流動資本, *floating capital*

capitaux improductifs / capitaux inactifs 遊休資本, *idle capital*

capitaux mobiliers 市場性証券, *marketable securities*

capitaux permanents 永久資本；投資資金, *permanent capital*

capitaux placés à l'étranger　海外投資資金, *capital invested abroad*

capitaux prêtables　貸出資金, *loanable funds*

capitaux spéculatifs　危険負担資本, *risk capital / refugee capital*

capot insonorisant　〚コンピュ〛防音カバー, *soundproof lid*

capsule représentative de droits　酒税支払証明としてのキャップ

capsulophile　(壜の)王冠収集家

capteur des signes de sécurité des billets　偽札防止マーク識別センサー

carabine de calibre 22　二十二口径スモールボアライフル銃, *22 caliber small-bore rifle*

carabinier　〚証〛素人投資家

caractère à huit bits　8ビット文字, *eight-bit character*

caractère à tout faire　〚コンピュ〛ワイルドカード, *wildcard*

caractère blanc souligné　〚コンピュ〛アンダーバー, *underscore*

caractère de contrôle　〚コンピュ〛チェック文字, *check character*

caractère de synchronisation　〚通〛同期信号文字, *synchronous idle character*

caractère d'échappement　〚コンピュ〛拡張文字, *escape character*

caractère d'effacement　〚コンピュ〛取消文字, *ignore character*

caractère d'interrogation　〚通〛問合わせ文字, *inquiry character*

caractère magnétique codé à 7 barres　(小切手識別用の)7単位磁気記録符号

caractère nul　〚コンピュ〛ヌル文字;空文字, *null character*

caractères par pouce　インチ当たりの文字数, *characters per inch*

caractères par seconde　秒当たりの文字数, *characters per second*

(de) caractère polyvalent　包括的(な), *omnibus*

caractère sain du système bancaire　金融システムの健全性, *soundness of the financial system*

caractère spécial　〚コンピュ〛特殊文字, *special character*

caractéristiques du poste　職務明細書, *job specification / characteristics of post*

carbone organique dissous　(水中の)溶存有機炭素, *dissolved organic carbon*

carboxyméthylcellulose　カルボキシメチルセルロース:セ

ルロースの酸エチール誘導体, *carboxy methyl cellulose*

cardiophobie 心臓病恐怖症, *cardiophobia*

carence 〖法〗(訴訟当事者の)義務の不履行, *failure to fulfil obligations*

cargaison de denrées périssables 腐敗性貨物, *perishable cargo*

cargaison TECH (=**toxique, explosive, corrosive, hasardeuse**) テクカーゴ, *TECH cargo*

carnet de commandes 注文帳；受注記録簿, *order book*

carnet de reçus 受取帳, *receipt book*

carnet de séjour temporaire 一時滞在許可証, *temporary residence permit*

carnet de travail 労働許可証, *working permit*

carnet en spirale スパイラルノート, *spiral binding notebook*

(être) carotté 〖証〗(株ブローカーに)ぼられる, *(to be) swindled*

carpé 〖スポ〗(フリースタイルスキーの)パイク, *pike*

carpéophile 帽子収集家

carpophobie 果物恐怖症

carre 〖スポ〗(スケートの)エッジ, *edge*

carré blanc sur fond rouge 赤の地に白い四角：16歳以下禁止のテレビ番組につく印

carré magique 魔法の四辺形, *magic quadrilateral*

carrissimo (フランス国鉄12-25才用の)鉄道割引

carrousel triangulaire (課税逃れの架空の)数カ国を股にかける取引, *triangular carousel fraud*

carry back (所得税軽減の)繰戻し, *carry-back*

carte à circuit imprimé 〖コンピュ〗プリント回路基板, *printed circuit board*

carte à circuit intégré 〖コンピュ〗ICカード, *integrated circuit card*

carte à contacts imprimés 〖コンピュ〗エッジボード, *edge board*

carte à mémoire 〖コンピュ〗記憶媒体組込カード, *smart card*

carte à piste magnétique 〖コンピュ〗磁気テープカード, *magnetic stripe card*

carte à prépaiement (料金前納式)テレフォンカード, *phonecard*

carte à puce 〖コンピュ〗スマートカード, *smart card*

carte accélérateur graphique 〖コンピュ〗グラフィックアクセレレーターボード, *graphic accelerator board*

carte accélératrice 〖コンピュ〗アクセレレーターボード, *accel-*

carte accréditive クレジットカード, *credit card*
carte-adaptateur réseau 〖コンピュ〗ネットワークアダプターカード, *network adaptor card*
carte analytique des tâches 作業票, *job card*
carte audio 〖コンピュ〗オーディオカード, *audio card*
carte badge バッジカード：取引銀行に対する身分証明証を兼ね，当該銀行での引出しのみが可能な銀行カード
carte bancaire à puce チップ組込みのバンカーズカード, *chip-based banker's card*
carte cliquable 〖コンピュ〗クリッカブルマップ：Webページ上の画像にリンク先のアドレスを埋め込む方法, *clickable map*
carte communication santé 健康連絡証
cartes comptes jeunes 若者口座カード：銀行と親が同意した一定限度額まで引落としが可能なカード
carte couple （カップルで利用のフランス国鉄）割引カード
carte d'abonnement （演劇などの）シーズン入場券, *season ticket*
carte d'accès à bord （航空機の）搭乗券；ボーディングカード, *boarding pass*
carte d'acquisition vidéo 〖コンピュ〗ビデオ画像取込カード, *video card*
carte d'assurance 保険票, *insurance card*
carte de bus local 〖コンピュ〗ローカルバスカード, *local bus card*
carte de circuits imprimés 〖コンピュ〗プリント回路基板, *printed circuit board*
carte de circulation （公共交通の）定期券, *pass (rail / bus)*
carte de clientèle （百貨店などの）小売クレジットカード, *credit card (of department store for example)*
carte de contrôleur de disque 〖コンピュ〗ディスクコントローラーカード, *disk controller card*
carte de crédit à mémoire 〖コンピュ〗チップカード：記憶媒体を組込んだカード, *chip card*
carte de débarquement （航空機の）ランディングカード, *landing card*
carte de débit （口座）引落しカード；デビットカード, *debit card*
carte de donneur （臓器移植用の）ドナーカード, *donor card*
carte de paiement キャッシュカード, *cash card*
carte de pauvre 生活保護証
carte de pointage タイムカード, *time-clock card*

carte de polices de caractères 〖コンピュ〗フォントカード, *font card*

carte de presse 記者カード, *press card*

carte de retrait bancaire 銀行口座引落としカード, *cash card*

carte de Sécurité sociale 国民保険証, *Social Security Card*

carte de télécopie 〖コンピュ〗ファックスカード, *fax card*

carte de train (鉄道の)定期券, *rail pass*

carte d'écran 〖コンピュ〗ディスプレイアダプター, *display adapter*

carte d'électeur 有権者登録証, *voting card*

carte d'extension mémoire 〖コンピュ〗メモリー拡張カード, *memory expansion board*

carte d'identité professionnelle 職業資格証明書, *professional ID card*

carte d'indifférence 無差別図表, *indifference map*

carte d'interface 〖コンピュ〗インターフェースカード, *interface card*

carte du génome humain 〖バイオ〗ヒトゲノム地図, *map of the human genome*

carte électorale (選挙結果による)政治勢力地理の分布図

carte enfichable 〖コンピュ〗スロットインカード, *slot-in card*

carte fax 〖コンピュ〗ファックスカード, *fax card*

carte fax/modem 〖コンピュ〗ファックスモデムボード, *fax/modem board*

carte formule 1 (パリの)バス地下鉄1日有効パス

carte génétique 〖バイオ〗遺伝子地図, *gene map*

carte graphique à bus local PCI 〖コンピュ〗PCI(周辺部品相互接続)バス搭載グラフィックボード, *PCI (=peripherical component interconnect) local bus graphic board*

carte graphique couleur 〖コンピュ〗カラーグラフィックアダプター, *color graphic adaptor*

carte gratuite de transport 交通フリーパス

carte-guide (ファイルやカード整理用の)仕切り, *file separator*

carte hospitalière (公共)病院分布図

carte illimitée 無制限カード：例えば映画などを何度でも見られるカード

carte infographique 〖コンピュ〗コンピュータマップ, *computer map*

carte intégrale (パリの)バス地下鉄年間利用パス

carte internationale d'assurance automobile 国際自動車賠償責任保険証, *green card*

carte internationale d'étudiant 国際学生証, *International Student Identity Card*

carte jeunes 若者優待パス：若者が提携先で各種割引を受けられるパス, *youth card*

carte judiciaire 裁判管区図：各裁判所の地理的カバー範囲を示した図

carte kiwi （フランス国鉄の16才以下用）鉄道割引カード

carte libre 〖コンピュ〗ワイルドカード, *wild card*

carte magnétique 〖コンピュ〗磁気カード, *magnetic card*

carte mécanographique 〖コンピュ〗パンチカード, *punch card*

carte mémoire flash 〖コンピュ〗フラッシュメモリーカード, *flash memory card*

carte mère 〖コンピュ〗マザーボード, *mother board*

carte modem 〖コンピュ〗モデムカード, *modem card*

carte multifonction 〖コンピュ〗多機能拡張ボード, *multifunction board*

carte multiservice （各種サービスが利用可能な）マルチクレジットカード, *multiservice card*

cartes numériques （GPS用の）デジタルマップ, *digital maps*

carte orange （パリの）バス地下鉄共通定期券, *combined monthly pass for the underground, bus and suburban train*

carte Paris-Santé パリ健康カード：健康保険対象外のパリ住民に自己負担金分を支給するため1989年にパリ市が創設

carte Pastel 〖仏〗パステルカード：口座引落しの電話クレジットカード, *phone card (use of which is debited to one's own phone number)*

carte Pastel Internationale 〖仏〗国際パステルカード：国際通話用電話クレジットカード

carte Pastel Nationale 〖仏〗国内パステルカード：国内通話用電話クレジットカード

carte Pastel Sélection 〖仏〗限定パステルカード：指定の相手10人までに通話可能

carte perceptuelle de marque ブランドマッピング, *brand mapping*

carte perforée 〖コンピュ〗パンチカード, *punch card*

carte plastifiée ラミネート加工をしたカード, *laminated card*

carte politique （選挙結果による）政治勢力地理的分布図

carte prépayée プリペイドカード, *prepaid card*

carte privative 専用カード：キャッシュカードのように本人専用のカード

carte réseau 〖コンピュ〗ネットワークカード, *network card*

carte rose 〖言換〗〖仏〗（バラ色の証明書であることから）運転

免許証, *driver's license (France)*

carte santé 健康カード：患者が保持し，マイクロプロセッサーに情報が保存されている, *care card*

carte SCSI 〖コンピュ〗SCSI(スカジー：小型コンピュータシステムインターフェース)カード, *Small Computer System Interface Card*

carte (de santé) Sésame-Vitale / carte Sesam-Vitale / carte Vitale セザムヴィタル・カード：健保利用者をコンピュータ処理するためのカードで単にヴィタルカードともいう, *French care card*

carte son / carte sonore 〖コンピュ〗サウンドボード, *sound board*

carte TV 〖コンピュ〗テレビチューナーカード, *TV tuner card*

carte unité centrale 〖コンピュ〗CPUボード, *CPU board*

carte Vermeil (フランス国鉄の60才以上の)高齢者割引カード, *senior citizens' railcard (France)*

carte verte 国際自動車賠償責任保険証, *green card*

carte vidéo 〖コンピュ〗ビデオカード, *video card*

carte vidéo accélératrice 〖コンピュ〗ビデオアクセラレーターカード, *video accelerator card*

carte Vitale 2 健康保険情報化用カード：マイクロチップに個人の病歴が記録され健保機関との連絡も可能なカード, *French care card 2*

carte vocale 〖コンピュ〗ボイスカード, *voice card*

cartel contre la dépression 不況カルテル, *antidepression cartel*

cartel d'assurance 保険カルテル, *insurance cartel*

cartel de calcul des coûts 原価計算カルテル, *cost accounting cartel*

cartel de Cali (麻薬密売組織の)カリカルテル, *Cali cartel*

cartel de Medellin (麻薬密売組織の)メデジンカルテル, *Medellin drug cartel*

cartel de prix 価格カルテル, *price cartel*

cartel de producteurs 生産者カルテル, *cartel of producers*

cartel de production 生産カルテル, *production cartel*

cartel de quantité 生産数量カルテル, *quantity cartel*

cartel de répartition des marchés 市場分割カルテル, *regional cartel*

cartel des conditions de vente 販売条件カルテル, *cartel which establishes the terms of delivery*

cartel des matières premières 国際商品カルテル, *commodity cartel*

⟨**cartel**⟩ **des pays débiteurs** 債務国カルテル, *debtor car-*

tel
cartel des sept sœurs （大手石油会社で構成される）セブンシスターズカルテル, *Seven Sisters cartel*
cartel des taux d'intérêt 金利カルテル, *interest rate cartel*
cartel ouvert 公然の企業結合, *open combination*
cartographie numérique 〚コンピュ〛デジタルマッピング, *digital mapping*
cartons sur palette(s) パレット化されたボール箱, *palletized cartons*
cartophile 絵葉書収集家
cas d'assurance 保険事故, *event insured against*
cas de figure モデルケース, *model case*
cas de figure le plus pessimiste 想定される最悪のケース, *worst case projection*
(taxe en) cascade 累加（税）, *multi-stage (tax)*
case d'aide 〚コンピュ〛ヘルプボタン, *help button*
case d'ascenseur 〚コンピュ〛スクロールボックス, *scroll box*
case marche 〚コンピュ〛ウォークボタン, *walk button*
cash-flow actualisé 〚会〛ディスカウンテッドキュッシュフロー, *discounted cash flow*
casino sur Internet インターネット上の賭博サイト, *on-line casino*
casque bleu （国連）国際休戦監視部隊員, *blue helmet (UN)*
casque de protection 〚スポ〛ヘッドギア；防御用のヘルメット, *headgear*
casque intégral フルフェースヘルメット, *full face helmet*
casque protecteur ヘルメット, *helmet*
casse ordinaire 〚保〛通常の破損, *ordinary breakage*
cassette audio カセットテープ, *audio cassette*
cassette audionumérique デジタルオーディオテープ；DAT, *digital audio tape*
cassette compacte numérique デジタルコンパクトカセット, *digital compact cassette*
cassette PAD (= prête à diffuser) マスターテープ, *master tape*
(espèces) catadromes 降河性の（魚の種類）, *catadromous (species)*
catalogue d'emballage 荷造り目録, *packing list*
catalogue des vépécistes 通信販売カタログ, *mail order catalog*
catastrophe d'origine humaine 人災, *manmade disasters*

catégories intermédiaires 140

〈**catégories intermédiaires**〉 サラリーマン層：国立統計経済研究所の造語で幹部と工具の中間層を指す

catégories sociales défavorisées 貧困者層, *hardship categories*

catégories socio-professionnelles 社会階層分類, *socio-professional group* / *social and economic categories*

〈**cathédrales du vingtième siècle**〉〘言換〙(20世紀のカテドラルと呼ばれる André Malraux 提唱の)文化会館, *Culture Center*

caution à l'importation 〘貿〙輸入担保, *import deposits*

caution bancaire 〘金〙銀行保証, *bank guaranty*

caution de bonne fin 〘貿〙契約保証金：輸出業者が輸出契約の履行保証として取引相手に要求する保証金, *performance bond*

caution en douane 〘貿〙関税支払保証書, *customs bond*

caution mutuelle 〘金〙相互保証, *mutual guarantee*

cavalier 〘コンピュ〙(U字型の)ジャンパー, *jumper*

cavalier budgétaire 予算上のただ乗り

CD enregistrable 書込み可能なコンパクトディスク, *CD-R*

CD réinscriptible 書換え可能なコンパクトディスク, *CD-RW*

〈**Ce n'est que le premier pas qui coûte.**〉 (ビジネスについて)やっかいなのは最初の一歩だけ

ce que vous voyez est imprimé 〘コンピュ〙WYSIWYG(ウィジウィグ), *what you see is what you get*

ce qui se dit en Bourse 〘証〙株式市況

cédant 出再保険者；元受保険者, *cedent*

CEDEL (=Centrale de livraison de valeurs mobilières) international 〘証〙国際セデル：CEDEL とドイツ証券取引所決済機関(DBC)とが合併してできた決済機関

cédérom CD-ROM, *CD-ROM*

cédi (ガーナの通貨単位で)セディ, *cedi*

ceinture de Kuiper カイパーベルト：太陽系を取囲む埃と氷の帯, *Kuiper Belt*

ceintures de Van Allen ヴァン・アレン帯：高エネルギー粒子を含んだ地軸に直交するドーナツ状領域, *Van Allen belt*

〈**célibataires parasites**〉〘和〙パラサイトシングル, *young unmarried adults living off their parents*

cellulaire 〘通〙セル方式の, *cellular*

cellule (携帯電話の各アンテナの)カバーエリア

cellule antiterroriste テロ対策室

cellule de conversion 産業転換事務所

cellule de crise 非常時対応グループ

cellule d'évaluation 頭脳集団, *think tank*

cellule ES 〖バイオ〗胚性幹細胞, *ES (=embryonic stem) cell*

cellule mobile d'intervention radiologique （消防の）放射性物質処理移動対策室

cellule photoélectrique / cellule photovoltaïque 光電池, *photoelectric cell*

cellule souche 〖バイオ〗株細胞

cellulier （航空機の）機体メーカー, *airframe manufacturer*

censure avec exclusion temporaire （国会議員の）登院禁止

centi- （連結形）センチ：10のマイナス2乗, *centi-*

centième de point de pourcentage 〖金〗ベーシスポイント(0.01％単位), *basis point*

centime d'euro （1ユーロの1/100に相当する）ユーロサンチーム；セント, *cent (1/100 euro)*

centimètre, gramme, seconde センチメートル・グラム・秒単位系の, *centimeter-gram-second*

centipoise センチポアズ：粘度のcgs単位, *centipoise*

centistokes センチストーク：運動粘性率のcgs単位, *centistoke*

central automatique de localité 〖通〗小自動局, *unit automatic exchange*

central automatique privé 〖通〗構内電話自動交換機, *private automatic exchange*

centrale d'achat (et de référencement) 集中仕入センター, *purchasing group*

centrale d'alerte （自動車の）警報システム, *warning system*

centrale de bilans （フランス銀行の）財務諸表集計センター, *central balance sheet office*

Centrale de livraison de valeurs mobilières 〖証〗セデル；ユーロ債集中預託集中決済機関, *CEDEL*

centrale de pompage 揚水発電所, *pumped storage power plant*

centrale de référencement 仕入照会センター

centrale des risques 〖金〗信用調査所, *credit bureau*

centrale éolienne 風力発電所, *wind power station*

centrale géothermique 地熱発電所, *geothermal power plant*

centrale inertielle （航空機の）慣性誘導システム, *inertial guidance system*

centrale marémotrice 潮力発電所, *tidal power plant*

centrale syndicale 労働組合連合, *federation of trade unions*

centrale syndicale Rengo 〖日〗連合：日本労働組合総連合会の通称, *Japan Trade Union Confederation*

centralisation des recettes 歳入の中央集中化, *centralization of revenue*

centre antipoison / centre anti-poisons 毒物中毒センター, *poisons information center*

Centre bouddhique du Bois de Vincennes ヴァンセンヌの森仏教センター

centre canine 迷子犬問合わせセンター

centre commercial suburbain 郊外ショッピングセンター, *out-of-town center*

Centre commun de recherche (欧州連合の)共通研究センター, *Joint Research Center*

Centre commun de recherche Nippon-Européen 日欧共同研究センター, *Japanese-European Joint Research Center*

centre d'accueil (犯罪を犯した少年用の)休養センター

Centre d'accueil pour la presse étrangère (パリの)フォーリンプレスセンター, *Foreign Press Center (Paris)*

centre d'affaires (ホテルなどの)ビジネスラウンジ, *business lounge*

centre d'affaires ビジネスセンター, *business center*

centre d'affaires international 国際ビジネスセンター, *international business center*

Centre d'art floral Ikebana (パリの)小原流生花センター

centre de bronzage 日焼けサロン, *tanning parlor*

centre de calcul コンピュータセンター, *computer center*

centre de commutation de paquets 〖通〗パケット交換局, *packet switching exchange*

centre de commutation mobile 〖通〗移動電話交換センター, *mobile switching center*

Centre de coopération industrielle CEE-Japon 日EC産業協力センター, *EC-Japan Center for industrial cooperation*

Centre de coopération internationale en recherche agronomique pour le développement 開発向け農業研究国際協力センター, *Center for International Cooperation in Agronomical Research for Development*

Centre de coopération pour les recherches scientifiques relatives au tabac タバコ科学研究協力センター, *Cooperation Center for Scientific Research Relative to Tobacco*

centre de coût (原価管理の)コストセンター, *cost center*

centre de détention 〖法〗(受刑者の社会復帰を目的とした)

拘留センター
Centre de développement des pêches de l'Asie du Sud-Est 東南アジア漁業開発センター, *Southeast Asian Fisheries Development Center*
Centre de développement pour l'Asie et le Pacifique アジア太平洋開発センター, *Asian and Pacific Development Center*
centre de direction effective 事実上の本社, *de facto head office*
Centre de documentation européenne 欧州資料センター, *European Documentation Center*
Centre de formalités des entreprises 企業登録手続事務所;企業手続センター, *center for registering new business*
Centre de formation internationale (JICAの)国際研修センター, *International Training Center (Japan)*
centre de formation pour la pêche 漁業訓練センター, *fishery training center*
centre de formation professionnelle 職業訓練センター, *professional training center*
centre de frais 〖経〗原価中心点, *cost center*
Centre de gastronomie française (日本にある)フランス料理文化センター, *French Gastronomy Center*
centre de gestion agréé 公認経営管理センター, *authorized management center*
centre de gestion de réseau ネットワーク管理システム, *network control center*
centre de gestion par responsabilité 責任管理センター, *management by responsibility center*
centre de jour デイセンター:犯罪少年の義務教育面での遅れをカバーしたり,高齢者の受入・介護などをする機関
Centre de la mer et des eaux (パリ5区の)海洋センター
centre de loisirs sans hébergement 宿泊施設なしの余暇センター, *leisure center without accommodation*
Centre de médecine préventive 予防医学センター, *Center of Preventive Medicine*
centre de mise en forme / centre de musculation フィットネスクラブ, *fitness club*
centre de modulation 〖コンピュ〗モジュレーションセンター, *modulation center*
centre de profit 〖経〗プロフィットセンター:事業部が利益計算の単位として独立採算性を採用するシステム, *profit center*
centre de rééducation リハビリセンター, *rehabilitation center*

Centre de traitement de l'alerte 警報処理センター, *Alarm Treatment Center*

centre d'éducation surveillée 少年院, *reformatory*

centre des congrès internationaux 国際会議所, *international convention center*

Centre des démocrates sociaux (フランスの政党で)社会民主中道派, *Center of Social Democrats (France)*

centre des impôts 税務署, *tax center*

Centre des Nations unies pour les établissements humains 国連人間居住センター, *United Nations Center for Human Settlements*

Centre des Nations unies sur les sociétés transnationales 国連多国籍企業センター, *United Nations Center on Transnational Corporations*

Centre d'études du polymorphisme humain ヒト多形解析センター

Centre d'études et de conservation des œufs et du sperme humains ヒト卵子精子研究保存センター

Centre d'études pour la recherche et l'innovation dans l'enseignement 教育研究革新センター, *Center for Educational Research and Innovation*

Centre d'information et de recherche sur les TNCs (国連)多国籍企業センター, *Center on TNCs (=Transnational Corporations) (UN)*

centre distributeur 〖経〗ディスカウントハウス, *discount house*

centre d'observation 〖法〗(犯罪を犯した少年用の)救護院

centre-droit 中道右派, *Center-Right*

centre éducatif renforcé 〖法〗感化院, *reform school*

Centre européen de coordination de recherche et de documentation en sciences sociales 欧州社会科学研究・資料連絡センター, *European Coordination Center for Research and Documentation in Social Sciences*

Centre européen de la jeunesse 欧州青年センター, *European Youth Center*

Centre européen de prévision météorologique à moyen terme 欧州中期気象予報センター, *European Center of Medium-Range Weather Forecasts*

Centre européen de recherche spatiale 欧州宇宙研究機構:通称はエスロで, その後欧州宇宙機関に統合された, *European Space Research Organization*

Centre européen des entreprises publiques 欧州公企業センター, *European Center of Public Enterprises*

Centre européen d'information sur les programmes pour ordinateurs 欧州コンピュータプログラム情報センター, *European Computer Program Information Center*

Centre européen pour la construction de lanceurs d'engins spatiaux 欧州宇宙ロケット開発機構, *European Launcher Development Organization*

Centre européen pour la recherche nucléaire 欧州原子核研究センター：セルンの旧称, *European Center for Nuclear Research*

centre financier international 国際金融センター, *global financial center*

Centre français du commerce extérieur フランス貿易センター, *French Center for Foreign Commerce*

Centre franco-japonais de management (Rennes 第一大学の)日仏経営大学院

centre-gauche 中道左派, *Center-Left*

centre hospitalier de réanimation (救急病院の)蘇生センター, *Resuscitation Center*

Centre interdisciplinaire de recherches sur la paix et d'études stratégiques 〖仏〗平和戦略学際研究所

Centre intergouvernemental de droits d'auteur 政府間著作権センター, *Inter-Governmental Copyright Center*

Centre international d'amélioration du maïs et du blé 国際トウモロコシ小麦改善センター, *International Center for Maize and Wheat Improvement*

Centre international de calcul 国際計算センター, *International Computation Center*

Centre international de coopération de Nikkeiren 〖日〗日経連国際協力センター, *Nikkeiren International Cooperation Center*

Centre international de documentation arachnologique 国際蜘蛛学資料センター, *International Center for Arachnological Documentation*

Centre international de formation européenne 国際欧州職業訓練センター, *International Center of European Training*

Centre international de l'automobile (Pantin に1989年開設の展示場)国際自動車センター

Centre international de l'enfance 国際子供センター, *International Children's Center*

Centre international de perfectionnement professionnel et technique 国際職業訓練センター, *International Center for Advanced Technical and Vocational Train-*

Centre international de physiologie et d'écologie des insectes 国際昆虫生理・生態学センター, *International Center of Insect Physiology and Ecology*

Centre international de physique théorique 国際理論物理学センター, *International Center for Theoretical Physics*

Centre international de recherches et d'information sur l'économie publique, sociale et coopérative 国際公共経済学会, *International Center of Research and Information on Public, Social and Cooperative Economics*

Centre international de recherches et informations sur l'économie politique 国際経済研究情報センター, *International Center of Research and Information on Political Economy*

Centre international de recherche sur le cancer 国際癌研究機構, *International Agency for Research on Cancer*

Centre international de recherche sur les maladies diarrhéiques 国際下痢症疾病研究センター, *International Center for Diarrhoeal Disease Research*

Centre international de sécurité 国際安全センター, *International Safety Center*

Centre international des sciences mécaniques 国際力学センター, *International Center for Mechanical Sciences*

Centre international d'études pour la conservation et la restauration des biens culturels 国際文化財保護・修復研究センター, *International Center for the Study of the Preservation and Restoration on Cultural Property*

Centre international d'histoire de l'océanographie 国際海洋史研究センター, *International Center for the Oceanographical History*

Centre international d'information de sécurité et d'hygiène du travail 国際労働安全衛生情報センター, *International Occupational Safety and Health Information Center*

Centre international d'information sur les antibiotiques 国際抗生物質学情報センター, *International Center of Information on Antibiotics*

Centre international pour le règlement des différends relatifs aux investissements 国際投資紛争解決センター, *International Center for Settlement of Investment Disputes*

Centre international pour les relations inter-groupe 国際インターグループ関係センター, *International Center for Intergroup Relations*

centre interurbain (電話の)市外局, *trunk exchange*

Centre japonais de l'Organisation internationale des scénographes et techniciens de théâtre 〘日〙舞台美術劇場技術国際組織センター

Centre japonais pour la diplomatie préventive 〘日〙日本予防外交センター：その後日本紛争予防センターと改名, *Japan Center for Preventive Diplomacy*

Centre japonais pour la prévention des conflits 〘日〙日本紛争予防センター, *Japan Center for Conflict Prevention*

centre manufacturier 工業中心地, *manufacturing center*

Centre mondial de données 世界資料センター, *World Data Center*

Centre national d'art et de culture Georges-Pompidou (パリ4区の)ポンピドゥーセンター, *Pompidou Center*

Centre national de la recherche scientifique 国立科学研究センター, *National Center of Scientific Research*

Centre national des industries et des techniques 国立工業技術センター：デファンス地区にある見本市会場

Centre national du film (à Ginza) 〘日〙(銀座にある)国立映画センター, *National Film Center*

Centre opérationnel départemental d'incendie et de secours 県消防及び援助オペレーションセンター, *prefectural operation center of fire and of rescue*

cercle de qualité 〘経〙QCサークル, *quality control circle*

Cercle international de recherches philosophiques par ordinateur 国際哲学研究コンピュータ利用協会, *International Circle of Philosophical Research Computer*

cercle vertueux 〘経〙好循環, *virtuous circle*

cercle vicieux de la pauvreté 〘経〙貧困の悪循環, *vicious circle of poverty*

cérémonie de bienvenue 〘スポ〙(オリンピック村への)入村式, *welcoming ceremony*

cérémonie de clôture 〘スポ〙閉会式, *closing ceremony*

cérémonie d'ouverture 〘スポ〙開会式, *opening ceremony*

cerf-volant tractif 〘スポ〙トラクティブカイト：大きな凧の引く力を利用して車などを引っ張らせるスポーツ, *tractive kite*

certain 基準外国為替相場, *indirect rate of exchange*

certificat à l'intention des petits épargnants 小額公

債貯蓄証書, *small saver certificate*

certificat américain d'actions étrangères 米国預託証券, *American depository receipt*

certificat d'appellation d'origine (ワインの)原産地表示証明書, *certificate of designation of origin*

certificat d'aptitude au professorat de l'enseignement secondaire 中等教育教員適性証, *postgraduate teaching certificate*

certificat d'aptitude au professorat de l'enseignement technique 技術教育教員適性証, *postgraduate technical teaching certificate*

certificat d'aptitude pédagogique (初等教育)教員適性証, *teaching certificate (primary school)*

certificat d'aptitude professionnelle 職業適性証, *vocational training certificate*

certificat d'assurance 保険証明書, *certificate of insurance*

certificat d'authenticité de l'équipement (米国輸送会社の)設備信託証書, *equipment trust certificate (USA)*

certificat de bonne vie et mœurs 品行証明書, *certificate of good conduct*

certificat de concubinage 同棲証明, *cohabitation certificate*

certificat de croissance des investissements du Trésor 〖証〗タイガー：メリルリンチが売出したゼロクーポン債, *Treasury Investment Growth Receipt*

certificat de dépôt 〖金〗 CD；譲渡性預金証書, *certificate of deposit*

certificat de dépôt américain 米国預託証券, *American Depositary Receipt*

certificat de dépôt du marché monétaire 市場金利連動型預金, *money market certificate*

certificat de dépôt européen 欧州預託証券, *European Depositary Receipt*

certificat de dépôt global グローバル預託証券, *global deposit receipt*

certificat de dépôt négociable 譲渡性預金証書, *negotiable certificate of deposit*

certificat de dette 借入証明書, *certificate of indebtedness*

certificat de dette renouvelable amortie クレジットカード債権担保証券, *certificate for amortizing revolving debts*

certificat de distribution par actions 株式割当証書, *allotment certificate*

certificat de navigabilité (航空機の)耐空証明書, *certifi-*

cate of airworthiness

certificat de non-gage (自動車月賦の)残金皆無証明

certificat de participation 参加証券, *participation certificate*

certificat de prêt transférable 譲渡可能貸付証書, *transferable loan certificate*

certificat de travail 〚法〛職歴証明書：使用者が被用者の退職時に交付する証明書, *attestation of employment*

certificat de vote fiduciaire 議決権信託証書, *voting trust certificate*

certificat d'emprunt cessible 譲渡可能貸付証書, *transferable loan certificate*

certificat d'entrepôt 倉庫証券, *warehouse warrant*

certificat d'investissement 投資証券：無議決権優先株の一種, *non-voting stock*

certificat d'investissement à bons de souscriptions d'actions ワラント付き投資証券, *investment certificate with warrants*

certificat d'investissement prioritaire / certificat d'investissement privilégié 優先投資証券, *preferred investment certificate*

certificat du marché monétaire 〚証〛MMC：TB金利基準定期預金, *money market certificate*

certificat en eurodollars 〚金〛ユーロCD, *Euro-CD*

certificat nominatif 記名証券, *registered security / certificate of stock*

certificat obligataire 社債券, *bond certificate*

certificat pétrolier 石油会社投資証券, *oil certificate*

certificat provisoire 仮証券, *interim certificate*

certification des comptes 〚会〛計算書類の証明, *certification of account*

cerveau électronique 電子脳：電子計算機を意味する, *electronic brain*

cessation de commerce 営業停止；店じまい, *suspension of business*

cessation de contrat 契約終了, *termination of contract*

cessation de paiement des primes 〚保〛保険料支払停止, *cessation of payment of premiums*

cession d'actions 〚証〛スピンオフ：親会社が子会社の株を受取り、親会社の株主に分配するようなケース, *spin-off*

cessions Daily 〚仏〛〚金〛ダイイ譲渡：企業の持つ債権を金融機関に譲渡して得る運転資金

cession interne 〚会〛社内振替, *internal transfer*

cession légale 〚保〛法定出再制度
〈C'est beau un monde qui joue.〉（98年 W 杯のスローガン）プレーする世界は美しい
chaebol （韓国の）財閥, *chaebol*
chaetophobie 毛髪恐怖症, *chaetophobia*
chaînage 〚コンピュ〛連鎖, *chaining*
chaînage de données 〚コンピュ〛データ連鎖, *data chaining*
chaîne à accès public / chaîne ouverte パブリックアクセス放送, *public access channel*
chaîne à péage 有料テレビチャンネル, *pay channel*
chaîne binaire 〚コンピュ〛ビットストリング, *bit string*
chaîne brouillée / chaîne codée / chaîne cryptée スクランブル放送, *scrambled channel*
chaîne d'activités 〚経〛ビジネスシステム, *business system*
chaîne de caractères 〚コンピュ〛文字列, *character string*
chaîne de froid （食品の）低温流通体系, *cold chain*
chaîne de Markov 〚経〛マルコフ連鎖, *Markov chain*
chaîne de montage 組立ライン, *assembly line*
chaîne des substituts 〚経〛代替財の連鎖, *chain of substitutes*
chaîne en clair ノースクランブル放送, *non-crypted channel*
caîne généraliste 総合放送, *general-interest channel*
caîne numérique デジタル放送, *digital channel*
caîne publique 国営放送, *public channel*
chaîne thématique / chaîne spécialisée 特定テーマ放送局；専門テレビチャンネル, *specialist channel*
chaîne vide 〚コンピュ〛空ストリング, *empty string*
chaîne volontaire 自由連鎖店, *voluntary chain*
chalandage fiscal 節税目的の条約あさり, *treaty shopping*
Chambre ad hoc de la Chambre pour le règlement des différends relatifs aux fonds marins 海底紛争裁判部臨時裁判部, *ad hoc chamber of the Sea-Based Disputes Chamber*
chambre chez l'habitant 貸室民宿, *Bed and Breakfast*
Chambre de commerce américaine au Japon 在日米国人商業会議所, *American Chamber of Commerce in Japan*
Chambre de commerce du Canada au Japon 在日カナダ商業会議所, *Canadian Chamber of commerce in Japan*
Chambre de commerce et d'industrie de Paris パリ商工会議所, *Paris chamber of commerce and industry*
Chambre de commerce et d'industrie japonaise en France 在仏日本商工会議所, *Japanese Chamber of Commerce and Industry in France*

Chambre de commerce internationale 国際商業会議所, *International Chamber of Commerce*

chambre de compensation automatisée 自動手形交換機構, *automated clearing house*

Chambre de compensation de l'Afrique de l'Ouest 西アフリカ決済同盟, *West African Clearing House*

Chambre de compensation des instruments financiers de Paris 〖オプ〗パリ先物オプション清算機関, *clearing house for financial investment in Paris*

Chambre de compensation interbancaire internationale 国際的電子資金決済システム, *Clearing House Interbank Payment System (US)*

chambre de liquidation / chambre de compensation 手形交換所, *clearing house*

Chambre des citoyens (du Parlement fédéral yougoslave) (ユーゴスラビア連邦議会の)市民院, *Chamber of Citizens (Yugoslavia)*

Chambre des Communes (英国の)下院, *House of Commons (UK)*

Chambre des députés (第三共和制までの)フランス下院, *House of Representatives (France)*

Chambre des Lords (英国の)上院, *House of Lords (UK)*

chambre des métiers 手工業者組合；ギルド, *guild chamber*

Chambre des représentants (モロッコなどの)衆議院, *House of Representatives*

chambre d'hôte 貸室民宿, *bed and breakfast*

chambre représentative des Länder ドイツ上院, *Bundesrat*

chamito- (連結形)ハム族の：用例としてはchamito-sémitique, *Hamito-*

champ d'activité 〖経〗活動分野, *field of business*

champ de tir de 32 postes 〖スポ〗ターゲット32組の射撃場, *32-target firing range*

champ électromagnétique transverse 直交電磁場, *transverse electromagnetic field*

champ fini 〖コンピュ〗有限体, *finite field*

championnat par points 〖スポ〗総当たり戦, *round robin*

chancelier fédéral ドイツ首相, *Chancellor (Germany)*

change à l'argent 銀為替, *silver exchange*

change à terme 先物為替, *forward exchange*

change de voyage 航海の変更, *change of voyage*

(système de) changes fixes 固定為替(相場制), *fixed ex-*

change (rate system)

(système de) changes flexibles （一定変動幅内での）変動為替（相場制）, *flexible exchange (rate system)*

(système de) changes flottants 変動為替（相場制）, *floating exchange (rate system)*

changes glissants 〖経〗クローリングペッグ：平価変更を小刻みかつ連続的に行うこと, *crawling peg*

change multiple 複数為替, *multiple exchange*

changement d'activité 営業変更, *change of business*

changement d'attribution 肩書変更, *change of functions*

changement de banque de mémoire 〖コンピュ〗バンク切換, *bank changing*

changement de désignation de l'unité monétaire 〖経〗デノミ, *denomination*

changement de direction 経営陣入替え, *change of management*

changement de route 離路, *deviation*

changement d'emploi 転職, *change of occupation*

changement d'orientation 政策転換, *policy shift*

changeur de billets 自動両替機, *money-changer*

changeur de genre 〖コンピュ〗オスメス交換アダプター：同性コネクター同士を接続するためのアダプター, *gender-changer*

chant 〖スポ〗（スノーボードの）サイドウォール, *side wall*

chantage aux actions / chantage financier 〖証〗グリーンメール：買占株の高値買取恐喝, *greenmail*

chanteur de rap ラップシンガー, *rap artist / rapper*

chantiers nationaux （失業者ボランティアの）公共事業奉仕活動, *civic service*

chapeau du capitaine （船荷の）運賃割戻し金, *primage*

chapitre budgétaire 予算科目, *budget category*

Charbonnage de France フランス国営石炭公社, *French National Coal Board*

charcutage électoral 不正選挙区割り；ゲリマンダリング, *gerrymandering*

charge 〖証〗公認仲買人会社組織, *charge*

charges à payer 未払い費用, *charge to pay*

charges à répartir sur plusieurs exercices 〖会〗期間配分費用, *deferred expense account*

charges à terme 利子補填比率, *times fixed charge*

charges associées 〖金〗アドオン費用：ローンに付随する経費, *add-on costs*

charges au départ 〖証〗販売手数料の先取方式, *front-end load*

charge avec le coude 〚スポ〛(アイスホッケーの)エルボーイング, *elbowing*

charges brutes 総費用, *total cost*

charges budgétaires 財政負担, *fiscal burden*

charges calculées 計算費用, *calculated charge*

charges communes 共同費用, *common expenses*

charges constatées par régulation 未払い費用, *accrued expenses*

charges constituées d'avance 前払い費用, *prepaid expenses*

charge contre la bande 〚スポ〛(アイスホッケーの)ボウディング:ボディーチェックの時に相手をボードに突飛ばすこと, *boarding*

chargé d'affaires ad interim 臨時代理大使, *Chargé d'Affaires ad interim*

chargé d'approvisionnement 買付係, *buyer*

charges de la dette publique (年度内に払うべき)国債の元本と金利

charges de la main-d'œuvre directe 直接労務費, *direct labor costs*

chargé de mission (特定任務を有する)大臣官房構成員

chargé de prêts 貸付担当官, *loan officer*

chargé de recherches 研究担当官, *researcher*

charges de trésorerie 現金負債, *cash liability*

charges déductibles 控除対象の負担, *deductible charges*

charges d'emmagasinage 倉庫諸掛かり, *warehousing costs*

chargé des affaires de la légation 公使館事務代理, *Chargé des Affaires of Legation*

chargé des affaires de l'ambassade 大使館事務代理, *Chargé des Affaires of Embassy*

chargé d'étude 市場調査員, *marketing researcher*

chargé d'études プロジェクトマネージャー, *project manager*

charges d'exploitation 営業費用, *working expenses*

charges d'intérêts 金利負担;利子費用, *interest burden*

charges directes 直接費, *direct cost*

chargé du consul général 総領事代理, *Acting Consul-General*

chargé du consulat 領事代理, *Acting Consul*

charges exceptionnelles 臨時費用, *extraordinary charge / extraordinary expenditure*

charge explosive à projectiles secondaires (軍事用語

charges financières 金融負担, *capital and interest burden*

charges fiscales 税負担, *tax burdens*

charges fixes 固定費, *fixed costs*

charges foncières 土地購入とそれに伴う一切の諸経費, *real estate cost*

charges hors commerce 営業外費用, *non-operating expenses*

charges incorporables 原価算入費用, *charges to be included in cost*

charges indirectes 間接費, *indirect cost*

charges latentes 偶発費用, *contingent expenses*

charges locatives （マンションの賃貸人が負担する）維持費, *maintenance expenses*

charge maximum admissible 最大積載量, *maximum load limit*

charges non-courantes 臨時費用, *non-recurring charges*

charges non incorporables 算入不能費用, *charges not to be included in cost*

charges patronales （社会保険料の）雇主負担分, *employer's contribution*

charges payées d'avance 前払い費用, *charges paid in advance*

charges personnelles （兵役・物納などを含む）個人税

charges prévues 見積費用, *estimated charges*

charges salariales 給与経費, *wage costs*

charges semi-variables 半変動費, *semi-variable costs*

charges sociales （事業主の）社会保障負担分, *payroll-related costs*

charges sociales obligatoires 法定社会保障費用, *statutory social charges*

charges supplémentaires アドオン費用：ローンに付随する経費, *add-on costs*

charges supplétives 補助費用, *auxiliary cost*

charges transférées 振替費用, *transferred expenses*

charge utile 有効積載量；積載許容重量, *payload*

chargeable en résident 〘コンピュ〙メモリーに常駐できる, *memory-loadable*

chargement 〘コンピュ〙（データの）ロード, *loading*

chargement 付加保険料, *loading*

chargement à cueillette （雑多な荷主からの）寄集め貨物の船積み

(appareil photo à) chargement automatique 自動装填(式カメラ), *self loading (camera)*

chargement de participation 〚保〛配当割増し

chargement de risque 〚保〛危険割増し

chargement de sécurité 〚保〛安全割増し, *safety loading*

chargement pour frais 〚保〛管理付加費用

chargement pour frais de gestion 〚保〛付加募集費用

chargement pour frais d'encaissement 〚保〛付加集金費用

chargeur feuille à feuille 〚コンピュ〛(プリンターの)シートフィーダー, *sheet feeder*

chargeur-lieur 〚コンピュ〛リンクローダー, *link loader*

chargeur multidisque 〚コンピュ〛ディスクパック, *disk pack*

chariot de manutention automoteur 自走式貨物取扱い車両, *powered industrial truck*

Charte africaine pour participation populaire au développement et à la transformation 開発と変革における民衆参加のためのアフリカ憲章, *African Charter for Popular participation in Development and Transformation*

Charte d'Alger (対先進国統一要求の)アルジェ憲章, *Algiers Charter*

Charte de Banjul バンジュール憲章;アフリカ人権憲章, *Banjul Charter*

Charte de La Havane ハバナ憲章, *Havana Charter*

Charte de l'aide publique au développement 〚ODA〛〚日〛ODA大綱;政府開発援助大綱, *Official Development Assistance Charter (Japan)*

Charte des droits fondamentaux des Européens 欧州連合基本権憲章, *EU Charter of Fundamental Rights*

Charte européenne de l'énergie 欧州エネルギー憲章, *European Energy Charter*

Charte européenne des droits sociaux fondamentaux des travailleurs 労働者の社会的基本権に関する欧州憲章, *European Charter of the Fundamental Social Rights of Workers*

Charte européenne des langues régionales et minoritaires 地域・少数言語に関する欧州憲章

Charte sociale européenne 欧州社会憲章, *European Social Charter*

chartiste 〚証〛罫線家:チャートで株価動向を探る人, *chartist*

chasse à l'arc アーチェリーハンティング:1995年2月15日の省令で許可された弓による狩猟

chasse au bogue de l'an 2000 〚コンピュ〛二千年問題退治,

millennium bug hunting
chasse aux Gaspi 無駄減らし
chasse aux kilos (自動車などの)軽量化
chasse aux niches fiscales 既得権化した優遇税制の洗出し
chasses gardées de grands corps 超高学歴集団のみで固まった職場
chasseur de mines 機雷掃討艇:ある一定の海域の掃海を目的とする, *mine hunter*
chasseur de primes 賞金稼ぎ, *pothunter*
chasseur de têtes ヘッドハンター, *head hunter*
chasseur intercepteur 迎撃用戦闘機, *fighter-interceptor*
chasseur Zéro ゼロ式戦闘機, *Zero fighter*
〈**chat room**〉〖コンピュ〗(インターネットの)談話室, *chatting room*
(le) château de la Muette 〖言換〗(建物の名から)経済協力開発機構, *Organization for Economic Cooperation and Development*
chauffe-eau solaire 太陽熱温水器, *solar collector*
〈**chaussettes-accordéon**〉〖風〗(女高生の)ルーズソックス, *loose socks*
chaussures à plateforme 〖風〗厚底靴, *platform shoes*
chaussures à semelles compensées 〖風〗ウェッジヒール靴, *wedge-heeled shoes*
chaussures de course 〖スポ〗競走用スパイクシューズ, *track shoes*
chaussures de sport 〖スポ〗トレーニングシューズ, *trainers*
chaussures rigides 〖風〗ハードブーツ, *hard boot*
chécographe 〖金〗チェックライター:小切手金額印字機, *check-writer machine*
chef de cabinet (欧州共同体の)委員長官房長, *Chef de cabinet (EC)*
chef de file 〖証〗引受幹事, *lead manager*
chef de file du syndicat d'émission 〖証〗発行団幹事, *lead manager of the syndicate*
chef de la Délégation de la Commission européenne au Japon 駐日欧州委員会代表部代表, *Chief of the Delegation of the European Commission in Japan*
chef de mission diplomatique 外交使節団長, *head of the diplomatic mission*
chef de produit プロダクトマネージャー, *product manager*
chef de projet プロジェクトリーダー, *project leader*
chef de rayon 売場主任, *department head*

chef de section 課長, *head of section*
chef de sous-section 係長, *chief clerk*
chef de travaux 専門監督官, *technical supervisor*
chef des informations (新聞社の)デスク, *desk*
chefs d'état-major des armées (米国の)統合参謀本部, *Joint Chiefs of Staff*
chef du Bureau de liaison au nouvel aéroport international de Tokyo (日本の外務省)成田分室長, *Head of the Liaison Office at the New Tokyo International Airport*
chef du personnel 人事担当主任, *personnel manager*
chef du protocole 儀典長, *Chief of Protocol*
cheimaphobie 寒冷恐怖症, *cheimaphobia*
cheimophobie 雷雨恐怖症
chemin critique 〖コンピュ〗クリティカルパス, *critical path*
Chemins de fer fédéraux suisses スイス国有鉄道, *Swiss National Railway*
chemin d'expansion 拡張経路, *expanding patch*
chemise à mémoire de forme 〖風〗形状記憶ワイシャツ, *shape-memory shirt*
chèque cadeau ギフト券;ギフトチェック, *gift certificate*
chèque certifié par la banque 銀行保証付き小切手, *certified check by the bank*
chèque de banque 銀行の自己宛小切手, *bank cashier's check*
chèque-dividende 配当金支払証, *dividend warrant*
chèque en transit 通過小切手:外国を支払地とし,国内では裏書または保証のみしかされない小切手
chèque hors-place / chèque hors-rayon 他所払い小切手, *out-of-town check*
chèque impayé / chèque ⟨en bois⟩ 不渡り小切手, *dishonored check*
chèque-livre 図書券, *book token*
chèque marqué 符号付き小切手:保証小切手を意味する, *marked check*
chèque mobilité 交通費補助
chèque non barré / chèque négociable 普通小切手, *open check*
chèque oblitéré / chèque payé 用済み小切手, *canceled check*
chèque périmé 遅延小切手, *stable check*
chèque postal 郵便小切手, *post check*
chèque postdaté 先日付小切手, *post-dated check*
chèque prébarré et non endossable 横線の入った裏書不能小切手, *check crossed and not endorsable*

chèque-restaurant 食券, *meal ticket*

chèque sans provision 不渡り小切手;資金不足小切手, *dishonored check*

chèque-service (パート雇用者用の)サービス小切手:臨時の仕事に対する報酬を申告するために1993年に導入された

chercheur des marchés avantageux (株などで)安値拾いをする人, *bargain hunter*

chérophobie 陽気さ恐怖症, *cherophobia*

cheval effectif (自動車の)軸馬力, *brake horsepower*

chevalier blanc 純白の騎士;ホワイトナイト.友好的買収者を意味する, *white knight*

chevaliers du travail ナイツオブレーバー:労働騎士団, *Knights of Labor*

chevalier noir 暗黒の騎士;ブラックナイト,敵対的買収者を意味する, *black knight*

chevènementiste (Jean-Pierre Chevènement 信奉の)シュヴェンヌマン派議員

chien d'assistance (pour handicapés) (身障者)介助犬, *dog assistant*

chien guide-aveugle 盲導犬, *seeing-eye dog*

chien l'écouteur 聴導犬:難聴者の介助犬, *guide dog for the deaf*

chiffres accumulés au total 累計, *total sum*

chiffres associés アドオン費用:ローンの付随的費用, *add-on costs*

chiffres consolidés 連結数字, *consolidated figures*

chiffres corrigés 修正値, *revised figures*

chiffre d'affaires annuel 年間総売上げ;年商, *yearly turnover*

chiffre d'affaires de l'exercice 年度総売上げ, *annual turnover*

chiffre d'affaires escompté 見込売上げ, *anticipated turnover*

chiffre d'affaires hors taxes 税別売上高, *turnover net of tax*

chiffre d'affaires toutes taxes comprises 税込売上高, *turnover all taxes included*

chiffres de l'emploi 雇用統計, *employment figures*

chiffre de poids le plus faible 最下位数, *least significant digit*

chiffre de poids le plus fort 最上位数, *most significant digit*

chiffre de recettes 入金額, *amount of receipts*

chiffre de vente record 史上最高の売上げ, *record sales figure*

chiffres du chômage 失業統計, *unemployment figures*

chiffre le plus bas jamais atteint 史上最安値, *all-time low*

chiffres supplémentaires アドオン費用:ローンの付随的費用, *add-on costs*

chimiquier ケミカルタンカー, *chemical tanker*

(la) Chine libre 〚地〛(自由な中国)台湾, *Taiwan*

chionophobie 雪恐怖症, *chionophobia*

chiraquien (ジャック)シラクの, *of Jacques Chirac*

chirurgie génitale redéfinissante 性別再指定手術;性転換手術, *genital reassignment surgery*

chirurgie orthodontiste 歯列矯正, *orthodontia*

chloramphénicol クロラムフェニコール:中国産エビから検出された有害な抗生物質, *chloramphenicol*

chloroaniline (化学物質の)クロロアニリン, *chloroaniline*

chlorofluorocarbure (冷媒の)フロン, *chlorofluorocarbon*

chlorpyrifos クロルピリフォス:中国産冷凍ほうれん草から検出された有毒物質, *chlorpyrifos*

chlorure de polyvinyle ポリ塩化ビニル, *polyvinyl chloride*

〈**le choc des civilisations**〉 (Samuel Huntington の)文明の衝突, *The Clash of Civilizations*

〈**le choc du futur**〉 (Alvin Toffler の)フューチャーショック, *Future Shock*

choc exogène 外因的ショック, *exogenous shock*

choix 〚経〛トレードオフ:相反関係, *trade-off*

choix budgétaires de projets プロジェクトの費用便益分析, *cost-benefit analysis of projects*

choix budgétaires du consommateur 消費者選択, *consumer's choice*

choix budgétaires du producteur 生産者選択, *producer's choice*

choix collectif 社会的選択, *collective choice*

choix d'indifférence 〚経〛無差別選択, *indifference choice*

choix d'une occupation 職業選択, *choice of occupation*

choix fait au hasard 任意の選択, *random choice*

〈**choix social**〉 (A. Arrow の)社会的選択, *social choice*

cholestérolémie コレステロール値, *cholesterol level*

chômage à grande échelle 大量失業, *mass unemployment*

chômage accidentel 災害失業, *accidental unemployment*

chômage caché　潜在的失業, *hidden unemployment*
chômage chronique　慢性的失業, *chronic unemployment*
chômage conjoncturel　周期的失業；景気変動失業, *cyclical unemployment*
chômage cyclique　循環的失業, *cyclical unemployment*
chômage de croissance　成長失業：工場やスーパーの進出に誘われ，非労働力人口が労働市場に参入して発生する失業
chômage de prospection / chômage de recherche　自発的失業, *voluntary unemployment*
chômage déclaré　顕在的失業, *open unemployment*
chômage déguisé / chômage invisible　偽装失業, *disguised unemployment*
chômage des inadaptés　慢性的失業, *hard-core unemployment*
chômage d'exclusion　ドロップアウト失業：労働市場の要請に沿わない人の失業
chômage d'inadéquation　構造的失業, *structural unemployment*
chômage frictionnel　摩擦的失業, *frictional unemployment*
chômage généralisé　大量失業, *mass unemployment*
chômage involontaire　非自発的失業, *involuntary unemployment*
chômage keynésien　ケインズ的失業：物価が高すぎ賃金が低すぎることで需要がないとき，企業が人員削減をして生じる失業, *Keynesian unemployment*
chômage latent / chômage occulte / chômage résiduel　潜在的失業, *latent unemployment*
chômage récurrent　回帰的失業, *recurrent unemployment*
chômage saisonnier　季節的失業, *seasonal unemployment*
chômage structurel　構造的失業, *structural unemployment*
chômage technique　（原料・部品などの供給停止による）不可抗力的失業；一時帰休, *dead time*
chômage technologique　技術的失業：技術の進歩や企業の近代化への対応不能により生じる失業, *technical unemployment*
chômage transféré　振替失業, *transferred unemployment*
chômage volontaire　自発的失業, *voluntary unemployment*
chômeur complet　完全失業者, *wholly unemployed worker*
chômeur de longue durée　長期失業者, *unemployed person for the long period*

chômeur partiel 一時解雇者, *temporary unemployed worker*

chose assurée 被保険物, *insured object*

chose hors du commerce 非売品, *article not for sale*

chrématistique 貨殖論, *chrematistics*

chromatogramme (化学用語の)クロマトグラム, *chromatogram*

chromatographie en phase gazeuse (化学用語の)ガスクロマトグラフィー, *gas chromatography*

chromatographie gaz-liquide (化学用語の)気体・液体クロマトグラフィー, *gas liquid chromatography*

chromatographie liquide à haute pression / chromatographie liquide à haute tension (化学用語の)高性能液体クロマトグラフィー, *high-pressure liquid chromatography*

chromatographie sur couche mince (化学用語の)薄層クロマトグラフィー, *thin-layer chromatography*

chrométophobie 金銭恐怖症, *chrematophobia*

chromophile ポスター収集家

chromophobie 色彩恐怖症, *chromophobia*

chromosome 6 〚バイオ〛第6染色体, *chromosome 6*

chromosome artificiel des bactéries 〚バイオ〛細菌人工染色体, *bacterial artificial chromosome*

chronique économique ビジネスニュース, *business news*

chronique financier 金融ニュース, *financial news*

chronométrage électronique 電子計時, *electronic timing*

chronomètre à déclenchement 自動計時器, *automatic timing device*

chronométreur d'un match 〚スポ〛試合のタイムキーパー, *game timekeeper*

chronophobie 時間恐怖症：時間の長さが気になる恐怖症, *chronophobia*

Chronoval 〚証〛クロノバル：株価のモニター情報

chrysohédonisme 〚経〛金選択論

chute des cours 〚証〛下降市況, *falling market*

ciblage des prix 目標価格設定, *target pricing*

ciné-parc 〚風〛ドライブインシアター, *drive-in cinema*

cinéma beur 北アフリカ出身移民第二世代映画：いわゆる郊外映画の先駆的役割を果たした映画

cinéma parallèle アンダーグラウンド映画, *underground movie*

cinématique économique 時間毎の経済集計

cinq principes de la coexistence pacifique 平和五原則, *five principles of peace-coexistence*

〈**cinquième Beatle**〉〚言換〛(五人目のビートルズである英レコードプロデューサー)ジョージ・マーティン, *George Martin*

cinquième rayon (スーパーの)非食料品売場, *non-food section*

circonscription très disputée (選挙の)大激戦区, *marginal constituency*

circuit asynchrone 〚通〛非同期回路, *asynchronous circuit*

circuit câblé 〚通〛中継回線, *trunk circuit*

circuit combinatoire 〚通〛組合わせ回路, *combinational circuit*

circuit de commercialisation 市販経路, *marketing channels*

circuit de commutation 〚通〛スイッチング回路, *switching circuit*

circuits de distribution 販売経路, *channels of distribution*

circuit des biens 商品流通, *circular flow of goods*

circuit d'optique intégré 光集積回路, *integrated optical circuit*

circuit économique fermé 領地経済, *enclave economy*

circuit élargisseur d'impulsion 〚通〛パルス幅延長器, *pulse stretcher*

circuit financier (市場外の)資金調整機能, *financial channels*

circuit intégré à ultra grande échelle 超超大規模集積回路, *ultra large-scale integrated circuit*

circuit intégré monolithique micro-ondes モノリシックマイクロ波集積回路, *monolithic microwave integrated circuit*

circuit intégré très grande vitesse 超高速集積回路, *very high-speed integrated circuit*

circuit logique programmable 〚コンピュ〛プログラマブル配列論理回路, *programmable array logic*

circuit monétaire 貨幣の流通, *money flow of money*

circuit numérique 〚コンピュ〛デジタル回路, *digital circuit*

circuit spécifique à une application 〚コンピュ〛エイシック(ASIC):カスタムLSI, *application-specific integrated circuit*

circuit virtuel 〚コンピュ〛仮想回路, *virtual circuit*

circuit virtuel permanent 〚通〛相手固定接続, *permanent virtual circuit*

circuiterie de contrôle 〖コンピュ〗制御回路, *control circuitry*

circulaire Bayrou 〖仏〗バイルー通達:宗教色の濃い表徴(特にイスラム女性のスカーフ)を校内で禁止する通達

Circulaire de la Société franco-japonaise des études orientales 日仏東洋学会通信:日仏東洋学会の会報

circularité perverse 悪循環, *vicious circle*

circulation de la main-d'œuvre 労働力の移動, *movement of labor*

circulation des marchandises 財貨流通, *commodity flow*

circulation fiduciaire (紙幣による)保証発行, *fiduciary issue*

circulation fiduciaire 銀行券流通;流通通貨, *bank-note circulation*

circulation par plaques alternées (大気汚染軽減のための)ナンバープレートの奇数偶数交代制による交通規制

circulation sur la partie gauche de la chaussée 反対車線通行:反対車線である左側車線の走行

ciseau de prix 鋏状価格, *price range*

cisgenre 性同一性障害のない人, *cisgender(ed)*

Cité de la musique (パリ19区 la Villette の)音楽シティー, *Music City*

〈**Cité des images**〉**d'Epinal** エピナル「映像シティー」:漫画博物館など

Cité des sciences et de l'industrie (パリ19区 la Villette の)科学産業シティー館, *City of Science and Industry*

Cité interdite 〖地〗(北京の)紫禁城;故宮(博物館), *Forbidden City*

cité linéaire 線状都市, *linear city*

cité phocéenne 〖言換〗(古代ギリシャの港フォカイアから転じて)マルセイユ, *Marseille*

〈**citoyen d'honneur de l'Europe**〉〖言換〗欧州名誉市民:たとえば Jean Monnet を意味する, *honorary citizen of Europe*

citoyenneté européenne 欧州市民権, *European citizenship*

(la) City 〖地〗(ロンドンの)シティー, *(the) City*

classe creuse 出生率急減世代, *baby buster*

classe d'actifs moins liquides 補完的項目資産, *Tier II assets*

classe d'actifs plus liquides 基本的項目資産, *Tier I assets*

classe de prix la plus demandée 最も人気のある価格帯,

most popular price class

classe de revenus moyens 中間所得層, *middle income group*

classe de risques 〚保〛危険級別

classe d'exploitation asymétrique en mode réponse normal 〚通〛不平衡形正規応答モードクラス, *unbalanced operation normal response mode class*

classe d'hétérogénéité 混合学習学級

classe d'investissement 〚証〛投資適格格付け, *investment grade*

classe d'options 同種類のオプション：同じ原証券を対象とした全コールオプションまたは同じ原証券を対象とした全プットオプション

classe industrielle 産業階級, *industrial class*

classe laborieuse 労働者階級, *workers*

classe moyenne 中産階級, *middle class*

classe oisive 有閑階級, *leisure class*

classé par ordre de grandeur 大きさ別に区分した, *sorted out by size*

classe-passerelle / classe-relais つなぎとめ学級：上級学年に上がれない落ちこぼれ対策学級, *bridging class*

classe pleine 団塊の世代, *baby boomer*

classe possédante 有産階級, *propertied class*

classe préparatoire aux grandes écoles グランゼコール準備学級, *preparatory class for the entrance examination for the Grandes Ecoles*

classe unique 単一クラス：1991年8月に1等が廃止された以降のパリの地下鉄運賃方式

classement AAA 〚証〛トリプルA（の格付け）, *AAA rating*

classement chronologique des comptes 〚会〛年齢調べ表, *aging schedule*

classement des tables d'adresses 〚コンピュ〛アドレスァーブル分類, *address table sorting*

classement divergent 〚証〛異なった格付け, *split rating*

classement par ordre de liquidité croissante 〚金〛固定性配列法

classeur à anneaux （ルーズリーフの）リングバインダー, *ring binder*

(société de) classification 船級（協会）, *classification (society)*

classification décimale universelle 国際十進分類法, *Universal Decimal Classification*

classification des emplois / classification des fonc-

tions 職階制；職階分類, *job classification*

classification internationale des brevets 国際特許分類, *International Patent Classification*

classification internationale des éléments figuratifs des marques 標章の図形的要素の国際分類, *International Classification of the Figurative Elements of Marks*

classification internationale des produits et des services aux fins de l'enregistrement des marques 標章登録目的の商品及びサービスの国際分類, *International Classification of Goods and Services for the Purposes of the Registration of Marks*

Classification internationale du fonctionnement, du handicap et de la santé (WHOの)国際障害分類, *International Classification of Functioning, Disability and Health*

classification internationale type des professions 国際標準職業分類, *International Standard Classification of Occupation*

classification internationale type, par industrie, de toutes les branches d'activité économique 国際標準産業分類, *International Standard Industrial Classification of all Economic Activities*

classification par branche d'activité économique 産業分類, *industrial classification*

classification par catégories professionnelles 職種分類, *classification by occupational group*

classification par grandes catégories économiques 主要経済カテゴリー分類, *classification by broad economic categories*

classification type pour le commerce international (国連)標準国際貿易分類, *Standard International Trade Classification (UN)*

clause abusive (経済的支配力により過度の利益を取得する)濫用条項；不当条項

clause accélératrice 加速条項：返済期日繰上げ条項, *acceleration clause*

clause anti-dilution 〖証〗(転換社債の)希薄化防止条項, *anti-dilution clause*

clauses antitrust 独占禁止条項, *antitrust provisions*

clause attributive de compétence 〖法〗裁判管轄指定条項, *jurisdictional clause*

clause bénéficiaire 保険金年金受取人条項

clause bris de machines 〖保〗機械破損約款

clause commerciale 営業財産条項

clause couperet サンセット条項:米国の行政改革促進のため存続の必要性がない限りカットを義務付ける条項, *sunset clause*

clause d'abandon ウェーバー条項:任意放棄を定めた条項, *waiver clause*

clause d'abordage 〘保〙衝突約款

clause d'accélération 加速条項:返済期日繰上げ条項, *acceleration clause*

clause d'ajustement de prime 保険料調整約款

clause d'assurance 保険約款, *insurance clause*

clause d'avarie commune 〘保〙共同海損約款

clause d'avarie partielle 〘保〙分損約款

clause de casse 〘保〙破損損害填補条項

clause de cession de l'intérêt assuré 被保険利益譲渡条項, *assignment clause*

clause de déclenchement 〘貿〙トリガー条項, *trigger clause*

clause de délégation de réassurance 再保険譲渡条項:被譲渡人が再保険の違約金を直接受領

clause de double évaluation 〘保〙二様(ふたよう)評価約款, *dual valuation clause*

clause de franchise 〘保〙免責歩合条項, *franchise clause*

clause de garantie de passif 負債保証条項

clause de hardship 〘法〙ハードシップ条項:事情変更の際に一定の見直しを認める条項, *hardship clause*

clause de la garantie de la monnaie 貨幣価値担保条項, *protection clause against fluctuations in the value of money*

clause de la nation la plus favorisée 〘貿〙最恵国待遇条項, *most-favored-nation clause*

clause de magasin à magasin 倉庫間約款, *warehouse to warehouse clause*

clause de mobilité 移動条項, *mobility clause*

clause de nantissement négatif 担保制限条項, *negative pledge clause*

clause de négligence 免責条項, *negligence clause*

clause de non-concurrence 競業禁止条項;競争制限協定, *non-competition clause*

clause de non-contribution (年金の)不分担約款, *non-contribution clause*

clause de non-garantie 無担保責任条項

clause de non-réembauchage 競業禁止条項, *non-competition clause*

clause de non-responsabilité 免責約款

clause de non-rétablissement (営業資産の譲渡者が負う)営業再開禁止条項

clause de paix sociale 平和義務条項：労働協約の有効期間中に争議行為を勝手に行わないとする条項

clause de participation aux frais de conservation 〚保〛損害防止条項, *sue and labor clause*

clause de pluralité d'assurance 他保険約款, *other insurance clause*

clause de port de refuge 〚保〛避難港条項

clause de port de relâche 〚保〛寄港条項

clause de porte à porte 〚保〛(損害保険の)戸口から戸口まで条項, *door-to-door clause*

clause de post-acquisition 爾後取得財産条項, *after-acquired clause*

clause de prolongation de l'assurance 〚保〛継続条項, *continuation clause*

clause de rachat 買戻し条項, *buyback clause*

clause de réciprocité 相互条項, *reciprocity clause*

clause de recours et de conservation 〚保〛損害防止約款, *sue and labor clause*

clause de réévaluation 評価条項, *valuation clause*

clause de remboursement anticipé 繰上償還条項, *call provision*

clause de réméré 買戻し約款, *repurchase clause*

clause de renonciation 制定法適用除外の特約, *contracting out clause*

clause de report 継続約款, *continuation clause*

clause de retard 〚保〛遅延条項

clause de retour à bonne fortune 〚金〛黒字払い条項

clause de retour à meilleure fortune 出世払い借用条項

clause de sauvegarde 〚貿〛セーフガード条項；緊急輸入制限条項, *safeguard clause*

clause de sous-plan (船荷証券の)滑車下荷渡条項

clause de stabilisation 安定化条項, *stabilization clause*

clause de stabilité 〚保〛固定約款, *stability clause*

clause d'échelle mobile sur le coût de la vie 〚経〛生計費エスカレーター条項, *cost-of-living escalator clause*

clause d'escalator / clause d'échelle mobile 〚経〛エスカレーター条項, *escalator clause*

clause d'évaluation 保険評価額条項, *valuation clause*

clause d'exclusion 〚保〛除斥約款, *exclusion clause*

clause d'exclusion de la garantie 〚保〛担保除外条項

clause d'exonération 〖保〗免責条項, *waiver clause*
clause d'extension de la garantie 〖保〗担保拡張条項
clause d'indexation 〖経〗エスカレーター条項, *escalator clause*
clause d'indexation des salaires (米国の)生活費手当条項, *cost-of-living agreement (USA)*
clause d'indice variable 〖保〗指数変動条項
clause d'obligation de reconstruction 〖保〗再築義務条項
clause du bénéficiaire 保険金受取人特約, *beneficiary clause*
clause du client le plus favorisé 〖保〗最恵得意先条項
clauses d'une police 普通保険約款, *general insurance clauses*
clauses fixées par la licence utilisateur 〖コンピュ〗ユーザーライセンスに定められた条項
clause multidevises 多通貨条項, *multicurrency clause*
clause New Jason 〖保〗過失共同海損約款, *New Jason clause*
clause omnibus 〖保〗乗合条項, *omnibus clause*
clause relative à la devise rare (国際通貨基金の)稀少通貨条項, *scarce currency clause (IMF)*
clause rouge 前貸付き信用状；レッドクローズ, *red clause*
clause standard 〖保〗標準約款, *standard clause*
clause subsidiaire 〖保〗補足条項
clavarogiste 釘収集家
clavier multifonction 多機能キーボード, *multifunctional keyboard*
clavier numérique 〖コンピュ〗テンキー, *ten key*
clavier raccourci 〖コンピュ〗キーボードショートカット, *keyboard short cut*
clavophile 古鍵収集家
clay-clay 〖経〗(Phelps の)粘土・粘土モデル, *clay-clay*
clé de cryptage 〖コンピュ〗(Eメールを他人が読めないようにする)暗号キー, *encoding key*
clé de financement 融資幹事銀行, *lead manager*
clé de répartition 配賦基準, *scale (for payment of contributions)*
clé du DOS 〖コンピュ〗DOS スイッチ, *DOS switch*
clé électronique de protection / clé gigogne 〖コンピュ〗ドングル, *dongle*
clés en main 〖経〗ターンキー, *turnkey*
clé Facom no. 101 自在スパナ, *monkey wrench*

clé secrète de décryptage　(暗号文の)解読用安全キー, *security key of decoding*

〈Clearstream〉　クリアストリーム：ユーロ圏での国際集中証券決済機関, *Clearstream*

cleptocratie　泥棒政治：権力を持つ者が国の資源を食い物にする政治, *kleptocracy*

clic droit　〖コンピュ〗(マウスの)右のクリック, *right click*

clic gauche　〖コンピュ〗(マウスの)左のクリック, *left click*

client de premier ordre / client à la papa　優良顧客, *blue chip customer*

clients douteux　不良売掛金, *suspended accounts receivables*

clients et comptes rattachés　売掛金, *accounts receivable*

client éventuel　潜在顧客, *prospective customer*

client litigieux　係争性得意先, *litigious client*

client occasionnel　一見の客, *occasional client*

client sérieux　冷やかしでない客, *genuine client*

client-serveur　〖コンピュ〗クライアントサーバー, *client server*

clientèle captive　商品選択権の限られた顧客

clientèle loisirs　(航空機などの)レジャー利用客

clientèle privée conseillée　〖証〗アドバイザリーアカウント, *advisory account*

clientèle privée gérée　〖証〗売買一任勘定, *discretionary account*

clientélisme électoral　選挙目当ての顧客主義

clignotant économique　経済指標, *economic indicator*

clignotement des indices économiques　経済指数の兆候, *economic signaling*

climacophobie　階段恐怖症, *climacophobia*

climat de management　経営風土, *management climate*

climat organisationnel　組織風土, *organizational climate*

clinophilie　臥床(がしょう)癖：ベッドに横になった姿勢をとりたがる精神病患者の病癖

clinophobie　閉所恐怖症, *clithrophobia*

cliométrie　計量経済史, *cliometrics*

clivages sociaux　社会階層の分化

cloisonnement de sécurité　防火壁, *fire-wall*

cloisonnement des marchés　〖証〗市場の細分化, *compartmentalization of market*

Cloître catholique des Japonais de Paris　パリ日本人カソリックセンター

clonage humain　〖バイオ〗人間のクローン化, *human cloning*

〈**clone**〉〚コンピュ〛互換機, *clone machine*
clone humain 〚バイオ〛クローン人間, *human clone*
clostridium （ボツリヌス菌のような）クロストリジウム属細菌, *clostridium*
clôture à découvert ショートクロージング：予定保険が予定金額を下回る金額で確定すること, *short-closing*
clôture de concaténation 〚コンピュ〛連結閉鎖, *concatenation closure*
clôture de l'exercice 年度末, *end of the fiscal year*
clôture de séance de la matinée 〚証〛前引け：前場の引け, *closing of the morning session*
clôture du bilan 貸借対照表日付, *balance sheet date*
Club de Londres 〚経〛ロンドンクラブ, *London Club*
Club de Paris 〚経〛パリクラブ；主要先進債権国会議, *Paris Club*
club de rencontres 〚風〛デートクラブ
Club de Rio 〚経〛(中南米8カ国グループ)リオクラブ, *Rio Club*
Club de Rome 〚経〛ローマクラブ, *Club of Rome*
club d'investissement 〚証〛投資クラブ；ポートフォリオ運用団体, *portfolio investment club*
Club du Sahel 〚ODA〛サヘルクラブ, *Sahel Club*
club nucléaire 核保有国クラブ, *Nuclear Club*
club phocéen 〚言換〛〚スポ〛(マルセイユのサッカークラブ)オランピックドマルセイユ：フランスのプロサッカーチーム, *Olympique de Marseille (professional soccer team)*
cnidophobie 虫さされ恐怖症, *cnidophobia*
co-chef de file / cochef de file 〚証〛共同主幹事, *co-lead manager*
co-financement en syndicat avec des institutions financières internationales 国際金融機関との協調融資, *co financing with international financial institutions*
co-programme 〚コンピュ〛コルーチン, *coroutine*
Coalition contre l'élevage en batterie バタリー式養鶏防止共闘：フランスの動物愛護団体 CENPA の旧称
Coalition des Gauches 欧州統一左翼, *European United Left*
Coalition mondiale pour l'Afrique 対アフリカ支援国会議, *Global Coalition for Africa*
Coalition pour l'élevage naturel et de plein-air 自然養鶏・野外養鶏のための団結：フランスの動物愛護団体で略称は CENPA
coasien コーズ(Ronald Harry Coase)の, *Coase's*

cobaltothérapie コバルト照射療法, *cobaltotherapy*

〈**Cobra de Pougatchev**〉 プガチェフのコブラ：戦闘機の戦術空戦運動の一種, *Pougachev's Cobra*

codage automatique 〚コンピュ〛自動コーディング, *automatic coding*

codage de Shannon-Fano 〚コンピュ〛シャノンファノコーディング, *Shannon-Fano coding*

codage du programme source 〚コンピュ〛情報源符号化, *source coding*

codage prédicatif linéaire 〚通〛線型予測符号化, *linear predicting coding*

code à barres / code à bâtonnets 〚コンピュ〛バーコード, *bar code*

code à barres numérique 〚コンピュ〛デジタルバーコード, *digital bar code*

code absolu 〚コンピュ〛絶対コード, *absolute code*

code alphabétique 〚コンピュ〛英字コード, *alphabetic code*

code alphanumérique 〚コンピュ〛英数字コード, *alphanumeric code*

code antidumping 不当廉売防止法典, *Anti-dumping Code*

code ASCII étendu 〚コンピュ〛拡張アスキーコード, *extended ASCII code*

code binaire 〚コンピュ〛バイナリーコード, *binary code*

code CMI 〚コンピュ〛符号化マーク反転, *CMI (=coded mark inversion)*

code confidentiel d'identité 暗証番号, *personal identification number*

code correcteur d'erreurs / code de correction d'erreurs 〚コンピュ〛誤り訂正符号, *error correcting code*

code cyclique 〚コンピュ〛巡回コード, *cyclic code*

code d'accès 〚コンピュ〛アクセスコード, *access code*

code d'arrêt 〚コンピュ〛停止コード, *stop code*

code de calcul 〚コンピュ〛コンピュータコード, *computer code*

(Convention relative à un) code de conduite des conférences maritimes 定期船同盟行動憲章(条約), *(Convention on a) Code of Conduct for Liner Conferences*

code de conduite des firmes multinationales 多国籍企業の行動基準, *code of conduct on multinational corporations*

code de départ 〚コンピュ〛スタートコード, *start code*

code de détection d'erreurs 〚コンピュ〛誤り検出符号, *error detecting code*

code de Gray 〚コンピュ〛グレイコード, *Gray code*

code de l'Agence française de codification 〖仏〗銘柄特定コード, *CUSIP code (France)*

Code de libération des mouvements de capitaux (経済協力開発機構の)資本自由化コード, *Code of Liberalization of Capital Movements (OECD)*

Code de libération des opérations invisibles courantes (経済協力開発機構の)経常的貿易外取引自由化コード, *Code of Liberalization of Current Invisible Operations (OECD)*

code de pays 国番号, *country code*

code décimal codé binaire étendu 拡張二進化10進コード, *extended binary coded decimal interchange code*

code décodable sans ambiguïté 〖コンピュ〗一意符号, *uniquely decodable code*

code d'erreur 〖コンピュ〗エラーコード, *error code*

code des valeurs sur téléscripteur ティッカーシンボル:株式相場を自動的にテープ状に流す方法, *ticker symbol*

code détecteur d'erreurs 〖コンピュ〗誤り検出符号, *error detecting code*

code d'identification de réseau de données 〖通〗データ網識別符号, *data network identification code*

code d'identification de réseau télex 〖通〗テレックス網識別コード, *telex network identification code*

code d'opérations 〖コンピュ〗演算コード, *operation code*

codes du Conseil supérieur de l'audiovisuel (児童保護目的の特定表示を義務化する)テレビ番組過激度チェックマーク規定:2002年末までの○□△や,それ以降の⑯⑱など

code EAN EAN(イアン):欧州で使用される商品コード, *EAN (=European Article Number)*

code génétique 〖バイオ〗遺伝コード;遺伝暗号, *genetic code*

Code international de conduite pour le transfert de technologie 〖ODA〗技術移転のための国際行動基準, *International Code of Conduct on the Transfer of Technology*

Code international de gestion de la sécurité 国際安全管理コード, *International Safety Management Code*

code linéaire 〖コンピュ〗線形符号, *linear code*

code machine 〖コンピュ〗機械コード, *machine code*

(en) code Manchester 〖コンピュ〗マンチェスターコード(化された), *Manchester code(d)*

Code maritime international des marchandises dangereuses 危険商品国際海事コード, *International Maritime Dangerous Goods Code*

code mnémonique 〖コンピュ〗簡略コード, *mnemonic code*

code numérique 〘コンピュ〙数字コード, *numerical code*

code Sicovam 〘コンピュ〙(電子取引でフランスの株銘柄を特定する)シコバムコード番号, *Sicovam Code*

code source 〘コンピュ〙ソースコード, *source code*

code sportif international 〘スポ〙国際スポーツ法典

codec (情報機器の)コーデック, *codec (＝coder-decoder)*

codeur de clavier 〘コンピュ〙鍵盤用エンコーダー, *keyboard encoder*

codeur de priorité 〘コンピュ〙優先待ち行列, *priority encoder*

codeur/décodeur 〘通〙符号発生解読器, *Coder/Decoder*

codéveloppement 〘ODA〙(南北の)協力発展, *codevelopment*

codification des comptes 勘定科目分類表, *classification of accounts*

coefficient bêta 〘証〙(ポートフォリオの)ベータ係数, *beta coefficient*

coefficient budgétaire 予算係数：各項目が総額に占める割合

coefficient d'accélération 〘経〙加速度係数, *acceleration coefficient*

coefficient d'activité 〘経〙作業係数, *activity ratio / activity rate*

coefficient d'ajustement 調整係数, *adjustment coefficient*

coefficient d'amortissement 償却率, *coefficient of amortization*

coefficient d'anticipation (年金の)繰上支給係数, *rate of anticipation (of pension)*

coefficient d'autonomie 自給自足係数, *self-sufficiency ratio*

coefficient de bénéfice brut 総益率, *gross profit ratio*

coefficient de capital 資本係数；資本産出高比率, *capital coefficient*

coefficient de capitalisation des résultats 〘証〙株価収益率, *price earning ratio*

coefficient de corrélation 相関係数, *correlation coefficient*

coefficient de couverture (銀行の預金に対する)カバー率, *legal reserve ratio requirement*

coefficient de débouché 〘経〙移出係数, *outlet coefficient*

coefficient de dépréciation 〘経〙消耗率, *rate of depreciation*

coefficient de fabrication 生産係数, *coefficient of fabrication*

coefficient de flexibilité croisée 交差屈伸性係数, *cross-flexibility coefficient*

coefficient de liquidités 現金比率：銀行が支払準備のために総預金に対して保有する現金の比率, *cash ratio*

coefficient de modulation 調整係数, *modulation coefficient*

coefficient de perte 〚保〛損害率, *loss ratio*

coefficient de proportionnalité 比例係数, *coefficient of proportionality*

coefficient de régression 回帰係数, *regression coefficient*

coefficient de rémunération 給与指数, *wage coefficient*

coefficient de rentabilité 収益性, *profitability*

coefficient de réserves 〚金〛支払準備率, *reserve ratio*

coefficient de réserves obligatoires 〚金〛法定準備率, *legal reserve requirement*

coefficient de revalorisation 再評価係数, *coefficient of revalorization*

coefficient de traînée 抗力係数, *drag coefficient*

coefficient de trésorerie 現金比率：銀行が支払準備のために総預金に対して保有する現金の比率, *cash ratio*

coefficient de variation 変動係数, *variation coefficient*

coefficient déflateur デフレーター係数, *deflator coefficient*

coefficient delta 〚オプ〛デルタ係数, *delta coefficient*

coefficient d'endettement 債務係数, *debt ratio*

coefficient d'Engel エンゲル係数, *Engel coefficient*

coefficient d'équivalence 等価係数, *equivalent coefficient*

coefficient des impôts directs-indirects （租税の）直間比率, *direct-indirect taxes ratio*

coefficient des ventes à découvert des spécialistes スペシャリスト空売比率, *specialist's short-sale ratio*

coefficient d'intensité de capital 資本集約係数, *coefficient of capital intensity*

coefficient d'intervention 貸倒保険カバー率, *insured percentage*

coefficient du service de la dette 債務返済比率：ある国の債務返済額が輸出額に占める割合, *debt service ratio*

coefficient emprunts-fonds propres 〚経〛ギアリングレシオ, *gearing ratio*

coefficient financier 財務係数, *financial coefficient*

coefficient gamma 〚オプ〛ガンマ係数, *gamma coefficient*

coefficient Gini ジニ係数：所得分布に関するジニの法則の係数δ, *Gini coefficient*

coefficient marginal de capital 限界資本係数, *marginal capital coefficient*
coefficient numérique (乗数などの)数係数, *numeral coefficient*
coefficient technique 技術係数;投入産出比率;投入係数, *technical coefficient*
coefficient technique de production 生産係数, *coefficient of fabrication*
coefficient véga 〖オプ〗ベガ係数, *vega coefficient*
coentreprise 〖経〗(政府奨励語)ジョイントベンチャー, *joint venture*
coexistence institutionnelle 保革共存:cohabitation の同義語, *cohabitation*
coffre-fort électronique du tiers de confiance (暗号文を司法当局の必要な際に解読可能にしておく)信頼の第三者のもとでの電子金庫システム
coffret disquettes 〖コンピュ〗フロッピーディスク収納ボックス, *floppy disk box*
cognitique 〖コンピュ〗(コンピュータによる医療の)認識工学, *knowledge engineering*
cohésion (欧州共同体の)結束努力, *cohesion (EC)*
cohésion sociale 社会的格差是正
cohorte (人口統計の)コホート, *cohort*
coiffeur charismatique 〖風〗カリスマ美容師, *charismatic beautician*
col à épingle (シャツの)ピンホールカラー, *pinhole collar*
col à patte (シャツの)タブカラー, *tub collar*
col blanc 俸給生活者, *white collar*
col boutonné (シャツの)ボタンダウンカラー, *button-down collar*
col Claudine (シャツの)ピーターパンカラー, *Peter Pan collar*
col mao チャイニーズカラー;立襟, *Chinese collar*
colibacille O-157 大腸菌 O157, *colon bacillus O-157*
colis piégé 小包爆弾, *parcel bomb*
colis postal avion 航空小包, *airmail parcel*
collaborateur bénévole occasionnel 臨時篤志協力者, *volunteer casual worker*
collant (de) fantaisie 図柄入りのタイツ, *patterned tights*
collant résille 網タイツ, *mesh panty hose*
collecte des dépôts 預金獲得, *attracting of deposits*
collecte des ressources 資金調達, *money raising*
collecte d'informations électroniques 電子ニュース収

collecteur de mandats 委任状勧誘者, *proxy solicitor*
collecteur d'ordres オーダー取次人, *order collector*
collectif budgétaire 小型補正予算, *mini budget*
collectionneur de Pin's ピンヘッズ：各種競技会のバッジコレクター, *pinheads*
collectivisation 農業生産の集産主義化, *collectivization*
collectivisme 集産主義：国家が生産手段を所有・管理する主義, *collectivism*
collectivités publiques territoriales 地方自治体, *regional or local authorities*
collectivité territoriale à statut particulier （Mayotteなどの）海外特別自治体
Collège américain de médecine thoracique 米国胸部医師学会, *American College of Chest Physicians*
collège de défense （NATOの）演習組織
collège des magistrats 司法官による選挙人団体：司法官職高等評議会のメンバー選出団体
collège électoral 選挙人団, *electoral college*
Collège international d'angiologie 国際脈管学会, *International College of Angiology*
Collège international de médecine psychosomatique 国際心身医学会, *International College of Psychosomatic Medicine*
Collège international de phonologie expérimentale 国際実験音声学会, *International College of Experimental Phonology*
Collège international de podologie 国際脚足学会, *International College of Podology*
Collège international des chirurgiens 国際外科学会, *International College of Surgeons*
Collège international des dentistes 国際歯科医師会, *International College of Dentists*
Collège international pour l'étude scientifique des techniques de production mécanique 国際生産工学研究協会, *International Institution for Production Engineering Research*
Collegium Internationale Allergologicum 〖羅〗国際アレルギー協会, *International College of Allergology*
Collegium Internationale Chirurgiae Digestivae 〖羅〗国際消化器外科学会, *International College of Digestive Surgery*
Collegium Internationale Neuro-Psychopharmaco-

logicum 〘羅〙国際神経精神薬理学会, *International College of Neuro-Psychopharmacology*

collimateur de pilotage (航空機のパイロット用)ヘッドアップディスプレイ, *head-up display*

collision des intérêts 利害の衝突, *conflict of interest*

collocation (債権者間の)順位決定, *establishing the order of priority of creditors*

Colloque intergouvernemental franco-japonais sur les sciences et les technologies 日仏科学技術政府間会議

colloque international 国際シンポジウム, *international symposium*

Colloque international de marketing gazier 国際ガス市場調査協会, *International Colloquium on Gas Marketing*

Colloque international d'étude des algues 国際海藻学会議, *International Seaweed Symposium*

Colloque scientifique franco-japonais 日仏学術シンポジウム

collusion d'intérêts 癒着:利益のための結託

collusion entre les contractants 談合, *collusion between contractors*

collusion politico-économique 政界と財界との癒着

(les) colombes et les faucons ハト派とタカ派；穏健派と強硬論者達, *(the) doves and the hawks*

colon costaricain (通貨単位で)コスタリカ・コロン, *Costa Rican colon*

colon salvadorien (通貨単位で)エルサルバドル・コロン, *Salvadorean colon*

colonne de production 生産系列, *production line*

colonne d'eau (au-delà des limites de la zone économique exclusive) 〘法〙(排他的経済水域を超える)ウォーターコラム, *water column (beyond the exclusive economic zone)*

colonne des débits 借方欄, *debit column*

combat rapproché 接近戦, *close-combat*

combinaison de straddle 〘オプ〙ストラドルコンビネーション, *straddle combination*

combinaison de touches 〘コンピュ〙キーコンビネーション, *key combination*

combinaison d'écarts verticaux 〘オプ〙ボックススプレッド, *box spread*

combinaison des facteurs de production aboutissant aux moindres coûts 費用極小結合, *least cost com-*

bination

combinaison factorielle 要素組合せ, *factor combination*

combinaison optimale produit-prix-distribution-communication 〖経〗マーケティングミックス, *marketing mix*

combiné sans fil コードレス受話器, *cordless telephone*

combustibles à base d'ordures ménagères ごみ固形燃料, *refuse-derived fuels*

combustible au plutonium プルトニウム燃料, *plutonium fuel*

combustible irradié 使用済み核燃料；燃焼済み核燃料, *spent fuel*

combustible neuf / combustible non irradié 未使用核燃料, *new fuel / fresh fuel*

combustible nucléaire appauvri 減損核燃料, *depleted nuclear fuel*

combustible nucléaire épuisé 照射済み核燃料, *irradiated nuclear fuel*

combustibles nucléaires et le risque de leur transfert 核燃料物質とその輸送に伴う危険, *nuclear fuel and its transportation risk*

combustible plutonifère プルトニウム燃料, *plutonium fuel*

combustion spontanée 自然発火, *spontaneous combustion*

combustion sur lit fluidisé 流動床燃焼, *fluidized bed combustion*

comète Hale-Bopp ヘールボップ彗星, *Hale-Bopp comet*

Comité administratif de coordination (国連)行政調整委員会, *Administrative Committee on Coordination (UN)*

Comité arctique international 国際北極委員会, *International Arctic Committee*

Comité 〈Article 113〉 concernant la politique commerciale commune (欧州共同体の)共通通商政策に関する113条委員会, *Article 113 Committee (common commercial policy) (EC)*

Comité asiatique pour la normalisation des tests de l'aptitude physique アジア体力テスト基準化委員会, *Asian Committee for Standardization of Physical Fitness Tests*

Comité catholique contre la faim et pour le développement 飢餓撲滅開発援助カトリック委員会

Comité central de la propriété forestière (欧州共同

体の)山林保有中央委員会, *Central Committee for Forest Ownership (EC)*

comité central d'entreprise 中央企業委員会, *central works council*

Comité chargé des négociations avec les institutions intergouvernementales (国連)政府間機関交渉委員会, *Committee on Negotiations with Intergovernmental Agencies (UN)*

Comité chargé des organisations non gouvernementales (国連)非政府機関委員会, *Committee on Non-Governmental Organization (UN)*

Comité commun pour la promotion de l'aide aux coopératives 協同組合援助促進共同委員会, *Joint Committee for the Promotion of Aid to Cooperatives (FAO)*

Comités communistes pour l'autogestion 自主管理共産主義委員会, *Communist Committees for Self-Management*

Comité consultatif économique et industriel 経済産業諮問委員会:経済協力開発機構所属の民間機関, *Business and Industry Advisory Committee*

Comité consultatif international des radiocommunications 国際無線通信諮問委員会, *International Radio Consultative Committee*

Comité consultatif international du coton 国際綿花諮問委員会, *International Cotton Advisory Committee*

Comité consultatif international télégraphique et téléphonique 国際電信電話諮問委員会, *International Telegraph and Telephone Consultative Committee*

Comité Cooke (国際決済銀行の)クック委員会, *Cooke Committee (BIS)*

Comité d'action politique américano-israélien アメリカ・イスラエル公共問題委員会, *American Israeli Public Affairs Committee*

comité d'administration 運営委員会, *management committee*

Comité d'aide au développement (経済協力開発機構の)開発援助委員会, *Development Assistance Committee (OECD)*

comité d'arbitrage 調停委員会, *conciliation committee*

comité d'audit 監査委員会, *audit committee*

Comité de Bourses de la Communauté européenne 欧州共同体証券市場委員会, *Committee of Stock Exchanges in the European Community*

Comité de coopération juridique 司法協力委員会, *Committee of Legal Cooperation*

Comité de coordination de cinq associations internationales 計数処理国際協会委員会, *Five International Associations Coordinating Committee*

Comité de coordination des industries textiles de la Communauté économique européenne 欧州経済共同体繊維産業調整委員会, *Coordinating Committee for the Textile Industries in the European Economic Community*

Comité de coordination des investigations du Bassin intérieur du Mékong メコン委員会, *Committee for Coordination of Investigation of the Lower Mekong Basin*

Comité de coordination des télécommunications 電気通信調整委員会, *Coordinating Committee for Communications*

Comité de coordination du service volontaire international 国際ボランティアサービス調整委員会, *Coordinating Committee for International Voluntary Service*

Comité de coordination pour la lune et les planètes 月と惑星調整委員会, *Coordinating Committee for the Moon and Planets*

Comité de coordination pour le contrôle multinational des exportations ココム；対共産圏輸出統制委員会, *Coordinating Committee for Export to Communist Countries*

Comité de défense de l'Etat (de l'ex-URSS) (旧ソ連の)国家保安委員会, *KGB (=Soviet security service)*

comité de direction 取締役会, *board*

comité de groupe 結合企業の企業委員会, *works council of industrial group*

Comité de la main-d'œuvre et des affaires sociales (経済協力開発機構の)労働力及び社会問題委員会, *Manpower and Social Affairs Committee (OECD)*

Comité de la planification du développement (国連)開発計画委員会, *Committee for Development Planning (UN)*

Comité de la politique à l'égard des consommateurs 消費者政策委員会, *Committee on Consumer Policy*

Comité de la politique énergétique エネルギー政策委員会, *Committee for Energy Policy*

Comité de la recherche scientifique et technique (欧州共同体の)科学技術研究委員会, *Scientific and Technical Research Committee (EC)*

Comité de la recherche spatiale 国際宇宙空間研究委員会(COSPAR), *Committee on Space Research*

Comité de l'agriculture 農業委員会, *Committee for Agri-*

culture
Comité de l'assistance technique (国連)技術援助委員会, *Technical Assistance Committee (UN)*
Comité de l'éducation 教育委員会, *Education Committee*
Comité de l'eurofranc ユーロフラン起債会, *Eurofranc Committee*
Comité de liaison de l'agrumiculture méditerranéenne 地中海柑橘類栽培連絡委員会, *Liaison Committee for Mediterranean Citrus Fruit Culture*
Comité de liaison de l'industrie européenne des tubes d'acier 欧州スチール管産業連絡委員会, *Liaison Committee of the European Economic Community Steel Tube Industry*
Comité de liaison des associations européennes de l'industrie de la parfumerie, des produits cosmétiques et de toilette 欧州香水化粧品産業協会連絡委員会, *European Federation of the Perfume, Cosmetics and Toiletries Industry*
Comité de liaison des fabricants de pièces et équipements de deux-roues (des pays de la CEE) (欧州経済共同体の)二輪車部品装備製造業者連絡委員会, *Liaison Committee of Manufacturers of Parts and Equipment for Two-Wheeled Vehicles (in the EEC)*
Comité de liaison des petites et moyennes entreprises industrielles (des pays de la CEE) (欧州経済共同体の)中小産業企業連絡委員会, *Liaison Committee for Small and Medium-Sized Industrial Enterprises (in the EEC)*
Comité de liaison européen des ostéopathes 欧州整骨療法家連絡委員会, *European Liaison Committee for Osteopaths*
Comité de liaison international des broderies, rideaux et dentelles 国際刺繍・カーテン・レース連絡委員会, *International Liaison Committee for Embroideries, Curtains and Laces*
Comité de liaison international des coopératives d'épargne et de crédit 国際貯蓄貸付協同組合連絡委員会, *International Liaison Committee on Cooperative Thrift and Credit*
Comité de l'industrie 産業委員会, *Industry Committee*
Comité de l'information et de la documentation scientifique et technique (欧州共同体の)科学技術情報資料委員会, *Committee for Scientific and Technical Information and Documentation (EC)*

Comité de l'investissement international et des entreprises multinationales (経済協力開発機構の)国際投資及び多国籍企業委員会, *Committee on International Investment and Multinational Enterprises (OECD)*

Comité de l'Union de Paris pour la coopération internationale en matières de méthodes de recherches documentaires entre offices de brevets 特許庁間の情報検索に関するパリ条約国際協力委員会, *Paris Union Committee for International Cooperation in Information Retrieval among Patent Offices*

Comité de nomenclature anatomique internationale 国際解剖学用語委員会, *International Anatomical Nomenclature Committee*

comité de parrainage 後援会, *sponsor*

Comité de politique économique 経済政策委員会, *Economic Policy Committee*

Comité de recherches océanologiques 海洋学研究委員会, *Committee on Oceanographic Research*

Comité de réglementation (欧州共同体の)調整委員会, *Regulatory Committee (EC)*

Comité de réflexion sur l'avenir des relations franco-japonaises 日仏の明日を考える会

Comité de surveillance des offres publiques (en Bourse) (証券取引所における)公開宣言監視委員会

Comité de travail des malteries de la Communauté économique européenne 欧州経済共同体モルト製造業運営委員会, *Working Committee of European Economic Community Malters*

comité de vérification (カナダの)監査委員会, *audit committee*

comité d'émissions 起債会, *bond issuing committee*

Comité des associations européennes de fonderie 欧州鋳造協会委員会, *Committee of European Foundry Associations*

Comité des assurances (経済協力開発機構の)保険委員会, *Insurance Committee (OECD)*

Comité des conférences (国連)会議委員会, *Committee on Conferences (UN)*

Comité des contributions (国連)分担金委員会, *Committee on Contributions (UN)*

Comité des droits de l'homme (国連)人権委員会, *Commission on Human Rights (UN)*

Comité des établissements de crédit et des entre-

prises d'investissement （フランス金融監督機関の）金融機関・投資企業評議会

Comité des fabricants d'acide glutamique （欧州共同体の）グルタミン酸製造業者委員会, *Committee of Glutamic Acid Manufacturers (EC)*

Comité des fabricants de levure de panification (de la CEE) （欧州経済共同体の）パン用イースト製造業者委員会, *Committee of Bread Yeast Manufacturers (of the EEC)*

Comité des industries cinématographiques (des Communautés européennes) （欧州共同体の）映画産業委員会, *Committee of the Cinematography Industries (in the European Communities)*

Comité des industries de la moutarde (de l'Union européenne) （欧州連合の）辛子産業委員会, *Committee for the Mustard Industries (of the European Union)*

Comité des industries des mayonnaises et sauces condimentaires (de la CEE) （欧州経済共同体の）マヨネーズ・テーブルソース産業委員会, *Committee of the Industries of Mayonnaises and Table Sauces (of the EEC)*

Comité des industries lainières (de la CEE) （欧州経済共同体の）毛織物産業委員会, *Committee of the Wool Textile Industry (in the EEC)*

Comité des négociations commerciales （GATTの）貿易交渉委員会, *Trade Negotiations Committee (GATT)*

Comité des normes comptables internationales 国際会計基準委員会, *International Accounting Standards Committee*

Comité des organisations de la boucherie-charcuterie (de la CEE) （欧州経済共同体の）食肉団体委員会, *Committee of Butchery and Cooked Meats Organizations (of the EEC)*

Comité des organisations familiales (auprès des Communautés européennes) （欧州共同体の）家族機関委員会, *Committee of Family Organizations (in the European Communities)*

Comité des organisations professionnelles agricoles (de l'Union européenne) （欧州連合の）農業職能組合組織委員会, *Committee of Agricultural Organizations (in the European Union)*

Comité des paysans africains アフリカ農民委員会, *African Farmers Committee*

Comité des pêcheries 水産委員会, *Fisheries Committee*

Comité des représentants permanents （欧州共同体

の)常駐者代表委員会, *Permanent Representatives Committee (EC)*

Comité des ressources naturelles (国連)天然資源委員会, *Committee on Natural Resources (UN)*

Comité des restrictions appliquées pour des raisons de balance des paiements (世界貿易機関の)国際収支制限に関する委員会, *Committee on Balance-of-Payments Restrictions (WTO)*

Comité des sages franco-japonais 日仏賢人会議

Comité des transactions invisibles (経済協力開発機構の)貿易外取引委員会, *Committee for Invisible Transactions (OECD)*

Comité des transports maritimes 海運委員会, *Maritime Transport Committee*

Comité des utilisations pacifiques de l'espace extra-atmosphérique (国連)宇宙空間平和利用委員会, *Committee on the Peaceful Uses of Outer Space (UN)*

Comité des Vingt 20カ国委員会, *Committee of Twenty*

comité d'établissement 事業体委員会：各工場なり各支店単位の企業委員会で，この上に中央企業委員会がある, *works council*

Comité d'Etat pour l'approvisionnement matériel et technique (旧ソ連の)ゴスナブ(Gosnab), *Gosnab*

Comité d'études de la corrosion et de la protection des canalisations 配管腐食保護研究委員会, *Committee for the Study of Pipe Corrosion and Protection*

Comité d'études des producteurs de charbon d'Europe occidentale 西欧石炭生産者協会, *Western European Coal Producers' Association*

Comité d'examen des situations économiques et des problèmes de développement (経済協力開発機構の)経済開発検討委員会, *Economic and Development Review Committee (OECD)*

Comité d'experts en matière de pratiques commerciales restrictives (経済協力開発機構の)制限的商慣行に関する専門家委員会, *Committee of Experts on Restrictive Business Practices (OECD)*

Comité d'experts en matière de transport des marchandises dangereuses (国連)危険物輸送専門家委員会, *Committee on Experts on the Transport of Dangerous Goods (UN)*

Comité d'ingénierie internationale sur les ressources océaniques 海洋資源国際工学委員会, *Interna-*

tional Engineering Committee on Oceanic Resources
comité directeur (欧州共同体などの)運営委員会, *management committee (EC)*
comité directeur ステアリングコミッティー, *steering committee*
comité d'organisation 運営委員会, *steering committee*
Comité d'orientation de la politique de la Banque du Japon 日本銀行政策委員会, *Policy Board of the Bank of Japan*
Comité d'orientation des retraites 年金基本路線評議会：Jospin 首相が2000年に設置
Comité du budget, des finances et de l'administration (世界貿易機関の)予算・財産及び運営に関する委員会, *Committee on Budget, Finance and Administration (WTO)*
Comité du commerce des céréales et des aliments du bétail (欧州共同体の)穀物家畜飼料取引委員会, *Committee of the Cereal and Animal Feed Trade (EC)*
Comité du commerce et du développement (世界貿易機関の)貿易及び開発に関する委員会, *Committee on Trade and Development (WTO)*
Comité du désarmement 軍縮委員会, *Committee on Disarmament*
Comité du patrimoine mondial 世界遺産委員会, *World Heritage Committee*
Comité du programme et de la coordination 計画調整委員会, *Committee for Program and Coordination*
Comité économique et social 経済社会委員会, *Economic and Social Committee*
Comité européen de coordination des normes 欧州規格調整委員会, *European Committee for Coordination of Standards*
Comité européen de la chaudronnerie et de la tôlerie 欧州ボイラー製造・鋼板製造業委員会, *European Committee for Boilermaking and Kindred Steel Structures*
Comité européen de la culture du houblon 欧州ホップ栽培委員会, *European Hop Growers Committee*
Comité européen de l'enseignement catholique 欧州カトリック系教育委員会, *European Committee for Catholic Education*
Comité européen de liaison des commerces agro-alimentaires 欧州農作物食品取引連絡委員会, *European Liaison Committee for Agricultural and Food Trades*
Comité européen de liaison des industries de la

machine à coudre 欧州ミシン産業連絡委員会, *European Liaison Committee for the Sewing Machine Industries*

Comité européen de liaison des négociants et utilisateurs de combustibles 欧州燃料業者・ユーザー連絡委員会, *European Liaison Committee of Fuel Merchants and Users*

Comité européen de liaison pour la cellulose et le papier 欧州パルプ紙連絡委員会, *European Liaison Committee for Pulp and Paper*

Comité européen de l'outillage 欧州工具委員会, *European Tool Committee*

Comité européen de l'outillage agricole et horticole 欧州農業園芸道具委員会, *European Committee for Agricultural and Horticultural Tools and Implements*

Comité européen de mécanique 欧州力学委員会, *European Mechanics*

Comité européen de normalisation 欧州標準化委員会, *European Committee for Standardization*

Comité européen de normalisation électrotechnique 欧州電気標準化委員会, *European Committee for Electrotechnical Standardization*

Comité européen de Rink Hockey 欧州リンクホッケー委員会, *European Committee for Rink Hockey*

comité européen d'entreprise 欧州企業委員会, *European works council*

Comité européen des associations des fabricants de peinture, d'encre d'imprimerie et de couleurs 欧州ペンキ・印刷インキ・絵の具協会委員会, *European Committee of Paint, Printing and Artists' Colors Manufacturers Associations*

Comité européen des assurances 欧州保険委員会, *European Insurance Committee*

Comité européen des constructeurs de brûleurs 欧州バーナー製造業者協会, *European Committee of Manufacturers of Burners*

Comité européen des constructeurs de machines à bois 欧州木工機械製造業者委員会, *European Committee of Woodworking Machinery Manufacturers*

Comité européen des constructeurs de matériels d'incendie et de secours 欧州防火設備・消防車製造業者委員会, *European Committee of the Manufacturers of Fire Protection and Safety Equipment and Fire Fighting Vehicles*

Comité européen des constructeurs de matériel

frigorifique 欧州冷蔵設備製造業者委員会, *European Committee of Manufacturers of Refrigeration Equipment*

Comité européen des constructeurs d'instruments de pesage 欧州計量機器製造者委員会, *European Committee of Weighing Instrument Manufacturers*

Comité européen des économistes de la construction 欧州建築エコノミスト委員会, *Construction Economics European Committee*

Comité européen des équipements techniques du bâtiment 欧州建築技術設備委員会, *European Committee for Building Technical Equipment*

Comité européen des fabricants d'appareils de chauffage et de cuisine domestiques 欧州家庭用暖房・調理装置製造者委員会, *European Committee of Manufacturers of Domestic Heating and Cooking Appliances*

Comité européen des fabricants de sucre 欧州製糖業者委員会, *European Committee of Sugar Manufacturers*

Comité européen des fédérations nationales de la maroquinerie, articles de voyage et industries connexes 欧州皮革・旅行用品全国連盟委員会, *European Committee of National Federations of the Leather, Travel Goods and Allied Industries*

Comité européen des groupements de constructeurs du machinisme agricole 欧州農業機械製造業者協会委員会, *European Committee of Associations of Manufacturers of Agricultural Machinery*

Comité européen des matériels de génie civil 欧州土木機器委員会, *Committee for European Construction Equipment*

Comité européen des matériels et produits pour la fonderie 欧州鋳造機材製品委員会, *European Committee of Foundry Materials and Products*

Comité européen des services des conseillers 欧州コンサルタントサービス委員会, *European Committee for Consultant Services*

Comité européen des syndicats de l'alimentation, du tabac et de l'industrie hôtelière 欧州食品・タバコ・ホテル業労働組合委員会, *European Trade Union Committee of Food and Allied Workers*

Comité européen d'études du sel 欧州塩研究委員会, *European Committee for the Study of Salt*

Comité européen du béton 欧州コンクリート委員会, *European Committee for Concrete*

Comité européen du commerce des produits amylacés et dérivés 欧州澱粉製品取引委員会, *European Center for Trade in Starch Products and Derivatives*

Comité européen permanent de recherches sur la protection des populations contre les risques de toxicité à long terme 慢性的有毒性から住民を守る研究の欧州常設委員会, *Permanent European Research Committee for the Protection of the Population against the Hazards of Chronic Toxicity*

Comité européen pour le progrès économique et social 欧州経済社会開発委員会, *European Committee for Economic and Social Progress*

Comité européen pour les problèmes criminels 刑事問題欧州委員会, *European Committee on Crime Problems*

comité exécutif 経営委員会, *Executive Committee*

Comité exécutif (de l'Organisation de coopération et de développement économiques) （経済協力開発機構の）執行委員会, *Executive Committee (OECD)*

Comité fédéral de l'open-market （米国の）連邦公開市場委員会, *Federal Open Market Committee (USA)*

Comité fiscal (de l'Organisation de coopération et de développement économiques) （経済協力開発機構の）租税委員会, *Fiscal Committee (OECD)*

Comité franco-japonais des hommes d'affaires sur la coopération industrielle et les échanges techniques 日仏産業協力技術交流経済人委員会

Comité général de la coopération agricole (de la CEE) （欧州経済共同体の）農業協同組合総合委員会, *General Committee for Agricultural Cooperation (in the EEC)*

Comité général de nomenclature botanique 植物命名法総合委員会, *General Committee on Botanical Nomenclature*

Comité inter-unions pour l'attribution de fréquences 周波数配分連合間委員会, *Inter-Union Commission on the Allocation of Frequencies*

Comité intergouvernemental de négociation 政府間交渉委員会, *Intergovernmental Negotiating Committee*

Comité intergouvernemental du droit d'auteur 政府間著作権委員会, *Intergovernmental Copyright Committee*

Comité intergouvernemental pour les migrations européennes 欧州移住政府間委員会, *Intergovernmental Committee for European Migration*

Comité intergouvernemental sur la science et la

technique au service du développement 開発のための科学技術政府間委員会, *Intergovernmental Committee for Science and Technology for Development*

Comité intérimaire (国際通貨基金の)暫定委員会, *Interim Committee (IMF)*

Comité interministériel de la coopération internationale et du développement 〖ODA〗国際協力・開発省際委員会

Comité interministériel de l'aide au développement 〖ODA〗ODA省際委員会

Comité interministériel de lutte antiterroriste 〖仏〗テロ対策省際委員会

Comité interministériel de restructuration industrielle 産業再編省際委員会

comité interministériel permanent 常設省際委員会, *permanent interministerial committee*

Comité interministériel pour l'aménagement des structures industrielles 産業構造整備省際委員会

Comité interministériel pour les questions de coopération économique européenne 〖仏〗欧州経済協力問題省際委員会

Comité international contre la maladie mentale 国際精神病予防委員会, *International Committee Against Mental Illness*

Comité international d'association diététique 国際食餌療法学委員会, *International Committee of Dietetic Association*

Comité international d'Auschwitz 国際アウシュビッツ委員会, *International Auschwitz Committee*

Comité international de bactériologie systématique 国際組織細菌学委員会, *International Committee on Systematic Bacteriology*

Comité international de géophysique 国際地球物理学委員会, *International Geophysical Committee*

Comité international de la Croix-Rouge 赤十字国際委員会, *International Committee of the Red Cross*

Comité international de la culture du houblon 国際ホップ栽培委員会, *International Hop Growers Convention*

Comité international de la fatigue du matériel aéronautique 国際航空疲労委員会, *International Committee on Aeronautical Fatigue*

Comité international de la rayonne et des fibres synthétiques 国際レーヨン合繊委員会, *International Ray-*

on and Synthetic Fibers Committee

Comité international de la teinture et du nettoyage 国際染色ドライクリーニング委員会, *International Committee for Dyeing and Dry Cleaning*

Comité international de médecine et de pharmacie militaires 国際軍事医薬委員会, *International Committee of Military Medicine and Pharmacy*

Comité international de neutrino 国際ニュートリノ委員会, *International Neutrino Committee*

Comité international de photobiologie 国際光生物学委員会, *International Committee of Photobiology*

Comité international de photosynthèse 国際光合成委員会, *International Photosynthesis Committee*

Comité international de prévention des accidents du travail de la navigation intérieure 国際内国航海労災防止委員会, *International Committee for the Prevention of Work Accidents in Inland Navigation*

Comité international de radio maritime 国際海上無線委員会, *International Maritime Radio Association*

Comité international de recherche sur l'aptitude physique 国際体力研究委員会, *International Committee on Physical Fitness Research*

Comité international de sociologie clinique 国際臨床社会学委員会, *International Committee on Clinical Sociology*

Comité international de standardisation en biologie humaine 国際人類生物学標準化委員会, *International Committee for Standardization in Human Biology*

Comité international de télévision 国際テレビ委員会, *International Television Committee*

Comité international d'enregistrement des fréquences 国際周波数登録委員会, *International Frequency Registration Board*

Comité international des associations techniques de fonderie 国際鋳造技術協会委員会, *International Committee of Foundry Technical Associations*

Comité international des dérivés tensioactifs 国際界面活性剤研究委員会, *International Committee on Surface Active Agents*

Comité international des entreprises à succursales 国際チェーンストアー協会委員会, *International Association of Chain Stores*

Comité international des normes de vérification

comptable 会計監査基準国際委員会, *International Accounting Standards Committee*

Comité international des poids et mesures 国際度量衡委員会, *International Committee of Weights and Measures*

Comité international des sciences historiques 国際歴史学委員会, *International Committee for Historical Science*

Comité international des sciences onomastiques 国際名称研究委員会, *International Committee of Onomastics Sciences*

Comité international des sociétés de contrôle de contamination 国際汚染制御学会委員会, *International Committee of Contamination Control Societies*

Comité international des sports des sourds (旧)国際聴覚障害者スポーツ委員会, *International Committee of Sports for the Deaf*

Comité international des sports silencieux (新)国際聴覚障害者スポーツ委員会, *International Committee of the Silent Sports*

Comité international des télécommunications de presse 国際新聞通信委員会, *International Press Telecommunications Council*

Comité international des transports par chemins de fer 国際鉄道運輸委員会, *International Rail Transport Committee*

Comité international d'éthologie 国際行動学委員会, *International Ethological Committee*

Comité international d'études des effets des drogues sur la sécurité routière アルコール・薬物・交通安全国際委員会, *International Committee on Alcohol, Drugs and Traffic Safety*

Comité international d'histoire de la deuxième guerre mondiale 国際第二次世界大戦史委員会, *International Committee on the History of the Second World War*

Comité international d'histoire de l'art 国際美術史委員会, *International Committee on the History of Art*

Comité international d'ingénierie cryogénique 国際低温工学委員会, *International Cryogenic Engineering Committee*

Comité international d'organisation du Congrès minier mondial 世界鉱業会議国際組織委員会, *International Organization Committee of the World Mining Congress*

Comité international olympique 国際オリンピック委員会, *International Olympic Committee*

Comité international permanent de la conserve 国際缶詰食品常置委員会, *International Permanent Committee on Canned Foods*

Comité international permanent pour la recherche sur la préservation des matériaux en milieu marin 国際海洋材料保存研究常置委員会, *Permanent International Committee for Research on the Preservation of Materials in the Marine Environment*

Comité international permanent pour les études mycéniennes 国際ミケーネ研究委員会, *Standing International Committee for Mycenaean Studies*

Comité international pour la coopération internationale en histoire des techniques 国際技術史委員会, *International Committee for Cooperation in the History of Technology*

Comité international pour la documentation microbiologique et immunologique 国際微生物学・免疫学ドキュメンテーション委員会, *International Committee for Microbiological and Immunological Documentation*

Comité international pour la métrologie historique 国際歴史度量衡委員会, *International Committee for Historical Metrology*

Comité international pour la sécurité et la coopération européennes 欧州安全保障・協力国際委員会, *International Committee for European Security and Cooperation*

Comité international pour le contrôle de la productivité laitière du bétail 国際乳牛生産記録委員会, *International Committee for Recording the Productivity of Milk Animals*

Comité international pour le Fair Play 国際フェアプレー委員会, *International Fair Play Committee*

Comité international pour l'endocrinologie comparative 国際比較内分泌学委員会, *International Committee for Comparative Endocrinology*

Comité international pour les essais non destructifs 国際非破壊試験委員会, *International Committee for Non-Destructive Testing*

Comité international pour les études d'esthétique 国際美学委員会, *International Committee for Esthetics*

Comité international pour l'information et la documentation en sciences sociales 国際社会科学情報資料委員会, *International Committee for Social Sciences Information and Documentation*

Comité international spécial sur les perturbations radioélectriques 国際無線障害特別委員会, *International Special Committee on Radio Interference*

Comité international sur la microbiologie économique et appliquée 国際有用微生物学委員会, *International Committee on Economic and Applied Microbiology*

Comité international sur la microbiologie et l'hygiène alimentaires 国際食品微生物学・衛生学委員会, *International Committee on Food Microbiology and Hygiene*

Comité international sur la taxonomie de virus 国際ウイルス分類委員会, *International Committee for Taxonomy of Viruses*

Comité international sur les animaux de laboratoire 国際実験動物委員会, *International Committee on Laboratory Animals*

Comité latino-américain des échanges commerciaux 中南米貿易委員会, *Latin American Trade Advisory Group*

Comité maritime international 万国海法会, *International Maritime Committee*

Comité national pour la prévention des mauvais traitements envers les enfants (英国の)幼児虐待防止全国委員会, *National Society for the Prevention of Cruelty to Children*

Comité olympique américain 米国オリンピック委員会, *United States Olympic Committee*

Comité permanent des linguistes 国際言語学者常置委員会, *Permanent International Committee of Linguists*

Comité permanent du congrès international d'entomologie 国際昆虫学会会議常置委員会, *Permanent Committee of the International Congress of Entomology*

Comité permanent inter-Etats pour la lutte contre la sécheresse dans le Sahel サヘル旱魃対策各国連合委員会, *Interstate Permanent Committee for Drought Control in the Sahel*

Comité permanent international de physiologie et pathologie de la reproduction animale y compris l'insémination artificielle 動物生殖の生理学・病理学国際常置委員会, *International Standing Committee on Physiology and Pathology of Animal Reproduction*

Comité pour la prévention du crime et la lutte contre la délinquance (国連)犯罪防止委員会, *Committee on Crime Prevention and Control (UN)*

Comité pour la promotion à l'étranger des salons français フランス見本市協会

Comité pour la simplification des procédures du commerce international 国際貿易手続簡易化委員会, *Committee for the Simplification of International Trade Procedures*

Comité pour le désarmement nucléaire en Europe 欧州核軍縮委員会, *European Nuclear Disarmament Committee*

Comité pour les données scientifiques et technologiques 科学技術データ委員会, *Committee on Data for Science and Technology*

Comité pour l'utilisation pacifique du fond de la mer et des océans au-delà des limites de la juridiction nationale 海底平和利用委員会, *Committee on the Peaceful Uses of the Sea-bed and the Ocean Floor Beyond the Limits of National Jurisdiction*

Comité restreint de défense 国防小委員会, *Select Committee on Defense*

Comité scientifique chargé des problèmes de l'environnement 環境問題科学委員会, *Scientific Committee on Problems of the Environment Juridiction*

Comité scientifique des Nations unies pour l'étude des effets des rayonnements ionisants 国連原子放射線効果科学委員会, *United Nations Scientific Committee on the Effects of Atomic Radiation*

Comité scientifique pour les recherches antarctiques 南極研究科学委員会, *Scientific Committee on Antarctic Research*

Comité scientifique pour les recherches océaniques 海洋研究科学委員会, *Scientific Committee on Oceanic Research*

Comité scientifique pour les recherches sur l'eau 水研究科学委員会, *Scientific Committee on Water Research*

Comité scientifique sur l'expérimentation génétique 〚バイオ〛遺伝子実験委員会, *Scientific Committee on Genetic Experimentation*

Comité scientifique, technique et économique de la pêche 漁業科学・技術・経済委員会, *Scientific, Technical and Economic Committee on Fisheries*

comité secret 非公開委員会, *secret committee*

Comité spécial de l'agriculture 特別農業委員会, *Special Committee on Agriculture*

Comité sur l'enseignement scientifique 科学教育委員会, *Committee on the Teaching of Science*

Comité sur les relations avec les pays hôtes 所在地国委員会, *Committee on Relations with the Host Country*

Comité technique international de prévention et d'extinction du feu 国際防火・消火技術委員会, *International Technical Committee for the Prevention and Extinction of Fire*

comitologie (欧州共同体委員会の下における政府代表の)小委員会設置

Commandant suprême des forces alliées en Europe 欧州連合軍最高司令官, *Supreme Allied Commander in Europe*

commandes à l'exportation 輸出注文, *export orders*

commande annuler 〖コンピュ〗アンドゥコマンド, *undo command*

commande au marché 〖証〗成行(なりゆき)注文, *market order*

commande automatique de volume 自動音量調節, *automatic volume control*

commande automatique des trains 列車自動運転装置, *automatic train operation*

commande binaire 〖コンピュ〗ビットコマンド, *bit command*

commande d'accès au support 媒体アクセス制御, *medium access control*

commande de contrôle de poussée 推力方向制御, *thrust vector control*

commande de formatage 〖コンピュ〗フォーマットコマンド, *formatting command*

commande de liaison de données à haut niveau 〖通〗階層的データリンク制御, *high-level data link control*

commande de réapprovisionnement 追加注文, *reorder*

commande défaire 〖コンピュ〗アンドゥコマンド, *undo command*

commande du DOS 〖コンピュ〗DOSコマンド, *command DOS*

commande écran précédent 〖コンピュ〗スクリーンアップコマンド, *screen up command*

commande écran suivant 〖コンピュ〗スクリーンダウンコマンド, *screen down command*

commandes en attente 後積み注文, *back orders*

commandes en retard 受注の残り, *backlog of orders*

commandes en souffrance 注文残高, *outstanding orders*

commandes en tournée ジャーニーオーダー：メーカーのセールスマンが小売店から個人的に受ける注文, *journey order*

commande ferme 確定注文, *firm order*

commande imprimante 〖コンピュ〗プリンターコマンド, *printer command*

commande inconnue 〖コンピュ〗未確認コマンド, *unrecognized command*

commande massive 大量受注, *bulk order*

commande numérique directe 〖コンピュ〗直接数値制御, *direct digital control*

(à) commande par effleurement 〖コンピュ〗タッチ入力(の), *touch-activated*

commande urgente 至急の注文, *rush order*

(à) commande vocale 〖コンピュ〗音声入力(の), *voice-activated*

commandé par clavier 〖コンピュ〗キーボード操作の, *keyboard-operated*

commandé par la voix 〖コンピュ〗音声入力の, *voice-activated*

commandé par souris 〖コンピュ〗マウス操作の, *mouse-driven*

commanditaire (de l'attentat) (テロ行為の)黒幕, *someone who is behind (the attack)*

commencement d'activité 営業開始, *start of business*

commencement des risques 〖保〗リスクアタッチ：危険の開始, *attachment of the risk*

commentaire sur image 画面外の解説の声, *voice-over*

commerçant agréé (クレジットカードの)加盟店

commerce à terme 先物取引, *futures transaction*

commerce aliénant (Grjebineの)疎外的貿易：経済発展の度合が大違いの両国間の貿易

commerce associé 連携的商業, *associated trade*

commerce avec la zone extérieure 域外貿易, *trade with the external zone*

commerce captif 企業内取引, *intrafirm trade*

(contrat du) commerce compensatoire 求償貿易(契約), *compensating deal (contract)*

commerce concentré 集中的商業, *concentrated trade*

commerce cyclique 景気反応型商業, *cyclical trade*

commerce de compensation 補償貿易；見返り貿易, *compensation trade*

commerce de demi-gros 仲卸業, *semi-wholesale trade*

commerce de détail 小売業, *retail industries*
commerce de gros 卸売業, *wholesale trade*
commerce de proximité 地元商店, *local store*
commerce d'échange バーター取引；見返り貿易, *barter trade*
commerce d'exportations indirectes 間接輸出貿易, *indirect export trade*
commerce dominical 日曜営業, *Sunday trading*
commerce du crédit (商品の)信用取引, *credit commerce*
commerce du pratique 便利屋
commerce en avion civil 民間航空機貿易, *trade in civil aircraft*
commerce en ligne オンライン取引, *on line trade*
commerce en stagnation 低迷する取引, *trade in stagnation*
commerce extérieur agricole 農産物貿易, *agricultural trade*
commerce frontalier 国境貿易, *frontier-zone trade*
commerce général 一般貿易：再輸出を含めた輸出入をそのまま示す統計値, *general trade*
commerce illicite 不法取引, *unfair trade*
commerce incestueux d'actions 不正株取引, *incestuous stock trading*
commerce intégré (デパートなどの)一貫小売り；統合的商業, *integrated trade*
commerce inter-branches (異なる部門相互の)部門間取引
commerce intérieur 国内販売, *home trade*
commerce international 国際貿易, *international trade*
commerce intra-branche 同部門間取引
commerce intra-firme 企業内取引, *intrafirm trade*
commerce intracommunautaire 欧州連合域内貿易, *intra-EU trade*
commerce licite 合法取引, *lawful trade*
commerce maritime 海商, *marine commerce*
commerce organisé 管理貿易, *managed trade*
commerce par opérations compensées バーター取引, *barter trade*
commerce parallèle 平行貿易, *parallel trading*
(faire du) commerce pour le faible profit 儲けの薄い商売(をする), *(to do) low-profit business*
commerce protectionniste 保護貿易, *protective trade*
commerce sensible à la conjoncture 景気反応型商業, *cyclical trade*

commerce spécial 特別貿易：輸出入の両面から再輸出を除いて示した統計値, *special trade*

commerce stimulant （Grjebineの）刺激的貿易：先進両国間の貿易

commerce triangulaire 三角貿易, *triangular trade*

commerce unilatéral 片貿易, *one-way trade*

commercialisation ordonnée 秩序ある輸出, *orderly marketing*

commercialisme 営利主義, *commercialism*

commerciaux 販売スタッフ, *marketing people*

commis d'agent de change （旧）公認仲買人の代理人, *certificate broker's clerk*

commis de Bourse マーケットメーカーの見習い, *blue button*

commis principal 主任, *head clerk*

commissaire agréé 公認監査人, *authorized inspector*

commissaire aux apports 出資検査役, *auditor appointed to verify the vendors' transfers*

commissaire aux comptes 会計監査役, *statutory auditor*

commissaire aux comptes coresponsable / commissaire aux comptes en double mandat 共同監査役, *joint auditor*

commissaire d'avarie 海損精算人

commissaire du bord （航空機の）パーサー, *purser*

commissaire du gouvernement 政府委員, *government commissioner*

commissaire du gouvernement （軍事裁判の）論告担当官, *government representative*

commissaire ducroire 履行保証代理人；売先資力保証代理人, *del credere agent*

commissaire européen （欧州共同体委員会の）欧州委員, *European Commissioner (EC)*

commissaire principal （私服の）警視正, *chief superintendent*

commissaire-priseur 競売吏；動産公売吏, *auctioneer*

commissaire répartiteur 租税査定人, *tax assessor*

Commissariat à l'énergie atomique 〖仏〗原子力庁, *Atomic Energy Commission*

Commissariat à l'énergie solaire （フランス産業省）太陽エネルギー委員会, *Solar Energy Commission*

commissariat aux comptes 会計事務所, *audit bureau*

Commissariat général du Plan 〖仏〗経済計画庁, *National Planning Commission (France)*

Commission africaine de l'aviation civile アフリカ民

間航空委員会, *African Civil Aviation Commission*
commission bancaire 銀行手数料, *bank commission*
Commission canadienne du blé カナダ小麦局, *Canadian Wheat Board*
Commission centrale pour la navigation du Rhin ライン川の航行のための中央委員会, *Central Commission for the Navigation of the Rhine*
Commission consultative des barreaux (de la Communauté européenne) (欧州共同体の)弁護士会諮問委員会, *Consultative Committee of the Bars and Law Societies (of the European Community)*
commission d'achat 買入手数料, *purchasing commission*
commission d'acquisition 保険募集手数料, *new business commission*
commission d'affacturage 仲買手数料, *factorage*
commission d'apport 保険募集手数料, *new business commission*
commission d'arbitrage 仲裁委員会, *arbitration committee*
commission d'arbitrage 仲裁手数料, *arbitration charge*
commission de centralisation / commission de chef de file 〖証〗(起債の際の)幹事手数料, *management fee*
Commission de codification des titres 統一証券識別手続委員会, *CUSIP (=Committee on Uniform Securities Identification Procedures)*
Commission de conciliation internationale 国際調停委員会, *International Conciliation Commission*
commission de confirmation 約定料:企業信用で貸付限度額の未利用分についての手数料, *commitment fee*
Commission de contrôle, de vérification et d'inspection des Nations unies 国連監視検証査察委員会, *United Nations Monitoring, Verification and Inspection Commission*
Commission de contrôle des banques 銀行監督委員会
Commission de coordination de la lutte contre la drogue 麻薬撲滅調整委員会, *Coordinating Committee on the Control of Drugs*
commission de courtage (証券)ブローカー手数料, *broker's commission*
Commission de dénomination (通りに名を付ける)命名委員会
commission de direction 〖証〗(ユーロ債の)幹事手数料
commission de garantie 〖証〗引受手数料, *underwriting fee*

commission de gestion 運営委員会, *management committee*

commission de gestion du portefeuille 〚証〛投資顧問料, *cost of investment advice*

commission de guichet 〚証〛(起債などの)取扱手数料

Commission de la carte géologique du monde 世界地質図委員会, *Commission for the Geological Map of the World*

Commission de la fonction publique 官吏制度委員会, *Commission of the civil service*

Commission de l'énergie atomique (国連)原子力委員会, *Atomic Energy Commission (UN)*

Commission de l'enseignement en biologie 生物学教育委員会, *Commission on Education in Biology*

Commission de l'Union européenne 欧州連合委員会, *European Union Commission*

commission de mise sur le marché 販売手数料, *selling concession*

commission de placement 〚証〛売出手数料, *placement fee*

Commission de planification économique (国際海底機構の)経済計画委員会, *Economic Planning Commission*

commission de prise ferme 〚証〛引受手数料

commission de production 〚保〛募集手数料

commission de réassurance 〚保〛再保険手数料

commission de reconduction (ローンなどの)延長料, *extension fee*

commission de règlement anticipé 即時決済手数料, *commission of settlement before the due date*

commission de service (銀行の)サービス手数料

Commission de surendettement 多重債務委員会

Commission de surveillance de la Bourse 〚証〛証券取引監視委員会

commission de tenue de compte 口座維持料, *account operation charge*

commission d'encaissement 集金手数料, *collection charge*

commission d'endos / commission d'endossement 裏書手数料, *endorsement commission*

commission d'engagement 約定料:企業信用で貸付限度額の未利用分についての手数料, *commitment fee*

commission d'enquête 調査委員会, *investigating committee*

Commission des Communautés européennes 欧州共同体委員会, *Commission of the European Communities*

Commission des droits de l'homme (国連)人権委員会, *Commission on Human Rights (UN)*

Commission des établissements humains (国連)人間居住委員会, *Commission on Human Settlements (UN)*

Commission des finances de l'Assemblée nationale 〖仏〗国民議会財政委員会, *Finance Commission of the National Assembly*

Commission des infractions fiscales 税制違反委員会, *Commission of fiscal infractions*

Commission des Nations unies chargée du désarmement irakien イラク武装解除国連大量破壊兵器廃棄特別委員会, *United Nations Special Commission overseeing the destruction of Iraqi weapons of mass destruction*

Commission des Nations unies pour le droit commercial international 国連国際商取引法委員会, *United Nations Commission on International Trade Law*

Commission des opérations à terme sur les marchandises (米国の)商品先物取引委員会, *Commodity Futures Trading Commission (USA)*

Commission des opérations de Bourse 〖仏〗証券取引委員会, *French stock exchange watchdog*

Commission des pêcheries de l'Atlantique du Nord-Est 北東大西洋漁業委員会, *Northeast Atlantic Fisheries Commission*

Commission des poissons anadromes du Pacifique du Nord 北太平洋遡河(そか)性魚類委員会, *North Pacific Anadromous Fish Commission*

commission des représentants 外交員の手数料, *commission of the sales representatives*

Commission des stupéfiants (国連経済社会委員会の)麻薬委員会, *Commission on Narcotic Drugs (ECOSOC)*

Commission des thons de l'Océan indien インド洋まぐろ類委員会, *Indian Ocean Tuna Commission*

Commission des transports maritimes (ジュネーブの)海運委員会, *Maritime Transport Commission*

Commission (américaine) des valeurs mobilières et des Bourses 〖証〗SEC：米証券取引委員会, *Securities and Exchange Commission*

commission d'intermédiation 〖金〗受入手数料, *intermediation commission*

Commission du Bassin du fleuve Niger ニジェール川

流域委員会

Commission du budget 予算委員会, *Budget Commission*

Commission du commerce international 国際貿易委員会, *International Trade Commission*

Commission du commerce international des produits de base 国際商品取引委員会, *Commission on International Commodity Trade*

Commission du Luxembourg （フランス史の）リュクサンブール委員会；労働者対策委員会, *Luxembourg Commission*

commission du plus fort découvert （企業口座）月別最大当座貸越額対応手数料

commission ducroire 代金支払保証手数料, *del credere commission*

Commission économique et sociale pour l'Asie et le Pacifique （国連）アジア太平洋経済社会委員会, *Economic and Social Commission for Asia and the Pacific (UN)*

Commission économique pour l'Afrique （国連）アフリカ経済委員会, *Economic Commission for Africa (UN)*

Commission économique pour l'Amérique latine et les Caraïbes （国連）ラテンアメリカ・カリブ経済委員会, *Economic Commission for Latin America and the Caribbean (UN)*

Commission économique pour l'Asie et l'Extrême-Orient （国連）アジア極東経済委員会：ESCAP の前身で略称はエカフェ, *Economic Commission for Asia and the Far East (UN)*

Commission économique pour l'Asie occidentale （国連）西アジア経済委員会, *Economic Commission for Western Asia (UN)*

Commission économique pour l'Europe （国連）欧州経済委員会, *Economic Commission for Europe (UN)*

Commissions économiques régionales （国連）地域経済委員会, *Regional Economic Commissions (UN)*

Commission électrotechnique internationale 国際電気標準委員会, *International Electrotechnical Commission*

Commission européenne 欧州委員会：欧州共同体の執行機関, *European Commission (EC)*

Commission européenne de la corsetterie 欧州コルセット委員会, *European Corsetry Commission*

Commission européenne de l'aviation civile 欧州民間航空会議, *European Civil Aviation Conference*

Commission européenne de tourisme 欧州旅行委員会, *European Travel Commission*

Commission européenne des droits de l'homme 欧州人権委員会, *European Commission of Human Rights*

Commission européenne des forêts 欧州森林委員会, *European Forest Commission*

Commission fluviale internationale 国際河川委員会, *International River Commission*

commission forfaitaire フラットフィー：定額手数料, *flat fee*

Commission générale de la pêche pour la Méditerranée 地中海漁業委員会, *General Fisheries Commission for the Mediterranean*

Commission indo-pacifique des pêches インドパシフィック漁業委員会, *Indo-Pacific Fishery Commission*

Commission inter-union de géodynamique 地球内部ダイナミックス連合間委員会, *Inter-Union Commission on Geodynamic*

Commission inter-union de radiométéorologie 電波気象学連合間委員会, *Inter-Union Commission on Radio Meteorology*

Commission inter-union sur la spectroscopie 分光学連合間委員会, *Inter-Union Commission on Spectroscopy*

Commission interaméricaine du thon des tropiques 全米熱帯まぐろ類委員会, *Inter-American Tropical Tuna Commission*

Commission intergouvernementale sur les changements climatiques 気候変動に関する政府間パネル, *Intergovernmental Panel on Climate Change*

Commission internationale agro-alimentaire 国際農業食糧委員会, *International Commission for Agricultural and Food Industries*

Commission internationale baleinière 国際捕鯨委員会, *International Whaling Commission*

Commission internationale de biohistoire 国際生物史委員会, *International Biohistorical Commission*

Commission internationale de botanique apicole 国際蜂植物学委員会, *International Commission for Bee Botany*

Commission internationale de démographie historique 国際人口統計史委員会, *International Commission of Historical Demography*

Commission internationale de diplomatique 国際外交史委員会, *International Commission of Diplomacy*

Commission internationale de génétique microbi-

enne 国際微生物遺伝学委員会, *International Commission for Microbial Genetics*

Commission internationale de génie rural 国際農業工学委員会, *International Commission of Agricultural Engineering*

Commission internationale de juristes 国際法律家委員会, *International Commission of Jurists*

Commission internationale de la fonction publique 国連人事委員会, *International Civil Service Commission*

Commission internationale de la médecine du travail 国際労働医学委員会, *International Commission of Occupational Health*

Commission internationale de la navigation aérienne 国際航空委員会, *International Air Navigation Commission*

Commission internationale de la nomenclature zoologique 国際動物命名委員会, *International Commission on Zoological Nomenclature*

Commission internationale de l'éclairage 国際照明委員会, *International Commission on Illumination*

Commission internationale de l'enseignement de la physique 国際物理学教育委員会, *International Commission on Physics Education*

Commission internationale de l'état civil 国際戸籍委員会, *International Commission for Family Registration*

Commission internationale de numismatique 国際古銭貨幣研究委員会, *International Numismatic Commission*

Commission internationale de palynologie 国際花粉学委員会, *International Commission for Palynology*

Commission internationale de protection radiologique 国際放射線防護委員会, *International Commission on Radiological Protection*

Commission internationale de réglementation en vue de l'approbation de l'équipement électrique 国際電気機器承認規定委員会, *International Commission on Rules for the Approval of Electrical Equipment*

Commission internationale de trichinellose 国際旋毛類学委員会, *International Commission on Trichinellosis*

Commission internationale d'écologie microbienne 国際微生物生態学委員会, *International Commission on Microbial Ecology*

Commission internationale des études slaves 国際スラブ研究委員会, *International Commission for Slavic Studies*

Commission internationale des examens de conduite automobile 国際自動車運転テスト委員会, *International Driving Tests Committee*

Commission internationale des grands barrages 国際大ダム委員会, *International Commission on Large Dams*

Commission internationale des industries agricoles 国際農業委員会, *International Commission of Agricultural Industries*

Commission internationale des irrigations et du drainage 国際灌漑排水委員会, *International Commission on Irrigation and Drainage*

Commission internationale des pêcheries de l'Atlantique Sud-Est 南東大西洋漁業国際委員会, *International Commission for the South-East Atlantic Fisheries*

Commission internationale des unités et des mesures de radiation 国際放射線単位測定委員会, *International Commission on Radiation Units and Measurements*

Commission internationale d'histoire de la Révolution française 国際フランス革命史委員会, *International Commission of France Revolution History*

Commission internationale d'histoire des mouvements sociaux et des structures sociales 国際労働運動史・社会構成史委員会, *International Commission for the History of Social Movements and Social Structures*

Commission internationale d'histoire ecclésiastique comparée 国際比較教会史委員会, *International Commission of Comparative Ecclesiastical History*

Commission internationale d'histoire maritime 国際海事史委員会, *International Commission of Maritime History*

Commission internationale d'histoire maritime arctique 国際北極海史委員会, *International Commission of History of Maritime Arctic*

Commission internationale d'histoire militaire comparée 国際比較軍事史委員会, *International Commission for Comparative Military History*

Commission internationale d'optique 国際光学委員会, *International Commission for Optics*

Commission internationale du peuplier 国際ポプラ委員会, *International Poplar Commission*

Commission internationale du riz 国際米穀委員会, *International Rice Commission*

Commission internationale du verre 国際ガラス委員会, *International Commission on Glass Status*

Commission internationale pour la conservation des thonidés de l'Atlantique 大西洋まぐろ保存国際委員会, *International Commission for the Conservation of Atlantic Tunas*

Commission internationale pour la définition des caractéristiques microbiologiques des aliments 国際食品微生物種委員会, *International Commission on Microbiological Specifications for Foods*

Commission internationale pour la Fondation du prix Eriksson 国際エリクソン賞財団委員会, *International Commission for the Eriksson Prize Fund*

Commission internationale pour la nomenclature des espèces végétales cultivées 国際栽培植物命名法委員会, *International Commission for the Nomenclature of Cultivated Plants*

Commission internationale pour la prévention de l'alcoolisme 国際アルコール中毒防止委員会, *International Commission for the Prevention of Alcoholism*

Commission internationale pour la protection contre les mutagènes et les carcinogènes 国際変異癌物質原保護委員会, *International Commission for the Protection Against Mutagens and Carcinogens*

Commission internationale pour la protection de la Moselle contre la pollution モーゼル川を汚染から保護するための国際委員会, *International Commission for the Protection of the Moselle against Pollution*

Commission internationale pour la réglementation des ascenseurs et monte-charge 国際エレベーター・昇降機規制委員会, *International Committee for Lift Regulations*

Commission internationale pour la sauvegarde du patrimoine culturel islamique 国際イスラム文化遺産保護委員会, *International Commission for the Preservation of Islamic Cultural Heritage*

Commission internationale pour le sauvetage alpin 国際アルプス救助委員会, *International Commission for Alpine Rescue*

Commission internationale pour l'enseignement de l'histoire 国際歴史教育委員会, *International Commission for the Teaching of History*

Commission internationale pour l'enseignement des mathématiques 国際数学教育委員会, *International Commission on Mathematical Instruction*

Commission internationale pour les pêcheries de l'Atlantique du Nord-Ouest 北西大西洋漁業国際委員会, *International Commission for the Northwest Atlantic Fisheries*

Commission internationale pour l'histoire des assemblées d'Etats 国際国会制史委員会, *International Commission for the History of Representative and Parliamentary Institutions*

Commission internationale pour l'histoire des universités 国際大学史委員会, *International Commission for the History of Universities*

Commission internationale pour l'histoire des villes 国際都市史委員会, *International Commission of Villes History*

Commission internationale pour l'organisation scientifique du travail en agriculture 農業における科学的管理の国際委員会, *International Committee of Scientific Management in Agriculture*

Commission internationale pour une histoire du développement scientifique et culturel de l'humanité 国際科学文化発展史委員会, *International Commission for a History of the Scientific and Cultural Development of Mankind*

Commission internationale sur l'éducation et l'enseignement radiologique 国際放射線学教育情報委員会, *International Commission on Radiological Education and Information*

Commission internationale technique de sucrerie 国際砂糖技術委員会, *International Commission of Sugar Technology*

Commission juridique et technique (国際海底機構の)法律・技術委員会, *Legal and Technical Commission*

Commission médicale d'établissement 病院協議委員会

Commission mixte paritaire 〚仏〛両院合同委員会, *joint commission of the Assemblée Générale and the Sénat (France)*

Commission mondiale de l'eau 世界水委員会, *World Water Commission*

Commission mondiale sur l'environnement et le développement 環境と開発に関する世界委員会, *World Commission on Environment and Development*

Commission nationale de conciliation 全国調停委員会, *National Conciliation Committee*

Commission nationale de la communication et des

libertés 通信と自由に関する全国委員会：放送メディア高等評議会の旧称

Commission nationale de l'informatique et des libertés 情報科学と自由に関する全国委員会

Commission nationale des comptes de campagne et des financements politiques 選挙運動費用収支報告及び政治資金全国委員会

Commission nationale pour la sécurité des transports (米国の)国家輸送安全委員会, *National Transportation Safety Board (USA)*

Commission océanographique intergouvernementale (ユネスコの)政府間海洋学委員会, *Intergovernmental Oceanographic Commission (UNESCO)*

commission permanente 常任委員会, *standing committee*

Commission permanente de la convention internationale des pêches 国際漁業協定常設委員会, *Permanent Commission of the International Fisheries Convention*

Commission permanente du Pacifique Sud 南太平洋常設委員会, *Permanent Commission of the South Pacific*

Commission permanente du tarif des patentes (フランス史の)営業税常設委員会, *Business Tax Commission*

Commission permanente et association internationale pour la médecine du travail 国際労働衛生学会常置委員会, *Permanent Commission and International Association on Occupational Health*

Commission pour la conservation de la faune et de la flore marines de l'Antarctique 南極海洋生物資源保存委員会, *Commission for the Conservation of Antarctic Marine Living Resources*

Commission pour le Pacifique Sud 南太平洋委員会, *South Pacific Commission*

Commission pour l'égalité des chances pour l'emploi (米国の)公正雇用機会委員会, *Equal Employment Opportunity Commission (USA)*

Commission pour l'étude des alternatives au Canal du Panama パナマ運河代替案調査委員会, *Commission for the study of alternatives to the Panama Canal*

commission pour passer des ordres 委託手数料, *brokerage*

Commission préparatoire européenne de recherches spatiales 欧州宇宙研究準備委員会, *European Preparatory Commission for Space Research*

Commission séricicole internationale 国際養蚕委員会, *International Sericultural Commission*

Commission sismologique européenne 欧州地震学委員会, *European Seismological Commission*

Commission spéciale des Nations unies 国連(大量兵器廃棄)特別委員会, *United Nations Special Commission*

Commission sur la condition de la femme (国連)婦人の地位委員会, *Commission on the Status of Women (UN)*

commission sur le bénéfice プロフィットコミッション, *profit commission*

Commission sur le développement durable 持続可能な開発委員会, *Commission on Sustainable Development*

commission sur les dettes nationales 国債取扱手数料, *commission for government bond business*

Commission sur les sociétés transnationales (国連)多国籍企業委員会, *Commission on Transnational Corporations (UN)*

commission sur prêt 借金の周旋料, *procuration fee*

commission sur vente 販売手数料, *selling commission*

Commission syndicale consultative (auprès de l'OCDE) (経済協力開発機構)労働組合諮問委員会, *Trade Union Advisory Committee (to the OECD)*

Commission vérité et réconciliation (南アの)真実和解委員会, *Truth and Reconciliation Commission (South Africa)*

commissionnaire agréé 公認仲買人, *authorized broker*

commissionnaire agréé en douane 公認税関貨物取扱業者, *authorized customs broker*

commissionnaire de roulage 輸送業者, *carrier*

commissionnaire en douane 〖貿〗通関代行業者;乙仲, *customs agent*

commissionnaire général 取次商, *broker*

commissionnaire transitaire 税関貨物取扱業者, *transit agent*

communautarisme 民族の分離主義:少数民族が国家から浮いてしまう現象

Communauté andine アンデス共同市場, *Andean Common Market*

Communauté de l'Afrique de l'Est (1967-1977年の)東アフリカ共同体, *East African Community*

communauté de travail 生産協同組合会社, *working committee*

communauté de villes 広域都市共同体:人口2万人以上の都市圏を対象とした広域行政組織

Communauté des Caraïbes カリブ共同体, *Caribbean Community*

Communauté des Etats d'Afrique de l'Ouest 西アフリカ諸国共同体, *Community of West African States*

Communauté des Etats indépendants 独立国家共同体 (CIS), *Community of Independent States*

Communauté économique africaine アフリカ経済共同体, *African Economic Community*

Communauté économique de l'Afrique de l'Est 東アフリカ経済共同体, *East African Economic Community*

Communauté économique de l'Afrique de l'Ouest 西アフリカ経済共同体, *West African Economic Community*

Communauté économique des Etats de l'Afrique centrale 中部アフリカ諸国経済共同体, *Economic Community of Central African States*

Communauté économique des Etats de l'Afrique de l'Ouest 西アフリカ諸国経済共同体, *Economic Community of West African States*

Communauté économique des pays des Grands Lacs (アフリカ中東部の)大湖諸国経済共同体, *Economic Community of Great Lakes States*

Communauté économique européenne 欧州経済共同体, *European Economic Community*

Communauté européenne 欧州共同体:欧州連合成立後は欧州経済共同体の新名称でもある, *European Community*

Communautés européennes 欧州共同体:EEC, ECSC, EURATOMにより構成されていた共同体, *European Communities*

Communauté européenne de défense 欧州防衛共同体, *European Defense Community*

Communauté européenne de l'énergie atomique ユーラトム;欧州原子力共同体, *European Atomic Energy Community*

Communauté européenne du charbon et de l'acier 欧州石炭鉄鋼共同体:2002年7月23日に発展的解消, *European Coal and Steel Community*

communauté financière 金融共同体, *financial community*

Communauté financière africaine アフリカ金融共同体, *African Financial Community*

Communauté financière du Pacifique 太平洋金融共同体, *Pacific Community*

Communauté française フランス共同体, *French Com-*

munity

communauté française au Japon 在日フランス人社会, *French colony in Japan*

communauté pastorale 牧畜民, *pastoralists*

Communauté pour le développement de l'Afrique australe 南部アフリカ開発協力共同体, *Southern African Development Community*

communauté sociétale (Talcott Parsonsの)社会の同化システム

communauté urbaine 都市共同体：同一圏内にある人口5万人以上の市町村で構成される広域行政組織, *urban district*

communes montagnardes 山岳市町村：80%以上が海抜600 m以上にある市町村

communicateur personnel 携帯用情報端末, *personal data assistant*

communication avancée de programme à programme 〚通〛拡張プログラム間通信, *advanced program to program communication*

communication binaire synchrone 〚通〛2進同期通信, *binary synchronous communication*

communication de données データ通信, *data communication*

communication de masse マスコミュニケーション, *mass communication*

communications diplomatiques 外交交信, *diplomatic communications*

communication du feu 火災報知

communication externe (企業の)パブリックリレーションズ, *public relations*

communications intégrées à large bande (欧州の)統合広帯域通信, *integrated broadband communications*

communication interculturelle 異文化コミュニケーション, *intercultural communication*

communication par fibre optique 光ファイバー通信, *optical fiber communication*

communications rapport d'ondes stationnaires 電圧定在波比, *voltage standing-wave ratio*

communication téléphonique avec préavis 〚通〛パーソナルコール, *personal call*

communiste qui n'ose pas s'avouer 隠れ共産主義者, *closet communist*

commutateur à barres 〚通〛クロスバー交換器, *crossbar switch*

commutateur à double rangée de connexion / commutateur DIP 〖コンピュ〗DIPスイッチ, *DIP (=dual-in-line) switch*

commutateur de données 〖コンピュ〗データスイッチ, *data switch*

commutateur de paquets rapide 〖通〗高速パケット交換機, *fast packet switch*

commutateur de réseau privé 〖通〗専用通信網交換機, *private network exchange*

commutateur local 〖通〗市内交換, *local exchange*

commutateur optique 〖コンピュ〗光学的スイッチ, *optical switch*

commutateur privé manuel 〖通〗手動式構内交換設備, *private manual branch exchange*

commutateur temporel 〖通〗時間スロット交換機, *time slot interchanger*

commutation de circuits 〖コンピュ〗回線交換, *circuit switching*

commutation de données 〖コンピュ〗データ交換, *data switching*

commutation de messages 〖通〗メッセージ交換, *message switching*

commutation de paquets / commutation en paquets 〖通〗パケット交換, *packet switching*

commutation d'interface 〖コンピュ〗インターフェース交換, *interface switching*

compactage de données 〖コンピュ〗データ圧縮, *data compaction*

compactage mémoire 〖コンピュ〗ブロック圧縮, *block compaction*

compacteur de données 〖コンピュ〗データ圧縮ソフト, *data compressor*

compacteur d'exécutables 〖コンピュ〗エクゼキュートファイル圧縮ソフト, *execute file compressor*

compagnie captive キャピティブ会社：親会社の仕事だけを行う会社, *captive company*

compagnie cédante 出再会社, *cedent*

Compagnie Corse-Méditerranée コルシカ地中海会社：地方航空会社

compagnie d'assurance contre les dommages 損害保険会社, *damage insurance company*

compagnie d'assurance contre l'incendie 火災保険会社, *fire insurance company*

compagnie d'assurance étrangère 外国保険会社, *foreign insurance company*

compagnie d'assurance mutuelle 相互保険会社, *mutual insurance company*

compagnie d'assurance sur la vie 生命保険会社, *life insurance company*

compagnie d'aviation court-courrier 通勤航空会社, *commuter airline*

compagnie de réassurance 再保険会社, *reinsurance company*

Compagnie des agents de change 〘証〙公認仲買人組合, *Institute of stockbrokers*

Compagnie des chemins de fer du Sud de la Mandchourie (日本近代史の)南満州鉄道, *South Manchurian Railway*

compagnie des eaux 水道会社, *water company*

Compagnie des Indes orientales 東インド会社, *East India Company*

Compagnie des ingénieurs-conseils en propriété industrielle 弁理士会, *Chartered Institute of Patent Attorney's*

Compagnie française d'assurance pour le commerce extérieur フランス輸出信用保証会社, *Export Credit Guarantee Department (France)*

Compagnie française des pétroles フランス石油会社:トータル石油の旧称, *French Petroleum Company*

Compagnie internationale pour le financement de l'énergie nucléaire 国際原子力融資会社, *International Company for Financing Nuclear Energy*

compagnie maritime 海運会社, *shipping company*

compagnie opératrice Bell (米国の)ベル電話交換業務会社, *Bell operating company*

Compagnie républicaine de sécurité 〘仏〙共和国保安機動隊, *Safety Security Police (France)*

comparabilité des sources statistiques 統計資料の比較可能性, *comparability of statistics sources*

comparaison de rendement 利回り比較, *yield comparison*

comparaison internationale 国際比較, *cross-country comparison*

compartiment 〘証〙(ユーロ市場の各通貨建て)部門, *section*

compartiment 〘証〙(株の業種別)銘柄群, *section*

compartiment pharmaceutique 〘証〙(株の)薬品銘柄群,

pharmaceutical section

compartiment spécial 〖証〗特別グループ市場：1977年から1983年までフランス株式市場に設置されていた市場

compatibilisation 転記, *entering into the accounts*

compatibilité ascendante / compatibilité vers le haut 〖コンピュ〗上位互換性, *upward compatibility*

compatibilité de programmes 〖コンピュ〗プログラムの互換性, *program compatibility*

compatibilité descendante / compatibilité vers le bas 〖コンピュ〗下位互換性, *downward compatibility*

compatibilité électromagnétique 電磁環境両立性：通称はEMC, *electromagnetic compatibility*

compatibilité PC 〖コンピュ〗IBM PC/ATとの互換性, *PC-compatibility*

compatible à rebours / en arrière compatible 〖コンピュ〗後方互換性のある, *backward compatible*

〈**compatible au 2000**〉〖コンピュ〗二千年問題対応済みの

compatible du point de vue logiciel 〖コンピュ〗ソフトウェア互換性がある, *software compatible*

compatible IBM 〖コンピュ〗IBM互換の, *IBM-compatible*

compensateur 〖証〗清算会員, *clearing member*

compensation bancaire 手形交換, *bank clearing*

compensation bilatérale 双務的清算, *bilateral clearing*

compensation commerciale 補償貿易, *compensation trade*

compensation démographique 後進地帯補整

compensation des postes d'actif et de passif 資産項目と負債項目の相殺, *set-off between assets and liabilities*

compensation des risques 〖保〗未経過責任勘定の精算

compensation des risques de change 〖金〗ヘッジオペレーション：先物為替と金融市場での取引操作, *hedging operations*

compensation du dommage 損害賠償, *compensation of damage*

compensation multilatérale 多角相殺, *multilateral compensation*

compétence nationale （国際法上の）国内管轄権, *domestic jurisdiction*

compétition par équipes 〖スポ〗団体種目, *team event*

compétition par poule 〖スポ〗（カーリングの）ラウンドロビン, *round robin*

compétitivité-coût コスト競争力, *cost competitiveness*

compétitivité des prix 価格競争力, *price competitiveness*

compétitivité hors prix 価格外競争力；非価格競争力, *non-price competitiveness*

compétitivité internationale 国際競争力, *international competitiveness*

compilateur 〖コンピュ〗コンパイラー, *compiler*

compilateur croisé 〖コンピュ〗クロスコンパイラー, *cross compiler*

compilateur incrémentiel 〖コンピュ〗インクリメンタルコンパイラー, *incremental compiler*

compilateur syntaxique 〖コンピュ〗構文制御型コンパイラー, *syntax-directed compiler*

complément de retraite 補充年金, *additional pension*

complément familial （第三児から支給される）家族補填手当；補足家族手当, *supplement to family allowance*

complexe 企業合同, *combine*

complexe de réhydration 再水和コンプレックス：ペットボトル入りの飲料を常に持ち歩かないと落着かない症状, *rehydration complex*

complexe majeur d'histocompatibilité 〖バイオ〗（ヒトの）主要組織適合複合体, *major histocompatibility complex*

complexe militaro-industriel 〖経〗産軍複合体, *militaro-industrial complex*

complexe multisalles 〖風〗（複数の映画を同時に上映する）シネマコンプレックス, *multiplex*

complexe pétrochimique 石油化学コンビナート, *petrochemical complex*

〈**complexe poulidorien**〉〖仏〗プリドールコンプレックス：常に誰かの後でペダルを漕いでいる気がするフランス人の思い, *Poulidor complex*

complexe textile de Fès （モロッコの）フェズ繊維コンビナート, *Textile Complex of Fez*

comportement des consommateurs 消費者行動, *consumer behavior*

comportement des investisseurs 投資家行動, *investor behavior*

comportement inflationniste インフレ心理, *inflation mentality*

comportement rationnel 合理的行動, *rational behavior*

composant électronique エレクトロニクスコンポーネント, *electronic component*

composant monté en surface 〖コンピュ〗表面実装部分, *surface-mounted component*

composant organique volatil 揮発性有機化合物, *vola-*

tile organic component

composante accidentelle 偶然的要素, *random component*

composante de la demande 需要項目, *demand component*

composé organique volatil 揮発性有機化合物, *volatile organic compound*

composition automatique 〘通〙自動ダイヤル, *automatic dialing*

composition du capital par âge 資本ストックの年齢構成, *vintage composition of the capital stock*

composition informatique 〘コンピュ〙コンピュータ植字, *computer typesetting*

composition organique du capital 資本の有機的構成, *organic composition of capital*

composition par âge 年齢構成, *age composition*

compost コンポスト, *compost*

compostage (廃棄物の)コンポスト化, *composting*

compradores 買弁(ばいべん)商人:帝国主義に協力する地元ブルジョワジーをこう呼ぶ, *compradores*

compréhensible à la machine 〘コンピュ〙機械で読取り可能な, *machine-readable*

compressions budgétaires 予算削減, *budget cut-back*

compression de données 〘コンピュ〙データ圧縮, *data compression*

compression de personnel 〘経〙レイオフ, *layoff*

compression des crédits 金融引締め, *credit squeeze*

compression des dépenses カットバック;支出切詰め, *cutback*

compression du personnel 人員削減, *reduction of staff*

compromis d'avarie commune 共同海損盟約書, *general average bond*

compromis de Ioannina イオアニナの妥協:欧州共同体における少数反対意見(30%)の尊重, *compromise of Ioannina*

compromis de Luxembourg ルクセンブルクの妥協:欧州共同体の重要決議における全会一致の強要, *Luxembourg Compromise*

compromis de vente 販売仮契約, *provisional sales agreement*

compromis d'ensemble 一括取引, *package deal*

compsognathus コンプソグナッス:恐竜の一種で日本名は細顎竜, *Compsognathus*

comptabilisation à la valeur d'acquisition 原価法,

comptabilisation des participations à la méthode de la mise en équivalence 持分会計, *equity accounting*

comptabilisation des régies d'avances 前払い勘定への記入, *entry in the accounts of imprest*

comptabilisation en coûts historiques indexés 指数変換歴史的原価法, *indexed historical cost accounting*

comptabilisation en coûts standard 標準原価計算, *standard costing*

comptabilisation en valeurs actuelles 〖会〗現在価値法, *present value accounting*

comptabilité analytique 分析会計, *analytic accounting*

comptabilité analytique d'exploitation 原価計算, *cost accounting*

comptabilité au coût actuel 時価評価会計, *current cost accounting*

comptabilité au coût d'acquisition 取得原価計算, *historical cost accounting*

comptabilité au prix de remplacement 再取得価格会計, *replacement cost accounting*

comptabilité avec contrepartie 複式簿記, *double entry bookkeeping*

comptabilité budgétaire 予算管理, *budgeting*

comptabilité de caisse 現金勘定, *cash account*

comptabilité de croissance 成長会計, *growth accounting*

comptabilité de gestion 管理会計, *management accounting*

comptabilité de la valeur actuelle 〖会〗現在価値法, *current value account*

comptabilité de prix de revient 原価計算, *cost accounting*

comptabilité d'engagements / comptabilité d'exercice 発生主義会計, *accrual basis accounting*

comptabilité des engagements 支払資金繰り予定, *record of commitments*

comptabilité des sociétés / comptabilité d'entreprise 企業会計, *corporate accounting*

comptabilité en partie double 複式簿記, *double entry bookkeeping*

comptabilité en partie simple 単式簿記, *single entry bookkeeping*

comptabilité espèces 現金会計, *cash-accounting*

comptabilité financière 財務会計, *financial accounting*
comptabilité générale 一般会計, *general accounting*
comptabilité indexée sur le niveau des prix 価格水準会計, *price level accounting*
comptabilité industrielle 原価会計, *cost accounting*
comptabilité informatisée コンピュータ会計, *computer accounting*
comptabilité marginale 限界原価会計, *marginal accounting*
comptabilité matières 物量会計；貯蔵物勘定, *store accounting*
comptabilité nationale 国民経済計算；国民会計, *national economic accounting*
comptabilité par coûts historiques 取得原価計算, *historical cost accounting*
comptabilité privée 個別会計, *private accounting*
comptabilité publique 公会計, *public accounting*
comptabilité sociale 社会関連会計, *social accounting*
comptabilité sur la base des encaissements et des décaissements 現金主義会計, *cash basis accounting*
comptabilité uniforme 統一会計, *uniform accounting*
comptable agréé 〚仏〛（新たな資格付与がなく消滅の運命にある）認証会計士, *public bookkeeper*
comptable diplômé 公認会計士, *qualified accountant*
comptable du Trésor 国庫財務部, *Treasury accountant*
comptable principal 主任会計官, *chief accountant*
comptable public 公会計官, *public accountant*
comptage de mots 〚コンピュ〛語数計算, *word count*
comptant contre documents 船荷書類引換払い, *cash against documents*
comptant d'usage 即金, *cash on the usual terms*
comptes à crédit 売掛金, *credit amount*
compte à découvert 当座貸越口座, *overdrawn account*
compte à dépôt à vue 当座預金, *checking account*
compte à échéance fixe 定期預金, *fixed deposit account*
compte à intérêts supérieurs 〚金〛（米国の）スーパーNOW勘定, *super NOW account*
compte à (la) marge 証拠金口座, *margin account*
compte à préavis 通知預金, *deposit account at notice*
comptes à recevoir 受取勘定, *receivable account*
comptes à régulariser 未決算勘定, *accounts to settle*
compte à solde nul 〚会〛マッチドブック：収支がプラスマイナスゼロの勘定, *matched book*

compte à terme 定期性勘定, *time account*

compte à vue 一覧払い勘定；要求払い預金, *sight account*

compte à vue rémunéré 譲渡可能払戻し指図, *Negotiable Order of Withdrawal account / NOW account*

compte actif 活動勘定, *active account*

comptes analytiques d'exploitation 経営分析勘定, *analytic trading accounts*

comptes annuels 年次決算；年度会計, *annual accounts*

compte bancaire 銀行口座, *bank account*

compte bloqué 凍結勘定；取扱停止口座, *frozen account*

compte budgétaire 予算勘定, *budgetary account*

compte chèques postaux 郵便小切手口座, *post office check account*

compte-clé 上得意客, *key account*

compte client 得意先勘定, *customer's account*

compte commun 共同口座, *joint account*

comptes consolidés 連結決済；連結計算書；併合勘定, *consolidated accounts*

comptes consolidés combinés 結合連結計算書, *combined consolidated account*

compte courant 当座預金, *current account*

comptes courants collectifs de rentes 国債振替決済勘定, *government bond deposit and transfer account*

compte courant postal // comptes courants postaux 郵便振替口座, *Giro account*

comptes courants ordinaires 通常交互計算, *ordinary current account*

compte créance 売掛金, *trade debtor*

comptes créditeurs 貸方勘定；信用勘定, *credit account*

comptes créditeurs extérieurs 在外貸方勘定, *external credit account*

compte d'achat 掛売勘定, *credit account*

compte d'actionnariat 従業員株主口座, *stock sharing plan account*

compte d'affectation 配分勘定, *appropriation account*

compte d'affectation des résultats 処分勘定, *appropriation account*

compte d'affectation mixte （国民経済計算で）所得勘定と所得支出勘定の合併勘定, *combined appropriation account*

compte d'affectation spéciale 用途特定口座, *earmarked account*

comptes d'agent 代理店勘定, *agency accounts*

compte d'ajustement 調整項目；決算仕訳, *closing entry*

compte d'amortissement 減価勘定, *depreciation account*
compte d'appels de marge 証拠金勘定, *margin account*
comptes d'associés 共同経営者会計報告, *partners accounts*
compte d'assurance 保険勘定, *insurance account*
compte d'attente 仮勘定;未決済勘定, *suspense account*
comptes d'avances 国庫補助金前渡し勘定, *loan accounts (of subsidy)*
compte de caisse 現金勘定, *cash account*
compte de charges 経費勘定, *expense account*
compte de chèques 小切手勘定, *checking account*
compte de choses 物的勘定, *impersonal account*
compte de clearing (手形の)交換勘定, *clearing account*
compte de clôture 決算勘定, *closing account*
compte de compensation (手形の)交換勘定, *clearing account*
compte de contre-valeur 対応勘定, *counterpart account*
compte de contrepartie 相対(あいたい)勘定;照合勘定, *contra account*
compte de couverture (信用取引の)証拠金口座;証拠金勘定, *margin account*
comptes de créditeur 支払勘定, *accounts payable*
comptes de débiteur 受取勘定, *accounts receivable*
compte de dépôt à terme 定期預金口座, *deposit account*
compte de dépôt de titres / compte de garde 保護預かり口座, *custody account*
compte de dépôt du marché monétaire 短期金融市場預金勘定, *money market deposit account*
compte de devises 外国通貨勘定, *account in foreign currency*
comptes de divers 諸雑費項目, *sundries account*
comptes de flux 管理勘定, *flow account*
compte de garantie bloqué エスクロー勘定, *escrow account*
comptes de gestion 管理会計勘定;会計報告書, *management accounts*
compte de gestion des fonds キャッシュマネージメントアカウント:投資信託に各種機能をつけた総合金融サービス商品, *Cash Management Account*
comptes de groupe 企業集団計算書類, *accounts of a business group*
comptes de la nation 国民経済計算, *national accounts*
compte de l'Etat 公共部門勘定, *public sector account*

comptes de l'exploitant 経営者勘定, *trader's accounts*

compte de l'exploitation agricole fondé sur la parité des revenus 農産物パリティー計算, *parity farm account*

compte de liaison (本支店間などの)連絡勘定, *liaison account*

compte de mémorandum 備忘勘定, *memorandum account*

compte de mise en main tierce エスクローアカウント, *escrow account*

compte de participation 共同計算, *joint account*

compte de patrimoine (国民経済計算で)貸借対照表勘定, *balance sheet account*

compte de péréquation des changes 為替平衡勘定, *exchange equalization account*

compte de péréquation des impôts 租税均等化勘定, *tax equalization account*

compte de pertes et profits / compte de profits et pertes / compte de résultat 損益計算書, *profit and loss statement*

compte de production 生産勘定, *production account / production statement*

comptes de produits 収益勘定, *revenue accounts*

compte de propriété 財産勘定, *property account*

compte de régularisation (前払い未払いなどを年度別に配分する)経過勘定, *accrual and deferred income account*

compte de répartition 利益配分勘定, *profit appropriation account*

compte de résultat consolidé 連結損益計算書, *consolidated profit and loss account*

compte de résultat prévisionnel 見積損益計算書, *estimated profit and loss account*

compte de retraits (経営者が現金引出しを記入する)引出金勘定, *drawings account*

compte de tirage spécial (国際通貨基金の)特別引出権勘定, *Special Drawing Account (IMF)*

compte de trésorerie 現金勘定, *cash account*

compte de virement (手形の)交換勘定, *clearing account*

compte débiteur 借方勘定, *debtor account*

compte d'égalisation des changes 為替平衡勘定, *exchange equalization account*

compte d'épargne à long terme 長期貯蓄口座, *long-term savings account*

compte d'épargne à préavis 通知預金, *notice account*
compte d'épargne en actions (今はなき株式促進の税制特典口座)株目的普通預金
compte d'épargne en actions permettant à l'investisseur d'acquérir des actions en petite quantité 〖証〗累投
compte d'épargne logement 住宅貯蓄預金, *savings account for prospective home owners*
compte d'épargne placée sur le marché monétaire 短期金融市場預金勘定, *money market deposit account*
compte dérogatoire 特例勘定, *derogatory account*
compte des charges 諸掛かり勘定, *expense account*
compte des dons 〖ODA〗贈与勘定, *grant account*
comptes des entreprises 法人口座, *business accounts*
compte des mouvements de capitaux 資本勘定, *capital account*
compte des opérations avec l'extérieur (国民経済計算で)海外取引勘定, *external transactions account*
compte des opérations en capital 資本取引勘定, *capital transactions account*
compte des pouvoirs publics 公共部門勘定, *public sector account*
compte des transactions courantes 経常収支, *current account*
compte des transactions extérieures 対外勘定, *external account*
compte désapprovisionné 貸越勘定, *overdrawn account*
compte détaillé 仕訳勘定, *itemized account*
compte d'exploitation 営業勘定;活動勘定, *trading account*
compte d'exploitation générale 一般経営計算書, *general trading account*
compte d'immobilisations 資本金勘定, *capital account*
compte d'investissement 投資勘定, *investment account*
compte discrétionnaire 一任勘定;売買一任勘定, *discretionary account*
compte divisionnaire 補助勘定, *divisional account*
compte dont le solde est créditeur 残高が黒字の口座, *credit balance*
compte d'ordre 調整勘定, *suspense account*
compte dormant / compte en sommeil 休眠口座;休止口座, *dead account*
compte du budget 予算勘定, *budgetary account*

compte du reste du monde 対外勘定：諸外国との輸入及び輸出
compte du revenu national 国民所得勘定, *national income accounts*
compte en banque 銀行口座, *bank account*
compte en garantie 担保勘定, *assigned account*
compte-épargne temps （数年分の）未消化有給休暇蓄積制度
compte espèces 現金勘定, *cash account*
compte étranger 非居住者口座, *non-resident account*
compte étranger en francs 非居住者フラン勘定, *non-resident account in francs*
compte exempt de tout frais 維持料が一切無料の口座
compte fictif 架空口座, *dead account*
comptes financiers nationaux 国民資金勘定, *national financial accounts*
compte fournisseurs 買掛金, *accounts payable*
compte gelé 凍結口座, *frozen account*
compte général 一般会計, *balance account*
compte général de l'administration des finances 財政事務一般会計報告；国家総決算書
compte global 総勘定, *global account*
compte inactif 休止口座, *dormant account*
compte individuel de retraite 個人積立年金, *individual retirement account*
comptes indivis 共同計算, *joint accounts*
comptes intermédiaires （国民経済計算での）中継会計システム, *intermediate accounts*
compte joint 共同名義口座；複数名義人口座, *joint account*
compte lori 先方勘定
compte loyal et exact 公正で正確な報告, *true and fair account*
compte maison （証券取引で取次会社が使う）自社口座, *house account*
comptes nationaux 国民経済計算, *national accounts*
compte non financier 非金融勘定, *no-financial account*
compte non-résident 非居住者口座, *non-resident account*
compte nostro 当方勘定, *nostro account*
compte NOW NOW（譲渡可能払戻し指図書）勘定, *NOW account / Negotiable Order of Withdrawal account*
compte numéroté 番号表示預金口座, *numbered account*
compte oisif 不活動勘定, *dead account*
compte ouvert 開設口座, *opened account*

compte-pas 万歩計, *pedometer*
compte permanent 売掛勘定, *charge account*
comptes PERUC (=production exploitation revenu utilisation capital) 生産勘定・営業勘定・所得勘定・所得使用勘定・資本勘定の5つの勘定
compte qui dort 休止口座, *dormant account*
compte récapitulatif 決済勘定一覧表, *closing statement of account*
compte rémunéré 利息付き口座, *interest-bearing account*
compte rendu annuel (会社の)年報, *annual report*
compte rendu de la trésorerie 財務諸表, *financial statement*
compte rendu des délibérations 討議録, *record of discussions*
compte satellite サテライト勘定:消費部門,教育・訓練部門といった特定部門の勘定
comptes semestriels 半期勘定, *half-yearly accounts*
compte séquestre エスクロー勘定, *escrow account*
comptes sociaux 会社勘定, *company account*
compte spécial d'épargne exonéré d'impôts 免税特別貯蓄, *Tax Exempt Special Savings Account*
compte spécial du contrôle des aliments principaux 食管会計, *Foodstuff Control Special Account*
comptes spéciaux du Trésor 国庫特別勘定, *special accounts of the Treasury*
compte sur livret exonéré d'impôt マル優通帳預金
compte sur livret ordinaire (マル優適用外の)通常通帳預金, *ordinary passbook account*
compte tiers 第三者勘定, *third party account*
compte titres 証券口座, *securities account*
compte transitoire 仮勘定;未決算勘定, *suspense account*
compte unique 単会計, *single account*
compte vostro 先方勘定, *vostro account*
compter par mois 月割り計算をする, *to account by month*
compteur d'instructions 〖コンピュ〗命令カウンター, *instruction counter*
compteur modulo n 〖コンピュ〗モジュロn計算器, *modulo-n counter*
comptoir de liquidation 手形交換所, *clearing house*
comptoir de vente 免税店, *duty-free shop*
Comptoir d'escompte (1948年設立の)手形割引銀行, *Discount house*

comptoir hors douane 免税店, *duty-free shop*

comptoir tournant / comptoir roulant (回転寿司などの)回転カウンター, *circulating conveyer belt in order to carry the food to the customer*

concaténation 〚コンピュ〛連結, *concatenation*

concentrateur de données 〚通〛データ集線装置, *data concentrator*

concentrateur de lignes 〚通〛集線装置, *line concentrator*

concentrateur de terminaux annuaires 〚通〛電子電話帳ターミナル集信装置, *electronic address book terminal concentrator*

concentrateur numérique éloigné 〚通〛リモートデジタル集信装置, *remote digital concentrator*

concentrateur public d'abonnés 〚通〛一般加入者集信装置, *public subscriber concentrator*

concentrateur satellite numérique 〚通〛衛星デジタル集信装置, *satellite digital concentrator*

concentration absolue 〚経〛絶対的集中, *absolute concentration*

concentration capitaliste / concentration du capital 資本集中, *capital concentration*

concentration conglomérale 多角的統合, *conglomerate concentration*

concentration d'entreprises 企業集中, *concentration of companies*

concentration du capital 資本集積, *capital concentration*

concentration du marché 市場集中, *market concentration*

concentration économique 経済集中力, *economic concentration*

concentration géographique (競合企業の)同一地区集中化

concentration horizontale 〚経〛水平的企業結合, *horizontal combination*

concentration industrielle 企業集中, *industrial concentration*

concentration maximale admissible / concentration maximum admissible 最大許容濃度, *maximum allowable concentration*

concentration numérique des conversations デジタル音声挿入, *digital speech interpolation*

concentration relative 〚経〛相対的集中, *relative concen-*

concentration urbaine 都市集中, *urban concentration*
concentration verticale 〖経〗垂直的結合, *vertical combination*
concentration verticale en amont 〖経〗下流部門の垂直的統合, *downstream vertical integration*
concentration verticale en aval 〖経〗上流部門の垂直的統合, *upstream vertical integration*
concentré de protéine de poisson 魚肉濃縮蛋白;魚蛋白濃縮物, *fish protein concentrate*
concepteur de logiciel 〖コンピュ〗ソフトウェアライター, *software writer*
concepteur-rédacteur publicitaire コピーライター, *copywriter*
conception assistée par ordinateur コンピュータ支援設計, *computer-aided design*
conception de la main-d'œuvre 労働商品説, *commodity theory of labor*
conception de produit プロダクトデザイン, *product design*
conception de programmes assistée par ordinateur コンピュータ支援ソフトウェア技術, *computer-aided software engineering*
conception d'ensemble 総合アプローチ, *overall approach*
conception des systèmes システム設計, *system design*
conception des tâches 職務設計, *task design*
conception ergonomique 人間工学デザイン, *ergonomical design*
conception et fabrication assistées par ordinateur コンピュータ支援設計・製作, *computer-aided design and manufacture*
conception orientée objet 〖コンピュ〗オブジェクト指向設計, *object-oriented design*
concert (買占めなどのための)協調, *concert*
concertation des politiques migratoires vis-à-vis de pays tiers 第三国に対する移民政策の協議, *consultation on immigration policies vis-a-vis third countries*
concession commerciale 代理店契約, *agency contract*
concession de crédit 信用供与, *credit granting*
concession de mine 採掘特許, *mining concession*
concession de service public 公役務の特許, *concession of public service*
concession de travaux 下請け, *subcontracting*

concession de vente 販売手数料, *selling concession*
concession exclusive 特約店契約, *sole agent contract*
concession minière 採掘特許, *mining concession*
concession perpétuelle dans le cimetière 永代墓地利用権, *right to occupy a grave in perpetuity*
concession tarifaire 関税譲許, *tariff concession*
concessionnaire de publicité presse 広告代表, *PR agent*
concessionnaire de service public 公的サービス施業権者, *grantee of public service*
concessionnaire exclusif 総代理店, *exclusive concessionaire*
concessionnaire export 輸出代理店, *export concessionaire*
conchyophile 貝殻収集家
conclusion du contrat d'assurance 保険契約の締結, *formation of the insurance contract*
concordat de remise 支払和議協定：一部支払いを条件に他の債務を免除するという協定, *scheme of composition*
concordat d'atermoiement 支払延期協定：期限延期を条件に全額返済を約束する協定, *scheme of composition*
⟨**la Concorde des potes**⟩ 「仲間達の融和」：1985年にSOS-Racismeがコンコルド広場で開催した人種間融和のための集会
concours à court terme 短期貸付け, *short-term advance*
concours à l'économie 信用供与, *granting of credit*
concours au Fonds monétaire international 対国際通貨基金貸付額, *lending to IMF*
concours bancaire courant 当座借越し, *bank overdraft*
concours d'admission 採用試験, *examination for service*
concours de banques à l'économie 銀行融資, *bank credit*
concours définitif 無償供与, *non-reimbursable government grant*
concours financier 金融支援, *financial assistance*
concours financier à moyen terme 中期財政支援, *middle-term financial assistance*
concours mutuel 相互支援, *mutual assistance*
concours sur titres 資格ベースでのコンペ, *competition on the basis of qualifications*
concours temporaire 政府有償信用供与, *reimbursable government loan*
concubinage notoire 〚法〛コモンロー上の婚姻：一定の権利が認められる公知の内縁関係, *common-law marriage*

concurrence déloyale / concurrence illicite 不正競争；不当競争, *unfair competition*

concurrence effective 有効競争, *workable competition*

concurrence excessive 過当競争, *excessive competition*

concurrence fiscale 租税競争：各国が税金を安くして富裕階級を引きつける競争

concurrence hors prix / concurrence jouant sur des éléments autres que les prix 非価格競争, *non-price competition*

concurrence imparfaite 不完全競争, *imperfect competition*

concurrence libre 自由競争, *free competition*

concurrence monopolistique （E.H.Chamberlin の）独占的競争, *monopolistic competition*

concurrence par les prix 価格競争, *price competition*

concurrence parfaite 完全競争, *perfect competition*

concurrence praticable 有効競争；実行性ある競争, *workable competition*

concurrence sauvage 破滅的競争, *cutthroat competition*

concurrence vitale 生存競争, *struggle for existence*

conditions avantageuses 有利な条件, *advantageous terms*

condition bancaire 銀行貸出金利, *bank lending rate*

condition casuelle 偶成条件, *fortuitous condition*

conditions commerciales 景気動向, *business conditions*

conditions commerciales d'échanges compensés nets 純商品交易条件, *net barter terms of trade*

conditions dans lesquelles s'exerce la concurrence 競争環境, *competitive environment*

conditions d'assurance 保険約款, *insurance clauses*

conditions de crédit 信用状態, *credit conditions*

conditions de paiement 支払条件, *conditions of payment*

conditions de profit maximum 極大利潤条件, *conditions of maximum profit*

conditions de travail 労働条件, *working conditions*

conditions d'émission 〖証〗（債券の）発行条件, *terms of issue*

conditions d'emploi 雇用条件, *conditions of employment*

conditions d'équilibre 均衡条件, *equilibrium conditions*

conditions d'ouverture du droit à pension 年金受給権取得資格, *conditions of entitlement to pension*

conditions du marché 市況, *market conditions*

conditions énoncées au contrat 契約に規定された条件,

conditions set forth in the agreement
condition féminine 女性の地位, *status of women*
condition 〈franc d'avarie particulière〉 〚保〛分損不担保約款, *free from particular average clause*
conditions générales d'assurance 普通保険約款, *general insurance clauses*
conditions générales type 標準保険約款, *typical general insurance clauses*
condition illicite 不法条件, *illicit condition*
condition immorale 不良俗条件, *immoral condition*
condition impossible 不能条件, *impossible condition*
condition mixte 混合条件, *conditio mixta*
conditions optimales 最適条件, *optimum conditions*
conditions particulières d'assurance 特別保険約款, *special clauses of insurance*
condition potestative 随意条件, *conditio potestativa*
conditions pour l'investissement 投資環境, *investment environment*
conditions préalables du décollage テイクオフの前提条件, *preliminary conditions of takeoff*
conditions privilégiées 特恵条件, *privileged conditions*
conditions requises au listage 上場基準, *listing requirements*
conditions requises pour un don en aide 〚ODA〛無償資金協力の要件, *requisite for grant aid*
condition sine qua non 絶対必要条件, *causa sine qua non*
condition suspensive 停止条件, *postponing or suspending conditions*
conditionnalité (国際通貨基金の)コンディショナリティー, *conditionality (IMF)*
conditionnement d'air automatique オートエアコン, *automatic air conditioner*
conditionneur à façon 梱包業者, *packer*
conduit virtuel 〚コンピュ〛仮想パス, *virtual path*
conduite glissée (映画の)スライディング効果, *sliding effect*
cône de la piste 〚スポ〛(アイススケートの)トラックマーカー, *track marker*
cône Sud (メルコスルの)南米南部諸国
Confédération africaine de football アフリカサッカー連盟, *African Football Confederation*
Confédération asiatique du billard アジアビリヤード

連盟, *Asian Billiards Confederation*

Confédération européenne des syndicats 欧州労働組合連合：略称は欧州労連, *European Trade Union Confederation*

Confédération européenne d'études phytosanitaires 欧州植物保護連盟, *European Federation of Plant Protection*

Confédération européenne du commerce de détail 欧州小売業者連合, *European Confederation of Retail Trades*

Confédération européenne pour la cristallographie 欧州結晶学連合, *European Confederation for Crystallography*

Confédération française démocratique du travail フランス民主主義労働同盟, *French Confederation of Democratic Workers*

Confédération française des travailleurs chrétiens フランスキリスト教労働者同盟, *French Confederation of Christian Workers*

Confédération générale des cadres 〖仏〗管理職総同盟：フランス管理職同盟・管理職総同盟の旧称, *General Confederation of Cadres*

Confédération générale des petites et moyennes entreprises et du patronat réel 〖仏〗中小企業総連合, *General Confederation of small and medium-sized companies*

Confédération générale des syndicats de travailleurs du Japon 日本労働組合総連合会：通称は連合, *Japan Trade Union Confederation*

Confédération générale du travail 〖仏〗労働総同盟, *General Confederation of Labor (France)*

Confédération générale du travail du Japon 全日本労働総同盟：通称は同盟, *Japan Confederation of Labor*

Confédération générale du travail unitaire 〖仏〗統一労働総同盟, *General Confederation of United Labor (France)*

Confédération internationale d'analyse thermique 国際熱分析連合, *International Confederation for Thermal Analysis*

Confédération internationale de mesure 国際計測連合, *International Measurement Confederation*

Confédération internationale des cadres 国際管理職連合, *International Confederation of Cadres*

Confédération internationale des sages-femmes 国際助産婦会議, *International Confederation of Midwives*

Confédération internationale des sociétés d'auteurs et compositeurs シザック；作詞作曲家協会国際連合会

Confédération internationale des syndicats chrétiens 国際キリスト教労働組合連合：国際労連の前身, *International Federation of Christian Trade Unions*

Confédération internationale des syndicats libres 国際自由労働組合連合：世界労連から分離した組織で，略称は国際自由労連, *International Confederation of Free Trade Unions*

Confédération internationale pour la chirurgie plastique et reconstructive 国際形成外科学連盟, *International Confederation for Plastic and Reconstructive Surgery*

Confédération mondiale de physiothérapie 世界物理療法学会, *World Confederation for Physical Therapy*

Confédération mondiale des organisations de la profession enseignante 世界教員団体総連合, *World Confederation of Organizations of Teaching Profession*

Confédération mondiale du travail 国際労働組合連合：略称は国際労連, *World Confederation of Labor*

Confédération nationale de la boulangerie et boulangerie-pâtisserie française フランス全国製パン製菓連盟

Confédération suisse スイス連邦, *Swiss Confederation*

Confédération syndicale des travailleurs du Cameroun カメルーン労働者組合連合, *Confederation of Cameroon Trade Unions*

Conférence administrative mondiale des radiocommunications 無線通信世界行政会議, *World Administrative Radiocommunication Conference*

Conférence afro-asiatique アジア・アフリカ会議, *Afro-Asian Conference*

Conférence alimentaire mondiale 世界食糧会議, *World Food Conference*

conférence au sommet サミット会議, *summit conference*

conférence de révision 再検討会議, *review conference*

Conférence des Nations unies pour le secours et le relèvement 国連救済復興会議, *United Nations Relief and Rehabilitation Conference*

Conférence des Nations unies sur la coopération technique entre pays en développement 開発途上国間技術協力国連会議, *United Nations Conference on Technical Cooperation among Developing Countries*

Conférence des Nations unies sur la désertification 国連砂漠化防止会議, *United Nations Conference on Desertifi-*

cation

Conférence des Nations unies sur la science et la technique au service du développement 国連科学技術開発会議, *United Nations Conference on Science and Technology for Development*

Conférence des Nations unies sur le commerce et le développement 国連貿易開発会議, *United Nations Conference on Trade and Development*

Conférence des Nations unies sur le droit de la mer 国連海洋法会議, *United Nations Conference on the Law of the Sea*

Conférence des Nations unies sur le fonds de développement 国連開発資金会議, *United Nations Conference on Development Fund*

Conférence des Nations unies sur l'environnement et le développement 国連環境開発会議, *United Nations Conference on Environment and Development*

Conférence des organes spécialisés dans les affaires communautaires des parlements nationaux et du parlement européen 加盟国各国議会と欧州議会の欧州問題専門機関会議

Conférence des parties de la convention-cadre sur le changement climatique 気候変動枠組条約締約国会議, *Conference of Parties to the UN Framework Convention on Climate Change*

Conférence des pays non-alignés 非同盟諸国会議, *Conference of Non-Aligned Countries*

Conférence européenne des administrations des postes et télécommunications 欧州郵便電気通信主管庁会議, *European Conference of Postal and Telecommunications Administrations*

Conférence européenne des ministres des transports 欧州運輸閣僚会議, *European Conference of Ministers of Transport*

Conférence générale des poids et mesures 国際度量衡総会, *General Conference of Weights and Measures*

Conférence internationale de cellules de pigment 国際色素細胞会議, *International Pigment Cell Conference*

Conférence internationale de sociologie des religions 国際宗教社会学会, *International Conference of Sociology of Religion*

Conférence internationale des africanistes 国際アフリカ研究会議, *International Conference of Africanists*

Conférence internationale des américanistes 国際アメリカニスト会議, *International Conference of Americanists*

Conférence internationale des bassins d'essais de carènes 国際試験水槽会議, *International Towing Tank Conference*

Conférence internationale des femmes ingénieurs ès diplômées ès sciences 国際婦人科学技師会議, *International Conference of Women Engineers and Scientists*

Conférence internationale des grands réseaux électriques à haute tension 国際送電網会議, *International Conference on Large High Voltage Electric System*

Conférence internationale des sciences sociales et de la médecine 国際社会科学・医学協議会, *International Conference on Social Science and Medicine*

Conférence internationale sur l'aide à la reconstruction de l'Afghanistan アフガニスタン復興支援会議, *International Conference on Reconstruction Assistance to Afghanistan*

Conférence internationale (de Tokyo) sur le développement de l'Afrique (東京での)アフリカ開発会議, *(Tokyo) International Conference on African Development*

Conférence internationale sur les recherches de sécurité minière 国際鉱山保安研究会議, *International Conference on Mine Safety Research*

Conférence internationale sur les transports hydrauliques 水力輸送国際会議, *International Conference on the Hydraulic Transport of Solids in Pipes*

Conférence ministérielle (世界貿易機関の)閣僚会議, *Ministerial Conference (WTO)*

Conférence mondiale de l'énergie 世界エネルギー会議, *World Energy Conference*

conférence nationale (各層代表を招いての)国民会議, *national conference*

Conférence parlementaire de l'Association (EU, ACPの)連合議会会議, *Parliamentary Conference of the Association*

Conférence pour la coordination du développement de l'Afrique australe 南部アフリカ開発調整会議, *Southern African Development Coordination Conference*

Conférence pour la solidarité des peuples d'Afrique, d'Asie et d'Amérique latine 三大陸人民連帯会議, *Asia-African Latin-American Peoples' Conference*

Conférence Pugwash sur la science et les problè-

mes internationaux パグウォッシュ会議, *Pugwash Conferences on Science and World Affairs*

Conférence relative à la coopération économique dans la zone de l'Asie-Pacifique アジア太平洋経済協力閣僚会議, *Asia Pacific Economic Cooperation Conference*

Conférence sur la coopération économique internationale 国際経済協力会議, *Conference on International Economic Cooperation*

Conférence sur la réduction mutuelle et équilibrée des forces en Europe centrale 中欧相互兵力削減交渉: NATOとワルシャワ条約機構の兵力削減交渉, *Conference on mutual and balanced force reduction in Central Europe*

Conférence sur la sécurité et la coopération en Europe 欧州安全保障協力会議; 全欧安保協力会議, *Conference on Security and Cooperation in Europe*

Conférence sur le trafic des armes légères et de petit calibre (国連)小型武器会議, *Conference on the illegal trade of small arms (UN)*

confiance des chefs d'entreprise 企業マインド, *business confidence*

confiance des consommateurs sur l'avenir de la situation économique 消費者マインド, *consumer confidence*

confiance des marchés sur l'avenir de la situation économique 市場心理, *market sentiment*

configuration minimale 〘コンピュ〙必要最小限の動作環境, *minimum configuration*

configuration par défaut 〘コンピュ〙標準設定, *default setting*

configuration requise pour faire tourner un logiciel 〘コンピュ〙ソフトを動かすのに必要な動作環境

confinement biologique 〘バイオ〙生物的封じ込め, *biological containment*

confinement physique 〘バイオ〙物理的封じ込め, *physical containment*

confirmation (原判決の)維持, *confirmation*

conflit (des lois) (国際私法で,法律の)抵触, *conflict (of laws)*

conflit à faible intensité 低強度紛争, *low-intensity conflict*

conflit à somme négative 和がマイナスの紛争: 両対抗者がかなり多額の損失を被る紛争

conflit à somme nulle 和がゼロの紛争: 両対抗者が損も得もしない紛争

conflit à somme positive 和がプラスの紛争：両対抗者が得をする紛争

conflit de compétences 管轄権限の抵触, *demarking dispute*

conflit de lois 法律の抵触, *conflicts of law*

conflit d'intérêts 利益相反；利害の対立, *conflict of interest*

conflit du travail 労働争議；労働紛争, *labor dispute*

conflit ethnique 民族紛争, *ethnic conflict*

conflit industriel 労使闘争, *industrial conflict*

conflit interethnique 民族間紛争, *conflict between ethnics*

conflit social // conflits sociaux 労使紛争, *labor-management dispute*

conflits sociétaux 人間社会のいざこざ, *societal conflicts*

conflit transversal 横断紛争：原発や遺伝子操作食品といった複数の社会集団に関連する紛争

conforme à l'échantillon 見本通りの, *true to sample*

conforme aux normes 規格適合の, *conforming to standards*

confort d'emploi 使いやすさ, *userfriendness*

confrontation des devis 見積合わせ, *quotation*

confusion des peines （刑罰の吸収による)非併科, *sentences to run concurrently*

congé annuel 年次休暇, *annual leave*

congé d'accouchement 産児休暇, *maternity leave*

congé de convenance personnelle 個人的理由による退職, *leave on personal grounds*

congé de douane 再入国関税免除, *cart note*

congé de longue durée (社員の)長期休暇, *leave for the long period*

congé de maladie 病気休暇, *sick leave*

congés échelonnés タイムラグ休暇；分散化休暇, *staggered holidays*

congé-éducation rétribué 職業訓練有給休暇, *paid education leave*

congé maritime (貨物船の)商品搬出許可証, *clearance*

congé parental 育児休暇, *parental leave*

congés payés non utilisés 未消化の有給休暇, *outstanding paid leave*

congé postnatal 産後休暇, *postnatal leave*

congé pour la création d'entreprise 企業創設休暇；開業準備休暇

congé pour s'occuper des personnes dépendantes 介護休暇, *care leave*

congé sabbatique　サバティカル休暇, *sabbatical*
congé spécial　特別休職, *special leave*
congé supplémentaire　補充休暇, *supplementary leave*
Congo-Brazzaville　コンゴ共和国：正式名はコンゴ人民共和国, *Republic of the Congo*
Congo-Kinshasa　(ザイール改め)コンゴ民主共和国, *Democratic Republic of the Congo*
Congrès international d'actuaires　国際アクチュアリー会議, *International Congress of Actuaries*
Congrès international de botanique　国際植物学会議, *International Botanical Congress*
Congrès international de la médecine d'assurance sur la vie　国際保険医学会議, *International Congress of Life Insurance Medicine*
Congrès international de l'enseignement universitaire pour adultes　国際大学成人教育会議, *International Congress of University Adult Education*
Congrès international de médecine tropicale et de paludisme　国際熱帯医学・マラリア会議, *International Congress on Tropical Medicine and Malaria*
Congrès international de microreproduction　国際マイクロ写真会議, *International Micrographic Congress*
Congrès international des fractures　国際破壊学会, *International Congress on Fracture*
Congrès international des herbages　国際草地会議, *International Grassland Congress*
Congrès international géologique　万国地質会議, *International Geological Congress*
Congrès international ornithologique　国際鳥学会議, *International Ornithological Congress*
Congrès international sur la biologie systématique et évolutionnaire　国際生物進化・システム会議, *International Congress on Systematic and Evolutionary Biology*
Congrès internationaux d'architecture moderne　近代建築国際会議
Congrès internationaux de zoologie　国際動物学会議, *International Zoological Congress*
Congrès japonais contre la bombe atomique et la bombe à hydrogène　原水爆禁止日本国民会議：略称は原水禁, *Japan Congress Against A- and H-Bombs*
Congrès juif mondial　世界ユダヤ人会議, *World Jewish Congress*
Congrès mondial des sciences humaines　世界人文科

学学会, *World Congress of the Humanities*

Congrès mondial du pétrole 世界石油会議, *World Petroleum Congress*

Congrès national africain (南アの)アフリカ民族会議, *African National Congress*

Congrès pour l'égalité raciale (米国の黒人運動)人種平等会議, *Congress of Racial Equality (USA)*

congruence ポスト兼任の適合性

conjointement et solidairement responsable (de) 連帯責任の, *jointly and severally liable (for)*

conjoncture économique 景気循環, *trade cycle*

conjoncture flottante 乱調市況, *uneven market*

conjoncturel (経済動向が)現段階の, *cyclical*

connaissances en informatique コンピュータ使用能力, *computer literacy*

connaissances techniques ノウハウ, *know-how*

connaissement à personne dénommée 記名式船荷証券, *straight bill of lading*

connaissement avec réserves 故障付き船荷証券, *foul bill of lading*

connaissement clausé 故障付き船荷証券, *foul bill of lading*

connaissement net 無故障船荷証券, *clean bill of lading*

connaissement nominatif 記名式船荷証券, *straight bill of lading*

connaissement périmé ステール B/L：作成日付から相当日数を経た船荷証券, *stale bill of landing*

connaissement sans réserve 無故障船荷証券, *clean bill of lading*

connecté オンラインの, *on line*

connecté en anneau 〖コンピュ〗リング型構成の, *in a ring configuration*

connecté en bus 〖コンピュ〗バス型構成の, *in a bus configuration*

connecté en étoile 〖コンピュ〗スター型構成の, *in a star configuration*

connecteur autobloquant 〖コンピュ〗ロッキングコネクター, *locking connector*

connecteur d'extension 〖コンピュ〗拡張用スロット, *expansion slot*

connecteur PCI 〖コンピュ〗周辺部品相互接続バス用コネクター, *PCI (=Peripherical Component Interconnect) connector*

connecticien (各種コード, コンピュータネットワークなど

の)接続専門家
connectique 〖コンピュ〗接続テクノロジー
connectivité 〖コンピュ〗(他の機器との)連結性のよさ, *connectivity*
connexion à distance 〖コンピュ〗リモートログイン, *remote log-in*
connexion de canal virtuel 〖コンピュ〗仮想チャンネル接続, *virtual channel connection*
connexion de conduit virtuel 〖コンピュ〗仮想パス接続, *virtual path connection*
connexion illimitée, communications locales comprises 〖コンピュ〗(地元プロバイダーとの)市内通話代込みで接続無制限
connexion physique 物理接続, *physical connection*
connexion sur bande テープ自動化ポジション, *tape automated bonding*
connexion USB 〖コンピュ〗USB 接続, *USB (=Universal Serial Bus) connection*
conscience collective 集合意識, *collective consciousness*
conscience de classe 階級意識, *class consciousness*
Conseil constitutionnel 〖仏〗憲法院;憲法評議会, *Constitutional Council*
conseil d'administration 取締役会, *board of directors*
Conseil d'administration du Fonds monétaire international 国際通貨基金理事会, *Executive Board of the IMF*
Conseil d'assistance économique mutuelle (東欧)経済相互援助会議;コメコン, *Council for Mutual Economic Assistance*
Conseil de cabinet (フランス首相主宰の)閣議, *Cabinet Council*
Conseil de coopération de l'Atlantique du Nord 北大西洋協力会議, *North Atlantic Cooperation Council*
Conseil de coopération douanière 関税協力理事会, *Customs Cooperation Council*
Conseil de coopération du Golfe 湾岸協力会議, *Gulf Cooperation Council*
conseil de direction 経営コンサルタント, *management consultant*
conseil de direction 経営委員会, *managing committee*
conseil de discipline 規律委員会, *disciplinary committee*
conseil de famille 家族会, *family council*
Conseil de la Banque centrale européenne 欧州中央銀行理事会, *Governing Council of the European Central*

Conseil de la politique monétaire （フランス銀行の)通貨政策評議会, *Monetary Policy Board (Bank of France)*

Conseil de l'Asie et du Pacifique アジア太平洋協議会, *Asian and Pacific Council*

Conseil de l'Atlantique Nord 北大西洋条約機構理事会, *North Atlantic Council*

Conseil de l'Autorité internationale des fonds marins 国際海底機構理事会, *Council of the International Sea-Bed Authority*

Conseil de l'Entente （アフリカ5カ国の）協商会議, *Entente Council*

Conseil de l'euro ユーロ評議会：ユーロ圏の経済・財務大臣の非公式会議

Conseil de l'Europe 欧州会議；欧州評議会, *Council of Europe*

Conseil de l'ordre des avocats 弁護士会評議会, *Council of the Bar*

Conseil de l'Union européenne 欧州連合理事会：政府首脳が集う欧州理事会とは別の機関で，1993年11月に閣僚理事会をこのように名称変更, *Council of the European Union*

Conseil de l'unité économique arabe アラブ経済統一理事会, *Council of Arab Economic Unity*

Conseil de normes comptables （英国の）会計基準審議会, *Accounting Standard Board*

Conseil de prud'hommes 労働審判所, *Conciliation Board*

Conseil de recherche fondamentale （日本の証券取引審議会の）基本問題研究会, *Fundamental Research Committee*

conseil de surveillance （1966年改正会社法の）監査重役会；監事会, *supervisory board / board of trustees*

conseil de tutelle （国連）信託統治理事会, *Trusteeship Council (UN)*

conseil d'entreprise （ベルギーの）企業委員会, *joint consultation council*

Conseil départemental de l'accès au droit 県立・法へのアクセス評議会

Conseil des aspects des droits de propriété intellectuelle qui touchent au commerce （世界貿易機関の）知的所有財産権の貿易関連側面に関する理事会, *Council for Trade-Related Aspects of Intellectual Property Rights (WTO)*

Conseil des Bourses de valeurs 〖仏〗証券取引所理事会：1996年に conseil des marchés financiers となった, *regulatory body of the Paris Stock Exchange*

Conseil des Etats (スイスの)参議院, *States Council*
Conseil des Etats de la mer Baltique バルト海沿岸諸国評議会, *Council of the Baltic Sea States*
Conseil des gouverneurs (de la Banque centrale européenne) (欧州中央銀行の)政策委員会, *Board of Governors*
Conseil des gouverneurs du Fonds monétaire international 国際通貨基金総務会, *Board of Governors of the IMF*
Conseil des impôts 租税審議会, *Tax Council*
Conseil des marchés à terme 先物取引評議会：1996年に Conseil des marchés financiers となった, *futures exchange council*
Conseil des marchés financiers 金融市場委員会
Conseil des ministres (欧州共同体などの)閣僚理事会, *Council of Ministers*
Conseil des ministres (フランス大統領主宰の)閣議, *Cabinet Council*
Conseil des organisations internationales des sciences médicales 国際医学団体協議会, *Council for International Organizations of Medical Sciences*
Conseil des organisations mondiales intéressées à la réadaptation des handicapés 世界身体障害者機構, *Council of World Organizations Interested in the Handicapped*
Conseil des prud'hommes 労働裁判所, *industrial tribunal*
Conseil des salaires minima 最低賃金審議会, *Minimum Wage Council*
Conseil du commerce des marchandises (世界貿易機関の)物品の貿易に関する理事会, *Council for Trade in Goods (WTO)*
Conseil du commerce des services (世界貿易機関の)サービス貿易に関する理事会, *Council for Trade in Services (WTO)*
Conseil du commerce et du développement (国連貿易開発会議の)貿易開発理事会, *Trade and Development Board (UNCTAD)*
Conseil Ecofin (欧州共同体の)経済財政閣僚理事会, *Council of Ministers of Economy and of Finance (EC)*
Conseil économique de l'Asie d'Est 東アジア経済協議体, *East Asia Economic Caucus*
Conseil économique et social 〖仏〗経済社会評議会, *Eco-*

nomic and Social Council (France)
Conseil économique et social (国連)経済社会理事会, *Economic and Social Council (UN)*
conseil en gestion d'entreprise 企業コンサルタント, *business consultant*
conseil en placements 投資コンサルティング, *investment consulting*
conseil en propriété industrielle 弁理士, *patent attorney*
Conseil européen 欧州理事会；欧州共同体首脳会議, *European Council (EC)*
Conseil européen pour la recherche nucléaire 欧州共同原子核研究会議：セルンの旧称, *European Council for Nuclear Research*
Conseil fédéral suisse スイス連邦参事会, *Swiss Federal Council*
conseil fiscal 税理士；税務コンサルタント, *tax advisor*
Conseil général 県会, *Departmental Council*
Conseil général (世界貿易機関の)一般理事会, *General Council (WTO)*
Conseil général de la Banque centrale européenne 欧州中央銀行一般委員会：ユーロ圏不参加諸国も含む機関, *General Council of the European Central Bank*
Conseil général de la Banque de France フランス銀行評議会, *General Council of Bank of France*
Conseil intergouvernemental des pays exportateurs de cuivre 銅輸出国政府間協議会, *Intergovernmental Council of Copper Exporting Countries*
Conseil international de corrosion 国際触媒会議, *International Corrosion Council*
Conseil international de la musique 国際音楽評議会, *International Music Council*
Conseil international de la musique populaire 国際民族音楽協議会, *International Folk Music Council*
Conseil international de la philosophie et des sciences humaines 国際哲学人文科学協議会, *International Council for Philosophy and Humanistic Studies*
Conseil international de l'action sociale 国際社会福祉協議会, *International Council on Social Welfare*
Conseil international de l'éducation des adultes 国際成人教育協議会, *International Council for Adult Education*
Conseil international de l'éducation physique et sportive 国際スポーツ体育学会, *International Council of*

Sport and Physical Education
Conseil international de l'électrodéposition 国際金属表面技術連合, *International Union for Electrodeposition and Surface Finishing*
Conseil international de l'étain 国際錫理事会, *International Tin Council*
Conseil international de l'hygiène, de l'éducation physique et de la récréation 国際保健・体育・レクリエーション協議会, *International Council on Health, Physical Education and Recreation*
Conseil international de médecine botanique 国際薬草学協議会, *International Council of Botanic Medicine*
Conseil international de psychologues 国際心理学者会議, *International Council of Psychologists*
Conseil international de reprographie 国際印字工学協議会, *International Council for Reprography*
Conseil international de verres de contact ophtalmologiques 国際眼科コンタクトレンズ会議, *International Contact Lens Council of Ophthalmology*
Conseil international des archives 国際公文書館協議会, *International Council on Archives*
Conseil international des associations de bibliothèques de théologie 国際神学図書館協会会議, *International Council of Associations of Theological Libraries*
Conseil international des associations de design graphique 国際グラフィックデザイン協会協議会, *International Council of Graphic Design Associations*
Conseil international des femmes 国際婦人連合, *International Council of Women*
Conseil international des infirmières 国際看護婦協議会, *International Council of Nurses*
Conseil international des machines à combustion 国際燃料機関会議, *International Council on Combustion Engines*
Conseil international des monuments et des sites 国際記念碑遺跡協議会, *International Council of Monuments and Sites*
Conseil international des moyens du film d'enseignement 国際教育フィルム協議会, *International Council for Educational Media*
Conseil international des musées 国際博物館会議, *International Council of Museums*
Conseil international des sciences de l'aéronau-

tique 国際航空科学理事会, *International Council of the Aeronautical Sciences*

Conseil international des sciences sociales 国際社会科学委員会, *International Social Science Council*

Conseil international des services d'aide familiale 国際ホームヘルプサービス評議会, *International Council of Home Help Services*

Conseil international des sociétés de design industriel 国際工業デザイン団体協議会, *International Council of Societies of Industrial Design*

Conseil international des sociétés de pathologie 国際病理学会理事会, *International Council of Societies of Pathology*

Conseil international des sociétés d'industrial design 国際工業意匠協議会, *International Council of Societies of Industrial Design*

Conseil international des unions scientifiques 国際学術連合会議, *International Council of Scientific Unions*

Conseil international d'étude de la socio-politique de la science 国際科学政策研究協議会, *International Council for Science Policy Studies*

Conseil international d'ingénierie côtière 海岸工学研究協議会：本来は米国の団体であるが, 事実上国際的性格を持つ協議会, *Coastal Engineering Research Council*

Conseil international du bâtiment pour la recherche, l'étude et la documentation 国際建築研究・資料会議, *International Council for Building Research, Studies and Documentation*

Conseil international du blé 国際小麦理事会, *International Wheat Council*

Conseil international du cacao 国際ココア理事会, *International Cocoa Council*

Conseil international du café 国際コーヒー理事会, *International Coffee Council*

Conseil international du caoutchouc naturel 国際天然ゴム理事会, *International Natural Rubber Council*

Conseil international du cinéma et de la télévision 国際映画テレビジョン協議会, *International Film and Television Council*

Conseil international pour la communication par ordinateur 国際コンピュータ通信会議, *International Council for Computer Communication*

Conseil international pour la préservation des

oiseaux 国際鳥類保護会議, *International Council for Bird Preservation*

Conseil international pour le droit de l'environnement 国際環境法会議, *International Council of Environmental Law*

Conseil international pour l'éducation physique et le sport 国際スポーツ体育学会, *International Council of Sport and Physical Education*

Conseil international pour l'exploration de la mer 国際海洋探査協議会, *International Council for the Exploration of the Sea*

Conseil international pour l'organisation scientifique 国際科学的経営管理協議会:その後世界経営協議会と名称変更, *International Council for Scientific Management*

Conseil international sur l'avenir de l'université 大学の未来に関する国際協議会, *International Council on the Future of the University*

Conseil international sur les problèmes de l'alcoolisme et des toxicomanes 国際アルコール・薬物依存協議会, *International Council on Alcohol and Addictions*

Conseil japonais contre la bombe atomique et la bombe à hydrogène 原水爆禁止日本協議会:略称は原水協, *Japan Council Against A & H Bombs*

conseil judiciaire (未成年者の)保佐人:現在は curateur という, *guardian*

conseil juridique 法律助言士, *legal adviser*

Conseil mondial de l'alimentation 世界食糧理事会, *World Food Council*

Conseil mondial de l'eau 世界水会議, *World Water Council*

Conseil mondial de management 世界経営協議会, *World Council of Management*

Conseil mondial d'éducation 教育課程・教育方法世界協議会, *World Council for Curriculum and Instruction*

Conseil mondial des peuples indigènes 世界先住民族会議, *World Council of Indigenous Peoples*

Conseil mondial pour l'environnement et les ressources 世界環境資源会議, *World Environment and Resources Council*

Conseil national (スイスの)衆議院, *National Council*

Conseil national de la comptabilité 国家会計審査会, *National Council of Accountancy*

Conseil national de la recherche scientifique du Japon 日本学術会議, *Japan Science Council*

Conseil national de sécurité (aux Etats-Unis) （米国の）国家安全保障会議, *National Security Council (USA)*

Conseil national du patronat français フランス全国経営者評議会：1998年10月にフランス企業運動と改名された, *National Employers Federation (France)*

Conseil national palestinien パレスチナ民族評議会, *Palestine National Council*

Conseil nordique 北欧理事会, *Nordic Council*

Conseil œcuménique des églises 世界教会協議会, *World Council of Churches*

Conseil oléicole international 国際オリーブ油理事会, *International Olive Oil Council*

Conseil permanent pour l'organisation des congrès internationaux des services phonétiques 国際音声科学会議常置評議会, *Permanent Council for the Organization of International Congress of Phonetic Science*

conseil régional 〖仏〗地域圏議会, *regional council (France)*

Conseil supérieur de la fonction publique 官吏制度高等評議会, *Civil Service Council*

Conseil supérieur de l'éducation nationale 文教高等評議会, *Council for National Education*

conseiller à l'économique familial 家計コンサルタント

conseiller culturel （大使館の）文化参事官, *Cultural Counselor*

conseiller d'ambassade 大使館参事官, *Counselor of an embassy*

conseiller d'Etat コンセイユデタ評定官, *senior member of the Council of State*

conseiller du ministre des finances 財務省参事, *Adviser to the Minister of Finance*

conseiller du travail 労働カウンセラー, *labor counselor*

conseiller en brevets 弁理士, *patent attorney*

conseiller en communication 報道対策アドバイザー, *spin doctor*

conseiller en fiscalité 税務コンサルタント, *tax adviser*

conseiller en gestion 経営コンサルタント, *management consultant*

conseiller en placements 投資顧問, *investment adviser*

conseiller en planification financière 〖証〗ファイナンシャルプランナー, *financial planner*

conseiller financier （大使館の）財務参事官, *Financial Counselor*

conseiller fiscal 税理士, *tax advisor*

conseiller juridique　法律顧問, *legal adviser / legal counselor*

conseiller juridique d'une entreprise　企業弁護士, *company attorney*

conseiller pour la science et la technologie　(大使館の)科学技術参事官, *Scientific and Technological Counselor*

conseiller pour les affaires économiques et commerciales　(大使館の)経済・商務参事官, *Economic and Commercial Counselor*

conseillers privés　(米大統領などの)私設顧問団, *kitchen cabinet*

conseiller spécial du ministre des finances　財務省顧問, *Special Adviser to the Minister of Finance (Japan)*

conseiller technique départemental　県技術顧問：国からの報酬により県レベルでスポーツ振興や将来性のあるスポーツ選手の発掘を担当

conseiller technique régional　地域圏技術顧問：国からの報酬により地域圏レベルでスポーツ振興や将来性のあるスポーツ選手の発掘を担当

consentement à l'impôt　租税への合意：議会が国民を代表して行う税への同意

consentement informé　インフォームドコンセント, *informed consent*

conséquence fiscale　租税の帰属, *tax incidence*

conservateur international　複数金融中心地取引処理代行業者

conservation d'actes　証書の保存, *keeping of deeds*

conservation d'actions　株式保管, *custody of stocks*

conservation de la biodiversité　生物多様性の保全, *conservation of biodiversity*

conservation globale / conservation internationale　〖証〗グローバルカストディ：投資対象のグローバル化に対応する保管サービス, *global custody*

considération de prudence　節度ある運営の配慮, *prudential consideration*

considération humanitaire　人道的配慮, *humanitarian consideration*

consignes de sécurité　安全規制, *safety regulations*

console de jeux　ビデオゲーム(機), *video game*

console de jeux Nintendo　〖コンピュ〗ファミコン, *Nintendo*

console de visualisation　〖コンピュ〗表示装置；ディスプレイ端末, *visual display unit*

console vidéo　〖コンピュ〗(ファミコンなどの)テレビゲーム機,

video console
consolidation comptable 〖会〗連結, *consolidation (accounting)*
consolidation de la dette 〖証〗公債統合, *debt consolidation*
consolidation des blessures (労災で)損傷の固定化, *healing of wound*
consolidation d'un compte 〖会〗勘定の統合, *consolidation of accounts*
consolidation financière 財政再建, *fiscal consolidation*
consolidation proportionnelle 〖会〗(ジョイントベンチャーに対する)比例連結法, *proportional consolidation*
consommaction 消費者主義, *consumerism*
consommation abusive des médicaments 薬物乱用, *abuse of medical substances*
consommation collective 共同消費, *collective consumption*
consommation courante 日常消費, *everyday consumption*
consommation de capital 資本投入, *capital input*
consommation de masse 大量消費, *mass consumption*
consommation de subsistance 生活消費, *subsistence consumption*
consommation des administrations 政府最終消費支出, *government consumption*
consommation des ménages 民間最終消費支出, *private consumption*
consommation des particuliers 個人消費, *personal consumption*
consommation énergétique エネルギー消費, *energy consumption*
consommation engagée (国産品や環境の保護を考慮する)一定の立場に基づく消費, *engaged consumption*
consommation finale 最終消費, *final consumption*
consommation intérieure 国内消費, *domestic consumption*
consommation intermédiaire 中間消費, *intermediate consumption*
consommation médicale 医療消費, *medical consumption*
consommation ostentatoire 誇示的消費, *ostentatious consumption*
consommation particulière (スイス付加価値税の)自己引渡し, *self consumption*

consommation permanente 恒常消費, *permanent consumption*
consommation privée 個人消費, *private consumption*
consommation productive 生産的消費, *productive consumption*
consommation reproductive 再生産的な消費, *reproductive consumption*
consommatique 消費者中心主義, *consumerism*
consommatique 消費者調査, *consumer research*
consommatoire 消費の, *of consumption*
consomptible (財が)消耗性の, *consumptive*
consort 共同利害関係人
consortial コンソーシアムの, *of consortium*
consortium bancaire 銀行シンジケート, *banking syndicate*
consortium de banques 集団銀行, *group banking*
consortium de placement 販売シ団, *selling consortium*
constance dimensionnelle 次元定数, *dimensional constant*
constat de bonne fin (建築の)工事完成確認, *statement of good finish (of a construction)*
constat d'huissier de justice 執行吏認定書, *process server's affidavit*
constat européen d'accident 欧州自動車保険事故報告書, *European accident report (automobile insurance)*
constitution de réserves 準備金の設定, *setting up of reserve*
constitution de stocks 在庫蓄積, *accumulation of stocks*
constitution d'ententes 〘経〙カルテル化, *cartelization*
constitution d'un gage 質権設定, *creation of pledge*
constitution d'une société 会社設立, *incorporation or formation of a company*
constitution monétaire 通貨憲法：中央銀行の通貨供給裁量権制約規定の憲法への導入
constitution non écrite 不文憲法, *unwritten constitution*
constructeur informatique コンピュータメーカー, *computer manufacturer*
construction aéronautique 航空機製造, *aircraft manufacturing*
construction automobile / construction d'automobiles 自動車製造, *automobile manufacturing*
construction européenne 欧州統合, *European integration*

construction mécanique エンジニアリング, *engineering*
construction navale 造船, *shipbuilding*
construction parasismique 耐震建築, *earthquake proof construction*
construction primée 助成金付き住宅, *subsidized construction*
consul de carrière 本務領事官, *career consular officer*
consul général 総領事, *Consul-General*
consul intérimaire 代理領事, *Acting Consul*
consulat général 総領事館, *Consulate General*
consulat honoraire 名誉領事職, *honorary consulate*
consultant en investissement 投資コンサルタント, *investment consultant*
consultation de banques de données データバンク閲覧, *data bank consultation*
consultation écrite 書面協議, *writing consultation*
consultation préalable 事前協議, *prior consultation*
consultation sur l'exécution 実行協議, *consultation on execution*
consumérisme 消費者優先主義；消費者運動, *consumerism*
contamination des données 〖コンピュ〗データの汚染, *data contamination*
contaminé par des virus ウイルスに感染した, *virus-infected*
contango コンタンゴ：商品や為替市場取引で先物価格が直物価格より高い状態, *contango*
conteneur spécial hors-cotes 特殊大型コンテナ, *super high cube*
conteneurisation コンテナ化, *containerization*
contenu des tâches 職務内容, *job content*
contenu en importation 輸入含有量：消費・生産などに含まれる輸入の割合, *import content*
contenu local 〖貿〗ローカルコンテント, *local content*
contexte applicatif / contexte d'application 〖コンピュ〗アプリケーションコンテクスト, *application context*
contingent d'exportation 輸出割当, *export quota*
contingent d'importation 輸入割当, *import quota*
contingent quantitatif 量的割当, *quantitative quota*
contingent tarifaire 関税割当, *tariff quota*
contingentement 割当規制, *quota restrictions*
contingentement 割当額の決定, *fixing of quotas*
continuation de la société (更正手続の結果としての)会社の継続, *continuity of the company*

(hypothèse de la) continuité de l'exploitation 継続企業(の前提), *going-concern (assumption)*

contraception d'urgence 緊急避妊法, *emergency contraception*

contracté-relâché-étiré ストレッチ体操, *stretching*

contraction brutale de l'offre de crédit 〚金〛金融逼迫, *credit crunch*

contraction des bénéfices 利潤圧縮, *profit squeeze*

contractualisé 契約ベースでの, *contractual*

contractuel 行政契約職員, *contractual*

contracyclique 景気調整的, *contra-cyclical*

contrainte budgétaire 予算制約；予算制限, *budget constraint*

contrainte étrangère 国際拘束性, *foreign constraint*

contrainte morale 道徳的抑制, *moral restraint*

contrainte sociale 社会的制約, *social constraint*

contraintes sur le plan des ressources naturelles 資源面からの制約, *resource pressures*

contrat à durée déterminée 期限付き雇用契約, *fixed-term contract*

contrat à durée indéterminée 無期限雇用契約, *permanent contract*

contrat à durée maximale （8カ月から5年までの)最長期限契約：フランス企業運動が提唱

contrat à livraison différé 先物予約, *forward contract*

contrat à long terme des obligations en ECU 〚証〛(MATIFの)エキュー建て債標準先物取引, *long-term contract of Ecu Bonds*

contrat à terme 先物契約, *futures contract*

contrat à terme BTAN (＝bons à taux annuel normalisé) 4 ans 〚証〛4年物中期利付き国債先物

contrat à terme de bons du Trésor 〚証〛Tボンド先物, *T-bill futures*

contrat à terme de change / contrat à terme de devises 外国通貨先物, *foreign currency futures*

contrats à terme de taux d'intérêt 金利先物取引, *interest rate futures*

contrats à terme d'indices des cours des actions 〚証〛株価指数先物取引, *stock price index futures*

contrat à terme d'instruments financiers 金融先物取引, *financial futures contract*

contrat à terme emprunt notionnel 〚証〛標準物国債先物契約, *notional bond futures contract*

contrat à terme emprunt notionnel en ECU 〖証〗エキュー建て国債先物契約, *Ecu Bond Futures*

contrat à terme Eurodem 3 mois 3カ月物ユーロマルク金利先物契約, *3-month EURODEM contract*

contrat à terme ferme （金融商品で）フューチャー, *future*

contrat à terme financier / contrat à terme normalisé 金融先物契約, *financial futures contract*

contrat à terme indice CAC (=cotation assistée en continu) 40 〖証〗CAC 40指数先物契約, *CAC 40 index futures*

contrat à terme PIBOR 3 mois 3カ月物パリ銀行間出し手金利先物契約, *three month PIBOR (=Paris interbank offered rate) futures contract*

contrat à terme sur indice boursier 〖証〗証券取引所指数先物契約, *stock exchange index futures contract*

contrat à terme sur indice d'actions 〖証〗株価指数先物契約, *stock index futures contract*

contrat à terme sur instruments financiers 金融先物契約, *financial futures contract*

contrat à terme sur marchandises 商品先物契約, *commodity futures contract*

contrat à terme sur obligations 債券先物取引, *bond futures contract*

contrat à terme sur taux d'intérêt 金利先物契約, *interest rate futures*

contrat à titre gratuit 無償契約, *gratuitous contract*

contrat à titre onéreux 有償契約, *contract on a payment basis*

contrat certifié 認証済契約, *verified contract*

contrat clé en mains ターンキー方式契約, *turnkey contract*

contrat d'achat sur marge 信用買約定, *margin buying contract*

contrat d'affrètement 海上運送契約, *contract of affreightment*

contrat d'approvisionnement 調達契約, *procurement contract*

contrat d'association 利益参加契約, *profit-sharing of an enterprise with its employees*

contrat d'assurance contre l'incendie 火災保険契約, *fire insurance contract*

contrat d'assurance des dommages 損害保険契約, *damage insurance contract*

contrat d'assurance maritime 海上保険契約, *marine insurance contract*

contrat d'assurance sur la vie 生命保険契約, *life insurance contract*

contrat de base 〖保〗親契約, *master policy*

contrat de cession partielle des bénéfices 利益の一部の分配を受ける契約, *licensing contract to get a partial profit*

contrat de commission 委託売買契約, *consignment sale and purchase contract*

contrat de future 先物契約, *futures contract*

contrat de l'annuité 年金契約, *annuity contract*

contrat de location-acquisition キャピタルリース契約, *capital lease agreement*

contrat de pays 農村振興契約, *rural promotion contract*

contrat de placement garanti 投資保証契約, *guaranteed investment contract*

contrat de plan 計画契約：民間企業が政府から税制上の特典や低利貸付が得られる契約

contrat de prêt 貸付契約, *loan agreement*

contrat de salaire différé 賃金延払い契約, *contract of deferred salary*

contrat de sauvetage 〈pas de résultat, pas de paiement〉 〖保〗不成功無報酬救助契約, *no cure no pay salvage contract*

contrat de solidarité 雇用調整協定, *solidarity contract*

contrat de travail temporaire 派遣労働契約, *contract of temporary employment*

contrat de vente à réméré 〖証〗リバースレポ：買戻し条件付き売りオペ, *reverse repurchase agreement*

contrat de vente sur marge 信用売り約定, *forward sale contract*

contrat de vllles moyennes 中都市整備計画, *medium-sized town contract*

contrat d'échange courbe de taux 変動金利スワップ契約, *floating rate swap contract*

contrat d'échange de taux d'intérêts 金利スワップ契約, *interest rate swap contract*

contrat d'engagement (des marins) (海員)雇入れ契約, *(seamen's) articles of agreement*

contrat d'exportation établi en yens 円建て輸出契約, *yen-denominated export contract*

contrat d'insertion en alternance 交互制雇用促進契約, *alternate classroom / work-place training courses targeted to* *more qualified young people*

contrat d'insertion professionnelle 職業研修契約制度, *integration system into the job market*

contrat d'option sur contrat à terme 〚オプ〛先物オプション契約, *futures option contract*

contrat d'option sur devises 通貨オプション契約, *currency options contract*

〈**contrats DSK**〉 ストロスカーン契約：Dominique Strauss-Khan が1998年に提唱した優遇税制特典のある生命保険契約

contrat d'union civile et sociale 〚法〛キュクス(CUCS)：同性異性を問わず同棲者に一定の権利を認める契約

contrat d'union sociale 〚法〛(同居)カップルの法的社会的権利を守る契約

contrat emploi-solidarité 連帯雇用契約, *employment-solidarity contract (youth training scheme)*

contrat en bonne et due forme 正式の契約, *contract in due form*

contrat en cours 現行契約, *contract in force*

contrat en devises fortes 交換可能通貨建ての契約, *hard currency deal*

contrat en unités de compte 計算単位建て契約：フランス・フラン以外で運用するという生命保険契約

contrat exclusif de commercialisation (d'un produit) (製品)一手販売権, *exclusive right to market (of a product)*

contrat financier à terme / contrat financier normalisé 金融先物契約, *financial futures contract*

contrat forfaitaire 定額契約, *fixed-priced agreement*

contrat formation-reclassement 再就職研修協約, *training-rehabilitating contract*

contrat léonin 不当契約, *unfair contract*

contrat Madelin マドラン契約：1994年のマドラン法に基づく自営業者を対象とした年金積立制度の契約

contrats multisupports 計算単位建て契約：フランス・フラン以外で運用するという生命保険契約

contrat obligataire à terme 債券先物取引, *bond futures contract*

contrat salarial 賃金協定, *wage agreement*

contrat sur l'indice des cours 株価指数契約, *stock index contract*

contrat terme-terme 先々契約, *forward-forward agreement*

contre-achats 見返り輸入, *counterpurchase*

contre-alliance 反同盟, *counter-alliance*
contre contre-mesure électronique （軍の）対電子対策, *electronic counter-countermeasure*
contre-culture 対抗文化, *counterculture*
contre-écriture 〖会〗相殺記入, *cross-entry*
contre-espionnage 防諜機関, *counterintelligence agency*
contre-gouvernement シャドーキャビネット：影の内閣, *shadow cabinet*
contre-guérilla 対ゲリラ戦, *counter terrorist warfare*
contre-incitation 意欲減退, *disincentive*
contre-lettre 反対証書, *counterdeed*
contre-mesure électronique （軍の）電子対策, *electronic countermeasure*
contre-offensive 攻撃移転, *counteroffensive*
contre-offre 対抗宣言取引, *counteroffer*
contre-OPA (= offre publique d'achat) 逆TOB, *reverse takeover / counterbid*
contre-passation 修正記入, *contra-entry*
contre-performance 〖スポ〗中位の演技, *substandard performance*
contre-performance 低迷：例えば株価が市場平均を下回ること, *underperformance*
contre-prestation 反対給付, *consideration*
contre tous les risques 〖保〗全危険担保, *against all risks*
contre-virage 〖スポ〗（スノーボードの）カウンターターン, *counter-turn*
contrefactuel 反事実的, *counter-factual*
contrepartie （金融取引の）相手方, *counterpart*
contreparties 見返り輸入, *counterpurchase*
contrepartie boursière 〖証〗証券業者が自己名義で行う相対（あいたい）取引, *cross trading by security dealers*
contreparties de la masse monétaire （中央銀行の）銀行券発行高対応準備金, *counterparts of money supply*
contrepartie de l'allocation de DTS (= droits de tirage spéciaux) 特別引出権割当の対価, *counterpart of SDR (= Special Drawing Right) allocation*
contrepartiste 〖証〗マーケットメーカー：顧客の注文に対抗する形で証券を売買する証券仲買人, *market maker*
contreseing ministériel 大臣の副署, *countersignature of the Minister*
contribuable assujetti aux impôts locaux 住民税納税義務者, *Community charge payer*
contribuables ayant un arriéré d'impôts 税の滞納者,

tax delinquent

contribution à la dette　負担の割振り, *sharing of the debt*

contribution à l'avarie commune　〖保〗共同海損分担額, *general average contribution*

contribution au remboursement de la dette sociale　社会保障債務返済税

contribution aux dépenses de l'Organisation des Nations unies　国連分担金, *assessed contribution to the United Nations*

contribution Delalande　ドゥラランド税：50歳以上の労働者解雇に対する税金

contribution des patentes　営業免許税；取引税, *business license tax*

contribution des pertes　損失分担金, *contribution for damage*

contributions directes　直接税, *direct taxes*

contribution foncière　(1974年までの)不動産税；固定資産税. 今は taxe foncière を使う, *real estate tax*

contribution foncière des propriétés bâties　利用敷地不動産税, *tax on improved land*

contribution foncière des propriétés non bâties　未利用敷地不動産税, *tax on unimproved land*

contributions indirectes　間接税, *indirect taxes*

contribution nette　差引きマイナス：たとえば欧州共同体加盟国について, 欧州共同体からの受領額が欧州共同体への支払額を下回ること

contribution salariale　(社会保険料の)本人負担分, *employee's contribution*

contribution sociale généralisée　社会保障貢献税；一般社会負担税, *general social security contribution*

contribution sur l'enrichissement　戦時富裕課税, *levy on war wealth*

contrôle a posteriori　事後点検, *back-checking*

contrôle administratif　行政監督, *administrative control*

contrôle antidopage　ドーピング検査；ドーピングテスト, *drug testing*

contrôle automatique de fréquence　〖通〗自動周波数制御, *automatic frequency control*

contrôle automatique de gain　〖通〗自動利得制御, *automatic gain control*

contrôle automatique des trains　自動列車制御装置, *automatic train control*

contrôle bancaire　銀行監査, *bank supervision*

contrôle budgétaire 予算統制, *budgetary control*
contrôle cyclique de redondance 〖通〗巡回冗長検査, *cyclic redundancy check*
contrôle de coût 原価管理, *cost control*
contrôle de féminité 〖スポ〗性別検査, *gender verification test*
contrôle de flux 〖コンピュ〗フロー制御, *flow control*
contrôle de gestion 経営監査；経営管理, *management audit*
contrôle de la qualité assisté par ordinateur コンピュータ支援品質管理, *computer-assisted quality control*
contrôle de la qualité globale 総合的品質管理, *total quality control*
contrôle de l'offre 供給コントロール, *supply control*
contrôle de masse monétaire 通貨量の抑制, *money supply control*
contrôle de parité 〖コンピュ〗パリティーチェック, *parity check*
contrôle de réception 受入検査, *acceptance inspection*
contrôle de redondance cyclique 〖コンピュ〗巡回冗長検査, *cyclic redundancy check*
contrôle d'empreintes génétiques 〖バイオ〗DNA鑑定法, *genetic fingerprinting / DNA (= deoxyribonucleic acid) fingerprinting*
contrôle d'erreur sur l'en-tête 〖コンピュ〗ヘッダー誤り制御, *header error control*
contrôle des armements 軍備管理, *arms control*
contrôle des avoirs étrangers 対外資産管理, *control of foreign assets*
contrôle des changes 為替管理, *exchange control*
contrôle des comptes analytiques 分析的レビュー, *analytical review*
contrôle des loyers 家賃統制, *rent control*
contrôle des naissances 産児制限, *birth control*
contrôle des pleins 〖保〗ライン引受制限額規制
contrôle des prix 物価統制, *price control*
contrôle des salaires 賃金統制, *wage control*
contrôle des stocks 在庫管理, *stock control*
contrôle des structures des exploitations 農業経営構造規制, *control of agricultural exploitation structures*
contrôle d'identité （身分証明などによる）本人であるかどうかの確認, *identity check*
contrôle du crédit 信用規制；使用制限, *credit control*

contrôles du crédit qualitatifs 質的信用規制, *qualitative credit control*
contrôle du trafic aérien 航空交通管制, *air traffic control*
contrôlé en cours d'enregistrement (情報記憶媒体が)追記型の, *direct read after write*
contrôle externe 外部統制, *external control*
contrôle financier 財務検査, *financial control*
contrôle fiscal 税務審査, *fiscal control*
contrôle formel 正規の監査, *formal control*
contrôle général 総轄, *general control*
contrôle interne 内部統制, *internal control*
contrôle longitudinal de redondance 〖通〗水平冗長検査, *longitudinal redundancy check*
contrôle négatif 〖スポ〗(ドーピングの)陰性, *negative test*
contrôle par échantillonnage 抜取検査, *sampling control*
contrôle par le coût standard 標準原価コントロール, *standard cost control*
contrôlé par le logiciel ソフトウェア制御の, *software-controlled*
contrôlé par menu 〖コンピュ〗メニュー操作の, *menu-controlled*
contrôle par redondance longitudinale 〖コンピュ〗水平冗長検査, *longitudinal redundancy check*
contrôle par redondance verticale 〖コンピュ〗垂直冗長検査, *vertical redundancy check*
contrôle positif 〖スポ〗(ドーピングの)陽性, *positive test*
contrôle préventif 予防的検査, *preventive control*
contrôle qualitatif de l'eau 水質保全, *water quality control*
contrôle radar (スピード違反の)ネズミ捕り, *radar trap*
contrôle social 社会統制, *social control*
contrôle technique des véhicules 〖仏〗(1992年1月1日から実施の)車検制度
contrôle vertical de redondance 〖通〗垂直冗長検査, *vertical redundancy check*
contrôleur aux comptes 会計監査人, *controller*
contrôleur d'affichage 〖コンピュ〗スクリーンコントローラー, *screen controller*
contrôleur de bus 〖コンピュ〗バスコントローラー, *bus controller*
contrôleur de disque 〖コンピュ〗ディスクコントローラー, *disk*

controller

contrôleur de gestion 業務執行監督官, *(management) controller*

contrôleur de grappe 〖コンピュ〗集合制御装置, *cluster controller*

contrôleur d'écran 〖コンピュ〗スクリーンコントローラー, *screen controller*

contrôleur des stocks 在庫管理係, *stock controller*

contrôleur d'unité de disquette ディスクドライブコントローラー, *disk drive controller*

contrôleur financier 財務監督官；財務検査官, *financial controller*

contrôleur général de police 警視監, *Superintendent Supervisor (of the police)*

contrôleur graphique 〖コンピュ〗グラフィックコントローラー, *graphic controller*

controverse sur l'or 重金主義者論争, *bullionist controversy*

contumace （公判廷への被告人の）欠席, *non-appearance (in court)*

Convention-cadre mondiale sur la protection de la couche d'ozone オゾン層の保護に関する世界枠組条約, *Global Framework Convention on the Protection of the Ozone Layer*

Convention concernant certaines questions relatives aux conflits de lois sur la nationalité 国籍法の抵触についてのある種の問題に関する条約, *Convention on Certain Questions relating to the Conflict of Nationality Laws*

Convention concernant la compétence des autorités et la loi applicable en matière de protection des mineurs 未成年の保護に関する当局の管轄権及び適用法令に関する条約, *Convention concerning the Powers of Authorities and the Law Applicable in respect of the Protection of Infants*

Convention concernant la conservation des poissons anadromes de l'océan Pacifique Nord 北太平洋遡河（そか）性魚類保存条約, *Convention for the Conservation of Anadromous Stocks in the North Pacific Ocean*

Convention concernant la reconnaissance et l'exécution de décisions relatives aux obligations alimentaires 扶養の義務に関する裁判の承認及び執行に関する条約；扶養義務準拠法条約, *Convention on the Recognition and Enforcement of Decisions relating to Maintenance Obli-*

gations

Convention concernant l'abolition du travail forcé 強制労働廃止条約, *Convention concerning the Abolition of Forced Labor*

Convention concernant l'application des principes du droit d'organisation et de négociation collective 団体権及び団体交渉権条約：ILO第98号, *Convention concerning the Application of the Principles of the Right to Organize and to Bargain Collectively*

Convention concernant les échanges internationaux de publications 出版物交換条約, *Convention concerning the International Exchange of Publications*

Convention concernant les expositions internationales 国際博覧会条約, *Convention on International Exhibitions*

Convention concernant les lois et coutumes de la guerre sur terre 陸戦の法規慣例に関する条約, *Convention respecting the Laws and Customs of War on Land*

Convention concernant les normes minima à observer sur les navires marchands 商船最低基準条約, *Convention concerning minimum standards in merchant ships*

Convention contre la torture et autres peines ou traitements cruels, inhumains ou dégradants 拷問及びその他の残酷な，非人道的な若しくは品位を傷つける取扱いまたは刑罰を禁止する条約；拷問禁止条約, *Convention against Torture and Other Cruel, Inhuman or Degrading Treatment or Punishment*

Convention d'amitié, de commerce et de navigation 友好通商航海条約, *Convention of Friendship, Commerce and Navigation*

Convention d'Arusha アルーシャ協定：欧州経済共同体とアフリカ東部諸国との協定, *Arusha Convention*

Convention de Bâle バーゼル条約：有害廃棄物の国境を越える移動及びその処分の規制に関する条約, *Basel Convention*

Convention de Berne pour la protection des œuvres littéraires et artistiques ベルヌ著作権条約, *Berne Convention for the Protection of Literary and Artistic Works*

convention de commerce et de navigation 通商航海条約, *treaty of commerce and navigation*

convention de garantie 〖証〗（新発債の）引受協定, *underwriting agreement*

Convention de Lomé ロメ協定：EEC と ACP との協定, *Lome Convention*

Convention de Montego Bay モンテゴベイ条約；国連海洋法条約, *Montego Bay Convention*

convention de prêt 貸付協定, *loan agreement*

Convention de Ramsar ラムサール条約；水鳥湿地保全条約, *Ramsar Convention*

Convention de Vienne relative à la responsabilité civile en matière de dommages nucléaires 原子力損害の民事責任に関するウィーン条約, *Vienna Convention on Civil Liability for Nuclear Damage*

Convention de Vienne sur le droit des traités 条約法に関するウィーン条約, *Vienna Convention on the Law of Treaties*

Convention de Vienne sur les relations consulaires 領事関係ウィーン条約, *Vienna Convention on Consular Relations*

Convention de Vienne sur les relations diplomatiques 外交関係ウィーン条約, *Vienna Convention on Diplomatic Relations*

Convention de Yaoundé ヤウンデ協定：EEC とアフリカ諸国との協定, *Yaounde Convention*

Convention des Nations unies sur le droit de la mer 国連海洋法条約, *United Nations Convention on the Law of the Sea*

convention d'indexation 物価スライド制協約, *indexation agreement*

Convention (internationale) d'interdiction des armes chimiques 化学兵器禁止(国際)条約, *Convention on the Prohibition of Chemical Weapons*

Convention douanière relative à l'importation temporaire de matériel professionnel 職業用具一時輸入通関条約, *Customs Convention on the Temporary Importation of Professional Equipment*

Convention douanière relative à l'importation temporaire des véhicules routiers privés 自家用自動車一時輸入通関条約, *Customs Convention on the Temporary Importation of Private Road Vehicles*

Convention douanière relative au matériel de bien-être destiné aux gens de mer 船員の厚生用物品通関条約, *Customs Convention concerning Welfare Material for Seafarers*

Convention douanière relative au transport inter-

national de marchandises sous le couvert de carnets TIR (=**transports internationaux routiers**) TIRカルネ通関条約, *TIR Convention*

Convention douanière relative aux containers コンテナ通関条約, *Customs Convention on Containers*

Convention douanière relative aux facilités accordées pour l'importation des marchandises destinées à être présentées ou utilisées à une exposition, une foire, un congrès ou une manifestation similaire 展覧会・見本市等のための物品の通関条約, *Customs Convention concerning Facilities for the Importation of Goods for Display or Use at Exhibition, Fairs, Meetings or Similar Events*

Convention douanière sur le carnet ATA (=**admission temporaire**) **pour l'admission temporaire des marchandises** ATA通関条約, *Customs Convention on the ATA Carnet for the Temporary Admission of Goods*

Convention européenne dans le domaine de l'information sur le droit étranger 外国法の情報に関する欧州協定, *European Convention on Information on Foreign Law*

Convention européenne de bioéthique 欧州生命倫理協定, *European Bioethics Convention*

Convention européenne de la construction métallique 欧州鋼構造協会, *European Convention for Constructional Steelwork*

Convention européenne des droits de l'homme 欧州人権条約, *European Convention on Human Rights*

Convention européenne pour la répression du terrorisme テロリズム撲滅欧州条約, *European Convention on the suppression of terrorism*

Convention européenne relative aux formalités préscrites pour les demandes de brevets 特許の方式要件に関する欧州条約, *European Convention relating to the Formalities required for Patent Applications*

Convention européenne sur la classification internationale des brevets d'invention 特許の国際的分類に関する欧州条約, *European Convention on the International Classification of Patents for Invention*

Convention européenne sur l'immunité des Etats 国家免除欧州条約, *European Convention on State Immunity*

convention fiscale internationale 国際租税条約, *tax treaty*

Convention instituant l'Organisation mondiale de la propriété intellectuelle 世界知的所有権機関設立条約, *Convention establishing the World Intellectual Property Organization*

Convention internationale baleinière 国際捕鯨会議, *International Whaling Convention*

Convention internationale contre la prise d'otages 人質行為防止条約, *International Convention against the Taking of Hostages*

Convention internationale contre la torture 拷問禁止条約, *International Convention against Torture*

convention internationale contre le terrorisme テロ防止国際条約, *international counterterrorism convention*

Convention internationale de métrologie légale 法定計量条約, *International Convention of Legal Metrology*

Convention internationale des droits de l'enfant 児童の権利に関する国際条約, *International Convention on the Rights of the Child*

Convention internationale du mètre メートル国際条約, *International Meter Convention*

Convention internationale portant création d'un Fonds international d'indemnisation pour les dommages dus à la pollution par les hydrocarbures 油濁汚染損害賠償のための国際基金の設置に関する国際条約, *International Convention on Establishment of an International Compensation Fund for Oil Pollution Damage*

Convention internationale pour la prévention de la pollution des eaux de la mer par les hydrocarbures 油による海水汚濁防止国際条約：通称は海水油濁防止条約, *International Convention for the Prevention of Pollution of the Sea by Oil*

Convention internationale pour la prévention de la pollution par les navires 船舶からの汚染防止のための国際条約：通称は海洋汚染防止条約, *International Convention for the Prevention of Pollution from Ships*

Convention internationale pour la protection des obtentions végétales 植物新品種保護国際条約, *International Convention for the Protection of New Varieties of Plants*

Convention internationale pour la réglementation de la chasse à la baleine 国際捕鯨取締条約, *International Convention for the Regulation of Whaling*

Convention internationale pour la répression du fi-

nancement du terrorisme (1999年の)テロ資金供与防止国際条約, *International Convention for the Suppression of the Financing of Terrorism*

Convention internationale pour la sauvegarde de la vie humaine en mer (1960年の)海上人命安全国際条約, *International Convention for the Safety of Life at Sea*

Convention internationale pour la simplification et l'harmonisation des régimes douaniers 税関手続簡素化国際協約, *International Convention on the Simplification and Harmonization of Customs Procedures*

Convention internationale pour l'unification de certaines règles concernant les immunités des navires d'Etat 国の船舶の免責に関するある規則の統一のための国際条約, *International Convention for the Unification of Certain Rights relating to the Immunity of State-owned Vessels*

Convention internationale pour l'unification de certaines règles en matière de connaissement 船荷証券統一国際条約, *International Convention for the Unification of Certain Rules of Law relating to Bills of Landing*

Convention internationale sur la protection des artistes interprètes ou exécutants, des producteurs de phonogrammes et des organismes de radiodiffusion 実演家・レコード製作者及び放送政府機関保護国際条約, *International Convention for the Protection of Performers, Producers of Phonograms and Broadcasting Organization*

Convention internationale sur la protection physique des matières nucléaires 核ジャック防止国際条約, *International Convention on the Physical Protection of Nuclear Materials*

Convention internationale sur la répression des attentats terroristes à l'explosif 爆弾テロ行為鎮圧国際条約, *International Convention on the Suppression of Terrorist Bombings*

Convention internationale sur la responsabilité civile pour les dommages dus à la pollution par les hydrocarbures 油濁損害に対する民事責任に関する国際条約, *International Convention on Civil Liability for Oil Pollution Damage*

Convention internationale sur l'élimination de toutes les formes de discrimination raciale 人種差別撤廃国際条約, *International Convention on the Elimination* *of All Forms of Racial Discrimination*

Convention internationale sur les lignes de charge 満載喫水線国際条約, *International Convention on Load Lines*

Convention internationale sur les normes de formation des gens de mer, de délivrance des brevets et de veille 船員訓練資格証明及び当直基準国際条約, *International Convention on Standards of Training, Certification and Watchkeeping for Seafarers*

Convention internationale sur l'intervention en haute mer en cas d'accident entraînant ou pouvant entraîner une pollution par les hydrocarbures 油濁公法国際条約, *International Convention relating to Intervention on the High Sea in cases of Oil Pollution Casualties*

convention nationale 全国協約：署名企業のみならず全国の企業に有効な労働協約

convention ordinaire 通常協約：署名企業のみに有効な労働協約

Convention plaçant la Commission internationale du peuplier 国際ポプラ委員会設立規約, *Convention placing the International Poplar Commission*

Convention portant loi uniforme sur la vente internationale des objets mobiliers corporels 有体動産の国際売買についての統一法に関する条約, *Convention relating to a Uniform Law on the International Sale of Goods*

Convention postale universelle 万国郵便条約, *Universal Postal Convention*

Convention pour la protection de la propriété industrielle 工業所有権保護条約, *Convention for the Protection of Industrial Property*

Convention pour la protection des biens culturels en cas de conflit armé 武力紛争の際の文化財保護のための条約, *Convention for the Protection of Cultural Property in the Event of Armed Conflict*

Convention pour la protection des phoques dans l'Antarctique 南極あざらし保存条約, *Convention for the Conservation of Antarctic Seals*

Convention pour la protection des producteurs de phonogrammes contre la reproduction non autorisée de leurs phonogrammes レコード製作者保護条約, *Convention for the Protection of Producers of Phonograms against Unauthorized Duplication of Their Phonograms*

Conventions pour la protection des victimes de la guerre 戦争犠牲者保護条約, *Conventions for the Protection of War Victims*

Convention pour la protection du patrimoine mondial culturel et naturel 世界文化・自然遺産条約, *Convention for the Protection of the World Cultural and Natural Heritage*

Convention pour la reconnaissance et l'exécution des sentences arbitrales étrangères 外国仲裁判断の承認及び執行に関する条約, *Convention on the Recognition and Enforcement of Foreign Arbitral Awards*

Convention pour le règlement des différends relatifs aux investissements entre Etats et ressortissants des autres Etats 投資紛争解決条約, *Convention on the Settlement of Investment Disputes between States and Nationals of Other States*

Convention pour le règlement pacifique des conflits internationaux 国際紛争平和的処理条約, *Convention for the Pacific Settlement of International Disputes*

Convention pour l'unification de certaines règles en matière d'abordage 船舶衝突についての規定の統一に関する条約, *International Convention for the Unification of Certain Rules in Matters of Collision*

Convention pour l'unification de certaines règles relatives à l'assistance et au sauvetage des aéronefs ou par les aéronefs en mer 海上にある航空機の, または航空機による救援と救助についてのある規則の統一に関する条約

Convention pour l'unification de certaines règles relatives au transport aérien international 国際航空運送についてのある規則の統一に関する条約：通称はワルソー条約, *Warsaw Convention for the Unification of Certain Rules to International Carriage by Air*

Convention pour régler les conflits de lois en matière de mariage 婚姻に関する法律の抵触を規律するための条約

Convention pour régler les conflits entre la loi nationale et la loi du domicile 本国法と住所地法との間の抵触解決ための条約

Convention pour une Afrique du Sud démocratique 民主南アフリカ会議, *Convention for a Democratic South Africa*

Convention (de l'Organisation de coopération et de

développement économiques) relative à la lutte, contre la corruption active d'agents publics étrangers dans les transactions commerciales internationales 国際商取引における外国公務員に対する贈賄の防止に関する(経済協力開発機構)条約, *Convention on Combating Bribery of Foreign Public Officials in International Business Transactions (OECD),*

Convention relative à la pose de mines sous-marines automatiques de contact 自動触発海底水雷の敷設に関する条約

Convention (internationale) relative à la répression de la traite des Blanches 醜業婦売買禁止(国際)条約, *International Convention for the Suppression of White Slave Traffic*

Convention relative à la responsabilité civile dans le domaine du transport maritime de matières nucléaires ブラッセル核物質海上運送条約, *Convention relating to Civil Liability in the field of Maritime Carriage of Nuclear Material*

Convention relative à l'aviation civile internationale 民間航空条約, *Convention on International Civil Aviation*

Convention relative à l'élimination des doubles impositions en cas de correction des bénéfices d'entreprises associées 提携企業利益修正における二重課税防止条約

Convention relative à un code de conduite des conférences maritimes 定期船同盟行動憲章条約, *Convention on a Code of Conduct for Liner Conferences*

Convention relative au blanchiment, au dépistage, à la saisie et à la confiscation des produits du crime マネー・ロンダリング条約

Convention relative au brevet européen pour le Marché commun 共同市場のための欧州特許に関する条約, *Convention for the European Patent for the Common Market*

Convention relative au statut des réfugiés 亡命者の地位に関する条約, *Convention relating to the Status of Refugees*

Convention relative aux droits de l'enfant (国連)児童の権利に関する条約, *Convention on the Rights of the Child (UN)*

Convention relative aux transports internationaux ferroviaires 国際鉄道輸送条約

Convention relative aux zones humides d'importance internationale particulièrement comme habitat de la sauvagine 水鳥湿地保全条約, *Convention on Wetlands of International Importance Especially as Waterfowl Habitat*

convention salariale 団体的賃金協定, *collective wage agreement*

Convention supprimant l'exigence de la légalisation des actes publics étrangers 外国公文書の認証を不要とする条約, *Convention abolishing the Requirement of Legalization for Foreign Public Documents*

Convention sur la biodiversité 生物多様性条約, *Convention on Biological Diversity*

Convention sur la circulation routière 道路交通条約, *Convention on Road Traffic*

Convention sur la compétence du for contractuel en cas de vente à caractère international d'objets mobiliers 有体動産の国際的性質を有する売買における合意裁判管轄に関する条約

Convention sur la conservation de la faune et la flore maritimes de l'Antarctique 南極海洋生物保存条約, *Convention of the Conservation of Antarctic Marine Living Resources*

Convention sur la conservation et la gestion des ressources de merlans jaunes dans la Mer de Béring centrale 中央ベーリング海におけるすけそうだら資源の保存及び管理に関する条約, *Convention on the Conservation and Management of Pollock Resources in the Central Bering Sea*

Convention sur la délivrance de brevets européens 欧州特許付与に関する条約, *Convention on the Grant of European Patents*

Convention internationale sur la diversité culturelle 文化的多様性に関する国際条約, *International Convention on Cultural Diversity*

Convention sur la fusion internationale de sociétés anonymes 株式会社の国際的合併協約, *Convention on the International Merger of Sociétés Anonymes*

Convention sur la future coopération multilatérale dans les pêches de l'Atlantique du Nord-Ouest 北西大西洋漁業機関条約, *Convention on Future Multilateral Cooperation in North-West Atlantic Fisheries*

Convention sur la garantie des investissements 投

資保証協約, *Convention on Investment Guarantee*

Convention sur la haute mer 公海に関する条約, *Convention on the High Seas*

Convention sur la limitation de la responsabilité en matière de créances maritimes 海事債権責任制限条約, *Convention on Limitation of Liability for Maritime Claims*

Convention sur la loi applicable à la responsabilité du fait des produits 生産物責任の準拠法に関する条約, *Convention on the Law Applicable to Products Liability*

Convention sur la loi applicable au transfert de propriété en cas de vente à caractère international d'objets mobiliers corporels 有体動産の国際的性質を有する売買における所有権の移転の準拠法に関する条約

Convention sur la loi applicable aux contrats d'intermédiaires et à la représentation 代理の準拠法に関する条約, *Convention on the Law Applicable to Agency*

Convention sur la loi applicable aux ventes à caractère international d'objets mobiliers corporels 有体動産の国際的性質を有する売買に適用される法に関する条約, *Convention on the Law Applicable to International Sale of Goods*

Convention sur la loi applicable en matière d'accidents de la circulation routière 交通事故についての準拠法に関する条約, *Convention on the Law Applicable to Traffic Accidents*

Convention sur la lutte contre la désertification dans les pays gravement touchés par la sécheresse et la désertification, en particulier en Afrique 砂漠化防止条約, *Convention to Combat Desertification in those Countries Experiencing Serious Drought and / or Desertification, Particularly in Africa*

Convention sur la mer territoriale et la zone contiguë 領海及び接続水域に関する条約, *Convention on the Territorial Sea and the Contiguous zone*

Convention sur la nationalité de la femme mariée 既婚婦人の国籍に関する条約, *Convention on the Nationality of Married Women*

Convention sur la nomenclature pour la classification des marchandises dans les tarifs douaniers 関税率表における物品の分類のための品目表条約, *Convention on Nomenclature for the Classification of Goods in Customs Tariffs*

Convention sur la notification rapide d'un accident

nucléaire 原子力事故の早期通報に関する条約；原子力事故通報条約, *Convention on Early Notification of a Nuclear Accident*

Convention sur la pêche et la conservation des ressources biologiques de la haute mer 漁業及び公海の生物資源の保存に関する条約, *Convention on Fishing and Conservation of the Living Resources of the High Seas*

Convention sur la prescription en matière de vente internationale de marchandises 国際動産売買の時効に関する条約, *Convention on the Limitation Period in the International Sale of Goods*

Convention sur la prévention de la pollution des mers résultant de l'immersion de déchets et autres matières 廃棄物及びその他の物質の投棄による海洋汚染の防止に関する条約, *Convention on the Prevention of Marine Pollution by Dumping of Wastes and other Matter*

Convention sur la prévention de la pollution marine d'origine tellurique 陸上起因海洋汚染防止条約, *Convention for the Prevention of Marine Pollution from Land-based Sources*

Convention sur la prévention et la répression des infractions contre les personnes jouissant d'une protection internationale, y compris les agents diplomatiques 国家代表等犯罪防止処罰条約, *Convention on the Prevention and Punishing of Crimes against Internationally Protected Persons, including Diplomatic Agents*

Convention sur la protection de la couche d'ozone オゾン層の保護に関する条約, *Convention on the Protection of the Ozone Layer*

Convention sur la protection des Alpes アルプス保護条約, *Alps Convention*

Convention sur la protection et l'utilisation des cours d'eau transfrontières et des lacs internationaux 国境を越える水域及び国際湖沼の保護及び利用に関する条約, *Convention on the Protection and Use of Transboundary Watercourses and International Lakes*

Convention sur la responsabilité civile dans le domaine de l'énergie nucléaire 原子力の分野における第三者責任に関する条約, *Convention on Third Party Liability in the field of Nuclear Energy*

Convention sur la responsabilité internationale pour les dommages causés par des objets spatiaux 宇宙損害責任条約, *Convention on International Liabil-*

ity for Damage Caused by Space Objects

Convention sur la sécurité du personnel des Nations unies et du personnel associé 国連要員等安全条約, *Convention on the Safety of the United Nations and Associated Personnel*

Convention sur la signalisation routière 交通標識に関する条約, *Convention on Road Signs and Signals*

Convention sur la succession d'Etats en matière de traités 条約についての国家承継に関する条約, *Convention on Succession of States in respect of Treaties*

Convention sur la sûreté nucléaire 原子力安全条約, *Nuclear Safety Treaty*

Convention sur la valeur en douane des marchandises 税関物品評価条約, *Convention on the Valuation of Goods for Customs Purposes*

Convention sur l'administration internationale des successions 遺産の国際的管理に関する条約, *Convention concerning the International Administration on the Estates of Deceased Persons*

Convention sur l'affacturage international 国際ファクタリングに関する条約, *Convention on International Factoring*

Convention sur l'aide alimentaire 食糧援助規約, *Food Aid Convention*

Convention sur l'assistance en cas d'accident nucléaire ou de la situation d'urgence radiologique 原子力事故援助条約, *Convention on Assistance in the Case of a Nuclear Accident or Radiological Emergency*

Convention sur l'avenir de l'Europe 欧州将来像協議会, *Convention on the Future of Europe*

Convention sur le brevet communautaire 欧州特許条約, *European Patent Convention*

Convention sur le commerce du blé 小麦貿易規約, *Wheat Trade Convention*

Convention sur le commerce international des espèces sauvages de flore et de faune menacées d'extinction 野生動植物保護条約:通称はワシントン条約, *Convention on International Trade in Endangered Species of Wild Flora and Fauna*

Convention sur le consentement au mariage, l'âge minimum du mariage et l'enregistrement des mariages 婚姻の同意, 婚姻の最低年齢及び婚姻の登録に関する条約, *Convention on Consent to Marriage, Minimum Age for*

Marriage and Registration of Marriages

Convention sur le contrat d'engagement des marins 海員の雇入れ契約条約, *Seamen's Articles of Agreement Convention*

Convention sur le contrôle des mouvements transfrontières de déchets dangereux et leur élimination 有害廃棄物の越境移動及びその処理の管理に関する条約, *Convention on the Control of Transboundary Movement of Hazardous Wastes and Their Disposal*

Convention sur le crédit-bail international 国際ファイナンスリースに関する条約, *Convention on International Financial Leasing*

Convention sur le droit de la mer 海洋法条約, *Convention on the Law of the Sea*

Convention sur le droit des traités 条約法に関する条約, *Convention on the Law of Treaties*

Convention sur le marquage des plastics pour les besoins de la détection プラスチック爆薬の探知目的のための標識付けに関する条約, *Convention on the Marking of Plastic Explosives for the Purpose of Detection*

Convention sur le plateau continental 大陸棚に関する条約, *Convention on the Continental Shelf*

Convention sur le règlement international pour prévenir les abordages en mer 海上衝突予防条約, *Convention on the International Regulations for Preventing Collisions at Sea*

Convention sur le respect des écosystèmes en matière de ressources marines de l'Antarctique 南極海洋生物資源保存条約, *Convention on the Conservation of Antarctic Marine Living Resources*

Convention sur le transport multimodal international de marchandises 国際複合型貨物輸送に関する条約, *Convention on International Multimodal Transport of Goods*

Convention sur l'élimination de toutes les formes de discrimination à l'égard des femmes 女子差別撤廃条約, *Convention on the Elimination of All Forms of Discrimination against Women*

Convention sur les accords d'élection de for 裁判所の選択に関する条約, *Convention on the Choice of Court*

Convention sur les changements climatiques 気候変動枠組条約, *Framework Convention on Climate Change (UN)*

Convention sur les conflits de lois en matière de

forme des dispositions testamentaires 遺言の方式に関する法律の抵触に関する条約, *Convention on the Conflicts of Laws Relating to the Form of Testamentary Dispositions*

Convention sur les contrats de vente internationale de marchandises 国際動産売買契約に関する条約, *Convention on Contracts for the International Sale of Goods*

Convention sur les effets transfrontières des accidents industriels 産業事故の国境を越えた影響に関する条約, *Convention on the Transboundary Effects of Industrial Accidents*

Convention sur les lettres de change internationales et les billets à ordre internationaux 為替手形及び約束手形に関する条約, *Convention on International Bills of Exchange and International Promissory Notes*

Convention sur les opérations financières des〈initiés〉 インサイダートレーディング条約, *Convention on Insider Trading*

Convention sur les relations consulaires 領事関係に関する条約, *Convention on Consular Relations*

Convention sur les relations diplomatiques 外交関係に関する条約, *Convention on Diplomatic Relations*

Convention sur les substances psychotropes 向精神薬条約, *Convention on Psychotropic Substances*

Convention sur les transferts des prisonniers 受刑者移送条約, *Convention on the Transfer of Sentenced Persons*

Convention sur l'évaluation de l'impact sur l'environnement dans un contexte transfrontière 越境影響のあるプロジェクトのアセスメントに関する条約, *Convention on Environmental Impact Assessment in a Tranboundary Context*

Convention sur l'examen médical des gens de mer 船員健康検査条約, *Convention concerning the Medical Examination of Fisherman*

Convention sur l'immatriculation des objets lancés dans l'espace extra-atmosphérique 宇宙物体登録条約, *Convention on Registration of Objects Launched into Outer Space*

Convention sur l'imprescriptibilité des crimes de guerre et des crimes contre l'humanité 戦争犯罪及び人道に対する罪に対する時効不適用に関する条約, *Convention of the Non-Applicability of Statutory Limitations to War Crimes and Crimes against Humanity*

Convention sur l'interdiction de la mise au point,

de la fabrication et du stockage des armes bactériologiques (biologiques) ou à toxines et sur leur destruction 生物毒素兵器禁止条約, *Convention on the Prohibition of the Development, Production and Stockpiling of Bacteriological (Biological) and Toxic Weapons and on Their Destruction*

Convention sur l'interdiction de l'emploi, du stockage, de la production et du transfert des mines antipersonnel et sur leur destruction 対人地雷の使用, 貯蔵, 生産及び移譲の禁止並びに廃棄に関する条約, *Convention on the Prohibition of the Use, Stockpiling, Production and Transfer of Anti-Personnel Mines and on Their Destruction*

Convention sur l'interdiction d'utiliser des techniques de modification de l'environnement à des fins militaires ou toutes autres fins hostiles 環境改変技術使用禁止条約, *Convention on the Prohibition of Military or Any Other Hostile Use of Environmental Modification Techniques*

Convention sur l'interdiction ou la limitation de l'emploi de certaines armes classiques qui peuvent être considérées comme produisant des effets traumatiques excessifs ou comme frappant sans discrimination 過度に傷害を与えまたは無差別に効果を及ぼすことがあると認められる通常兵器の使用の禁止または制限に関する条約；特定通常兵器使用禁止制限条約, *Convention on Prohibitions or Restrictions on the Use of Certain Conventional Weapons which may be deemed to be Excessively Injurious or to have Indiscriminate Effects*

Convention sur l'obtention des preuves à l'étranger en matière civile ou commerciale 民事または商事に関する外国における証拠の収集に関する条約, *Convention on the Taking of Evidence Abroad in Civil or Commercial Matters*

Convention sur l'unification de certains éléments du droit des brevets 特許実体法の若干の要素の統一に関する条約, *Convention on the Unification of Certain Points of Substantive Law on Patents for Invention*

Convention sur l'utilisation des cours d'eau internationaux à des fins autres que la navigation 国際河川の非航行的利用に関する条約, *Convention on the Law of the Non-Navigational Uses of International Watercourses*

convention tendant à éviter la double imposition 二重課税防止条約, *convention for the avoidance of double* *taxation*

Convention TIR (= transport international routier) 国際道路輸送条約, *TIR Convention*

Convention unique sur les stupéfiants 麻薬統一条約, *Single Convention on Narcotic Drugs*

Convention universelle sur le droit d'auteur 万国著作権条約, *Universal Copyright Convention*

Convention visant à faciliter le trafic maritime international 国際海上交通の簡略化に関する条約, *Convention on Facilitation of International Maritime Traffic*

conventionnement 医療協約加入；保険医としての登録, *attachment to the health system*

convergence économique 経済格差の縮小化, *economic convergence*

conversation 〈mains libres〉 (電話の)ハンドフリー会話, *hands-free conversation*

conversationnel 〖通〗インターアクティブな, *interactive*

conversion au cours du marché 〖証〗時価転換, *conversion at market price*

conversion d'adresse 〖コンピュ〗アドレス写像, *address mapping*

conversion de la dette publique 〖証〗公債の低利借換, *conversion of the public debt*

conversion de rente 年金の一時払いへの転換

conversion des comptes (親会社が連結決算をするに当たって)子会社決算の自国通貨建てへの変換

conversion d'industrie 産業転換, *industrial conversion*

conversion d'obligations / conversion d'emprunts 〖証〗債券の借換；債券の転換, *refunding of bonds*

conversion d'une action 〖証〗株式の転換：記名から無記名，無記名から記名への転換

conversion en espèces 現金化, *conversion into cash*

convertibilité de la monnaie 通貨の自由交換性；通貨交換性, *currency convertibility*

convertibilité en or 金との交換性, *convertibility into gold*

convertibilité externe 対外交換性, *external convertibility*

convertisseur analogique-numérique アナログデジタル変換器, *analog-digital converter*

convertisseur numérique de graphiques 〖コンピュ〗グラフィックデジタイザー, *graphic digitizer*

convertisseur série-parallèle 〖コンピュ〗直・並列変換器, *serial-to-parallel converter*

convivial 〖コンピュ〗操作が容易な, *user-friendly*

convivialité des logiciels 〚コンピュ〛ソフトの使い勝手, *userfriendness of software*

convoyeur de fonds 現金輸送護衛員, *security guard*

coopératif scolaire 学校協同組合, *school cooperative*

coopération économique à la base non gouvernementale 民間ベース経済協力, *Economic Aid on a Non-Governmental Basis*

coopération économique Asie-Pacifique アジア太平洋経済協力, *Asia-Pacific economic cooperation*

Coopération économique régionale de la Mer Noire 黒海地域経済協力, *Black Sea Regional Economic Cooperation*

Coopération européenne dans le domaine de la recherche scientifique et technique （欧州共同体の）科学技術研究分野の欧州協力, *European Cooperation in the Field of Scientific and Technical Research (EC)*

coopération générale de prêt non remboursable 一般無償資金協力, *general grant aid*

Coopération internationale sur les systèmes d'ingénierie maritime 国際舶用機関システム会議, *International Cooperation on Marine Engineering Systems*

coopération juridique et policière 司法内務協力, *cooperation of justice and home affairs (EU)*

coopération politique européenne 欧州政治協力, *European Political Cooperation*

coopération régionale pour recherche, développement et formation concernant la science et la technologie nucléaires 原子力科学技術研究・開発及び訓練地域協力, *Regional cooperation for research, development and training related to nuclear science and technology*

〈**coopérations renforcées**〉（強化された協力の意味から欧州共同体の）先行統合, *reinforced cooperations (EC)*

coopération sous-régionale 下位地域協力, *sub-regional cooperation*

coopération Sud-Sud 南南協力, *South-South cooperation*

coopération technique entre pays en développement 途上国間技術協力, *technical cooperation among developing countries*

coopérative de consommation 生活協同組合, *consumers' cooperative society*

coopérative de crédit 信用組合, *credit cooperative*

coopérative de main-d'œuvre / coopérative de travail 労働協同組合, *work cooperative*

coopérative des pêches 水産組合, *fishery cooperative*

Coopérative ouvrière de production 労働者生産協同組合, *workers' production cooperative*

coordonnateur 航空交通管制官, *air traffic controller*

coparticipation aux bénéfices 利潤分配, *profit sharing*

copie certifiée 証明謄本, *certified copy*

copie conforme à l'original 謄本, *certified copy*

copie de disquette 〚コンピュ〛ディスクコピー, *diskcopy*

copie de sauvegarde 〚コンピュ〛バックアップコピー, *backup copy*

copie écran 〚コンピュ〛ソフトコピー, *soft copy*

copie illégale 違法コピー, *illegal copy*

copie laser 〚コンピュ〛レーザープリントアウト, *laser printout*

copie sur papier 〚コンピュ〛ハードコピー, *hard copy*

copillage (著作権無視の)違法コピー

copocléphile キーホルダー収集家

copolymère avec l'acétate de vinyle エチレン酢酸ビニル共重合体, *ethylene vinyl acetate copolymer*

copolymère éthylène-propène エチレンプロピレンコポリマー：合成ゴムの一種, *ethylene propylene copolymer*

coprocesseur arithmétique 〚コンピュ〛浮動小数点演算コプロセッサー, *arithmetic co-processor*

coprophobie 排泄物恐怖症, *coprophobia*

coqueluche électronique 〚コンピュ〛電子ペット：例えば Furby

coquetiphile 卵立て収集家

coquille 〚スポ〛(アイスホッケーの)サポーターカップ, *protective cup*

corbeille de courrier 〈arrivée〉 未決書類入れ, *in-tray*

corbeille de courrier 〈départ〉 既決書類入れ, *out-ray*

corbeille de courrier en attente 未決書類入れ, *pending tray*

corbusien ル・コルビュジェの, *of Le Corbusier*

corde aérodynamique moyenne 空力平均翼弦, *mean aerodynamic chord*

cordoba (ニカラグアの通貨単位で)コルドバ, *cordoba*

cordon d'initiation 〚バイオ〛(遺伝子の)開始コルドン, *initiation cordon*

(la) Corne de l'Afrique 〚言換〛アフリカの角：アフリカ北東部のソマリアを中心とする突出した部分を意味する, *Horn of Africa*

〈corner〉 〚証〛(信用取引で)品不足を誘って値をつり上げる

corps constitué 法人, *body corporate*

corps consulaire 領事団, *consular corps*

corps de l'Etat （集合的に）官吏, *national civil servants*
corps de métier 同業組合, *trade guild*
Corps européen 欧州軍, *Eurocorps*
corps judiciaire 〘法〙（弁護士を除く）司法官団, *judiciary*
correcteur de frappe （タイプミスを消す）コレクトペーパー, *correcting paper*
correcteur d'orthographe / correcteur orthographique 〘コンピュ〙スペルチェッカー, *spell checker*
correcteur grammatical 〘コンピュ〙（ワープロソフト上の）文法チェッカー, *grammatical checker*
correcteur liquide （誤字）修正液, *correcting fluid*
correction à la baisse 〘経〙下方修正, *downward correction*
correction à la hausse 〘経〙上方修正, *upward correction*
correction de valeurs complémentaires 価値修正追加額, *complementary value adjustment*
correction de valeurs cumulées 累積的価値修正額, *cumulated value adjustment*
correction d'erreurs sans voie de retour （デジタル通信の）前方エラー訂正, *forward error correction*
correction des variations saisonnières 季節調整；季節変動の修正, *adjustment for seasonal factors*
correction symétrique des bilans 貸借対照表の開始時点と期末の両修正, *symmetric adjustment of balance sheets*
correction technique 〘証〙アヤ戻し, *technical correction*
corrélation 〘経〙共変動
correspondance intercompagnies 別の航空会社への乗継ぎ, *interlining (air transport)*
correspondant bancaire 〘経〙コルレス銀行, *correspondent bank*
correspondant de nuit （軽度のもめ事解決用に市町村が配置する）夜間パトロール員
correspondant du Trésor public 国庫預託元
correspondant en valeurs du Trésor 〘証〙レポーティングディーラー, *reporting dealer*
corrigé à la baisse 〘経〙下方修正された, *revised downwards*
corrigé à la hausse 〘経〙上方修正された, *revised upwards*
corrigé des effets de l'inflation インフレ調整済みの, *inflation adjusted*
corrigé des influences conjoncturelles 循環的変動調整済みの, *cyclically adjusted*
Corse Air International コルシカ国際航空：通称はCor-

sair(コルセール)

costume pour démarche d'emploi 〖和〗リクルートスーツ

cotation à la criée 〖証〗競売売買方式の値付け, *quotation*

cotation à l'incertain (外貨相場で)直接建て相場, *direct rate of exchange*

cotation AAA 〖証〗トリプルA(の格付け), *AAA rating*

cotation assistée en continu 〖証〗コンピュータ支援継続相場付け, *computer-aided continuous quotation*

cotation au certain (外貨相場で)間接建て相場, *indirect rate of exchange*

cotation au-dessus de la valeur nominale / cotation au-dessus du pair 〖証〗プレミアム付き相場:額面価格を上回る相場, *premium quotation*

cotation boursière 〖証〗株式相場, *stock exchange quotation*

cotation des emplois 職務評価, *job rating*

cotation directe (外貨相場で)邦貨建て相場, *quotation in national currency*

cotation du disponible 〖金〗現物相場, *spot quotation*

cotation en argent 〖金〗銀建て, *quotation in silver*

cotation incertaine 〖金〗外貨建て相場, *quotation in foreign currency*

cotation nominale 〖証〗気配, *nominal quotation*

cotation par boîte 〖証〗函方式値付け

cotation par casiers 〖証〗整理棚方式値付け

cotation par opposition 〖証〗突合わせ建値;オポジション方式値付け

cotation sans intérêt 〖証〗裸相場:利付き債の売買において買手が売手に経過利子を払わなくてよい場合の相場, *flat quotation*

Cote bleue 〖証〗フランス証券市場執行部通信局

cote boursière 〖証〗相場表, *quotation (stock exchange)*

cote de clôture 〖証〗引値, *closing quotation*

cote de crédit / cote de solvabilité 〖証〗信用格付け, *credit rating*

côté débit 借方, *debit side*

cote d'impôt 税額, *tax amount*

cote d'ouverture 〖証〗寄付き値, *opening quotation*

cote officielle 〖証〗公定相場, *official rate / official listing*

côté pointes des pieds 〖スポ〗(スノーボードの)トーサイド, *toe side*

coter l'incertain 基準外通貨のフラン建て相場を建てる

coteur 〚証〛(証券取引所の)出来値記録係, *marking clerk*

cotisation chômage 失業掛金, *unemployment insurance contribution*

cotisation complémentaire (社会保障の)補足保険料

cotisation d'assurance maladie 疾病保険負担金, *health insurance contribution*

cotisations (sociales) fictives 直接支給社会保障給付金:社会保障機関を介さず使用者自らが組織する社会保険に対する使用者の負担金

cotisation ouvrière (社会保険料の)本人負担分, *employee's contribution*

cotisation patronale (社会保険料の)雇主負担分, *employer's contribution*

cotisation sans effet 無効払込み金, *contribution without effect*

cotisations sociales 社会保険料, *social security contributions*

cotisation supplémentaire 追加社会保険料, *supplementary contribution (Social Security)*

cotisation technique (社会保障の)基本保険料

cotisations versées à la Sécurité sociale 社会保険料, *social security contributions*

cotisations volontaires (社会保障加入無資格者の)疾病保険への任意負担金

cotraitance 分担請負:2つの企業による一定財の構想・製造の分担

couche d'adaptation de transfert temporel asynchrone 〚通〛非同期伝送モード適合層, *ATM adaptation layer*

couche d'application 〚コンピュ〛アプリケーション層, *application layer*

couche de demi-atténuation (放射性強度を半減させるアルミ金属媒質層の厚みを意味する)半価層;半値層, *half value layer*

couche de liaison 〚コンピュ〛連係層, *link layer*

couche de liaison de données 〚コンピュ〛データリンク層, *data link layer*

couche de réseau 〚コンピュ〛ネットワーク層, *network layer*

couche de session 〚コンピュ〛セッション層, *session layer*

couche de transport 〚コンピュ〛トランスポート層, *transport layer*

couche diffusante profonde 深海音波散乱層:魚群を示す音波散乱層, *deep scattering layer*

couche physique 〚コンピュ〛物理層, *physical layer*
couche sociale d'âge 年齢階層, *age strata*
coulage extraordinaire 〚保〛異常な漏損, *extraordinary leakage*
coulée boueuse / coulée de boue 泥流, *mudslide*
coulée pyroclastique 火砕流, *pyroclastic flow*
couloir extérieur 〚スポ〛(スピードスケートの)アウトレーン, *outer lane*
couloir intérieur 〚スポ〛(スピードスケートの)インレーン, *inner lane*
coulomb par kilogramme キログラム当たりクーロン, *coulomb per kilogram*
coup de bélier 資金循環のつまずき, *liquidity squeeze / cash flow squeeze*
coup de Bourse 〚証〛株式投機, *stock exchange speculation*
coup monté 〚風〛やらせ, *staged event*
coupe budgétaire 予算制限, *budget cut-back*
coupe-circuit 〚証〛(相場急変時の売買一時停止)取引停止措置；サーキットブレーカー, *circuit breaker*
Coupe d'Amérique (à la voile) 〚スポ〛(ヨットの)アメリカズカップ, *America's Cup*
Coupe du monde de la boulangerie ベーカリーワールドカップ：パン職人のコンクール, *Bakery World Cup*
Coupe du monde de rugby 〚スポ〛ラグビーW杯(ワールドカップ), *World Cup Rugby*
coupe-faim anorexigène 食欲抑制剤
coupe-vent 〚スポ〛ウインドブレーカー, *windbreaker*
(faire un) couper-coller 〚コンピュ〛カット・アンド・ペースト(をする), *(to do a) cut-and-paste*
(à) couplage direct 〚コンピュ〛直結型(の), *direct-coupled*
coupleur acoustique 〚コンピュ〛音響カプラ, *acoustic coupler*
coupleur directif 〚通〛方向性結合器, *directional coupler*
coupon à court terme 〚証〛ショートクーポン：新発利付債のうち, 第一回目の利払日が発行日から半年以内に到来するもの, *short coupon*
coupon attaché 〚証〛配当付き；カム；利札(りふだ)付き, *dividend on*
coupon couru 〚証〛(%で示した)経過利息分, *accrued interest*
coupon d'action 〚証〛小割(こわり)株式, *substock*
coupon de dividende 〚証〛配当券, *dividend warrant*
coupon détaché 〚証〛配当落ち；利落ち, *ex dividend*
coupon d'intérêts 〚証〛利札(りふだ), *interest coupon*

coupon jaune (パリの)バス地下鉄1週間有効パス
coupon obligatoire 〖証〗債券利札, *bond coupon*
coupon-prime 贈答用商品券, *gift voucher*
coupon unique 〖証〗単一利札
couponnage (割引用の)クーポン券配布, *couponing*
coupure d'actions 〖証〗小割(こわり)株式, *substock*
Cour de justice des Communautés européennes 欧州司法裁判所, *Court of Justice of the European Communities*
Cour des comptes européenne 欧州会計検査院, *European Court of Auditors*
Cour européenne de justice 欧州(司法)裁判所, *European Court of Justice*
Cour européenne des droits de l'homme 欧州人権裁判所, *European Court of Human Rights*
Cour internationale de justice 国際司法裁判所, *International Court of Justice*
Cour internationale des prises 国際捕獲審検所, *International Prize Court*
cour martiale 軍法会議, *court martial*
Cour pénale internationale 国際刑事裁判所, *International Criminal Court*
Cour permanente d'arbitrage 常設仲裁裁判所, *Permanent Court of Arbitration*
Cour permanente de justice internationale 常設国際司法裁判所, *Permanent Court of International Justice*
courant d'affaires 取引量, *volume of business*
courant d'échanges 貿易パターン, *pattern of trade*
courants financiers 財務フロー, *financial flows*
courbe ascendante 〖経〗上昇線, *rising curve*
courbe coudée de demande 屈折需要曲線, *kinky demand curve*
courbe d'arbitrage 〖経〗トレードオフ曲線, *trade-off curve*
courbe de coût de longue période 長期費用曲線, *long-run cost curve*
courbes de demande et d'offre réciproques 相互需要曲線, *offer curve / reciprocal demand and supply curves*
courbe de Laffer ラッファー曲線:税率と国家の税収入の関係を示す曲線, *Laffer curve*
courbe de Lorenz ローレンツ曲線:所得分布を計測するための曲線, *Lorenz curve*
courbe de mortalité 死亡曲線, *mortality curve*
courbe de Phillips フィリップス曲線:失業率のインフレの関係を示す曲線, *Phillips curve*

courbe de préférence pour la liquidité 流動性選好曲線, *liquidity preference curve*

courbe de rendement 利回り曲線, *yield curve*

courbe de taux inversée 長短利回り格差の逆転

courbe de taux positive 通常の長短利回り格差

courbe de transition douce 〚経〛なだらかなカーブ, *smooth transitory curve*

courbe des possibilités de production 生産可能性辺境曲線, *production possibility curve*

courbe des rendements positive 順利回り曲線, *positive yield curve*

courbe des ventes 販売曲線, *sales curve*

courbe descendante / courbe d'inclinaison négative 〚経〛右下がりの曲線；下降線, *declining curve*

courbe d'inclinaison positive 〚経〛上昇線, *rising curve*

courbe d'indifférence du consommateur 消費者無差別曲線, *consumer indifference curve*

courbe d'indifférence d'utilité 効用無差別曲線, *utility indifference curve*

courbe d'isocoût 等費用曲線, *iso-cost curve*

courbe d'isoproduction / courbe d'isoproduit / courbe d'isoquant 等生産量曲線, *iso-product curve*

courbe d'isoprofit 等利潤曲線, *iso-profit curve*

courbe d'offre incurvée vers la gauche 後屈供給曲線, *backward rising supply curve*

courbe du coût variable en U U字形可変費用曲線, *U-shaped variable cost curve*

courbe en J 〚経〛Jカーブ, *J curve*

courbe en S 〚経〛Sカーブ；ロジスティック曲線, *S curve*

courbe en U 〚経〛Uカーブ, *U curve*

courbe enveloppe de long terme 長期計画的な包括線, *long-term envelope curve*

courbe exponentielle 指数曲線, *exponential curve*

courbe inclinée vers le bas 〚経〛右下がりの曲線, *downward-sloping curve*

courbe IS-LM 〚経〛IS-LM曲線, *IS-LM curve*

courbe logistique 〚経〛ロジスティック曲線, *logistic curve*

courbe montante 〚経〛右上がりの曲線, *rising curve*

courbe oblique à gauche 〚経〛後方屈伸曲線, *backward sloping curve*

courbe orientée vers le bas 〚経〛下降線, *declining curve*

courbe orientée vers le haut 〚経〛上昇線, *rising curve*

courbe plate 〚経〛平坦な曲線, *flat curve*

courbe qui se déplace vers le bas 〚経〛低下する曲線, *falling curve*

courbe rebroussée vers l'arrière 〚経〛後方屈伸曲線, *backward bending curve*

coureur de prix (競技会などの)賞品稼ぎ, *pothunter*

couronne danoise (通貨単位で)デンマーク・クローネ, *Danish krone*

couronne d'Estonie / couronne estonienne (通貨単位で)エストニア・クローン, *Estonian kroon*

couronne islandaise (通貨単位で)アイスランド・クローナ, *Icelandic krona*

couronne norvégienne (通貨単位で)ノルウェー・クローネ, *Norwegian krone*

couronne slovaque (通貨単位で)スロバキア・コルナ, *Slovak koruna*

couronne suédoise (通貨単位で)スウェーデン・クローネ, *Swedish krona*

couronne tchécoslovaque (旧通貨単位で)チェコスロバキア・コルナ, *Czechoslovak koruna*

couronne tchèque (通貨単位で)チェコ・コルナ, *Czech koruna*

courriel / courrier électronique 〚コンピュ〛Eメール;電子メール, *e-mail*

courrier d'entreprise à distribution exceptionnelle 大口配達郵便番号, *special delivery service for business mail*

courrier diplomatique 外交伝書使;外務省文書特使, *diplomatic courier*

courrier électronique de type hybride 〚コンピュ〛ハイブリッドタイプのEメール:郵便局が受信後プリントアウトして配達する, *hybrid-type e-mail*

courrier indésirable / courrier-rebut 迷惑メール, *unsolicited mail*

courrier individuel à distribution exceptionnelle 個人宛例外配達郵便;特別配達個人郵便

Courrier international クーリエアンテルナショナル:木曜発行の各国新聞記事翻訳掲載紙

courrier publicitaire 〚コンピュ〛ジャンクメール, *junk mail*

cours à terme 先物相場, *forward quotations*

cours à vue 一覧払い為替相場, *demand rate*

cours acheteur 買レート, *buying rate*

cours acheteur ferme ファームビッド価格, *firm bid price*

cours au comptant 〚証〛(株の)現金取引価格, *cash price / price for cash*

cours au comptant / cours comptant スポット価格, *spot price*

cours boursier 〚証〛証券相場, *stock exchange quotation*

cours commerciaux 商品相場, *commodity prices*

cours croisé クロスレート, *cross rate*

cours d'achat 買為替, *buying rate of exchange*

cours d'appel de marge 清算価格, *price of rate of margin*

cours d'après-Bourse 〚証〛引け後(あと)相場, *street price*

cours de base 〚証〛ベーシスプライス, *basis price*

cours de change à terme 先物為替相場, *forward exchange rate*

cours de change au comptant 直物為替相場, *stock exchange rate*

cours de change flottant 自由変動為替相場, *freely fluctuating exchange rate*

cours de change réel 実質為替レート, *real exchange rate*

cours de clôture 〚証〛終値, *closing quotation*

cours de compensation 受渡し標準価格, *make-up price / making up price / clearing price*

cours de déport 〚金〛逆日歩レート, *backwardation rate*

Cours de discipline budgétaire et financière 予算・財政秩序法院, *financial court competent to impose sanctions for irregularities committed by officials involved in the implementation of the public budget*

cours de français commercial 商業フランス語講座, *course in commercial French*

cours de la Bourse 〚証〛株式相場, *stock exchange quotation*

cours de la réponse des primes 〚オプ〛(プレミアム取引の)オプション宣言当日相場, *price at time for declaration of options*

cours de l'intérêt 金利, *rate of interest*

cours de liquidation 清算価格；決済価格, *settlement price*

cours de l'option 〚オプ〛二重選択権付き取引相場, *put and call price*

cours de l'option d'achat 〚オプ〛コールプレミアム：コールオプションの買手が売手に払う代価, *call option premium*

cours de l'option de vente 〚オプ〛プットプレミアム：プットオプションを購入する時に支払うオプション料, *put option premium*

cours de l'ou 〚オプ〛売りオプション価格, *put price*

cours de marché à terme mensuel 〚証〛歴月制先物相場, *calender month delivery rate with option*

cours de prime 〚オプ〛プレミアム取引価格, *option price*
cours de recyclage (professionnel) （職業人の)再教育課程, *refresh course / job retraining course*
cours de référence 〚証〛基準相場, *reference price / reference mark*
cours de report 〚証〛繰延日歩レート：株式決済猶予金のレート, *contango rate*
cours de vente 〚証〛売り相場, *selling rate*
cours de vente ferme 〚証〛ファームオファー価格：外債について一定期間内に返事する条件で提示する価格, *firm offer price*
cours demandé 〚証〛買方指値(さしね), *price bid (buyers)*
cours demandé et offert 〚証〛(売り買い両方向の)呼値, *bid-asked price*
cours d'émission 〚証〛発行価格, *issue price*
cours d'équilibre 均衡価格, *equilibrium price*
cours des actions 〚証〛株価, *stock prices*
cours des changes à terme 先物為替相場, *forward exchange rate*
cours des devises (étrangères) 外国為替相場, *foreign exchange market rate*
cours d'exercice de l'option d'achat 〚オプ〛コールオプション行使価格, *call's strike price*
cours d'exercice de l'option de vente 〚オプ〛プットオプション行使価格, *put's strike price*
cours d'introduction 〚証〛(上場新株の)初値, *opening price*
cours d'œnologie 〚風〛ワイン教室, *wine appreciation course*
cours d'ouverture 〚証〛寄付き値；始値, *opening price*
cours du disponible スポット価格, *spot price*
cours du dont 〚オプ〛コールオプション付きの買相場, *call price*
cours du jour 時価, *current market rate*
cours du jour 〚証〛本日の株価, *going price*
cours du livrable (商品)先物価格, *forward price*
cours du marché 〚証〛成行(なりゆき)相場, *market price*
cours du soir 夜間授業, *evening course*
cours du stellage 〚オプ〛二重選択権付き取引相場, *put and call price*
cours du yen 円相場, *yen rate*
cours élémentaire (小学校の)初級科, *primary classes*
cours en alternance サンドイッチコース：実習と講義をミックスした職業訓練, *sandwich courses*

cours en repli 〚証〛値下り相場, *falling price*

cours extrêmes 〚証〛相場の最高値と最安値, *highest and lowest prices*

cours forcé 不換紙幣制度；強制通貨制度；信用紙幣制度；強制通用力, *forced currency*

cours horaire complet 時間当たり労働総費用, *full hourly cost*

cours hors coupon 〚証〛利子を除いた債券そのものの相場, *bond price which does not include coupon*

cours indicatif 〚証〛(値付中止時の)概算価格；気配値, *indication price*

cours inférieur 〚証〛安値, *low price (stock exchange)*

cours initial 〚証〛当初価格, *starting price*

cours inscrit à la cote officielle 〚証〛時価, *quoted price*

cours le plus bas 〚証〛(当日の)安値, *bottom price*

cours le plus haut 〚証〛(当日の)高値, *top price*

cours légal 法貨；兌換制度；法定通用力, *legal tender*

cours légal d'une monnaie 通貨の法定相場, *legal rate of a money*

cours libre (小切手のような決済手段の)非強制通用力

cours limité 〚証〛指値(さしね), *limited price*

cours moyen 〚証〛中値, *middle price / average price*

cours nominal 〚証〛額面価格, *nominal price*

cours normal des affaires 通常の取引の流れ, *normal course of business*

cours offert / cours papier 〚証〛売方指値(さしね), *price offered (sellers)*

cours officiel d'achat 公定買上げ価格, *official cost*

cours parallèle 闇相場, *black market price*

cours pivot (為替の)基準相場；換算相場, *pivot rate*

cours plafond 〚証〛天井相場, *ceiling price*

cours plancher 〚証〛底値, *bottom price*

cours précédent 〚証〛前日の終わり値, *previous price*

cours servant de bases aux appels de marges 〚証〛追加証拠金の算定基礎となる市場価格

cours soufflé 〚証〛乱高相場

cours soutenu 〚証〛安定相場, *steady price*

cours spot スポット価格, *spot price*

cours supérieur 〚証〛高値, *high price (stock exchange)*

cours supérieur au cours précédent 〚証〛前回の出来高より高い取引, *up-tick*

cours théorique d'ouverture 〚証〛寄付き設定価格, *theoretical opening price*

cours unique 〚証〛均一相場：需要過剰不足時の設定価格
cours vendeur(s) 〚証〛売方指値(さしね)；売呼値, *price offered (sellers)*
cours volatil 〚証〛乱高下する相場, *volatile quotation*
course à la dévaluation 競争的為替レートの切下げ, *competitive exchange depreciation*
course à la légèreté des emballages 包装軽量化競争
course à la meilleure place (お花見などの)場所取り合戦
course aux armements 軍備拡大競争, *arms race*
course de dragsters 〚スポ〛ドラッグレース, *drag race*
course des salaires et des prix インフレの悪循環, *inflationary spiral*
course en foule aux guichets 〚金〛取付騒ぎ, *run on a bank*
course-poursuite カーチェース, *car chase*
court-courrier 短距離輸送機, *short-haul plane*
courtage 〚証〛周旋手数料；仲介手数料, *brokerage*
courtage 〚証〛仲買取引, *brokerage*
courtage d'assurance 保険仲立(料), *insurance broking*
courtage de valeurs mobilières 〚証〛有価証券仲買業
courtage matrimonial 婚姻仲介
courtier d'assurance 保険仲立人；保険ブローカー, *insurance broker*
courtier de banque 〚金〛インターバンク取引業者, *interbank transaction broker*
courtier de Bourse 〚証〛株式仲買人；株ブローカー, *stock broker*
courtiers de Bourse en ligne / courtier en Bourse on line / courtier en ligne 〚証〛オンライン株取引業者
courtier de réassurance 再保険仲立人, *reinsurance broker*
courtier en douane 税関貨物取扱人, *customs broker*
courtier en valeurs mobilières 〚証〛証券仲買人, *securities dealer*
courtier internégociants 〚証〛インターディーラーブローカー：業者間の証券ブローカー, *inter-dealer broker*
courtier interprète conducteur de navire 船舶仲立人, *ship broker*
courtier maritime 海運仲立人, *ship broker*
courtier sur le marché monétaire 〚金〛ビルブローカー：手形仲買人, *bill broker*
coussin de sécurité / coussin gonflable (自動車の)エアバッグ, *airbag*

coûts administratifs 管理費, *administrative costs*
coût affectable 直接費, *direct cost*
coût ajouté 付加原価, *additional cost*
coût-avantage 〖経〗コストベネフィット, *cost-benefit*
coût baissant 費用低下, *declining cost*
coût-bénéfice 費用便益の, *cost-benefit*
coûts budgétaires 予算費用, *budgetary costs*
coûts calculés sur longue période 長期費用, *long-run costs*
coût collectif 社会的共同費用：公害や失業について自治体が負う費用
coûts comparatifs / coûts comparés 比較生産費, *comparative costs*
coût compensatoire 補足的費用, *supplementary cost*
coût constant 不変費用, *constant cost*
coûts croissants 費用逓増, *increasing costs*
coût d'achat 仕入原価, *purchase cost*
coût d'acquisition 取得原価, *acquisition cost*
coût de capital marginal 限界資本費用, *marginal capital cost*
coût de défaut de concordance ミスマッチ費用, *mismatch costs*
coût de distribution 流通経費；配給費；販売費, *distribution cost*
coût de faillite 倒産危険性のある多額債務に要する経費
coûts de fonctionnement 運転費, *operating costs*
coût de la main-d'œuvre 労働費, *labor costs*
coût de la renonciation 〖経〗機会費用, *opportunity cost*
coût de la vie 生計費；生活費, *cost of living*
coûts de lancement （新製品の）投入費, *launching costs*
coût de l'emprunt / coût de l'endettement 借入費用, *borrowing cost*
coût de l'énergie エネルギー費用, *energy cost*
coûts de l'homme （François Perrouxの）人間コスト：現代人が生活の悪条件を克服し開花するのに必要な経費
coût de location レンタル費用, *rental cost*
coût de main-d'œuvre par unité 単位労働費用, *unit labor cost*
coût de portage 〖証〗証券保有経費
coûts de prise ferme 〖証〗引受手数料, *underwriting costs*
coût de production 製造原価, *production cost*
coût de réalisation 開発費, *development cost*
coût de recouvrement 取立費用, *collection cost*

coût de référence 基準原価, *reference cost*
coût de remplacement 置換費用, *current cost*
coût de renoncement 機会費用, *opportunity cost*
coût de renouvellement 再購入価格, *replacement cost*
coût de rétention 持越費用, *carrying cost*
coût de risque 危険費用, *cost of risk*
coût de sous-activité 活動低下経費：仕事量減少の結果生じる生産単価当たり固定費の増加分
coût de substitution 代替費用, *alternative cost*
coût de transaction 取引費用, *transaction cost*
coûts de transformation 加工費, *processing costs*
coûts de transition (旧共産圏の)市場経済への転換費用
coût de transport 輸送費, *transport fee*
coûts de vente 営業経費, *selling costs*
coût d'émission 〖証〗(新株や新発債の)発行経費, *issuing cost*
coût des capitaux 資金費用, *cost of funds*
coût des facteurs 要素費用, *factor cost*
coût des fonds 資金調達費用：銀行が自らの借入れを顧客への金利に上乗せする分
coût des services サービス生産費, *cost of service*
coûts d'exploitation 〖経〗ランニングコスト, *running costs*
coût différentiel 差額原価, *differential cost*
coût direct 直接費, *direct cost*
coût d'obligation 債務費用, *liability cost*
coût d'opportunité / coût du sacrifice 機会費用；代替費用, *opportunity cost*
coût d'option 代替費用, *alternative cost*
coût d'option sociale du capital 資本の社会的機会費用, *social opportunity cost of capital*
coût du capital / coût d'immobilisation 資本費用, *cost of capital*
coût du crédit 貸付金利, *credit charges*
coûts du facteur travail 労務費, *labor costs*
coût du financement 資金調達費用, *finance charges*
coût du refinancement 公定歩合再割引率
coût d'un nouvel emprunt 新資金調達費用, *cost of raising new funds*
coût d'usage 使用者費用, *user cost*
coûts d'utilisation 〖経〗ランニングコスト, *running costs*
coûts en salaires 賃金費用, *wage costs*
coût énergétique カロリー消費量, *energy cost*
coût estimatif 見積費用, *estimated cost*

coûts externes 外部費用, *external cost*
coûts fixes 固定経費；固定原価, *fixed charges*
coûts fixes marginaux 限界固定原価, *marginal fixed charges*
coûts fixes moyens 平均固定原価, *average fixed charges*
coût global 総費用, *aggregate cost*
coût historique 取得原価, *historical cost*
coût historique indexé 指数変換歴史的原価, *index-linked historical cost*
coût implicite 暗黙の費用, *implicit cost*
coût imputé 賦課済み費用, *applied cost*
coût indirect 間接費, *indirect cost*
coût initial 取得原価, *initial cost*
coût irrécupérable 埋没原価, *sunk cost*
coûts liés 結合費用, *joint costs*
coût limite 価格目標, *cost objective*
coût local 〖経〗ローカルコスト, *local cost*
coût maîtrisé 管理固定費, *managed cost*
coût majoré 〖経〗コストプラス, *cost plus*
coût marginal 限界費用；限界生産費, *marginal cost*
coût marginal du capital 限界資本費用, *marginal cost of capital*
coût marginal moyen 平均増分原価, *average incremental cost*
coût marginal sur longue période 長期限界費用, *long-run marginal cost*
coût monétaire 貨幣費用, *money costs*
coût moyen des sinistres 〖保〗平均損害額, *average cost of claims*
coût moyen fixe 平均固定費用, *fixed average cost*
coût net 純費用, *net cost*
coût normal 標準原価, *standard cost*
coût permanent 継続費用, *continuing cost*
coût prévisionnel 見積原価, *estimated cost*
coût primaire 主要費用：使用者費用と要因費用の和, *prime cost*
coût privé marginal 私的限界費用, *marginal private cost*
coûts proportionnels 比例費用, *proportional cost*
coût réel 実費, *actual cost*
coût réparti 賦課済み費用, *applied cost*
coût salarial horaire 時間当たり労働費用, *labor cost per hour*
coûts salariaux 賃金費用, *wage costs*

coût social marginal 社会的限界費用, *marginal social cost*

coût standard 標準費用, *standard cost*

coût supplémentaire 補足的費用, *supplementary cost*

coût supplétif 帰属原価：計算上の原価, *imputed cost*

coût total de possession 所有総費用, *total cost of ownership*

coût total, marchandise rendue à destination 〖貿〗陸揚費込原価, *landed cost*

coût unitaire moyen pondéré 加重平均原価, *weighted average unit cost*

coût utilisateur 〖経〗ユーザーコスト, *user cost*

coût variable moyen 平均可変費用, *average variable cost*

coût variable total 総可変費用, *total variable cost*

couverture つなぎ売買, *hedging*

couverture 〖証〗カバレッジ：諸費用及び配当支出を収益がどれだけ賄うかを示すもの, *coverage*

couverture à court terme 〖証〗ショートヘッジ：手持ち証券の将来の値下がりリスクをヘッジする取引手法, *short hedge*

couverture à terme 〖証〗リスクヘッジ, *hedging*

couvertures boursières obligatoires 〖証〗（株式）委託保証金率, *margin requirements*

couverture contre inflation インフレヘッジ, *inflation hedge*

couverture croisée 〖オプ〗クロスヘッジ, *cross-hedge*

couverture d'assurance 保険担保, *insurance cover*

couverture de change 為替持高調整操作, *exchange risk cover*

couverture de la demande de crédit 融資需要充足, *accommodating of the demand for credit*

couverture de marché 〖経〗マーケットシェア, *market share*

couverture de position 〖証〗ショートカバー：空売りした株式などの有価証券を買戻して実質的にポジションを手仕舞うこと, *short covering*

couverture delta 〖オプ〗デルタヘッジ：原資産の価値変化とオプションの価値変化を，デルタ値の合計が最小になるようすること, *delta hedging*

couverture des dividendes 配当倍率, *dividend cover*

couverture des engagements 融資に対する保証, *cover for liabilities*

couverture des opérations à terme 〖オプ〗ヘッジ：投資した証券の将来の価格変動リスクを回避する取引手法, *hedging*

couverture financière pour un prêt ローンの担保, *cover for a loan*

couverture illustrée イラスト入りカバー, *illustrated cover*

couverture longue 〖オプ〗長期掛けつなぎ；ロングヘッジ, *long hedge*

couverture maladie / couverture sociale （病気治療の際の）社会保障のカバー率, *social coverage*

couverture maladie universelle （社会保障適用外者も含む）全医療保障制度

couverture minimale obligatoire 〖証〗最低証拠金率, *minimum margin requirement*

couverture multidevise 多通貨ヘッジ, *multiple currency hedging*

couverture-or 正貨準備, *gold cover*

couverture parfaite 完全ヘッジ, *perfect hedge*

covenant 〖証〗（有価証券の）誓約条項, *covenant*

covenant affirmatif 〖証〗（有価証券の）保護条項, *positive covenant*

covenant négatif 〖証〗（有価証券の）制限条項, *restrictive covenant*

covoiturage マイカー族の相乗り通勤, *car pooling*

Covotel 〖仏〗障害者用電話連絡装置

cracker 〖コンピュ〗クラッカー：他人のコンピュータシステムへの不法侵入者, *cracker*

cravate bolo ループタイ：陶器などの留め金付きのひも状のネクタイ, *bolo tie*

crayon électronique 電子ペン

crayon lecteur 〖コンピュ〗バーコードリーダー, *bar-code reader*

crayon-traceur （化粧品の）アイライナー, *eye-liner*

créances à client 売掛金, *trade debtor*

créances à recouvrer 取立債権；未済の借金, *outstanding debts*

créances à terme 確定期日債権, *obligations due on a date certain*

créance arriérée すでに発生している損害賠償請求, *outstanding claim*

créances douteuses 不良債権, *bad debts*

créance 〈en compte〉 当座貸越し, *overdraft*

créances exigibles 期限到来貸方, *debts due*

créances financières 金銭的請求権, *financial claim*

créances gelées / créances immobilisées 焦付き債権,

créances hypothécaires 抵当債権, *mortgage debts*

créances hypothécaires à taux d'intérêt variable 〖証〗オープンエンドモーゲージ：同一担保設定約定の下で資金追加借入れ・返済金再借入れ可能なモーゲージ, *open-end mortgage*

créances irrécouvrables / créances irrécupérables / créances irrévocables 貸倒れ, *bad debts*

créances liquides 確定債権；弁済期にある債権, *liquid debts*

créances litigieuses 係争中の債権, *contested debt*

créances prioritaires / créances privilégiées 優先債権, *preferential debts*

créances privilégiées du fisc 租税先取特権；租税リーエン, *liens for taxes*

créances sur l'économie （一国経済で）企業・世帯への貸出総額

créances sur l'étranger 対外債権, *foreign loans*

créancier alimentaire 扶養請求権者, *alimony creditor*

créancier chirographaire 普通債権者；一般債権者, *ordinary creditor*

créancier gagiste 質債権者, *mortgagee*

créancier garanti / créancier nanti 有担保債権者, *secured creditor*

créancier hypothécaire 抵当権者, *secured creditor*

créancier non garanti / créancier sans garantie 無担保債権者, *unsecured creditor*

créancier partiellement nanti 一部有担保債権者, *partly-secured creditors*

créancier privilégié 先取特権債権者；優先債権者, *preferential creditor*

créancier saisissant 差押債権者, *distraining creditor*

création de capacités 生産能力造成, *capacity building*

création de liquidité 流動性創出, *liquidity creation*

création de sinécures 水増雇用, *creation of sinecures*

création d'emplois 雇用創出, *job creation*

création du revenu 所得創設, *income generation*

créatophobie 肉恐怖症, *carnophobia*

créature virtuelle 〖コンピュ〗（タマゴッチのような）バーチャルペット, *virtual creature*

crèche collective 施設託児所

crèche familiale 個人託児所

crèche municipale 公立託児所

crèche parentale 親の自主管理託児所
crèche sauvage 無認可託児所
crèche scolaire 学校託児所
crédirentier 年金受給者；定期金債権者, *pensioner / annuitant*
crédit à court terme 短期貸付け, *short-term credit*
crédit à découvert 無担保貸付け；信用貸し, *unsecured credit*
crédit à la consommation 消費者金融, *consumer loan*
crédit à la production 生産者金融, *productive credit*
crédit à l'économie （一国経済で）企業・世帯への貸出総額
crédits à l'exportation gelés 焦付き輸出信用, *frozen export credit*
crédits à l'exportation qui bénéficient d'un soutien public 公的支持を伴う輸出信用, *export credits which are officially supported*
crédits à l'importation 輸入信用, *import credits*
crédit à long terme 長期信用貸付け, *long-term credit*
crédit à moyen terme mobilisable 流動化可能中期信用
crédit à taux révisable 金利調整可能貸付け：金利動向に応じて金利を見直せる貸付け
crédit à taux variable 変動金利貸付け
crédit acheteur 〖貿〗バイヤーズクレジット, *buyer's credit*
crédit additionnel （累積債務国への）新規融資, *fresh money*
crédit adossé 見返り信用貸し, *back to back credit*
crédit alloué au titre du budget 予算配分額, *budget allotment*
crédit au consommateur 消費者金融, *consumer credit*
crédit aux achats à tempérament 割賦販売信用, *installment credit*
crédit-bail 〖金〗リース, *leasing*
crédit-bail immobilier 不動産リース, *leasing of real-estate*
crédit-bail international 国際ファイナンスリース, *international financial leasing*
crédit-bailleur 信用供与者
crédit bancaire 銀行信用；銀行貸出し；銀行融資, *bank credit*
crédit budgétaire 予算額, *budget appropriation*
crédit cartellaire 〖金〗シンジケートローン；複数の銀行が協調融資団を結成し, 協調して行うローン, *syndicated loan*
crédit causé 在庫及び流通資産に基づく貸付け

crédit cher 高金利資金, *dear money*
crédit commercial 商業信用, *commercial credit*
crédits commerciaux 貿易金融, *trade finance*
crédit confiance リボルビング融資, *revolving credit*
crédit confirmé 確認信用状, *confirmed credit*
crédit consortial (借款団の)共同貸付け, *club loan*
crédit coopératif 協同組合金庫, *cooperative bank*
crédit croisé 〖金〗クロスカレンシースワップ:異なる通貨によるスワップ, *cross-currency swap*
crédit croisé 〖金〗(政府奨励語で)スワップ, *swap*
crédit croisé ECUs-monnaies nationales 〖金〗エキューと各国通貨のクロスカレンシースワップ, *swaps between Ecus and national currencies*
crédits croisés renouvelables 〖金〗リボルビングスワップ, *revolving swap*
crédit d'acceptation 引受条件付き信用, *acceptance credit*
crédit d'ajustement structurel 構造調整貸付け, *structural adjustment loan*
crédit d'anticipation 先行融資, *anticipatory credit*
crédit d'autorisation 支出の授権
crédit de caisse 現金貸付け, *cash loan*
crédit de campagne (農産物・玩具生産者向け6-9カ月の)季節融資, *seasonal credit*
crédit de confirmation / crédit d'appoint 〖金〗スタンドバイクレジット:銀行が借手に対して必要な場合に一定金額を融資すると約束すること, *standby credit*
crédit de droits (間接税の)納税の猶予
crédit de fonctionnement 運転資金金融, *capital financing*
crédit de fonctionnement 一般管理費予算, *administrative appropriation*
crédit de formation individualisé (無資格失業者向けの)高卒資格獲得援助融資
crédit de mobilisation des créances commerciales (10日以内の手形をまとめる)手形割引融資;一括割引融資, *advance of receivables*
crédit de mobilisation des créances nées à l'exportation 輸出債権割引融資
crédits de paiement (予算の)年割額, *payment appropriations*
crédit de préfinancement 前貸金融
crédit de préfinancement d'exportation 輸出前貸金融
crédit de restructuration (対累積債務国各行貸付残高に

比例した)ニューマネー, *new money*

crédit de sécurité つなぎ信用枠, *swing line*

crédit de soudure / crédit de relais つなぎ融資, *bridging facility*

crédit de soutien 〖金〗スタンドバイクレジット：銀行が借手に対して必要な場合に一定金額を融資すると約束すること, *standby credit*

crédit de TVA (=taxe à la valeur ajoutée) 付加価値税控除分の余り, *VAT (=value-added tax) credit*

crédit de vieillissement (酒類)熟成融資, *wine aging credit*

crédit d'engagement 支出負担の授権, *commitment appropriation*

Crédit d'équipement des PME (=petites et moyennes entreprises) 中小企業設備投資信用金庫：フランスの金融機関の名称

crédit d'heures 労働組合代表活動時間：職務執行時間中に労働者の代表に認められる優遇で，労働時間としてみなされる時間

crédit différé 据置貸方, *deferred credit*

crédit d'importation 輸入信用, *import credit*

crédit d'impôt 税額控除；タックスクレジット, *tax credit*

crédit d'impôt à l'investissement 投資税額控除, *investment tax credit*

crédit disponible à vue 〖金〗スタンドバイクレジット：銀行が借手に対して必要な場合に一定金額を融資すると約束すること, *standby credit*

crédit documentaire 荷為替信用状, *documentary credit*

crédit documentaire avec green clause グリーンクローズ付き荷為替信用状, *green clause credit*

crédit documentaire avec red clause レッドクローズ付き荷為替信用状, *red clause credit*

crédit documentaire irrévocable 取消不能荷為替信用状, *irrevocable documentary credit*

crédit documentaire renouvelable リボルビング荷為替信用状, *revolving documentary credit*

crédit documentaire révocable 取消可能荷為替信用状；撤回可能荷為替信用状, *revocable documentary credit*

crédit documentaire transférable 譲渡可能荷為替信用状, *transferable documentary credit*

crédit échelonné 定期的な分割返済貸付け, *Lombard credit*

crédit en blanc 無担保貸付け, *open credit*

crédit en réserve comme en-cas 〖金〗スタンドバイクレジット：銀行が借手に対して必要な場合に一定金額を融資する

と約束すること, *standby credit*

crédit endossé / crédit face à face (銀行が仲介役にとどまる)バックツーバックローン, *back-to-back loan*

crédit formation individualisé (無資格失業者向けの)高卒資格獲得援助融資

crédit fournisseur (納入業者の対顧客)売掛け, *commodity credit*

crédits gelés 焦付き融資, *frozen credits*

crédit gratuit 無利息貸付け, *interest-free loan*

crédit hypothécaire 不動産抵当信用, *mortgage credit*

crédit immédiat 即時貸付け, *instant credit*

crédit immobilier 不動産金融, *credit on real estate*

crédit industriel 産業融資, *industrial credit*

crédit inter-entreprises 企業間信用, *inter-enterprise credit*

crédit irrévocable 取消不能信用状;取消不能信託, *irrevocable letter of credit*

crédit lombard 有価証券担保貸付け, *Lombard credit*

crédit mixte (政府援助と輸出信用の)組合わせ融資, *mixed credit*

crédit mobilier 有価証券担保貸付け, *credit on personal property*

crédit mobilisable 現金化貸付け:中央銀行が商業手形保有の市中銀行に対し現金化を受諾する形での貸付け

crédit non causé 支出目的不特定融資

crédit par acceptation / crédit par signataire 引受条件付き信用, *acceptance credit*

crédit par caisse 売掛金, *book credit*

crédit permanent 回転信用, *revolving credit*

crédit personnel 対人信用, *personal credit*

crédit ponctuel スポット融資, *carry-over loan*

crédit pour achats à tempérament 割賦販売信用, *installment credit*

crédit-preneur 信用利用者

crédit providence (公的援助がらみの)政府支援融資

crédit réel 実物信用, *real credit*

crédit relais つなぎ融資, *bridging facility*

crédit renouvelable 回転信用, *revolving credit*

crédit-rentier 年金権利者, *annuitant*

crédit reporté 据置信用, *deferred credit*

crédit revolving / crédit rotatif 回転信用;リボルビング与信, *revolving credit*

crédit rollover ロールオーバークレジット:銀行貸出期限の

再更新, *rollover credit*
crédit spot スポット融資
crédit standby 〚金〛スタンドバイクレジット：銀行が借手に対して必要な場合に一定金額を融資すると約束すること, *standby credit*
crédit sur nantissement 見返り担保貸, *collateral loan*
crédit sur projet 〚金〛プロジェクトファイナンス, *project finance*
crédit syndiqué 〚金〛シンジケートローン：複数の銀行が協調融資団を結成し，協調して行うローン, *syndicated loan*
crédit transférable 譲渡可能信用状, *transferable credit*
crémnophobie 断崖恐怖症, *cremnophobia*
créneau favorable 時運適合の状態, *window of opportunity*
créneau pointu 高度専門化市場, *highly specialized market*
créneau porteur 有望市場, *profitable market*
créneaux ultra-porteurs 大変有望な商機, *highly profitable market opportunities*
créolisation クレオール化：マルチニークなどのフランス海外県住民の持つ独自性に染まること
créolité クレオール性：マルチニークなどのフランス海外県住民の持つ独自性
(marché) creux 閑散とした(市場), *sagging (market)*
creux cyclique 循環的谷, *cyclical trough*
creux de la vague 低迷期, *slack period*
creux sans précédent 記録的安値, *all-time low*
crieur de prix 競売人, *auctioneer*
crimes contre paix 平和に対する罪, *crimes against peace*
crime informatique / criminalité informatique コンピュータ犯罪, *computer crime*
criminalistique 犯罪科学
criminalité organisée 組織犯罪, *organized crime*
crise agricole 農業恐慌, *agricultural crisis*
crise boursière 〚証〛株式市場の暴落, *stock market crisis*
crise de confiance 信任の危機, *confidence crisis*
crise de convergence 経済政策統一化不能
crise de crédit 〚金〛信用危機, *credit crunch*
crise des débouchés 過剰生産恐慌, *over-production crisis*
crise de l'Ancien Régime 〚言換〛(アンシアンレジームの恐慌である)穀物不足による恐慌
crise de l'énergie エネルギー危機, *energy crisis*
crise de liquidité 流動性危機, *liquidity crisis*
crise de mondialisation グローバル危機, *crisis of global-*

ization

crise de réalisation （マルクス経済学で）過剰生産恐慌, *over-production crisis*

crise de sous-consommation 過少消費危機

crise de subsistance 穀物不足による恐慌

crise de surproduction 過剰生産恐慌, *over-production crisis*

crise économique 不景気, *economic slump*

crise financière 金融危機, *financial crisis*

crise frumentaire 穀物不足による恐慌

crise monétaire internationale 国際通貨危機, *international monetary crisis*

crise pétrolière 石油危機, *oil crisis*

crise pétrolière arabe アラブ石油危機, *Arab oil crisis*

crise syndicale 労働組合危機：組合率の激減

cristallographe 水晶収集家

cristollophobie クリスタル・ガラス恐怖症, *crystallophobia*

critère d'amélioration de Pareto パレート改善基準, *Pareto improvement criterion*

critères d'approvisionnement 調達基準, *procurement standards*

critères de convergence （マーストリヒト条約が規定する）収斂基準, *convergence criteria*

critères de Copenhague コペンハーゲン基準：1993年のコペンハーゲン欧州理事会で決定された欧州連合新規加盟の要件, *Copenhagen criteria*

critères de rating 格付基準, *rating criteria*

critères d'investissement 投資基準, *investment criterion*

critère indicatif ベンチマーク；基準点, *benchmark*

critères pour l'approbation d'un don en aide 無償資金協力実施判定基準, *criteria for approval of the aid request*

crochet commutateur 〘通〙（通話切断用の）フックスイッチ, *hook-switch*

crocodile ブースターケーブル：自動車のバッテリー同士をつなぐケーブル, *jumper*

croisé dans les virages 〘スポ〙（スピードスケートの）クロスステップ, *cross-step*

croisement d'actifs 資産交換, *asset swap*

croissance à l'indienne （急成長を特徴とする）インド的成長, *Hindu rate of growth*

croissance annuelle 年成長率, *annual growth*

croissance auto-entretenue / croissance autonome 自己維持的成長, *self-sustained growth*

croissance axée sur la demande intérieure 内需主導型成長, *domestic demand-led growth*

croissance axée sur l'exportation 輸出主導型成長, *export-oriented growth*

croissance cyclique 循環的成長, *cyclical growth*

croissance de la population / croissance démographique 人口増加, *population growth*

croissance démographique nulle 人口ゼロ成長, *zero population growth*

croissance déséquilibrée 不均衡成長, *disequilibrium growth*

croissance du marché 市場の拡大；市場の成長, *market growth*

croissance durable sans inflation インフレなき持続可能な成長, *non-inflationary sustainable growth*

croissance économe en énergie 省エネルギー型成長, *energy-saving growth*

croissance économique à-coups ストップ・アンド・ゴーの経済成長, *stop-and-go growth*

croissance économique instable 不安定経済成長, *unstable economic growth*

croissance effective 実質成長, *real growth*

croissance en équilibre / croissance équilibrée 均衡成長, *equilibrium growth*

croissance en termes réels 実質成長, *real growth*

croissance entraînée par les exportations 輸出先行型成長, *export-led growth*

croissance épitaxiale エピタキシアル成長：半導体製造の重要技術の一つ, *epitaxial growth*

croissance et réduction en proportion 〖経〗スライディングスケール；伸縮法, *sliding scale*

croissance exponentielle 指数型成長, *exponential growth*

croissance extensive 外延的成長, *extensive growth*

croissance externe 外部的成長：M&Aによる企業成長

croissance induite de la demande 需要先行型成長, *demand-led growth*

croissance intensive 集約的成長：各種生産要素の生産性向上による生産の拡大, *intensive growth*

croissance interne 企業内活力による成長：企業自らが有する労力・資本・技術を活用した成長

croissance justifiée 適正成長, *warranted growth*

croissance modérée 緩やかな成長, *moderate growth*

croissance négative マイナス成長, *negative growth*
croissance nominale 名目的成長：インフレ率を差引かないで計算した経済成長率, *nominal growth*
croissance non-inflationniste soutenue 非インフレ型持続成長, *sustained non-inflationary growth*
croissance nulle ゼロ成長, *zero growth*
croissance optimale / croissance optimum 最適成長, *optimal growth*
croissance par l'endettement (海外からの)借入による成長, *growth cum debt*
croissance potentielle 潜在的成長, *potential growth*
croissance réelle 実質成長, *real growth*
croissance régulière 恒常的成長, *steady growth*
croissance stable 安定成長, *stable growth*
croissance tirée par la demande 需要牽引型成長, *demand-led growth*
croissance tirée par le secteur privé 民間部門主導の経済成長, *private sector-led growth*
croissance tirée par l'exportation 輸出牽引型成長, *export-led growth*
croissance zéro ゼロ成長, *zero growth*
Croissant-Rouge (イスラム教国の赤十字)赤新月, *Red Crescent*
croix (†を意味する)短剣符, *dagger*
croix blanche sur fond violet 紫の地に白い斜め十字：スクランブル放送でのみ放映可能な過激テレビ番組につく印
Croix Bleue 青十字：アルコール中毒対策団体
Croix-Rouge du Japon 日本赤十字, *Japan Red Cross*
Croix-Rouge française フランス赤十字, *French Red Cross*
Croix-Rouge suisse スイス赤十字, *Swiss Red Cross*
cross-country cyclo-pédestre 〘スポ〙自転車クロスカントリー：森や傾斜面を自転車に乗ったり歩いたりしてタイムを競うスポーツ
croupier de conversion 職業転換協定
cruzado (ブラジルの旧通貨単位で)クルザード, *cruzado*
cruzeiro (ブラジルの旧通貨単位で)クルゼイロ, *cruzeiro*
cryobiologie 低温生物学, *cryobiology*
cryochirurgie 低温外科, *cryosurgery*
cryodessiccation (食品の)フリーズドライ, *freeze-drying*
cryogénie 低温学, *cryogenics*
cryptage (画像の)スクランブリング, *scrambling*
cryptologie 暗号作成術, *cryptology*

cubique à faces centrées 面方立方格子, *face-centered cubic*

cuisine encastrée システムキッチン, *fitted kitchen*

〈**cul sec, cul sec**〉 (一気飲みのかけ声で)一気, 一気

〈**culot**〉 (国庫の前渡し金より地方税収入が下回った場合の)徴収漏れ

culte monétaire 拝金主義, *money worship*

culture biologique 有機農業, *organic farming*

culture contre-saison 季節はずれの農作物栽培

culture de la pauvreté 負け犬根性:貧困の悪循環により植え付けられる気質

〈**culture de mort**〉 死の文化:ヨハネ・パウロ2世が現代文化をこう称した, *culture of death*

culture de rapport 換金作物;現金作物, *cash crop*

culture d'entreprise 企業文化, *corporate culture*

culture des cellules / culture des tissus 細胞培養, *cell culture*

culture des embryons 胚培養, *embryo culture*

culture d'exportation 輸出向け農作物栽培

culture forcée 促成栽培, *forcing culture*

culture industrielle 換金作物, *cash crop*

culture informatique コンピュータリテラシー, *computer literacy*

culture légitime 定番文化:特定の地域,歴史により認められた文化

culture ouvrière 庶民文化

culture sur coupe et brûlis 焼き畑耕作, *thrush and burn agriculture*

cumixaphiliste マッチ収集家

cumul d'assurance 保険の重複

cumul de fonctions / cumul d'emplois 兼務, *plurality of offices*

cumul de mandats (公選職の)兼職, *pluralism*

cumul de rémunération 報酬の二重取得, *drawing of more than one salary*

cumul de risques 危険の累積, *accumulation of risks*

cumul des prestations 給付の併給

cumul des sièges d'administrateur 取締役の兼任, *plurality of administrator seats*

curatelle 保佐, *guardianship*

curatelle (相続などの)財産管理, *trusteeship*

curateur (未成年者の)保佐人, *guardian*

curateur à succession vacante 相続人不在財産の財産管

理人, *administrator of vacant succession*
curateur au ventre 胎児管理人
curateur d'absence 不在者の財産管理人
curateur de faillite 破産管財人, *Official Receiver*
〈**Curiethérapie**〉 (20世紀前半に行われ1950年代に停止された)ラジウム治療
curleur 〘スポ〙(カーリングの)スライダー, *slider*
curseur contrôle 〘コンピュ〙カーソルコントロール, *cursor control*
cybercafé (インターネット完備の)サイバーカフェ, *cybercafe*
cyberconsommateur オンライン消費者：サイバービジネスの利用者
cyberculture 電脳文化：コンピュータ, 特にインターネット上で発展した文化, *cyberculture*
cyberdélinquance コンピュータ犯罪, *computer crime*
cyberéconomie サイバーエコノミー, *cybereconomy*
cyberespace / cybermonde 電脳空間, *cyberspace*
cyberlivre サイバーブック：電子文書化した書籍
cybernaute インターネットサーファー, *cybernaut*
cyberphobe コンピュータ嫌い(の人), *cyberphobe*
cyberphobie コンピュータ恐怖症, *computerphobia*
cyberpunk サイバーパンク：SF小説の一ジャンル, *cyberpunk*
cyberquartier (秋葉原などの)電脳タウン
cybersquatter 〘コンピュ〙電脳不法占拠者：ドメインネームの先取者, *cybersquatter*
cyberterrorisme サイバーテロ：インターネットなどを通じてコンピュータに不正進入しシステム破壊をねらう行為, *cyberterrorism*
cycle agricole 農作周期, *agricultural cycle*
cycle conjoncturel 景気循環, *business cycle*
cycle constitutionnel 憲法改正周期
cycle culturel 栽培周期
cycle de commercialisation ビジネスサイクル, *business cycle*
cycle de fonctionnement 営業循環, *operating cycle*
cycle de la distribution 小売りの輪, *wheel of retailing*
cycle de l'activité économique 景気循環, *business cycle*
cycles de longue durée 〘経〙建築循環；クズネッツ循環, *building cycle*
cycle de l'Uruguay 〘経〙ウルグアイラウンド, *Uruguay-Round*
cycle de réinvestissement 再投資循環, *reinvestment cycle*

cycle de vie du produit 〘経〙プロダクトライフサイクル, *product life cycle*

cycle d'écho 反響効果による循環；再投資循環, *reinvestment cycle*

cycle des projets プロジェクトサイクル：開発の事業計画の構想から実施に至るまでの全過程, *project cycle*

cycle d'exploitation 営業循環, *operating cycle / trading cycle*

cycle d'extraction 〘コンピュ〙命令取出し段階, *fetch cycle*

cycle d'horloge 〘コンピュ〙クロックサイクル, *clock cycle*

cycle d'observation (教育の)観察課程

cycle d'orientation 進路指導課程

cycle du Millénaire ミレニアムラウンド, *Millennium Round*

cycle du produit 〘経〙プロダクトサイクル, *product cycle*

cycle écologique 生態循環, *ecological cycle*

cycle économique 景気循環；景気変動；経済循環, *trade cycle*

〈**cycle fermé**〉 閉じたサイクル：使用済み核燃料を再利用・保管するため，成分分離目的で同燃料を再処理する方法

cycles Juglar 〘経〙ジュグラー循環；ジュグラーの波, *Juglar cycles*

cycles Kitchin 〘経〙キチン循環；キチンの波, *Kitchin cycles*

cycles Kondratieff 〘経〙コンドラチェフ循環；コンドラチェフの波, *Kondratieff cycles*

cycles Kuznets 〘経〙クズネッツ循環；クズネッツ変動, *Kuznets cycles*

(les) cycles majeurs 〘経〙主循環；ジュグラー循環, *major cycles*

(les) cycles mineurs 〘経〙小循環；キチン循環, *minor cycles*

〈**cycle ouvert**〉 開いたサイクル：使用済み核燃料の構造物を直(じか)に貯蔵する方法

cycle vital ライフサイクル, *life cycle*

cyclo-cross 〘スポ〙自転車クロスカントリー：森や傾斜面を自転車に乗ったり歩いたりでタイムを競うスポーツ

cyclophobie 自転車恐怖症, *cyclophobia*

cyclophosphamide (抗癌剤の)シクロフォスファミド, *cyclophosphamide*

cymophobie 荒海恐怖症

cynophobe 嫌犬家

cynophobie 犬恐怖症, *cynophobia*

D

d rond （数学の）ラウンド d, *round d*

dabiste 自動支払機利用の窃盗犯：偽造カードなどで ATM から現金を搾取する犯罪者

dactylo-facturière 送状作成タイピスト, *typist invoice clerk*

dactyloscopie 指紋鑑別法, *dactyloscopy*

dalasi （ガンビアの通貨単位で）ダラシ, *dalasi*

dano- （連結形）丁＝デンマーク（丁抹）の, *Dano-*

dans le silence du marché 契約に特に但し書きなき限り, *unless otherwise specified in the contract*

dans l'optique des engagements 〖ODA〗コミットメントベースで, *on a commitment basis*

danse imposée 〖スポ〗（アイススケートの）コンパルソリーダンス, *compulsory dance*

date à partir de laquelle on compte une période 起算日, *date from which period is started*

date butoir 締切日, *cut-off date*

date d'amortissement anticipé 早期償還手続開始日

date de clôture du bilan 貸借対照表の決算期日, *closing date of the balance-sheet*

date de jouissance 支払期日, *due date*

date de levée 〖証〗買取日, *exercise date*

date de liquidation / date de règlement 〖証〗決済日, *settlement date*

date de livraison / date de remise 〖証〗受渡し日, *date of delivery*

date de mise sur le marché 割当日, *offering date*

date de péremption 賞味期限, *freshness date*

date de prise d'effet 発効日, *effective date*

date de remboursement 〖証〗償還期日, *redemption date*

date de solde 〖証〗ポジション結了日

date de souscription 〖証〗応募日, *date on which bond was given*

date de valeur 〖証〗決済日；利息起算日：入金が有効になり資金が利用可能になる日, *value date*

date de versement 〖証〗支払日, *date of payment*

date d'échéance 〖証〗満期日；支払期日, *maturity date*

date d'échéance du remboursement 〖証〗償還期日, *redemption date*

date d'échéance moyenne 〖証〗平均支払期日, *average due date*

date d'émission 〖証〗発行日, *date of issue*

date d'entrée en fonction 入社日, *date of engagement*

date d'exercice 〖証〗満期日, *exercise date*

date d'expiration 〖証〗期限切れ(の期日);行使期限;決済期日, *expiration date*

date d'ouverture de la souscription 〖証〗応募開始日, *opening date of subscription*

date ex-dividende 〖証〗配当落ち日, *ex dividend date*

date limite de consommation 賞味期限, *use-by date*

date limite de réception 受取期限, *closing date of reception*

date limite de remise 提出期限, *closing date*

date limite de vente (食品の)販売期限, *sell-by date*

date limite d'inscription 〖スポ〗(競技参加への)登録の期限, *closing date for entries*

de bord à bord 積込陸揚荷主負担, *free in and out*

de bout en bout 〖通〗始端終端間の, *end-to-end*

de première frappe 先制攻撃用の, *first strike*

de proximité 地域密着型の

déambulateur 歩行器, *walker / Zimmer flame*

débâcle boursière 〖証〗暴落, *heavy fall*

débauchage (人材の)引抜き:特に他の政党の政治家の引抜き, *head hunting*

débenture bancaire 〖証〗金融債, *bank debenture*

débet 決算時欠損, *balance due*

débirentier 年金支給者;定期金債権者

débit binaire 〖コンピュ〗ビットレート, *bit rate*

débit binaire variable 〖コンピュ〗可変ビット速度, *variable bit rate*

débit journalier moyen 一日当たり平均交通量, *average daily traffic*

débiteurs anonymes 過剰債務者更生会, *Debtors Anonymous*

débiteur de premier ordre 〖証〗超一流発行体, *AAA debtor*

débogage 〖コンピュ〗デバッグ, *debugging*

débogueur 〖コンピュ〗デバッガー, *debugger*

débonification 優遇金利の廃止, *cut of interest-rate subsidy*

débordement 〖コンピュ〗オーバーフロー, *overflow*

débouché professionnel 就職口, *job openings*
débouclage 〖証〗ポジション結了；手仕舞, *liquidation*
débrayage 時限ストライキ；短時間の断続スト, *walk-out*
début de bande 磁気テープ開始位置記号, *beginning of tape*
début de journée / début de la séance 〖証〗寄付き, *opening (stock exchange)*
début de l'exercice 〖会〗期首, *beginning of fiscal year*
début de message / début de texte 電文の開始；メッセージの頭, *start of message*
déca- （連結形）デカ：10の1乗, *deca-*
déca transgénique 遺伝子組換えデカフェインコーヒー豆, *transgenic decaffeinated coffee*
décaissements directs 現金払い, *cash payment*
décalage arithmétique 〖コンピュ〗算術桁送り, *arithmetic shift*
décalage circulaire 〖コンピュ〗循環シフト, *circular shift*
décalage conjoncturel 景気循環のずれ
décalage d'impôts 租税転嫁, *shifting of taxes*
décalage fiscal 財政の歯止め, *fiscal drag*
décalendarisation （統計技法で）日曜祭日の排除
décapitalisation 資本の希薄化
décélération de l'infiation インフレ鈍化, *deceleration of inflation*
Décennie des Nations unies pour la femme 国連婦人の10年, *United Nations Decade for Women*
Décennie des Nations unies pour le développement 国連開発の10年, *United Nations Development Decade*
〈décennie perdue〉 失われた10年間：中南米における1980年代の10年間, *Lost Decade*
décentralisation industrielle 産業の地方分散化, *industrial decentralization*
déchet de haute activité 高レベル放射性廃棄物, *high-level radioactive waste*
déchet de route(s) 運送中の目減り, *loss in transit*
déchet faiblement radioactif 低レベル放射性廃棄物, *low-level radioactive waste*
déchet important 〖証〗大幅安, *sharp decline*
déchet ordinaire et freinte 通常の目減り, *trade loss*
déchetterie （有害廃棄物・リサイクル可能廃棄物などの）ごみ処理場
déchiffrage du génome humain 〖バイオ〗ヒトゲノム解読
déchiqueteuse シュレッダー：秘密書類などの断裁機, *shredder*

déci- (連結形)デシ：10のマイナス1乗, *deci-*
décimal codé binaire 2進化10進法, *binary-coded decimal*
décime 一割増課税, *surcharge of 10 % of the tax*
décision à la majorité 多数決, *majority vote*
décision à titre préjudiciel / décision préjudicielle 〖法〗(欧州裁判所の)先行的訴訟, *preliminary ruling*
décision avant dire droit 〖法〗先行判決, *interlocutory decision*
déclaration annuelle des données sociales 支払賃金総額の年次報告, *PAYE and NIC return*
déclaration annuelle des revenus 毎年の所得申告, *annual statement of income*
déclaration d'achat et de vente 〖証〗売買報告書, *purchase and sale statement*
déclaration d'avarie 〖保〗分損損害, *average claim*
déclaration de levée d'option 〖オプ〗選択権行使の意思表示, *declaration of exercise of an option*
déclaration de sa situation patrimoniale (閣僚などの)資産公開, *property disclosure*
déclaration de sinistre 保険クレームの通知, *notice of claim*
déclaration définitive d'impôts 確定申告, *final declaration*
Déclaration des gouvernements des pays membres de l'OCDE (= Organisation de coopération et de développement économiques) sur l'investissement international et les entreprises multinationales 国際投資及び多国籍企業に関する経済協力開発機構加盟国政府宣言, *Declaration of the Governments of OECD member countries on international and multinational enterprises*
déclaration d'impôts 所得税申告書, *tax return*
déclaration d'inscription pour ordre 名義書換済み通知書
déclaration en douane 税関申告；通関申告, *customs declaration*
déclaration fiscale 税務申告書, *tax returns*
déclaration générale de conformité (予算の)一般符合宣言
déclaration mensuelle des mouvements de main-d'œuvre 労働者数推移月例報告
déclaration obligatoire de la séropositivité pour le VIH (= virus de l'immunodéficience humaine) HIV抗体陽性届出義務
Déclaration universelle des droits de l'homme 世界

人権宣言, *Universal Declaration of Human Rights*
déclassement 公用廃止
déclassement (d'une centrale nucléaire) (原子力発電所の)廃炉, *decommissioning (of a nuclear power plant)*
déclassement social 社会的転落：所属階層のランクダウン
déclassification 機密指定解除, *declassification*
décloisonnement des banques spécialisées 特殊銀行の一般化
décodage à taux d'erreur minimum 〖コンピュ〗最小誤りデコーディング, *minimum error decoding*
décodeur gestionnaire 〖コンピュ〗デコーダー駆動装置, *decoder driver*
décollage assisté 噴射式離陸, *jet assisted takeoff*
décollage industriel 〖経〗工業の離陸, *industrial takeoff*
(être en) décollecte 純預入額マイナス(である)：銀行の預金獲得が払戻しを下回る状態
décomposition des besoins financiers 資金需要内訳, *breakdown of finance requirements*
décompression de données 〖コンピュ〗データ解凍, *data decompression*
décompte de fin d'année 年末売上勘定, *year-end sales accounts*
décompte de primes 保険料精算書, *breakdown of premium*
décompte du dommage 損害額精算, *breakdown of the damage*
déconcentration des usines 工場の地方分散, *dispersal of the factories*
déconcentration interne 内部的権限委譲, *internal devolution*
déconfiture 支払不能, *insolvency*
déconjoncturalisé 循環的変動調整済, *cyclically adjusted*
déconnexion 断絶：第三世界の自立的成長のため資本主義的搾取と手を切ること
déconsolidé 〖経〗連結除外の, *not consolidated*
déconventionnement 医療協約からの除外, *detachment from the health system*
décote 〖証〗ディスカウント；額面割れ, *discount (from par)*
décotes dégressives 累進税額軽減措置, *graduated tax relief / vanishing exemption*
découpage d'écran 〖コンピュ〗スクリーン分割, *windowing*
découvert 〖保〗非被保険部分：被保険者自らの負担となる部分
découvert en blanc 無担保貸越し, *unsecured overdraft*
découvert mobilisable par billets 手形貸付け, *loan on*

bills

découvert obligatoire 必要的非保険部分：義務的に被保険者自らの負担となる部分

découvert réciproque 〖金〗スウィングクレジット, *swing credit*

décret buvette （1996年8月8日の）競技場酒類販売例外規定

décret Millerand ミルラン政令：公共工事で働く外人労働者の上限を設定した政令

décroiser les participations 〖証〗持合いを解消する

décryptage du génome humain 〖バイオ〗ヒトゲノム解読, *human genome decoding*

dédommagement pour la perte 〖証〗損失補てん, *loss compensation*

déduction de la cotisation syndicale du salaire 組合費天引制, *check-off system*

déduction de la TVA (＝taxe à la valeur ajoutée) 付加価値税の控除, *deduction of the VAT (＝value-added tax)*

déduction du vieux au neuf 新旧交換差益控除, *deduction new for old*

déduction familiale 家族控除, *family tax allowance*

déduction fiscale 租税の軽減, *tax reduction*

déduction forfaitaire 概算控除；標準減額, *standard deduction*

déduction Monory （1978年モノリー法の）フランス株投資優遇税制

déduction pour amortissement 減価償却引当金, *depreciation allowance*

défaillance d'entreprise 企業倒産, *business failure*

défaillance du marché 〖経〗市場の不成立：市場に競争があるにも関わらずパレート最適が成立しない場合, *market failure*

(par) défaut 〖コンピュ〗デフォルト（の）, *default*

défaut de couverture 〖証〗証拠金不足, *margin default*

défaut de nouvelles （船舶の）行方不明, *missing (of a ship)*

défaut de provision sur un compte en banque 銀行預金口座の残高不足, *no funds on a bank account*

défense antifusée 対弾道弾ミサイルシステム, *antiballistic missile system*

défense antimissiles de théâtre 戦域ミサイル防衛, *theater missile defense*

défense des consommateurs 消費者保護, *consumer protection*

défense (du) Pac Man パックマンディフェンス：敵対的買収を仕掛けられた企業が逆に買収を仕掛けた企業を買収すると

脅迫する事, *Pac-Man defense*
défense périphérique 周辺防衛, *peripheral defense*
défense tous azimuts 全方位防衛
défenseur des enfants 少年保護者
défenseur des intérêts des consommateurs 消費者運動家, *consumer advocate*
défibrillateur (cardiaque implantable) (移植可能)細動除去器：心臓の除細動に使う装置, *defibrilator*
déficience de la demande 需要不足, *demand deficiency*
déficience en vitamine B ビタミンB不足, *vitamin B deficiency*
déficience immunologique 免疫不全, *immuno-deficiency*
déficient auditif 聴覚障害者, *person who is deficient in hearing*
déficient visuel 視覚障害者, *person who is deficient in seeing*
déficit accumulé 繰越欠損金, *accumulated deficit*
déficit budgétaire 歳出予算超過；財政赤字, *budget deficit*
déficit budgétaire systématique 補整的支出, *compensatory spending*
déficit chronique 慢性的赤字, *chronic deficit*
déficit comptable 事業年度欠損
déficit conjoncturel 景気循環による赤字
déficit courant 経常赤字, *current account deficit*
déficit de caisse 構造的赤字, *structural deficit*
déficit de la balance des opérations courantes / déficit de la balance des paiements courants 経常勘定の赤字, *current account deficit*
déficit de la balance dollar ドル不足, *dollar gap*
déficit démocratique (欧州共同体委員会による欧州)議会軽視, *democratic deficit (EC)*
déficit d'emploi 求人案件不足数：月末時点での求職者数と求人件数の差
déficit des échanges visibles 有形的貿易赤字, *visible-trade deficit*
déficit des transactions invisibles 貿易外取引赤字, *invisible trade deficit*
déficit dollar ドル不足, *dollar gap*
déficit d'oxygène 酸素不足, *oxygen deficit*
déficit énergétique エネルギーギャップ：石油輸入による赤字, *energy gap*
déficit industriel (一国の貿易における)工業製品収支の赤字, *deficit due to trade of industrial products*

déficits jumeaux 双子の赤字, *twin deficits*
déficit primaire 基礎的赤字：赤字総額から国債償還費を除いた分, *primary deficit*
déficit reportable 欠損金の繰越, *loss carry-forward*
déficit sans pleurs 涙なしの赤字：Jacques Rueff の言葉で，国際通貨ドルを発行しうる立場にある米国の赤字
défilé aérien 儀礼飛行, *flypast*
défilé des nations 〖スポ〗各国選手団入場, *parade*
défilé d'ouverture 〖スポ〗開会パレード, *opening procession*
défilement vers le bas 〖コンピュ〗スクロールダウン, *scrolling down*
défilement vers le haut 〖コンピュ〗スクロールアップ, *scrolling up*
défini par l'utilisateur 〖コンピュ〗ユーザー定義された, *user-defined*
définissable par l'utilisateur 〖コンピュ〗ユーザー定義可能な, *user-definable*
déflaté （インフレ率を差引いた）実質で
déflateur du PIB (= produit intérieur brut) 〖経〗GDP デフレーター, *GDP deflator*
déflateur implicite du produit intérieur brut 〖経〗インプリシット GDP デフレーター, *implicit gross domestic product deflator*
déflation des prix 価格デフレーション, *price deflation*
déflation statistique 統計的デフレ, *statistical deflation*
déflationniste デフレ論者, *deflationist*
dégagement des cadres （戦争終結などによる軍や行政府の）幹部職定員削減
dégradation de l'environnement 環境低下, *environmental degradation*
dégradation du signal 〖通〗信号分配装置, *signal distributor*
dégraissage （企業の贅肉をそぐ）ダウンサイジング, *downsizing*
dégraissage de main-d'œuvre （企業の贅肉をそぐ）人員削減, *labor shedding*
degré d'adoucissement des conditions d'un prêt 借款の条件緩和度, *softness of loan*
degré de concentration industrielle 産業集中度, *industrial concentration ratio*
degré de liquidité 〖金〗流動比率, *liquidity ratio*
degré de monopsone 需要独占度, *degree of monopsony*
degré de saturation 飽和度, *degree of saturation*
degré de solvabilité 〖金〗信用等級；信用格付け, *credit rat-*

degré d'ouvraison des différentes marchandises 各種製品の加工段階, *degree of proceeding undergone by the various goods*

dégressivité du volume (関税枠の)段階的縮小, *phased reduction*

dégrèvement pour charge de famille 家族扶養控除, *allowance for dependents*

dégrèvement roll-over 繰延特例, *rollover relief*

dégriffé (デザイナーブランドをはずした)アウトレット衣料, *item of clothing which has had its designer label removed and is sold at a reduced price*

dégroupage アンバンドリング：企業の構成部門を分離売却すること, *unbundling*

déjà en place 既設の, *existing*

délai constitutif de sinistre 〚保〛損害確定までの期間, *period before ascertainment of loss*

délai d'amortissement 〚金〛償還期限, *term of redemption*

délai d'attente / délai de carence 〚保〛待機期間；保険外期間：社会保険などにおいて保険金の支払いが行われない期間, *waiting period (of insurance)*

délai de carence (債務返済の)据置期間, *waiting period*

délai de conservation des documents 書類保存期間, *conservation period of the documents*

délai de forclusion 〚法〛(権利の)除斥期間, *time limit*

délai de grâce 〚金〛据置期間：長期シンジケートローンなどでの元本返済開始までの期間, *grace period*

délai de non-négociabilité 譲渡禁止期間, *non-negotiability period*

délai de place 〚証〛決済期日

délai de préavis 予告期間, *length of notice*

délai de recouvrement (借金の)回収猶予, *collection period (of debts)*

délai de récupération (投資の)回収期間, *payback period*

délai de réflexion クーリングオフ期間, *cooling-off period*

délai de remboursement prolongé 返済猶予期間, *extended period of repayment*

délai de reprise (徴税権の)時効, *statute of limitations on collection*

délai de rotation 棚卸資産回転率, *inventory turnover*

délai de validité 有効期限, *term of validity*

délai d'établissement 〚コンピュ〛セットアップタイム, *set-up time*

délai moyen de recouvrement des créances 平均債権

回収期間, *average collection period*

délai préfix 除斥期間, *limitation*

délai susceptible 猶予期間；指定期間

délaissement d'un navire 船舶の委付, *abandonment of a ship*

délégation d'athlètes 〚スポ〛選手団, *delegation*

Délégation de la Commission européenne au Japon 駐日欧州委員会代表部, *Delegation of the European Commission in Japan*

délégué du personnel （10人以上の企業で社員の選挙で選ばれる）従業員代表；職員代表, *workers' delegate*

délestage 企業の不採算部門売却；弱小部門の切捨て, *divestiture*

déliement 〚ODA〛アンタイド化, *untying*

délimitation maritime 海洋の境界画定, *delimitation of maritime boundaries*

délimiteur de champ 〚コンピュ〛フィールド区切り文字, *field delimiter*

délit de presse 報道法の違反, *violation of the press laws*

délit d'initié 〚証〛インサイダー取引, *insider trading*

délits financiers 〚法〛ホワイトカラー犯罪, *white-collar crime*

délivrance d'actions 〚証〛株券交付, *delivery of stocks*

délivrance de crédit 信用供与, *credit granting*

délivrance du brevet européen 欧州特許の交付, *grant of the European patent*

délivrance du passeport 旅券交付, *issue of the passport*

délocalisation de la production 生産の海外移転, *dislocalization of production*

délocalisation des industries (vers les pays à bas salaires) （低賃金国への）産業拠点の国外移転, *relocation of the industries*

deloriste （ジャック）ドロールの, *of Jacques Delors*

⟨**Delors-Net**⟩ （Jacques Delors 提唱の）欧州情報ハイウェー, *Delors-Net*

delta-modulation 〚通〛デルタ変調, *delta modulation*

deltaplane 〚スポ〛ハンググライダー, *hang-glider*

demande biochimique en oxygène 生化学的酸素要求量, *biochemical oxygen demand*

demande biologique en oxygène 生物学的酸素要求量, *biological oxygen demand*

demande chimique en oxygène 化学的酸素要求量, *chemical oxygen demand*

demande d'admission (à la cote officielle) 〚証〛（有価証

demandes d'augmentation de salaires en cascade (ドミノ倒しのように次から次への)波及的賃上げ要求, *leap-frogging pay demands*

demande de concours 〚ODA〛援助申請, *application for assistance*

demande de consommation 消費者需要, *consumer demand*

demande de liquidités 現金残高需要, *demand for cash balances*

demande de marge initiale 当初証拠金率, *initial margin requirement*

demande de page 〚コンピュ〛要求時ページング, *demand paging*

demande de remplacement 買換需要；取替需要, *replacement demand*

demande de souscription (d'actions) (株式購入の)応募, *application (for stocks)*

demande de travail 労働需要, *demand for labor*

demande d'éclaircissements (申告内容の)釈明請求

demandes d'emploi en fin de mois 月末求職者数, *number of job-seekers at the end of month*

demande dérivée 派生需要, *derived demand*

demande des entreprises 法人需要, *corporate demand*

demande d'inscription à la cote / demande d'introduction en Bourse 〚証〛上場申請, *application for listing*

demande d'origine (特許の)当初申請, *original application*

demande d'un brevet 特許出願, *application for a patent*

demande effective 有効需要, *effective demand*

demande élastique 弾力的需要, *elastic demand*

demande endogène 内生的需要, *endogenous demand*

demande étrangère (特許の)外国出願, *foreign application*

demande excédentaire 超過需要, *excess demand*

demande exogène 外生需要, *exogenous demand*

demande extérieure 外需, *demand from abroad*

demande ferme 〚証〛(株の)確定買呼値, *firm bid*

demande finale 最終需要, *final demand*

demande globale 総需要, *aggregate demand*

demande gracieuse 税金免除申請, *request for exemption*

demande individuelle 個別需要, *individual demand*

demande induite 誘発需要, *induced demand*

demande inélastique 非弾力的需要, *inelastic demand*

demande initiale (特許の)先願, *earlier application*

demande intérieure 内需, *domestic demand*
demande interne 設備財及最終消費財の需要
demande journalière 一日の需要, *daily demand*
demande nette 実質需要, *net demand*
demande potentielle 潜在的需要, *potential demand*
demande pour une aide 〚ODA〛援助要請, *request for aid*
demande réciproque 相互需要, *reciprocal demand*
demande réservée 留保需要, *reserved demand*
demande rigide 硬直的需要, *rigid demand*
demande saisonnière 季節需要, *seasonal demand*
demande solvable 有効需要, *effective demand*
demande soutenue 旺盛な需要, *active demand*
demande substituable 代替的需要, *alternative demand*
demande suivie 安定した需要, *steady demand*
demande ultérieure (特許の)後願, *subsequent application*
démantèlement des armes (平和のための)武器の解体, *dismantling of arms*
démarchage 勧誘行為, *canvassing*
démarchage à domicile 訪問販売, *door-to-door sales*
démarches diplomatiques 外交上の策(処置), *demarche*
démarches préalables 〚和〛根回し, *wheel-greasing*
démariage (離婚という法的なニュアンスを避けて)結婚破綻
démarque inconnue 棚卸減耗；在庫不足, *stock losses and shrinkage*
démarrage à chaud 〚コンピュ〛ウォームスタート, *warm start*
démarrage à froid 〚コンピュ〛コールドスタート, *cold start*
démarrage à l'aide des câbles ジャンプスタート：他の車のバッテリーにつないでエンジンをかけること, *jump start*
démarrage d'une affaire à zéro 裸一貫からのビジネス立上げ, *cold start of business*
dématérialisation (硬貨に金や銀を使わないで済ます)稀少金属使用廃止
dématérialisation 〚証〛証券不発行；証券無形化；ペーパーレス化；券面廃止, *dematerialization*
démembrement 〚証〛(債券の)ストリッピング：元本証書と利札の分割, *stripping*
démence sénile 老人性痴呆, *senile dementia*
demi-additionneur 〚コンピュ〛半加算器, *half adder*
demi-décime 5％割増課税, *surcharge of 5 % of the tax*
demi-pension 修正アメリカ方式：部屋代と朝夕食代をセットしたホテル料金制度, *modified American plan*
(un) demi pour cent 0.5％, *(a) half per cent*
demi-produit 半製品, *semi-manufactured product*

demi-séance 〚証〛半日立会い, *half session*

demi-soustracteur 〚コンピュ〛半減算器, *half substracter*

démobilisation tarifaire linéaire 関税一括引下げ, *across-the-board tariff reductions*

Démocrates européens de progrès 進歩欧州民主派：欧州議会の政党, *Progressive European Democrats*

démocratie chrétienne （キリスト教民主党の）キリスト教民主主義, *Christian democracy*

( ) **Démocratie libérale** （フランスの政党で Alain Madelin の）自由民主党

démocratie pluraliste 複数政党制民主主義

démocratie représentative 間接民主主義, *representative democracy*

démodulateur 〚通〛復調器, *demodulator*

démodulation 〚通〛復調, *demodulation*

démonétisation （過度のインフレで通貨の法的価値がなくなる）通貨廃止；廃貨, *demonetization*

démonétisation （比喩的用法で）信用の失墜, *discrediting*

démonétisation de l'or 金廃貨, *demonetization of gold*

démophobie 群衆恐怖症, *demophobia*

démultiplexage 〚通〛多重分離, *demultiplexing*

démultiplexeur 〚通〛デマルチプレクサー, *demultiplexer*

denar （マケドニアの通貨単位で）デナール, *denar*

dendrophobie 樹木恐怖症, *dendrophobia*

dénicheur de talents タレントスカウト, *talent scout*

dénouement 〚証〛（株の）決済, *settlement*

dénouement d'une position 〚オプ〛（先物取引で）ポジション結了, *settlement of a position*

denrées alimentaires élaborées プロセスフード, *processed foodstuffs*

densité agraire 農業人口密度, *density of farming population*

densité de référence d'un document opaque 反射濃度基準, *reflection density reference*

densité optique 光学濃度, *optical density*

dents de pointe 〚スポ〛（フィギュアスケートの）トーピック, *toe picks*

〈**dentiste belge**〉 （ベルギーの歯医者のような）小口投資家, *Belgian dentist*

dénucléarisation 核兵器廃棄；非核化, *denuclearization*

déontologie boursière 証券取引の正常化, *principles of a sound stock market*

déontologie professionnelle d'un bon négociant 健全

取引主義, *principles of a sound businessman*

dépannage 〖コンピュ〗トラブルシューティング, *troubleshooting*

départ arrêté 〖スポ〗スタンディング式スタート, *standing start*

département de la coopération non gouvernementale 非政府団体対外協力部：地方自治体の対外協力活動を支援する政府機関

Département de planning et de diffusion internationaux （NHKの）国際放送局, *International Planning and Broadcasting Department (NHK)*

département de relations actionnaires インベスターズリレーションズ担当部, *investors relations department*

Département d'enquête et d'inspection sur l'administration fiscale （国税庁）調査査察部, *Investigation and Intelligence Department*

Département des affaires humaines 人道問題局, *Department of Humanitarian Affairs*

dépassement de souscription 応募超過, *oversubscription*

dépassement du coût estimé 見積超過, *overrun of the estimated cost*

dépassement du plafond du crédit 与信限度額超過, *exceeding of the credit limit*

dépassement sur le coût estimé d'un projet 〖経〗プロジェクトのコストオーバーラン, *cost over-run of project*

dépenses à titre d'aide pour un développement économique et autres 〖ODA〗経済開発等援助費, *expenses for economic development assistance*

dépenses autorisées à reporter à l'année fiscale suivante 明許繰越し, *expenses carried over to the next fiscal year*

dépenses d'établissement 資本的支出, *capital outlays*

dépenses d'infrastructure économique et sociale 社会資本投資, *social overhead investment*

dépenses d'investissement direct 直接投資支出, *direct investment expenditure*

dépenses en capital / dépenses en immobilisation 資本支出, *capital expenditure*

dépenses engagées 使途拘束支出；歳出契約, *contracted expenses*

dépenses extra-budgétaires 予算外支出, *defrayment unprovided for in the budget*

dépenses facultatives 裁量的支出
dépenses fiscales (S. Surrey の言葉で税制優遇措置による)税収入のマイナス分
dépenses incompressibles 削減不能支出, *core expenditure*
dépenses initiales 創業費, *initial expenses*
dépenses libératoires (税などの)債務弁済としての使用者の支出
dépenses sociales 福祉支出, *welfare expenditure*
déplacement de la demande 需要シフト, *demand shift*
déplacement du curseur カーソルの動き, *cursor movement*
déplacement d'une courbe 〖経〗曲線のシフト, *shift of a curve*
déplanification (計画経済の)自由化
déplombage 〖コンピュ〗(ソフトの)プロテクト外し, *decrypting*
déport de change 為替割引, *exchange discount*
déport sur les marchés à terme 〖金〗直先逆転現象
deposit 〖証〗売買証拠金, *deposit*
dépositaire exclusif 特約販売受託者, *sole agent*
dépôt 〖証〗カストディー：証券会社による顧客証券の保管, *custody*
dépôt à échéance fixe 定期預金, *time deposit*
dépôt à l'importation 輸入業者預金制度：中央銀行に輸入品と同額の預金を義務付ける一種の非関税障壁
dépôt à préavis 通知預金, *notice deposit*
dépôt à somme fixe 定額貯金, *fixed amount savings*
dépôt à taux flottant 変動金利預金, *floating rate deposit*
dépôt axial en phase vapeur (グラスファイバー製造の)軸付け化学蒸着, *vapor phase axial deposition*
dépôt chimique en phase vapeur 化学気相沈積：化学反応を用いた気相成長法, *chemical vapor deposition*
dépôts de banque à banque 銀行間預金, *interbank deposit*
dépôt de bilan 裁判上の更生手続開始の申請, *filing one's petition in bankruptcy*
dépôt de cautions à l'importation 輸入担保, *import deposits*
dépôt de compensation 拘束預金：ローンを受けるに際して金融機関から要求される預金
dépôt de couverture 支払証拠金, *deposit of margin*
dépôt de garantie 敷金；保証寄託金；保証金差入れ, *deposit of guarantee*

dépôt de garantie obligatoire 証拠金率, *margin requirements*
dépôt de gros ホールセール預金, *wholesale deposit*
dépôt de la monnaie collatérale 見返り通貨の積立て, *deposit of local currency*
dépôt de nuit 夜間金庫, *night safe*
dépôt des titres en garde 〖証〗証券保護預かり, *safe deposit of securities*
dépôt en devises 外貨預金, *foreign currency deposit*
dépôt en yen effectué dans des banques situées hors du Japon ユーロ円預金, *Euro-yen deposits*
dépôt exceptionnel 特別預金, *special deposits*
dépôt fiduciaire 信託預金, *trust deposit*
dépôt initial 取引証拠金, *initial deposit*
dépôt interbancaire 銀行間預金, *interbank deposit*
dépôt non réglementé 自由金利預金, *not regulated deposit*
dépôt non rémunéré 無利息預金, *non-interest deposit*
dépôt obligatoire 証拠金率, *margin requirements*
dépôt par jour à somme fixe 日掛け(ひがけ)貯金, *daily installment savings*
dépôts productifs 有利子貯蓄, *interest-bearing deposits*
dépôt restrictif 拘束性預金, *Restrictive Deposit*
dépôt sans intérêt 無利息預金, *non-interest bearing deposit*
dépôt utilisable par chèques 小切手振出可能預金, *checkable deposit*
dépôt-vente 委託販売, *consignment sale*
dépourvu de virus 〖コンピュ〗ウイルス感染なしの, *virus-free*
dépoussiéreur électrique 静電沈殿器, *electrostatic precipitator*
dépréciation de la dotation 引当金繰入減価勘定, *write-down of the provision*
dépréciation de stock 在庫価値の下落, *stock depreciation*
dépression saisonnière 季節的情緒障害, *seasonal affective disorder*
dépression structurelle 構造不況, *structural depression*
député de base 平議員, *backbencher*
député qui fait les choses à sa façon 一匹狼の議員, *maverick MP*
dérapage arrondi 〖スポ〗(スノーボードの)アップヒール, *uphill swing*
dérapage des prix 物価の暴騰, *soaring prices*

déréglementation (de la Bourse de Londres) （ロンドン証券市場の）ビッグバン, *Big Bang (London)*

déréglementation / dérégulation 規制緩和, *deregulation*

dérégulateur hormonal 環境ホルモン, *hormone disrupting chemicals*

dérégulation des transports aériens （規制緩和による）空の自由化, *deregulation in air transport*

dérive des salaires 賃金ドリフト, *wage drift*

dérivé financier 〖金〗派生商品, *derivative instrument*

dermatophobie 皮膚病恐怖症, *dermatophobia*

dernier consommateur 最終消費者, *end consumer*

dernier délai デッドライン, *deadline*

(méthode) dernier entré-premier sorti （棚卸評価の）後入先出法, *last-in first-out method*

dernier jour de transaction 最終取引日, *last trading day*

dernier rappel 最終通告, *final reminder*

dernière enchère 最高入札値, *highest bid*

dernière ligne droite 〖スポ〗ホームストレッチ, *homestretch*

dernière répartition 最終配当, *final dividend*

déroulement des travaux 捗り具合, *progress (of work)*

dérouleur de bande テープストリーマー, *tape streamer*

dérouleur de bande magnétique 〖コンピュ〗磁気テープ装置, *magnetic tape drive*

dérouleur de papier d'aluminium アルミホイルホルダー, *aluminum foil holder*

dérouleur de papier hygiénique トイレットペーパーホルダー, *toilet paper holder*

dérussification 非ロシア化, *de-Russifying*

désaccumulation 資本蓄積離れ

désaffiliation 脱退：R. Castel が社会的排除を言い直した言葉

désaisonnalisation （統計上の）季節変動修正, *seasonally adjustment*

désamiantage （健康を害する建築材）アスベスト排除

désarmement général et complet 包括的軍縮, *general and complete disarmament*

désarmement nucléaire européen 欧州核兵器完全廃絶運動, *European Nuclear Disarmament*

désarticulation 非接合性：発展途上国の経済セクター間につながりが薄い現象

désassembleur 〖コンピュ〗逆アセンブラー, *disassembler*

désassurer 保険契約を解除する, *to cancel an insurance*

descendance finale 合計特殊出生率, *total fertility rate*
description des objets à assurer 保険対象物明細
description du risque 危険の明細, *description of risk*
déséconomie d'échelle 規模の不経済, *diseconomy of scale*
déséconomies externes 外部不経済, *external diseconomies*
déséconomies urbaines (人口集中による)集積の不経済, *agglomeration diseconomies*
désectorisation 越境入学の自由化, *freedom of choice (parents are free to choose which school they send their children to, regardless of where they live)*
désembrouillage (画像の)スクランブル解除, *descrambling*
désembrouilleur (スクランブル放送の)デコーダー, *descrambler*
désencadrement du crédit 貸付規制の撤廃; 金融引締撤廃, *end of credit squeeze*
désendettement 資本調達力比率の軽減, *degearing*
désendettement de fait 〖金〗事実上のディフィーザンス: 債務の実質的返済, *in-substance defeasance*
désépargne 負の貯蓄, *dissaving / negative saving*
déséquilibre budgétaire 支出過剰, *budgetary imbalance*
désérialisation 〖コンピュ〗直・並列変換, *deserialization*
désétatisation 政府統制縮小, *denationalization*
déshydrogénase de l'acide delta aminolévulinique (生化学の)アミノレブリン酸脱水素酵素, *delta aminolevulinic acid dehydrogenase*
désidérabilité 経済的有用性, *economic usefulness*
désindexation 物価スライド制廃止, *abolition of indexation*
désinflation compétitive 競争的ディスインフレ, *competitive disinflation*
désinflation importée 輸入ディスインフレ, *imported disinflation*
désinstallateur 〖コンピュ〗アンインストーラー, *deinstaller*
désinstallation 〖コンピュ〗アンインストール, *uninstalling*
désintégration de la famille 家庭崩壊, *family disintegration*
désintermédiation 金融非仲介; 金融機関離れ; 中抜き現象, *disintermediation*
désintermédié 金融非仲介の
désinvestissement 投資縮小; 投資引揚げ; 資本引揚げ, *disinvestment*
désirabilité 経済的有用性, *economic usefulness*
désorganisation du marché 市場混乱, *market disrup-*

déspécialisation 目的外利用
déspécialisation bancaire 銀行の専門化廃止
dessaisonalisation (統計上の)季節変動修正, *seasonally adjustment*
desserrement (企業・行政機関の)郊外分散
desserrement du crédit 金融緩和, *easing of monetary restraint*
déstalinisation 非スターリン化, *destalinization*
destination du père de famille (土地について)家父の用法指定
destitution volontaire (官吏の)依願退職, *dismissal at one's own request*
destructeur シュレッダー:秘密書類などの断裁機, *shredder*
destruction créative / destruction créatrice 〖経〗(Shumpeterの)創造的破壊, *creative destruction*
destruction de l'environnement 環境破壊, *destruction of environment*
destruction de monnaie 貨幣の崩壊, *destruction of money*
destruction des prix 価格破壊, *price destruction*
〈**destruction mutuelle assurée**〉 相互確証破壊(戦略), *mutual assured destruction*
destruction totale des armes nucléaires 核廃絶, *total destruction of nuclear weapons*
désuétude calculée 計画的老朽化, *planned obsolescence*
désutilité 〖経〗負の効用, *disutility*
désutilité du travail 労働の不効用, *disutility of labor*
détachement 在籍出向, *transfer*
détachement à l'étranger 国外派遣;海外出向, *overseas transfer*
détachement de coupon 〖証〗(証券に付随した)権利の行使
détachement d'un droit de souscription 〖証〗新株引受権の権利落ち, *ex-rights*
détaxation du revenu investi en actions 株投資に回した所得の免税, *reduction of tax for the income invested in stocks*
détection aéroportée 空中早期警戒, *airborne detection*
détection de porteuse accès multiple détection de collision 〖通〗搬送波検出多元接続/衝突検出, *carrier sense multiple access with collision detection*
détection d'erreurs 〖コンピュ〗誤り検出, *error detection*
détente monétaire 金利引下げ誘導, *monetary easing*
détenteur de débentures 社債券者, *debenture holder*

détérioration de la conjoncture 景気下降, *economic downturn*

déterminants de la consommation 消費の決定因, *determinants of consumption*

déterminants de l'investissement 投資の決定因, *determinants of investment*

déterminants du taux de change 為替レートの決定因, *determinants of exchange rate*

détermination de la valeur d'une monnaie par référence à un panier (通貨の)バスケットペッグ, *basket peg*

détermination de l'assiette d'imposition / détermination de l'assiette fiscale 税額査定, *tax assessment*

détermination de l'empreinte génétique 遺伝子指紋法；DNA鑑定, *genetic fingerprinting*

détermination des prix à parité パリティー価格決定, *parity pricing*

détermination du résultat fiscal 税務会計損益計算明細書

déterminisme économique 経済的決定論, *economic determinism*

déterminisme social 社会的決定主義, *social determinism*

déthésaurisation 非蓄財化, *dishoarding*

détour de production / détour productif 迂回生産, *roundabout production*

détournement d'autocar (バスを乗っ取る)バスジャック

dettes à court terme 当座負債, *current liabilities*

dettes accumulées 累積債務, *debt accumulation*

dettes actives 売掛金, *accounts receivable*

dettes alimentaires 扶養料の負債, *alimony debts*

dettes amortissables 償還債券：満期一括または年賦償還の国債, *redeemable debts*

dettes caduques 失効負債, *prescribed debts*

dettes chirographaires 無担保負債, *unsecured debts*

dettes commerciales 商行為による負債, *commercial debt*

dettes de deuxième rang / dettes de rang inférieur 劣後債務, *subordinated debts*

dettes de réciprocité 相殺負債, *reciprocal debt*

dettes exigibles 満期負債；支払日到来債務, *due debts*

dettes extérieures 対外債務, *external debts*

dettes fournisseurs et comptes rattachés 買掛金, *trade accounts payable*

dettes garanties 担保付き債務；保証債務, *secured debts*

dettes hypothécaires 不動産担保負債, *mortgage debts*

dettes inacquittées 未返済債務, *debts not discharged*
dettes inexigibles 不可請求負債, *debts not due*
dettes inscrites 登録債務, *registered bonds*
dettes intérieures 内債, *inland corporate bonds*
dettes irrécouvrables 貸倒れ, *bad debts*
dettes juniors 非優先債務, *junior debt*
dettes 〈mezzanine〉 メザニン型債務, *mezzanine debts*
dettes nettes extérieures 純対外債務額:対外債務総額と対外債権額の差額, *net external liabilities*
dettes non consolidées 一時借入金, *unconsolidated debts*
dettes non garanties 無担保債務, *unsecured debts*
dettes non monétaires 非貨幣的負債, *non-monetary debt*
dettes obligataires 社債発行借入金;社債債務, *bonded debts*
dettes passives 受動的公債, *passive debts*
dettes passives 買掛金, *liabilities*
dettes perpétuelles (利子のみが償還される)永久債, *perpetual bond*
dettes personnelles 個人債務, *personal debts*
dettes portables 持参債務, *debts payable at the address of the payee*
dettes prescrites 失効債務, *prescribed debts*
dettes privilégiées 優先負債, *preferential debts*
dettes propres 個人負債, *one's own debt*
dettes publiques 公債発行借入金, *funded debts*
dettes publiques consolidées 整理公債, *consolidated public debts*
dettes publiques sans intérêts 無利子公債, *passive public bond*
dettes réciproques 相殺債務, *reciprocal debts*
dettes recouvrables 回収可能債務, *recoverable debts*
dettes remboursables 償還債券, *redeemable debts*
dettes sans contrepartie 死重の公債, *dead weight debts*
dettes sans garanties 無担保債務, *unsecured debts*
dettes seniors 優先債務, *senior debt*
dettes simulées 擬制負債, *simulated debts*
dettes solidaires 連帯債務, *joint and several debts*
dettes subordonnées 劣後債, *subordinated debt*
dette viagère 終身年金支払額:国が支払う退職年金と廃疾年金の額
dette viagère (終身定期金付き不動産売買契約での)定期金支払額, *lifetime debt*
deuil anticipé (公的制裁を受ける前の)自粛

deux mains sur le coping 〖スポ〗(スノーボードの)ホーホープラント, *ho-ho plant*

deux volumes ツーボックス(の車), *two-box car*

deuxième candidature / deuxième demande 再申請, *reapplication*

deuxième guichet (一次産品共通基金の)第二の窓, *second window*

(de) deuxième rang 劣後(の), *subordinated*

dévalorisation du capital 資本価値低下, *devaluation of capital*

dévaluation compétitive 輸出促進策としての通貨切下げ, *competitive exchange depreciation*

développement autocentré 自力経済発展

développement des ressources d'énergie électrique 電源開発, *development of electric power resources*

développement des ressources humaines 人的資源開発, *human resources development*

développement divergent (Alain Barrère の言葉で)先進国と発展途上国間の発展速度の差

développement en extension 外延的発展, *capital widening*

développement en profondeur 深化的発展, *capital deepening*

développement endogène 内因的発展, *endogenous development*

développement endurable 持続可能な開発, *sustainable development*

développement extraverti 対外的発展

développement global 国民全体のニーズに基づく発展

développement inégal (北と南の)不平等な発展

développement social des quartiers (貧困地域での)社会開発計画事業:殺風景な郊外地区のチャームアップ

(le) devenir du bio 自然食品の未来

déversement (des déchets industriels dans la rivière) (産業廃棄物の河川への)垂流し, *putting of industrial waste into the river*

déversement sectoriel (第2次産業から第3次産業への)セクター間移動

dévideur 〖コンピュ〗(磁気テープ)繰出し孔, *feed hole*

dévidoir (de table) de ruban adhésif (卓上)セロテープ台, *(whale) tape dispenser*

devise à parité dirigée (交換レートが一定目標水準に維持される)為替レート誘導型通貨

devise bloquée 封鎖貨幣, *blocked currency*
devise clé 基軸通貨, *key currency*
devise contrôlée 管理通貨, *managed currency*
devise convertible 交換可能通貨, *convertible currency*
devises de réserve 準備通貨, *reserve currency*
devise européenne parallèle 欧州並行通貨, *European parallel currency*
devise exotique 交換不能外貨, *non-convertible currency*
devise faible ソフトカレンシー：ドルなどに自由に交換できない通貨, *soft currency*
devise forte ハードカレンシー：自由に他の通貨と交換できる通貨, *hard currency*
devise non exportable 封鎖貨幣, *blocked currency*
devise tierce 第三国通貨, *third party currency*
devise-titre 証券外貨, *foreign security / exchange currency*
devise verte （欧州共同体共通農業政策の暫定的固定相場通貨）緑の通貨, *green currency (EC)*
devoir d'assistance humanitaire 人道的支援義務：人道的介入権の同義語, *humanitarian intervention duty*
devoir de faire vivre 扶養義務, *duty of supporting*
dextrophobie （自分の右側にあるものが嫌な）右側恐怖症, *dextrophobia*
diabétophobie 糖尿病恐怖症, *diabetophobia*
diagnostic préimplantatoire 着床前診断, *preimplantation diagnosis*
diagonale de l'écran 画面サイズ, *diagonal of the screen*
diagramme d'appels 〚コンピュ〛呼出しグラフ, *call graph*
diagramme de Gantt ガントチャート：遅延作業促進用の図表, *Gantt chart*
diagramme des flux / diagramme de calcul 〚経〛フローチャート, *flow chart*
diagramme des points morts 損益分岐点表, *break-even chart*
diagramme des ventes 販売成績グラフ, *sales chart*
dialogue euro-arabe ユーロアラブ対話, *Euro-Arab conference*
dialogue homme-machine 〚コンピュ〛マン・マシン・コミュニケーション, *man-machine communication*
dialogue Nord-Sud 〚経〛南北対話, *North-South conference*
diaphonie 〚通〛クロストーク, *cross-talk*
diapnophobie 汗恐怖症
dichloro-diphényl-trichloréthane （殺虫剤の）DDT, *dichloro-diphenyl-trichloro-ethane*

dichlorométhane ジクロロメタン:有機物質の溶剤, *dichloromethane*

Dictionnaire Vidal (一般市民向けに薬の中身と効用を説く)ヴィダル辞典

didactiel (コンピュータソフト解説用)個別指導プログラム, *tutorial program (for computer software)*

dideoxyinosine (エイズ治療薬)ジデオキシイノシン, *dideoxyinosine*

diesel à injection directe (自動車の)直接噴射式ディーゼル, *direct diesel injection*

diésis (‡を意味する)二重短剣符, *double dagger*

différé d'amortissement 据置期間, *period of grace*

différé total (元金ともに支払不要の)完全猶予

différence 〖金〗鞘;スプレッド, *spread*

différence de change 為替相場の開き, *exchange differences*

différence de potentiel 電位差, *potential difference*

différences d'incorporation 合体差異

différence d'inventaire 棚卸差損, *inventory loss*

différence négative de change 為替差損, *exchange loss*

différence nulle 差額なし, *no difference*

différence offert-demandé 利鞘, *turn*

différence positive de change 為替差益, *exchange profit*

différenciation des prix 価格分化, *price differentiation*

différenciation des produits 商品差別化, *commodity differentiation*

différend collectif 労働紛争, *industrial dispute*

différentiel de salaires 賃金格差, *wage differential*

différentiel de taux d'intérêt / différentiel d'intérêt 金利格差, *interest rate differential*

différentiel d'inflation インフレ格差, *inflationary gap*

difficultés de trésorerie 流動性問題, *liquidity problem*

diffusion audionumérique デジタル音声放送, *digital audio broadcasting*

diffusion en crypté スクランブル放送, *coded broadcasting*

diffusion multiplex de texte 文字多重放送

diffusion par satellite 衛星放送, *direct broadcasting*

diffusion Raman anti-Stokes cohérente (光学の)コヒーレント反ストークスラマン散乱, *coherent anti-Stokes Raman scattering*

diffusion restreinte 部外秘, *limited circulation*

digerati コンピュータ通:digital と「知識階級」を意味する literati の合成語, *digerati*

(équipé d'un) digicode デジタルロック(付きの), *digital lock*

digicrate コンピュータ通, *digicrat*

digitaliseur 〚コンピュ〛デジタイザー, *digitizer*

diisocyanate de diphénylméthane ジフェニルメタンジイソシアン酸塩, *diphenylmethane diisocyanate*

diisocyanate de toluène (喘息を起こす物質)トルエンジイソシアン酸塩, *toluene diisocyanate*

diképhobie 司法恐怖症, *dikephobia*

dilemme de liquidité 〚経〛流動性ジレンマ, *liquidity dilemma*

(le) dilemme du plafond de ressources dont le dépassement supprime les prestations sociales 貧困の落とし穴:低所得者の収入増が生活保護カットを招き結果的に収入増にならない現象, *poverty trap*

dilemme du prisonnier / dilemme des deux prisonniers 〚経〛囚人のジレンマ, *prisoner's dilemma*

dilution de capital 資本の水増し, *watering of capital*

dilution de l'avoir des actionnaires 株主持分の希薄, *dilution of equity*

dilution du bénéfice par action 一株当たり利益の希薄, *dilution of equity*

dilution du capital 資本の希薄化, *dilution of capital*

dimension de la famille 家庭規模, *family size*

diminution de provisions par renouvellement d'immobilisations 圧縮記帳引当金戻し入れ額

dinar algérien (通貨単位で)アルジェリア・ディナール, *Algerian dinar*

dinar croate (通貨単位で)クロアチア・ディナール, *Croatian dinar*

dinar de Bahreïn (通貨単位で)バーレーン・ディナール, *Bahrein dinar*

dinar de Yougoslavie / dinar yougoslave (旧通貨単位で)ユーゴスラビア・ディナール, *Yugoslavian dinar*

dinar du Yémen (通貨単位で)北イエメン・ディナール, *North Yemen dinar*

dinar du Yémen démocratique populaire (通貨単位で)南イエメン・ディナール, *South Yemen dinar*

dinar irakien (通貨単位で)イラク・ディナール, *Iraqian dinar*

dinar jordanien (通貨単位で)ヨルダン・ディナール, *Jordanian dinar*

dinar koweitien (通貨単位で)クウェート・ディナール, *Kuwaiti dinar*

dinar libyen (通貨単位で)リビア・ディナール, *Libyan dinar*

dinar serbe (通貨単位で)セルビア・ディナール：コソボ自治州については p.947の注参照, *Serbian dinar*

dinar soudanais (通貨単位で)スーダン・ディナール, *Sudan dinar*

dinar tunisien (通貨単位で)チュニジア・ディナール, *Tunisian dinar*

dinosaurmantiste 古生物収集家

diode électroluminescente à émission longitudinale 端面発光ダイオード, *edge-emitting light-emitting diode*

diode laser インジェクションレーザーダイオード, *injection laser diode*

diode superluminescente 超放射発光ダイオード, *superluminescent diode*

⟨**diplomatie à coups de chèques**⟩ 小切手外交, *checkbook diplomacy*

⟨**diplomatie à coups de dollars**⟩ ドル外交, *dollar diplomacy*

diplomatie axée sur l'ONU 国連中心外交, *United Nations oriented diplomacy*

⟨**diplomatie de la navette**⟩ シャトル外交, *shuttle diplomacy*

⟨**diplomatie en manches de chemise**⟩ 非公式外交, *shirtsleeve diplomacy*

diplomatie lâche 弱腰外交, *weak-kneed diplomacy*

diplomatie préventive 予防外交, *preventive diplomacy*

diplôme de capacité professionnelle des cuisiniers de navire 船舶料理士資格証明, *certification on ships' cooks*

diplôme d'études approfondies 専門研究課程修了証書, *university awarded after five-year-course of study*

diplôme d'études supérieures spécialisées 高等専門研究免状, *university degree awarded after five-year-course of study*

diplôme d'études universitaires générales 大学一般教育免状, *university degree awarded after two-year course of study*

diplôme d'études universitaires scientifiques et techniques 大学科学技術教育免状, *university degree awarded after a two-year course of study of science and / or* *technical subjects*

diplômé d'une école de commerce ビジネススクール出身の, *Business School Graduate*

diplôme reconnu officiellement 公認免状, *officially recognized diploma*

diplôme universitaire de technologie 技術短期大学部修了免状, *diploma in technology*

⟨**diplonaute**⟩ ルモンド・ディプロマティック(Le Monde diplomatique)の Web サイト愛好家

dipsophobie 飲酒恐怖症, *dipsophobia*

directeur de projet 現場所長, *project manager*

directeur des ressources humaines 人材活用部長, *Director of human resources*

directeur du Bureau de liaison à Osaka (日本の外務省)大阪分室長, *Director of the Osaka Liaison Office*

directeur du bureau de perception 税務署長, *District Director of Tax Office*

directeur du deuxième service des affaires économiques internationales (日本の外務省)国際経済第二室長, *Director of the Second International Economic Affairs Division*

directeur du premier service d'Europe occidentale (日本の外務省)西欧第一課長, *Director of the First West Europe Division*

directeur du service de la sécurité des missions à l'étranger (日本の外務省)在外公館警備室長, *Director of the Division for the Security of the Overseas Establishments*

directeur du service de l'amélioration du fonctionnement administratif (日本の外務省)機能強化対策室長, *Director of the Office for Administrative improvement*

directeur du service de l'émigration (日本の外務省)移住課長, *Director of the Emigration Division*

directeur du service de l'inspection (警備などの)査察室長, *Director of the Inspection Division*

directeur du service des affaires financières 会計課長, *Director of the Financial Affairs Division*

directeur du service des affaires générales du Cabinet du ministre des affaires étrangères (日本の外務省)官房総轄課長, *Director of the General Affairs Division*

directeur du service des affaires juridiques 法規課長, *Director of the Legal Affairs Division*

directeur du service des missions à l'étranger (日本の外務省)在外公館課長, *Director of the Overseas Establish-*

directeur du service des passeports (日本の外務省)旅券課長, *Director of the Passport Division*

directeur du service des visas (日本の外務省)査証室長, *Director of the Visa Division*

directeur du service du chiffre (日本の外務省)電信課長, *Director of the Telecommunications Division*

directeur du service du personnel 人事課長, *Director of the Personnel Division*

directeur du service du système informatique 情報管理室長, *Director of the Information Systems Division*

directeur du service pour les affaires des réfugiés (日本の外務省)難民問題対策室長, *Director of the Division for Refugee Affairs*

directeur du service social (日本の外務省)厚生管理官, *Director of the Welfare Division*

directeur fonctionnel 非常勤取締役, *non-executive director*

directeur général adjoint du Cabinet du ministre des Affaires étrangères (日本の外務省)官房総轄審議官, *Assistant Vice-Minister for Administration*

directeur général de la coopération économique (日本の外務省)経済協力局長, *Director-General of the Economic Cooperation Bureau*

directeur général de la recherche et de la planification 調査企画部長, *Director-General of the Research and Planning Department*

directeur général de l'information et des affaires culturelles (日本の外務省)情報文化局長, *Director-General of the Public Information and Cultural Affairs Bureau*

directeur général des affaires d'Amérique du Nord (日本の外務省)北米局長, *Director General of the North American Affairs Bureau*

directeur général des affaires d'Amérique latine et des Caraïbes (日本の外務省)中南米局長, *Director-General of the Latin American and Caribbean Affairs Bureau*

directeur général des affaires d'Asie (日本の外務省)アジア局長, *Director-General of the Asian Affairs Bureau*

directeur général des affaires des Nations unies (日本の外務省)国連局長, *Director-General of the United Nations Bureau*

directeur général des affaires d'Europe et d'Océanie (日本の外務省)欧亜局長, *Director-General of the*

European and Oceanic Affairs Bureau

directeur général des affaires du Proche et Moyen-Orient et d'Afrique （日本の外務省）中近東アフリカ局長, *Director-General of the Middle Eastern and African Affairs Bureau*

directeur général des affaires économiques （日本の外務省）経済局長, *Director-General of the Economic Affairs Bureau*

directeur général des traités 条約局長, *Director-General of the Treaties Bureau*

directeur général du bureau des affaires administratives du premier ministre 総理府総務長官, *General Director of the Prime Minister's Office*

directeur général du Fonds monétaire international 国際通貨基金専務理事, *General Director of the IMF*

directeur général du GATT ガット事務局長, *Director-General of GATT*

directeur par intérim 部長代理, *acting manager*

Direction d'Afrique du Nord et Levant （フランス外務省）北アフリカ近東部, *North Africa and Levant Division*

Direction de la comptabilité publique （フランス予算省）公会計統括局, *Division of Public Accounts*

Direction de la fonction publique 官吏制度局, *Civil Service Division*

Direction de la gestion et de l'audit interne （日銀の）経営管理局, *Budget and Management Department*

Direction de la politique monétaire （日銀の）企画局, *Policy Planning Department (Bank of Japan)*

Direction de la réglementation prudentielle （日銀の）信用機構局, *Financial and Payment System Department*

Direction de l'action sanitaire et sociale 保健・社会福祉局, *Directorate for health and social services*

Direction de l'administration pénitentiaire （フランス司法省）矯正局, *Correctional Administration Division*

Direction des affaires internationales （日銀の）国際局, *International Department*

Direction des affaires juridiques 法務局, *Legal Affairs Bureau*

Direction des affaires maritimes 海事局, *Maritime Affairs Bureau*

direction des entreprises 企業経営, *corporate management*

Direction des opérations bancaires （日銀の）業務局,

Operations Department

Direction du contrôle des banques (日銀の)考査局, *Bank Supervision Department*

Direction du crédit et des opérations du marché (日銀の)営業局, *Credit and Market Management Department*

direction du personnel 労務管理, *labor-management*

Direction du Trésor 国庫局：フランス財務省の中枢機関, *Treasury Division*

Direction générale (欧州共同体の)総局, *Directorate-General (EC)*

Direction générale de la coopération internationale et du développement 〖ODA〗(フランス外務省の)国際協力・開発総局, *Directorate-General of International Cooperation and Development*

Direction générale de la protection des droits de l'homme (日本の法務省)人権擁護局, *Civil Liberties Bureau (Japan)*

Direction générale de la réhabilitation des criminels (日本の法務省)保護局, *Rehabilitation Bureau (Japan)*

Direction générale de l'administration pénitentiaire (日本の法務省)矯正局, *Correction Bureau*

Direction générale de l'immigration (日本の法務省)入国管理局, *Immigration Bureau*

Direction générale des affaires civiles (日本の法務省)民事局, *Civil Affairs Bureau*

Direction générale des affaires criminelles (日本の法務省)刑事局, *Criminal Affairs Bureau*

Direction générale des douanes et droits indirects (フランス予算省)関税間接税総局, *Division of Customs and Indirect Taxes*

Direction générale des impôts 主税総局, *General Tax Division*

direction par objectifs 目標管理, *management by objectives*

Direction régionale des affaires sanitaires et sociales 地方圏保健・社会問題局, *Directorate-Regional for health and social services*

direction unique (経営の)統一的指揮, *unified management*

directive européenne 欧州共同体指令, *EC directive*

directive européenne sur les services d'investissement 欧州投資サービス指令

directoire (改正会社法の)業務執行委員会；取締役会；重役会,

dispensateur d'aide

board of directors

directoire de la Banque centrale européenne　欧州中央銀行執行理事会；欧州中央銀行役員会；欧州中央銀行運営監事会, *Executive Board of the European Central Bank*

dirham des Emirats arabes unis　(通貨単位で)アラブ首長国連邦ディルハム, *UAE dirham*

dirham marocain　(通貨単位で)モロッコ・ディルハム, *Moroccan dirham*

discipline de vote　党議拘束

discompte　ディスカウント, *discount*

discounter / discounteur　ディスカウントショップ, *discount shop*

discounter d'essence / discounteur d'essence　ガソリン安売り店, *discounted service station*

discrimination environnementale　環境差別, *environmental discrimination*

discrimination parfaite par les prix　完全な価格差別, *perfect price discrimination*

discrimination positive　(米国で差別廃止の)積極行動, *affirmative action*

discrimination sexiste / discrimination sexuelle　男女差別, *gender discrimination*

discussion au plus haut niveau　トップ会談, *top-level talks*

discussion de biens　財産検索, *inquiry into the assets of a debtor*

discussion sur l'intéressement à la productivité　〚経〛生産性交渉：賃上げを認めてもらう代わりに労働者が生産性向上に協力すること, *productivity bargaining*

disjoncteur　〚証〛サーキットブレーカー：相場急変時の売買一時停止措置, *circuit-breaker*

disparité des salaires / disparité salariale　賃金格差, *wage disparity*

disparité d'inflation　インフレ格差, *inflation differential*

disparité du niveau technologique　技術水準の差, *technological gap*

disparité du revenu　所得格差, *income disparity*

disparités tarifaires　関税格差, *tariff disparities*

dispatche　(共同海損分担の)海損精算, *average adjustment*

dispatcher / dispatcheur　海損精算人, *average adjuster*

dispatcher / dispatcheur　(鉄道の)運転指令者：この意味での政府奨励語は régulateur, *dispatcher*

dispensateur d'aide　援助供与国, *aid donor*

dispense des biens 財産の処分可能性, *ability to transfer one's property*

dispenses en matière de réglementations des changes 為替規制免除, *currency exemptions*

dispersion des risques 危険分散, *spread of risks*

disponibilité des capitaux 資本の利用可能性, *capital availability*

disponibilité du crédit 信用のアベイラビリティー, *credit availability*

disponibilités en liquidités 流動性ポジション, *liquidity position*

disponibilités en numéraire 手持現金, *cash availability*

disponibilités monétaires 通貨供給高, *money supply*

disponibilités quasi monétaires ニアマネー, *near money*

dispositif à couplage de charge 電荷結合素子, *charge coupled device*

dispositif à injection de charge 電荷注入素子, *charge injection device*

dispositif à transfert de charge 電荷移送素子；電荷転送素子, *charge transfer device*

dispositif 〈charte client〉 de France Télécom （電話回線故障の際、2時間以内に修理を開始できなかった時にフランステレコムが認めた）2カ月分の基本料金無料サービス

dispositif d'alimentation feuille à feuille 〚コンピュ〛（プリンターの）カットシートフィーダー, *cut sheet feeder*

dispositif d'alimentation papier 〚コンピュ〛（プリンターの）シートフィーダー, *sheet-feeder*

dispositif d'alimentation par entraînement 〚コンピュ〛（プリンターの）トラクタフィーダー, *tractor feeder*

dispositif de guidage automobile カーナビシステム, *automobile navigation system*

dispositif de pointage ポインティングデバイス：位置入力装置, *pointing device*

dispositif de protection contre les erreurs 誤り制御装置, *error control device*

dispositif de sécurité 〚証〛（相場急変時の売買一時停止措置の）サーキットブレーカーシステム, *circuit breaker system*

dispositif de séparation du trafic (dans la mer territoriale) （領海における）分離通航方式, *traffic separation scheme (in the territorial sea)*

dispositif de stockage 〚コンピュ〛記憶装置, *storage device*

dispositif de stockage dévideur 〚コンピュ〛ストリーマー,

disque électrostatique

streamer

dispositif de transfert à la chaîne バケツリレー素子：電荷移動半導体デバイス, *bucket brigade device*

dispositif de verrouillage 〖コンピュ〗ロッキング装置, *locking device*

dispositif logique 〖コンピュ〗論理機構, *logic device*

dispositif programmable 〖コンピュ〗プログラマブルディバイス, *programmable device*

dispositif technique de filtrage （一定のレート付けされた番組を除去する）保護フィルターシステム

disposition-cadre communautaire 欧州共同体基本規定, *basic Community provision (EC)*

dispositions communes 共通規定, *common provisions*

disposition complémentaire 追加規定, *additional provision*

disposition contractuelle 契約条項, *covenant*

disposition de récupération （政府の給付支出増カバーの）増税による補填, *clawback*

disposition des locaux （オフィスなどの）レイアウト, *layout*

disposition du marché 〖証〗市場の気配, *tone of the market*

disposition du revenu 所得の入手, *disposal of income*

disposition financière complémentaire 補完的融資制度, *supplementary financing facility*

disque amovible 〖コンピュ〗リムーバブルディスク, *removable disk*

disque audionumérique （政府奨励語で）コンパクトディスク, *compact disc*

disque compact interactif CD-I（シーディーアイ）；対話式コンパクトディスク, *CD-Interactive*

disque connecté au bus local 〖コンピュ〗ローカルバスディスク, *local bus disk*

disque de Kuiper カイパーベルト：太陽系を取囲む埃と氷の帯, *Kuiper Belt*

disque dur amovible / disque dur extractible 〖コンピュ〗着脱式ハードディスク, *removable hard disk*

disque dur externe 〖コンピュ〗外付けハードディスク, *external hard disk*

disque dur interne 〖コンピュ〗内蔵ハードディスク, *internal hard disk*

disque électrostatique ビデオ高密度ディスク, *video high-density disc*

disque inscriptible une seule fois 〖コンピュ〗一度書き・読出し専用ディスク, *write-once read only disk*

disque magnéto-optique 光磁気ディスク；MO（エムオー）ディスク, *magneto-optical disk*

disque maître 〖コンピュ〗マスターディスク, *master disk*

disque optique à graver effaçable 〖コンピュ〗消去可能な光ディスク, *erasable optical disk*

disque optique non effaçable ライトワンス光ディスク, *write-once optical disk*

disque optique numérique / disque optonumérique デジタル光ディスク, *digital optical disk*

disque opto-magnétique 光磁気ディスク, *magnetic optical disk*

disque préenregistré 〖コンピュ〗あらかじめデータ入力済みのCD-ROM, *prerecorded CD-ROM*

disque sectorisé logiciel 〖コンピュ〗ソフトセクタードディスク, *soft-sectored disk*

disque sectorisé matériel 〖コンピュ〗ハードセクタードディスク, *hard-sectored disk*

disque souple 〖コンピュ〗フロッピーディスク, *floppy disk*

disque virtuel 〖コンピュ〗ラムディスク, *RAM disk*

disquette de démonstration 〖コンピュ〗デモ用ディスク, *demo disk*

disquette de diagnostic 〖コンピュ〗診断ディスク, *diagnostic disk*

disquette programme 〖コンピュ〗プログラムディスク, *program disk*

disquette protégée 〖コンピュ〗コピー防止ディスク, *protected disk*

dissimulation d'actif 資産隠蔽, *concealment of assets*

dissimulation de prix 価格隠匿, *concealment of prices*

distillat de tête 初留分：最も軽質な留出物, *light distillate feedstock*

distributeur agréé 指定流通業者, *authorized dealer*

distributeur de monnaie 両替機, *change machine*

distribution à deux variables （統計の）二変量分布, *bivariate distribution*

distribution à domicile 家庭向け直接販売：訪問販売, ホームパーティー, 通販, ネット販売など

distribution anticipée 予想分配額, *anticipated distribution*

distribution automatique d'appels 自動電話着信分配, *automatic call distribution*

distribution d'actions gratuites 〘証〙無償株の交付, *distributions of bonus shares*

distribution de Bernoulli (統計の)二項分布, *Bernoulli process / binomial distribution*

distribution des bénéfices 利益配当, *profit distribution*

distribution des pochettes de mouchoirs en papier aux passants (宣伝用)ポケットティッシュの通行人への配付

distribution des richesses 富の配分, *distribution of wealth*

distribution du khi carré 〘コンピュ〙カイ二乗分布, *chi-squared distribution*

distribution grand public 大量マーケティング, *mass marketing*

distributions occultes 秘密報酬, *secret payments*

distribution par actions 〘証〙株式割当, *allotment of stocks*

distribution sélective 選択流通性:能力により取扱ディーラーを制限する販売システム

divers (帳簿項目の)雑口(ざつくち), *sundries*

Divers Droite (政党に関して)右翼諸派

diverses conditions nécessaires pour réaliser un don 〘ODA〙無償資金協力実施の際の諸条件, *conditions for grant aid implementation*

diverses dispositions d'ordre économique et financier (1994年8月8日の)経済・金融措置法

diversification des tâches 〘経〙職務拡大:各種職務経験を通して能力を高めていくために必要な職務の拡大, *job enlargement*

diversification d'un portefeuille 〘証〙ポートフォリオの多様化, *portfolio diversification*

diversification en fonction de la liquidité 〘経〙流動性分散, *liquidity diversification*

diversification verticale 垂直的多角化, *vertical diversification*

dividende accru / dividende cumulé 〘証〙未払い配当, *accrued dividend*

dividende accumulés 〘証〙累積配当, *accumulated dividend*

dividende arriéré 〘証〙据置配当, *deferred dividend*

dividende attaché 〘証〙配当付き, *cum dividend*

dividende brut 〘証〙総配当, *gross dividend*

dividende cumulatif 〘証〙累加配当, *cumulative dividend*

dividende d'actions 〘証〙株式配当, *stock dividend*

dividende d'assurance 保険契約者配当金, *insurance dividend*

dividende de la paix / dividende de la victoire 平和の配当, *peace dividend*

dividende de mi-année 〚証〛(半期の)中間配当, *mid-term dividend*

dividende de propriété (企業破産の際の)物品配当, *property dividend*

dividende détaché 〚証〛配当落ち, *ex dividend*

dividende différé 〚証〛スクリップ配当:現金ではなく約束手形で支払われる配当, *scrip dividend*

dividende en actions 〚証〛株式配当, *stock dividend*

dividende fictif 〚証〛違法配当;蛸配当, *fictitious dividend*

dividende final 〚証〛最終配当, *final dividend*

dividende intérimaire 〚証〛臨時配当;中間配当, *interim dividend*

dividende national (Pigou の)国民分配分, *national dividend*

dividende net 〚証〛純配当, *net dividend*

dividende non réclamé 〚証〛未請求配当金, *unclaimed dividend*

dividende par action 〚証〛一株当たり配当, *dividend per stock*

dividende payé sous forme d'actions 〚証〛株式配当:現金ではなく株券による配当, *stock dividend*

dividende préciputaire 〚証〛先取配当

dividende privilégié 〚証〛優先配当, *preference dividend*

dividende proposé 〚証〛予定配当, *proposed dividend*

dividende récupérable 〚証〛累加配当, *cumulative dividend*

dividende semestriel 〚証〛半期配当;中間配当, *semi-annual dividend*

dividende stable 〚証〛安定配当, *stable dividend*

dividende statutaire 〚証〛(株主)初回配当;定款に定められた配当, *statutory dividend*

dividende supplémentaire 〚証〛特別配当, *extra dividend*

dividende trimestriel 〚証〛(四半期の)中間配当, *quarterly dividend*

division d'actions 〚証〛株式分割, *stock split*

division des risques リスク分散, *exposure diversification*

division d'une action en plusieurs titres 〚証〛株式分割, *stock split*

division horizontale du travail 水平的分業, *horizontal*

division of labor

division internationale du travail 国際分業, *international division of labor*

division sociale du travail 社会的分業, *social division of labor*

division verticale du travail 垂直的分業, *vertical division of labor*

divorce à l'amiable 無責離婚, *no-fault divorce*

divorce du troisième âge 〚風〛シルバー離婚, *divorce of the elderly*

divorce sur demande conjointe des époux （共同申立による）協議離婚

divortialité 離婚率

(les) Dix EC10カ国：1981-1985年, *(the) Ten*

dix premiers mondiaux 世界のトップテン, *world best ten*

〈**Djazaïr 2003**〉 （フランスの）アルジェリア年2003年：Djazaïrはアラビア語でアルジェリアのこと

djiboutien 〚地〛ジブチの, *of Djibouti*

(le) djihad （アラブの）聖戦, *jihad*

dobra （サントメプリンシペの通貨単位で）ドブラ, *dobra*

document administratif unique （欧州連合の）統一行政資料, *single administrative document*

document annexe 〚コンピュ〛添付ファイル, *annexed document*

documents contre acceptation 手形引受書類渡し, *documents against acceptance*

documents contre paiement 手形支払書類渡し, *documents against payment*

documents de soumission 入札書類, *tender document*

document de synthèse 財務諸表, *financial statements*

document de synthèse 政策方針書, *position paper*

Documentation et analyse financière sur les sociétés anonymes フランス上場企業財務諸表分析会社

Documentation française フランス政府出版物センター

dollar antillais （通貨単位で）東カリブ・ドル, *East Caribbean dollar*

dollar arabe アラブ米ドル, *Arabian dollar*

dollar asiatique アジアダラー, *Asian dollar*

dollar australien （通貨単位で）豪ドル, *Australian dollar*

dollar bahamien （通貨単位で）バハマ・ドル, *Bahamian dollar*

dollar barbadien （通貨単位で）バルバドス・ドル, *Barbadian dollar*

dollar bélizien (通貨単位で)ベリーズ・ドル, *Belizean dollar*
dollar bermudien (通貨単位で)バミューダ・ドル, *Bermudian dollar*
dollar canadien (通貨単位で)カナダ・ドル, *Canadian dollar*
dollar compensé 補整ドル, *compensated dollar*
dollar dans le rôle de monnaie clef ドル本位制度, *dollar standard*
dollar de Barbade (通貨単位で)バルバドス・ドル, *Barbados dollar*
dollar de Belize (通貨単位で)ベリーズ・ドル, *Belize dollar*
dollar de Guyana (通貨単位で)ガイアナ・ドル, *Guyanese dollar*
dollar de Hong-Kong (通貨単位で)香港ドル, *Hong Kong dollar*
dollar de Salomon (通貨単位で)サロモン・ドル, *Salomon dollar*
dollar de Singapour (通貨単位で)シンガポール・ドル, *Singapore dollar*
dollar de Taïwan (通貨単位で)台湾ドル, *Taiwan dollar*
dollar de Trinité-et-Tobago (通貨単位で)トリニダードトバゴ・ドル, *Trinidad and Tobago dollar*
dollar des Bahamas (通貨単位で)バハマ・ドル, *Bahamian dollar*
dollar des Caïmans (通貨単位で)カイマン・ドル, *Caiman dollar*
dollar des Caraïbes de l'Est (通貨単位で)東カリブ・ドル, *East Caribbean dollar*
dollar des Etats-Unis (通貨単位で)米ドル, *US dollar*
dollar des Iles Fidji (通貨単位で)フィジー・ドル, *Fiji dollar*
dollar du Brunéi (通貨単位で)ブルネイ・ドル, *Brunei dollar*
dollar du Zimbabwe (通貨単位で)ジンバブエ・ドル, *Zimbabwe dollar*
dollar fidjien (通貨単位で)フィジー・ドル, *Fijian dollar*
dollar gap ドル不足, *dollar gap*
dollar guyanais (通貨単位で)ガイアナ・ドル, *Guyanese dollar*
dollar jamaïcain (通貨単位で)ジャマイカ・ドル, *Jamaica dollar*
dollar libérien (通貨単位で)リベリア・ドル, *Liberian dol-*

lar

dollar namibien （通貨単位で）ナミビア・ドル, *Namibian dollar*

dollar néo-zélandais （通貨単位で）ニュージーランド・ドル, *New Zealand dollar*

dollar parité pouvoir d'achat 購買力基準としてのドル

dollars pétroliers オイルダラー, *petrodollars*

dollar standard 標準ドル；通貨基準としてのドル, *standard dollar*

dollar taïwanais （通貨単位で）台湾ドル, *Taiwan dollar*

dollarisation ダラライゼーション：自国通貨を捨て米ドルに全面依存すること, *dollarization*

domaine 〚コンピュ〛ドメイン, *domain*

domaine d'activité stratégique 戦略立案事前調査, *strategic business area*

domaine privé 〚コンピュ〛私設管理領域, *private management domain*

(tomber dans le) domaine public （知的所有権が消滅して）公共のもの（となる）, *(to be work) out of copyright*

domiciliataire （有価証券の）支払担当者, *paying agent*

domiciliation bancaire d'un effet 手形支払銀行の指定, *domiciliation of paying bank of a bill*

domiciliation d'un effet 手形支払場所の指定, *domiciliation of a bill*

dommage assuré 被保険損害, *insured damage*

dommage causé par la chute d'élingues 〚保〛スリングロス：荷役中に貨物が本船の吊り網から落ちて破損したりする損害, *sling loss*

dommage causé par l'eau 〚保〛水漏れ損害, *water damage*

dommage causé par un acte de malveillance 〚保〛悪意的行為によって生じた損害, *malicious damage*

dommages consécutifs 〚保〛間接損害, *consequential damages*

dommage couvert 〚保〛担保損害, *covered damage*

dommage d'eau douce et d'eau de pluie 〚保〛雨ぬれ及び淡水ぬれ損害, *rain and fresh water damage*

dommage dolosif 〚保〛悪意的損害, *fraudulent damage*

dommages dus à la pollution par les hydrocarbures 〚保〛油濁損害, *oil pollution damage*

dommage écologique 〚保〛環境損害, *ecological damage*

dommage partiel 〚保〛分損, *partial loss*

domotique ホームオートメーション, *home automation*

domotiser ホームオートメーション化する

dons aux partis politiques ne faisant pas l'objet d'interdiction ソフトマネー：規制対象外の政党への献金, *soft money*

don bilatéral 〖ODA〗二国間贈与, *bilateral grant*

don de sperme 精子提供, *sperm donation*

don d'organes 臓器提供, *organ donation*

don du gouvernement accordé une fois pour toutes (被害者などへの)政府の一時金

don d'un organisme non lucratif 非営利団体による贈与, *grant by voluntary agencies*

don en aide 〖ODA〗無償資金協力, *grant aid*

don en aide à titre d'allégement de la dette 〖ODA〗債務救済としての無償援助, *grant aid for debt relief*

don en aide pour les mouvements de masse 〖ODA〗草の根活動への無償協力, *grant assistance for grass-roots activities*

don et utilisation des éléments et produits du corps humain 人体の要素と産物の提供と利用

dông (ベトナムの通貨単位で)ドン, *dong*

données brutes 季節調整前の数字, *raw data*

données corrigées des variations saisonnières 季節調整済データ, *seasonally adjusted data*

donnée de référence ベンチマーク, *benchmark*

données économiques fondamentales 〖経〗ファンダメンタルズ, *fundamentals*

données en sortie 〖コンピュ〗アウトプットデータ, *output data*

données factuelles 実際のデータ, *factual data*

données numériques 数値データ, *numerical data*

données série 〖コンピュ〗シリアルデータ, *serial data*

données transversales 横断面データ, *cross-section data*

donneur (d'organes) (臓器移植の)ドナー, *donor*

donneur d'aval 保証人, *guarantor (bills of exchange)*

donneur de sperme 精子提供者, *sperm donor*

donneur d'ordres 〖証〗(証券取引の注文主である)客, *client of a broker*

donneur d'ouvrage 請負業者：請負仕事の注文者・供給者

donneur principal 〖ODA〗主要援助供与国, *lead donor*

dont 〖オプ〗コールオプション：株価上昇を予想して買付ける権利, *call option*

dopage ドーピング：半導体に不純物を少量添加して必要な電気的特性を得る方法, *doping*

doping 〘スポ〙ドーピング；興奮剤の使用, *drug abuse in sports*
doraphobie 毛皮恐怖症, *doraphobia*
dormant 〘証〙(市場が)さえない, *sluggish*
dos d'âne (自動車用の)スピード防止帯, *sleeping policeman*
dosage de mesures ポリシーミックス, *policy mix*
dose létale médiane 50％致死量, *median lethal dose*
dose létale moyenne 半数致死量, *mean lethal dose*
dose liminaire de poussières 花粉限界量, *pollen threshold dose*
dossier de crédit ローン案件資料, *credit file*
dossier de personnalité 人格調査資料
dossier individuel 身分記録, *personal file*
dossier scolaire 指導要録, *school records*
dotation à la réserve 予備費への充当；準備金への繰入れ, *appropriation to the reserve*
dotation aux amortissements 減価償却繰入金, *depreciation allowance*
dotation aux provisions 引当金繰入金, *charge to provisions*
dotation de compensation des allégements de bases de taxe professionnelle 職業税軽減補償交付金
dotation de facteurs de production 要素賦存, *factor endowment*
dotation de péréquation 均衡交付金
dotation de solidarité rurale 農村地帯の連帯歳費
dotation de solidarité urbaine 都市の連帯歳費
dotation générale de décentralisation (国の地方財政への)分権化一般交付金
dotation globale de décentralisation (国の地方財政への)分権化総合交付金
dotation globale de fonctionnement (国の地方財政への)経常費総合交付金, *block operating grant*
dotation globale d'équipement 建設整備費総合交付金；施設費総合交付金
dotation initiale (財団などの)基本財産, *initial fund*
dotations sur stocks 棚卸引当金, *inventory reserves*
double 〘オプ〙倍増オプション, *option to double*
doublé à la baisse 〘オプ〙プットオブモアー：追加権付き売買, *put of more*
doublé à la hausse 〘オプ〙コールオブモアー：買手の希望により表示証券額の2倍の購入権を与えるオプション, *call of more*
double activité 兼業, *dual activity*
double appel 〘通〙キャッチフォン, *call-waiting*

double balayage 〘コンピュ〙ダブルスキャン, *double scan*
double-clic 〘コンピュ〙ダブルクリック, *double click*
double comptage / double emploi 二重計算, *double counting*
double endiguement 二重封じ込め政策, *dual-containment*
double étalon 〘経〙複本位制；平行本位制, *double standard*
double étalon alternatif 〘経〙交代本位制, *alternative standard*
double face double densité 〘コンピュ〙2DD(のフロッピーディスク), *2DD*
double face haute densité 〘コンピュ〙2HD(のフロッピーディスク), *2HD*
(lunettes à) double-foyer 遠近両用(めがね), *bifocal (glasses)*
double marché 二重為替市場, *tow tier foreign exchange market*
double marché des changes 二重為替市場, *dual foreign exchange market*
doubles moindres carrés 二段階最小二乗, *two-stage least squares*
double prime 〘オプ〙(コールとプットの)両建て, *double option / put and call*
double saut droit mixte 〘スポ〙(フリースタイルスキーの)二回転のミックスアップライト, *double mixed upright*
double séjour 大型リビングルーム, *big living room*
double syndicalisme 二重組合主義, *dual unionism*
double tirage 〘スポ〙(スキー競技の)ダブルドロー, *double draw*
double usage デュアルユース：民用・軍需用のどちらにも使用可能, *dual use*
doublure à la baisse 〘オプ〙プットオブモアー：追加権付き売買, *put of more*
doublure à la hausse 〘オプ〙コールオブモアー：希望により買手に表示証券額の2倍の購入権を与えるオプション, *call of more*
(les) Douze EC12カ国：1986-1994年, *(the) Twelve*
douze animaux du zodiaque chinois 〘和〙十二支, *twelve horary signs*
douzième provision (予算に関する)12分の1の暫定執行分, *provisional twelfth (budgets)*
doxorubicine (抗生物質の)ドキソルビシン：塩酸ドキソルビシンが抗癌剤のアドリアマイシンである, *doxorubicin*
doyen du corps diplomatique 外交団長：各国の外交使節

団の長の最上階級を占めている最先任者が就任する役職, *dean of the diplomatic corps*

doyenne de l'humanité 〘言換〙(例えば122才まで生きたフランス人女性の故ジャンヌ・カルマンをさして)人類最年長者の女性, *dean of the humanity*

drachme (ユーロ導入前のギリシャの通貨単位で)ドラクマ：340.750ドラクマが1ユーロ, *drachma*

dragonne de téléphone mobile 携帯ストラップ：携帯電話を吊すためのループ状の紐, *cellular phone strap*

dragueur de mines 掃海艇：航行路の掃海を目的とする船, *minesweeper*

drainage de l'épargne 預金獲得, *deposit-taking*

dram (アルメニアの通貨単位で)ドラム, *dram*

drapeau européen 欧州連合旗：紺碧の地に金色の12の星を円形に描いた旗, *European flag*

drawback (輸入原料課税分の)戻し税, *drawback*

dreadlocks 〘風〙(ヘアスタイルの一種)ドレッドロックス, *dreadlocks*

drogues dures 習慣性のある麻薬, *hard drugs*

droit à changer de sexe 性転換の権利

droit à la différence (世間の常識との)相違の権利

droit à la pension 年金受給権, *entitlement to pension*

droit à la santé 健康享受権

droit à l'admission (総会などへの)出席権

droit à l'ensoleillement 日照権, *sunshine right*

droits à titres indemnitaires (国有化による)補償債券引換権利株

droit (d'un patient) à une mort digne (患者の)尊厳死の権利, *right for death with dignity (of a patient)*

droit attaché 〘証〙新株引受権付き, *subscription right attached*

droit au premier dividende 〘証〙第一次配当請求権, *first dividend right*

droit d'accès 〘証〙(投資信託の)購入手数料

droits d'accise (酒・タバコなどの)消費税, *excise duties*

droit d'aller au-delà 〘法〙(航空機の)以遠権, *beyond right*

droits dans le capital 資本持分, *rights in the capital*

droit de courtage 〘証〙ブローカー手数料, *brokerage*

droits de garde des titres 〘証〙証券保管手数料, *custody fee*

droit de nécessité 緊急権：外国の違法行為に基づかない急迫した危害に対して国家が強力をもって防衛する緊急避難, *right of necessity*

droits de pêche traditionnels 伝統的な漁業の権利, *traditional fishing rights*

droit de préemption 〚証〛新株引受権, *preemptive right*

droits de propriété intellectuelle qui touchent au commerce 貿易関連知的所有権, *trade-related intellectual property rights*

droit de sceau (酒類の)印紙税, *stamp duty*

droit de sortie 〚証〛(投資信託の)売却手数料

droits de sortie 輸出関税, *export duty*

droit de souscription 〚証〛新株引受権, *stock right / preemptive right*

droits de tirage 当座貸越可能性：一定額まで当座貸越で小切手の振出しや振替をできる権利

droits de tirage spéciaux (国際通貨基金の)特別引出権; SDR, *Special Drawing Right (IMF)*

droit d'entrée 〚証〛(投資信託の)購入手数料

droit d'entrée 入場料, *admission fee*

droit des non-fumeurs 嫌煙権

droit des peuples à disposer d'eux-mêmes 〚法〛民族自決権, *right of self-determination of peoples*

droit différentiel 差別関税, *differential duty*

droit d'ingérence humanitaire 〚法〛人道的介入の権利, *humanitarian intervention right*

droits discriminatoires 差別関税, *discriminatory tariffs*

droit facultatif 任意法, *dispositive law*

droit négocié livrable sans garantie de possibilité d'utilisation 〚証〛(新株引受権の保証はないが)譲渡可能な引受権

droits non-dérogeables 〚法〛(国際法で)デロゲートできない権利, *non-derogable rights*

droit préférentiel de souscription 〚証〛新株引受優先権

droits prohibitifs 禁止的関税, *prohibitive duty*

droits proportionnels 従価関税, *ad valorem duty*

droits propres 〚法〛(社会保障の)固有受給権, *personal entitlements*

droits voisins 〚法〛著作隣接権, *neighboring rights*

(à) droit zéro 免税(の), *duty free*

droite budgétaire / droite de budget 〚経〛予算線, *budget line*

droite d'ajustement de tendance 〚経〛傾向線, *trend line*

droite de marché des capitaux 〚証〛資本市場線：有価証券投資に伴うリスクを示す図表, *capital market line*

droite de régression (統計の)回帰直線, *regression line*

droite de résistance 抵抗線, *resistance line*
drone 無人飛行機, *unmanned aerial vehicle*
drop-shipment 直接配送, *drop shipment*
〈**DSK bonds**〉〚仏〛(Dominique Strauss-Khan 提唱の)インフレリンク国債
dualisme agraire 農業の二重構造：昔ながらの農業と近代化農業
dualisme économique 二重経済構造, *economic dualism*
dumping fiscal 〚経〛フィスカルダンピング：他より安い税率設定で各種登録料稼ぎをする, *fiscal dumping*
dumping monétaire 〚経〛為替ダンピング, *exchange dumping*
dumping social 〚経〛ソーシャルダンピング：労働条件を低くしてコストを下げ，国外市場に不当に安い製品を売ること, *social dumping*
duopole asymétrique 〚経〛非対称的複占, *asymmetric duopoly*
duopole de Bowley 〚経〛ボウリー的複占, *Bowley's duopoly*
duopole de Cournot 〚経〛クールノー的複占, *Cournot's duopoly*
duopole symétrique 〚経〛対称的複占, *symmetric duopoly*
duopsone 〚経〛(市場の)需要複占, *duopsony*
duplex intégral 〚通〛全二重, *full duplex*
duplexeur 〚通〛送受切替器, *duplexer*
duplication (録音媒体の)ダビング, *copying*
duration 〚証〛デュアレーション：債券に投資された資金の回収期間, *duration*
durcisseur 硬化促進剤, *accelerator*
durée de crédit initiale 〚金〛当初満期, *original maturity*
durée moyenne avant défaillance 〚通〛平均故障発生時間, *mean time to failure*
durée moyenne de crédit 平均貸付期間, *mean length of credit*
durée probable de vie / durée de vie probable 見積耐用年数, *estimated lifetime*
DVD enregistrable DVD−R, *digital versatile disc recordable*
DVD réinscriptible DVD−RW, *digital versatile disc rewritable*
dynamique comparative 比較動学, *comparative dynamics*
dynamisation des prestations sociales 社会保障給付のスライド化, *dynamization of social security benefits*

dysérection 性的不能, *impotence*

dysfonctionnements familiaux / dysfonctions familiales 家庭的機能障害：家族各員の役割・立場が長期的に乱されること

dysfonctionnements institutionnels / dysfonctions institutionnelles 制度的機能障害

dysfonctionnements stratégiques / dysfonctions stratégiques 戦略上の機能障害：販売戦略を妨げる旧態然とした社会体制

dysmorphophobie 異形成恐怖症：体のある部分が奇形ではないかという心配症

dysphorie du genre 性的違和, *gender dysphoria*

E

eau affermée (市町村が水道水供給を私企業に委託した場合の)請負業者提供の水道水

eaux piscicoles 養魚適合水域, *water suitable for fish-breeding*

〈**Eautobus**〉 パリ水上バス

eaux archipélagiques 群島水域, *archipelagic waters*

écart acheteur-vendeur 〖証〗買呼値と売呼値の差額, *bid-offer spread*

écart baissier 〖オプ〗ベアコールスプレッド：コールの売りと買いを組み合わせるベアスプレッド, *bear call spread*

écart bid-ask 〖オプ〗呼値スプレッド, *bid-asked spread*

écart budgétaire 予算差異, *budget variance*

écart d'acquisition négatif 消極暖簾；貸方暖簾, *negative goodwill*

écart de caisse 現金不足, *cash short*

écart de conversion 為替差額：外貨借入れの際，借りた時点と返済時点の為替相場の相違

écart de cours 変動幅, *fluctuation gap*

écart de fluctuation (欧州通貨制度の)変動幅, *margin of fluctuation*

écart de prime (プレミアム取引と定期取引の)相場格差, *margin between prices for firm stock and option stock*

écart de prix 値開き；値幅, *price spread*

écart de réévaluation 再評価差額, *revaluation differential*

écart de taux (d'intérêt) 金利ギャップ；金利の乖離, *interest rate gap*

écart déflationniste デフレギャップ, *deflation gap*

écart des prix entre le marché intérieur et le marché extérieur 内外価格格差, *price differentials between domestic and overseas markets*

écart des salaires 賃金格差, *wage differential*

écart diagonal 〖オプ〗ダイアゴナルスプレッド：カレンダースプレッドの一種, *diagonal spread*

écart d'inflation インフレ格差, *inflation differential*

écart d'option 〖オプ〗オプションスプレッド：同種類のコール

あるいは同種類のプットの売りと買いを同時に行う損益限定方法, *option spread*

écart d'un call à la baisse 〚オプ〛ベアコールスプレッド：コールの売りと買いを組み合わせるベアスプレッド, *bear call spread*

écart d'un call à la hausse 〚オプ〛ブルコールスプレッド：コールの売りと買いを組み合わせるブルスプレッド, *bull call spread*

écart entre le cours acheteur et le cours vendeur / écart entre le cours acheteur-vendeur 〚オプ〛呼値スプレッド, *bid-asked spread*

écart entre le PIB (= produit intérieur brut) potentiel et le PIB effectif GDPギャップ, *GDP gap*

écart entre les cours au comptant et à terme 〚証〛直物と先物相場のスプレッド, *spread between spot and forward quotations*

écarts entre les prix 〚オプ〛プライススプレッド；バーティカルスプレッド；マネースプレッド, *price spread*

écart entre les taux d'intérêts 金利差, *interest rate differential*

écart favorable 有利差異, *favorable variance*

écart haussier 〚オプ〛ブルコールスプレッド：コールの売りと買いを組み合わせるブルスプレッド, *bull call spread*

écart inférieur à zéro 〚証〛ゼロマイナスティック：直近(ちょっきん)と同じ価値であるが，以前の取引値より低い場合, *zero-minus-tick*

écart inflationniste インフレ格差, *inflation differential*

écart instantané maximum au comptant 〚証〛直近(ちょっきん)相場の瞬間最大乖離, *maximum spread at any given moment for spot rate transactions*

écart inverse sur ratio d'options d'achat 〚オプ〛コールレシオバックスプレッド, *call ratio back spread*

écart inverse sur ratio d'options de vente 〚オプ〛プットレシオバックスプレッド, *put ratio backspread*

écart maximal de cours / écart maximum de cours 〚証〛値幅制限, *fluctuation limit / maximum spread of stock price*

écart maximal de divergence / écart maximum de divergence (欧州通貨制度での)最大変動幅, *maximum spread of divergence*

écart monétaire 〚オプ〛マネースプレッド；バーティカルスプレッド；プライススプレッド, *money spread*

écart net 純変動額, *net change*

écart papillon 〚オプ〛バタフライスプレッド:バーティカルスプレッドの一種, *butterfly spread*

écart supérieur à zéro 〚証〛ゼロプラスティック:直近(ちょっきん)と同じ価格であるが,以前の取引値より高い場合, *zero-plus-tick*

écarts sur les prix 〚オプ〛プライススプレッド;バーティカルスプレッド;マネースプレッド, *price spread*

écart sur puts à la baisse 〚オプ〛ベアプットスプレッド:プットの売りと買いを組み合わせるベアスプレッド, *bear put spread*

écart vertical バーティカルスプレッド:同じ行使期限で行使価格の異なるコールオプションの売りと買い,あるいはプットオプションの売りと買いを同時に実行すること, *vertical spread*

écart vertical sur ratio d'options d'achat 〚オプ〛レシオプットスプレッド, *ratio put spread*

écart vertical sur ratio d'options de vente 〚オプ〛レシオコールスプレッド, *ratio call spread*

écartement des pieds (両足の)スタンス, *stance*

échanges à terme de devises 通貨スワップ, *currency swap*

échanges à terme de types d'emprunts ローンスワップ, *loan swap*

échanges cambistes 〚金〛通貨スワップ, *currency swap*

échanges commerciaux 貿易取引, *merchandise trade*

échanges communautaires (欧州)共同体間取引, *intra-Community trade*

échanges compensés 〚貿〛カウンタートレード;見返り貿易, *countertrade*

échanges d'actifs 〚金〛アセットスワップ, *asset swap*

échanges de banque à banque 銀行間取引, *interbank trade*

échanges de créances 〚金〛デットスワップ:債務の債権化・株式化, *debt swap*

échanges de créances contre actifs 〚金〛(途上国対外債務削減のための)債務の株式化;デットエクィティスワップ, *debt for equity swap*

échanges de créances contre des programmes de protection de l'environnement 環境スワップ, *debt for environment swap*

échanges de devises 通貨スワップ, *currency swap*

échange de documents informatiques 電子文書交換, *electronic document interchange*

échange de données informatisées 電子データ交換,

electronic data interchange
échanges de la dette 債務スワップ, *debt swap*
échange de taux d'intérêt 金利スワップ, *interest rate swap*
échange de titres 〖証〗証券交換, *exchange of securities*
échange dynamique de données 〖コンピュ〗動的データ交換, *dynamic data exchange*
échange entre équivalents 等価交換, *exchange of equivalents*
échanges entre Etats de publications officielles et de documents gouvernementaux 公の出版物及び政府文書交換, *exchange of official publications and government documents between States*
échange entre non-équivalents 不等価交換, *exchange of non-equivalents*
échanges financiers 〖金〗スワップ, *swap*
échanges financiers à terme 〖金〗フォワードスワップ: 引渡し期日を異にする先物相互のスワップ, *forward swap*
échanges internationaux de publications 出版物国際交換, *international exchange of publications*
échanges intra / échanges intracommunautaires (欧州)共同体内の交易, *intra-Community trade*
échanges intra-firmes 企業内貿易, *intrafirm trade*
échanges invisibles 貿易外取引, *invisible trade*
échanges renouvelables 〖金〗ローラースワップ, *roller swap*
échanges syndiqués 〖金〗シンジケートスワップ, *syndicated swap*
échanges triangulaires 三角貿易, *triangular trade*
échanges visibles 貿易取引, *visible trade*
échantillon aléatoire (統計の)無作為抽出, *random sampling*
échantillon gratuit 無料サンプル, *free sample*
échantillon représentatif (統計の)代表的サンプル, *representative sampling*
échantillon stratifié (統計の)層化抽出, *stratified sampling*
échantillonnage à volume constant 定容量試料採取, *constant volume sampling*
échantillonnage aléatoire / échantillonnage au hasard (統計の)無作為抽出; 抜取検査, *random sampling*
échantillonnage musical (音楽の)サンプリング, *(music) sampling*

échappatoire fiscale　税金の抜穴, *tax loophole*
échappement　〚コンピュ〛エスケープ, *escape*
échappement en transmission　〚通〛伝送制御拡張, *data link escape*
échauffement　〚スポ〛ウォーミングアップ, *warming up*
échéance à présentation　(集合的に)期限到来の一覧払い手形類, *bills at sight*
échéance à terme　(集合的に)期限到来の期限付き手形類, *time bills*
échéances de fin de trimestre　四半期末の支払額, *end-of-quarter requirements*
échéance d'un contrat　契約満期, *deadline / due date of a contract*
échéance liquide　〚証〛(先物市場で)取引最大の限月物
échéances semestrielles　半期賦払い, *half-yearly installments*
échéances trimestrielles　四半期賦払い, *quarterly installments*
échéancier　〚証〛償還予定表, *schedule of due dates / aging balance*
échéancier d'effets　手形明細帳, *bill-book*
échec des mécanismes du marché　市場の失敗, *market failure*
échecphiliste　チェス収集家
échelier　〚証〛仮決済計算表作成係
échelle de Beaufort　ビューフォート風力階級, *Beaufort scale*
échelle de commission　手数料率, *scale of commission*
échelle de Mohs　モース硬度計, *Mohs' scale*
échelle de préférences　選考順序, *order of preferences*
échelle de primes　〚証〛仮決済計算表
échelle de production　生産規模, *scale of output*
échelle de profit constant　不変収益規模, *constant return scale*
échelle de Richter　(地震の)リヒタースケール, *Richter scale*
échelle des besoins　欲求尺度, *scale of wants*
échelle des prix　段階的価格表, *price scale*
échelle des revenus　所得等級, *income scale*
échelle des salaires　給与指数；賃金スケール, *salary scale*
échelle des tarifs　料金表, *scale of charges*
(les) échelles du Levant　地中海東部の諸港, *(the) ports of the Levant*

échelle mobile （給与・物価・税などが経済状況に応じて上下する率を意味する）伸縮法；順応率, *sliding scale*

échelle mobile （物価スライド制による）生活費調整, *cost-of-living adjustment*

échelle mobile des salaires 賃金スライド制；物価スライド制賃金, *sliding wages scale*

échelle planétaire 地球規模, *global scale*

〈**Echelon**〉 エシュロン：英語圏の5カ国が運営する通信傍受機関, *Echelon*

échelon de cotation 〚証〛（例えば1/4フラン単位といった株や債券の）値刻み；値幅, *step of quotation*

échelon de cotation intérieur 〚証〛マイナスティック；ダウンティック：前回の取引値よりも安い取引, *minus tick*

échelon de cotation supérieur 〚証〛プラスティック；アップティック：前回の取引値より高い取引, *plus tick*

échelon minimum de cotation 〚証〛呼値の単位, *tick size*

échelonnement des livraisons 配達の割振り, *spread of deliveries*

échelonnement des paiements 支払いの分割, *spread of payments*

échelonnement fiscal 課税段階, *graduated scale of duty*

échocardiogramme 超音波心臓検査図, *echocardiogram*

échoencéphalogramme 超音波脳検査図, *echoencephalogram*

échouement volontaire 任意座礁, *voluntary stranding*

éclairage de sécurité 非常用ライト, *emergency lighting*

éclectisme post-keynésien 〚経〛折衷的ケインズ後学派, *post-Keynesian eclecticism*

〈**ECO**〉 エコ：西アフリカ諸国経済共同体の新通貨の名称

éco-emballage 環境にやさしい包装, *ecological packaging*

éco-guerrier 環境戦士, *ecowarrior*

écocide （環境汚染による）生態系破壊, *ecocide*

écoconditionnalité 環境保護という条件の付与：共通農業政策で欧州共同体が資金援助の前提として導入した概念, *ecoconditionality (EC)*

écodéveloppement 〚経〛環境重視の発展, *ecodevelopment*

école autrichienne 〚経〛オーストリア学派, *Austrian School*

école classique d'économie politique 古典学派経済学, *classical school of economics*

école confessionnelle ミッション系学校：公立学校に対して私立学校をこう呼ぶことがある

Ecole d'art floral Sogetsu （パリの）草月流生花学校

école de circulation 通貨学派, *currency school*

école de la dépendance 〚経〛(Raul Prebisch に代表される)従属理論学派：南の北への依存を絶つべきとする学派

〈**école de la deuxième chance**〉 セカンドチャンス学校：卒業できなかった生徒に再度チャンスを与えて教育を受けさせるための学校

Ecole de la haute fonction publique 高級官僚養成校, *National School of Administration*

école de la régulation 〚経〛レギュラシオン学派：Aglietta, Lipietz, Boyer がその代表, *School of regulation*

école de Lausanne / école de l'équilibre 〚経〛ローザンヌ学派；一般均衡学派, *Lausanne School*

école de l'échange 〚経〛(19世紀前半の)通貨学派, *Currency School*

école des cadres 管理職養成校, *executive development school*

école du Public Choice 〚経〛(J. Buchanan などの)公共選択学派, *School of public choice*

école historique d'économie politique 歴史学派経済学, *historical school of economics*

école marginaliste 〚経〛限界効用学派, *Marginal Utility School*

école monétaire 〚経〛シカゴ学派, *Chicago School*

Ecole nationale d'administration pénitentiaire 国立矯正学校, *National School of Correctional Administration*

école néo-classique 〚経〛新古典主義, *neo-classical school*

Ecole normale supérieure 高等師範学校, *grande école for training of teachers*

école supérieure de commerce ビジネススクール, *commercial college*

écolo-commando / écolo-guerrier 環境戦士, *ecowarrior*

écologie culturelle 文化生態学, *cultural ecology*

écologie perturbée 均衡を破られた生態, *disturbed ecology*

(mouvement d')écologie politique 政治エコロジー(運動), *political ecology (movement)*

écologiste enragé (軽蔑的に)熱烈な環境保護主義者, *ecofreak*

écomusée 生態学博物館, *living museum*

économat 購買部；従業員用購買店, *stationery department*

économat (d'une école) (学校の)会計課, *bursar's office*

économat des Forces armées américaines (駐留米軍の)PX, *post exchange (US Army)*

économie à direction centrale 中央指導経済, *centrally directed economy*

économie à double secteur 二重構造経済, *dual economy*

économie à planification centrale 中央計画経済, *centrally planned economy*

économie administrée 計画経済, *state-controlled economy*

économie agricole inadaptée 時代遅れの農業経済, *outmoded agricultural economy*

économie appliquée 応用経済学, *applied economics*

économie autonome アングラ社会的経済

économie capitaliste 資本主義経済, *capitalist economy*

économie clandestine 闇経済, *black economy*

économie complètement planifiée 集権的計画経済, *centrally planned economy*

économie concertée 協調経済, *concerted economy*

économie concurrencée (一定部門が)外資の脅威にさらされた経済

économie contrôlée 統制経済, *controlled economy*

⟨**économie criminelle**⟩ 犯罪経済:犯罪行為により支えられる経済, *criminal economy*

économie d'abondance 豊かな経済, *economy of abundance*

économies d'agglomération 集積の経済;集積の利益, *agglomeration economies*

économie de contrainte 制約経済:共産圏ブロック崩壊以前における東欧の人民民主主義国の経済

économie de découvert 貸越経済, *overdraft economy*

économie de gamme (製品)多角化の経済;範囲の経済, *economy of scope*

économie de la culture カルチャー経済:映画・音楽を中心とした文化の経済

économie de l'offre 供給サイドの経済, *supply side economics*

économie de main-d'œuvre 省力, *labor-saving*

économie de marché 市場経済, *market economy*

économie de marché à caractère interventionniste 国家介入型市場経済, *managed market economy*

économie de marché des capitaux (エクィティファイナンス中心の)資本市場利用型経済

économie de marché intégrale 純粋市場経済, *pure market economy*

économie de pénurie 窮乏経済, *economy of scarcity*

économie de santé 保健経済, *health economy*

économie de subsistance 生存経済；主食依存型経済, *subsistence economy*

économie de temps 時間節約, *time-saving*

économie de troc 物々交換経済, *barter economy*

économie de variété 範囲の経済；製品多様化の経済, *economy of scope*

économie décentralisée 分権化経済, *decentralized economy*

économie d'échange 交換経済, *exchange economy*

économies d'échelle 規模の経済, *economies of scale*

économies d'échelle dues à l'urbanisation 集積の経済, *agglomeration economies*

économie d'endettement （増資や社債発行に頼らない）金融仲介依存の経済；借金依存型経済；貸越経済, *overdraft economy*

économie d'entreprise / économie des entreprises 経営経済学, *business economics*

économie d'envergure 範囲の経済, *economy of scope*

économie dirigée （共産圏の）統制経済, *controlled economy*

économie dirigée （フランスの）指導型経済；誘導経済, *command economy*

économies dynamiques d'Asie ダイナミックアジア経済群, *dynamic Asian economies*

économies émergentes 新興経済, *emerging economies*

économie en bloc ブロック経済, *bloc economy*

économie en cours de redressement 回復期の経済, *recovering economy*

économie en perte de vitesse 減速経済, *decelerated economy*

économie en plein essor 成長経済, *growth economy*

économies en transition 移行経済圏, *economies in transition*

économie étatisée 国家統制経済, *state-controlled economy*

économies externes 外部経済, *external economies*

économie fermée 封鎖経済, *closed economy*

économie florissante 好調な経済, *thriving economy*

économie fondée sur l'exportation 輸出志向の経済, *export-driven economy*

économie générale 一般経済学, *general economics*

économie industrielle 産業組織：一国の産業の構成状態, *industrial organization*

économie industrielle à forte intensité de savoir 知識集約産業経済, *knowledge intensive industrial economy*

économie informelle 非公式経済, *informal economy*
économie instable 不安定経済, *unstable economy*
économies internes 内部経済, *internal economies*
économie juvénile 新興経済, *young economy*
économie mathématique 数理経済学, *mathematical economics*
économie mixte post-keynésienne ケインズ以後の混合経済, *post-Keynesian mixed economy*
économie normative 規範経済学, *normative economics*
économie parallèle 闇経済, *black economy*
économie parvenue à maturité 成熟経済, *mature economy*
économie pastorale 牧畜経済, *pastoral economy*
économie postsocialiste ポスト社会主義経済
économie prestataire de services サービス経済, *service economy*
économie primitive 自然経済, *natural economy*
économie publique 公共経済, *public economy*
économie pure 理論経済学, *theoretical economics*
économie quantitative 数量経済学, *quantitative economics*
économie radicale / économie politique radicale 急進的経済学, *radical economics*
économie ricardienne リカード経済, *Ricardian economics*
économie rurale 農業経済, *agricultural economy*
économie sociale 社会的経済：協同組合，共済組合など社会的事業経済をいう
économie sociale de marché （ドイツの）社会的市場経済, *social market economy*
économie sociale émergée 表に出た社会的経済
économie sociale immergée / économie sociale souterraine 埋没社会的経済；アングラ社会的経済
économie souterraine 地下経済；アングラ経済, *underground economy*
économie spatiale 空間経済, *space economy*
économie stationnaire 不振の経済, *stagnant economy*
économie surchauffée 過熱経済, *overheating economy*
économie urbaine 都市経済, *urban economy*
économiquement faible 低所得者, *economically weak*
économiseur d'écran 〖コンピュ〗スクリーンセーバー, *screen saver*
écotaxe 環境税, *ecotax*

écotourisme 環境保護志向の観光, *ecotourism*

écoulement des excédents 余剰物処理, *surplus disposal*

〈**Ecoute dopage**〉〚スポ〛ドーピング告白受付：匿名で告白情報を受けるフリーダイヤル

écoutes sauvages 無許可盗聴, *unauthorized wire tapping*

écoutes téléphoniques 電話の盗聴, *phone tapping*

écran à haute résolution 高解像度画面, *high resolution screen*

écran à plasma 〚コンピュ〛プラズマディスプレイ；プラズマスクリーン, *plasma display*

écran blindé 弾よけ板, *high screen*

écran couleur カラー画面, *color screen*

écran d'aide 〚コンピュ〛ヘルプスクリーン, *help screen*

écran de contrôle モニター画面, *monitor screen*

écran de dialogue 〚コンピュ〛対話スクリーン, *dialog screen*

écran de veille 〚コンピュ〛スクリーンセーバー, *screen saver*

écran mosaïque マルチスクリーン, *multiscreen*

écran noir et blanc モノクロ画面, *monochrome screen*

écran plat 平面スクリーン, *flat screen*

écran tactile 〚コンピュ〛タッチスクリーン, *touch screen*

écrasement 〚経〛格差の解消, *squeezing of gap*

écrêtement （農作物価格で上限を上回る部分に当たる）削除額, *leveling-off*

écrêtement de la marge bénéficiaire 高すぎる利幅の平均化, *capping of the profit margin*

écrêtement d'une pension de retraite 年金支給額上限制, *capping of retirement pension*

écriture au crédit 〚会〛貸方記帳, *credit entry*

écriture au débit 〚会〛借方記入, *debit entry*

écritures comptables 〚会〛帳簿, *accounts*

écriture de clôture 〚会〛決済記帳, *closing entry*

écriture de compensation 〚会〛評価勘定；反対勘定, *contra account*

écriture de contre-passation 〚会〛再整理仕訳, *reversing entry*

écriture de contrepartie / écriture d'extourne 〚会〛相対（あいたい）記入, *contra entry*

écriture de correction / écriture de redressement / écriture de régularisation 〚会〛修正記入, *adjusting entry*

écriture de virement 〚会〛振替記帳, *transfer entry*

écriture d'inventaire 〚会〛修正記入, *adjusting entry*

écritures en partie double 〚会〛複式簿記, *double entry*

bookkeeping

écritures en partie simple 〘会〙単式簿記, *single entry bookkeeping*

écriture initiale 〘会〙(帳簿の)開始記入, *opening entry*

écriture inverse 〘会〙反対記入, *reverse entry*

écriture originale 〘会〙原始記入, *original entry*

écriture rectificative 〘会〙修正記入, *adjusting entry*

écrivain administratif 行政書士, *administrative scrivener*

écrivain judiciaire 司法書士, *juridical scrivener*

〈ecstasy〉〘風〙(幻覚剤)エクスタシー, *Ecstasy*

ECU dur / ECU fort / ECU lourd 〘経〙ハードECU, *hard ECU*

ECU officiel 〘経〙公的ECU:欧州共同体予算に使用されるECU, *official ECU*

éditeur de liens 〘コンピュ〙連係編集プログラム, *linkage editor*

éditeur de logiciels 〘コンピュ〙ソフトウェア会社, *software company*

éditeur pleine page 〘コンピュ〙スクリーンエディター, *screen editor*

édition électronique 〘コンピュ〙電子出版, *electronic publishing*

édition pirate (d'un livre) (書籍の)海賊版, *pirate copy (of a book)*

éditique 〘コンピュ〙(カナダで)デスクトップパブリッシング, *desktop publishing*

éducation compensatoire / éducation spéciale (身障者などへの)特殊教育

éducation continue 継続教育, *continuing education*

éducation des adultes 成人教育, *adult education*

éducation en milieu ouvert (囚人の)社会内教育

éducation morale et civique 道徳公民教育

éducation non institutionnelle 学校外教育, *non-formal education*

éducation nouvelle 進歩主義教育:個性や自主性を重んじる教育, *progressive education*

éducation surveillée 保護監察による教育;監督教育

〈éductour〉 教養ツアー:教養を高める観光ツアー

〈Edutel〉〘通〙(1987年開始の)教育関連情報ミニテルサービス, *Minitel educational service*

eEurope 〘通〙欧州電子化計画, *eEurope*

(à) effectif pléthorique 人員過剰(の), *overstaffed*

effectif total / effectif global 従業員総数, *total staff complement*

effet à accepter / effet à l'acceptation 引受手形, *bill for acceptance*

effet à courte échéance 短期手形, *short bill*

effet à échéance 期限付き手形, *time bill*

effet à encaisser / effet à l'encaissement 取立手形, *bill for collection*

effet à l'escompte 割引手形, *bill for discount*

effet à longue échéance 長期手形, *long-dated bill*

effet à payer 支払手形, *bill payable / accounts payable*

effet à recevoir 受取手形, *bill receivable / accounts receivable*

effet à taux flottant FRN：変動利付債, *floating rate note*

effet à vue 一覧払い為替手形, *demand draft*

effet admissible 再割引適格手形, *eligible paper*

effet au recouvrement 取立中の手形, *draft for collection*

effet au renouvellement 更新手形, *renewable bill*

effet bancable 適格手形, *eligible paper*

effet boomerang 〖経〗ブーメラン効果, *boomerang effect*

effet collatéral （薬の）副次的作用, *collateral effect*

effet commercial accepté 自己回収的手形；自己流動的手形, *self-liquidating paper*

effets croisés 書合（かきあい）手形

effet d'annonce 〖経〗アナウンスメント効果, *announcement effect*

effet d'attraction 〖経〗誘引効果, *crowding in effect*

effet de cavalerie 融通手形, *accommodation bill*

effet de cheminée 煙突効果：火がエレベーター通路を伝わり急上昇する現象, *chimney effect*

effet de cliquet 〖経〗歯止め効果；ラチェット効果, *ratchet effect*

effet de commerce en eurodevises 〖金〗ユーロコマーシャルペーパー：ユーロ市場で発行されるコマーシャルペーパー, *Euro-commercial paper*

effet de commerce libellé en devises 外貨手形, *foreign currency bill*

effet de courbe en J 〖経〗Jカーブ効果, *J curve effect*

effet de démonstration 〖経〗デモンストレーション効果, *demonstration effect*

effet de désincitation 〖経〗（経済成長）阻害効果, *disincentive effect*

effet de détournement 〖経〗転換効果, *diversion effect*

effet de dimension 〚経〛規模の効果, *scale effect*
effet de distribution 〚経〛分配効果, *distribution effect*
effet de flexion 労働市場への参入・退出効果：町内のスーパー開店・閉店などに伴った就労希望者数の推移
effet de fortune négatif 〚経〛逆資産効果, *negative wealth effect*
effet de levier 〚経〛テコ入れ効果, *leverage effect*
effet de lignée 〚経〛家系効果：代々同じような社会的地位を保持する傾向
effet de liquidité 〚経〛流動性効果, *liquidity effect*
effet de mobilisation de créances 債権流動化手形, *mobilization paper of debts*
effet de patrimoine 〚経〛資産効果；富効果, *wealth effect*
effet de perroquet 〚経〛反響効果, *echo effect*
effet de portefeuille 〚証〛ポートフォリオ効果：組み合わせによるリスク緩和効果, *portfolio effect*
effet de prix 〚経〛価格効果, *price effect*
effets de protection 防護被服：ABC兵器に対する, *protection clothing*
effet de rationnement 〚経〛配給効果, *rationing effect*
effet de retour / effet de rétroaction 〚経〛フィードバック効果, *feedback effect*
effet de revenu 〚経〛所得効果, *income effect*
effet de seigneuriage シーニョリッジ効果：自国通貨が国際通貨として使用されることから生まれる効果, *seigniorage effect*
effet de serre （地球温暖化の）温室効果, *greenhouse effect*
effet de seuil 限度効果：例えば後一人増えると労働法上の義務が生じる際に雇用者が雇用を控える現象
effet de signal 〚経〛アナウンスメント効果, *announcement effect*
effet de snobisme 〚経〛ベブレン効果：見せびらかし商品のように価格が大きく下落すると需要が減少する効果, *Veblen's effect*
effet de stimulation globale 〚経〛挺率効果, *leverage effect*
effet de substitution 〚経〛代替効果, *substitution effect*
effet de synergie 〚経〛相乗効果, *synergy effect*
effet de taille / effet d'échelle 〚経〛規模の効果；スケールメリット, *size effect / scale effect*
effet de voisinage 〚経〛外部効果, *external effect*
effet d'écho 〚経〛呼び水効果, *echo effect*
effet déclaratif 宣言的効果, *declaration effect*
effet déflationniste デフレ効果, *deflationary effect*

effet demande 需要効果, *demand effect*
effet d'encaisses monétaires 現金残高効果, *cash balance effect*
effet d'encaisses réelles 実質所有貨幣効果；実物残高効果, *real balance effect*
effet d'endettement réel 実質負債効果, *real indebtedness effect*
effet d'entraînement ドミノ効果, *domino effect*
effet d'entraînement 〖経〗バンドワゴン効果, *bandwagon effect*
effet d'entraînement 〖経〗牽引効果, *drag effect*
effet déplacé 他所払い手形；地域外手形, *domiciled bill*
effet d'euphorie 〖経〗浮かれ効果：高インフレの下で貯蓄するといった非理性的行動
effet d'éviction 〖経〗押出し効果：国債多発により金融市場がタイトとなり企業の資金調達が困難になる現象, *crowding out effect*
effet d'imitation 〖経〗デモンストレーション効果, *demonstration effect*
effet directionnel dérapé 〖スポ〗(スノーボードの)スキディング効果, *skidding effect*
effet dissuasif 〖経〗意欲減退効果, *disincentive effect*
effet dissuasif sur l'emploi d'une fiscalité trop lourde 〖経〗重税による労働意欲減退効果, *work disincentive effect of heavy taxation*
effet d'ostentation 〖経〗ベブレン効果：見せびらかし商品のように価格が大きく下落すると需要が減少する効果, *Veblen's effect*
effet du charbon (du maïs) (トウモロコシの)黒穂病の影響, *effect of smut fungal infection (of maize crops)*
effet du Trésor 政府短期証券, *treasury bill*
effets écho des vagues de remplacement 〖経〗(設備)更新のこだま波動, *replacement wave effect*
effets écologiques 環境への影響, *environmental effects*
effet en cours de recouvrement 取立中の手形, *collecting bill*
effet endossé 裏書手形, *endorsed bill*
effet escomptable 適格手形, *eligible bill*
effet escompté 割引済み手形, *discounted bill*
effet Fischer 〖経〗フィッシャー効果, *Fisher effect*
effet garanti par l'office des céréales 穀物局保証手形, *Cereal Office guaranteed bill*
effet Giffen 〖経〗ギッフェン効果, *Giffen's effect*

effet Keynes 〖経〗ケインズ効果, *Keynes effect*
effet levier 〖経〗テコ入れ効果, *leverage effect*
effet massue 〖経〗ブーメラン効果, *boomerang effect*
(batterie sujette à l')effet-mémoire 記憶効果(の影響を受ける電池), *memory effect*
effet mobilisateur 〖経〗レバレッジ効果, *leverage effect*
effet modérateur 〖経〗抑制効果, *moderation effect*
effet multiplicateur 〖経〗乗数効果, *multiplier effect*
effets nominatifs 〖証〗登録済み株, *registered stocks*
effet papillon カオス理論に基づく波及効果:例えば蝶の羽ばたきが地球の反対での台風発生に影響を及ぼしかねないとする, *butterfly effect*
effet payable à vue 一覧後定期払い手形, *demand note*
effet perturbateur 撹乱効果, *destabilizing effect*
effet pervers (薬の)副作用, *side effect*
effet pervers (狙いとずれた)悪影響, *perverse effect*
effet photoélectrique 光電効果, *photoelectrical effect*
effet Pigou 〖経〗ピグー効果, *Pigovian effect*
effet Pinocchio ピノッキオ効果:嘘をつくと鼻の粘膜が膨張する現象
effet Pygmalion ピグマリオン効果:人が誰かに期待を抱くと両者の関係が自然によい方向に向かい期待が現実化する効果, *Pygmalion effect*
effet Ricardo 〖経〗リカード効果, *Ricard effect*
effet Roosa 〖経〗ローザ効果, *Roosa's effect*
effet saisonnier 季節手形
effet secondaire (薬の)副作用, *side effect*
effet Slutsky 〖経〗(消費者選択の理論で)スルツキー効果, *Slutsky effect*
effets spéciaux numériques デジタルビデオ効果, *digital video effects*
effets sur l'environnement 環境への影響, *environmental effects*
effet sur l'étranger 外国為替手形, *foreign bill*
effet surround (音響の)サラウンド効果, *surround effect*
effets toxiques potentiels du plomb sur le fœtus 胎児に影響しかねない鉛の毒性, *embryotoxicity of lead*
effet Veblen 〖経〗ベブレン効果:見せびらかし商品のように価格が大きく下落すると需要が減少する効果, *Veblen's effect*
effet Wicksell 〖経〗ウィクセル効果, *Wicksell effect*
efficacité biologique relative (各種中性子の)相対生物効果, *relative biological effectiveness*
efficacité de l'affectation 〖経〗配分効率, *allocative effi-*

ciency

efficacité de l'allocation des ressources 資源配分効率, *allocative efficiency of resources*

efficacité des dépenses engagées 費用有効度分析, *cost effectiveness*

efficacité du capital 資本効率, *capital efficiency*

efficacité marginale des investissements 限界投資効率, *marginal efficiency of investment*

efficacité marginale du capital 資本の限界効率, *marginal efficiency of capital*

efficacité marginale du travail 労働の限界効率, *marginal efficiency for labor*

efficacité technique 技術効率, *technical efficiency*

efficience au sens de Pareto 〚経〛パレート効率, *Pareto efficiency*

efficience relative 比較優位, *comparative advantage*

efficience-X 〚経〛X(エックス)効果：企業の内部要因から生じる効率, *X efficiency*

effort de construction 住宅建設助長, *construction assistance*

effort de pêche 漁業活動, *fishing activity*

effort de rupture 破断応力, *breaking stress*

effort d'exportation 輸出ドライブ, *export drive*

effort d'exportation vers la zone dollar ドル貨獲得促進, *dollar drive*

effort financier 財政支出, *financial effort*

effort fiscal 徴税努力, *tax collection effort*

effort social de la nation (国家の)社会福祉予算

efforts d'auto-assistance 自助努力, *self-help effort*

effraction informatique 〚コンピュ〛ハッキング, *hacking*

effritement des cours (3％未満の小規模な)相場の下落, *crumbling of prices*

égalisation des conditions de vie 生活条件の平等化, *harmonization of living conditions*

égalisation des utilités marginales 限界効用の均等化, *marginal utility equalization*

égalité de rémunération entre la main-d'œuvre masculine et la main-d'œuvre féminine pour un travail de valeur égale 同一労働に対する男女同一報酬, *equal remuneration for men and women workers for work of equal value*

égalité des chances entre les femmes et les hommes 男女機会均等, *equal opportunities for women and men*

égalité des salaires masculins et féminins / égalité de rémunérations sans discrimination fondée sur le sexe 男女同一報酬, *equal pay without discrimination based on sex / equal pay for men and women*

égalité des sexes devant l'emploi 男女機会均等雇用, *equal opportunity employment for women and men*

égalité des utilités marginales pondérées par les prix 限界効用均等の法則, *law of equi-marginal utility*

égalité devant l'emploi 雇用機会の均等, *equal employment opportunity*

égalité devant l'impôt 税の下での平等, *equality before the tax system*

égalité épargne-investissement 貯蓄投資の均等, *saving-investment equality*

égalité fiscale 租税の平等, *equal tax*

Eglise de Jésus-Christ des saints des derniers jours 末日聖徒イエスキリスト教会；モルモン教, *Church of Jesus Christ of Latter-day Saints*

Eglise de Scientologie サイエントロジー教会, *Scientology Church*

Eglise de l'Unification （文鮮明の）統一教会, *Unification Church*

(siège) éjectable 射出可能な（座席）, *ejector (seat)*

ékistique 人間居住学, *ekistics*

élaboration de la politique ポリシーメーキング, *policy making*

élaboration d'un budget 予算編成, *drafting of a budget*

élaionophobie 油恐怖症

élasticité absolue 〚経〛絶対弾力性, *absolute elasticity*

élasticité croisée 〚経〛交差弾力性, *cross elasticity*

élasticité d'anticipation 〚経〛期待の弾力性, *elasticity of expectation*

élasticité de la demande 需要弾力性, *elasticity of demand*

élasticité de la demande et de l'offre 需要と供給の弾力性, *elasticity of demand and supply*

élasticité de la demande par rapport au revenu 需要の所得弾力性, *income elasticity of demand*

élasticité de la demande par rapport aux prix 需要の価格弾力性, *price elasticity of demand*

élasticité de la monnaie 通貨弾力性, *monetary elasticity*

élasticité de l'offre 供給弾力性, *elasticity of supply*

élasticité de substitution 代替弾力性, *substitution elas-*

élasticité des anticipations 〖経〗(Hicksの)期待の弾力性, *elasticity of expectation*

élasticité des consommations 消費の弾力性, *elasticities of consumption*

élasticité des importations 輸入弾力性, *elasticity of imports*

élasticité des prix / élasticité par rapport aux prix / élasticité-prix 価格弾力性, *price elasticity*

élasticité d'exportation 輸出弾力性, *elasticity of exports*

élasticité directe 〖経〗自己弾力性, *own elasticity*

élasticité du marché 市場の弾力性, *market elasticity*

élasticité-intérêt 利子弾力性, *interest elasticity*

élasticité monétaire 通貨弾力性, *elasticity of money*

élasticité ponctuelle 点弾力性, *point elasticity*

élasticité relative 相対弾力性, *relative elasticity*

élasticité-revenu de la consommation 消費の所得弾力性, *income elasticity of consumption*

élasticité transversale 交差弾力性, *cross elasticity*

élasticité unitaire de la demande 1の需要弾力性, *unitary elasticity of demand*

élasticité-unité 単位弾力性, *unit elasticity*

élastique par rapport au(x) prix 価格弾力的, *price elastic*

élastique par rapport au taux d'intérêt 利子弾力的, *interest elastic*

électeurs indécis (選挙での)浮動層, *floating voters*

élection sociale 社会選挙:被保険者による社会保険金庫理事の選出

électorat de base 草の根有権者, *grassroots voters*

électorat flottant (選挙での)浮動層, *floating voters*

électorat-fonction 公務としての選挙資格

électro-encéphalogramme 脳波図, *electroencephalogram*

électroacoustique 音響電子工学, *electroacoustics*

électrode sélective イオン選択性電極, *ion selective electrode*

électroluminescence エレクトロルミネセンス, *electroluminescence*

électroluminescence à couches minces 薄膜電気発光, *thin-film electroluminescence*

électronique grand public 民生用電子機器, *general public use electronics*

électronique médicale 医用電子工学, *medical electronics*

électrovalence イオン原子価, *electrovalence*
élektrophobie 電気恐怖症, *electrophobia*
élément de libéralité 〚ODA〛グラントエレメント, *grant element*
élément de service commun d'information de gestion 共通管理情報サービス要素, *common management information service element*
élément de service de commande d'association 関連制御サービス要素, *association control service element*
élément de service de l'accès aux transfert et manipulation 〚コンピュ〛ファイル転送アクセスと管理のサービス要素, *file transfer access and manipulation service element*
élément de service d'opération distante 遠隔オペレーションサービス要素, *remote operation service element*
élément d'entrée-sortie 〚コンピュ〛I/O(アイオー)ユニット, *I/O unit*
élément d'instabilité 撹乱要因, *disturbing factor*
élément don 〚ODA〛グラントエレメント, *grant element*
élément du passif-dépôts (銀行から見て)預金債務, *deposit liabilities*
éléments économiques déterminants 〚経〛ファンダメンタルズ, *fundamental determinants*
éléphant blanc 無用の長物：シャム王が気に入らない廷臣に白象徽章を与えて周囲を困らせた故事に由来する表現．転じて時代遅れの軍事施設や利権目的だけの大工事を比喩的にさす, *white elephant*
(l')éléphant rose エレファンローズ：マリファナ使用の合法化を提唱する雑誌．本来の意味は酔っ払いの幻覚
éleuthérophobie 自由恐怖症, *eleutherophobia*
élevage en batterie (de poulets) バタリー式養鶏, *battery farming*
élevage industriel 集約農業, *intensive farm*
élevage marin 海洋養殖
éliminé pour dopage 〚スポ〛ドーピングで失格の, *disqualified for drug-taking*
emballage à usage mixte 複合使途包装品, *multiple use package*
emballage biodégradable 生物分解性包装, *biodegradable packaging*
emballage-bulle / emballage-coque / emballage sous plastique ブリスターパック, *blister pack*
emballage commercial 販売用包装品, *packing for sales*
emballage de protection pour enfants 子供に安全な梱

包, *child-resistant packaging*
emballage factice 見かけ倒しの包装, *dummy pack*
emballage pelliculé (中身に合わせて透明材をピッタリさせる)収縮包装, *shrink-wrapping*
emballage perdu 使い捨て包装, *non-returnable packing*
emballage récupérable 回収可能包装品, *returnable package*
embargo commercial 禁輸；通商停止, *trade embargo*
embarras financiers 財政難, *financial embarrassments*
emblème de marque ブランドマーク, *brand mark*
embrayage à sens unique ワンウェークラッチ, *one-way clutch*
embrigadement des enfants (特に宗教セクトによる)児童強制引込み
émel 〘コンピュ〙 Eメール, *e-mail*
émetteur de détresse de faible puissance 低電力分離送信機, *low-power distress transmitter*
émetteur de localisation d'urgence 不時着発信装置, *emergency landing transmitter*
émetteur-récepteur トランシーバー, *transceiver*
éminence grise 黒幕；陰の実力者, *éminence grise*
émission au cours du marché 時価発行, *issue at market price*
émission au-dessus de la valeur nominale 打歩(うちぶ)発行
émission au robinet 〘証〙常時発行
émission d'actions 〘証〙株式発行, *stock issue*
émission d'actions au prix courant 〘証〙株式の時価発行, *stock issue at the current price*
émission de bons déficitaires 〘証〙赤字国債発行
émission de conversion 〘証〙借換発行, *conversion issue*
émission des actions aux ayant-droits 〘証〙株式割当発行, *rights issue*
émission des bons en yens 〘証〙円建て債発行, *issuance of yen bonds*
émission des titres 〘証〙証券発行, *issuing of securities*
émission d'obligations par adjudication 〘証〙入札による債券発行
émission en clair / émission non cryptée スクランブルなしの放送, *no-crypted broadcast*
émission en coupures 〘証〙(株式)分割発行, *issue of stocks in denominations*
émission en différé 録画放送, *recorded broadcast*
émission en direct 生放送, *live broadcast*

émission frais inclus 〖証〗手数料込発行値, *issue price including commissions*

émission initiale 〖証〗初回発行, *primary issue*

émissions non autorisées diffusées depuis la haute mer 公海からの無許可放送, *unauthorized broadcasting from the high seas*

émission obligataire 〖証〗起債, *bond issue*

émission très au-dessous du pair 〖証〗ディープディスカウント発行：発行価格が券面価格を大幅に下回る発行, *deep discount issue*

émoticone 〖コンピュ〗（スマイリーズのような）フェースマーク, *emoticon*

Empire du Milieu 〖言換〗（中央にある帝国）中国, *Middle Kingdom*

emplacement du reportage （位置測定の）レポーティングポジション, *reporting position*

emplacement industriel 工業立地, *industrial location*

emplacement pour carte 〖コンピュ〗ボード差込用スロット, *card slot*

emplacement pour carte d'extension 〖コンピュ〗拡張用スロット, *expansion slot*

emplois atypiques 異色職種：短期・臨時労働が中心の職種

emploi de proximité （失業対策としての）地域密着型雇用, *employment in the community*

emploi final 〖経〗エンドユーズ, *end use*

emploi instable 不安定雇用, *unstable employment*

emplois intermédiaires 中間消費, *intermediary consumption*

emplois réservés 保留職；優先雇用：戦争被害者・身障者に確保された一定の職

employabilité （多種多様な仕事をこなし勤務地にもこだわらない）就職可能性の高さ

employé de maison 家事従業員, *domestic employee*

employé temporaire 派遣労働者；臨時雇い, *temporary employee*

emporium 〖羅〗外国の一大営業拠点, *emporium*

empreinte génétique 遺伝子指紋, *genetic fingerprint*

emprise sur le crédit 融資の締付け, *credit restraint measures*

emprisonnement cellulaire 独居拘禁

emprunt à coupon unique / emprunt à coupon zéro 〖証〗ゼロクーポン債：額面から大幅割引で発行し償還時に額面分全額を支払う方式の債券, *zero-coupon bond*

emprunt à fenêtres 〚証〛期限前償還可能債, *stepped rate bond*
emprunt à long terme 長期借入れ, *long-term loan*
emprunt à lots 〚証〛割増金付き公債, *lottery loan*
emprunt à moyen terme 中期借入れ, *medium-term loan*
emprunt à prorogation 〚証〛期限前償還に当たり保持の選択が可能な債券
emprunt à remboursements croissants 〚証〛返済額逓増債券
emprunt à taux révisable 〚証〛(長期金融市場の金利動向に応じた)金利調整可能債
emprunts amortissables 〚証〛償還国債, *redeemable debts*
emprunt Balladur 〚証〛バラデュール債, *Balladur Bond*
emprunt Barre 〚証〛バール債, *Barre Bond*
emprunt consolidé 〚証〛コンソル公債, *consols*
emprunt de guerre 〚証〛戦時公債, *war loan*
emprunt déficitaire / emprunt destiné à couvrir le déficit 〚証〛赤字国債, *deficit-covering bond*
emprunt d'Etat 〚証〛国債, *state bond*
emprunt d'Etat perpétuel 〚証〛永久公債, *consol*
emprunt émis au-dessus de la valeur nominale 〚証〛打歩(うちぶ)公債
emprunt étranger 〚証〛外債, *foreign bond*
emprunt forcé 〚証〛強制公債, *forced loan*
emprunt gagé / emprunt garanti 担保借入れ, *secured loan*
emprunt Giscard 〚証〛ジスカール債, *Giscard Bond*
emprunt hypothécaire 抵当借入れ, *mortgage loan*
emprunt irrécouvrable 焦付き融資, *dead loan*
emprunt-logement 〚証〛住宅債, *housing bond*
emprunt national d'équipement 〚証〛施設近代化国債, *national bond for equipment*
emprunt national pour l'investissement et l'emploi 〚証〛設備雇用促進国債, *national bond for investment and employment*
emprunt notionnel 〚証〛(国債の)標準物, *notional bond*
emprunt obligataire 〚証〛社債発行による借入れ, *debenture loan*
emprunt obligataire convertible 〚証〛転換社債発行による借入れ, *convertible debentures loan investment*
emprunt obligataire étranger émis au Royaume-Uni 〚証〛ブルドッグ債：イギリス市場で外国企業などが発行する英ポンド建て債, *bulldog bond*

emprunt obligataire étranger émis aux Etats-Unis 〖証〗ヤンキー債:米国債券市場で国際機関・外国政府・企業などがドル建てで発行する債券, *Yankee bond*

emprunt parallèle 〖金〗平行借款:異なる国にある親会社と,その子会社を含む四者借款, *parallel loan*

emprunt perpétuel 〖証〗永久国債, *perpetual bond*

emprunt phare 〖証〗指標銘柄, *benchmark*

emprunt pour les PME (=petites et moyennes entreprises) et l'artisanat 〖証〗中小企業設備投融資債

emprunts pris en charge 〖証〗(国有化の)肩代わり見合い融資債

emprunt prorogeable 〖証〗延長可能債券, *extendible bond*

emprunt remboursable in fine 〖証〗満期一括返済債券

emprunt sans garantie 無担保借入れ, *unsecured loan*

emprunt shushi 〖証〗スシボンド:日本企業がユーロ市場で発行する外貨建ての債券, *sushi bond*

emprunt subordonné 〖証〗劣後債, *subordinated bond*

emprunt synonyme 〖証〗(MATIFで標準物取引に使われる)受渡し適格銘柄

emprunt villes de France 〖証〗フランス大都市連合債

emprunteur sur gages 抵当権設定者, *mortgagor*

émulsifiant 乳化剤, *emulsifier*

en arriéré 未納の, *in arrears*

en bonne et due forme 書式にかなった, *in due form*

en brèche de trésorerie 流動性がない, *illiquid*

en cas d'empêchement 障害が生じた場合, *if there's a hitch*

en cas d'évolution dynamique 動態的条件の下で, *in case of dynamic movement*

en chiffres absolus 〖経〗絶対タームで, *in absolute terms*

en chiffres bruts 未調整額で, *in uncorrected figures*

en clair (暗号ではなく)平文の, *in plain language*

en clôture 〖証〗引値で, *at closing price*

en dedans / en jeu 〖オプ〗イン・ザ・マネー:オプションを行使すると利益が出る状態, *in the money*

en déficit 赤字の, *that shows a deficit*

en différé (番組が)録画の, *prerecorded*

en francs constants 〖経〗実質フランで, *in constant francs*

en francs courants 〖経〗名目フランで, *in current francs*

en glissement annuel 前年比で, *on a year to year basis*

en légère hausse 〖証〗(相場が)小じっかり, *slightly firmer*

en mode non connecté (スイッチの)コネクションレス型, *connectionless*

en monnaie constante 実質通貨で, *in constant money*
en monnaies convertibles 交換可能通貨で, *in convertible currency*
en numéraire 現金で, *in cash*
en phase terminale (病状が)末期の
en pièces détachées 完全現地組立の, *completely knock down*
en port dû 送料受取人払いで, *carriage forward*
en proportion de variations du marché 相場スライド制で, *sliding scale*
en spirale (本・ノートが)螺旋閉じの, *spiral binding*
en temps utile 有効期間内に, *in due time*
en termes réels 〖経〗実質で, *in real terms*
en-tête 〖コンピュ〗ヘッダー, *header*
en-tête de bande 〖コンピュ〗テープ見出し, *tape header*
(films) en tête du box-office 興行成績がトップクラスの(映画), *box-office hits*
en-tête de lettre レターヘッド, *letter head*
en valeur 〖経〗(en volume と対で用いられ)名目ベースで, *in nominal terms*
en volume 〖経〗(en valeur と対で用いられ) 実質ベースで, *in real termes*
〈ENA (＝Ecole nationale d'administration) contre Sorbonne〉 (ソルボンヌ対国立行政学院の意味から)学問的知識人に対するテクノクラートの優位
enacovorace (企業などが)国立行政学院卒業生受け入れの
encadrement 〖コンピュ〗フレーミング, *framing*
encadrement du crédit 貸出規制, *credit constrainment*
encage 外人投資家保証金寄託制度：チリで投機防止用に考案された制度
encaisse de réserve 金庫内手許現金, *vault cash*
encaisse de trésorerie 取引手持現金
encaisse désirée 所望現金保有高, *desired cash in hand*
encaisse en banque 当座預金, *cash in bank*
encaisse liquide 現金準備, *cash reserve*
encaisse métallique 正貨準備金, *cash and bullion in hand*
encaisse minimum obligatoire 必要最小限の現金保有, *minimum cash requirement*
encaisses monétaires 貨幣残高, *money balances*
encaisse oisive / encaisse thésaurisée 遊休現金残高
encaisse-transactions 取引手持現金；活動残高, *working balance*

encaissement brut 総収入, *gross revenue*
encapsulation 〘コンピュ〙カプセル化, *encapsulation*
encéphalomyélite myaligique 慢性疲労症候群, *yuppie flu*
encéphalopathie spongiforme bovine 牛海綿状脳症, *bovine spongiform encephalopathy*
enchère au rabais / enchère décroissante 〘証〙ダッチオークション；競(せり)下げ競売, *Dutch auction*
encoche de protection contre l'écriture 〘コンピュ〙書込み保護ノッチ, *write-protect notch*
encoche de protection lecture-écriture 〘コンピュ〙読書き保護ノッチ, *read-write protection notch*
encodage 〘コンピュ〙符号化, *encoding*
encodeur 〘コンピュ〙符号器；エンコーダ, *encoder*
encombrement du marché 市場の供給過剰, *glutting of the market*
encouragement à la propriété (1950年のフランスの)住宅建築助成措置
encours de crédit 貸出残高, *credit outstanding*
encours de production de services 仕掛り用益, *goods in process of service*
encours des engagements 未償還負債, *outstanding liabilities*
encours des prêts 未済の貸付金, *outstanding loan*
encours pondéré 加重融資総額, *weighted outstanding amount*
enculturation 文化適応, *enculturation*
encyclopédie électronique 電子辞書, *electronic encyclopedia*
endettement cumulatif 累積債務, *accumulated debt*
endettement extérieur 対外負債, *foreign debt*
endettement mutuel 相互金融債務, *mutual financial obligation*
endettement obligataire 借入資本金, *debenture capital*
endettement public 公的債務, *public debt*
endiguement 封じ込め(政策), *containment*
endiguements 〘オプ〙ショートヘッジ：手持ち証券の将来の値下がりリスクをヘッジする手法, *short hedge*
endogène (経済要因などが)内生的, *endogenous*
endométriose 子宮内膜症, *endometriosis*
endos croisés (銀行間の)交互裏書, *crossed endorsement*
endos en blanc 無記名式裏書, *blank endorsement*
endossement conditionnel 条件付き裏書, *conditional*

endorsement

endossement confirmé 確認裏書, *endorsement confirmed*

endossement de complaisance 融通裏書, *accommodation endorsement*

endossement de procuration 代理裏書, *per procuration endorsement*

endossement d'un connaissement 保険証券の裏書, *endorsement of a bill of landing*

endossement partiel 一部裏書, *partial endorsement*

endossement pignoratif 質入裏書, *endorsement in pledge*

endossement postérieur à l'échéance 満期後裏書, *endorsement after maturity*

endossement régulier 正当裏書, *authorized endorsement*

endossement restrictif 制限裏書, *restrictive endorsement*

endossement spécial 記名式裏書, *special endorsement*

endossement translatif 譲渡裏書, *endorsement for transfer*

enduophobie 衣服恐怖症:服を着用しなけらばならないことに対する恐怖症

énergie de la biomasse バイオマスエネルギー, *biomass energy*

énergie de substitution 代替エネルギー, *alternative energy*

énergie magnétique 磁気エネルギー, *magnetic energy*

énergie mécanique 力学的エネルギー, *mechanical energy*

énergie psychique 心的エネルギー, *libido*

énergie rayonnante 放射エネルギー, *radiant energy*

enfant à charge 被扶養子, *dependent child*

Enfants de Dieu (キリスト教の)神の子供派:Famille d'Amourの前身, *Children of God*

enfant qui se présente par le siège 逆子(さかご), *baby in the breech position*

enfant secouru 救済児童:児童社会扶助の対象者

⟨**enfant terrible de la gauche**⟩ 〖言換〗(左翼の異端児)ジャン・ピエール・シュヴェンヌマン, *Jean-Pierre Chevènement*

⟨**enfant terrible de l'Eglise de France**⟩ 〖言換〗(フランス教会の異端児)ガイヨー猊下(がいか):元エヴルー司教, *Jacques Gaillot*

⟨**enfant terrible de l'informatique**⟩ 〖言換〗(情報機器の異端児)スティーヴン・ジョブズ:アップルコンピュータ共同創設者, *Steven Jobs*

⟨**enfant terrible du génome**⟩ 〖言換〗(ヒトゲノムの異端児)クレイグ・ベンター:セレラ・ジェノミクス社長, *Craig*

Venter *(of Celera Genomics)*

⟨**enfant terrible du luxe**⟩〚言換〛（高級品の異端児）アラン・ドミニク・ペラン：カルティエ会長, *Alain Dominique Perrin*

engagement à l'essai 試用雇用, *test engagement*

engagement à titre temporaire 臨時採用, *temporary appointment*

engagements à vue 支払期限の来た契約, *commitments at call*

engagements bancaires hors bilan 偶発債務, *contingent liability*

engagement d'achat 購入約束, *undertaking to buy*

engagements d'aide 〚ODA〛援助約束額；援助コミットメント, *aid commitments*

engagement de banquier 銀行信用, *banker's credit*

engagement de caution personnelle et solidaire 連帯債務引受, *joint and several guarantee undertaking*

engagement définitif 本採用, *permanent appointment*

engagements hors bilan 偶発債務, *contingent liabilities*

engagement sociétal 世間との関わり合い, *community involvement*

engin blindé de reconnaissance 偵察用装甲車両

engin lancé par sous-marin 潜水艦発射弾道ミサイル, *submarine-launched ballistic missile*

engin sol-air 地対空ミサイル, *surface-to-air missile*

engin téléguidé anti-chars 対戦車誘導弾

enlevage 〚スポ〛（ボートの）ラストスパート, *spurt*

enlèvement et conduite en fourrière (d'un véhicule) （車両の）レッカー車移動

enlèvement par les lames 波渫（なみざらい）, *washing overboard*

(pays) ennemi hypothétique 仮想敵国, *imagined enemy (country)*

ennoblissement 品質向上, *improvement*

énoncé GOTO 〚コンピュ〛飛越し文, *GOTO statement*

énoncé si alors sinon 〚コンピュ〛IF THEN ELSE 文, *if then else statement*

énoncé si et seulement si 〚コンピュ〛IF AND ONLY IF 文, *if and only if statement*

enquête administrative 行政調査, *public inquiry*

enquête de conjoncture 景気動向調査, *business tendency survey*

enquête sociale 家庭環境調査, *social survey*

enquête sur la circulation monétaire et fiduciaire 通貨流通調査

enquête sur la population active 労働力調査, *labor force survey*

enquête sur la solvabilité d'un client 資産調査, *status inquiry*

enquête sur l'économie de familles d'exploitation agricole 農家経済調査, *farm household economy survey*

enquête sur les lieux フィールドサーベイ, *field survey*

enquête sur les ressources (生活保護対象者などの)資産調査, *means test*

enquête sur les salaires 給与調査, *survey of earnings*

enregistré par modulation de phase 〖コンピュ〗位相変調方式の, *phase-encoded*

enregistrement d'émissions de titres à date indéterminée 〖証〗一括登録, *shelf registration*

enregistrement en modulation de phase 〖通〗位相変調記録, *phase modulation recording*

enregistrement international des marques 標章の国際登録, *international registration of marks*

enregistrement numérique / enregistrement digital デジタル録画, *digital recording*

enregistrement par codage de groupe 〖コンピュ〗グループ符号化記録, *group coded recording*

enregistrement sur magnétoscope ビデオ録画, *video recordings*

enregistreur de bord フライトレコーダー, *flight recorder*

enregistreur de poche マイクロカセットコーダー, *microcassette recorder*

enrichissement des tâches / enrichissement du travail 作業内容の充実化, *job satisfaction*

enrichissement non justifié / enrichissement sans cause 不当利得, *not-justified enrichment*

enseignement assisté par ordinateur コンピュータ支援学習システム, *computer-aided instruction*

enseignement spécialisé (日本の特殊教育から身障者教育を除いた部分に該当する)特殊学校教育

enseignement universitaire par correspondance doublé d'émissions de télévision ou de radio 通信講座大学, *Open University*

ensemble calculable 〖コンピュ〗加算集合, *countable set*

ensemble châssis-carrosserie en alliage aluminium (自動車の)アルミ合金製ボディー, *aluminum alloy body*

ensemble de caractères 〘コンピュ〙文字集合, *character set*
ensemble de coupure 〘コンピュ〙切断集合, *cut set*
ensemble de données 〘コンピュ〙データセット, *data set*
ensemble de puces 〘コンピュ〙チップセット, *chip set*
ensemble-loisirs レジャーセンター, *leisure center*
ensemble orienté 〘コンピュ〙有向セット, *directed set*
ensemble régulier 〘コンピュ〙正則セット, *regular set*
ensemble universel 〘コンピュ〙全セット, *universal set*
ensemble urbain 新都市地区:市町村への昇格までの過渡的な名称
ensemble vide 〘コンピュ〙空(くう)集合;空セット, *empty set*
entente à l'exportation 輸出カルテル, *export cartel*
entente à l'importation 輸入カルテル, *import cartel*
entente illégale sur les prix 価格談合, *illegal price fixing*
entente illicite 闇合意, *illicit agreement*
entente illicite dans le cadre d'un appel d'offres 入札での談合, *illegal bid rigging*
entente industrielle 闇カルテル, *combine*
entente interrégionale 地域圏相互協力機構
entité comptable 勘定主体;会計主体, *accounting entity*
entité économique 経済単位, *economic unit*
entité supranationale 超国家的組織, *supra-state entity*
entomophobie 昆虫恐怖症, *entomophobia*
entonnoir 取引先所在地開設口座, *lock box*
entrave à la liberté du commerce 自由取引の障害, *restraint of trade*
entraves au commerce 貿易障壁;通商障壁, *barriers to trade*
entrée de capitaux 資本流入, *capital inflow*
(d')entrée de gamme 初心者向け(の), *entry-level*
entrée de gamme (電気製品などの)スタンダードタイプ, *standard type*
entrée de travaux à distance 〘コンピュ〙遠隔ジョブ入力, *remote job entry*
entrée directe des données 〘コンピュ〙直接データ入力, *direct data entry*
entrée en jouissance immédiate (貸家が)即入居可, *with immediate possession*
entrée scanner 〘コンピュ〙スキャナー入力, *scanned input*
entrée série 〘コンピュ〙シリアルインプット, *serial input*
entrée/sortie 〘コンピュ〙入出力インターファイス, *input/output*

entrée/sortie programmée 〘コンピュ〙プログラム入出力, *programmed input/output*

entrée/sortie série 〘コンピュ〙直列入・出力, *sequential input/output*

entrée standard 〘コンピュ〙標準入力, *standard input*

entrée vocale 〘コンピュ〙音声入力, *voice input*

entrepôt キャッシュ・アンド・キャリー(の店), *cash and carry*

entrepôt de données 〘コンピュ〙データウェアハウス, *data warehouse*

entreprendre pièce à pièce 単価請負をする, *to make a unit cost contract*

entrepreneur de transport multi-modal 複合一貫輸送業者, *multimodal transport operator*

entrepreneur en bâtiment ビル工事請負業者, *building contractor*

entrepreneur individuel 自営業者, *self-employed worker*

〈**Entreprise**〉〘法〙エンタープライズ:国際海底機構の下にある組織, *Enterprise (UN Convention on the Law of the Sea)*

〈**entreprise à la marguerite**〉〘言換〙(雛菊がトレードマークの)ゴーモン映画会社, *Gaumont Pictures*

entreprise à travail continu 連続操業企業, *continuously operating plant*

entreprise à valeur sociale ajoutée 生活困難者・失業者採用目的会社

entreprise affiliée 関連会社, *affiliated company*

entreprise affiliée au capital étranger 外資系企業, *foreign affiliate*

entreprise apparentée 系列会社, *affiliated company*

entreprise assujettie à la taxe professionnelle 事業税納税義務企業, *business liable to uniform business tax*

entreprise citoyenne (市民的役割を尊重する)公共精神会社

entreprise commune ジョイントベンチャー, *joint venture*

entreprise concessionnaire 特許企業, *concessionaire company*

entreprise conjointe franco-japonaise 日仏合弁会社, *Franco-Japanese firm*

entreprise contrôlée à parts égales 折半出資会社

entreprise contrôlée par des capitaux étrangers 外資系企業, *foreign affiliate*

entreprise de co-participation 合弁企業, *joint venture*

entreprise de droit public 公共企業体, *public corporation*

entreprise de pointe ハイテク産業, *high-tech industry*
entreprise de premier rang 〖証〗トリプルA企業, *AAA corporate*
entreprise de roulage 運送会社, *trucker*
entreprise de travail temporaire 人材派遣会社, *temporary employment agency*
entreprise dépendante 従属会社, *dependent undertaking (company law)*
entreprise dépendante détenue à 100% 完全所有子会社, *wholly-owned subsidiary*
entreprises détenues par des capitaux étrangers 外資系企業, *foreign backed company*
entreprise d'intérêt public 公益事業会社, *public utility*
entreprise dominante 支配会社, *dominant undertaking (company law)*
entreprise en difficulté 経営困難の会社, *lame duck company*
entreprise en participation 合弁企業；ジョイントベンチャー, *joint venture*
entreprise en plein essor 成長企業, *firm in full expansion*
entreprise étatisée 国有化企業, *nationalized company*
entreprise familiale 家内企業, *family firm*
entreprise moribonde 倒産寸前企業, *lame duck company*
entreprises-réseaux 柔軟対応企業：生産性向上を至上命令としない人中心の企業
entreprise semi-nationale 半官半民企業, *semi-government corporation*
entreprises sociales （協同組合，共済組合などの）社会的事業会社
entreprise sociale pour l'habitat 標準家賃住宅KK：2002年に低家賃住宅株式会社(SA d'HLM)をこう改名した
entreprise transnationale 超国家企業, *transnational enterprise*
entreprise unipersonnelle 一人企業, *one-man business*
entreprise viable 継続企業, *going concern*
entreprisisme 〖和〗会社中心主義
entretien courant du matériel 設備の日常的メンテナンス, *routine service of equipment*
enveloppe budgétaire （官庁の）予算枠, *overall budget*
enveloppe financière 資金提供, *funding*
enveloppe financière globale 予算総枠, *overall budget*
enveloppe matelassée （本などの郵送用紙袋）ジフィーバッ

グ, padded envelope (Jiffy bag)

enveloppe-T 返信料支払済封筒, reply-paid envelope

environnement commercial 企業環境, business environment

environnement d'aide à la programmation 〖コンピュ〗 PSE：スクリーンエディターの名称, programming support environment

environnement d'aide intégré pour les projets 〖コンピュ〗統合プロジェクト支援環境, integrated project support environment

environnement de génie logiciel 〖コンピュ〗ソフトウェアエンジニアリング環境, software engineering environment

environnement immédiat 直近(ちょっきん)環境：労働, 資本, 原料, 財・サービスを揃えるべき制約

envoi groupé 一括船積み, consolidated shipment

envolée des cours 相場の急騰, boom in prices

envoyé extraordinaire et ministre plénipotentiaire 特命全権公使, Envoy Extraordinary and Minister Plenipotentiary

envoyé itinérant (外交使節としての)巡回使節, itinerant envoy

enzyme de restriction (生化学の)制限酵素, restriction enzyme

eosophobie 黎明恐怖症, eosophobia

épargne à versement fixe 定期積立て, thrift saving

épargne de proximité (所得税上の優遇措置が受けられる創設3年未満企業に対する)新興企業投資目的貯蓄

épargne d'entreprise 財形貯蓄, workers' property accumulation savings

épargne des particuliers 個人貯蓄, personal savings

épargne financière 金融貯蓄, financial savings

épargne forcée 強制貯蓄；天引預金, forced savings

épargne forcée sociétaire 企業の強制貯蓄：企業が自己資金を蓄えることによる一般株主の購買力の目減り

épargne individuelle 個人貯蓄, individual savings

épargne libre 自発的貯蓄, voluntary savings

épargne liquide 流動的貯蓄；流動性預金, liquid savings

épargne-logement 住宅積立貯金, saving for house construction

épargne marginale ハンプセービング：老後のための蓄え, hump saving

épargne nationale 国民総貯蓄, gross domestic savings

épargne nette 純貯蓄, net saving

épargne obligatoire 強制貯蓄, *compulsory saving*
épargne productive 生産的貯蓄, *productive savings*
épargne salariale 給料天引預金, *save-as-you-earn*
épargne volontaire 自発的貯蓄, *voluntary savings*
épichlorhydrine エピクロルヒドリン：エポキシ樹脂製造原料, *epichlorhydrine*
épidémiophobie 流行病恐怖症, *epidemiophobia*
épilepsie photosensible 光感受性てんかん, *video game epilepsy*
épistémologie économique 経済認識論, *economic epistemology*
épistémologie juridique 法認識論, *juridical epistemology*
épreuve 〖コンピュ〗ハードコピー, *hard copy*
épreuve dames 〖スポ〗女子競技, *ladies' event*
épreuve hommes 〖スポ〗男子競技, *men's event*
épreuve individuelle 〖スポ〗個人競技, *individual event*
épuisement 減耗償却, *depletion*
épuisement des réserves 積立金枯渇；準備金減少, *reserve depletion*
épuisement des ressources naturelles 資源の枯渇, *depletion of national resources*
épurateur d'air 空気清浄器, *air cleaner*
épurateur d'eau 浄水器, *water purifier*
équation de Cambridge 〖経〗ケンブリッジ方程式, *Cambridge equation*
équation de comportement 〖経〗行動方程式, *behavior equation*
équation de Fisher 〖経〗フィッシャー方程式, *Fisher equation*
équation de Slutsky 〖経〗スルツキー方程式, *Slutsky equation*
équation des échanges 〖経〗交換方程式, *equation of exchange*
équations minimax 〖経〗ミニマックス方程式, *minimax equation*
équato-guinéen 〖地〗赤道ギニアの, *Equatorial Guinean*
équilibrage des lignes 〖通〗ラインバランシング, *line balancing*
équilibre concurrentiel 競争均衡, *competitive equilibrium*
équilibre de la balance commerciale 貿易収支均衡, *trade balance equilibrium*
équilibre de la balance des paiements 国際収支均衡,

balance of payments equilibrium
équilibre de la terreur　(軍事用語で)恐怖の均衡, *balance of terror*
équilibre de marché　市場均衡, *market equilibrium*
équilibre de Nash　〖経〗ナッシュ均衡, *Nash equilibrium*
équilibre de profit marginal　極大利潤均衡, *marginal profit equilibrium*
équilibre de sous-emploi　不完全雇用均衡, *underemployment equilibrium*
équilibre des forces　勢力の均衡, *balance of power*
équilibre des pouvoirs　抑制と均衡, *checks and balances*
équilibre du consommateur　消費者均衡, *consumer's equilibrium*
équilibre du producteur　生産者均衡, *producer's equilibrium*
équilibre monétaire externe　対外貨幣的均衡, *external monetary equilibrium*
équilibre partiel　部分均衡, *partial equilibrium*
équilibre stable　安定均衡, *stable equilibrium*
équilibre tangentiel optimal　最適接点均衡, *optimal tangency equilibrium*
équilibre temporaire　一時的均衡, *temporary equilibrium*
équipe d'étoiles　〖スポ〗オールスターチーム, *all-star team*
équipe dirigeante　経営陣；トップマネージメント, *top management*
équipe itinérante d'orientation　巡回指導チーム, *roving orientation team*
équipement anti-feu　耐火設備, *fire-resistant equipment*
équipement d'appel automatique　〖通〗自動呼出し装置, *automatic calling unit*
équipement de multiplication de circuit numérique　〖通〗デジタル回路増倍装置, *digital circuit multiplication gain*
équipement de protection　〖スポ〗防具, *protective equipment*
équipement de terminaison de circuit de données　〖通〗データ回線終端装置, *data circuit-terminating equipment*
équipement en chômage　遊休設備, *idle equipment*
équipement ménager　家庭用設備, *fittings of a house*
équipement multiplexeur-aiguilleur　デジタルクロス接続設備, *digital cross-connect equipment*
équipement terminal de circuit de données　データ回線終端装置, *data circuit-terminating equipment*

équipement terminal de données 〖コンピュ〗データ端末装置, *data terminal equipment*

équivalence de temps 〖経〗タイムアジャストメント, *time adjustment*

équivalent général 一般等価, *general equivalent*

équivalent habitant 人換算量：下水道の設置期限を決めるために用いる単位

équivalent mécanique de la chaleur 熱の仕事当量, *mechanical equivalent of heat*

(en) équivalent-temps plein フルタイム労働換算(で)

équivalent travail 労働量換算, *work equivalent*

éradication de la pauvreté 根深い貧困の撲滅, *eradication of poverty*

〈**ère damocléenne**〉 (核の危険を背負った)ダモクレスの剣の時代, *Damoclean era*

ère de l'informatique コンピュータ時代, *computer age*

ère numérique デジタル時代, *digital period*

érémiste 就職促進最低所得保障対象者

érémitophobie 孤独恐怖症, *autophobia*

éreuthophobie 赤面恐怖症, *erythrophobia*

ergonomie 人間工学, *ergonomics*

ergophobie 仕事恐怖症, *ergophobia*

ergot d'entraînement / ergot de tracteur 〖コンピュ〗(プリンターの)トラクタのピン, *tract-feeder pin*

érosion monétaire 通貨の目減り；通貨の価値低下, *monetary erosion*

erpétophobie 蛇恐怖症, *herpetophobia*

erreur de logiciel 〖コンピュ〗ソフトウェアエラー, *software error*

erreur de programmation 〖コンピュ〗プログラムエラー, *program error*

erreur de troncature 〖コンピュ〗切捨て誤差, *truncation error*

erreurs et omissions 誤差脱漏, *errors and omissions*

erreur manifeste 明白な錯誤, *glaring error*

erreur quadratique moyenne 平均自乗誤差, *mean square error*

erythréen 〖地〗エリトリアの, *Eritrean*

érythropoïétine 〖スポ〗(ドーピングに使用される)エリスロポエチン, *erythropoietin*

escalade à mains nues 〖スポ〗(素手でのぼる)フリークライミング, *free climbing*

escalade des taux d'intérêt 金利引上げ競争, *rocketing of*

interest rates

escalade d'un conflit 戰闘の段階的拡大, *escalation of a conflict*

escalade tarifaire 傾斜関税, *tariff escalation*

escompte commercial 手形割引貸付け, *commercial discount*

escompte de caisse (現金決済ないし支払期限前決済による)即金値引;現金割引, *cash discount*

escompte de papier de campagne 〖金〗収穫手形割引

escompte de première émission 発行時割引額, *original issue discount*

escompte de règlement 仕入割引, *discount for early payment*

escompte de tirages documentaires 証券割引

escompte en ducroire 求償権放棄割引, *del credere discount*

escompte hors banque 市中銀行割引率;市場割引率, *private rate of discount*

escompte officiel 銀行割引, *bank discount*

escompte pour paiement d'avance 前払い割引, *discount for prepayment*

escompte privé 市場割引率, *market rate*

escompte sur factures 仲間割引, *trade discount*

escompter 〖証〗(信用取引で)現引きする, *to call for delivery before the settlement*

escroquerie à l'assurance 保険詐欺, *insurance fraud*

escudo de Timor (通貨単位で)ティモール・エスクード, *Timor escudo*

escudo du Cap-Vert (通貨単位で)カーボベルデ・エスクード, *Cape Verdean escudo*

escudo portugais (ユーロ導入以前の通貨単位で)ポルトガル・エスクード:200.482エスクードが1ユーロ, *Portuguese escudo*

espace arrière 〖コンピュ〗バックスペース, *backspace*

espace boisé classé 特定樹林地

espace de gondole 商品陳列棚スペース, *shelf space*

espace disque 〖コンピュ〗ディスクスペース, *disk space*

espace économique européen 欧州経済地域, *European economic area*

espace entre blocs 〖コンピュ〗ブロック間ギャップ, *interblock gap*

espace judiciaire européen 欧州司法地帯, *European judicial area*

espace libre sur le disque dur 〘コンピュ〙ハードディスクの空き容量, *free space on the hard disk*

〈**Espace officiel de France 98**〉(1998年シャンゼリゼに作られた)フランスW杯ショップ

espace protocolaire 〘スポ〙VIPエリア, *VIP area*

〈**Espace Salvador Dali**〉(パリ18区の)サルバドール・ダリ館, *Space Salvador Dali*

espace Schengen (シェンゲン協定加盟国が構成する出入国検査なしの)欧州連合パスポートレス地域, *Schengen Space*

espace social européen 欧州社会圏, *common European social framework*

espèces circulantes 流通正貨, *money in circulation*

espèces en caisse 現金手持高, *cash in hand*

espèces sédentaires (海洋資源について)定着性の種族, *sedentary species*

espérance de vie d'un produit 商品寿命, *product life expectancy*

espérance mathématique 数学的期待値, *mathematical expectation*

espérance moyenne de vie 平均余命, *average life span*

espérance moyenne de vie à la naissance 平均寿命, *life expectancy*

esperluette (&を意味する)アンパサンド;アンドマーク, *ampersand*

espiogiciel 〘コンピュ〙スパイウェア, *spyware*

esprit d'entrepreneur 企業家精神, *entrepreneurship*

esprit d'entreprise 冒険の精神, *enterprising mind*

esprit juridique 〘法〙リーガルマインド, *legal mind*

esprit maison 社風, *corporate culture*

essais assistés par ordinateur コンピュータによる製品検査, *computer-aided tests*

essais comparatifs 比較テスト, *comparative tests*

essai de fiabilité 信頼性のテスト, *reliability test*

essai de fluage-fatigue (原子炉の)クリープ疲労試験, *cerre fatigue test*

essai de poinçonnement シービーアール試験:道路強度試験, *California Bearing Ratio*

essai de réception 〘コンピュ〙受入れテスト, *acceptance testing*

essai de vieillissement 寿命試験, *test of product life*

essai non destructif 非破壊検査, *nondestructive testing*

essai nucléaire atmosphérique 大気圏内核実験, *atmospheric nuclear test blast*

essai nucléaire souterrain 地下核実験, *underground nuclear test (blast)*
essai probatoire 実行可能性試験, *feasibility test*
essai professionnel 試験採用, *test engagement*
⟨**Essai sur le principe de la population**⟩ (Malthusの)人口論, *An Essay on the Principle of Population*
essence non plombée / essence sans plomb 無鉛ガソリン, *lead-free gasoline*
essence ordinaire レギュラーガソリン, *regular petrol*
essence super ハイオクガソリン, *four-star petrol*
essoufflement de l'économie 景気の息切れ, *running out of steam in economy*
Est-Timorais 〚地〛東ティモール人, *East-Timorese*
estampille de qualité 品質ラベル, *quality control stamp*
estimateur convergent 一致推定量, *consistent estimator*
estimateur efficace 有効推定子, *efficient estimator*
estimateur sans biais 不偏推定量, *unbiased estimator*
estimation des coûts 費用推算, *cost estimate*
estimation du prix du revient par commande 個別原価計算, *job order costing*
estimation par la méthode du quotient 比推定, *ratio estimate*
estimations revues en baisse 下方修正された予想, *forecasts revised downward*
établissement bancaire de caractère non bancaire ノンバンク, *non-bank bank*
établissement de financement des achats à tempérament 割賦販売金融会社, *installment credit institutions*
établissement de financement des ventes à crédit 信販会社, *consumer credit institution*
établissement de la cartographie du génome humain 〚バイオ〛ヒト遺伝子マッピング, *human gene mapping*
établissement des états financiers (会計士の情報収集を意味する)調整, *costing*
établissement du cours moyen d'un titre 〚証〛難平(なんぴん)売買, *averaging*
établissement du prix de revient 原価計算;原価設定, *costing*
établissement d'une liaison 〚コンピュ〛接続手順, *handshaking*
établissement d'utilité publique 公益施設, *public works*
établissement et envoi de chèques 小切手の作成と郵送,

issuing and sending of checks
établissement financier 金融機関, *financial institution*
établissement fondé en titre 権限に基づく取水施設
Etablissement français des greffes フランス移植機関
établissement inoccupé 遊休施設, *unoccupied establishment*
établissement payeur 支払企業, *paying bank*
établissement professionnel du service hydrographique et océanographique de la Marine 海軍水圏学海洋学担当部専門事業体
établissement recevant des dépôts 預金受託機関, *deposit-taking institution*
établissement sensible (暴力事件などのある)問題校
établissement stable 常設事務所, *fixed place of business*
étage supérieur inertiel シャトル上段ロケット, *inertial upper stage*
étalement de la dépense 支出の分割化, *spreading of expenses*
étalement des impositions 課税の分割化, *installment of taxation*
étalement des paiements 分割払い, *installment plan*
étalement des vacances 休暇の分散化, *staggering of holidays*
étalon boiteux 跛行本位制, *limping standard*
étalon d'argent 本位銀, *standard silver*
étalon de change-or 金為替本位制, *gold exchange standard*
étalon de valeur des paiements différés 延払いの価値標準, *standard of deferred payments*
étalon d'espèces or 金貨本位制, *good specie standard*
étalon dollar / étalon devise ドル本位制度, *dollar standard*
étalon DTS (=droits de tirage spéciaux) pour le change SDR本位制, *SDR (=Special Drawing Right) standard*
étalon fiduciaire 信用本位, *fiduciary standard*
étalon métallique 金属本位制, *metal standard*
étalon monétaire (通貨の)本位;貨幣標準, *monetary standard*
étalon-or 金本位制, *gold standard*
étalon-or espèces 金貨本位制, *gold specie standard*
étalon-or lingot 金地金本位制, *gold bullion standard*
Etats africains et malgaches associés アフリカ・マダ

ガスカル諸国連合, Associated African States and Madagascar

(l')Etat Anjouan 〚地〛(コモロ諸島ンズワニ島の)アンジュアン国, State of Anjouan

Etat archipel 群島国家, archipelagic State

(les) Etats barbaresques 〚地〛バーバリ諸国, Barbary States

état comptable 中間計算書類, position of account

〈**Etat-constructeur**〉〚和〛(公共工事に明け暮れる日本をさして)土建国家,〈construction State〉

Etat côtier 沿岸国, coastal State

Etats d'Afrique, des Caraïbes et du Pacifique アフリカ・カリブ海・太平洋地域諸国, African, Caribbean and Pacific States

état d'ajustement des comptes 勘定調整表, reconciliation statement

état d'âme 精神状態, state of mind

Etats dans les cours d'eau desquels se reproduisent des stocks de poissons anadromes 遡河(そか)性資源の母川(ぼせん)の所在する国, States in whose rivers anadromous stocks originate

état de banque 銀行報告書, bank statement

état de besoin 必要状態, state of need

état de caisse 現金在高表, cash statement

état de commandes 受注状況；注文状況, order position

état de compte (カナダで)銀行口座計算書, bank statement

état de la technique / état de l'art 最高技術水準, state of the art

〈**l'état de l'Union**〉(米大統領の)一般教書, State of the Union address

état de navigabilité 堪航能力, seaworthiness

état de rapprochement bancaire 銀行勘定調整表, bank reconciliation statement

état de situation 資産状況説明書, statement of condition

Etat de transit 通過国, transit State

(être en) état de veille 〚コンピュ〛スタンバイモード(である), (to be in) standby mode

〈**état des émissions publiques de titres**〉(米国証券取引委員会に提出する)登録届書, registration statement (USA)

état des finances 財政状況, financial position

état des résultats 損益計算書, statement of earnings

Etat dont sont originaires des stocks de poissons anadromes 〚法〛母川(ぼせん)国, State of origin of anadro-

mous stocks

Etats du Sud des Etats-Unis （米国の南部諸州）サンベルト, *Sunbelt of the USA*

Etats en développement pour lesquels les activités menées dans la Zone ont des effets défavorables 深海底における活動により悪影響を受ける開発途上国, *developing States which suffer adverse effects caused by activities in the Area*

Etat faible 弱小国家, *weak State*

états financiers 財務諸表, *financial statements*

Etat gendarme 夜警国家, *police State*

Etat géographiquement défavorisé / Etat géographiquement désavantagé 地理的不利国, *geographically disadvantaged State*

Etat hyperprotecteur 超福祉国家, *nanny State*

état insurrectionnel 反乱状態, *insurgency*

Etat membre avec une dérogation 免責加盟国, *member State with a derogation*

état mensuel 月例報告, *monthly return*

Etat minimum ミニマム国家：リベラル主義者が提唱する, 必要最小限の介入にとどめて後は自由競争にまかせる国家

état néant 該当なし；該当者不在証明, *nil return*

Etat non doté d'armement nucléaire 非核保有国, *non-nuclear weapon State*

〈Etats parias〉/〈Etats voyous〉 ならず者国家：極秘裡に大量破壊兵器を開発し近隣国を脅かす札付き経済貧国の数々, *rogue nations*

Etat-patron （国営企業の）経営者としての国家

état prévisionnel des recettes et des dépenses 歳入歳出見積書

état récapitulatif 残高勘定, *balance account*

Etats riverains des détroits （複数で）海峡沿岸国, *States bordering the straits*

Etat sans littoral 内陸国, *land-locked State*

état semestriel 半期収支報告, *half-yearly statement*

Etat social 社会国家：福祉国家と似た概念, *welfare State*

état spécial de l'arrondissement （パリ，リヨン，マルセイユの）区財政特別報告書

état stationnaire 定常状態, *stationary state*

Etat tampon 緩衝国, *buffer State*

Etat veilleur de nuit 夜警国家, *watchman State*

Etats dont les côtes sont adjacentes ou se font face 向かい合っているかまたは隣接している海岸を有する国々,

States with opposite or adjacent coasts

⟨**éternel second**⟩ 〘言換〙(ほとんど常に2位に甘んじた自転車競技選手)レイモン・プリドール, *Raymond Poulidor*

éthers de glycol グリコールエーテル, *glycol ethers*

Ethernet 〘コンピュ〙(登録商標で, LANシステムの)イーサネット, *Ethernet*

éthique économique 経済倫理, *economic ethics*

éthique médicale 医者の守秘義務

éthique protestante プロテスタンティズムの倫理, *Protestant Ethic*

ethnométhodologie エスノメトドロジー:社会構造に対する一般人の常識的理解を扱う学問, *ethnomethodology*

éthylène-acétate de vinyle (合成樹脂の)エチレン酢酸ビニル, *ethylene vinyl acetate*

étiquetage des OGM (= **organismes génétiquement modifiés**) 〘バイオ〙遺伝子組換え作物の表示

étiquetage écologique 環境安全ラベル化, *ecolabelling*

étiquette à attache (つり下げ用の)紐付きラベル, *tie-on label*

étiquette autocollante 剥離紙;ステッカー, *self-sticking labels*

étiquette politique (議員の)所属政党, *political affiliation*

étiquette porte-nom 名札, *name tag*

étranger domicilié hors de France フランス以外の国に住む外国人, *foreigner who lives abroad (out of France)*

étranglement des vendeurs à découvert 〘証〙踏上げ:空売りした投資家が相場上昇により高値買戻しをせまられること, *short squeeze*

être moral 法人, *juridical person*

(marché) étroit 〘証〙出来高の少ない;薄商いの(市場), *narrow (market)*

études auprès des consommateurs 消費者調査, *consumer survey*

études comparatives de la population 人口動態統計, *current population survey*

étude concrète 実証的研究, *empirical study*

études d'aires culturelles (文化人類学の)地域研究, *area study*

étude de cas ケーススタディー, *case study*

étude de consommation 消費者動向調査, *consumption research*

étude de coût et d'efficacité 費用効果分析, *cost-effectiveness analysis*

études de développement 開発調査, *development survey*
étude de faisabilité / étude de factibilité フィージビリティースタディー, *feasibility study*
étude de l'organisation scientifique du travail 時間と作業能率との相関調査, *time and motion study*
étude de rentabilité (融資などの)実行可能性の検討, *viability study*
études d'impact sur l'environnement 環境アセスメント, *environmental assessment*
étude du rapport coût-bénéfice 費用便益分析, *cost-benefit analysis*
étude d'un plan directeur 〖ODA〗基本設計調査;マスタープラン調査, *basic design survey*
études factuelles 事実発見的研究, *fact-finding studies*
étude sur la faisabilité d'une entreprise 企業化調査, *feasibility study of a company*
〈**Eumetsat**〉 欧州気象衛星, *Eumetsat*
〈**Eurax**〉 〖証〗フランクフルト証券取引所欧州株価指数, *Eurax*
〈**Eurex**〉 〖証〗ユーロ債電子取引システム:ドイツの金融先物取引所DTBとスイスのSOFFEXが1998年に合体, *Eurex*
Euribor ユーロ銀行間貸出金利:1週間から12カ月物のユーロ圏内外57行のオファー金利を,上下15%除いて集計, *Euro Interbank Offered Rate*
euro- (連結形)欧=欧州の, *Euro-*
euro 11 欧州連合11カ国蔵相会議:ユーロ参加国の協議機関, *euro 11*(ギリシャを加えた12カ国は付録参照)
euro-actions 〖証〗ユーロ株:EU内の会社がユーロ通貨で非居住者向けに発行する国際株式, *Euro-equities*
〈**Euro-baromètre**〉 欧州共同体世論調査, *Euro-barometer*
〈**Euro Disneyland**〉 ユーロディズニーランド:パリディズニーランドの旧称, *Euro Disneyland*
euro-émissions 〖証〗ユーロ発行:ユーロ通貨建ての発行, *Euroissues*
euro-fanatique 欧州共同体統合狂信派, *Euro-fanatic*
euro fiduciaire ユーロ信用貨幣:ユーロ紙幣及びユーロ硬貨
Euro Info Centre / euroinfocentre / Euro Guichet / euroguichet ユーロインフォセンター:1987年にEC委員会が創設した共同体ビジネス情報網, *Euro Info Center*
euro-obligations / euro-emprunts 〖証〗ユーロ債:ユーロ通貨で発行される債券, *Eurobonds*
euro pratique 実用ユーロ:理論上ではなく実際に通貨として利用されるユーロ
euro-sceptique 欧州共同体統合懐疑派, *Euro-skeptic*

euro scriptural ユーロ書式通貨：ユーロ建ての小切手・預金口座・振替・カード決済など

eurobillet de trésorerie 〚金〛ユーロコマーシャルペーパー：ユーロ市場で発行されるコマーシャルペーパー, *Eurocommercial paper*

eurobon 〚金〛ユーロノート：優良企業が発行する短期の無担保約束手形, *Euronote*

eurocentime ユーロサンチーム：1ユーロの1/100, *cent*

eurochèque 〚金〛ユーロチェック：欧州共同体圏で使われる小切手, *Eurocheque*

〈**Euroclear**〉〈証〉ユーロクリアー：ユーロ債決済機構で，その後 Clearstream と改称, *Euroclear*

eurocommunisme 西洋型共産主義；ユーロコミュニズム, *Eurocommunism*

euroconnecteur （フランスのペリテレビジョン規格21ピンの）ペリテルコネクター, *Peritel connector*

Eurocorps 欧州合同軍, *Eurocorps*

〈**Eurocopter**〉ユーロコプター：独仏共同のヘリコプターメーカー, *Eurocopter*

eurocrate 欧州連合官僚, *Eurocrat*

eurocrédit ユーロ貸付け, *Eurocredit*

〈**Eurodac**〉欧州連合亡命希望者 DNA ファイル

eurodevise ユーロカレンシー, *Eurocurrency*

〈**Eurodif**〉欧州ウラン濃縮機構, *Eurodif*

eurojargon 欧州共同体官僚の使用する隠語, *Eurobabble*

〈**Euroland**〉ユーロ通貨諸国圏, *Euroland*

euromarché ユーロ市場, *Euromarket*

〈**Euroméditerranée**〉マルセイユ中心部再開発計画

euromissile 欧州核ミサイル, *Euromissile*

euromonnaie ユーロマネー, *Eurocurrency*

〈**Euronet**〉ユーロネット：EU諸国間の情報網, *Euronet*

〈**Euronews**〉ユーロニュース：フランスのリヨン市発信の5カ国語放送, *Euronews*

〈**Euronext**〉〚証〛ユーロネキスト証券取引所：パリ，ブリュッセル，アムステルダムの各取引所が合体した証券取引所, *Euronext*

〈**Euronotation**〉〚証〛（格付会社）ユーロノタシオン

euronote 〚金〛ユーロノート：優良企業が発行する短期の無担保約束手形, *Euronote*

〈**Europain**〉国際製菓製パン見本市

europapier commercial 〚金〛ユーロコマーシャルペーパー：ユーロ市場で発行されるコマーシャルペーパー, *Eurocommercial paper*

Europe à géométrie variable 地理的に多様な欧州

Europe bleue (欧州共同体の)共通漁業政策, *Common Fisheries Policy (EC)*

Europe verte (欧州共同体の)共通農業政策, *Common Agricultural Policy (EC)*

〈**European Union Bank**〉 ヨーロピアンユニオン銀行：インターネットのサイバーバンクとして開設後すぐに閉鎖となった, *European Union Bank*

européanisation 欧州共同体管理への移行, *Europeanization*

européanisme 欧州連合主義, *Europeanism*

Européen blanc mort depuis longtemps 欧州の知的文化の伝統的規範を形成した先祖, *dead white European male*

europessimisme ユーロペシミズム：統一欧州構築に対する悲観論, *Europessimism*

europhile 欧州統合賛同者, *Europhiliac*

europhobe 欧州統合反対者, *Europhobic*

europhobie 欧州恐怖症, *Europhobia*

〈**Europol**〉 欧州警察機構：ハーグにあり通称はユーロポール, *Europol*

Europort ユーロポート：ロッテルダム近郊の港, *Europort*

〈**Euroquote**〉 〖証〗欧州代表銘柄相場, *Euroquote*

eurorebelle 欧州連合に積極的な党の造反分子, *Eurorebel*

eurosceptique 欧州懐疑派：欧州連合強化に消極的な人, *Euro-skeptic*

eurosclérose 欧州硬化症：西欧経済の停滞をいう, *Eurosclerosis*

〈**Eurosignal**〉 ユーロシニャルポケベルシステム, *Eurosignal paging system*

eurostandard 欧州共同体基準, *Eurostandard*

eurostratégique 欧州防衛に関する, *Eurostrategic*

〈**Eurosystème**〉 ユーロ運営制度：欧州中銀とユーロ圏の各中央銀行との連係プレー, *Eurosystem*

eurotaux ユーロ金利, *Euro-rates*

〈**Eurotop 100**〉 〖証〗ユーロトップ100：欧州株式市場を対象とした指数, *Eurotop 100*

〈**Eurotrack**〉 〖証〗ユーロトラック：ロンドン市場で先物・オプション取引の参考となる100種と200種の株価指数, *Eurotrack*

〈**Eurotrack des 100 valeurs**〉 〖証〗ユーロトラック100種指数：ロンドン市場で先物・オプション取引の参考となる100種の株価指数, *Eurotrak 100*

〈**Eurotunnel**〉 ユーロトンネル：英仏海峡トンネル鉄道の運営会社, *Eurotunnel*

eurovaleur 〖証〗ユーロ証券：ユーロ通貨で発行される証券,

Euro-security

⟨**Eurovision**⟩ ユーロビジョン：欧州レベルの国際的テレビ放映, *Eurovision*

euthanasie volontaire （医師による）自発的安楽死, *voluntary euthanasia*

eutrophisation 富栄養化, *eutrophication*

évaluateur d'intervalle 〚コンピュ〛インターバルタイマー, *interval timer*

évaluation de l'effet d'une aide 〚ODA〛援助効果評価, *evaluation of aid effects*

évaluation de l'entreprise 企業評価, *appraisal of a company*

évaluation de risques リスク評価, *risk assessment*

évaluation des actifs 資産評価, *valuation of assets*

évaluation des emplois 職務評価, *job evaluation*

évaluation des facteurs de production 生産要素価格の決定, *pricing of factors of production*

évaluation des incidences sur l'environnement / évaluation de l'impact sur l'environnement 環境アセスメント, *environmental impact assessment*

évaluation des mérites 人事考課, *personnel evaluation*

évaluation du MPN （水質分析の）最確数テスト, *MPN (= most probable number) test*

évasion des cerveaux 頭脳流出, *brain drain*

événement assuré 被保険事故, *event insured against*

événement de force majeure 不可抗力的事故, *act of God*

événement fortuit 偶発的事故, *act of God*

événement majeur 主要事故, *major casualties*

événement postérieur à la clôture de l'exercice （期末後の）後発事象

éventail de placements 幅広い投資対象, *wide spread of investments*

éventail des négociations 〚証〛取引レンジ, *trading range*

éventail des prix 価格帯, *price range*

éventail des revenus 所得階層, *income bracket*

éventail des salaires 給与の幅, *salary range*

éventail des ventes / éventail de produits 〚経〛セールスミックス, *sales mix*

éventualités imprévues 不測の事態, *contingencies*

éviction sur le marché des capitaux 〚経〛クラウディングアウト：国債多発による企業資金調達金利の上昇, *financial crowding out*

⟨évidement⟩ **(de l'économie japonaise)** （日本経済の）空洞化, *hollowing out (of the Japanese economy)*

évolué 〖コンピュ〗（プログラミング言語が）高級な, *high-level*

évolué （植民地時代の）開化民

évolutif 〖コンピュ〗アップグレード可能な；フューチャープルーフの, *upgradable (computer)*

évolution de l'aéronef 航空運行, *maneuvers of the aircraft*

évolution des sinistres 〖保〗損害成績

évolution économique 経済動向, *economic trend*

ex-bon de souscription 〖証〗エクスワラント：ワラント部分のないワラント債, *ex warrant*

ex-coupon 〖証〗権利落ち, *ex coupon*

ex-dividende / ex-répartition 〖証〗配当落ち, *ex dividend*

ex-droit 〖証〗権利落ちの株価, *ex rights*

examen contradictoire (de l'ensemble de la situation fiscale personnelle) （納税義務者の租税状況全体の）対審的検査, *examination made in the presence of both parties*

examen cytobactériologique des urines 尿の細胞細菌学テスト

examen dactyloscopique 指紋鑑定, *fingerprint examination*

examen de personnalité （被疑者に対する）人格調査

examen de santé 健康診断, *medical examination*

examen d'un projet プロジェクト審査, *project appraisal*

examen juridictionnel 司法審査, *juridical review*

examen médical 身体検査, *medical examination*

examen médical obligatoire pour les enfants et les adolescents 児童及び年少者の強制体格検査, *medical examination of young persons*

examen pour le titre 資格試験, *examination of qualification*

examen professionnel （採用に当たっての）選考

excédent brut d'exploitation 営業粗余剰；粗経営余剰, *gross benefit of business*

excédent budgétaire 予算の剰余；財政黒字, *budget surplus*

excédents d'avaries communes 超過共同海損, *excess general average*

excédent de bagages 超過荷物, *excess luggage*

excédent de caisse 現金余剰；過剰現金, *cash surplus*

excédent de coût moyen relatif 超過損害平均額再保険；エコマー

excédent de financement 資金余剰, *financial surplus*
excédent de gestion 純所得, *net income*
excédent de la balance des paiements courants 経常収支の黒字, *current account surplus*
excédent de liquidités 過剰流動性, *liquidity surplus*
excédent de pertes 〚証〛ストップロス：損切り, *stop loss*
excédent de pouvoir d'achat 余剰購買力, *excess purchasing power*
excédent de production 設備過剰, *surplus capacity*
excédent de réserves liquides 剰余積立金, *surplus reserve*
excédent de sinistres 〚保〛超過損害, *excess of loss*
excédent des dépenses sur les rentrées 歳出超過, *excess of expenditure over revenue*
excédent des échanges visibles 有形的貿易黒字, *visible-trade surplus*
excédent des exportations sur les importations 輸出超過, *export surplus*
excédent des paiements courants 経常勘定の黒字, *current account surplus*
excédent des transactions invisibles 貿易外取引黒字, *invisible trade surplus*
excédent d'importation 輸入超過, *import surplus*
excédent du revenu 所得余剰, *income surplus*
excédent naturel 死亡数を上回る出生数
excédent net d'exploitation 営業余剰金, *net profit of business*
(avoir d')excellents antécédents 立派な経歴(を有する), *(to have) excellent credentials*
〈exception culturelle〉/〈exception française〉 (関税交渉で映画などの)文化関連商品適用除外, *French Exception*
excès de consommation 過剰消費, *excess of consumption*
excès de demande 超過需要, *excess demand*
excès de liquidité 過剰流動性, *excess liquidity*
excès de pouvoir 越権, *action ultra vires*
excès de vendeurs 〚証〛売方(うりかた)過多, *sellers over*
exclusion de la garantie 〚保〛免責, *exclusion clause*
exclusion temporaire de fonctions (懲戒処分による)一時的な職務からの排除
exécutant d'un projet 事業実施者, *project execution agent*
exécuter ou annuler 〚証〛即時執行注文, *fill or kill*
exécution 〚証〛(法定仲買人の)強制売買, *execution*
exécution 〚コンピュ〛実行, *running / execution*

exécution du budget 予算の実施, *administration of the budget*

exécution d'une figure 〚スポ〛(フィギュアスケートの)エレメントの実行, *execution of an element*

exécution en Bourse 〚証〛処分買い・売り:公認仲買人による未決済株の購入・売却, *buying in or selling out*

exécution opérationnelle 〚コンピュ〛本番運転, *production run*

exemple chiffré 数値例, *numerical example*

exemption de TVA (= taxe à la valeur ajoutée) 付加価値税免除, *exemption from VAT (=value-added tax)*

exemption d'impôts 免税, *tax exemption*

exemption en raison d'âge 年齢による免除, *age exemption*

exercice comptable 会計年度, *accounting year*

exercice écoulé / exercice révolu 前年度, *past year*

exercice en cours 本年度, *current year*

exercice financier 事業年度, *accounting year*

exercice fiscal 財政年度, *fiscal year*

exercice militaire (軍事)演習, *military exercise*

exercices RIMPAC 環太平洋海軍合同演習, *RIMPAC (= Rim on the Pacific) exercises*

exercice social 企業会計年度, *business year*

exigence de contenus minimum en valeur ajoutée locale 〚経〛ローカルコンテント率, *local content ratio*

exigence de qualité 品質要件, *quality requirements*

exigences en matière de fonds propres 自己資本規制, *capital requirements*

exigibilités 流動負債, *current liabilities*

exigibilités 短期負債, *short-term liabilities*

exigibilité d'une dette 負債の支払満期, *repayability of a debt*

exigible dès réception de la facture 請求書受領時点で支払義務が生じる, *due upon receipt of the invoice*

existant en magasin 在庫, *inventory*

existant réel 実際の手持高, *fund in hand*

existe en CD-ROM (書籍について)CD-ROM版あり, *available on CD-ROM*

exobiologie 地球外生物学:隕石などから地球外のバクテリアなどの存在を探る学問, *exobiology*

exode des cerveaux / exode des compétences 頭脳流出, *brain drain*

exonération de cotisations sociales 社会保険料免除,

exemption from social security contributions

exonération des primes 保険金免除, *exemption from payment of premium*

exonération d'impôts / exonération fiscale 免税, *tax exemption*

exonération générale d'impôts 包括的免税：シンガポールなどが一定の企業を対象に実施, *blanket tax holiday*

exonération partielle 一部免税, *partial relief*

exonérations pour l'embauche d'un premier salarié 新入社員雇用企業側社会保障負担免除措置, *employer's social security contribution payments*

expansion continue et équilibrée 継続均衡型発展, *continuous and balanced expansion*

expansion des échanges 貿易拡大, *trade expansion*

expansion du crédit 金融拡大, *credit expansion*

expansion monétaire 通貨拡大, *monetary expansion*

expansion planétaire 世界的発展, *world expansion*

expansion soutenue 持続する成長；恒常的成長, *sustained growth*

expatriation des capitaux 外国への資本投資, *expatriation of capital*

expatrié 海外勤務者, *expatriate*

expatrié sans sa famille 単身赴任者, *expatriate without his family*

expectative de pension 年金現価

expectative de rente viagère 終身年金現価, *present value of life annuity*

expérience aux frontières de la mort 臨死体験, *near-death experience*

expérience professionnelle 職歴, *job experience*

expérimentation sur la personne humaine 人体実験, *human experiments*

expert-conseil 経営コンサルタント, *management consultant*

expert de gestion 業務鑑定人, *management expert*

expert en diagnostic d'entreprise 企業診断鑑定士, *business diagnosis expert*

expert incendie 〖保〗火災損害鑑定人

expert national détaché （国際機関の）各国政府出向専門家

expert-répartiteur 〖保〗（共同）海損精算人, *average adjuster*

expert sinistre 〖保〗損害鑑定人

expertise comptable 公認会計士の監査, *certified public*

accountancy

expertise du dommage 〖保〗損害査定, *damage survey*
expertise médicale 医療鑑定, *medical examination*
expiration du bail 賃貸借の終了, *falling in of a lease*
expiration du contrat 契約の期間満了, *expiration of the contract*
exploitant individuel 個人経営者, *sole proprietor*
exploitation à ciel ouvert (鉱山の)露天掘り, *opencut mining*
exploitation agropastorale (第三世界の)牧畑農場, *mixed farm (in the Third World)*
exploitation d'agriculture-élevage 混合農業:農作物と家畜の両方にウェイトを置く農業, *mixed farming*
exploitation en faire-valoir direct 自作地, *farm run by the owner*
exploitation excessive (魚などの)乱獲, *over-intensive fishing*
exploitation générale 営業報告書, *operating report / trading account*
exploitation, gestion et maintenance 交換管理保守, *operations, administration and maintenance*
exploitation intensive 集中生産, *intensive production*
exploitation optimale des ressources biologiques 生物資源の最適利用, *optimum utilization of the living resources*
exploitation privée reconnue 認可民間通信事業者, *recognized private operating agency*
〈**Explora**〉 エクスプローラ:科学産業シティー館の常設展示場
exponentiel (増加などが)急激な, *exponential*
exportation à paiement différé 延払い輸出, *export on a deferred payment basis*
exportation de(s) capitaux autonome 自主的資本輸出, *autonomous capital export*
exportation de(s) capitaux équilibrante 調整的資本輸出, *accommodating capital export*
exportations domestiques (旧香港などの)地場輸出, *domestic export*
exportations du secteur des industries mécaniques エンジニアリング輸出, *engineering exports*
exportations et importations matérielles 有形的輸出入, *material exports and imports*
exportations et importations invisibles 貿易外収支, *invisible trade balance*

exportations intracommunautaires （欧州）共同体域内の輸出, *intra-Community exportation*

exportations invisibles 貿易外輸出, *invisible exports*

exportations invisibles 非居住者のフランス国内での購入品, *articles sold in France to nonresidents*

exportation livrée clef en main ターンキー方式輸出, *export by turn-key system*

exportations nettes de marchandises et de services 財貨サービスの純輸出, *net export of merchandises and services*

exportations visibles 有形的輸出, *visible exports*

exposé des motifs 提案理由説明, *preamble*

exposition aux risques リスクエクスポージャー：取引相手の信用リスク・金利リスクの拡大, *risk exposure*

exposition de témaris du Japon (à Paris) （パリで開催された）日本の手鞠展覧会

Exposition mondiale sur les villes （東京で開催されるはずだった）世界都市博覧会, *World City Expo*

exposition totale sur les risques リスクカバー皆無の, *total exposure to risk*

expression rationnelle 〖コンピュ〗正規表現, *regular expression*

exsanguino-transfusion 交換輸血, *exchange transfusion*

extensibilité 〖コンピュ〗拡張性, *extensibility*

externalisation 〖経〗アウトソーシング, *outsourcing*

externalisation des emplois 〖経〗（核心部分以外を除く）外部労働力利用

externalisation des services informatiques 〖コンピュ〗ファシリティマネージメント, *facility management*

extincteur automatique （消火のための）スプリンクラー, *sprinkler*

extinction du paupérisme 貧困絶滅

extourne 〖会〗勘定の誤記修正, *write-back of an entry made in error*

extra-budgétaire 予算の枠外, *extrabudgetary*

extra-dividende 〖証〗特別配当, *extra dividend*

extra-parlementaire 議院外の, *extra-parliamentary*

extraction à ciel ouvert 露天掘り, *opencut mining*

extrait de compte 会計抜粋計算書類；会計簿の要約, *abstract of account*

extranéité 渉外性；第三者性

extrant アウトプット：生産, *output*

extraterritorial 〖経〗オフショア, *offshore*

extravéhiculaire (宇宙船活動について)船外の, *extravehicular*

extraversion (発展途上国の)輸出志向開発戦略；先進国ニーズへの従属

extrémité de connexion de canal virtuel (情報処理の)仮想チャンネル接続終端, *virtual channel connection endpoint*

extrémité de connexion de trajet virtuel (情報処理の)仮想パス接続終端, *virtual path connection endpoint*

exurbanisation (都心からの)郊外移転現象

F

fabiusien (ローラン)ファビウスの, *of Laurent Fabius*

fabrication assistée par ordinateur コンピュータ支援生産, *computer-aided production*

fabrication intégrée par ordinateur コンピュータ統合生産, *computer-integrated manufacturing*

fabrication par lots ロット生産, *lot production*

fabrique franche 保税工場, *bonded factory*

face-à-face (銀行斡旋による借手と貸手の)直接取引, *back-to-back*

facilités d'ajustement structurel 構造援助便益, *structural adjustment facilities*

facilités de caisse 当座貸越し, *overdraft*

facilités de crédit 信用の便宜, *credit facilities*

facilité de crédit à options multiples 〖金〗マルチオプションファシリティ(MOF), *multiple option financing facility*

facilités de crédits constituées par des droits de tirage spéciaux 〖金〗SDR引出枠, *SDR (=Special Drawing Right) credit lines*

facilité de financement compensatoire et contingentaire / facilité de financement compensatoire (国際通貨基金の)輸出(所得)変動偶発補償融資制度;経済変動緊急補償融資制度, *compensatory and contingency financing facility (IMF)*

facilités de prise ferme renouvelables 〖金〗回転短期証券引受枠, *revolving underwriting facilities*

facilité de réserve supplémentaire (国際通貨基金の)補充的融資制度, *supplementary financing facility (IMF)*

facilité de soutien 〖金〗スタンドバイクレジット;銀行が借手に対して必要な場合に一定金額を融資すると約束すること, *standby credit*

facilité de transformation systémique (国際通貨基金の)体制移行融資, *systemic transformation facility (IMF)*

facilités de transit plus étendues 通過のための便宜増大, *greater transit facilities*

facilité d'écoulement 商品性, *salability*

facilité d'émission d'effets 〖証〗短期証券発行引受保証枠,

note issuance facility
facilités douanières en matière de tourisme　観光旅行通関便宜, *Customs Facilities for Touring*
facilité d'utilisation　〘コンピュ〙使いやすさ, *user-friendliness*
facilité élargie　拡大信用供与, *extended fund facility*
facilité pour la transformation systémique　(国際通貨基金の)体制移行融資, *systemic transformation facility (IMF)*
facilité renouvelable à prise ferme transférable　〘証〙譲渡可能回転短期証券引受枠, *transferable revolving underwriting facility*
(contrat de) facilities management　コンピュータ運営管理の一部委託(契約), *facilities management (contract)*
façonnier　委託加工業者, *jobbing contractor*
〈le facteur Cheval〉　フェルディナン・シュヴァル：南仏に奇妙な建造物を自ら制作した元郵便配達夫, *Ferdinand Cheval*
facteur de conversion　転換係数, *conversion factor*
facteur de croissance　成長要因, *factor of growth*
facteur de déséquilibre　不安定要因, *instability factor*
facteur de groupage　〘コンピュ〙ブロック化因数, *blocking factor*
facteurs de localisation　局地化要因, *localizing factors*
facteurs de l'offre　供給要因, *supply factors*
facteur de pointe　ピーク時ファクター, *peak hour factor*
facteurs de production dérivés　中間生産要素, *intermediate factors of production*
facteurs de production substituables　代替的生産要素, *substitutable factors of production*
facteur d'équivalence de toxicité　毒性等価係数, *toxicity equivalency factor*
facteurs exogènes　外生の要因, *exogenous factors*
facteur prix　価格要因, *price factor*
facteur résiduel　残余要因, *residual factor*
facteur temps　時間要因, *time factor*
facteur travail　労働投入量, *labor input*
factor　〘金〙ファクタリング業者, *factor*
factorerie　在外商館
facturation des chèques　小切手有料化
facture-congé　〘法〙(酒類の)商品搬出許可証付き請求書
facture consulaire　領事証明送状, *consular invoice*
facture d'avoir　貸方票, *credit note*
facture de débit　借方票, *debit note*
facture de vente　売上送状, *sales invoice*
facture douanière　税関送状, *customs invoice*

facture impayée 未払い請求書, *unpaid invoice*

facture majorée des frais d'envoi 送料込みの請求書, *invoice including delivery cost*

facture pro-forma / facture simulée 見積送状, *pro forma invoice*

facture protestable 引受拒絶可能送状, *protestable invoice*

factures réglées 支払済請求書, *paid invoices*

facturette （銀行カードでの支払を証明する）客用レシート

faculté contributive 担税力；納税能力, *ability to pay (tax)*

faculté de financement à options multiples 〚金〛マルチオプションファンディングファシリティ, *multi-option funding facility*

faculté de rachat 〚証〛買戻し選択権；買戻しオプション, *buyback option*

faculté de remboursement anticipé 繰上償還条項, *call provision*

faculté de réméré 〚証〛（債券の）買戻しオプション, *option of repurchase*

(à) faible capacité d'absorption 〚経〛ローアブソーバー（の）, *low absorber*

faibles intérêts 低利, *low interest*

faille dans la législation 法の抜け穴, *loophole in the law*

faire preuve de résistance 〚証〛（株などが）値崩れしない, *(to be) steady*

faire prime 〚証〛（株が額面以上に）値上りする, *(to be) above par*

faire-valoir direct 自作：自分の農地の耕作, *farming by the owner*

faisceau électronique 電子線, *electronic beam*

faiseur de prix 〚経〛プライスメーカー, *price maker*

faiseur de roi （比喩的にキングメーカーから転じて）政界の実力者, *kingmaker*

faiseur de troubles トラブルメーカー, *trouble maker*

falsifiabilité 偽造可能性, *possibility of falsification*

falsification du parcours scolaire 学歴詐称, *false statement of one's academic career*

falsification d'un bilan 貸借対照表粉飾, *window dressing of a balance sheet*

famille à deux revenus 共働き家庭, *two-income family*

〈Famille d'Amour〉 （David Brandt Bergの）愛の家族, *Family of Love*

famille des Nations unies 国連ファミリー, *United Nations family*

famille 〈homoparentale〉 同性愛夫婦の家庭
famille monoparentale 単親家庭；母子家庭, *single-parent family*
(le) farsi ペルシャ語, *Farsi*
fascicule budgétaire 予算青書, *budget blue book*
fatigue due au décalage horaire 時差ぼけ, *jet lag*
fausse déclaration matérielle 〖保〗重要事項の不実告知, *material misrepresentation*
faute de service 役務上の過失, *service-connected fault*
faute du service 公役務上の過失, *act of administrative negligence*
faux-bord （欠陥建造による船の）傾き
faux départ 〖スポ〗（競技での）不正スタート, *false start*
faux frais divers 臨時出費, *contingencies*
faux-fuyant 逃げ口上, *subterfuge*
faxable ファックスで送信可能な, *faxable*
fécondabilité 受胎確率, *fertilizability*
fécondation d'un être humain dans une éprouvette 試験管内受精, *in vitro fertilization*
fécondation in vitro et transfert embryonnaire 体外受精・胚移植, *in vitro fertilization and embryo transfer*
fécondité différentielle 出生者数乖離：社会階層による出生者数比較
Fédération abolitionniste internationale 国際死刑廃止論者連盟, *International Abolitionist Federation*
Fédération aéronautique internationale 国際航空連盟, *International Aeronautical Federation*
Fédération africaine des chambres de commerce アフリカ商業会議所連盟, *Federation of African Chambers of Commerce*
Fédération américaine du travail 米国労働総同盟, *American Federation of Labor*
Fédération asiatique des organisations pour les recherches de cancer 癌研究対策アジア連合, *Asian Federation of Organizations for Cancer Research and Control*
Fédération asiatique et océanique pour la médecine et la biologie nucléaires アジア大洋州核医学・生物学連盟, *Asian and Oceania Federation of Nuclear Medicine and Biology*
Fédération astronautique internationale 国際宇宙飛行連盟, *International Astronautical Federation*
Fédération bancaire de la Communauté économique européenne 欧州経済共同体銀行連盟, *Bank-*

ing Federation of the European Economic Community
Fédération bancaire de l'Union européenne 欧州連合銀行連盟, *European Union Bank Federation*
Fédération colombophile internationale 国際鳩連盟, *International Pigeon Federation*
Fédération de la fonction publique européenne 欧州公務員連盟, *European Civil Service Federation*
Fédération de la gauche démocrate et socialiste 民主・社会主義左翼連合, *Federation of the Democratic and Socialist Left*
Fédération de la santé mentale pour les Caraïbes カリブ海精神衛生連盟, *Caribbean Federation for Mental Health*
Fédération de l'industrie dentaire en Europe 欧州歯科産業連盟, *Federation of the European Dental Industry*
Fédération de l'industrie granitaire européenne 欧州花崗岩産業連盟, *Federation of the European Granite Industry*
Fédération de Russie ロシア連邦, *Federation of Russia*
Fédération dentaire Asie-Pacifique アジア太平洋歯学連盟, *Asian Pacific Dental Federation*
Fédération dentaire internationale 国際歯学連盟, *International Dental Federation*
Fédération des donneurs d'organes et tissus humains 人体組織・臓器提供者連盟
Fédération des fondations pour la santé mondiale 世界健康基金連盟, *Federation of World Health Foundations*
Fédération des industries de ficellerie et corderie de l'Europe occidentale 西欧紐・ロープ産業連盟, *Federation of Western European Rope and Twine Industries*
Fédération des industries marbrières de la Communauté économique européenne 欧州経済共同体大理石産業連盟, *Federation of the Marble Industry of the European Economic Community*
Fédération des sociétés de nutrition asiatiques アジア栄養科学会連盟, *Federation of Asian Nutrition Societies*
Fédération des sociétés d'endocrine en Asie et en Océanie アジア大洋州内分泌学会連合, *Federation of Endocrine Societies of Asia and Oceania*
fédération d'Etats-nation 国民国家の連邦体：フランスが提唱する欧州共同体の将来像, *federation of nation-states*
Fédération du français universel 万国フランス語連盟, *Federation for Universal French*

Fédération équestre internationale 国際馬術連盟, *International Equestrian Federation*

Fédération européenne d'associations nationales d'ingénieurs 欧州各国技師協会連盟, *European Federation of National Engineering Associations*

Fédération européenne de la manutention 欧州荷物取扱業連盟, *European Federation of Handling Industries*

Fédération européenne de la publicité extérieure 欧州屋外広告連盟, *European Federation of Outdoor Advertising*

Fédération européenne de la salmoniculture 欧州サケ・マス養殖連盟, *Federation of the European Trout and Salmon Industry*

Fédération européenne de l'industrie de la brosserie et de la pinceauterie 欧州ブラシ・刷毛産業連合, *European Federation of the Brush and Paint Brush Industries*

Fédération européenne de l'industrie des aliments préparés pour animaux familiers 欧州ペットフーズ産業連盟, *European Pet Food Industry Federation*

Fédération européenne de l'industrie du contreplaqué 欧州合板産業連盟, *European Federation of the Plywood Industry*

Fédération européenne de pneumologie 欧州呼吸器学会, *European Society of Pneumology*

Fédération européenne de psychanalyse 欧州精神分析連盟, *European Psycho-Analytical Federation*

Fédération européenne de zootechnie 欧州家畜生産学協会, *European Association for Animal Production*

Fédération européenne des associations aérosols 欧州エアゾール協会連盟, *Federation of European Aerosol Associations*

Fédération européenne des associations d'analystes financiers 欧州金融アナリスト協会連盟, *European Federation of Financial Analysts' Societies*

Fédération européenne des associations de conseils en organisation 欧州経営コンサルタント協会連盟, *European Federation of Management Consultants Associations*

Fédération européenne des associations de diéticiens 欧州栄養士協会連盟, *European Federation of the Associations of Dietitians*

Fédération européenne des associations d'ingénieurs de sécurité et de chefs de service de sécu-

rité 欧州産業安全技師・主任協会連盟, *European Federation of Associations of Engineers and Heads of Industrial Safety Services*

Fédération européenne des associations des psychologues 欧州心理学者協会連盟, *European Federation of Professional Psychologists Associations*

Fédération européenne des constructeurs d'équipement de grandes cuisines 欧州ケータリング設備メーカー連盟, *European Federation of Catering Equipment Manufacturers*

Fédération européenne des constructeurs d'équipement pétrolier 欧州石油設備メーカー連盟, *European Federation of Petroleum Equipment Manufacturers*

Fédération européenne des écoles 欧州学校連盟, *European Schools Federation*

Fédération européenne des fabricants d'adjuvants pour la nutrition animale 欧州飼料工業連盟, *European Substances for Animal Food*

Fédération européenne des fabricants de carton ondulé 欧州段ボールメーカー連盟, *European Federation of Manufacturers of Corrugated Board*

Fédération européenne des fabricants de céramiques sanitaires 欧州トイレ用陶器メーカー連盟, *European Federation of Ceramic Sanitaryware Manufacturers*

Fédération européenne des fabricants de palettes et emballages en bois 欧州パレット・木箱メーカー連盟, *European Federation of Pallet and Wooden Crate Manufacturers*

Fédération européenne des fabricants de produits abrasifs 欧州研磨製品メーカー連盟, *European Federation of the Manufacturers of Abrasive Products*

Fédération européenne des fabricants de sacs en papier à grande contenance 欧州大容量紙袋メーカー連盟, *European Federation of Multiwall Paper Sacks Manufacturers*

Fédération européenne des fabricants de tuiles et de briques 欧州煉瓦・タイルメーカー連盟, *European Association of Brick and Tile Manufacturers*

Fédération européenne des importateurs de machines et d'équipement de bureau 欧州事務機械・設備輸入業者連盟, *European Federation of Importers of Business Equipment*

Fédération européenne des industries de colles et adhésifs 欧州接着剤産業連盟, *Association of European Adhesives Manufacturers*

Fédération européenne des jeunes chorales 欧州青年合唱団連盟, *European Federation of Young Choirs*

Fédération européenne des mandataires de l'industrie en propriété industrielle 欧州工業所有権産業エージェント連盟, *European Federation of Agents of Industry in Industrial Property*

Fédération européenne des motels 欧州モーテル連盟, *European Motel Federation*

Fédération européenne des organisations des détaillants en tabacs 欧州タバコ小売団体連盟, *European Federation of Tobacco Retail Organizations*

Fédération européenne des parfumeurs détaillants 欧州香水小売業者連盟, *European Federation of Perfumery Retailers*

Fédération européenne des personnes âgées 欧州高齢者連盟, *European Federation for the Welfare of the Elderly*

Fédération européenne des sports corporatifs 欧州企業スポーツ連盟, *European Federation for Company Sports*

Fédération européenne des syndicats de fabricants de panneaux de particules 欧州パーティクルボード生産者団体連盟, *European Federation of Associations of Particleboard Manufacturers*

Fédération européenne des syndicats de fabricants de parquets 欧州フローリングメーカー団体連盟, *European Federation of Parquet Manufacturers*

Fédération européenne des syndicats de menuiserie industrielle de bâtiment 欧州建築用指物団体連盟, *European Federation of Building Joinery Manufacturers*

Fédération européenne des syndicats d'entreprises d'isolation 欧州絶縁材業者団体連盟, *European Federation of Associations of Insulation Contractors*

Fédération européenne des travailleurs des aériens privés 欧州独立系航空輸送連盟, *European Federation of Independent Air Transport*

Fédération européenne des travailleurs du bâtiment et du bois 欧州ビル工事・木工労働者連盟, *European Federation of Building and Woodworkers*

Fédération européenne des unions professionnelles de fleuristes 欧州花屋団体連盟, *European Federation of Professional Florists' Unions*

Fédération européenne du commerce chimique　欧州化学取引業者連盟, *Federation of European Chemical Merchants*

Fédération européenne du commerce en fruits secs, conserves, épices et miel　欧州ドライフルーツ・缶詰・香辛料・蜂蜜取引業者連盟, *European Federation of the Trade in Dried Fruits, Preserves, Spices, Honey and Similar Foodstuffs*

Fédération européenne du génie chimique　欧州化学工学連盟, *European Federation of Chemical Engineering*

Fédération européenne du verre d'emballage　欧州ガラス容器連盟, *European Container Glass Federation*

Fédération européenne haltérophile　欧州ウェイトリフティング連盟, *European Weightlifting Federation*

Fédération européenne pour la vente et le service à domicile　欧州ダイレクトセール連盟, *European Direct Selling Federation*

Fédération européenne pour l'éducation catholique des adultes　欧州成人カトリック教育連盟, *European Association for Catholic Adult Education*

Fédération française de l'équitation　フランス乗馬連盟, *French Equitation Federation*

Fédération française de paléobotanie　フランス古代植物学連盟, *French Paleobotany Federation*

Fédération française de vol libre　フランスハンググライディング・パラグライディング連盟, *French Hang-gliding and Para-gliding Federation*

Fédération française des échecs　フランスチェス連盟, *French Chess Federation*

Fédération française d'escrime　フランスフェンシング連盟, *French Fencing Federation*

Fédération graphique internationale　国際グラフィック連盟, *International Graphical Federation*

Fédération haltérophile internationale　国際ウェイトリフティング連盟, *International Weightlifting Federation*

Fédération internationale amateur de cyclisme　国際アマチュア自転車連盟, *International Amateur Cycling Federation*

Fédération internationale d'astronautique　国際宇宙航行学連盟, *International Astronautical Federation*

Fédération internationale d'athlétisme amateur　国際陸上競技連盟, *International Amateur Athletic Federation*

Fédération internationale de badminton　国際バドミ

ントン連盟, *International Badminton Federation*

Fédération internationale de base-ball 国際野球連盟, *International Baseball Federation*

Fédération internationale de basket-ball amateur 国際(アマチュア)バスケットボール連盟, *International Amateur Basketball Federation*

Fédération internationale de biologie cellulaire 細胞生物学国際連合, *International Federation of Cell Biology*

Fédération internationale de bobsleigh et de toboganning 国際ボブスレー・トボガン連盟, *International Bobsledding and Tobogganing Federation*

Fédération internationale de boules 国際ボッチ連盟, *International Bocce Federation*

Fédération internationale de canoë 国際カヌー連盟, *International Canoe Federation*

Fédération internationale de cardiologie 国際心臓連盟, *International Cardiology Federation*

Fédération internationale de chimie clinique 国際臨床化学連合, *International Federation of Clinical Chemistry*

Fédération internationale de documentation 国際ドキュメンテーション連盟, *International Federation for Documentation*

Fédération internationale de football association 国際サッカー連盟, *International Federation of Association Football*

Fédération internationale de génétique 国際遺伝学連合, *International Genetics Federation*

Fédération internationale de gymnastique 国際体操連盟, *International Gymnastic Federation*

Fédération internationale de gynécologie et d'obstétrique 国際産婦人科連合, *International Federation of Gynecology and Obstetrics*

Fédération internationale de handball 国際ハンドボール連盟, *International Handball Federation*

Fédération internationale de judo 国際柔道連盟, *International Judo Federation*

Fédération internationale de la navigation 国際海運連盟, *International Shipping Federation*

Fédération internationale de la précontrainte 国際プレストレッシング連盟, *International Organization for the Development of Concrete, Prestressing and Related*

Fédération internationale de la vieillesse 国際高齢者団体連盟, *International Federation on Aging*

Fédération internationale de laiterie 国際酪農連盟, *International Dairy Federation*

Fédération internationale de l'automatique 国際自動制御連盟, *International Federation of Automatic Control*

Fédération internationale de l'automobile 国際自動車連盟, *International Automobile Federation*

Fédération internationale de luge de course 国際リュージュ連盟, *International Luge Federation*

Fédération internationale de lutte amateur 国際アマチュアレスリング連盟, *International Amateur Wrestling Federation*

Fédération internationale de médecine manuelle 国際手の医学連盟, *International Federation of Manual Medicine*

Fédération internationale de médecine physique et réadaptation 国際物理療法・リハビリテーション学会, *International Federation of Physical Medicine and Rehabilitation*

Fédération internationale de médecine sportive 国際体力医学連盟, *International Federation of Sportive Medicine*

Fédération internationale de natation amateur 国際水泳連盟：略称は国際水連, *International Federation of Amateur Swimming*

Fédération internationale de philatélie 国際切手蒐集連盟, *International Federation of Philately*

Fédération internationale de podologie 国際足病学連盟, *International Federation of Podology*

Fédération internationale de psychothérapie médicale 国際精神療治医学連盟, *International Federation for Medical Psychotherapy*

Fédération internationale de roller-skating 国際ローラースケート連盟, *International Federation of Roller-Skating*

Fédération internationale de ski 国際スキー連盟, *International Ski Federation*

Fédération internationale de sténographie et de dactylographie 国際速記・タイプ連盟, *International Federation of Shorthand and Typewriting*

Fédération internationale de tennis 国際庭球連盟, *International Tennis Federation*

Fédération internationale de tennis de table 国際卓球連盟, *International Table Tennis Federation*

Fédération internationale de tir à l'arc 国際アーチェ

Fédération internationale de tir...

リー連盟, *International Archery Federation*

Fédération internationale de tir aux armes sportives de chasse 国際実猟銃射撃連盟, *International Federation of Sport Shooting*

Fédération internationale de volley-ball 国際バレーボール連盟, *International Volleyball Federation*

Fédération internationale d'éducation physique 国際体育学会, *International Federation for Physical Education*

Fédération internationale d'équipement médical et biologique 国際医用生体工学連合, *International Federation for Medical and Biological Engineering*

Fédération internationale des acteurs 国際俳優連盟, *International Federation of Actors*

Fédération internationale des agences de voyage 国際旅行業者連盟, *International Federation of Travel Agencies*

Fédération internationale des architectes paysagistes 国際造園家協会, *International Federation of Landscape Architects*

Fédération internationale des associations contre la lèpre 国際ハンセン病対策協会, *International Federation of Anti-Leprosy Associations*

Fédération internationale des associations d'anatomistes 国際解剖学連合, *International Federation of Associations of Anatomists*

Fédération internationale des associations de distributeurs de films 国際映画配給協会連盟, *International Federation of Associations of Film Distributors*

Fédération internationale des associations de producteurs de films 国際フィルムメーカー協会連盟, *International Federation of Film Producers' Associations*

Fédération internationale des associations de professeurs de sciences 国際科学教育学会, *International Council of Associations for Science Education*

Fédération internationale des associations de thanatopraxie 国際死体防腐処理協会連盟, *International Federation of Thanatopractic Associations*

Fédération internationale des associations de transitaires et assimilés 国際通過貨物通関業者協会連合, *International Federation of Forwarding Agents' Associations*

Fédération internationale des associations d'études classiques 国際西洋古典学会連合, *International Federation of the Societies of Classical Studies*

Fédération internationale des associations d'étudiants en médecine 国際医学生協会連盟, *International Federation of Medical Students' Associations*

Fédération internationale des associations d'instituteurs 国際教育団体連盟, *International Federation of Teachers' Associations*

Fédération internationale des associations et des institutions de bibliothèques 国際図書館協会連盟, *International Federation of Library Associations and Institutions*

Fédération internationale des auberges de la jeunesse 国際ユースホステル連盟, *International Youth Hostel Federation*

Fédération internationale des Bourses de valeurs 国際証券取引所連合, *International Federation of Stock Exchanges*

Fédération internationale des ciné-clubs 国際シネクラブ連盟, *International Federation of Film Societies*

Fédération internationale des collèges de chirurgie 国際外科学会連盟, *International Federation of Surgical Colleges*

Fédération internationale des déménageurs internationaux 国際引越業者国際連盟, *Federation of International Furniture Removers*

Fédération internationale des droits de l'homme 国際人権連合, *International Federation for the Rights of Man*

Fédération internationale des échecs 国際チェス連盟, *International Chess Federation*

Fédération internationale des éditeurs de journaux et publications 国際新聞発行者協会, *International Federation of Newspaper Publishers*

Fédération internationale des employés, techniciens et cadres 国際商事事務職技術労連, *International Federation of Commercial, Clerical, Professional and Technical Employees*

Fédération internationale des étudiants en pharmacie 国際薬学生連盟, *International Pharmaceutical Students' Federation*

Fédération internationale des femmes de carrières libérales et commerciales 国際有職婦人クラブ連合, *International Federation of Business and Professional Women*

Fédération internationale des femmes diplômées des universités 国際大学婦人連盟, *International Federa-*

tion of University Women

Fédération internationale des géomètres　国際測量技師連盟, *International Federation of Surveyors*

Fédération internationale des hôpitaux　国際病院連盟, *International Hospital Federation*

Fédération internationale des ingénieurs-conseils　国際技術コンサルタント連盟, *International Federation of Consulting Engineers*

Fédération internationale des instituts de hautes études　国際学問研究協会連盟；国際高級研究所連合, *International Federation of Institutes for Advanced Study*

Fédération internationale des instituts de recherches socio-religieuses　国際社会宗教学研究機関連盟, *International Federation of Institutes for Socio-Religious Research*

Fédération internationale des journalistes　国際ジャーナリスト連盟, *International Federation of Journalists*

Fédération internationale des langues et littératures modernes　近代言語・文学国際連合, *International Federation for Modern Languages and Literatures*

Fédération internationale des organisations de donneurs de sang bénévoles　国際献血者団体連盟, *International Federation of Blood Donor Organizations*

Fédération internationale des organisations de travailleurs de la métallurgie　国際金属労働組合連合, *International Metalworkers' Federation*

Fédération internationale des organisations syndicales du personnel des transports　国際運輸労組連合会, *International Federation of Trade Unions of Transport Workers*

Fédération internationale des ouvriers du transport　国際運輸労連, *International Transport Workers' Federation*

Fédération internationale des PEN Clubs　国際ペンクラブ, *International PEN*

Fédération internationale des piétons　国際歩行者連盟, *International Federation of Pedestrians*

Fédération internationale des producteurs agricoles　国際農作物生産者連合；国際農業生産者連盟, *International Federation of Agricultural Producers*

Fédération internationale des producteurs autoconsommateurs industriels d'électricité　国際自家発電生産連盟, *International Federation of Industrial Producers* *of Electricity for Own Consumption*

Fédération internationale des producteurs de jus de fruits 国際フルーツジュース生産者連盟, *International Federation of Fruit Juice Producers*

Fédération internationale des professions immobilières 世界不動産連盟, *International Real Estate Federation*

Fédération internationale des quilleurs 国際ボーリング連盟, *International Bowling Federation*

Fédération internationale des réviseurs comptables 国際会計士連盟, *International Federation of Accountants*

Fédération internationale des sciences d'ingénieurs des techniques de l'automobile 国際自動車技術会連合, *International Federation of Automobile Techniques Engineers*

Fédération internationale des sciences d'ophtalmologie 国際眼科学会連盟, *International Federation of Ophthalmological Societies*

Fédération internationale des sociétés d'aviron 国際漕艇連盟, *International Rowing Federation*

Fédération internationale des sociétés de fertilité 国際不妊学会連合, *International Federation of Fertility Societies*

Fédération internationale des sociétés de géologistes économiques 国際応用地質学会連盟, *International Federation of Societies of Economic Geologists*

Fédération internationale des sociétés de microscopie électronique 国際電子顕微鏡学会, *International Federation of Societies for Electron Microscopy*

Fédération internationale des sociétés de philosophie 国際哲学会連盟, *International Federation of Philosophical Societies*

Fédération internationale des sociétés de recherche opérationnelle 国際OR(オペレーションリサーチ)学会連合, *International Federation of Operational Research Societies*

Fédération internationale des sociétés d'électroencéphalographie et de neurophysiologie clinique 国際脳波・臨床神経生理学会, *International Federation of Societies for Electroencephalography and Clinical Neurophysiology*

Fédération internationale des sociétés des chimistes cosmétiques 国際化粧化学会連盟, *International Federation of Society Cosmetic Chemists*

Fédération internationale des sociétés d'histochimie et de cytochimie 国際組織・細胞化学会連盟, *International Federation of Societies for Histochemistry and Cytochemistry*

Fédération internationale des sociétés et instituts pour l'étude de la Renaissance 国際ルネッサンス研究協会連盟, *International Federation of Societies and Institutes for the Study of the Renaissance*

Fédération internationale des sociétés oto-rhino-laryngologiques 国際耳鼻咽喉科学会連合, *International Federation of Oto-Rhino-Laryngological Societies*

Fédération internatinale des syndicats de travailleurs de la chimie, de l'énergie, des mines et des industries diverses 国際化学・エネルギー・鉱山一般労連, *International Federation on Chemical, Energy, Mine and General Workers' Unions*

Fédération internationale des syndicats enseignants 国際教員組合連盟, *International Federation of Teachers' Unions*

Fédération internationale des traducteurs 国際翻訳家連盟, *International Federation of Translators*

Fédération internationale des travailleurs des industries du textile, de l'habillement et du cuir 国際繊維被服皮革労連, *International Textile, Garment and Leather Workers' Federation*

Fédération internationale d'escrime 国際フェンシング連盟, *International Fencing Federation*

Fédération internationale d'hygiène, de médecine préventive et de médecine sociale 国際衛生学・予防医学・社会医学連盟, *International Federation for Hygiene, Preventive Medicine and Social Medicine*

Fédération internationale d'ingénierie médicale et biologique 国際医用・生物工学連合, *International Federation of Medical and Biological Engineering*

Fédération internationale d'oléiculture 国際オリーブ栽培者連盟, *International Olive Growers Federation*

Fédération internationale du commerce des semences 国際種子貿易連合, *International Federation of Seed Trade*

Fédération internationale du diabète 国際糖尿病連合, *International Diabetes Federation*

Fédération internationale du hockey 国際ホッケー連盟, *International Hockey Federation*

Fédération internationale du personnel des services publics 国際公務従業員連盟, *International Federation of Public Services*

Fédération internationale du thermalisme et du climatisme 温泉学・気候学国際連合, *International Federation of Thermalism and Climatism*

Fédération internationale motocycliste 国際モーターサイクル連盟, *International Motorcycle Federation*

Fédération internationale pharmaceutique 国際薬学連盟, *International Pharmaceutical Federation*

Fédération internationale pour la recherche théâtrale 国際演劇研究連盟, *International Federation for Theater Research*

Fédération internationale pour la théorie des machines et des mécanismes 機械理論・メカニズムに関する国際連盟, *International Federation for the Theory of Machines and Mechanisms*

Fédération internationale pour le traitement de l'information 情報処理国際連盟；国際情報処理学会連合, *International Federation for Information Processing*

Fédération internationale pour l'économie familiale 国際家政学会, *International Federation for Home Economics*

Fédération internationale pour l'éducation des parents 国際父母教育連盟, *International Federation for Parent Education*

Fédération internationale pour l'habitation, l'urbanisme et l'aménagement des territoires 国際住宅計画連合, *International Federation for Housing and Planning*

Fédération lainière internationale 国際羊毛機構, *International Wool Textile Organization*

Fédération mondiale de curling 世界カーリング連盟, *World Curling Federation*

Fédération mondiale de la jeunesse catholique 世界カトリック青年連盟, *World Federation of Catholic Youth*

Fédération mondiale de la jeunesse démocratique 世界民主主義青年連盟, *World Federation of Democratic Youth*

Fédération mondiale de la métallurgie 世界冶金連盟, *World Federation of Metallurgy*

Fédération mondiale de l'art de guérir 世界治療連盟, *World Federation of Healing*

Fédération mondiale de l'hémophilie 世界血友病学会,

World Federation of Hemophilia
Fédération mondiale de médecine et biologie nucléaire 世界核医学連盟, *World Federation of Nuclear Medicine and Biology*
Fédération mondiale de neurologie 世界神経学連合, *World Federation of Neurology*
Fédération mondiale de sociétés de neurochirurgie 国際脳神経外科学会, *World Federation of Neurosurgical Societies*
Fédération mondiale des amis de musées 世界美術館の友連盟, *World Federation of Friends of Museums*
Fédération mondiale des anciens combattants 世界在郷軍人連盟, *World Veterans Federation*
Fédération mondiale des associations de chirurgiens pédiatres 世界小児外科学会連盟, *World Federation of Associations of Pediatric Surgeons*
Fédération mondiale des associations pour la santé publique 世界公衆衛生協会連盟, *World Federation of Public Health Associations*
Fédération mondiale des associations pour les Nations unies 国連協会世界連盟, *World Federation of United Nations Associations*
Fédération mondiale des cités unies et villes jumelées 世界都市連合, *United Towns Organization*
Fédération mondiale des ergothérapeutes 世界作業療法学連盟, *World Federation of Occupational Therapists*
Fédération mondiale des jeunesses libérales et radicales リベラル・アンド・ラジカルユース世界連盟, *World Federation of Liberal and Radical Youth*
Fédération mondiale des organisations de la construction et du bois 世界建設・木材協会連盟, *World Federation of Building and Woodworkers Unions*
Fédération mondiale des organisations d'ingénieurs 世界工学団体連盟, *World Federation of Engineering Organizations*
Fédération mondiale des parasitologues 世界寄生虫学者連合, *World Federation of Parasitologists*
Fédération mondiale des sociétés d'anesthésiologistes 世界麻酔学会連合, *World Federation of Societies of Anesthesiologists*
Fédération mondiale des sourds 世界聾連盟, *World Federation of the Deaf*
**Fédération mondiale des travailleurs de l'agricul-

ture, alimentation, hôtellerie et connexes 世界農業・食品・ホテル労働者連盟, *World Federation of Agriculture, Food, Hotel and Allied Workers*

Fédération mondiale des travailleurs scientifiques 世界科学者連合, *World Federation of Scientific Workers*

Fédération mondiale des villes jumelées 世界姉妹都市団体連合：世界都市連合の前身, *United Towns Organization*

Fédération mondiale pour la protection des animaux 世界動物保護連合, *World Federation for the Protection of Animals*

Fédération mondiale pour la santé mentale 世界精神衛生連盟, *World Federation of Mental Health*

Fédération mondiale pour les études sur le futur 国際未来学会, *World Future Studies Federation*

Fédération nationale des syndicats d'exploitants agricoles 農業組合全国同盟；全国農業経営者連盟, *National Association of Farm Organization*

Fédération syndicale internationale 国際労働組合連盟：世界労働組合連盟の旧称で別名はアムステルダム・インターナショナル, *International Federation of Trade Unions*

Fédération syndicale mondiale 世界労働組合連盟：略称は世界労連, *World Federation of Trade Unions*

Fédération syndicale panafricaine 全アフリカ労働組合連合：OUSA の前身, *All-African Trade Union Federation*

femme de réconfort 〘和〙従軍慰安婦, *comfort woman*

femme qui poursuit une carrière キャリアウーマン, *career woman*

femto- （連結形）フェムト：10のマイナス15乗, *femto-*

fenêtrage 〘コンピュ〙ウィンドウイング, *windowing*

fenêtre active 〘コンピュ〙実行中のウィンドウ, *active window*

fenêtre d'aide 〘コンピュ〙ヘルプウィンドウ, *help window*

fenêtre déroulante 〘コンピュ〙プルダウンウィンドウ, *pull-down window*

feng-shui 〘風〙風水, *feng shui*

fente d'introduction de la carte téléphonique テレフォンカード挿入口, *phonecard slot*

ferrocyanide （化学物質の）フェロシアン化物, *ferrocyanide*

ferrovipathe ミニチュア列車収集家

Festival des films du monde de Montréal モントリオール国際映画祭, *Montreal World Film Festival*

Festival du film français de Yokohama 横浜フランス映画祭, *Yokohama French Film Festival*

Festival international de la BD (=bande dessinée)

d'Angoulême アングレーム国際マンガ祭
Festival international du livre d'aventures et de voyages (サンマロ市の)冒険・旅行記国際フェスティバル
feston de base 〚スポ〛(スノーボードの)基本的なガルランド, *basic garland*
fête du cinéma 〚仏〛(映画館入場料が格安になる)映画の日
fête techno (若者による一大)テクノ音楽パーティー
feuille de calcul 〚コンピュ〛(表計算ソフトの)スプレッドシート, *spreadsheet*
feuille de notation マーキングシート, *marking sheet*
feuille de présence 出席簿, *attendance sheet*
feuille de présence 勤務時間票, *time sheet*
〈**feuille de route**〉(イスラエルとパレスチナ和平の)ロードマップ, *road map*
feuilles de soins 健康保険払戻し請求書, *medical expense claim form*
feuille de style 〚コンピュ〛(ワープロの)書式, *style sheet*
feuille d'expédition 出荷通知書, *consignment note*
feuille d'impôts 納税申告書, *tax form*
feuillet publicitaire 広告チラシ, *leaflet*
feuilleter en avant 〚コンピュ〛ページダウンする, *page down*
fiabilité du produit 製品の信頼性, *product reliability*
fibre jusqu'à chez l'abonné 加入者光ファイバー通信システム, *fiber to the subscriber*
fibre jusqu'au bâtiment 高層建築物用光ファイバー通信システム, *fiber to the building*
fibre jusqu'au bureau オフィス用光ファイバー通信ネットワーク, *fiber to the desk*
fibre jusqu'au domicile / fibre jusqu'au logement 家庭用光ファイバー通信回線, *fiber to the home*
fibre jusqu'au trottoir 一般家屋用光ファイバー加入者線, *fiber to the curb*
fibre jusqu'au voisinage ファイバーツーザネイバーフッド:光ファイバーを近隣まで引き,後は同軸ケーブルで配線する通信方式, *fiber to the neighborhood*
fibre synthétique 人造繊維, *man-made fiber*
fibulanomiste ボタン収集家
fiche d'accumulation des risques 〚保〛リスク累積表
fiche de client 顧客カード, *customer card*
fiche de pointage タイムカード, *time card*
fiche d'opposition 呼値対照表
fiche horodatée タイムスタンプカード, *time stamp card*
fiche multiple 複数口タップ, *multiple outlet strip*

fichier à accès aléatoire / fichier à accès sélectif 〘コンピュ〙ランダムアクセスファイル, *random access file*

fichier caché 〘コンピュ〙隠しファイル, *hidden file*

fichier compressé 〘コンピュ〙圧縮ファイル, *compressed file*

fichier d'adresses 郵送先名簿, *address file*

fichier de maître 〘コンピュ〙マスターファイル, *master file*

fichier de prospection ダイレクトメールリスト, *mailing list*

fichier de travail 〘コンピュ〙作業ファイル, *work file*

fichier d'échange 〘コンピュ〙スワップファイル, *swap file*

fichier d'image mémoire 〘コンピュ〙コアダンプ, *core dump*

fichier d'initialisation 〘コンピュ〙立上げファイル, *start-up file*

fichier disque 〘コンピュ〙ディスクファイル, *disk file*

fichier électronique 〘コンピュ〙電子ファイル, *electronic file*

fichier en lecture seule 〘コンピュ〙読取り専用ファイル, *read-only file*

fichier joint 〘コンピュ〙添付ファイル, *annexed document*

fichier maître 〘コンピュ〙マスターファイル, *master file*

fichier national automatique d'empreintes génétiques 国民DNAファイル

fichier programme 〘コンピュ〙プログラムファイル, *program file*

fichier séquentiel 〘コンピュ〙シーケンシャルファイル, *sequential file*

fichier sur ordinateur 〘コンピュ〙コンピュータファイル, *computer file*

fichier système 〘コンピュ〙システムファイル, *system file*

fièvre d'achats 買急ぎ, *buying spree*

fièvre hémorragique due au virus Ebola エボラ出血熱, *Ebola hemorrhagic fever*

figure aérienne 〘スポ〙(フリースタイルスキーの)空中の技, *aerial maneuver*

figure emblématique (de la paix) (平和の)シンボル, *symbol (of peace)*

figure tête en bas 〘スポ〙(スノーボードの)逆立ち, *invert*

fil 〘コンピュ〙スレッド, *thread (Internet)*

filets de sécurité 〘金〙セーフティーネット:金融上の安全網, *safety net*

filiale à cent pour cent / filiale à part entière 全額出資子会社, *fully owned subsidiary*

filiale-atelier (多国籍企業の)生産子会社

filiale consolidée 連結子会社, *consolidated subsidiary*

filiale de commercialisation （多国籍企業の)販売子会社
filiale de production / filiale unité de production （多国籍企業の)生産子会社
filiale en propriété exclusive 全額出資子会社, *fully owned subsidiary*
filiale-relais （多国籍企業の)販売子会社
filiale-risque ベンチャーキャピタル子会社, *venture capital subsidiary*
filière administrative （職性における)行政系
filière inversée メーカー主体方式：顧客を神様とせず, メーカーが主導的となる方式
filière nucléaire 原子炉系：燃料, 減速材, 冷却材の組合わせ, *reactor system*
film de grand monstre 怪獣映画, *film of monster*
film micro-ondes （食品用の)ラップ, *wrap*
filoguidé （ミサイルが)有線誘導の, *wire-guided*
filtre passe-bande 〖通〗帯域通過ろ波器, *band-pass filter*
filtre passe-bas 〖コンピュ〗ローパスフィルター, *low-pass filter*
fin de bloc （データ通信の)ブロックの終結, *end of block*
fin de bloc de transmission （データ通信の)転送ブロック終結, *end of transmission block*
fin de droits （社会保障の)諸権利終了
fin de fichier 〖コンピュ〗ファイルの終結, *end of file*
fin de message （データ通信の)メッセージの終結, *end of message*
fin de série 〖経〗半端物, *odd lot*
fin de transmission （データ通信の)転送終了, *end of transmission*
fin d'exercice 期末, *term-end*
finances déficitaires 赤字財政, *deficit financing*
finance d'entreprise 〖金〗企業金融, *corporate finance*
finance directe 直接金融, *direct finance*
finances équilibrées 均衡財政, *balanced finance*
finances fonctionnelles （A. P. Lernerの)機能的財政, *functional finance*
finance indirecte 間接金融, *indirect finance*
finances internationales 国際金融, *international finance*
finances locales 地方財政, *finances of local authorities*
finances publiques 公共財政；国家財政, *public finance*
financement à titre de relais つなぎ融資, *bridging finance*
financement à un organisme international 国連機関に対する融資, *financing to an international organization*

financement (en) commun / financement conjoint
協調融資, *joint financing*

financement compensatoire 補償融資, *compensatory financing*

financement d'apport 〚金〛ベンダーファイナンス, *vendor finance*

financement de démarrage 企業新設融資, *start-up financing*

financement de remplacement 〚金〛リプレースメントキャピタル, *replacement capital*

financement déficitaire 赤字金融, *deficit finance*

financement des investissements 投資資金融資, *investment finance*

financement désintermédié / financement direct 直接金融：金融機関が介入しない金融, *direct finance*

financement d'exportation 輸出金融, *export financing*

financement d'importation 輸入金融, *import financing*

financement du commerce extérieur 貿易金融, *trade financing*

financement du déficit budgétaire 赤字財政, *deficit financing*

financement externe 資本の外部調達, *external financing*

financement hors bilan 簿外資金調達, *off-balance-sheet finance*

financement indirect 間接金融, *indirect finance*

financement liant 救済融資, *relief loan*

financement mezzanine メザニン型資金調達, *mezzanine financing*

financement mobiliérisé 自己資金調達, *equity financing*

financement par crédit relais つなぎ融資, *bridge financing*

financement par déficit 赤字財政, *deficit financing*

financement par émission d'actions 自己資金調達, *equity financing*

financement par emprunt obligataire 起債による資金調達, *debt financing*

financement par l'appel au marché des titres 〚金〛自己資金調達, *equity financing*

financement par les banques （日本などのように銀行融資にたよる）間接金融, *indirect financing*

financement par mobilisation des créances sur l'étranger ユーザンス金融, *usance financing*

financement par répartition 賦課方式金融, *pay-as-you-*

financement sans recours ノンリコースファイナンス：遡及義務のない負債による金融, *non-recourse financing*

financement sur fonds propres 株式による資金調達, *equity financing*

financement sur ressources propres 内部金融, *internal financing*

finno- (連結形)芬＝フィンランドの, *Finno-*

〈**firme à la pomme croquée**〉〚言換〛(かじったリンゴがトレードマークのコンピュータメーカー)アップル, *Apple Computer (Company)*

firme à produits multiples 多種製品企業, *multiproduct firm*

firme à un seul produit 単一製品企業, *single product firm*

〈**firme au coq**〉〚言換〛(雄鳥がトレードマークの)パテ映画社

〈**firme au double chevron**〉〚言換〛(二重の山形がトレードマークの自動車メーカー)シトロエン, *Citroën*

〈**firme au losange**〉〚言換〛(菱形がトレードマークの自動車メーカー)ルノー, *Renault*

〈**firme de Billancourt**〉〚言換〛(やや古い表現で旧工場所在地から自動車メーカー)ルノー, *Renault*

〈**firme de Coupertino**〉〚言換〛(所在地からコンピュータメーカー)アップル, *Apple Computer (Company)*

firme de courtage de premier ordre 一流証券会社, *first class securities company*

〈**firme de Redmond**〉〚言換〛(所在地から)マイクロソフト, *Microsoft*

〈**firme de Sochaux**〉〚言換〛(所在地から自動車メーカー)プジョー, *Peugeot*

〈**firme du quai de Javel**〉〚言換〛(やや古い表現で旧工場所在地から自動車メーカーの)シトロエン, *Citroën*

firme multinationale 多国籍企業, *multinational firm*

firmes-rejetons (企業からの独立組による)スピンオフ企業, *spin-off firms*

firme spécialisée dans les opérations sur l'argent à court terme 〚証〛短資会社, *short-term credit broker*

fiscalisation des charges sociales 社会保険企業負担分の政府による肩代り, *budgetization of employers' social security contributions*

fiscaliste 税理士, *tax advisor*

fiscalité latente passive 繰延税金, *deferred tax liabilities*

fission par neutrons rapides 急速核分裂, *fast fission*

(fission caused by fast neutrons)

FIVETE (= fécondation in vitro et transfert embryonnaire) 体外受精・胚移植, *IVF-ET (=in vitro fertilization and embryo transfer)*

fixage 公式為替レート, *fixing*

fixation conventionnelle des prix 管理価格形成, *administered pricing*

fixation des impôts 税額設定, *tax assessment*

fixation d'un prix de déclenchement トリガー価格, *trigger pricing*

fixe et intéressement 固定給と歩合, *fixed salary and profit sharing*

fixe-majuscules 〚コンピュ〛大文字ロックキー, *caps lock key*

fixeur de prix 〚経〛プライスメーカー, *price maker*

fixing (金の)基本建値, *fixing (of the price of gold)*

flamme olympique 〚スポ〛聖火, *Olympic flame*

〈Flash Balls〉 (黒いゴムボールを使った)ノックアウト用ガン, *flash balls*

flèche de défilement 〚コンピュ〛スクロールアロー, *scroll arrow*

flèche vers le bas 〚コンピュ〛ダウンアロー, *down arrow*

flèche vers le haut 〚コンピュ〛アップアロー, *up arrow*

fléchissement conjoncturel 景気の悪化, *cooling-down*

fléchissement des cours 相場の下落, *fall in stock prices*

fleurettiste 〚スポ〛(フェンシングの)フルーレ競技の選手, *foilist*

fleuri aldéhydé (香水の種類で)アルデヒド系フローラル

flexibilité croisée 〚経〛交差屈伸性, *cross-flexibility*

flexibilité des prix 価格伸縮性, *price flexibility*

flexibilité du change 変動相場, *flexible rate*

flexibilité intrinsèque 構造的伸縮制, *built-in flexibility*

flexion-extension 〚スポ〛(スノーボードの)ダウンアップモーション, *down-up motion*

〈FLNC (= Front de libération nationale de la Corse)-Canal historique〉 コルシカ民族解放戦線歴史派, *Corsican National Liberation Front-Canal historique*

flore bactérienne (ミネラルウォーターの)細菌叢(そう), *total colony count (mineral waters)*

florin antillais (通貨単位で)アンティル・ギルダー, *Antillean guilder*

florin d'Aruba (通貨単位で)アルーバ・ギルダー, *Aruba guilder*

florin du Surinam (通貨単位で)スリナム・ギルダー, *Suri-*

nam guilder

florin néerlandais / florin des Pays-Bas (ユーロ導入以前の通貨単位で)オランダ・ギルダー:2.20371ギルダーが1ユーロ, *Dutch guilder*

flot de données 〖コンピュ〗データストリーム, *data stream*

flottement concerté 共同変動相場, *joint float*

flottement de la livre sterling ポンドの変動相場制移行, *floating of the pound*

flottement des changes 為替相場の変動, *exchange fluctuation*

flottement impur 汚い変動相場制, *dirty floating*

flottement ordonné / flottement manipulé 管理された変動相場制, *managed floating*

flottement pur クリーンフロート;きれいな変動相場制, *clean floating*

flou ファジーな, *fuzzy*

fluctuations conjoncturelles 景気変動, *cyclical change*

fluctuations cycliques 循環的変動, *cyclical fluctuations*

fluctuation de main-d'œuvre 労働者移動, *staff turnover*

fluctuations des cours de change 為替変動, *foreign exchange movements*

fluctuations des prix 物価変動;値動き, *fluctuation of prices*

fluctuations dues au hasard 偶発的変動, *random fluctuations*

fluctuation irrégulière 〖証〗(相場などの)荒れ模様, *irregular fluctuation*

fluctuation minimale 変動限界, *fluctuation limit*

fluctuations monétaires 通貨変動, *currency fluctuations*

fluctuations perturbatrices 〖証〗(相場の)攪乱的変動, *disruptive fluctuations*

fluctuation sale 汚い変動相場制, *dirty float*

fluctuations subites de la monnaie 急激な通貨変動, *sudden currency movements*

fluidité des échanges 貿易の円滑さ, *fluidity of trade*

fluidité du trafic 道路交通の円滑さ, *ease of movement of road traffic*

flux commerciaux 商品の流れ, *flow of goods*

flux d'argent liquide / flux de disponibilités / flux de liquidité de l'encaisse / flux de trésorerie キャッシュフロー, *cash flow*

flux de données 〖コンピュ〗データフロー, *data flow*

flux de monnaie マネーフロー, *money flow*

flux de revenu 所得の流れ, *income flow*

flux des fonds privés 民間資金の流れ, *flow of private funds*

flux des produits 生産物の流れ, *flow of products*

flux d'investissements au Japon 対日投資の流れ, *flow of investments into Japan*

flux financiers / flux monétaires 資金の流れ, *capital flow*

flux migratoires 大量移民:多くは違法入国者についていう, *movement of migrants*

flux monétaire actualisé ディスカウンテッドキャッシュフロー, *discounted cash flow*

flux physique de marchandise / flux réels 商品の流れ, *flow of goods*

flux tendus ゼロ在庫政策, *zero stock*

flux transfrontières de données 国際間データ流通, *transborder data flow*

foire aux questions FAQ:よくある質問とその答, *frequently asked questions*

foire commerciale トレードフェア, *trade fair*

Foire internationale d'art contemporain 国際コンテンポラリーアートフェア, *International Exhibition of Contemporary Art*

folie des fusions géantes 巨大合併熱, *mega-merger-mania*

folle enchère 空競(からせ)り;異常競売, *irresponsible bid at auction that cannot be made good*

fonction accessoire 副業, *side line job*

fonction administrative 経営機能, *administrative function*

fonction d'aide 〚コンピュ〛ヘルプファンクション, *help function*

fonction de comptage de mots 〚コンピュ〛語数計算機能, *word count facility*

fonction de consommation globale 集計的消費関数, *aggregate consumption function*

fonction de contrôle 統制の職務, *control duties*

fonction de demande 需要関数, *demand function*

fonction de densité de probabilité 確率密度関数, *probability density function*

fonction de direction 管理職務, *administrative duties*

fonction de distribution 分布関数, *distribution function*

fonction de la demande de monnaie 貨幣需要関数,

fonction de liquidité

money demand function
fonction de liquidité 流動性関数, *liquidity function*
fonction de l'offre / fonction d'offre 供給関数, *supply function*
fonction de production Cobb-Douglas 〖経〗コブダグラス生産関数, *Cobb-Douglas production function*
fonction de redistribution 再配分機能：国が租税を徴収して困窮者に配分するという機能
fonction de répartition cumulée 累積分布関数, *cumulative distribution function*
fonction de service sans connexion コネクションレス型サービス機能, *connectionless service function*
fonction d'épargne 貯蓄関数, *savings function*
fonction d'utilité 効用関数, *utility function*
fonction exponentielle 指数関数, *exponential function*
fonction marketing 配給機能, *marketing function*
fonction personnel / fonction sociale 人事部, *personnel division*
fonction publique élective 公選による役職, *elective public office*
(avec) fonction répondeur 留守番電話機能(付きの), *answer phone function*
fonction technique 生産関数, *production function*
fonctionnement en réseau 〖通〗ネットワーキング, *networking*
fonctionnement régulier des marchés 〖経〗国際取引上の秩序ある輸出, *orderly marketing*
fond génétique commun 〖バイオ〗遺伝子給源, *gene pool*
fondamentalisme chrétien キリスト教原理主義, *Christian fundamentalism*
fondamentalisme islamique イスラム原理主義, *Islamic fundamentalism*
fondamentaux 〖経〗ファンダメンタルズ, *fundamentals*
Fondation Cartier pour l'art contemporain (Jouy-en-Jonasからパリ14区のアメリカ文化センター跡地に移転した)カルティエ現代美術財団
Fondation Cité internationale des arts (パリの)国際芸術都市財団
Fondation internationale pénale et pénitentiaire 国際刑法刑務財団, *International Penal and Penitentiary Foundation*
Fondation internationale pour la science 国際科学財団, *International Foundation for Science*

Fondation Le Corbusier （パリ16区の)コルビュジエ財団

Fondation (taïwanaise) pour les échanges à travers le détroit （台湾の）海峡交流基金会, *Straits Exchange Foundation (Taiwan)*

Fonds à la sécurité humaine （1998年3月創設の）ヒューマンセキュリティー基金, *Human Security Fund*

Fonds africain de développement アフリカ開発基金, *African Development Fund*

fonds agricoles 農業資産, *agricultural funds*

Fonds arabe pour le développement économique et social アラブ経済社会開発基金, *Arab Fund for Economic and Social Development*

Fonds arabe spécial d'aide à l'Afrique 対アフリカ特別アラブ援助基金, *Special Arab Aid Fund for Africa*

Fonds asiatique de développement アジア開発基金, *Asian Development Fund*

Fonds autorenouvelable des Nations unies pour l'exploration des ressources naturelles 国連天然資源探査回転基金, *United Nations Revolving Fund for Natural Resources Exploration*

fonds bloqués 凍結資産, *frozen assets*

fonds circulant net 正味運転資金, *net working capital*

fonds collatéral 〚ODA〛見返り資金, *local currency fund*

Fonds commun de créances 債権買取証券化専門会社：1988年12月31日法で許可

fonds commun de gestion de trésorerie 社債投資信託

fonds commun de placement à court terme 契約型短期投資信託, *short-term unit trust*

fonds commun de placement à risques 非上場株重点投資信託, *venture capital unit trust*

fonds commun de placement dans l'innovation 技術革新向け契約型投資信託

fonds commun de placement d'entreprise 社内株式・債券投資信託

fonds commun de placement du marché monétaire マネーマーケットファンド, *money market fund*

fonds commun d'intervention sur les marchés à terme デリバティブ市場投資基金

Fonds commun pour les produits de base 一次産品共通基金, *Common Fund for Commodities*

fonds confiés à un tiers et destinés à servir de garantie à une opération spécifiée dans un 〈escrow agreement〉 エスクローアグリーメントの寄託金：条

件付き譲渡契約の寄託金, *funds held in escrow*

fonds constitués pour les bénéfices crédités 保険契約利益配当準備金, *reserve for bonuses allotted*

Fonds d'action sanitaire et sociale 保健社会福祉基金, *health and social services fund*

Fonds d'affectation spéciale des Nations unies pour l'Afrique du Sud 国連南ア信託基金, *United Nations Trust Fund for South Africa*

Fonds d'amortissement des obligations 債券償還基金, *bond redemption fund*

fonds de caisse 手持資金, *cash in hand*

fonds de chômage 失業基金, *unemployment fund*

fonds de clientèle (営業財産としての店の)固定客, *customer base*

Fonds de cohésion (欧州共同体の)格差是正基金；結束基金, *Cohesion Fund (EC)*

fonds de contrepartie 〚ODA〛(被援助国による自国通貨の)見返り資金, *counterpart funds*

fonds de démarrage 企業設立基金, *business establishment funds*

Fonds de développement économique et social 〚仏〛経済社会開発基金, *Economic and Social Development Fund*

fonds de dividende 未処分利益, *undistributed profit*

fonds de fonds アンブレラファンド：機関投資家専用の複数投資信託組み合わせファンド, *umbrella fund*

fonds de garantie 危険準備金, *contingency fund*

fonds de la campagne électorale 選挙資金, *campaign finance*

Fonds de modernisation et d'équipement (初代計画庁長官 Jean Monnet 提唱)モネ資金；近代化・設備基金, *Monnet Fund*

fonds de pension 年金基金, *pension funds*

fonds de péréquation 平衡資金, *equalization fund*

fonds de placement essentiellement spéculatifs 投機的株売買用資金：短期に大きな値上がりを狙う資金, *go-go fund*

fonds de placements étrangers 海外投資資金, *foreign investment funds*

fonds de placement ferme クローズドエンド型投資信託, *closed-ended investment trust*

fonds de placements immobiliers 不動産投資信託, *Real Estate Investment Trust*

fonds de placement ouvert オープン型の投資信託, *open-ended investment trust / mutual fund*

fonds de prévision 留保資金, *reserve fund*
fonds de prévoyance 準備基金, *provident fund*
fonds de rachat 償還基金, *redemption fund*
fonds de règlement des sinistres 〖保〗損害支払基金, *claims settlement fund*
fonds de régularisation 平衡資金, *equalization fund*
Fonds de régulation des produits et prix agricoles 農業産品・価格調整基金, *Fund for the Regulation of Agricultural Production and Prices*
fonds de renouvellement 更新資金, *renewal fund*
fonds de réserve 積立金, *reserve fund*
fonds de réserve pour l'imprévu 予備費, *contingency fund*
fonds de retraite 年金基金；恩給基金, *pension funds*
fonds de roulement 運転資金, *working capital*
fonds de roulement fonctionnel / fonds de roulement net global 正味運転資金, *net working capital*
fonds de secours 緊急準備金, *emergency reserves*
Fonds de Sécurité sociale 社会保障基金, *Social Security Fund*
Fonds de solidarité africaine アフリカ連帯基金：アフリカ開発調整活動の前身, *African Solidarity Fund*
Fonds de solidarité vieillesse 老齢連帯基金, *old-age solidarity fund*
Fonds de stabilisation des changes 為替安定基金, *exchange stabilization fund*
fonds de venture capital ベンチャーキャピタル, *venture capital*
fonds d'égalisation des changes 為替平衡資金, *exchange equalization fund*
Fonds d'équipement des Nations unies 国連資本開発基金, *United Nations Capital Development Fund*
fonds des mers et ses ressources situés au-delà des juridictions nationales 沿岸国管理権の限界を超えた公海の海底区域とその地下：通称は「深海海底」で人類の共通遺産とされている, *sea-bed and ocean floor and subsoil thereof, beyond the limits of national jurisdiction*
Fonds des Nations unies pour la lutte contre l'abus des drogues 国連薬物乱用統制基金, *United Nations Fund for Drug Abuse Control*
Fonds des Nations unies pour l'enfance 国連児童基金；ユニセフ, *United Nations Children's Fund*
Fonds des Nations unies pour les activités en

matière de population　国連人口活動基金, *United Nations Fund for Population Activities*

fonds d'Etat libres d'intérêt nominal　〖仏〗名目金利政府証券：政府発行ゼロクーポン債, *French Government zero coupon bond*

fonds d'Etat libres d'intérêt nominal　〖証〗（米国のゼロクーポン財務省証券）キャッツ, *Certificate of Accrual of Treasury Securities (USA)*

fonds d'existence　生活資金, *living fund*

fonds d'expansion économique　経済拡大資金, *economic expansion fund*

fonds d'exploitation　運転資金, *operating fund*

Fonds d'indemnisation des transfusés et hémophiles contaminés par le sida　〖仏〗エイズ感染した輸血者と血友病患者のための補償基金；エイズ補償基金, *AIDS Compensation Fund (France)*

fonds d'investissement　（労働者利益参加制度における）留保準備金

fonds d'investissement hautement liquides　高度に流動的な投資資金, *highly liquid investment fund*

Fonds d'investissement pour le développement économique et social　経済社会開発投資基金：植民地独立時点で Fonds d'aide et de coopération に改編された, *Investment Fund for Economic and Social Development*

fonds d'opération　運転資金, *operating fund*

fonds en fidéicommis　信託資金, *trust fund*

Fonds européen de coopération monétaire　欧州通貨協力基金, *European Monetary Cooperation Fund*

Fonds européen de développement　欧州開発基金, *European Development Fund*

Fonds européen de développement régional　欧州地域開発基金, *European Regional Development Fund*

Fonds européen d'orientation et de garantie agricole　欧州農業指導保証基金, *European Agricultural Guidance and Guarantee Fund*

fonds gelés　凍結資産, *frozen assets*

fonds improductifs　非生産的資金, *barren money*

fonds indiciels　〖証〗インデックスファンド：株価指数に連動しているファンド, *index fund*

Fonds international de développement agricole　国際農業開発基金, *International Fund for Agricultural Development*

Fonds mondial pour la nature　世界自然保護基金：世界

野生生物基金の1986年以降の新名称, *World Wide Fund for Nature*

Fonds monétaire arabe アラブ通貨基金, *Arab Monetary Fund*

fonds 〈multigérants〉 〖証〗マルチファンドマネージャーファンド：数社に資金運用をまかせるファンド

Fonds national de solidarité 国民連帯基金, *National Solidarity Fund*

fonds offshore 〖金〗在外投資信託, *offshore fund*

fonds pour la couverture des actifs de roulement 運転資金, *working capital*

Fonds pour l'environnement mondial 世界環境基金, *Global Environmental Facility*

fonds propres 自己資本, *own capital*

fonds public 〖証〗公債, *public bond*

fonds public alloué à une circonscription et destiné à s'attirer les bonnes grâces des électeurs 特定選挙区・議員だけを利するような政府助成金, *pork barrel*

fonds roulants 回転資金, *revolving fund*

fonds salariaux 財形貯蓄, *workers' property accumulation savings*

fonds secrets 機密費, *secret service funds*

fonds sectoriels （リスクの高い）投資産業分野特定投資信託

Fonds social européen 欧州社会基金, *European Social Fund*

fonds social urbain 都市社会基金, *urban social fund*

fonds sociaux 社会保障活動基金, *social fund*

Fonds spécial de l'Organisation des Nations unies 国連特別基金, *United Nations Special Fund*

fonds spéciaux 機密費, *secret service funds*

fonds spéculatifs （投機的）ヘッジファンド, *hedge funds*

fonds visible 手元資金, *visible fund*

fondu enchaîné automatique （映像のフェードによる）自動オーバーラップ, *auto-dissolve*

(les) Fontaines centre culturel （Chantilly にある）和泉文化研究所

fonte pixélisée 〖コンピュ〗ビットマップフォント, *bitmapped font*

football féminin 〖スポ〗女子サッカー, *ladies soccer*

〈Footix〉 フーティックス：フランスで開催された1998年W杯のマスコットとなったサッカー選手姿の雄鶏, *Footix*

force aérienne stratégique 戦略空軍：force océanique stratégique とともにフランスの抑止力を構成する

Forces armées de résistance nationale (エルサルバドルの)民族抵抗軍, *Armed Forces of National Resistance*

force concurrentielle 競争力, *competitive strength*

force contre-électromotrice 逆起電力, *counter electromotive force*

forces conventionnelles (en Europe) (欧州)通常戦力, *Conventional Armed Forces (in Europe)*

force d'action rapide 〖仏〗緊急行動部隊

force d'assistance rapide 〖仏〗緊急援助軍：1982年以降の force d'intervention の新名称, *task force (France)*

Force de déploiement préventif des Nations unies 国連予防展開軍, *United Nations Preventive Deployment Force*

forces de frappe 打撃部隊, *strike force*

force de frappe (nucléaire) 先制核攻撃兵器, *counterforce*

forces de maintien de la paix 平和維持軍, *peace-keeping force*

Force de protection des Nations unies 国連保護軍, *United Nations Protection Force*

Force de réaction rapide 緊急対応部隊, *Rapid Reaction Force*

Force de sécurité des Nations unies en Nouvelle-Guinée occidentale 国連西ニューギニア保安隊, *United Nations Security Force in West New Guinea*

Force de stabilisation (ボスニア・ヘルツェゴビナなどの)平和安定軍, *Stabilization Force*

force de théâtre 戦域核戦力, *theater nuclear force*

Force des Nations unies chargée d'observer le dégagement 国連兵力引離し監視軍, *United Nations Disengagement Observer Force*

Force des Nations unies chargée du maintien de la paix à Chypre 国連キプロス平和維持軍, *United Nations Peace-keeping Force in Cyprus*

Force d'interposition ouest-africaine 西アフリカ諸国平和維持軍, *ECOWAS Monitoring Group Force*

force d'intervention 〖仏〗(国外紛争用の)介入部隊, *task force (France)*

forces d'ultime avertissement 緊急展開部隊, *rapid deployment force*

force électromotrice 起電力, *electromotive force*

forces en virage (自動車の)コーナリングフォース, *cornering force*

Force intérimaire des Nations unies au Liban 国連

レバノン暫定駐留軍, *United Nations Interim Force in Lebanon*

Force internationale pour le Timor oriental 東ティモール国際軍, *International Force for East Timor*

force magnétomotrice 起磁力, *magnetomotive force*

forces nucléaires intermédiaires 中距離核兵器, *intermediate-range nuclear force*

forces nucléaires stratégiques 戦略核戦力, *strategic nuclear force*

forces nucléaires tactiques 戦術核兵器, *tactical nuclear weapon*

force obligatoire 強制力, *binding power*

force océanique stratégique 戦略海軍：force aérienne stratégique とともにフランスの抑止力を構成する

( ) **Force ouvrière** （フランスの労組で）労働者の力, *Workers' Force (France)*

force tactique 機動部隊, *task force*

force vive 運動エネルギー, *kinetic energy*

forces vives (du pays) （国の）活力, *resources (of the country)*

forces vives 〚言換〛（社会の活力である）雇用者団体・労働組合・NGO

〈**Forces vives**〉 （マダガスカルの）活力委員会

fordien フォード（組立ラインの大量生産）方式の, *fordist*

〈**forêt de Katyn**〉 （ポーランド将校虐殺の舞台となった）カティンの森, *Katyn Forest*

forfait de communauté （一括見積額との引換による）共通財産の取得条項

forfait mensuel illimité （インターネットの）使い放題月極料金

forfait-vacances パッケージツアー, *package tour*

forfaitage フォーフェイティング：輸出長期延払い手形の償還請求権なしの割引買取金融, *forfeiting*

forint （ハンガリーの通貨単位で）フォリント, *forint*

formalités de dédouanement / formalités de douane / formalités douanières 通関手続, *customs formalities*

format économique エコノミーサイズ, *economy size*

formatage 〚コンピュ〛フォーマット, *formatting*

formateur 職業訓練官, *instructor*

formation à la direction d'entreprise 企業経営者養成, *management training*

formation à la gestion 経営者教育, *management development*

formation alternative 選択制職業訓練:一定期間毎に空白期間や別コースを選べる職業訓練, *alternative training*

formation alternée 交互制職業訓練:実習と学習を交互に行う訓練, *schemes combining training and work*

formation au rabais 手抜き職業訓練, *second-rate training*

formation au sein de l'entreprise 社内教育, *in-company training*

formation brute de capital fixe 固定総資本形成, *gross fixed capital formation*

formation de capital / formation de capitaux 資本形成, *capital formation / build-up of capital*

formation de formateurs 養成者訓練, *teacher training*

formation de groupes unis par les prises de participations croisées 持合いによる系列化, *corporate grouping by stock participation*

formation de propriété 財産の取得, *acquisition of property*

formation des prix 価格形成, *price determination*

formation d'études des contreparties カウンターパート研修, *counterpart training*

formation dominante 支配集団, *dominant group*

formation du revenu 所得形成, *formation of income*

formation en alternance 交互制職業訓練, *sandwich training*

formation en groupe 集団研修, *group training*

formation individuelle ad hoc 単発個別研修, *ad hoc individual training*

formation initiale 初期訓練；初任研修, *initial training*

formation intérieure brute de capital 国内総資本形成, *domestic gross capital formation*

formation intérieure nette de capital 国内純資本形成, *domestic net capital formation*

formation médicale continue 継続的医学教育, *continuing medical education*

formation nette de capital fixe 純固定資本形成, *net fixed capital formation*

formation permanente （最新の知識・技能を授ける）成人教育, *continuous training*

formation professionnelle continue 生涯職業訓練, *recurrent education*

formation professionnelle des adultes 成人職業教育, *adult vocational training*

formation professionnelle pour universitaires 大学

卒業者職業訓練, *graduate training scheme*
formation sur le tas 実地訓練;職場内教育訓練, *on the job training*
forme de liste 報告式, *list form*
forme de rapport (損益計算書などの)報告表式, *report form*
forme de tableau 勘定式, *table form*
forme d'entreprise 企業形態, *form of undertaking*
forme du marché 市場形態, *market form*
forme légale 適法形式, *legal form*
formulaire de candidature 応募申込書, *application form*
formulaire de déclaration de sinistre 保険金請求用紙, *insurance claim form*
formulaire de déclaration en douane 通関申告書, *customs declaration form*
formulaire de demande 申込用紙;申込書, *request form*
formule de chèque 小切手用紙, *check form*
formule de déclaration d'impôts 税務申告書, *tax declaration form*
formule de Fisher 〘経〙フィッシャー算式, *Fisher's formula*
formule de paiement 支払方式, *method of payment*
formule de police d'assurance 保険証券書式, *insurance policy form*
formule de procuration 委任状, *procuration formula*
formules de réduction des tarifs 関税削減方式, *tariff-cutting formulae*
formule exécutoire 執行文, *order for enforcement*
formule imprimée bleue (フランス不動産税の)青色申告
(à) forte capacité d'absorption 〘経〙ハイアブソーバー(の), *high absorber*
forteresse européenne 欧州要塞化;欧州連合の強い結束, *Fortress Europe*
fortune de mer 海難;航海事故;海上危険, *sea risk*
fortune nationale 国富, *national wealth*
fortune recélée 隠匿資産;含み資産, *hidden assets*
Forum atomique européen 欧州原子力フォーラム, *European Atomic Forum*
Forum de coopération économique Asie-Pacifique アジア太平洋経済協力会議, *Asia Pacific Economic Cooperation Forum*
Forum de dialogue franco-japonais 日仏対話フォーラ

ム

Forum de la jeunesse franco-japonaise　日仏青年会議

Forum de management européen　欧州経営フォーラム：世界経済フォーラムの1988年までの名称, *European Management Forum*

Forum de stabilité financière　金融安定化フォーラム, *Financial Stabilization Forum*

Forum démocratique　(ハンガリーの)民主フォーラム, *Democratic Forum (Hungary)*

Forum du Pacifique Sud　南太平洋諸国会議；南太平洋フォーラム, *South Pacific Forum*

Forum Europe-Asie　アジア欧州首脳会議, *Asia-Europe meeting*

Forum mondial de l'eau　世界水フォーラム：マルセイユに本部がある世界水会議(1996年設立)が三年毎に開催, *World Water Forum*

Forum mondial de l'économie　世界経済フォーラム；ダボス会議, *World Economic Forum*

Forum mondial sur l'éducation　万人教育フォーラム, *Education For All Forum*

Forum parlementaire franco-japonais pour les sciences et la technologie　日仏科学技術議員フォーラム

Forum pour la restauration de la démocratie　(ケニアの)民主回復フォーラム, *Forum for the Restoration of Democracy (Kenya)*

Forum social européen　ヨーロッパ社会フォーラム, *European Social Forum*

forum télématique　〚通〛遠隔会議, *teleconference*

foulard islamique　(イスラム女性のスカーフ)ヘジャブ

fourchette　上下幅；ボックス圏, *ballpark figure*

fourchette des cours en fin de séance　〚証〛クロージングレンジ：引きにかけて予想される相場の幅, *closing range*

fourchette des prix　価格帯；価格レンジ, *price range*

fourchette d'intervention　介入レンジ, *intervention range*

fourchette moyenne pondérée　〚証〛(大量取引)平均相場の幅, *weighted average price range*

fourchette-objectif / fourchette retenue　〚金〛ターゲットゾーン：変動相場における為替レート変動の一定目標としての変動幅, *target zone*

fournisseur d'accès (à Internet)　(インターネット)アクセスプロバイダー, *access provider (Internet)*

fournisseur de capital　資本の供給者, *supplier of capital*

fournisseur de matériel de bureau 事務機械納入業者, *office equipment supplier*

fournisseur du gouvernement 御用商人, *government contractor*

fournisseur informatique 〚コンピュ〛コンピュータサプライヤー, *computer supplier*

fournisseur maritime 船舶用雑貨商, *ship chandler*

fournisseur officiel 〚スポ〛オフィシャルサプライヤー：公認のスポーツ用具提供企業, *official supplier*

fournitures de bureau 事務用品, *office supplies*

fourniture des équipements et matériels 〚ODA〛機材供与, *provision of equipments and materials*

fourniture en nature 〚ODA〛現物供与, *provision in kind*

fourniture indépendante des équipement et matériel 〚ODA〛単独機材供与, *independent provision of equipment and materials*

fourniture marginale 限界供給, *marginal supply*

fournituriste (法人向け)事務用品納入業者

foyer des jeunes travailleurs 青年労働者会館, *hostel accommodating young workers*

foyer fiscal 課税世帯

foyer-restaurant 高齢者食堂

foyer tribal ホームランド：南アの部族別居住地, *homeland (South Africa)*

fraction d'action 〚証〛端株(はかぶ), *odd lot stock*

fractionnement des actions 〚証〛株式分割, *splitting of stocks*

fracture numérique 情報化が生む経済格差：コンピュータやインターネット利用の面で途上国に遅れがあること, *digital divide*

frais à payer 支払費用, *expenses to pay*

frais accessoires 付随費用, *accessory expenses*

frais d'acheminement jusqu'au lieu de destination 目的地までの輸送料, *cost of transport to the destination*

frais d'administration 事務所経費, *office expenses*

frais d'approche 出張旅行の拘束手当, *allowance for traveling time*

frais d'approche 出荷輸送費, *forwarding costs*

frais d'augmentation de capital 新株発行費, *capital increase expenses*

frais de chargement 陸揚費用, *landing charges*

frais de conservation de la chose assurée 〚保〛損害防止費用, *sue and labor charges*

frais de constitution 創業費；会社設立費用, *start-up costs*
frais de déblaiement 残存物撤去費用, *costs of clearance of debris*
frais de déroutement 転換費用, *diversion charges*
frais de diffusion 流通費用, *distribution cost*
frais de fonctionnement 運営費, *running costs*
frais de gestion 管理費, *management expenses*
frais de lancement 債券発行費, *flotation cost*
frais de main-d'œuvre 労賃, *labor cost*
frais de manutention 取扱費, *handling charges*
frais de montage 試運転費, *test run charges*
frais de premier établissement 開業費, *organization cost*
frais de prospection 市場調査費, *canvassing cost*
frais de rassemblement des capitaux 資本募集費用
frais de réception 接待費, *entertainment expenses*
frais de recherche et de développement 研究開発費, *R & D expenses*
frais de reconditionnement 〖保〗手直し費用, *reconditioning charges*
frais de recouvrement 取立手数料, *collection charges*
frais de remplacement 〖保〗取片付け費用, *cost of replacement*
frais de représentation 交際費, *entertainment fees*
frais de réservation 予約料, *reservation fee*
frais de transfert 〖証〗名義書換料, *transfer fee*
frais de trésorerie 財務費, *financial expenses*
frais de vente 販売費用, *cost of sales*
frais d'emballage 包装費, *packing charge*
frais d'émission des emprunts 〖証〗社債発行費, *cost of floatation of the debentures*
frais d'encaissement 取立費用, *collection charges*
frais d'entretien 維持費；ランニングコスト, *maintenance expense*
frais d'établissement 創業費；会社設立費用, *start-up costs*
frais d'établissement d'un dossier 書類作成費, *briefing cost*
frais d'installation 据付費, *installation expenses*
frais et bénéfices résultant du commerce de transit 中継貿易の費用と利益, *cost and profit of transit trade*
frais et charges 諸経費, *expenses and charges*
frais fixes 固定経費, *standing charges*

frais généraux 諸経費 ; 総経費, *overhead expenses*
frais généraux d'administration 管理的間接費, *administrative overhead expense*
frais généraux d'exploitation 一般管理費, *general administrative cost*
frais judiciaires 訴訟費用, *court costs*
frais permanents 経常費, *operating cost*
frais variables 可変費用, *variable cost*
franc Auriol オリオール・フラン, *Auriol franc*
franc belge (ユーロ導入以前の通貨単位で)ベルギー・フラン：40.3399フランが1ユーロ, *Belgian franc*
franc CFA (= **communauté financière africaine**) アフリカ金融共同体フラン：通称はCFAフラン, *African Financial Community franc / CFA franc*
franc comorien (通貨単位で)コモロ・フラン, *Comoran franc*
franc congolais (コンゴ民主共和国の通貨単位で)コンゴ・フラン, *Congolese franc*
franc constant 実質フラン；恒常フラン；不変フラン, *franc in real terms*
franc convertible 外貨に交換可能なフラン, *convertible franc*
franc courant 名目フラン；現行フラン；経常フラン, *current franc*
franc d'avaries communes 共同海損不担保, *free of general average*
franc d'avarie particulière 〖保〗単独海損不担保, *free from particular average*
franc de Djibouti (通貨単位で)ジブチ・フラン, *Djibouti franc*
franc de la communauté financière africaine (通貨単位で)アフリカ金融共同体フラン；アフリカ財政共同体フラン, *CFA franc*
franc de port 送料支払済みの, *carriage paid*
franc des colonies françaises d'Afrique (旧通貨単位で)仏領アフリカ植民地フラン：現在名はCFAフラン, *CFA franc*
franc des colonies françaises du Pacifique (旧通貨単位で)仏領太平洋植民地フラン：現在名は太平洋金融共同体フラン, *CFP franc*
franc des Comores (通貨単位で)コモロ・フラン, *Comoran franc*
franc des comptoirs français du Pacifique (通貨単位

で)太平洋金融共同体フラン, *CFP franc*

franc du Burundi (通貨単位で)ブルンジ・フラン, *Burundian franc*

franc du Rwanda (通貨単位で)ルワンダ・フラン, *Rwanda franc*

franc flottant 浮動フラン, *floating franc*

franc français (ユーロ導入以前の通貨単位で)フランス・フラン：6.55957フランが1ユーロ, *French franc*

franc guinéen (通貨単位で)ギニア・フラン, *Guinean franc*

franc léger (デノミ以前の)旧フラン, *old franc*

franc lourd 重フラン：1959-1962年における新フランの名称, *new franc*

franc luxembourgeois (ユーロ導入以前の通貨単位で)ルクセンブルク・フラン：40.3399フランが1ユーロ, *Luxembourgian franc*

franc malgache (通貨単位で)マダガスカル・フラン, *Malagasy franc*

franc Poincaré (通貨単位で)ポアンカレ・フラン, *Poincaré franc*

franc rwandais (通貨単位で)ルワンダ・フラン, *Rwandese franc*

franc suisse (通貨単位で)スイス・フラン, *Swiss franc*

franc vert グリーン・フラン：欧州共同体の共通農業政策の下で用いられる通貨レート, *green franc (EC)*

France-Greffe de moelle フランス骨髄移植：臓器移植に関する団体名, *France-Bone marrow transplant*

France Télécom フランステレコム, *France Telecom*

France-Tissus フランス組織：臓器移植に関する団体名

France unie 統一フランス：Soisson, Durafourを中心とした政治派閥

franchisage 〚経〛フランチャイズ契約, *franchising*

franchise 〚保〛免責歩合, *exemption*

franchise 〚経〛フランチャイズ, *franchise*

franchise d'avarie 〚保〛海損免責歩合, *free of average*

franchise de bagages 無料手荷物許容量, *free luggage*

franchise d'impôts 免税点, *tax exemption limit*

franchises douanières 関税免除, *relief from custom duty*

franchise excédante 〚保〛エクセス, *excess (insurance)*

franchise fiscale 減税, *tax relief*

franchise tarifaire à l'entrée 輸入通関免税, *duty-free entry*

franchise temporaire 仮輸入, *temporary importation*

franchise ⟨toujours déduite⟩ 〚保〛控除免責歩合, *excess*

franchise

franchise 〈une fois atteinte〉 〚保〛無控除免責歩合, *non-deductible franchise*

franchise voyageurs 旅行者免税枠, *duty-free allowances for travelers*

franchising フランチャイズ制, *franchising*

franchissement de seuils 〚証〛(株の大量買いで)一定率超過

francisation フランス語化, *francicization*

francisation フランス船籍の登録, *registry as a French ship*

francisation des produits 製品のフランス化, *Frenchifying of the products*

franco- (連結形)仏＝フランスの, *Franco-*

franco à bord / franco bord 〚貿〛本船渡し；積込渡し, *free on board*

franco à quai 〚貿〛埠頭渡し, *free on quay*

franco camion 〚貿〛トラック渡し, *free on truck*

franco chargement et déchargement 〚貿〛積込陸揚荷主負担；船積費用船主無関係, *free in and out*

franco de courtage (同時取引の)手数料なし, *free of brokerage*

franco de port 運賃無料で, *carriage free*

franco déchargement 〚貿〛陸揚渡し条件, *landed terms*

franco dédouané 〚貿〛陸揚値段で, *at landed cost*

franco domicile 〚貿〛持込渡し；無料自宅配達で, *free domicile*

franco entrepôt du destinataire 〚貿〛買手倉庫渡し, *free customer's warehouse / carriage paid*

franco-français フランスに特有な：「フランス人同士が内輪もめの」という意味にも用いる, *specifically French*

franco long du bord / franco le long du navire 〚貿〛船側渡し, *free alongside ship*

franco sur camion 〚貿〛トラック積渡し, *free on truck*

franco transporteur 〚貿〛運送人渡し(値段), *free carrier*

franco wagon / franco par chemin de fer / franco sur rail 〚貿〛貨車渡し；鉄道渡し, *free on wagon / free on rail*

francomanie フランス好き, *Francomania*

〈franken〉 フランケン：欧州通貨単位の呼び名として検討された候補の一つ, *franken*

frappe d'un Euro métallique ユーロ硬貨の鋳造, *minting of an Euro coin*

frappe en continu 〚コンピュ〛連続印字, *type-ahead*

frappe en lacet 〘コンピュ〙往復印字
frappé-roulé 〘スポ〙(カーリングの)チップ・アンド・ロール, *chip and roll*
fraude à la loi / fraude juridique 脱法行為, *evasion of the law*
frein à la concurrence 競争制限, *restraint on competition*
freins et contrepoids 抑制と均衡, *checks and balances*
frein fiscal 財政的歯止め, *fiscal drag*
freinte de route (輸送中の商品の)目減り, *loss in transit*
freinte de stock 棚卸減耗, *inventory shrinkage*
frénésie d'achat 買占め, *buying up*
fréquence cumulée 累積度数, *cumulative frequency*
fréquence de répétition des impulsions 〘通〙パルス繰返し周波数, *pulse repetition frequency*
fréquence intermédiaire 中間周波数, *intermediate frequency*
fréquence internationale de détresse 国際遭難周波数, *international distress radio frequency*
fréquence maximale utilisable 最高使用周波数, *maximum usable frequency*
fréquence minimale utilisable 最低使用周波数, *lowest usable frequency*
fréquence vocale 音声周波数, *voice frequency*
Frères musulmans ムスリム同胞団, *Muslim Brotherhood*
fret à forfait 通し料金, *through freight*
fret acquis à tout événement 無償還元船料, *freight not repayable under any circumstances*
frets aériens 貨物空輸, *air freights*
frets fluviaux 河川貨物輸送, *inland waterway freights*
frets maritimes 海上貨物輸送, *maritime freights*
fret payable à destination 運賃先方払い, *freight payable at destination*
fret payable par anticipation 運賃前払い, *freight paid in advance*
fret payé d'avance 前払い運賃, *freight paid in advance*
fret proportionnel à la distance 航路相当額運賃, *freight pro rata*
friche industrielle 旧態工業地帯, *obsolete industrial zone*
frimousses (メール上で笑顔を:-)などと表記する)スマイリー, *smileys*
Front de libération de la Palestine パレスチナ解放戦

線, *Palestine Liberation Front*
Front de libération de la Polynésie ポリネシア解放戦線, *Polynesia Liberation Front*
Front de libération de la Somalie occidentale 西ソマリア解放戦線, *Western Somalia Liberation Front*
Front de libération des oubanguiens (中央アフリカ共和国の)ウバンギ解放戦線, *Ubangi Liberation Front*
Front de libération du Mozambique モザンビーク解放戦線, *Mozambique Liberation Front*
Front de libération du Québec ケベック解放戦線, *Quebec Liberation Front*
Front de libération du Tchad チャド解放戦線, *Chad Liberation Front*
Front de libération islamique moro モロイスラム解放戦線, *Moro Islamic Liberation Front*
Front de libération nationale 民族解放戦線, *National Liberation Front*
Front de libération nationale canaque et socialiste / Front de libération nationale kanak et socialiste (ニューカレドニアの)カナク社会主義民族解放戦線, *Kanak National Liberation Front (New Caledonia)*
Front de libération nationale de Corse コルシカ民族解放戦線, *Corsican National Liberation Front*
Front de libération nationale de Moro モロ民族解放戦線, *Moro National Liberation Front*
Front de libération Oromo (エチオピアの)オロモ解放戦線, *Oromo Liberation Front*
Front démocratique de salut de la Somalie ソマリア救国民主戦線, *Somalia Salute Democratic Front*
Front démocratique et révolutionnaire du peuple éthiopien エチオピア人民革命民主戦線, *Ethiopian People's Revolutionary Democratic Front*
Front démocratique de libération de la Palestine パレスチナ解放民主戦線, *Democratic Front for the Liberation of Palestine*
Front démocratique révolutionnaire (エルサルバドルの)民主革命戦線, *Democratic Revolutionary Front*
Front du peuple afrikaner アフリカーナー人民戦線, *Afrikaner People's Front*
Front Farabundo Marti de libération nationale ファラブンド・マルチ民族解放戦線, *National Liberation Front of Farabundo Marti*
Front islamique du salut (アルジェリアの)イスラム救国

戦線, *Islamic Salvation Front*

Front islamique Jammu et Cachemire ジャンム・カシミール解放戦線, *Jammu and Kashmir Liberation Front*

Front laotien pour la reconstruction nationale ラオス建設戦線, *Lao Front for National Construction*

Front national (フランスの政党で)国民戦線, *National Front (France)*

Front national de libération du peuple khmer クメール人民民族解放戦線, *Khmer People's National Liberation Front*

Front national mouvement national 国民戦線国民運動：Bruno Mégret が Mouvement national républicain 設立前に率いた政党

Front patriotique rwandais ルワンダ愛国戦線, *Rwanda Patriotic Front*

Front populaire de libération de l'Erythrée エリトリア人民解放戦線, *Eritrean People's Liberation Front*

Front populaire de libération du Tigré ティグレ人民解放戦線, *Tigre People's Liberation Front*

Front populaire pour la libération de la Palestine パレスチナ解放人民戦線, *Popular Front for the Liberation of Palestine*

Front révolutionnaire uni (シエラレオネの)革命統一戦線, *Revolutionary United Front*

Front sandiniste de libération nationale (ニカラグアの)サンディニスタ民族解放戦線, *Sandinista National Liberation Front*

Front zapatiste de libération nationale (メキシコの)サパティスタ民族解放戦線, *Zapatista National Liberation Front*

frontal 〖コンピュ〗フロントエンドの, *front-end*

frontière des possibilités de consommation 消費可能性辺境線, *consumption-possibility (budget) line*

frontière des possibilités de production 生産可能性辺境線, *production possibility frontier*

frontières incurvées 〖経〗弓形の辺境線, *curved frontiers*

frontiste (フランスの極右政党)国民戦線の支持者, *supporter of the National Front*

fuite de billets 銀行券流出：融資に際して銀行から流出する15％程度の現金部分

fuite de capitaux 資本逃避；資本流出, *flight of capital*

fuite de l'impôt 租税回避, *tax evasion*

fuite des cerveaux 頭脳流出, *brain drain*

fuite devant la monnaie 現金からの逃避, *flight from cash*

fuite en avant 捨鉢の前進

fuite vers la qualité 〖証〗(証券投資での)優良銘柄へのシフト, *flight to quality*

fumeur passif 副流煙被害者, *sidestream smoker*

(avion) furtif (レーダーに捕捉されにくい)ステルス性の(戦闘機・爆撃機), *stealth*

fuseau horaire 同一標準時帯, *time-belt*

fusée à têtes multiples 多弾頭各個目標再突入弾, *multiple independently targeted reentry vehicle*

fusée intercontinentale 大陸間弾道弾, *intercontinental ballistic missile*

fusée-sonde 観測ロケット, *probe*

fusion cellulaire 細胞融合, *cell fusion*

fusion d'entreprises 企業合併, *mergers*

fusions et acquisitions 合併買収；M&A, *mergers and acquisitions*

fusion par absorption 吸収合併, *merger by acquisition*

fusion par échange d'actions 株式交換による合併, *merger by exchange of stocks*

fusion-scission 分割合併, *fusion-division*

futsal 〖スポ〗(5人制室内サッカー)フットサル, *futsal*

future de devises 通貨先物, *foreign currency futures*

future sur indice 指数先物, *index futures*

FXnet 為替オブリゲーションネッティング, *FXnet*

G

gâchage des prix 投売り, *underselling*
gadget économique 省力用アイディア商品, *labor-saving gadget*
gadgétisation des ordinateurs コンピュータへの新機能追加, *adding of gadgets to computers*
gagaouze (黒海北西岸地域の)ガガウズ語, *Gagauz*
gage immobilier 不動産担保, *pledge of real property*
gage mobilier 動産担保, *pledge on movables*
gage non retiré 質流れ, *unredeemed pledge*
gains accidentels 偶発利益, *windfall gain*
gains de change 為替差益, *exchange gain*
gains de concentration 補完利得, *interpolation gain*
gains de multiplication de circuit numérique デジタル回路増倍利得, *digital circuit multiplication gain*
gains de productivité 生産性の向上, *productivity gain*
gains de revenu 配当所得, *income gain*
gains en capital 資本利得, *capital gain*
gains journaliers de base 基礎賃金日額, *basic daily salary amount*
gains nets de trésorerie 〖金〗ネットキャッシュフロー：一定期間内に企業が内部蓄積した資金, *net cash flow*
gains nets en capital 純資本収益, *capital net earnings*
gains non réalisées 未実現利益, *unrealized gains*
gains par action 〖証〗一株当たり利益, *earnings per stock*
galaxie quasi-stellaire 恒星状小宇宙, *quasi-stellar galaxy*
galerie commerciale électronique インターネットショッピングモール, *Internet Shopping Mall*
Galerie du Panthéon bouddhique du Japon et de la Chine (パリ16区の)日中仏教ギャラリー
Galerie nationale de jeu de paume (パリ1区の)ジュードポム美術館, *National Gallery of Jeu de Paume*
〈Galiléosat〉 ガリレオサット：欧州版GPS, *Galiléosat*
gallium arsénique ガリウム砒素, *gallium arsenide*
gallophobie フランス恐怖症, *Francophobia*
gamelle pour chien 犬の餌入れ, *dog dish*
gamétogenèse 配偶子形成, *gametogenesis*

gamétophobie 結婚恐怖症, *gamophobia*
gamme complète 製品のフルラインナップ, *complete range of products*
gamme de production 製品の品揃え, *range of products*
gamme de produits 〖経〗プロダクトライン, *product line*
gamme des teintes translucides 半透明色調シリーズ
gamme moyenne 中級品, *middle-of-the-range*
gant attrape-palet 〖スポ〗(アイスホッケーの)キャッチンググローブ, *catching glove*
gap inflationniste インフレギャップ, *inflationary gap*
garant d'une dette 債務保証人, *surety for a debt*
garantie à première demande 請求払い保証状, *first demand guarantee*
garantie additionnelle 見返り担保, *collateral security*
garantie conjointe et solidaire 連帯保証, *joint and several guarantee*
garantie contre le risque de remboursement anticipé 任意償還権不行使期間, *call protection*
garantie de banque 銀行保証, *bank guarantee*
garantie de bonne exécution 履行保証金, *performance bond*
garantie de crédits à l'exportation 輸出信用保証, *export credit guarantee*
garantie de la circulation 通貨の裏付け, *backing of currency*
garantie de revenu aux producteurs agricoles 農産物生産者所得保証制度, *guaranteed income for agricultural products*
garantie de solvabilité 支払能力保証, *guarantee of solvency*
garantie de taux plancher フロアー：価格の下限, *floor*
garantie d'émission (債券発行時の)引受, *underwriting*
garantie des droits 権利保障, *guarantee of the rights*
garantie d'exécution 契約保証証券, *contract bond*
garanties d'investissement 投資保証, *investment guarantees*
garantie en excédent de pertes 超過損害保証, *excess-of-loss cover*
garantie minimale de points (年金の)最低点数保証制度
garanties parlementaires 法律上の保証, *guarantee in law*
(un an de) garantie sur site (一年間)出張修理保証, *on site guarantee*

garantir l'écoulement de la production 一手販売をする, *to have the sole agency*

garde à domicile （高齢者の）在宅介護, *home-care*

garde de titres / garde en dépôt des titres 〖証〗証券保護預かり, *safe custody of securities*

garde-monnaie （第三世界の僻地での）金銭預かり人：信用のある商人などが村民の金銭を預かる制度

gardien de banque 銀行の警備員, *bank watchman*

gardien de bureau 庁舎管理員, *office watchman*

gardien judiciaire 管財人, *receiver*

Gare devant ! 〖スポ〗フォア：ゴルフで前方のプレーヤーへ向かったボールへの注意を促すかけ声, *fore*

gauche caviar 成金左翼：口では社会主義を唱えて，成金的な贅沢をする層

gauche plurielle 複数政党左翼：社会党・共産党・環境派

Gauche unie 左翼連合：欧州議会の政党, *Left Unity*

gaz à effet de serre 温暖化ガス；温室効果ガス；温室効果気体, *greenhouse gas*

gaz fatal 随伴ガス；油井(ゆせい)ガス, *associated gas*

gaz naturel de substitution 代替天然ガス, *substitute natural gas*

gaz naturel synthétique 合成天然ガス, *synthetic natural gas*

gaz non associé 非随伴ガス, *non-associated gas*

gazettophile 新聞収集家

gazoduc Maghreb-Europe マグレブ・欧州ガスパイプライン, *Maghreb-Europe gas pipeline*

gendarme couché スピード防止帯, *sleeping policeman / speed bump*

〈**gendarme de la Bourse**〉〖言換〗（証券取引所の憲兵）フランス証券取引委員会, *French market watchdog*

gendarme mobile 機動憲兵, *member of the anti-riot police*

gène homéotique 〖バイオ〗ホメオティック遺伝子, *homeotic gene*

généalogiste 家系図収集家

générateur de vecteurs 〖コンピュ〗ベクトルジェネレーター, *vector generator*

générateur graphique 〖コンピュ〗グラフィックジェネレーター, *graphic generator*

génération caoutchouc 〖風〗（エイズ対策の必要に迫られた）コンドーム世代, *rubber generation*

génération Nintendo 〖風〗ファミコン世代, *Nintendo generation*

génie cellulaire 〚バイオ〛細胞工学, *cellular engineering*
génie chromosomique 〚バイオ〛染色体工学, *chromosomic engineering*
〈**le Génie des Carpates**〉〚言換〛(カルパティア山脈の天才) ニコラエ・チャウシェスク：元ルーマニア大統領, *Nicolae Ceausescu*
génie des fermentations 発酵工学, *fermentation engineering*
génie enzymatique 酵母工学, *enzyme engineering*
génie génétique 〚バイオ〛遺伝子工学, *genetic engineering*
génie informatique 〚コンピュ〛コンピュータエンジニアリング, *computer engineering*
génie logiciel 〚コンピュ〛ソフトウェア工学, *software engineering*
génie parasismique 耐震工学, *antiseismic engineering*
génie protéique 〚バイオ〛タンパク質工学, *protein engineering*
génome humain 〚バイオ〛ヒトゲノム, *human genome*
(la) génomique 〚バイオ〛ゲノム検査方法
génophobie 性恐怖症, *genophobia*
〈**génopôle**〉〚バイオ〛ゲノム研究拠点, *Genomics Valley*
génothèque 〚バイオ〛遺伝子銀行, *gene bank*
génotypage 〚バイオ〛遺伝子型情報特定化
génotype 〚バイオ〛遺伝子型, *genotype*
génotypique 〚バイオ〛遺伝子型の, *genotypical*
gens de maison 家内使用人, *domestic servants*
(les) gens en place 影響力のある人々, *influential people*
(la) Géode ジェオード：パリのラヴィレットにある科学産業シティーの球形の映写室
géographie des élections 選挙地理学
géographie du capital 資本構成, *capital structure*
géomètre-expert 土地測量鑑定士, *land surveyor and valuer*
géophobie 土恐怖症：土との接触を恐れる恐怖症
géphyrophobie 橋渡り恐怖症, *gephyrophobia*
gérance d'exploitation 〚コンピュ〛(顧客所有の)コンピュータ処理センターの最適化に必要な人材貸出と運用ノウハウ提供
gérant de portefeuille 〚証〛ポートフォリオマネージャー, *portfolio manager*
gérant de société 会社の業務執行者, *managing director*
gérant majoritaire (社会保障で)多数資本保有業務執行者, *manager with a controlling interest*
gerbeur 荷揚機：商品の棚積みに使用, *stacker*
germano- (連結形)独＝ドイツの, *Germano-*

gestion actif-passif 資産・負債総合管理；バランスシート管理, *asset-liability management*

gestion bancaire saine 〖金〗健全銀行主義, *sound banking*

gestion budgétaire 予算統制；予算管理, *budgetary control*

gestion commerciale マーケティング, *marketing*

gestion d'affaires 事務管理, *management of business*

gestion de base de données 〖コンピュ〗データベース管理, *database management*

gestion de crises 危機管理, *crisis management*

gestion de données 〖コンピュ〗データ管理, *data management*

gestion de la demande 需要管理, *demand management*

gestion de la dette publique 〖証〗国債管理, *debt management*

gestion de la production 生産管理, *production control*

gestion de la qualité 無駄をなくす生産管理

gestion de la trésorerie バランスシート管理, *asset and liability management*

gestion de l'utilisation simultanée de périphérique 〖コンピュ〗スプーリング：出力データの順次処理, *spooling*

gestion de marchandises en magasin 在庫管理, *stock control*

gestion de patrimoine 資産管理, *estate management*

gestion de portefeuilles 〖証〗ポートフォリオ管理, *portfolio management*

gestion de produit 〖経〗プロダクトマネージメント, *product management*

gestion de risque リスク管理, *risk management*

gestion de trésorerie 現金管理, *cash management*

gestion des catastrophes 災害管理, *disaster management*

gestion des exploitations 農場管理, *farm management*

gestion des fichiers 文書管理, *filing*

gestion des périphériques 装置制御, *device control*

gestion des ressources humaines 人的資源管理, *human resources management*

gestion des stocks à flux tendus ゼロ在庫管理, *zero stock management*

gestion des ventes 販売管理, *sales management*

gestion du capital 資本管理, *capital management*

gestion du capital circulant 運転資本予算編成, *working capital budgeting*

gestion du personnel 人事管理, *personnel management*

gestion du taux de change 通貨管理, *currency management*

gestion du travail 労務管理, *labor-management*

gestion en bon père de famille 〚証〛堅実投資原則, *prudent man rule*

gestion financière 財政管理；金繰り, *financial management*

gestion financière des entreprises 企業金融, *corporate finance*

gestion fonctionnelle 機能別管理, *functional management*

gestion industrielle 産業経営, *industrial management*

gestion intégrale des affaires 総合運営, *integrated management*

gestion interne 〚コンピュ〛ハウスキーピング, *housekeeping*

gestion selon objectifs 〚経〛目標管理, *management by objectives*

gestion SICAV (＝société d'investissement à capital variable) 投資信託運用, *mutual fund management*

gestion systématique 組織的管理, *systematic management*

gestion 〈tiltée〉 〚証〛株価平均を下回る運用

gestionnaire de fichiers 〚コンピュ〛ファイルマネージャー, *file manager*

gestionnaire de fonds 〚証〛ファンドマネージャー, *fund manager*

gestionnaire de l'actif 資産管理者, *asset manager*

gestionnaire de périphérique 〚コンピュ〛デバイスドライバー, *device driver*

gestionnaire de portefeuille 〚証〛ポートフォリオマネージャー, *portfolio manager*

geumatophobie 味恐怖症, *geumaphobia*

giga 〚コンピュ〛ギガバイト, *gigabyte*

gigue 〚コンピュ〛ジッター, *jitter*

〈gilets rouges〉 （赤いチョッキを着たフランス国鉄の）駅構内ヘルパー

gisement 〚証〛受渡し適格銘柄

gisement de clientèle 潜在顧客, *potential customers*

gisement d'emplois 雇用の宝庫：労働力が豊富な地域

gîte rural 貸家民宿, *self-catering holiday cottage*

(la) glaive et la balance 剣と秤：司法のシンボル, *sword and balance*

(la) glasnost グラスノスチ：ゴルバチョフによる情報公開,

glasnost

⟨**glisse urbaine**⟩ 〖スポ〗(町中をスケートで移動する)ストリートローラースケート

glissement annuel des prix à la consommation 消費者物価の年間伸び率, *year-to-year growth of the CPI*

glissement d'une tranche d'imposition à l'autre 税率等級移行, *tax bracket creep*

glissement-vieillesse-technicité 〖仏〗公務員定期昇級

globalisation à visage humain 人間の顔をしたグローバリゼーション:社会福祉面の考慮をした国際化

globalisation financière 金融のグローバリゼーション, *financial globalization*

se globaliser グローバル化する

Globex 〖証〗グローベックス:シカゴ商業取引所とロイターによる国際的電子取引システム, *Globex*

glossophobie 舌の病気恐怖症, *glossophobia*

gluon グルーオン:クォークの間の力を媒介するものとされる理論上の素粒子

gnomes de Zurich 〖証〗チューリッヒの小鬼:スイスの投機家の俗称, *gnomes of Zurich*

Gnutella 〖コンピュ〗ニューテラ, *Gnutella*

giga-octet 〖コンピュ〗ギガバイト, *gigabyte*

godille 〖スポ〗(スキーの)ウェーデルン, *wedeln*

godille coupée 〖スポ〗(スノーボードの)カービングショートスイング, *carving short swing*

gold-point de sortie 金輸出点, *export gold point*

gold-point d'entrée 金輸入点, *import gold point*

gonflement 景気の上昇傾向, *business uptrend*

gonoccophobie 淋病恐怖症

gorbatchévien (ミハイル)ゴルバチョフの, *of Mikhail Gorbachev*

(**style**) **gore** (テレビゲームなどが)血生臭い, *gore (style)*

(**film**) **gore** 殺戮映画, *gore*

goulag (旧ソ連の)政治犯収容所, *gulag*

goulet d'étranglement / goulot d'étranglement (生産要素の不足を意味する)ボトルネック, *capacity limit*

goulet d'étranglement externe / goulot d'étranglement externe (輸入を不可能にする)外貨不足による支障

groupe de têtes 主要企業, *leading firms*

gourde (ハイチの通貨単位で)グルド, *gourde*

gourou カルト教団のリーダー, *guru*

⟨**gourou du vin**⟩ 〖言換〗(ワインの神様)ロバート・パーカー:黄金の舌を持つというアメリカ人, *Robert Parker*

gouvernement chérifien モロッコ政府, *Government of Morocco*

gouvernement d'entreprise 企業統治, *corporate governance*

gouvernement des juges 裁判官政治

gouvernement disposant de la majorité 多数党政権, *majority government*

gouvernement d'opinion (世論に左右される)世論政体

gouvernement d'un pays bénéficiaire 受益者政府, *government of the beneficiary country*

gouvernement d'Union nationale de transition (チャドの)移行国民同盟政府

gouvernement économique 経済統治機構：Jospin首相が提案したユーロ参加国の財務相で構成される機構

gouvernement hellénique ギリシャ政府, *Greek Government*

gouvernement helvétique スイス政府, *Swiss Government*

gouvernement pas cher 安価な政府, *cheap government*

gouvernement représentatif 代議政体, *representative government*

goyesque (スペインの画家)ゴヤ風の, *Goyaesque*

grab à deux mains 〚スポ〛(スノーボードの)ダブルハンディッドグラブ, *double handed grab*

grand accélérateur à ions lourds 重イオン大型加速器

grand amateur de culture 文化芸術狂, *culture vulture*

grand argentier 財務大臣, *Minister of Finance*

Grand Bond en avant (中国の1958年の政策)大躍進, *Great Leap Forward*

grand chelem 〚スポ〛総なめ：大きな大会全てで優勝すること, *grand-slam*

grand collisionneur électron-positon 大型電子・陽電子衝突型加速器, *large electron-positron collider*

grand ensemble (建築上一体感のある)大型団地, *residential estate*

grand invalide civil 身体障害者(のマーク), *severely disabled*

grand invalide de guerre 傷痍軍人(のマーク), *severely invalid ex-serviceman*

grand livre de produits semi-finis 仕掛品元帳, *partially finished goods ledge*

grand livre des achats 仕入元帳, *purchase ledger*

grand livre des ventes 売上元帳, *sales ledger*

grand livre général 総勘定元帳, *general ledger*
(poissons) grands migrateurs 高度回遊性(魚種), *highly migratory (fish)*
Grand Prix de littérature policière フランス推理文学大賞
Grand Prix du cinéma français フランスシネマ大賞
Grand Prix du jury (映画などの)審査大賞
grand tremplin 〘スポ〙ラージジャンプ, *large jump*
〈**le grand timonier**〉〘言換〙(偉大な舵取り)毛沢東, *Great Helmsman*
grand tournoi de Sumo à Paris 大相撲パリ公演, *Big Tournament of Sumo in Paris*
grand tremplin pour sauts périlleux 〘スポ〙(フリースタイルスキーの)ビッグキッカー, *big kicker*
grande branche (保険会社の部門としての)普通生命保険, *ordinary life insurance*
(en) grandes capitales (印刷の)ラージキャピタル(で), *(in) large capitals*
〈**grandes circonscriptions**〉〘和〙大選挙区, *large electoral district (Japan)*
grande distribution 大口小売り, *large-scale retail*
grandes entreprises nationales 大型国営企業, *Big National Companies*
grandes et moyennes surfaces 中大型スーパー, *large and medium commercial outlets*
Grande Galerie de l'évolution au Musée national d'histoire naturelle (パリ5区の)国立自然博物館進化大陳列館
grandes lignes アウトライン, *outline*
grande pêche (平均22日以上かけての)遠洋漁業, *deep-sea fishing*
grandes places 〘証〙世界の主要な市場, *big financial markets*
grande unité internationale (Maurice Byéの言葉で)世界市場を牛耳る多国籍企業
grande voie de communication パークウェイ, *parkway*
graphique à bandes バーチャート, *bar chart*
graphique à secteurs 円グラフ, *pie chart*
graphique à tuyaux d'orgue 棒グラフ, *bar chart*
graphique de circulation 組織図, *organization chart*
graphique des chiffres et des points (統計の)ポイント・アンド・フィギュアチャート, *point and figure chart*
graphique d'évolution (統計の)フローチャート, *flow*

graphique en dents de scie Z管理図, *Z chart*
graphique en pointillé (統計の)ドットチャート, *dot chart*
graphique en tuyaux d'orgue (統計の)バーチャート, *bar chart*
graphique Gantt (統計の)ガントチャート, *Gantt chart*
graphique linéaire construit quotidiennement sur le cumul des soldes entre le nombre de valeurs en hausse et le nombre de valeurs en baisse 〚証〛騰落株線, *A-D line / advance-decline line*
graphiques pixélisés 〚コンピュ〛ビットマップグラフィックス, *bitmapped graphics*
graphophobie 執筆義務恐怖症, *graphophobia*
grappe 〚コンピュ〛クラスター, *cluster*
grappe d'innovations 技術革新の群起, *innovation cluster*
gratification 特別手当；ボーナス；賞与, *bonus*
gratification de départ des administrateurs 役員退職慰労金, *retirement bonus of administrators*
gratification de retraite 退職金, *retirement pay*
gratuité d'autoconsommation 自己消費の無償性：生産者の隣人や友人がお裾分けに預かること
gratuité institutionnelle 制度上の無償：無料の公共サービス及び政府助成金の利用
graveur CD-ROM 〚コンピュ〛CD-ROM書込み装置, *CD-ROM writer*
graveur CD-RW 〚コンピュ〛CD-RW書込み装置, *CD-RW writer*
gravidité 妊娠, *pregnancy*
gréco- (連結形)希＝ギリシャの, *Greco-*
greffe hépatique 肝臓移植, *liver transplant*
grenat d'yttrium et d'aluminium (強磁性体の)イットリウムアルミニウムガーネット, *yttrium aluminum garnet*
grenat d'yttrium ferreux (強磁性体の)イットリウム鉄ガーネット, *yttrium iron garnet*
grève active 労働者による工場管理, *work-in*
grève avec occupation 座り込みスト, *sit-down strike*
grève bouchon 拠点スト；血栓スト；時間差スト, *staggered strike*
grevé de dettes 借金を背負った, *encumbered by debts*
grevé de fiducie 被信託者, *trustee*
grève de solidarité 連帯スト；支援スト, *sympathy strike*
grève des achats (特定商品の)不買同盟, *boycott*

grève des bras croisés 座り込みスト, *sit-in*
grève des dockers 港湾労働者スト, *dock strike*
grevé d'hypothèque 抵当付きの, *hypothecated*
grève du règlement / grève du zèle 順法スト, *work-to-rule strike*
grève indéfinie 無期限スト, *unlimited strike*
grève mixte 混合スト
grève sélective 選別的スト, *selective strike*
grève sur le tas 座り込みスト；職場スト, *sit-down strike*
grève surprise 不意打ちスト；抜打ちスト, *lightning strike*
grève symbolique 警告的スト, *token strike*
grève thrombose 拠点スト, *staggered strike*
grève tournante 波状スト, *staggered strike*
grille des parités 〖金〗パリティーグリッド：名目為替平価, *parity grid*
grille des programmes 番組表, *program schedule*
grille des salaires 給与指数, *salary scale*
grille indiciaire (de la fonction publique) （公務員）俸給表, *salary scale (of civil servants)*
gros dépôts à terme 大口定期預金, *large denomination time deposits*
gros orteil 足の親指, *big toe*
gros ouvrage （建築物の）骨核部分
gros système 〖コンピュ〗（周辺装置に対して）メインフレーム, *mainframe*
gros utilisateur 〖コンピュ〗スーパーユーザー, *superuser*
grosse (aventure) 船舶担保冒険貸借, *bottomry loan*
grosse capitalisation / grosse valeur 〖証〗値がさ株, *high-priced stock*
grosse publicité 誇大広告, *hype*
grotte Chauvet （1994年に太古の壁画が発見された）ショーヴェ洞窟
〈**Ground Zero**〉（英語の爆心地の意味から転じてニューヨークの）同時多発テロ発生場所, *Ground Zero*
groupage (de commandes) （注文の）目的地別仕訳, *bulking (of orders)*
Groupe andin アンデス諸国, *Andean Group*
groupe auxiliaire au sol 地上電源車, *ground power unit*
groupe cible 〖経〗ターゲットグループ, *target group*
groupes composés d'entreprises apparentées 系列, *families of interrelated businesses*
Groupe consultatif d'économie internationale pour la Corée 韓国協議グループ, *International Economic Con-*

sultative Organization for Korea

Groupe consultatif pour la production alimentaire et l'investissement dans les pays en développement (国連食糧農業機関の)開発途上国食糧生産投資協議会, *Consultative Group on Food Production and Investment in Developing Countries (FAO)*

Groupe consultatif sur la recherche agricole internationale 国際農業研究協議会, *Consultative Group on International Agricultural Research*

Groupe d'action financière internationale contre le blanchiment des capitaux 対マネーロンダリング国際金融アクショングループ, *International Financial Action Task Force on Money Laundering*

groupe d'ajustement 〚ODA〛援助国会議, *Adjustment Group*

groupe d'appartenance 準拠集団

Groupe d'assistance des Nations unies pour la période de transition 国連ナミビア独立移行支援グループ, *United Nations Transition Assistance Group in Namibia*

Groupe de biologie cranio-faciale, Association internationale de recherches dentaires 国際歯科学会頭蓋と顔生物グループ, *Craniofacial Biology Group-International Association for Dental Research*

groupe de conditionnement エアコン一式, *air conditioner*

Groupe de contact (コソボ問題調停を目指す)連絡グループ, *Group of Contact*

Groupe de Contadora コンタドーラグループ:1983年1月にパナマのコンタドール島に集まったコロンビア,メキシコ,パナマ,ベネズエラの4カ国, *Contadora Group*

groupe de cotation 〚証〛出来値記録係のもとの取次集団

groupe de gros salaires 高所得層, *high-income group*

Groupe de pelotons de sécurité 憲兵隊精鋭集団:コルシカ島の組織犯罪撲滅に当たる憲兵隊グループ

groupe de pilotage (金融先物市場の)検討委員会, *Steering Group*

groupe de pression 圧力団体;圧力グループ, *pressure group*

groupe de projet (政府奨励語で)タスクフォース, *task force*

Groupe de recherche international pour les protéines carcino-embryoniques 癌・胎児蛋白国際研究会, *International Research Group for Carcino-Embryonic Pro-*

teins

groupe de recherche préliminaire 事前調査団, *preliminary survey team*

groupe de référence 準拠集団, *reference group*

groupe de réflexion 頭脳集団, *think tank*

Groupe de Rio リオグループ：南米8カ国のサミット会議, *Group of Rio*

Groupe de travail international sur les cultures sans sol 国際水耕農法研究会, *International Working Group on Soilless Culture*

Groupe de travail (de l'Organisation de coopération et de développement économiques) sur les normes comptables （経済協力開発機構）会計基準作業部会, *Working Party on Accounting Standards (OECD)*

Groupe de Trevi 欧州共同体内相グループ, *Trevi Group (EC)*

Groupe de Visegrad ビシェグラードグループ（諸国）：ポーランド，チェコ，スロバキア，ハンガリー, *Visegrad Group*

groupes des assurances nationales GAN（ガン）保険会社

Groupe des Sept / G 7 7カ国蔵相・中央銀行総裁会議, *Group of Seven*

Groupe d'études des experts comptables de la Communauté économique européenne 欧州経済共同体専門会計士研究グループ, *European Economic Community Accountants Study Group*

Groupe d'études des technologies intermédiaires （英国の慈善組織）中間技術開発グループ, *Intermediate Technology Development Group*

Groupe d'études international du plomb et du zinc 国際鉛亜鉛研究会, *International Lead and Zinc Study Group*

Groupe d'examen des programmes électoraux sur les étrangers en France 在仏外国人に関する選挙綱領検討会

groupe d'experts 頭脳集団, *think tank*

Groupe d'experts des normes internationales pour la comptabilité et les rapports （国連の）会計報告国際基準専門家グループ, *Group of Experts on International Standards of Accounting and Reporting*

Groupe d'experts pour l'accès aux nouvelles technologies 情報技術推進委員会, *Digital Observatory Task Force*

Groupe d'intervention de la gendarmerie nationale

対テロ特殊部隊, *Special Air Service*

Groupe d'observateurs des Nations unies dans la bande d'Aouzou 国連アオゾウ帯監視団, *United Nations Aouzou Strip Observer Group*

Groupe d'observateurs des Nations unies en Amérique centrale 国連中米監視団, *United Nations Observer Group in Central America*

Groupe d'observateurs militaires des Nations unies pour l'Iran et l'Iraq 国連イラン・イラク軍事監視団, *United Nations Iran-Iraq Military Observer Group*

groupe d'unité d'affluents 〖通〗端局ユニットグループ, *tributary-unit group*

groupe électrogène 自家発電装置, *power generator*

Groupe européen de nutritionnistes 欧州栄養学会, *Group of European Nutritionists*

Groupe européen de recherche scientifique en stomatologie et odontologie 欧州口腔病学研究会, *European Group for Scientific Research on Stomato-Odontology*

groupe familial 同族会社, *family partnership*

groupe fermé d'abonnés 〖通〗クローズドサブスクライバーグループ, *closed subscriber network*

groupe fermé d'usagers 〖通〗特定ユーザーグループ, *closed user group*

Groupe intergouvernemental sur les normes comptables des sociétés transnationales (国連)多国籍企業会計基準政府間作業部会, *Intergovernmental Group on Accounting Standards for Transnational Corporations (UN)*

Groupe international de recherche sur l'enseignement de la physique 国際物理学教育促進研究会, *International Group for the Advancement of Physics Teaching*

Groupe international d'études de la circulation cérébrale 国際脳血行研究会, *International Study Group of Cerebral Circulation*

Groupe international d'études sur nickel 国際ニッケル研究会, *International Nickel Study Group*

Groupe international du dépistage et de la prévention du cancer 国際癌予見予防研究会, *International Study Group for the Detection and Prevention of Cancer*

Groupe international pour l'enseignement des mathématiques 国際数学教育研究会, *International Study Group for Mathematics Learning*

Groupe islamique armé / Groupe islamiste armé 武

装イスラムグループ

Groupe libéral démocratique et réformateur 欧州自由民主連合, *Liberal, Democratic, and Reformist Group*

groupe parlementaire （政治の)会派;議会内グループ, *parliamentary group*

〈groupe pionnier〉 d'Etats (pour avancer vers une Constitution européenne) (欧州憲法の前進をめざす)「先行統合」派の国々

groupe politique （政治の)党派, *political group*

groupe-projet タスクフォース, *task force*

groupe quaternaire 〘通〙超主群, *super master group*

groupe secondaire 〘通〙超群, *super group*

groupe social 準拠集団

groupes sociaux économiquement faibles 低所得層, *low income group*

groupe spécial mobile （欧州の)デジタルセル式電話システム, *pan-European digital cellular phone network*

groupe témoin テストグループ;対照群, *test group*

groupe tertiaire 〘通〙主群, *master group*

〈groupe transverse〉 （生産合理化の)節約推進グループ

groupement aveugle 委任企業同盟, *blind pool*

groupement d'achat 集中購入方式, *purchasing group*

groupement d'achat en commun 共同仕入れ組合, *purchasing group in common*

groupement d'actionnaires stables 安定株主グループ:民営化に際して全株式の30%の割当先となるグループ

Groupement de recherche et d'études pour la civilisation européenne 欧州文明調査研究集団:新右翼

Groupement de recherche sur l'analyse par ablation laser 〘仏〙溶発レーザー分析技術研究グループ, *French research project for developing a method of using lasers in coordination with spectroscopy to perform the elementary analysis of various solid materials*

groupement d'économie mixte （半官半民の)混合経済グループ, *mixed economy group*

groupement d'emprunt 貸付財団, *loan syndicate*

groupement des parcelles 地片の統合, *grouping of plots*

groupement d'intérêt économique 経済利益団体:会社形態の一つ, *Economic Interest Grouping (type of joint venture in France)*

groupement d'intérêt public 公益団体, *public interest group*

groupement d'intérêt scientifique 学術利益団体

groupements d'intervention régionaux 地域圏介入グループ：ラファラン内閣が組織犯罪及び違法労働撲滅目的で，警官・税務署員などからなる6–10名のグループを全国に28設置
Groupement étudiant national d'enseignement aux personnes incarcérées 対投獄生活者教育全国学生団体
groupement européen de coopération 欧州企業提携集団：groupement européen d'intérêt économique の前身, *European Cooperation Grouping*
Groupement européen des associations nationales de fabricants de pesticides 欧州各国殺虫剤工業組合, *European Union of National Association of Pesticide Manufacturers*
groupement européen d'intérêt économique 欧州経済利益団体, *European Economic Interest Grouping*
groupement industriel horizontal 水平的産業組織, *trade corporation*
Groupement interministériel de contrôle （フランスの盗聴担当機関）各省間情報管理グループ
Groupement international de la répartition pharmaceutique des pays de la Communauté économique européenne 欧州経済共同体医薬品卸業国際協会, *International Association of Pharmaceutical Wholesale Trade of Countries of the European Economic Community*
Groupement international de recherches sur l'emboutissage 国際深絞り加工研究会, *International Deep Drawing Research Group*
Groupement pour l'avancement des méthodes spectroscopiques et physico-chimiques d'analyse 分光学物理化学分析学研究会, *Group for the Advancement of Spectroscopic and Physico-Chemical Methods of Analysis*
(style) 〈grunge〉 グルンジファッション, *grunge fashion*
guanosine monophosphate グアノシン一燐酸, *guanosine monophosphate*
guanosine triphosphate グアノシン三燐酸, *guanosine triphosphate*
guarani （パラグアイの通貨単位で）グアラニー, *guarani*
guérilla urbaine 都市ゲリラ, *urban guerrilla warfare*
(la) guerre de 14 （1914年の戦争）第一次世界大戦, *First World War*
〈guerre des lâches〉 〖言換〗（卑怯者の戦争である）地雷戦
guerre d'informations 情報戦争, *information warfare*
guerre électronique 電子戦争, *electronic warfare*

guerre en Bosnie ボスニア戦争, *war in Bosnia*
guerres israélo-arabes アラブ＝イスラエル戦争, *Arab-Israeli Wars*
guerre limitée 限定戦争, *limited war*
guerre mésologique 生態系破壊, *ecocide*
guerre non-classique 非通常戦争, *unconventional warfare*
guerre nucléaire, biologique et chimique 核・生物・化学兵器戦争, *ABC war*
guerre par procuration 代理戦争, *roxy war*
guerre sur terre 地上戦, *land warfare*
guerre totale / guerre tous azimuts 全面戦争, *total war*
guichet alimentaire (国際通貨基金の)食糧窓口, *food window (IMF)*
guichet automatique de billets 現金引出機(ATM);キャッシュディスペンサー, *cash dispenser*
〈**guichets bancaires internationaux**〉 IBF：ニューヨーク国際金融ファシリティ, *International Banking Facilities*
guichet de réescompte / guichet d'escompte 割引窓口, *discount window*
guichet d'enregistrement (空港の)チェックインカウンター, *check in counter*
guidage par inertie 慣性誘導, *inertial guidance*
guidage par radar レーダー誘導, *radar guidance*
guidage par radio 無線制御, *radio control*
guidage par satellite GPS；全地球位置把握システム, *Global Positioning System*
guide d'achat 購入ガイド, *buyer's guide*
guide de saisie 〘コンピュ〙マスキング, *masking*
guide de saisie 〘コンピュ〙プロンプティング, *prompting*
guide d'opinion オピニオンリーダー, *opinion leader*
guide gastronomique グルメガイド, *good food guide*
gymnastique rythmique 新体操, *rhythmic gymnastics*
〈**Gymnisch**〉 (欧州共同体の)非公式外相会議, *Gymnisch (EC)*
gymnophobie 裸恐怖症, *gymnophobia*
gynéphobie / gynophobie 女性恐怖症, *gynephobia*
gyrolaser / gyroscope à laser (ロケットの)ジャイロレーザー, *laser gyroscope*
gyrostabilisateur ジャイロスタビライザー：ジャイロスコープの応用で横揺れを防ぐ装置, *gyrostabilizer*

H

habillage de bilan 粉飾決算, *window dressing*
habillage d'un crédit ローン申請書式, *formulation of credit demand*
habillement croisé 異性の服装を身につけること, *cross-dressing*
habitant-relais 困窮者相談係：最貧者と政府機関の仲介をする主婦
habitat pavillonnaire 一戸建, *detached building*
habitation à bon marché 安価住宅：HLMの前身, *cheap housing*
habitation à loyer modéré 低家賃住宅；公営アパート；団地, *council flat*
habitation à vocation sociale 家賃助成住宅, *subsidized housing*
habitudes de consommation 消費パターン, *consumption pattern*
habitus (Pierre Bourdieuの言葉で)ハビトゥス：個人が自分の所属する社会集団に染まること
Haïku sans frontières : une anthologie mondiale 国境なき俳句：世界俳句選集
haka マリオ族の出陣踊り：オールブラックスが試合前に行うので有名, *haka*
hakka (広東の方言)客家(はっか)語, *Hakka*
hall d'arrivée (空港の)到着ラウンジ, *arrival lounge*
hall d'assemblage (打上げロケット準備用の)点検整備センター
Han (中国の)漢族, *Han*
Handicap International 障害者インターナショナル, *Disabled People's International*
handicapés sociaux 労働上の障害をかかえている人々
handisport 障害者スポーツ, *sport for the handicapped*
haptophobie 接触恐怖症, *haptophobia*
harcèlement textuel 迷惑メール, *unsolicited mail*
harcèlement sexuel セクハラ, *sexual harassment*
harceleur sexuel 性的嫌がらせをする人
harmonisation fiscale (欧州共同体の)税制調和, *fiscal*

harmonization (EC)

harponnage 〖スポ〗(アイスホッケーの)スピアリング:スティックで相手を突く反則, *spearing*

hausse des prix non justifiée 便乗値上げ, *unjustified price rise*

hausse du yen 円高, *higher yen rate*

hausse inflationniste des salaires 賃金インフレ, *wage inflation*

hausse maximum 限界上げ, *limit up*

haut barrage d'Assouan アスワン・ハイダム, *Aswan High Dam*

Haut-commissaire des Nations unies aux droits de l'homme 国連人権高等弁務官, *United Nations High Commissioner for Human Rights*

Haut-commissaire des Nations unies pour les réfugiés 国連難民高等弁務官, *United Nations High Commissioner for Refugees*

Haut-commissariat des Nations unies aux droits de l'homme 国連人権高等弁務官事務所, *Office of the United Nations High Commissioner for Human Rights*

Haut-commissariat des Nations unies pour les réfugiés 国連難民高等弁務官事務所, *Office of the United Nations High Commissioner for Refugees*

Haut conseil de la coopération internationale 〖仏〗〖ODA〗国際協力高等評議会:1999年11月に国際協力にかかわる企業・NGO・組合との協議の場として設置

haut débit large bande 大容量(光情報網), *high throughput broad band (a fiber optic subscriber loop network)*

(les) hauts et les bas 〖証〗値動き, *(the) ups and downs*

haut-fond découvrant 低潮高地, *low-tide elevations*

haut le pied (機関車の)単機運転, *running light*

haut-parleur multicanal 多重チャンネルスピーカー, *multichannel loudspeaker*

(à) haut rendement 〖証〗(債券が)ハイプレミアム(の):高い利回りを誇るという意味, *high premium*

hauts risques, hauts gains 〖証〗ハイリスクハイリターン:利回りが高ければ当然その分危険率も高いという意味, *high yield, high risk*

Haute autorité (欧州石炭鉄鋼共同体の)最高機関, *High Authority*

haute banque (ロスチャイルド銀行などの)個人銀行, *individual bank*

haute direction 最高経営管理組織, *top management*

haute finance 大型金融機関, *high finance*

hautes parties contractantes 締約国：条約などでの用語, *high contracting parties*

HDL-cholestérol 〚バイオ〛高密度リボ蛋白コレステロール, *high density lipoprotein cholesterol*

hebdomadaire de programmes テレビ番組案内週刊誌

hébergement 〚コンピュ〛（サイトの）ホスティング, *hosting*

hédonophobie 悦楽恐怖症, *hedonophobia*

heimatlos 国籍喪失者

hélicobacter （細菌の）ヘリコバクター, *helicobacter*

hélicoptère anti-chars 対戦車ヘリコプター, *antitank helicopter*

héliosynchrone 太陽同期の, *sun synchronous*

hématophobie 血液恐怖症, *hematophobia*

(l')Hémicycle 〚言換〛（半円形をしていることから国民議会の）議員席, *benches of the French National Assembly*

hémorragie des capitaux 〚証〛キャピタルロス, *capital loss*

herpès génital 陰部ヘルペス, *genital herpes*

hétérogreffe / hétéroplastie 異種移植：異種の個体からとった組織の移植, *xenograft*

hétérophobie 異性恐怖症, *heterophobia*

heure d'antenne 放送時間, *air time*

heures de Bourse 〚証〛立会時間, *market hours*

heure de grande écoute ゴールデンアワー, *prime time*

heures de récupération 無調整労働時間：不可抗力でロスした時間で，手当も出なければ有給との相殺もない労働時間

heures de travail effectif 有効就労時間数, *hours worked*

heure de trois sorcières 〚証〛（3月，6月，9月，12月の各第三金曜の取引終了間際の）トリプルウィッチングアワー, *triple witching hour*

heures d'ouverture de la banque 銀行取引時間, *banking hours*

heure du méridien de Greenwich グリニッジ標準時, *Greenwich Meridian Time*

heure H 作戦開始時間, *H-hour*

heure légale 法定時間, *standard time*

heures ouvrables 営業時間；執務時間, *business hours*

heure prévue d'arrivée 到着予定時間, *estimated time of arrival*

heures supplémentaires sans rémunération サービス残業, *overtime work without pay*

hexagonal （フランス企業について）国際性のない, *not*

internationally-oriented

hexagonal 〖言換〗(六角形の地形から)フランスの, *French*

(un) hidjab (イスラム女性のスカーフ)ヘジャブ

hiérarchie numérique synchrone 同期式デジタル階層, *synchronous digital hierarchy*

hippophile 愛馬家, *hippophile*

hippophobie 馬恐怖症, *hippophobia*

hispano- (連結形)西=スペインの, *Hispano-*

hispano-américain スペインとアメリカの, *Hispano-American*

hispano-arabe / hispano-moresque イスパノ=モレスク様式の, *Hispano-Moresque*

hispanomanie スペイン好き, *Hispanomania*

hispanophile スペインびいきの, *Hispanophile*

hispanophobe スペイン嫌いの, *Hispanophobe*

hispanophobie スペイン恐怖症, *Hispanophobia*

hispanophone スペイン語を話す, *Spanish-speaking*

histocompatibilité (医学用語で)組織適合性, *histocompatibility*

HLM (=habitation à loyer modéré) en accession à la propriété 所有権取得低家賃住宅, *public housing unit with property*

HLM ordinaire 通常低家賃住宅, *ordinary council flat*

hoax (電子メールによる)デマ, *hoax*

hodjatoleslam ホジャトリスラム：イスラムのアヤトラに次ぐ称号, *hojatoleslam*

hodophobie 旅恐怖症, *hodophobia*

〈**hold-up planétaire**〉(マイクロソフトの OS がもたらした)地球規模の独占支配

holding bancaire 銀行持株会社, *bank holding company*

homéotique 〖バイオ〗ホメオ遺伝子の, *homeotic*

homichlophobie 霧恐怖症, *homichlophobia*

homme-année 延労働年数, *man-year*

homme de paille ダミー：よからぬ事の名義人を意味する, *dummy*

homme-heure 延労働時間, *man-hour*

〈**l'homme qui ne rit jamais**〉〖言換〗(決して笑わぬ男)バスター・キートン, *Buster Keaton*

homo digitalus 〖羅〗デジタル人間

homologue カウンターパート：技術協力の専門家につく現地での相棒役, *counterpart*

homophobie 同性愛嫌悪, *homophobia*

homosexuel qui n'ose pas s'avouer 隠れ同性愛者,

closet homosexual

(le) Honduras britannique 〚地〛英領ホンジュラス：ホンジュラスの旧称, *British Honduras*

〈**Hong-Kong du Nord**〉〚言換〛(北の香港)大連, *Dailan*

hongro- (連結形)洪＝ハンガリー(洪牙利)の

honoraires d'avocat 弁護士料, *lawyer's fee*

honoraires de consultant コンサルタント報酬, *consultant's fee*

honoraires d'expert 鑑定料, *expert's fee*

honoraires médicaux 診察料, *medical fee*

hooligan (サッカーの)フーリガン, *hooligan*

hooliganisme (サッカーの)フーリガン現象, *hooliganism*

horaire mobile 〚経〛フレックスタイム, *flex-time*

horizon économique 景気先行き；経済見通し, *economic outlook*

horizon politique 政局の先行き, *political outlook*

horizontal (欧州共同体の)全加盟国関連の, *across-the-board (EC)*

horloge 〚コンピュ〛クロック, *clock*

horloge du système 〚通〛クロック：同期をとるための基準パルス信号を発生させる装置, *system clock*

horloge-horodatrice 駐車券発行機, *(parking) ticket machine*

horloge moléculaire 分子時計：進化の過程で蛋白質のアミノ酸配列に生じる変化, *molecular clock*

horloge-pointeuse / horloge-contrôleuse タイムレコーダー, *time clock*

horméphobie ショック恐怖症, *hormephobia*

horodatage des ordres 〚証〛(株売買の)注文時間の明記, *time-stamp system of orders*

horodateur チケット発行式パーキングメーター, *time stamp parking meter*

hors bilan 〚会〛ビロー・ザ・ライン：会社会計で特別損益項目・利益処分項目の損益, *below the line*

hors bilan 〚会〛オフバランスの, *off-balance*

hors Bourse 〚証〛場外取引

hors cadre (他の部局への)移籍出向

hors catégorie 特級の, *exceptional*

hors concours 非類がない, *in a class by itself*

hors-cote 〚証〛非公式市場(の)；場外取引(の)；店頭の, *over-the-counter*

hors de vente 非売の, *not for sale*

hors d'eau 浸水被害を除去する作物

hors du cours / hors jeu 〚オプ〛アウトオブ・ザ・マネー：オプションを行使したら損失の出る状態, *out of the money*

hors échelle 職階外の

hors exploitation 営業外の, *other expenses*

hors ligne 〚通〛オフライン, *off-line*

hors-piste 〚スポ〛滑降コース以外, *off-piste*

hors plafond 〚金〛再割引限度枠外, *outside ceilings*

hors poste de travail 職場外の, *off-the-job*

hors service 使用不能の, *out of order*

hospitalisation à domicile 自宅入院

hostellerie 田舎風ホテルレストラン, *country inn*

hostilité aux immigrants 移民排斥主義, *nativism*

hot dog 〚スポ〛ホットドッグスキー：アクロバットスキーの一種, *hotdog skiing*

hôte de l'Elysée 〚言換〛（エリーゼ宮の間借り人）フランス大統領, *President of the Republic (France)*

hôte de Matignon 〚言換〛（マティニョン館の間借り人）フランス首相, *French Prime Minister*

Hôtel des monnaies 〚仏〛造幣局, *Mint (France)*

hôtel des ventes 競売場, *auction room*

hôtesse de caisse （女性の）レジ係, *cashier*

hôtesse du sol （航空会社の）グランドホステス, *ground hostess*

housse pour clavier 〚コンピュ〛キーボードカバー, *keyboard cover*

housse pour écran 〚コンピュ〛モニターカバー, *monitor cover*

hryvna / hryvnia （ウクライナの通貨単位で）グリブナ, *hryvna*

Hui （中国の）回族：ニンシア回族自治区に住む民族, *Hui*

huile de table / huile pour assaisonnement サラダオイル, *salad oil*

huile désasphaltée 脱アスファルトオイル, *deasphalted oil*

Huis Ten Bosch ハウステンボス

huissier 令状送達吏, *process server*

humanisation du travail 作業への人間性の付与, *humanization of work*

humidité relative de l'air 相対空気湿度, *relative humidity of the air*

hyalophobie ガラス恐怖症, *hyalophobia*

hybridome ハイブリドーマ：癌細胞と抗体産出リンパ球とを融合させて作った雑種細胞, *hybridoma*

hydrocarbure aromatique polycyclique 多環式芳香族炭化水素：発癌性の化学物質, *polycyclic aromatic hydrocarbon*

hydrocarbure chlorofluoré クロロフルオロカーボン：通

称はフロン, *chlorofluorocarbon*

hydrocarbure polycyclique aromatique 多環式芳香族炭化水素：発癌性の化学物質, *polycyclic aromatic hydrocarbon*

hydrocarbure polynucléaire aromatique 多核芳香族炭化水素：発癌性の化学物質, *polynuclear aromatic hydrocarbon*

hydroxyanisol butylé 臭化水酸化アニソール, *butylated hydroxyanisole*

hydroxytoluène butylé ブチルヒドロキシトルエン：油脂の酸化防止剤, *butylated hydroxytoluene*

hygiène buccodentaire オーラルケア, *oral care*

hygrophobe 嫌湿病患者, *hygrophobic*

hygrophobie 湿気恐怖症, *hygrophobia*

hymne européen :〈L'Hymne à la joie〉de Beethoven 欧州連合歌：ベートーベンの「歓喜の歌」

hypégiaphobie 責任恐怖症, *hypengyophobia*

hyperinflation ハイパーインフレ, *hyper inflation*

hypermédia ハイパーメディア, *hypermedia*

hypnophobie 睡眠恐怖症, *hypnophobia*

hypothèque à capital croissant 正味財産急増型抵当, *growing equity mortgage*

hypothèque à règlements variables 変動支払型抵当, *flexible payment mortgage*

hypothèque à taux flexible 変動金利抵当, *flexible rate mortgage*

hypothèque à taux réglable 利率変動型抵当, *adjustable rate mortgage*

hypothèque de premier rang 一番抵当；第一抵当, *first mortgage*

hypothèque générale 総括抵当, *blanket mortgage*

hypothèque mobilière / hypothèque sur biens meubles 動産抵当, *chattel mortgage*

hypothèque purgée 閉鎖担保, *closed mortgage*

hypothèse de la permanence du revenu 恒常所得仮説, *permanent income hypothesis*

hypothèse de revenu absolu 絶対所得仮説, *absolute income hypothesis*

hypothèse de révision graduelle des anticipations 適合期待仮説, *adaptive expectation hypothesis*

(attendre un) hypothétique virement 当てにならない振込(を待つ)

hystérophobie ヒステリー恐怖症, *hysterophobia*

I

Iakoutes 〖地〗ヤクート族:シベリア中北部ヤクートの住民, *Yakuts*

ibadhite / ibadite (イスラムの)イバード派の, *Ibad*

ibéro- (連結形)西=スペインの, *Ibero-*

ici 〖証〗月末定期取引の決済中

⟨**icône nationale**⟩ (エッフェル塔のような)国を象徴する建物, *national icon*

iconographie des Jeux 〖スポ〗(オリンピックなどの)大会マーク, *Games marks*

idée directrice 主導理念, *guiding principle*

identificateur de conduit virtuel 仮想パス識別子, *virtual path identifier*

identificateur de connexion pour liaison de données データリンクコネクション識別子, *data link connection identifier*

identificateur de point d'accès au réseau サービスアクセスポイント識別子, *service access point identifier*

identification automatique des véhicules 自動交通情報提供システム, *automatic vehicle identification*

identification automatique des wagons 自動車両識別, *automatic car identification*

identification biométrique (指紋・網膜・声紋などによる)バイオメトリック認証, *biometric identification*

identification de la ligne appelante 発信回線識別, *calling line identification*

identification de l'appelant (電話を受ける側の)相手の確認, *caller identification*

identification immédiate du lieu d'appel (電話の)逆探知, *tracing (a call)*

identification par les empreintes digitales 指紋押捺, *fingerprinting*

identification partisane 政党支持:親子代々の特定政党への愛着など, *party identification*

identité de l'épargne et de l'investissement mesurés ex post 測定された貯蓄と投資の性格, *identity of measured* *saving and investment*

Identité européenne de sécurité et de défense 欧州安全保障・防衛アイデンティティー, *European Security and Defense Identity*

identité fondamentale 会計等式：貸借対照表の基礎をなす公式, *accounting identity*

identité judiciaire 司法鑑識, *Criminal Records (Office)*

idéophobie 思想恐怖症, *ideophobia*

(l')île d'Anjouan 〘地〙（コモロ諸島の）アンジュアン島, *Anjouan Island*

(l')île de Beauté 〘言換〙（美しい島）コルシカ島, *Corsica*

(les) îles des Amis 〘地〙トンガ諸島, *Friendly Islands*

îles du Pacifique jadis sous mandat japonais et placées sous le régime de la tutelle stratégique 日本の委任統治後に戦略信託統治の下に置かれた太平洋諸島

(les) îles du Vent 〘地〙ウィンドワード諸島, *Windward Islands*

(les) îles Féroé 〘地〙フェロー諸島, *Faeroe Islands*

(l')île Tokdo 〘地〙（日韓領土紛争の）竹島, *Tok-Do Island*

(les) îles Vierges américaines 〘地〙米領バージン諸島, *Virgin Islands of the United States*

(les) îles Vierges britanniques 〘地〙英領バージン諸島, *British Virgin Islands*

illettrisme électronique エレクトロニクス音痴, *electronics illiteracy*

illicéité / illicité 不法, *unlawfulness*

illiquide 〘証〙（売りと買いの値段が大きく開いて）薄商いの

illusion du coût engagé différent 埋没原価の誤信, *sunk cost fallacy*

illusion d'un miracle économique （経済の）バブル, *economic bubble*

illusion fiscale フィスカルイリュージョン, *fiscal illusion*

illusion monétaire 貨幣的錯覚, *money illusion*

îlot insalubre 非衛生区域, *insalubrious area*

image （財務状況などの）概観, *view*

image de marque ブランドイメージ, *brand image*

image de synthèse 合成画像, *computer-generated image*

image du produit 商品イメージ；製品イメージ, *product image*

image fidèle 〘会〙真実公正な概観, *fair presentation / true and fair view*

image institutionnelle de l'entreprise 企業イメージ, *corporate image*

image numérique デジタル画像, *digital image*
image pixélisée 〖コンピュ〗ビットマップイメージ, *bitmapped image*
imagerie médicale 医療用断層画像
imagerie par résonance magnétique 磁気共鳴画像法；(医学の)核磁気共鳴診断装置, *magnetic resonance imaging*
imagerie spatiale 衛星画像, *satellite imagery*
imbrication et lien d'objets 〖コンピュ〗OLE(オーエルイー), *Object Linking and Embedding*
immaîtrisable 制御不能な, *uncontrollable*
immatriculation à la Sécurité sociale 社会保障への登録, *registration with the Social Security*
immatriculation au registre des agents commerciaux 商業代理人登記簿登録
immeuble hypothéqué 抵当不動産, *mortgaged real estate*
immeuble intelligent インテリジェントビル, *intelligent building*
immigrés clandestins 不法移民, *illegal immigrants*
immigritude 移民固有の特質
immobilisations amortissables 償却性資産, *amortizable fixed assets*
immobilisations corporelles en cours 建設中の有形固定資産；建設仮勘定, *tangible fixed assets under construction*
immobilisation de capitaux 資本の固定化, *immobilization of capital*
immobilisation de capitaux en titres 証券保有による資本の固定化, *locking up of money in stock*
immobilisation des affaires ビジネスの停滞, *stagnation of business*
immobilisation dont l'utilisation est limitée dans le temps 限定耐用年数資産, *asset with a limited useful life*
immobilisations financières 財務固定資産；投資固定資産, *financial fixed assets*
immobilisations incorporelles en cours 形成中の無形固定資産, *intangible fixed assets in progress*
immobilisations nettes 固定資産簿価, *book value of fixed assets*
immobilité de la main-d'œuvre 労働の不可動性, *immobility of labor*
immobilité sociale (何世代にわたっての)社会階層の不変性
immunisation 〖証〗イミュナイゼーション：投資リスクの最小化, *immunization*
impact chiffré des investissements nationaux sur

l'emploi 政府投資の雇用統計に与える影響, *impact of national investments on employment figures*

impact sur la rentabilité de la stratégie mercatique マーケティング戦略の利益への影響, *profit impact of marketing strategy*

imparité 〚コンピュ〛奇数パリティー, *odd parity*

imparti 下請協力の, *subcontracted*

impasse budgétaire 歳出予算超過, *budget deficit*

impat / impatrié フランスで働く外国人, *foreigner working in France*

implantation ionique (集積回路製造工程での)イオン注入, *ion implantation*

implantation sur le marché 市場浸透, *market penetration*

importations concurrentielles 競争輸入, *competitive imports*

importation de capitaux 資本輸入, *capital import*

importation des biens et services 財貨サービスの輸入, *import of goods and services*

importation des échantillons commerciaux et de matériel publicitaire 商品見本広告資料輸入, *importation of commercial samples and advertising material*

importation en quantités minimes 名目輸入, *token import*

importations invisibles 貿易外輸入, *invisible imports*

importations non réexportées 本輸入, *retained imports*

importation parallèle 並行輸入, *parallel import*

importation précédée d'une exploitation en aide 開発輸入, *develop-and-import scheme*

importation temporaire 仮輸入, *temporary importation*

importation temporaire des véhicules routiers privés 自家用自動車一時輸入通関, *temporary importation of private road vehicles*

importation temporaire en exonération totale 完全免税での一時輸入, *temporary importation on a total relief basis*

imposition à la source 源泉徴収, *withholdment*

imposition d'office 職権的課税, *ex officio imposition*

imposition par mois (税の)月割り徴収, *collection by monthly installment*

imposition progressive 累進課税, *progressive taxation*

imposition proportionnelle 比例課税, *proportional taxation*

imposition régressive 逓減税率, *regressive taxation*
imposition selon les facultés des contribuables 応能原則課税；課税の支払能力説, *ability to pay principle of taxation*
imposition sur le revenu des obligations 債券投資利子課税, *imposition of bond investment revenue*
imposition uniforme 均一課税, *flat tax*
impôt à la source 源泉税, *withholding tax*
impôt ad valorem 従価税, *ad valorem duty*
impôt additionnel 付加税, *surtax*
impôt cédulaire (1948年以前の)分類所得税, *scheduled tax (schedule means category)*
impôt conjoncturel 景気対策税, *anticyclical tax*
impôt d'apprentissage 技術訓練税, *apprenticeship tax*
impôt de Bourse 取引所税, *Stock Exchange Tax*
impôt de capitation (英国の)人頭税, *poll tax*
impôt de consommation 消費税, *consumption tax*
impôt de distribution 流通税, *tax of distribution*
impôt de quotité 定率税, *quota imposition*
impôt de répartition 配賦税, *apportioned tax*
impôt de solidarité nationale (戦時の)国民連帯税, *one-time capital levy*
impôt de solidarité sur la fortune 連帯富裕税
impôt dégressif 逓減税, *graded tax*
impôts dont le paiement est arriéré 滞納税, *back tax*
impôt en capital 生前贈与税及び相続税
impôt en nature 物納税, *tax in kind*
impôt injuste 悪税, *irrational tax*
impôt locatif 賃貸借所得税, *tax on rent income*
impôts locaux 地方税, *rates*
impôt négatif sur le revenu 負の所得税, *negative income tax*
impôts non payés 未払い税, *unpaid tax*
impôt personnel 個人課税；対人課税, *personal tax*
impôt proportionnel 比例税, *proportional tax*
impôt régressif 逆進税, *regressive tax*
impôt retenu à la source 源泉徴収税, *withholding tax*
impôt sur la dépense 消費税, *sales tax*
impôt sur la fortune 財産税, *wealth tax*
impôt sur la marchandise 物品税, *commodity tax*
impôt sur la plus-value foncière 改装税, *betterment tax*
impôt sur le capital 資本税, *capital tax*
impôt sur le patrimoine 世襲財産にかかる税：生前贈与税

及び相続税

impôt sur le revenu des personnes physiques 個人所得税, *individual income tax*

impôt sur le revenu des valeurs mobilières 有価証券所得税, *stockholders' tax*

impôt sur le revenu global 総所得税, *tax on income from all sources*

impôt sur les bénéfices exceptionnels （戦時の）超過利得税, *excess profit tax*

impôt sur les bénéfices exceptionnels 意外の利益に対する税, *windfall tax*

impôt sur les bénéfices industriels et commerciaux 商工業収益課税, *trade tax*

impôt sur les gains de fortune / impôt sur les plus-values キャピタルゲイン税, *capital gains tax*

impôt sur les grandes fortunes 富裕税, *wealth tax*

impôt sur les mutations 所有権移転登録税

impôt sur les plus-values boursières 証券取引キャピタルゲイン税, *securities transaction capital gains tax*

impôt sur les revenus des actions 株式所得税, *stockholders' tax*

impôt sur les revenus d'obligations 債券所得税, *bondholders' tax*

impôt sur les salaires 給与所得税, *payroll tax*

impôt sur les spectacles 興行税, *entertainment tax*

impôts, taxes et versements assimilés 租税公課, *taxes and public charges*

impôts transférés aux collectivités locales 地方交付税, *local allocation tax*

impôt unique 単一税, *single tax*

impression écran 〘コンピュ〙スクリーンダンプ, *screen dump*

impression laser 〘コンピュ〙レーザープリンティング, *laser printing*

impression ombrée 〘コンピュ〙シャドープリンティング, *shadow printing*

imprimante à aiguilles 〘コンピュ〙24ピンプリンター, *twenty-four pin printer*

imprimante à bulles 〘コンピュ〙バブルジェットプリンター, *bubble-jet printer*

imprimante à cartes （クレジットカードの）インプリンター, *imprinter (for credit cards)*

imprimante à chargement frontal 〘コンピュ〙前面給紙方式プリンター, *front-loading printer*

imprimante à impact / imprimante matricielle 〚コンピュ〛ドットプリンター, *dot impact printer*

imprimante à jet d'encre 〚コンピュ〛インクジェットプリンター, *inkjet printer*

imprimante à laser / imprimante laser 〚コンピュ〛レーザープリンター, *laser printer*

imprimante page par page 〚コンピュ〛ページプリンター, *page printer*

imprimante par lignes 〚コンピュ〛ラインプリンター, *line printer*

imprimante parallèle 〚コンピュ〛パラレルプリンター, *parallel printer*

imprimante Postscript 〚コンピュ〛ポストスクリプトプリンター, *Postscript printer*

imprimante rapide 〚コンピュ〛高速プリンター, *high-speed printer*

imprimante série 〚コンピュ〛シリアルプリンター, *serial printer*

imprimante thermoélectrique / imprimante à transfert thermique 〚コンピュ〛熱転写プリンター, *thermal transfer printer*

imprimé laser 〚コンピュ〛レーザープリントアウト, *laser printout*

imprimé ligne à ligne 〚コンピュ〛ラインプリントアウト, *line printout*

imprimé sans adresse ダイレクトメール, *mailshot*

Imprimerie nationale 国立印刷局, *Government Printing Office*

impulsion de déclenchement des cibles 〚スポ〛(射撃の)リリースインパルス, *releasing impulse of targets*

impulsions par seconde 毎秒パルス数, *pulses per second*

imputation des coûts 費用配分, *cost allocation*

imputation des paiements 支払いの借方記入, *charging of payments*

imputation rationnelle 〚経〛合理的配賦, *cost-volume-profit analysis / allocation of expenses according to level of activity*

in-douze (製本の)十二折判, *duodecimo*

(article X) in fine (法律の条文で第～条の)最後の一節

in-folio (製本の)二折判(ふたつおりばん), *folio*

in-octavo (製本の)八折判, *octavo*

in-plano (製本の)全判

in-quarto (製本の)四折判, *quarto*

inactifs 〚経〛非労働力人口, *non-working people*
inamovible ビルトインの, *built-in*
(coter l')incertain 変動通貨(で表示する), *(to quote) on the exchange rare*
incertitude de marché 市場の不透明感, *uncertainty of the market*
inchangé 〚証〛(相場が)持合いの, *unchanged*
incidence (d'un impôt) 〚法〛(税の)転嫁, *incidence (of a tax)*
incidence budgétaire neutre 財政への中立的効果, *neutral fiscal impact*
incidence de l'impôt / incidence fiscale 租税の帰着：納税者が転嫁できない租税を背負うこと, *incidence of tax*
incidence financière 財政への影響；予算的側面, *financial consequences*
incident de procédure 〚法〛手続的付帯請求事項, *procedural issue*
incitation (不分割不動産の)競売
incitation à investir 投資誘因, *inducement to invest*
〈**incitation administrative**〉〚和〛行政指導, *administrative guidance*
incitations fiscales 税制優遇, *tax incentives*
incivisme fiscal 税金をまともに払おうとしない態度, *antisocial tax behavior / unethical tax behavior*
(logiciel) inclus à l'achat d'un ordinateur 〚コンピュ〛バンドルされている(ソフトウェア), *bundled (software)*
〈**incorporation**〉(国際商事法で)会社設立地
incorporation des réserves 準備金の組入れ, *reserve incorporation / incorporation of surplus into capital*
incorrigibles derrière les barreaux 塀の中の懲りない面々, *incorrigibles behind bars*
inculpation tardive 予審開始決定遅滞
indécis 浮動投票者, *don't-know*
indemnisation de certains dommages corporels 特定身体障害補償
indemnisation du chômage 失業補償, *unemployment compensation*
indemnisation en matière de détention provisoire 未決勾留補償
indemnité annuelle de départ 離農年次補償金, *annual severance pay*
indemnité compensatrice 補償手当；補償的賠償金, *compensatory indemnity*

indemnité compensatrice du délai-congé 解雇予告補償金

indemnité de cessation 退職金, *retirement payment*

indemnité de chômage pour intempéries 天候不順休業手当, *bad-weather allowance*

indemnité de clientèle 代理契約終了補償：外交員の退職時に，それまで開拓した顧客を受継ぐという意味で使用者が支払う手当, *goodwill indemnity*

indemnité (compensatrice) de congés payés 有給休暇相殺補償金, *pay in lieu of holidays*

indemnité de congédiement 解雇手当, *compensation for loss of office*

indemnité de départ 退職手当, *severance allowance*

indemnité de déspécialisation （賃貸借における）非特定化補償料

indemnité de gréviste ストライキ手当, *strike pay*

indemnité de panier 食事手当, *meal allowances*

indemnité de parcours 旅行手当, *travel allowance*

indemnité de perte 損失補償, *loss compensation*

indemnité de préavis 〖法〗予告手当：解雇予告の義務を怠った使用者が被用者に対して支払う手当

indemnité de précarité 臨時業務手当：短期・臨時労働終了時に支払われるそれまでの給与額の６％分に相当する手当

indemnité de réemploi （同種不動産再取得用の）買換補償

indemnité de représentation 接待手当, *entertainment allowance*

indemnité de résidence 住宅手当, *lodging allowance*

indemnité de retard 後払い違約金, *late payment penalty*

indemnité de rupture 退職手当, *severance pay*

indemnité de rupture abusive 濫用的破棄補償金, *compensation for breach of contract*

indemnité de suivi et d'orientation des élèves （中等教育）生徒担当指導手当

indemnité de surestaries 滞船料, *demurrage*

indemnité de transport 交通費手当, *transport allowance / travel allowance*

indemnité de vie chère 物価手当；生計費手当, *cost-of-living allowance*

indemnité de voyage 旅行手当, *travel allowance*

indemnité d'éviction 立退料；追奪補償金, *compensation for removal*

indemnité d'expatriation 海外居住手当, *foreign-residence allowance*

indemnité d'expropriation 収用補償金, *expropriation indemnity*

indemnité journalière （社会保障制度による）日当補償額；手当の日額, *daily compensation*

indemnité locative 賃貸借補償, *rent allowance*

indemnité pour accident de travail 労働災害補償, *compensation for work accident*

indemnité pour charges de famille 扶養家族手当, *dependency allowance*

indemnité pour manque à gagner 所得喪失補償, *compensation for loss of earnings*

indemnité spéciale de montagne 山岳地帯特別手当

indemnité trimestrielle 期末手当, *quarterly compensation*

indemnité viagère de départ 離農終身補償金

index de totalisation 〘コンピュ〙ハッシュドインデックス, *hashed index*

indexation boursière 〘証〙（国債の金などへの）証券インデックス化, *indexation of securities*

indexé sur le cours des valeurs boursières 〘証〙株式リンクの, *equity-linked*

indicateur avancé de tendance 先行指標, *leading indicator*

indicateurs coïncidents 一致指標, *coincident indicators*

indicateur d'activité retardé 遅行指標, *lagging indicator*

indicateur d'alerte 警戒指標, *alert indicator*

indicateur de canal virtuel 〘通〙仮想チャンネル識別子, *virtual channel identifier*

indicateur de concentration ジニ係数：所得分布に関するジニの法則の係数 δ, *Gini coefficient*

indicateurs de développement 開発指標, *development indicators*

indicateur de développement humain 人間開発指標, *human development index*

indicateur de divergence （欧州通貨制度の）乖離指標；変動幅の指標, *divergence indicator (EMS)*

indicateur de la participation des femmes ジェンダー・エンパワーメント測定：婦人の意思決定への参加可能性を測るため国連開発計画が導入, *gender empowerment measure*

indicateur de pauvreté humaine 人間貧困指標, *human poverty index*

indicateur de tendance 相場指標, *market tendency indi-*

cator

indicateur différé 遅行指標, *deferred indicator*

indicateur du climat des affaires 景気指標, *business indicator*

indicateur économique 経済指標, *economic indicator*

indicateur précurseur / indicateur pilote 先行指標, *leading indicator*

indicateur sexospécifique de développement humain 人間開発性特性的指標

indicateurs simultanés 一致指標, *coincident indicators*

indicateurs sociaux 社会指標, *social indicators*

indicatif DOS 〖コンピュ〗DOS プロンプト, *DOS (=disc operating system) prompt*

indicatif interurbain 長距離電話番号, *trunk code*

indicatif téléphonique 市外局番, *area code*

indication d'alarme distante 遠隔警報表示, *remote alarm indication*

indication de prix 〖証〗相場付け, *quotation*

indication du poids (des cargaisons lourdes transportées par bateaux) （船舶により運送される重包装貨物の）重量標示, *marking of weight (of the packages transported by vessels)*

indications pour l'investissement international 国際投資憲章, *Guidelines for international investment*

indice avancé composite 総合先行指数, *composite leading index*

indice boursier 株価指数；市場指数, *stock price index*

indice composé de la Bourse de New York ニューヨーク証券取引所総合指数, *New York Stock Exchange Composite Index*

indice composite 合成指数, *composite index*

indice d'acidité 酸性指数, *total acid number*

indice d'ajustement デフレーター, *deflator*

indice de concentration de Gini 〖経〗(所得分布に関するジニ法則のδの値)ジニ係数, *Gini coefficient*

indice de diffusion 拡散指数, *diffusion index*

indice de la force relative 相対力指数, *relative strength index*

indice de la production minière et industrielle 鉱工業生産指数, *mining and manufacturing index of industrial product*

indice de la productivité du travail 労働生産性指数, *labor productivity index*

indice de Laspeyres 〚経〛ラスパイレス指数:加重平均算出方式の一つであるラスパイレス方式により求めた指数, *Laspeyres index*

indice de Lerner 〚経〛ラーナー指数:企業の独占性を示す指数, *Lerner index*

indice de netteté 〚通〛明瞭度指数, *articulation index*

indice de Paasche パーシェ指数:加重平均算出方式の一つであるパーシェ式で算出された指数, *Paasche index*

indice de production 生産指数, *production index*

indice de traitement (公務員などの)俸給指数, *wage index*

indice des grandes valeurs 景気先行指標総合指数, *index of leading indicators*

indice des indicateurs avancés 先行指標, *leading indicator*

indice des prix à la consommation 消費者物価指数, *consumer price index*

indice des prix à l'exportation 輸出物価指数, *export price index*

indice des prix agricoles à la production 生産者農作物価格指数

indice des prix de détail 小売物価指数, *retail price index*

indice des prix de gros 卸売物価指数, *wholesale price index*

indice des valeurs moyennes 〚証〛平均株価, *stock price average*

indice Dow Jones des 30 valeurs industrielles 〚証〛ダウ工業株30種平均, *Dow Jones industrial average*

indice du commerce extérieur 貿易指数, *international trade index*

indice du coût de la vie 生計費指数, *living-cost index*

indice du marché principal 〚証〛メジャーマーケット株価指数, *Major Market Index*

indice du marché principal des opérations à terme 〚証〛メジャーマーケット株価先物指数, *Major Market Index Futures*

indice eurotrack des 100 valeurs européennes 〚証〛ユーロトラック100種指数:ロンドン市場で先物・オプション取引の参考となる100種の株価指数, *Eurotrak 100 index*

indice Financial Times / indice FT 〚証〛フィナンシャルタイムズ株価指数, *FT Index*

indice général des prix 一般物価指数, *general price*

(level) index

indice Hang Seng / indice Hong Kong 〚証〛ハンセン指数：香港の代表的株価指数, *Hang Seng index*

indice implicite des prix du PIB (=produit intérieur brut) GDPデフレーター, *GDP deflator*

indice INSEE (=Institut national de la statistique et des études économiques) 〚証〛INSEE(インセー)指数：フランスの株価指数の一種, *INSEE index*

indice majoré （公務員給与表の）加算指数

indice Nikkei 〚証〛日経平均, *Nikkei Index*

indice octane （ガソリンの）オクタン価, *octane number*

indice pondéré des cours / indice pondéré par les prix 市場価値加重平均指数, *market value weighted index*

indice pondéré en fonction de l'année de base 〚経〛ラスパイレス指数, *base-weighted index*

indice Reuter ロイター商品相場指数, *Reuter's index of commodities prices*

indice SP 〚証〛スタンダード・アンド・プアズ株価指数, *Standard and Poor's Stock Price Index*

indice synthétique 合成指数, *synthetic index*

indice Technologie 〚証〛(パリ株式市場)テクノロジー関連株価指数

indice Topix / indice TSE 〚証〛東証株価指数；トピックス, *Topix / Tokyo Stock Exchange Average Price*

〈**indifférence bienveillante**〉 ビーナインネグレクト：善意の無視という意味で，経済などの不都合を傍観すること, *benign neglect*

individualisation des rémunérations 個人別能力査定給与方式

indo- （連結形）印＝インドの, *Indo-*

industrialisation accélérée 加速的工業化：テイクオフから1世代で消費社会へ移行

industrialisation par substitution aux exportations 輸出代替工業化, *export-substituting industrialization*

industrialisation par substitution aux importations 輸入代替工業化, *import-substituting industrialization*

industrie à domicile 家内産業, *home craft*

industrie à forte densité de main-d'œuvre / industrie à haute intensité de travail 労働集約的産業, *labor-intensive industry*

industrie à forte intensité de savoir / industrie à haute intensité de savoir 知識集約的産業, *knowledge intensive industry*

industrie à haute intensité de ressources et d'énergie 資源・エネルギー集約産業, *resource- and energy-intensive industry*

industrie à haute valeur ajoutée 付加価値産業, *higher-value-added industry*

industrie à intensité de capital 資本集約的産業, *capital-intensive industry*

industrie à nuisances 公害産業, *pollution causing industry*

industrie autochtone 地場産業, *autochthonal industry*

industrie de base 第一次産業, *primary industry*

industrie de biens d'équipement 資本財産業, *capital goods industry*

industrie de conserve 食品保存産業, *food-preserving industry*

industrie de création récente 幼稚産業, *infant industry*

industrie de croissance 成長産業, *growth industry*

industrie de main-d'œuvre 労働集約的産業, *labor-intensive industry*

industrie de matériaux de base 素材産業, *basic materials industry*

industrie de souche européenne 根っからの欧州企業, *European-based company*

industrie de traiteur 中食(なかしょく)産業, *catering industry*

industrie délocalisée (海外に)生産拠点が移された産業, *relocated industry*

industrie des assurances 保険事業, *insurance business*

industries du savoir 知識産業, *knowledge industries*

industrie du spectacle ショービジネス, *show-business*

industrie électronucléaire 原子力発電産業

industrie étatisée 国有化産業, *nationalized industry*

industrie motrice 牽引産業:重要性において他を圧倒する産業, *core industry*

industrie naissante 幼稚産業, *infant industry*

industrie non productive 非生産的産業, *unproductive industry*

industrie suée 〖経〗苦汗制度, *sweating system*

industries vulnérables 不安定産業:外国商品の影響を受けやすい産業, *sensitive industries*

inefficience-X 〖経〗X(エックス)非効果:多少とも独立的要素が入った市場に生じるよどみ, *X inefficiency*

inélasticité à la baisse 下方硬直性, *downward rigidity*
inélasticité de la demande 需要非弾力性, *inelasticity of demand*
inélasticité des prix 価格硬直性, *price inelasticity*
inélasticité structurelle des salaires à la baisse 給与引下げの構造的非弾力性
inertie sociale 社会的不振, *social inertia*
infection nosocomiale 院内感染, *nosocomial infection*
infection opportuniste 日和見感染:感染に対する抵抗力がなくなっている際の,非病原微生物による感染, *opportunistic infection*
infection virale 〖コンピュ〗ウイルス感染, *viral infection*
infirme moteur cérébral 脳性運動麻痺の患者
infirmité motrice cérébrale 脳性運動麻痺
inflation à deux chiffres 二桁インフレ, *double-digit inflation*
inflation contenue 抑圧型インフレ, *repressed inflation*
inflation de crédit 信用インフレ, *credit inflation*
inflation des actifs ストックインフレ, *stock inflation*
inflation des vendeurs 売手インフレ, *seller's inflation*
inflation due à la poussée des coûts コストプッシュインフレ, *cost-push inflation*
inflation due à un déplacement de la demande 需要シフトインフレ, *demand shift inflation*
inflation endogène 内生的インフレ, *endogenous inflation*
inflation exogène 外生的インフレ:いわゆる輸入インフレ, *exogenous inflation*
inflation galopante 駆足のインフレ;急進インフレ, *runaway inflation*
inflation importée 輸入インフレ, *imported inflation*
inflation incontrôlable 統制不可能なインフレ, *uncontrollable inflation*
inflation inhérente 構造的インフレ, *built-in inflation*
inflation larvée 忍び寄るインフレ, *creeping inflation*
inflation latente 潜在インフレ;抑圧型インフレ, *latent inflation*
inflation monétaire 通貨膨張;貨幣的インフレ, *monetary inflation*
inflation ouverte オープンインフレ, *open inflation / suppressed inflation*
inflation par excès de la demande 需要超過インフレ;需要牽引インフレ, *excess demand inflation*
inflation par goulets d'étranglement ボトルネックインフレ:材料不足による製品の高騰が生み出す悪循環により生じ

るインフレ, *bottleneck inflation*

inflation par hausse des prix de revient マークアップインフレ, *markup inflation*

inflation par la demande 需要インフレ, *demand inflation*

inflation par la monnaie 貨幣的インフレ, *monetary inflation*

inflation par les coûts 費用圧力インフレ, *cost push inflation*

inflation par les écarts de productivité 生産性格差インフレ, *productivity gap inflation*

inflation par les salaires 賃金プッシュインフレ, *wage-push inflation*

inflation par poussée sur les coûts コストプッシュインフレ, *cost-push inflation*

inflation partielle 準インフレ, *semi-inflation*

inflation rampante 忍び寄るインフレ, *creeping inflation*

inflation résiduelle 残余インフレ, *residual inflation*

inflation salariale 賃金インフレ, *wage inflation*

inflation sous-jacente (食品, エネルギー, タバコ値上げや税率アップに起因しない)基礎インフレ, *underlying inflation*

inflation structurelle 構造的インフレ, *structural inflation*

inflation tendancielle 基調インフレ, *underlying inflation*

inflation vicieuse 悪性インフレ, *vicious inflation*

influence structurelle de la fiscalité 税制が経済に与える構造的影響, *structural influence of the tax system*

infocentre コンピュータセンター, *computer center*

infogérance コンピュータ設備の管理運営受託, *facility management*

infogérance d'application (顧客専用)コンピュータソフトの運用, 保守, バージョンアップ受託サービス

infogérance de fonction (コンピュータ管理運営受託業者による特定の)情報処理作業代行の受託

infogérance de solution (ケースバイケースの)顧客ニーズ対応型コンピュータ管理運営受託

infographie (政府奨励語で)コンピュータグラフィックス, *computer graphics*

informations à jour 最新情報, *up-to-date information*

information au public 〚証〛ディスクロージャー, *disclosure*

informations boursières par Minitel 〚証〛ミニテル株価

情報, *Teletex output of price information by Minitel*

informations confidentielles 〚証〛丸秘情報, *confidential information*

informations détenues par les initiés 〚証〛インサイダー情報, *insider knowledge*

information d'organisation de la gestion 経営情報, *management information*

information en retour フィードバックインフォメーション, *feedback information*

information financière 財務報告, *financial reporting*

informations financières 金融ニュース, *financial news*

informations générales 総合情報, *general information*

information génétique 〚バイオ〛遺伝情報, *genetic information*

information juridique 法情報システム, *legal information system*

information non numérotée 〚通〛アンナンバードインフォメーション：送信状態変数や受信状態変数に無関係なデータ転送, *un-numbered information*

informations privilégiées 〚証〛インサイダー情報, *insider information*

informatique appliquée à la gestion des entreprises 企業経営のコンピュータ処理

informatique de gestion コンピュータ経営, *computerized management*

informatique distribuée 〚コンピュ〛分散データ処理, *distributed data processing*

informatique en entreprise 企業向け情報テクノロジー, *corporate information technology*

informatisable コンピュータ処理が可能な, *computerizable*

inforoute 〚コンピュ〛情報ハイウェー, *Information Highway*

infrastructure à vocation sociale / infrastructure économique et sociale 社会資本, *social overhead capital*

ingénierie assistée par ordinateur コンピュータ支援工学, *computer-aided engineering*

ingénierie des systèmes assistée par ordinateur コンピュータ支援ソフトウェア技術, *computer-aided software engineering*

ingénierie financière 金融エンジニアリング, *financial engineering*

ingénierie génétique 〚バイオ〛遺伝子工学, *genetic engineering*

ingénieur commercial セールスエンジニア, *sales engineer*

ingénieur-conseil 技術コンサルタント；顧問技師, *consulting engineer*

ingénieur de produit プロダクトエンジニア, *product engineer*

ingénieur de projet プロジェクトエンジニア, *project engineer*

ingérence humanitaire 人道的介入, *humanitarian intervention*

Ingouche 〖地〗イングーシ族：Ingouchie の住民, *Ingush*

initialisation 〖コンピュ〗初期化, *initialization*

initialisation du compteur （メーターを0に戻す）カウンターの初期化, *zeroing*

initiateur オリジネーター, *originator*

initiation à l'appel d'offres 入札の広告, *invitation to the tender*

initiatives communautaires 欧州共同体発案, *EC initiatives*

Initiative de défense stratégique 戦略防衛構想, *Strategic Defense Initiative*

initiative législative 法律案提出権

initiative populaire 国民発案, *people's initiative*

initiative privée 企業家精神, *private initiative*

initiative sur les obstacles structurels （日米）構造協議, *Structural Impediments Initiative*

initiés primaires 〖証〗一次インサイダー：インサイダー情報を直接的に知り得た者

initiés secondaires 〖証〗二次インサイダー：インサイダー情報を間接的に知り得た者

injonction à l'achat 〖証〗（株の）買注文, *buy order*

innovation financière publique 公共的金融改革, *public financial innovation*

inquiétude monétaire 通貨不安, *monetary unrest*

inscription comptable 帳簿記入, *bookkeeping entry*

Inscription maritime 海員登録局, *Register of Sailors*

inscription maritime 海員登録, *registration of sailors*

insecticide systémique 浸透殺虫剤, *systemic insecticide*

INSEE (＝Institut national de la statistique et des études économiques) 50 〖証〗INSEE（インセー）50株価指数, *INSEE 50 stock index*

insémination artificielle avec sperme donneur 非配偶者間人工授精, *artificial insemination with donor's semen*

insémination artificielle entre conjoints 配偶者間人工授精, *artificial insemination by husband*

insertion de caractère 〖コンピュ〗文字挿入, *character insertion*

insertion en alternance サンドイッチ職業研修による同化, *integration into the job market by alternative classroom*

insertion légale (法律の規定による)新聞公告

insertion par l'activité économique 経済活動による同化, *integration into the job market by economic activity*

insertion professionnelle 職業的同化：補助雇用をクッションにした失業者への就職確保方法, *integration into the job market*

insertion sociale 社会的参入：生活保護を必要とする人の住宅・医療へのアクセス, *social integration*

inspecteur académique / inspecteur d'Académie 視学官, *school inspector*

inspecteur de la Banque de France フランス銀行の銀行検査官, *bank examiner*

inspecteur de la navigation et du travail maritimes 海上航行・労働監察官

inspecteur de l'action sanitaire et sociale 保健・社会福祉監督官

inspecteur de l'enseignement primaire 初等教育視学官, *primary school inspector*

inspecteur des contributions directes 直接税調査官, *direct tax inspector*

inspecteur des finances 財務監督官, *finance inspector*

inspecteur des impôts 税務調査官, *tax inspector*

inspecteur des ventes セールスコーディネーター, *sales coordination*

inspecteur primaire 初等教育視学官, *primary school inspector*

inspection académique 視学官局, *School Inspectorate*

inspection du travail 労働基準局；労働監督局, *Factory Inspectorate*

inspection générale des affaires sociales 社会問題監察局, *Social Affairs Inspectorate*

inspection générale des finances 財務監督局, *Supervisory Office of Public Finance / General Inspection of Finance*

installation classée (公害などの)特定危険施設, *classified installation*

installation de micros pour espionner 盗聴装置設置, *bugging*

installations de recherche pour la pêche 漁業訓練施設, *fishery research facilities*

installations fixes 固定備品, *fixtures and fittings*

installations lourdes 重機械, *heavy machinery*

installations portuaires 港湾施設, *harbor installations*

installation technique 生産設備, *production facilities*

instance de contrôle et de réglementation interne à la profession (業界の)自主規制機関, *self-regulatory organization*

instance délibérante 審議会, *deliberative body*

instances professionnelles 業者団体, *professional bodies*

instants significatifs 〘コンピュ〙有意瞬間, *significant instants*

Institut américain de normalisation 米国規格協会, *American National Standard Institute*

Institut asiatique de statistique アジア統計研修所, *Asian Statistical Institute*

Institut culturel franco-japonais (パリの)日仏文化学院

Institut d'administration des entreprises 企業経営研究所

Institut d'Asie et d'Extrême-Orient pour la prévention du crime アジア極東犯罪防止研究所, *Asia and Far East Institute for the Prevention of Crime and the Treatment of Offenders*

Institut de biologie structurale 生物構造研究所, *Structural Biology Institute*

institut de bronzage 日焼けサロン, *tanning parlor*

Institut de combustion 国際燃料学会, *Combustion Institute*

Institut de développement industriel 産業開発金融会社, *Industrial Development Institute*

Institut de droit européen 欧州法学協会, *Institute of European Law*

Institut de droit international 国際法学会, *Institute of International Law*

institut de massage 〘風〙マッサージサロン, *massage parlor*

institut de prévision (économique) 経済予測研究所, *economic forecast institute*

Institut de promotion commerciale 販売促進研究所, *Sales Promotion Institute*

Institut de recherches de la sidérurgie 鉄鋼研究所, *Steel Research Institute*

Institut de recherche des Nations unies pour le dé-

veloppement social 国連社会開発研究所, *United Nations Research Institute for Social Development*

Institut de recherches des transports 輸送研究所, *Transport Research Institute*

Institut de recherche du coton et des textiles exotiques 木綿・異国繊維研究所, *Cotton and Exotic Textile Research Institute*

Institut de recherches économiques et sociales 経済・社会調査研究所, *Economic and Social Research Institute*

Institut de recherche et de coordination acoustique musique 音響・音楽の探究と調整の研究所：通称はイルカム

Institut de recherches sur la paix mondiale (明治学院大学)国際平和研究所, *International Peace Research Institute (Meiji Gakuin University)*

Institut de recherche sur le caoutchouc ゴム研究所, *Research Institute on Rubber*

Institut de science économique appliquée 応用経済学研究所, *Allied Economics Institute*

Institut de statistique pour l'Asie et le Pacifique アジア太平洋統計研究所, *Statistical Institute for Asia and the Pacific*

Institut de statistiques mathématiques 数理統計学協会, *Institute of Mathematical Statistics*

Institut des ingénieurs électriques et électroniques (aux Etats-Unis) (米国の) 電気電子学会：通称は IEEE, *Institute of Electrical and Electronics Engineers (USA)*

Institut des Nations unies pour la formation et la recherche 国連訓練調査研修所, *United Nations Institute for Training and Research*

Institut des Nations unies pour la recherche sur le désarmement 国連軍縮調査研究所, *United Nations Institute for Disarmament Research*

Institut des relations internationales et stratégiques 〚仏〛国際関係戦略研究所

Institut des sciences de gestion 経営科学国際学会, *Institute of Management Sciences*

Institut du monde arabe (パリの)アラブ世界研究所, *Institute of the Arab World*

Institut européen d'administration des affaires インセアード経営学院, *INSEAD*

Institut européen de normalisation des télécommunications 欧州電気通信標準機構, *European Telecommunications Standards Institute*

Institut français de formation permanente フランス生涯教育研究所, *French Institute of life-long learning*
Institut français de l'énergie フランスエネルギー研究所, *French Energy Institute*
Institut français de navigation フランス航海研究所, *French Navigation Institute*
Institut français de polémologie フランス戦争学研究所, *French Polemology Institute*
Institut français de presse フランス報道研究所, *French Press Institute*
Institut français des relations internationales フランス国際関係研究所, *French Institute on International Relations*
Institut français d'opinion publique フランス世論研究所：世論調査会社, *French Institute of Public Opinion*
Institut français du libre-service フランスセルフサービス研究所, *French Institute on Self-Service*
Institut français du pétrole フランス石油協会, *French Petroleum Institute*
Institut géographique national 国土地理院, *National Geographical Institute*
Institut interaméricain de statistique 全米統計協会, *Inter-American Statistical Institute*
Institut international africain 国際アフリカ学会, *International African Institute*
Institut international de biologie humaine 国際人間生物学研究協会, *International Institute of Human Biology*
Institut international de droit humanitaire 国際人道法学会, *International Institute of Humanitarian Law*
Institut international de droit spatial 国際宇宙空間法学会, *International Institute of Space Law*
Institut international de finances publiques 国際財政学会, *International Institute of Public Finance*
Institut international de génie biomédical 国際生物医学研究協会, *International Institute of Biomedical Engineering*
Institut international de la potasse 国際苛性カリ協会, *International Potash Institute*
Institut international de la presse 国際新聞編集者協会, *International Press Institute*
Institut international de la recherche de la paix de Stockholm ストックホルム国際平和問題研究所, *Stockholm International Peace Research Institute*

Institut international de la soudure 国際溶接学会, *International Institute of Welding*
Institut international de l'ozone 国際オゾン協会, *International Ozone Institute*
Institut international de philosophie 国際哲学会, *International Institute of Philosophy*
Institut international de planification de l'éducation 国際教育計画研究所, *International Institute for Educational Planning*
Institut international de recherches betteravières 国際甜菜糖研究学会, *International Institute for Sugar Beet Research*
Institut international de recherche sur le riz 国際稲作研究所, *International Rice Research Institute*
Institut international de sociologie 国際社会学協会, *International Institute of Sociology*
Institut international de statistique 国際統計協会, *International Statistical Institute*
Institut international d'énergie par les micro-ondes 国際マイクロ波電力協会, *International Microwave Power Institute*
Institut international des brevets 国際特許協会, *International Patent Institute*
Institut international des communications 世界通信放送機構, *International Institute of Communications*
Institut international des problèmes pour l'environnement et le développement 国際環境・開発協会, *International Institute for Environmental Development*
Institut international des sciences administratives 国際行政学会, *International Institute of Administrative Sciences*
Institut international d'études comparatives de la musique et de documentation 国際比較音楽研究・ドキュメンテーション協会, *International Institute for Comparative Music Studies and Documentation*
Institut international d'études sociales 国際労働問題研究所, *International Institute for Labor Studies*
Institut international du fer et de l'acier 国際鉄鋼協会, *International Iron and Steel Institute*
Institut international du froid 国際冷凍協会, *International Institute of Refrigeration*
Institut international du théâtre 国際演劇協会, *International Theater Institute*

Institut international Hegel 国際ヘーゲル研究所, *International Hegel Institute*

Institut international pour la conservation des objets d'art et d'histoire 文化財保存国際研究所, *International Institute for Conservation of Historic and Artistic Works*

Institut international pour la science du frittage 国際珪華科学研究所, *International Institute for the Science of Sintering*

Institut international pour l'analyse des systèmes appliqués 国際応用システム分析研究所, *International Institute for Applied Systems of Analysis*

Institut international pour l'unification du droit privé 私法統一国際協会, *International Institute for the Unification of Private Law*

Institut interrégional de recherches des Nations unies sur la criminalité et la justice 国連地域間犯罪・司法研究所, *United Nations Interregional Crime and Justice Research Institute*

Institut Médiamétrie 〖仏〗視聴率調査機関

institut médico-éducatif 治療育成センター

institut médico-pédagogique 治療教育センター

institut médico-professionnel 治療職業教育センター

Institut monétaire européen 欧州通貨機構, *European Monetary Institution*

Institut national agronomique 国立農学院, *National Agronomical Institute*

Institut national d'astronomie et de géophysique 国立天文・地球物理学研究所, *National Institute on Astronomy and Geophysics*

Institut national de la communication audio-visuelle 国立視聴覚コミュニケーション研究所, *National Institute on Audiovisual Communication*

Institut national de la consommation 国立消費生活研究所, *National Consumer Association*

Institut national de la propriété industrielle 国立工業所有権研究所, *Patent Office*

Institut national de la recherche agronomique 国立農学研究所, *National Institute on Agronomical Research*

Institut national de la santé et de la recherche médicale 国立衛生医学研究所, *National Institute on Health and Medical Research*

Institut national de la statistique et des études

économiques 国立統計経済研究所, *National Statistical Institute*

Institut national de l'audiovisuel 国立放送メディア研究所, *National Audiovisual Institute*

Institut national de l'environnement industriel et des risques 国立産業環境災害研究所, *National Institute on Industrial Environment and Risks*

Institut national de recherche chimique appliquée (フランス産業省)国立応用化学研究所, *National Institute on Applied Chemistry Research*

Institut national de recherche et de documentation pédagogiques 国立教育学研究・資料研究所, *National Institute on Research and Pedagogical Documentation*

Institut national de recherche pédagogique 国立教育研究所, *National Institute on Pedagogical Research*

Institut national des sciences appliquées 国立応用科学研究所, *National Institute on Applied Sciences*

Institut national des sports 国立スポーツ研究所, *National Institute on Sports*

Institut national d'études démographiques (フランス労働省)国立人口統計学研究所, *National Institute on Demographic Studies*

Institut national d'histoire de l'art 国立美術史研究所, *National Institute on History of Art*

Institut national du sport et de l'éducation physique 国立スポーツ・体育研究所, *National Institute on Sport and Physical Education*

Institut panaméricain de géographie et d'histoire 汎アメリカ人文地理研究協会, *Pan-American Institute of Geography and History*

Institut pour la coopération internationale (JICAの)国際協力総合研究所, *Institute for International Cooperation (Japan)*

Institut pour la recherche du génome ゲノム研究所, *Institute for Genomic Research*

Institut pour le développement forestier 森林開発研究所, *Institute for Forest Development*

Institut pour l'étude des méthodes de direction de l'entreprise 企業経営手法研究所, *Institute for the Study of Methods for Directing the Enterprise*

Institut Tessin (パリ3区の)テッサンスウェーデン文化会館

Institut textile de France フランス繊維研究所, *French Textile Institute*

Institut universitaire de technologie 工業技術短期大学, *University Institute of Technology*

instituteur spécialisé (障害者用の)特殊学級教員, *EMH teacher*

institution de dépôts 預金金融機関, *depository institution*

institution de microfinance リテールバンキング金融機関

institution du Palais-Royal 〖言換〗(パレ・ロワイヤルにある機関)憲法院

institution d'utilité commune 共益機構:地域圏間の広域行政組織

institution financière internationale 国際金融機関, *international financial institution*

institution financière non bancaire ノンバンク, *non-bank*

institution financière spécialisée 特殊金融機関:以前のクレディアグリコル銀行など, *specialized financial institution*

institution hypothécaire pratiquant des opérations immobilières 不動産担保機関, *real estate mortgage institution*

institution spécialisée (国連)専門機関, *specialized agency (UN)*

institution supérieure de contrôle 最高監査機関, *supreme audit institution*

institutionnalisation 機関化現象:機関投資家中心の市場, *institutionalization*

institutionnalisme 制度派経済学, *institutional economics*

instruction à adresse unique 〖コンピュ〗単一アドレス命令, *single-address instruction*

instruction assistée par ordinateur コンピュータ支援教育, *computer-assisted instruction*

instruction en virgule flottante 浮動小数点命令, *floating-point instruction*

instructions relatives à l'expédition 船積指図書, *shipping instructions*

instrument au porteur 無記名証券, *bearer instrument*

instrument de crédit (為替手形など)信用証券, *instrument of credit*

instruments de la politique monétaire 金融調整手段, *monetary instruments*

instruments de paiement légaux 法定貨幣, *legal tender*

instrument de placement 債務証券, *debt instrument*

instruments du marché monétaire 短期金融市場証券,

money market instruments

instruments financiers 金融手段, *financial instruments*

instrument financier dérivé （金融）派生商品, *derivative instrument*

instrument financier négociable 流通証券, *negotiable paper*

intangibilité du capital 資本の不変性, *intangibility of capital*

intégration à grande échelle 大規模集積回路, *large-scale integration*

intégration à moyenne échelle 中規模集積回路, *medium-scale integration*

intégration à petite échelle 小規模集積回路, *small-scale integration*

intégration à ultra grande échelle 超超大規模集積回路, *ultra large-scale integrated circuit*

intégration des entreprises 企業統合, *integration of the companies*

intégration en amont 〖経〗後方統合：メーカーによる原料生産業者買収など, *backward integration*

intégration en aval 〖経〗前方統合, *forward integration*

intégration globale （従属企業を全部連結処理する）全統合, *global integration*

intégration moyenne 中規模集積回路, *medium-scale integration*

intégration proportionnelle （従属企業を比例連結処理する）比例統合, *proportional integration*

intégration sociale 社会統合：女性とか弱者に対する壁の除去, *social integration*

(droit à l')intégration sociale 生活保護(受給権)：1974年の最低生活手段に関する法に代わる2002年5月26日の新法で導入された権利で, 生活保障のほか就職への援助が受けられる

intégrité de marché 市場の整合性, *market integrity*

intégrité du système financier 金融機関の商業道徳, *business integrity of financial institutions*

intellects artificiels 人工知性, *artificial intellects*

intelligence économique 経済機密情報：企業などが競争力, 技術, 金融面でとる安全保護策, *economic intelligence*

intelligence électronique 電子情報収集, *electronic intelligence*

intensité capitalistique / intensité du capital 資本集約度, *capital intensity*

intensité de travail / intensité travaillistique 労働集

約度, *labor intensity*

intention d'achat 購買意欲, *incentive for buying*

intentions d'investissement 投資意欲, *investment intentions*

interaction de l'accélération et du multiplicateur 〚経〛加速度原理と乗数の相互作用, *interaction of acceleration and multiplier*

interaction homme-machine 人と機械の相互関係, *human-machine interaction*

intercalation 〚バイオ〛インターカレーション:DNA操作における挿入, *intercalation*

interconnectabilité 〚通〛相互接続可能性, *interconnectability*

interconnexion de systèmes ouverts 〚通〛開放型システム間相互接続, *open systems interconnection*

interconnexion des réseaux locaux d'entreprise 〚通〛企業内情報通信網相互接続, *local area network interconnection*

interdiction des appels à l'arrivée 〚通〛入呼び禁止, *incoming calls barred*

intéressement des salariés (従業員への)利益分配制度, *profit-sharing system*

intérêts à échoir 満期金利, *accruing interest*

intérêts accumulés 経過利子, *accrued interest*

intérêts arriérés 滞納金利, *back interest*

intérêt assurable 被保険利益, *insurable interest*

intérêts capitalisés 資本金組入利息, *capitalized interest*

intérêts composés mensuellement 毎月複利, *monthly compounding of interest*

intérêts conventionnels 約定利息, *conventional interest*

intérêts courants 現行利率, *going interest rate*

intérêts courus (à payer) 経過利息, *accrued interest (payable)*

intérêts cumulés à payer 未払い利子, *accrued interest payable*

intérêts cumulés à recevoir 未収利子, *accrued interest receivable*

intérêt d'assurance 被保険利益, *insurable interest*

intérêts de dépôt 預金金利, *deposit interest*

intérêts de report 繰越日歩, *contango*

intérêts de retard 延滞利子, *default interests*

intérêts échus 未払い利子, *outstanding interest*

intérêts échus et non payés 延滞金利, *overdue interest*

intérêts en souffrance 延滞金利, *arrears of interest*
intérêts fixes 確定利子, *fixed interest*
intérêt généralisé 一般的利益, *generalized interest*
intérêts imputés 帰属利子, *imputed interest*
intérêts intercalaires 中間利息, *interim interest*
intérêts légaux 法定利息, *legal interest*
intérêt minoritaire 少数株主持分, *minority interest*
intérêts modestes 低利, *low interest*
intérêts moratoires 延滞利子, *moratory interest*
intérêts nets 純利息, *net interest*
intérêts non payés 未払い利子, *unpaid interest*
intérêts non soumis à l'impôt 非課税の金利, *interest free of tax*
intérêts payés d'avance 先払い利息, *prepaid interest*
intérêt personnel opposé et divergent 相反する個人利益, *conflicting interest*
intérêts précomptés 天引金利：債券への応募者が発行時にもらう金利
intérêt statutaire 〘証〙定款に定められた配当, *statutory dividend*
intérêt sur fret 〘保〙運送費利益, *interest in freight*
interface de données avec distribution par fibre ファイバー分布データインターフェース, *fiber-distributed data interface*
interface de gestion locale ローカルマネージメントインターフェース, *local management interface*
interface de programmation d'application アプリケーションプログラムインターフェース, *application program interface*
interface homme-machine マンマシンインターフェース, *man-machine interface*
interface parallèle パラレルインターフェース, *parallel interface*
interface série シリアルインターフェース, *serial interface*
interface usager-réseau / interface utilisateur-réseau ユーザーネットワークインターフェース, *user-network interface*
interface utilisateur graphique グラフィカルユーザーインターフェース, *graphical user interface*
interférence des monopoles 独占の干渉, *monopoly interference*
interférence électromagnétique 電磁障害, *electromagnetic interference*

interféromètre quantique 超伝導量子干渉素子, *superconducting quantum interference device*
interférométrie 干渉計使用法, *interferometry*
intergénérationnel 数世代にわたる, *intergenerational*
interlocuteur valable しかるべき話相手, *good interlocutor*
intermédiaire agréé 〖証〗公認為替仲買人, *authorized intermediary*
intermédiaire boursier / intermédiaire en Bourse 〖証〗証券市場仲介人, *go-between jobber*
intermédiaire en Bourse qui opère pour son propre compte 〖証〗(英国の)証券自己売買業者, *stockjobber*
intermédiaire financier 信用仲介機関, *financial intermediary*
intermédiation 金融仲介化, *intermediation*
Internationale de l'éducation 教育インターナショナル, *Education International*
Internationale des services publics 国際公務労連, *Public Services International*
internaute インターネットサーファー, *Internet surfer*
internordique 北欧諸国間の, *intra-Nordic*
interopérabilité (d'un logiciel avec d'autres logiciels) 〖コンピュ〗(あるソフトと他のソフトとの)インターオペラビリティー, *interoperability*
interposition de personnes 第三者の介在, *intervention of a third*
interpréteur 〖コンピュ〗インタープリタ, *interpreter*
interproximal 歯間の, *interproximal*
interrégion (フランスで州に相当する)地域圏相互間の
interrogateur de distance (航空機の)距離測定電波装置, *distance-measuring equipment*
interrogation 〖コンピュ〗ポーリング, *polling*
interrogation avec exemple 〖コンピュ〗例示による質問, *query by example*
interrupteur bipolaire 二極スイッチ, *double-pole switch*
interrupteur DIP 〖コンピュ〗ディップスイッチ, *DIP (=dual-in-line package) switch*
intersection d'équilibre 均衡交点, *equilibrium intersection*
intersexué 半陰陽者:男と女の特性が混在する人間, *intersexual*
intervalle de confiance (統計の)信頼区間, *confidence interval*
intervalle de variation-objectif ターゲットレンジ, *tar-*

get variable

intervalle entre les paiements 支払間隔, *payment interval*

intervalle significatif 〚コンピュ〛有意間隔, *significant interval*

intervenant extérieur (学校の水泳教室などを担当する)外部要員

intervention aérienne 空爆;空襲, *air strike*

intervention concertée / intervention coordonnée 〚金〛(為替相場安定化向けなどの)協調介入, *concerted intervention / coordinated intervention*

intervention foncière antispéculative 投機抑制的土地介入, *real estate antispeculation intervention*

intervention humanitaire 人道的干渉, *humanitarian intervention*

intervention ligne-réseau 〚通〛市外割込み, *trunk offer*

intervention sur le marché 市場介入, *interference in the market*

intervention sur les gènes 〚バイオ〛遺伝子操作, *genetic manipulation*

inti (ペルーの1985-91年の通貨単位で)インティ, *inti*

intoxication alimentaire 食中毒, *food poisoning*

intracommunautaire 欧州共同体諸国間の, *intra-Community*

intraconsommation 内部消費, *purchased materials and services*

intradermique (医学用語で)真皮内の, *intradermic*

intrajournalier (翌日に持ち越さない)その日以内の

intrants-extrants 〚経〛投入産出, *inputs-outputs*

intrarégional 地域圏内の

introducteur 〚証〛新規上場紹介者, *introducer*

introducteur teneur de marché 〚証〛上場仲介業者

Inuk // Inuit エスキモー, *Inuit*

inventaire de portefeuille 〚証〛資産内容, *portfolio inventory*

inventaire de produits semi-finis 仕掛品繰越高, *inventory of work in process at the beginning period*

inventaire des stocks 在庫品数量, *stock figures*

inventaire du portefeuille titres 〚証〛有価証券目録, *portfolio inventory*

inventaire effectif / inventaire intermittent / inventaire réel 実地棚卸し, *actual inventory*

inventaire général des monuments et richesses

artistiques 文化財記念物総合調査機関

inventaire permanent 恒久的棚卸し, *perpetual inventory*

inventaire tournant 継続棚卸し；巡回棚卸し, *continuous inventory*

inventeur d'un trésor 埋蔵物の発見者, *finder of a treasure*

inversion de phase (デジタル変調方式で)位相偏移変調, *phase shift keying*

Invest in France Network (英語のままで)フランス投資ネットワーク：国土整備地方開発局の外郭団体, *Invest in France Network*

investissement à rendement fixe 確定利回り投資, *straight investment*

investissement autonome 独立投資, *autonomous investment*

investissements aux usine et équipement 設備投資, *plant and equipment investment*

investissement brut 総投資：更新投資と純投資, *gross investment*

investissement capitalistique 資本集約的投資, *capital-intensive investment*

investissement dans l'entreprise depuis sa fondation jusqu'à sa mise sur le marché 企業設立から上場までの一貫投資

investissement dans les titres étrangers 外国証券投資, *foreign securities investment*

investissement de capacité 資本拡張, *capital widening*

investissement de portefeuille 資産運用投資, *portfolio investment*

investissement de remplacement / investissement de renouvellement 更新投資, *replacement investment*

investissement d'équipement 設備投資, *investment in equipment*

investissement du secteur public 公共投資, *investment by public institutions*

investissement en actions 株式投資, *equity investment*

investissement en biens d'équipement 設備投資, *investment in equipment*

investissement en capital 資本投資；設備投資, *capital investment*

investissement en capital humain 人材投資；人的投資, *human investment*

investissement en logements 住宅投資, *housing invest-*

ment

investissement entraînant 牽引的投資, *incentive investment*

investissement étranger 外国からの投資, *foreign investment*

investissements hors frontières 〖金〗在外投資信託, *offshore funds*

investissement immobilier à l'étranger 海外不動産投資, *overseas real estate investment*

investissement induit 誘発投資；内生的投資, *induced investment*

investissement initial 初期投資, *initial investment*

investissement net 純投資, *net investment*

investissement peu solide 危険な投資, *dodgy investment*

investissement productif 生産的投資；設備投資, *productive investment*

investissement spéculatif 投機的投資, *speculative investment*

investissement supplémentaire 追加投資, *additional investment*

investisseur à contre-courant / investisseur à contre-tendance 逆バリ投資家, *contrarian*

invitation à continuer (継続を許可する)青信号, *go-ahead*

invitation à émettre 〖通〗ポーリング, *polling*

invitation écrite 書面による催告, *written invitation*

invite du DOS 〖コンピュ〗DOSプロンプト, *DOS (=disc operating system) prompt*

invite du système 〖コンピュ〗システムプロンプト, *system prompt*

irako- (連結形)イラクの

irano- (連結形)イランの

(actif) irréalisable 換価不能な(資産), *unrealizable*

irrégularité au travail 常習的欠勤, *absenteeism*

islamiste イスラム原理主義者, *Islamic fundamentalist*

islamistes modérés 穏健イスラム派：アルジェリアの政党ナハダと平和のための社会運動で構成されるグループ

isocoût 等費用, *iso-cost*

(exercices) isométriques 筋肉強化の(練習), *isometrical (exercices)*

isoproduit 等生産量, *iso-product*

isoprofit 等利潤, *iso-profit*

isoquant 等産出量曲線, *isoquant curve*

isotope radioactif chaud　熱的放射性アイソトープ
israélo-　(連結形)イスラエルの，*Israelo-*
israélophobie　イスラエル恐怖症，*Israelophobia*
italo-　(連結形)伊＝イタリアの，*Italo-*
itinéraire de délestage　(渋滞の)迂回路，*alternative route*

J

jacuzzi ジャクージ:噴流式風呂, *Jacuzzi*
jambières 〖スポ〗(すねを保護する)レガーズ, *leg guard / leg pad*
jambières 〖スポ〗レッグウォーマー, *legwarmers*
〈Japon, médaille d'or〉 (Erza Vogel の)ジャパンアズナンバーワン, *Japan as number one*
〈Japothèque〉 (パリ日本語新聞発行会社 Ilyfunet の文化協会)ジャポテック
〈Jardin du cœur〉 心の庭:慈善事業
jet à la mer 〖保〗投げ荷, *jettison*
jet-ski 〖スポ〗ジェットスキー, *jet-skiing*
jeton sécurisé (銀行口座の電話による照会用の特殊な音を出す)安全解除トークン
jetonophile トークン収集家, *token collector*
〈jette-société〉 何でも捨てる社会:jet-society(ジェット機旅行の現代社会)と語呂を合わせた
jeu à somme nulle 〖経〗ゼロサムゲーム, *zero-sum game*
jeu d'arcade ゲームセンター用のゲーム, *arcade game*
jeu de puissance パワープレー, *power play*
jeu de rôle ロールプレー, *role play*
jeu de yo-yo 〖証〗(ヨーヨーのような株価の)乱高下, *yo-yo game (stock exchange)*
jeu décisif 〖スポ〗(カーリングの)タイブレイク, *tie-break (Curling)*
jeu d'entreprise ビジネスゲーム, *business game*
jeu d'instructions 〖コンピュ〗命令セット, *instruction set*
jeu du foulard スカーフ締めゲーム:子供がスカーフで首を絞める危険な遊び
jeu vidéo テレビゲーム, *video game*
jeudi noir 〖証〗暗黒の木曜日:米国の株価大暴落の端緒となった1929年10月24日の木曜日, *Black Thursday*
〈jeunes adultes〉à la charge des parents パラサイトシングル, *young unmarried adults living off their parents*
jeunes cadres dynamiques 〖風〗ヤッピー:都会派若手エリートビジネスマン, *Yuppies*
Jeune chambre économique française フランス青年会

議所, *French Economic Junior Chamber*
Jeune chambre internationale 国際青年会議所, *Junior Chamber International*
jeune économie 新興経済, *young economy*
〈**Jeunes en entreprise**〉 企業での若者：2002年7月1日に出された若年者雇用促進策
〈**Jeunes Japon**〉 （パリに着任の企業・大学関係者援助ボランティア）若い日本協会
Jeunesse au plein air 野外青年協会
Jeux de la Francophonie 〚スポ〛（コモンウェルス競技大会にまねた）フランス語圏競技大会, *Francophony Games*
Jeux paralympiques 〚スポ〛パラリンピック, *Paralympic Games*
(**caractères**) 〈**joker**〉 〚コンピュ〛ワイルドカード, *wildcard*
joncteur d'abonné 〚通〛加入者線集中機, *subscriber line concentrator*
jospinien / jospiniste （リオネル）ジョスパンの, *of Lionel Jospin*
jouissance à temps partagé タイムシェアによる使用
jour-amende 日数罰金
〈**jour blanc**〉 （フランス国鉄の料金カテゴリーで）小混雑日, *day with some railway jam*
〈**jour bleu**〉 （フランス国鉄の料金カテゴリーで）オフピークの日, *day with no railway jam*
jours creux （客足などの）閑散たる日々, *slack days*
jour de banque 平日, *business day*
jours de faveur 猶予日数, *days of grace*
jours de fêtes légales 法定の祝日, *bank holidays*
jour de la victoire contre le Japon 対日戦勝記念日, *Victory over Japan Day*
jour de liquidation 〚証〛（株売買の）受渡し日；決済日, *account day*
jour de planche 船積期間, *lay day*
jour franc 正味一日, *clear day*
jour J du passage à l'euro ユーロ貨幣使用開始予定日：2002年1月1日, *E-day*
jours ouvrés 実労働日, *working days*
〈**jour rouge**〉 （フランス国鉄の料金カテゴリーで）大混雑日, *day with heavy railway jam*
jour sidéral 恒常日, *sidereal day*
jour solaire moyen 平均太陽日, *mean solar day*
jour travaillé 就業日, *workday*
journal auxiliaire // journaux auxiliaires 補助仕訳帳,

journal d'annonces légales 法定公告掲載紙, *publication which carries legal notices*

journal de rue // journaux de rue （ホームレスなどが売る）街頭新聞

journal fractionnaire // journaux fractionnaires 補助仕訳帳, *subsidiary journal*

journal général // journaux généraux 普通仕訳帳, *general journal*

journalisme à scandales 扇情的ジャーナリズム, *yellow journalism*

journalisme électronique 電子ニュース収集, *electronic news gathering*

journée complémentaire 補足日, *complementary days*

journée de la détaxe Windows ウィンドウズリファンドデー：マイクロソフトに対してウィンドウズ不使用者が払戻しを求めた集会日, *Windows Refund Day*

journée du patrimoine 国家遺産オープンデー

journée internationale de la femme 国際婦人デー：1999年3月8日, *International Women's Day*

journées mondiales de la jeunesse （ローマ法王を迎えて開催の）世界青年の日, *World Youth Days*

journée mondiale du sida 世界エイズデー：1995年12月1日, *World AIDS Day*

journée mondiale sans tabac 世界禁煙デー：1995年5月30日, *World No-Smoking Day*

journée revendicative （労働者の）権利要求デモの日, *day of protest*

joypad 〖コンピュ〗ジョイパッド, *joypad*

juche (indépendance en auto-suffisance) 主体（チュチェ）思想：北朝鮮の国家指導原理, *Juche thought (self-reliance of Kim Il sung)*

judéo- （連結形）ユダヤの, *Judeo-*

judéo-allemand イディッシュ, *Yiddish*

judéo-chrétien ユダヤ教とキリスト教の, *Judeo-Christian*

judéo-christianisme ユダヤ・キリスト教, *Judeo-Christianism*

judéo-espagnol ユダヤ系スペイン語, *Judeo-Spanish*

juge de but vidéo 〖スポ〗ビデオゴールジャッジ：サッカーのゴールの有無をビデオの録画で判断すること, *video goal judge*

juge de ligne 〖スポ〗（テニス，アイスホッケーなどの）ラインズマン, *linesman*

juge de porte sur le parcours 〖スポ〗（スキー競技の）旗門

審判, *gatekeeper*

jugement d'existence 客観的判断, *objective judgement*

jugulaire (顎の部分の紐を意味する)ヘルメットストラップ, *chin strap*

jumping 〘スポ〙障害飛越え競技, *show jumping*

jungle des rues アスファルトジャングル, *asphalt jungle*

〈**juppette**〉(Alain Juppé 首相時代の)新車購入助成金：8年以上経った車を新車に買換える際に最高7000フラン, *Juppé Premium (France)*

juridicité 法対象性

jusqu'à preuve du contraire 反証のない限り, *in the absence of evidence to the contrary*

juste valeur 適正価格, *fair value*

justice à deux vitesses (一定犯罪のみ迅速処理の)ツースピード裁判

justice et affaires intérieures 司法及び内務分野, *justice and home affairs*

justice fiscale 課税の公正さ, *fairness of taxation*

justification 〘コンピュ〙(ワープロの)ジャスティフィケーション：行の長さをそろえること, *justification*

justifié à droite et à gauche 〘コンピュ〙(ワープロ操作で)左右ジャスティフィケーションありの, *both justified*

K

(le) k marshallien 〖経〗マーシャルの k, *Marshallian k*
kainotêtophobie 新奇恐怖症, *cenophobia*
kalachnikov カラシニコフ：旧ソ連製の自動小銃, *Kalashnikov*
(opération) kamikaze （中東等での）自爆テロ（作戦）, *suicide mission*
(le) Karabakh 〖地〗（アゼルバイジャンの一地方）カラバフ, *Karabakh*
(le) karaoké カラオケ, *karaoke*
karbovanet(z) （ウクライナの旧通貨単位で）カロバネット, *karbovanet*
(fiche) Kartex カーテックス式（ファイル）：即時参照可能にするためカードを少しずつずらして並べる方式, *Kartex (file)*
katagélophobie 滑稽恐怖症, *ketagelophobia*
kathisophobie 着席恐怖症, *cathisophobia*
kénophobie 影恐怖症, *sciophobia*
keraunophobie 雷恐怖症, *keraunophobia*
keuf （flic の逆さ言葉で）刑事, *cop*
Khmers rouges クメールルージュ：カンボジア革命勢力, *Khmer Rouge*
〈khobisme〉 （チュニジアの）パンを餌にした国民の政治批判封じ
khomeinisme ホメイニ主義, *Khomeinism*
khomeiniste ホメイニの, *Khomeinist*
kilométrage illimité （レンタカーの）乗り放題, *unlimited mileage*
kina （パプア・ニューギニアの通貨単位で）キナ, *kina*
kinébalnéothérapie 温かい海水プールでの運動療法
kinétophobie 運動恐怖症, *kinesophobia*
kiosque Internet インターネット端末, *Internet terminal*
〈kiosque micro〉 キオスクミクロ：インターネットアクセスサービスの一つ
kip （ラオスの単位で）キップ, *kip*
kirghiz 〖地〗キルギスの, *Kirghiz*
(les) Kiribati 〖地〗キリバス, *Kiribati*
kiribatien 〖地〗キリバスの, *of Kiribati*

kit de connexion à Internet インターネット接続キット, *Internet connection kit*

kleptophobie 盗難恐怖症, *kleptophobia*

kopophobie 疲労恐怖症, *kopophobia*

koréphobie 人形恐怖症

korfbal コーフボール：オランダ生まれの新しいバスケットボール, *Korfbal*

kosack 〚スポ〛（フリースタイルスキーの）コサック, *kosack*

kosovar 〚地〛コソボの, *of Kosovo*

kouign-amann 〚風〛（ブルターニュのケーキ）クインアマン

kremlinologiste ロシア問題専門家, *Kremlinologist*

kriegspiel 図上戦術研究, *war game*

kroon （エストニアの通貨単位で）クローン, *kroon*

kuna // kune （クロアチアの通貨単位で）クーナ, *kuna*

kwacha （ザンビア，マラウィの通貨単位で）クワチャ, *kwacha*

kwanza （アンゴラの通貨単位で）クワンザ, *kwanza*

kyat （ミャンマーの通貨単位で）チャット, *kyat*

kyphophobie 猫背恐怖症, *kyphophobia*

L

⟨**là-bas**⟩ 〖証〗次回の月末定期取引決済, *end next month account*

label bio 自然食品保証ラベル

label de volume 〖コンピュ〗ボリュームラベル, *volume label*

label d'exportation 輸出向けラベル, *export label*

label ouvrier / label syndical 労働組合証票：適正な労働条件で生産されたことを示すため労働組合が貼るラベル, *union label*

label patronal 経営者証票：商品の原産と品質を生産企業の経営者が保証するラベル

⟨**Labo céleste**⟩ スカイラブ計画, *Skylab Program*

laboratoire de physique et de métrologie des oscillateurs 多極管物理・計測学研究所

lachanophobie 野菜恐怖症, *lachanophobia*

lacune d'information 情報欠如, *information gap*

laïcité de l'Etat 国家の政教分離, *secularity of the State*

lait de soja 豆乳, *soy milk*

lait longue-conservation / lait UHT ロングライフ牛乳；超高温処理牛乳, *ultra heat treated milk / UHT milk*

lalophobie 演説恐怖症, *lalophobia*

lame du patin 〖スポ〗スケートブレード, *blade of skate*

lame en acier léger 〖スポ〗（リュージュの）軽量金属シーネ, *light weight steel blade*

lame pour les figures 〖スポ〗フィギュアブレード, *figure blade*

lampe à bronzer 日焼けランプ, *tanning lamp*

lampe compacte à économie d'énergie 電球形蛍光ランプ, *energy saving bulb*

lance portable antichar 軽対戦車兵器, *light antitank weapon*

lance-roquettes antichars 対戦車ロケットランチャー, *antitank rocket launcher*

lance-roquettes multiples 多連装ロケットランチャー, *multiple rocket launcher*

lancement d'une société en Bourse 〖証〗企業の上場, *floating of a company*

lancer frappé 〘スポ〙(アイスホッケーの)スラップショット, *slap shot*

lancer frappé court 〘スポ〙(アイスホッケーの)スナップショット, *snap shot*

lancer puissant 〘スポ〙(アイスホッケーの)ハードショット, *hard shot*

lanceur lourd 低地球軌道衛星への貨物事前送用宇宙船, *heavy-lift launch vehicle*

(le) Land (de Bavière) (バイエルン)州:ドイツの州, *(Bavarian) State*

Länder d'Allemagne (複数で)ドイツの州, *States of Germany*

Länder orientaux 統一後の旧東独各州, *Eastern States of Germany*

langage algorithmique 〘コンピュ〙算法言語, *algorithmic language*

langage de contrôle des travaux 〘コンピュ〙ジョブ制御言語, *job control language*

langage de description de données 〘コンピュ〙データ記述言語, *data description language*

langage de manipulation de données 〘コンピュ〙データ操作言語, *data manipulation language*

langage de programmation 〘コンピュ〙プログラミング言語, *programming language*

langage de représentation des connaissances 知識表現言語, *knowledge representation language*

langage de traitement 〘コンピュ〙プロセッシング言語, *processing language*

langage de traitement de listes 〘コンピュ〙人工知能言語, *list processing language*

langage d'écriture de logiciel 〘コンピュ〙プログラム記述言語, *software writing language*

langage dépendant du contexte 〘コンピュ〙文脈依存言語, *context-sensitive language*

langage d'interrogation 〘コンピュ〙問合わせ言語, *query language*

langage évolué 〘コンピュ〙高度コンピュータ言語, *high-level computer language*

langage impératif 〘コンピュ〙実行型言語, *imperative language*

langage indépendant du contexte 〘コンピュ〙文脈自由言語, *context-free language*

langage informatique 〘コンピュ〙コンピュータ言語, *computer language*

langage machine 〖コンピュ〗機械語, *machine language*

langage non procédural 〖コンピュ〗非手順的言語, *non-procedural language*

langage objet 〖コンピュ〗目的言語, *object language*

langage orienté par ordinateur 〖コンピュ〗計算機向き言語, *computer-oriented language*

langage pour le traitement de l'information 〖コンピュ〗情報処理用言語, *information processing language*

langage procédural 〖コンピュ〗手順向き言語, *procedural language*

langage régulier 〖コンピュ〗正則言語, *regular language*

langage source 〖コンピュ〗原始言語, *source language*

langage standard généralisé de balisage 〖コンピュ〗汎用マークアップ言語規約；標準文書データフォーマット, *Standard Generalized Mark-up Language*

langage symbolique 〖コンピュ〗記号言語, *symbolic language*

langue de programmation 〖コンピュ〗プログラミング言語, *programming language*

langue de travail （国際機関での）常用語

langues nigéro-congolaises ニジェール・コンゴ諸言語, *Niger-Congo languages*

langues nilo-sahariennes ナイル・サハラ諸言語, *Nilo-Saharan languages*

langues paléosibériennes 旧シベリア諸語, *Paleosiberian languages*

langue véhiculaire 媒介言語：国家間の伝達のために利用される言語, *vehicular language*

largeur à mi-crête （原子力用語で）半値全幅（はんちぜんはば）, *full-width half-maximum*

lari （グルジアの通貨単位で）ラリ, *lari*

(le) lasik レーシック：エキシマレーザー生体内角膜切開術, *LASIK (=Laser Assisted Intra-Stromal Keratomileusis)*

lat （ラトビアの通貨単位で）ラット, *lat*

latino- （連結形）羅＝ラテンの, *Latino-*

lavage au brut des citernes （輸送船内部の）原油洗浄, *crude oil washing*

lavé-repassé （衣服が）ウォッシュ・アンド・ウェアの, *wash-and-wear*

LDL-cholestérol 〖バイオ〗低密度リポ蛋白コレステロール, *LDL (=low density lipoprotein) cholesterol*

leader mondial du logiciel 〖言換〗（ソフトのトップメーカーの意味から）マイクロソフト, *Microsoft*

leader syndicaliste 労働組合委員長, *head of a union*

⟨Lectel⟩ 視覚障害者用ミニテル
lecteur à carte apparente 非挿入式電話カード読取機
lecteur de bande 〚コンピュ〛テープ読取装置, *tape drive*
lecteur de cartes 〚コンピュ〛カード読取装置, *card reader*
lecteur de cassettes audionumériques DAT プレーヤー, *DAT player*
lecteur de CD-ROM 25 X 〚コンピュ〛25倍速 CD-ROM ドライブ, *25 X CD-ROM drive*
lecteur de CD-ROM à triple vitesse 〚コンピュ〛三倍速 CD-ROM ドライブ, *triple speed CD-ROM drive*
lecteur de CD-ROM externe 〚コンピュ〛外付け CD-ROM ドライブ, *external CD-ROM drive*
lecteur de CD-ROM interne 〚コンピュ〛内蔵型 CD-ROM ドライブ, *internal CD-ROM drive*
lecteur de disques 〚コンピュ〛ディスクドライブ, *disk drive*
lecteur de disques compacts CD プレーヤー, *CD player*
lecteur de disques laser レーザーディスクプレーヤー, *laser disk player*
lecteur de disques optiques 〚コンピュ〛CD-ROM ドライブ, *CD-ROM drive*
lecteur de DVD DVD 読取装置, *DVD drive*
lecteur-enregistreur de disquettes 〚コンピュ〛フロッピーディスクドライブ, *floppy disk drive*
lecteur magnéto-optique MO(光磁気)ドライブ, *MO drive*
lecteur optique de caractères 〚コンピュ〛光学文字読取装置, *optical character reader*
lecteur SafePad de Bull au standard C-SET 〚コンピュ〛C-SET 方式のブル社製カード読取機
lecture continue 連続再生, *continuous play*
lecture de marques 〚コンピュ〛マーク読取り, *mark reading*
lecture destructive 〚コンピュ〛破壊読出し, *destructive read*
lecture dispersée 〚コンピュ〛分散読取り, *scatter read*
lecture optique de marques 〚コンピュ〛光学的マーク読取り, *optical mark reading*
légère reprise 〚証〛小反発；小戻し, *slight rebound*
législation alimentaire 食品関連立法, *foodstuffs legislation*
législation anti-monopoles 独占禁止法, *antimonopoly laws*
législation antitrust 反トラスト法, *antitrust laws*
législation communautaire 共同体立法, *Community legislation*
législation douanière 関税法, *customs legislation*

législation du travail / législation ouvrière 労働立法, *labor legislation*

législation financière / légi fi 金融法；財務法, *financial law*

législation interne 国内立法, *national legislation*

législation nationale relative à la défense nationale 国防法規, *provision of national security*

législation phytosanitaire 植物防虫害防除立法, *legislation on plant health*

législation relative aux brevets 特許法, *patent law*

législation salariale 賃金法制, *wage law*

législation sociale 福祉立法, *welfare legislation*

légumes cultivés sans pesticides ni engrais de synthèse 無農薬野菜, *vegetables grown without pesticides and chemical fertilizers*

légumes transgéniques / légumes obtenus par biotechnologie 〖バイオ〗バイオ野菜：遺伝子工学などにより作り出された新品種野菜, *bio-vegetable*

lek （アルバニアの通貨単位で）レク, *lek*

lempira （ホンジュラスの通貨単位で）レンピラ, *lempira*

lenteurs de l'administration 官僚的緩慢さ, *red tape*

lentilles 〈solaires〉 UVカットコンタクトレンズ

leone （シエラレオネの通貨単位で）レオネ, *leone*

lepénien / lepéniste （ジャン・マリー）ルペンの, *of Jean-Marie Le Pen*

lépidoptérophile 蝶収集家

lesothan 〖地〗レソトの, *of Lesotho*

lettre chargée 保険郵便書簡：同封金額を申告する書留郵便, *insured letter*

lettre confirmative 確認状, *confirmation letter*

lettre d'accompagnement （包みに同封する）添え状, *covering letter*

lettre d'affaires ビジネスレター, *business letter*

lettre d'agrément 製造許可証, *manufacturing license*

lettre d'appui （融資者への）慰安状, *comfort letter*

lettre d'avis （商売の）案内状, *advice note*

lettre de cadrage 予算編成方針の通知

lettre de candidature 申込書, *letter of application*

lettre de change-relevé ステートメント方式為替手形：ペーパーレス方式でコンピュータ処理され, 計算書のみ発行される, *bills of exchange statement*

lettre de change-relevé magnétique 磁気読取為替手形

lettre de couverture カバーノート：保険ブローカーが契約

者に出す仮契約書, *cover note*

lettre de crédit avec recours 遡及義務不免除信用状, *with recourse letter of credit*

lettre de crédit dos à dos 見返り信用状, *back-to-back letter of credit*

lettre de crédit irrévocable 撤回不能信用状, *irrevocable letter of credit*

lettre de crédit réciproque 同時開設信用状, *reciprocal letter of credit*

lettre de crédit sans recours 遡及義務免除信用状, *without recourse letter of credit*

lettre de distribution par actions 株式割当通知状, *stock allotment letter*

lettre de gage 担保付き債券, *mortgage bond*

lettre de garantie 賠償保証書, *guaranty given by shipper to sea carrier against any claims in order to obtain a clean bill of lading*

lettre de garantie bancaire 銀行保証書, *bank guarantee*

lettre de mer 〖貿〗通関状, *customs clearance*

lettre de plafond 予算上限額通知

lettre de rappel (税金滞納者への)督促状;直接税納付催告状, *reminder / follow-up letter*

lettre de réclamation 苦情申立書, *letter of complaint*

lettre de refus de distribution par actions 〖証〗株式割当拒絶書, *letter of regret*

lettre de relance (商談前進のための)フォローアップレター, *follow-up letter*

lettre de soutien 〖会〗コンフォートレター:慰励の監督意見書, *comfort letter*

lettre de transport 通し船荷証券, *through bill of lading*

lettre de transport aérien / lettre de voiture aérienne 航空貨物運送状, *airway bill*

lettre de voiture 委託貨物運送状, *consignment note*

lettre d'embauche 辞令, *letter of appointment*

lettre d'engagement 採用通知, *notice of appointment*

lettre d'indemnité sur la garantie 念書, *letter of indemnity on guarantee*

lettre d'intention (売買の)合意書;内示書, *letter of intent*

lettre d'intention à la commande 発注内示書

lettre piégée 手紙爆弾, *letter bomb*

lettre recommandée avec demande d'avis de réception 配達証明付き書留郵便, *registered letter with acknowledgment*

lettre rectificative 予算案修正, *amendment to budget proposal*

leu // lei (ルーマニア, モルドバの通貨単位で)レウ, *leu*

leu moldave (通貨単位で)モルドバ・レウ, *Moldova lev*

leucoselophobie 白紙頁恐怖症

leukophobie 白色恐怖症, *leukophobia*

lev // leva (ブルガリアの通貨単位で)レフ, *lev*

levée d'impôts 税の徴収, *levy of taxes*

levée d'une option 〖オプ〗オプション取引の完結, *exercise of an option*

levée d'une prime 〖オプ〗(プレミアム取引の)オプション行使, *exercise of an option*

lévophobie (自分の左側にあるものが嫌な)左側恐怖症, *levophobia*

liaison bipoint 〖通〗二地点間リンク, *point-to-point link*

liaison de données 〖コンピュ〗データリンク, *data link*

liaison duplex intégral 〖通〗二方向連係, *two-way link*

liaison ionique イオン結合, *ionic bond*

liaison par modem 〖コンピュ〗モデムリンク, *modem link*

liaison primaire 〖通〗一次リンク, *primary link*

liaison quatre fils 〖通〗四線リンク, *four wire link*

liaison spécialisée 〖通〗プライベート線, *private wire*

liasse fiscale 税務決算書, *batch of fiscal statements*

libellé des ordres 〖証〗注文の方法, *wording of orders*

libellé en dollars 〖証〗ドル建ての, *denominated in dollars*

libellé en francs 〖証〗フラン建ての, *denominated in francs*

libellé en yens 〖証〗円建ての, *denominated in yen*

libéralisation accélérée des tarifs 加速関税自由化, *accelerated tariff liberalization*

libéralisation par étapes 段階的自由化, *phased liberalization*

libéralisme économique 自由経済体制, *economic liberalism*

libéralité 〖ODA〗無償贈与, *generosity*

libération (d'un capital) 〖証〗(株の額面額)払込み, *payment (of a capital)*

libération de prime 保険料免除, *discharge of premium*

libération des obligations militaires 兵役満了, *completion of military service*

libération des prix 価格統制解除, *price deregulation*

libération d'hypothèque 抵当解除, *discharge of mortgage*

libération du cautionnement 保証解除, *discharge of the deposit*

libération minimale du capital social 〚証〛資本金払込み最低額, *minimum amount of capital to be paid up*

libération progressive (des restrictions) (制限の)段階的解消, *progressive abolition (of restrictions)*

libération progressive des prix 価格の段階的自由化, *phased decoupage*

libéraux-libertaires 〚風〛リリ族：生活面でも経済面でも束縛・規制を嫌う現代人

libériste 〚スポ〛ハンググライダー(またはパラグライダー)をする人, *hang-glider (or para-glider)*

libériste sur un deltaplane 〚スポ〛ハンググライダーをする人, *hang-glider*

liberté contractuelle 契約自由の原則, *freedom of contract*

liberté de la communication 報道の自由, *freedom of the press*

liberté de la pensée 思想の自由, *freedom of thought*

liberté d'enseignement 教育の自由, *freedom of educational choice*

liberté d'entreprendre 企業の自由：事業所設定及び企業活動行使の自由

liberté d'établissement 居住の自由, *freedom of establishment*

liberté d'expression 表現の自由, *freedom of expression*

liberté du culte 信仰の自由, *freedom of worship*

libertés publiques 〚法〛公的人権；公の諸自由, *civil liberties*

liberté subsidiée (社会保障で)助成は受けるが運営は自由の原則

libre circulation des capitaux / libre circulation des mouvements de capitaux 資本移動の自由, *free movement of capital*

libre circulation des marchandises 商品の自由な流通, *free movement of goods*

libre circulation des personnes, des services et des capitaux 人・サービス・資本移動の自由, *freedom of movement for persons, services and capital*

libre convertibilité des monnaies 通貨の自由交換性, *free convertibility of currency*

libre de dettes 借金のない, *clear of debts*

libre de suite (貸家が)即入居可の, *with vacant possession*

libre de tout occupant (不動産物件の引渡しについて)現居住者なしの

(flotte de) libre immatriculation 便宜置籍国船籍(船隊),

open registry (fleet)

libre jeu de la concurrence 自由競争, *free competition*

libre pratique （欧州共同体の）域外原産品の流通許可；自由流通状態, *free circulation (EC)*

libre-service bancaire 〘金〙ATMコーナー, *Automated Teller Machine*

licence de fabrication 製造許可証, *manufacturing license*

licence de vente de vins et spiritueux 酒類販売許可証, *license to sell alcohol*

licenciement pour motif économique 〘法〙整理解雇；経済的理由に基づく解雇

lien hypertexte 〘コンピュ〙ハイパーテキストリンク, *hypertext link*

lieu d'affectation 配属先, *place of employment*

lieu de destination 仕向地, *destination*

lieu d'imposition 課税地, *place of imposition*

lieutenant de louveterie 有害動物駆除隊長：知事に任命され指定有害動物駆除に当たる

lièvre 〘スポ〙（マラソンの）ラビット, *rabbit*

ligne à pulses 〘通〙パルス回線, *pulse line*

ligne à retard 〘通〙遅延線, *delay line*

ligne à tonalité 〘通〙トーン回線, *touch-tone line*

ligne acoustique à retard 〘通〙超音波遅延性, *acoustic delay line*

ligne budgétaire 予算の各項, *budget heading*

ligne centrale 〘スポ〙（アイスホッケーの）レッドライン, *red line (ice hockey)*

ligne commutée ダイヤルアップ回線, *dial-up line*

ligne de balayage 〘スポ〙（カーリングの）スウィーピングライン, *sweeping line*

ligne de base archipélagique 〘法〙群島基線, *archipelagic baseline*

ligne de base droite 〘法〙（領海の）直線基線, *straight baseline*

ligne de base normale 〘法〙（領海の）通常の基線, *normal baseline*

ligne de centre 〘スポ〙（カーリングの）ティーライン, *tee line*

ligne de comportement / ligne de conduite 行動方針, *line of behavior*

ligne de cotes 〘スポ〙（スノーボードの）サイドカット, *side cut*

ligne de crédit à options multiples 〘金〙マルチオプションファシリティ：通称はMOF, *multiple option financing facilities*

ligne de crédit ouverte par l'émission de titres à court 〘証〙短期証券発行引受保証枠, *note issuance facility*

ligne de crédit par acceptation 引受貸付限度, *acceptance credit line*

ligne de crédit renouvelable 回転信用ファシリティ, *revolving credit facility*

ligne de mise en jeu 〘スポ〙(アイスホッケーの)ファイスオフスポット, *face-off spot*

ligne de programme 〘コンピュ〙プログラムライン, *program line*

lignes de ravitaillement 補給路, *supply lines*

ligne de sortie 〘コンピュ〙論理出力, *fan-out*

ligne de substitution du crédit (銀行の)バックアップライン, *backup line*

ligne de tendance 傾向線, *trend line*

ligne de tendance descendante 〘経〙ディセンディングトップス, *descending tops*

ligne d'entrée 〘コンピュ〙論理入力, *fan-in*

ligne des cochons 〘スポ〙(カーリングの)ホッグライン, *hog line*

ligne d'intérêt local (鉄道の)ローカル用路線, *local line (railway)*

ligne d'isocoûts 等費用線, *iso-cost curve*

ligne droite d'arrivée 〘スポ〙ホームストレート, *home straight*

ligne droite opposée 〘スポ〙バックストレート, *back straight*

ligne-écran 〘コンピュ〙スクリーンライン, *screen line*

ligne louée 〘通〙専用回線, *leased line*

ligne numérique à paire asymétrique 非対称型デジタル加入者線:通称はADSL, *asymmetrical digital subscriber line*

lignes par minute 分割(ふんわり)印字行数;一分当たり印字行数, *lines per minute*

ligne spécialisée (インターネット常時接続ラインなどの)専用線, *dedicated line*

Ligue arabe アラブ連盟, *Arab League*

Ligue Awami (バングラデシュの)アワミ連盟, *Awami League*

Ligue contre la fumée du tabac en public 公共領域禁煙連盟

Ligue de médecine physique et de réadaptation pour l'Asie et le Pacifique アジア太平洋物理医学リハビリテーション連盟, *Asian Pacific League of Physical Medicine and Rehabilitation*

Ligue des sociétés de la Croix-Rouge 〘仏〙赤十字社連盟, *League of Red Cross Societies*

Ligue du Nord (イタリアの政党で)北部同盟, *Northern League*

Ligue du Sud-Est asiatique et du Pacifique contre le rhumatisme 東南アジアリウマチ連合, *Southeast Asia and Pacific Area League of Rheumatism*

Ligue française pour les auberges de la jeunesse フランスユースホステル連盟, *French Youth Hostel Association*

Ligue homéopathique internationale 国際同種療法協会, *International Homeopathic League*

Ligue internationale contre le racisme et l'antisémitisme 反差別国際運動, *International Movement against All Forms of Discrimination and Racism*

Ligue internationale contre le rhumatisme 国際リウマチ学会, *International League Against Rheumatism*

Ligue internationale contre l'épilepsie 国際てんかん予防連盟, *International League Against Epilepsy*

Ligue internationale de la librairie ancienne 国際古書籍商連盟, *International League of Antiquarian Booksellers*

Ligue internationale des associations d'aide aux handicapés mentaux 国際精神障害者協会連盟, *International League of Societies for the Mentally Handicapped*

Ligue internationale des droits de l'homme 国際人権連盟, *International League for Human Rights*

Ligue internationale des sociétés dermatologiques 国際皮膚科学会連盟, *International League of Dermatological Societies*

lilangeni // emalangeni (スワジランドの通貨単位で)リランジェニ, *lilangeni*

limitation à la liberté du commerce 自由取引の制限, *restraint of trade*

limitation de dépenses 支出限度, *expenditure limit*

limitation de la responsabilité des propriétaires de navires de mer 海上航行船舶所有者の責任制限, *limitation of the liability of owners of sea-going ships*

(la) limitation des dépenses électorales et la clarification du financement des activités politiques 選挙運動費用の制限及び政治資金の浄化

limitation des encours 銀行信用額制限, *outstanding limitation*

limites à la croissance 成長の限界, *limits to growth*

limite d'acceptation (手形)引受上限, *acceptance limit*

limite de compensation 損失補償限度, *limit of loss com-*

limite de fluctuation des cours / limite de variation des cours / limitation des pourcentages de fluctuation 〖証〗値幅制限, *fluctuation limit*

limite de fluctuation quotidienne 〖証〗一日の値幅制限, *daily price limit*

limite de l'utilité possible 〖経〗効用可能性フロンティア, *utility possibility frontier*

limite de qualité moyenne après contrôle 平均出検品質限界, *average outgoing quality limit*

limite discrétionnaire 裁量限度, *discretionary limit*

limite globale de migration (プラスチックケースが食品へ及ぼす影響の)移動総量限度, *overall migration limit*

limite supérieure convenue 協定上限, *agreed higher limit*

limiteur de vitesse (自動車の)速度リミッター, *speed limiter*

limnophobie 湖恐怖症, *limnophobia*

linonophobie ひも恐怖症, *cnidophobia*

(le) lion franc-comtois 〖言換〗(立ったライオンがトレードマークで, フランシュ・コンテが本拠地の企業)プジョー, *Peugeot*

lipoprotéine (de) basse densité 低密度リポ蛋白質, *low-density lipoprotein*

lipoprotéine (de) haute densité 高密度リポ蛋白質, *high-density lipoprotein*

liposuccion (美容目的の)体脂肪吸引手術, *liposuction*

liquidation boursière 〖証〗(株売買の)受渡し日, *account day*

liquidation de fin de mois 〖証〗(定期取引の)月末決済, *end month settlement*

liquidation de l'impôt 税額の決定, *settlement of tax amount*

liquidation de quinzaine 〖証〗(定期取引の)月中(つきなか)清算;15日決済, *mid month settlement*

liquidation de sinistres 再保険特約期間終了後の残存責任, *run-off*

liquidation de sociétés 会社清算, *winding up of companies*

liquidation des modèles d'exposition 展示品一掃, *demonstration models to clear*

liquidation d'office 〖証〗(定期取引担保証券の)強制売却, *official settlement*

liquide correcteur (タイプミスの)修正液, *correcting fluid*
liquide de refroidissement du moteur (自動車エンジンの)クーラント液, *engine coolant*
liquidités à vue 〖金〗キャッシュフロー：企業が一定期間に利用できる現金, *cash flow*
liquidités bancaires / liquidités des banques 銀行の流動性, *bank liquidity*
liquidités brutes 〖金〗総流動性, *gross liquidity*
liquidités externes 外部流動資金, *external liquid assets*
liquidités internationales 〖金〗国際流動性, *international liquidity*
liquidités primaires 一次的流動資産, *primary liquid assets*
lire maltaise (通貨単位で)マルタ・リラ, *Malta lira*
lire turque (通貨単位で)トルコ・リラ, *Turkish lira*
lisible par la machine 〖コンピュ〗機械で読取り可能な, *machine-readable*
lisible par ordinateur 〖コンピュ〗コンピュータで直接処理できる, *machine-readable*
listage 〖コンピュ〗(プログラムソースコードの)プリントアウト；リスト出力, *print-out*
liste bloquée (選挙の)拘束名簿
liste d'aptitude 有資格者名簿, *list of suitable candidates*
liste d'articles 項目一覧, *list of items*
liste de diffusion 郵送先名簿, *mailing list*
liste de mariage 結婚祝い品目録：新郎新婦が作り友人達が中から適当な品を各自選ぶ, *wedding list*
liste de polling 〖通〗ポーリングリスト, *polling list*
liste de produits 製品目録, *list of products*
liste de valeurs sous surveillance 〖証〗要注意銘柄, *watch list*
liste d'emballage 包装明細書, *packing list*
liste des actionnaires 〖証〗株主名簿, *stockholders' list*
liste des coordonnées géographiques 地理経緯度の表, *list of geographical co-ordinates of points*
(être placé en tête de la) liste des évasions fiscales 脱税番付け(の筆頭である)
liste des participants 参加者リスト, *attendance list*
liste des points à contrôler チェックリスト, *check list*
liste des substances interdites 禁止薬物リスト, *list of prohibited products*
liste d'exemptions 免税品目録, *free list*
liste d'immobilisation 〖証〗株券不動化リスト, *list of im-*

mobilized stocks

liste du PACS (= pacte civil de solidarité) 連帯に基づく市民契約により結ばれた二人を祝う贈り物リスト:各人が贈り物を選ぶ際の参考用目録

liste officielle des taux d'imposition 税率表, *tax rate schedule*

listing 〚コンピュ〛(プログラムソースコードの)プリントアウト;リスト出力, *printout*

lit médicalisé 医療的ベッド, *medical bed*

litas // litai / litu (リトアニアの通貨単位で)リタス, *litas*

litas lituanien (通貨単位で)リトアニア・リタス, *Lithuanian litas*

livraison à 5+5 〚証〛通常引渡し, *regular way of delivery*

livraison à la frontière 〚貿〛国境渡し, *delivered at frontier*

livraison au comptant 〚経〛現物渡し, *spot delivery*

livraison au navire 〚貿〛本船持込渡し, *delivered ex ship*

livraison contre remboursement 代金引換渡し, *cash on delivery*

livraison dès réception du paiement 前金払い, *cash before delivery*

livraison différée 特約日受渡し, *delayed delivery*

livraison franco de douane 〚貿〛仕向地持込渡し, *delivered duty paid*

livraison immédiate 現物渡し, *spot delivery*

livraison par voie ordinaire 通常受渡し, *regular-way delivery*

livraison physique / livraison matérielle 現実引渡し, *physical delivery*

livre auxiliaire 補助帳簿, *subsidiary book*

livres avoirdupoids 常衡ポンド, *avoirdupois pounds*

livre chypriote (通貨単位で)キプロス・ポンド, *Cyprus pound*

livre de banque 現金出納帳, *cashbook*

livre de caisse 出納簿, *cashbook*

livre de commerce 商業帳簿, *business book*

livre de comptabilité 会計帳簿, *account book*

livre de Gibraltar (通貨単位で)ジブラルタル・ポンド, *Gibraltar pound*

livre de paie / livre de paye 賃金台帳;賃金支払帳, *payroll*

livre de révélation 暴露本, *kiss-and-tell book*

livre des Falkland (通貨単位で)フォークランド・ポンド,

Falkland pound

livre d'inventaire 資産負債明細書, *balance book / detailed list of assets and liabilities*

livre égyptienne (通貨単位で)エジプト・ポンド, *Egyptian pound*

livre enregistré 録音図書：視覚障害者用に録音したテープ, *talking book*

livre fractionnaire 補助帳簿, *subsidiary book*

livre Guiness des records ギネスブック, *Guiness Book of Records*

livre irlandaise (ユーロ導入以前の通貨単位で)アイルランド・ポンド：0.787564ポンドが1ユーロ, *Irish pound*

livre journal général 一般仕訳帳, *general journal*

livre libanaise (通貨単位で)レバノン・ポンド, *Lebanese pound*

livre maltaise (通貨単位で)マルタ・ポンド, *Maltese pound*

livres par pouce carré ポンド毎平方インチ, *pounds per square inch*

livre-poids ポンダル, *poundal*

livre relié en dur ハードカバーブック, *hardcover book*

livre soudanaise (通貨単位で)スーダン・ポンド, *Sudanese pound*

livre sterling (通貨で)英ポンド, *pound sterling*

livre syrienne (通貨単位で)シリア・ポンド, *Syrian pound*

livrer 〘証〙(空売りの際に)現物を買う

livret de la Caisse d'épargne 貯金通帳, *postal savings book*

livret défiscalisé 非課税通帳預金

livret d'épargne populaire (非課税預金の)庶民貯蓄通帳；マル優貯金, *tax-exempt personal savings book*

livret matricule (軍人の)人事記録, *army file*

livret soumis à l'impôt 課税対象預金通帳, *taxable savings account book*

lixiviation bactérienne 〘バイオ〙バクテリアリーチング, *bacteria lixiviation*

lobbies de consommateurs 消費者団体, *lobby of consumer groups*

local à usage commercial 店舗用建物, *commercial premises*

local à usage de bureaux オフィススペース, *office spaces*

local à usage professionnel 専門職用建物：医師、弁護士などの業務用, *professional premises*

localisation des pannes 〘コンピュ〙障害探索, *troubleshooting*

localisation industrielle 産業立地, *location of industry*

localisation par radar レーダー追跡, *radar tracking*

locataire de l'Elysée 〘言換〙(エリーゼ宮の間借り人)フランス大統領, *President of the Republic (France)*

locataire de Matignon 〘言換〙(マティニョン館の間借り人)フランス首相, *French Prime Minister*

locataire du 10 Downing Street 〘言換〙(ダウニング街10番地の間借り人)英国首相, *British Prime Minister*

location d'immeubles 不動産の賃貸, *letting of house*

location en meublé 家具付き賃貸借, *furnished letting*

location endettée 〘経〙レバレッジドリース:大型リースで貸手が一部を自己資金負担,残りを保険会社から借入れるケース, *leveraged lease*

location financement (ベルギーで)リース, *leasing*

location-gérance 〘経〙管理賃貸借;営業の賃貸借;第三者委託型賃貸借, *management under lease*

location par téléphone 電話予約, *telephone booking*

locaux aveugles 窓のない場所, *windowless areas*

locaux de bureaux オフィススペース, *office space*

locaux de la mission 外交使節団の公館, *premises of the mission*

locaux de stockage 貯蔵施設, *storage facilities*

lock-out défensif 防禦的ロックアウト, *defensive lockout*

〈**Loft Story**〉 ロフトストーリー:2001年に開始した,実際の男女の生活をテレビでさらけ出すリアリティーショー番組

loge d'honneur 〘スポ〙VIPボックス, *VIP box*

logement de fonction 社宅;官舎, *company house (for its employees)*

logement de rapport (家賃収入を見込んだ)賃貸家屋, *revenue-earning house*

logement locatif 賃貸住宅, *house for rent*

logement social / logement subventionné 公営住宅, *subsidized accommodation*

logiciel à contribution volontaire 〘コンピュ〙シェアウェア, *shareware*

logiciel antivirus 〘コンピュ〙ウイルス退治ソフト, *antivirus software*

logiciel breveté 〘コンピュ〙所有権主張可能ソフト, *proprietary software*

logiciel bureautique 〘コンピュ〙ビジネスソフトウェア, *business software*

logiciel contributif 〘コンピュ〙シェアウェア, *shareware*

logiciel de base 〘コンピュ〙基本プログラム, *basic program*

logiciel de calcul fiscal 〖コンピュ〗税計算ソフト, *tax software*

logiciel de communication 〖コンピュ〗通信ソフト, *communication software*

logiciel de commutation de périphérique 〖コンピュ〗ペリフェラルインターチェンジプログラム, *peripheral interchange program*

logiciel de compression de données 〖コンピュ〗データ圧縮ソフト, *data compression software*

logiciel de comptabilité 〖コンピュ〗会計ソフト, *accounts package*

logiciel de dessin 〖コンピュ〗お絵かきソフト, *art package*

logiciel de filtrage 〖コンピュ〗(過激な情報をチェックする)フィルターソフト, *filter software*

logiciel de groupe 〖コンピュ〗グループウェア, *groupware*

logiciel de jeu 〖コンピュ〗ゲームソフト, *game software*

logiciel de la somme des contrôles 〖コンピュ〗ソフトウェアチェックサム, *software checksum*

logiciel de mise en page 〖コンピュ〗デスクトップ出版ソフト, *desktop publishing software*

logiciel de paie 〖コンピュ〗給与計算ソフト, *payroll program*

logiciel de planification 〖コンピュ〗スケジューラー, *scheduler*

logiciel de présentation 〖コンピュ〗プレゼンテーションソフト, *presentation software*

logiciel de prise de contrôle à distance 〖コンピュ〗リモートコントロールソフトウェア, *remote control software*

logiciel de reconnaissance de caractères 〖コンピュ〗OCRソフト, *OCR (=optical character recognition) software*

logiciel de reconnaissance vocale 〖コンピュ〗音声認識ソフト, *voice recognition software*

logiciel de récupération 〖コンピュ〗修復ソフト, *recovery software*

logiciel de réseau 〖通〗ネットワークソフト, *network software*

logiciel de SGBD (=système de gestion de base de données) 〖コンピュ〗データベース管理システムソフト, *DBMS (=data base management system) software*

logiciel de syllabation 〖コンピュ〗ハイフネーションプログラム, *hyphenation program*

logiciel de télémaintenance 〖コンピュ〗リモートアクセスソフト, *remote access software*

logiciel de traitement de texte 〖コンピュ〗ワープロソフト,

word-processing program
logiciel de transition 〖コンピュ〗ブリッジウェア, *bridgeware*
logiciel de vérification 〖コンピュ〗会計監査ソフト, *audit software*
logiciel d'exploitation 〖コンピュ〗OSソフト, *operating system software*
logiciel d'optimisation 〖コンピュ〗(ハードディスクの)最適化ソフト, *optimization software*
logiciel du domaine public 〖コンピュ〗パブリックドメインソフト, *public domain software*
logiciel en libre essai 〖コンピュ〗シェアウェア, *shareware*
logiciel grapheur 〖コンピュ〗グラフィックソフト, *graphics package*
logiciel intégré 〖コンピュ〗統合ソフトウェア, *integrated software*
logiciel intégré 〖コンピュ〗当初組込済みソフトウェア, *bundled software*
logiciel libre / logiciel public 〖コンピュ〗フリーウェア, *freeware*
logiciel livré avec le matériel 〖コンピュ〗ハードウェアと一括販売されるソフトウェア, *bundled software*
logiciel ludique 〖コンピュ〗ゲームソフト, *game software*
logiciel maison 〖コンピュ〗インハウスソフト, *in-house software*
logiciel monoposte 〖コンピュ〗単独ユーザーソフト, *single-user software package*
logiciel multi-utilisateur 〖コンピュ〗マルチユーザーソフト, *multi-user software*
logiciel portable 〖コンピュ〗複数タイプのコンピュータで使えるソフト
logiciel shell 〖コンピュ〗シェルプログラム, *shell program*
logiciel surchargé ブロートウェア：無駄な機能を満載して重くなっているソフト, *bloatware*
logiciel système 〖コンピュ〗システムソフト, *system software*
logiciel utilisateur 〖コンピュ〗ユーザーソフト, *user software*
logiciel utilitaire 〖コンピュ〗ユーティリティーソフト, *utility software*
logique à couplage par émetteurs / logique couplée à l'émetteur 〖コンピュ〗エミッター結合論理回路, *emitter-coupled logic*
logique à diodes et transistors ダイオードトランジスタ論理回路, *diode transistor logic*
logique à transistors fusionnés マージドトランジスタ論理回路, *merged transistor logic*

logique de césure 〘コンピュ〙ハイフネーション論理, *hyphenation logic*

logique des prédicats 〘コンピュ〙述語論理, *predicate logic*

logique floue ファジー論理, *fuzzy logic*

logique intégrée à injection 〘コンピュ〙注入型論理集積回路, *integrated injection logic*

logique transistor-transistor トランジスタトランジスタ論理, *transistor-transistor logic*

logophobie 言語恐怖症, *logophobia*

logotype de la société 会社のロゴ, *company logo*

loi Alliot-Marie アリオ・マリー法:フーリガン(スタジアムでの暴力行為)を規制した1993年12月6日の法律

loi anti-subversion 破防法, *anti-subversive law*

loi antitrust 反トラスト法, *antitrust law*

loi Astier アスティエ法:技術教育を整備した1919年の法律

lois Aubry オブリー法:1998年と1999年の2つの週労働時間35時間法

lois Auroux オールー法:1982年の労働者の企業内権利拡大法(計4つの法律)

loi Barangé バランジェ法:奨学金制度を拡充した1951年の法律

loi Besson ベッソン法:あらゆる人への住宅保障を定めた1990年5月31日の法律

loi Bonnet ボネ法:1980年1月10日の外国人出入国管理法

loi-cadre 枠組法律;基本法, *outline law*

loi Caillavet カイヤヴェ法:臓器摘出に関する1976年12月22日の法律

loi Chevènement シュヴェンヌマン法:1998年5月11日の外国人出入国管理法

loi concernant la séparation des églises et de l'Etat 政教分離法

loi constitutionnelle 憲法的法律, *constitutional law*

loi contre la pédophilie 〘日〙児童買春(かいしゅん)・児童ポルノ処罰法, *bill on child pornography*

loi Dailly ダイイ法:1981年1月2日の職業上債権銀行譲渡法

loi d'airain des salaires 賃金鉄則, *Iron Law of Wages*

loi de distribution (統計の)分布関数, *distribution function*

loi de financement de la Sécurité sociale 社会保障資金調達法

loi de garantie de revenus des travailleurs retraités 従業員退職所得保障法, *Employee Retirement Income Security Act*

loi de Gresham 〖経〗グレシャムの法則, *Gresham's law*

loi de la baisse progressive des rendements / loi de la productivité marginale décroissante 収穫逓減の法則, *law of diminishing returns*

loi de la baisse tendancielle du taux de profit 利潤率低下の法則, *law of diminishing rate of profit*

loi de la demande décroissante 右下がり需要の法則, *law of downward-sloping demand*

loi de la population 人口法則, *law of population*

loi de la survivance du plus apte 適者生存の法則, *law of the survival of the fittest*

loi de Laplace-Gauss (統計の)ガウス曲線, *Gaussian curve*

loi de l'embêtement / loi de l'emmerdement maximum マーフィーの法則：経験から生じるユーモラスな知恵, *Murphy's Law*

loi de l'indifférence 市場無差別の法則, *law of indifference*

loi de l'offre et de la demande 需要供給の法則, *law of demand and supply*

loi de l'utilité marginale décroissante 限界効用逓減の法則, *law of diminishing marginal utility*

loi de Malthus 〖経〗マルサスの法則, *Malthus's law*

loi de Malthus sur la population 〖経〗マルサスの人口論, *Malthusian law of population*

loi de 〈modernisation des activités financières〉 金融業務近代化法

loi de modernisation sociale 社会的近代化法：多大な利益を上げる会社による大量解雇をくい止めるための法律

loi de Moore 〖コンピュ〗ムーアの法則：18カ月でチップ上のトランジスタ集積度が2倍になるという法則, *Moore's Law*

loi de Pareto 〖経〗パレートの法則, *Pareto's law*

loi de Poisson (統計の)ポアソン分布, *Poisson's distribution*

loi de programmation militaire 防衛力整備計画法

loi de programme 企画法律

loi de règlement du budget 決算法, *budget audit law*

loi de relance économique 景気回復のための法律, *economic revival law*

loi de résidence habituelle 常居所地法, *law of habitual residence*

loi de Say sur la conservation du pouvoir d'achat 購買力恒存のセイの法則, *Say's Law of Conservation of Purchasing Power*

loi de variation des salaires 予定給与上昇率, *assumed salary increases*

loi Debré ドゥブレ法：1997年4月24日の外国人出入国管理法
loi des coûts croissants 費用逓増の法則, *law of increasing cost*
loi des coûts décroissants 費用逓減の法則, *law of diminishing cost*
loi des coûts d'opportunités croissants 機会費用逓増の法則, *increasing opportunity costs law*
loi des débouchés 販路法則, *Say's law*
loi des grands nombres （統計の）大数法, *law of large numbers*
loi des rendements décroissants (à l'échelle) 収穫逓減の法則, *law of diminishing returns*
loi des trois secteurs ペティー＝クラーク(W. Petty & C. G. Clark)の法則：産業構造の高度化に関する法則, *Petty-Clark's law*
loi d'Okun オーカンの法則：実質GNP成長率と失業率との関係を示す法則, *Okun's law*
loi d'orientation 基本路線法, *framework law*
loi d'orientation, dite loi Edgar Faure （1968年12月11日の）高等教育基本法；エドガール・フォール法, *law governing higher education*
loi d'orientation relative à la lutte contre les exclusions （1998年7月29日の）排除撲滅基本法
loi du 1er juillet 1901 （1901年7月1日の）結社法：非営利団体に関する法律
loi du marché 市場法則, *law of market*
loi du prix unique 一物一価の原則, *law of one price*
loi Evin エヴァン法：1991年1月10日のタバコ・アルコール広告規制法
loi facilitant le crédit aux entreprises （1981年1月2日の）職業上債権銀行譲渡法；ダイイ法
loi Falloux ファルー法：教育の自由に関する1850年の法律
loi Ferry フェリー法：無償義務教育を確立した1881年の法律
loi Foyer フォワイエ法：証券のペーパーレス化法
loi Génisson ジェニソン法：公務員試験審査委員会・行政同数委員会の男女同数代表制を規定する2001年5月9日の法律
loi Guigou ギグー法：2000年6月15日の推定無罪強化・被害者権利強化法
loi Guizot ギゾー法：各市町村に小学校の設置を義務付けた1833年の法律
loi Haby アビー法：中等教育の再編を定めた1975年7月11日の教育関連法
loi Huriet ユリエ法：生前にその旨の同意があれば脳死の人間

を実験台にすることを許可した1988年12月20日の法律
loi Jospin ジョスパン法：1989年7月10日の教育指導法
loi Joxe ジョックス法：1989年8月2日の外国人出入国管理法あるいは1992年2月6日の共和国の地方行政に関する法律
loi Le Chapelier ルシャプリエ法：1791年6月14日のフランス最初の団結禁止法
loi Madelin マドラン法：1994年2月11日の個人企業促進法
loi Méhaignerie メエニュリー法：1989年2月15日の住宅賃貸借法または1993年7月22日の国籍法
loi Mermaz メルマーズ法：1989年7月6日の居住賃貸借改正法
loi Monory モノリー法：1978年の証券投資優遇法
loi Neiertz ネイエルツ法：1992年の過剰債務関連法または1993年の中絶妨害の刑罰化法
loi Neuwirth ヌヴィルト法：避妊を自由化した1967年の法律
loi normale （統計の）正規分布，*normal distribution*
loi organisant un contrôle pour la création des grandes surfaces （1973年12月27日の）大型店舗規制法；ロワイエ法
lois Pasqua パスクワ法：1986年と1993年の2つの外国人出入国管理法
loi Pelletier ペルティエ法：妊娠中絶を最終的に承認した1979年12月31日の法律
loi portant réforme du régime juridique de la presse （1986年8月1日の）出版法制の改革に関する法律
loi Questinaux ケスティノー法：1981年10月29日の外国人出入国管理法
loi Quillot キーヨ法：1982年6月22日の賃借人・賃貸人権利義務法
loi quinquennale sur l'emploi （1993年の）若者雇用プレミアム支給法
loi relative à la couverture des frais afférents à l'IVG (=interruption volontaire de grossesse) non thérapeutique et aux modalités de financement de cette mesure （1982年12月31日の）健康保険による中絶費用払戻しを認める法律；ルーディー法
loi relative à la lutte contre le tabagisme et l'alcoolisme （1991年1月10日の）タバコ・アルコール広告規制法；エヴァン法
loi relative à la maîtrise de l'immigration et aux conditions d'entrée, d'accueil et de séjour （1993年8月24日の）移民抑制と外国人のフランスへの入国受入滞在の条件に関する法律；パスクワ法

loi relative à la prévention et à la lutte contre le chômage de longue durée 長期失業防止対策法

loi relative à la suppression de l'autorisation administrative de licenciement (1986年の)解雇の事前許可制廃止法

loi relative à la transparence financière de la vie politique (1988年3月11日の)政治活動の財政的透明性に関する法律;政治資金浄化法

loi relative à l'activité et au contrôle des établissements de crédit 金融機関の業務及び監督に関する法律

loi relative à l'administration territoriale de la République (1992年2月6日の)共和国の地方行政に関する法律;ジョックス法

loi relative à l'exploration du plateau continental et à l'exploitation de ses ressources naturelles (1968年12月30日の)大陸棚の探索及びその天然資源の開発に関する法律

loi relative à l'initiative et à l'entreprise individuelle (1994年2月11日の)個人企業促進法;マドラン法

loi relative au don et à l'utilisation des éléments et produits du corps humain, à l'assistance médicale, à la procréation et au diagnostic prénatal (1994年7月29日の)人体の要素と産物の提供と利用, 生殖介助医療及び出生診断に関する法律

loi relative au respect du corps humain (1994年7月29日の)人体の尊重に関する法律

loi relative au traitement des données nominatives ayant pour fin la recherche dans le domaine de la santé 保健研究における記名データの処理に関する法律

loi relative aux conditions de séjour et d'entrée des étrangers en France (フランスへの)外国人出入国管理法

loi relative aux droits et obligations des locataires et des bailleurs (1982年6月22日の)賃借人・賃貸人権利義務法;キーヨ法

loi relative aux OPCVM (=organismes de placement collectif en valeurs) et portant création des FCC (=fonds communs de créances) 有価証券投資共同機構及び債権共同基金に関する法律

loi relative aux prélèvements d'organes (1976年12月22日の)臓器摘出法;カイヤヴェ法

loi réprimant la pollution des eaux de la mer par les hydrocarbures (1964年12月26日の)海水油濁防止法

loi Robien ロビアン法:労働時間の短縮調整に関する1996年6

月11日の法律

loi Roudy ルーディ法：健康保険による中絶費用払戻しを認可した1982年12月31日の法律

loi Royer ロワイエ法：1973年12月27日の大規模小売店舗規制法

loi Savary サヴァリー法：1984年1月26日の高等教育基本法

loi Scrivener スクリヴネール法：製品及び役務の消費者に対する情報提供とその保護に関する1978年1月10日の法律

loi sur 35 heures 週労働時間35時間法；オブリー法

loi sur la 〈concorde civile〉 （アルジェリアの）国民融和法

loi sur la décence des communications （米国の）通信品位法, *Communications Decency Act (USA)*

loi sur la liberté de l'information （米国の）情報公開法, *Freedom of Information Act (USA)*

loi sur la nationalité 国籍法, *Nationality Law*

loi sur la parité パリテ法：選挙出馬における男女平等を定めた2000年6月6日の法律

loi sur la prévention des accidents de mer 海上衝突予防法, *Law for Preventing Collisions at Sea*

loi sur la protection et l'information des consommateurs de produits et de services （1978年1月10日の）製品及び役務の消費者に対する情報提供とその保護に関する法律；スクリヴネール法

loi sur le contrôle du passage des agents d'Etat dans le secteur privé 公務員の天下りを制限する法律

loi sur le développement des investissements et la protection de l'épargne （1983年1月3日の）投資の促進及び出資の保護に関する法律

loi sur le développement du mécénat メセナ振興法

loi sur le droit de mourir dans la dignité 尊厳死法, *right to die bill*

loi sur l'égal accès des femmes et des hommes aux mandats électoraux 〖仏〗（2000年6月6日の）候補者男女同数法

loi sur l'enseignement supérieur （1984年1月26日の）高等教育基本法；サヴァリー法

loi sur les accidents industriels 労働者災害補償法, *Workmen's Accident Compensation Act*

loi sur les brevets 特許法, *Patent Law*

loi sur les normes du travail 労働基準法, *Labor Standards Law*

loi sur les sociétés commerciales （1966年7月24日の）商事会社改正法

loi sur l'habeas corpus 人身保護法, *Habeas Corpus Act*
loi tendant à améliorer les rapports locatifs (1989年7月6日の)居住賃貸借改正法；メルマーズ法
loi tendant à favoriser l'égal accès des femmes et des hommes aux mandats électoraux et aux fonctions électives 〚仏〛(2000年6月6日の)候補者男女同数法
loi tendant à favoriser l'investissement locatif et l'accession à la propriété de logements sociaux 住宅投資・社会住宅の持ち家化及び土地の供給奨励法
loi Toubon ツーボン法：外国語使用を制限した1994年の法律
loi uniforme sur la vente internationale des objets mobiliers corporels 動産国際売却統一法, *Uniform Law on International Sale of Goods*
loi Veil ヴェイユ法：1975年1月17日の人工妊娠中絶法（5年間の時限立法）
loi Verdeille ヴェルデイユ法：私有地内に進入して狩猟する権利を認める1964年7月10日の法律
loi Waldeck-Rousseau ワルデック・ルソー法：組合団結権を法的に認めた1884年3月21日の法律
long rail soudé 連続溶接レール, *continuous welded rail*
longueur de la piste 〚スポ〛トラック全長, *length of the track*
looping 宙返りジェットコースター, *loop-the-loop*
lot 〚証〛(先物の)契約枚数, *lot / batch*
lot d'articles disparates 半端物, *odd lot*
lot régulier 〚証〛(証券取引の)売買単位, *round-lot*
loti // maloti (レソトの通貨単位で)ロティ, *loti*
louage d'ouvrage et d'industrie 請負契約, *service contract*
louvetier 有害動物駆除隊長：知事に任命され指定有害動物駆除に当たる
(la) ⟨Loya Jirga⟩ ロヤ・ジルガ：アフガニスタンの国民大会議(Grand Conseil afghan), *Loya Jirga*
loyauté dans la concurrence 公正競争, *fair competition*
loyer de l'argent 利子率；貸出金利, *interest rate*
loyer de l'argent sur le marché monétaire 短期金融市場金利, *money market rate*
loyer en retard 延滞家賃, *back rent*
loyer exorbitant 法外な家賃, *rack rent*
loyer fictif 概念的地代, *notional rent*
loyer nominal 名目家賃, *peppercorn rent*
lu et approuvé (契約書に手書きで記入する文言で)上記承認, *read and approved*
ludiciel 〚コンピュ〛ゲームソフト, *gameware*

ludophile 玩具収集家
ludospace レジャー用多目的車
luge double hommes 〘スポ〙男子二人乗りリュージュ, *men's doubles luge*
luge simple dames 〘スポ〙女子一人乗りリュージュ, *women's singles luge*
luge simple hommes 〘スポ〙男子一人乗りリュージュ, *men's singles luge*
lunettes de ski 〘スポ〙スキー用ゴーグル, *goggles for skier*
luso- (連結形)葡=ポルトガルの, *Luso-*
lusophone ポルトガル語を話す, *lusophone*
lutte antiacridienne イナゴ退治
lutte anticrottes (歩道の)犬の糞退治
lutte antidopage 反ドーピング運動, *drug control*
lutte antiterroriste テロ対策, *fight against terrorism*
lutte contre la désertification 砂漠化対策, *antidesertification measures*
lutte contre la pauvreté 貧困撲滅;貧困対策, *poverty alleviation*
lutte contre la pollution 汚染対策, *fight against pollution*
lutte contre le blanchiment des capitaux provenant du trafic des stupéfiants 麻薬取引から生じる資金洗浄への対処
lutte contre le réchauffement de la Terre (provoqué par les émissions polluantes) (汚染排出物による)地球温暖化対策, *fight against global warming*
lutte contre les maladies 疾病撲滅, *crusade against diseases*
lutte contre les mariages blancs (違法滞在逃れを予防する)名義結婚退治
lutte contre les plantes adventices 雑草駆除, *weed control*
lutte contre l'exclusion (社会的弱者の)疎外対策
lutte contre l'inflation インフレ退治, *anti-inflation policy*
lutte des classes 階級闘争, *class struggle*
lutte d'influence 勢力争い, *struggle for influence*
lutte d'intérêts 利害の衝突, *clash of interests*
lutte phytosanitaire 病虫害対策, *pest and disease control*
Lutz 〘スポ〙(フィギュアスケートの)ルッツ, *Lutz*
lycée-collège Konan de Touraine トゥレーヌ甲南学園
lycée professionnel 職業リセ, *technical school*
lymphangioléiomyomatose 肺リンパ脈管筋腫症:通称は

LAM, *lymphangioleiomyomatosis*

lympho-adéno virus リンパ腺症エイズウイルス, *lymphadenopathy-associated virus*

lymphogranulomatose maligne 悪性リンパ肉芽腫症, *malignant lymphogranulomatosis*

lymphome de Burkitt バーキットリンパ腫, *Burkitt's lymphoma*

lymphomes malins non hodgkiniens 非ホジキンリンパ腫, *non-Hodgkin's lymphoma*

lyophilisation accélérée 加速フリーズドライ, *accelerated freeze-drying*

lyssophobie 狂犬病恐怖症

M

machairophobie 刃物恐怖症
machine à dicter 口述録音機, *dictating machine*
machine à écrire à mémoire 記憶装置付きタイプライター, *memory typewriter*
machine à facturer 勘定書印刷機, *billing machine*
machine à l'arrêt 遊休機械, *machinery lying idle*
machine à laver avec chargement frontal フロントローダー洗濯機：洗濯物を前方から入れる洗濯機, *front-loader*
machine à repasser （クレジットカードの）インプリンター, *imprinter (for credit cards)*
machine comptable 会計処理コンピュータ, *accounting machine*
machine d'impression à la bobine 巻取紙印刷機, *roll-feed press*
machine d'impression à la feuille 枚葉紙印刷機, *sheet-feed press*
machine interprète de cartes perforées 〚コンピュ〛パンチカードリーダー, *punch card reader*
machine monobloc オールインワンタイプの機械, *all-in-one machine*
machines-outils à commandes numériques 数値制御工作機械, *numerically controlled machine tools*
〈**Macniaque**〉〚風〛（マッキントッシュとマニアックの合成語で）マック狂
macro-générateur 〚コンピュ〛マクロ生成プログラム, *macro generator*
macro-instruction / macro 〚コンピュ〛マクロ命令, *macro instruction*
macro-processeur 〚コンピュ〛マクロプロセッサー, *macro-processor*
macrobiote 〚風〛禅式長寿法実践者, *macrobiotic*
macrobiotique 〚風〛禅式長寿法, *macrobiotics*
macrocommande 〚コンピュ〛マクロコマンド, *macro command*
macroinformatique 〚コンピュ〛マイクロコンピューティング, *microcomputing*

macrolangage 〖コンピュ〗マクロ言語, *macrolanguage*
macromercatique 〖経〗マクロマーケティング, *macromarketing*
macrorégulation 〖経〗巨視的規制, *macroregulation*
magasin à succursales multiples チェーンストア, *chain store*
magasin de vente sous douane 免税店, *duty-free shop*
magasin des accessoires 小道具置き場, *prop room*
magasin d'exposition ショールーム, *showroom*
magasin en franchise フランチャイズ店, *franchised store*
magasin hors taxes / magasin sous douane 免税店, *duty-free shop*
magasin minimarge ディスカウントストアー, *discount store*
magasin sans logement 夜間無人店舗, *lock-up shop*
magasin spécialisé 専門店, *specialized shop*
magasinier-gérant 商店経営者, *storekeeper*
magazine économique (定期的な)経済番組, *economic news hour*
magazine pour les jeunes (テレビ番組の)子供向けの時間, *children's hour*
magistère 修士号：教育実習・企業研修を含む修業年限３年で獲得, *post-graduate vocational qualification*
magnétique transversal 横磁場, *transverse magnetic*
magnéto-dynamique des gaz 磁気気体力学, *magnetogasdynamics*
magnéto-optique MO(光磁気)の, *magneto-optical*
magnétoscope de salon 据置タイプのビデオ
magnétoscope numérique デジタルビデオレコーダー, *digital videotape recorder*
mahorais 〖地〗(インド洋にある)マヨット島の, *of Mayotte*
mailing ダイレクトメール, *mailshot*
mailles de la justice 法の網, *clutches of the law*
main courante 当座帳, *waste book*
main-d'œuvre bon marché 低賃金労働力, *cheap labor*
main-d'œuvre directe 直接労務, *direct labor*
main-d'œuvre en surnombre 過剰労働力；過剰人員, *redundant labor*
main-d'œuvre indirecte 間接労務, *indirect labor*
main-d'œuvre intermittente 臨時雇い, *casual labor*
main-d'œuvre locale 現地労働力, *local labor*
main-d'œuvre non qualifiée 非熟練労働, *unskilled labor*
main-d'œuvre syndiquée 組合加入労働力, *organized la-*

⟨la main droite⟩ de l'Etat 〚言換〛(国の右手である)財務官僚や大銀行首脳：Pierre Bourdieu の言葉

⟨la main gauche⟩ de l'Etat 〚言換〛(国の左手である)ソーシャルワーカーや下級裁判所裁判官：Pierre Bourdieu の言葉

main sur le coping 〚スポ〛(スノーボードの)手つき, *hand plant*

mainmise à court terme 〚オプ〛売りストラングル：ショートコールとショートプットを加えたもの, *short strangle*

mainteneur de marché 〚証〛マーケットメーカー, *market maker*

maintien de cours 相場の維持, *maintenance of price*

maintien du prix de revente 再販価格維持, *resale price maintenance*

maire-de-parisable パリ市長有力候補

maire délégué 市町村長代理, *acting mayor*

⟨**Mairie Vox**⟩ 〚仏〛市役所電話サービス

maïs transgénique 〚バイオ〛遺伝子組換えトウモロコシ, *transgenic corn*

maison à vendre toute bâtie 建売住宅, *ready-built house*

maison d'acceptation (手形)引受業者, *acceptance house / accepting house*

Maison de Balzac (パリ16区の)バルザック記念館, *Balzac's House*

maison de commission (手数料をとって取引する)委託販売店, *commission house*

Maison de la culture du Japon (à Paris) (パリ)日本文化会館, *Japanese Culture Center (in Paris)*

maison de la justice et du droit 〚法〛司法と法律の家：被害者の相談に乗り司法解決や和解の促進に当たる

maison de rapport 賃貸マンション, *revenue-earning house*

maison de retraite 老人ホーム；高齢者ホーム, *old people's home*

maison d'émission 〚証〛証券発行店, *issuing house*

maison des jeunes et de la culture 青年の家, *youth club and arts center*

maison d'escompte (手形)割引業者；引受業者, *discount house*

⟨**Maison du Japon**⟩ メゾン・デュ・ジャポン：パリの日本書籍の書店の屋号

Maison du Japon (パリ大学都市の)日本館

maison familiale de vacances 休暇家族宿舎：低所得者家族用の非営利施設

Maison franco-japonaise (恵比寿の)日仏会館, *Franco-Japanese House (Tokyo)*

maison-mère 本社, *main branch*

〈**la Maison ronde**〉〚言換〛(円形の建物)ラジオフランス会館

maison solaire ソーラーハウス, *solar house*

maison-témoin モデルハウス, *show house*

〈**Maison verte**〉 緑の家:親の前で子供の社会性を育成する施設

maître d'art (1994年創設のフランス版)人間国宝

maître d'œuvre (請負作業の)施工業者;メインコントラクター, *prime contractor*

maître d'œuvre プロジェクトマネージャー:共同研究・共同作業の主宰者, *project manager*

maîtrise de la technologie de pointe 先端技術のマスター, *master of high technology*

maîtrise de l'inflation インフレ抑制, *inflation control*

maîtrise de qualité 品質管理, *quality control*

maîtrise de sciences de gestion 経営科学修士号

maîtrise de sciences et techniques 科学技術修士号

maîtrise des armements 軍備管理, *arms control*

maîtrise des coûts 原価統制, *cost control*

maîtrise du marché 市場制圧, *control of the market*

maîtrise totale de la qualité 総合的品質管理, *total quality control*

majoration d'âge 〚保〛年齢割増し, *rating up in age*

majoration de dividende 契約者配当による保険金額増加, *dividend addition*

majoration de droits 加算税, *percentage increases in the tax due*

majoration de retard (税の)延滞割増し, *penalty for late tax payment*

majoration des prix 価格の引上げ, *price make-up*

majoration pour retard de paiement 延滞金, *surcharge for delay*

〈**majorité plurielle**〉〚仏〛左翼連立政権:1997年以降のジョスパン内閣がこう呼ばれた

majorité qualifiée / majorité renforcée 特定多数:2/3とか3/4といった過半数, *qualified majority*

majorité silencieuse (Richard Nixon の言葉で)声なき多数, *silent majority*

majorité simple / majorité relative 単純多数;相対多数, *simple majority / relative majority*

majuscule-clic 〚コンピュ〛シフトクリック:シフトキーを押しな

がらマウスをクリックすること, *shift click*

majuscule-glisser 〚コンピュ〛シフトドラッグ：シフトキーを押しながらマウスをドラッグすること, *shift drag*

〈**mal américain**〉 アメリカ病：未熟練労働者の質の低下から生産性が停滞し不況と物価高が進行すること, *American malaise*

malade en phase terminale / malade en stade terminal 末期患者, *terminally ill patient*

maladie d'Alzheimer アルツハイマー病, *Alzheimer's disease*

maladie de Hodgkin ホジキン病, *Hodgkin's disease*

maladie de Kaschin-Beck カシンベック病, *Kaschin-Beck disease*

maladie de la vache folle 狂牛病, *mad-cow disease*

maladie de Lyme ライム病：ダニの媒介により感染し、発熱や筋肉・関節の痛みを起こす病気, *Lyme disease*

maladie de Marburg マールブルク病, *Marburg disease*

maladie du légionnaire レジオネラ菌, *Legionnaire's disease*

maladie due au mode de vie 生活習慣病, *lifestyle-related disease*

maladies liées à la pollution 公害病, *pollution-related diseases*

maladie neurodégénérative de Creutzfeldt-Jakob クロイツフェルトヤコブ病, *Creutzfeldt-Jakob Disease*

maladie orpheline 希少疾患, *orphan disease*

maladie professionnelle / maladie de travail 職業病, *occupational disease*

maladie sexuellement transmissible 性病, *sexually transmitted diseases*

malagasy マダガスカルの：malgache と異なり現地人が多用する形容詞, *Malagasy*

malayo- （連結形）マレーの, *Malayo-*

malayo-polynésien マレー・ポリネシアの, *Malayo-Polynesian*

〈**malbouffe**〉 （健康への影響が懸念される）粗雑食品

〈**malgré nous**〉 **alsaciens** アルザス・ローレンヌの強制徴用者：1942-44年独軍に無理やり対ソ戦線に送られたフランス兵

malis d'inventaire 棚卸差損, *inventory shortage*

malléabilité du capital 社債資本, *malleability of capital*

malraucien / malrussien （アンドレ）マルローの, *of André Malraux*

maltraitement d'enfants 児童虐待, *child abuse*

mammifère marin 海産哺乳動物, *marine mammal*

Mammon マモン：強欲の化身, *Mammon*

〈**Mammouth**〉〚言換〛（マンモスのように肥大化した）公共教育機関：文部大臣 Claude Allègre の例えから

management participatif 参加的管理, *participative management*

management stratégique 戦略的経営, *strategic management*

management total de la qualité TQM（ティーキューエム）運動, *total quality management*

managérial 管理の, *managerial*

manat （アゼルバイジャン，トルクメニスタンの通貨単位で）マナト, *manat*

manche à balai 〚コンピュ〛ジョイスティック, *joystick*

manche de nuit 〚スポ〛（ウィンタースポーツの）夜間滑走, *night run*

manchestérianisme マンチェスター主義：マンチェスター学派が主張した自由貿易主義, *Manchesterism*

mandat-carte 葉書為替, *postal order*

mandat commercial 支払指図, *commercial order*

mandat d'audit 監査契約, *audit engagement*

mandat international 国際送金為替；外国為替, *international money order*

mandat-lettre 封書為替, *postal order*

mandat postal télégraphique 電信郵便為替, *telegraph postal order*

mandataire du peuple 〚言換〛（国民の代表である）議員, *deputy*

manette de jeu 〚コンピュ〛ジョイスティック, *joystick*

〈**Manhattan boy**〉（ソ連邦崩壊後ロシアの経済自由化の波に乗って成功した）ゴールデンボーイ

maniaphobie 狂気恐怖症, *maniaphobia*

manie des fusions （大型合併に入れ込む）合併狂, *merger-mania*

manifestation commerciale 商業イベント, *trade event*

manifestation d'intérêt 金利表示, *indication of interest*

〈**Manifeste des 343**〉〚仏〛343宣言：1971年に週刊誌に掲載されたフランス有名女性による堕胎経験告白

maniphobie マニア恐怖症：何かのマニアになるのではという恐怖症

manipulateur universel マジックハンド, *magic hand*

manipulation boursière 〚証〛株価操作, *market manipulation*

manipulation de marchés 市場操作, *market rigging*

manipulation des gènes / manipulation génétique
〚バイオ〛遺伝子操作, *genetic manipulation*

manipulation des prix 価格操作；価格つり上げ, *price manipulation*

manipulation mentale マインドコントロール, *mind control*

manœuvres combinées nippo-américaines 日米合同演習, *Japan-US joint exercise*

manœuvres d'enveloppement 包囲作戦, *envelopment*

manœuvres politiques 政治上のかけひき, *political maneuvering*

manœuvres spéculatives 〚証〛投機操作, *speculative operation*

manquant de boissons 酒類受渡し不足分, *short delivery of beverage*

manquant sur stocks 棚卸減耗, *stock losses and shrinkage*

manque à la livraison 受渡し品不足, *short delivery*

manque au protocole プロトコールの不履行, *breach of protocol*

manque de crédibilité 信頼性の溝, *credibility gap*

manque de dollars ドル不足, *dollar shortage*

manque de liquidités 流動性危機, *liquidity crisis*

manque de main-d'œuvre / manque de personnel
人手不足, *undermanning*

manquement à ses engagements de rembourser un prêt ローン返済の債務不履行, *default on a loan*

manuel de la balance des paiements 国際収支提要, *balance of payments manual*

manuel d'entretien サービスマニュアル, *service manual*

manuel d'utilisateur ユーザーズガイド, *user's guide*

manuel d'utilisation 操作マニュアル, *operating manual*

mappage 地図作成, *mapping*

maquiladora 〚経〛(米国国境沿いメキシコの輸出保税加工地区)マキラドーラ, *maquiladora*

maquillage des comptes / maquillage du bilan 粉飾決算, *window dressing*

marcel ランニングシャツ, *singlet*

marchand de biens / marchand de fonds 不動産業者, *individual who habitually buys real property with a view to resale*

marchandises à recevoir 未着商品, *goods to arrive*

marchandises à terme 先物商品, *commodity futures*

marchandises de contrefaçon 模造品；偽物商品, *counterfeit goods*

marchandises de première nécessité 必需品, *basic necessities*

marchandises de rebut 傷物, *rubbishy goods*

marchandises dédouanées 通関済商品, *goods out of bond*

marchandises en consignation 委託商品, *goods on consignment*

marchandises en cours de route 未着商品, *goods in transit*

marchandises en entrepôt de douanes / marchandises entreposées en douane 保税品, *goods in bond*

marchandises en magasin 在庫品, *inventory*

marchandises en stock des distributeurs 流通在庫, *distributor's stock*

marchandises ennemies 敵貨, *enemy's goods*

marchandises exemptes de droits 関税免除品, *free goods*

marchandises imposées 課税商品, *taxed goods*

marchandises inférieures soumises à l'effet de Giffen 〖経〗ギッフェン財, *Giffen's goods*

marchandises inflammables 可燃商品, *inflammable merchandise*

marchandises liquides 液体商品, *wet goods*

marchandises livrables ultérieurement 先限(さきぎり)商品, *goods for future delivery*

marchandise nue 未包装の商品, *unpackaged goods*

marchandise physique (商品取引の)現物, *actuals*

marchandises reprises / marchandises retournées 返品, *returned goods*

marchandises sous suite de douane / marchandises non dédouanées 保税貨物；保税品, *bonded goods*

marchandises taxables 課税品目, *dutiable items*

marchandises warrantées 倉庫証券でカバーされた商品, *goods covered by a warehouse warrant*

marché à double prime 〖オプ〗ショートストラドル：売却するコールとプットの両方についてプレミアムをとれ，2倍の収益が出る, *short straddle*

marché à double tendance 双方向市場, *two-sided market*

marché à forfait 固定価格契約, *fixed price contract*

marché à la baisse / marché à tendance baissière 〖証〗下げ相場, *falling market*

marché à la hausse / marché à tendance haussière

〘証〙上げ相場；強気相場, *bull market*

marché à options 〘オプ〙オプション取引, *option dealing*

marché à primes 〘オプ〙プレミアム取引市場, *option bargain*

marché à règlement mensuel 〘証〙〘仏〙限月(げんげつ)決済取引：280銘柄について2003年9月末まで認められていた株式売買の決済方法, *monthly settlement market*

marché à terme 〘証〙(旧)定期取引市場：1983年10月23日までの marché à règlement mensuel の名称, *market for settlement*

marché à terme 〘証〙先物市場, *futures market*

marché à terme conditionnel 〘オプ〙(旧)条件付き定期取引市場, *conditional settlement market*

marché à terme de produits pétroliers et de platine de New York ニューヨーク石油・プラチナ先物取引, *New York futures market of petroleum and platinum*

marché à terme des instruments financiers / marché à terme des titres financiers 金融先物市場, *financial futures market*

marché à terme d'instruments financiers sur la place de Londres ロンドン国際金融先物取引所, *London International Financial Futures Exchange*

Marché à terme international de France フランス金融国際先物取引所, *French financial futures and commodities market*

marché à terme sur demande 実需による先物取引, *commercial forward transaction*

marché accéléré 〘経〙ファーストマーケット, *fast market*

marché acheteur 買手市場, *buyer's market*

marché actif 活発な市場, *active market*

marchés agricoles 農産物市場, *agricultural markets*

marché au comptant 現物取引市場；スポットマーケット, *cash market*

marche au hasard ランダムウォーク：株価の予見不能性, *random walk*

marché autorégulateur 自主規制市場, *self-regulating market*

marché aux légumes 青物市場, *green-grocery market*

marché bien disposé 〘証〙買気ある市場, *buoyant market*

marché bio 自然食品市場, *organic material market*

〈**marche blanche**〉白の行進：既存の特定政治勢力によらない一般市民によるデモ行進, *white march*

marché boursier de Kansas City カンザスシティー商品取引所, *Kansas City Board of Trade*

marché boursier hors cote 〚証〛店頭市場, *Over the Counter Market*

marché captif 専属市場, *captive market*

Marché commun andin アンデス共同市場, *Andean Common Market*

Marché commun arabe アラブ共同市場, *Arab Common Market*

Marché commun centraméricain / Marché commun d'Amérique centrale 中米共同市場, *Central American Common Market*

Marché commun des Caraïbes カリブ共同市場, *Caribbean Common Market*

marché contestable コンテスタブル市場：参入にも撤退にも障壁のないフル競争市場, *contestable market*

marché continu 〚証〛（定期取引の）継続取引体制, *continuous market*

marché creux 〚証〛落調市場, *sagging market*

marché d'acheteurs 〚証〛買手市場, *buyers' market*

marché d'arbitrage en couverture d'actifs 〚金〛ヘッジ市場, *hedge market*

marché de change à terme 為替先物市場, *forward exchange market*

marché de devise-titre 外国証券市場, *foreign securities market*

marché de futures et d'options de marchandises 商品市場, *commodity market*

marché de gré à gré （銀行の事実上の）店頭市場, *over-the-counter market*

marché de gré à gré 〚証〛相対（あいたい）取引, *freely negotiated contract*

marché de la rente 〚証〛債券市場, *bond market*

marché de l'argent 銀塊市場, *silver bullion market*

marché de l'argent 〚金〛マネーマーケット；短期金融市場, *money market*

marché de l'escompte 手形市場, *bill market*

marché de l'occasion 中古市場, *second-hand industry*

marché de l'or 金市場, *gold market*

marché de prise en pension d'obligations 〚証〛現先市場, *Gensaki market*

marché de swaps 〚金〛スワップ市場, *swap market*

marché de vendeurs 〚証〛売手市場, *sellers' market*

marché déprimé 沈滞市場, *depressed market*

marché dérivé 〚金〛デリバティブ市場, *derivative market*

marché des capitaux 〚証〛資本市場, *capital market*
marché des charges foncières 不動産物件市場, *real estate market*
marché des devises étrangères 外国為替市場, *foreign exchange market*
marché des facteurs 要素市場, *factor market*
marché des 〈futures〉 〚金〛先物取引, *futures transaction*
marché des opérations de change à terme 為替先物市場, *forward exchange market*
marché des options de change 為替オプション市場, *exchange option market*
marché des pensions livrées 〚証〛レポ市場, *repo market*
marché des prêts et emprunts en blanc 〚金〛無担保コール市場, *unsecured call market*
marché des produits dérivés 〚金〛派生商品市場, *market of derivatives*
marché des seniors （定年退職者中心の）シルバー市場, *the elderly market*
marché des stellages 〚証〛条件付き定期取引市場
marché des transactions à terme de New-York ニューヨーク先物取引所, *New York Futures Exchange*
marché des valeurs mobilières 〚証〛有価証券市場, *security market*
marché des ventes à réméré d'obligations 〚証〛現先市場, *Gensaki market*
marché des warrants 〚証〛ワラント市場, *warrant market*
marché d'escompte （手形）割引市場, *discount market*
marché d'intérêt national 国民物流市場
marché d'options négociables sur actions de Paris 〚オプ〛パリ株式オプション市場, *Paris traded options market*
marché du désencadrement 規制枠適用外市場：貸出規制下,貸出限度を超えて高い制裁金利を払わないように銀行間が融通し合った市場
marché du disponible 現物取引, *spot transaction*
marché émergent 新興成長市場, *emerging market*
marché en baisse 〚証〛下げ相場；軟調な市況, *falling market*
marché en déport （市場の）逆転現象, *inverted market*
marché en hausse 〚証〛上げ相場, *bull market*
marché en réaction 〚証〛高値の後の安定相場, *market on reaction*
marché en reprise 〚証〛反騰相場, *market in rally*
marche en unités multiples （鉄道の）総括制御運転,

multiple unit control

marché encombré 供給過剰市場, *glutted market*

marche erratique ランダムウォーク：株価の予見不能性, *random walk*

marché étroit 〚証〛売買薄, *narrow market*

marché euro-obligataire 〚証〛ユーロボンド市場：各種ユーロ通貨建ての債券市場, *Eurobond market*

marché ferme 〚証〛堅調な市場, *firm market*

marché fermé 閉鎖市場, *closed market*

marché financier à terme 金融先物市場, *financial futures market*

marché gris 〚証〛グレーマーケット；薄闇市場, *gray market*

marché hésitant 〚証〛地合の定まらない市場, *unsteady market*

marché hors Bourse 〚証〛場外市場；カーブ市場, *curb market*

marché hors cote 〚証〛店頭市場, *over-the-counter market*

marché hypothécaire 抵当権取引市場, *mortgage market*

marché immobilier 不動産市場, *housing market*

marché inactif 〚証〛沈滞市況, *dull market*

marché instable 〚証〛浮き腰市場, *volatile market*

marché interbancaire インターバンク市場, *interbank market*

Marché international de l'édition et des nouveaux média (Cannesで開催の)国際出版ニューメディア見本市

Marché international des programmes de télévision テレビ番組国際市場, *International Television Program Market*

Marché international du disque, de l'édition musicale et de la vidéo-disque (Neuillyの)レコード・音楽出版・ビデオ音楽国際市場

marché large 〚証〛取引高の大きな市場, *broad market*

marché liquide 流動性の高い市場, *market of high liquidity*

marché locatif 賃貸住宅市場, *letting market*

marché monétaire à court terme 短期金融市場, *short-term money market*

Marché monétaire international (シカゴの金融先物市場)国際通貨市場, *International Monetary Market*

Marché national aux bestiaux et d'abattoirs 国立食肉市場, *National Meat Market*

marché non financier 非金融市場, *non-financial market*

Marché obligataire primaire 〚証〛起債市場, *bond floata-*

tion market
marché officiel (為替の)公定市場, *official market*
marché ordonné 市場秩序, *orderly market*
marché ordonné et équitable 公正で秩序ある市場, *fair and orderly market*
marché orienté à la baisse 〚証〛弱気な市場, *bear market*
marché ouvert 公開市場, *open market*
marché parallèle 闇市, *black market*
marché partiel 部分市場, *sheltered market*
marché passé 買入契約, *purchase contract*
marché perturbé 〚証〛気迷(きまよい)市況, *disturbed market*
marché porteur 〚証〛騰貴市場, *buoyant market*
marché primaire 〚証〛プライマリーマーケット；発行市場, *primary market*
marché reçu 販売契約, *contract done*
marché réglementé 統制市場, *market under the control of a committee*
marché repo 〚証〛レポ市場, *repo market*
marché résistant 〚証〛値崩れしない相場, *steady market*
marché saturé 飽和市場, *saturated market*
marché secondaire 〚証〛(債券の)流通市場, *secondary market*
marché secondaire de Paris 〚証〛パリ店頭取引市場, *Paris second market*
marché soutenu 〚証〛堅調な市況, *steady market*
marché sur dépenses contrôlées 原価加算契約, *cost plus contract*
marché sur dépenses contrôlées avec pourcentage 定率報酬実費支払契約, *cost plus percentage fee contract*
marché sur dépenses contrôlées et montant forfaitaire 定額報酬実費支払契約, *cost plus fixed fee contract*
marché terne 〚証〛沈滞市況, *dull market*
marché tiers (欧州共同体の)域外市場, *market outside the Community (EC)*
marché tranquille 〚証〛緩慢な市場, *easy market*
marché unique européen 欧州単一市場, *single European market*
⟨**marche verte**⟩ (1975年モロッコによる西サハラに向けての)緑の行進：サハラ大行進ともいう
marchéage 〚経〛マーケティング, *marketing*
marchéage de distribution 〚経〛小売ミックス, *retailing mix*
marchéisation 〚経〛非金融仲介化, *disintermediation*

marchéisation (金融機関の)市場金利追従, *marketization*
marchéisation 自由経済市場への移行, *marketization*
〈**marchéisation**〉 **des activités bancaires** 銀行の長期金融市場での資金調達増加, *marketization of banking*
marcophile 郵便スタンプ収集家
marée noire (海上流出石油の)油膜, *oil slick*
marée rouge 赤潮, *red tide*
marge (固定と変動の)利回り格差, *spread*
marge bénéficiaire 売上高営業利益率；利鞘(りざや), *margin of profit*
marge bénéficiaire du résultat net 純利益率, *bottom-line profit margin*
marge brute (売上)総利益；粗差益, *gross margin*
marge brute グロススプレッド：新発証券について投資家の購入価格と発行者の受取価格の差額, *gross spread*
marge brute d'autofinancement actualisée ディスカウンテッドキャッシュフロー, *discounted cash flow*
marge brute d'autofinancement négative 負のキャッシュフロー, *negative cash flow*
marge de couverture 〖証〗委託保証金, *consignment guarantee money*
marge de fluctuation 為替変動幅, *limit of fluctuation*
marges de manœuvres (あれこれ手を打つ)選択の余地, *room to maneuver*
marge économique 収益率, *rate of return*
marge nette 純差益, *net margin*
marge nette d'autofinancement ネットキャッシュフロー, *net cash flow*
marges obligatoires 証拠金率, *margin requirements*
marge supplémentaire / marge de garantie / marge de maintenance 〖証〗追加証拠金；追い証, *additional cover*
〈**Marianne**〉 〖言換〗(女性像に象徴される)フランス, *France*
mark convertible (ボスニア・ヘルツェゴビナの通貨単位で)マルカ, *convertible marka*
mark finlandais (ユーロ導入以前の通貨単位で)フィンランド・マルッカ：5.94573マルッカが1ユーロ, *Finish markka*
marketing au laser 効果抜群のマーケティング
marketing multiniveau マルチレベルマーケティング, *multilevel marketing*
marketing viral バイラルマーケティング：口コミを利用したマーケティング, *viral marketing*
marquage en clair (食品製造の日付などが)記号ではなく年

月日による表示, *uncoded marking*

(la) marque à l'étoile 〚言換〛(星がトレードマークの自動車メーカー)ベンツ, *Mercedes Benz*

(la) marque au cheval cabré 〚言換〛(後ろ足で立つ馬がトレードマークの自動車メーカー)フェラーリ, *Ferrari*

(la) marque au double chevron 〚言換〛(二重の山形がトレードマークの自動車メーカー)シトロエン, *Citroën*

(la) marque au lion debout 〚言換〛(立ったライオンがトレードマークの自動車メーカー)プジョー, *Peugeot*

(la) marque au losange 〚言換〛(菱形がトレードマークの自動車メーカー)ルノー, *Renault*

(la) marque aux trois bandes 〚言換〛(3つの線がトレードマークのスポーツウェア)アディダス, *Adidas*

marque d'appel ブランドによる不当誘引

marque de distributeur プライベートブランド, *private label brand*

marque de prestige ステータスシンボル, *status symbol*

marque déposée 登録商標, *registered brand*

marques d'identification 識別記号:口授者,タイピストのイニシャル, *marks of identification*

(de) marque étrangère 外国製(の), *foreign-made*

marque nominale ロゴタイプ

marques qui viennent en tête des ventes 一番売れているブランド, *top-selling brands*

marque syndicale (品質保証の)組合マーク

marqueur de tours 〚スポ〛(スポーツ競技の)ラップスコアラー, *lap scorer*

marqueur génétique 〚バイオ〛マーカー遺伝子, *marker gene*

mascotte olympique 〚スポ〛オリンピックマスコット, *Olympic mascot*

masque à gaz / masque antigaz 防毒マスク, *gas mask*

masque de plongée 水中眼鏡;潜水眼鏡, *water glass*

massage shiatsu 〚和〛指圧, *acupressure*

〈**massage sur place**〉 (仕事場への)出張マッサージ, *on-site massage*

masse active 借方資産, *assets*

masse critique 最低生産量, *minimum production lot*

masse monétaire au sens large 広義のマネーサプライ, *broadly defined money supply*

masse passive 貸方資産, *liabilities*

masseur kinésithérapeute マッサージ運動療法師, *physiotherapist*

massicoteuse (用紙の)カッター, *cutter*

mastaire / master 大学院一年目の修了証書

(le) mastère 〖仏〗専門マスター資格：グランゼコールが1年の専門教育を受けた技師資格者に与える資格, *Master degree*

(le) mastère de commerce / mastère de management (経営の学位で)MBA(エムビーエー), *Master of Business Administration*

mastigophobie むち打ち恐怖症

match éliminatoire 〖スポ〗プレーオフの試合, *play-off game*

matériel de bien-être destiné aux gens de mer 船員の厚生用品, *welfare material for seafarers*

matériel de test automatique 自動試験装置, *automatic test equipment*

matériel industriel 生産用設備, *production material*

matériel lourd 重機械, *heavy machinery*

matériel périphérique 〖コンピュ〗周辺機器, *peripheral equipment*

matériel résistant aux produits chimiques 化学物質耐久素材, *chemical agent resisting material*

mathématiques actuarielles 保険数学, *actuarial mathematics*

matière en suspension (汚水の)懸濁物質

matière plastique armée de fibre de verre ガラス繊維強化プラスチック, *glass refined plastic*

matrice de connexion 〖通〗コネクションマトリクス, *connection matrix*

matrice du rôle des contributions directes 納税者共通原簿

maturation in vitro 未熟卵子の対外培養, *in vitro maturation*

mauroyiste (ピエール)モロワの, *of Pierre Mauroy*

mauvais payeur 支払沈滞者, *slow payer*

mauvais traitement à enfant 児童虐待, *child abuse*

(magasin de) maxidiscompte 激安店, *hard-discount (shop)*

maxima de production 最大生産レベル, *maximum production levels*

maximalisation du profit / maximisation du profit 利益最大化, *profit maximization*

mécanique des fluides 流体力学, *fluid mechanics*

mécanique des roches / mécanique des terrains 岩石力学, *rock mechanics*

mécanisme de change européen 欧州為替相場メカニズム, *European Exchange Rate Mechanism*

mécanisme de développement propre クリーン開発メカニズム, *clean development mechanism*

mécanisme de financement compensatoire (国際通貨基金の)補償融資制度；輸出所得変動補償融資制度, *Compensatory Financing Facility (IMF)*

mécanisme de financement supplémentaire 補足融資制度, *supplementary financing facility*

mécanisme de taux de change 為替相場メカニズム, *exchange rate mechanism*

mécanisme d'examen des politiques commerciales (世界貿易機関の)貿易政策検討制度, *Trade Policy Review Mechanism (WTO)*

meccano industriel 〖経〗(既存の区分けを打破する)異業種組み合わせ：meccanoの名称はミニチュアの組立玩具に由来する

méchanophobie 機械恐怖症, *mechanophobia*

médaille Fields (数学の)フィールズ賞, *Fields prize*

médaillé olympique 〖スポ〗オリンピックメダリスト, *Olympic medalist*

médecin conventionné 協約医, *doctor attached to the health system*

〈**Médecins du monde**〉 世界の医師団：フランスの人道団体

médecin du sport スポーツ医, *sports physician*

〈**Médecins sans frontières**〉 国境なき医療団, *Doctors Without Borders*

médecine du sport スポーツ医療, *sports medicine*

médecine du travail 労働医制度, *industrial medicine*

médecine libérale 自由診療

médecine vétérinaire 獣医学, *veterinary medicine*

média audiovisuel 放送メディア, *AV media*

média de l'interactivité 双方向メディア, *two-way media*

média mixte メディアミックス, *media mix*

médiacratie メディアクラシー：マスメディアが強力な影響力を持つ政治社会体制, *mediacracy*

médiateur citoyen 〖法〗市民オンブズマン, *Citizen Ombudsman*

médiateur de la République 〖法〗(オンブズマン制度での)共和国幹旋員, *ombudsman (France)*

médiateur du cinéma 〖法〗(裁判外紛争解決制度の)映画オンブズマン, *ombudsman of film industry*

médiateur tiers 〖法〗第三者幹旋者, *third-party mediator*

médiatique マスコミ受けのよい, *mediagenic*

médiatisation メディア化；マスコミ騒ぎ, *media coverage*

médicalisation 医療体制の充実, *provision of medical care*

médicament anti-impuissance （バイアグラのような）性的不能治療薬, *anti-impotence drug*

médicament de 〈bien-être〉 生活改善薬, *life design drug*

médicament orphelin 希少疾患用薬, *orphan drug*

médicament préfabriqué 出来合いの薬, *premanufactured medical product*

médico-pédagogique 治療教育の, *medico-pedagogic*

méditation transcendantale 超越瞑想, *transcendental meditation*

(mémoire de 64) méga-octets / mégas 〚コンピュ〛（64）メガバイト（のメモリー）, *megabytes*

mégadette （アルゼンチンなどの）巨額債務, *massive debt*

〈le meilleur ami de l'eau〉 〚言換〛（水で薄めて呑むので「水の親友」がキャッチフレーズの食前酒）リカール, *Ricard*

meilleur ouvrier de France フランス優秀職人賞

meilleur temps cumulé 〚スポ〛最高合計タイム, *best cumulative time*

mél 〚コンピュ〛Eメール, *e-mail*

mélangeur symétrique double （高周波の）二重平衡ミクサー, *double-balanced mixer*

mélodie d'appel 着メロ, *ringer melody*

membrane d'étanchéité 遮水（しゃすい）膜：屋上庭園などに使用するコンクリート床の防水シート

membre cotisant （労働組合の）会費納入組合員, *paid-up trade union member*

membre du syndicat de garantie 〚証〛アンダーライター：新発債の引受メンバー, *underwriter*

mémoire à accès en lecture uniquement 〚コンピュ〛読出し専用記憶装置, *read-only memory*

mémoire à accès immédiat 〚コンピュ〛瞬間アクセス記憶, *immediate access store*

mémoire à bulles 〚コンピュ〛バブルメモリー, *bubble memory*

mémoire à couches minces 〚コンピュ〛磁性薄膜記憶装置, *thin-film memory*

mémoire à disques 〚コンピュ〛ディスク記憶装置, *disk memory*

mémoire à ferrite / mémoire à tores (magnétiques) 〚コンピュ〛磁心記憶装置, *core memory*

mémoire à l'état solide 〚コンピュ〛固体記憶装置, *solid-state memory*

mémoire adressable par son contenu 〚コンピュ〛連想可能記憶装置, *content addressable memory*

mémoire cache de second niveau 〖コンピュ〗セカンドキャッシュメモリー, *second cache memory*

mémoire centrale 〖コンピュ〗メインメモリー, *main memory*

(alliage à) mémoire de forme 形状記憶(の合金), *shape-memory alloy*

mémoire de masse 〖コンピュ〗大容量記憶, *mass storage*

mémoire d'expansion / mémoire étendue 〖コンピュ〗拡張メモリー, *expanded memory*

mémoire dynamique (à accès direct) 〖コンピュ〗DRAM(ディーラム), *dynamic random access memory*

mémoire fixe / mémoire morte 〖コンピュ〗読取専用メモリー, *read-only memory*

mémoire flash 〖コンピュ〗フラッシュメモリー, *flash memory*

mémoire morte effaçable électriquement 〖コンピュ〗消去可能な読取専用メモリー, *electrically erasable read only memory*

mémoire morte programmable 〖コンピュ〗再書込可能読取専用メモリー:通称はPROM(ピーロム), *programmable read only memory*

mémoire morte programmable électriquement effaçable / mémoire morte programmable et effaçable électriquement 〖コンピュ〗書換可能な読取専用メモリー:通称はEPROM(イーピーロム), *erasable programmable read only memory*

mémoire non rémanente / mémoire passagère 〖コンピュ〗揮発性メモリー, *volatile storage*

mémoire non volatile 〖コンピュ〗非揮発性記憶装置, *nonvolatile storage / nonvolatile memory*

mémoire principale 〖コンピュ〗メインメモリー, *main memory*

mémoire RAM dynamique 〖コンピュ〗動的ランダムアクセスメモリー, *dynamic RAM*

mémoire tampon de saisie 〖コンピュ〗入力バッファーメモリー, *input buffer memory*

mémoire virtuelle 〖コンピュ〗仮想記憶, *virtual storage*

mémoire vive statique 〖コンピュ〗スタティックRAM, *static random access memory*

mémoire vive volatile 〖コンピュ〗揮発性RAM, *volatile random access memory*

mémorandum d'accord concernant les règles et procédures régissant le règlement des différends (世界貿易機関の)紛争解決了解, *Understanding on Rules and Procedures Governing the Settlement of Disputes (WTO)*

Mémorial des martyrs de la déportation (パリ4区の)強制収容所記念碑

Mémorial du martyr juif inconnu (パリ4区の)無名ユダヤ人犠牲記念堂

menace de sinistre 〖保〗潜在的損失, *potential loss*

ménage bi-actif 共稼ぎ夫婦, *dual income household*

ménage bi-actif sans enfants 〖風〗DINKS(ディンクス), *Double Income No Kids*

ménage dissocié 分裂家族

ménage d'une personne 一人所帯, *single person household*

meneur de ban 〖スポ〗応援団長, *cheerleader*

meneur de train 〖スポ〗(長中距離レースの)ペースメーカー, *pacemaker*

(système de) mensualisation de l'impôt sur le revenu 所得税の月割予定納税(システム), *monthly income tax payment (system)*

mentonnière 〖スポ〗(アイスホッケーの)チンプロテクター, *chin protector*

menu d'aide 〖コンピュ〗ヘルプメニュー, *help menu*

menu de césure 〖コンピュ〗ハイフネーションメニュー, *hyphenation menu*

menu déroulable / menu déroulant 〖コンピュ〗プルダウンメニュー, *pull-down menu*

〈**menu Web**〉 (朝食と30分間インターネット利用のセット)ウェブメニュー

menues épargnes 零細貯金, *petty savings*

〈**mer présentielle**〉 〖法〗(アルゼンチンが主張する)プレゼンシャル海, *Presential Sea*

mer semi-fermée 〖法〗半閉鎖海, *semi-enclosed sea*

mer-sol balistique stratégique 艦対地戦略弾道ミサイル, *strategic sea-to-ground missile*

merchandising 商品化計画, *merchandising*

mercuriale 市場価格表, *market price-list*

mère de substitution / mère porteuse 代理母, *surrogate mother*

mésalignement 長期的な為替相場のゆがみ, *misalignment*

mésoéconomie メソ経済, *mesoeconomy*

mésothérapie メソセラピー:多数の極細針を先につけた注射器で薬を少量投与する局部療法, *mesotherapy*

message d'accueil 〖コンピュ〗ウェルカムメッセージ, *welcome message*

message d'alerte 〖コンピュ〗警告メッセージ, *warning message*

message d'attente du système 〖コンピュ〗システムプロンプト, *system prompt*

message de libération 〖コンピュ〗解放メッセージ, *release message*

message d'erreur 〖コンピュ〗エラーメッセージ, *error message*

message guide-opérateur 〖コンピュ〗プロンプト, *prompt*

message inter-personnel 〖通〗個人間メッセージ, *interpersonal messaging*

message publicitaire télévisé テレビコマーシャル, *TV commercial*

message subliminal サブリミナルメッセージ, *subliminal message*

message variable (交通規制の)多目的信号

messager de poche ポケベル, *pager*

messager en moto バイク宅急便配達員, *motorcycle courier*

messagerie 公開電子掲示板, *bulletin board system*

messagerie électronique メッセージ通信システム, *message handling system*

messagerie rose 〖風〗(ミニテルやインターネット利用の)ピンク情報通信, *interactive Minitel service for sexual contacts*

mesures anti-discriminatoires 差別解消措置, *affirmative action*

mesures anti-discriminatoires à l'embauche 雇用機会均等措置, *equal opportunity program*

mesures anti-inflation インフレ対策, *anti-inflation measures*

mesures anticycliques 景気対策, *contracyclical measures*

mesures budgétaires 〖経〗フィスカルポリシー, *fiscal policy*

mesures conjoncturelles 短期的経済措置, *upswing measure*

mesures contre des inondations 水害対策, *flood control measure*

mesures contre la dépression 不況対策, *antidepression measure*

mesure de fréquence instantanée 瞬間周波数計測, *instantaneous frequency measurement*

mesures de l'air 大気汚染対策, *air pollution measures*

mesure de performance 業績測定, *performance measurement*

mesures de protection à l'encontre des importations 輸入制限, *import protection*

mesure de rendement 収益率測定, *measurement of profit-*

ability

mesures de rétorsion 報復手段, *retaliatory measures*
mesures de soutien テコ入れ策, *support*
mesures de sûreté 保安処分, *security measures*
mesures déflationnistes デフレ的措置, *deflationary measures*
mesures d'encouragement de la confiance 信頼醸成措置, *confidence-building measures*
mesure des besoins (給付金希望者などに対する)資産調査, *means test*
mesure dictatoriale (敗者などに対する)絶対的命令；一方的決定；強権政策, *diktat*
mesures d'incitation économique / mesures destinées à relancer l'économie 景気刺激策, *pump-priming measures*
mesures d'incitation fiscale 税制優遇措置, *tax incentives*
mesures financières à caractère incitatif 金銭的誘因, *financial incentives*
mesures fiscales à caractère incitatif 租税的誘因, *tax incentives*
mesure industrielle イージーオーダー, *semi-order-made*
mesures médiatiques マスコミ受けを狙った措置
mesures monétaires différentielles 差別的通貨措置, *discriminatory currency practices*
mesures ponctuelles 一時策, *specific measure*
mesures relatives à l'investissement qui affecte les échanges 貿易関連投資措置, *trade-related investment measure*
métal-étalon 本位金属, *standard metal*
métallophobie 金属恐怖症, *metallophobia*
météorophobie 流星恐怖症, *meteorophobia*
méthadone (モルヒネ代用薬の)メタドン, *methadone*
méthode à accès séquentiel indexé 〘コンピュ〙牽引順アクセス方式, *indexed sequential access method*
méthode ABC 重点の管理法, *ABC method*
méthode administrative 経営方法, *management method*
méthode d'accès multiple par répartition en longueur d'onde 波長分割多元接続方式, *wavelength-division multiplexing scheme*
méthode d'accès multiple par répartition dans le temps 時分割多元接続方式, *time-division multiplexing scheme*

méthode d'accès multiple par répartition en code 符号分割多元接続方式, *code-division multiple access scheme*

méthode d'accès multiple par répartition en fréquence 周波数分割多元接続方式, *frequency-division multiplexing scheme*

méthode d'actualisation 〚会〛現在価値法；正味現価法, *present value method*

méthode de calcul des prix de revient par commande 個別原価計算, *job order cost system*

méthode de la mise en équivalence 応分統合法；持分法, *equity method*

méthode de la moyenne mobile 移動平均法, *method of the moving average*

méthode de l'achèvement des travaux 〚会〛完了基準, *complete contract method*

méthode de l'inventaire 棚卸法, *inventory method*

méthode de Monte Carlo 〚コンピュ〛モンテカルロ法, *Monte Carlo methods*

méthode de partage des fruits de la production 生産物分与方式, *production sharing method*

méthode de prix de revient par commande 個別原価計算, *job order cost system*

méthode de programmation optimale PERT(パート)工程管理, *program evaluation and review technique*

méthode de proportion moyenne (物価指数の構成法で)比率平均法, *relative method*

méthode de temporisation 持久戦法, *Fabian tactics*

méthode Delphi (技術予測の方法で)デルファイ法, *Delphi method*

méthode des coûts directs 直接原価計算, *direct costing*

méthode des coûts historiques 歴史的原価計算法, *historic-cost accounting*

méthode des coûts marginaux 限界価格形成, *marginal pricing*

méthode des moindres carrés 最小二乗法, *method of least squares*

méthode des points et figures ポイント・アンド・フィガー：外為市場などへのチャート方式の適用, *point and figure method*

méthode des quotas (統計の)割当法, *quota method*

méthode des unités de production 生産高比例法, *unit of production method*

méthode des valeurs actuelles 時価評価会計；現行価格

表示会計, *current cost accounting*

méthode d'évaluation et de contrôle de l'exécution des projets / méthode du planning PERT PERT(パート)工程管理, *program evaluation and review technique*

méthode d'évaluation par points (職務評価の)点数制, *point method*

méthode d'investissement préétablie 〖証〗フォーミュラ投資, *formula investing*

méthode du bénéfice brut 〖会〗総益法, *gross profit method*

méthode du chemin critique クリティカルパス法, *critical path method*

méthode du coût 原価法, *cost method*

méthode du coût complet 全部原価計算, *absorption costing*

méthode du coût variable 変動原価計算, *variable costing*

méthode du moindre coût 最小費用分析, *least cost analysis*

méthode du simplexe 〖コンピュ〗単体法, *simplex method*

méthode input-output 投入産出法, *input-output method*

méthode linéaire (減価償却の)定額法, *straight method*

méthode premier entré-premier sorti (棚卸評価の)先入先出法, *first-in first-out method*

méthode prospective 〖保〗将来法, *prospective method*

méthode rétrospective 〖保〗過去法, *retrospective method*

méthode scientifique de gestion 科学的経営方法, *Scientific Management*

méthode standard de règlement 標準決済方法, *standard method of settlement*

méthyle tertiaire butyle éther メチル第三ブチルエーテル：アンチノック剤, *methyl tertiary butyl ether*

méthyphobie 酒類恐怖症, *methyphobia*

metical (モザンビークの通貨単位で)メティカル, *metical*

métiers du titre 〖証〗広い意味での証券業：取次, アンダーライティング, 投資顧問など

métier historique (多角化した企業の)本業

mètre de couturière (採寸用の)メジャー, *tape measure*

métro léger 新型路面電車, *light rail transit*

se mettre en portefeuille (2台の車などが通路をふせぐように)くの字型になる

meubles meublants 家財, *household furniture*

mi-temps pédagogique 二区分教授法, *part-time teaching*

position

(la) micro / micro-informatique 小型コンピュータ部門, *microcomputer sector*

micro-cravate タイタックマイク：タイタックのように止める超小型マイク, *tie-tack mike*

micro-interrupteur 〖コンピュ〗ディップスイッチ, *DIP switch*

micro pour écoute clandestine 盗聴マイク, *bugging device*

micro-régulation 微視的規制, *micro-regulation*

micro-station d'épuration 小規模下水処理施設

microanalyse par dispersion en énergie エックス線エネルギー分散解析, *energy dispersive analysis by X-rays*

microbiophobie 微生物恐怖症, *microphobia*

microcircuit 〖コンピュ〗マイクロサーキット, *microcircuit*

microdécision ミクロ的決定, *micro-decision*

microdisquette 〖コンピュ〗マイクロフロッピー, *microfloppy*

microédition 〖コンピュ〗デスクトップパブリッシング, *desktop publishing*

microentreprise (10人以下の)零細企業, *micro-enterprise*

micromercatique ミクロマーケティング, *micromarketing*

micronisation (エレクトロニクスの縮小化)ダウンサイジング, *downsizing*

microphysique 微視的物理学, *microphysics*

microplaquette (電子機器の)チップ, *chip*

micropolluants organiques 環境ホルモン, *environmental hormone*

microprocesseur en tranches 〖コンピュ〗ビットスライスマイクロプロセッサー, *bit slice microprocessor*

microprogrammation 〖コンピュ〗マイクロプログラミング, *microprogramming*

microprogramme 〖コンピュ〗マイクロプログラム, *microprogram*

microviseur ドアスコープ, *peephole*

le mieux-disant 最高入札者, *the highest bidder*

Mieux vaut riche, jeune et en bonne santé 〖諺〗(老いて貧乏で病気より)若くて金持ちで健康な方がよい

(la) mifepristone (経口中絶薬 RU-486)ミフェプリストン：商品名は Mifeprex, Mifegyne など, *mifepristone*

migrant économique 経済難民, *economic refugee*

migration alternante de travailleurs 労働者の交替的移動, *commuting of workers*

migration de certains constituants dans ou sur les denrées alimentaires 食品への一定成分の転移, *migration of certain constituents into or onto foodstuffs*

milieu bien informé 信頼できる筋, *authoritative source*
milieu fermé 〖法〗(未成年の囚人に自由を与えない)拘留体制
milieu ouvert 〖法〗(未成年の囚人に一定の自由を与える)開放環境体制
milieux professionnels 各種産業部門, *various sectors of industry*
militant anti-IVG (=interruption volontaire de grossesse) 人工中絶反対論者, *antiabortionist*
militant de base (政党・労組などの)下部党員, *grassroots activist*
〈**Millésime**〉 ミレジーム:1999年4月までJTC国際教育振興協会が発行していた日仏2カ国語の隔月誌
milliard d'octets 〖コンピュ〗ギガバイト, *gigabyte*
milliard d'opérations en virgule flottante par seconde 〖コンピュ〗ギガフロップス, *gigaflops*
million de tonnes équivalent charbon 百万石炭換算トン, *million tons coal equivalent*
million de tonnes équivalent pétrole 百万石油換算トン, *million tons oil equivalent*
(interdiction des) mines antipersonnel 対人地雷(の禁止), *(ban of) antipersonnel land mines*
minéralophile 鉱石収集家
mineur en danger moral 〖法〗要保護少年
mini-budget 小型補正予算, *mini budget*
mini-disquette 〖コンピュ〗5インチフロッピーディスク, *minifloppy*
mini-messages échangés sur les téléphones portables 〖風〗携帯電話メール, *simple mails by short message service*
mini-salle de concert ライブハウス, *music pub*
(un ordinateur) mini-tour 〖コンピュ〗ミニタワー, *mini-tower*
minidévaluation 〖経〗スライディングパリティー, *sliding parity*
minidisque / Mini Disc MD(エムディー), *Mini Disc*
minima non contributifs (社会保障の)非拠出性ミニマム;社会的ミニマム
minimarge ディスカウントショップ, *discount shop*
minimisation des pertes 損失極小化, *loss minimization*
minimisation du coût 費用極小化, *minimization of cost*
minimum adverse 〖経〗アドバースミニマム:互いに相反するものの和の最小値, *adverse minimum*
minimum contributif 拠出年金の最低保障
minimum de subsistance 最低生活水準, *minimum living standards*

minimum familial 最低家族収入

minimum garanti vieillesse 老齢ミニマム

minimum invalidité 障害者最低限所得

minimum social de soutien (M. Laroque 提唱の)社会的支援最低限契約

minimum vieillesse 老齢者最低保障額

minimum vital non taxable 非課税の最低生活費, *basic sum considered necessary for a minimum standard of living*

miniprogramme écrit par Java 〖コンピュ〗アプレット：Javaで書かれたプログラミングに利用できる簡単なモジュール, *applet*

ministère de la Santé publique 厚生省, *Ministry of Health and Welfare*

ministère de la Ville 都市省, *Department of Housing and Urban Development*

ministère de l'Environnement et du Cadre de vie 環境生活改善省, *Ministry of Environment and Quality of Life*

ministère des Postes, des Télécommunications et de l'Espace 郵便宇宙省, *Ministry of Posts, Telecommunications and Space*

ministère du Commerce et de l'Artisanat 商業手工業省, *Ministry of Commerce and Craft*

ministère du Territoire national, de l'Infrastructure et des Transports 国土交通省, *Ministry of Land, Infrastructure and Transport*

〈**ministère horizontal**〉 ヤドカリ省：複数の省にまたがる特定案件を手掛けるが, 省としての場を持たず関連部署に居候する行政機関

ministre chargé des relations avec le Parlement 国会担当大臣, *Minister for Relations with Parliament*

ministre conseiller pour les affaires économiques et commerciales 経済商務公使

ministre de la coopération et du développement 協力・開発大臣, *Minister for Cooperation and Development*

ministre de la culture, de la communication et des grands travaux 文化・コミュニケーション・大規模事業大臣

ministre de la défense et des anciens combattants 国防・在郷軍人大臣

ministre de la fonction publique, de la réforme de l'Etat et de l'aménagement du territoire 公務・国家改革・国土開発大臣

ministre de la fonction publique et des réformes administratives 公務・行政改革大臣, *Minister for Civil*

Service and Administrative Reforms
ministre de la jeunesse, de l'éducation nationale et de la recherche 青少年・国民教育・研究大臣
ministre de la recherche et de la technologie 研究・開発大臣, *Minister for Research and Technology*
ministre (japonais) de la réforme bancaire (日本の) 金融再生委員長, *Chairman of the Financial Reconstruction Commission (Japan)*
ministre de la santé, de la famille et des personnes handicapées 厚生・家族・障害者大臣
ministre de la ville 都市大臣, *Minister for Town*
ministre de l'agriculture, de l'alimentation, de la pêche et des affaires rurales 農業・食糧・水産・農村問題大臣
ministre de l'agriculture et de la forêt 農林大臣, *Minister for Agriculture and Forestry*
ministre de l'écologie et du développement durable エコロジー・持続可能開発大臣
ministre de l'économie, des finances et du budget 経済・財政・予算大臣, *Minister for Economic Affairs, Finance and Budget*
ministre de l'éducation nationale, de la jeunesse et des sports 文部・青少年・スポーツ大臣, *Minister for Education, Youth and Sport*
ministre de l'équipement, du logement, des transports et de la mer 設備・住宅・運輸・海洋大臣, *Minister for Equipment, Housing, Transports and Sea*
ministre de l'industrie, des postes et des télécommunications et du commerce extérieur 産業・郵政・電気通信・貿易大臣, *Minister of Industry, Post and Telecommunications and Foreign Trade*
ministre de l'industrie et de l'aménagement du territoire 産業・国土開発大臣, *Minister for Industry and Regional Planning*
ministre de l'intérieur, de la sécurité intérieure et des libertés locales 内務・治安・地方自由大臣
ministre délégué 副大臣, *Minister Delegate*
ministre délégué auprès de ~ ~担当大臣, *Minister, responsible to ~*
ministre des affaires étrangères ad interim 外務大臣臨時代理, *Minister for Foreign Affairs ad interim*
ministre des départements et territoires d'outre-mer 海外県・海外領土大臣, *Minister for Overseas Depart-*

ministre des entreprises et du développement économique chargé des PME (=petites et moyennes entreprises) du commerce et de l'artisanat　中小企業・商業・手工業担当企業・経済発展大臣

ministre des postes, des télécommunications et de l'espace　郵政・宇宙大臣, *Minister of Post, Telecommunications and Space*

ministre d'Etat　（フランスで副総理格の）国務大臣, *Minister of State*

ministre du commerce extérieur　貿易大臣, *Minister for Foreign Trade*

ministre du travail, de l'emploi et de la formation professionnelle　労働・雇用・職業教育大臣, *Minister for Labor, Employment and Vocational Training*

ministre sans portefeuille　無任所大臣, *minister without portfolio*

minorité de blocage　最小阻止票数；特定多数決阻止比率, *blocking minority*

minorité ethnique　少数民族, *ethnic minority*

minuties　（通関上の）少額品

minutier　原本記録簿, *lawyer's minute book*

〈miraculé de la République〉　〖言換〗（麻酔事故から奇跡的に復帰した）ジャン・ピエール・シュヴェンヌマン, *Jean-Pierre Chevènement*

miscibilité　（化学用語で）混和性, *miscibility*

mise à disposition de crédit　信用提供, *credit granting*

mise à disposition de main-d'œuvre　人員提供, *manpower aid*

mise à la retraite anticipée　早期退職, *early retirement*

mise à niveau　〖コンピュ〗バージョンアップ：ソフトウェアの改訂, *version up*

mise à prix (aux enchères)　（競売の）開始値段, *upset price*

mise à prix prévisionnelle　予想価格設定, *anticipatory pricing*

mise à profit　有効利用, *taking advantage*

mise au net　（タイプの）清書, *typing a final copy*

mise au nominatif　〖証〗記名証券化, *conversion into registered stocks*

mise au point　（文面の）仕上げ, *finalization*

mise au point de produits　製品開発の最終調整, *product development*

mise de fonds　出資金, *money invested*

mise de fonds initiale 期首資本, *initial capital*

mise efficace en œuvre d'une aide 〖ODA〗援助の効果的実施, *effective implementation of aid*

mise en attente 〖証〗(ポートフォリオなどの)避難, *parking*

mise en avant バーゲンセール, *bargain sale*

mise en chômage temporaire レイオフ, *furlough*

mise en commun (資金などの)プール, *pooling*

mise en conteneurs コンテナリゼーション:輸送をコンテナ化すること, *containerization*

mise en échec avec le corps 〖スポ〗(アイスホッケーで)ボディーチェック, *body check*

mise en forme (d'une disquette) 〖コンピュ〗(フロッピーディスクの)フォーマット, *formatting (of a diskette)*

mise en forme d'impulsion 〖通〗パルス整形, *pulse shaping*

mise en jeu du palet 〖スポ〗(アイスホッケーの)ダイビングポクチェック, *diving poke-check*

mise en mémoire d'un numéro (電話機の)短縮・登録ボタン

mise en œuvre à petites doses (政治的,社会的な)漸進主義(政策), *incrementalism*

mise en ondes テレビ放映, *putting on the air*

mise en pages par terminal-écran 〖コンピュ〗コンピュータ編集

mise en parallèle 水平的企業合併, *horizontal amalgamation of firms*

mise en pension du jour au lendemain 〖証〗オーバーナイトレポ:翌日決済の現先取引, *overnight repurchase*

mise en pension inverse 〖証〗リバースレポ;買戻し条件付き売りオペ, *reverse repurchase*

mise en place (レストランの)仕込み, *preparation*

mise en réserve de bénéfices 利潤留保, *retention of profits*

mise en train 〖スポ〗ウォームアップ, *warm-up*

mise en valeur (荒れ地などの)開発, *development*

mise en valeur des ressources humaines 人造り, *human resources development*

mise hors service (d'une centrale nucléaire) (原子力発電所の)廃炉, *decommissioning*

mise sous séquestre (疫病にかかった動物の)隔離, *isolation*

mise sur le marché (商品の)市場参入, *market entry*

〈Miss Escualite〉/ Miss Transsexuelle (ミスユニバー

スのようにコンテストで選ばれる)ミス性転換者, ⟨*Miss Tiffany*⟩ / *Miss Transsexual*

missile à ergols liquides 液体ミサイル, *liquid propellant missile*

missile air-air 空対空ミサイル, *air-to-air missile*

missile air-sol moyenne portée 中距離空対地ミサイル, *medium-range air-to-surface missile*

missile antibalistique 弾道弾迎撃ミサイル; 対弾道弾ミサイル, *antiballistic missile*

missile antimissile ミサイル迎撃ミサイル; 対ミサイル用ミサイル, *antimissile missile*

missile antisatellite 対衛星用ミサイル, *antisatellite missile*

missile balistique intercontinental 大陸間弾道ミサイル, *intercontinental ballistic missile*

missile de croisière 巡航ミサイル, *cruise missile*

missile de théâtre 戦域ミサイル, *theater missile*

missile léger antichars 対戦車ミサイル, *antitank missile*

missile surface-surface 地対地ミサイル, *surface-to-surface missile*

Mission des Nations unies pour l'administration intérimaire du Kosovo 国連コソボ暫定統治ミッション, *United Nations Interim Administration Mission in Kosovo*

Mission des Nations unies pour l'assistance au Rwanda 国連ルワンダ支援団, *United Nations Assistance Mission in Rwanda*

Mission des Nations unies pour le référendum au Sahara occidental 国連西サハラ住民投票監視団, *United Nations Mission for the Referendum in Western Sahara*

Mission d'observation des Nations unies chargée de la vérification du processus électoral au Nicaragua 国連ニカラグア選挙監視団, *United Nations Observer Mission to Verify the Electoral Process in Nicaragua*

Mission d'observation des Nations unies en El Salvador 国連エルサルバドル監視団, *United Nations Observer Mission in El Salvador*

Mission d'observation des Nations unies pour l'Irak et le Koweit 国連イラク・クウェート監視団, *United Nations Iraq-Kuwait Observation Mission*

mission suicide 決死の任務, *suicide mission*

Missionnaires de la charité (マザーテレサ創設の)神の愛の宣教師会, *Missionary of Charity*

mitigation graduelle 〖ODA〗なし崩し援助, *gradual and*

limited relaxation

mitterrandien / mitterrandiste （フランソワ）ミッテランの, *of François Mitterrand*

mix de produits 〖経〗プロダクトミックス, *product mix*

mix des produits de vente 〖経〗セールスミックス, *sales mix*

mixité （衣服，学校，美容院など）男女の区別なし

mixité 異種共存

mixte （会社が）半官半民の, *semi-government*

mnémophobie 思い出恐怖症, *mnemophobia*

〈**Mobicarte**〉 携帯電話用プリペイドカード

mobile 携帯電話, *mobile (phone)*

mobile d'achat 購入動機, *purchasing motivator*

mobile du profit 利潤動機, *profit-motive*

mobile home 移動住宅, *mobile home*

mobilier de bureau 事務用備品, *office furniture*

mobilier national 国有備品, *state furniture*

mobilier urbain ストリートファーニチャー：町中のベンチ，バス停など, *street furniture*

mobiliérisation 非金融仲介化, *disintermediation*

mobiliérisation 〖金〗エクイティファイナンスへの切替え

mobiliérisation 〖証〗(1980年代フランスでの)有価証券投資への傾倒

mobilisable 〖証〗流動資金に変換できる, *mobilizable*

mobilisable par chèque （預金が）小切手振出可能な, *checkable*

mobilisation (des créances) （約束手形の）割引, *mobilization (of promissory notes)*

mobilisation (des bons du Trésor) 〖証〗(短期国債の)償還, *redemption (of treasury bonds)*

mobilisation de fonds 資金調達, *capital raising*

mobilisation et démobilisation （関税の）導入と撤廃, *introducing and dismantling (of tariffs)*

mobilité ascendante 上昇移動：社会的地位の上位階層への移動, *upward mobility*

mobilité des facteurs 要素の移動性, *mobility of factor*

mobilité des facteurs de production 生産要素の移動性, *mobility of the factors of production*

mobilité descendante 下降移動：社会的地位の下位階層への移動, *downward mobility*

mobilité efficace de la main-d'œuvre 有効な労働力移動性, *efficient job mobility*

mobilité horizontale 水平的移動, *horizontal mobility*

mobilité professionnelle　労働力移動性, *job mobility*
mobilité verticale　垂直的移動, *vertical mobility*
mobutuisme　モブツ主義：元ザイール大統領モブツの派手な独裁主義, *Mobutuism*
modalités de développement　発展形式, *method of development*
modalités de financement　資金調達方法, *terms of financing*
modalités de remboursement　返済条件, *method of reimbursement*
mode aide　〖コンピュ〗ヘルプモード, *help mode*
modes alternatifs de règlements des conflits　裁判外紛争処理, *alternative dispute resolution*
mode autonome　〖通〗オフラインモード, *off-line mode*
mode brouillon　〖コンピュ〗(プリンターのモードで)テスト印刷, *draft quality*
mode datagramme　〖コンピュ〗コネクションレス型, *connectionless mode*
mode de crédit dont le remboursement étalé prévoit une dernière échéance beaucoup plus importante que les autres　バルーン融資, *balloon financing*
mode de production asiatique　アジア的生産様式, *Asiatic mode of production*
mode de production capitaliste　資本主義的生産様式, *capitalist production mode*
mode de rémunération　賃金体系, *wage system*
mode de transfert continu　〖コンピュ〗バーストモード, *burst mode*
mode de transfert synchrone　〖通〗同期転送モード, *synchronous transfer mode*
mode d'exploitation normal　〖コンピュ〗標準操作手順, *standard operating procedure*
mode dialogue　〖コンピュ〗対話モード, *dialog mode*
mode d'insertion　〖コンピュ〗挿入モード, *insertion mode*
mode électromagnétique transverse　直交電磁場モード；TEMモード, *transverse electromagnetic mode*
mode en ligne　〖コンピュ〗オンラインモード, *on-line mode*
mode interactif　〖コンピュ〗会話方式, *conversational mode*
mode listing　〖コンピュ〗(プリンターのモードで)テスト印刷, *draft quality*
mode longitudinal unique　単一軸モード(レーザー), *single-longitudinal mode*
modes longitudinaux multiples　複数軸モード(レーザー),

multilongitudinal modes

mode normal 〚コンピュ〛標準モード, *standard mode*

mode normal de réponse 〚コンピュ〛正規応答モード, *normal response mode*

mode paysage 〚コンピュ〛ランドスケープモード, *landscape mode*

mode silencieux （携帯電話の）マナーモード, *silent mode*

mode survol （インターネットの）ブラウズモード, *browse mode*

mode télétraitement 〚コンピュ〛リモートモード, *remote mode*

mode transparent 〚コンピュ〛透過モード, *transparent mode*

mode transversal électrique TEモード：導波路で進行方向と直交する電界成分を持つ電磁波モード, *transverse electric mode*

modèle de Black-Scholes 〚オフ〛ブラック＝ショールズ・モデル, *Black-Scholes model*

modèle de cheminement 経過モデル, *transition model*

modèle de croissance Harrod-Domar ハロッド＝ドーマー的成長モデル, *Harrod-Domar growth model*

modèle de prévision 予見モデル, *forecasting model*

modèles de règles sur la procédure arbitrale 仲裁手続に関するモデル規則, *model rules on arbitral procedure*

modèle de simulation シミュレーションモデル, *simulation model*

modèle d'équilibre des actifs financiers 資本資産評価モデル, *capital asset pricing model*

modèle d'équilibre général 一般均衡モデル, *general equilibrium model*

modèle d'évaluation d'options de Black-Scholes 〚オフ〛ブラック＝ショールズ・オプション価格決定モデル, *Black-Scholes option pricing model*

modèle d'évaluation par l'arbitrage 裁定価格決定理論, *arbitrage pricing theory*

modèle d'optimisation 最適化モデル, *optimization model*

modèle économétrique 計量経済モデル, *econometric model*

modèle économique 経済モデル, *economic model*

modèle multilatéral de taux de change 複数為替相場モデル, *multilateral exchange rate model*

modèle Mundell-Fleming / modèle IS-LM-BP 〚経〛マンデル＝フレミング理論, *Mundell-Fleming model*

modèle néo-keynésien 〚経〛ネオケインジアンモデル, *neo-Keynesian model*

modèle piraté 無断コピーされたデザイン, *pirated design*

modem à réponse automatique 〖コンピュ〗自動応答モデム, *auto-answer modem*

modem externe 〖コンピュ〗外付けモデム, *external modem*

modem numérique 〖通〗(ISDN の)DSU, *Digital Service Unit*

modem réseau commuté 〖コンピュ〗ダイヤルアップモデム, *dial-up modem*

modem-télécopieur 〖コンピュ〗ファックスモデム, *fax-modem*

modération des loyers 家賃適正化, *reduction in rent*

modération des pénalités 罰則金の緩和, *reduction in penalties*

modération des prix 物価の抑制, *reduction in price*

modernisation de l'industrie 工業の近代化, *modernization of industry*

modification d'activité 営業変更, *modification of business*

modification de limites 境界変更, *modification of boundary*

modification du capital social 資本金変更, *modification of capital*

modification tarifaire 関税率変更, *changes in tariff rates*

modulaire (家具などについて)モジュラー方式の, *modular*

modulateur-démodulateur 〖コンピュ〗モデム, *modem*

modulation à déplacement minimal à filtre ガウス型最小シフトキーイング:電波のデジタル変調方式の一つ, *Gaussian minimum shift keying*

modulation d'amplitude en quadrature 直交振幅変調, *quadrature amplitude modulation*

modulation de fréquence à bande étroite 狭帯域周波数変調, *narrow band frequency modulation*

modulation de fréquence modifiée 変形周波数変調, *modified frequency modulation*

modulation de phase 位相変調, *phase modulation*

modulation d'horaire 変形労働時間

modulation différentielle par impulsions codées 予測符号化, *differential pulse code modulation*

modulation d'impulsions en amplitude 〖通〗パルス振幅変調, *pulse amplitude modulation*

modulation d'impulsions en largeur 〖通〗パルス幅変調, *pulse width modulation*

modulation d'impulsions en position 〖通〗パルス位置変調, *pulse position modulation*

modulation par déplacement de phase / modulation par déplacement de fréquence 位相偏移変調, *phase* *shift keying*

modulation par déplacement de phase bivalente 二値位相偏移変調, *binary phase shift keying*

modulation par déplacement de phase différentielle 差動位相変調方式, *differential phase shift keying*

modulation par déplacement de phase quadrivalente 四相位相偏移変調, *quadrature phase shift keying*

modulation par impulsion 〘通〙パルス符号変調, *pulse code modulation*

modulation par impulsion de durée 〘通〙パルス幅変調, *pulse duration modulation*

modulation par impulsion et codage différentiel adaptatifs 〘通〙適応差分パルス符号変調, *adaptive differential pulse code modulation*

modulation par inversion de phase 位相偏移変調, *phase shift keying*

modulation par saut de fréquence 周波数偏移変調, *frequency shift keying*

module de mémoire à une rangée de broches 〘コンピュ〙シングルインラインメモリーモジュール；通称は SIMM, *single-in-line memory module*

module logiciel téléchargeable 〘コンピュ〙ネットウエアローダブルモジュール, *netware loadable module*

module multiplex numérique 〘通〙デジタルトランクインターフェース, *digital trunk interface*

moguls 〘スポ〙(フリースタイルスキーの)モーグル, *moguls*

(les) moins développés parmi les pays en développement 後発発展途上国, *(the) least among less developed countries*

moins-perçu 未収納金, *amount not drawn*

moins-values 価値の減少分；価値低下；減価；負の見積差額, *depreciation in value*

moins-values latentes 含み損, *unrealized loss*

mois culturel européen (欧州共同体の)欧州文化月間：例えば1995年はニコシアで開催, *European Cultural Month (EC)*

mois de livraison immédiate 〘証〙期近物, *spot month*

mois d'échéance / mois de livraison 〘証〙限月(げんげつ)：証券取引決済の月, *delivery month*

mondialisation de l'économie / mondialisation économique 経済のグローバリゼーション, *globalization of economy*

mondovision (大陸間放送)モンドビジョン；世界テレビ放送, *world television*

⟨**Moneo**⟩ モネオ：スイカと同じように金額を後から専用機で自由に補充できる小額決済用カードで, 子供用のグリーンモネオと大人用のブルーモネオがある

monétique キャッシュレス方式, *cashless system*

monétique 電子マネー技術, *electronic money technic*

monétique エレクトロニックバンキング, *electronic banking*

monétisation de la dette publique 公債の貨幣化, *monetization of public debt*

monétisation du déficit （中央銀行に国債を引受させる）通貨発行による赤字補填

moniteur à balayage multiple 〖コンピュ〗マルチスキャンモニター, *multiscan monitor*

moniteur monochrome 白黒モニター, *monochrome monitor*

Moniteur officiel du commerce et de l'industrie フランス貿易センター週報

monnaie à cours forcé 不換通貨, *fiat money*

monnaie à haute puissance 強力貨幣；ハイパワードマネー, *high powered money*

monnaie banque centrale 貨幣的ベース：銀行券と民間金融機関の中央銀行預金の合計, *monetary base*

monnaie centrale 中央銀行通貨：信用貨幣の同義語, *central bank money*

monnaie centrale （フラン圏の中心であったフランス・フランを指して）中央通貨

monnaie clé 基軸通貨, *key currency*

monnaie comportant des lacunes 不健全通貨, *unsound currency*

monnaie composite 複合通貨；合成通貨, *composite currency*

monnaie convertible 交換可能通貨, *convertible currency*

monnaie d'appoint 小銭, *small change*

monnaie de banque 銀行貨幣：中央銀行券と預金通貨, *bank money*

monnaie de base ハイパワードマネー, *high powered money*

monnaie de compte 計算貨幣, *accounting currency*

monnaies de flottement concerté 共通フロート通貨, *common float currencies*

monnaie de nécessité 臨時貨幣

monnaie de papier 兌換紙幣, *convertible paper money*

monnaie de règlement / monnaie de facturation 決済通貨, *settlement money*

monnaies de réserve à 100% 100％準備貨幣, *hundred*

monnaie de singe 価値のない貨幣, *worthless currency*
monnaie de support 取引通貨, *vehicle currency*
monnaie déficit budgétaire （通貨発行をせず）会計処理による赤字補填
monnaie définitive 確定貨幣：無限の強制通用力を誇る支払手段, *definitive money*
monnaie d'encaissement 支払国通貨, *currency of the country of payment*
monnaie d'Etat 国庫金, *public money*
monnaie dirigée タイトマネー, *tight money*
monnaie divisionnaire 補助貨幣, *fractional currency*
monnaie élastique 伸縮的通貨, *elastic currency*
monnaie électronique 電子マネー, *electronic money*
monnaie en circulation 流通通貨, *currency in circulation*
monnaie forte 交換可能通貨, *hard currency*
monnaie inactive 遊休貨幣, *inactive money*
monnaie inconvertible 不換通貨, *inconvertible currency*
monnaie légale partielle 不完全法貨, *partial legal tender*
monnaie libératoire / monnaie légale 法貨, *legal tender*
monnaie manuelle 流通貨幣：銀行券と硬貨
monnaie-marchandise 商品通貨, *commodity currency*
monnaie métallique 金属貨幣, *metallic money*
monnaie neutre 中立貨幣, *neutral money*
monnaie non convertible 非兌換性通貨, *non-convertible currency*
monnaie oisive 不活動貨幣, *inactive money*
monnaie panier バスケット通貨：SDRやエキュー, *basket currency*
monnaie pivot 基軸通貨, *anchor currency*
monnaie plastique クレジットカード, *credit card*
monnaie réelle 実質貨幣, *real money*
monnaie réservée partielle 部分準備通貨, *fractional reserve currency*
Monnaie royale canadienne カナダ王室造幣局, *Royal Canadian Mint*
monnaie saine ハードカレンシー；交換可能通貨, *hard currency*
monnaie satellite （フラン圏に属する）衛星通貨
monnaie scripturale 書式通貨；記入貨幣, *scriptural money*
monnaie stable 安定貨幣, *stable money*
monnaie standard 標準貨幣, *standard money*

monnaie temporaire (商業為替手形, 大蔵省証券などの)テンポラリーマネー, *temporary money*

monnaie utilisée dans les échanges internationaux 貿易通貨, *trade currency*

monnet モネ：欧州通貨単位の呼び名として検討された候補の一つ, *monnet*

(semence) monogerme 単胚の(種子), *monogerm (seed)*

monographie professionnelle (税当局作成の)商売毎の解説, *official description of an occupation*

monophobie 単一物恐怖症

monopole bilatéral 双方独占, *bilateral monopoly*

monopole contrarié 制約独占, *restrained monopoly*

monopole d'achat (少数)買手独占, *oligopsony*

monopole d'émission des billets 独占的通貨発行権, *bank note issuing monopoly*

monopole discriminant 差別独占, *discriminatory monopoly*

monopole fiscal 税収独占, *revenue-producing monopoly*

monopoles fiscaux (税収を目的とする各種)専売事業, *revenue-producing monopolies*

monopole légal privé 私的合法独占, *private legal monopoly*

monopole légal public 公的合法独占, *public legal monopoly*

monosexuel 男女どちらかだけの, *monosexual*

monoski 〚スポ〛モノスキー, *monoski*

〈**Monsieur Météo**〉 天気予報官, *weather man*

Monsieur PESC (=politique étrangère et de sécurité commune) 共通外交・安全保障政策における欧州連合上級代表, *High Representative of the EU for the Common Foreign and Security Policy*

〈**Monsieur Propre**〉 (政治家などについて)清廉の士, *Mr. Clean*

Monsieur trois-étoiles 某氏, *Mr. So-and-So*

montage (d'un crédit) (信用枠の)設定, *elaboration*

montage financier 資金繰手当, *financial package*

montage financier à options multiples / montage financier multi-options 〚金〛マルチオプションファシリティ(MOF), *multiple option financing facility*

montagnes russes 〚証〛(ジェットコースターの意味から転じて)続落, *continued fall*

montant actuel 有り高, *amount in hand*

montants compensatoires monétaires 国境調整金；通

貨変動調整金.1992年までECにおいて為替変動による農家所得の増減を調整した金額, *monetary compensatory amounts*

montant de l'arriéré 滞納額, *amount of arrears*

montant de transfert 振替額, *transfer amount*

montant des obligations fiscales latentes 将来の納税債務額, *amount of future taxation*

montant des transactions 出来高金額, *amount of transaction*

montant du versement complémentaire 払込み補給金額, *amount of additional payment*

montant effectif des impôts 実効租税額, *effective amount of tax*

montant en capital 元金, *principal amount*

montant en principal des obligations 〖証〗社債の元本, *principal of the bonds*

montant entre ses mains 有り高, *amount in hand*

montant immédiatement exigible 即時請求可能金額, *amount payable forthwith*

montant net des engagements (d'une banque) (銀行の)純与信総額, *total net bank exposure*

montant net du chiffre d'affaires 純売上高, *net amount of turnover*

montant nominal 〖証〗券面額, *nominal amount*

monté en surface 〖コンピュ〗(チップが)サーファスマウントの, *surface-mounted*

monte naturelle (動物の)自然交配, *natural breeding*

montée en flèche / montée en puissance / montée en spirale 目覚しい上昇, *spiral*

montre à affichage numérique デジタル腕時計, *digital watch*

monuments naturels et sites 天然記念物と景勝地, *natural monuments and sites*

Moonisme (文鮮明の)原理運動, *Moonism*

morosité 〖証〗(相場の)弱気, *bearishness*

(être) mort avant son arrivée à l'hôpital 来院時心拍停止, *(to be) dead on arrival*

mort cérébrale / mort clinique 脳死, *brain death*

mort dans la dignité 〖法〗尊厳死, *death with dignity*

mort génétique 〖法〗遺伝子的死, *genetic death*

mort par excès de travail 過労死, *death from overwork*

mort subite du nourrisson 乳幼児急死症候群;乳幼児のポックリ死, *sudden infant death syndrome*

mortalité présumée 予定死亡率, *expected mortality*

morte-saison 閑散期, *dead season*
mot-clé en contexte 文脈付き索引, *keyword in context*
mot-clé hors contexte 文脈なし索引, *keyword out of context*
mot d'adresse de canal (データ通信で)チャンネルアドレスワード, *channel address word*
mot d'état du programme 〚コンピュ〛プログラムステータスワード, *program status word*
mot réservé 〚コンピュ〛予約語, *reserved word*
moteur d'apogée アポジモーター, *apogee boost motor*
moteur de recherche 〚コンピュ〛検索エンジン, *search engine*
moteur Lean Burn (自動車の)希薄燃焼エンジン, *lean-burn engine*
motif de spéculation 投機的動機, *speculative motive*
motif de transaction 取引動機, *transaction motive*
moto nautique 〚スポ〛水上オートバイ, *power watercraft*
motocrotte (路上に落ちている犬の)糞収集バイク
motoneige 〚スポ〛スノーモービル, *snowmobile*
motoriste (航空機用)エンジンメーカー, *engine manufacturer*
⟨**motte de beurre**⟩ 〚言換〛(ボディースタイルがバターの塊に似ていることから)ルノー4：日野ルノーの原型となった自動車, *Renault 4 CV*
mouchoir en papier ティッシュペーパー, *tissue paper*
mouilleur de bureau avec éponge (切手を濡らす)スポンジ, *moistener*
mouride ムーリディズム信奉者, *Mouridist*
mouridisme ムーリディズム：19世紀末 Ahmadou Bamba が創設したセネガルのイスラム系共同体, *Mouridism*
mourir dans la dignité 尊厳死する, *to die in dignity*
Mouvement d'action révolutionnaire (人種差別反対の)革命的行動運動, *Revolutionary Action Movement*
mouvement de caisse 金銭出納, *cash movement*
mouvement de capitaux à long terme 長期資本収支, *long-term capital balance*
mouvements de fonds 資金移動；資金循環, *flow of funds*
mouvements de l'actif 資産回転率, *asset turnover*
mouvements de l'encaisse キャッシュフロー, *cash flow*
mouvement de non-alignement 非同盟運動, *Non-Aligned Movement*
mouvements de renouvellement du monde 世直し運動, *world renewal movement*
mouvements de résistance organisés 組織的抵抗運動

団体, *organized resistance movements*

mouvement de translation (物理の)並進運動, *translatory motion*

mouvements de trésorerie キャッシュフロー, *cash flow*

〈Mouvement des Castors〉 マイホーム共同建設組合運動

mouvement des citoyens 市民運動:Jean-Pierre Chevènement が率いる政党名でもある

Mouvement des démocrates socialistes (チュニジアの政党で)社会民主主義運動

Mouvement des entreprises de France フランス企業運動:フランスの経団連に当たる CNPF の1989年10月末以降の新名称で略称は Medef(メデフ)

Mouvement des forces démocratiques de la Casamance (セネガルの)カザマンス民主勢力運動

mouvement des marchandises 販売量, *sales volume*

〈mouvement des mouvements〉〖言換〗(雑多な運動をカバーする運動である)オルターグローバリゼーション, *alter-globalization*

Mouvement des radicaux de gauche (フランスの政党で)急進左翼運動

mouvement des valeurs 〖証〗証券流通, *circulation of securities*

mouvement du cours / mouvement du marché 〖証〗相場変動, *market fluctuations*

Mouvement écologiste indépendant (フランスの政党で)独立自然保護運動

mouvements extérieurs 外部取引, *external transactions*

Mouvement fédéraliste européen 欧州連邦主義者運動, *European Federalist Movement*

Mouvement français pour la qualité フランス QC 運動協会, *French QC Movement*

mouvements intérieurs 内部取引, *internal transactions*

mouvement international des capitaux 資本の世界的な流れ, *global flows of capital*

mouvement national unificateur 民族統一主義, *irredentism*

mouvements nets de fonds ネットキャッシュフロー, *net cash flow*

Mouvement populaire (モロッコの政党で)人民運動党, *Popular Movement (Morocco)*

Mouvement populaire pour la libération de l'Angola アンゴラ解放人民運動, *Popular Movement for the Liberation of Angola*

Mouvement pour la France (フランスの政党で Philippe de Villiers の)フランスのための運動

Mouvement pour le changement démocratique (ジンバブエの政党)民主変革運動, *Movement for Democratic Change*

mouvement pour le respect de la vie 人工中絶合法化反対運動, *pro-life movement*

Mouvement républicain et citoyen (Jean-Pierre Chevènement の政党で)共和国・市民運動

Mouvement républicain populaire (フランスの政党で)人民共和運動

Mouvement révolutionnaire de Tupac Amaru トゥパクアマル革命運動, *Tupac Amaru Revolutionary Movement*

mouvement saisonnier 季節的変動, *seasonal movement*

mouvements séculaires 長期経済循環, *secular movement*

mouvement séparationniste 分離主義運動, *separatist movement*

mouvement sérieux de hausse 大幅な値上り, *significant movement of rise*

mouvement transfrontalier des capitaux 越境資本移動, *cross-border capital movements*

Mouvement universel de la responsabilité scientifique 世界科学責任運動, *Universal Movement for Scientific Responsibility*

moyens de communication de masse マスメディア, *mass media*

moyens de financement 金融手段, *financial instruments*

moyens de fortune 当座しのぎの手段, *makeshifts*

moyens de paiement 支払手段, *method of payment*

moyens de production 生産手段, *means of production*

moyens de subsistance 生活資力, *means of support*

moyens de thésaurisation 保蔵手段, *means of hoarding*

moyens d'échange 交換手段, *means of exchange*

moyens d'existence 生活手段；生活の糧, *means of support*

moyen et long terme 中長期, *medium and long-term*

moyen informatique 情報処理手段, *data-processing facility*

moyen technique de filtrage (des services sur Internet) (インターネット上の各種サービスの)秘密性解除の技術的手段, *technical means of filtering protection*

moyen tremplin pour sauts périlleux 〚スポ〛ミディアムキッカー, *medium kicker*

moyenne arithmétique pondérée 加重算術平均,

weighted arithmetic mean

(à) moyenne capacité d'absorption 〖経〗ミディアムアブソーバー(の), *medium absorber*

moyenne de salaire 平均賃金, *average wage*

moyenne de temps de bon fonctionnement 〖通〗平均故障間隔, *mean time between failures*

moyenne des buts (ゴールによる)平均得点, *goal average*

moyenne fréquence 〖通〗中波, *medium frequency*

moyenne mobile centrée sur trois mois 3カ月の移動平均, *three-month moving average*

moyenne mobile sur douze mois 12カ月の移動平均, *twelve-month moving-average*

moyenne pondérée 加重平均, *weighted average*

〈le Mozart de maths〉〖言換〗(数学の神童)ジャン・ピエール・セール:1926年生まれで,1954年にはフィールズ賞を受賞, *Jean-Pierre Serre*

multi-écran マルチスクリーン, *multiscreen*

multi-utilisateur 〖コンピュ〗マルチユーザー, *multi-user*

multibancarisation 複数銀行口座保有現象

multibyte 〖コンピュ〗マルチバイト, *multibyte*

multiculturalisme 多文化共存主義, *multiculturalism*

multiflux d'instruction-multiflux de données 多重命令多重データ, *multiple-instruction multiple-data*

multifonctionnalité 多面的機能性, *multifonctionality*

multimonopole 多角的独占, *multiple monopoly*

multinationalisation 多国籍化, *multinationalization*

multipiste (録音テープの)マルチトラック, *multitrack*

multiplexage à répartition dans le temps / multiplexage par répartition dans le temps / multiplexage temporel 時分割多重化, *time-division multiplexing*

multiplexage à répartition en fréquence / multiplexage analogique / multiplexage par partage des fréquences / multiplexage par répartition en fréquence 周波数分割多重化, *frequency-division multiplexing*

multiplexage par division de fréquences orthogonales 直交周波数多重方式:略称はOFDM, *orthogonal fequency division multiplexing*

multiplexage par répartition de code 符号分割多重化, *code-division multiplexing*

multiplexage par répartition en longueur d'onde 波長分割多重化, *wavelength-division multiplexing*

multiplexage spatial 空間分割多重化, *space-division multiplexing*

multiplexeur synchrone 同期多重化装置, *synchronous multiplexer*

multiplicateur de plein emploi 完全雇用乗数, *full employment multiplier*

multiplicateur d'emploi 雇用係数, *employment multiplier*

multiplicateur des réserves bancaires 預金乗数, *deposit multiplier*

multiplicateur d'impact 即時的乗数, *impact multiplier*

multiplicateur d'investissement 投資乗数, *investment multiplier*

multiplicateur du budget équilibré 均衡予算乗数, *balanced budget multiplier*

multiplicateur du commerce extérieur 外国貿易乗数, *foreign trade multiplier*

multiplicateur du commerce international 国際貿易乗数, *foreign trade multiplier*

multiplicateur du crédit 信用乗数, *credit multiplier*

multiplicateur du revenu 所得乗数, *income multiplier*

multiplicateur dynamique 動学乗数, *dynamic multiplier*

multiplicateur fiscal 財政乗数, *fiscal multiplier*

multiplicateur monétaire 貨幣乗数, *money multiplier*

multiprocesseur 〚コンピュ〛マルチプロセッサー, *multiprocessor*

multiprogrammation 〚コンピュ〛多重プログラミング, *multiprogramming*

multipropriété (リゾートマンションなどの)会員制共同所有；多重所有, *time share property*

multirisque (保険で)総合の, *comprehensive*

multitâche 〚コンピュ〛マルチタスキング, *multitasking*

municipalisation des sols 市街地の市町村有化, *municipalization of urban lands*

〈**le mur de la honte**〉〚言換〛(恥辱の壁)ベルリンの壁, *Berlin wall*

〈**le mur des lamentations**〉 嘆きの壁：エルサレムにあるユダヤ教の聖地, *Wailing Wall*

〈**la muraille de Chine**〉〚証〛チャイニーズウォール：万里の長城の意味から転じ内部情報が利益相反を生まないようにする情報の壁, *Chinese wall*

Musée Adam Mickiewicz (パリ4区の)ミキエビッチ博物館：ポーランドのロマン派詩人, *Adam Mickiewicz Museum*

Musée Adzak (パリ14区の)アドザック美術館:彫刻写真家ロイ・アドザックのアトリエ美術館, *Adzak Museum*

Musées anatomiques Delmas-Orfila-Rouvière (パリ6区の)デルマ=オルフィラ解剖博物館, *Delmas-Orfila Anatomy Museum*

Musée arménien de France (パリ16区の)アルメニア記念館, *Armenian Museum*

Musée Baccarat (パリ10区の)バカラ博物館, *Baccarat Museum*

Musée Boleslas Biegas (パリ4区の)ビエガ美術館:ポーランド芸術, *Biegas Museum*

Musée Bouchard (パリ16区の彫刻家アンリ)ブシャール美術館, *Bouchard Museum*

Musée Bouilhet-Christofle (パリ9区の)クリストフル美術館, *Christofle Museum*

Musée Cernuschi (パリ8区の)セルニュスキ美術館, *Cernuschi Museum*

Musée Cognacq-Jay (パリ3区の)コニャクジェ美術館, *Cognacq-Jay Museum*

Musée Dapper (パリ16区の)ダッペール美術館:植民地以前のアフリカ美術, *Dapper Museum*

Musée d'art dentaire (Musée Pierre Fauchard) (パリ16区の)フォシャール博物館, *Pierre Fauchard Museum*

Musée d'art juif (パリ18区の)ユダヤ美術館, *Jewish Art Museum*

Musée d'art moderne de la ville de Paris (パリ16区の)パリ市立近代美術館, *Museum of Modern Art of the City of Paris*

Musée d'art moderne de New York ニューヨーク近代美術館, *Museum of Modern Art of New York*

Musée d'art naïf Max Fourny (パリ18区の)マックス・フールニー素朴派美術館, *Max Fourny Museum of Naive Art*

Musée de la Bible et terre sainte (パリ6区の)聖書聖地博物館

Musée de la chasse et de la nature (パリ3区の)自然狩猟博物館, *Museum of the Chase and of Nature*

Musée de la contrefaçon (パリ16区の)偽物博物館, *Counterfeit Museum*

Musée de la curiosité et de la magie (パリ4区の)魔法博物館

Musée de la Marine (パリ16区の)海洋博物館, *Maritime Museum*

Musée de la mode et du costume de la ville de Paris

(パリ16区の)モード衣装博物館, *Fashion and Costume Museum of the City of Paris*
Musée de la mode et du textile (パリ1区の)モードとテキスタイル美術館
Musée de la musique (パリ19区の)音楽博物館
Musée de la parfumerie Fragonard (パリ2区の)フラゴナール香水博物館
Musée de la poste (パリ15区の)郵便博物館, *Postal Museum*
Musée de la poupée (パリ3区の)人形博物館
Musée de la publicité (パリ1区の)広告博物館
Musée de la sculpture en plein air (パリ5区の)野外彫刻美術館, *Open-Air Sculpture Museum*
Musée de la serrure Bricard (パリ3区の)錠前博物館, *Bricard Museum*
Musée de la vie romantique (Maison Renan-Scheffer) (パリ9区の)ロマン派記念館, *Romantic Movement Museum*
Musée de l'air et de l'espace (Le Bourgetにある)航空宇宙博物館
Musée de l'armée (パリ7区の)軍事博物館, *Army Museum*
Musée de l'assistance publique Hôpitaux de Paris (パリ5区の)パリ病院史博物館
Musée de l'automobile de Paris (la Défenseにある)パリ自動車博物館
Musée de l'éventail (パリ10区の)扇博物館
Musée de l'histoire de France (パリ3区の)フランス史博物館, *Historical Museum of France*
Musée de l'histoire de la médecine (パリ6区の)医学史博物館
Musée de l'holographie (パリ1区の)ホログラフィー博物館, *Holography Museum*
Musée de l'homme (パリ16区の)人類博物館, *Museum of Mankind*
Musée de l'Ile-de-France (Seauxにある)イル・ド・フランス博物館, *Ile-de-France Museum*
Musée de l'Institut du monde arabe (パリ5区の)アラブ世界研究所美術館, *Museum of the Institute of the Arab World*
Musée de l'ordre de la libération (パリ7区の)解放勲章博物館, *Legion of Honor Museum*
Musée de minéralogie (パリ6区の)鉱物博物館, *Mineralogical Museum*
Musée de Radio-France (パリ16区の)ラジオテレビ博物館,

Radio-France House Museum

Musée d'Ennery (パリ16区の)エヌリ博物館:中国・日本美術品, *Ennery Museum*

Musée des antiquités nationales (Saint-Germain-en-Laye にある)国民考古学博物館

Musée des arts de la mode et du textile (パリ1区の)モード繊維博物館:1997年1月に Musée de la mode et du textile と名称変更, *Costume and Fashion Museum*

Musée des arts décoratifs (パリ1区の)装飾美術館, *Museum of Decorative Arts*

Musée des arts forains (Collection Jean-Paul Favand) (パリ15区からパリ12区に移転した)縁日博物館

Musée des collections historiques de la Préfecture de police (パリ5区の)警視庁歴史資料館

Musée des lunettes et des lorgnettes (パリ11区の)眼鏡オペラグラス博物館, *Museum of Spectacles*

Musée des plans-reliefs (パリ7区の)立体地図博物館

Musée d'histoire contemporaine (パリ7区の)現代史美術館, *Contemporary History Museum*

Musée d'Orsay (パリ7区の)オルセー博物館, *Orsay Museum*

Musée du cinéma-Henri Langlois (パリ16区の)ラングロワ映画記念館, *Henri Langlois Cinema Museum*

Musée du Grand-Orient de France et de la Franc-Maçonnerie européenne (パリ9区の)フリーメーソン記念館, *Grand Orient Lodge Museum*

Musée du Louvre (パリ1区の)ルーブル美術館, *Louvre Museum*

Musée du Luxembourg (パリ6区の)リュクサンブール美術館, *Luxembourg Museum*

Musée du vin (パリ16区の)ワイン博物館, *Wine Museum*

Musée Dupuytren (パリ6区の)デュプイトゥラン記念館, *Dupuytren Museum*

Musée Edith Piaf (パリ11区の)ピアフ記念館, *Edith Piaf Museum*

Musée Edouard Branly (パリ6区の)ブランリ博物館:コードレス電話の発明者, *Branly Museum*

Musée en herbe (パリ16区の)若草協会博物館

Musée Ernest Hébert (パリ6区の)エベール博物館:肖像画家エベールの博物館, *Ernest Hébert Museum*

Musée-Galerie de la SEITA (=Société nationale d'exploitation industrielle des tabacs et des allumettes) (パリ7区の)セイタ・タバコ博物館, *SEITA Gal-*

lery Museum
Musée Grévin　(パリ9区の)グレバン蝋人形館, *Grévin Museum*
Musée Jacquemart-André　(パリ8区の)ジャックマール・アンドレ美術館, *Jacquemart-André Museum*
Musée Jean Moulin　(パリ15区の)ジャン・ムーラン記念館：レジスタンスの活動家, *Jean Moulin Museum*
Musée Lénine　(パリ14区の)レーニン記念館, *Lenin Museum*
Musée-Librairie du compagnonnage　(パリ6区の)同業者組合展示室
Musée Maillol　(パリ7区の)マイヨール美術館, *Maillol Museum*
Musée Marmottan (Musée Claude Monet)　(パリ16区の)マルモッタン(クロード・モネ)美術館, *Marmottan Museum*
Musée Moissan　(パリ6区の)モアサン博物館：フランスの大化学者を記念, *Moissan Museum*
Musée national d'art moderne　(パリ4区の)国立近代美術館, *National Museum of Modern Art*
Musée national de céramique　(Sèvresにある)陶磁器博物館
Musée national de la légion d'honneur et des ordres de chevalerie　(パリ7区の)騎士勲章博物館
Musée national de la Renaissance　(Ecouenにある)ルネッサンス博物館
Musée national de l'Orangerie　(パリ1区の)オランジュリー美術館, *Orangery Museum*
Musée national des arts asiatiques, dit Musée Guimet　(パリ16区の)ギメ東洋美術館, *Guimet Museum*
Musée national des arts d'Afrique et d'Océanie　(パリ12区の)アフリカ・オセアニア博物館, *African and Oceanian Art Museum*
Musée national des arts et traditions populaires　(パリ16区の)国立民芸博物館, *National Museum of Popular Arts and Traditions*
Musée national des granges de Port-Royal　(Magny-Les-Hameauxにある)ポール・ロワイヤル博物館, *Port-Royal Museum*
Musée national des monuments français　(パリ16区の)国立フランス文化財博物館, *Museum of French Monuments*
Musée national des techniques　(パリ3区の)国立工芸技術博物館, *National Technical Museum*

Musée national du moyen-âge (パリ5区の)クリュニー美術館, *Cluny Museum*
Musée national du sport (パリ16区の)国立スポーツ博物館, *Sports Museum*
Musée national Jean-Jacques Henner (パリ17区の)エンネール博物館, *Jean-Jacques Henner National Museum*
Musée Nissim de Camondo (パリ8区の)ニシム・ド・カモンド美術館, *Nissim de Camondo Museum*
Musée Notre-Dame de Paris (パリ4区の)ノートルダム大聖堂博物館, *Notre-Dame Cathedral Museum*
Musée-Placard d'Erik Satie (パリ18区の)エリック・サティ記念館, *Erik Satie Museum*
Musée Valentin Haüy (パリ7区の)バランタン・アユイ博物館, *Valentin Haüy Museum*
Musée-Vitrine des arts du spectacle (パリ2区の)演劇博物館
Musée Zadkine (パリ6区の)ザッキン美術館, *Zadkine Museum*
musicophobie 音楽恐怖症, *musicophobia*
musique aléatoire 偶然性の音楽, *chance music*
musique arabo-andalouse スペインのアンダルシアでアラブ人により作られた音楽
musique atonale 無調音楽, *atonal music*
musique concrète ミュジックコンクリート:具体音楽, *concrete music*
musique d'ambiance / musique de fond バックグラウンドミュージック, *background music*
musique d'ascenseur (エレベーターの中やロビーに流される)軽くて甘い音楽, *elevator music*
musique de générique テーマミュージック, *theme music*
musique dodécaphonique 十二音音楽, *twelve-tone music*
musique microtone 微分音音楽, *microtone music*
musique sérielle ミュジックセリエル:前衛音楽の作曲技法
musique stochastique ミュジックストカスティック:推計音楽, *stochastic music*
musiquette (ホテル・レストランなどで流れる)イージーリスニングミュージック, *easy listening music*
musophobie 鼠恐怖症, *musophobia*
mutation du personnel 人事異動, *transfer of personnel*
mutations économiques 経済変動, *economic change*
mutation structurelle 構造変化, *structural change*
mutualité européenne 欧州相互会社, *European Mutual*

Society

mutuelle d'assurance　相互保険組合, *mutual insurance company*
mutuelle de crédit　信用組合, *credit union*
(le) Myanmar　〖地〗ミャンマー, *Myanmar*
myanmarien　〖地〗ミャンマーの, *Myanmarian*
mysophobie　埃恐怖症, *amathophobia*
myxophobie　汚泥恐怖症, *blennophobia*

N

nabab de drogue 麻薬王, *drug baron*
naira (ナイジェリアの通貨単位で)ナイラ, *naira*
nakfa (エリトリアの通貨単位で)ナクファ, *nakfa*
nanobiologie ナノバイオロジー, *nanobiology*
⟨**nanobot**⟩ 微小ロボット:医療用のミクロの自走式機械など, *Nanobot*
nanotechnologie ナノテクノロジー, *nanotechnology*
narco-cleptocratie 麻薬クレプトクラシー:中南米で麻薬取引で利益を上げる密売業者・軍指導部・政治家の一団, *narco-cleptocracy*
narco-démocratie 麻薬に汚染された民主主義, *narco-democracy*
narcocapitaux 麻薬資本, *narco-capital*
narcodollars 麻薬ドル, *narcodollars*
narcoterrorisme 麻薬テロ:法と秩序を脅かす麻薬犯罪, *narco-terrorism*
nation débitrice adulte 成熟債務国, *adult debtor nation*
navicert 戦時航海証明書;ナビサート, *navicert*
navigateur (インターネットの)ブラウザー;閲覧ソフト, *browser (Internet)*
navigateur d'Internet インターネットサーファー, *Internet surfer*
navigation (インターネットの)ブラウジング, *browsing*
⟨**Navigo**⟩ ナビゴパス:パリの地下鉄用のチップ入り定期券
navire à effet de surface エアクッション艇, *surface effect vehicle / air-cushion vehicle*
navire à propulsion nucléaire 原子力推進船, *nuclear-powered ship*
navire d'application pour la pêche 漁業訓練船, *fishery training ship*
navire de guerre et autres navires d'Etat utilisés à des fins non commerciales 軍艦及び非商業的目的のために運航する他の政府船舶, *warship and other government ships operated for non-commercial purposes*
navire-jumeau 姉妹船, *twin ship*
navire nolisé チャーター船, *charter ship*

navire pirate 海賊船舶, *pirate ship*

navire porte-barges ラッシュ(LASH)船, *lighter aboard ship*

navire porte-conteneurs コンテナ船, *container transport ship*

navire roulier ロ―ロ―船, *roro ship*

navire utilisé exclusivement pour un service public non commercial 政府の非商業的役務にのみ使用される船舶, *ship used only on government non-commercial service*

(engagement de) ne pas utiliser l'arme nucléaire en premier 核兵器の先制不使用(の約束), *no-first use of nuclear weapons (commitment)*

nécessaire de réparation 修理キット, *repair kit*

nécessité de couverture 証拠金所要額, *margin requirements*

nécrojournalisme 死人ジャーナリズム：ダイアナ妃の死などにかこつけて特集を組み視聴率や部数を稼ぐマスコミの方法, *necrojournalism*

nécrophobie 死体恐怖症, *necrophobia*

néerlando- (連結形)蘭＝オランダの, *Netherlando-*

néerlandophone オランダ語圏の, *Dutch speaking*

négationniste de la Shoah ユダヤ人虐殺事実の否定者

〈négawatt〉 節電量：mégawatt と négatif をもじった言葉で, 省エネにより節約される電力量, *negawatt*

négoce de particulier à particulier 個人間取引, *trade between individuals*

négoce de titres sauvegardés ヘッジ取引, *hedge trading*

négoce international (フランス企業による)国外取引, *international trade*

négoce marginal (有価証券の)信用取引, *margin trading*

négociable (証券が)譲渡可能な；市場性のある, *negotiable*

négociant en denrées 商品取引業者, *commodity trader*

négociant en valeurs 株式取引所内仲買人, *jobber*

négociant exportateur 輸出商, *export merchant*

négociant prudent et avisé 慎重かつ思慮深い商人, *prudent businessman*

négociateur-courtier 〚証〛場内仲買人, *floor broker*

négociateur individuel de parquet 〚証〛ローカル：商品先物取引所で自己勘定で売買するフロアトレーダー, *local*

négociation à terme 〚証〛定期取引, *dealing for the settlement*

négociation à un cours inférieur 〚証〛ダウンティック取

引:値下り局面での取引, *downtick contract*

négociation à un cours supérieur 〚証〛アップティック取引:値上り局面での取引, *uptick contract*

négociation assistée par ordinateur 〚証〛プログラム売買, *program trading*

négociations commerciales multilatérales 多角的貿易交渉, *Multilateral Trade Negotiations*

négociation continue 終日取引, *all-day trading*

négociation des blocs (de contrôle) 〚証〛ブロック取引, *block trading*

négociations pour une réduction linéaire de tarif douanier 関税一括引下げ交渉, *negotiations for a linear tariff reduction*

négociations sur la limitation des armements stratégiques 戦略兵器制限交渉, *Strategic Arms Limitation Talks*

négociations sur la réduction des armements stratégiques 戦略兵器削減交渉, *Strategic Arms Reduction Talks*

négociations sur les obstacles structurels aux échanges (日米)構造協議, *Structural Impediments Initiative*

négociation sur positions à long terme ポジション売買, *position trading*

négritude ネグリテュード:黒人の特性, *negritude*

Néo-Canadien ニューカナディアン:カナダへの最近の移住者, *New Canadian*

néo-laddites ネオラッダイト:急速な技術革新や先端技術を嫌悪する人々, *neo-Laddites*

néocolonialisme 新植民地主義, *neocolonialism*

〈**néoconservateur**〉 ネオコンサーバティブ:新保守主義者のことで略してネオコンともいう, *neo conservative*

néonazi ネオナチ運動員, *neo-Nazi*

néophobie alimentaire 食物に対する新奇性恐怖症, *food neophobia*

néphophobie 雲恐怖症, *nephophobia*

net d'impôt 税引後, *after taxes*

net repli 全面安, *fall across the board*

〈**Netéconomie**〉 インターネット経済:特にヤフーなどを意味する, *Neteconomy*

netteté des carres 〚スポ〛(フィギュアスケートの)エッジの正確さ, *cleanness of edge*

nettoyeur 〚コンピュ〛ガーベッジコレクター:記憶装置内の整理

をして一つの連続した大きな空き領域を作成するソフト, *garbage collector*
(les) Neuf EC 9 カ国：1973-1981年, *(the) Nine*
neurophilosophie 心と脳の科学, *neurophilosophy*
neurothéologie 神経神学：神への信仰の生理的根拠を大脳の神経活動に求める学問, *neurotheology*
neurotransmetteur 神経伝達物質, *neurotransmitter*
neutralisation des mouvements internationaux de réserves 国際準備金移動の相殺, *neutralization of international reserve movement*
neutralité concurrentielle 競争の公正さ, *fairness of competition*
neutralité de la monnaie 貨幣の中立性, *money neutrality*
n'exigeant aucun repassage ノーアイロンの, *non-iron*
NF (＝Norme Française) Environnement フランス版エコマーク, *French Ecology Mark*
ngultrum （ブータンの通貨単位で）ニュウルタム, *ngultrum*
(le) Ngwane 〖地〗スワジランド, *Swaziland*
ni ni présidentiel （ミッテラン）大統領の非国営化非民営化公約
nicophile タバコの箱収集家
nippo- （連結形）日＝日本の, *Japano-*
nitrate d'ammonium et fuel-oil アンホ爆薬, *ammonium nitrate fuel oil*
nitrosodiéthylamine ニトロソジエチルアミン, *nitrosodiethylamine*
niveau de consommation 消費水準, *level of consumption*
niveau de dépôt requis 証拠金所要額, *margin requirement*
(le) niveau de la caution et les modalités de sa libération 担保額と解除方法, *amount of the security and the methods for its release*
niveau de l'emploi 雇用水準, *degree of employment*
niveau de marge initiale 基本証拠金水準, *initial margin level*
niveau de qualité acceptable 合格品質水準, *acceptable quality level*
niveau de réapprovisionnement 再発注水準, *reorder level*
niveau de soutien 支持線, *support level*
(au) niveau de vécu 日常レベル(で)
niveau d'équilibre 損益分岐点, *break-even point*
niveau du dépôt initial 基本証拠金水準, *initial margin*

niveau effectif du chômage 実質失業水準, *actual level of unemployment*

niveau général des prix 一般物価水準, *general price level*

niveau record / niveau historique 記録的水準, *record level*

niveau trois (「汚染大気 air vicié」に該当し交通規制が行われる) レベル3

nivellement de la conjoncture 景気循環の平準化, *leveling of the business cycle*

nivellement des cours 相場の平準化, *flattening out of prices*

nivellement des revenus 所得の標準化, *equalization of incomes*

〈**Nobel des arts**〉〖言換〗(芸術ノーベル賞こと, 高松宮殿下記念) 世界文化賞

nobélisable ノーベル賞候補の, *potential Nobel prizewinning*

noctambus 深夜バス, *midnight bus*

nocturne le vendredi 毎週金曜営業時間延長, *late opening Friday*

nœud à commutation de paquets 〖通〗パケット交換ノード, *packet switching node*

nœud de transit international 〖通〗インターナショナルノード, *international transit node*

nœud interne 〖コンピュ〗内側ノード, *interior node*

nœud terminal 〖コンピュ〗端末ノード, *terminal node*

nolisage / nolisation (飛行機・船の)チャーター, *chartering*

nom de domaine 〖コンピュ〗ドメインネーム, *domain name*

nom d'un compte 口座名義, *account name*

nom patronymique (女性の)実家の姓, *patronymic name*

nomade 非定住者, *traveler*

nombre au hasard 乱数, *random number*

nombre d'actions émises 発行株式数, *number of stocks issued*

nombre d'articles 項目数, *number of items*

nombre de demandeurs d'emploi en fin de mois 月末求職者数, *number of job-seekers at the end of month*

nombre de jours ouvrables 操業日数, *operation days*

nombre de maisons mises en chantier dans l'année 住宅着工件数, *housing starts*

nombre de protons 原子番号, *proton number*

nombre de Reynolds (流体中の物体の)レイノルズ数, *Reynolds number*

nombre des titres traités quotidiennement 毎日の出来高株数, *number of stocks traded daily*

nombres pseudo-aléatoires 〖コンピュ〗擬似乱数, *pseudorandom numbers*

nombre total personne-jour 延数, *total number of days*

nomenclature des douanes / nomenclature douanière 関税品目分類表, *tariff nomenclature*

nomenclature douanière de Bruxelles ブリュッセル関税品目分類表, *Brussels Tariff Nomenclature*

nomenclature du Conseil de coopération douanière 税関協力協議会品目分類表；関税協力理事会品目分類表, *Customs Cooperation Council Nomenclature*

nomenclature générale des activités économiques dans les Communautés européennes 欧州共同体経済活動総合分類, *General Industrial Classification of Economic Activities within the European Communities*

nomination provisoire 臨時採用, *temporary appointment*

non ajusté 未調整で, *unadjusted*

non-assujetti à la TVA (= taxe à la valeur ajoutée) 付加価値税がゼロの, *zero-rated (value-added tax)*

non-assujetti à l'impôt 非課税の, *nontaxable*

non-banque ノンバンクの, *non-bank*

non-combattant 非戦闘員, *non-combatant*

non-concurrence 非競争, *non-competition*

non-connecté 〖通〗オフラインの, *off-line*

non-convivial 〖コンピュ〗使い勝手の悪い, *user-unfriendly*

non-cumul des peines 不併科, *concurrence of sentences*

non-décision 決定拒否, *non-decision*

non-discrimination en matière de salaires 同等賃金の原則, *principle of equal pay*

non-échu 満期未到来の, *unmatured*

non-élasticité des prix 価格硬直性, *price inelasticity*

non entrelacé (モニターが)ノーインターレイス方式の, *no interlace*

non-gréviste スト反対者, *non-striker*

non-imposable 非課税の, *nontaxable*

non-intervention à la politique intérieure 内政不干渉, *non-intervention in the domestic affairs*

non-interventionniste privilégié (取引が)対等な立場での, *arm's length*

non-malléabilité du capital 資本の非柔軟性, *non-mallea-*

bility of capital

non négociable 〚証〛譲渡不能の；非流通の, *non-negotiable*

non-nuisible à l'environnement 環境にやさしい, *environmental-friendly*

〈**non-op**〉 性転換手術を希望しない性同一性障害者, 〈*non-op*〉

non-organisé 未組織労働者, *unorganized worker*

non-polluant 無公害の, *clean*

non-publicité des prix 価格の秘匿性, *confidentiality of prices*

non-refoulement ノン・ルフールマン：本国で迫害される可能性のある難民に対する強制送還の禁止, *non-refoulement*

non-ressortissant de l'Union européenne 欧州連合域外の国民, *non-EU national*

non retour à zéro inversé NRZI：データ通信のノンリタートゥゼロインバーテッド, *non-return to zero inverted*

non-salarié 非俸給生活者, *non-salaried*

non-syndiqué 非組合労働者, *non-union worker*

non-titulaire （公務員について）非本官, *not established official*

non-transparence 非透明性, *opacity*

non-valeurs 不良債権；未回収金, *bad debts*

non-valeurs 不生産資本：財政分析の対象外となる創業費や研究開発費, *unproductive asset*

non-voyageur du métro 地下鉄輸送外利用者：地下鉄構内を宿代わりにする人

nonénal ノネナール：加齢臭の原因物質, *nonenal*

〈**Norlevo**〉 モーニングアフターピル：商品名がフランス・ベルギーでは Norlevo，米国・カナダでは Plan B, 〈*Plan B*〉

normalisation comptable 会計標準化, *accounting standardization*

norme comptable 財務報告基準, *Financial Reporting Standard*

normes comptables généralement reconnues 一般に認められた会計原則, *generally accepted accounting principles*

normes d'audit généralement acceptées 一般に認められた監査原則, *generally accepted auditing standards*

norme de facto 事実上の標準, *de facto standard*

normes de protection de l'environnement 環境保護基準, *environmental protection standards*

normes et règlements techniques pour l'exportation 〚仏〛輸出品適用基準, *source of information on standards and rules governing goods for export*

normes européennes 欧州統一規格, *European Standards*

normes européennes de solvabilité 欧州連合支払能力規制, *European solvency norms*

normes françaises フランス国家規格:フランスの工業規格, *French Standards*

normes françaises homologuées フランス標準規格, *French homologation*

normes minimums de la Sécurité sociale 社会保障最低基準, *minimum standards of social security*

nosocomial (感染などが)病院に起因している, *nosocomial*

nosophobie 疫病恐怖症, *nosophobia*

notaire-assistant 助手公証人, *assistant notary*

notation binaire 〖コンピュ〗2進表記法, *binary notation*

notation de syntaxe abstraite numéro un 抽象構文記法1, *abstract syntax notation one*

notation du personnel 勤務評定, *personnel evaluation*

notation infixe 〖コンピュ〗中置き表記法, *infix notation*

notation non parenthésée 〖コンピュ〗無括弧表記法, *parenthesis-free notation*

notation polonaise inversée 〖コンピュ〗逆ポーランド式表記法, *reverse Polish notation*

notation postfixée 〖コンピュ〗後置き表記法, *postfix notation*

notation préfixée 〖コンピュ〗前置き表記法, *prefix notation*

note d'avoir 貸方票, *credit note*

note de commande 注文票, *order form*

note de couverture カバーノート:保険ブローカーが契約者に出す仮契約書, *cover note*

note de crédit (預金の)入金通知, *credit note*

note de débit 借方票, *debit note*

notes de frais 費用勘定;所用経費, *expense account*

note d'information 有価証券報告書, *financial statement*

note d'investissement 投資格付け, *investment rating*

note d'option sur rendement disponible 流動性資産取得権付き債:Merrill Lynchのゼロクーポン債, *Liquid Yield Option Notes*

note en bas de bilan 貸借対照表脚注, *foot note of balance sheet*

notes explicatives 脚注, *footnotes*

notice d'accompagnement (同封物につけた)説明書, *package insert*

notice d'impact (自然保護の面での)影響評価説明, *environmental assessment note*

notification de redressements (申告税額の)更正通知, *rectification notice*

notification d'exercice 権利行使通知書, *exercise notice*
notification positive 正通知, *positive notification*
notification préalable 事前通告, *prior notification*
notification rapide d'un accident nucléaire 原子力事故の早期通報, *early notification of a nuclear accident*
notion de cessibilité 譲渡可能性の観念, *notion of transferability*
notion d'établissement 事業所概念, *concept of establishment*
notionnel (国債の)標準物, *notional*
〈**Notor**〉ノーター：尾部回転翼のないヘリコプター, *Notor*
nouilles-minute 即席麺, *instant noodle*
〈**nounoursomania**〉テディベア狂
nourriture à faible taux de matière grasse 低脂肪食品, *low fat food*
nourriture pour animaux de compagnie ペットフード, *pet food*
nouveau cours record 新高値, *new record price*
nouveau franc 新フラン：1960年のデノミ以降のフランス・フラン, *new franc*
nouveau kwanza (アンゴラの通貨単位で)新クワンザ, *new kwanza*
nouveau média ニューメディア, *new media*
〈**Nouveau Monde**〉「新世界」：Henri Emmauelli と Jean-Luc Mélenchon が立上げた社会党内の新派閥
Nouveau partenariat pour le développement de l'Afrique アフリカ開発のためのニュー・パートナーシップ：略称は NEPAD, *New Partnership for Africa's Development*
Nouveau parti conservateur (日本の政党で)保守新党, *New Conservative Party*
Nouveau parti de la fraternité (日本の政党で)新党友愛
Nouveau parti des salariés (日本の政党で)サラリーマン新党
Nouveau parti du progrès (日本の政党で)新進党, *New Frontier Party*
Nouveau parti japonais (日本の政党で)日本新党, *Japan New Party*
Nouveau parti socialiste (フランス社会党の派閥である)新社会党
nouveau paysage médiatique ニューメディア時代：ニューメディア台頭の状況, *new media landscape*
nouveau peso mexicain (通貨単位で)新メキシコ・ペソ, *new Mexican peso*

nouveau plan comptable 〖仏〗新会計原則, *new chart of accounts (France)*

nouveau rouble (ロシアの通貨単位で)新ルーブル, *new rouble*

nouveau système de comptabilité nationale (国連提唱の)新国民経済計算, *New System of National Accounts*

nouveau zaïre (ザイールの通貨単位で)新ザイール, *new zaire*

nouveaux classiques 新古典学派経済学者：マーシャル, ピグーに代表される学派の経済学者, *neo-classical economists*

nouveaux Länder (統一後の旧東独各州を意味する)ドイツ新州, *New States of Germany*

nouveaux pays exportateurs 新興輸出志向国, *new exporting countries*

nouveaux pays industrialisés 新興工業国, *newly industrializing countries*

〈**nouveaux pères**〉 (家事などを手伝う)マイホームパパ

nouvel arrangement d'emprunt 新借入協定, *new arrangement to borrow*

〈**le Nouvel Economiste**〉 ヌーベルエコノミスト誌：フランスの経済専門誌

nouvel Etat industriel (J. K. Galbraith の)新産業国家, *New Industrial State*

nouvel instrument communautaire (欧州投資銀行の中小企業向け)欧州共同体新貸付手段, *New Community Instrument (EC)*

Nouvel ordre économique international 新国際経済秩序, *New International Economic Order*

nouvelle architecture internationale pour le développement 包括的開発のフレームワーク：J. Welfensohn 世銀総裁が提唱, *comprehensive development framework*

Nouvelle armée du peuple (フィリピンの)新人民軍, *New People's Army*

〈**Nouvelle donne**〉 ニューディール：1933年から1939年までの米国 F. O. Roosevelt の社会保障と経済復興を主とした革新政策, *New Deal*

nouvelle droite 新右翼, *New Right*

〈**nouvelle économie**〉 新経済論, *New Economy*

nouvelles économies industrielles 新興工業経済地域, *newly industrializing economies*

nouvelle gauche 新左翼, *New Left*

nouvelle nation créancière 新債権国, *new creditor nation*

novotique 新技術, *new technology*

noyau (最後まで輸入枠として残る)残存制限, *hard-core / residual restriction*

noyau dur 中心株主層, *group of stockholders chosen for a company by the government on its flotation*

noyau dur de la technologie 技術の核心部:生産技術と工程管理, *core technology*

noyau dur de l'inflation 潜在インフレ, *latent inflation*

〈noyau dur〉européen 欧州連合中核国:一足先に経済同盟に移行可能な国々

noyau sécurité 〖コンピュ〗機密保護中核, *security kernel*

noyau stable 安定株主層, *strong stockholders*

nuevo sol (ペルーの通貨単位で)新ソル, *new sol*

nuisances acoustiques / nuisances sonores 騒音公害, *noise pollution*

nuisances dues aux infrasons 低周波公害, *infrasound pollution*

nul de plein droit 法律上当然無効に, *automatically void*

nul et non avenu 無効の, *null and void*

nullité de plein droit 当然無効, *nullity as of right*

numéraire fictif 流通紙幣, *circulating money*

numération à base 〖コンピュ〗基数表記法, *radix notation*

numérique デジタルの, *digital*

numérisation デジタル化, *digitization*

numérisation des cartes à fenêtres ウィンドウカードのデジタル化, *digitization of window's cards*

numérisation informatique 情報のデジタル化

numériseur d'image イメージデジタイザー, *image digitizer*

numéro azur (どこからかけても市内1通話分で済む)セミフリーダイヤル, *toll-free number in which costs are shared between caller and company*

numéro d'abonné à 8 chiffres 8桁電話番号, *telephone number of eight figures*

numéro d'assurance sociale 社会保険番号, *social insurance number*

numéro de commande 注文番号, *order number*

numéro de compte 口座番号, *account number*

numéro de départ 〖スポ〗ゼッケン, *start number*

numéro de dossard 〖スポ〗背番号, *bib number*

numéro de libre appel フリーダイヤル, *toll-free number*

numéro de référence 参照番号, *reference number*

numéro de série 製造番号, *serial number*

numéro de téléphone accessible 24 heures sur 24

二十四時間対応の電話番号, *hot line number*

numéro de travesti 〘風〙ニューハーフの演目, *drag act*

numéro d'identification personnelle 個人識別番号, *personal identification number*

numéro d'ordre 通し番号, *running number*

numéro d'urgence ホットライン, *hot line*

numéros en mémoire à touches d'accès direct ワンタッチダイヤル, *one-touch dialing numbers*

numéro international normalisé des livres 国際標準図書番号, *International Standard Book Number*

numéro préféré (「ゆうゆうコール」といった電話料金割引システムにおける)あらかじめ指定した相手の電話番号

numéro un chez les Quinze 欧州共同体加盟15カ国で一番の, *number one in the fifteen members of the EC*

numéro vert フリーダイヤル, *toll-free number*

numérotation abrégée 短縮ダイヤル, *short code dialing*

numérotation automatique 自動ダイヤル, *auto-dial*

numéroteur automatique 自動ダイヤル装置, *automatic dialer*

nutrition parentérale 非経口栄養法, *parenteral nutrition*

(cycle) nycthéméral (生体リズムに関して)昼と夜が交互する(サイクル), *nycthemeral (cycle)*

(le) nycthémère (生体リズムに該当する)昼と夜からなる24時間, *nycthemere*

nyctophobie 夜間恐怖症:暗闇に対する恐怖症, *nyctophobia*

O

OAT (= obligation assimilable du Trésor) Alphandéry （国民が直接購入可能な）アルファンデリー国債：Alphandéry蔵相が発行した統合性長期国債, *Alphandéry Bond*

〈**obésiciels**〉 肥満ソフト：サイズが大きくなる一方のマイクロソフトのプログラムを皮肉った言い方

objectifs de production 生産目標, *production targets*

objectif de vente 売上目標, *sales target*

objectif numérique 数値目標, *numerical target*

objet assuré 被保険物, *insured object*

objets de collection 収集品, *collection*

objet d'un placement 投資対象, *investment title*

objet quasi-stellaire 恒星状天体, *quasi-stellar object*

objet social 会社目的, *objects of a company*

objet volant non identifié 未確認飛行物体：通称はUFO, *unidentified flying object*

obligation à assurer 保険引受義務, *obligation to insure*

obligation à bons de souscription d'achat avec la faculté de rachat des bons 〖証〗買戻し可能ワラント債, *bonds with redeemable stock warrants*

obligation à bons de souscription d'obligations 〖証〗債券購入ワラント付き債券, *bond with bond-buying warrant*

obligation à bons de souscription en actions 〖証〗ワラント債, *bon cum warrant*

obligation à coupons détachés 〖証〗ストリップ債, *stripped bond*

obligation à coupons différés / obligation à coupons zéro 〖証〗ゼロクーポン債：額面から大幅割引で発行し償還時に額面分全額を支払う方式の債券, *zero-coupon bond*

obligation à coupon unique 〖証〗単一利札債：満期に利子が一括して支払われる債券

obligation à double monnaie / obligation à deux monnaies 〖証〗デュアルカレンシーボンド：払込みや利払いが発行通貨と異なる通貨でなされる債券, *dual currency bond*

obligation à double prime 〖証〗ダブルプレミアム債：発行プレミアムと返還プレミアムの両方が付く債券

obligation à échéance 〚証〛償還債券, *drawn bond*

obligation à échéance prorogeable 〚証〛延長可能債, *extendible bond*

obligation à escompte 〚証〛割引債；ディスカウント債, *discount bond*

obligation à fenêtres 〚証〛期限前償還可能債, *stepped rate bond*

obligation à fleur 〚証〛フラワーボンド：米国財務証券の一種, *flower bond*

obligation à intérêt variable 〚証〛変動利付き債, *floating rate bond*

obligation à la conservation de la chose assurée 〚保〛損害防止軽減義務

obligation à maturité courte 〚証〛短期債, *short coupon*

obligation à primes 〚証〛割増金付き債券, *premium bond*

obligations à primes complètes 〚証〛カレントクーポン債：額面割れをせずにいる債券, *full-coupon bonds*

obligation à rendement élevé mais à haut risque 〚証〛ジャンクボンド：償還リスクが大きいが高い利回りの債券, *junk bond*

obligation à revenu fixe 〚証〛確定利付き債；固定利付き債, *fixed interest bond*

obligation à revenu variable 〚証〛収益社債：収益があったときにのみ利子が支払われる社債, *income bond*

obligation à souscription d'actions 〚証〛ワラント債, *warrant bond*

obligation à taux fixe 〚証〛固定利付き債, *fixed rate bond*

obligation à taux flottant qui passe à taux fixe lorsque le taux de référence chute au-delà d'un certain niveau 〚証〛ドロップロック債：一定の利率まで下がると参考利率に固定される変動利付債, *drop-lock security*

obligation à taux glissant 〚証〛ローリングレート債券, *rolling rate bond*

obligation à taux progressif 〚証〛ステップアップ債券：利率が段階的に増大する債券, *step-up bond*

obligation à taux révisable 〚証〛金利調整可能債：満期の際の金利動向に応じて利率が調整される債券, *adjustable rate bond*

obligation à taux variable / obligation à taux flottant 〚証〛変動利付き債：前年の年平均金利を参考に毎年金利を変更する債券, *floating rate bond*

obligation à un an 〚証〛1年満期債券, *yearling bond*

obligation à warrant 〚証〛ワラント債, *warrant bond*

obligation alternative 選択債務, *alternative obligation*

obligation amortissable 〖証〗有期償還社債, *redeemable debenture*

obligation assimilable du Trésor indexée 〖証〗インデックス化された統合性長期国債, *French government's indexed notional bond*

obligation au-dessous du pair 〖証〗割引債；ディスカウント債, *discount bond*

obligation au porteur 〖証〗無記名債券, *bearer debenture*

obligation bancable 〖証〗満期が7年以下になった債券, *bankable bond*

obligation bancaire 〖証〗金融債, *bank bond*

obligation cautionnée 〖証〗保証社債, *hypothecated bond*

obligation classique 〖証〗普通社債, *straight bond*

obligations concernant le contenu local 部品現地調達率義務, *local content requirements*

obligation conditionnelle 〖証〗条件付き債券, *conditional bond*

obligation conjointe 〖証〗合同社債, *joint bond*

obligation convertible à tout moment 〖証〗随時転換可能な転換社債, *bond convertible at any moment*

obligation convertible au cours du marché 〖証〗時価転換社債, *debenture convertible at market price*

obligation d'atténuer les effets du risque 〖保〗損害防止義務, *duty to sue and labor*

obligation de collectivités locales à double garantie 〖証〗ダブルバレルドボンド：地方公共団体が発行する二重保証付き債券, *double-barreled bond*

obligation de conversion 〖証〗整理社債, *adjustment bond*

obligation de déclaration des avaries 海損発生通知義務, *obligation of giving claim notice*

obligation de deuxième catégorie 〖証〗第二カテゴリー債：民間企業債

obligation de deuxième rang 〖証〗二流債券, *second debenture*

obligation de pacotille 〖証〗ジャンクボンド：償還リスクが大きいが高い利回りの債券, *junk bond*

obligation de premier rang 〖証〗一流債券, *first class bond*

obligation de première catégorie 〖証〗第一カテゴリー債：国債, 地方債など

obligation de première qualité 〖証〗優良債, *high grade bond*

obligation de rendre compte de ses propres actions (企業の)説明責任, *accountability*

obligation de rente 〚証〛年金債券, *annuity bond*

obligation de résultat 結果債務, *obligation to achieve a result*

obligation démembrée 〚証〛ストリップ債, *stripped bond*

obligation déterminée 確定債務, *liquid debts*

obligations d'information ディスクロージャー義務;情報提供義務, *disclosure requirements*

obligation dont l'intérêt n'est dû qu'en fonction des bénéfices 〚証〛収益債券, *income bond*

obligation dorée sur tranches 〚証〛金縁債券:質の高い一流債券, *gilt-edged bond*

obligation du type classique 〚証〛古典的タイプの債券, *classical type bond*

obligation échangeable contre des actions 〚証〛転換社債, *convertible bond*

obligation échéant en série / obligation échéant par tranches 〚証〛連続償還債券, *serial bond*

obligation émise en dessous du pair 〚証〛割引債;ディスカウント債, *discount bond*

obligation émise en devises étrangères 〚証〛外貨債, *foreign currency bond*

obligation émise par des organismes fédéraux 〚証〛米国政府機関証券, *agency securities (USA)*

obligation en circulation 〚証〛未償還債券, *outstanding bond*

obligation en devises 〚証〛外貨建て債券, *foreign currency bond*

obligation en eurodollars destinée aux investisseurs japonais 〚証〛スシボンド:日本企業がユーロ市場で発行する外貨建て(主にドル建て)の債券, *Sushi bond*

obligation en eurosterling à coupon zéro 〚証〛ゼブラ債:英国ギルト債を加工したゼロクーポン債, *zero coupon Eurosterling bearer-registered accruing securities*

obligation encaissable par anticipation 〚証〛リトラクタブル債, *retractable bond*

obligation étrangère placée aux Etats-Unis 〚証〛ヤンキー債:米国債券市場で国際機関・外国政府・企業などがドル建てで発行する債券, *Yankee bond*

obligation foncière 〚証〛不動産債券:不動産債権または地方自治体への債権により保証されている債券

obligation garantie 〚証〛保証債券, *secured bond*

obligation hypothécaire 〚証〛担保付き債券；抵当付き債券, *mortgage bond*

obligation hypothécaire de deuxième rang 〚証〛第二順位抵当債券, *second mortgage debenture*

obligation inactive 〚証〛不人気債券, *inactive bond*

obligation indemnitaire 〚証〛(国有化による)補償債券

obligation indexée sur produits 〚証〛商品インデックス債；リンク債, *commodity bond*

obligation jumbo 〚証〛ジャンボ債：発行額が10億フランに近い債券

obligation la moins chère à livrer 〚証〛受渡し最割安銘柄, *cheapest to deliver*

obligation lancée sur le marché intérieur japonais par un emprunteur non japonais et libellée en une devise autre que le yen 〚証〛将軍債, *Shogun bond*

obligation légale de couverture 法定準備金所用額, *legal reserve requirement*

obligation linéaire 〚証〛(ベルギーの長期国債)OLO 型国債, *Linear Obligation*

obligation livrable la moins chère 〚証〛最高利回り受渡し適格銘柄

obligation ne portant pas d'intérêt 〚証〛無利子債券, *passive bond*

obligation négociable 〚証〛市場性債券, *marketable bond*

obligations nominatives 〚証〛登録債券, *registered bonds*

obligation non remboursable 〚証〛非償還債：任意償還条項のない債権, *noncallable bond*

obligation or 〚証〛金価格債券：利払いを金価格に連動させる債券, *gold bond*

obligation ordinaire 〚証〛普通社債, *straight bond*

obligation participante 〚証〛利益参加社債；利益配当社債, *profit-sharing bond*

obligation perpétuelle 〚証〛永久債；無期債券, *perpetual bond*

obligation planétaire 〚証〛グローバルボンド：世界各地で同時に発行される債券, *global bond*

obligation pour le développement de la petite entreprise 〚証〛小企業開発債, *small business development bond*

⟨**obligation pourrie**⟩ 〚証〛ジャンクボンド：償還リスクが大きいが高い利回りの債券, *junk bond*

obligation remboursable 〚証〛有期償還社債, *redeemable*

debentures

obligation remboursable à périodes déterminées 〘証〙償還請求権付き債券:保有者が満期以前での額面での償還を請求できる権利の付いた債券, *put bond*

obligation remboursable au pair 〘証〙額面価格債券, *par bond*

obligation remboursable en actions 〘証〙株式償還債券

obligation remboursable en certificat d'investissement 〘証〙投資証券償還債券

obligation renouvelable du Trésor 〘証〙更新可能国債, *renewable treasury bond*

obligation samouraï 〘証〙サムライ債;円建て外債, *Samurai bond*

obligation sans intérêt 〘証〙無利息債, *flat bond*

obligation spéciale à coupons à réinvestir 〘証〙バニーボンド:主に戦争債券を意味する, *bunny bond*

obligation spéculative à haut risque 〘証〙ジャンクボンド:償還リスクが大きいが高い利回りの債券, *junk bond*

obligation sterling émise par une société étrangère 〘証〙ブルドッグ債:イギリス市場で外国企業などが発行する英ポンド建て債, *bulldog bond*

obligation synthétique 〘証〙合成債券, *synthetic bond*

obligation warrantée 〘証〙ワラント債, *warrant bond*

obligation Yankee 〘証〙ヤンキー債:米国債券市場で国際機関・外国政府・企業などがドル建てで発行する債券, *Yankee bond*

observation des oiseaux dans leur milieu naturel バードウォッチング, *bird-watching*

observation en milieu ouvert 〘法〙(囚人の)社会内観察

observation préalable 〘法〙(受刑者の)試験観察

Observatoire de la qualité de l'air intérieur 室内空気良好度観察局, *Indoor Air Quality Observatory*

Observatoire des loyers de l'agglomération parisienne パリ都市圏区域家賃調査所

Observatoire européen des drogues et des toxicomanies 欧州麻薬及び麻薬中毒監視センター, *European Monitoring Center for Drugs and Drug Addiction*

Observatoire français des conjonctures économiques フランス経済景気研究所, *French Office of Economic Cycle*

Observatoire interministériel sur les sectes カルト集団監視省際委員会

**Observatoire juridique des technologies de l'infor-

mation 情報技術問題法律相談所

obsolescence programmée 計画的老朽化, *planned obsolescence*

obstacles à l'entrée 市場参入障害, *barriers to entry*

obstacles non tarifaires 非関税障壁, *non-tariff barrier*

occupation permanente 終身雇用, *permanent employment*

ochlophobie 群衆恐怖症, *ochlophobia*

ochophobie 車両恐怖症

octal codé binaire 〖コンピュ〗 2進コード化8進, *binary-coded octal*

octroi de subventions 助成金支給, *subsidization*

octroi d'un crédit 信用供与, *granting of credit*

octroi d'une permission 許可の授与, *grant of a permission*

odontogramme 歯牙(しが)描写図:歯形がどのようになっているかを示した図, *odontogram*

odonyme 通路名称:avenue, boulevard など

œcuménique 〖コンピュ〗 (ソフトなどが)機種を問わない

(l')œil rivé sur l'écran (de l'ordinateur) (パソコンの)画面に釘付けされた眼差し, *one's eyes glued on the screen*

œnophile 酒瓶収集家

Office central pour la répression de la grande délinquance financière (1990年5月9日内務省下に設置の)大規模金融犯罪取締中央局

Office central pour la répression du trafic illicite de stupéfiants 〖仏〗麻薬取締中央局

Office chérifien des phosphates (モロッコの)国営燐酸局, *National Phosphates Bureau (Morocco)*

office de placement 職業安定所, *employment office*

Office de radiodiffusion-télévision française (旧)フランスラジオテレビ放送局, *French Broadcasting Office*

Office de secours et de travaux des Nations unies pour les réfugiés de Palestine dans le Proche-Orient 国連パレスチナ難民救済事業機関, *United Nations Relief and Works Agency for Palestine Refugees in the Near East*

Office des migrations internationales 〖仏〗移民労働局

office du tourisme 観光局, *tourist bureau*

Office européen des brevets 欧州特許庁, *European Patent Organization*

Office européen des marques 欧州商標庁, *Community Trade Mark Office*

Office français de protection des réfugiés et apatrides フランス難民無国籍保護局

Office humanitaire de la Communauté européenne 欧州経済共同体人道援助局, *European Community Humanitarian Office*

Office intercantons de contrôle des médicaments (スイスの)州際麻薬管理事務所

Office international de la vigne et du vin 国際ワイン局, *International Vine and Wine Office*

Office international des épizooties 国際獣疫事務局, *International Office of Epizootics*

Office mondial d'information sur les problèmes d'environnement 世界環境問題情報局, *World Office of Information on Environmental Problems*

Office national de la propriété industrielle 国立工業所有権局;特許庁, *Patent Office*

Office national de tourisme japonais 日本観光振興会, *Japan National Tourist Organization*

Office national des forêts 国立森林局, *National Forest Office*

Office parlementaire d'évaluation des choix scientifiques et technologiques 議会科学・技術政策評価局, *Office of Technology Assessment*

officiel de compétition 〖スポ〗競技役員, *competition official*

officiel de direction 〖スポ〗大会運営委員, *management official*

officier de l'état civil 民事身分吏, *registrar*

officier de port 港長, *harbor master*

officier de sécurité 防火担当将校, *officer in charge of fire precautions*

offre baissante 供給低下, *falling supply*

offre conjointe 複合供給, *composite supply*

offre croissante 供給増加, *increasing supply*

offre d'achat 〖証〗買呼値, *bid*

offre d'assurance 保険の申込み, *offer of insurance*

offre de concours 協力申出, *assistance offer*

offre de main-d'œuvre 労働供給, *labor supply*

offre de monnaie 貨幣供給量;マネーサプライ, *money supply*

offre de reprise 〖証〗公開買付け, *take-over bid*

offre de services サービスの提供, *supply of services*

offre de souscription à titre préférentiel 〖証〗優先引受権の付与, *preferential subscription right offer*

offre de travail 労働供給, *labor supply*

offre de vente 〖証〗(株式公開際の)募集売出し, *offer for sale*

offre et demande de travail 労働需給, *supply and demand on the labor market*

offre flottante 〖証〗浮動玉(ふどうぎょく):株価が安定しない投機筋が保有する株, *floating supply*

offre forfaitaire 固定価格オファー方式, *fixed price offering*

offre globale 総供給, *aggregate supply*

offre haussante 供給上昇, *rising supply*

offre horizontale 水平な供給曲線, *horizontal offer curve*

offre inélastique (du sol) (土地の)非弾力的供給, *inelastic supply (of the land)*

offre non compétitive 競争力のないオファー, *non-competitive offering*

offre potentielle 潜在的供給, *potential supply*

offre publique 〖証〗(株買取の)公開宣言, *open bid*

offre publique de retrait 〖証〗公開買戻し, *squeeze out operation*

offre publique de vente 〖証〗(株式の)公開売出し, *public offering*

offre publique d'échange 〖証〗株式公開交換;ストックテンダーオファー, *stock tender offer*

offre publique initiale 〖証〗新規公募, *initial public offering*

offre pure 純粋供給, *pure supply*

offre réduite 〖証〗買い一色, *reduced offer*

offre régressive 供給低下, *regressive supply*

offre répétitive 反復宣言, *repeat offer*

offre sous réserve de disponibilité 在庫限りの商品提供, *offer subject to availability*

offreur de contenus (インターネットの)コンテンツプロバイダー, *provider of contents (Internet)*

⟨**l'Ogre de Bakou**⟩ 〖言換〗(アゼルバイジャンの首都バクーの鬼と異名をとるチェスの)ガリ・カスパロフ, *Garry Kasparov*

oicophobie / oikophobie 家屋恐怖症, *domatophobia*

oiseau mazouté (汚染により)重油まみれの鳥

olfactophobie 臭い恐怖症, *olfactophobia*

oligarchie financière 金融寡頭制, *financial oligarchy*

oligopole collusif 談合による寡占, *collusive oligopoly*

⟨**Olympique de Marseille**⟩ 〖スポ〗オランピックドマルセイユ:プロサッカーチーム

omanais 〖地〗オマーンの, *Omani*

omerta (マフィア用語で警察への非協力といった)沈黙のおきて, *omerta*

ommétaphobie 目恐怖症, *ommatophobia*

omnicide 核兵器による皆殺し, *omnicide*

Omnium immobilier de gestion 不動産管理総合会社:クレディリヨネ銀行の子会社

〈**Oncle Sam**〉〘言換〙(アンクルサムという通称から)米国, *Uncle Sam*

onde acoustique de surface 表面弾性波, *surface acoustic wave*

onde de commutation 〘コンピュ〙スイッチング波形, *switching waveform*

onde en dents de scie 〘コンピュ〙のこぎり形波形, *saw tooth waveform*

onde entretenue 連続波, *continuous wave*

ondes millimétriques ミリメートル波, *extremely high frequency*

onde triangulaire 〘コンピュ〙三角波形, *triangular waveform*

onduleur 〘コンピュ〙回線調整器, *line conditioner*

onduleur (直流を交流に変換する)インバーター, *inverter*

onéirophobie 夢恐怖症, *oneirophobia*

oniomanie 買物依存症, *oniomania*

onomatophobie 言葉恐怖症:特定の言葉を忌み嫌う恐怖症, *onomatophobia*

oologiste 卵の殻収集家

op-art オップアート, *optical art*

OPA (= offre publique d'achats) à rebours 〘証〙逆TOB, *reverse takeover*

opéable 〘証〙乗っ取り対象の, *raidable*

open end 〘証〙オープンエンド型の:追加資金の受入れと解約が常時行われる投資信託型の, *open-end*

opérateur arithmétique 〘コンピュ〙算術演算子, *arithmetic operator*

opérateur au comptant 〘証〙現物取引ディーラー, *spot-dealer*

opérateur de liaisons (インターネットの)接続業者, *provider (Internet)*

opérateur économique ビジネスマン, *businessman*

opérateur en couverture 〘オプ〙ヘッジャー:ヘッジ操作を行う人, *hedger*

opérateurs principaux du marché interbancaire インターバンク市場常連金融機関, *discount brokers*

opérateur relationnel 〘コンピュ〙関係演算子;比較演算子,

relational operator

opérateur sur graphique 〘証〙罫線家：チャートで株価動向を探る人, *chartist*

opérateur sur marge 〘証〙(有価証券の)信用取引筋, *margin trader*

opérateur sur ordinateur コンピュータオペレーター, *computer operator*

opération à caractère définitif 確定収支, *final statement*

opération à caractère temporaire 暫定収支, *temporary statement*

opération à primes プレミアム取引, *premium trading*

opérations à régulariser 未決済事項, *unsettled items*

opération à terme conditionnelle (1983年10月までの)条件付き定期取引, *conditional transaction for the settlement*

opération à terme ferme (1983年10月までの)確定定期取引, *firm dealing for the settlement*

opération à terme sur marchandises 商品先物取引, *commodity futures trading*

opération aéroportée 空挺作戦, *airborne operation*

opérations au comptant 現物取引, *spot business*

opérations bancaires automatisées / opérations bancaires informatisées エレクトロニックバンキング, *electronic banking*

opérations bancaires par Internet ネット銀行取引, *Internet banking operations*

opérations boursières par Internet ネット証券取引, *Internet trading*

opération compensatrice 反対取引, *offsetting transaction*

opération conditionnelle 〘オプ〙条件付き取引：オプション取引とプレミアム取引

opération couverte contre les risques de change 為替リスクヘッジ取引, *currency-hedged transaction*

opération croisée 〘証〙相対(あいたい)取引, *cross trading*

opérations d'achat et de vente sur le marché des changes à terme 〘金〙先々スワップ, *forward-forward transactions*

opération d'acquisition par endettement 〘証〙LBO：テコ入れ買収, *leveraged buyout*

opération de capitalisation 〘保〙資本償還操作, *capital-redemption operation (insurance)*

opération de change à terme 先渡し為替契約, *forward*

exchange contract
opération de change au comptant 直物為替取引, *spot foreign exchange transaction*
opérations de compensation 見返り貿易, *countertrade*
opérations de consolidation 借換操作, *refunding operations*
opération de gestion 損益取引, *profit and loss transaction*
opération de haut de bilan M&A関連事業, *mergers and acquisitions*
opération de maintien de la paix 平和維持活動, *peace-keeping operations*
opération de mise en pension 〘証〙現先取引, *sale and repurchase transaction*
opération de publicité ponctuelle 単発の広告, *one-off advertisement*
opération de rapprochement entre sociétés 企業結合, *business combination*
opération de réassignation sexuelle 性別再指定手術; 性転換手術, *genital reassignment surgery*
opération de report 繰延取引, *carry-over transaction*
opérations de réserves obligatoires 支払準備率操作, *reserve requirements operations*
opération de sauvetage (企業)救済策, *bailout*
opération de transfert 移転支払い, *transfer payment*
opération de trésorerie 現金取引, *cash transaction*
opération d'échange 〘貿〙バーター取引, *barter deal*
opérations d'encadrement (移民の)同化措置, *integration measures*
opérations d'épargne-assurance 貯蓄＝保険オペレーション
Opération des Nations unies en Mozambique 国連モザンビーク活動, *United Nations Operation in Mozambique*
Opération des Nations unies en Somalie 国連ソマリア活動, *United Nations Operation in Somalia*
Opération des Nations unies pour le rétablissement de la confiance en Croatie 国連クロアチア信頼回復活動, *United Nations Confidence Restoration Operation in Croatia*
opération d'initié 〘証〙インサイダー取引, *insider dealing*
opérations d'open-market 公開市場操作, *open-market operations*
opération du Trésor 国庫資金操作, *Treasury's operation*

opération d'urbanisation 市街地整備事業, *urbanization promotion*

opération dyadique 〖コンピュ〗二項演算, *dyadic operation*

opération en capital 資本取引：国際間での直接投資,証券投資など, *capital transaction*

opération en capital 簿外項目, *below the line item (budget)*

opérations en capital à long terme 長期資本取引, *long-term capital transactions*

opérations en contrepartie ヘッジ, *hedging*

opération escargot 怠業, *slow-down*

opération extra-comptable 会計外行為, *extra accounting operation*

opération hors bilan オフバランス取引, *off-balance transaction*

opérations impayées 料金未納事業, *unpaid operations*

opération intégrée de développement 開発統合事業, *integrated development operation*

opérations intrabancaires 銀行内取引, *intra-bank transactions*

opération liée 〖オプ〗(売付選択権と買付選択権の)複合選択権付取引, *straddle*

〈**Opérations mains propres**〉 (イタリアにおける汚職摘発の)清潔な手作戦, *Operation Clean Hands*

opération-maison 自社取引, *in-house transaction*

opération mixte à la baisse / opération mixte baissière 〖オプ〗ベアスプレッド：バーティカルスプレッドの一種, *bear spread*

opération mixte calendaire 〖オプ〗カレンダースプレッド：行使期限の異なるコールまたはプットオプションの売りと買いの同時実行, *calendar spread*

opération mixte du papillon 〖オプ〗バタフライスプレッド：バーティカルスプレッドの一種, *butterfly spread*

opération mixte haussière / opération mixte à la hausse 〖オプ〗ブルスプレッド：原証券価格が上がると儲かるようにコールオプションの売りと買い,あるいはプットオプションの売りと買いを組合わせた取引, *bull spread*

opération mixte horizontale 〖オプ〗ホリゾンタルスプレッド：カレンダーオプションの一種, *horizontal spread*

opération mixte sur options avec dates d'échéances différentes 〖オプ〗タイムスプレッド：行使期限の異なるコールまたはプットオプションの売りと買いの同時実行, *time spread*

opération mixte symétrique 〖オプ〗ボックススプレッド, *box spread*

opération mixte verticale 〖オプ〗バーティカルスプレッド：同じ行使期限で行使価格の異なるコールオプションの売りと買いあるいはプットオプションの売りと買いを同時に実行すること, *vertical spread*

opération portes-ouvertes 工場開放, *open house*

opération sans lien de dépendance 独立企業間取引, *arm's length transaction*

opération 〈si alors〉 〖コンピュ〗IF-THEN 操作, *if-then operation*

opération sur devises 外国為替取引, *foreign exchange transaction*

opération sur informations privilégiées 〖証〗インサイダー取引, *insider dealing*

opération sur marchandises 商品先物投資, *commodity trading*

opérations sur marché libre 公開市場操作；自由市場操作, *open market operations*

opération sur marge 〖証〗(有価証券の)信用取引, *margin transaction*

opération témoin テスト販売, *test marketing*

opération unaire 〖コンピュ〗単項演算, *unary operation*

ophélimité 〖経〗(V. Pareto の)福利, *ophelimity*

ophiophobie 蛇恐怖症, *herpetophobia*

opinions politiques 政治理念, *political baggage*

opportunité d'investissement 投資機会, *investment opportunity*

optimalité de Pareto / optimum de Pareto 〖経〗パレート最適, *Pareto optimality*

optimisation du rapport performance/coûts 費用・性能比のトレードオフ, *performance/cost trade-off*

optimum de production 最適生産, *optimum production*

optimum de second rang 次善的最適, *second-best optimum*

〈opting out〉 (デンマークや英国の)ユーロ不参加, *opting out*

option à barrière 〖オプ〗バリアオプション：ノックインとかノックアウトといった手法, *barrier option*

option à découvert 〖オプ〗ネイキッドオプション：オプションの裏付けとなる原証券を持たないままのオプション, *naked option*

option à échéance dépassée 〖オプ〗失効オプション：期限切れとなったオプション, *lapsed option*

option à la limite 〚オプ〛エクスティンギッシャブルオプション：ノックインとかノックアウトといった手法, *extinguishable option*

option à l'américaine 〚オプ〛アメリカンオプション：いつでもオプション行使が可能なオプション, *American option*

option à l'européenne 〚オプ〛ヨーロピアンオプション：権利行使期間の最終日にのみ, 権利行使できるオプション, *European option*

option à parité / option à la monnaie 〚オプ〛アット・ザ・マネーオプション：オプションを行使しても損益がゼロの状態のオプション, *at the money option*

option à taux d'intérêt 〚オプ〛金利オプション, *interest rate option*

option asiatique 〚オプ〛アジアオプション, *Asian option*

option américaine 〚オプ〛アメリカンオプション：いつでもオプション行使が可能なオプション, *American option*

option au cours / option au pair 〚オプ〛アット・ザ・マネーオプション：オプションを行使しても損益がゼロの状態のオプション, *at the money option*

options 〈Bermudes〉 〚オプ〛バーミューダオプション, *Bermuda option*

option cotée en Bourse 〚オプ〛上場オプション, *exchange-traded option*

option d'achat 〚オプ〛コールオプション；買いオプション, *call option*

option d'achat à parité / option d'achat au milieu 〚オプ〛アット・ザ・マネーコールオプション：オプションを行使しても損益がゼロの状態のコールオプション, *at the money call option*

option d'achat couverte 〚オプ〛カバードコール(ライト), *covered call (write)*

option d'achat d'actions 〚証〛株式買付選択権, *option of purchase of stocks*

option d'achat découverte 〚オプ〛ネイキッドコールオプション：オプションの裏付けとなる原証券を持たずに売るコールオプション, *naked call option*

option d'achat en jeu / option d'achat en dedans 〚オプ〛イン・ザ・マネーコールオプション：行使価格が市場価格を下回っているコールオプション, *in the money call option*

option d'achat hors jeu / option d'achat hors de la monnaie / option d'achat en dehors 〚オプ〛アウトオブ・ザ・マネーコールオプション：行使価格が市場価格を下回っているコールオプション, *out of the money call option*

options d'actions réservées 〘証〙ストックオプション:一定株数の自社株を通常市価より安く買取る権利, *stock options*

option dans la monnaie / option dans le cours 〘オプ〙イン・ザ・マネーオプション:オプションを行使すると利益が出る状態にあるオプション, *in the money option*

option de débogage 〘コンピュ〙(ソフトの)デバッグ支援プログラム, *debug facility*

option de l'acheteur 買手選択, *buyers' option*

option de sortie (管理からの)独り立ち, *option out*

option de souscription d'actions 〘オプ〙ストックオプション, *stock option*

option de taux 〘オプ〙金利オプション, *interest rate option*

option de vente 〘オプ〙プットオプション;売りオプション, *put option*

option de vente à parité / option de vente au milieu 〘オプ〙アット・ザ・マネープットオプション:オプションを行使しても損益がゼロの状態のプットオプション, *at the money put option*

option de vente en jeu / option de vente dans la monnaie / option de vente d'argenté 〘オプ〙イン・ザ・マネープットオプション:行使価格が市場価格を上回っているプットオプション, *in the money put option*

option de vente hors jeu / option de vente hors de la monnaie 〘オプ〙アウトオブ・ザ・マネープットオプション:行使価格が市場価格を下回っているプットオプション, *out of the money put option*

option de vente vendue 〘オプ〙ショートプット:プットオプションを売ったため,商品を買う義務を負っている状態にあること, *short put*

option du double 〘オプ〙買増選択権取引;二倍選択付き取引, *call of more*

option en jeu / option en dedans 〘オプ〙イン・ザ・マネーオプション:オプションを行使すると利益が出る状態にあるオプション, *in the money option*

option européenne 〘オプ〙ヨーロピアンオプション:権利行使期間の最終日にのみ,権利行使できるオプション, *European option*

option expirée 〘オプ〙失効オプション:期限切れとなったオプション, *lapsed option*

option ferme 〘オプ〙確定オプション, *firm option*

option fille 〘オプ〙他のオプションにサポートされたオプション

option hors jeu / option hors de la monnaie / option hors du cours 〘オプ〙アウトオブ・ザ・マネーオプション:

オプションを行使したら損失の出る状態にあるオプション, *out of the money option*

option mère 〖オプ〗他のオプションのサポートとなるオプション

option négociable 〖オプ〗上場オプション, *traded option*

option négociée de gré à gré 〖オプ〗店頭オプション:株式市場以外で行われるオプション, *over-the-counter option*

option sans garantie 〖オプ〗ネイキッドオプション:オプションの裏付けとなる原証券を持たないままのオプション, *naked option*

option sur actions 〖オプ〗ストックオプション, *stock option*

option sur contrats à terme 〖オプ〗先物オプション, *futures option*

option sur indice 〖オプ〗指数オプション, *index option*

options sur indices boursiers 〖オプ〗株価指数オプション, *stock index options*

option sur option 〖オプ〗オプションのオプション:他のオプションのサポートとなるオプション

option thêta 〖オプ〗オプションセータ:オプション価格がオプション期間の長さに応じてどう変化するかを表す指数, *option theta*

option zéro (軍縮の)ゼロオプション, *zero option*

optique des fibres オプティカルファイバー, *fiber optics*

or marchandise 商品金(きん), *commodity gold*

orbite de stationnement (宇宙衛星の)待機軌道, *parking orbit*

orbite de transfert géostationnaire 地球静止軌道への遷移軌道, *geostationary transfer orbit*

orbite géosynchrone 対地同期軌道;静止軌道, *geosynchronous orbit*

ordinateur à écran tactile タッチスクリーン式コンピュータ, *touch screen computer*

ordinateur à jeu d'instructions complexe コンプレックス命令セットコンピュータ, *complex instruction set computer*

ordinateur à jeu d'instructions réduit 縮小命令セットコンピュータ, *reduced instruction set computer*

ordinateur autonome スタンドアローンコンピュータ, *stand-alone computer*

ordinateur bloc-notes ノート型コンピュータ, *notebook computer*

ordinateur de cinquième génération 第五世代のコンピュータ, *fifth-generation computer*

ordinateur de poche ポケットコンピュータ, *pocket computer*
ordinateur de réseau ネットワークコンピュータ, *network computer*
ordinateur de table デスクトップコンピュータ, *desktop computer*
ordinateur des pauvres 簡易コンピュータ, *simputer*
ordinateur domestique ホームコンピュータ, *home computer*
ordinateur en temps partagé タイムシェアリングコンピュータ, *time-sharing computer*
ordinateur format calculette パームトップコンピュータ, *palmtop computer*
ordinateur frontal フロントエンドコンピュータ, *front-end computer*
ordinateur-hôte ホストコンピュータ, *host computer*
ordinateur individuel パーソナルコンピュータ, *personal computer*
ordinateur numérique デジタルコンピュータ, *digital computer*
ordinateur optique 光コンピュータ, *optical computer*
ordinateur passerelle ゲートウェイコンピュータ, *gateway computer*
ordinateur portatif ラップトップコンピュータ, *laptop computer*
ordinateur sans clavier （電子ペンによる）手書き入力小型携帯型コンピュータ, *pen based computer*
ordinateur satellite ターミナルコンピュータ, *terminal computer*
ordinateur serveur ホストコンピュータ, *host computer*
ordinophobe コンピュータ嫌い(の人), *computer phobic*
ordre à appréciation / ordre à l'appréciation 〚証〛裁量注文, *discretionary order*
ordre à cours limité 〚証〛指値(さしね)注文, *limited order*
ordre à cours limité suivi de la mention ⟨stop⟩ 〚証〛逆指値(さしね)注文, *stop order*
ordre à plage de déclenchement 〚証〛(株の)一定値幅での買注文
ordre à règlement immédiat 〚証〛即時決済注文
ordre à révocation 〚証〛定期取引の支払期日まで有効な指図, *good till canceled order*
ordre à seuil de déclenchement 〚証〛(株の)一定価格を下回る条件での売注文
ordre à soigner 〚証〛計らい注文, *discretionary order*

ordre au cours du marché / ordre au mieux 〚証〛成行(なりゆき)注文, *market order*

ordre au dernier cours 〚証〛引値注文, *closing price order*

ordre au jour 〚証〛当日限り有効な注文

ordre au premier cours 〚証〛寄付きでの注文；始値注文, *opening price order*

ordre au prix du marché / ordre prix du marché 〚証〛市場価格注文：寄付価格またはその時点で最も有利な価格であればよく，最低価格を設定しない注文

ordre bivalent 〚証〛択一注文, *alternative order*

ordre 〈d'abord et ensuite〉 〚証〛売り，買い順序立てた指定注文

ordre d'achat 〚証〛買注文, *buying order*

ordre d'achat (ou de vente) destiné à limiter les pertes 〚証〛損切り注文, *stop loss order*

ordre d'annulation 〚証〛取消注文, *cancel order*

ordre d'arbitrage 〚証〛裁定注文, *arbitrage order*

ordre de Bourse 〚証〛株の売買注文, *order (stock exchange)*

ordre de départ 〚スポ〛スタート順番, *starting order*

ordre de mise en fabrication 製造指図書, *manufacturing order*

ordre de préséance 席次, *order of precedence*

ordre de survie 生命表, *life table*

ordre de transfert monétaire 送金為替, *money transfer order*

ordre de vente 〚証〛売注文, *selling order*

ordre de virement 送金指図, *order to transfer*

ordre de virement bancaire 銀行振替依頼, *banker's order*

Ordre des experts comptables et comptables agréés 会計士団体：公認会計士協会, *Order of Accounting Experts*

〈Ordre du temple solaire〉 (新興宗教の教団である)太陽寺院教団, *Order of the Solar Temple*

ordre échelonné 〚証〛数段階の値での買注文

ordre 〈employer en〉 〚証〛金額指定注文：金額のみを決め，株数は特定しない注文

ordre 〈environ〉 〚証〛幅を持たせた注文

ordre jour 〚証〛当日有効注文, *day order*

ordre lexicographique 〚コンピュ〛辞書式順序, *lexicographic order*

ordre lié 〚証〛(売りと買いの)組合わせ日計り注文；売り買い組合わせ注文；乗換注文, *contingent order*

ordre lié 〖オプ〗複合オプション, *straddle*
ordre limité 〖証〗指値(さしね)注文, *limited order*
ordre limité inverse 〖証〗逆指値(さしね)注文；損失限定注文, *stop loss order*
ordre ouvert 〖証〗オープンオーダー：未執行の注文, *open order*
ordre professionnel 専門職同業組合, *professional association*
ordre 〈sans forcer〉/ ordre soignant 〖証〗(相場に影響しないようにする)小出し注文
ordre stop 〖証〗逆指値(さしね)注文, *stop order*
ordre sur le marché 市場秩序, *orderly market*
ordre 〈tout ou rien〉 〖証〗オールオアナッシング注文：注文が全額執行されなければ取消すという注文, *all or nothing order*
ordre valable jusqu'à annulation 〖証〗オープン注文：未執行の注文, *good-till-canceled order*
organes comptables (簿記の)基本三帳
organe de propagande 宣伝活動機関, *propaganda organs*
organe de surveillance 監督機関, *supervisory body*
Organe d'examen des politiques commerciales (世界貿易機関の)貿易政策検討機関, *Trade Policy Review Body (WTO)*
Organe international de contrôle des stupéfiants 国際麻薬統制委員会, *International Narcotics Control Board*
organisateur 〖コンピュ〗PIM：システム手帳ソフト, *personal information manager*
organisation à but non lucratif NPO：非営利団体, *non-profit organization*
Organisation africaine et malgache pour la coopération économique アフリカ・マダガスカル経済協力機構, *Afro-Malagasy Organization for Economic Cooperation*
Organisation arabe de développement agricole アラブ農業開発組織, *Arab Organization for Agricultural Development*
Organisation arabe des droits de l'homme アラブ人権組織, *Arab Human Rights Organization*
Organisation arabe pour le développement industriel アラブ工業開発機関, *Arab Industrial Development Organization*
Organisation asiatique de productivité アジア生産性機構, *Asian Productivity Organization*
Organisation commune africaine et malgache アフリ

カ・マダガスカル共同機構, *Common Afro-Malagasy Organization*

Organisation commune africaine et mauricienne アフリカ・モーリシャス共同機構, *Common Afro-Mauritian Organization*

Organisation commune africaine, malgache et mauricienne アフリカ・マダガスカル・モーリシャス共同機構, *Associated African States, Madagascar and Mauritius*

Organisation commune d'exportation africaine et malgache アフリカ・マダガスカル共同輸出機構, *Joint African and Malagasy Export Organization*

Organisation communiste internationale 国際共産主義組織, *International Communist Organization*

Organisation de coopération économique de la mer Noire 黒海経済協力機構, *Organization of the Black Sea Economic Cooperation*

Organisation de coopération économique internationale 国際経済協力機構, *Organization for International Economic Cooperation*

Organisation de coopération et de développement économiques 経済協力開発機構, *Organization for Economic Cooperation and Development*

Organisation de développement de la Communauté sud-africaine 南部アフリカ開発協力機構, *Southern African Development Community*

Organisation de la conférence islamique イスラム諸国会議機構, *Organization of Islamic Conference*

Organisation de l'aérostation scientifique et de la surveillance des radiations 気象観測放射観測協会, *Scientific Ballooning and Radiations Monitoring Organization*

Organisation de l'armée secrète 秘密軍事組織：アルジェリア独立反対運動のため1961年に結成されたフランスの右翼団体, *Secret Army Organization*

Organisation de l'aviation civile internationale 国際民間航空機関, *International Civil Aviation Organization*

Organisation de libération de la Palestine パレスチナ解放機構, *Palestine Liberation Organization*

Organisation de l'unité africaine アフリカ統一機構, *Organization of African Unity*

Organisation de l'unité syndicale africaine アフリカ労働組合統一機構, *Organization of African Trade Union Unity*

Organisation de radio et de télédiffusion olympique オリンピック放送機構, *Olympic radio and television organization*

organisation de service extérieur 〚保〛外野組織, *field force*

Organisation de solidarité des peuples afro-asiatiques アジア・アフリカ人民連帯機構, *Afro-Asian Peoples' Solidarity Organization*

Organisation de solidarité des peuples d'Afrique, d'Asie et d'Amérique latine 三大陸人民連帯機構, *Asia-African Latin-American Peoples' Organization*

Organisation démocratique Omoro du peuple オモロ人民民主機構, *Omoro People's Democratic Organization*

Organisation des Etats américains 米州機構, *Organization of American States*

Organisation des Etats centraméricains 中米諸国機構, *Organization of Central-American States*

Organisation des Etats centro-africains 中部アフリカ諸国機構, *Organization of Central-African States*

Organisation des moudjahidins du peuple iranien イスラム人民戦士機構, *Mujahideen-e-Khalq*

Organisation des Nations unies pour l'alimentation et l'agriculture 国連食糧農業機関, *United Nations Food and Agriculture Organization*

Organisation des Nations unies pour le développement industriel 国連工業開発機関, *United Nations Industrial Development Organization*

Organisation des Nations unies pour l'éducation, la science et la culture 国連教育科学文化機関：通称はユネスコ, *United Nations Educational, Scientific and Cultural Organization*

Organisation des pays arabes exportateurs de pétrole アラブ石油輸出国機構, *Organization of Arab Petroleum Exporting Countries*

Organisation des pays exportateurs de pétrole 石油輸出国機構, *Organization of Petroleum Exporting Countries*

Organisation des pêcheries de l'Atlantique du Nord-Ouest 北西大西洋漁業機関, *Northwest Atlantic Fisheries Organization*

Organisation d'études d'aménagement des aires métropolitaines 大都市圏整備検討機関

Organisation du commerce extérieur japonais ジェトロ；日本貿易振興会, *Japan External Trade Organization*

Organisation du pacte de Varsovie ワルシャワ条約機構, *Warsaw Treaty Organization*

Organisation du peuple du Sud-Ouest africain 南西アフリカ人民機構, *South West African People's Organization*

organisation du service de l'emploi 職業安定組織, *placement bureau organization*

Organisation du traité central 中央条約機構, *Central Treaty Organization*

Organisation du traité de (défense collective pour) l'Asie du Sud-Est 東南アジア条約機構, *Southeast Asia Treaty Organization*

Organisation du traité de l'Atlantique Nord 北大西洋条約機構, *North Atlantic Treaty Organization*

organisation écologiste 環境保護団体, *ecologist organization*

Organisation européenne de biologie moléculaire 欧州分子生物機構, *European Molecular Biology Organization*

Organisation européenne de contrôle de qualité 欧州品質管理機構, *European Organization Quality Control*

Organisation européenne de coopération économique 欧州経済協力機構：経済協力開発機構の前身, *Organization for European Economic Cooperation*

Organisation européenne de recherches spatiales 欧州宇宙研究機構：通称はエスロで，その後欧州宇宙機関に統合された, *European Space Research Organization*

Organisation européenne de recherche sur le traitement du cancer 欧州癌研究治療学会, *European Organization for Research on Treatment of Cancer*

Organisation européenne de recherche sur l'environnement 欧州環境研究機構, *European Organization for Research on Environment*

Organisation européenne de télécommunications par satellites 欧州通信衛星機関, *European Telecommunication Satellite Organization*

Organisation européenne des brevets 欧州特許機構, *European Patent Organization*

Organisation européenne et méditerranéenne pour la protection des plantes 欧州植物保護機構, *European and Mediterranean Plant Protection Organization*

Organisation européenne pour la mise au point et la construction de lanceurs d'engins spatiaux 欧州衛星打上げロケット建設機関；欧州宇宙ロケット開発機構, *European Launcher Development Organization*

Organisation européenne pour la recherche nucléaire セルン；欧州原子核共同研究機関, *European Organization for Nuclear Research*

Organisation européenne pour la sécurité de la navigation aérienne 欧州航空運行安全機関, *European Organization for the Safety of Air Navigation*

organisation fonctionnelle 職能組織, *functional organization*

organisation frauduleuse de l'insolvabilité 支払不能状態の不正作出

Organisation hydrographique internationale 国際水路機関, *International Hydrographic Organization*

Organisation interaméricaine de défense 米州防衛委員会, *Inter-American Defense Board*

organisation internationale à caractère non gouvernemental 非政府間国際機関, *non-governmental international organization*

Organisation internationale contre le trachome 国際トラコーマ予防機構, *International Organization Against Trachoma*

Organisation internationale de biotechnologie et de bioingénierie 国際生体工学機構, *International Organization for Biotechnology and Bioengineering*

Organisation internationale de croissance du cristal 結晶成長国際機構, *International Organization of Crystal Growth*

Organisation internationale de lutte biologique contre les animaux et les plantes nuisibles 国際毒性動植物防除機構, *International Organization for Biological Control of Noxious Animals and Plants*

Organisation internationale de métrologie légale 国際法定計量機関, *International Organization of Legal Metrology*

Organisation internationale de mycoplasmalogie 国際マイコプラズマ学会, *International Organization for Mycoplasmalogy*

Organisation internationale de normalisation 国際標準化機構, *International Organization for Standardization*

Organisation internationale de physique médicale 世界医用物理学連合, *International Organization for Medical Physics*

Organisation internationale de police criminelle 国際刑事警察機構, *International Criminal Police Organiza-*

tion

Organisation internationale de radiodiffusion et télévision 国際放送機構, *International Broadcasting Organization*

Organisation internationale de recherche sur la cellule 国際細胞研究機構, *International Cell Research Organization*

Organisation internationale de recherche sur le cancer 国際脳研究機構, *International Brain Research Organization*

Organisation internationale de recherche sur les plantes succulentes 国際多肉植物研究機構, *International Organization for Succulent Plant Study*

Organisation internationale de télécommunications maritimes par satellites 国際海事衛星機構, *International Maritime Satellite Organization*

Organisation internationale de télécommunications par satellites 国際電気通信衛星機構：旧称はインテルサット, *International Telecommunications Satellite Organization*

Organisation internationale des associations de consommateurs 消費者連合国際組織, *International Organization of Consumers' Union*

Organisation internationale des bois tropicaux 国際熱帯木材機関, *International Tropical Timber Organization*

Organisation internationale des commissions des valeurs mobilières 証券取引監督者国際機構, *International Organization of Securities Commissions*

Organisation internationale des employeurs 国際経営者団体連盟, *International Organization of Employers*

Organisation internationale des journalistes 国際ジャーナリスト機構, *International Organization of Journalists*

Organisation internationale des unions de consommateurs 国際消費者連盟機構, *International Organization of Consumers Unions*

Organisation internationale des virologistes des agrumes 国際柑橘ウイルス学者連盟, *International Organization of Citrus Virologists*

Organisation internationale du cacao 国際ココア機関, *International Cocoa Organization*

Organisation internationale du café 国際コーヒー機関, *International Coffee Organization*

Organisation internationale du commerce (実現せずに終わった)国際貿易機構, *International Trade Organization*

Organisation internationale du jute 国際ジュート機関, *International Jute Organization*

Organisation internationale du sucre 国際砂糖機関, *International Sugar Organization*

Organisation internationale du thé 国際紅茶機関, *International Tea Organization*

Organisation internationale du travail 国際労働機関, *International Labor Organization*

organisation internationale non gouvernementale 非政府間国際機構, *International Non-Governmental Organization*

Organisation internationale paléobotanique 国際古代植物学研究機構, *International Organization of Paleobotany*

Organisation internationale pour les migrations 国際移住機関, *International Organization for Migration*

Organisation internationale pour les réfugiés (旧)国際難民機関, *International Refugee Organization*

Organisation internationale pour l'étude de l'Ancien Testament 国際旧約聖書研究機構, *International Organization for the Study of the Old Testament*

Organisation internationale pour l'étude de l'endurance des câbles 国際鋼網耐久性研究協会, *International Organization for the Study of the Endurance of Wire Ropes*

Organisation internationale pour l'étude des langues anciennes par ordinateur 国際コンピュータ利用古代言語研究機構, *International Organization for the Study of Ancient Languages by Computer*

Organisation latino-américaine de solidarité 中南米連帯機構, *Latin American Solidarity Organization*

Organisation maritime consultative intergouvernementale 政府間海事協議機構：国際海事機関の旧称, *Inter-Governmental Maritime Consultative Organization*

Organisation maritime internationale 国際海事機関, *International Maritime Organization*

Organisation météorologique mondiale 世界気象機関, *World Meteorological Organization*

organisation mixte ラインスタッフ組織；参謀直系式組織, *line and staff organization*

Organisation mondiale de cybernétique et systèmes 世界サイバネティックス機構, *World Organization of General Systems and Cybernetics*

Organisation mondiale de gastro-entérologie 世界消

化器病学会, *World Organization of Gastroenterology*
Organisation mondiale de la propriété intellectuelle 世界知的所有権機関, *World Intellectual Property Organization*
Organisation mondiale de la santé 世界保健機関, *World Health Organization*
Organisation mondiale d'endoscopie digestive 世界消化器内視鏡学会, *World Organization for Digestive Endoscopy*
Organisation mondiale du commerce 世界貿易機関, *World Trade Organization*
Organisation mondiale du tourisme 世界観光機関, *World Tourism Organization*
Organisation mondiale pour l'éducation préscolaire 国際幼児教育機構, *World Organization for Early Childhood Education*
Organisation nationale interprofessionnelle des oléagineux 採油植物関連業種全国機構
organisation non gouvernementale quasi-autonome 特殊法人：政府から財政援助と上級職員の任命を受けるが独立権限を有する機関, *quango*
organisation ouvrière 労働者組織, *workers' organization*
Organisation panaméricaine de la santé 汎米保健機構, *Pan-American Health Organization*
organisation patronale 経営者団体；雇用者団体；使用者団体, *management union*
Organisation pour la coopération commerciale 貿易協力機構, *Organization for Trade Cooperation*
Organisation pour la mise en valeur du fleuve Gambie ガンビア川開発機構, *Organization for the Development of the Gambia River*
Organisation pour la mise en valeur du fleuve Sénégal セネガル川開発機構, *Organization for the Development of the Senegal River*
Organisation pour la sécurité et la coopération en Europe 全欧安全保障協力機構, *Organization on Security and Cooperation in Europe*
Organisation pour le développement de l'énergie dans la péninsule coréenne 朝鮮半島エネルギー開発機構, *Korean Peninsula Energy Development Organization*
Organisation pour l'interdiction des armes chimiques 化学兵器禁止機関, *Organization for the Prohibition of Chemical Weapons*

organisation privée internationale 国際非政府組織, *non-governmental international organization*

organisation professionnelle 専門家組織, *professional organization*

Organisation régionale de l'Orient pour l'administration publique 東方地域行政機構, *Eastern Regional Organization for Public Administration*

Organisation régionale orientale pour l'habitation et l'urbanisme 東方地域住宅計画機構, *Eastern Regional Organization for Planning and Housing*

organisation scientifique du travail 科学的経営管理制度, *scientific management of F.W. Taylor*

organisme auto-régulation 自主規制機関, *self-regulatory organization*

organisme consultatif 諮問機関, *consultative organization*

organisme de compensation des options pour tous les marchés 〘オプ〙オプション清算会社：オプション取引に携わっている全米の証券取引所が共同経営するオプションの発行・清算会社, *Option Clearing Corporation (USA)*

organisme de garantie des prêts étudiants 奨学金融資金庫, *Student Loan Marketing Association*

organisme d'enregistrement de noms de domaine ドメインネーム登録機関, *Registar (Internet)*

Organisme européen de recherche sur la carie 欧州歯齲食研究機構, *European Organization for Caries Research*

organisme génétiquement modifié 〘バイオ〙遺伝子操作生物, *genetically modified organism*

organisme interprofessionnel 農作物市場関連業種団体：生産から消費まで関係者が一堂に会しEU規制実施や相場調整を担当

organisme régulateur des titres internationaux 国際証券規制組織, *International Securities Regulatory Organization*

organisme sans but lucratif 非営利団体, *non-profit-making association*

orientation de sécurité 防衛方針, *security orientation*

(à) orientation moléculaire （化学用語で）分子配向(の), *(with) molecular orientation*

orientation par le marché 市場指向, *market orientation*

orientation professionnelle 職業指導, *vocational guidance*

orienté caractère 〘コンピュ〙キャラクターオリエンテッド,

character oriented

orienté objet 〖コンピュ〗オブジェクト指向の, *object-oriented*

orienté vers la vente 市場指向的な, *market oriented*

ornithologue amateur バードウォッチャー, *bird-watcher*

ornithophobie 鳥恐怖症, *ornithophobia*

orophobie 高山恐怖症

orthodoxie serbe セルビア正教, *Serbian orthodoxy*

oscillateur à battements うなり周波発振器, *beat frequency oscillator*

oscillateur à ondes rétrogrades 後方進行波発振器, *backward wave oscillator*

oscillateur asservi en phase 位相同期発振器, *phase-locked oscillator*

oscillateur commandé en tension 電圧制御発振器, *voltage-controlled oscillator*

oscillateur local 局部発振回路, *local oscillator*

oscillations cycliques 景気変動循環, *cyclical swings*

oscillations de longue durée 長期波動, *long waves*

oscillations du cobweb 〖経〗クモの巣型変動, *cobweb cycle*

oscillations périodiques 〖経〗周期的振動, *periodic swings*

Ossète 〖地〗(イラン語派の少数民族)オセット人, *Ossetic / Ossetian*

(l')Ossétie 〖地〗(コーカサス中央部の)オセティア, *Ossetia*

〈l'oubliée de Dieu〉 〖言換〗(お迎えの来ない女性, つまり97年夏に122才で死亡した長寿世界一のフランス人)ジャンヌ・カルマン, *Jeanne Carmen*

ouguiya (モーリタニアの通貨単位で)ウーギア, *ouguiya*

ouranophobie 空(そら)恐怖症

outplacement (企業による自社幹部の転職補助)アウトプレースメント, *outplacement*

output 産出(量), *output*

outre-Atlantique 〖言換〗(大西洋の向こう)米国(で), *USA*

outre-Manche 〖言換〗(英仏海峡の向こう)英国(で), *England*

outre-Pyrénées 〖言換〗(ピレネー山脈の向こう)スペイン(で), *Spain*

outre-Rhin 〖言換〗(ライン川の向こう)ドイツ(で), *Germany*

outsourcing (コンピュータ管理運用の)全面委託, *outsourcing (of computer management)*

ouvert 24 heures sur 24 二十四時間オープンの, *24-hour retail store operation*

ouverture automatique de session 〖コンピュ〗オートログイン, *autologin*

⟨**ouverture de capital**⟩ 国家資本開放：社会党政権が民営化をこう呼ぶことがある, *privatization*

ouverture de crédit 信用限度, *line of credit*

ouverture de la pêche 漁業シーズン到来, *start of the fishing season*

ouverture des droits sociaux 社会給付受領条件の発生, *entitlement to fringe benefits*

ouverture du Parlement 議会開会(式典), *Opening of Parliament*

ouverture d'un crédit 信用開設；クレジット設定, *opening of a credit*

ouverture numérique (光ファイバーの)開口数, *numerical aperture*

⟨**ouvrages placés en mer**⟩ (国連海洋法条約で)人工海洋構築物, *man-made structures at sea*

ouvraison des marchandises 商品加工, *working of goods*

ouvrant droit à la pension 〖法〗年金受給資格のある, *pensionable*

Ouvrez-moi 〖コンピュ〗リードミードキュメント, *read me document*

overengineering オーバーエンジニアリング：高価で無駄な制御装置やリエンジニアリングの濫用, *overengineering*

oviraptorosaure オヴィラプトロサウルス：恐竜の一種, *Oviraptorosaurs*

ovodonation 卵子提供：特に月経閉塞者に対する若い女性の卵子提供

⟨**Oxfam**⟩ オックスファム：オックスフォード飢餓救済委員会の後身で，第三世界への慈善活動をする組織, *Oxfam*

oxonien 〖地〗オックスフォードの, *Oxonian*

oxyde d'azote 窒素酸化物, *nitrogen oxide*

oxyde d'éthylène エチレンオキシド；酸化エチレン, *ethylene oxide*

oxygénation 〖スポ〗(ドーピングの)酸素添加反応, *oxygenation*

oxygène dissous 溶存酸素, *dissolved oxygen*

oxymoron 撞着語法, *oxymoron*

P

pa'anga (トンガの通貨単位で)パーアンガ, *pa'anga*
package 〖コンピュ〗汎用プログラム, *package*
package 一括取引:商品・サービスのまとめての販売, *package*
Pacte andin アンデス協定, *Andean Pact*
pacte civil de solidarité (同性結婚に一定の権利を認める)連帯に基づく市民契約:イニシャルをとってパックス(PACS)とも呼ばれる
Pacte de la Société des Nations 国際連盟規約, *Covenant of the League of Nations*
pacte de non-agression 不可侵条約, *non-aggression pact*
Pacte de stabilité et de croissance (欧州連合の)財政安定化・成長協定, *stability and growth pact*
Pacte de Varsovie ワルシャワ条約, *Warsaw Treaty*
Pacte international relatif aux droits civils et politiques 国際自由権規約, *International Covenant on Civil and Political Rights*
Pacte international relatif aux droits économiques, sociaux et culturels 国際社会的規約, *International Covenant on Economic, Social and Cultural Rights*
Pactes internationaux des droits de l'homme 国際人権規約, *International Covenants on Human Rights*
〈**pacte républicain**〉 共和国精神:フランスが共和国として当然要請されている内容
page d'accueil 〖コンピュ〗ロゴページ, *logo page*
page de titre タイトルページ, *title page*
page-écran 〖コンピュ〗スクリーンページ:モニター画面に映し出される全情報を意味する, *screen page*
page face éditorial 対社説面論評, *Op-Ed*
pages jaunes 職業別電話帳, *yellow pages*
page personnelle 〖コンピュ〗ホームページ, *home page*
page plastifiée à lecture mécanique (旅券の)自動読取ラミネートページ, *machine-readable laminated page*
page précédente 〖コンピュ〗ページ戻し, *page up*
page suivante 〖コンピュ〗ページ送り, *page down*
〈**pages zoom**〉 (フランスの映像入り)インターネット電話番号

案内
pager / pageur ポケベル, *pager*
paie hebdomadaire / paye hebdomadaire 週給, *weekly wages*
paiement à la livraison 代金引換渡し, *cash on delivery*
paiement à la séance ペイパービュー方式:実際に見た番組の本数に応じて料金を支払うケーブルテレビシステム, *pay-per-view*
paiement à terme fixe 定期払い, *payment by installments*
paiement à titre gracieux 見舞金:保険会社が支払拒否を貫かずに支払う任意給付金, *ex gratia payment*
paiement annuel 年賦, *annual installment*
paiement anticipé 前払い, *anticipated payment*
paiement arriéré 未払い, *payment in arrears*
paiement au comptant 現金払い, *cash payment*
paiement au prorata プロラタペイメント, *payment pro rata*
paiement au temps 時間給, *time-wage*
paiement contre livraison 代金引換渡し, *cash on delivery*
paiement contre vérification コレクトコール, *collect call*
paiement d'achat à crédits / paiement d'acompte 分割払い, *installment payment*
paiement d'acompte sur dividendes 仮配当の支払い, *payment of interim dividends*
paiement d'avance forfaitaire 一括前払い, *lump sum advance payment*
paiement des impôts 納税, *payment of taxes*
paiement des intérêts 利払い, *interest payment*
paiement électronique コンピュータ利用支払システム, *electronic payment*
paiement en avance / paiement d'avance 前払い, *advance payment*
paiement en bloc 一括払い, *payment in lump sum*
paiement en espèces au guichet (金融機関)窓口での現金による納入, *cash payment at paydesk*
paiement en fonction des résultats 成果配分, *payment by results*
paiement fractionné 分割納付, *payment in installments*
paiement immédiat 即金払い, *prompt payment*
paiement initial 頭金, *initial payment*
paiement mensuel 月掛け, *monthly installments*
paiement par carte カード払い, *credit card payment*

paiement par chèque 小切手払い, *payment by check*
paiement par échelonnement / paiement par versements échelonnés 割賦払い, *payment by installments*
paiement par jour 日賦, *daily installments*
paiement partiel 一部支払い；内払い, *partial payment*
paiement proportionnel プロラタペイメント, *pro rata payment*
paiement semestriel 半年毎の支払い, *half-yearly payment*
paiements sur dépenses contrôlées 利益加算方式, *cost-plus method*
paiements transfrontaliers 国境間支払い, *cross border payments*
paiement trimestriel 四半期毎の支払い, *quarterly payment*
pair à pair 〚通〛ピアツーピア, *peer-to-peer*
pair commercial 商業平価, *commercial par*
pair comptable 算定額, *accounting par value*
pair du change / pair intrinsèque / pair métallique 法定平価, *mint par of exchange*
paire torsadée 〚通〛撚り対線, *twisted pair*
pairémulation ピアカウンセリング：障害者が自らの体験に基づいて他の障害者の相談に応じる方法, *peer counseling*
paix armée 武装平和, *armed peace*
paix séparée 単独平和, *separate peace*
paix sociale 労働平和, *labor peace*
paix universelle 世界平和, *universal peace*
(le) Palais-Bourbon 〚言換〛(建物がブルボン宮であることから)国民議会, *seat of the French National Assembly*
(le) palais Brongniart 〚言換〛(建物設計者ブロンニャールの名から)パリ証券取引所, *seat of Paris Bourse*
(le) palais de Chaillot (パリ16区の)シャイヨー宮, *Chaillot palace*
(le) palais de cinéma (パリ16区の)シネマ館
(le) palais de l'Elysée (フランスの大統領府)エリーゼ宮, *Elysée palace (official residence of the President of the French Republic)*
(le) palais de Tokyo (パリにある)パレ・ド・トーキョー現代創作サイト；国立アートセンター
(le) palais de verre 〚言換〛(ガラスの殿堂)国連本部, *United Nations Headquarters*
palais des expositions 見本市会場, *exhibition center*
(le) palais du Luxembourg / (le) palais du Sénat (フランスの上院である)リュクサンブール宮, *Luxembourg*

palace, seat of the French Senate

(îles) Palaos / (îles) Palau 〚地〛パラオ(諸島), *Palau (Islands)*

palauan 〚地〛パラオの, *Palauan*

palet hors de la patinoire 〚スポ〛(アイスホッケーで)フェンスを越えたパック, *puck over the boards*

palier 〚経〛横這状態, *stage / degree*

palier de résistance 抵抗線, *resistance level*

palier supérieur de revenu 高所得層, *upper income*

panachage des risques リスク分散, *spreading of risks*

panachage électoral (名簿式選挙での)異党派投票；自由名簿式, *splittings one's vote between candidates from different parties*

pancha shila (ヒンズー語のままで)パンチャシーラ；平和五原則, *pancha shila*

panier de la ménagère 家庭の食費, *food expenses*

panier de la ménagère (スーパーマーケットの)カート当たり平均原価

panier de monnaies 通貨バスケット, *basket of currencies*

panier de provisions マーケットバスケット：消費者物価指数などのために選ばれた生活用品の品目, *market basket*

panier type 標準バスケット, *standard basket*

panique bancaire (銀行の)取付騒ぎ, *run on the bank*

panique financière 金融パニック, *financial panic*

panne du système 〚コンピュ〛システムの故障, *system crash*

panneau avertisseur 警告板, *warning notice*

panneau de commande / panneau de configuration 〚コンピュ〛コントロールパネル, *control panel*

panneau photovoltaïque 光起電力パネル, *photovoltaic panel*

panneau solaire ソーラーパネル, *solar cell panel*

〈Panthères noires〉 ブラックパンサーズ, *Black Panthers*

pantophobie 汎(はん)恐怖症：恐怖の対象が特定されないことを恐れる恐怖症

〈Papa Doc〉 〚言換〛(元ハイチ大統領の)フランソワ・デュバリエ：医者であったことからこう呼ばれた, *François Duvalier*

papier à cours forcé 信用紙幣, *forced currency paper*

papier à cours légal 兌換券, *legal tender note*

papier anticipant une obligation 長期債借換予定証券, *bond anticipation notes*

papier au porteur 持参人払い手形, *bearer paper*

papier brûlant 満期の迫った手形, *hot bill*

papier-bulle (壊れ物包装用)エアーパッキン

papier-calque トレーシングペーパー, *tracing paper*

papier Caroll / papier continu (スプロケット穴のある)連続紙, *continuous paper*

papier commercial / papier de commerce 商業手形, *commercial bill*

papier continu plié en accordéon 畳んだ連続紙, *fan-fold paper*

papier court 短期手形, *short paper*

papier de complaisance 融通手形, *accommodation bill*

papier de famille 系列内商業手形

papiers de famille 家庭の書類：日記や家計簿など

papier de haut commerce 一流手形, *prime trade paper*

papier doré sur tranche 〖証〗金縁証券：質の高い一流証券, *gilt-edged paper*

papier eurocommercial 〖金〗ユーロコマーシャルペーパー：ユーロ市場で発行されるコマーシャルペーパー, *Euro-commercial paper*

papier feuille à feuille (一枚ずつ切れている)カットペーパー, *cut paper*

papier libre 印紙不要証書, *unstamped paper*

papier long 長期手形, *long bill*

papier ministre 公文書用紙, *foolscap*

papier monétaire 〖証〗金融市場証券, *money market paper*

papier-monnaie inconvertible 不換紙幣, *inconvertible bank notes*

papier non acide 中性紙, *acid-free paper*

papier recyclé 再生紙, *recycled paper*

papier thermique / papier thermosensible 感熱紙, *thermal paper*

papillon long 〖オプ〗ロングバタフライ：相場の安定を予想する際のバタフライスプレッド, *long butterfly*

papouan-néo-guinéen 〖地〗パプア・ニューギニアの, *Papua New Guinean*

papy boom 高齢者社会

paquet avec valeur déclarée 価格表記小包

par rapport à l'année précédente 前年比で, *on a year to year basis*

par transmission orale 口伝えで, *by word of mouth*

par voie hertzienne 無線伝送で, *terrestrially broadcast*

parachutisme en chute libre 〖スポ〗スカイダイビング, *skydiving*

paradis fiscal / paradis bancaire 租税回避地, *tax haven / tax shelter*

paradoxe de l'épargne / paradoxe des économies 節約のパラドックス, *paradox of thrift*

parahôtellerie 準ホテル業：リゾートマンションといったホテル並のサービス提供施設, *serviced accommodation industry*

parallélisme des formes (行政用語で)形式同一原則；方式同一原則

paralysie du mécanisme des prix 価格機構の麻痺, *paralysis of price mechanism*

paramétrage 〚コンピュ〛パラメーター指定, *parameterization*

paramètre d'anticipation 〚経〛予想パラメーター, *parameter of expectation*

paramètre d'évaluation d'option 〚オプ〛オプション価格決定パラメーター, *option pricing parameter*

paramètre du DOS 〚コンピュ〛DOSスイッチ, *DOS (=disc operating system) switch*

paramètre effectif 〚コンピュ〛実パラメーター, *actual parameter*

paramètre formel 〚コンピュ〛仮パラメーター, *formal parameter*

paramilitaire 民兵, *paramilitary*

parapente 〚スポ〛パラグライダー：専用のパラシュート及びそれを使ったスポーツを意味する, *paraglider / paragliding*

parapentiste 〚スポ〛パラグライダーをする人, *paraglider*

parapublic 準公共の, *part government-owned*

parc à thème テーマパーク, *theme park*

parc aérien 航空機保有台数, *aircraft fleet*

parc aquatique 水上公園, *water park*

parc automobile 自動車保有台数, *fleet of cars*

parc de logements existants 既存住宅総数, *existing housing capacity*

parc de stationnement à plusieurs niveaux 立体駐車場, *multi-story parking garage*

parc immobilier 住宅件数, *housing stock*

parc informatique / parc de micros コンピュータ保有台数, *computer park*

parc nucléaire 原子力発電所保有数, *nuclear power stations*

parcellisation du travail 仕事のセクションへの分化, *breaking work down into sections*

parcours à l'endroit 〚コンピュ〛前順走査, *preorder traversal*

parcours à l'envers 〚コンピュ〛後順走査, *end-order traversal*

parcours de la flamme olympique 〚スポ〛聖火リレー, *Olympic torch relay*

parcours olympique 〚スポ〛オリンピックコース, *Olympic*

course

parcours symétrique 〚コンピュ〛順序走査, *in order traversal*

pare-brise anti-effet de serre (駐車の際に車が蒸れないようにする)温室効果防止フロントグラス

pare-soleil en carton (フロントグラス用の紙製折り畳み)日除けスクリーン, *paper sunscreen for front glass*

parents biologiques (養父母に対して)実父母, *biological parents*

parétien (ビルフレドー)パレートの, *Paretian*

ParisBourse SFB SA パリ証券取引所協会, *Paris stock market's executive body*

parité à crémaillère 〚経〛(政府奨励語で)クローリングペッグ：平価変更を小刻みかつ連続的に行うこと, *crawling peg*

parité croisée 〚金〛第三国為替相場, *cross rate*

parité de change instable 不安定為替相場, *unstable exchange parity*

parité de change intrinsèque 真正為替平価, *intrinsic exchange parity*

parité de conversion 〚証〛転換プレミアム, *conversion parity*

parité de revenu / parité des revenus 所得パリティー, *income parity*

parité d'échange / parité de change 為替平価, *exchange parity*

parité d'entrelacement des bits (デジタル交換網で)ビットインターリーブドパリティー, *bit interleaved parity*

parité des deux monnaies convertibles 二貨の法定平価, *mint par of exchange of the two convertible currencies*

parité des pouvoirs d'achat / parité de pouvoir d'achat 購買力平価, *purchasing power parity*

parité des taux d'intérêt 利子率平価, *interest rate parity*

parité entre le cours et la valeur métallique des monnaies 法定平価, *mint par*

parité glissante / parité rampante 〚金〛スライディングパリティー：平価変更を小刻みかつ連続的に行うこと, *sliding parity*

parité IMF 国際通貨基金平価, *IMF (=International Monetary Fund) par value*

parité-or 金平価制, *gold parity*

parités vertes グリーンレート：欧州共同体の共通農業政策だけで用いられる為替レート, *green exchange rate (EC)*

parlement sans majorité 評決不一致議会, *hung parliament*

parlementaire européen 欧州議会議員, *Euro-MP*

parquet de la cour d'appel 控訴院検事局, *public prosecutor's office of the Court of Appeal*

parquet suprême 最高検察庁, *Supreme Public Prosecutors Office*

parrainage publicitaire スポンサー活動, *sponsoring*

part bénéficiaire 〚証〛受益持分；享受者持分, *participation certificate*

parts croisées 〚経〛(株式の)持合い, *cross holdings*

part d'audience 視聴率, *audience rating*

part de bénéfice / part des bénéfices 利益配当金, *share of profits*

part de fondateur 〚証〛発起人持分, *founders' stock*

part de l'inflation imputable à la hausse des prix du pétrole 石油騰貴によるインフレ部分, *oil-induced inflation*

part des emprunts dans le total des recettes du budget général 国債依存度：国家の歳入に対する国債の割合, *percentage of bond sales in total revenue*

part d'intérêts 利益持分；資本参加率, *participating interest*

part du revenu socialisé 国民負担率, *national burden rate*

part du travail dans le revenu des facteurs 労働分配率, *labor share*

parts fractionnaires 〚証〛端株, *fractional stocks*

part nette 〚保〛正味手持金額, *net line*

part ouvrière / part salariale (社会保険料の)本人負担分, *employee's contribution*

part patronale (社会保険料の)雇主負担分, *employer's contribution*

partage de temps 時分割, *time sharing*

partage du temps de travail 〚経〛ジョブシェアリング, *job sharing*

partage du travail 〚経〛ワークシェアリング, *work sharing*

partagiciel 〚コンピュ〛シェアウェア, *shareware*

partenaire commercial 取引先, *trading partner*

partenaire officiel 〚スポ〛オフィシャルスポンサー, *official sponsor*

partenariat pour la paix sociale 労使協調, *labor-capital reconciliation*

partenariat sino-nippon pour le XXIe siècle 二十一世紀に向けての日中パートナーシップ, *partnership China-*

Japan for the 21st century

partenariat télévision (商品売出しでの)テレビとのタイアップ, *television tie-in*

parthénophobie 若い娘恐怖症, *parthenophobia*

parti Baath (シリアの政党で)バース党, *Baath Party*

parti ceylanais pour la liberté スリランカ自由党, *Sri Lanka Freedom Party*

parti de la renaissance (日本の政党で)新生党, *Party of Renaissance*

parti de la révolution populaire du Bénin ベニン人民革命党, *Benin People's Revolutionary Party*

parti de l'Istiqlal (モロッコの政党で)イスティクラル党, *Independence Party (Morocco)*

parti de masse 大衆政党, *mass political party*

parti démocratique du Kurdistan (イラクの政党で)クルド民主党, *Kurdistan Democratic Party*

parti démocratique libéral bouddhiste (カンボジアの政党で)仏教自由民主党, *Buddhist Liberal Democratic Party*

parti démocratique progressiste (台湾の政党で)民進党, *Democratic Progressive Party (Taiwan)*

parti démocratique serbe セルビア民主党, *Serbian Democratic Party*

parti des travailleurs du Kurdistan (de Turquie) (トルコの政党で)クルジスタン労働者党, *Kurdistan Workers Party*

parti dominant 支配政党, *dominating political party*

parti du Kampuchéa démocratique 民主カンボジア党, *Democratic Kampuchea Party*

parti du peuple cambodgien カンボジア人民党, *Cambodian People's Party*

parti du peuple indien インド人民党, *Bharatiya Janata Party*

parti du travail de Corée 朝鮮労働党, *Korean Workers' Party*

parti libéral démocrate (日本の政党で)自由民主党, *Liberal Democratic Party*

parti national républicain (フランスの政党で)国民共和党

parti national unifié (スリランカの政党で)統一国民党, *United National Party*

parti pionnier (日本の政党で)さきがけ, *Pioneer Party (Japan)*

parti populaire européen 欧州人民党, *European Peo-*

ple's Party

parti populaire pour la démocratie française フランス民主主義人民党

parti populaire révolutionnaire laotien ラオス人民革命党, *Lao People's Revolutionary Party*

parti radical serbe セルビア急進党, *Serbian Radical Party*

parti radical-socialiste （フランスの政党である急進共和急進社会党の通称で）急進社会党, *radical-socialist party*

parti républicain radical et radical-socialiste（フランスの政党で）急進共和急進社会党

parti rigide 強力統制型政党

parti social-démocrate （ドイツの政党で）社会民主党, *Social Democratic party*

parti socialiste albanais アルバニア社会党, *Socialist Party of Albania*

parti socialiste européen 欧州社会党：社会主義政党連合が1992年に単一政党に組織変更された後の新名称, *Party of European Socialists*

parti socialiste unifié （フランスの政党で）統一社会党

parti souple 柔軟統制型政党

participation aux acquêts 後得財産分配, *partition of the property acquired in common by husband and wife after their marriage*

participation croisée des actions 〖証〗株式持合い, *reciprocal stockholding*

participation des salariés aux fruits de l'expansion / participation des salariés aux résultats 従業員利益参加, *profit-sharing with employees*

participation financière 資本参加, *stock participation*

participation majoritaire 過半数株所有, *majority interest*

participation minoritaire 少数株主持分, *minority interest*

participation ouvrière 従業員経営参加, *labor participation in management*

particularisation 〖経〗カスタマイゼーション, *customization*

particulier au fort pouvoir d'achat 高い購買力を誇る個人, *individual having high purchasing power*

parties au marché 市場参加者, *participants in the market*

partie commune （建物の）共有部分, *co-ownership area*

parties par million 百万分率, *parts per million*

partie prenante （現用で）参加者

partisan de la manière douce ハト派の；和平派の, *dovish*

partisan de la protection de l'environnement 環境保護論者, *conservationist*

partitocratie （複数政党制の下で）権力が各政党首脳の連携に依存する政治体制

partitocratique （複数政党制の下で）権力が各政党首脳の連携に依存する政治体制の

pas de tir 射撃地点；射台；射座, *firing place*

(le) Pass 〖仏〗映画定期券：パスと呼ばれ毎月定額で何回でも映画鑑賞できる

passage 先回り買い

passage à la phase descendante 景気鈍化, *downturn*

passage archipélagique 群島航路帯通航, *archipelagic sea lanes passage*

passage au scanner 〖コンピュ〗走査, *scanning*

passage automatique à la ligne suivante 〖コンピュ〗ワードラップ, *wordwrap*

passage du jeton 〖コンピュ〗トークンパッシング, *token-passing*

passager clandestin フリーライダー：費用負担をしないで公共財の便益を享受する者, *free rider*

passager non cosmonaute （ジャーナリストや富豪など）宇宙飛行士以外の宇宙体験者

passation de commande 発注, *placing of an order*

passation d'écriture 仕訳記入, *journal entry*

passation d'un contrat 契約締結, *conclusion of a contract*

passation d'un dividende 配当の支払い, *payment of a dividend*

passe en diagonale 〖スポ〗（アイスホッケーの）アクロス・ザ・アイスパス, *across-the-ice-pass*

passe levée 〖スポ〗（アイスホッケーの）ドロップパス, *drop pass*

passe suicide 〖スポ〗（サッカーで）自殺点につながるパス, *suicide pass*

passeport de remplacement （カナダなどで紛失パスポートに代わる）代理パスポート

passeport de service / passeport officiel 公用旅券, *official passport*

passeport uniforme européen 欧州統一旅券, *uniform European passport*

passerelle 〖通〗ゲートウェイ, *gateway*

passif à court terme 当座負債, *current liabilities*

passif avant répartition 利益処分前負債, *liabilities be-*

fore profit appropriation

passif déductible 控除可能負債, *deductible liabilities*

passif éventuel 偶発債務, *contingent liability*

passif exigible à court terme 短期負債, *short-term liabilities*

passif exigible à long terme 長期負債, *long-term liabilities*

passif fictif 擬制負債, *fictitious liabilities*

passif net 純負債, *net liabilities*

pasteurisation HTST 高温短時間殺菌, *high-temperature short time pasteurization*

pastille verte 低公害車認定ステッカー

pataca (マカオの通貨単位で)パタカ, *pataca*

〈**Patchwork des noms**〉 死者の名前のパッチワーク：エイズ患者救済機関

patente de santé (出航船の)健康証明書, *bill of health*

patient séropositif エイズ患者, *seropositive patient*

patin arrière 〖スポ〗(ボブスレーの)バックランナー, *back runner*

patinage en miroir 〖スポ〗ミラースケーティング：ペア種目で左右対称となって演技するスケーティング, *mirror skating*

patinage individuel 〖スポ〗シングルスケート, *single skating*

patinage libre 〖スポ〗フリースケーティング, *free skating*

patinoire couverte 〖スポ〗室内アイスリンク, *indoor ice rink*

(la) Patrie-Toute la Russie (ロシアの政党で)祖国・全ロシア, *Fatherland-All Russia*

patrimoine commun de l'humanité 人類の共通遺産, *common heritage of mankind*

patrimoine culturel (国宝や重要文化財などの)文化遺産, *cultural heritage*

patrimoine génétique 〖バイオ〗遺伝子供給源；遺伝形質, *gene pool*

patrimoine mondial 世界遺産, *world heritage*

patrimoine national 国有財産, *national property*

patrimoine naturel (自然という)世襲資産, *patrimony*

patrimoine privé 個人資産, *individual property*

patrimoine propre 自己資本, *own capital*

patrimoine public 公共資本, *public capital*

patrimoine social 社会資産, *social assets*

patrimoine social (会社の)純資産, *net assets*

patriophobie 遺伝体質恐怖症, *patriophobia*

〈**le patron des patrons**〉 〖言換〗(経営者団体の長)フランス

企業運動(Medef)会長

pause des salaires 賃金の一時凍結, *wage freeze*

pauvreté marginale 縁辺的貧困, *marginal poverty*

pavé numérique 〖コンピュ〗テンキーパッド, *numeric keypad*

〈pavillon bleu〉 〖仏〗(海水浴場の水質のよさを示す)青い旗

(le) pavillon de l'Arsenal (パリ4区の)アルスナル展示館, *Pavilion of the Arsenal*

(le) pavillon des Arts (ポンピドゥーセンターの)芸術館

payable à la commande 現金(払い)注文の, *cash with order*

payable à la séance (有線放送の)ペイパービュー方式の, *pay-per-view*

payable à l'arrivée 着払いの, *payable on arrival*

payable à terme échu 後払いの, *payable in arrears*

payable à vue 一覧払いの, *payable on demand*

payable d'avance 前払いの, *payable in advance*

pays à bas salaires 低賃金国, *low wage country*

pays à commerce d'Etat 国家貿易国, *State-trading countries*

pays à développement humain élevé 高度人間開発国：長寿国を意味する

pays à économie centralisée 計画経済の国, *planned economy country*

pays à étalon de change-or 金為替本位国, *gold exchange standard country*

pays à faible revenu 低所得国, *low-income country*

pays à revenu élevé 高所得国, *high-income country*

pays à revenu intermédiaire 中所得国, *middle-income country*

pays à revenu intermédiaire, tranche inférieure 下級中所得国, *lower middle-income countries*

pays à revenu intermédiaire, tranche supérieure 上級中所得国, *upper middle-income countries*

pays à revenu moyen inférieur 低平均所得国, *lower-middle-income countries*

pays à taux élevé d'inflation 高率インフレ国, *high-inflation country*

pays associé (欧州共同体と連合協定を締結した)準加盟国, *associated country (EC)*

pays bénéficiaire 〖ODA〗援助受益国, *aid-receiving country*

pays capitalistes développés 先進資本主義国, *developed capitalist countries*

pays contraints 足かせのある国：生産増加に輸入増加が伴い, 貿易赤字の拡大を避けられない国

pays côtiers du Pacifique 環太平洋諸国, *Pacific Rim*

pays créancier / pays créditeur 債権国, *creditor country*

pays d'accueil （海外投資の）受入国, *host country*

〈**pays de la cohésion**〉 欧州連合最貧加盟国：ギリシャ, アイルランド, ポルトガル, スペイン

pays de la ligne de front 前線諸国：アンゴラ・ボツワナなど, *Front Line States*

pays de production primaire 一次産品生産国, *primary producing country*

pays débiteur 債務国, *debtor country*

pays déficitaire 赤字国, *deficit country*

〈**le pays des Aigles**〉〚言換〛（国旗の鷲から）アルバニア, *Albania*

〈**le pays des droits de l'homme**〉〚言換〛（人権の国）フランス, *country of the human rights (France)*

pays donateur / pays donneur 〚ODA〛援助供与国, *aid-giving country / donor country*

pays dont la balance des paiements est déficitaire 国際収支赤字国, *balance-of-payment deficit country*

pays d'origine （生産物の）本国, *country of origin*

pays d'origine ホームカントリー, *home country*

pays d'outre-mer 海外諸国：フラン圏とマグレブ

pays du Bassin du Pacifique 環太平洋地域諸国, *Pacific Rim countries*

〈**le pays du Cèdre**〉〚言換〛（スギの国）レバノン, *Lebanon*

pays du champs 領域国：旧仏植民地であるサハラ以南の26カ国, インド洋の4カ国, カリブ海の7カ国

〈**le pays du Matin Calme**〉〚言換〛（穏やかな朝の国）韓国, *Korea*

pays éligible pour l'approvisionnement des marchandises en aide 商品援助の調達適格国, *eligible source countries for commodity aid*

pays émergents 新興工業国：NPIの代わりに使用される

pays en développement à faible revenu 低所得開発途上国, *low income developing countries*

pays en développement lourdement endettés 累積債務国, *accumulated debt developing countries*

pays en développement non pétrolier 非産油開発途上国, *non-oil developing country*

pays en développement touché le plus sérieuse-

pays en voie de développement les moins favorisés 650

　ment par la crise économique　経済危機で大打撃を受けた開発途上国, *most seriously affected country*
pays en voie de développement les moins favorisés　後発開発途上国, *least among less-developed countries*
pays enclavé　内陸国, *landlocked country*
pays excédentaire　黒字国, *surplus country*
pays exportateurs de pétrole　石油輸出国, *petroleum exporting countries*
pays hors champs　非領域国：pays du champs 以外の国
pays hôte　ホストカントリー：海外投資の受入国, *host country*
pays largement endetté　重債務国, *highly indebted country*
pays les moins avancés　後発発展途上国, *least developed countries*
pays les moins favorisés / pays les plus démunis　最貧国, *poorest countries*
pays limitrophes　隣接国, *contiguous states*
pays moins avancés / pays moins développés　低開発国, *less developed countries*
pays moteurs　(世界経済をリードする)機関車国, *engine countries*
pays non-producteur de pétrole　非産油国, *non-oil country*
pays pauvres très endettés　重債務貧困国, *heavily indebted poor countries*
pays plus pauvres en développement　貧困開発途上国, *poorer developing countries*
pays potentiellement dotés d'armement nucléaire　核敷居国；潜在的核保有国, *nuclear threshold states*
〈**pays préoccupants**〉　潜在危険国：北朝鮮のように経済的に貧しいが軍事拡大に走る国
pays récipient　援助受益国；受入れ国, *recipient country*
pays représentant des intérêts　利益代表国, *interest representing country*
pays sans réserve de l'article 8 du Fonds monétaire international　国際通貨基金8条国, *Member countries accepting the obligations of the Article 8 of the IMF*
pays solvable　支払能力のある国, *solvent country*
pays surcompétitif　低賃金国, *supercompetitive country*
pays tiers　(欧州共同体の)域外諸国, *non-member countries (EC)*
pays très endetté　重債務国, *heavily indebted country*
paysage audiovisuel　テレビ界の現状, *broadcasting scene*

paysage bancaire 銀行界の現状, *banking scene*
paysage politique 政情, *political scene*
paysan propriétaire 自作農, *landed farmer*
PC de bureau オフィスコンピュータ, *office PC (＝personal computer)*
péage à la consommation (有線放送の)ペイパービュー方式, *pay-per-view*
peccatophobie 罪恐怖症, *hamartophobia*
pêche à la cuillère スプーン釣り：スプーンはルアーの一種, *spoonbite fishing*
pêche à la mouche フライフィッシング, *fly fishing*
pêche à la traîne トローリング：餌やルアーを人工的に引く釣り, *trolling*
pêche artisanale 小規模漁業, *small-scale fisheries*
pêche au chalut トロール漁：底引網漁の一種, *trawling*
pêche au lancer ルアー釣り, *lure fishing*
pêche au large (平均9日から22日未満の)公海漁業, *high sea fishing*
pêche côtière 沿岸漁業, *coastal fishing*
pêche côtière artisanale 小規模沿岸漁業, *non-industrial inshore fishing*
pêche en eau douce 内水面漁業, *fresh-water fishing*
pécule de vacances 休暇手当, *holiday allowance*
〈pédégère〉 女社長, *woman president (of a company)*
〈le peintre aux sept vertus〉 〖言換〗(七つの美徳の画家)ピサネロ, *Pisanello*
〈le peintre du noir〉 〖言換〗(黒の画家)ピエール・スラージュ, *Pierre Soulages*
péladophobie 禿の人恐怖症, *peladophobia*
pèlerinage en Terre sainte 聖地巡礼, *pilgrimage in the Holy Land*
pénétration du marché 市場占有率, *market penetration*
pénétration étrangère 外国製品の普及, *infiltration of imported products*
péniaphobie 貧乏恐怖症, *peniaphobia*
〈pennons〉 〖証〗ジグザグ上昇
pensée unique (イデオロギー対立なき後国際資本がドグマ的に唱える)経済利益優先思想
pension 〖証〗(フランス中央銀行と市中銀行間の)売戻し条件付き買入れ, *sale and repurchase transaction*
pension de retraite indexée sur le coût de la vie 物価スライド年金, *indexed pension*
pension de retraite personnalisée 個人年金プラン,

personal pension plan

pension de réversion 転換年金；遺族年金, *survivor's pension*

pension de survie 遺族年金, *survivor's pension*

pension de veuve ou veuf 生存配偶者年金, *widow's or widower's pension*

pension de vieillesse de la Sécurité sociale 社会保障老齢年金, *old-age pension paid under the social security system*

pension des ayants cause 遺族恩給, *survivor's annuity*

pension d'initiative des banques 〘証〙(金融機関が中央銀行に要請する)適格債券の買戻し特約付き売却による資金調達

pension d'invalidité 障害年金；労災年金, *disablement pension*

pension d'invalidité et de vieillesse 労災・老齢年金, *disablement and old-age pension*

pension extra-légale (ベルギーの)補足年金, *supplementary pension*

pension livrée 〘証〙現先取引, *sale and repurchase transaction*

pension normale d'ancienneté 普通恩給, *ordinary pension*

pension proportionnelle 比例年金, *earnings-related pension*

pension supplémentaire 補足年金, *supplementary pension*

pension transférable ポータブルペンション：通算が可能な私的年金, *portable pension*

pension viagère 終身年金, *pension for life*

pentachlorophénol (木材防腐剤の)ペンタクロロフェノール, *pentachlorophenol*

pente continentale (大陸棚の)大陸斜面, *continental slope*

pénurie de capital / pénurie de capitaux 資本不足, *capital shortage*

pénurie de dollars ドル不足, *dollar shortage*

pénurie de logements 住宅難, *housing shortage*

pénurie de pièces détachées 部品切れ, *shortage of spare parts*

per diem 〘羅〙日当, *per diem*

percée commerciale 販売攻勢, *competitive thrust*

percée technologique 技術躍進, *technological breakthrough*

perception des consommateurs 消費者マインド, *con-*

péréquation des taux de profit 利潤均等化, *equality of rate of profit*

perfectionnement des cadres 経営者教育；経営管理者育成, *management development*

perforateur-vérificateur (男性の)キーパンチャー, *punch card operator*

perforation (電算カードの)パンチング, *punching*

perforatrice-vérificatrice (女性の)キーパンチャー, *punch card operator*

performances de l'économie 経済実績, *economic performance*

performance du prix des actions 〖証〗株価値動き, *stock price performance*

performance supérieure アウトパフォーマンス, *outperformance*

périmètre de consolidation 連結対象企業郡；連結決済対象範囲, *companies included within consolidation*

période avec droits 〖証〗(新株引受権の権利確定日までの)権利付き期間, *cum rights period*

période comptable 会計期間, *accounting period*

période creuse (景気などの)停滞時期, *slack season*

période d'amortissement de l'actif (米国の)法定許容耐用年数, *asset depreciation range (USA)*

période de base (統計の)基準時, *base period*

période de circuit 流通期間, *period of circulation*

période de consolidation 〖証〗(相場の)調整局面；一服, *period of consolidation*

période de consolidation (満期の近い累積債務について)繰延期間, *period of consolidation*

période de cotation obligatoire 〖証〗値付義務時間, *mandatory quote period*

période de couverture 〖金〗ヘッジ期間, *hedge period*

période de demande maximum de la soirée (電力消費の)夕方のピーク時, *evening peak*

période de différé 支払猶予期間, *grace period*

période de franchise (金利)据置期間, *interest-free period*

période de franchise partielle 元本据置期間, *period of grace (principal only)*

période de franchise totale 元利据置期間, *period of grace (principal and interest)*

période de latence 潜在期間, *waiting period*

période de paiement 支払期間, *payment interval*

période de propagation du revenu 所得波及期間, *income propagation period*

période de prospérité 繁栄期, *boom*

période de référence 基準時, *base period*

période de réflexion クーリングオフ期間, *cooling-off period*

période de remboursement (投資の)回収期間, *payback period*

période de souscription 〖証〗(証券の)売出期間, *subscription period*

période de transition 過渡期, *transitional period*

période d'émission 〖証〗(新発債の)売出期間, *issue period*

période d'encaissement (資金の)回収期間, *collection period*

période d'exonération fiscale (パイオニア企業に対する所得税の)免税期間, *tax holiday*

période d'imposition 課税期間, *taxation period*

période intérimaire 暫定期間, *interim period*

période moyenne de recouvrement 平均回収期間, *average collection period*

période porteuse pour le marché マーケットタイミング, *market timing*

période probatoire 見習期間, *period of qualification*

période radioactive (放射性元素などの)半減期, *half-life*

période stagiaire 研修期間, *articled period*

périphérique d'entrée 〖コンピュ〗入力装置, *input device*

périphériques d'ordinateur 〖コンピュ〗コンピュータ周辺装置, *peripherals*

périphérique multifonction 〖コンピュ〗多機能周辺装置, *multifunction peripheral*

permanence 自習時間, *private-study hour*

permanence pénale 〖法〗刑事事件容疑者常時助言サービス. 弁護士が無償で行う助言サービスで,日本の当番弁護士に近い

permanence téléphonique 二十四時間電話応答体制, *permanent telephone service*

perméabilité d'un marché 市場の感受性, *permeability of market*

première dame ファーストレディー：大統領夫人, *First Lady*

permis à points (フランスで1992年7月1日から実施の)点数制運転免許；減点式運転免許, *point system driver's license*

peroxyacétylnitrate 硝酸過酸化アセチル：光化学スモッグでできる強酸化性物質, *peroxyacetyl nitrate*

personnage de marque VIP；要人, *VIP*

personnalisation 個人差考慮, *personalization*
personnalité multiple 多重人格, *multiple personality*
personnalité phare 指導的人物, *leading light*
personne à la recherche d'un emploi 求職者, *job-seeker*
personne à mobilité réduite 移動困難者, *mobility-impaired person*
personne âgée alitée / personne âgée vivant au lit 寝たきり老人, *bed-ridden elderly*
personne âgée dépendante 〘法〙要介護高齢者
personne âgée en état diminué 身体の不自由な高齢者, *impaired elderly*
personne d'ascendance japonaise 日系人, *person of Japanese parentage*
personnes déplacées 故国喪失者, *displaced persons*
personne en état végétal 植物人間, *vegetable*
personne en voyage d'affaires 商用旅行者, *business traveler*
personne favorable à un projet public à condition qu'il ne soit pas mis en œuvre près de chez elle 住民エゴイスト, *nimbyist*
personne interposée 仲介者, *intermediary*
personne occupée 〘経〙就業者, *employed person*
personnel de manutention 荷役要員, *handling staff*
personnel homologué 〘ODA〙(被援助国提供の)技術援助要員, *counterpart personnel*
personnel hospitalier 病院職員, *hospital staff*
personnel informaticien コンピュータ要員, *computer personnel*
personnel intérimaire (集合的に)臨時従業員, *temporary staff*
personnel naviguant commercial 民間航空搭乗員, *cabin crew*
personnel pléthorique 余剰人員, *surplus workers*
perte antérieure 繰越損失, *loss brought forward*
perte au titre d'un placement d'entreprise 企業投資損失, *business investment loss*
perte censée totale 〘保〙推定全損, *constructive total loss*
perte commerciale 商業損失, *business loss*
perte comptable 帳簿上の損失, *book loss*
perte de bénéfices 利益の喪失, *loss of profit*
perte de cargaison 積荷の損失, *loss of cargo*
perte de change 外国為替差損, *foreign exchange loss*
perte de clients 客離れ, *loss of customers*

perte de sauvetage 〖保〗売得金(ばいとくきん)差引填補方式, *salvage loss settlement*

pertes d'échelle 規模の不経済, *diseconomy of scale*

perte d'exploitation 営業損失, *operating loss*

perte d'intérêts 利息喪失, *loss of interest*

perte d'un bien par confiscation 没収による財産喪失, *forfeiture*

perte effective 〖保〗現実損, *actual loss*

perte en capital 資産譲渡損, *capital loss*

pertes et profits 損益, *profit and loss*

perte fictive 帳簿上の損失, *paper loss*

perte fortuite 偶発的損失, *fortuitous loss*

perte nette 純損失；正味損失金, *net loss*

perte par coups de crochet 〖保〗鈎損, *hook damage*

perte par eau de mer 〖保〗汐濡(しおぬれ)喪失, *sea water damage*

perte par présomption de dommage 〖保〗(保険の損害推定による損失としての)感情的損害, *sentimental damage*

perte partielle 〖保〗分損, *partial loss*

perte pondérable 〖保〗重量損失, *loss in weight*

pertes reportées 繰越損失, *loss forwarded*

perte réputée totale 〖保〗解釈全損；推定全損, *constructive total loss*

perte réputée totale seulement 〖保〗解釈全損のみ担保；推定全損のみ担保, *constructive total loss only*

perte sèche 〖保〗完全な損失；丸損, *outright loss*

perte sur créances irrécouvrables 貸倒損失, *bad debt loss*

perte sur mortalité / perte de mortalité 〖保〗死亡損失, *mortality loss*

perte théorique 帳簿上の損失, *paper loss*

perte totale absolue 〖保〗絶対全損, *absolute total loss*

perte totale fixée par transaction 〖保〗協定全損, *compromised total loss*

perturbation de concurrence 競争の侵害, *competition disturbance*

perturbation du marché 市場妨害, *market disturbance*

perturbations radio-électriques 電波障害, *radio interference*

perversité constitutionnelle 体質退廃

perversité morale 器質性の道徳的倒錯

peseta d'Andorre (旧通貨単位で)アンドラ・ペセタ：アンドラには独自通貨がなく、スペイン・ペセタ(またはフランス・フラ

ン)を自国通貨とみなして使用していた．しかしスペインとフランスがユーロに移行したのにともない，アンドラの通貨は実質的にユーロとなった，*Andorra peseta*

peseta espagnole (ユーロ導入以前の通貨単位で)スペイン・ペセタ：166.386ペセタが1ユーロ，*Spanish peseta*

peso argentin (通貨単位で)アルゼンチン・ペソ，*Argentine peso*

peso chilien (通貨単位で)チリ・ペソ，*Chilean peso*

peso colombien (通貨単位で)コロンビア・ペソ，*Colombian peso*

peso cubain (通貨単位で)キューバ・ペソ，*Cuban peso*

peso de Guinée-Bissau (通貨単位で)ギニアビサウ・ペソ，*Guinea-Bissau peso*

peso dominicain (通貨単位で)ドミニカ・ペソ，*Dominican peso*

peso d'Uruguay / peso uruguayen (通貨単位で)ウルグアイ・ペソ，*Uruguayan peso*

peso mexicain (通貨単位で)メキシコ・ペソ，*Mexican peso*

peso philippin (通貨単位で)フィリピン・ペソ，*Philippine peso*

petit actionnaire 〚証〛民間投資家，*private investor*

petits appareillages électriques 弱電気，*small electrical appliances*

〈**petits Blancs**〉(移民労働者と同じ生活圏にいる)庶民層

petit boulot アルバイト

petit génie de l'informatique コンピュータの神童，*computer whizz kid*

petit joueur 〚証〛素人相場師，*small-time operator*

Petit musée de l'argenterie (パリ12区の)金銀細工博物館

petit sac fourni par certains restaurants pour emporter les restes (食べ残し)持帰り袋，*doggie bag*

petit tremplin pour sauts périlleux 〚スポ〛(フリースタイルスキーの)スモールキッカー，*small kicker*

petite caisse 小口現金，*petty cash*

petites-capitales スモールキャピタル：小型頭文字，*small cap*

petites ondes 中波，*medium wave*

petite pêche (平均2日から9日未満の)沖合漁業，*offshore fishing*

petites valeurs 〚証〛低位株，*low-priced stocks*

pétro-obligation 〚証〛原油価格連動型社債，*petrobond*

pétrodevise オイル通貨，*petrocurrency*

pétrodollars オイルダラー，*oil dollars / petrodollars*

⟨**pétrole vert**⟩ 〚言換〛(Giscard d'Estaing の言葉で「緑の石油」)農業

pétrolier de port en lourd 大型タンカー, *very large crude carrier*

phagomanie 貧食症, *phagomania*

phagophobie 恐食症, *phagophobia*

phalériste 勲章収集家

phantasmophobie 幽霊恐怖症, *phasmophobia*

pharmacie-bazar ドラッグストアー, *drugstore*

pharmacodépendance 薬物依存, *drug dependency*

pharmacophobie 薬物恐怖症, *pharmacophobia*

phase ascendante de la conjoncture / phase ascendante du cycle économique 景気上昇局面, *cyclical upswing*

phase conjoncturelle 景気変動局面, *phase of the cycle*

phase d'ajustement 調整局面, *adjustment phase*

phase de contraction (景気の)下降局面, *downswing*

phase descendante de la conjoncture / phase descendante du cycle économique 景気下降局面, *cyclical downswing*

phase finale 〚スポ〛(カーリングの)プレーオフ, *play-off*

phénomènes cycliques de la conjoncture économique 景気不景気循環, *boom-and-bust cycle*

phénomène des ⟨emmurés⟩ オタク現象, ⟨*homebody*⟩ *phenomenon*

phénomène El Niño エルニーニョ現象, *El Niño phenomenon*

phénomène hooligan フーリガン現象, *hooliganism*

phénomènes sectaires カルト現象, *cult phenomenon*

phénylbutazone (痛風用鎮痛剤の)フェニルブタゾン, *phenylbutazone*

phigérophobie 窒息恐怖症

philopin (スポーツイベントなどの)ピンズ収集家

philosophie de l'entreprise 企業哲学, *company philosophy*

phobophobie 強迫症:恐怖症になるのではと恐れている状態, *phobophobia*

phonéophobie 殺人恐怖症

phonophobie 大声恐怖症:大声で話すことに対する恐怖症, *phonophobia*

phonovision フォノビジョン:電話とテレビを合体させた製品, *phonovision*

phosphatation 燐酸塩被覆法, *phosphate coating*

phosphate de tris 三燐酸塩, *triphosphate*
phosphate trisodique 燐酸三ナトリウム, *trisodium phosphate*
phot フォト：照明の単位, *phot*
photo d'arrivée / photo-témoin 〖スポ〗(着順の)写真判定, *photo finish*
photoaugiophobie まぶしがり症, *photaugiophobia*
photocellule 光電池, *photocell*
photodiode à avalanche 〖通〗アバランシフォトダイオード, *avalanche photodiode*
photophobie 輝所恐怖症, *photophobia*
phronémophobie 熟考恐怖症, *phronemophobia*
phtisiophobie 結核恐怖症, *phthisiophobia*
physiophobie 身体機能恐怖症
phytocénose 全層群落：特定空間を占める植物の各層を一まとめにしたもの
phytochimie 植物化学, *phytochemistry*
PIB (＝produit intérieur brut) au coût des facteurs 要素費用ベースの国内総生産, *domestic production at factor cost*
PIB au prix du marché 市場価格ベースの国内総生産, *domestic production at market prices*
PIB marchand 営業国内総生産：教育・警察・国防部門などの非営業部門を除いた総生産, *commercial GDP*
PIB non marchand 非営業国内総生産：教育・警察・国防部門などの総生産
pic conjoncturel 循環的ピーク, *cyclical peak*
pièces du marché 〖証〗売買証書, *contract documents*
pièce jointe 〖コンピュ〗添付ファイル, *annexed document*
pièce probante 証拠書類, *proofs*
pied de coupon 〖証〗(債券価格について)経過利子除外の；利子払込み済みとして, *excluding coupon*
pied de prime 〖オプ〗買付約定価格からオプション料を差引いた額：現実の相場がこの額以下ではオプションが放棄される, *limit price at which option is abandoned*
pied droit à l'avant du surf 〖スポ〗(スノーボードの)グーフィースタンス, *goofy stance*
piège de la liquidité 流動性の罠, *liquidity trap*
pierre de curling 〖スポ〗カーリングストーン, *curling stone*
piétinement de la production industrielle 工業生産の低迷, *flatness of industrial output*
〈**le piéton du ciel**〉〖言換〗(空の歩行者)フィリップ・プチ；1971年にノートルダム寺院の塔の間を綱渡りした, *Philippe*

Petit

pile à combustible 燃料電池, *fuel cell*
pile à hydrogène 水素燃料電池, *hydrogen fuel cell*
pile biologique 生物電池, *biological battery*
pile de contrôle 〖コンピュ〗制御スタック, *control stack*
pile de secours バックアップ電源, *battery backup*
pilote de périphérique 〖コンピュ〗ディバイスドライバー, *device driver*
pilote de souris 〖コンピュ〗マウスドライバー, *mouse driver*
pilote d'écran 〖コンピュ〗スクリーンドライバー, *screen driver*
pilote d'impression 〖コンピュ〗プリントドライバー, *print driver*
pilote d'imprimante 〖コンピュ〗プリンタードライバー, *printer driver*
piloté par menu 〖コンピュ〗メニュー操作の, *menu-driven*
piloté par souris 〖コンピュ〗マウス操作の, *mouse-driven*
pilule abortive 中絶ピル：受精卵の子宮着床を防ぐ経口薬, *abortive pill*
pilule anticonceptionnelle 経口避妊薬, *oral contraceptive / the pill*
pilule du lendemain / pilule d'urgence モーニングアフターピル：受精卵の子宮着床を防ぐ経口薬 RU-486, *morning-after pill*
pilule empoisonnée (敵対的買収を防ぐ)毒薬条項, *poison pill*
piluméniste マッチ箱収集家
pipomane (喫煙用の)パイプ収集家
piquage 〖スポ〗(アイスホッケーの)スピアリング：スティックで相手を突く反則, *spearing*
piratage de films vidéo ビデオ作品無断コピー, *video piracy*
piratage informatique 〖コンピュ〗ハッキング, *hacking*
piratage téléphonique (電話回線網の不正使用)フリーキング, *phreaking*
pirate informatique 〖コンピュ〗ハッカー, *computer hacker*
pirouette Bielmann 〖スポ〗(フィギュアスケートの)ビールマンスピン, *Bielmann spin*
pirouette en couple avec prise 〖スポ〗(ペアスケートの)ペアコンタクトスピン, *pair contact spin*
piste courte 〖スポ〗(スケート競技の一種)ショートトラック, *short track*
piste cyclable 自転車専用道路, *cycletrack*
piste d'audit / piste de contrôle / piste de révision 監査証跡, *audit trail*

piste de décélération 〖スポ〗(ボブスレーの)減速域, *deceleration stretch*

piste de luge de calibre international 〖スポ〗国際規格のリュージュトラック, *international caliber luge track*

piste magnétique 磁気ストリップ:クレジットカードや切符の裏側の磁気情報の入った帯, *magnetic stip*

pistes par pouce 〖コンピュ〗トラックスパーインチ:フロッピーディスクの記録密度の単位, *tracks per inch*

pit babe レースクイーン, *pit babe*

pixélisé 〖コンピュ〗ビットマップした, *bitmapped*

(la) place Beauvau 〖言換〗(住所からフランスの)内務省, *Ministry for the Interior (France)*

(la) place du Colonel-Fabien 〖言換〗(住所から)フランス共産党, *French Communist Party*

(la) place du mort 〖言換〗(死にやすい席である)助手席, *seat beside the driver*

place extraterritoriale 〖金〗オフショアセンター:非居住者に対する為替管理を緩やかにし、税制上の優遇を与える地域, *offshore center*

place financière internationale 国際金融センター, *international financial center*

place financière offshore オフショア金融センター, *offshore financial center*

place pour les jambes レッグスペース, *legroom*

(la) place Vendôme 〖言換〗(住所からフランスの)司法省, *Ministry of Justice (France)*

placement dans un paradis fiscal 〖証〗在外投資信託, *offshore fund*

placement de père de famille 〖証〗優良証券投資, *blue chip investment*

placement des pieds (政府奨励語で)スタンス, *stance*

placement des titres 〖証〗証券売出し, *placing of securities*

placement direct 〖証〗私募:株券などの購入者を公募せずに直接募集すること, *direct placement*

placement éthique 〖証〗(利回りの一部を恵まれない人に回す)倫理支援投資

placement financier 金融投資, *financial investment*

placement solidaire 〖証〗(社会福祉に利回りの一部を回す)連帯支援投資

placement sous surveillance électronique à domicile (囚人の)在宅電子監視システム

placeurs 〖証〗(起債の)分売団, *selling group*

placier 〖保〗勧誘員, *salesman*
plafond budgétaire 予算限度, *budget ceiling*
plafond de crédit 信用供与限度, *credit limit*
plafond de découvert 当座貸越限度額, *overdraft limit*
plafond de réescompte (中央銀行による)再割引限度, *limit of rediscount*
plafond de ressources (de la Sécurité sociale) (社会保障受給に関する)収入限度額：失業保険などと両立が認められる収入の最高額
plafond de salaire 所得制限, *limit of income*
plafond des emprunts 借入限度, *borrowing ceiling*
plafond des nouveaux prêts 新規貸出枠, *new credit ceiling*
plafond sur les taux d'intérêt 金利シーリング, *interest rate ceiling*
plafonnement des salaires 賃金シーリング設定, *fixing a ceiling on wages*
plafonnement des taux d'intérêts 利子率の上限設定, *fixing of a ceiling on interest rate*
plan annuel de vérification 年度監査計画, *annual audit plan (UK)*
plans Barre 〖経〗バールプラン：1976年以降のRaymond Barreによる引締策, *Barre Plan*
plan Biotox 〖仏〗生物テロ警戒態勢
plan blanc プランブラン：疫病・原子力事故などに際し公的機関が医者や患者用ベッドの確保目的で発令する緊急体制
plan calcul 〖仏〗(1967年の)コンピュータ推進計画, *French computer development program*
plan Chirac シラクプラン：1975年及び1986年の景気策, *Chirac plan*
plan comptable général 〖仏〗企業会計原則；財務諸表準則, *uniform chart of accounts*
plan comptable général révisé 改正企業会計原則, *revised uniform chart of accounts*
plan comptable professionnel 業種別会計原則, *accounting system by professions*
plan d'accession au logement 持家購入計画, *housing scheme*
plan d'accroissement de capital volontaire 〖証〗任意型継続投資プラン, *voluntary accumulation plan*
plan d'achat d'actions 〖証〗株式購入計画, *stock purchase plan*
plan d'action de Lagos en vue de la mise en œuvre

de la stratégie de Monrovia pour le développement économique de l'Afrique アフリカの経済開発のためのモンロヴィア戦略実施に向けてのラゴス行動計画, *Lagos Plan of Action for the implementation of the Monrovia Strategy for the Economic Development of Africa*

plan d'action forestier tropical (国連食糧農業機関の)熱帯林行動計画, *Tropical Forestry Action Plan (FAO)*

plan d'action pour la Méditerranée (欧州共同体の)地中海のための行動計画, *Mediterranean Action Plan*

plan d'actionnariat des salariés 従業員持株制度, *employee stock ownership plan*

plan d'affaires ビジネスプラン, *business plan*

plan d'amortissement 債務償還計画, *amortization schedule*

plan de base 〖ODA〗基本設計, *basic design*

plan de carrière キャリア計画, *career plan*

plan de charge 作業計画, *working plan*

plan de Colombo コロンボ計画:1950年提唱の東南アジア総合開発計画, *Colombo Plan*

plan de commercialisation マーケティング計画, *marketing plan*

plan de comptes 勘定体系, *accounting system*

plan de croisement 〖証〗銀行シ団相互裏書融資, *crossed endorsed syndicated credit*

plan de désengagement 〖証〗引出しプラン:オープンエンド型投資信託で,株主が所得・キャピタルゲインの形で固定的な支払いが得られる制度, *withdrawal plan*

plan de financement prévisionnel 見積資金計画表, *forecasting financial plan*

plan de gestion 経営計画, *management plan*

plan de marchéage 〖経〗マーケティングミックス, *marketing mix*

plan de participation aux bénéfices 利益分配計画, *profit-sharing plan*

plan de pension 年金計画, *pension plan*

plan de redressement 更生計画;再建計画, *recovery plan*

plan de refroidissement フルカードプラン:1974年の景気対策, *Fourcade Plan*

plan de réinvestissement des dividendes 配当再投資計画, *dividend reinvestment plan*

plan de réorganisation 再編計画, *rehabilitation plan*

plan de sauvetage (企業の)立直し計画, *recovery plan*

plan Delors ドロールプラン:1983年の緊縮策, *Delors plan*

plan d'ensemble マスタープラン, *master plan*
plan d'envergure 大規模計画, *grand plan*
plan d'épargne à long terme 長期貯蓄, *long-term savings plan*
plan d'épargne avec capitalisation 〖証〗配当金再投資プラン, *dividend reinvestment plan*
plan d'épargne d'entreprise 企業貯蓄プラン；財形貯蓄, *savings plan*
plan d'épargne en actions 〖仏〗株式貯蓄計画；個人持株計画, *personal equity plan*
plan d'épargne en vue de la retraite 年金目的貯蓄プラン, *saving scheme for retirement*
plan d'épargne logement 積立式住宅貯蓄預金；住宅貯蓄プラン, *home acquisition savings plan*
plan d'épargne national par prélèvements mensuels 天引積立貯金, *save as you earn plan*
plan d'épargne populaire 庶民貯蓄計画, *popular saving plan*
plan d'épargne retraite 退職貯蓄プラン, *retirement savings plan*
plan des supports メディアプランニング：広告代理店が顧客の広告を掲出する媒体の検討・選択, *media planning*
plan d'exécution 実施設計, *detailed design*
plan d'expansion économique 事業拡張計画, *business expansion scheme*
plan d'exploitation 事業方法書, *business plan*
plan d'intéressement aux bénéfices （従業員への）利益分配制度, *profit-sharing plan*
plan d'investissement 投資計画, *investment plan*
plan d'investissement du personnel 従業員持株制度, *employee stock ownership plan*
plan directeur 〖ODA〗マスタープラン：経済援助の基本設計, *master plan*
plan directeur pour les installations spéciales 〖ODA〗特別施設のための基本設計, *basic design of a specific establishment*
plan d'occupation des sols 〖法〗土地占有計画, *zoning regulation*
plan d'options d'achat d'actions / plan d'options sur titres 〖証〗自社株購入計画, *stock option plan*
plan d'urbanisme de détail 都市計画詳細プラン, *Urbanism Detail Plan*
plan d'urbanisme directeur 都市計画マスタープラン,

planification dans l'entreprise

Urbanism Master Plan

plan d'urgence 非常事態計画, *contingency plan*

plan financier 〖経〗ファイナンシャルプランニング, *financial planning*

plan Fouchet フーシェ案：1962年に流産した政治同盟による欧州統合, *Fouchet Plan*

plan Fourcade フルカードプラン：1974年の景気対策, *Fourcade Plan*

plan Mansholt マンスホルトプラン：共同農業政策の起草実施, *Mansholt Plan*

plan Marshall マーシャルプラン：G. C. Marshallの提案による欧州復興計画(1948-1952), *Marshall Plan*

plan Maurois モロワプラン：1981年の消費拡大策, *Maurois plan*

plan ORSEC (= organisation des secours) （フランスの緊急時）救助編成計画

plan ORSEC-Rad 〖仏〗放射能汚染救助編成計画

plan périphérique （1968年のコンピュータ）周辺機協定, *French computer peripheral device development program*

plan personnel de capitalisation 〖証〗個人持株計画, *personal equity plan*

plan Pleven プレバンプラン：1950年に提唱され流産した欧州防衛共同体構想, *Pleven Plan*

plan Polmar (terre / mer) （陸・海の）ポルマール対策：地元の手に負えない大災害に対して知事が発令する海洋汚染防止対策

plan quinquennal 〖経〗5カ年計画, *five-year plan*

plan Schuman シューマンプラン：1950年に提案された欧州6カ国による石炭鉄鋼共同管理計画, *Schuman Plan*

plan social （人員整理に関する）雇用調整計画, *social plan*

plan travelling （映画で）移動台から撮ったシーン, *trucking shot*

plan Université 2000 （西暦）二千年紀の大学計画：フランス政府の描く大学将来像

plan Vigipirate 〖仏〗テロ防止警戒態勢

planche très longue 〖スポ〗（スノーボードの）長大ボード, *gun*

plancher de bons du Trésor 〖証〗（インフレ防止のため銀行に義務付けられる）国債保有最低額

plancher des taux 金利下限, *rate floor*

planchiste 〖スポ〗スケートボードのライダー, *skateboarder*

planchiste 〖スポ〗ウインドサーファー, *windsurfer*

planification dans l'entreprise コーポレートプランニング：企業の経営陣レベルでの計画, *corporate planning*

planification fiscale 節税計画, *tax planning*
planification préalable aux catastrophes 災害への事前の備え, *disaster preparedness*
plantage du disque dur 〚コンピュ〛ハードディスククラッシュ, *hard disk crash*
plante transgénique 〚バイオ〛遺伝子組換え作物, *transgenic plant*
plaques alternées （大気汚染軽減のための）ナンバープレートの奇数偶数交代制
plaque du gardien de but 〚スポ〛（アイスホッケーの）ブロッキンググローブ, *blocking globe*
plaque tournante des transports aériens ハブ空港, *hub airport*
plaquette annuelle 年次報告書, *annual report*
plasmide 〚バイオ〛プラスミド：染色体とは独立に増殖できる遺伝因子, *plasmid*
plasticulture ビニール栽培, *plasticulture*
plastique biodégradable 生分解性プラスチック, *biodegradable plastic*
plate-forme マージン交渉機関：中小企業メーカーに委託されてスーパーマーケットと販売価格交渉をする機関
plate-forme aéroportuaire ハブ：周辺空港を統括するセンター空港施設, *hub*
plate-forme d'observation interplanétaire 惑星間監視衛星, *interplanetary monitoring platform*
plateau pour cartouches de réserve 〚スポ〛（バイアスロンの）予備弾カップ, *container for spare rounds*
plateau-repas surgelé TVディナー：暖めるだけで食べられる冷凍の食事, *TV dinner*
platine cassettes / platine K 7 カセットデッキ, *cassette deck*
platine CD CDプレーヤー, *CD player*
platine double-cassettes ダブルカセットデッキ, *double cassette deck*
platine DVD DVDプレーヤー, *DVD player*
platine laser レーザーディククプレーヤー, *laser disc player*
platine minidisc MDプレーヤー, *MD player*
platine radio チューナー, *tuner*
plein 〚保〛（1件につき支払われる保険金の）最高額, *limit*
plein d'acceptation 〚保〛引受限度額, *line / retention*
pléthore de capitaux 資金過剰, *glut of money*
pléthore de dollars ドル過剰, *superabundance of dollars*
pléthore de la production 生産過剰, *overproduction*

pléthore de l'offre 供給過多, *oversupply*

plomb de douane 〚法〛関税支払済証明用封印, *customs seal*

plongeur プランジャー:受話器を置くと下がって通話を切る突起スイッチ, *plunger*

pluies acides 酸性雨, *acid rain*

pluie des Léonides 獅子座流星群, *Leonid meteors*

pluripropriété (リゾートマンションなどの)会員制共同所有;多重所有, *time share property*

plus-values boursières 〚証〛(株などの)譲渡益;株売却益, *capital gain*

plus-values des contributions 税収超過, *surplus in taxes*

plus-values du change 為替プレミアム, *exchange premium*

plus-values foncières 土地余剰価値, *unearned increment of land*

plus-values immobilières 不動産売却益, *estate betterment*

plus-values latentes / plus-values potentielles 含み益, *unrealized gains*

plus-values ou moins-values sur cessions d'élément d'actif 固定資産譲渡損益, *gains or losses from alienation of fixed assets*

plus-values ou moins-values sur titres 評価損益, *paper profit or loss*

plus-values spontanées (土地の)自然増加, *unearned increment*

plus-values sur biens meubles 動産売却益, *gains on floating capital*

plus-values sur cessions de valeurs mobilières 〚証〛有価証券譲渡益, *profit on sales of securities*

plus-values sur cessions d'investissements 〚証〛証券譲渡益, *profit on sales of investments*

pneu anti-crevaison ノーパンクタイヤ

pneus en monte jumelée ダブルタイヤ, *double tires*

pneus en monte simple シングルタイヤ, *single tires*

pneumonie atypique 新型肺炎:通称SARS, *SARS (= sever acute respiratory syndrome)*

poches de chômage 失業者集団, *area of high unemployment rate*

poches de pauvreté (周囲から孤立した)貧困地帯, *pocket of deprivation*

poches de résistance 局地的抵抗地帯, *pocket of resistance*

pochette de mouchoirs en papier ポケットティシュ, *pocket tissue*

pochette d'expédition de disquettes 〖コンピュ〗フロッピーディスク郵送袋, *disk mailer*

pochon (犬用の)糞携帯袋

pogonophobie 髭恐怖症, *pogonophobia*

poids à vide 車両重量, *unladen weight*

poids atomique 原子量, *atomic weight*

poids fiscal 租税負担率, *tax burden ratio*

poids lourd de la politique 政界の大物, *political heavy weight*

poids maximum 最大重量, *maximum weight*

poids moléculaire 分子量, *molecular weight*

poids mort 死重量, *dead weight*

poids total autorisé en charge / poids total maximum 車両総重量, *total permissible laden weight*

poids total roulant autorisé en charge (トレーラーの)連結総重量, *gross combination weight*

poignée de poussée 〖スポ〗(ボブスレーの)プッシュバー, *push bar*

poignets boutonnés (ボタンで止めるシャツの)シングルカフ, *single cuff*

poinéphobie 罰恐怖症, *poinephobia*

point à point 〖通〗二地点間, *point-to-point*

point aveugle レーダーの死角, *blind spot*

point-Bourse (銀行などに設置の)株式案内コーナー

point-com ドットコム(.com):インターネット関連会社を意味する, *dot-com*

point critique 〖スポ〗(スキージャンプの)K点, *critical point*

point critique 危険点, *peril point*

point d'argent (ATMを意味する)キャッシュポイント, *cash point*

point de base 〖金〗ベーシスポイント(0.01%単位), *basis point*

point de couverture brute (広告の)グロスレーティングポイント:広告効果の総合評価点, *gross rating point*

point de non-retour (航空機の)最遠折返し点, *no-turning point*

point de référence ベンチマーク, *benchmark*

point de renversement / point de retournement 転換点, *turning point*

point de retournement du cycle conjoncturel 景気転換点, *cyclical turning point*

point de seuil d'épargne (家計の)収支分岐点, *break-even point*

point de spécialisation 特化点, *point of specialization*

point de transfert sémaphore 〔通〕(PHSの)信号中継点, *signaling transfer point*

point de vente 販売時点情報管理, *point-of-sale*

point de vente électronique 〔コンピュ〕イーポス(EPOS); 電子POS, *electronic point of sale*

point d'or 金現送点, *gold point*

point d'or de sortie / point de sortie de l'or 金輸出点, *gold export-point*

point d'or d'entrée / point d'entrée de l'or 金輸入点, *gold import-point*

point identifié ピンポイント, *pinpoint*

point image (画像表示の)ピクセル, *pixel*

point mort 損益分岐点, *break-even point*

point mort bas (シリンダーの)ボトムデッドセンター, *bottom dead center*

point mort haut (シリンダーの)トップデッドセンター, *top dead center*

points par pouce 〔コンピュ〕(プリンターの解像度で)dpi, *dot per inch*

pointeur en I アイビーム形ポインター, *I-beam pointer*

pokémaniaque 〔風〕ポケモン狂, *Pokemaniac*

polarisation circulaire gauche 左円偏光, *left-hand circular polarization*

polarisation directe 〔コンピュ〕順方向バイアス, *forward bias*

polarisation inverse 〔コンピュ〕逆バイアス, *reverse bias*

polémique sur les débouchés 市場論争, *polemic on the market*

police à aliments 包括保険証券, *floating policy*

police à la valeur agréée 評価済み保険証券, *valued policy*

police ajustable 調整保険証券, *adjustable policy*

police au porteur 〔保〕持参人払い証券

police collective 集合保険証券, *collective insurance policy*

police combinée 総合保険証券

police d'abonnement 予定保険証券, *floating policy*

police d'assurance conditionnelle 偶発保険証券, *contingent policy*

police d'assurance maritime 海上保険証券, *marine insurance policy*

police d'assurance sur la vie 生命保険証券, *life insur-*

police de base 基本保険証券, *master policy*
police de caractère 〖コンピュ〗(印字用)フォント, *font*
police de groupe 団体保険証券, *group insurance policy*
police de justification d'intérêt PPIポリシー:「保険証券自体以外には被保険利益を証明するものを要しない」という文言のある保険証券, *Policy Proof of Interest policy*
police de l'air et des frontières 〖仏〗航空国境警察, *border police*
police de réassurance 再保険証券, *reinsurance policy*
police des mœurs 風俗犯罪取締班, *vice squad*
police d'honneur 〖保〗名誉証券, *honor policy*
police en blanc 〖保〗白地証券
police en bloc 包括保険証券, *blanket policy*
police en compte courant 通知保険, *declaration policy*
police évaluée 評価済み保険証券, *valued policy*
police exonérée 保険料免除保険証券
police fixe 確定保険証券
police flottante 予定保険証券, *floating policy*
police globale 包括予定保険証券, *open policy*
police in quovis 船名未詳保険証券, *floating policy*
police indexée 指数付き保険証券
police individuelle 個人保険証券, *individual insurance policy*
police individuelle contre les accidents 個人傷害保険証券
police libérée 保険料免除保険証券
police locataire combinée 借家人住宅総合保険証券
police modèle 標準保険証券
police mondiale 世界全域カバー保険証券, *worldwide policy*
police non évaluée 未評価保険証券, *unvalued policy*
police omnibus オムニバス保険証券
police originale 原保険証券
police ouverte 包括保険証券, *open policy*
police par défaut 〖コンピュ〗デフォルトフォント, *default font*
police parapluie 総合保険証券, *umbrella insurance policy*
police particulière 特別保険証券
police pixélisée 〖コンピュ〗ビットマップフォント, *bitmapped font*
police propriétaire combinée 住宅総合保険証券
police routière ハイウェーパトロール, *highway patrol*
police simple 〖保〗個別証券
police supplémentaire 〖保〗追加証券

police tous risques オールリスク保険証券, *all-risks policy*

police type 〖保〗典型的証券

police universelle 加工一貫保険

police universelle 〖保〗世界全域カバー証券, *worldwide policy*

politique agricole commune (欧州共同体の)共通農業政策, *Common Agricultural Policy (EC)*

politique anti-inflationniste インフレ対策, *anti-inflation policy*

politique anticyclique 反景気循環政策, *counter-cyclical policy*

politique antidumping ダンピング防止政策, *antidumping policies*

politique antitrust 反トラスト政策, *antitrust policy*

politique autarcique 経済自立政策, *autarky*

politique budgétaire 予算政策, *budget policy*

politique budgétaire compensatoire 調整的財政政策, *compensatory fiscal policy*

politique budgétaire expansionniste 拡張的財政政策, *expansionary fiscal policy*

politique budgétaire restrictive 金融引締め, *fiscal restraint*

politique commerciale commune (欧州共同体の)共通通商政策, *Common Commercial Policy (EC)*

politique commune de la pêche (欧州共同体の)共通漁業政策, *Common Fisheries Policy (EC)*

politique conjoncturelle 景気対策, *cycle policy*

politique consistant pour une société devenue la cible d'une OPA à se rendre moins attrayante aux yeux de l'acquéreur (TOBに対抗する)焦土作戦, *scorched earth tactics*

politique contractuelle (労使の)契約政策, *social contract*

politique d'à-coups conjoncturels 〖経〗ストップ・アンド・ゴー政策:金融引締めと景気拡大を短期間に何度も繰り返す政策, *stop-and-go policy*

politique d'accompagnement de la conjoncture 景気連動政策, *accommodating policy*

politique d'aisance monétaire 低金利政策, *cheap money policy*

politique d'ajustement structurel 構造調整政策, *structural adjustment policy*

politique d'appauvrissement du voisin 近隣窮乏化政

策, *beggar-my-neighbor policy*

politique d'argent facile 低金利政策, *easy money policy*

politique d'austérité financière 緊縮財政政策, *austerity financial measures*

politique de blocage des loyers 家賃据置政策, *rent restriction policy*

politique de blocage du crédit 金融凍結政策, *credit freeze policy*

politique de chaise vide （フランスが欧州共同体に抵抗して行った）空位政策

politique de conciliation 宥和政策, *appeasement*

politique de crédit facile 信用拡張政策, *easy credit policy*

politique de défense 国防政策, *defense policy*

politique de déficit budgétaire 補整的財政政策, *compensatory fiscal policy*

politique de facilité 緩和策, *easiness of money*

politique de gestion 経営方針, *management policy*

politique de la canonnière 砲艦外交, *gunboat diplomacy*

politique de la corde raide 瀬戸際政策, *brinkmanship*

politique de la force armée 武力政治；権力政治, *machtpolitik*

politique de la main-d'œuvre マンパワー政策, *manpower policy*

politique de la porte ouverte 門戸開放策, *open door policy*

politique de l'argent à bon marché 低金利政策, *cheap money policy*

politique de l'argent cher 高金利政策, *dear money policy*

politique de l'argent rare 金融引締政策, *tight money policy*

politique de l'environnement 環境政策, *environmental policy*

politique de libération du crédit 金融緩和政策, *easy money policy*

politique de lutte contre l'inflation インフレ対策, *anti-inflation policy*

politique de non-accompagnement (de l'inflation) （インフレ）非連動政策, *non-accommodation policy*

politique de non-ingérence 不干渉政策, *policy of non-interference*

politique de peuplement 移民及び社会的雑居促進策

politique de réduction des rizières 減反政策, *rice acre-*

age reduction program
politique de reflation リフレ政策, *reflation policy*
politique de restriction monétaire 金融引締政策, *policy of monetary restraint*
politique de rigueur 財政緊縮政策；緊縮政策, *fiscal belt-tightening*
politique de salaire 賃金政策, *wage policy*
politique de taux d'intérêt à zéro / politique de taux zéro 〖日〗ゼロ金利政策, *zero interest rate policy*
politique d'économie 緊縮政策, *retrenchment policy*
politique d'écrémage (硬直的値下げの)クリーミングポリシー, *creaming policy*
politique déflationniste デフレ政策, *deflationary policy*
politique d'encadrement du crédit 金融引締政策, *tight monetary policy*
politique d'endiguement 封じ込め政策, *containment policy (of George Kennan)*
politique des changes 為替政策, *exchange policy*
politique des créneaux 選別的育成路線
politique des filières 連鎖政策：川上から川下までの一貫生産をめざす政策
politique des petits paquets 小出しの支援策
politique des privilèges acquis 利権政治
politique des revenus 所得政策, *incomes policy*
politique d'insertion 社会同化政策：失業対策や無償医療などの政策
politique d'intervention financière (de l'Etat) (国家の)財政介入策, *governmental financial intervention policy*
politique d'ouverture des échanges bilatéraux 開かれた双方向の貿易政策, *open, two-way trade system*
politique d'ouverture des échanges multilatéraux 開かれた多角的貿易政策, *open multilateral trading system*
politique d'ouverture des frontières 門戸開放政策, *open door policy*
politique du bord du gouffre 瀬戸際戦略, *brinkmanship*
politique du chacun pour soi / politique d'exportation du chômage 近隣窮乏化政策：他国を犠牲にして国内産業や雇用を保護する政策, *beggar-my-neighbor policy*
politique du coup de frein et de l'accélérateur 〖経〗ストップ・アンド・ゴー政策：金融引締めと景気拡大を短期間に何度も繰り返す政策, *stop-and-go policy*
politique du crédit à bon marché 低金利政策, *cheap money policy*

politique du laissez-faire 自由放任経済, *laissez-faire economy*

politique du personnel 労務政策, *personnel policy*

politique énergétique エネルギー政策, *energy policy*

politique étrangère à géométrie variable 八方美人的外交, *all-directional policy*

politique étrangère et de sécurité commune (欧州共同体の)共通外交安全保障政策, *Common Foreign and Security Policy (EC)*

politique étrangère tous azimuts 全方位外交, *omnidirectional diplomacy*

politique financière 資金調達方針, *financial policy*

politique fiscale 〚経〛フィスカルポリシー;租税政策, *fiscal policy*

politique foncière 土地政策, *land policy*

politique industrielle 産業政策, *industrial policy*

politique inflationniste インフレ政策, *inflationary policy*

politique macroéconomique マクロ経済政策, *macroeconomic policy*

politique mixte / politique économique mixte 〚経〛ポリシーミックス, *policy mix*

politique monétaire 短期金融政策;通貨政策, *monetary policy*

politique monétaire serrée 引締金融政策, *tight money policy*

politique non-interventionniste 不干渉主義;自由放任経済, *policy of non-intervention*

politique pour la relance économique 景気刺激策, *business stimulating policy*

politique salariale 給与政策, *policy of salary*

politique salariale dirigée 賃金統制政策, *regulated wage policy*

polluants de l'air 大気汚染物質, *air pollutants*

polluants organiques persistants 残留性有機汚染物質, *persistent organic pollutants*

polluriel / pollu-postage / pollustage 迷惑メール, *unsolicited mail*

pollution acoustique 騒音公害, *acoustic pollutions*

pollution atmosphérique transfrontalière à longue distance 長距離越境大気汚染, *long-range transboundary air pollution*

pollution de l'environnement / pollution du milieu ambiant 環境汚染, *environmental pollution*

pollution des mers / pollution marine 海洋汚染, *marine pollution*

pollution d'origine atmosphérique 大気からの汚染, *pollution from the atmosphere*

pollution du milieu marin d'origine tellurique 陸上源からの海洋環境の汚染, *pollution of the marine environment form land-based sources*

pollution radioactive 放射能汚染, *radioactive pollution*

pollution transatmosphérique 大気を通ずる汚染, *pollution through the atmosphere*

polybiphényle chloré ポリ塩化ビフェニール：発癌性の化学物質, *polychlorinated biphenyl*

polycentrisme monétaire 多本位制度, *monetary polycentrism*

polychloro-dibenzo-furanne (毒物の)ポリ塩素化ジベンゾフラン, *polychlorinated dibenzofuran*

polychloro-dibenzo-para-dioxine ポリ塩素化ジベンゾジオキシン：通称はダイオキシン, *polychlorinated dibenzo-p-dioxin*

polyéthylène (de) basse densité 低密度ポリエチレン, *low-density polyethylene*

polyéthylène (de) haute densité 高密度ポリエチレン, *high-density polyethylene*

polyéthylène téréphtalate ポリエチレンテレフタレート：PETボトルはこの化学物質のイニシャルを取っている, *polyethylene terephtalate*

polymères conducteurs 導電性ポリマー, *conductive polymer*

polymères semi-conducteurs 半導体ポリマー, *semiconductor polymer*

polymorphisme génétique 〚バイオ〛遺伝的多形, *genetic polymorphism*

polyoxyméthylène (レーザーの)ポリオキシメチレン, *polyoxymethylene*

polyphobie いろいろな物恐怖症, *polyphobia*

polypropylène ポリプロピレン, *polypropylene*

polypyrrole ポリピロル：導電性ポリマーの一つ, *polypyrrole*

polyvinyle pyrrolidone ポリビニルピロリドン：代用血漿、食品・化粧品・接着剤などの添加剤, *polyvinyl pyrrolidone*

pompe à chaleur ヒートポンプ, *heat pump*

pompon girl 〚スポ〛(応援の)チアガール, *cheer girl*

ponction fiscale 税金の天引, *tax levy*

pondération 〚証〛(株式投資の)インデックス運用, *indexing*

pondération des voix 投票の比例加重方式, *weighting of votes*

pont de Normandie (全長2141.25mの)ノルマンディー橋, *Normandy Bridge*

pool bancaire 〖金〗国際合弁銀行, *consortium bank*

pool d'assurance 保険プール, *insurance pool*

pool de l'or 金プール, *gold pool*

pool de réassurance 再保険プール, *reinsurance pool*

pool japonais d'assurance des risques atomiques 日本原子力保険プール, *Japan Atomic Energy Insurance Pool*

population à la recherche d'un emploi 求職人口, *population looking for a job*

population active 労働力人口, *working population*

population active par sexe et classe d'âge 男女別年齢別労働力人口, *economically active population by sex and age group*

population agricole active 農業人口, *working population engaged in agriculture*

population dite du quart-monde (集合的に)ホームレス, *homeless*

population industrielle active 工業従事労働力人口, *working population engaged in industry*

population marginale disponible à la recherche d'un emploi 境界的就職可能求職者人口：耳寄りな話があれば就職を望む人々

population mobile 流動的人口, *floating population*

population optimale 最適人口, *optimum population*

population pénale (集合的に)収監者

population salariée (集合的に)被用者

pornographie non explicite ソフトポルノ, *soft porn*

pornophobie 性交渉恐怖症, *genophobia*

port à seuil ternaire 〖コンピュ〗3進論理限界ゲート, *ternary threshold gate*

port avancé 運賃先払い, *freight forward*

port de commerce 貿易港, *commercial port*

port de containers / port de conteneurs コンテナ港, *container port*

port de plaisance マリーナ, *marina*

port d'extension 〖コンピュ〗拡張ポート, *expansion port*

port d'imprimante 〖コンピュ〗プリンターポート, *printer port*

port E/S / port entrée/sortie 〖コンピュ〗入出力ポート, *input/output port*

port franc 自由港, *free port*

port jeux 〘コンピュ〙ゲームポート, *games port*
port modem 〘コンピュ〙モデムポート, *modem port*
port-musée de Douarnenez フランス帆船博物館：1993年5月開館も1995年に経営困難で閉館
port parallèle 〘コンピュ〙パラレルポート, *parallel port*
port payé, assurance comprise jusqu'à （インコタームズで）輸送費保険料込値段, *carriage and insurance paid*
port payé jusqu'à （インコタームズで）輸送費込値段, *carriage paid to*
port SCSI 〘コンピュ〙スカジーポート, *SCSI (=small computer system interface) port*
port série 〘コンピュ〙シリアルポート, *serial port*
port souris 〘コンピュ〙マウスポート, *mouse port*
port universel USB 〘コンピュ〙USBポート, *USB (=Universal Serial Bus) port*
portage (d'un titre) 〘証〙（証券の）一時保有, *holding (of a stock) / trust*
portail vertical 特定分野特化ポータル, *vertical portal*
porte-containers / porte-conteneurs コンテナ船, *container ship*
porte-conteneur （鉄道の）コンテナ車, *container car*
porte-copie 〘コンピュ〙テキストホルダー, *copy holder*
porte de l'unité de disquette 〘コンピュ〙フロッピーディスク挿入口, *drive door*
porte de sélection ternaire 〘コンピュ〙3進セレクターゲート, *ternary selector gate*
porté deux mains 〘スポ〙（ペアスケートの）オーバーヘッドリフト, *overhead lift*
porte-écran pivotant 〘コンピュ〙回転式モニター台, *swivel monitor stand*
porte latérale coulissante （自動車の）スライドドア, *slide door*
porte-monnaie électronique 少額決済用ICカード
porte-monnaie électronique multiusages マルチ利用少額決済用ICカード：少額決済カードと乗車券として利用できるカードなど
porté un bras 〘スポ〙（ペアスケートの）ワンアームリフト, *one-arm lift*
portée ⟨RAP⟩ ロケット補助推進弾射程, *Rocket-Aided Projectile range*
portée visuelle de piste 滑走路視程, *runway visual range*
portefeuille cédé 〘保〙出再現在高
portefeuille de placement 〘証〙（市場リスクがあり保持期

間が不特定な)投資目的ポートフォリオ

portefeuille de transactions financières 〖証〗保持期間6カ月未満のポートフォリオ, *(general short-term) dealing portfolio*

portefeuille réplicatif 〖証〗複製ポートフォリオ：株価平均などをまねたポートフォリオ

portefeuille repris 〖保〗引受責任額

porteur d'actions nominatives 〖証〗記名株主, *registered stockholder*

porteur du flambeau 〖スポ〗聖火リレーランナー, *torch-bearer*

porteur génétique 〖バイオ〗遺伝子保因者, *genetic carrier*

porteuse monovoie 〖通〗SCPC：一つのチャンネルに対して一つの無線搬送周波数を割当てる方式, *single channel per carrier*

portique de sécurité (空港などの)金属探知ゲート

pose de tabulations 〖コンピュ〗タブ設定, *tabbing*

posemètre photo-électrique 露出計, *exposure meter*

position à découvert 〖オプ〗ネイキッドオプション：オプションの裏付けとなる原証券を持たないままのオプション, *naked position*

position à la baisse 〖証〗売持ち, *bear position*

position à la hausse 〖証〗買持ち, *bull position*

position acheteur 〖証〗買持ち, *long position*

position acheteur sur options d'achat 〖オプ〗コールの買い, *long call*

position acheteur sur options de vente 〖オプ〗プットの買い, *long put*

position courte 〖証〗ショートポジション, *short position*

position couverte / position de couverture 〖オプ〗カバードポジション, *covered position*

position de change 為替持高, *foreign exchange position*

position de liquidité 流動性状態, *liquidity position*

position de place 〖証〗(有価証券の)信用取引残高, *margin account position / market position*

position de trésorerie 〖金〗キャッシュポジション：正味資産総額に対する現金の割合を意味する正味当座資産, *cash position*

position déterminée selon le classement 〖スポ〗シード枠, *seeded position*

position dominante en matière de prix 〖経〗プライスリーダーシップ, *price leadership*

position du compte en banque 口座残高, *bank balance*

position du curseur 〖コンピュ〗カーソルポジション, *cursor*

position

position longue 〘証〙買持ち, *long position*

position nette 〘証〙持高, *net position*

position nette acheteuse autorisée 〘証〙買ポジション許容限度

position ouverte 〘証〙(国債の)建玉(たてぎょく)残高；未決済建玉, *position not closed*

position ouverte 〘証〙オープンポジション：買持ちまたは売持ちの状態で,価格変動による損失リスクのあるポジション, *open position*

position vendeur 〘証〙売持ち, *bear position*

position vendeur sur options d'achat 〘オプ〙ショートコール：コールオプションを売ったために商品を売る義務がある状態にあること, *short call*

position vendeur sur options de vente 〘オプ〙ショートプット：プットオプションを売った結果,行使価格で商品を買う義務を負いかねない状態, *short put*

positionneur d'unité de disque 〘コンピュ〙アクチュエーター, *actuator*

positiver レベルアップする, *to level up*

possesseur de bonne foi 〘法〙善意の占有者, *bona fide holder*

possibilités commerciales 商機, *sales possibilities*

possibilités d'avancement 昇進可能性, *promotion chances*

possibilités de placement 投資機会, *investment opportunities*

possibilité de prêt permanent 〘金〙継続的信用供与枠, *evergreen facility*

possibilité de trouver un financement 融資入手可能性, *access to financing*

possibilités d'emploi 雇用機会, *job opportunities*

possibilités d'extension 拡張性, *expandability*

possibilités fiscales d'amortissement accéléré 加速償却承認制, *accelerated capital cost allowance program*

possibilités locales d'absorption (穀物などの)ローカル需要, *local demand*

post-acheminement 主要飛行場からの移送, *transfer from main airport*

post-fordisme ポストフォード主義：大量生産システムから多品種少量生産への転換, *post-Fordism*

post-keynésien 〘経〙後期ケインズ派の, *post-Keynesian*

post-marché 〘証〙バックオフィス, *back office*

⟨**post-op**⟩ 性転換手術を受けた人, ⟨*post-op*⟩

post-pet 〖コンピュ〗(コンピュータゲームの一種)Eメール担当ペット, *post-pet*

post-smithsonien 〖経〗スミソニアン合意後の, *post-Smithsonian*

post-taylorisme ポストテーラリズム：科学的経営管理の行詰まりの脱却を図る新手法, *post-Taylorism*

postcommunisme ポスト共産主義：旧共産党系を引継いだ政治勢力, *postcommunism*

⟨**la Poste**⟩ ラ・ポスト：1991年に郵政省が郵便・貯蓄部門と電気通信部門に分離され, 前者がラ・ポスト後者がフランステレコムという公共企業体に変身, *French Post Office*

poste à déduire 控除項目, *item to be not included*

poste à quai pour porte-containers コンテナ船専用停泊地, *container berth*

poste correctif 匡正(きょうせい)項目, *item of correction*

poste d'ajustement 調整項目, *balance item*

poste de bilan 貸借対照表項目, *balance sheet item*

poste de commande centralisée 列車集中制御装置, *centralized traffic control*

poste de commandement (鉄道の)地区管理所, *control center*

poste de données prêt 〖コンピュ〗データセットレディー, *data set ready*

poste de travail 〖コンピュ〗ワークステーション, *work station*

poste d'essence libre-service セルフサービス給油所, *self-service petrol station*

postes du livre-journal 仕訳帳項目, *journal entry*

poste extraordinaire (予算の)特別項目, *below the line item (budget)*

poste frontière 税関吏詰め所, *customs entry point*

poste hors bilan 〖会〗オフバランス項目, *off-balance sheet item*

poste ordinaire 通常勘定項目, *above the line item*

poste restreint (貿易の)制限品目, *restricted item*

postéclair ポストクレール：電子郵便サービス

postexpress ポステクスプレス：超特急郵便

postulats comptables 会計公準, *accounting postulates*

pot d'échappement à conversion catalytique (自動車の)触媒装置付きマフラー, *catalytic converter muffler*

potamophobie 河恐怖症, *potamophobia*

potentiel de bénéfice 収益力, *capacity to earn profit*

potentiel de croissance 成長潜在力, *growth potential*

potentiel de production 生産能力, *productive capacity*
potentiel d'hydrogène pH(ペーハー); 水素イオン濃度, *hydrogen-ion concentration*
potentiel hydrogène 水素イオン指数, *hydrogen ion exponent*
potophobie 飲酒恐怖症, *potophobia*
〈**pottermaniaque**〉 ハリー・ポッター狂, *Pottermaniac*
pouces par seconde 毎秒当たりインチ数, *inches per second*
poudrière de l'Europe 〚言換〛(欧州の火薬庫)バルカン諸国, *powder magazine of Europe (Balkan States)*
pourcentage annuel moyen de variation 年平均変動率, *average annual percentage change*
pourcentage d'accroissement 増加率, *percentage increase*
pourcentage de chômage 失業率, *percentage of unemployment*
pourcentage de couverture 準備率, *margin requirements*
pourcentage de couverture requise (銀行の)所用準備率, *reserve requirements ratio*
pourcentage de garantie 保証率, *percentage of cover*
pourcentage d'encaisse 現金比率, *cash ratio*
pourcentage des frais généraux 経費率, *expense ratio*
pourriel 迷惑メール, *unsolicited mail*
poursuite télémesure et télécommande 遠隔測定・操作追跡, *tracking telemetry and command*
poussée des coûts 〚経〛コストプッシュ, *cost push*
poussée des coûts salariaux sur les prix 物価に対する賃金費用の圧力, *wage cost push on price*
poussée des importations 輸入の急増, *sharp increase of imported goods*
poussée massive 〚経〛加速力走
poussée récessionniste 不景気風, *contractionary pressure*
poussière de maison ハウスダスト, *house dust*
pouvoir calorifique supérieur (暖房の)総発熱量, *gross calorific value*
pouvoir constituant 〚法〛憲法制定権力
pouvoir d'achat en réserve 浮動購買力, *floating purchasing power*
pouvoir d'achat réel 実質購買力, *actual purchasing power*
pouvoir de négociation 交渉力, *bargaining power*

pouvoir libératoire (de la monnaie) （貨幣の）強制通用力

pouvoir périphérique 〚仏〛周辺権力：名士による地方の実権把握現象

pouvoirs réglementaires 〚法〛命令制定権, *regulatory powers*

practice ゴルフ練習場, *driving range*

praticien libéral 開業医, *practitioner*

pratiques anticoncurrentielles 競争抑止的慣行, *anti-competitive practices*

pratiques commerciales répréhensibles 好ましからざる商慣行, *undesirable marketing practices*

pratiques commerciales restrictives 制限的商慣行；取引制限行為, *restrictive business practices*

pratiques comptables 会計実務, *accounting practices*

pratiques déloyales portant atteinte au droit des travailleurs 〚法〛不当労働行為, *unfair labor practice*

pré-conditionné / pré-emballé （生鮮食料品などが）事前包装の, *prepackaged*

〈**pre-op**〉 性転換手術希望者, 〈*pre-op*〉

préavis d'attaque nucléaire 核攻撃の予告, *nuclear strike warning*

précarité de l'emploi 雇用の不安定性, *precariousness of the employment*

précision étendue 〚コンピュ〛拡張精度, *extended precision*

précision multiple 〚コンピュ〛多倍精度, *multiple precision*

précompte （社会保険料の）控除, *deduction in advance*

précompte professionnel （ベルギーの）給与税, *income tax on wages*

prédateur 会社乗っ取り屋；レイダー, *raider*

prédécollage （経済的）テイクオフ準備段階

préférence communautaire （欧州共同体の）域内産品優先調達主義, *community preference (EC)*

préférences des consommateurs 消費者性向, *consumer preferences*

préférences généralisées 一般特恵, *generalized preferences*

préférence inverse 逆特恵：途上国が特定の先進国からの輸入を関税上優遇する特恵, *inverse preference*

préférence marquée pour la liquidité 流動性選好, *liquidity preference*

préférence pour le dollar ドル選好, *dollar preference*

préformation professionnelle 就職向け訓練, *vocational*

preparation

préjudice esthétique　美的損害：肉体の美形の侵害
préjudice moral　精神的損害
prélèvement à la source　源泉徴収, *withholdment*
prélèvement agricole　(欧州共同体の)農業課徴金, *agricultural levy (EC)*
prélèvement automatique (effectué le 8 de chaque mois)　(毎月8日の)自動引落し, *direct debit*
prélèvement de co-responsabilité　(欧州共通農業政策の)共同責任課徴金, *co-responsibility levy*
prélèvement de la cotisation syndicale　チェックオフ：給料からの労働組合費の天引, *checkoff*
prélèvement d'impôt　徴税, *tax levy*
prélèvement du dividende sur le capital　資本金からの配当支払い, *payment of dividend out of capital*
prélèvement énergétique　(国内総生産に対する)エネルギー比率
prélèvement envers les pays tiers　(欧州共同体の)域外からの輸入品に対する課徴金, *levy on imports from non-member countries (EC)*
prélèvement forfaitaire libératoire　(財産証券の所得の)一括源泉徴収, *tax taken from interest or dividends before they are paid*
prélèvements obligatoires　国民負担：税と社会保障負担, *obligatory levies*
prélèvements sociaux élargis　社会保障向け拡大税：Jospin首相が一般社会保障負担税への上乗せとして導入した2％の税
prélèvement sur le capital　資本課税, *capital levy*
premier co-premier ministre　(カンボジアの)第一首相
premiers cours cotés　〖証〗寄付き値段, *opening price*
premier dividende　基本配当；定款に定められた配当, *first dividend*
premier entré, premier sorti　先入先出法, *first-in first-out method*
premier guichet　(一次産品共通基金の)第一の窓, *First Window*
premier versement　頭金, *down payment*
première conférence internationale de Tokyo sur le développement de l'Afrique　(1993年東京での)第一回アフリカ開発会議, *First Tokyo International Conference on African Development*
première émission publique　〖証〗新規公募, *initial pub-*

lic offering
première enfance 乳児期, *early childhood*
première estimation (統計値などの)速報, *first estimation*
première manche 〚スポ〛(滑走競技の)一本目, *first run*
première société du genre 業界のリーダー企業, *leading company in the field*
première tranche de crédit (国際通貨基金の)第一クレジットトランシュ, *first credit tranche (IMF)*
preneur d'assurance 保険契約者, *policy holder*
preneur de prix 〚経〛プライステイカー, *price taker*
preneur de réassurance 再保険契約者, *ceding company*
preneur de risque 危険負担者, *risk-taker*
préparation au décollage (経済的)テイクオフ準備段階, *precondition of takeoff*
préparation d'un plan de développement à long terme pour le secteur spécifié 特定分野のための長期開発計画の作成, *preparation of a long-term development plan for specific field*
préparation d'un plan de développement intégral 総合開発計画の策定, *preparation of an integrated development plan*
présentateur-réalisateur / présentateur vedette (報道番組の)アンカーマン, *anchorman*
présentation artistique 〚スポ〛(フィギュアスケートの)アーティスティックインプレッション, *artistic impression*
présentation de l'identification de la ligne appelante 発信者番号表示, *calling line identification display*
présentation par la tête / présentation céphalique / présentation par le sommet (胎位について)頭位, *head presentation*
présentation par le siège / présentation par les pieds / présentation pelvienne 臀位:分娩時に胎児の臀部が先進する胎位で骨盤位ともいう, *breech presentation*
présentation par l'épaule / présentation transversale (胎位について)肩位, *transversal presentation*
présentatrice-réalisatrice / présentatrice vedette (報道番組の)アンカーウーマン, *anchorwoman*
présentoir publicitaire ショーケース, *show case*
préservation de l'environnement 環境保全, *environmental protection*
préservation du caractère confidentiel des données relatives aux sites faisant l'objet d'une demande dans les grands fonds marins 深海底申請区域に関す

る資料の秘密保持, *preservation of the confidentiality of data concerning the application areas of the deep sea-bed*

préservation du milieu marin 海洋環境の保全, *preservation of marine environment*

présidence du Conseil des ministres (欧州共同体の)理事会議長国, *presidency of the Council of Ministers (EC)*

président de la Commission de réforme du système bancaire 〖日〗金融再生委員長, *Chairman of the Financial Reconstruction Commission*

président du conseil d'administration 取締役会会長, *chairman of the board*

président du conseil de surveillance 監査役会会長, *chairman of board of trustees*

président du conseil régional 地域圏議会議長；地域圏知事, *president of regional council*

président du directoire (改正会社法の)社長, *chairman of board of directors*

président élu (当選が確定した)次期大統領, *president-elect*

presse de charme ソフトマガジン, *soft magazines*

presse-papiers 〖コンピュ〗クリップボード, *clipboard*

pression de la demande 需要牽引, *demand pull*

pression fiscale 租税負担, *burden of taxation*

pressographe (クレジットカードの)インプリンター, *credit card machine*

pressothérapie 下肢排液法；膨らむブーツによる療法

prestataire officiel 〖スポ〗オフィシャルサポーター, *official supporter*

prestation de service bancaire 銀行のサービス料, *bank service charge*

prestations forfaitaires 〖保〗一括給付

prestations informatiques コンピュータサービス, *computer service*

prestation spécifique dépendante 〖法〗要介護高齢者特別給付：60才以上の貧しい老人向けで2002年に要介護高齢者手当と名称変更

prêt à base d'un projet 〖ODA〗プロジェクト借款, *project loan*

prêt à conditions rigoureuses ハードローン, *hard loan*

prêt à découvert 当座貸越し, *overdraft loan*

prêt à deux étapes ツーステップローン, *two-step-loan*

prêt à diffuser (レコードなどの)原盤の, *master*

prêt à échéance fixe 定期貸付け, *time loan*

prêt à jour 日歩貸付け, *day to day loan*

prêt à la grosse (aventure) 船舶担保冒険貸借, *bottomry loan*

prêt à la production 生産貸付け, *production loan*

prêt à l'emploi すぐに使える, *ready to use*

prêt à l'envoi 発送準備が整った, *ready for dispatch*

prêt à l'extérieur 対外貸付け, *overseas loan*

prêt à l'habitat 住宅ローン；建設ローン；住宅融資, *housing loan*

prêt-à-manger ファーストフード, *fast food*

prêt à remboursements échelonnés 分割払い貸付け, *installment loan*

prêt à retour de voyage 〖保〗船舶担保冒険貸借, *bottomry loan*

prêt à taux d'intérêt variable 変動金利貸付け, *floating rate loan*

prêt à terme / prêt à moyen ou à long terme 〖金〗タームローン：期間1-10年程度の担保付きまたは無担保の事業融資, *term loan*

prêt aidé d'accession à la propriété 住宅取得援助ローン, *home acquisition or improvement loan*

prêt assorti de conditions libérales 〖ODA〗ソフトローン, *soft loan*

prêt au jour le jour 〖金〗コールローン；当座貸し, *call loan*

prêt aux entreprises privées engagées dans des projets de développement 〖ODA〗ODA の一般案件

prêt avalisé 抵当貸付け, *backed loan*

prêt bancaire バンクローン, *bank loan*

prêts bancaires consortiaux 国際シンジケートローン, *internationally syndicated banks loan*

prêt bancaire syndiqué シンジケートローン, *syndicated loan*

prêt bilatéral // prêts bilatéraux 〖ODA〗二国間借款, *bilateral loan*

prêts bilatéraux d'aide publique au développement 〖ODA〗ODA 二国間貸付け, *bilateral ODA loans*

prêt bonifié 優遇金利の貸付け, *loan with interest-rate subsidy*

prêt capitalisé à l'échéance 〖金〗金利支払いローン：満期まで定期的に金利のみを支払う形でのローン, *interest-only loan*

prêt concessionnel 〖ODA〗ソフトローン, *soft loan*

prêt conditionnel 〖金〗スタンドバイクレジット：銀行が借手に対して必要な場合に一定金額を融資すると約束すること, *standby loan*

prêt consortial 〚金〛シンジケートローン：複数の銀行が協調融資団を結成し，協調して行うローン，*syndicated loan*

prêt conventionné （助成金による）低利貸付け；協約ローン，*subsidized loan*

prêt d'argent au jour le jour 当座貸し，*day-to-day money loan*

prêt de faveur 〚ODA〛ソフトローン，*soft loan*

prêt direct aux gouvernements étrangers dans le cadre de l'aide publique au développement 〚ODA〛ＯＤＡの直接借款

prêt en devises aux entreprises japonaises 〚金〛インパクトローン：使途を規制されていない借款，*impact loan*

prêt en réserve 〚金〛パイプラインローン，*pipeline loan*

prêt en yen 〚ODA〛円借款，*yen loan*

prêts et avances 長短期貸付け，*short and long-term loans*

prêts et investissements à l'étranger 海外投融資，*overseas loan and investment*

prêt garanti par l'Etat 〚金〛ソブリンローン：政府や政府機関に対するシンジケートローン，*sovereign loan*

prêt global 〚金〛ホールローン，*whole loan*

prêt gouvernemental bilatéral 〚ODA〛二国間政府貸付け，*bilateral official loan*

prêt gratuit 無利息貸付け，*interest-free loan*

prêt hypothécaire 担保貸付け；抵当貸付け，*mortgage loan*

prêt hypothécaire à taux réglable 変動金利モーゲージ，*adjustable rate mortgage*

prêt hypothécaire à taux révisable 金利調整可能住宅抵当貸付け，*adjustable rate mortgage*

prêt hypothécaire classique コンベンショナルモーゲージ，*conventional mortgage*

prêt hypothécaire résidentiel 担保付き住宅ローン，*residential mortgage*

prêt immobilier 不動産貸付け，*real estate loan*

prêt inter-bibliothèques 図書館相互貸出し，*interlibrary loans*

prêt interbancaire 銀行間貸付け，*interbank loan*

prêt interne 〚金〛ソフトローン，*soft loan*

prêt lié 紐付き融資，*tied loan*

prêt mixte 〚金〛（住宅ローンにおける）ミックスドローン，*mixed loan*

prêt non privilégié 劣後ローン，*subordinated loan*

prêt non-productif 不履行融資，*non-performing loan*

prêt non remboursé 貸倒れ，*defaulted loan*

prêt participatif 参加貸付け:資本参加と長期貸付けの中間形態, *equity financing / participation certificate*
prêt personnel 個人融資, *personal loan*
prêt-relais つなぎ融資, *relief loan*
prêt relatif à l'environnement 環境関連ローン, *environment-related loan*
prêt remboursable in fine 満期一括返済ローン, *bullet loan*
prêt sans garantie 無担保貸付け, *unsecured loan*
prêts sans intérêts à l'Etat 無利子貸上げ, *no-interest loan to the State*
prêt sans recours 焦付き債権, *nonrecourse loan*
prêt spécial immédiat 即時特別貸付け, *immediate special loan*
prêt sur hypothèque 抵当貸付け, *mortgage loan*
prêt sur immeubles 不動産貸付け, *real estate loans*
prêt sur nantissement 担保貸付け, *collateral loan*
prêt sur nantissement des marchandises 商品見返り貸付け, *loan secured by commodities as collateral*
prêt sur police 〖保〗保険証券担保貸付け, *policy loan*
prêt sur titres 〖証〗証券貸付け, *loan on stock*
prêteur en dernier ressort 最後の拠所となる貸手:中央銀行, *lender of the last resort*
prévention des catastrophes 災害予防, *disaster prevention*
prévention des pollutions et nuisances 公害防止, *pollution prevention*
prévision à court terme 短期予測, *short-term forecast*
prévision budgétaire 予算見積り, *budget forecasting*
prévisions de dépenses et recettes 支出・収入予測, *forecasts of expenditure and revenue*
prévision de la demande 需要予測, *demand forecast*
prévision de trésorerie 収支予測, *cash forecast*
prévision des besoins en main-d'œuvre 労働力需要予想, *manpower forecast*
prévision des dépenses d'investissement 資本予算, *capital budgeting*
prévision des ventes 販売予測, *sales forecast*
prévision du marché 市場予測, *market forecast*
prévisions économiques 経済予測;経済見通し, *business forecasting*
prévision optimiste 楽観的見通し, *optimistic forecast*
prévisionniste 経済予想家, *forecaster*

prévoyance pour la vieillesse 老後に対する準備, *precaution for old-age*
prime à l'exportation 輸出奨励金；輸出補助金, *export bonus*
prime à l'investissement 投資控除, *investment allowance*
prime absorbée / prime acquise 経過保険料, *earned premium*
prime annuelle 年払い保険料, *annual premium*
prime Balladur （10年以上保有の古い車の廃棄を条件とした）新車購入促進助成金, *Balladur Premium*
prime brute 総保険料, *gross premium*
prime commerciale / prime chargée 営業保険料, *office premium*
prime complémentaire 追加保険料, *extra premium of insurance*
prime constante 平準保険料, *level premium*
prime de chargement 割増保険料, *extra premium of insurance*
prime de conversion 〖証〗転換プレミアム, *conversion premium*
prime de fin d'année 年末手当, *year-end bonus*
prime de fusion 合併差益, *profit from amalgamation*
prime de l'option d'achat 〖オプ〗コールオプションプレミアム：コールオプションの買手が売手に払う代価, *call option premium*
prime de l'option de vente 〖オプ〗プットオプションプレミアム：プットオプションを購入する時に支払うオプション料, *put option premium*
prime de panier 食事手当, *meal allowances*
prime de portefeuille 未経過保険料, *unearned premium*
prime de précarité 危険手当, *risk allowance*
prime de quantité 数量割引, *quantity discount*
prime de réassurance 再保険料, *reinsurance premium*
prime de recrutement 〖経〗ゴールデンハロー：引き抜いた社員の入社に際して支払う高額の支度金, *golden hello*
prime de remboursement (des obligations) 〖証〗（社債）償還差益；償還割増金, *redemption premium (of debentures)*
prime de rendement 能率手当, *merit bonus*
prime de renouvellement 継続保険料, *renewal premium*
prime de risque リスクプレミアム, *risk premium*
prime de risque-inflation インフレプレミアム, *inflation*

premium
primes de salaire 能率給, *wage incentives*
prime de sauvetage 海難救助料金, *salvage money*
prime de terme 定期保険料, *term premium*
prime de transfert (人気者などの)引抜き料
prime d'émission 〖証〗発行プレミアム；発行差金；額面超過額, *issue premium*
prime d'encouragement 功労賞与, *merit bonus*
prime d'épargne 貯蓄保険料, *investment portion of the premium*
prime d'incitation au travail 奨励特別手当, *incentive bonus*
prime directe / prime dont 〖オプ〗買いオプション, *buyer's option*
prime d'objectif 奨励金, *bounty*
prime échue mais non recouvrée 未収保険料, *outstanding premiums*
prime encaissée 収入保険料, *earned premium*
prime fixe 確定保険料, *fixed premium*
prime forfaitaire 定額保険料, *fixed premium*
prime fractionnée 分割払い保険料, *true installment premium*
prime naturelle 自然保険料, *natural premium*
prime nette 純保険料, *net premium*
prime nivelée 平準保険料, *level premium*
prime non acquise 未経過保険料, *unearned premium*
primes non amorties 償却されていないプレミアム, *unamortized premiums*
prime ou 〖オプ〗売りオプション, *seller's option*
prime pure 純保険料, *net premium*
prime régionale à l'emploi 雇用促進地方補助金, *regional employment-promoting subsidy*
prime supplémentaire d'assurance 割増保険料, *extra premium of insurance*
prime sur actions 〖証〗(株の)額面超過額, *premium on stocks*
prime totale 総保険料, *total premium*
prime unique 一時払い保険料, *single premium*
prime variable 変額保険料, *variable premium*
primo-entrant 新卒者, *new entrant on the labor market*
primo-insertion au marché du travail 新卒者の労働市場参入, *new entry*
primus inter pares 〖羅〗同輩中の第一人者, *primus inter*

pares

principal et intérêt 元利, *capital and interest*

principaux indicateurs économiques 主要経済指標, *main economic indicators*

principaux partenaires commerciaux 主要取引先, *main trading partners*

principaux pays fournisseurs 主要供給国, *principal supplier countries*

principes comptables généralement admis 一般に認められた会計原則, *generally accepted accounting principles*

principe d'accélération 〚経〛加速度原理, *principle of acceleration*

principes de Bâle pour la surveillance efficace des banques 有効な銀行監督のためのバーゼル原則, *Basel Core Principles for Effective Banking Supervision*

principe de circulation 通貨主義, *currency principle*

principe de commerce organisé 管理貿易主義, *managed trade principle*

principe de compensation (N. Kaldorの)補償原理, *compensation principle*

principe de différenciation 段差適用の原則, *principle of differentiation*

principes de droit international sur les personnes déplacées à l'intérieur du territoire 国内避難民に関する国際法原則, *International Law Principles on Internally Deplaced Persons*

principe de la capacité contributive (税の)応能原則, *ability to pay principle*

principe de la continuité de l'exploitation 継続企業の原則, *going concern principle*

principe de la fixité du capital 資本確定の原則, *principle of fixity of the capital*

principe de l'indépendance mutuelle des parties (取引の)対等原則, *arm's length principle*

principe de l'unicité de cotation 〚証〛(フランス各地に証券取引所があった時代の)一銘柄一取引所主義

principe de non-compensation 非相殺性の原則, *principle of non-compensation*

principe de prudence 慎重な管理者準則, *prudent man rule*

principe de rattachement à l'exercice 〚会〛発生主義の原則, *accrual principle*

principe de réciprocité 相互主義, *principle of reciprocity*

principe de responsabilité financière du responsable de la pollution 汚染者負担の原則, *polluter pays principle*

principe de subsidiarité (欧州共同体の)補完性の原則, *subsidiarity principle (EC)*

principe d'échanges multilatéraux 多国間の相互自由貿易(主義), *multilateralism*

principe d'efficacité économique 経済効率原則, *economic efficiency principle*

principe des frais engagés フルコスト原理, *full-cost principle*

principes directeurs à l'intention des entreprises multinationales (経済協力開発機構の)多国籍企業ガイドライン, *Guidelines for multinational enterprises (OECD)*

principe du coût total フルコスト原理, *full-cost principle*

principe du nominalisme 名目主義の原則, *principle of nominalism*

principe du prix de pleine concurrence 独立企業間価格原則, *arm's length principle*

principe marginal 限界原理, *marginal principle*

principe monoannuel du budget 予算の単年度主義, *authorization of the government budget on a single year basis*

principe multiplicateur 〖経〗乗数原理, *multiplier principle*

prion (狂牛病の感染源とされる蛋白質)プリオン, *prion*

priorité de perte de cellule セル損失優先表示:非同期伝送モードにおけるセル損失の優先度, *cell loss priority*

priorité d'interruption 〖コンピュ〗割込優先, *interrupt priority*

prise de bénéfices 〖証〗利食い, *profit-taking*

prise de carre 〖スポ〗(スケートの)エッジング, *edging*

prise de casque ヘッドフォン用ジャック, *headphone jack*

prise de conscience écologiste グリーニング:蘇生, *greening*

prise de contrôle adossée 〖証〗LBO:テコ入れ買収, *leveraged buyout*

prise de contrôle amicale 友好的買収, *friendly takeover*

prise de contrôle d'une société par la direction 〖証〗マネージメントバイアウト, *management buyout*

prise de décision デシジョンメーキング, *decision making*

prise de microphone マイクロフォン用ジャック, *microphone jack*

prise de participation 資本参加, *taking of participation*

prise en pension des obligations d'Etat 〖証〗国債現先取引, *sale and repurchase transaction of public bonds*
prise ferme 〖証〗確定引受, *firm underwriting*
prise maximale autorisée / prise totale autorisée 許容漁獲総量, *total allowable catch*
prise médiane （コイルの）中央タップ, *center tap*
prise Péritel / prise scart （フランスのペリテレビジョン規格21ピンの）ペリテルコネクター, *Peritel connector*
privilèges fiscaux 税制優遇措置, *preferential tax treatment*
prix à débattre 交渉次第の価格, *price by arrangement*
prix à forfait 一括料金, *lump sum*
prix à quai 陸揚費込原価, *landed costs*
prix à raie verte 小口注文価格, *green stripe price*
prix à terme 最終価格, *terminal price*
prix Abel アーベル賞：2002年に創設された，ノルウェー科学文学アカデミーが優れた数学者に与える賞, *Abel Prize*
prix achat garanti hypothécairement 売買代金譲渡抵当, *purchase-money mortgage*
prix acheteur 入札価格, *bid price*
prix administrés 管理価格, *administered prices*
prix agricoles 農産物価格, *agricultural prices*
prix au pair 券面額, *par value*
prix auquel on est acheteur 買呼値, *bid*
prix avantageux 特価, *bargain price*
prix-choc バーゲン価格, *bargain price*
prix compris les charges 諸掛かり込み価格, *free at destination*
prix concurrentiels 競争価格, *competitive prices*
prix conseillé 希望小売価格, *suggested retail price*
prix constant 不変価格, *constant price*
prix contrôlé 釘付け値段, *pegged price*
prix courant 時価；市場価格, *current price*
prix coûtant 原価, *cost price*
prix d'achat 買付け価格, *purchase price*
prix d'adjudication minimal 最低落札価格
prix d'appel おとり価格；客寄せ価格, *loss leader*
prix de catalogue カタログ価格, *catalog price*
prix de cession interne 〖会〗内部振替価格：親会社と海外子会社などの取引に使用される価格, *internal transfer price*
prix de clôture 〖証〗終値, *closing price*
prix de compensation du marché 市場清算的価格, *market clearing price*

prix de départ 競売開始値段, *upset price*
prix de fabrique 工場渡し価格, *ex-factory price*
prix de facture 送状値段, *invoice price*
prix de gros 卸値, *wholesale price*
prix de la mise à jour 〖コンピュ〗バージョンアップ代, *version up fee*
prix de lancement 発売記念特価, *introductory price*
prix de levée 〖オプ〗行使価格；買取価格；契約価格, *strike price*
prix de levée de l'option d'achat 〖オプ〗コールオプション行使価格, *call exercise price*
prix de levée de l'option de vente 〖オプ〗プットオプション行使価格, *put exercise price*
prix de levée d'option global 〖オプ〗総行使価格：オプションの行使価格に取引枚数をかけたもの, *aggregate exercise price*
prix de l'heure de travail 時間当たり労働価格, *price per hour of labor*
prix de monopole 独占価格, *monopoly price*
prix de pleine concurrence 独立企業間価格, *arm's length price*
prix de rachat 〖証〗繰上償還価額, *call price*
prix de référence シャドープライス, *shadow prices*
prix de revente 〖オプ〗プット価格, *put price*
prix de revient 原価, *cost price*
prix de seuil （欧州共同体の）境界価格, *threshold price (EC)*
prix de solde 割引価格, *bargain price*
prix de taux d'intérêt à terme 金利先物価格, *interest-rate futures price*
prix de transfert （スポーツ選手などの）移籍料, *transfer fee*
prix de transfert 移転価格, *transfer price*
prix de vente calculés en majorant les prix de revient マークアップ価格付け(方式), *mark-up principle*
prix de vente conseillé メーカー希望価格, *manufacturer's recommended price*
prix de vente dans l'ensemble 突込み値段, *all-round price*
prix de vente imposé 再販価格維持, *resale price maintenance*
prix décerné par plaisanterie à l'avant-dernier ブービー賞：ゴルフなどで最後から2番目の競技者に与えられる賞, *booby prize*
prix défiant toute concurrence 破格値, *absurdly small*

price

prix demandé 〖証〗売呼値, *asked price*
prix d'émission 〖証〗発行価格, *issue price*
prix départ usine 工場出荷価格, *ex-factory price*
prix d'équilibre 均衡価格, *equilibrium price*
prix d'équilibre du marché 均衡市場価格, *equilibrium market price*
prix d'équilibre général 一般均衡価格, *general equilibrium cost*
prix des offres 〖証〗売指値(さしね), *selling limit*
prix d'exercice 〖オプ〗行使価格；契約価格；買取価格, *exercise price*
prix différentiel 差別価格, *differential price*
prix d'intervention 介入価格；トリガー価格, *intervention price*
prix directeur 〖経〗プライスリーダー, *price leader*
prix d'offre 供給価格, *supply price*
prix d'option 〖オプ〗オプション料, *option premium*
prix d'option d'achat 〖オプ〗コールプレミアム：コールオプションの買手が売手に払う代価, *call premium*
prix d'option de vente 〖オプ〗プットプレミアム：プットオプションを購入する時に支払うオプション料, *put premium*
prix duaux 潜在価格；シャドープライス, *shadow prices*
prix élastiques 伸縮的価格, *flexible prices*
prix en vigueur 現行価格, *going price*
prix équitable 公正価格, *fair price*
prix excessif ファンシープライス：供給不足による掛値, *fancy price*
prix extérieurs américains アメリカ市場価格, *American selling price*
prix fictifs 擬制価格, *fictitious prices*
prix fixe 定価, *fixed price*
prix fixé d'avance 前もって決められている価格, *price fixed in advance*
prix flexibles 屈伸的な物価, *flexible prices*
prix forfaitaire 一括料金, *lump sum*
prix fort 定価, *full price*
prix fou 法外な値段, *exorbitant price*
prix gâchette トリガー価格, *trigger price*
prix hors taxes 税抜き価格, *duty-free price*
prix imbattable 超特価, *rock bottom price*
prix implicites シャドープライス, *shadow prices*
prix imposés 管理価格, *administered prices*

prix inabordable 高すぎる価格, *prohibitive price*
prix indicatif 指標価格, *target price*
prix industriels 工業製品価格, *industrial prices*
prix inéquitable 不当価格, *unreasonable price*
prix intérieur courant dans le pays d'origine 原産国における現行国内売買価格, *current domestic value in the country of origine*
prix le plus bas 最安値, *lowest price*
prix le plus élevé 最高値, *highest price*
prix légal 法定価格, *legal price*
prix libellé en dollars ドル表示価格, *dollar price*
prix loco 現場渡し価格, *loco price*
prix majoré 割増価格, *premium price*
prix marqué 表示価格, *labeled price*
prix minimal d'achat 最低購入価格, *minimum purchase price*
prix moyen pondéré 加重平均価格, *weighted average price*
prix net 正価, *net price*
prix offert 〖証〗売呼値, *offer price*
prix offert et demandé 〖証〗(売り買い)両方向の呼値, *bid-asked price*
prix par équipe 団体賞, *team award*
prix plafond 〖証〗天井価格, *ceiling price*
prix plancher 〖証〗底値, *floor price*
prix pour petits ordres 〖経〗小口注文価格, *green stripe price*
prix pratiqué sur le marché mondial 国際市場価格, *world market price*
prix préfixé 予約価格, *prefixed price*
prix qui flambent / prix qui montent en flèche 急騰する物価, *rocketing prices*
prix-réclame 特価, *bargain price*
prix record 記録値, *peak price*
prix réduit 割引価格, *discount price*
prix réglementé 統制価格, *controlled price*
prix relatif 相対価格, *relative price*
prix sans écran 〖コンピュ〗(モニターなしの)本体価格, *price without monitor*
prix-seuil 境界価格:欧州連合の農作物最低価格, *threshold price*
prix standard 標準価格, *standard price*
prix témoin 参考価格, *reference price*
prix théorique 名目価格, *nominal price*

prix unique 単一価格, *single price*
prix unitaire (produit) 単価, *unit price*
prix vendeur オファープライス, *offer price*
prix virtuels シャドープライス, *shadow prices*
probité de l'entreprise 企業倫理, *corporate morality*
problématique homme-femme 〚ODA〛ジェンダー問題, *gender*
problème de correspondance de Post 〚コンピュ〛ポストの対応問題, *Post correspondence problem*
problème de totalisation 集計問題, *aggregation problem*
problème de transfert de capitaux （資本の）トランスファー問題, *transfer problem*
problème du 〈fil du rasoir〉 （ハロッドの成長モデルについて）ナイフの刃問題, *knife-edge problem*
problèmes écologiques 環境問題, *ecological problems / environmental problems*
problèmes horizontaux （欧州共同体の）全加盟国関連問題, *across-the-board problems (EC)*
problème Nord-Sud 南北問題：南半球と北半球の格差の問題, *North-South Problem*
procédé de couverture 〚金〛ヘッジング：掛けつなぎ取引, *hedging*
procédé de dépôt chimique en phase vapeur active au plasma プラズマ励起化学気相沈積法, *plasma-activated chemical vapor deposition*
procédure de commande de transmission synchrone 〚通〛同期式データリンク制御, *synchronous data link control*
procédure de coopération （欧州共同体の）協力手続, *co-operation procedure (EC)*
procédure de licence d'importation 輸入許可手続, *import licensing procedure*
procédure de redressement 追加税の査定, *assessment of additional tax due*
procédure d'entrée 〚コンピュ〛ログイン, *login*
procédure d'extrême urgence 非常緊急手続, *extremely urgent procedure*
procédure douanière 通関手続, *customs proceedings*
procédure normale 通常手続, *normal procedure*
procédure opérationnelle permanente （軍の）管理運用規定, *standing operating procedure*
procédure qui permet à la Maison Blanche de solliciter un vote bloqué sur toute nouvelle législa-

tion commerciale internationale ファーストトラック：米大統領が対外貿易交渉の結果の無修正一括承認を議会に求める権限, *fast track*

procès-verbal de carence 〚法〛無資産調書, *statement of non-disclosure*

processeur de données 〚コンピュ〛データプロセッサー, *data processor*

processeur de traitement des appels 〚コンピュ〛呼び処理プロセッサー, *call processor*

processeur de visualisation 〚コンピュ〛ビデオディスプレイプロセッサー, *video display processor*

processeur d'entrée/sortie 〚コンピュ〛入出力処理回路, *input/output processor*

processeur en tranches 〚コンピュ〛ビットスライスプロセッサー, *bit-slice processor*

processeur en virgule flottante 〚コンピュ〛浮動小数点プロセッサー, *floating-point processor*

processeur frontal 〚コンピュ〛フロントエンドプロセッサー, *front-end processor*

processeur vectoriel 〚コンピュ〛アレイプロセッサー, *array processor*

processus adaptatif 〚コンピュ〛適応プロセス, *adaptative process*

processus cumulatif 〚経〛(Wicksell の)累積過程, *cumulative process*

processus d'ajustement 調整過程, *adjustment process*

processus de décision 政策決定過程, *decision-making process*

processus de destruction-création 〚経〛スクラップ・アンド・ビルドプロセス, *scrap and build process*

processus de fabrication 製造過程, *manufacturing process*

processus économique 経済過程, *economic process*

processus stochastique 〚コンピュ〛確率過程, *stochastic process*

processus suspendu 〚コンピュ〛ブロック化過程, *blocked process*

proche de la qualité courrier 〚コンピュ〛中品質印字, *near letter quality*

procréation médicalement assistée 医学支援生殖, *medically aided procreation*

procuration autorisant le transfert d'actions 〚証〛株式譲渡委任状, *stock power*

procureur-assistant 副検事, *assistant public prosecutor*
procureur du Roi (ベルギーの)検察官, *district attorney*
procureur en premier de cour d'appel 控訴院検事長
procureur général de la Cour pénale internationale 国際刑事裁判所主任検察官, *chief prosecutor of the International Criminal Court*
procureur général près de la Cour de cassation 破毀院検事総長
procureurs généraux près des cours d'appel 控訴院検事, *public prosecutors in appeal courts*
procyclique 景気同調の;共変的, *procyclical*
producteur 保険代理店, *insurance broker*
producteur de pièces détachées 交換部品メーカー, *spare parts manufacturer*
productif d'intérêts 金利を生む, *interest-bearing*
production à domicile 自家製造, *home production*
production à la chaîne 流れ作業, *line production*
production à pleine capacité 能力生産量, *capacity output*
production assistée par ordinateur コンピュータ支援生産, *computer-aided production*
production au plus juste (かんばんに代表される)無駄なし生産, *just-in-time production*
production déficitaire 採算性のない生産, *uneconomical production*
production en continu 連続生産, *continuous production*
production en flux tendus / production dans les délais impartis / production JAT (=juste à temps) かんばん方式生産, *just-in-time production*
production en grande série / production en masse 大量生産, *mass production*
production en petites séries バッチ生産, *batch production*
production excédentaire 生産過剰, *overproduction*
production immobilisée 自家製造, *fixed assets produced for use by the company*
production indirecte 迂回生産, *roundabout production*
production intégrée par ordinateur コンピュータ統合生産, *computer-integrated manufacturing*
production intérieure 国内生産, *domestic production*
production journalière 日産;毎日の生産量, *daily production*
production journalière (映画の)ラッシュ, *ruches*

production nationale brute 国民総生産, *gross national product*
production nette 純生産高, *net output*
production nouvelle réalisée 〖保〗新契約
production optimale 最適産出量, *optimal output*
production par lot バッチ生産, *batch production*
production par travailleur 労働者一人当たり産出量, *output per man*
production stockée 製造在庫；棚卸高, *stocked production*
production unitaire 単一生産, *unitary production*
production vendue 製品売上げ, *production sold*
production vidéo légère （映像作品について）携帯電子機器使用の現場制作, *electronic field production*
productique 生産工学, *production engineering*
productique intégrée コンピュータ統合生産, *computer-integrated manufacturing*
productivité en valeur 価値生産性, *value productivity*
productivité marginale 限界生産性, *marginal productivity*
productivité marginale du capital 資本の限界生産性, *marginal productivity of capital*
productivité marginale du travail 労働の限界生産性, *marginal productivity of labor*
productivité marginale physique / productivité physique marginale 物的限界生産性, *marginal physical productivity*
produits à haute intensité de technologie 技術集約型製品, *technology-intensive products*
produits à recevoir 未収収益, *uncollected income*
produits accessoires 雑所得, *sundry income*
produit agricole organique 有機農産物, *organic agricultural product*
produit alimentaire industriel プロセスフード, *process food*
produit bas de gamme 普及品, *down-market product*
produits biologiques / produits bio 有機農産物；自然食品, *organic farm products*
produits blancs （白物石油の）軽油, *light oil*
produits blancs （無色の酒）スピリッツ類, *white goods*
produits blancs （冷蔵庫や洗濯機という白物の）大型家庭電化製品, *white goods*
produits bruns （ラジオ，ステレオなどブラウン物の）AV家庭電化製品, *brown goods*

produits bruns （ウィスキーなどの）褐色の酒, *brown goods*
produit brut 総収益, *gross income / gross cash flow*
produits bruts 天然製品, *crude goods*
produit cancérigène 発癌物質, *carcinogen*
produit cartésien （数学の）デカルト積, *Cartesian product*
produits complémentaires 補完財, *complementary goods*
produits concurrents / produits concurrentiels 競合製品, *competing products*
produits conditionnés パッケージ入り商品, *packaged goods*
produits conjoints 結合製品：石油とナフサのように製造過程で必然的に産出される製品
produits constatés d'avance / produits constatés par régulation 未収収益, *accrued income*
produits contenant de la dioxine ダイオキシン含有製品, *products which contain dioxin*
produits d'appel 目玉商品, *loss leader*
produits d'assurance indexée sur le cours des valeurs boursières 〚保〛エクイティリンク商品, *equity-linked insurance*
produits d'avitaillement 補給食料, *stores*
produits de base 基本農作物, *basic products*
produits de classe 一流品, *prestige products*
produits de consommation 消費物質, *consumer products*
produits de l'exercice 年度の収入, *income of the accounting year*
produit de l'impôt 租税収入, *yield of taxation*
produits de marque ブランド商品, *brand goods*
produit de placements à revenu fixe 確定利付商品, *fixed interest security*
produit de substitution 代替物, *substitution product*
produits de substitution des céréales 穀物代替産品, *substitute products of the cereal*
produit dérivé 金融派生商品, *derivative*
produit des ventes 販売収益, *sales revenue*
produits d'exploitation 営業収益, *operating income*
produit d'intérêts 利息所得, *interest income*
produit d'intermodulation 相互変調製品, *intermodulation product*
produit direct 〚コンピュ〛直積, *direct product*
produits divers 営業外収益, *other income*
produit dopant 〚スポ〛ドーピング剤, *drug*
produits d'origine tierce （欧州共同体の）域外産品, *products originating in a non-member country (EC)*

produit écologique 環境に優しい製品；エコプロダクト, *green product*

produits en cours (de fabrication) 仕掛り品, *work in process*

produits exceptionnels 特別収益；異常損益；臨時収益, *windfall gains*

produit fictif ou moins-values 含み損益, *paper profit or loss*

produit final 最終生産品；最終財, *end product*

produits financiers 投資所得；投資利益, *investment income*

produits finis 完成品；最終製品, *finished products*

produit générique ノーブランド商品, *generic product*

produits halieutiques 水産物, *fishery products*

produit haut de gamme 高級品；一級品, *upmarket product*

produits intérieurs 国内生産物；内国製品, *domestic products*

produit intérieur brut 国内総生産, *gross domestic product*

produit intérieur brut au coût des facteurs 要素費用表示の国内総生産, *gross domestic product at factor cost*

produit intérieur brut marchand 商品国内総生産, *commercial GDP*

produit intérieur brut non marchand 非商品国内総生産：官公庁サービス・教育・国防など

produit intérieur brut par habitant 人口一人当たり国内総生産, *per capita GDP*

produit intérieur net 国内純生産, *net domestic product*

produits laitiers biologiques バイオ乳製品, *organic dairy products*

produit leader 主力製品, *brand leader*

produit locomotive 人気商品, *star product*

produits manufacturés 加工品, *manufactured products*

produit national brut par tête 国民一人当たり国民総生産, *per capita gross national product*

produit national brut potentiel 潜在国民総生産, *potential GNP*

produit national net 国民純生産, *net national product*

produit national net au coût des facteurs 要素費用表示の国民純生産, *net national product at factor cost*

produits nets 純益, *net receipt*

produits nets bancaires 〚仏〛銀行の経常収支

produits noirs （黒物石油の）重油, *heavy oil*
produits nouveaux 新製品, *new products*
produits nutritionnels 〖風〗健康食品, *healthy foods*
produits ouvrés 完成品, *finished product*
produit PAC (= politique agricole commune) 共通農業政策産品, *CAP product*
produit perfectionné 高級機種, *top-of-the-range product*
produit phare 花形商品, *leading product*
produits phytochimiques 植物に含まれる化学物質, *phytochemicals*
produit principal 主力商品, *staple product*
produit-programme 〖コンピュ〗パッケージプログラム, *package program*
produits résiduels 仕損品, *rejected goods*
produits sanguins non-stérilisés 非加熱血液製剤, *non heat-treated blood derivatives*
produits semi-finis 半製品, *semi-finished product*
produits semi-ouvrés 半製品；製品原材料, *semi-manufactured goods*
produit social 国民所得, *national income*
produits socialement corrects （発展途上国の劣悪な労働条件を悪用せず）労働者基本権尊重の下で生産された製品
produits solidaires et éthiques （利回りの一部を社会福祉に回す）連帯倫理支援金融商品
produit standardisé 規格品, *standardized product*
produit substituable 代替財, *competing goods*
produits sur la cession des valeurs mobilières de placement 投資有価証券譲渡収益, *portfolio sale gain*
produit tiers （欧州共同体の）域外産品, *non-Community product (EC)*
produit vedette 人気商品, *popular product / star product*
produit vert 環境に優しい製品；エコプロダクト, *green product*
professeur principal 主任教員, *class teacher*
professeur vacataire 準教授, *adjunct professor*
profession boursière 証券業, *securities business*
profession de courtier en Bourse 証券仲買業, *stockbroking*
profil bas 低姿勢, *low profile*
profil de carrière 経歴紹介, *career profile*
profil de marché 〖経〗マーケットプロファイル, *market profile*
profil de poste 職務の概要, *job description*

profil haut 高姿勢, *high profile*
profil médical 医療記録, *medical history*
profil sismique vertical 垂直地震プロファイル, *vertical seismic profile*
profil temporel 時間経路, *time path*
profilage (犯罪捜査の)プロファイリング, *profiling*
profileur (犯罪捜査の)プロファイラー, *profiler*
profit anticipé 希望利益, *anticipated profit*
profit brut 現金収入, *cash earnings*
profit conjoncturel 好況利潤, *boom profit*
profit d'aubaine 意外の利潤, *windfall profit*
profit de monopole 独占利潤, *monopoly profit*
profit d'entreprise 企業利潤, *profit of enterprise*
profit d'innovateur 開拓者利潤, *pioneering profits*
profit en vente des immeubles 不動産売却益, *profit on sale of real estate*
profit escompté / profit espéré 希望利益, *anticipated profit*
profits et pertes d'exploitation 経常損益, *ordinary profit and loss*
profit exceptionnel 特別利益, *windfall profit*
profit exorbitant 暴利, *excessive profits*
profit faible 薄利, *small profits*
profit faussé 見せかけの利潤, *falsified profit*
profit habituel 経常利潤, *ordinary profit*
profit net 純利益；純利潤, *net profit*
profit non matérialisé 架空利益, *paper profit*
profit normal 正常利潤, *normal profit*
profit occasionnel 非経常利潤, *occasional profit*
profit prévisionnel 予想利益, *estimated profit*
profits réservés 留保利益, *reserved profit*
profit tiré d'un capital 資産売却差益, *capital gain*
profit unitaire (財・製品)一個当たり利益
profitabilité (Malinbaudの命名した)生産利益と長期金利の差, *profitability*
profondément en jeu 〖オプ〗ディープ・イン・ザ・マネー：オプションを行使したら大きな利益が出る状態, *deep in the money*
profondément hors jeu 〖オプ〗ディープ・アウトオブ・ザ・マネー：オプションを行使したら大きな損失が出る状態, *deep out of the money*
profondément structurel (問題が)根深い, *deep-rooted*
progiciel 〖コンピュ〗パッケージソフト, *package software*

progiciel intégré 〖コンピュ〗統合ソフトパッケージ, *integrated package software*

programmathèque 〖コンピュ〗プログラムライブラリー, *program library*

programmation d'ordinateur 〖コンピュ〗コンピュータプログラミング, *computer programming*

programmation génétique 遺伝的プログラミング, *genetic programming*

programmation linéaire 線形計画, *linear programming*

programmation par objets 〖コンピュ〗オブジェクト指向プログラミング, *object-oriented programming*

programmation simultanée 〖コンピュ〗コンカレントプログラミング, *concurrent programming*

programmation structurée 構造化プログラミング, *structured programming*

programme alimentaire mondial 世界食糧計画, *World Food Program*

programme budgétaire d'investissements et de prêts 〖日〗財政投融資計画, *Fiscal Investment and Loan Program*

programme cadre de recherche et de développement (欧州共同体の)研究開発基本計画, *research and development framework program (EC)*

programme communautaire 欧州共同体計画, *EC program*

programme court 〖スポ〗(フィギュアスケートの)ショートプログラム, *short program*

programme d'action des Nations unies pour le redressement économique et le développement de l'Afrique 国連アフリカ経済復興行動計画, *United Nations Program of Action for African Economic Recovery and Development*

programme d'actionnariat des salariés 従業員持株制度；自社株運用年金, *employee stock ownership plan*

programme d'aide aux familles nécessiteuses avec enfants à charge 扶養すべき子供のいる貧困家庭援助計画, *Aid to Families with Dependent Children*

programmes d'ajustements structurels (国際通貨基金の)構造調整計画, *structural adjustment programs (IMF)*

programme d'amorçage 〖コンピュ〗ブートプログラム, *boot program*

programme d'analyse 〖コンピュ〗追跡プログラム, *trace program*

programme d'application 〖コンピュ〗アプリケーションソフト, *application program*

programme d'auto-test 〖コンピュ〗自己診断プログラム, *self-test program*

programme de césure 〖コンピュ〗ハイフネーションプログラム, *hyphenation program*

programme de chargement initial 〖コンピュ〗初期プログラムローダ, *initial program loader*

programme de commande 〖コンピュ〗ドライバー, *driver*

programme de commande automatique 〖コンピュ〗自動プログラムツール, *automatic programming tool*

programme de contingentement (輸入)割当制度, *quota system*

programme de coopérations agricole et forestière 農林業協力事業, *Agricultural and Forestry Cooperation Program*

programme de coopération en matière de soins sanitaire et médical 保健医療協力事業, *Health and Medical Cooperation Program*

programme de dessin 〖コンピュ〗お絵描きソフト, *paint program*

programme de fidélité qui permet d'accumuler des points de vol (航空会社の)マイレッジサービス, *mileage service*

programme de gestion 〖コンピュ〗ドライバー, *driver*

programme de gouvernement 政府行動大綱, *government program*

programme de modernisation et d'équipement 近代化・設備計画, *modernization and equipment program*

programme de perfectionnement des cadres 管理職研修プログラム, *executive development program*

programme de performance 〖コンピュ〗ベンチマークプログラム, *benchmark program*

programme de traitement par lots 〖コンピュ〗バッチプログラム, *batch program*

programme de ventes systématiques à partir d'un cours limite 〖証〗損切り注文システム, *stop loss orders*

programme débogueur 〖コンピュ〗(ソフトの)デバッグ支援プログラム, *debug facility*

programme d'éditeurs de liens 〖コンピュ〗リンクプログラム, *link program*

programme d'édition 〖コンピュ〗エディター, *editor*

programme des Nations unies pour le contrôle

international des drogues 国連薬物統制計画, *United Nations Drug Control Program*

programme des Nations unies pour le développement 国連開発計画, *United Nations Development Program*

programme d'évaluation 〖コンピュ〗ベンチマークプログラム, *benchmark program*

programme d'installation 〖コンピュ〗インストールプログラム, *installation program*

programme d'interprétation 〖スポ〗(フィギュアスケートの)インタープレティブプログラム, *interpretive program*

programme d'ordinateur 〖コンピュ〗コンピュータプログラム, *computer program*

programme du quatrième point 〖経〗ポイントフォー計画, *Point Four*

programme d'un centre d'assistance technique 技術協力センター事業, *Technical Cooperation Center Program*

programme Ecodev エコデヴ計画:1997年5月開始の環境発展テクノロジーに関する研究

programme élargi d'assistance technique (国連)拡大技術援助計画, *Expanded Program of Technical Assistance (UN)*

programme en mode fenêtre 〖コンピュ〗ポップアッププログラム, *pop-up program*

programme en recouvrement 〖コンピュ〗オーバーレイプログラム, *overlay program*

programme FTP 〖コンピュ〗ファイル転送プログラム, *File Transfer Protocol Program*

programme Gallica (フランス国立図書館の)遠隔書籍閲覧プログラム

programme individuel de partenariat 個別協力計画

programme intégré des produits de base 一次産品総合計画, *Integrated Program for Commodities*

programmes intégrés études-travail 職業経験を兼ねた学習プログラム, *work experience programs*

programme intégré méditerranéen 地中海統合計画, *Integrated Mediterranean Program*

programme international d'évaluation des ressources en uranium 国際ウラン資源評価プログラム, *International Uranium Resources Evaluation Project*

programme machine 〖コンピュ〗コンピュータプログラム, *computer program*

programme mondial contre le sida エイズ撲滅世界計画, *Global Program on Aids*

programme mondial de l'emploi　世界雇用計画, *World Employment Program*

programme mondial de recherche sur le climat　世界気候研究計画, *World Climate Research Program*

programme national d'intérêt communautaire　欧州共同体利益国家計画, *national program of Community interest*

programme PALEN (= préparation à la limitation des essais nucléaires)　(核実験停止後の核爆発シミュレーション開発用の米仏協力)核実験制限準備計画

programme pilote　〖コンピュ〗ドライバー, *driver*

programme pluriannuel　複数年度計画, *multiannual program*

programme portable　複数タイプのコンピュータで使えるソフト, *portable program*

programme prioritaire d'exécution　優先実施プログラム, *priority execution program*

programme régional de développement et d'équipement　地域圏開発整備計画

programme résident　〖コンピュ〗常駐プログラム, *resident program*

programme satellitaire　衛星放送番組, *BS broadcasting program*

programme 〈Seine propre〉　「きれいなセーヌ川」計画：イル・ド・フランスの河川水質向上計画

programme sentinelle　〖コンピュ〗監視プログラム, *watchdog program*

programme social de relogement　住宅貸与社会計画

programme spécial pour la sécurité alimentaire　食品安全特別計画

programme spécifique pour le développement de l'agriculture portugaise　ポルトガル農業特別計画, *Program for the Development of Portuguese Agriculture*

programme spécifique pour le développement des industries portugaises　ポルトガル産業開発特別計画, *Program for the Development of Portuguese Industry*

programme subventionné　助成計画, *grant-aided scheme*

programme superviseur　〖コンピュ〗監視プログラム, *executive program*

programme système　〖コンピュ〗システムプログラム, *system program*

programme trading　〖証〗プログラムトレーディング：コンピュータのデータ分析プログラムによる機関投資家の大量取引, *program trading*

programme utilitaire 〖コンピュ〗ユーティリティープログラム, *utility program*

programmeur sur ordinateur 〖コンピュ〗コンピュータプログラマー, *computer programmer*

progrès génétique 〖バイオ〗遺伝的改良

progrès technique biaisé 偏向的技術進歩:情報科学の進歩などが非熟練労働者を置き去りにする現象, *biased technological progress*

progrès technique exogène 外生的技術進歩, *exogenous technical progress*

progrès technique induit 誘発的技術進歩, *induced technical progress*

progrès technique neutre 中立的技術進歩, *neutral technical progress*

progrès technologique 技術進歩, *technological progress*

progression consécutive 〖証〗続伸, *continued advance*

progression géométrique 指数型成長, *exponential growth*

progressivité des barèmes de l'impôt 税率の累進性, *progressive increase in tax scales*

prohibition d'entrée 輸入禁止, *import prohibition*

projectile à mitraille クラスター爆弾, *cluster bomb*

projectile laser-guidé / projectile vidéoguidé スマート爆弾, *smart bomb*

projections économiques 経済見通し, *economic projections*

projet CET (= construction-exploitation-transfert) 〖ODA〗(国際協力での)BOTプロジェクト;民活インフラプロジェクト, *build-operate-transfer project*

projet de contrat (契約の)ドラフト, *draft*

projet de loi de finances 予算案, *budget draft*

projet de loi de financement de la Sécurité sociale 社会保障資金調達法案

projet de norme internationale データ通信に関する国際規格案, *draft international standard*

projet de placement 〖証〗(証券への)投資計画, *investment project*

projet d'ensemble まとまりのある計画, *comprehensive project*

projet Madison マジソン計画:インターネットによる音楽の不正ダウンロード防止計画, *Madison Project*

projet Manhattan マンハッタン計画:米国の原爆開発計画, *Manhattan Project*

projet sérieux 優良プロジェクト, *sound project*

projet sur le génome humain 〖バイオ〗ヒトゲノム解析計画,

Human Genome Project

prolifération horizontale 核兵器の水平拡散:核保有国増加により核兵器総数が増加する現象, *horizontal proliferation*

prolifération verticale 核兵器の垂直拡散:核兵器の保有数が特定国のみで増加する現象, *vertical proliferation*

prolongation de contrat 契約更新, *extension of a contract*

prolongation de crédit 融資延長, *extension of credit*

prolongation d'échéance 満期延長, *extended terms*

promesse d'actions 約束株式, *promise of stocks*

promoteur de construction / promoteur immobilier 不動産ディベロッパー, *property developer*

promoteur de ventes 販売促進指導員, *sales promoter*

promotion à l'ancienneté 年功序列, *seniority system*

promotion au lieu de vente 店頭広告, *point of purchase advertising*

promotion des ventes 販売促進;セールスプロモーション, *sales promotion*

promotion sociale 社会的地位の向上, *social advancement*

promotion spéciale 特売, *special promotion*

pronostic conjoncturel 景気予測, *business forecasting*

propension à exporter 輸出性向, *propensity to export*

propension à importer 輸入性向, *propensity to import*

propension à investir 投資性向, *propensity to invest*

propension à thésauriser 保蔵性向, *propensity to hoard*

propension marginale à consommer 限界消費性向, *marginal propensity to consume*

propension marginale à épargner 限界貯蓄性向, *marginal propensity to save*

propension marginale à importer 限界輸入性向, *marginal propensity to import*

propension marginale à investir 限界投資性向, *marginal propensity to invest*

propension moyenne à consommer 平均消費性向, *average propensity to consume*

propension moyenne à dépenser 平均支出性向, *average propensity to spend*

propension moyenne à économiser / propension moyenne à épargner 平均貯蓄性向, *average propensity to save*

propension moyenne à exporter 平均輸出性向, *average propensity to export*

propension moyenne à importer 平均輸入性向, *average*

propensity to import

proportion marginale 限界比率, *marginal ratio*

proportionnalité de l'impôt 比例税率, *proportional tax rate*

proportionnalité de réserve 比例準備制, *proportional reserve system*

proportionnel à la valeur 従価の, *ad valorem*

proportionnel-intégral-dérivé (自動制御方式で)比例・積分・微分, *proportional-integral-derivative*

proposition concordataire / proposition de concordat 〖法〗強制和議の申立, *proposal for a composition*

proposition d'affectation du bénéfice 利益処分案, *proposal for appropriation of income*

proposition d'assurance 保険の申込み, *proposal of insurance*

proposition des dépenses (pour le budget national) (国家予算の)概算要求, *estimate budget request*

propre assurance 自家保険, *self insurance*

propre assureur 自家保険者, *self insurer*

propriétaire de police 〖保〗証券所持人, *policy owner*

propriétaire exploitant 自作農, *farmer who owns and operates his own farm*

propriétaire foncier / propriétaire terrien 地主；土地保有者, *landlord*

propriétaire indivis 共同所有者；共有者, *joint owners*

propriétaire occupant (建物の)居住所有者, *owner-occupier*

propriété absolue 〖法〗完全所有権, *outright ownership*

propriété allégée / propriété-loisirs / propriété-vacances (リース契約が一定期間後所有権に転換する)転換型会員制リゾートマンション, *timeshare taken on a lease basis converting to ownership after a certain period*

proratisation 時間対応決定方式：次々と転職した者の各種老齢保険を調整する際の計算方法

prorogation de jouissance (賃借人に認められる)使用権の延長

prorogation d'échéance 返済期限の延長, *extension of due date*

prorogation des délais 期限の延期, *extension of time limits*

prorogation d'une traite 手形支払期限延長, *extension of a bill*

prosommateur プロシューマー：創造志向の強い消費者,

prosumer
prospect 潜在顧客, *prospective customer*
prospecteur 市場調査機関, *canvasser*
prospection préalable 試掘, *prospecting*
prospection publicitaire par la poste ダイレクトメール広告, *direct mail advertising*
prospective 長期経済予測, *forecasting*
prospectiviste (長期の)予測家, *futurologist*
prospectus d'émission définitif 〖証〗最終目論見書(もくろみしょ), *final prospectus*
prospectus préliminaire 〖証〗仮目論見書(もくろみしょ), *preliminary prospectus*
prospectus provisoire avant une nouvelle émission d'actions 〖証〗赤にしん目論見書(もくろみしょ), *red-herring prospectus*
prospectus publicitaire 宣伝用パンフレット, *publicity leaflet*
protéagineux プロテイン製品, *protein products*
protecteur du citoyen (カナダの)オンブズマン, *ombudsman (Canada)*
protecteur facial 〖スポ〗(アイスホッケーの)フェースマスク, *face mask*
protection contre la copie 〖コンピュ〗(コンピュータソフトでコピー防止用)プロテクト, *copy protection*
protection contre l'écriture 〖コンピュ〗ライトプロテクト, *write protection*
protection de fichiers 〖コンピュ〗ファイルプロテクション, *file protection*
protection de la couche d'ozone オゾン層保護, *protection of the ozone layer*
protection de la pollution des eaux de la mer (par les hydrocarbures) (油による)海水汚濁防止, *prevention of pollution of the sea (by oil)*
protection de l'investisseur 投資家保護, *investor protection*
protection de numéro de séquence シーケンス番号プロテクション, *sequence number protection*
protection des caractères typographiques et leur dépôt international タイプフェースの保護とその国際的寄託, *type faces and their international deposit*
protection des déposants 預金者保護, *protection of depositors*
protection des données 〖コンピュ〗データプロテクション,

data protection

protection des logiciels 〖コンピュ〗コンピュータソフトの保護, *protection of software*

protection des minorités 少数派保護, *protection of minorities*

protection des placements 〖証〗ヘッジ：証券投資のリスクの回避, *hedging*

protection du consommateur 消費者保護, *consumer protection*

protection du risque de change 為替リスクからの保護, *protection against exchange risk*

protection du symbole olympique 〖スポ〗オリンピックシンボルの保護, *protection of the Olympic Symbol*

protection effective 有効保護, *effective protection*

protection et préservation du milieu marin 海洋環境の保護保全

protection maternelle et infantile 母性小児保護

protection par mot de passe 〖コンピュ〗パスワード保護, *password protection*

protection rapprochée 身辺警護

protection sociale 社会保護：社会保障, 社会扶助, 補足事業をまとめたもの, *social welfare*

protection tarifaire 関税保護, *tariff protection*

protection territoriale absolue （商品販売における）排他的領域確保

protège-cheville 〖スポ〗くるぶし用プロテクター, *ankle guard*

protégé contre la copie コピー防止の, *copy-protected*

protégé contre les pirates 〖コンピュ〗ハッカー防止の, *hacker-proof*

protégé en écriture 〖コンピュ〗（ディスクの）書込禁止の, *write-protected*

protège-matelas ベッドパッド, *bed pad*

protège-nuque （消防士のヘルメットなどから垂れている）首周りのプロテクト

protège-poitrine 〖スポ〗胸パッド, *breast protector*

protège-slip パンティーライナー：下着の内部に貼付けるタイプの生理用ナプキン, *panty-liner*

protéine végétale texturée 代用肉, *textured vegetable protein*

protêt faute d'acceptation （手形・小切手の）引受拒絶証書, *protest for non-acceptance*

protêt faute de paiement （手形・小切手の）支払拒絶証書, *protest for non-payment*

protêt par acte authentique (手形・小切手の)認証拒絶証書, *authenticated protest*

proto-oncogène 〖バイオ〗癌原性遺伝子, *proto-oncogene*

protocole commun d'information de gestion 〖コンピュ〗共通管理情報プロトコル, *common management information protocol*

protocole d'accord 協定趣意書, *memorandum of agreement*

protocole de couche réseau sans connexion 〖通〗コネクションレス型ネットワーク, *connectionless network layer protocol*

protocole de Kyoto sur les gaz à effet de serre 温室効果ガスに関する京都議定書, *Kyoto Protocol on greenhouse gases*

protocole de Montréal relatif à des substances qui appauvrissent la couche d'ozone オゾン層を破壊する物質に関するモントリオール議定書, *Montreal Protocol on substances that deplete the ozone layer*

protocole de téléchargement 〖コンピュ〗ダウンロードプロトコル, *Download Protocol*

protocole de transfert de fichiers 〖コンピュ〗ファイル転送プロトコル, *file transfer protocol*

protocole de transmission 〖通〗送信プロトコル, *Transmission Protocol*

protocole d'interfonctionnement 〖通〗相互接続プロトコル, *interworking protocol*

protocole IP インターネットプロトコル, *Internet Protocol*

protocole sur la biosécurité バイオセーフティーに関する議定書, *biosafety protocol*

protocole TCP 〖コンピュ〗送信制御プロトコル, *Transmission Control Protocol*

protoplaste 〖バイオ〗原形質体, *protoplast*

protoporphyrine de zinc (化合物の)亜鉛プロトポルフィリン:通称はZPP, *zinc protoporphyrin*

prototype à terre (原子力潜水艦用の)地上原型炉

protoxyde 初級酸化物:最低酸化数の酸化物, *protoxide*

provisions ad litem 〖法〗訴訟費用仮払い金, *security for costs (incurred by wife in divorce proceedings)*

provisions de propre assurance 自家保険引当金, *reserves for self-insurance*

provisions d'exploitation 経営引当金

provisions pour amortissement 減価償却引当金;減価償却積立金, *depreciation provision*

provisions pour amortissement du capital 資本減耗引当金, *capital consumption allowance*

provisions pour congés payés 有給休暇引当金, *reserve for paid holidays*

provisions pour crédit à l'étranger 対外貸方引当金, *cross-border loan loss reserve*

provisions pour départ en retraite 退職金引当金, *reserve for retirement allowance*

provisions pour dépréciation / provisions pour épuisement 減価引当金, *reserve for decline in the value*

provisions pour égalisation 〖保〗平衡準備金；均衡準備金, *equalization fund*

provisions pour fluctuations des cours 価格変動引当金, *reserve for price fluctuations*

provisions pour fluctuations du change 為替変動引当金, *allowance for exchange fluctuations*

provisions pour garanties données aux clients 製品保証引当金, *reserve for product guarantee*

provisions pour impôts 納税引当金, *reserve for taxation*

provisions pour imprévus 偶発損失積立金, *contingency provision*

provisions pour investissement 投資引当金, *reserve for investment*

provisions pour le paiement de la mise à la retraite 退職金引当金, *reserve for retirement allowance*

provisions pour litige 訴訟引当金, *reserve for dispute*

provisions pour pertes de change 為替損失引当金, *reserve for exchange loss*

provisions pour pertes et charges 損費引当金, *reserve for loss and charges*

provisions pour pertes sur marché à terme (有価証券の)信用取引損失引当金, *reserve for futures transactions loss*

provisions pour pertes sur prêt 貸倒引当金, *loan loss provision*

provisions pour plus-values réinvesties 再投資増加引当金

provisions pour reconstitution des gisements 鉱床油田再現引当金, *reserve for reconstitution or restoration of the mineral resources*

provisions pour retraites obligatoires du personnel 退職金引当金, *reserve for retirement allowance*

provisions pour risques 危険性引当金；偶発損失引当金, *provision for contingencies*

provisions pour risques en cours 〘保〙プレミアムリザーブ, *premium reserve*

provisions pour risques et charges 危険準備及び負債性引当金, *contingency and loss provision*

provisions pour sinistres restant à payer 〘保〙(損害賠償用の)支払準備金, *loss reserves*

provisions réglementées 規定引当金：通常引当金以外に経済的理由から税制上の規定で認められる引当金, *regulated provisions*

provisions techniques 保険契約準備金, *technical reserves*

pseudo-aléatoire 〘コンピュ〙擬似ランダム, *pseudorandom*

pseudo-code 〘コンピュ〙擬似コード, *pseudo code*

psychologie d'inflation インフレ心理, *inflationary sentiment*

psychologie génétique 発達心理学, *developmental psychology*

psychoneuroimmunologie 精神神経免疫学, *psychoneuroimmunology*

psychopathophobie 発狂恐怖症, *psychopathophobia*

ptéronophobie (羽でくすぐられるのを恐れる)羽恐怖症, *pteronophobia*

publi-promotion (販促用の)特価提供, *promotional offer*

publication assistée par ordinateur 〘コンピュ〙デスクトップパブリッシング, *desktop publishing*

publication dans un journal 新聞紙上での公告, *publication in a newspaper*

publicité aérienne 空中文字広告, *sky-writing*

publicité comparative 比較広告, *comparative publicity*

publicité de prix 価格の公表, *publishing of prices*

publicité de rappel 事後広告, *follow-up advertising*

publicité des frets 運賃率の公表, *publication of freight rates*

publicité des sociétés de capitaux (EC指令で)物的会社の開示

publicité diffamatoire 比較広告, *knocking copy*

publicité mensongère 虚偽広告, *deceptive advertising*

publicité rédactionnelle PR記事：普通の記事の体裁をとった広告, *advertorial*

publicité sur le lieu de vente 店頭広告, *point of purchasing advertising*

publicité trompeuse et déloyale 誤解を招く不正な広告, *misleading and unfair advertising*

publiphone à carte bancaire apparente クレジットカ

ード公衆電話, *card phone*

publiphone de rue 街頭のクレジットカード公衆電話, *street card phone*

publipostage ダイレクトメール, *mailing*

publireportage PR記事：普通の記事の体裁をとった広告, *advertorial*

puce à haute performance 〘コンピュ〙高性能チップ, *high-performance chip*

puce anti-violence （暴力番組をテレビに映らなくする）Vチップ, *V chip*

puce électronique 〘コンピュ〙マイクロチップ, *microchip*

puissance apparente rayonnée 実行放射パワー, *effective radiated power*

puissance de travail 人的資源, *manpower*

puissances du Continent 大陸勢力, *continental powers*

puissance d'une bombe 爆弾の爆発力：特に核爆弾について用いる, *bomb yield*

puissance équivalente de bruit 雑音等価信号強度, *noise equivalent power*

puissance isotope rayonnée équivalente 等価等方輻射パワー, *equivalent isotopically-radiated power*

pula （ボツワナの通貨単位で）プラ, *pula*

pupille de l'éducation surveillée 監護施設収用孤児

purification ethnique 民族浄化, *ethnic cleansing*

pusillanime （投資の）危険回避者, *risk avoider*

putty-putty 〘経〙(Phelpsの)パテパテモデル, *putty putty*

pyramide 〘証〙買乗せ, *buying up*

pyramide de la sous-traitance (au Japon) 〘日〙下請階層構造, *subcontracting structure*

pyramide des âges 人口分布グラフ, *population pyramid*

pyrophile ライター収集家

pyrophobie 火事恐怖症, *pyrophobia*

pyrothécophile 薬莢収集家

Q

q de Tobin 〖経〗トービン(J. Tobin)の q 理論, *Tobin's q*
qatari 〖地〗カタールの, *Qatari*
quad 原動機付き四輪車, *quadricycle*
quadrille bipolaire 左右四党体制:社会党,共産党,共和国連合,フランス民主連合による政治支配
quadrillion クァドリリオン:フランスでは10の24乗, *quadrillion*
quadruple saut droit mixte 〖スポ〗(フリースタイルスキーの)クワドミックスアップライト技, *quad-mixed upright*
qualification des emplois 職務評価, *job evaluation*
qualifications professionnelles / qualifications requises pour l'emploi 職業資格, *professional qualifications*
qualité brouillon 〖コンピュ〗(プリンターのモードで)テスト印刷, *draft quality*
qualité courrier 〖コンピュ〗書簡品質, *letter quality*
qualité de la vie au travail 労働生活質的充実, *quality of working life*
qualité de service サービスの質, *quality of service*
qualité moyenne après contrôle 平均出検品質, *average outgoing quality*
quantificateur existentiel 存在記号, *existential quantifier*
quantité demandée par unité de temps 需要率, *rate of demand*
quantité équivalente toxique 毒性等価換算濃度, *toxicity equivalent quantity*
quantité offerte par unité de temps 供給率, *rate of supply*
quantité optimale en circulation monétaire 適正通貨量, *optimum quantity of money*
quantité produite par unité de temps 産出率, *rate of output*
quantité vendue par unité de temps 販売率:一定の時間当たりの販売量, *rate of sales*
quart-monde 第四世界:第三世界の中でも特に貧しい国々, *Fourth World*

quartier arrière (des bovins) (牛肉の)後四分体(こうしぶんたい), *(beef) hindquarters*

quartier avant (des bovins) (牛肉の)前四分体(ぜんしぶんたい), *(beef) forequarter*

quasi-contrat dans le cadre de coopération économique 経済計画協力協定, *implied contract*

quasi-monnaie 準通貨;近似通貨.国債のようにすぐに換金できる資産, *quasi-money*

quasi-rente 準地代, *quasi-rent*

〈**Quatre dragons**〉 四匹の小竜:韓国,台湾,香港,シンガポール, *Four dragons*

〈**Quatre grandes**〉 (英国の)四大銀行:Barclays, Nat West Group, Midland & Lloyds, *Big Four*

〈**quatre vieilles**〉 四大地方税:事業税,住居税,既建築固定資産税,未建築固定資産税をさす

〈**Que cent fleurs s'épanouissent**〉 (毛沢東が1956年に提唱した)百花斉放運動, *Hundred Flowers campaign*

que choisir 正しい選択, *right choice*

question à l'étude 検討中の問題, *question under consideration*

quetzal (グアテマラの通貨単位で)ケッツァル, *quetzal*

qui ne nécessite aucun entretien メンテナンスフリーの, *maintenance-free*

qui ne porte pas atteinte à l'environnement 環境にやさしい, *environmentally-benign*

qui prend beaucoup de place en mémoire 〚コンピュ〛メモリーを大量に使う, *memory-intensive*

qui préserve la couche d'ozone オゾン層にやさしい, *ozone-friendly*

quiétisme 静観主義:閣僚が実業界と一定の距離を置くべきとする考え

quintuple saut mixte 〚スポ〛(フリースタイルスキーの)クイントミックスアップライト技, *quint-mixed upright*

Quitonien 〚地〛キトー人:エクアドルの首都キトーの住人, *Quitonian*

quittance de loyer 家賃領収証, *rent receipt*

quittance de prime 保険料領収証, *premium receipt*

quittance finale 最終支払い, *final payment*

quittance pour solde de compte 締切残高勘定, *closing balance account*

quota agricole 農業割当, *agricultural quota*

quota de capture / quota de pêche 漁獲割当高, *catch quota*

quota d'exportation 輸出割当, *export quota*
quota d'importation 輸入割当, *import quota*
quote-part au Fonds monétaire international 国際通貨基金クォータ, *IMF (=International Monetary Fund) quotas*
quote-part de capital 資本分配率, *capital stock*
quote-part de cession 〖保〗出再額
quotidien régional ブロック紙, *regional daily paper*
quotient d'intelligence 知能指数, *intelligence quotient*
quotient électoral 当選基数, *electoral quota*
quotient familial 家族指数：例えばf3は3人家族, *family quotient*
quotité minimale 〖証〗値付最小単位, *minimum quote size*
quotité négociable 〖証〗最低取引株数, *dealable shape*
(clavier) qwerty 〖コンピュ〗クワーティ(キーボード), *qwerty (keyboard)*

R

rabais de groupe pour assurance collective 団体保険割引, *group insurance discount*

rabais en cas de paiement comptant 現金割引, *cash discount*

rabais pour capitaux élevés 〚保〛総額割引

rabais sur la prime 保険料割引, *premium discount*

rabais sur le fret 運送費の割引, *freight discount*

rachat 買足し, *buying in*

rachat (de cotisations) (保険料の)遡及払い

rachat anticipé 〚証〛期限前買戻し, *early repurchase*

rachat d'actions 〚証〛自社株購入;バイバック, *repurchase of own stocks*

rachat de cotisations 拠出金の買戻し, *buying back of contributions*

rachat de parts 出資持分買取り, *buying back of shares*

rachat de pension 年金資格の買取り, *buying back of pension*

rachat de police d'assurances 保険の解約, *surrender of insurance policy*

rachat d'entreprise 企業買収, *take-over*

rachat d'entreprise par une équipe de gestionnaires externes 〚経〛マネージメントバイイン:社外の経営者チームによる企業買収, *management buy-in*

rachat des droits sociaux 〚証〛持分の買取り, *buying back of shares*

rachat des vendeurs à découvert 〚証〛ショートカバー:空売りした株式などの有価証券を買戻して実質的にポジションを手仕舞うこと, *short covering*

rachat du découvert 〚証〛空売りの買戻し, *bear covering*

rachat d'une entreprise par des investisseurs 投資家による会社買取り, *leveraged management buyout by investors*

rachat d'une entreprise par la direction 現経営陣による自社買収, *management buyout*

rachat d'une entreprise par ses salariés 従業員による会社買取り, *leveraged management buyout*

racisme environnemental 環境差別, *environmental racism*

radar aéroporté à balayage latéral 側方監視機上レーダー, *sideways-looking airborne radar*

radian par seconde 秒当たりラジアン, *radians per second*

radiation de la cote 〘証〙上場廃止, *delisting*

radiation infrarouge lointain 遠赤外線, *far infrared radiation*

radio pirate (無許可営業の)海賊ラジオ局, *pirate radio*

radiobalises de localisation des sinistres 非常用位置指示無線標識, *emergency position indicating radio beacon*

radiocassette stéréo / radio-cassette stéréo ステレオラジカセ, *stereo radio cassette*

(Office de) Radiodiffusion-télévision française フランス放送協会, *French Radio and Television*

radiogalaxie 電波銀河, *radio galaxy*

radiogoniométrie automatique 自動方向探知機, *automatic direction finding*

radiomessagerie ポケベルシステム, *paging system*

radiomètre à balayage (医療用の)スキャナー, *scanner*

radiophare omnidirectionnel VHF 超短波全方向式無線標識, *VHF (=very high-frequency) omnidirectional radio range*

radiosource quasi-stellaire 恒星状電波源, *quasi-stellar radio source*

raëlien (新興宗教)ラエリアンムーブメントの, *Raelian*

raffermissement 〘証〙値固め, *firming-up*

raffermissement des prix 物価の堅調化, *hardening of prices*

raffermissement du marché 〘証〙市場の堅調化, *steadying of the market*

raffermissement du yen 円相場の上昇, *hardening of the yen*

rafle des actions d'une société à l'ouverture 〘証〙暁の急襲：株式市場の取引開始早々ある企業の株を大量に買い占めること, *dawn raid on a company's stocks*

raï (アルジェリアの歌謡曲)ライ, *rai*

raid aérien 空襲, *air raid*

raisonnement non monotone 〘コンピュ〙非単調推論, *non-monotonic reasoning*

rajout trimestriel à l'indice アドオン3カ月物インデックス, *Three-Month Add-On Index*

rajustement des prix 価格再調整, *readjustment in pricing*

rajustement des salaires 給与調整, *wage adjustment*

rajustement des taux d'intérêt 金利調整, *interest rate adjustment*

rajustement multilatéral des parités 平価の多角的調整, *multilateral readjustment of parities*

ralentissement de l'inflation インフレ鈍化, *deceleration of inflation*

ralentissement du taux de croissance 伸び悩み, *slackening in the rate of growth*

ralentissement en croissance 経済成長の低迷, *slackening in growth*

ralentisseur (原子力の)減速材, *moderator*

rallonge d'argent 割増金, *additional amount*

rallonge de crédits 追加予算, *supplementary credit*

rallonge débitrice 追加債務額, *additional debtor amount*

RAM dynamique 〚コンピュ〛ダイナミックラム, *dynamic RAM (=random access memory)*

RAM sur carte 〚コンピュ〛オンボードラム, *on-board RAM*

ramassage de titres en Bourse 〚証〛株式公開買付け, *tender offer / stock accumulation program*

ramassage en Bourse 〚証〛株買占め, *buy-up*

ramassage et livraison 集配, *collection and delivery*

ramasse-miettes 〚コンピュ〛ガーベッジコレクター:記憶装置内の整理をして一つの連続した大きな空き領域を作成するソフト, *garbage collector*

rame à turbine à gaz ガスタービン列車, *gas turbine coach*

rand (financier) (南アの通貨単位で)(金融)ランド, *(financial) rand*

randomisation 無作為化, *randomization*

rang dans la hiérarchie ランク, *rank*

rang de préséance 席次, *order of precedence*

rang diplomatique 外交席次, *diplomatic order of precedence*

rapatriement de bénéfices 利益の本国送還, *repatriation of profits*

rapatriement de capitaux 資本の本国送還, *repatriation of funds*

rapatriement de fonds 自国向け送金, *repatriation of funds*

rapidité de modulation 〚通〛変調速度, *modulation rate*

rappel (des véhicules défectueux) (欠陥車の)リコール,

recall (of defective vehicles)

rappel (de cotisation) (分担金)未納分の支払い, *payment of arrears (of contributions)*

rappel automatique 〖通〗(電話の)コールバック, *call back*

rappel automatique du dernier numéro composé 〖通〗最後にかけた電話番号の自動リダイヤル

rappel de compte (残金未納者への)督促状, *reminder slip*

rappel de salaire (à la suite d'une augmentation rétroactive) 遡及賃金：遡及的賃上げの結果支払われる未払い給与, *back pay*

rappel de traitement (公務員給与の)追加支給：遡及的賃上げの結果支払われる給与, *back pay*

rappel des données 〖コンピュ〗データ読出し, *data retrieval*

rappel du dernier numéro (電話の)リダイヤル, *redial*

rapport annuel de la société 企業年次報告書, *company's annual report*

rapport capital-production 資本産出高比率, *capital-output ratio*

rapport capital-travail 資本労働比率, *capital-labor ratio*

rapport Charpin シャルパン報告書：1999年4月29日にJean-Michel Charpinが提出した「年金の未来」報告書, *Charpin report*

rapport chiffres d'affaires-immobilisations 回転比率, *turnover ratio*

rapport Cluzel クルーゼル報告書：フランス映画の危機に関するレポート, *Cluzel Report*

rapport comparatif de profits et pertes 比較損益計算書, *comparative profit and loss statement*

rapport consolidé de gestion 連結状況報告書, *consolidated annual report*

rapport Constant コンスタン報告書：フランスの中小企業対策レポート, *Constant Report*

rapport cours-actif net 〖証〗株価総資産倍率, *price book-value ratio*

rapport cours-bénéfice 〖証〗株価収益率, *price earning ratio*

rapport coût-efficacité 費用効率, *cost-effectiveness*

rapport d'audit 監査報告, *auditor's statement*

rapport de conversion 〖証〗転換率, *conversion rate*

rapport de forces sur le marché 市場支配力, *market power*

rapport de Gaulle-Anthonioz ドゴール＝アントニオ報告書：1995年7月の「極貧撲滅公的政策の評価」レポート, *de*

Gaulle-Anthonioz Report
rapport de gestion 営業報告書, *management report*
rapport de mer 〚保〛海難報告書, *sea protest*
rapport de présentation d'une action プロジェクト案内書；案件紹介報告書, *introductory report on a project*
rapport de prêt (銀行にとっての)貸付利回り, *loan yield*
rapport de solvabilité 信用調査報告書, *credit report*
rapport de trésorerie 当座比率, *quick ratio*
rapport de vérification / rapport des commissions aux comptes 監査報告書, *audit report*
rapport d'échange (des actions) 〚証〛(株式の)交換比率, *ratio of exchange (of the stocks)*
rapport Delors ドロール報告書：欧州連合通貨同盟に関するレポート, *Delors Report*
rapport des rentes au fonds de roulement 売上高運転資本比率, *sales-to-working-capital ratio*
rapport des sinistres aux primes 〚保〛損害率, *loss ratio*
rapport dette-capital social 負債資本比率, *debt-equity ratio*
rapport d'études de planification d'un développement intégral 総合開発計画調書, *Integrated Development Planning Survey*
rapport d'études sur la faisabilité d'une entreprise 企業化可能性調書, *feasibility study*
rapport d'expert 〚保〛検査報告書, *survey report*
rapport d'expertise de la soumission 入札評価報告書, *proposal evaluation report*
rapport dividende-cours 〚証〛一株当たり利回り, *dividend-price ratio*
rapport d'ondes stationnaires 定常波比；定在波比, *standing wave ratio*
rapport d'ouverture de compte 新規勘定報告書, *new-account report*
rapport du contrôleur aux comptes 監査報告書, *audit report*
rapport économique annuel 年次経済報告, *annual economic report*
rapport emprunt-valeur 融資比率；掛目, *loan-to-value ratio*
rapport entre les taux de salaire et le taux de profit 賃金率と利潤率の割合, *wage-rental ratio*
rapport financier 会計報告書, *financial report*
rapport intérimaire 中間報告, *interim report*

rapport journalier des ventes 一日当たりの販売収益, *daily sales return*

rapport marginal capital-production 限界資本産出高比率, *incremental capital-output ratio*

rapport Martin-Lalande マルタン＝ラランド報告書：インターネット促進のための報告書, *Martin-Lalande report*

rapport mensuel d'activité 月例業務活動報告書, *monthly activity report*

rapport Nasse ナス報告書：1992年の「排除された人々と排除」レポート, *Nasse Report*

rapport Nora-Minc ノラマンク報告書：コンピュータ時代を迎えるに当たっての1978年の報告書, *Nora-Minc Report*

rapport Oheix オーエックス報告書：1981年発表の「不安定と貧困に対する60の提案」レポート, *Oheix Report*

rapport Ossola オッソラ報告書：1965年に新たな準備資産案について検討した結果の報告書, *Ossola Report*

rapport passif-réserves 準備資産率, *reserve assets ratio*

rapport Pearson ピアソン報告書：発展途上国への援助に関する報告書, *Pearson Report*

rapport Péquignot ペキニョ報告書：1977年の貧困撲滅レポート, *Pequignot Report*

rapport production-capital 産出量・資本比率, *output-capital ratio*

rapport profits-dividende 配当倍率, *dividend cover*

rapport qualité-prix 品質と価格のバランス, *quality-price ratio*

rapport Radcliffe ラドクリフ報告書：1959年に出された金融制度及び金融政策に関する報告書, *Radcliffe Report*

rapport Rueff リュエフ報告書：ドゴール時代の財政金融改革案, *Rueff Report*

rapport signal-bruit 信号対雑音比, *signal-to-noise ratio*

rapport Théry テリー報告者：1994年の情報ハイウェーに関する報告書, *Théry Report*

rapport Wresinski ウレザンスキ報告書：1987年の「極貧と社会・経済的不安定」レポート, *Wresinski Report*

rapporteur général 総報告者, *rapporteur-general*

rapprochement bancaire / rapprochement de banque 銀行勘定調整, *bank reconciliation*

raréfaction de l'ozone オゾン枯渇, *ozone depletion*

rasoir à sabot バリカン型電気剃刀：おしゃれのために無精髭スタイルを保つのに使う電気剃刀

Rassemblement congolais pour la démocratie コンゴ民主主義連合：コンゴ民主共和国の反政府軍

Rassemblement des démocrates européens 欧州民主連合, *European Democratic Alliance*

rassemblement des données データ収集, *data collecting*

Rassemblement des gauches républicaines (フランスの政党で)共和派左翼連合

Rassemblement national démocratique (アルジェリアの政党で)民主国民連合

Rassemblement national des indépendants (モロッコの政党で)独立国民連合, *National Assembly of Independents (Morocco)*

Rassemblement pour la France フランスのための連合：Charles Pasqua と Phillipe de Villiers が設立したが Pasqua のみが残った政党

Rassemblement pour la République (フランスの政党で)共和国連合：2002年末に民衆運動連合に発展的解消, *Rally for Republic*

rating 〚証〛格付け；信用程度, *rating*

ratio (金融機関の)レシオ, *ratio*

ratio apport-production 投入産出比率, *input-output ratio*

ratio bénéfice-cours 〚証〛PER：株価収益率, *price earning ratio*

ratio Cooke (国際決済銀行が定めた銀行の自己資本率)クックレシオ, *Cooke ratio*

ratio d'actifs disponibles 当座資産比率, *quick assets ratio*

ratio d'actifs et passifs monétaires à court terme 当座比率, *quick ratio*

ratio d'autofinancement 自己金融比率, *self finance ratio*

ratio de capacité de rembourser des dettes (年間債務返済額をキャッシュフローと比較した)債務返済能力比率

ratio de conversion 転換比率, *conversion ratio*

ratio de couverture ヘッジ比率, *hedge ratio*

ratio de distribution (利益に対する配当の)分配率, *distribution ratio*

ratio de distribution des dividendes par rapport aux bénéfices 〚証〛配当性向, *payout ratio*

ratio de fonds de roulement / ratio (de fonds) de liquidité 流動比率：短期債務に対する流動資金の比率, *liquidity ratio*

ratio de fonds propres 自己資本率, *ratio of owned capital*

ratio de levier レバレッジ率, *leverage ratio*

ratio de l'inscription au chômage 離職率, *separation rate of workers*

ratio de rentabilité 儲け率, *profitability ratio*
ratio de service des dettes 債務支払負担率, *debt service ratio*
ratio de solvabilité 支払能力比率, *solvency ratio*
ratio de trésorerie / ratio trésorerie 現金比率：銀行が支払準備のために総預金に対して保有する現金の比率, *cash ratio*
ratio de trésorerie réduite / ratio de liquidité immédiate 酸性比率：当座資産を流動負債で割った比率で,即時支払能力の有無を示す, *acid test ratio*
ratio de versement 配当性向；ペイアウト比率, *payout ratio*
ratio de volume de bénéfices （限界利益を売上高で割った）限界利益率, *profit volume ratio*
ratio d'endettement 負債比率；債務比率；レバレッジ比率, *debt ratio*
ratio d'endettement bas ローレバレッジ比率, *low leverage ratio*
ratio d'endettement élevé ハイレバレッジ比率, *high leverage ratio*
ratio d'endettement limite 限界負債比率：中長期負債額のキャッシュフローに対する比率
ratio des aides non liées 〚ODA〛アンタイド率, *untied ratio*
ratio d'indépendance financière （中長期債務を自己資本で割った）独立財務比率
ratio d'intensité 資本産出高比率, *capital-outlay ratio*
ratio du service de la dette 債務返済比率：ある国の債務返済額が輸出額に占める割合, *debt service rates*
ratio épargne-revenu （所得に対する）貯蓄率, *savings-to-income ratio*
ratio européen de solvabilité 欧州共同体支払能力比率, *European Community's solvency ratio*
ratio financier 財務比率・流動比率,負債比率など財務分析用の各種比率, *financial ratio*
ratio fonds propres-actions 〚証〛（自己資本を総資本で割った）エクイティレシオ, *equity ratio*
ratio fonds propres-emprunts 自己資本に対する負債比率, *gearing ratio*
ratio McDonough マクドナレシオ：国際決済銀行のクックレシオに代わる新たな自己資金比率, *McDonough ratio*
ratios prudentiels 適正化比率：金融機関の支払能力を示す各種比率で,とりわけ現金比率を意味する, *prudential ratios*
rationalisation des choix budgétaires 予算編成の合理化, *Planning Programming Budgeting System*

rationalisation des dépenses publiques 公共支出の合理化, *rationalization of public spending*
rationalité économique 経済合理性, *economic rationality*
rationnement du crédit 信用割当：インフレ抑制などのために銀行が貸出しを一定枠に絞ること, *credit rationing*
rattachement des charges et des produits 対応原則, *matching principle*
⟨**rave party**⟩ (若者による一大)テクノ音楽パーティー
ravitaillement en carburant en plein ciel 空中給油, *midair refueling*
rayon mobile 可動棚, *mobile counter*
rayonnage à palettes / rayonnage pour palettes パレット収納棚, *pallet racks*
rayonnage de stockage dynamique 自動収納装置：商品を一列縦隊に並べて次々取出せるようにするケースシステム
rayonnement infrarouge lointain 遠赤外線, *far infrared rays*
rayonnement synchrotron シンクロトロン放射, *synchrotron radiation*
raz de marée （津波の意味から転じて選挙での）圧倒的得票による勝利, *landslide election victory*
réacteur à eau bouillante 沸騰水型原子炉, *boiling water reactor*
réacteur à eau lourde refroidi au gaz 重水減速ガス冷却炉, *heavy-water gas-cooled reactor*
réacteur à haute température refroidi au gaz 高温ガス冷却炉, *high temperature gas-cooled reactor*
réacteur à neutrons lents 低速中性子炉, *slow neutron reactor*
réacteur à neutrons rapides 高速中性子炉, *rapid neutron reactor*
réacteur d'accélérateur linéaire 線型加速器原子炉, *linear-accelerator-driven reactor*
réacteur d'essais de matériaux 材料試験原子炉, *materials testing reactor*
réacteur européen à eau pressurisée EPR：欧州加圧水型原子炉, *European pressurized reactor*
réacteur européen rapide 欧州高速中性子炉, *European Fast Reactor*
réacteur hybride ハイブリッド炉, *hybrid reactor*
réacteur hybride à eau légère ハイブリッド軽水炉, *light water hybrid reactor*
réacteur surrégénérateur refroidi au gaz ガス冷却増

殖炉, *gas-cooled breeder reactor*

réaction du greffon contre l'hôte 移植片宿主反応, *graft-versus-host*

réadaptation fonctionnelle 機能再訓練, *rehabilitation*

réadaptation professionnelle 職業上の再訓練, *occupational retraining*

réadapté 社会復帰者, *rehabilitated person*

réaffectation 〖コンピュ〗リロケーション, *relocation*

réaffectation (人員などの)再配置, *redeployment*

reaganien (ロナルド)レーガンの, *of Ronald Reagan*

〈**reaganomie**〉 レーガノミックス:レーガン政権の経済政策, *Reaganomics*

Réagir par des enquêtes sur les accidents graves et par des initiatives pour y remédier 重大事故への調査と泣寝入り防止発案による反発協会

real (ブラジルの通貨単位で)レアル, *real*

réalignement リアライメント:通貨基準値の改訂, *realignment*

réalisation de logiciels 〖コンピュ〗ソフト制作, *software production*

réalisation forcée 強制換価, *forced realization*

réalité virtuelle 仮想現実感, *virtual reality*

réaménagement de la dette 〖経〗リスケジュール:債務返済計画の見直し, *debt rescheduling*

réaménagement des devises / réaménagement monétaire 通貨再調整, *currency reordering*

réapprovisionnement 再補給, *restocking*

(le) Réarmement moral (Frank Buchman の)道徳再武装運動, *Moral Rearmament*

réassurance à la prime de risque 危険保険料再保険, *risk premium reinsurance*

réassurance acceptée / réassurance active 受再保険, *accepted reinsurance*

réassurance cédée / réassurance passive 出再保険, *ceded reinsurance*

réassurance de l'assurance des risques atomiques 原子力保険の再保険, *reinsurance of nuclear energy insurance*

réassurance du système de coassurance 共同保険式再保険, *reinsurance by co-insurance method*

réassurance en excédent de sinistres / réassurance en excédent de pertes 超過損害再保険, *excess of loss reinsurance*

réassurance en excédent de sommes 超過額再保険,

surplus reinsurance

réassurance en participation / réassurance en quote-part 比例再保険, *quota share reinsurance*

réassurance en stop loss ストップロス再保険, *stop loss reinsurance*

réassurance facultative 任意再保険, *facultative reinsurance*

réassurance obligatoire 義務再保険, *obligatory reinsurance*

réattribution 〚金〛リアローアンス, *reallowance*

〈le rebelle de Trappes〉 〚言換〛(トラップ市出身のサッカー界の反逆児)ニコラ・アネルカ, *Nicolas Anelka*

rebondissement de contact 〚コンピュ〛接点跳動, *contact bounce*

rebut à l'entrée et à la sortie 〚コンピュ〛ジーゴ, *garbage in, garbage out*

recensement d'entreprises 工業センサス, *industrial census*

recensement général de population 総合国勢調査, *general census of the population*

recentrage (離脱・対立に伴う新たな目標のもとでの政党の)再結集

recentrage stratégique 戦略的軌道修正:多角化した大企業が採算性の高い分野以外を切捨てること

récépissé de dépôt 預金証書, *deposit certificate / deposit receipt*

récépissé de douane 税関受取書, *customs receipt*

récépissé d'entrepôt / récépissé des magasins généraux / récépissé-warrant 倉荷証券, *warehouse receipt*

récépissé des chemins de fer (鉄道の)委託貨物運送状, *rail consignment note*

récepteur d'appels / récepteur de poche ポケベル, *beeper*

récepteur GPS (カーナビの)GPSレシーバー, *GPS (= Global Positioning System) receiver*

réception de lancement (du nouveau modèle) (ニューモデル)発表会, *launching party (of the new model)*

réceptionnaire 商品受取係, *receiving clerk*

réceptionniste de nuit (ホテルフロントの)夜勤のボーイ, *night porter*

récession aux facteurs multiples 複合不況, *multi-elemental recession*

récession causée par la hausse du yen 円高不況,

strong-yen-caused recession
récession conjuguée à l'inflation 〚経〛スランプフレーション, *slumpflation*
récession cyclique 景気不況, *cyclical recession*
récession simultanée 同時不況, *simultaneous recession*
récession structurelle 構造不況, *structural recession*
recettes annuelles 年間収入, *annual revenue*
recette des impôts 徴税事務所, *tax office*
recettes des primes 保険料収入, *premium income*
recettes douanières 関税収入, *customs revenue*
recettes en capital 資本収入, *capital revenue*
recettes faciles ボロ儲け, *easy gain*
recettes nettes 正味受取金, *net receipts*
recettes non encaissées 繰越所得, *deferred income*
recettes ordinaires 経常収入, *current revenue*
recettes parafiscales 社会保障負担金収入, *social contribution revenu*
recette-perception 税務署, *tax office*
recettes totales 全収入, *total revenue*
receveur des contributions / receveur des impôts 収税吏, *tax-collector*
rechargement automatique 携帯電話代自動充当
réchauffement de la planète / réchauffement de la Terre 地球温暖化, *global warming*
recherche biomédicale 生物医学研究, *biomedical research*
recherche commerciale 市場調査, *marketing research*
recherche de données / recherche documentaire 〚コンピュ〛情報検索, *information retrieval*
recherche en chaîne 〚コンピュ〛連鎖探索, *chaining search*
recherche en génomique 〚バイオ〛ゲノム検査方法研究
recherche en largeur d'abord 〚コンピュ〛幅優先探索, *breadth-first search*
recherches et secours internationaux 国際捜索救難, *international search and rescue system*
recherche fondamentale 基礎研究, *basic research*
recherche opérationnelle オペレーショナルリサーチ, *operational research*
recherche par dichotomie バイナリーサーチ, *binary search*
recherche par mot clé キーワードサーチ, *keyword search*
recherche participative 参加型研究, *participatory research*
recherche scientifique marine 海洋の科学調査, *marine*

scientific research

recherche sur le terrain フィールドリサーチ；現地調査, *field research*

recherche sur les possibilités d'adoucissement des conditions d'un prêt 資源開発調査, *mineral resource development survey*

réclamation potentielle 条件付き請求権, *contingent claim*

reclassement (公務員給与体系の)再格付け；給与表改訂, *reclassification*

reclassement 再就職斡旋, *redeployment*

reclassement 〔証〕(国債の)玉(ぎょく)調整

reclassement des handicapés dans la vie professionnelle 身障者の社会復帰, *rehabilitating handicapped persons in vocational life*

récolte de rapport 現金収入作物, *cash crop*

recombinaison génétique 〔バイオ〕遺伝子組換え, *gene recombination*

recombinaison homogène 〔バイオ〕相同組換え, *homologous recombination*

reconditionnement 再包装, *repackaging*

reconduction 〔証〕ロールオーバー：満期が到来した証券の償還金で同種類の証券に再投資すること, *rollover*

reconduction de budget (期限内不成立による)予算の踏襲

reconnaissance biométrique (指紋・網膜・声紋などによる)バイオメトリック認証, *biometric identification*

reconnaissance de caractères écrits à l'encre magnétique 〔コンピュ〕磁気インク文字認識, *magnetic ink character recognition*

reconnaissance de la juridiction obligatoire (de la Cour Internationale de Justice) (国際司法裁判所の)強制管轄権受諾, *acceptance of compulsory jurisdiction (ICJ)*

reconnaissance d'écriture 〔コンピュ〕手書き文字認識, *handwriting recognition*

reconnaissance des formes 〔コンピュ〕パターン認識, *pattern recognition*

reconnaissance du mont-de-piété 質札, *pawn ticket*

reconnaissance internationale du dépôt des microorganismes aux fins de la procédure en matière de brevet 特許手続上の微生物寄託承認, *international recognition of the deposit of microorganisms for the purposes of patent procedure*

reconnaissance magnétique de caractères 〔コンピュ〕磁気インク文字認識, *magnetic ink character recognition*

reconnaissance optique des caractères 光学式文字認識, *optical character recognition*

reconnaissance vocale 音声認識, *vocal recognition*

reconstitution de carrière (公務員の)経歴書類

reconstitution de marges 〖証〗(信用取引の)追加証拠金, *margin calls*

reconversion de métier 職業転換, *redeployment*

reconversion des bassins charbonniers 炭田地帯再転換, *reconversion of coal field*

reconversion variétale (ホップについて栽培する)品種の変更, *varietal conversion (of hop gardens)*

record du tremplin 〖スポ〗(スキージャンプの)バッケンレコード, *record for the hill*

record homologué 〖スポ〗公式記録, *officially ratified record*

record national 〖スポ〗(スポーツ競技の)国内記録, *national record*

recourbe-cils アイラッシュカーラー:睫毛をカールさせる道具, *eyelash curlers*

recours 〖保〗受償金, *recovery*

recouvrement 〖コンピュ〗オーバーレイ:主記憶にプログラムを配置する場合に,不要なものの上に上書きしていく方法, *overlay*

recrudescence d'inflation インフレ再燃, *upward-creep inflation*

recrutement de cadres par approche directe ヘッドハンティング, *head-hunting*

recrutement de nouveaux diplômés 新卒者採用, *graduate recruitment*

recrutement par relation 縁故採用, *private recruitment*

rectification en hausse 増加記帳額, *upward rectification*

recueil chronologique des données 〖コンピュ〗データロギング, *data logging*

recueil des traités des Nations unies 国連条約集, *United Nations Treaty Series*

recueil mensuel des statistiques 統計月報, *monthly bulletin of statistics*

recul de la limite d'âge 年齢制限の引上げ

récupération assistée du pétrole 石油回収増進法, *enhanced oil recovery*

récupération des erreurs à la volée 〖コンピュ〗オン・ザ・フライ式誤り回復, *on the fly error recovery*

récupération des erreurs à l'écriture 〖コンピュ〗順方向誤り回復, *write error recovery*

récupération des erreurs par retraitement 〖コンピュ〗後退誤り回復, *backward error recovery*

récurrence linéaire 〖コンピュ〗線形回復, *linear recurrence*

récursif 〖コンピュ〗(サブルーチンが)再帰的な, *recursive*

recyclage de capitaux 資本の還流, *recycling of capital*

recyclage de fonds illégalement acquis マネーロンダリング；資金洗浄, *money laundering*

recyclage de pétrodollars オイルダラー還流, *oil dollar recycling*

recyclage des déchets ごみのリサイクル, *recycling of waste*

recyclage des gaz de carter ポジティブクランクケースベンチレーション：ブローバイガスを吸気系統に戻す方式, *positive crankcase ventilation*

recyclage du dollar ドルの還流, *reflux of dollars*

recyclage du plutonium en MOX プルトニウムの混合酸化物燃料へのリサイクル, *recycling of plutonium into MOX (=Mixed Oxyde Fuel)*

recyclage du plutonium obtenu par retraitement de combustible irradié プルサーマル, *plutonium thermal use*

rédacteur publicitaire コピーライター, *copywriter*

rédaction des statuts 定款起草, *production of articles of association*

reddition des comptes 収支計算報告：受任者や他人の財産管理者などが委任者や報告受理者に対して行う決算報告, *presentation of accounts for audit*

redémarrage 〖コンピュ〗リセット, *reset*

redémarrage automatique 電源故障リスタート, *power fail restart*

redéploiement industriel (時代遅れの産業を放棄し将来性のある分野に特化する)産業再編, *industrial reorganization*

redevance audiovisuelle 受信料, *license fee*

redevances d'atterrissage (騒音公害による)着陸課徴金, *landing fees*

redevances d'émission 排出課徴金, *emission charges*

redevances fiscales 財政課徴金, *financial levies*

redevances fixes 固定費, *fixed fee*

redevances foncières 地代, *ground rent*

redevances forfaitaires 標準諸掛り, *standard charges*

redevances pétrolières 油田使用料, *oil royalties*

redevances portables 持参地代, *land rent payable at the address of the payee*

redondance 〖コンピュ〗冗長, *redundancy*

redressement (申告税の)更正, *additional assessment*

redressement affecté aux exercices antérieurs 前期損益修正項目, *prior period adjustment*

redressement financier / redressement des finances 財政再建, *financial recovery*

redressement modéré de la conjoncture 緩やかな景気回復, *modest cyclical recovery*

redresseur au silicium commandé シリコン制御整流器, *silicon-controlled rectifier*

réduction de la couche d'ozone オゾン層の破壊, *ozone depletion*

réduction de la durée du travail 労働時間短縮, *reduction of working hours*

réduction de l'excédent commercial 貿易黒字減らし, *reduction of trade surplus*

réduction du nombre d'actions 〚証〛株式併合, *stock split-down*

réduction du taux d'escompte 公定歩合引下げ, *reduction of discount rate*

réduction du temps de travail 労働時間削減, *reduction of working hours*

réduction en perspective 見込削減, *perspective reduction*

réduction sur achats 仕入値引, *purchase discounts*

réduction sur ventes 売上値引, *price cut on sales*

rééchelonnement des dettes 債務リスケジューリング, *debt rescheduling*

reengineering リエンジニアリング, *reengineering*

réévaluation de ses avoirs en fonction des prix du marché 〚証〛値洗い, *mark to market*

réévaluation des actifs 資産再評価, *revaluation of assets*

réévaluation des salaires 給与見直し, *salary review*

réévaluation des traitements (公務員などの)給与見直し, *salary review*

réévaluation du yen 円の切上げ, *upward valuation of yen*

réévaluation légale 法定再評価, *legal revaluation*

réévaluation monétaire 通貨再評価, *currency revaluation*

réexportation en l'état 原状のままでの再輸出, *re-export in the original state*

réfaction (瑕疵のある商品の)減価引渡し, *rebate*

réfaction 課税の基礎控除, *reduction (of tax)*

référence de fournisseur 信用照会先, *trade reference*
reflation 通貨再膨張, *reflation*
reflationniste リフレ的な, *reflationary*
réflecteur solaire optique 光学太陽反射板, *optical solar reflector*
réflectométrie optique dans le domaine temporel 光学的時間領域反射計, *optical time domain reflectometry*
〈**Reflets de France**〉 ルフレドフランス：スーパーマーケットの Promodes が展開する産直製品
réflexologie 〚風〛足の裏健康法, *reflexology*
réflexothérapie 〚風〛足の裏マッサージ, *reflexotherapy*
refonte des tarifs 料金改定, *tariff revision*
réforme administrative et financière 行財政改革, *administrative and financial reform*
réforme agraire 土地改革, *land reform*
réforme agricole 農地改革, *agrarian reform*
réforme de fiscalité 税制改革, *tax reform*
réforme de la Bourse de Paris パリ証券市場改革, *Paris Bourse reforms*
réforme structurelle dans le domaine des finances publiques 財政構造改革, *structural reforms in the fiscal area*
refoulement 〚法〛(移住希望者に対する国境の向こう側への)押戻し；ルフールマン, *expulsion or return*
refrain publicitaire (繰り返される)宣伝文句, *advertising jingle*
refrappe 〚コンピュ〛キーボードからの再度打込み, *rekeying*
refuge contre inflation インフレヘッジ, *hedge against inflation*
réfugiés déguisés 偽装難民, *disguised refugee*
refus de paiement 支払拒否, *non-payment of debt*
refus d'obtempérer 〚法〛交通検問拒絶
regain d'activité sur les marchés financiers 〚証〛証券市場の再燃, *renewal of activity of the Stock Market*
regain de ventes 売上げの回復, *revival of sales*
regain d'intérêt pour les actions japonaises 〚証〛日本株買いムード, *buy Japanese mindset*
regard de visite マンホール, *manhole*
reggae 〚風〛レゲエ：ジャマイカ起源の音楽, *reggae*
Régie autonome des transports parisiens パリ市交通公団, *Parisian municipal transport system*
régies d'avances 前払い金勘定；前払い管理, *accounts of imprests*

régie d'Etat (国家管理の)公団, *public corporation*
régie d'exploitation コントロールルーム, *control room*
régie vidéo ビデオセンター, *video center*
régime actuel 現政権, *present government*
régime alimentaire ダイエット, *diet*
régime autonome d'importation 一方的輸入措置, *unilateral import arrangements*
régime communautaire 共通財産性, *joint settlement of property*
régime d'assurance chômage (民間労使が出資する)失業保険制度, *unemployment insurance*
régime d'assurance maladie 健康保険制度, *medical care insurance plan*
régime d'assurance sociale 社会保険制度, *social insurance scheme*
régime de contingentement 割当制度, *quota system*
régime de contrôle des technologies de missiles ミサイル関連技術輸出規制, *Missile Technology Control Regime*
régime de pension à cotisations déterminées ou à capital constitutif / régime de retraite à cotisations déterminées ou à capital constitutif 確定拠出型年金制度, *defined-contribution pension plan*
régime de pension à la charge de l'employeur 企業負担年金制度, *non-contributory pension scheme*
régime de retraite par répartition 賦課方式年金制度, *pay-as-you-go financing plan pension scheme*
régime de retraite sans capitalisation 非積立型年金制度, *unfunded pension scheme / unfunded plan*
régime de Sécurité sociale 社会保障制度, *social security system*
régime des changes 為替規制, *exchange regulations*
régime des échanges 貿易制度, *trading system*
régime des nullités des sociétés 会社設立無効, *nullity of companies*
régime des prix imposés 再販価格維持, *resale price maintenance*
régime douanier 税関規則；通関手続体制, *customs regulation*
régime économique 経済体制, *economic system*
régime financier 金融構造, *financial structure*
régime foncier 土地保有制度, *land tenure system*
régime forfaitaire 一括税, *lump sum tax*
régime juridique des eaux et de l'espace aérien sus-

jacents 上部水域及び上空の法的地位, *legal status of the superjacent waters and air space*

régime juridique particulier de la zone économique exclusive 排他的経済水域の特別の法制度, *specific legal regime of the exclusive economic area*

régime macrobiotique 〚風〛(長寿のための)自然食の食事法, *macrobiotics*

régime préférentiel 特恵関税制度, *preference system*

régime protecteur 保護貿易制度, *protectionism*

régime simplifié d'imposition 簡易課税制度, *simplified taxation system*

régime transitoire 臨時体制, *transitory scheme*

régime transitoire d'échanges 過渡的貿易制度, *transitional arrangements for trade*

régime végétarien 菜食療法, *vegetarian diet*

région assistée 〚経〛特別援助地域, *assisted area*

région défavorisée 不況地域, *depressed area*

région des Grands Lacs (アフリカ中東部の5つの湖からなる)大湖地域, *Great Lakes region*

régions frontalières 国境地域, *border regions*

régions isolées 孤立地方, *isolated regions*

régionalisation 地域圏重視政策, *regionalization*

régionalisation des comptes spéciaux 特別勘定の地域化, *regionalization of special accounts*

registre à souche 発行控付き原簿, *register containing counterfoils*

registre central 中央登記簿, *central register*

registre de comptabilité 会計簿, *account book*

registre des actionnaires 株主名簿;株主元帳, *stockholders' list*

registre des actions 株式簿, *stock register*

registre des oppositions à prélèvement 〚法〛(フランスで臓器移植に反対する人の)採取防止台帳

registre d'index 〚コンピュ〛指標レジスタ, *index register*

Registre européen du commerce 欧州商業登記所, *European Commercial Register*

Registre international des substances chimiques potentiellement toniques 国際有害化学物質登録システム, *International Register of Potentially Toxic Chemicals*

registre matériel 材料元帳, *materials ledger*

registre qualificateur 〚コンピュ〛循環レジスタ, *qualifier register*

réglage de l'affichage ディスプレイ調整, *display setting*

réglage fin 微調整, *fine tuning*

règles d'arbitrage de la CCI (=Chambre de commerce internationale) 国際商業会議所仲裁規則, *International Chamber of Commerce rules of arbitration*

règle de conduite 行動方針, *line of behavior*

règle de conflit des lois 〖法〗(国際私法の)抵触規則, *choice-of-law rule*

règle de congruence 〖仏〗通貨一致法：フラン建債務の最低1/2をフラン建資産で保有せよとする規則

règle de l'abri sûr 〖法〗安全港規定；セーフハーバー条項, *safe harbor rule*

règle de l'homme prudent 慎重人原則, *prudent man rule*

règle de moindre coût 最小費用定則, *least cost rule*

règle de non-cumul (欧州共同体の国境調整金の)非累加原則, *non-cumulation rule (EC)*

règles de procédure 運営規則, *rules of procedure*

règles de prudence 慎重人原則, *prudent man rules*

règles de prudence dans la gestion 堅実経営原則, *prudential rules*

règles de Washington ワシントン規則；ワシントン三原則, *Three Rules of Washington*

règle d'inférence 〖コンピュ〗推論規則, *rule of inference*

règles d'origine 原産地規制, *rules of origin*

règle du butoir 緩衝原則, *buffer rule*

règle du prorata (一定の)基礎控除規定, *pro rata rule*

règle du taux effectif 実効税率の規則, *effective rate rule*

règle du trapèze 〖コンピュ〗台形規則, *trapezoidal rule*

règles d'York et d'Anvers ヨーク・アントワープ規則：共同海損の精算方法を定めた規則で通称は YAR, *York-Antwerp Rules*

règles et procédures régissant le règlement des différends (世界貿易機関の)紛争解決メカニズム, *dispute resolution mechanisms (WTO)*

règles générales des contrats de prêt 貸付契約の一般原則, *General Terms & Condition of Loan Agreement*

règle par défaut 〖コンピュ〗デフォルトルール, *default rule*

règle sur le secret des délibérations 発言封じ込め規則, *gag rule*

règlement à terme 期日決済, *credit settlement*

règlement anticipé 期限前償還, *advance repayment / advance redemption*

règlement balançant (国家間の貸借尻に関する)振り子勘定, *swing account*

règlement concernant la publication d'informations officielles 情報公開制度, *freedom of information system*
règlement d'atelier 工場規則, *factory rules*
règlement d'avarie 〚保〛海損精算, *average adjustment*
règlements de l'impôt sur le revenu à la source 源泉徴収による所得税の支払い, *pay as you earn remittances*
règlement de vote 投票規則, *voting rule*
règlement des différends dans le GATT GATT(ガット)紛争処理, *dispute settlement in the GATT*
règlement différé 延払い, *deferred payment*
règlement en espèces 現金決済；差金決済；即日決済, *settlement in cash*
règlement immédiat 即時決済, *immediate settlement*
règlement intérieur 内規；就業規則, *internal regulation*
règlement interne 社内規則, *internal regulation*
règlement mensuel 〚証〛〚仏〛(株の)限月(げんげつ)決済(取引)：2003年9月末に廃止された決済方法, *monthly settlement*
règlement par chèque 小切手決済, *payment by check*
règlement semestriel 半期決済, *half-yearly settlement*
réglementation BRI (= Banque des règlements internationaux) 国際決済銀行規制, *BIS (= Bank for International Settlements) regulation*
réglementation de cas d'exception (社会保障給付における)特殊ケース条項, *hardship clause*
réglementation de la chasse à la baleine 捕鯨取締り, *Regulation of Whaling*
réglementation du change / réglementation (du trafic) des changes 外国為替規制, *exchange control regulation*
réglementation du commerce 商慣行規制, *regulation of trading practices*
réglementation K K規制：米国銀行の国際業務及び外国銀行の米国内業務に関する連邦準備制度理事会の規則, *regulation K (USA)*
réglementation obligatoire des salaires 強制的賃金規制, *compulsory wage regulation*
réglementation Q Q規制：預金に関する米国連邦準備制度理事会の規則, *Regulation Q (USA)*
réglementation sur l'hygiène alimentaire 食品衛生規制, *food hygiene regulation*
réglementation Z Z規制：米国の貸付真実法において消費者保護のために制定された連邦準備制度理事会の規則, *regulation Z (USA)*

régression linéaire des logarithmes (des données sur la consommation annuelle effective de nickel) (実際のニッケル年間消費量の)対数回帰直線, *linear regression of the logarithms (of actual nickel consumption)*

regroupement d'actions 〚証〛逆株式分割, *reverse split*

regroupement des postes 〚会〛項目の統合, *regrouping of entries*

regroupement des sociétés de Bourse 証券取引会社の合併, *merger of stockbrokers*

regroupement familial 家族呼寄せ：長期滞在許可を受けている移民労働者がフランスに家族を呼ぶこと

régulateur (鉄道の)運転指令者, *dispatcher*

régulateur レギュレーター：民営化された国営企業の監視役, *regulator*

régulateur automatique de niveau 瞬間自動利得調節, *instantaneous automatic gain control*

régulation de la demande 需要管理, *demand management*

régulation de la production 生産管理, *production control*

régulation des monopoles 独占規制, *monopoly regulation*

régulation directe 直接規制, *direct regulation*

régulationniste レギュラシオン学派経済学者, *regulationist*

réhabilitation des quartiers défavorisés スラム街再生, *greenlining*

rehaussement fiscal 税収増額補正, *upward modification of tax*

réhausseur (子供を自動車に安全に乗せるための)補助クッション, *booster cushion*

réimputations (不渡り手形により入金分を元に戻す)入金相殺, *charge backs (USA)*

〈la reine de la route〉 〚言換〛(路上の女王である)シトロエンのトラクションアヴァン, *Citroën 11 CV*

〈la reine des bandits〉 〚言換〛(インドで議員になった元盗賊の女首領)プーラン・デビ, *Bandit Queen (Phoolan Devi)*

réingénierie リエンジニアリング：事業の根本的改革, *reengineering*

réinitialisation 〚コンピュ〛リセット, *reset*

réinscriptible 〚コンピュ〛リライト可能な, *rewriteabale*

réinsertion sociale (受刑者などの)社会復帰, *rehabilitation*

réintermédiation 金融再仲介：80年代の銀行非仲介とは反対

に，90年代に入っての銀行仲介の再活発化

réinvestissement des dividendes 配当再投資, *dividend reinvestment*

⟨**relais H**⟩ （駅・空港などの Hachette 系）書籍新聞雑誌売店, *bookstall (Hachette group)*

relance économique 景気刺激, *business recovery measures*

relance par l'augmentation de la masse monétaire 〖金〗リフレーション, *reflation*

relance par voie budgétaire 財政面からの景気刺激, *fiscal stimulus*

relations croisées de demandes 需要の交差関係, *cross relation of demand*

relation d'appartenance （数学で元の集合への）帰属関係, *membership of a set*

relation entre les sexes 両性関係：男女それぞれの適性を生かす関係, *gender relation*

relations interindustrielles 産業連関, *interindustry-relation*

relations professionnelles / relations sociales 労使関係, *labor relations*

relation rendement d'une valeur 〖証〗証券市場線, *security market line*

relation revenu-consommation 所得消費の関係, *consumption-income relation*

(être) ⟨**relationnel**⟩ （企業などが縁故や学閥などの）人間関係で結ばれている

relevé de compensation 手形交換報告書, *clearing report*

relevé de compte en banque / relevé bancaire 銀行口座取引明細書, *statement of account*

relevé de cours de valeurs 相場日報, *list of quotations*

relevé des amortissements 償却明細書, *depreciation statement*

relevé d'identité bancaire （客用の）銀行口座証明書, *bank details*

relevé d'identité postal 郵便振替口座証明書, *document giving details of one's postal account*

relevé quotidien des valeurs non admises à la cote 〖証〗非上場証券相場気配日報, *list of quotations of not-listed stocks*

relevé récapitulatif （事業などの）要旨説明書, *summary statement*

relèvement des taux d'intérêt 金利引上げ, *rise of the*

interest rates

relié en dur (書籍が)ハードカバーの, *hardcover*

(ordinateurs) reliés en réseau local 企業内ネットワークで結ばれた(コンピュータ)

reliquat 未払い残高；残額, *outstanding balance*

reliquat de l'indemnité 填補額の残額

reliure à pince パンチレスクリップファイル, *punchless clip file*

relocalisation industrielle 産業配置転換, *relocation of industry*

remaniement de capital 資本再編成, *capital reorganization*

remaniement de l'équipe dirigeante 経営陣入替え, *management reshuffle*

remaniement parcellaire 土地整理, *reparceling*

rembobinage automatique (フィルムの)自動巻取り, *automatic rewind*

rembourrage 防護パッド, *padding*

rembours (輸出業者の)戻し税, *drawback*

remboursable par acomptes 分割返済の, *repayable by installments*

remboursement à lots 〘証〙抽選償還, *redemption by lot*

remboursement anticipé / remboursement par anticipation 〘証〙期限前償還；早期返済；繰上償還, *redemption before due date*

remboursement au cours du marché 〘証〙市価償還, *redemption at market price*

remboursement au pair 〘証〙額面償還, *redemption at par value*

remboursement de la dette 債務支払い, *debt repayment*

remboursement de l'impôt / remboursement d'un trop-perçu d'impôt 租税還付, *tax refund*

remboursement d'un emprunt-logement モーゲージローン返済, *mortgage repayment*

remboursement en totalité / remboursement intégral / remboursement total 全額返済, *full refund*

remboursement en tranches égales 元利均等分割返済, *level payment*

remboursement in fine 一括返済, *bullet repayment*

remboursement intégral 〘保〙無控除支払い, *non-deductible franchise*

remboursement par annuité 年賦償還, *redemption by yearly installment*

remboursement partiel 一部減債, *partial payment of a debt*

remèdes contre l'inflation インフレ退治策, *cure for inflation*

réméré 〘証〙買戻し条件付き証券売買, *sale and repurchase agreement*

remise 〘証〙(中間仲買人への)手数料, *half commission*

remise à blanc (d'une disquette) 〘コンピュ〙(フロッピーの)リフォーマッティング, *reformatting (of a floppy disk)*

remise à l'escompte (手形の)割引譲渡, *presentation of a bill for discount*

remise à zéro (計画などの)ご破算, *clearance*

remise à zéro 〘コンピュ〙リセット, *reset*

remise bancaire 送金為替, *bank remittance*

remise de base 基本割引, *basic discount*

remise de fonds 資本の引渡し, *remittance of funds*

remise de la dette 債務免除；債務帳消し；借金の棒引き, *remission of the debt*

remise d'effets à l'encaissement 小切手取立のための呈示, *remittance of bill for collection*

remise des prix (学業優秀者などの)表彰, *prizegiving*

remise du titre de créance au débiteur 債務者への債権証書の返却, *return of the proof of debt to the debtor*

remise d'un titre 〘証〙証券引渡し, *delivery of a security*

remise en compte courant (銀行口座における)交互計算による差引勘定

remise en jeu 〘スポ〙(アイスホッケーの)フェイスオフ, *face-off*

remise habituelle 基本割引, *basic discount*

remise maximum 最大割引率, *maximum discount*

remise pour achat en nombre / remise quantitative / remise sur quantité まとめ買割引, *quantity discount*

remise professionnelle 仲間割引, *trade discount*

remise promotionnelle 販促割引, *promotional allowance*

remise, rabais, ristourne 割引と割戻し, *discounts and allowances*

remise saisonnière オフシーズン割引, *seasonal reduction*

remisier 〘証〙中間仲買人, *intermediate*

remix ルミックス：曲などの新しいアレンジでの再録, *remix*

remonétarisation 銀行券と中央銀行当座預金による資金補充

remonétisation 再法定貨幣化, *remonetization*

remontée de l'information (情報の)フィードバック,

feedback

remploi des ressources du fonds fiduciaire 信託資金の再循環, *trust fund reflows*

rémunération à la commission 歩合給, *commission only*

rémunération annuelle 年俸, *annual salary*

rémunération au rendement 能率給;出来高払い, *payment by results*

rémunération du capital 資本利子, *capital interest*

rémunération nette 手取給与, *take-home pay*

rémunérations occultes 秘密報酬, *secret payments*

renantissement 〚証〛追証(おいしょう), *remargining*

〈**Renard du désert**〉 「砂漠の狐」:Ermin Rommel のあだ名で, 1998年12月の米国の軍事作戦名でもある, *Desert Fox*

rencontre par équipes 〚スポ〛団体戦, *team match*

rendement à l'échéance 〚証〛償還利回り;満期利回り, *redemption yield*

rendement actualisé / rendement actuariel 〚証〛最終利回り, *yield to maturity*

rendement constant 収益不変, *constant return*

rendement constant maximum 最大持続生産量:公海生物資源の保存についての概念, *maximum sustainable yield*

rendement courant 〚証〛直接利回り, *current yield*

rendements croissants 逓増的収穫;収穫逓増, *increasing returns*

rendements croissants d'échelle 規模に関する収益逓増, *increasing returns to scale*

rendement de l'actif 総資産収益率, *return on assets*

rendement de l'investissement 資本利益率, *return on investment*

rendement de l'obligation 〚証〛債券利回り, *bond yield*

rendement de souscripteur 〚証〛応募者利回り, *yield of subscribers*

rendements d'échelle 規模に関する収穫, *returns to scale*

rendements d'échelle constants 規模に関する収穫不変, *constant returns to scale*

rendements d'échelle croissants 規模に関する収穫逓増, *increasing returns to scale*

rendements d'échelle décroissants 規模に関する収穫逓減, *decreasing returns to scale*

rendements décroissants 逓減的収穫;収穫逓減, *decreasing returns*

rendement des actifs 資産利回り, *return on assets*

rendement des actions 〚証〛配当利回り, *dividend yield*

rendement des capitaux engagés 投資収益, *return on investment*
rendement du marché 〚証〛市場利回り, *market yield*
rendement d'un investissement / rendement d'un placement 投資収益, *return on investment*
rendement d'une valeur vendue en dessous du pair 〚証〛割引利回り, *discount yield*
rendement effectif 〚証〛実効利回り, *effective yield*
(obligation à) rendement élevé 〚証〛高利回り(の債券), *high yield (bond)*
rendement énergétique エネルギー効率, *energy efficiency*
rendement escompté 〚証〛予想利回り, *prospective yield*
rendement marginal de l'investissement 投資限界収益, *marginal return on investment*
rendements marginaux décroissants 限界収穫逓減, *diminishing marginal returns*
rendement minimum requis 必要最低収益率, *cut-off rate*
rendement net 〚証〛純利回り, *net yield*
rendement net 純産出高, *net yield*
rendement optimal 〚証〛最適利回り, *optimal yield*
rendement périodique 〚証〛定時償還, *periodic payments*
rendement prévisible 期待収益, *prospective yield*
rendement simple 〚証〛単純利回り, *simple yield*
rendement sur remboursement 〚証〛償還利回り, *redemption yield*
rendez-vous spatial 宇宙ランデブー, *rendezvous*
rendu à quai droits acquittés (インコタームズで)埠頭持込渡し値段, *delivered ex quay duty paid*
rendu droits acquittés (インコタームズで)仕向地持込関税込値段, *delivered duty paid*
rendu droits non acquittés (インコタームズで)仕向地持込関税抜き値段, *delivered duty unpaid*
rendu ex ship (インコタームズで)本船持込渡し値段, *delivered ex ship*
rendu frontière (インコタームズで)国境持込渡し値段(未通関), *delivered at frontier*
rendu sur achats 返品, *rejected goods*
renflouage (d'une société en difficulté) (不振企業の)補助, *bailout*
renforcement militaire 軍備増強, *military buildup*
renminbi yuan (中国の通貨単位で)人民元, *renminbi yuan*
renouvellement d'effets 手形の書換え, *renewal of bills*
renouvellement des immobilisations 固定資産更新,

renewal of fixed assets
rénovation urbaine　都市再開発, *urban renovation*
renseignements sur la marche des affaires sociales　営業報告書, *business report*
renseignements téléphoniques　電話番号案内：フランスでの受付番号は12番で,電話料金の問い合わせにも応じる, *directory assistance*
rentabilité de l'urbanisation　都市計画の採算性, *economics of town planning*
rentabilité des capitaux investis　投下資本収益；使用総資本利益率, *return on capital employed*
rentabilité des fonds investis / rentabilité de l'investissement　自己資本利益率, *investment return*
rentabilité du capital　資本収益, *return on capital*
rentabilité maximum　利潤極大化, *maximization of profits*
rente à terme　定期年金, *term annuity*
rente accident du travail　労働災害年金, *labor accident annuity*
rente amortissable　〚証〛償還国債, *redeemable debt*
rente continue　継続年金, *continuous annuity*
rente croissante　逓増年金, *increasing annuity*
rente de compétence　競争的レント, *competitive rent*
rente de survie　生残り年金, *reversionary annuity*
rente de veuve　寡婦年金, *widow's annuity*
rente de vieillesse　老齢年金, *retirement pension*
rente décroissante　逓減年金, *decreasing annuity*
rente différée　据置年金, *deferred annuity*
rente différentielle　差額地代, *differential rent*
rente d'invalidité　不具廃疾年金, *invalidity annuity*
rente en cours　現在の年金, *current annuity*
rente en perpétuel　永続年金, *perpetual annuity*
rente immédiate　即時年金, *immediate annuity*
rentes indexées sur le revenu d'un portefeuille　変額年金, *variable annuity*
rente payable d'avance　期始払い年金, *annuity certain due*
rente perpétuelle　無期年金；永久定期金, *perpetual annuity*
rente Pinay　〚証〛ピネー債：1953年発行の4.5%フランス国債, *Pinay bond*
rente portable　持参年金, *annuity payable at the address of the payee*
rente sur l'Etat　〚証〛国債, *government annuity*
rente tréfoncière　地下物の定期金：鉱脈や油田からの定期収

rente variable 変額年金, *variable annuity*
rente viagère 終身年金；終身定期金, *life annuity*
rente viagère avec réversion (遺族への)転換付き終身年金, *survivorship annuity*
rente viagère d'invalidité 廃疾年金, *disability annuity*
rentrée atmosphérique 大気圏再突入, *atmospheric reentry*
rentrée dans le pays 再入国, *reentry*
rentrée des impôts 徴税, *tax collection*
rentrées invisibles 貿易外収入, *invisible earnings*
rentrées quotidiennes 日銭, *daily receipts*
renvoi automatique (de numéros) (電話番号)自動転送, *call forwarding*
renvoi préjudiciel 〖法〗(裁判での)前提問題判断のための移送, *preliminary rulings*
réorganisation structurelle 構造的再編, *structural reorganization*
réouverture du magasin après rénovation 新装開店, *reopening of the store after refitting*
réparations à la minute インスタント修理, *instant repairs*
réparations de guerre 戦争賠償, *war reparations*
répartiteur 課税評価人, *assessor*
répartiteur d'avaries 海損精算人, *average adjuster*
répartiteur de jonction 中継線用配線盤, *trunk distribution frame*
répartiteur d'entrée 主配線盤, *main distribution frame*
répartiteur intermédiaire 中間配線盤, *intermediate distribution frame*
répartition au prorata 比例配分分担, *contribution pro rata*
répartition d'avaries 〖保〗海損精算, *adjustment of average*
répartition de bonus 〖保〗無事故戻しの配賦, *allotment of bonus*
répartition de capitaux 資本構造, *capital structure*
répartition de la fortune 資産の分配, *distribution of wealth*
répartition des actions gratuites 〖証〗無償株割当, *distribution of bonus stocks*
répartition des coûts 費用配分, *allocation of cost*
répartition des moyens de production 生産手段の配分,

allocation of resources

répartition des revenus 所得分配, *distribution of income*

répartition du bénéfice 利益の配分, *distribution of profits*

répartition du dividende 配当の分配, *distribution of the dividend*

répartition fonctionnelle 機能的分配, *functional distribution*

répartition par âge 年齢分布, *age distribution*

répartition périodique des charges et des produits 費用収益期間配分, *periodical apportionment of costs and products*

répartition personnelle 個人的分配, *personal distribution*

répartition proportionnelle 比例配分, *proportional allotment*

repas à prix fixe 均一料金の食事, *fixed-price meal*

répercussion (負担増加分などの)他への転嫁, *pass-through*

répercussion dans le prix des produits 製品価格への前転, *forward shifting on product price*

répercussion en chaîne 連鎖反応, *chain reaction*

repère ベンチマーク：同種商品比較の際の基準, *benchmark*

répertoire 〖コンピュ〗ダイレクトリー, *directory*

répertoire courant 〖コンピュ〗カレントディレクトリー, *current directory*

répertoire de données 〖コンピュ〗データディレクトリー, *data directory*

répertoire des fichiers 〖コンピュ〗ファイル登録簿, *file directory*

répertoire des métiers 手工業者台帳, *directory of craftsmen*

répertoire téléphonique 電話番号録, *telephone directory*

repli consécutif 〖証〗続落, *further decline*

repli des cours 〖証〗相場の下落, *fall of quotations / decline in prices*

réponse des primes 〖オプ〗(プレミアム取引の)オプション宣言, *declaration of options*

réponse impulsionnelle finie 〖通〗有限インパルス応答, *finite impulse response*

réponse impulsionnelle infinie 〖通〗無限インパルス応答, *infinite impulse response*

réponse temporelle 〖コンピュ〗時間応答, *time response*

report à l'exercice suivant 次期繰越し, *balance carried forward to next account*

report à nouveau 繰越損益, *balance carried forward*

report au fonds de réserve 積立金繰入れ, *addition to reserve*

report circulaire 〘コンピュ〙循環桁上げ, *end-around-carry*

report de bénéfices de l'exercice précédent 前期繰越利益, *profit brought forward from last account*

report de l'échéance du paiement des intérêts 利子支払期限の繰延べ, *posting of the due date of interest payment*

report de mots complets 〘コンピュ〙ワードラップ, *wordwrap*

report de pertes de l'exercice précédent 前期繰越損失, *loss brought forward from last account*

report d'échéance 返済期限の延長, *extension of due date*

report du déficit fiscal 租税の損金繰越し, *tax-loss carry-forward*

report négatif 〘証〙ネガティブキャリー：証券を融資するため借入れた金額が証券の利回りを上回る状態, *negative carry*

report parallèle 〘コンピュ〙桁上げ先回り制御, *carry look-ahead*

report sur les exercices antérieurs 前期繰越し, *carry-backward*

report sur les exercices postérieurs 次期繰越し, *carry-forward*

reporteur 〘証〙定期取引で決算期日を延長する客, *taker*

reporting des transactions 取引明細, *contract note*

repos compensateur 代償休日, *compensatory leave (for overtime)*

repos journalier 毎日の休息時間, *daily rest period*

représailles massives （核兵器による）大量報復, *mass retaliation*

représentant de commerce 行商人, *commercial traveler*

représentant syndical 企業委員会組合代表, *union representative*

représentation consulaire （領事業務の）出張駐在官事務所, *consular office*

représentations et délégations permanentes （各国政府の）常駐代表部

répression de la circulation et du trafic des publications obscènes 猥褻刊行物流布及び取引禁止, *suppression of circulation and traffic in obscene publications*

répression de la piraterie 海賊行為の抑止, *repression of piracy*

répression des indications de provenance fausses ou fallacieuses 虚偽のまたは誤認を生じさせる原産地表示の防止, *repression of false or deceptive indications of source on goods*

reprise après avarie 〖コンピュ〗故障回復, *failure recovery*
reprise de l'économie / reprise des affaires 景気回復, *upturn of the economy*
reprise de l'entreprise par ses salariés 従業員による会社買取り, *leveraged management buyout*
reprise d'entreprise par recours à l'emprunt LBO：テコ入れ買収, *leveraged buyout*
reprise des prix 価格の反騰, *rally of the prices*
reprise du commerce 貿易再興, *revival of trade*
reprise du marché obligataire 〖証〗債券市場の反発, *bond market rally*
reprise d'un établissement en difficulté 経営困難企業の買取り, *take-over of a lame duck company*
reproductible 再生産可能な, *reproducible*
reproduction d'un programme d'ordinateur コンピュータソフトのコピー, *copy of a computer program*
reproduction élargie 拡大再生産, *expanded reproduction*
reproduction illégale 違法コピー, *illegal copy*
reproduction simple 単純再生産, *simple reproduction*
Républicains indépendants （フランスの政党で）独立共和派
Républicains radicaux （フランスの政党で）急進共和派
république autonome 自治共和国, *autonomous republic*
(la) République des Adyghés アドゥイゲヤ共和国, *Adygea Republic*
république fédérale 連邦共和制, *federal republic*
république populaire 人民共和制, *people's republic*
réputation de solvabilité 信用状態, *credit standing*
requête de fixation des frais 費用決定の要請, *request for the fixing of costs*
rescindable （契約などを）取消しうる, *which can be annulled*
rescrit financier 〖証〗財務返書：フランス証券取引委員会が証券取引に関する企業の疑問に対して出す回答
réseau à large bande intégré 〖通〗統合ブロードバンドネットワーク, *integrated broadband communication network*
réseau à logique programmable par l'utilisateur 〖コンピュ〗プログラマブル論理回路配列, *field programmable logic array*
réseau à paquets 〖通〗パケットネットワーク, *packet network*
réseau à valeur ajoutée 〖コンピュ〗VAN（バン）；付加価値通信網, *value-added network*
réseau analogique 〖通〗アナログネットワーク, *analog net-*

work

réseau commuté 〚コンピュ〛交換ネットワーク, *switched network*

réseau d'antennes à très longue ligne de base 超長基線配列（電波望遠鏡）, *Very Long Baseline Array*

réseau de communications électroniques 〚証〛電子証券取引ネットワーク, *electronic communications network*

réseau de commutation par paquets 〚通〛パケット交換網, *packet-switched network*

réseau de distribution de gaz ガス配給網, *gas distribution network*

réseau de gestion des télécommunications 電気通信管理ネットワーク, *telecommunications management network*

réseau de piste cyclable 自転車レーン網, *cycletrack network*

réseau de services à valeur ajoutée 〚コンピュ〛VAN（バン）サービス, *valued added network service*

réseau de téléinformatique データ通信網, *data communications network*

réseau de téléphonie mobile 移動電話網, *mobile telephone network*

réseau de transmission de données par paquets 公衆データ網サービス：パケット伝送によるデータ交換システム, *packet data transmission network*

réseau des agences 支店網, *branch network*

réseau des réseaux informatiques 〚言換〛（ネット中のネットである）インターネット, *Internet*

réseau d'information international sur les normes 国際標準化機構ネットワーク, *International Information Network of Standards*

réseau donnant un accès direct à l'information 〚通〛オンライン情報網, *on-line information network*

réseau en anneau 〚コンピュ〛リング型ネットワーク, *ring network*

réseau en arbre 〚コンピュ〛ツリー型ネットワーク, *tree network*

réseau en bus 〚コンピュ〛バス型ネットワーク, *bus network*

réseau en étoile 〚コンピュ〛スター型ネットワーク, *star network*

réseau express régional 首都圏高速鉄道網：パリの新地下鉄路線へ郊外路線が乗り入れた形の鉄道網, *express rail network serving Paris and its suburbs*

réseau informatique 〚コンピュ〛コンピュータネットワーク, *computer network*

réseau informatique à valeur ajoutée 付加価値通信網, *value-added network*

réseau informatique européen 欧州情報ネットワーク, *European Informatics Network*

réseau informatique pour transactions de blocs 〖証〗ARIEL(アリール)：自動証券取引システム, *Automated Real-Time Investment Exchange Limited*

réseau intégré de transmission de données 〖通〗集中データ伝送網, *integrated data transmission network*

réseau intégré des transmissions automatiques 自動送信統合網

réseau intégré des transmissions des armées 三軍送信統合網

réseau local d'entreprise 〖通〗ローカルエリアネットワーク：略称は LAN(ラン), *Local Area Network*

réseau logique programmable 〖コンピュ〗プログラマブル論理回路配列, *programmable logic array*

réseau longue distance 〖通〗広域ネットワーク, *wide area network*

réseau maillé 〖通〗メッシュ型通信網, *mesh network*

réseau multiconstructeur 〖通〗マルチベンダーネットワーク, *multivendor network*

réseau numérique à intégration des services ISDN；総合デジタル通信網, *integrated services digital network*

réseau numérique avec intégration des services à large bande 広帯域 ISDN, *broadband integrated services digital network*

réseau numérique intégré 統合デジタル網, *integrated digital network*

réseau optique passif 受動的光ネットワーク, *passive optical network*

réseau privé à intégration de services 〖通〗プライベート ISDN, *private integrated services digital network*

réseau santé social 健康保険ネットワーク

réseau téléphonique de transmission de données par paquets 〖通〗パケット交換電話網, *packet switching telephone network*

réseau téléphonique public commuté 公衆電話網, *public switched telephone network*

Réseaux associés pour la recherche européenne 欧州研究ネットワーク協会, *European Organization of Computer Networks*

réseaux étendus 広域(データ)網, *wide area network*

réseaux fondés sur le protocole Internet IPネットワーク, *IP (=Internet Protocole) network*
réservation volante (TGV利用のための)仮予約券
réserves contractuelles 契約積立金, *contractual reserve*
réserves cumulatives pour catastrophe pour l'assurance des risques atomiques 原子力保険の異常危険準備金, *cumulative reserve for catastrophe in nuclear energy insurance*
réserves d'assurance 保険支払いの準備金, *insurance reserve*
réserves de bénéfices 〖保〗配当準備金
réserves de change 為替準備金, *foreign exchange reserves*
réserves de garantie 〖保〗担保準備金
réserves de participation 〖保〗利益準備金
réserves de primes 保険料積立金, *premium reserves*
réserves de réévaluation 再評価積立金, *revaluation reserve*
réserves de sécurité 偶発損失準備金, *contingency reserve*
réserves d'emprunt 借入準備金, *borrowed reserves*
réserve d'oiseaux ornithologique 鳥獣保護区域, *bird sanctuary*
réserves d'or et de devises étrangères 金外貨準備高, *stock of gold and foreign exchange*
réserves en capital 資本準備金, *capital reserves*
réserves en devises adéquates 適正外貨準備金, *adequate foreign exchange reserves*
réserves en espèces / réserves de trésorerie 現金準備高;手元現金, *cash reserve*
réserves excédentaires 過剰準備, *excess reserves*
réserves exigibles 支払準備金, *reserve requirements*
réserves facultatives 任意準備金;任意積立金, *optional reserve*
réserve fractionnaire 部分準備:銀行による総預金の何分の1かの支払い準備, *fractional reserve*
réserves IBNR 〖保〗既発生未報告損害準備金, *IBNR (=incurred but not reported loss reserve)*
réserves indisponibles 制限付き余剰, *restricted surplus*
réserves latentes / réserves invisibles 秘密積立金;隠匿積立金, *hidden reserves*
réserves légales / réserves obligatoires 法定準備金;法定積立金, *legal reserve*
réserves libres 任意積立金, *voluntary reserves*
réserve mathématique des réassurances 再保険料準備

金, *actuarial reserves of reinsurance*
réserves minimales 支払準備率, *reserve requirements*
réserve naturelle 自然保護区, *natural reserve*
réserves non empruntées 非借入準備金, *nonborrowed reserves*
réserves occultes 秘密積立金, *secret reserves*
réserves pour actions propres 〖証〗自己株式準備金, *reserve for treasury stocks*
réserves pour amortissement des obligations 〖証〗社債用減債基金, *bond sinking fund*
réserves pour bonus 〖保〗配当準備積立金
réserves pour catastrophes 異常損害準備金, *conflagration reserve*
réserves pour dépassement des crédits législatifs 法定貸付超過準備金, *reserve for statutory overruns*
réserves pour éventualités 危険準備金, *contingency reserve*
réserves pour impôts sur le revenu 繰延税準備金, *deferred income tax reserve*
réserves pour risques croissants 〖保〗増加危険準備金
réserves pour risques en cours 〖保〗未経過保険料準備金, *unearned premium reserve*
réserves pour sinistres en suspens / réserves pour sinistres restant à payer 〖保〗支払準備金；損害準備金, *reserve for outstanding claims*
réserves primaires 一次準備金, *primary reserve*
réserves prime d'émission 〖証〗発行プレミアム積立金, *premium reserves*
réserves raisonnables en devises 適正外貨準備高, *reasonable foreign exchange reserves*
réserves réglementaires 規定積立金, *legal reserve*
réserves secrètes 秘密積立金, *secret reserves*
réserves spéciales de participation 〖証〗参加証券用特別準備金, *special reserve of participation certificate*
réserves statuaires 定款積立金, *reserve provided by the articles of association*
réserves supplémentaires 過剰準備金, *excess reserves*
réserves techniques 〖保〗契約準備金
réserves totales prescrites 規定準備金総額, *prescribed aggregate reserve*
résidence Edilys エディリス住宅：自立不能の高齢者受入住宅
résidence intégrée 同化住宅：高齢者受入住宅

résidence officielle du premier ministre 首相官邸, *official residence of Prime Minister*

résidence surveillée ナーシングホーム, *nursing home*

résident contribuable 居住納税者, *resident taxpayer*

résident en mémoire 〖コンピュ〗メモリー常駐の, *memory-resident*

résident en mémoire vive 〖コンピュ〗RAMに常駐の, *RAM resident*

résident sur disque 〖コンピュ〗ディスクレジデント, *disk-resident*

résidu 残余金, *residue*

résidus de fission 核分裂生成物, *radioactive waste*

résidus industriels 産業廃棄物, *industrial waste*

résidus urbains 都市ごみ, *town refuse*

résistance-capacité 抵抗容量, *resistance-capacitance*

Résistance nationale mozambicaine (ポルトガル入植者主体のゲリラ)モザンビーク民族レジスタンス

résonance de spin électronique / résonance paramagnétique électronique 電子スピン共鳴, *electron spin resonance*

résonance magnétique nucléaire 核磁気共鳴, *nuclear magnetic resonance*

résorption de l'habitat insalubre 非衛生住宅収去事業, *elimination of insanitary dwelling*

résorption de l'inflation インフレの除去, *reduction of inflation*

résorption des liquidités 流動性吸収, *liquidity absorption*

résorption du déficit 赤字解消, *reduction of deficit*

respectueux de la loi 遵法の, *law-abiding*

responsabilité de rendre compte (企業の)説明責任, *accountability*

responsabilité professionnelle 〖経〗プロフェッショナルライアビリティー:専門職の賠償責任, *professional liability*

responsable client 顧客主任, *account manager*

responsable de la formation professionnelle (教育)訓練部長, *training manager*

responsable de la sécurité en cas d'incendie 火災事故防止責任者, *fire safety officer*

responsable de l'évaluation des sinistres 〖保〗精算人, *insurance adjustor*

responsable de sécurité 警備責任者, *security guard*

responsable des achats チーフバイヤー, *chief buyer*

responsable des stocks 在庫管理人, *stock controller*

responsable du règlement des sinistres 〖保〗損害精算人, *adjuster*

responsable du suivi 進歩監督官：作業の進展ぶりをチェックする, *progress chaser*

responsable financier 財務管理者, *financial manager*

responsable opérationnel ライン部門管理責任者, *line manager*

resquilleur 〖風〗顔パス入場者, *gate-crasher*

resserrement de la politique monétaire 金融政策の引締め, *tightening of money policy*

resserrement des bénéfices 利益圧縮, *profit squeeze*

resserrement du crédit / resserrement de l'argent 金融引締め, *monetary squeeze*

resserrement du crédit à découvert 〖証〗踏上げ：空売りした投資家が相場上昇により高値買戻しをせまられること, *short squeeze*

resserrement monétaire 貨幣不足, *shortage of money*

ressort （販売価格の）弾性値, *elasticity*

ressorts de la puissance économique 経済力の原動力, *growth impetus*

ressortissants nationaux 自国民, *national citizens*

ressources agricoles 農業資源, *agricultural resources*

ressources biologiques 生物資源, *living resources*

ressources de financements 資源の元, *source of funds*

ressources d'emprunt / ressources empruntées 借入金, *borrowed funds*

ressources en eau 水資源, *water resources*

ressources énergétiques エネルギー資源, *energy resources*

ressources génétiques 〖バイオ〗遺伝子資産, *genetic resource*

ressources halieutiques 漁業資源, *fish stocks*

ressources humaines 人的資源, *human resources*

ressources internes 内部資金, *internal resources*

ressources monétaires 手持現金, *bankroll*

ressources nationales 国民資源, *national resources*

ressources naturelles 自然資源, *natural resources*

ressources permanentes 恒久的資本, *investment capital*

ressources propres 固有財産, *own assets*

ressources vivantes 生物資源, *living resources*

restant de compte 勘定尻, *balance of account*

restaurant à thème （チェーン展開の）特定料理画一価格レストラン

restaurant bio 自然食品レストラン

⟨**Restaurants du cœur**⟩ / ⟨**Restos du cœur**⟩ （Coluche提唱の）無料簡易食提供所；心のレストラン

Restauration des dix commandements de Dieu 神の十戒復古運動：ウガンダのカルト教団, *Restoration of the Ten Commandments of Good*

restauration immobilière （マルロー法の）不動産修復事業

restauration rapide ファーストフード, *fast food*

restauroute / restoroute ドライブイン, *motorway restaurant / roadside restaurant*

rester zen 動じない

restitution à l'exportation （欧州共同体の）輸出払戻し, *export refund (EC)*

restitution classique 貿易割戻し, *trade refund*

restockage 在庫補充, *restocking*

restrictions à la liberté du commerce 貿易規制, *restraint of trade*

restrictions à l'importation / restrictions des importations 輸入規制, *import restrictions*

restrictions à l'investissement 投資制限, *investment restriction*

restrictions contingentaires （輸入）割当制限, *quota restrictions*

restriction de change 為替制限, *exchange restriction*

restriction des dépenses 支出制限, *restriction of expenditures*

restriction du crédit 金融引締め, *credit squeeze*

restriction généralisée du crédit 〚金〛クレジットクランチ：貸渋りが一般化して，資金需要の充足が極端に困難な状況, *credit crunch*

restriction monétaire 通貨規制, *currency restriction*

restriction monopolistique 独占的制限, *monopolistic restriction*

restrictions quantitatives 数量規制, *quantitative restrictions*

restrictions résiduelles 残存輸入制限品目, *negative list*

restriction volontaire des exportations 輸出自主規制, *voluntary restriction on exports*

restructuration リストラ, *restructuring*

restructuration de l'emploi 雇用調整, *employment adjustment*

restructuration industrielle 産業再編, *industrial restructuring*

résultats à l'exportation 輸出実績, *export performance*

résultat brut 総収益, *gross earnings*
résultat brut d'exploitation 営業粗利益；経営粗利益, *gross operating profits*
résultats clés 財務ハイライト, *financial highlights*
résultat consolidé 連結利益, *consolidated statement of loss and profit*
résultat courant 経常利益, *ordinary profit*
résultat de l'exercice 当該営業年度の損益, *net income for period*
résultat de roulement de l'entreprise 取引実績, *trading result*
résultat d'exploitation 営業損益, *operating loss and profit*
résultat exceptionnel 臨時損益；特別損益, *extraordinary profit or loss*
résultat financier 財務損益, *financial profit and loss*
résultat hors exploitation 営業外損益, *non-operating loss and profit*
résultat nécessaire 必然的結果, *necessary consequence*
résultat net de la période à affecter 当期未処分損益, *undisposed net income for period*
résultat net de l'exercice 分配可能利益, *distributable profit*
résultat net des opérations / résultat net d'exploitation 営業純利益, *net operating income*
résultat net intérêts minoritaires 連結決済純収益のグループ外第三者帰属分
résultat net part du groupe 連結決済純収益のグループ帰属分
résultat opérationnel / résultat d'exploitation 営業利益, *operating income*
résultat par action 〚証〛一株当たり純益, *EPS*
résultat provisoire 速報値, *preliminary figures*
résultats reportés 繰越損益, *profit or loss brought forward*
rétablissement des finances publiques 財政再建, *restoration of sound government finance*
(être en) retard dans ses paiements 支払沈滞(の状態にある), *(to be) in arrears*
retardateur セルフタイマー, *timer*
rétention de précompte 源泉徴収社会保障分担金の留置
retenue des cotisations syndicales par l'employeur (給与からの労働)組合費天引, *check-off (arrangement)*
retenue pour la retraite 年金掛金, *deduction for pension*

retraite proportionnelle

(from wages)

retenue pour la Sécurité sociale 社会保険料控除, *deduction for social security*

réticence des circonstances matérielles 〖保〗重要事項の不告知, *non-disclosure of material circumstance*

réticulage 電子ビーム乾燥, *electron beam curing*

retombées économiques 波及効果, *spin-off effect*

retour arrière 〖コンピュ〗バックスペース, *backspace*

retour de chariot (タイプの)リターンキー, *return key*

retour de chariot conditionnel 〖コンピュ〗ソフトリターン, *soft return*

retour d'information フィードバック, *feedback*

retour en arrière フラッシュバック, *flash-back*

retours sur achats 返送品, *purchase returns*

retours sur ventes 戻り品, *sales returns*

retournement de swap 〖金〗反対方向のスワップ取引実施, *reversing of swap*

retrait automatique (金銭の)自動引出し, *automatic withdrawal*

retrait de dépôts bancaires 銀行取付け, *bank run*

retrait de fonds 現金引落し, *withdrawal of fund*

retrait en espèces 現金引出し, *cash withdrawal*

retrait forcé d'actions 〖証〗株式の強制撤回, *compulsory withdrawal of stocks*

retraits massifs des dépôts bancaires 銀行取付け, *run on a bank*

retraite anticipée 繰上退職, *early retirement*

retraite artisanale 自営手工業者年金, *pension for self-employed craftsmen*

retraite complémentaire de prévoyance 共済付加年金制度, *supplementary pension scheme*

retraite des vieux travailleurs 養老年金, *pension for old-age workers*

retraite différée 退職延期, *deferred retirement*

retraite obligatoire 義務的退職, *mandatory retirement*

retraite par capitalisation 積立方式年金, *reserve financing plan*

retraite par répartition 賦課方式年金, *pay-as-you-go financing plan pension*

retraite pour la vieillesse / retraite de vieillesse 老齢年金, *old-age pension*

retraite professionnelle 企業年金, *occupational pension*

retraite proportionnelle 比例年金, *earnings-related pen-*

retraitement des combustibles (nucléaires) irradiés
使用済み核燃料再処理, *reprocessing of irradiated (nuclear) fuels*

rétrécissement de la demande 需要縮小, *contraction of demand*

rétrécissement des marges マージンの縮小, *narrowing of margins*

rétribution de liquidateur 清算人の報酬, *remuneration of liquidator*

rétrocédant 再々保険出再会社

rétrocéder 再々保険する

rétrocession 再々保険, *retrocession*

rétrocession de droits de douane 関税の返還, *refund of customs duties*

rétrocessionnaire 再々保険者, *retrocessionaire*

(écran à cristaux liquides) rétroéclairé バックライト方式の(液晶画面), *back-light (LCD)*

rétroprojecteur オーバーヘッドプロジェクター, *overhead projector*

rétroviral レトロウイルスの, *retroviral*

rétrovirus レトロウイルス, *retrovirus*

réunion des pays donneurs 〚ODA〛援助国会議, *Donor Country Meeting*

Réunion internationale des laboratoires d'essais et de recherches sur les matériaux et constructions 国際材料構造試験研究機関連合, *International Union of Testing and Research Laboratories for Materials and Structures*

réunion quadrilatérale des ministres du commerce 四極通商閣僚会議, *quadrilateral trade ministers' meeting*

revalorisation du travail 〚経〛職務充実:各種方法で労働者の満足感や意欲向上を図ること, *job enrichment*

revendication d'un attentat テロの犯行声明, *claiming of responsibility for an attack*

revendication sociale 労働条件改善要求, *claim for improvement of working conditions*

revente des titres 〚証〛証券の第二次分売, *secondary distribution of the securities*

revenu accessoire 副収入, *secondary income*

revenu agricole 農家所得, *farm income*

revenu ajusté compte tenu de l'inflation インフレ調整済み所得, *inflation adjusted income*

revenu après impôts 税引所得, *after-tax income*

revenu assujetti à l'impôt 課税所得, *income subject to tax*

revenus autres que ceux du travail 不労所得, *unearned income*

revenu brut de placement 投資粗収益, *gross investment revenue*

revenu brut d'exploitation 営業粗利益；総売上収益, *gross operating income*

revenu brut fictif 帰属総所得, *imputed gross income*

revenu d'activité 営業収益, *operating income*

revenus de capitaux 利子配当勘定, *interest and dividend account*

revenu de la propriété 営業外収益, *nonoperating income*

revenu de la solidarité 移転所得, *transfer income*

revenu de l'actif 資産収益, *asset return*

revenu de l'argent 投資収益, *investment income*

revenu de placements 投資収益, *investment income*

revenu de portefeuilles-titres 〖証〗証券投資収益, *income from securities*

revenu de transfert 移転所得, *transfer income*

revenu déclaré 申告所得, *declared income*

revenu déclaré en moins 申告漏れの所得, *understatement of income*

revenu dépensable 手取所得, *spendable income*

revenu des capitaux mobiliers 動産所得, *income from movable capital*

revenu des entreprises à caractère personnel 非法人企業所得, *income of unincorporated business*

revenu des facteurs de production 要素所得, *factor income*

revenu des fonds placés 投資収益, *investment income*

revenu des obligations 〖証〗債券収益, *income on bonds*

revenu des particuliers sous forme de loyers 個人賃貸料所得, *rental income of persons*

revenu des primes 収入保険料, *premium income*

revenu des valeurs mobilières 有価証券所得, *income on stocks and shares*

revenu d'intégration 最低生活所得：2002年5月26日の法律で従来の minimum de moyens d'existence に代わり導入された, *minimum subsistence income*

revenu discrétionnaire 裁量所得：個人可処分所得から基本的生活費を差引いた金額, *discretionary income*

revenu disponible brut 粗可処分所得, *gross disposable*

income

revenu disponible des ménages 家計可処分所得, *household disposable income*

revenu disponible des particuliers 個人可処分所得, *personal disposable income*

revenu du capital 資本所得, *capital income*

revenu du marché de l'argent マネーマーケット収益, *money market returns*

revenu d'une vie entière 生涯所得, *lifetime income*

revenu élevé 〖証〗ハイリターンの：高い利回りを誇るという意味, *high return*

revenu en nature 現物所得, *income in kind*

revenu escompté 見込収益, *anticipated income*

revenu fictif 概念的所得, *notional income*

revenu financier 金銭所得, *pecuniary income*

revenu fiscal 課税申告所得, *declared income*

revenu fixe 定額所得, *fixed income*

revenu foncier 不動産所得, *income from land and buildings*

revenu global 国民所得, *national income*

revenu hors exploitation agricole 農業外収入, *income from non-farming business*

revenu immobilier 不動産所得, *income from land and buildings*

revenu imposable 課税対象所得, *taxable income*

revenu imposable pour deux parts 共稼ぎ夫婦の課税対象所得, *taxable income for couple*

revenus industriels et commerciaux 企業所得, *business income*

revenus invisibles 貿易外収入, *invisible earnings*

revenu locatif 賃貸所得, *rental income*

revenu marginal 限界所得；限界収入, *marginal income*

revenu marginal à long terme 長期限界収入, *long-run marginal revenue*

revenu minimum garanti 最低所得保障, *guaranteed minimum income*

revenu mixte 混合所得, *mixed income*

revenu monétaire 貨幣的所得, *monetary income*

revenu national au coût des facteurs / revenu national au prix des facteurs 要素費用表示の国民所得, *national income at factor cost*

revenu national au prix du marché 国民純生産, *net national product*

revenu national brut 国民総所得, *gross national income*
revenu national disponible 国民可処分所得, *national disposable income*
revenu national monétaire 貨幣国民所得, *national money income*
revenu national par habitant 一人当たり国民所得, *national income per capita*
revenu national réel 実質国民所得, *real national income*
revenu net 純所得；純収入, *net income*
revenu net imposable 課税純所得, *taxable net income*
revenu net marginal 限界純収入, *marginal net proceeds*
revenu nominal 名目所得, *nominal income*
revenu non monétaire 非貨幣的所得, *non-monetary income*
revenu perçu 受取所得, *income receipts*
revenu permanent 恒常所得, *permanent income*
revenu personnel disponible 個人可処分所得, *personal disposable income*
revenu professionnel 勤労所得, *earned income*
revenu public 公収入, *public income*
revenu réel 実質所得, *real income*
revenu résiduel 残余所得, *residual income*
revenu salarial 給与所得；勤労所得, *salary income*
revenus secondaires 移転所得, *transfer income*
revenu tiré des loyers 賃貸所得, *rental income*
revenu transitoire / revenu temporaire 一時所得, *occasional income*
revenu variable 変動所得, *fluctuating income*
revenu viager 終身所得；生涯所得, *lifetime income*
〈**revirement belge**〉 ベルギーの寝返り：1961年11月にオランダに同調して、ベルギーが英国のEEC加盟賛成にまわったこと
revirement de jurisprudence 判例の全面的変更, *complete change of judicial attitude*
revirement d'opinion 世論の急変, *swing back of public opinion*
réviseur comptable 会計監査係, *auditor*
réviseur d'entreprise （ベルギーで）会計監査役, *auditor (Belgium)*
révision à la baisse 下方修正, *downvaluation*
révision à la hausse 上方修正, *upvaluation*
révision analytique 分析的吟味, *analytical review*
révision des statuts 定款改正, *review of statutes*
révisionnisme 歴史見直し主義：ホロコーストや日本の軍国

主義などを否定してかかる考え

(historien) révisionniste 歴史見直し主義の(歴史家)

⟨**révisionnistes**⟩ **considérant le Japon comme un pays atypique** 日本異質論者, *revisionists (anti-Japanese)*

révocabilité de l'offre (購入)申込解約権, *revocability of the offer*

révocation disciplinaire 懲戒免職, *disciplinary dismissal*

révocation populaire (政治の)リコール, *recall*

révolution agraire / révolution agricole 農業革命, *agrarian revolution*

⟨**révolution de velours**⟩ (チェコの民主化を意味する)ビロード革命, *velvet revolution*

révolution des prix 価格革命, *price revolution*

révolution informationnelle 情報革命, *IT revolution*

révolution islamique (イランの)イスラム革命, *Islamic Revolution*

révolution keynésienne ケインズ革命, *Keynesian revolution*

révolution managériale 経営者革命, *managerial revolution*

révolution technologique 技術革新, *technological renovation*

révolution verte 緑の革命:1960年代に発展途上国で行なわれた食糧増産政策, *green revolution*

revue d'aptitude au sol 飛行準備点検, *flight readiness review*

revue d'entreprise 社内報, *in-house newspaper*

revue professionnelle 業界雑誌, *trade press*

rezonage 開発制限的方向での地域協定変更, *downzoning*

rial du Yémen / rial yéménite (通貨単位で)イエメン・リアル, *Yemenite rial*

rial iranien (通貨単位で)イラン・リアル, *Iranian rial*

rial omani (通貨単位で)オマーン・リアル, *Omani rial*

ribozyme 〚バイオ〛リボザイム:酵素活性を有するRNA, *ribozyme*

richesse en voie d'épuisement (鉱山などの)消耗資産, *wasting asset*

richesses naturelles 天然資源, *natural resources*

rickettsie リケッチア:グラム陰性微小球菌核様生物の一群の総称, *rickettsia*

ricochet タッチ・アンド・ゴー:戦闘機の離着陸連続訓練, *touch and go*

ricochet vers l'intérieur 〚スポ〛(カーリングの)インウィッ

キング, *inwicking*
riel (カンボジアの通貨単位で)リエル, *riel*
rien à signaler 指摘事項なし, *nothing to report*
rigidité à la baisse 〖経〗下方硬直性, *downward rigidity*
rigidité à la hausse 〖経〗上方硬直性, *upward rigidity*
rigidité des prix 価格硬直性, *price rigidity*
rigidité des salaires à la baisse 賃金の下方硬直性, *downward wage rigidity*
rigueur budgétaire 予算引締め, *budget restraint*
rigueur financière 金融逼迫, *tight finance*
ringgit (マレーシアの通貨単位で)リンギット, *ringgit*
(la) ripisylve 河川繁殖植物
risque aggravé 増加危険, *aggravated risk*
risque aléatoire 非構成的リスク, *unsystematic risk*
risque anormal 異常危険, *abnormal risk*
risques arbitragers 裁定リスク, *arbitrage risks*
risque assurable 被保険危険:保険対象となるリスク, *insurable risk*
risque atomique 原子力危険, *nuclear energy hazard*
risque calculé 予想される危険, *calculated risk*
risque catastrophique 大災害危険, *catastrophe risk*
risque commercial 取引上の危険, *trade risk*
risque constant 不変危険, *constant risk*
risque courant 通常の危険, *ordinary risk*
risque couru エクスポージャー:為替変動にさらされている部分などをいう, *exposure*
risque couvert 担保危険, *peril covered*
risque d'aviation 航空危険, *aviation risk*
risque de base (金利に関する)ベーシスリスク, *basis risk*
risque de catastrophe 大災害危険, *catastrophe risk*
risque de change 為替リスク;為替相場変動危険, *exchange risk*
risque de chômage 休業危険, *inactivity risk*
risque de conflagration 大火危険, *conflagration hazard*
risque de construction 建造危険, *construction risk*
risque de contagion 波及リスク:連鎖反応による被害拡大リスク, *contagion risk*
risque de contamination de substance 汚染危険
risque de contrepartie 相対(あいたい)リスク;取引先リスク, *counterparty risk*
risque de crédit 貸出リスク, *lending risk*
risque de cumul 累積危険, *accumulation risk*
risque de décès 死亡危険, *death risk*

risque de défaut （金融の）デフォルトリスク, *default risk*
risque de délocalisation de l'épargne 貯蓄の国外逃避の危険性, *risk of flight of savings (from France)*
risque de fluctuations 変動リスク, *fluctuation risk*
risque de guerre 戦争危険, *war risk*
risque de la vie privée 非職業的危険, *non occupational risk*
risque de liquidité 流動性リスク：支払困難に陥る危険, *liquidity risk*
risque de marché マーケットリスク, *market risk*
risque de non-liquidité 非流動性リスク, *illiquidity risk*
risque de non-rapatriement （資金の）本国送還不能の危険, *risk of non-repatriation*
risque de paix 平和危険, *peace risk*
risque de pollution des eaux 水質汚染危険, *water pollution risk*
risque de portefeuille 資産危険, *portfolio risk*
risque de prix 価格危険, *price risk*
risque de réinvestissement 再投資リスク, *reinvestment risk*
risque de responsabilité des armateurs 船主責任危険
risque de séjour à terre 倉庫危険, *shore risk*
risque de signature 取引先リスク, *counterparty risk*
risque de taux d'intérêt 金利リスク, *interest rate risk*
risque de torpilles 魚雷危険, *torpedo risk*
risque de transit 積替危険, *transit risk*
risque de transport continental 陸上運送危険, *risk of inland transportation*
risque de trésorerie 流動性リスク：支払困難に陥る危険, *liquidity risk*
risque de voisinage 隣家危険, *neighborhood risk*
risque d'entreprise ビジネスリスク, *business risk*
risque d'illiquidité 非流動性リスク, *illiquidity risk*
risque d'inflation インフレリスク, *inflation risk*
risque d'insolvabilité 支払不能リスク；信用リスク, *risk of insolvency*
risque diversifiable 分散可能リスク, *diversifiable risk*
risque du métier 職業上の危険, *occupational hazard*
risque exclu 除外危険, *excepted peril*
risque exclu absolument 絶対除外危険, *absolutely excluded peril*
risque financier 金融リスク, *financial risk*
risque géographique カントリーリスク, *country risk*

risques Herstatt ヘルシュタットリスク：時差による決済不履行リスク, *Herstatt risk*

risque inassurable 引受不能な危険, *non-insurable risk*

risque lié au pays débiteur カントリーリスク, *country risk*

risque locatif 借家人危険, *tenant's third party risk*

risque maritime 海上危険, *maritime peril*

risque massif 巨大危険, *mass risk*

risque moral モラルハザード, *moral hazard*

risque non couvert 不担保危険, *risk not covered*

risque non diversifiable 分散不能リスク, *non-diversifiable risk*

risque non systématique 非構成的リスク, *unsystematic risk*

risque normal （保険で標準危険を意味する）標準体, *standard lives*

risque objectif 客観的危険, *physical hazard*

risque optimal 最適リスク, *optimal risk*

risque pays カントリーリスク, *country risk*

risque principal 主要危険, *principal risk*

risque propre 自己リスク, *own risk*

risque putatif 誤想危険, *presumed risk*

risque responsabilité civile 責任危険, *civil liability risk*

risque routier 交通危険, *road risk*

risque souverain ソブリンリスク, *sovereign risk*

risque spécifique 固有のリスク, *specific risk*

risque subjectif 主観的危険, *personal hazard*

risque subjectif モラルハザード, *moral hazard*

risque systématique 組織的危険：すべての証券が共通の要因である金利・租税制度の変化などによりうける危険, *systematic risk*

risque systémique システミックリスク：局地危機が国際金融危機に拡大する危険, *systemic risk*

risque taré 〘保〙弱体, *substandard lives*

risque terrestre 陸上危険, *land risk*

risque variable 変動危険, *variable risk*

ristourne à l'exportation 輸出リベート, *refund on exports*

ristourne de droits de douanes 関税払戻し, *drawback of customs duties*

ristourne de prime 保険料の返還, *premium rebate*

ristourne de prime pour terme sans sinistre 〘保〙無事故戻し, *no-claim return*

ristourne d'impositions intérieures 国内税払戻し金,

repayment of internal taxation

ristourne forfaitaire 均一払戻し金, *flat-rate drawback*

rivalité d'influences 勢力争い, *struggle for influence*

rivalité entre les factions 派閥争い, *factionalism*

riyal du Qatar （通貨単位で）カタール・リヤル, *Qatari riyal*

riyal saoudien （通貨単位で）サウジ・リヤル, *Saudi riyal*

riz indica インディカ米, *Indica rice*

roadshow （起債のために発行体が世界各地で行う）会社説明会, *road show*

robot footballeur サッカーロボット, *soccer robot*

robot industriel 産業用ロボット, *industrial robot*

robot intelligent 知能ロボット, *intelligent robot*

robot positronique 陽電子頭脳ロボット：SFに登場するロボット, *positronic robot*

(café) robusta ロブスタコーヒー, *robusta coffee*

〈le Rocher〉〚言換〛（岩場にある国）モナコ, *Monaco*

rodage 試行期間, *running-in (period)*

〈le roi de l'étain〉〚言換〛（錫鉱山王であったボリビアの）シモン・パティーニョ, *Tin King (Simon Ituri Patiño)*

rom （いわゆるジプシーに当たる）ロマ民族の, *Rom*

ROM programmable 〚コンピュ〛再書込可能ロム, *programmable ROM (=read-only memory)*

〈romansquette〉 （romanとdisquetteの合成語で）フロッピー小説：コンピュータでテキストを再生して読む

rompus de titres 〚証〛端株（はかぶ）, *broken lot*

rond bleu 青丸：一部に児童に見せたくない過激シーンのあるテレビ番組につく印

rotation backside 〈aveugle〉 〚スポ〛（スノーボードの）ブラインドサイド, *blindside*

rotation de la main-d'œuvre 労働移動率, *labor turnover*

rotation de l'actif 資産回転率, *asset turnover*

rotation des capitaux / rotation du capital 資本回転率, *turnover ratio of capital*

rotation des postes / rotation d'un emploi à l'autre ジョブローテーション, *job rotation*

rotation des stocks 商品回転率, *stock turn*

rouages administratifs 行政機構, *wheels of government*

rouages de l'économie productive 産業構造, *production economy machinery*

rouages du gouvernement 政府機構, *government machinery*

rouble biélorusse （通貨単位で）白ロシア・ルーブル, *Belorussian ruble*

rouble russe (通貨単位で)ロシア・ルーブル, *Russian ruble*

rouble tadjik (旧通貨単位で)タジキスタン・ルーブル, *Tajik ruble*

rouble transférable 振替ルーブル：旧コメコン加盟国間での多角的決済に使われたルーブル, *transferable rouble*

(steak) rouge レアの(ステーキ), *rare*

rouge vert bleu (テレビの3原色)赤・緑・青, *red green blue*

rouleau de ruban adhésif セロテープ台, *roll of adhesive tape*

rouleau-encreur (印刷機の)インキ出しローラー, *ink fountain roller*

rouleau-preneur (印刷機の)インキ呼出しローラー, *ink ductor*

rouleau-toucheur (印刷機の)インキ着けローラー, *form roller*

roupie de Sri-Lanka / roupie cingalaise (通貨単位で)スリランカ・ルピー, *Sri Lanka rupee*

roupie des Seychelles (通貨単位で)セイシェル・ルピー, *Seychelles rupee*

roupie indienne (通貨単位で)インド・ルピー, *Indian rupee*

roupie indonésienne (通貨単位で)インドネシア・ルピア, *Indonesian rupiah*

roupie maldivienne / roupie de Maldives (通貨単位で)モルジブ・ルフィヤ, *Maldivian rufiyaa*

roupie mauricienne (通貨単位で)モーリシャス・ルピー, *Mauritian rupee*

roupie népalaise (通貨単位で)ネパール・ルピー, *Nepali rupee*

roupie pakistanaise (通貨単位で)パキスタン・ルピー, *Pakistani rupee*

routage 〖証〗証券取引注文の伝達網

routage 205 (フランス郵政事業で週刊誌を含めた)新聞配達

routeur 〖コンピュ〗ルーター：データ転送に最適経路を選択する装置, *router*

RU (= Roussel Uclaf) 486 経口中絶薬, *abortion bill*

ruban adhésif 接着テープ, *adhesive tape*

rubrique financière 金融欄, *financial section*

(la) rue Cambon 〖言換〗(住所からフランスの)会計検査院, *Audit Board (France)*

(la) rue de Grenelle 〖言換〗(住所からフランスの)文部省, *Ministry of National Education (France)*

(la) rue de Grenelle 〖言換〗(住所からフランスの)労働省, *Ministry of Labor (France)*

(la) rue de Lille 〖言換〗(住所からフランスの政党)(旧)共和国連合, *Rally for Republic*

(la) rue de Solférino 〖言換〗(住所からフランスの)社会党, *French Socialist Party*

(la) rue de Varenne 〖言換〗(住所からフランスの)農業省, *Ministry of Agriculture (France)*

(la) rue Descartes 〖言換〗(住所からフランスの)高等教育研究省

(la) rue la Boétie 〖言換〗(住所からフランスの政党)民衆運動連合

(la) rue Saint-Dominique 〖言換〗(住所からフランスの)国防省, *Ministry of Defense (France)*

(la) rue Valois 〖言換〗(住所からフランスの)文化省, *Ministry of Culture (France)*

(la) rue Vivienne 〖言換〗(住所から)パリ証券取引所, *Paris Bourse*

ruées bancaires / ruées sur les banques 銀行取付け, *bank runs*

rufiyaa (モルジブの通貨単位で)ルフィヤ, *rufiyaa*

rugby à XV (quinze) 〖スポ〗15人制ラグビー, *rugby union*

rugby à XIII (treize) 〖スポ〗13人制ラグビー, *rugby league*

rupiah (インドネシアの通貨単位で)ルピア, *rupiah*

rupophobie 汚れ恐怖症

rupture de voyage 航海の中絶, *frustration of voyage*

rupture des négociations 交渉決裂, *breakdown on negotiations*

rurbain (近郊大都市のベッドタウン化して)都市農村混在の

rurbains (人口集中地区から30キロ以内の小都市に住む)毎日都会に通勤する人達

rurbanisation 都市近郊農村地区の市街化

russo- (連結形)露=ロシアの, *Russo-*

russophile ロシアびいきの, *Russophile*

russophobe ロシア嫌いの, *Russophobe*

russophobie ロシア恐怖症, *Russophobia*

rypophobie 汚点恐怖症

S

sac banane 〖風〗ウエストバッグ, *fanny pack*

sac isotherme 〖風〗(ペットボトルなどを入れる)保冷・保温バッグ, *isothermal bag*

saccharophobie 砂糖恐怖症

sacoche de transport (ノート型コンピュータなどの)キャリイングケース, *carrying case*

sacrifices et dépenses d'avarie commune 共同海損犠牲及びその費用, *general average sacrifice and expenditure*

safari-parc サファリパーク, *safari-park*

(le) Sahara occidental 〖地〗西サハラ, *Western Sahara*

sahraoui 〖地〗西サハラの, *Saharawi*

( ) Saint-Christophe et Niévès 〖地〗セントクリストファー・ネイビス, *Saint-Christopher and Nevis*

( ) Saint-Marin 〖地〗サンマリノ, *San Marino*

saint-pierrais et miquelonnais 〖地〗サンピエール・エ・ミクロンの, *of Saint-Pierre and Miquelon*

( ) Saint-Vincent et les Grenadines 〖地〗セントビンセント・グレナディーン, *Saint Vincent and the Grenadines*

⟨**la sainte de Calcutta**⟩ 〖言換〗(カルカッタの聖女)マザーテレサ, *Saint of the Gutters (Mother Teresa)*

( ) Sainte-Lucie 〖地〗セントルシア, *Saint Lucia*

sainte-lucien 〖地〗セントルシアの, *of Saint Lucia*

saisie automatique 〖コンピュ〗(データの)自動入力, *automatic input*

saisie de données 〖コンピュ〗データの取込み, *data capture*

saisie manuelle 〖コンピュ〗(データの)手動入力, *manual input*

saison de repos pour les paysans 農閑期, *farmer's leisure season*

saison des travaux agricoles 農繁期, *farmer's busy season*

salaire à la tâche / salaire à la pièce 出来高賃金;請負給, *price wage*

salaire à l'ancienneté 年功賃金, *seniority order wage*

salaire à l'embauche 初任給, *starting wage*

salaire annuel 年給, *annual wages*

salaire annuel garanti 年間保証賃金, *guaranteed annual*

wage

salaire annuel moyen 平均賃金年額, *average yearly income*

salaire au rendement / salaire d'efficience / salaire efficient 能率給；業績給, *wage on efficiency*

salaire au temps 時間給, *payment by the hour*

salaire aux pièces 出来高給, *piece-work payment*

salaire basé sur l'ancienneté 年功賃金, *seniority-based wage*

salaire brut 給与総額；グロスの賃金, *wage bill*

salaire conventionnel 契約給, *contractual wage*

salaire de base 基本給, *basic salary*

salaire de départ 初任給, *beginning salary*

salaire de famine 飢餓賃金, *starvation wages*

salaire de subsistance 生存賃金, *subsistence wages*

salaires discriminatoires 賃金差別, *wage discrimination*

salaire indiciaire (公務員の)号俸, *grade-related salary*

salaire initial 初任給, *starting salary*

salaire lié aux résultats 実績評価制給与, *performance-related pay*

salaires minimaux hiérarchiques / salaires minima hiérarchiques 等級別最低賃金

salaire minimum d'embauche 最低初任給, *minimum starting salary*

salaire minimum européen garanti 欧州保障最低賃金, *European minimum guaranteed wage*

salaire minimum garanti 最低保障賃金, *minimum guaranteed wage*

salaire minimum interprofessionnel de croissance 全産業一律スライド制最低賃金, *growth-linked guaranteed minimum wage*

salaire minimum interprofessionnel garanti 全産業一律最低保障賃金, *guaranteed national minimum wage*

salaire minimum national professionnel 全国職業最低賃金

salaire social 間接給与, *fringe benefits*

salaire unique 単一給与：稼ぎ手が一人だけの家族の所得, *single income*

(toucher le) salaire unique (稼ぎ手が一人の世帯に与えられる手当)単一給手当(を受ける), *(to get) supplementary benefit*

salarié agricole 農業賃金労働者, *salaried farmer*

salle de musculation フィットネスルーム, *fitness room*

salle de transit (飛行場の)トランジットラウンジ, *transit lounge*

salle d'entraînement 〚スポ〛トレーニング室, *training room*

salle des marchés 〚証〛トレーディングルーム, *trading room*

salle des ordinateurs コンピュータルーム, *computer room*

salle des ventes 競売場, *auction room*

salle d'exposition ショールーム, *showroom*

salle polyvalente 多目的ホール, *multipurpose hall*

salmonelle サルモネラ菌, *salmonella*

Salon Chopin (パリ4区の)ショパン記念館

Salon de la bureautique OA見本市, *Office Technology Exhibition*

Salon de l'aéronautique et de l'espace du Bourget パリ航空宇宙ショー, *Paris Air Show*

Salon international de l'alimentation (パリ)国際食品見本市:通称はSIAL(シアル)

Salon international de l'informatique, de la télématique, de la communication, de l'organisation du bureau et de la bureautique フランスデータショウ

Salon IT Forum-Comdex (パリの)情報産業見本市

〈**Salon Rétromobile**〉 オールドカー見本市

salon vert グリーンルーム:日米欧加の通商四局と一部途上国によるWTO非公式協議機関, *Green Room*

〈**Salut les copains!**〉 サリューレコパン:1968年4月まで12年続いたラジオのポップス音楽番組と同名の雑誌

(les) Samoa américaines 〚地〛米領サモア, *American Samoa*

(les) Samoa occidentales 〚地〛西サモア, *Western Samoa*

sanctuaire international pour les mammifères marins 捕鯨禁止水域:フランス・モナコ・イタリアにまたがる水域

sanctuarisation (du Général Gallois) (ガロワ将軍の)単独核武装論

sandiniste (nicaraguayen) (ニカラグアの)サンディニスタ党員, *Sandinista (of Nicaragua)*

sang de cordon ombilical 臍帯血(さいたいけつ), *cord blood*

sangle de guidage 〚スポ〛(リュージュの)リーメン, *steering belt*

sanisette (有料の)公衆トイレ

sans additif 無添加の, *free of all additives*

sans bas ni bronzage artificiel 〚風〛生足(なまあし)の

sans bogues 〖コンピュ〗(ソフトが)バグなしの, *bugless*

sans création monétaire 貨幣創造を伴わない, *non-accommodated*

sans dividende 無配当, *non-dividend-paying*

sans domicile fixe 住所不定者；ホームレス；路上生活者, *homeless*

(chemise) sans entretien ウォッシュ・アンド・ウェアの(シャツ), *wash-and-wear (shirt)*

sans limitation de durée 無期限の, *without time limit*

sans prestation de services 余分なサービス抜きの, *no-frills*

sans souci ケアフリーの；メンテナンスの必要がない, *carefree*

sans-travail 失業者, *out of work*

santé foncière de l'économie (経済の)ファンダメンタルズの力強さ, *strength of fundamentals*

santé génésique リプロダクティブヘルス：出産に関する女性の人権を守るための概念で，性と生殖に関する健康, *reproductive health*

santoméen 〖地〗サントメプリンシペの, *of Sao Tome and Principe*

( ) Sao Tomé-et-Prince 〖地〗サントメプリンシペ, *Sao Tome and Principe*

sas à air エアロック, *airlock*

sas de formation (10から12週間の)正規採用前準備期間

satanophobie 悪魔恐怖症, *Satanophobia*

satellitaire (宇宙)衛星の, *satellitic*

satellite astronomique infrarouge 赤外線天文衛星, *infrared astronomical satellite*

satellite-chasseur キラー衛星, *killer satellite*

satellite de communication コムサット；通信衛星, *communications satellite*

satellite de radiodiffusion en orbite stationnaire 静止ラジオ衛星, *stationary orbit radio broadcast satellite*

satellite de télédétection 遠隔探査衛星, *remote-sensing satellite*

satellite d'émission directe de télévision 直接放送衛星, *direct broadcast satellite*

satellite d'observation de terre 地上観察衛星, *observation satellite*

satellite iridium イリジウム衛星, *iridium satellite*

satellite porteur d'équipements radio-amateurs アマチュア無線家向け電波伝播実験衛星, *orbiting satellite carry-*

ing amateur radio

satellite relais de données データリレー衛星, *data relay satellite*

satisfaction de la demande de crédit du secteur privé 民間融資需要の充足, *accommodating private demand for credit*

saturation du marché 市場の飽和, *market saturation*

sauce au roquefort ブルーチーズドレッシング, *blue cheese dressing*

sauf arrangement contraire / sauf convention contraire / sauf disposition contraire 別段の定めのない限り, *unless otherwise stipulated*

sauf contrordre 命令の取消しがない限り, *failing instructions to the contrary*

sauf erreur ou omission 誤謬遺漏のない限り, *errors and omissions excepted*

sauf imprévus 予期せぬ事のない限り, *unless something unexpected happens*

sauf indication contraire 相反する規定のない限り, *unless otherwise stipulated*

saupoudrage (貧しい予算の)全面散布方式

sauts (dans le ski acrobatique) 〚スポ〛(フリースタイルスキーの)アエリアル, *aerials*

saut à deux grabs 〚スポ〛(スノーボードの)ダブルグラブ, *double grab*

saut à l'élastique 〚スポ〛バンジージャンプ, *bungee jumping*

saut avec chute 〚スポ〛転倒ジャンプ, *fallen jump*

saut conditionnel 〚コンピュ〛条件付き飛越し, *conditional jump*

saut écart 〚スポ〛(フリースタイルスキーの)スプレッドイーグル, *spread eagle*

saut en attrapant la planche 〚スポ〛(スノーボードの)グラブ系エア, *aerial with grab*

saut inconditionnel 〚コンピュ〛無条件飛越し, *unconditional jump*

saut périlleux arrière 〚スポ〛(フリースタイルスキーの)バックサマーソルト, *back somersault*

saut périlleux arrière avec 360 degrés 〚スポ〛(スノーボードの)マックツイスト, *mac twist*

saut périlleux arrière avec vrille complète 〚スポ〛(フリースタイルスキーの)後ろ宙返り一回捻り, *back full twist*

saut périlleux arrière position tendue 〚スポ〛(フリースタイルスキーの)バックレイアウト, *back layout*

saut périlleux groupé 〚スポ〛（フリースタイルスキーの）バックタック, *back tuck*

saut sans attraper la planche 〚スポ〛（スノーボードの）ノーグラブ系エア, *aerial without grab*

saut vertical 〚スポ〛（フリースタイルスキーの）エアプレーンターン, *airplane turn*

sauvegarde automatique 〚コンピュ〛自動保存, *auto-saving*

sauvetage financier 金融救済, *bailout*

scaléophobie 皮膚病恐怖症, *dermatosiophobia*

scalpage 〚証〛（わずかな変動で鞘を抜く）小鞘稼ぎ, *scalping*

scalper 〚証〛利鞘稼ぎをする人；デイトレーダー, *scalper*

scandale du sang contaminé エイズ汚染血液事件

scandale financier 金融不祥事, *financial scandal*

scannérisation スキャニング：スキャナーにかけること, *scanning*

scannérisation des plans 図面のスキャナー化, *scanning of the plans*

scanneur à main / scanneur main ハンドスキャナー, *hand-held scanner*

scanneur à plat 平面スキャナー, *flatbed scanner*

scanneur multibande （宇宙技術の）多スペクトル走査装置, *multispectral scanner*

scanneur optique 光学スキャナー, *optic scanner*

scénario catastrophe 最悪のシナリオ, *worst-case scenario*

schéma de circulation フロー図式, *flow diagram*

schéma d'exécution 実行プラン, *implementation plan*

schéma directeur d'aménagement des aires métropolitaines 都市圏整備基本計画, *master development plan of metropolitan area*

schéma fonctionnel 〚コンピュ〛ブロックダイアグラム, *block diagram*

schéma général 全体的プラン, *outline plan*

schémas généraux du littoral 沿岸地域基本要項, *outline plans of the coast*

schoinopenxatophile 絞首刑の縄収集家

sciences biologiques 生物科学, *biological science*

〈**Science chrétienne**〉 クリスチャン・サイエンス：米国のキリスト教の一派, *Christian Science*

science d'actuaire 〚保〛アクチュアリー学, *actuary science*

sciences de la gestion 経営学, *management science*

sciences de la vie 生命科学, *life sciences*

sciences des affaires 経営学, *business science*

sciences des assurances 保険学, *insurance science*

sciences odontologiques 歯科学, *odontological science*
sciences politiques 政治学, *political science*
⟨**Scientologie**⟩ (新興宗教で)サイエントロジー, *Scientology*
⟨**scientologue**⟩ (新興宗教の)サイエントロジー信者, *Scientologist*
scintillement (モニターの)ちらつき, *flicker*
sciophobie 影恐怖症, *sciophobia*
scission de société / scission d'entreprise 企業分割, *division of a company*
scissions et apports d'actif (intervenant entre sociétés) (企業間)資産分割譲渡, *divisions and transfers of assets (between companies)*
scolarité obligatoire 義務教育, *compulsory education*
scopophobie 人から見られることの恐怖症
⟨**scoubidous**⟩ **antivol** 盗難防止タグ
scripophilie 古証券収集, *scripophilia*
script 〚コンピュ〛スクリプト, *script*
scrutation par appel 〚コンピュ〛ロールコールポーリング, *ro-call polling*
scrutation par passage de témoin 〚コンピュ〛ハブポーリング, *hub polling*
scrutin uninominal majoritaire à deux tours (フランスの)小選挙区制比較多数得票主義の選挙, *first-past-post electoral system*
séance complémentaire 〚証〛外国銘柄用の午後の立会い
séance de Bourse 〚証〛立会い, *trading session*
séance de la matinée 〚証〛前場(ぜんば), *morning session*
séance de l'après-midi 〚証〛後場(ごば), *afternoon session*
séance de signatures d'autographes サイン会, *autograph session*
second co-premier ministre (カンボジアの)第二首相
second marché 〚証〛第二部市場, *second market*
(de) second rang 〚金〛劣後(の), *subordinated*
second semestre 下半期, *second half of the year*
Seconde Banque Mondiale 第二世銀, *International Development Association*
seconde conférence internationale de Tokyo sur le développement de l'Afrique (1998年東京での)第二回アフリカ開発会議, *Second Tokyo International Conference on African Development*
seconde lecture 第二読会, *second leading*
secouriste 救急救命士, *paramedic*
secours aux sinistrés d'une inondation 水害被害者対

策, *relief measure for flood sufferers*

secours en cas de catastrophe 災害緊急援助, *disaster relief*

secousse sur l'offre 供給サイドのショック, *supply-side shock*

secret de fabrique 企業秘密, *trade secret*

secret des affaires / secret professionnel 職業上の秘密, *professional secrecy*

secrétaire aux notes 〚スポ〛スコアキーパー, *scorekeeper*

secrétaire de mairie 役場事務職, *town clerk*

secrétaire d'Etat 〚仏〛特別問題担当副大臣, *parliamentary undersecretary of State*

secrétaire d'Etat à la lutte contre la précarité et l'exclusion 社会的不安定・疎外対策副大臣

secrétaire d'Etat au plan 計画担当副大臣, *State Secretary for Planning*

secrétaire d'Etat aux anciens combattants 在郷軍人担当副大臣, *Secretary of State for Veterans' Affairs*

secrétaire d'Etat chargé de l'action humanitaire 〚仏〛人道運動担当副大臣, *State Secretary for Humanitarian Action (France)*

secrétaire d'Etat chargé des droits des femmes 〚仏〛女性の権利担当副大臣, *State Secretary for Women's Rights (France)*

secrétaire digitale personnelle (ポケットタイプの)電子秘書

secrétaire général de cabinet 内閣官房長官, *Chief Cabinet Secretary*

secrétaire-greffier 〚法〛裁判所書記：1965-1982年においてgreffierの正式名称として用いられた, *registar*

secrétaire médico-social 医療福祉事務職, *medical or social clerk*

Secrétariat des missions pour l'urbanisme et l'habitat 都市開発・住居担当事務局

Secrétariat général du comité interministériel 省際委員会事務局, *General Secretariat of the Interadministerial Committee*

Secrétariat général du gouvernement 内閣事務局；内閣官房, *Cabinet Secretariat*

secrétariat volant 人材派遣会社, *temporary help business company*

sectaire カルト集団の, *of cult*

secte guérisseuse 万病治療カルト集団：どんな病気でも治すと称する反社会的宗教集団

secte Moon 原理運動, *Moon movement*
secteurs d'activité (distincts) (区別が明確な)営業分野, *(distinct) lines of business*
secteur des biens 実物部門, *real sector*
secteur des services 公共事業部門, *utilities sector*
secteur d'un représentant 外交員販売区域, *rep's territory*
secteur en expansion 発展部門, *growth sector*
secteur exportateur 輸出部門, *export sector*
secteur immobilier 建設部門, *building sector*
secteur informel (都市部で劣悪な労働条件の)発展途上国伝統産業分野, *informal sector*
secteur institutionnel 制度的部門, *institutional sector*
secteur moteur 基幹部門, *key sector*
secteur non bancaire ノンバンク, *nonbank sector*
secteur non-opérationnel 非現業, *non-operational sector*
secteur non rentable 不採算部門, *unprofitable sector*
secteur quaternaire 第四次産業部門, *quaternary sector*
secteur tertiel 旧サービス部門:従来の第3次産業から第4次産業を引いた分野
secteur viti-vinicole ワイン部門, *wine sector*
section consulaire d'ambassade 大使館領事部, *consular section of an embassy*
section de commune 財産区:市町村の一部でありながら別個の法人格を有する
section de fonctionnement 経常部門
section du contentieux 訟務部, *juridical section*
section du personnel 人事課, *personnel department*
section étrangère 外国株部門, *foreign section*
section juridique (企業の)法務部, *legal department (of a company)*
section locale (社会保障の)初級金庫地方事務所
section non fumeurs 禁煙区域, *non-smoking area*
(résidence) sécurisée 防犯システム付きの(住宅)
sécurité à niveaux multiples 〖コンピュ〗多重レベル機密保護, *multilevel security*
(système de) sécurité alimentaire 食品安全(制度), *Food Security (System)*
sécurité civile 民間防衛
sécurité de la route / sécurité routière 交通安全, *road safety*
sécurité de l'emploi 雇用保証, *job security*
sécurité des approvisionnements 供給の確保, *avail-*

ability of supplies

sécurité du matériel 〘コンピュ〙ハードウェアセキュリティー, *hardware security*

sécurité du travail 職業安全, *occupational safety*

sécurité d'un système 〘コンピュ〙システムセキュリティー, *system security*

sécurité humaine 人間の安全保障；ヒューマンセキュリティー, *human security*

sécurité informatique コンピュータセキュリティー, *computer security*

sécurité intégrée 〘コンピュ〙フェイルセーフ, *failsafe*

sécurité non-militaire ソフトセキュリティー, *soft security*

sécuritisation 証券化, *securitization*

segment du marché （市場細分化による）市場区分, *market segment*

segmentation des bénéfices 利益の内訳, *benefit segmentation*

segmentation du marché 市場細分化, *market segmentation*

〈**seigneurs de l'Arctique**〉〘言換〙（北極の支配者）エスキモー, *Inuits*

sélaphobie フラッシュ光線恐怖症, *selaphobia*

sélection à distance de l'abonné demandé 加入者市外ダイヤル方式, *subscriber trunk dialing*

sélection automatique de l'opérateur le plus avantageux en fonction de l'appel 最安値回線自動選択：通称はLCR, *least cost routing (Japan)*

sélection de risque 〘保〙危険の選択, *selection of risk*

sélection directe à un poste 〘通〙ダイヤルイン, *direct inward dialing*

sémantique algébrique 〘コンピュ〙代数意味論, *algebraic semantics*

sémantique axiomatique 〘コンピュ〙公理的意味論, *axiomatic semantics*

sémantique dénotationnelle 〘コンピュ〙表示的意味論, *denotational semantics*

sémantique opérationnelle 〘コンピュ〙操作的意味論, *operational semantics*

semi-conducteur à l'oxyde de métal de type n 〘コンピュ〙n型金属酸化膜半導体, *n channel metal oxide semiconductor*

semi-conducteur à oxyde métallique complémentaire / semi-conducteur complémentaire à l'oxyde de métal 〘コンピュ〙相補型金属酸化膜半導体, *complementary*

metal oxide semiconductor
semi-duplex 〖通〗半二重, *half duplex*
semi-groupe libre 〖コンピュ〗自由セミグループ, *free semigroup*
semi-produit 半製品, *semi-finished product*
semi-public 半官半民の, *semipublic*
sémito- (連結形)セム族の:用例としては sémito-chamitique, *Semito-*
(la) Sénégambie 〖地〗セネガンビア:1982-89年のセネガルとガンビアによる国家連合, *Senegambia*
sens contraire des aiguilles d'une montre / sens inverse horaire 左回りの, *counterclockwise*
sens de travail en commun 協調性, *spirit of cooperation*
sensibilité aux taux d'intérêt 金利感応性, *interest rate sensitivity*
(différence des) sensibilités politiques 政治的立場(の違い), *political position*
sensible à la casse 〖コンピュ〗大小文字識別, *case-sensitive*
sentier de croissance optimal 最適成長経路, *optimal growth path*
sentier d'équilibre 均衡径路, *equilibrium path*
〈**Sentier Lumineux**〉(ペルーの反政府組織)センデロルミノソ, *Sendero Luminoso (Peru)*
séparateur (de milliers) (3桁の)デリミッター, *delimiter*
séparateur d'articles 記録分離記号, *record separator*
séparateur de champ 〖コンピュ〗欄区切り, *field separator*
séparateur de groupes 〖通〗グループセパレーター, *group separator*
〈**Sept d'Or**〉セットドール賞:フランスのテレビ部門の優秀作品賞, *Emmy-award for television programs and peoples (France)*
sept jours sur sept 週7日制, *seven days a week*
〈**septembre noir**〉暗黒の九月:1972年のミュンヘンオリンピック選手村襲撃事件, *Black September*
septième directive relative au droit de sociétés 第七次会社法指令, *seventh company law directive*
séquençage 〖バイオ〗塩基配列解読, *sequencing (of DNA)*
séquençage du génome humain 〖バイオ〗ヒトゲノムの塩基配列決定, *human gene sequencing*
séquençage total du génome du riz 〖バイオ〗イネゲノムの全塩基配列解読, *total sequencing of rice genome*
séquence binaire pseudoaléatoire 〖コンピュ〗準ランダムバイナリーシーケンス, *pseudorandom binary sequence*
séquence d'acide nucléique 〖バイオ〗核酸配列, *nucleic acid*

sequence

séquence d'appel 〘コンピュ〙呼出し手順, *calling sequence*
séquence de Barker 〘コンピュ〙バーカーシーケンス, *Barker sequence*
séquence de dérivation 〘コンピュ〙導出順序, *derivation sequence*
séquence d'échappement 〘コンピュ〙エスケープシーケンス, *escape sequence*
séquence du génome humain 〘バイオ〙ヒトゲノムの塩基配列, *human gene sequence*
séquencement des instructions 〘コンピュ〙命令順序付け, *instruction sequencing*
séquenceur de microprogramme 〘コンピュ〙マイクロプログラムシーケンサー, *microprogram sequencer*
(système) séquentiel couleur à mémoire (テレビの)セカム方式, *SECAM*
serbo- (連結形)セルビアの, *Serbo-*
serbo-monténégrin 〘地〙(国家連合)セルビア・モンテネグロの, *Serbo-Montenegrian*
séries 〘スポ〙予選, *preliminary contest*
séries 〘保〙口分け, *series*
série chronologique 時系列, *time series*
Série des traités et conventions européens 欧州条約集, *European Treaty Series*
série intégrale 全面的セリー:ミュジックセリエルを発展させた理論で,セリーは現代音楽用語で音列を意味する, *total serialism*
séries pilotes 先導指標系列, *leading indicators*
séropositif エイズ患者;HIV抗体陽性者, *seropositive / HIV positive*
séropositifs non-évoluteurs 長期生存エイズ患者, *long-term survivors of HIV carriers*
serpent dans le tunnel (欧州通貨制度の)バンド内にあるスネーク, *snake in the tunnel*
serpent monétaire européen スネーク:欧州共同体の共同変動為替相場制, *currency snake (EC)*
serveur 〘コンピュ〙サーバー, *server*
serveur de fichiers 〘コンピュ〙ファイルサーバー, *file server*
serveur de nom de domaine (インターネットの)ドメインネームサーバー, *domain name server*
serveur en mode non connecté 〘コンピュ〙コネクションレス型サーバー, *connectionless server*
serveur télématique テレマティックサーバー:特に電子ネ

ットワークによる電子掲示板, *telematic server*
service à la clientèle 顧客サービス, *customer service*
service actif 現役, *active service*
Service administratif 総務部, *general affairs department*
services bancaires 銀行の各種サービス, *banking services*
services bancaires aux entreprises コーポレートバンキング, *corporate banking*
services bancaires pour les particuliers リテールバンキング, *retail banking*
Service central de la police de l'air et des frontières 航空国境警察本部
Service central de la propriété industrielle 工業所有権中央本部, *Central Industrial Property Office*
Service central de la sécurité des systèmes d'information 情報システム安全中央本部
Service civil international 国際義勇奉仕団, *International Voluntary Service*
services collectifs 集合サービス: 電気・水道・ごみなど
service commun d'information de gestion 共通管理情報サービス, *common management information service*
service commuté de données multimégabit 交換マルチメガビットデータサービス, *switched multimegabit data service*
Service culturel de l'Ambassade du Japon à Paris 在仏日本大使館広報文化センター
Service d'action sanitaire et sociale 保健社会福祉課, *health and social services department*
Service d'aide médicale d'urgence 緊急医療救助サービス, *ambulance service*
service d'aide ménagère ホームヘルパーサービス, *helper service*
Service d'assistance médicale d'urgence 救急医療サービス, *mobile emergency medical service*
service d'assistance technique par téléphone 電話テクニカルサポートのサービス, *support hotline*
Service d'assurance des crédits à l'exportation / Service de garantie des crédits à l'exportation (英国の)輸出信用保証局, *Export Credit Guarantee Department (UK)*
service de courses メッセンジャー業, *messenger service*
service de début 初任給, *starting wage*
Service de dépannage 応急修理局, *fault reception center*
Service de documentation extérieure et de contre-

espionnage 〖仏〗国外情報収集・スパイ取締部, *French Intelligence Service*

service de la dette (債務の)年間元利支払(総額), *debt service*

Service de l'emploi (公的な)職業安定所, *employment agency*

service de liaison de données データリンクサービス, *data link service*

service de ligne maritime sans navire 国際複合運送一貫業者, *no-vessel operating common carrier*

Service de l'inspection du travail 労働監督課, *labor inspection department*

service de médecin volant (オーストラリアの)航空往診制度, *Flying Doctor Service*

service de navette (短距離の)折返し運転, *shuttle service*

Service de planning 企画部, *planning section*

service de présentation du numéro (電話の)発信番号表示サービス

service de presse プレスサービス, *press service*

service de proximité ローカルサービス, *local service*

service de ramassage et de livraison 集配サービス, *pick up and delivery service*

Service de recherches de l'aéronautique 航空研究課, *aeronautical research department*

Service de recherche des glaces dans l'Atlantique du Nord 北大西洋氷監視機関

service de règlement différé 〖仏〗株式売買決済日延長便宜:2003年9月末に導入された一定金利負担による支払延期のオプション

service de renseignements (駅などの)案内所, *information office*

Service de reproduction コピー作成課, *photocopying bureau*

services de sécurité (治安維持用の)安全部隊, *security forces*

service de télémaintenance 〖コンピュ〗リモートアクセスサービス, *remote access service*

Service d'entretien 営繕課, *maintenance department*

Service des achats 購入部, *purchasing department*

service des affaires 事務機構, *business system*

services des chèques et virements 手形交換業務, *clearing services*

service des dettes 債務返済, *debt servicing*

Service des domaines (県の)土地資産部, *Public Domain Service*

Service des douanes 税関, *Customs*

service des intérêts 金利負担, *interest charges*

Service des matières premières et du sous-sol (フランス産業省)一次産品鉱業部

Service des méthodes 生産管理課, *production control department*

service d'infogérance (顧客の委託を受けて)コンピュータ設備運転代行サービス

service d'un emprunt 借金の利払い, *servicing a loan*

services d'utilité générale 公共事業サービス, *public utility services*

service économique (小包の)SAL航空混載便

services extérieurs (地域圏・県などに配置された中央行政機関の)外局, *external services*

service financier ローン金利支払い, *service of a loan*

service fixe par satellite 固定式サテライト整備, *fixed satellite service*

service international d'indices géomagnétiques 国際地磁気指数サービス, *international service of geomagnetic indices*

services marchands (公共体の)有償業務, *market services*

service national (1971年から兵役の新概念として)国民服役, *national service*

Service national des messageries 〖仏〗国営運輸サービス会社:通称はSernam(セルナム)

services non marchands (教育・国防などの)労働市場外サービス, *nonmarket services*

Service officiel français du tourisme フランス政府観光局, *French Tourism Office*

service permanent sur la fluctuation de glaciers 常設氷河波動局, *permanent service on fluctuation of glaciers*

service physique 物理的サービス, *physical service*

Service régional de la police judiciaire 地方圏司法警察局, *regional crime unit*

Service social (企業の)厚生課, *welfare section*

seuil d'annonce obligatoire ディスクロージャーの限度, *disclosure threshold*

seuil de confiance (統計の)信頼限界, *confidence limit*

seuil de divergence (欧州通貨制度の)介入点, *threshold of divergence*

seuil de pauvreté 貧困基準, *poverty line*

seuil de rentabilité 損益分岐点, *break-even point*
seuil de tolérance 受忍限度, *threshold of tolerance*
seuil d'exonération / seuil d'imposition 非課税限度額, *tax threshold*
seuil d'intervention 支持線, *support level*
seuil électoral (投票が有効であるための)最低投票率, *minimum percentage of vote*
(une) seule Terre かけがえのない地球：1972年6月の国連人間環境会議のスローガン, *Only One Earth*
sévices sexuels infligés à un enfant 児童性的虐待, *(sexual) child abuse*
sexospécifique 性特定的な, *sex-specific*
shampooing colorant (毛を染める)ヘアカラー, *tint*
sharia イスラム法, *sharia*
shekel (イスラエルの通貨単位で)シェケル, *shekel*
sherpa シェルパ：サミット参加首脳の個人代表, *Sherpa*
shilling du Kenya (通貨単位で)ケニア・シリング, *Kenyan shilling*
shilling ougandais (通貨単位で)ウガンダ・シリング, *Ugandan shilling*
shilling somali (通貨単位で)ソマリア・シリング, *Somali shilling*
shilling tanzanien (通貨単位で)タンザニア・シリング, *Tanzanian shilling*
short call 〖オプ〗ショートコール：コールオプションを売ったために商品を売る義務がある状態にあること, *short call*
si et seulement si (数学用語で)である場合及びその場合に限って, *if and only if*
Sicav obligataire 〖証〗債券シカブ, *bond-based unit trust*
sidaïque / sidatique / sidéen エイズ患者, *AIDS contracted*
sidérodromophobie 汽車旅行恐怖症, *siderodromophobia*
sidérophile アイロン収集家
sidérophobie 星恐怖症, *siderophobia*
sidologue エイズ専門医, *AIDS specialist*
siège 〖証〗(証券取引所の)会員権, *seat / membership*
siège aérodynamique 〖スポ〗(リュージュの)空気力学的シャーレ, *aerodynamic racing pod*
siège des Nations unies 国連本部, *United Nations Headquarters*
siège d'exploitation 事業本部, *business headquarters*
siège moulé 〖スポ〗(リュージュの)シャーレ, *shell seat*
siège pour enfant / siège réhausseur (自動車の)チャイ

ルドシート, *child seat*
siège présidentiel 議長席, *(the) chair*
sigillophiliste 印章収集家
signal bande de base 〚通〛ベースバンド信号, *baseband signal*
signal bipolaire alternant 〚通〛バイポーラ符号：世界標準のデータ伝送符号化方式, *alternate mark inversion*
signal de statut 〚通〛ステータス信号, *status signal*
signal d'inoccupation 〚通〛あき線信号, *free line signal*
signal d'occupation 〚通〛話し中信号, *busy signal*
signal lumineux 〚通〛電光シグナル, *luminous signal*
signal par codage différentiel 〚通〛差分位相シフトキーイング, *differential phase shift keying coding*
signalétique (美術館・駅などの)案内標示一式, *a set of directional signs*
signalétique jeunesse (児童保護目的の)テレビ番組過激度チェックマーク：2002年末までの○□△や、それ以降の⑯⑱など
signalisation documentaire 資料的標識
signalisation routière internationale 国際道路標識, *international road signs*
signature de première catégorie 〚証〛一級の発行体, *first class issuer*
signature témoin 署名見本, *specimen signature*
signaux avertisseurs 警戒警報, *warning signal*
signaux numériques デジタル信号, *digital signal*
〈**signe cabalistique**〉 〚コンピュ〛(スマイリーズのような)フェースマーク, *emoticon*
signes extérieurs 外部判断基準, *external criteria*
signe héraldique de la Croix-Rouge 赤十字記章, *heraldic emblem of the Red Cross*
signe indien ジンクス, *Indian sign*
signes monétaires 名目通貨, *token money*
signet (インターネットの)ブックマーク：頻繁に利用するページの URL を登録して即座呼び出しを可能にしたもの, *bookmark*
silencieux moteur (自動車の)エンジンマフラー, *engine muffler*
silice cristalline 結晶質シリカ, *crystalline silica*
silice gratinée de plastique プラスチッククラッド石英グラス：光ファイバーの素材, *plastic-clad silica*
silicium sur saphir サファイア上シリコン, *silicon on sapphire*
〈**Silicon Sentier**〉 シリコンサンティエ：パリのシリコンバレ

一区域と異名をとるサンティエ街

simplification des formalités douanières 税関手続簡素化, *simplification of customs formalities*

simplification des tâches 作業単純化制度, *job simplification*

simplification du contrôle d'immigration 移民監督の単純化, *simplification of inspection of emigrants*

〈**Simprofrance**〉〚仏〛通商手続簡素化委員会

(le) simputer 簡易コンピュータ, *simputer*

simulateur de vol 〚コンピュ〛フライトシミュレーター：コンピュータ上で航空機操縦をバーチャルに体験できる装置, *flight simulator*

simulation de gestion 〚コンピュ〛ビジネスゲーム, *management game*

simulation de vol 〚コンピュ〛フライトシミュレーション：コンピュータ上での航空機操縦のバーチャル体験, *flight simulation*

simulation par ordinateur / simulation sur ordinateur 〚コンピュ〛コンピュータシミュレーション, *computer simulation*

simulatoriste シミュレーション考案者, *simulation engineer*

sinistre au comptant 〚保〛キャッシュロス, *cash loss*

sinistre bénin 〚保〛小損害, *small loss*

sinistre brut 〚保〛総損害, *gross loss*

sinistre causé par le feu / sinistre incendie 〚保〛火災損害, *loss caused by the fire*

sinistre de caractère catastrophique 〚保〛大損害, *catastrophic loss*

sinistre en suspens 〚保〛未払い損害, *suspended loss*

sinistre maximum prévisible 〚保〛MFL：予見可能最高損害額, *maximum foreseeable loss*

sinistre partiel 〚保〛分損, *partial loss*

sinistre payé 保険金が支払われた損害, *claims paid*

sinistre successif 〚保〛連続損害, *successive loss*

sinistre tardif 後日通知された損害, *belated claim*

sinistre total 〚保〛全損, *total loss*

sino- （連結形）中＝中国の, *Sino-*

sinophobie 中国恐怖症, *Sinophobia*

〈**Sisyphe roulant sa pierre d'impiété**〉〚言換〛（Jean-Claude Jugon の言葉で）パチンコをする人

site de rencontres 〚風〛（インターネットの）出会い系サイト, *on-line dating site*

site Internet インターネットサイト, *Internet site*

sites-miroirs ミラーサイト：インターネット上で一定のサイ

トと故意に内容をダブらせたサイト, *mirror sites*

site pollué orphelin 特別産業廃棄物置去り箇所:関係者が行方不明で撤去に国の介入を必要とする廃棄物不法投棄の箇所

site web sur Internet インターネット上のウェブサイト, *Internet Web site*

sitophobie 食物恐怖症, *sitophobia*

situation active 資産状況, *financial standing*

situation administrative 官職就任以来の経歴, *administrative status*

situation conjoncturelle 経済現況, *current economic situation*

situation de caisse キャッシュポジション, *cash position*

situation de famille 家族構成:配偶者の有無,子供の数などの情報, *family circumstances*

situation de fortune 財政状況, *financial circumstances*

situation de trésorerie 資金ポジション, *fund position*

situation du marché 市況, *market situation*

situation du marché du travail 労働市場の状況, *labor market conditions*

situation du passif exigible 流動負債状況, *situation of current liabilities*

situation d'urgence radiologique 放射性緊急事態, *radiological emergency*

situation imparfaitement concurrentielle 不完全競争の状況, *imperfect competition situation*

situation nette 純財産状態, *net assets*

situation passive 負債状況, *liabilities situation*

situation patrimoniale 財産状態, *patrimonial situation*

situation périphérique 都心から離れた場所, *outlying location*

situation provisoire du bilan 貸借対照表試算表, *provisional financial statement*

situation résumée des opérations du Trésor 国庫局予算実施状況

situation stationnaire 定常的状況, *stationary situation*

situation variable 変動的状況, *variable situation*

Six EC6カ国:1967-1972年, *(the) Six*

⟨**les Six**⟩ 六人組:1920年代の6人の作曲家(デュレ,オネゲル,ミヨー,タイユフェール,オーリック,プーランク), *the Six*

six géants mondiaux de l'audit et du conseil 六大国際会計事務所, *Big Six*

ski acrobatique 〘スポ〙フリースタイルスキー, *freestyle skiing*

ski extrême エクストリームスキー:危険な急斜面や断崖を含

む難コースに挑むスキー, *extreme skiing*

slip ouvert (逆Y形の前開きのある)Yフロントパンツ, *Y-Fronts*

slot ISA 〘コンピュ〙ISA(アイサ)バスのスロット, *ISA (=Industrial Standard Architecture) bus slot*

slumpflation 〘経〙スタグフレーション, *stagflation*

SMIC (=salaire minimum interprofessionnel de croissance)-Jeunes 若者・全職業共通スライド制最低賃金 : contrat d'insertion professionnelle の別名

smog photochimique 光化学スモッグ, *photochemical smog*

smorgasbord (北欧の料理で)スモーガスボード, *smorgasbord*

smorrebrod 北欧式オープンサンドイッチ, *smorrebrod*

smurf 〘風〙ブレークダンス, *break-dancing*

smurfeur 〘風〙ブレークダンサー, *break-dancer*

socialisme à visage humain 人間の顔をした社会主義, *socialism with a human face*

socialisme du goulasch (Janos Kadar の現実主義政策による)ハンガリー型社会主義, *Hungarian socialism (by Kadar)*

socialisme libéral (Tony Blair 英首相が提唱した)リベラル社会主義, *liberal socialism*

socialité d'assurance 保険の社会性, *social character of insurance*

sociétal 人間社会の, *societal*

Societas Europea 〘法〙〘羅〙(欧州統一会社法による)ユーロ会社, *Societas Europea*

société à but lucratif 営利会社, *profit corporation*

société à capital ouvert 株式公開型株式会社

société à capital variable 可変資本会社, *open end fund*

société à charte (英の)特許組合 : 重商主義当時の私的商社, *chartered company*

société à finalité sociale (ベルギーで)非営利企業, *non-profit organization*

société à forme tontinière トンチン組合

société à participation ouvrière 労働者参加会社

société à population vieillissante 高齢者社会, *aging societies*

société à taux de natalité décroissant 少子社会, *society with a decreasing birthrate*

société à un seul produit 単品企業 : 一つの製品を事業経営の主力とする企業, *one-product company*

société absorbante 吸収会社, *acquiring company (in a*

merger)
société absorbée 被吸収会社, *absorbed company (in a merger)*
société affiliée 関連会社, *affiliate company*
Société Airbus Intégrée エアバス統合会社, *Airbus Integrated Company*
société anonyme à directoire （1966年の改正会社法による）取締役会方式株式会社
société anonyme fermée 閉鎖型株式会社, *closed limited company*
société anonyme par actions 〚経〛株式社団, *joint stock company*
société apparentée 関連会社, *related company*
société au vert 田園地帯に新設される会社, *greenfield site company*
Société Barany 国際平衡神経科学会; バラニー協会, *Barany Society*
Société Bernoulli pour la statistique mathématique et la probabilité 国際数理統計確率論学会, *Bernoulli Society for Mathematical and Statistics Probability*
société bloquée 閉塞社会, 〈*stalled society*〉
société captive キャピティブ会社: 親会社の仕事だけを行う会社, *captive company*
Société cardiologique Asie-Pacifique アジア太平洋心臓学会, *Asian-Pacific Society of Cardiology*
société civile 市民社会, *civil society*
société civile de placement immobilier 不動産投資民事会社
Société civile des auteurs multimédia 〚仏〛マルチメディア著作権料徴収民事会社
société commerciale 商事会社, *commercial company*
société commerciale européenne 欧州商事会社, *European commercial undertaking (company law)*
société consistant d'un individu 〚法〛一人会社, *one-man company*
société coopérative 協同組合組織の社団, *co-operative society*
société coopérative européenne 欧州社団法人, *European Cooperative Society*
société coopérative ouvrière de production 労働者生産協同組合, *workers' production cooperative*
société coquille ペーパーカンパニー, *paper company*
Société d'Amérique de sciences sur les mauvaises

herbes　米国雑草科学会, *Weed Science Society of America*

Société d'archéologues de la céramique romaine　ローマ陶器考古学協会, *Association of Roman Ceramic Archaeologists*

Société de banque suisse　スイス銀行：正式名はスイスバンクコーポレーション, *Swiss Bank Corporation*

société de Bourse　〖証〗証券市場会員会社, *Bourse member firm*

société de capital-risque　ベンチャーキャピタル会社, *venture capital company*

société de capitalisation　無尽会社, *mutual loan company*

société de capitaux　物的会社, *association of capital*

société de caution mutuelle　相互保証組合, *mutual suretyship*

Société de chimie biologique　生化学会, *Society of Biochemistry*

société de commissaires aux comptes　会計監査法人, *audit company*

société de compensation des marchés conditionnels　〖オプ〗オプション市場決済会社, *Options Clearing House*

société de complaisance　ペーパーカンパニー, *accommodation company / paper company*

société de conseil en investissement　投資顧問会社, *investment adviser*

Société de contrôle technique et d'expertise de la construction　建築技術検査・鑑定協会

société de crédit　信販会社, *finance company*

Société de droit international médical　世界医事法学会, *World Medical Law Association*

société de financement de l'innovation　ベンチャーキャピタル金融会社, *venture capital financing company*

Société de financement des industries cinématographiques et audiovisuelles　映画視聴覚産業金融会社

société de gérance　〖証〗インベストメントトラスト：クローズドエンド型の投資会社, *investment trust*

société de gestion　管理会社, *management company*

société de gestion de patrimoine　信託会社, *trust company*

Société de la Croix-Rouge du Japon　日本赤十字社, *Japan Red Cross Society*

Société de linguistique romane　ロマンス語学会, *Society of Roman Linguistics*

Société de lutte contre les rongeurs pour l'Asie et le Pacifique アジア太平洋齧歯類制御学会, *Asia-Pacific Rodent Control Society*

société de masse 大衆社会, *mass society*

Société de médecine vétérinaire porcine 国際豚獣医学協会, *International Pig Veterinary Society*

Société de numismatique orientale 東洋古銭貨幣学会, *Oriental Numismatic Society*

société de participation financière 金融持株会社, *financial holding company*

Société de pathologie des invertébrés 国際無脊椎動物病理学会, *Society for Invertebrate Pathology*

société de placement 投資会社, *investment company*

société de pompes-funèbres 葬儀屋, *undertaking establishment*

société de portefeuille 持株会社, *holding company*

société de secours mutuel 相互扶助会, *mutual aid association*

société de services et d'ingénierie en informatique 情報関連サービス会社, *computer bureau*

société de tempérance 禁酒の会, *temperance society*

Société de transplantation 移植学会, *Transplantation Society*

société de transport intégré （国際的な速達配送を中心とする）総合宅配便会社

société débitrice 〚証〛起債会社

Société d'économétrie 計量経済学会, *Econometric Society*

société d'économie mixte locale 地方混合経済会社, *local mixed-investment company*

Société d'éducation comparée pour l'Europe 欧州比較教育学会, *Comparative Education Society in Europe*

Société des Amis キリスト友会, *Society of Friends*

Société des auteurs et compositeurs dramatiques 劇作家・作曲家協会, *Society of Dramatic Authors and Composers*

Société des auteurs, compositeurs et éditeurs de musique 作詞家・作曲家・楽譜出版者協会, *Society of Authors, Composers and Music Publishers*

Société des Bourses françaises 〚証〛フランス証券取引所協会：その後 Paris Bourse と改名, *French stock market's executive body*

Société d'hématologie de l'Asie et du Pacifique アジア太平洋血液学会, *Asian and Pacific Society of Hematology*

Société d'histoire des droits de l'antiquité 古代法制史学会, *Society for History of Law in Antiquity*
Société d'intérêt collectif agricole d'habitat rural 農村住居農業集団利益会社
société d'intérim 人材派遣会社, *temporary help business company*
société d'investissement à capital fixe / société d'investissement du type fermé クローズドエンド型投資信託, *closed-ended investment company*
société d'investissement à capital variable オープンエンド会社型投資信託:通称はSICAV(シカブ), *open-ended investment company*
société d'investissement pyramidal ネズミ講の会社, *pyramid scheme company*
société écran ペーパーカンパニー, *paper company*
société émettrice 〚証〛発行会社, *issuer*
〈**société en transition**〉 (経済的)テイクオフ準備段階, *precondition of takeoff*
Société européenne d'agronomie 欧州作物学学会, *European Society for Agronomy*
Société européenne de cardiologie 欧州心臓学学会, *European Society of Cardiology*
Société européenne de criminologie 欧州犯罪学学会, *European Society of Criminology*
Société européenne de gynécologie 欧州婦人科学学会, *European Society of Gynecology*
Société européenne de neurologie 欧州神経学学会, *European Society for Neurology*
Société européenne de neurologie pédiatrique 欧州小児神経学学会, *European Pediatric Neurology Society*
Société européenne de neuroradiologie 欧州神経放射線学学会, *European Neuroradiological Association*
Société européenne de neuroscience 欧州神経科学学会, *European Neuroscience Association*
Société européenne de physique 欧州物理学学会, *European Physical Society*
Société européenne de propulsion 欧州推進剤会社, *European Propellant Society*
Société européenne de psychologie cognitive 欧州認知心理学学会, *European Society for Cognitive Psychology*
Société européenne de radiobiologie 欧州放射線生物学学会, *European Society for Radiation Biology*
Société européenne de radiologie 欧州放射線医学学会,

European Society of Radiology

Société européenne de recherches chirurgicales 欧州外科研究学会, *European Society for Surgical Research*

Société européenne de recherche clinique 欧州臨床研究学会, *European Society for Clinical Investigation*

Société européenne de recherches sur les mauvaises herbes 欧州雑草研究学会, *European Weed Research Society*

Société européenne de sociologie rurale 欧州農村社会学会, *European Society for Rural Sociology*

Société européenne d'endocrinologie comparée 欧州比較内分泌学会, *European Society for Comparative Endocrinology*

Société européenne des nématologues 欧州線虫学会, *European Society of Nematologists*

Société européenne d'hématologie 欧州血液学会, *European Society of Hematology*

Société européenne d'orthodontie 欧州眼科研究機構, *European Orthodontic Society*

Société européenne du cerveau et du comportement 欧州研究脳行動学会, *European Brain and Behavior Society*

Société européenne pour la formation des ingénieurs 欧州技師養成学会, *European Society for Engineering Education*

Société européenne pour la philosophie et la psychologie 欧州哲学・心理学学会, *European Society for Philosophy and Psychology*

Société européenne pour l'amélioration des plantes 欧州植物育種学会, *European Association for Research on Plant Breeding*

Société européenne pour le financement de matériel ferroviaire 欧州鉄道機材融資会社, *European Society for the Financing of Railway Material*

Société européenne pour le traitement chimique des combustibles irradiés 欧州核燃料再処理会社：通称はユーロケミック, *European Company for the Chemical Processing of Irradiated Fuels*

Société européenne pour le traitement de l'information 欧州情報処理会社, *European Society for the Processing of Information*

société fantôme ダミー会社, *dummy company*

société fictive ペーパーカンパニー, *shell corporation*

société fiduciaire 信託会社, *trust company*
Société financière internationale 国際金融公社, *International Finance Corporation*
société fondatrice 発起会社, *founding company*
société fusionnée 合併当事会社, *mergee*
société hautement informatisée 高度情報化社会, *highly advanced information society*
société hypothécaire モーゲージ会社, *mortgage company*
société immobilière d'investissement 不動産投資会社, *real property investment trust*
société importatrice 輸入会社, *importing company*
Société industrielle de mécanique et carrosserie automatique (フランスの自動車メーカーで今はなき)シムカ, *SIMCA*
société informationnelle 情報社会
société informatique コンピュータ会社, *computer company*
société initiatrice (TOB の)公開宣言会社; 乗取り仕掛け会社
Société interaméricaine de cardiologie 全米心臓学会, *Inter-American Society of Cardiology*
Société interaméricaine d'investissement 米州投資公社, *Inter-American Investment Corporation*
Société internationale arthurienne 国際アーサー王協会, *International Arthurian Society*
Société internationale cardio-vasculaire 国際心臓血管学会, *International Cardiovascular Society*
Société internationale d'acupuncture 国際鍼学会, *International Society of Acupuncture*
Société internationale d'audiologie 国際オージオロジー学会, *International Society of Audiology*
Société internationale de bibliographic classique 国際古典文献学会, *International Society for Classical Bibliography*
Société internationale de biologistes du développement 国際発生生物学会, *International Society of Developmental Biologists*
Société internationale de biomécanique 国際生機構学会, *International Society of Biomechanics*
Société internationale de biométéorologie 国際生気象学会, *International Society of Biometeorology*
Société internationale de biométrie 国際生物測定学会, *International Society of Biometry*

Société internationale de biorhéologie 国際バイオレオロジー学会, *International Society of Biorheology*

Société internationale de biotélémétrie 国際バイオテレメトリー協会, *International Society on Biotelemetry*

Société internationale de broncho-œsophagologie 国際気管食道科学会, *International Bronchoesphagological Society*

Société internationale de cardiologie 国際心臓学会, *International Society of Cardiology*

Société internationale de chimie hétérocyclique 国際複素環化学協会, *International Society of Heterocyclic Chemistry*

Société internationale de chimiothérapie 国際化学療法学会, *International Society of Chemotherapy*

Société internationale de chirurgie 万国外科学会, *International Society of Surgery*

Société internationale de chirurgie orthopédique et de traumatologie 国際整形災害外科学会, *International Society of Orthopaedic Surgery and Traumatology*

Société internationale de chronobiologie 国際生物周期学会, *International Society for Chronobiology*

Société internationale de criminologie 国際犯罪学会, *International Society of Criminology*

Société internationale de défense sociale 国際社会防衛学会, *International Society for Social Defense*

Société internationale de dermatologie tropicale 国際熱帯皮膚科学会, *International Society of Tropical Dermatology*

Société internationale de différenciation 国際分化学会, *International Society of Differentiation*

Société internationale de droit de la famille 国際家族法学会, *International Society of Family Law*

Société internationale de droit du travail et de la Sécurité sociale 国際社会・労働法学会, *International Society for Labor Law and Social Security*

Société internationale de droit militaire et de droit de la guerre 国際軍事法・戦争法学会, *International Society for Military Law and Law of War*

Société internationale de droit pénal militaire et de droit de la guerre 国際軍事刑法・軍事法学会, *International Society of Penal Military Law and Law of War*

Société internationale de gastro-entérologie 国際胃腸病学会, *International Society of Gastroenterology*

Société internationale de gazon 国際芝生学会, *International Turfgrass Society*

Société internationale de glaciologie 国際雪氷学会, *International Glaciological Society*

Société internationale de kinésiologie électrophysiologique 国際電気生理筋運動学会, *International Society of Electrophysiological Kinesiology*

Société internationale de la lèpre 国際ハンセン病学会, *International Leprosy Association*

Société internationale de la science horticole 国際園芸学会, *International Society for Horticultural Science*

Société internationale de la tourbe 国際泥炭学会, *International Peat Society*

Société internationale de l'énergie solaire 国際太陽エネルギー学会, *International Solar Energy Society*

Société internationale de lymphologie 国際リンパ学会, *International Society of Lymphology*

Société internationale de matières grasses 国際油脂学会, *International Society for Fat Research*

Société internationale de mécanique des roches 国際岩の力学会, *International Society for Rock Mechanics*

Société internationale de mécanique des sols et des travaux de fondation 国際土質・基礎工学会, *International Society for Soil Mechanics and Foundation Engineering*

Société internationale de médecine cybernétique 国際サイバネティックス医学会, *International Society of Cybernetic Medicine*

Société internationale de médecine générale 国際一般診療医学会, *International Society of General Practice*

Société internationale de médecine interne 国際内科学会, *International Society of Internal Medicine*

Société internationale de musicologie 国際音楽学会, *International Musicological Society*

Société internationale de mycologie humaine et animale 国際ヒト・動物真菌学会, *International Society for Human and Animal Mycology*

Société internationale de néphrologie 国際腎臓学会, *International Society of Nephrology*

Société internationale de neurochimie 国際神経化学会, *International Society for Neurochemistry*

Société internationale de neurochirurgie pédiatrique 国際小児神経外科学会, *International Society for Pedi-*

atric Neurosurgery
Société internationale de neuropathologie 国際神経病理学会, *International Society of Neuropathology*
Société internationale de nutrition parentérale 国際非経口栄養学会, *International Society of Parenteral Nutrition*
Société internationale de pathologie géographique 国際地理病理学会, *International Society of Geographical Pathology*
Société internationale de pharmacologie biochimique 国際薬理生化学会, *International Society for Biochemical Pharmacology*
Société internationale de phénoménologie 国際現象学会, *International Phenomenological Society*
Société internationale de photogrammétrie 国際写真測量学会, *International Society for Photogrammetry*
Société internationale de phycologie 国際藻類学会, *International Phycological Society*
Société internationale de prothèse et orthèse 国際歯科補綴変形矯正学会, *International Society for Prosthetics and Orthotics*
Société internationale de psycho-neuro-endocrinologie 国際精神神経内分泌学会, *International Society for Psycho-Neuroendocrinology*
Société internationale de psychologie de l'écriture 国際書相心理学会, *International Society for the Psychology of Writing*
Société internationale de psychologie des sports 国際スポーツ心理学会, *International Society of Sports Psychology*
Société internationale de psychopathologie de l'expression 国際表現病理学会, *International Society of Art and Psychopathology*
Société internationale de radiographes et techniciens de radiologie 国際放射線技術学会, *International Society of Radiographers and Radiological Technicians*
Société internationale de radiologie 国際放射線学会, *International Society of Radiology*
Société internationale de recherches cardiaques 国際心臓研究学会, *International Society for Heart Research*
Société internationale de recherches neurovégétatives 国際自律神経研究会, *International Society of Neurovegetative Research*
Société internationale de recherches orientales 国際

東方学会, *International Society for Oriental Research*

Société internationale de recherche sur le folklore oral 国際民話研究学会, *International Society for Folk-Narrative Research*

Société internationale de relativité générale et de gravitation 国際一般相対論重力学会, *International Society on General Relativity and Gravitation*

Société internationale de rhinologie 国際鼻科学会, *International Rhinologic Society*

Société internationale de sémantique générale 国際一般意味論学会, *International Society of General for Semantics*

Société internationale de spermatologie comparative 国際比較精子学会, *International Society of Comparative Spermatology*

Société internationale de technologues de canne à sucre 国際甘藷糖技術研究学会, *International Society of Sugar Cane Technologists*

Société internationale de télécommunications aéronautiques 国際航空情報通信機構, *SITA*

Société internationale de toxicologie 国際毒素学会, *International Society on Toxicology*

Société internationale de transfusion sanguine 国際輸血学会, *International Society of Blood Transfusion*

Société internationale de traumatologie du ski et de médecine des sports d'hiver 国際スキー外傷医学会, *International Society for Ski Traumatology and Medicine of Winter Sport*

Société internationale de vertèbre lombaire 国際腰椎学会, *International Lumbar Spine Society*

Société internationale d'écologie humaine 国際ヒューマンエコロジー学会, *International Society for Human Ecology*

Société internationale d'écologie tropicale 国際熱帯生態学会, *International Society for Tropical Ecology*

Société internationale d'électrochimie 国際電気化学会, *International Society of Electrochemistry*

Société internationale d'endocrinologie 国際内分泌学会, *International Society of Endocrinology*

Société internationale des bibliothèques et musées des arts et du spectacle 国際演劇図書館・博物館協会, *International Society for Performing Arts Libraries and Museums*

Société internationale des morphologistes de la vie végétale 国際植物形態学会, *International Society of Plant Morphologists*

Société internationale des sciences phonétiques 国際音声科学会, *International Society of Phonetic Sciences*

Société internationale des travailleurs de l'agrumiculture 国際柑橘学会, *International Society of Citriculture*

Société internationale d'ethnographie et de folklore 国際民族誌学・民俗学学会, *International Society for Ethnology and Folklore*

Société internationale d'ethnopsychologie normale et pathologique 国際民族心理学会, *International Society for Normal and Abnormal Ethnopsychology*

Société internationale d'étude du dix-huitième siècle 国際十八世紀学会, *International Society for Eighteenth Century Studies*

Société internationale d'étude du temps 国際時間学会, *International Society for the Study of Time*

Société internationale d'hématologie 国際血液学会, *International Society of Hematology*

Société internationale d'histoire de la médecine 国際医史学会, *International Society of the History of Medicine*

Société internationale d'hydrologie et de climatologie médicales 国際温泉気候学会, *International Society of Medical Hydrology and Climatology*

Société internationale d'hypnose clinique et expérimentale 国際臨床実験催眠学会, *International Society for Clinical and Experimental Hypnosis*

Société internationale d'infirmité motrice cérébrale 国際大脳麻痺学会, *International Cerebral Palsy Society*

Société internationale d'obstétrique et de gynécologie psychosomatique 国際心身産科婦人科学会, *International Society of Psychosomatic Obstetrics and Gynecology*

Société internationale d'oncologie pédiatrique 国際小児腫瘍(しゅよう)学会, *International Society of Pediatric Oncology*

Société internationale d'ophtalmologie géographique 国際地理眼科学会, *International Society of Geographical Ophthalmology*

Société internationale d'ophtalmologie pédiatrique 国際小児眼科学会, *International Society of Pediatric Ophthalmology*

Société internationale d'orthopédagogie 国際矯正教育学会, *International Society for Orthopedagogics*

Société internationale d'urologie 国際泌尿器科学会, *International Society of Urology*

Société internationale financière pour les investissements et le développement en Afrique アフリカ民間投資開発国際金融会社, *International Financial Company for Investment and Development in Africa*

Société internationale Gottfried Wilhelm Leibniz 国際ライプニッツ協会, *International Society of Leibniz*

Société internationale laitière 国際酪農学会, *Dairy Society International*

Société internationale métallographique 国際金属組織学会, *International Metallographic Society*

Société internationale Nietzsche 国際ニイチェ学会, *International Society of Nietzsche*

Société internationale pour la musique contemporaine 国際現代音楽協会, *International Society for Contemporary Music*

Société internationale pour la pathologie des plantes 国際植物病理学会, *International Society for Plant Pathology*

Société internationale pour la protection des animaux 国際動物保護学会, *International Society for the Protection of Animals*

Société internationale pour la réadaptation des handicapés 国際身体障害者更正協会; 国際障害者リハビリテーション協会, *International Society for Rehabilitation of the Disabled*

Société internationale pour la recherche sur les groupes sanguins des animaux 国際動物血液型研究協会, *International Society for Animal Blood Group Research*

Société internationale pour la recherche sur les maladies de civilisation et l'environnement 国際文明病・環境研究学会, *International Society for Research on Civilization Diseases and Environment*

Société internationale pour la sociologie de connaissances 国際知識社会学会, *International Society for the Sociology of Knowledge*

Société internationale pour la stéréologie 国際ステレオ学会, *International Society for Stereology*

Société internationale pour le développement 国際開発学会, *Society for International Development*

Société internationale pour le développement des recherches sur le magnésium 国際マグネシウム研究開発協会

Société internationale pour le droit d'auteur 国際著作権協会, *International Copyright Society*

Société internationale pour l'éducation artistique 国際美術教育学会, *International Society for Education Through Art*

Société internationale pour l'éducation musicale 国際音楽教育学会, *International Society for Music Education*

Société internationale pour l'électrophysiologie clinique de vue 国際臨床視覚電気生理学会, *International Society for Clinical Electrophysiology of Vision*

Société internationale pour les droits de l'homme 国際人権協会, *International Society for Human Rights*

Société internationale pour les recherches cornéennes 国際角膜研究会, *International Society for Corneal Research*

Société internationale pour l'étude comparative de civilisation 国際比較文化研究学会, *International Society for the Comparative Study of Civilization*

Société internationale pour l'étude de la philosophie médiévale 国際中世哲学学会, *International Society for the Study of Medieval Philosophy*

Société internationale pour l'étude de l'origine de la vie 国際生命の起源学会, *International Society for the Study of the Origin of Life*

Société internationale pour l'étude des brûlures 国際熱傷学会, *International Society for Burn Injuries*

Société internationale pour l'étude des maladies du côlon et du rectum 国際結腸・直腸病学会, *International Society for the Study of Diseases of the Colon and Rectum*

Société internationale pour l'étude des primates 国際霊長類学会, *International Primatological Society*

Société internationale pour l'étude des tourbes 国際荒地研究学会, *International Society for Research on Moor*

Société internationale pour l'histoire de la pharmacie 国際薬学史学会, *International Society for the History of Pharmacy*

Société internationale pour l'histoire des idées 国際思想史学会, *International Society for the History of Ideas*

Société internationale pour l'interaction entre mé-

canique et mathématiques 国際力学数学相互研究学会, *International Society for the Interaction of Mechanics and Mathematics*

Société internationale scientifique des champignons comestibles 国際マッシュルーム科学会, *International Society on Mushroom Science*

Société internationale sur la thrombose et l'hémostase 国際血栓・止血学会, *International Society on Thrombosis and Haemostasis*

Société internationale sur les maladies de civilisation et l'environnement 国際文明病・環境研究学会

Société interprofessionnelle des oléagineux, protéagineux et cultures textiles 採油植物・プロテイン製品・繊維栽培関連業種協会

Société interprofessionnelle du bétail et des viandes 家畜・食肉関連業種協会

Société interprofessionnelle pour la compensation des valeurs mobilières 有価証券振替決済共同会社, *Paris Stock Exchange clearing system*

Société Jean Bodin ジャン・ボダン比較制度史協会, *Society of Jean Bodin*

Société latino-américaine de nutrition 中南米栄養学会, *Latin American Society of Nutrition*

société liée 関係会社, *affiliated company*

Société médicale internationale d'endoscopie et de radiocinématographie 国際内視鏡・放射線撮影医学会, *International Medical Society for Endoscopy and Radiocinematography*

société mère 親会社, *parent company*

société mère （他社を支配する）支配会社, *controlling company*

Société mondiale de buiatrie 国際牛疫病協会, *World Association for Buiatrics*

Société mondiale d'ékistique 世界居住学会, *World Society for Ekistics*

société mutualiste 共済組合, *mutualistic society*

société mutuelle 相互会社, *mutual company*

Société nationale de construction de logements pour les travailleurs 勤労者住宅建設全国協会

Société nationale de crédit à l'industrie （ベルギーの）工業信用公社, *National Industrial Credit Society (Belgium)*

Société nationale de protection de la nature 自然保護全国協会

Société nationale de sauvetage en mer 国立海難救助協会；海難救助全国協会

Société nationale de sidérurgie (モロッコの)国営製鉄会社, *National Iron and Steel Industry (Morocco)*

Société nationale des amis et anciens de la gendarmerie 憲兵隊友の会・OB会全国協会

Société nationale des chemins de fer belges ベルギー国有鉄道, *Belgian National Railways*

Société nationale des chemins de fer français フランス国有鉄道, *French National Railways*

Société nationale des entreprises de presse プレス企業没収財産管理国有会社

Société nationale des pétroles d'Aquitaine アキテーヌ国営石油会社, *Aquitaine National Petroleum Company*

Société nationale d'étude et de construction de moteurs d'avion 国立航空機エンジン開発製造公社

Société nationale d'exploitation industrielle des tabacs et des allumettes タバコ・マッチ専売公社：1999年末にAltadisと改名, *Service for the Industrial Exploitation of Tobacco and Matches*

société nationale d'investissement 国営投資会社：1949-1979年のSicavの前身

Société nationale Elf-Aquitaine エルフ・アキテーヌ国営会社：2000年3月にトータル・フィナと合併, *National ELF Aquitaine Company*

Société nationale industrielle aérospatiale 航空宇宙産業公社, *SNIAS*

Société nationale maritime Corse-Méditerranée 国営コルシカ地中海会社：海運会社

Société nationale pour la recherche, la production, le transport, la transformation et la commercialisation des hydrocarbures ソナトラック：アルジェリアの石油会社, *SNATRACH*

Société nord-américaine pour l'histoire océanique 北米海洋史学会, *North American Society for Oceanic History*

société orientée vers l'exportation 輸出志向の会社, *export-oriented company*

société où l'argent liquide n'est plus utilisé キャッシュレス社会, *cashless society*

sociétés par actions 〖法〗株式発行会社：株式会社と株式合資会社, *stock companies*

société par actions simplifiées 〖法〗株式単純会社；略式株式会社

société par actions simplifiées unipersonnelle 〖法〗株式単純一人会社

société postindustrielle 脱工業化社会, *post industrial society*

Société pour favoriser l'acquisition de logements et l'amélioration de l'habitation 住宅取得・住居改善促進協会

Société pour la propagation des langues étrangères en France フランスの外国語普及協会

Société pour la protection des paysages et de l'esthétique de la France フランス風景・美観保護協会

Société pour l'administration du droit de reproduction mécanique des auteurs, compositeurs et éditeurs 〖仏〗レコード著作権管理協会

Société pour l'Asie et le Pacifique de recherche sur les mauvaises herbes アジア太平洋雑草学会, *Asian-Pacific Weed Science Society*

Société pour l'étude du Nouveau Testament 新約聖書研究会, *Society for the Study of the New Testament*

Société pour l'expansion des ventes des produits agricoles et alimentaires フランス食品振興会

société prête-nom ペーパーカンパニー, *shell company*

Société professionnelle de garantie 業種別保証会社

Société protectrice des animaux 動物愛護協会, *Society for the Prevention of Cruelty of Animals*

Société Radio Canada カナダ放送協会, *Canadian Broadcasting Corporation*

société risquée ベンチャー企業, *venture company*

Société Rorschach internationale 国際ロールシャッハ協会, *International Rorschach Society*

〈**société sans visage**〉（携帯，Eメールの氾濫による）顔のない社会, *faceless society*

société scindée 分割出資会社

société taxi （偽領収証を発行する）B勘屋, *forged-receipt dealer*

société très dynamique 活気あふれる会社, *very dynamic company*

société visée 〖証〗（公開宣言の）対象会社, *target company (of TOB)*

socio-éducatif 社会教育の, *socioeducational*

sociodémographique 社会人口動態的な, *sociodemographical*

sociothérapie 社会適応療法, *sociotherapy*

socle d'inflation 〚経〛コアインフレ, *core inflation*

socquettes plissées 〚風〛(女高生の)ルーズソックス, *loose socks*

〈la sœur aînée de l'Eglise romaine〉 〚言換〛(ローマンカトリック教会の長女)フランス, *France*

〈la sœur aînée de Moscou〉 〚言換〛(ソ連政府の長女であった)フランス共産党, *French Communist Party*

soie dentaire デンタルフロス, *dental floss*

soins à domicile 在宅介護, *home health care*

soins de santé primaires 一次医療；プライマリーヘルスケア, *primary health care*

soins palliatifs (病人の対症療法による)緩和ケア

soins pour les malades en phase terminale 末期医療, *terminal care*

soirée d'adieux さよならパーティー, *farewell party*

sol (ペルーの通貨単位で)ソル, *sol*

sol-air (ミサイルの)地対空, *surface-to-air*

sol-sol (ミサイルの)地対地, *surface-to-surface*

sol-sol balistique stratégique 地対地戦略弾道ミサイル, *surface-to-surface ballistic missile*

soldat à la feuille d'érable 〚言換〛(楓のマークを付けた兵)カナダ兵, *Canadian soldier*

soldats portés disparus 戦闘中行方不明兵士, *military personnel missing in action*

solde approprié des réserves 適正準備残高, *appropriate stock of reserves*

solde bancaire / solde en banque 銀行残高, *bank balance*

solde compensatoire 補償預金, *compensating balance*

solde créditeur 貸方勘定；貸越額, *credit balance*

solde créditeur de banque 当座借越し, *overdrawing account*

solde de coupons (生地の)端切れセール, *remnant sale*

solde de dividende 〚証〛最終配当；決算配当；確定配当, *final dividend*

soldes de fins de séries 半端物一掃セール, *remnant sales*

solde débiteur 借方残高；貸越額；(帳尻の)不足額, *debit balance*

solde des échanges visibles 貿易収支, *visible trade balance*

solde des mouvements de capitaux 資本収支, *capital movement balance*

solde des revenus de capitaux 利子配当勘定, *interest*

solde disponible 残余財産, *residuary estate*
solde dû 不足額, *balance due*
solde en bénéfice ou en perte 最終帳尻(損益), *bottom line*
solde en fin de période 期末残高, *term-end balance*
solde extérieur 純輸出：輸出から輸入を差引いた残り, *net exports*
solde militaire 軍人の給与, *service pay*
solde net à financer du budget de l'Etat 予算赤字額, *government net borrowing requirement*
solde reporté 繰越残高, *balance carried forward*
(le) Soleil Levant 〖言換〗(日出ずる国)日本, *Japan*
Soleil Levant et Lumières 日仏文化友好協会
solidité financière 安定財政, *financial solidity*
sollicitation alternée 繰返し応力, *repeated stress*
sollicitation monotone 単調応力, *monotonous stress*
〈solution finale〉 最終的解決：ナチスの欧州在住ユダヤ人絶滅計画, *final solution*
som (キルギスタンの通貨単位で)ソム, *som*
somatotropine bovine 牛の成長ホルモン, *bovine somatotropin*
sommes à payer 買掛金, *accounts payable*
somme à payer aux termes d'une caution (保証契約に基づく)違約金, *penalty sum (under a bond)*
sommes à recevoir 売掛金, *accounts receivable*
somme d'assurance de principal キャピタルサム：事故死などに支払われる保険の最高額, *capital sum*
somme de l'indemnité 填補額, *indemnity amount*
somme en capital 投下資本, *capital sum*
somme en dépôt 預金高, *deposit amount*
sommes en espèces 手持現金, *cash in hand*
sommes imputables sur les réserves 準備金として計上可能な額, *sums chargeable to the reserve*
somme prélevée (給与の)控除額, *deducted amount (from wages)*
sommes temporairement avancées 一時立替金, *temporary advance*
Sommet de la Terre 地球サミット, *Earth Summit*
Sommet des Huit 8カ国サミット, *Summit of Eight*
Sommet du Millénaire des Nations unies 国連ミレニアムサミット, *United Nations Millennium Summit*
sommet d'une bosse 〖スポ〗(フリースタイルスキーの)モーグ

ルの上側, *top of a mogul*

Sommet économique pour le Moyen-Orient et l'Afrique du Nord 中東・北アフリカ経済サミット, *Summit Conference of Middle East-North African Nations*

Sommet Europe-Afrique 欧州アフリカ首脳会議:2000年4月にカイロで初めて開催, *Europe-Africa Summit*

Sommet Europe-Asie アジア欧州首脳会議, *Asia-Europe summit meeting*

Sommet européen 欧州首脳会議;EU首脳会議, *European Summit*

Sommet franco-africain フランス・アフリカ諸国首脳会議, *Franco-African Summit*

Sommet ibéro-américain イベロアメリカサミット, *Ibero-American Summit*

Sommet mondial pour le développement durable 持続可能な開発に関する世界首脳会議;環境開発サミット, *World Summit on Sustainable Development*

Sommet mondial sur la société de l'information 世界情報社会サミット:2003年12月に国連が主催, *World Summit on the Information Society*

Sommet pour le développement social / Sommet social 社会開発サミット, *Social Summit*

somoni (タジキスタンの通貨単位で)ソモニ, *somoni*

⟨**les sons et lumières**⟩ (「歴史的建造物のライトアップショー」が転じて隠語で)高齢者, *aged people*

son numérique デジタルサウンド, *digital sound*

sondage effectué à la sortie de l'isoloir / sondage effectué lorsque les électeurs viennent de sortir (選挙の)出口調査, *exit poll*

sonde logique 〖コンピュ〗論理プローブ, *logic probe*

⟨**la Sorbonne du désert**⟩ 〖言換〗(砂漠のソルボンヌ)チンゲッティ:モーリタニアの町でイスラム学者の文献の宝庫

sorties 〖コンピュ〗アウトプット, *output (of computer)*

sortie de devises 外貨流出, *going-out of foreign currencies*

sortie de fonds 出費, *expenses*

sortie d'imprimante 〖コンピュ〗プリントアウト, *computer printout*

sortie gaullienne (De Gaulleのような)華のある内の引退

sortie normale 通常出費, *normal disbursement*

sortie ordinateur sur microfilm マイクロフィルムへのコンピュータ出力, *computer output on microfilm*

sortie série 〖コンピュ〗シリアルアウトプット, *serial output*

sortie standard 〖コンピュ〗標準出力, *standard output*

sortie tristable 〘コンピュ〙トライステートアウトプット, *tri-state output*
SOS Médecins 〘仏〙応急医療サービス
SOS Racisme 〘仏〙(Désir Harlem の)人種差別 SOS
souche (小切手帳の)控え, *counterfoil*
souche copartageante 共同分割株
souci du client 顧客ケア, *customer care*
soucoupe plongeante 潜水円盤, *diving saucer*
soudage à l'arc avec électrode enrobée (原子炉)被膜金属アーク溶接, *shielded metal arc welding*
soumission de couverture 〘証〙カバービッド, *cover bid*
soumission des travaux à distance / soumission des travaux à la télégestion 〘コンピュ〙遠隔ジョブ入力, *remote job entry*
soumissionnaire le moins disant 最低入札者, *the lowest bidder*
soumissionnaire le plus offrant 最高入札者, *the highest bidder*
sound blaster 〘コンピュ〙サウンドブラスター, *Sound Blaster*
sourçage (海外業者からの有利な)部品買取り, *sourcing*
sources d'approvisionnement 調達先, *sources of procurement*
source de bruit 〘コンピュ〙雑音源, *noise source*
source de Markov 〘コンピュ〙マルコフ源, *Markov source*
sources d'énergie de substitution 代替エネルギー源, *alternative sources of energy*
sources d'énergie renouvelable 再生可能エネルギー源, *renewable sources of energy*
sourceur (海外業者からの有利な)部品買取り専門家, *sourcing expert*
sous-activité 低活動水準, *low-level economic activities*
sous-agence 副代理店, *sub-agency*
sous-agent 副代理人, *sub-agent*
sous-arbre droite 〘コンピュ〙ライトサブツリー, *right subtree*
sous-arbre gauche 〘コンピュ〙レフトサブツリー, *left subtree*
sous-assuré 付保険価額過小の, *underinsured*
sous bénéfice d'inventaire 限定承認によって, *under qualified acceptance*
sous-bock (ビールのグラスの下に敷く紙製の下敷き)コースター；ビールマット, *beermat*
sous-budget 細分予算
sous-capitalisation 資本蓄積不足, *undercapitalization*
sous-capitalisé 資本不足の, *undercapitalized*

sous-chaîne 〚コンピュ〛部分列, *substring*

Sous-comité consultatif de l'écoulement des excédents (国連食糧農業機関の)余剰物処理協議小委員会, *Consultative Subcommittee on Surplus Disposal (FAO)*

sous-compte 下位勘定, *subsidiary account*

sous-cotation (相場の)切下げ, *undercutting*

sous-couche de convergence (デジタル交換網の)コンバージェンスサブレイヤー, *convergence sublayer*

sous-culture 下位文化, *subculture*

Sous-direction des questions industrielles et des exportations sensibles (フランス外務省)産業問題・機密品輸出課

sous Dos 〚コンピュ〛MS-DOS 上で, *under MS-DOS*

sous emballage pelliculé (透明材を商品の形に収縮させた)シュリンクパッケージングの, *shrink packed*

sous-ensemble 組立部品, *subset*

sous-ensemble propre (数学用語で)真部分集合, *proper subset*

sous-équipement 産業設備の不整備, *under-equipment*

sous-fonds 〚証〛複数投資信託組み合わせファンドを構成する各投資信託

sous garantie 保証期間中の, *under warranty*

sous-industrialisation 工業化不足

sous-investissement 過少投資, *underinvestment*

sous-langage de données 〚コンピュ〛データ準言語, *data sublanguage*

sous le manteau 不法取引の, *under the counter*

〈**sous le risque**〉〚保〛アットリスク, *at risk*

sous-main デスクパッド:机の上に置く主に革製のパッド, *desk pad*

sous-marins et autres véhicules submersibles 潜水艦及びその他の水中航行機器, *submarines and other underwater vehicles*

sous-production 過少生産, *underproduction*

sous-produit 連結製品, *co-products*

sous-programme 〚コンピュ〛副プログラム, *subprogram*

sous-programme de correction d'erreurs 〚コンピュ〛エラールーチン, *error routine*

sous-programme en séquence 〚コンピュ〛開いたサブルーチン, *open subroutine*

sous-programme fermé 〚コンピュ〛閉じたサブルーチン, *closed subroutine*

sous-programme récursif 〚コンピュ〛再帰的サブルーチン,

recursive subroutine

sous-programme standard 〖コンピュ〗ルーチン, *routine*

sous-réassurance 一部再保険, *under-reinsurance*

sous-réseau de communication 〖コンピュ〗通信サブネット, *communication subnetwork*

sous-système pour usagers téléphoniques （ISDN の）電話使用者部分, *Telephone User Part*

sous-traitance par les organisations internationales 国際組織のサブコントラクト, *sub-contracting by International Organizations*

sous-utilisation de l'équipement 資本設備の過小利用, *underutilization of the capital equipment*

sous-vêtements en thermolactyl 防寒下着, *thermal underwear*

sous Windows 〖コンピュ〗ウィンドウズ環境の下で, *in the Windows environment*

sous-zone monétaire 下部通貨圏

souscription à titre préférentiel 〖証〗優先引受, *preference subscription*

souscription au capital d'un organisme international et contribution en sa faveur 国際機関への出資拠出, *Capital Subscription and Contributions to International Organizations*

souscription des actions étrangères au Japon 外国株式の日本国内での募集, *subscription of foreign stocks in Japan*

souscription des obligations 〖証〗社債の公募, *subscription of debentures*

souscription des risques atomiques par les assureurs privés 原子力保険の引受, *market underwriting of nuclear energy insurance*

souscription excédentaire 〖証〗応募超過, *oversubscription*

souscription irréductible 〖証〗（優先株保有者への）増資割当新株引受権, *application as of right for new stocks*

souscription privée 〖証〗私募, *private subscription*

souscription réductible 〖証〗増資の一般公募発行, *application for excess stocks*

soustracteur complet 〖コンピュ〗全減算器, *full subtracter*

soutenabilité de la dette publique 公的債務の維持可能性, *sustainability of the public debt*

soutien à l'agriculture 農業支援；農産物価格維持, *agricultural support*

soutien de famille 扶養者；一家の稼ぎ手, *bread-winner*

(le) souverain chérifien モロッコ国王, *King of Morocco*

souveraineté du consommateur 消費者主権, *consumer sovereignty*

souveraineté résiduelle 残存主権, *residual sovereignty*

souverainisme (欧州共同体統合反対の)主権擁護主義

⟨**souverainistes**⟩ 主権保持派：欧州共同体への主権委譲に反対する派

soviéto- (連結形)ソ=ソ連の, *Sovieto-*

soviétophobie ソ連恐怖症, *Sovietophobia*

⟨**space opera**⟩ スペースオペラ：宇宙戦争をテーマとしたSF, *space opera*

⟨**spam**⟩ 〘コンピュ〙(英語からの借用で)ジャンクEメール, *spam*

spécialisation de la production 生産特化, *production specialization*

spécialisation internationale 国際特化, *international specialization*

spécialiste de la comptabilité des prix de revient 原価会計士, *cost accountant*

spécialiste d'économie domestique 家政学者, *home economist*

spécialiste du clavier パーソナルコンピュータ専門家, *computer specialist*

spécialiste du Kremlin ロシア問題専門家, *Kremlin watcher*

spécialiste en droit maritime 海洋法専門家, *maritime lawyer*

spécialiste en valeurs du secteur public 〘仏〙〘証〙公共債プライマリーディーラー, *specialist in public securities (France)*

spécialiste en valeurs du Trésor 〘仏〙〘証〙国債プライマリーディーラー, *specialist in Treasury securities (France)*

spécialités les plus nobles 三大高度技術分野：電子工学, 機械工学, 電気通信

spécification abstraite 〘コンピュ〙抽象仕様, *abstract specification*

spécification algébrique 〘コンピュ〙代数的仕様, *algebraic specification*

spécification de mémoire étendue 〘コンピュ〙拡張メモリー仕様, *expanded memory specification*

spécification logicielle 〘コンピュ〙ソフトウェア仕様, *software specification*

spectacle solo (政府奨励語で)ワンマンショー, *one man*

spectromètre à rayons X 波長分散エックス線分光計測, *wavelength dispersive X-ray spectrometer*

spectroscopie à résonance magnétique 磁気共鳴分光, *magnetic resonance spectroscopy*

spectroscopie de masse aux ions secondaires 二次イオン質量分析法, *secondary ion mass spectrometry*

spectroscopie électronique Auger オージェ電子分光, *Auger electron spectroscopy*

spectroscopie électronique pour analyses chimiques 化学分析用電子分光, *electron spectroscopy for chemical analysis*

spéculateurs à la baisse 〚証〛弱気筋, *bear*

spéculateurs à la hausse 〚証〛強気筋, *bull*

spéculateur qui se liquide 〚証〛手仕舞をする投機家, *speculator who closes*

spéculateur sur la journée 〚証〛(わずかな変動で鞘を抜く)スキャルパー, *scalper*

spéculation foncière 土地投機；土地転がし, *real estate speculation*

spéculation sur le change 為替スペキュレーション, *foreign exchange speculation*

speedé (LSDで)ハイになった, *high (LSD)*

spélaionphobie / spéléonophobie 洞窟・地下恐怖症

spermatophobie 種子恐怖症, *spermatophobia*

spermatoréophobie 精液漏恐怖症

spermicide 避妊用ゼリー, *spermicide*

sphère d'intervention individuelle 個人的関与領域

sphéroplaste 〚バイオ〛スフェロプラスト, *spheroplast*

〈le sphinx du rock français〉 〚言換〛(フランスロック界のスフィンクスである歌手)アラン・バシュング, *Alain Bashung*

spirale déflationniste 〚経〛デフレスパイラル, *deflationary spiral*

spirale des prix et des salaires 賃金物価の悪循環, *wage-price spiral*

spirale inflationniste 悪性インフレ；螺旋状インフレ, *inflationary spiral*

spirale prix-impôts 賃金租税の悪循環, *wage-tax spiral*

spirale prix-salaires 賃金物価のスパイラル, *price-wage spiral*

split 〚証〛株式分割, *stock split*

spoule 〚コンピュ〛スプーリング, *simultaneous peripheral operation on-line*

spouleur 〖コンピュ〗スプーラー, *spooler*
spread 〖金〗マージン：売値と仕入価格の差, *spread*
spread baissier 〖オプ〗ベアスプレッド：バーティカルスプレッドの一種, *bear spread*
spread calendaire 〖オプ〗カレンダースプレッド：行使期限の異なるコールまたはプットオプションの売りと買いの同時実行, *calendar spread*
spread haussier 〖オプ〗ブルスプレッド：原証券価格が上がると儲かるようにコールオプションの売りと買い，あるいはプットオプションの売りと買いを組合わせた取引, *bull spread*
spread horizontal 〖オプ〗ホリゾンタルスプレッド：カレンダーオプションの一種, *horizontal spread*
sri-lankais 〖地〗スリランカの, *Sri Lankan*
stabilisateur incorporé / stabilisateur automatique 〖経〗ビルトインスタビライザー：景気変動効果を和らげる財政の仕組み, *built-in stabilizer*
stabilisation des recettes d'exportation 輸出所得補償制度, *Stabilization of Export Earnings*
stabilisation du cours de change par achat ou par vente à tout venant 〖経〗クローリングペッグ：平価変更を小刻みかつ連続的に行うこと, *crawling peg*
stabilisation d'une guerre 戦争の膠着化, *stalemate in a war*
stabilité de la monnaie 通貨の安定, *monetary stability*
stage de formation industrielle 産業訓練, *industrial training*
stage de perfectionnement （社員の）レベルアップ研修；フォローアップトレーニング, *in-service training*
stage diplômant 大学在学中の最初の実務体験：premières expériences professionnelles とその後改名された
stage-parking （就職に結びつかない）実習の繰返し
stage probatoire 試用期間, *trial period*
stand d'exposition 見本市会場スタンド, *exhibition stand*
standard de cryptage des données 〖コンピュ〗データ暗号化規格, *data encryption standard*
standard de pouvoir d'achat 購買力平価；標準購買力, *purchasing power parity*
standard de prix d'achat 標準買入価格, *standard purchasing price*
standard de programmation 〖コンピュ〗プログラミング基準, *programming standard*
standard de qualité 品質基準；品質標準, *quality standard*

standard de vie 生活水準, *standard of living*

standard universel pour les entreprises qui cherchent à garantir les droits élémentaires des travailleurs 基本労働権尊重企業のための国際基準, *Social Accountability 8000*

standby 〖金〗スタンドバイクレジット:銀行が借手に対して必要な場合に一定金額を融資すると約束すること, *standby credit*

(la) startup 新設企業, *start-up*

stasophobie 直立恐怖症, *stasiphobia*

station à hydrogène 水素燃料補給所, *hydrogen fuel service station*

station d'accueil 〖コンピュ〗ドッキングステーション:ノート型コンピュータの拡張用, *docking station*

station de bureautique 〖コンピュ〗ワークステーション, *workstation*

station de montagne / station d'altitude マウンテンリゾート, *mountain resort*

station de recherches expérimentales des pêches 水産試験場, *fisheries experiment station*

station de travail autonome 〖コンピュ〗スタンドアローンワークステーション, *stand-alone workstation*

station d'emballage パッキングステーション:主に食料品を積出したり配送するために包装する工場, *packing station*

station d'épuration 汚水処理場, *swage works*

station esclave 〖通〗従局, *slave station*

station géosynchrone (地球の自転との)同調ステーション, *earth synchronous station*

station nationale d'essais des matériels de génie civil 土木工学機材テスト全国基地

station-pirate de radiodiffusion 海賊放送局, *unauthorized broadcasting station*

station radar de bord d'alerte avancée et de contrôle 空中早期警報・管制, *airborne early warning and control*

station spatiale civile habitée en permanence 常時有人の宇宙基地, *permanently manned civil Space Station*

statique comparative 比較静学, *comparative statics*

statistiques comparatives 比較統計学, *comparative statistics*

statistiques de l'état civil 人口統計, *vital statistics*

statistiques douanières 通関統計, *customs clearance statistics*

statistiques export-import basées sur le dédouane-

ment 輸出入通関ベース実績統計, *export-import statistics on customs-clearance basis*

statistique générale de la France フランス総合統計

Statut de la Cour internationale de justice 〚法〛国際司法裁判所規程, *Statute of the International Court of Justice*

statuts des magistrats 〚法〛司法官分限

statut d'établissement nationalisé 国有化企業の地位, *status of nationalized company*

Statuts du Fonds monétaire international 〚法〛国際通貨基金定款, *Articles of Agreement of the International Monetary Fund*

stellage 〚証〛二重選択権付き売買, *double option*

stéroïde anabolisant 蛋白同化ステロイド, *anabolic steroid*

sticophile ステッカー収集家

stilb スチルブ: 輝度の慣用単位, *stilb*

stiletto 〚風〛(10から12センチのハイヒール)スティレットヒール, *stiletto heel*

stimulant budgétaire 財政面からの景気刺激策, *fiscal stimulus*

stimulateur cardiaque (心臓の)ペースメーカー, *pacemaker*

stimulation de la demande interne 内需拡大, *domestic demand incentive*

stock ancien 前期繰越在庫, *stock brought forward*

stock butoir / stock tampon / stock régulateur 緩衝在庫, *buffer stock*

stocks de poissons anadromes (サケなどの)遡河(そか)性魚種資源, *anadromous stock*

stocks de poissons chevauchants (200海里水域内外に分布する)ストラドリング魚類資源, *straddling fish stock*

stocks de poissons grands migrateurs 高度回遊性魚類資源, *highly migratory fish stock*

stocks de reproducteurs / stocks de frai 産卵期の魚類資源, *spawning stock*

stock de réserves (国の不足時に備えての重要物資の)備蓄, *stockpile*

stock de sécurité 緊急用備蓄, *emergency stock*

stocks et encours 棚卸資産, *working asset*

stock initial 期首在庫, *initial stock*

stock monétaire 貨幣ストック；貨幣流通高, *money stock*

stock-option 〚証〛ストックオプション: 一定株数の自社株を通常市価より安く買取る権利, *stock option*

stock outil 通常作業用在庫；運転在庫, *working inventories*

stocks publics 公的在庫, *public stock*

stockage des déchets radioactifs solidifiés 凝縮放射性廃棄物の保管, *storage of solidified radioactive waste*

stockage direct （核廃棄物の）直接処分, *direct storage*

stockage intermédiaire 〖コンピュ〗中間記憶領域, *intermediate storage*

stockage-restitution des données 〖コンピュ〗データ記憶・検索, *information storage and retrieval*

stockage temporaire （核廃棄物の）中間貯蔵, *temporary storage*

stockiste （自動車の）部品販売商, *parts dealer*

straddle 〖オプ〗両建てオプション, *straddle*

strangle 〖オプ〗ストラングル：同一銘柄,同一満期であるものの行使価格が異なる,同じ単位のコールとプットの組合せ, *strangle*

strangle sur option à delta neutre 〖オプ〗デルタニュートラルストラングル, *delta-neutral strangle*

strap 〖オプ〗ストラップ：同一銘柄,同一満期,同一行使価格を持ち,しかもコールとプットの比が2対1のもの, *strap*

straphobie 雷恐怖症, *astraphobia*

stratégie commerciale 販売戦略, *marketing strategy*

stratégie d'aide-pays 〖ODA〗国別援助戦略, *country assistance strategy*

stratégie d'anticipation 先取戦略, *strategy of anticipation*

stratégie de croissance 成長戦略, *growth strategy*

stratégie de défense défensive 防御的防衛戦略, *defensive defense strategy*

stratégie de défense régionale 地域防衛戦略, *regional defense strategy*

stratégie de développement 開発戦略, *development strategy*

stratégie de diversification 多角化戦略, *diversification strategy*

stratégie de management 経営戦略, *management strategy*

stratégie d'écrémage 上澄(うわずみ)吸収戦略：当初高価格を設定し,プロダクトサイクルの飽和時点で値下げする独占企業の価格政策, *skimming price strategy*

stratégie des affaires ビジネス戦略, *business strategy*

stratégie d'expansion 拡大戦略：企業買収や資本提携などで規模の拡大を図る戦略, *expansion strategy*

stratégie d'investissement à marche forcée 行け行け主義の投資戦略

stratégie du secteur réservé 〚経〛ニッチ戦略, *niche strategy*

stratégie organisationnelle 組織戦略, *organization strategy*

stratification sociale 社会階層の形成, *social stratification*

〈**streeters**〉 (町中をスケートで移動する)ストリートローラー

stress post-traumatique 心的外傷後ストレス, *post-traumatic stress*

structure algébrique 〚コンピュ〛代表構造, *algebraic structure*

structure de contiguïté 〚コンピュ〛寄過ぎ構造, *adjacency structure*

structure des emplois / structure des professions 就業構造, *occupational structure*

structure dualiste (de l'économie japonaise) (日本経済の)二重構造, *dual structure (of the Japanese economy)*

structure économique 経済構造, *economic pattern*

structure financière optimale 最適資本構成, *optimal capital structure*

structure marchande des exportations 輸出品の商品構成, *commodity composition of exports*

structure marchande des importations 輸入品の商品構成, *commodity composition of imports*

structure par âge 年齢分布, *age distribution*

studio de création / studio de design デザインスタジオ, *design studio*

stygiophobie 地獄恐怖症, *hadephobia*

style du Palais 法曹文体

stylet 〚コンピュ〛スタイラス, *stylus*

stylicien (政府奨励語で)デザイナー, *designer*

stylisation 様式化, *stylization*

subnotebook 〚コンピュ〛サブノート型コンピュータ, *subnotebook computer*

subrogation dans les droits à indemnisation 〚保〛損害賠償請求権の代位

substance dopante 〚スポ〛ドーピング剤, *doping product*

substances nocives et potentiellement dangereuses 有毒で潜在的に危険な物質, *noxious and potentially dangerous substances*

substances qui appauvrissent la couche d'ozone オゾン層破壊物質, *substances that deplete the ozone layer*

substitution de capital au travail 資本・労働の代替, *capital-labor substitution*

substitution d'exportations 輸出代替:第1次産品の輸出

から工業製品の輸出への移行, *export substitution*

substitution d'importations / substitution de productions nationales aux produits importés 輸入代替:今まで輸入に頼っていた商品の国産品による代替, *import substitution*

subvention à fonds perdu 返還不要助成金, *non-returnable subsidy*

subvention à la consommation 消費者補助金, *consumers' subsidy*

subvention à la production et à la commercialisation 生産商品化助成金, *aid for production and marketing*

subvention au paiement des intérêts 利子補給, *interest subsidy*

subvention de prix 価格調整補給金, *price subsidy*

subvention d'équilibre 損失補償助成金;平衡交付金, *balancing subsidy / deficit subsidy*

subvention d'équipement (国の地方団体への)設備助成金;施設費補助金

subvention d'exploitation 営業助成金, *aid for business*

subvention d'investissement 投資助成金, *subsidies for investment*

subvention en capital 資本補助, *capital grant*

subventionnement excessif 補助金漬け, *featherbedding*

succursaliste 多店舗店, *chain store*

suceur (掃除機の)吸込口, *nozzle*

suceur plat (電気掃除機の)隙間ノズル, *crevice tool*

sucre (エクアドルの旧通貨単位で)スクレ:現在は米ドルを採用, *sucre*

sucre de canne 甘蔗(かんしゃ)糖, *cane sugar*

sucre de raisin ブドウ糖, *grape sugar*

sucre d'érable カエデ糖, *maple sugar*

sucre interverti 転化糖, *invert sugar*

sucre liquide 液糖, *liquid sugar*

sucre résiduel 残糖, *residual sugar*

sucre roux 赤砂糖, *low-grad sugar*

(le) Sud-Ouest africain 〖地〗南西アフリカ:1968年までのナミビアの名称, *South-West Africa*

suédo- (連結形)瑞=スウェーデン(瑞典)の

suicide collectif 集団自殺, *collective suicide*

〈**le suicidé de la société**〉〖言換〗(社会の自殺者)ゴッホ, *Van Gogh*

suicide économique 経済的自滅, *economic suicide*

suicide politique 政治的自殺行為, *political suicide*

suiveur stellaire （宇宙科学の）スタートラッカー, *star tracker*

suivi 〖ODA〗モニタリング：経済援助の進展ぶりのチェック, *monitoring*

suivi 〖証〗テール：平均入札価格と最低落札価格との差で，国債入札が好調かの指標となる, *tail*

suivi de la consommation / suivi conso （問い合わせ時点までの携帯電話）利用料金案内

suivi médico-sportif 〖スポ〗スポーツ医学上のフォローアップ, *sports medical follow-up*

sujet à des fluctuations 〖経〗乱高下の, *volatile*

sujet économique 経済主体, *economic agent*

sujet japonais 日本国臣民, *Japanese subject*

sulfate de diméthyle ジメチル硫酸, *dimethyl sulfate*

(le) Sultanat d'Oman 〖地〗オマーン国, *Sultanate of Oman*

sum // sumy （ウズベキスタンの通貨単位で）スム, *sum*

〈super-autoroutes de l'information〉 情報ハイウェー, *information superhighways*

supercalculateur 〖コンピュ〗スーパーコンピュータ, *supercomputer*

supercommission 〖金〗上乗せ手数料, *overriding commission*

superdividende 〖証〗再配当：第一次配当実施後に配当可能利益が残った際に行われる第二次配当

superficie agricole utilisée 農地面積, *agricultural area useful for farming*

superpuissance au point de vue de la qualité de vie 生活大国, *life-style superpower*

supplément de capacités bénéficiaires 追加的収益力, *supplement of earning power*

supplément de prime 追加保険料, *extra premium of insurance*

supplément familial 児童手当, *child benefit*

supplément pour charges de famille 扶養手当, *supplement for dependents*

supplément pour la chambre de malade 差額ベッド代, *patient's pay on the difference (for his bedroom)*

supports comptables 会計書類, *accounting papers*

supports de son 録音媒体, *sound-recording media*

support de sortie 〖コンピュ〗出力媒体, *output medium*

support de souris 〖コンピュ〗マウスサポート, *mouse support*

support de stockage 〖コンピュ〗記憶媒体, *storage medium*

supports publicitaires 広告媒体, *advertising media*

suppresseur 〖バイオ〗(遺伝の)抑制因子, *suppressor*
suppresseur d'écho 反響阻止装置, *echo suppressor*
suppression d'emplois 人員削減, *reduction in force*
suppression des barrières douanières 貿易関税撤廃, *abolition of trade controls*
suppression des zéros 〖コンピュ〗ゼロ抑制, *zero suppression*
suppression du moiré et du papillotement (画面の波形や点状の)ちらつきの排除, *suppression of shimmering and flickering*
supra-haute fréquence 超高周波, *superhigh frequency*
sur la base des engagements 〖ODA〗コミットメントベースで, *on a commitment basis*
sur la lèvre du half-pipe 〖スポ〗(スノーボードの)ハーフパイプのリップで, *on the lip of the half-pipe*
sur le parquet 〖証〗証券取引所で, *on the stock exchange*
sur le plan économique 経済面で, *in the field of economy*
sur mesure intégral 〖コンピュ〗フルカスタム, *full custom*
sur une base de réciprocité et d'avantages mutuels 互恵的で相互に利益となる条件で, *reciprocal and mutually advantageous*
sur une base d'escompte 〖証〗ディスカウントベースで：最初から利回り分を割引く割引率方式で, *on a discount basis*
surabondance de l'offre 供給過剰, *excess supply*
surabondance de personnel 人員過剰, *overstaffing*
suraccumulation 過剰蓄積, *overaccumulation*
suracheté 〖証〗買上がりすぎた, *overbought*
suramortissement 過大償却, *overdepreciation*
surassurance 超過保険, *overinsurance*
surbancarisé (一定地域に銀行が乱立した)銀行過剰の
surcapacitaire 生産能力過剰の, *of overcapacity*
surcapacité 過剰生産能力；設備過剰, *overcapacity*
surcapacité de tuer 過剰殺戮能力, *overkill*
surcapitalisation 資本の過大評価, *overcapitalization*
surcharge fiscale 過重課税, *overtax*
surcharge monétaire 為替相場調整係数, *currency adjustment factor*
surchauffe conjoncturelle 景気の過熱, *boom*
surchoix 最高品質の, *top quality*
surclassement 格上げ, *upgrading*
surcommission 〖証〗上乗せ手数料, *overriding commission*
surcompensation 収支の相殺, *overcompensation*
surconsolidation 〖証〗財政資金過調達：インフレ抑制目的で国債を必要以上に発行すること, *overfunding*

surconsommation 消費過剰, *overconsumption*
surcote 過大評価付け, *overquotation*
surdébit de section セクションオーバーヘッド：伝送路を含む各装置間で使用の同期デジタルハイアラキーに含まれる非情報信号, *section overhead*
surdétermination de l'équilibre 均衡の過剰決定性, *overdeterminateness of the equilibrium*
suréchantillonnage オーバーサンプリング：アナログ信号を適当な時間間隔で抽出しデジタル信号に変換する際に時間軸解像度を数倍に改善すること, *oversampling*
surévaluation d'actif 在庫水増し, *watered stock*
surexploitation （天然資源の）過度の開発, *overexploitation*
surexploitation 乱獲, *overexploitation*
surf alpin 〚スポ〛アルペンスノーボード, *alpine snowboard*
surf des neiges 〚スポ〛スノーボード, *snowboard(ing)*
surf libre 〚スポ〛（スノーボードの）フリーライディング, *free riding*
surface agricole utilisée 農業利用面積, *utilized agricultural area*
surface au sol / surface couverte / surface du sol フロアー部分, *floor area*
surface commerciale utile （ショッピングセンターの）店舗面積
surface d'affichage ディスプレイ部分, *display area*
surface de rayonnage （スーパーの）棚スペース, *shelf space*
surface de vente 売場面積, *sales area*
surface du siège 座席面, *sitting surface*
surface financière 財政状態：銀行用語で融資先企業の信用力判断材料としての財政データ, *financial standing*
surface minimum d'installation （農地の）自立下限面積
surface portante (d'un avion) （飛行機の）翼面, *bearing area*
surface utile （共有部を除いた）利用可能面積, *usable surface area*
surfinancement 過剰融資, *overfinancing*
surinamien 〚地〛スリナムの, *Surinamese*
surinvestissement 過剰投資, *overinvestment*
surlocation （航空機乗客の）オーバーブッキング, *overbooking*
surloyer 割増家賃, *extra rent*
surmédicalisation 医療漬け, *overmedicalization*
surpaiement 支払超過, *overpayment*
surpaye 割増支給, *overpayment*

surpêche (魚の)乱獲, *overfishing*
surplus de productivité 生産性余剰, *productivity surplus*
surplus du consommateur (provenant à faible prix) (低価格で購入することによる)消費者余剰, *consumer's surplus*
surplus du producteur 生産者余剰, *producers' surplus*
surplus extérieur 経常勘定の黒字, *surplus in the current account of the balance of payments*
surplus structurel 構造的過剰, *structural surplus*
surprime 割増保険料, *additional premium*
surprime payée par les banques japonaises lors de leurs opérations de refinancement à l'étranger ジャパンプレミアム:日本の金融機関向け融資への上乗せ金利, *Japan premium*
surprofit 過剰利潤;超過利潤, *overprofit*
surréaction 行過ぎ, *overshooting*
surréservation (航空機乗客の)オーバーブッキング, *overbooking*
sursouscription 〔証〕オーバーサブスクリプション;応募過剰, *over subscription*
surtaxe à l'importation 輸入課徴金:欧州共同体農業共同市場に1968年導入, *import surcharge (EC)*
surtravail 剰余労働, *surplus labor*
survaleur 過大価値, *overvalue*
survalorisation 誇大表示, *overvaluation*
surveillance continue des risques de pollution ou des effets de la pollution 汚染の危険または影響の監視, *monitoring of the risks or effects of pollution*
surveillance de l'environnement 環境モニタリング, *environmental monitoring*
surveillance d'une ville par îlots 区域管理警察による街の警備, *community policing*
surveillance électronique (重病患者などの)電子機器を使った監視, *electronic surveillance*
surveillance multilatérale 〔経〕多角的監視, *multilateral monitoring*
surveillance sur l'exécution d'un projet プロジェクトの施行監督, *supervision of project implementation*
surveillant général (中高生の)生徒総監, *general supervisor*
survendu 売過ぎの, *oversold*
survente 高値販売, *overcharging*
suspect numéro un 最重要容疑者, *suspect No.1*

suspens 〚証〛(証券売買で)未決取引の全体, *all of suspended trading*

suspension de cotation 〚証〛値付け停止

suspension tarifaire 関税撤廃, *suspension of tariff duty*

swap d'actifs 〚金〛アセットスワップ：危険回避目的で行う対第三世界債権の分散化, *asset swap*

swap de base 〚金〛ベーシススワップ, *basis swap*

swap de coupon 〚金〛クーポンスワップ：固定金利付き債券と変動金利付き債券のスワップ, *coupon swap*

swap de créances 〚金〛債務の株式化, *debt-for-equity swap*

swap de dettes à des fins écologiques 自然保護債務スワップ, *debt-for-nature swap*

swap de taux d'intérêt 〚金〛金利スワップ, *interest rate swap*

swap d'indices 〚金〛インデックススワップ, *index swap*

swap simple 〚金〛プレインバニラスワップ, *plain vanilla swap*

swaption 〚オプ〛スワプション, *option on a swap*

swazi 〚地〛スワジランドの, *Swazi*

〈symbiose〉 (相互利益のための)協調関係, *symbiosis*

symbole de remplacement 〚コンピュ〛ワイルドカード, *wildcard*

symétrie des facteurs sol et main-d'œuvre 土地と労働の対称性, *symmetry of factors land and labor*

sympathicothérapie シンパシコセラピー：鼻の内部に綿棒でエッセンシャルオイルを塗る療法, *sympathicotherapy*

synchromercatique シンクロマーケティング, *synchromarketing*

synchronisateur 〚コンピュ〛シンクロナイザー, *synchronizer*

syndic 〚証〛公認仲買人組合理事長, *chairman of the stockbrokers' association*

syndic délégué 〚証〛(地方の)証券仲買人幹事

syndicalisme d'affaires 実業的組合主義, *business unionism*

syndicat à la carte 選択式事務組合

syndicat à la lyonnaise 〚証〛リヨネ方式の引受団

syndicat à la parisienne 〚証〛パリ方式の引受団

syndicat au sein d'une entreprise 企業組合, *enterprise association*

Syndicat chrétien de l'éducation nationale, de la recherche et des affaires culturelles キリスト教国民教育・リサーチ・文化問題協会

syndicat communautaire d'aménagement 整備共同体

syndicat d'agglomération nouvelle 組合：新都市開発のために関係市町村が設立する公施設

syndicat d'agglomération nouvelle 新都市組合：新都市運営に当たる広域行政組織

syndicat de banque 銀行団, *banking syndicate*

syndicat de branches 産業別組合, *vertical union / industrial union*

syndicat de communes (à vocation multiple) (多目的)市町村共同管理組合：共通の利益を有する市町村が一定の目的のために共同で設置する公施設

syndicat de copropriétaires 共同所有者組合

syndicat de finance 融資団, *financing group*

syndicat de garantie 〘証〙引受保証団, *underwriting syndicate*

syndicat de la magistrature 司法官職労働組合

syndicat de métiers 職能別組合, *craft union*

syndicat de placement 〘証〙販売シ団, *selling consortium*

syndicat de prise ferme 〘証〙全額引受シンジケート団

syndicat de propriétaires (マンションの)管理組合

syndicat de vente 〘証〙販売シンジケート団, *selling consortium*

syndicat d'émission 〘証〙発行シンジケート団, *underwriting syndicate / issue syndicate*

syndicat d'enchères 〘金〙テンダーパネル：短期証券発行引受保証枠を設定する融資銀行団, *tender panel*

syndicat d'initiative 観光協会, *tourist bureau*

Syndicat des fonctionnaires internationaux et européens 国際・欧州公務員労組, *Union of International and European Civil Servants*

syndicat du crime organisé 組織暴力団, *organized gang*

syndicat financier 金融シ団：社債・国債の引受銀行団, *syndicate of financiers*

Syndicat général de l'éducation nationale 全国教員一般組合

Syndicat général des personnels de l'éducation nationale 国民教育職員一般組合

syndicat indivisé 〘証〙不分割シンジケート：メンバーが当初決めた参加率によって売残り部分を引き取る場合のシンジケート, *undivided syndicate*

syndicat intercommunal à vocation multiple 多目的市町村共同管理組合：syndicat de communes à vocation multiple の同義語なので，解説はそちらにゆずる

syndicat intercommunal à vocation unique 単一目的市町村共同管理組合

Syndicat interdépartemental pour l'assainissement de l'agglomération parisienne パリ都市圏下水道諸県共同管理組合

Syndicat interprofessionnel des radios et télévisions indépendantes 独立系ラジオ・テレビ関連業種組合

Syndicat interprofessionnel du gruyère français フランス産グリュイエールチーズ関連業種組合

syndicat maison 御用組合, *company union*

Syndicat patronal d'entreprises et d'industries du Niger ニジェール企業産業経営者団体

⟨**syndrome Betamax**⟩ ベータマックスシンドローム:他社より優れた製品でありながら少数派が故に敗北すること, *Betamax syndrome*

syndrome de Behçet ベーチェット氏病, *Behcet's disease*

syndrome de la classe économique エコノミークラス症候群:狭い座席の機内に長く滞在することによる旅行者血栓症, *Economy Class Syndrome*

syndrome de la guerre du Golfe 湾岸戦争症候群, *Gulf War syndrome*

syndrome de Wimbledon 国産もの総崩れ現象:全英オープンで英国選手が不調なことにたとえて,貿易自由化による国内産業不振, *Wimbledon syndrome*

syndrome des Balkans バルカン症候群:劣化ウラン弾による白血病, *Balkan Syndrome*

syndrome d'immunodéficience acquise エイズ;後天性免疫不全症候群, *acquired immune-deficiency syndrome*

syndrome d'Ondine オンディーヌ症候群;原発性(肺胞)低換気症候群, *Ondine's curse syndrome*

syndrome respiratoire sévère aigu 重症急性呼吸器症候群:通称はSARS, *severe acute respiratory syndrome*

syndrome Stendhal スタンダール症候群:旅行者が美術館などを訪れて刺激を受けて精神的錯乱をきたすこと, *Stendhal syndrome*

synergiciel 〖コンピュ〗グループウェア, *groupware*

synthétase 合成酵素, *synthetase*

syphiliphobie / syphilophobie 梅毒恐怖症, *syphilophobia*

système à accès restreint 〖コンピュ〗制限アクセスシステム, *restricted access system*

système à bande large 〖コンピュ〗広帯域同軸システム, *broadband coaxial system*

système à cartes perforées パンチカードシステム, *punch card system*

système à commande vocale 音声命令システム, *vocal command system*

système à fenêtre 〚コンピュ〛ウィンドウイング, *windowing*

système à mémoire virtuelle 〚コンピュ〛仮想メモリーシステム, *virtual memory system*

système amétallique 非金属本位制, *non-metallic standard*

système antiblocage de roues (自動車の)アンチロックブレーキシステム:通称はABS, *antilock braking system*

système automatique de gestion intégrée par télétransmission de transactions avec imputation des règlements étrangers 〚証〛サジテール:SWIFT利用の国際決済

système automatisé pour les fichiers administratifs et le répertoire des individus 行政ファイル及び個人台帳自動化システム

système autonome 〚コンピュ〛オフラインシステム, *off-line system*

système bancaire 金融界;銀行組織, *banking system*

système bancaire à couverture partielle / système bancaire de réserve partielle (銀行制度での)部分準備制, *fractional reserve banking system*

système clés en main 〚コンピュ〛ターンキーシステム, *turnkey system*

système communautaire d'informations et de surveillance sur les accidents domestiques et de loisirs 欧州家庭内・レジャー事故監視システム, *European Home and Leisure Accidents Surveillance System*

système d'achat à tempérament 分割払い方式, *installment plan*

système d'aéroport central et d'apport extérieur ハブ・アンド・スポーク方式:周辺の飛行便をハブ空港に集中させるシステム, *hub-and-spoke system*

système d'aide à la décision 〚コンピュ〛意思決定支援システム, *decision support system*

système d'aide à la navigation automobile カーナビシステム, *automobile navigation system*

système d'alerte rapide 早期警報システム, *early warning system*

système d'amortissement accéléré 加速原価回収法;加速償却制度, *accelerated cost recovery system*

système d'appel sélectif 選択呼出方式, *selective calling system*

système d'arme sol-air 地対空ミサイル, *surface-to-air missile*

système d'atterrissage aux instruments 計器着陸装置, *instrument landing system*

système d'atterrissage hyperfréquence マイクロ波着陸装置, *microwave landing system*

système de banque à couverture partielle / système de banque de réserve partielle 部分準備銀行制度, *fractional reserve banking system*

système de bureautique intégré 〖コンピュ〗総合オフィスシステム, *integrated office system*

système de changes flottants impurs 汚い変動相場制, *dirty floating rate system*

système de clause d'abandon 〈waiver〉 du GATT 〖経〗GATTのウェーバー制度, *GATT waiver clause system*

système de codage chaîné 〖コンピュ〗連結コーディングシステム, *concatenated coding system*

système de commande et de contrôle 指揮命令系統, *command-and-control system*

système de commutation électronique 〖コンピュ〗電子交換システム, *electronic switching system*

système de compensation des actionnaires (英国の)投資家補償制度, *Investors' Compensation Scheme*

système de compensation et de règlement automatisé 自動決済制度, *Automated Clearing Settlement System*

système de compensation mutuelle (ユーロドル先物)相互決済制度, *mutual offset system*

système de comptabilité consistant à débiter les agents de toutes les primes encaissées 〖保〗デビットシステム, *debit system*

système de contingentement à l'importation 輸入割当制度, *import quota system*

système de contribution 〖保〗利源別配当方式

système de contrôle d'organisation et de régulation pour l'exploitation des émissaires 下水道制御連携調整システム

système de contrôle monétaire 管理通貨制度, *managed currency system*

système de cotation assistée par ordinateur de la Bourse 〖証〗コンピュータ支援証券相場システム, *computer-aided trading system*

système de court-circuit 〖証〗(相場急変時の売買一時停止措置の)サーキットブレーカーシステム, *circuit breaker system*

système de croissance et de réduction en proportion スライディングスケール制度：賃金を経済変動に対応させる制度, *sliding scale method*

système de défense antimissiles de théâtre 戦域ミサイル防衛システム, *theater missile defense system*

système de dépôts spécial complémentaire 追加特別預金制度, *supplementary special deposit scheme*

système de dictée personnelle 〖コンピュ〗音声認識ディクテーションシステム, *personal dictation system*

système de distribution variable à gestion électronique (ホンダの自動車用変速システム)VTEC, *VTEC (Honda)*

système de fabrication flexible フレキシブル生産システム, *flexible manufacturing system*

système de financement compensatoire (国際通貨基金の)補償融資制度；輸出所得変動補償融資制度, *Compensatory Financing Facility (IMF)*

système de financement pour la science et la technique au service du développement 開発のための科学技術融資システム：1979年の国連総会決議で設立され1986年に終了, *System of Financing Science and Technology for Development (UN)*

système de financement supplémentaire (国際通貨基金の)補完融資制度, *Supplementary Financing Facility (IMF)*

système de forfait 一括課税方式, *agreed income system*

système de gestion de base de données relationnelles 〖コンピュ〗リレーショナルデータベース管理システム, *relational database management system*

système de gestion financière 財務管理システム, *financial management system*

système de la monnaie dirigée 管理通貨制度, *managed currency system*

système de l'entrepôt douanier 保税制度, *in bond system*

système de l'exercice 〖会〗発生主義, *accrual basis*

système de livraison 〈juste à temps〉 〖経〗ジャストインタイム配達方式, *just-in-time delivery system*

système de manœuvre en orbite (静止衛星の)軌道修正エンジン, *orbital maneuvering system*

système de navigation automobile カーナビシステム, *car navigation system*

système de navigation par inertie (航空機の)慣性航法装置, *inertial navigation system*

système de négociation électronique 電子証券取引, *electronic trading system*

système de paiement interbancaire par chambre de compensation à New York 〚証〛ニューヨーク手形交換所銀行間決済システム:通称はチップス, *Clearing House Interbank Payment System*

système de parapluie (国際機関融資での)アンブレラ方式, *umbrella system*

système de partage d'un poste de travail 〚経〛ワークシェアリング, *work-sharing*

système de péage électronique 〚和〛ETC(イーティーシー):高速道路料金電子決済システム, *Electronic Toll Collection System (Japan) / E-Z Pass*

système de plafond 〚証〛最高発行額制限制度, *limit of income system*

système de pondération des voix 加重投票制度, *weighted voting system*

système de préférences généralisées 一般特恵関税制度, *generalized system of preferences*

système de primes 〚経〛ボーナスシステム, *bonus scheme*

système de quota au prorata 比例割当制度, *percentage quota system*

système de recherche et de sauvetage assistés par satellite 捜索救助用衛星支援追跡システム, *Search and Rescue Satellite-Aided Tracking System*

système de recrutement des ouvriers spécialisés 特殊労働者募集制度:国際労働機関50号条約, *recruiting of indigenous workers*

système de refroidissement de secours (du cœur du réacteur) (原子炉の)緊急用炉心冷却装置, *emergency core cooling system*

système de règlement-livraison de la Banque de France des créances négociables (フランス銀行)TB振替決済システム

système de remboursement en espèces 〚経〛キャッシュリインバースメント方式, *cash reimbursement system*

système de rémunération ou de promotion fondé sur l'ancienneté 年功序列型賃金制, *seniority order wage system*

système de Réserve fédérale 〚経〛(米国の)連邦準備制度, *Federal Reserve System*

système de réserve partielle 一部準備制度, *partial reserve system*

système de revente (des publications) (書籍)再販制度, *resale price maintenance*

système de soutien pour la production minière (ロメ協定による)鉱産物支援制度

système de stabilisation des recettes d'exportation des produits agricoles 一次産品輸出所得安定化制度, *Stabilization of Export Earnings (STABEX)*

système de statistiques sociale et démographique 社会人口統計体系, *system of social and demographic statistics*

système de surveillance (為替の)モニタリングシステム, *monitoring system*

système de surveillance d'espace et de poursuite 宇宙空間探知追跡網, *space detection and tracking system*

système de tarification à fourchettes (輸送について)上下幅のある料金決定方式, *bracket rating system*

système de téléinformatique データ通信システム, *data communications system*

système de téléphonie cellulaire 3 G (= troisième génération) 次世代携帯電話サービス, *third generation cell phone service*

système de traitement automatisé de données〘コンピュ〙データ自動処理システム, *automatic data processing system*

système de traitement et de représentation des informations de défense aérienne 防空情報処理表示システム

système de traitements préférentiels accordés aux minorités ethniques et aux femmes (米国で差別廃止の)積極行動, *affirmative action*

système de transaction inter-marché 市場間取引システム, *Intermarket Trading System*

système de transfert express automatiquement transeuropéen à règlement brut en temps réel 全欧州自動リアルタイム決済システム;汎欧州自動即時グロス決済制度, *Trans-European Automated Real-Time Gross Settlement Express Transfer System (TARGET)*

système de transport combiné 協同一貫輸送システム, *intermodal transport system*

système de transport spatial (衛星用の)宇宙輸送システム:スペースシャトルを意味する, *space transportation system*

système de vidéotex ビデオテックスシステム, *videotex system*

système d'équilibre des pouvoirs (政治の)牽制制度,

check and balance system

système des blocs de compétence 一括管轄方式

système des coûts unitaires 単位費用システム, *unit-cost systems*

système des dépouilles 猟官制度, *place hunting*

système des jours chômés 操業短縮, *short-time working*

système des Nations unies 国連ファミリー, *United Nations system*

système des points de contrôle critiques pour l'analyse des risques 危険分析重要管理点:通称ハセップ (HACCP), *Hazard Analysis and Critical Control Point*

système des quotes-parts 〖保〗比例分担制度

système d'évaluation du personnel 職員審査制度, *system for staff testing*

système d'exploitation 〖コンピュ〗オペレーティングシステム:略称は OS, *operating system*

système d'exploitation de disquette 〖コンピュ〗DOS, *disk operating system*

système d'exploitation de réseau 〖コンピュ〗ネットワーク運用システム, *network operating system*

système d'exploitation des entrées/sorties 〖コンピュ〗基本入出力システム, *basic input/output operating system*

système d'imputation 〖経〗インプュテーション方式, *imputation system*

système d'indication 〖経〗インディケーション方式, *indication system*

système d'information de management / système d'information pour la gestion 経営情報システム, *management information system*

système d'information en marketing マーケティング情報システム, *marketing information system*

système d'information médical 医用情報システム, *medical information system*

système d'information Schengen (シェンゲン協定による)欧州共同体域内通行監視情報システム, *Schengen Information System (EC)*

système d'intervention multidevise 複数通貨介入制度, *multicurrency intervention system*

système d'ordinateurs pour le fret international aérien 国際航空カーゴ便情報システム

système d'ordinateurs pour le fret international maritime 国際船荷情報システム

système d'ordinateurs pour le traitement du fret

international 国際カーゴ便処理情報システム
système du flottement (organisé) 〖金〗(組織された)フローティング制, *(organized) floating rate system*
Système économique latino-américain ラテンアメリカ経済組織:域内経済発展の協力機構, *Latin American Economic System*
système élargi de comptabilité nationale 拡大国民経済計算, *Enlarged System of National Accounts*
système électronique de surveillance de personnes 〖法〗電子タグによる犯罪者監視システム, *electronic tagging*
système en phase d'exécution 〖コンピュ〗実行時システム, *runtime system*
système européen de banques centrales 欧州中央銀行制度, *European System of Central Banks*
système européen de comptes économiques intégrés 欧州総合国民経済勘定システム
système européen de diffusion des offres et demandes d'emploi enregistrées en compensation internationale 求人求職国際相殺欧州システム, *European System for the International Clearing of Vacancies and Applications for Employment*
Système européen de statistiques intégrées de la protection sociale 欧州社会保護総合統計システム, *European System of Integrated Social Protection Statistics*
Système européen de traduction automatique de conception avancée 欧州先進コンピュータ翻訳システム, *European Advanced Machine Translation System*
système expert エキスパートシステム:知識データベースをもとに専門家の役割を模倣するソフトウェア, *expert system*
système forfaitaire 見積課税方式, *agreed income system*
système fractionnaire (エアコンの)スプリットシステム, *split system*
système généralisé de préférences 一般特恵関税制度, *generalized system of preferences*
système global de licences d'importation 包括輸入許可制, *open general license system*
système global de préférences commerciales 貿易特恵包括制度:開発途上国間で適用
système harmonisé de désignation et de codification des marchandises 商品名称及び分類統一システム, *harmonized commodity description and coding system*
système informatisé de routage des petits ordres à la Bourse de New York 〖証〗(ニューヨーク市場の)注文

回送システム, *DOT (=designated order turnaround) system*

système intégré de gestion 経営情報管理制度, *management information system*

système interbancaire de télécompensation (フランス銀行口座利用)銀行間電送決済システム

système interbancaire de télétraitement (フランス銀行口座利用)銀行間電送処理システム

système interbancaire de télétransmission 銀行間電送システム

système international d'unités 国際単位系, *International System of Units*

système international monétaire et commercial 国際通貨・貿易システム, *international monetary and trade system*

système keynésien 〖経〗ケインズ体系, *Keynesian system*

système mains-libres (電話の)手ぶらコードシステム, *handsfree system (of telephone)*

système métallique 金属本位制, *metallic standard*

système modulaire thermique (フランス軍戦車用の)熱視システム, *thermal imager*

système mondial de détresse et de sécurité en mer 広域海上遭難安全システム, *Global Maritime Distress and Safety System*

système mondial de localisation GPSシステム, *global positioning system*

système mondial de navigation par satellite 全地球測位システム, *Global Navigation Satellite System*

système monétaire européen 欧州通貨制度, *European Monetary System*

système monétaire international 国際通貨制度, *International Monetary System*

système multi-utilisateur 〖コンピュ〗マルチユーザーシステム, *multi-user system*

système national d'échanges d'images chèques 全国小切手記録交換制度

système nerveux autonome 自律神経系, *autonomic nervous system*

système on-line 〖コンピュ〗オンラインシステム, *on-line system*

système organique commutant rapidement les abonnés et les taxant électroniquement 電話加入者迅速接続・電子料金計算システム

système ouvert des échanges bilatéraux 双方向の開かれた貿易システム, *bilateral open trading system*

système ouvert des échanges multilatéraux 多角的な開かれた貿易システム, *multilateral open trading system*

système probatoire d'observation de la Terre 〖仏〗地球観測衛星, *SPOT*

système propriétaire 〖コンピュ〗独自方式

système séparatif (下水の)分流式システム

systèmes sociaux 社会保障制度, *social security system*

système TARGET / système transeuropéen de transfert express automatisé à règlement brut en temps réel 全欧州自動リアルタイム決済システム；汎欧州自動即時グロス決済制度, *TARGET (=Trans-European Automated Real-Time Gross Settlement Express Transfer System)*

système TBF / système transferts Banque de France フランス銀行リアルタイム支払いシステム

système temps différé 〖コンピュ〗バッチシステム, *batch system*

système Treasury Direct 〖仏〗(電話, 郵便などで注文する)国債直接購入制度

système triangulaire ⟨switch⟩ des lettres de crédit 信用状スウィッチ方式, *letters of credit switch system*

T

tabacophile タバコ関連品収集家
tabagisme passif (他人のタバコの煙を吸ってしまう)受動喫煙；間接喫煙, *passive smoking*
table à numériser 〚コンピュ〛デジタイザー, *digitizer*
table agrégée 総合表, *aggregate table*
table d'allocation des fichiers 〚コンピュ〛FAT, *file allocation table*
table de décision 〚コンピュ〛決定表, *decision table*
table de morbidité 罹病(りびょう)率表, *sickness table*
table de mortalité de la population 国民死亡表, *population mortality table*
table de mortalité des assurés 〚保〛経験死亡表, *experience table*
table de mortalité des rentiers 年金受領者死亡表, *annuitants' mortality table*
table de recherche 〚コンピュ〛参照用テーブル, *look-up table*
table de sélection 〚保〛選択表, *selection table*
table de traduction 〚コンピュ〛翻訳テーブル；変換テーブル, *translation table*
table de vérité 〚コンピュ〛真理値表, *truth table*
table des officiels 〚スポ〛(競技の)役員席, *working deck*
tables d'intérêts composés 〚金〛複利表, *table of compound interests*
table d'invalidité 〚保〛廃疾表, *disability table*
table d'opération 〚コンピュ〛演算表, *operation table*
table du tremplin 〚スポ〛(スキージャンプの)カンテ, *takeoff point*
table finale 〚保〛最終表, *ultimate table*
table traçante 〚コンピュ〛プロッター, *plotter*
tableau 〚コンピュ〛アレイ：配列を意味する, *array*
tableau à deux dimensions 〚コンピュ〛二次元配列, *two-dimensional array*
tableau à plusieurs dimensions 〚コンピュ〛多次元配列, *multidimensional array*
tableau d'affectation 処分勘定, *appropriation account*
tableau d'affichage 〚スポ〛スコアボード, *scoreboard*

tableau de bord 管理図表, *management report*
tableau de connexion 〘コンピュ〙配線盤, *patchboard*
tableau de contingence (統計の)分割表, *contingency table*
tableau de cotation 〘証〙相場掲示板, *quotation board*
tableau de financement consolidé 連結現金資金計算書, *consolidated cash flow*
tableau de marche 作業表, *time table*
tableau de portes 〘コンピュ〙ゲートアレイ, *gate array*
tableau de service (商店の)当番表, *rota*
tableau de valeur actuelle 複利現価表, *present value table*
tableau d'échanges interindustriels 産業連関表, *input / output table / interindustry-relation table*
tableau des emplois et ressources de fonds 資金運用表, *statement of sources and application of funds*
tableau des flux 資金計算書, *funds statement*
tableau des opérations financières 金融取引連関表, *financial operation table*
tableau des opérations financières 資金循環表；資金循環勘定；財政操作表, *flow of funds table*
tableau d'organisation 組織表, *organization chart*
tableau économique de Quenay ケネーの経済表, *circular flow of economic life of Quenay*
tableau économique d'ensemble 総合経済表, *comprehensive economic table*
tableau en Z (統計の)Z管理図, *Z chart*
tableau (d')entrées-sorties / tableau d'input-output 投入産出表, *input-output table*
tableau (d')entrées-sorties des relations interindustrielles 産業連関表, *input-output table of interindustrial relations*
tableau indicateur de vitesse (乗物の)速度計, *speed meter*
tableau interindustriel de Leontief レオンチェフの産業連関表, *Leontief's table*
tableau logique programmable par l'usager 〘コンピュ〙プログラマブル論理回路配列, *field programmable logic array*
tableau synoptique 総括表, *summary table*
Tablet PC タブレット型パソコン, *Tablet PC* (=*personal computer*)
tableur 〘コンピュ〙(表計算ソフトの)スプレッドシート, *spreadsheet*

tableur de graphiques 〘コンピュ〙グラフィックスプレッドシート, *graphics spreadsheet*

tabulation 〘コンピュ〙タブ, *tabulation*

tabulation verticale 〘コンピュ〙垂直タブ, *vertical tabulation*

tachophobie スピード恐怖症, *tachophobia*

tactique dilatoire 引延し戦略, *foot-dragging*

tadjik 〘地〙タジキスタンの, *Tajik*

tag 〘風〙(壁や車に描く装飾模様の)落書き, *tag*

(faire du) tai chi 〘風〙太極拳(をする), *(to do) Tai Chi Chuan / Taijiquan*

taïkonaute (中国の)宇宙飛行士, *Taikonaut*

taille critique 〘経〙臨界規模, *critical size*

taille de l'antémémoire supplémentaire 〘コンピュ〙補助キャッシュサイズ, *supplemental cache size*

taille normale du marché 〘経〙通常取引規模, *normal market size*

tak(k)a (バングラデシュの通貨単位で)タカ, *taka*

tala (サモアの通貨単位で)ターラー, *tala*

Talien 〘地〙(満州の)大連, *Talien / Dalian*

tambour de pagination 〘コンピュ〙ページングドラム, *paging drum*

tambour magnétique 〘コンピュ〙磁気ドラム, *magnetic drum*

tamoul 〘地〙タミル(人)の, *Tamil*

tamponnement d'entrée-sortie 〘コンピュ〙入出力緩衝手法, *input-output buffering*

tangence de moindre coût 最小費用接点, *least cost point*

tantièmes d'actions 〘証〙小割(こわり)株式, *substock*

tantième des administrateurs 重役配当, *profit-sharing allowance to members of board of directors*

taphophobie 生体埋葬恐怖症:生きたまま埋葬されることに対する恐怖症, *taphephobia*

tapis de souris 〘コンピュ〙マウスマット, *mouse mat*

tapuscrit (植字にまわす)タイプ原稿, *typescript*

tardenoisien タルドノア期の, *Tardenoisian*

tarif compensateur 相殺関税, *compensatory tariff*

tarif compris 通関料込み, *cleared*

tarif conventionnel 協定料率, *conventional tariff*

tarif d'abonnement 定期購読料, *subscription rate*

tarif de faveur 優遇料金, *preferential rate*

tarif de représailles 報復関税, *retaliatory duties*

tarif dégressif 長距離逓減料金, *tapering charges*

tarif des droits de douane / tarif douanier 関税率, *customs tariff*

tarif différentiel 差別関税, *differential tariff*
tarif douanier commun (欧州共同体)共通関税, *Common Customs Tariff (EC)*
tarif douanier intégré des Communautés européennes 欧州共同体統合関税, *Integrated Customs Tariff of the European Communities*
tarif du droit de courtage 委託手数料率, *brokerage rate*
tarif du droit de timbre 印紙税率, *receipt stamp duty rate*
tarif extérieur commun (欧州共同体)域外貿易関税率, *Common External Tariff (EC)*
tarif fiscal progressif 累進税率, *progressive tax rate*
tarif fixe 固定料率, *fixed rate*
tarif heures creuses (電気などの)オフピーク時間割引料金, *off-peak tariff*
tarif préférentiel 特恵関税, *preferential duties*
tarif prohibitif 禁止的関税, *prohibitive tariff*
tarif protecteur 保護関税, *protective tariff*
tarif selon la statistique 〚保〛経験料率, *experience rating*
tarif spécifique 従量税, *specific tariff*
tarif unitaire 単一関税, *piece rate*
tarification au coût marginal 限界費用価格形成, *marginal cost pricing*
tarification au coût moyen 平均費用価格形成, *average cost pricing*
tarification binôme 二項式料金体系, *two-part tariff system (electricity prices)*
tarification de l'usage des infrastructures (輸送について)利用者負担主義の運賃決定, *charging for the use of infrastructure*
tarification différentielle 差別的価格形成, *differential pricing*
tarification discriminatoire 差別的価格形成, *discriminatory pricing*
tarification monôme 単項式料金体系, *one-part tariff system (electricity prices)*
tasse à jeter 使い捨てカップ, *disposable cup*
tassement 〚証〛(相場の)下押し;伸び悩み, *setback*
tâtonnement walrassien 〚経〛ワルサスの模索理論, *Walrasian tatonnement*
tatouage numérique 電子透かし, *digital watermarking*
taux à vue 一覧払い為替レート, *demand rate*
taux actuariel 実質最終利回り;償還利回り, *yield to ma-*

taux annualisé 実質年率, *annual percentage rate*

taux annuel d'accroissement 年間増加率, *annual rate of increase*

taux annuel effectif global (ローンの諸費用込みの)包括実効年率, *annualized percentage rate*

taux annuel monétaire 短期金融市場金利, *annual monetary rate*

taux apparent 表面金利, *nominal interest rate*

taux applicable à la nation la plus favorisée 最恵国待遇レート, *most favored rate*

taux bonifiés / taux administrés 政府助成金金利

taux brut de reproduction (人口の)粗再生産率, *gross reproduction rate*

taux central 〖金〗中心レート：1971年のスミソニアン合意で成立した固定相場制におけるレート, *central rate*

taux composé 複利, *compound rate*

taux court 短期金利, *short-term interest rate*

taux croisé 〖金〗クロスレート：第三国為替相場, *cross rate*

taux d'accumulation 蓄積率, *accumulation rate*

taux d'activité 労働力比率：全人口に占める労働力人口の割合, *labor force participation rate*

taux d'activité de fichier 〖コンピュ〗ファイル使用度, *file activity ratio*

taux d'alphabétisation 非文盲率, *literacy rate*

taux d'appel (年金保険料の)割増料率

taux d'appel d'offres 〖証〗買いオペレート

taux d'argent au jour le jour 翌日物金利, *call money rate*

taux d'augmentation en une tendance 趨勢増加率, *rate of increase on trend*

taux d'auto-approvisionnement 自給率, *self-supply rate*

taux d'autosuffisance énergétique エネルギー自給率, *energy self-sufficiency ratio*

taux de base 基準貸出金利, *basic lending rate*

taux de base à long terme 長期プライムレート, *long-term prime rate*

taux de base bancaire 最優遇貸出金利, *prime rate*

taux de base des prêts 〖金〗プライムレート, *prime lending rate*

taux de base sur les prêts à court terme 短期プライムレート, *short-term prime rate*

taux de capitalisation 資本化率, *rate of capitalization*

taux de capitalisation boursière 時価総額率, *ratio of market capitalization*

taux de chancellerie (在外公館が会計処理に使う為替の)大使館事務局レート

taux de change administré 管理為替レート, *managed exchange rate*

taux de change applicable aux touristes (為替の)ツーリストレート, *tourist rate*

taux de change au comptant 直物為替相場, *spot exchange rate*

taux de change croisés 〘金〙第三国為替相場, *cross-rates of exchange*

taux de change effectif 実効為替相場;実効為替レート, *effective exchange rate*

taux de change effectif réel 実質実効為替相場, *real effective exchange rate*

taux de change en faveur du yen 円高, *exchange rate in favor of the yen*

taux de change en vigueur 現行為替レート, *current rate of exchange*

taux de change fixe 固定為替レート, *fixed exchange rate*

taux de change flottant フロート相場, *floating rate of exchange*

taux de change marginal 限界交換率, *marginal rate of exchange*

taux de change multiples 複数為替相場, *multiple exchange rate*

taux de change nominal 名目為替相場, *nominal exchange rate*

taux de change réel 実質為替レート;実勢為替相場, *real exchange rate*

taux de change variable 変動為替レート, *floating exchange rate*

taux de change vert グリーンカレンシー為替レート:欧州共同体の共通農業政策だけで用いられる為替レート, *green exchange rate (EC)*

taux de chômage n'accélérant pas l'inflation / taux de chômage non accélérateur de l'inflation / taux de chômage non inflationniste 非インフレ加速的失業率, *non-accelerating inflation rate of unemployment*

taux de chômage naturel 自然失業率, *natural rate of unemployment*

taux de conversion 〘証〙転換率, *conversion rate*

taux de couverture 〚証〛(信用取引の)証拠金率, *margin ratio*

taux de couverture 輸出の対輸入比, *cover ratio*

taux de couverture 〚保〛カバー率, *cover rate*

taux de couverture des intérêts 金利負担率, *interest coverage ratio*

taux de couverture du dividende 配当倍率, *dividend cover*

taux de crédit minimum 最低貸出金利, *minimum lending rate*

taux de croissance d'équilibre 均衡成長率, *equilibrium rate of growth*

taux de croissance effectif 現実成長率, *actual growth rate*

taux de croissance garanti 適正成長率, *warranted rate of growth*

taux de croissance potentielle 潜在成長率, *potential growth rate*

taux de croissance prévu 予測成長率, *anticipated growth rate*

taux de défaillance 債務不履行率, *failure rate*

taux de dénudation des cations 陽イオン露出率, *cation denudation rate*

taux de déport 〚金〛直先(じきさき)逆転現象, *backwardation*

taux de dépôt-prêt marginal 限界預貸率, *marginal deposit-loan ratio*

taux de facto 実質レート, *de facto rate*

taux de faveur 優遇レート, *preferential interest rate*

taux de fécondité générale 合計特殊出生率, *total fertility rate*

taux de flambage 〚保〛バーニングコスト, *burning cost*

taux de l'argent au jour le jour 〚金〛コールレート；一夜貸しコール, *day to day money rate*

taux de l'eurodollar ユーロダラー金利, *Eurodollar interest rate*

taux de l'euromarché interbancaire de Londres ロンドン銀行間取引金利, *London Interbank Offered Rate*

taux de mobiliérisation (資金調達総額に対する)エクイティファイナンス比率

taux de morbidité 罹患(りかん)率, *morbidity rate*

taux de pénétration des produits importés 外国製品のシェア, *infiltration rate of imported products*

taux de pension d'une durée de 5 à 10 jours （フランス銀行の）5日－10日物債券現先オペ金利, *5-10 day repo rate (Bank of France)*

taux de prélèvements fiscaux / taux de pression fiscale 租税負担率, *tax burden ratio*

taux de prélèvements obligatoires 国民負担率, *national burden rate*

taux de prime 保険料率, *rate of premium*

taux de profit après impôts 税引利益率, *profit rate after tax*

taux de profit marginal 限界利益率, *marginal profit ratio*

taux de profit moyen 平均利潤率, *average rate of profit*

taux de progressivité élevé 高い比率の累進性, *high progressive scale*

taux de rafraîchissement 〚コンピュ〛（グラフィックコントローラーなどの）リフレッシュ速度, *refresh rate*

taux de réachat リピーター率：客が同じ商品を再び買う割合, *repurchase rate*

taux de réescompte 再割引金利, *rediscount rate*

taux de référence des prêts commerciaux 商業ローン参考金利, *commercial interest reference rate*

taux de référence interbancaire 銀行間基準金利, *interbank reference rate*

taux de réinvestissement 再投資金利, *reinvestment rate*

taux de remplacement 置換率, *replacement rate*

taux de rémunération des dépôts 預金金利, *deposit rate*

taux de rendement actuariel 〚証〛最終利回り率, *yield to maturity*

taux de rendement actuariel annuel brut 〚証〛年間株式表面利回り

taux de rendement effectif 〚証〛（証券の）実質利回り, *actual interest yield*

taux de rendement implicite 〚証〛インプライドレポレート：現物債の買いと先物の売りを同時に行い,限月に決済して得る利回り, *implied repo rate*

taux de rendement interne 内部収益率, *internal rate of return*

taux de rendement marginal 限界収益率, *marginal income ratio*

taux de rendement minimum requis 必要最低収益率, *cut-off rate*

taux de rendement pour une durée de vie moyenne

平均残存期間利回り, *yield to average life*

taux de rendement réel 実質収益率, *real rate of return*

taux de rentabilité des capitaux investis 投下資本収益率, *rate of return on invested capital*

taux de rentabilité des capitaux propres 自己資本収益率, *return on equity*

taux de rentabilité d'un investissement 投資収益率, *return on investment*

taux de rentabilité interne 内部収益率, *internal rate of return*

taux de report コンタンゴ：商品や為替市場取引で先物価格が直物価格より高い状態, *forwardation*

taux de réserves obligatoires sur les dépôts bancaires 預金準備率, *reserve requirements*

taux de rotation des stocks 棚卸資産回転率, *inventory turnover / stock turn*

taux de salaire horaire 時間当たり賃金率, *hourly wage rate*

taux de sortie 借入金利, *borrowing rate*

taux de soutien au gouvernement 内閣支持率, *approval rating of the Cabinet*

taux de substitution 代替比率, *substitution ratio*

taux de succès d'autochargement 〖コンピュ〗自動ロード成功率, *autoload success rate*

taux débiteur 貸出金利, *lending rate*

taux débiteur privilégié des banques 〖金〗プライムレート, *prime lending rate*

taux d'emploi 雇用率, *employment rate*

taux d'emprunt hypothécaire (英国住宅組合などの)抵当金利, *mortgage rate*

taux d'endettement net (国家の)純負債率

taux d'épargne 貯蓄率, *rate of saving*

taux d'équipement en ordinateur (des familles françaises) (フランス家庭での)コンピュータ普及率, *percentage (of French homes) with computers*

taux d'erreurs binaires 〖コンピュ〗ビット誤り率, *bit error rate*

taux des appels d'offres (フランス銀行の)債券現先オペ金利, *repo rate (Bank of France)*

taux des avances à vue 〖金〗コールレート, *call money rate*

taux des avances sur titres 〖証〗証券担保貸付利率, *security loan rate*

taux des prises en pension (フランス銀行の)債券現先オ

ペ金利；レポレート, *repo rate (Bank of France)*

taux des rémérés à 90 jours sur obligations 90日物現先レート, *90-day Gensaki rate*

taux des reports 決済期日延長の日歩, *contango rate*

taux des réserves obligatoires 〚金〛支払準備率, *reserve requirements*

taux des réussites par rapport aux échecs 成功率, *ratio of successes to failures*

taux des salaires 賃金レート, *wage rate*

taux d'escompte bancaire préférentiel 最優遇割引レート, *prime discount rate of interest*

taux d'escompte des effets commerciaux 手形割引率, *bill discount rate*

taux d'escompte officiel 公定歩合, *official discount rate*

taux différentiel 差別レート, *differential rate*

taux d'imposition ordinaire 標準課税率, *standard rate*

taux d'imposition proportionnelle 比例課税率, *proportional taxation rate*

taux d'inemploi 失業率, *jobless rate*

taux d'inflation sous-jacente 基調インフレ率, *underlying inflation rate*

taux d'inflation supérieur à 10 % 二桁インフレ, *two-digit inflation*

taux d'intégration locale ローカルコンテント率：海外進出メーカーの地元部品の組込率, *local content ratio*

taux d'intérêt débiteur 貸出金利, *loan rate*

taux d'intérêt des avances 担保融資金利, *rate of interest on advances*

taux d'intérêt implicite 包括利率, *implicit interest rate*

taux d'intérêt initial 当初金利, *initial interest rate*

taux d'intérêt interbancaire 銀行間取引金利, *interbank offered rate*

taux d'intérêt marginal 限界利子率, *marginal rate of interest*

taux d'intérêt maximum admissible 許容最高金利, *maximum payable interest rate*

taux d'intérêt mensuel 月利, *monthly interest*

taux d'intérêt monétaire 貨幣利子率, *monetary rate of interest*

taux d'intérêt naturel 自然利子率, *natural rate of interest*

taux d'intérêt nominal （債券の）表面金利；クーポンレート, *nominal interest rate / coupon rate*

taux d'intérêt non réglementé 自由金利, *free interest rate*

taux d'intérêt officiel 政策金利, *official interest rate*

taux d'intérêt pour crédits aux courtiers ブローカーコールローンレート, *broker call-loan rate*

taux d'intérêt réel 実効金利, *effective interest rate*

taux d'intérêt réglementé 規制金利, *regulated interest rate*

taux d'intérêt variable 変動利率, *floating interest rate*

taux d'intermédiation （金融における）銀行仲介割合, *intermediation rate*

taux d'intervention (sur le marché monétaire) 市場介入金利, *intervention rate*

taux d'investissement (rapporté à la valeur ajoutée) （付加価値比）投資率, *investment rate*

taux d'investissement de l'économie （固定総資本形成をGDPで割った）経済投資率, *investment rate of the economy*

taux directeurs 基準金利；基準利子率, *base rate*

taux directeurs des pensions de 5 à 10 jours 〖証〗（フランス銀行の）5日－10日物債券現先オペ金利, *5-10 day repo rate (Bank of France)*

taux d'irradiation du combustible 核燃料の燃焼度, *fuel-irradiation rate*

taux du découvert 〖金〗当座貸越歩合, *rate of overdraft*

taux du déport 〖金〗逆日歩率, *backwardation rate*

taux du marché monétaire 短期金融市場金利, *money market rate*

taux du marché obligataire 債券市場金利, *bond market rate*

taux du report （定期取引の）期日延長日歩；繰越日歩, *contango rate*

taux du trois mois 3カ月物金利, *three months' rate*

taux d'utilisation des capacités productives 稼働率指数, *index of capacity utilization*

taux effectifs garantis （賃金の）保証実効率, *guaranteed effective rate*

taux effectif global 〖証〗（債券発行者の）総合実効利率

taux en augmentation 上昇金利, *rising interest rate*

taux facial 表面金利；表面利率, *nominal rate of interest*

taux fixe 固定為替, *fixed rate*

taux hebdomadaire des bons du Trésor 〖証〗国債年率の実質評価

taux indicateur 指標金利, *index rate*

taux interbancaire 銀行間金利, *interbank rate*

taux interbancaire demandé à Londres sur les dépôts en eurodollars ロンドン銀行間ユーロダラー預金金利, *London Interbank Interest Demanded*

taux interbancaire moyen à Londres ロンドン銀行間中値金利, *London Interbank Mean Rate*

taux interbancaire offert 銀行間取引金利, *interbank offered rate*

taux interne de rentabilité 内部収益率, *internal rate of return*

taux LIBO ロンドン銀行間取引金利, *London Interbank Offered Rate (LIBO)*

taux lombard 〖金〗ロンバードレート：有価証券担保貸付金利, *Lombard rate*

taux marginal de rendement par rapport au coût 費用超過限界収益率, *marginal rate of return over cost*

taux marginal de substitution 限界代替率, *marginal rate of substitution*

taux marginal d'imposition / taux marginal d'impôt 限界税率, *marginal tax rate*

taux médian 中間レート, *mid-point rate*

taux moyen d'accroissement 平均増加率, *average rate of increase*

taux moyen mensuel des bons du Trésor 〖証〗(13週間の)国債月平均利率

taux moyen mensuel du marché monétaire 短期金融市場月間平均金利, *money market monthly average rate*

taux moyen pondéré 加重平均金利, *average weighted rate*

taux naturel de croissance 自然成長率, *natural rate of growth*

taux net de reproduction (人口の)純再生産率, *net reproduction rate*

taux nominal 表面金利, *nominal interest rate*

taux nominal annuel brut 〖証〗年間株式利回り, *stock yield*

taux nul d'imposition ゼロ税率, *zero rate of tax*

taux obligataire 〖証〗債券利率, *bond rate*

taux officiel d'escompte 公定歩合, *official rate*

taux officiel moyen 〖金〗基準レート, *official average rate*

taux pivot 〖金〗セントラルレート：欧州通貨制度においてECUで表示した通貨の価値, *central rate*

taux pivot 〖金〗名目為替平価, *parity grid*

taux plafond (金利の)キャップ, *ceiling rate*
taux plancher (金利の)フロアー, *floor rate*
taux préférentiel 優遇金利, *preferential interest rate*
taux préférentiel 〖金〗(カナダの)プライムレート, *prime rate (Canada)*
taux préférentiel (米国の)倉庫証券担保手形優遇レート, *commodity rate (USA)*
taux privilégié 特恵金利, *preferential interest rate*
taux progressif 累進税率, *progressive taxation rate*
(en) taux rapportés à l'année 年率(で), *(in) yearly rates*
taux repo 〖証〗レポレート:フランス銀行による現先取引金利, *repo rate*
taux révisable 調整可能金利, *adjustable rate*
taux révisable par référence au marché obligataire 債券平均金利対応型調整可能金利:3年毎に過去2カ月の債券平均金利により決まる次の3年分固定金利
taux sur les dépôts 預金金利, *deposit rate*
taux sur les euromonnaies déposées par les entreprises auprès des banques sur le marché londonien ロンドン銀行間取り手金利, *London Interbank Bid Rate*
taux terme à terme 先々金利, *forward-forward interest rate*
taux verts グリーンレート:欧州共同体の共通農業政策だけで用いられる為替レート, *green exchange rate (EC)*
taxation d'office 職権による保険料決定, *ex officio determination*
taxation d'office (納税額非申告者に対する)職権による課税, *ex officio determination*
taxation en cascade (付加価値税の)累積課税, *multi-stage taxation*
taxation selon les signes extérieurs de richesse 外形標準課税, *assessment by estimation on the basis of the size of business*
taxe à la production 生産税, *tax on production*
taxe à l'exportation 輸出関税, *export duty*
taxe assurant le balayage 道路清掃税, *tax to meet the costs of street cleaning*
taxe civique 市民税, *civic tax*
taxes compensatoires (輸出奨励金の効果を相殺する)相殺関税, *countervailing duties*
taxe complémentaire 補完税;補足税, *complementary tax*
taxe d'aéroport 空港税, *airport tax*

taxe d'apprentissage 見習税, *tax paid by businesses to fund training programs*
taxe de compensation 調整税, *adjustment levy*
taxe de dépôt (特許の)申請料, *application fee*
taxe de déversement à l'égout 下水利用税, *cost of sewage facilities*
taxe de publicité foncière 不動産公示税, *recording tax*
taxe de séjour 宿泊税, *tax on visitors*
taxe de voirie 道路維持税, *road tax*
taxe d'égalisation de l'intérêt 利子平衡税；金利平衡税, *interest equalization tax*
taxe d'enlèvement des ordures ménagères 家庭用ごみ収集税, *tax to meet the cost of domestic refuse collection*
taxe d'habitation 住居税, *roof tax*
taxe d'urbanisation 市街化税, *urbanization tax*
taxe 〈élargie〉 sur l'énergie (1993年米政府提唱の)エネルギー関連税, *Energy Tax*
taxe en cascade カスカード税, *multi-stage tax / cascade tax*
taxe foncière 不動産税, *property tax*
taxe foncière sur les propriétés non bâties 未建築固定資産税：更地の不動産税, *vacant land tax*
taxes grevant les opérations de Bourse 証券取引税, *stock-exchange transactions tax*
taxes imposées par paliers 累進課税, *graduated taxation*
taxes intérieures 内国税, *internal taxes*
taxe locale (1968年廃止の)小売税, *retail sales tax*
taxe locale de capitation 人頭税, *poll tax*
taxe locale d'équipement 設備地方税, *local tax of equipment*
taxe monophase 単段階税, *single-stage tax*
taxe professionnelle 事業税, *tax paid by professional people*
taxe proportionnelle 比例税, *proportional tax*
taxe spéciale sur les activités bancaires et financières 銀行金融業特別税, *banking and financial activities special tax*
taxe spécifique 特定税, *specific tax*
taxe sur chaque transaction financière トービン税：投機防止策として提案された為替取引に対する少額の税, *Tobin tax*
taxe sur la valeur ajoutée 付加価値税, *value-added tax*

taxe sur le chiffre d'affaires 売上税, *turnover tax*
taxe sur le foncier non bâti et taxe sur le foncier bâti 不動産税, *land tax and property tax*
taxe sur l'électricité 電気税, *electricity tax*
taxe sur les activités financières (1968-78年の)金融業務税, *tax on dividend income and capital gains*
taxe sur les bénéfices 利潤税, *profits tax*
⟨**taxe sur les bits**⟩ ビット税:発展途上国援助のためのインターネット利用税案, *bit tax*
taxe sur les gains en capital キャピタルゲイン税, *capital gains tax*
taxe sur les plus-values immobilières 不動産増加税, *tax on real estate profits*
taxe sur les prestations de service サービス税, *tax on services*
taxe sur les profits non distribués 未配当利潤税, *undistributed profits tax*
taxe sur les salaires 給与税, *tax on wages*
taxe sur les transactions 取引税, *sales tax*
taxe sur les véhicules 車両税, *vehicle tax*
taxe Tobin トービン税:投機防止策として提案された為替取引に対する少額の税, *Tobin Tax*
taxe unique 単段階税, *single-stage tax*
taxe vicinale 道路維持税, *road tax*
taylorisme assisté par ordinateur ノウハウ型労働管理, *computer-aided Taylorism*
tchado- (連結形)チャドの:用例としては tchado-camerounais
tchador (イスラム女性の頭のスカーフ)チャドル, *chador*
(la) tchatche 口達者, *glibness*
tchatche vocal 〚コンピュ〛(ヤフーの)ボイスチャット, *Voice Chat (Yahoo)*
tchatcheur おしゃべり(な人), *chatterbox*
tchétchène 〚地〛チェチェンの, *Chechen*
(la) Tchétchénie 〚地〛チェチェン, *Chechnya*
(la) Tchétchénie-Ingouchie 〚地〛チェチェン・イングーシ:現在はチェチェンとイングーシに分裂, *Chechnya-Ingushetia*
tchetnik (セルビア民族独立運動の)チェトニックの, *Chetnik*
technique d'accès 〚通〛メディアアクセス制御, *media access control*
technique de codage à fréquence synchrone 同期周波数符号化技術, *synchronous frequency encoding technique*
technique de mise au courant デルファイ法:科学技術

の将来予測によく利用される方法, *Delphi technique*

techniques d'examen et d'évaluation des performances 〘コンピュ〙PERT(パート), *performance evaluation and review techniques*

techniques marchandes 〘経〙マーチャンダイジング, *merchandising*

technoculture テクノカルチャー：テクノロジーが生む新しい文化, *technoculture*

technologie à double usage デュアルユーステクノロジー：民用・軍需用のどちらにも使用可能な最新科学技術, *dual use technology*

technologie de montage en surface 〘コンピュ〙面実装, *surface mount technology*

Technologies européennes pour la maîtrise de l'énergie 欧州共同体新エネルギー技術計画, *European Technologies for Energy Management (EC)*

technologies intermédiaires 中間技術, *intermediate technology*

technologie orientée objet 〘コンピュ〙オブジェクト指向テクノロジー, *object oriented technology*

technologie peu coûteuse en capital 資本節約的テクノロジー, *capital-saving technology*

technologie propre クリーンテクノロジー, *clean technology*

technologie sophistiquée 最先端技術, *sophisticated technology*

technophobie テクノロジー恐怖症, *technophobia*

technopole 〘経〙テクノポール, *technopole*

tégestologue ビールマット収集家

tégestophile ビール関連品収集家

tel écran tel écrit / tel vu tel imprimé 〘コンピュ〙WYSIWYG(ウィジウィグ), *what you see is what you get*

télé-assistance 〘コンピュ〙リモートヘルプ, *remote help*

téléachat テレビショッピング；テレフォンショッピング；ホームショッピング, *teleshopping*

télécarte テレフォンカード, *phone card*

télécartiste (広告用)テレフォンカード収集家

téléchargement (データ通信経由の)ダウンロード, *download (via data telecommunications system)*

téléchélique (化学用語で)テレキーリック, *telechelic*

Télécommunauté pour l'Asie et le Pacifique アジア太平洋テレコミュニティー, *Asia-Pacific Telecommunity*

télécommunications numériques sans fil コードレス

デジタル通信, *cordless digital communication*

télécommunication par satellites 宇宙通信, *space telecommunication*

téléconférence 遠隔地間の会議, *teleconference*

téléconsultation (データ通信利用で医師が行う)遠隔診療

télécopiable ファックスで送信可能な, *faxable*

télécopie rapide 高速ファックス, *high speed Fax system*

télécopie sur papier ordinaire 普通紙ファックス, *plain paper fax*

télécourrier ミニテル利用電子メール

télédétection 遠隔探査;リモートセンシング, *remote sensing*

télédiffusion multiplexe de son テレビ音声多重放送, *multiplex sound television broadcasting*

télédistribution ケーブルテレビジョン, *cable television*

téléécriture スケッチホン, *sketch-phone*

téléécriture テレライティング, *telewriting*

téléédition 電子出版, *electronic publishing*

téléenseignement 遠隔教育, *distance learning*

Téléenseignement universitaire 放送大学

téléfax ファックス, *fax*

télégramme-virement 電信振替, *telegraphic transfer*

téléhôtesse 電話交換嬢, *telephone operator*

téléimprimeur テレタイプライター, *teletypewriter*

téléinformatique テレプロセッシング, *teleprocessing*

télémaintenance 〚コンピュ〛リモートアクセス, *remote accessing*

télémaintenance ハウスキーピング:人工衛星の運航管理, *housekeeping*

télémanipulateur (マジックハンドなどの)リモートマニピュレーター, *remote manipulator*

télémanipulation (リモートマニピュレーターによる)遠隔操作, *telemanipulation*

télémarketing テレマーケティング, *telemarketing*

télémessage テレメッセージ, *telemessage*

télémonitoring à domicile (心臓障害者などの)在宅患者遠隔モニタリングシステム

télépaiement 電子決済, *electronic payment*

télépathologie 遠隔病理学:インターネットを利用した遠隔地の患者に対する病理的な診断, *telepathology*

téléphage 〚風〛(テレビばかり見ている)テレビ族, *couch potato*

téléphone à carte カード電話, *card phone*

téléphone à écran rotatif / téléphone à cadran mo-

bile 回転ダイヤル式電話, *rotative phone*
téléphone à touches / téléphone à clavier プッシュフォン, *push-button phone*
téléphone cellulaire セル方式の電話, *cellular phone*
téléphone de rue 移動電話, *mobile telephone*
téléphone de voiture 自動車電話, *car phone*
téléphone fixe 固定電話：携帯に対して通常の電話をいう
téléphone mobile / téléphone portable 携帯電話；移動電話, *mobile phone*
téléphone mobile troisième génération 次世代携帯電話, *third generation cell phone*
téléphone portable ⟨bi-standards⟩ バイスタンダード携帯電話, *bi-standards portable phone*
téléphone VoIP IP電話, *VoIP telephone*
téléphonophobie 電話恐怖症, *telephonophobia*
téléphoto 写真電送, *telephotograph*
téléprompteur / télésouffleur （テレビの）プロンプター；オートキュー, *Teleprompter*
téléréunion テレビ会議, *video teleconference*
téléscripteur テレライター, *teletypewriter / telewriter*
télésoumission de travaux 〘コンピュ〙遠隔ジョブ入力, *remote job entry*
Téléthon ミオパシー救済テレビ募金, *television charity for myopathy*
télétraitement 〘コンピュ〙遠隔処理, *teleprocessing*
télétraitement par lots 〘コンピュ〙リモートバッチ処理, *remote batch processing*
télétravail 在宅勤務；電子通勤, *teleworking*
télévirement 電子式資金移動, *electronic funds transfer*
télévision à définition améliorée クリアビジョン, *extended definition television*
télévision à haute définition 高品位テレビ, *high definition television*
télévision à péage 有料テレビ, *pay television*
télévision à péage à la consommation （特定番組の）利用時間制料金テレビ, *pay-as-you-view television*
télévision en circuit fermé 閉回路テレビ, *closed-circuit television*
télévision interactive 双方向テレビ, *interactive television*
télévision numérique terrestre 地上波デジタルテレビ放送, *digital terrestrial broadcasting*
Télévision par satellite （フランスの民間企業）サテライトテレビ局, *Satellite Television*

telle entrée, telle sortie 不完全なデータを入れると,不完全な答しか出ないこと, *garbage in, garbage out*

témoin assisté 参加証人:1993年の法律により導入された制度で,弁護士の援助を受けられる証人

Témoins de Jéhovah (新興宗教の)エホバの証人, *Jehovah's Witnesses*

tempérament (行政機関の)寛容措置, *measures of administrative tolerance*

température maximale de la gaine 燃料被膜最高温度, *peak cladding temperature*

(agent) temporaire 臨時職員, *temporary employee*

temporisateur programmable プログラマブル間隔タイマー, *programmable interval timer*

temps alloué 持ち時間, *allowed time*

temps atomique international 国際原子時, *International Atomic Time*

temps d'accès disque 〖コンピュ〗ディスクアクセスタイム, *disk access time*

temps de coagulation 凝固時間, *coagulation time*

temps de débouclement 〖コンピュ〗タイムアウト, *time-out*

temps de fonctionnement 〖コンピュ〗動作可能時間, *uptime*

temps de parole 発言時間, *speaking time*

temps de propagation 〖通〗伝搬時間, *propagation time*

temps de retournement 〖コンピュ〗送受反転時間, *turn-around time*

temps hors service 〖コンピュ〗動作不能時間, *downtime*

temps moyen entre deux pannes 〖通〗平均故障間隔, *mean time between failures*

temps moyen pour la réparation 〖通〗平均修復時間, *mean time to repair*

temps opératoire 作業時間, *operational time*

temps partagé 〖経〗タイムシェアリング, *time sharing*

temps réel en ligne オンラインリアルタイム操作, *on-line real-time*

temps sidéral moyen de Greenwich グリニッジ天文平均時, *Greenwich Mean Astronomical Time*

temps universel coordonné 協定世界時, *universal time coordinated*

tenant du titre タイトル保持者, *titleholder*

tendance boursière 〖証〗株価動向, *stock exchange trend*

tendance du marché 〖証〗市場の動向;市況, *market trend*

tendances inflationnistes de l'économie 経済のインフレ傾向, *inflationary trends in the economy*

tendance protectionniste 保護貿易傾向, *protectionist trend*

tendance séculaire 長期的傾向, *secular trend*

tendance spéculative 思惑気分, *speculative trend*

teneur de livres 簿記係, *book keeper*

teneur de marché 〚証〛マーケットメーカー, *market maker*

teneur de plume (国際融資の)主幹事銀行, *leading bank*

teneur globulaire moyenne en hémoglobine 血球内平均ヘモグロビン量

tenge (カザフスタンの通貨単位で)テンゲ, *tenge*

tension artérielle 基礎血圧, *arterial tension*

tensions inflationnistes インフレ圧力, *inflation pressure*

tensions sur le marché de travail 逼迫した労働市場, *tight labor market*

tenu 〚証〛(株価が)堅調な, *firm*

tenue de fichiers 〚コンピュ〛ファイルマネージメント, *file management*

tenue de marché 〚証〛マーケットメーキング, *market making*

tenue des livres 簿記管理, *book keeping*

téraohm テラオーム, *teraohm*

tératophobie 怪物恐怖症, *teratophobia*

termaillage 〚貿〛リーズ・アンド・ラグズ:為替変動に合わせて支払時期を移す手法, *leads and lags*

termes commerciaux internationaux インコタームズ (INCOTERMS), *international commercial terms*

terme de grâce (支払)猶予期間, *grace period*

termes de l'échange nets 純商品交易条件, *net barter terms of trade*

〈termes de Lyon〉 リヨンタームズ:累積債務を80％免除するという条件, *Lyon terms*

terme de métier / terme technique 専門用語, *technical term*

〈termes de Naples〉 ナポリタームズ:累積債務を67％免除するという条件, *Napoli terms*

terme de paiement 支払期限, *term of payment*

termes de référence (委員会などへの)委任事項;課業指示書, *terms of reference*

terme d'échange factoriel simple 単純生産要素交易条件, *simple factorial terms of trade*

termes des échanges 交易条件, *terms of trade*

terme du brevet 特許権存続期間, *term of patent*

termes échus 期限到来の支払金額, *installments due*

terme final 〘保〙終期, *termination*

terme sec 〘オブ〙(先物で)売りと買いの額と期限がぴったり一致した条件

terme somme standard 〘コンピュ〙極大項, *maxterm*

terminaison de ligne 〘通〙伝送路終端, *line termination*

terminal à écran de visualisation 〘コンピュ〙ビデオディスプレイユニット, *video display unit*

terminal de commande 〘コンピュ〙制御端末, *control terminal*

terminal de télétraitement 〘コンピュ〙リモートバッチ端末, *remote batch terminal*

terminal électronique de paiement 電子決済ターミナル, *electronic payment terminal*

terminal éloigné 〘通〙対向局側端末, *remote terminal*

terminal maritime コンテナ埠頭, *container terminal*

terminal point de vente 〘経〙POS(ポス)ターミナル, *point-of-sale terminal*

terminal programmé 〘コンピュ〙プログラム式端末, *programmable terminal*

terminal virtuel 〘コンピュ〙仮想端末, *virtual terminal*

territoire de but 〘スポ〙(アイスホッケーの)ゴールクリーズ, *goal crease*

territoire extra-douanier 非関税領域, *territory which is not under customs control*

territoires sous mandat 委任統治地域, *mandate territories*

territoires sous tutelle 信託統治地域, *trust territories*

terrorisme écologique 環境テロ行為, *ecological terrorism*

tertre de départ 〘スポ〙(ゴルフの)ティーグラウンド, *tee ground*

test assisté par ordinateur コンピュータ支援テスト, *computer-aided testing*

test bilatéral 両側検定, *two-sided test*

test clientèle 〘コンピュ〙ベータテスト, *beta test*

test d'alcoolémie (市販の飲酒運転防止)アルコールテスト用の袋

test de dépistage (エイズなどの)検診, *screening*

test de dépistage de l'épythropoïetine 〘スポ〙エリスロポエチン(EPO)検査: ドーピング検査の一つ, *EPO test*

test de l'adéquation à un modèle 〘コンピュ〙適合度検査, *goodness of fit test*

test de performance 〘コンピュ〙ベンチマークテスト, *benchmark*

test de vente 〘経〙マーケットテスト, *market test*
test d'évaluation de français (パリ商工会議所の)フランス語能力認定試験
test d'orientation プレースメントテスト, *placement test*
test en boîte blanche 〘コンピュ〙ホワイトボックステスト, *white box testing*
test en boîte noire 〘コンピュ〙ブラックボックステスト, *black box testing*
test génétique 〘バイオ〙遺伝子診断, *genetic testing*
test sur échantillon 受入抜取検査, *acceptance sampling*
testament de vie リビングウイル：生前発効の遺言, *living will*
tête de lecture (ビデオなどの)読取りヘッド, *read head*
tête de lecture/écriture 〘コンピュ〙読書きヘッド, *read/write head*
tête d'impression (プリンターの)印字ヘッド, *printing head*
tête et épaules 〘証〙(チャート分析の)三尊形, *head and shoulder formation*
tétrachloro-dibenzo-para-dioxine テトラクロロジベンゾダイオキシン, *tetrachlorodibenzo-p-dioxine*
tétrachloroéthylène 四塩化エチレン, *tetrachloroethylene*
tétranitrate de pentaérythrite (アルキド樹脂の)四硝酸ペンタエリスリトール, *pentaerithritol tetranitrate*
teufeur 〘風〙(fête の逆さ言葉から)パーティー参加者
teufeuse 〘風〙(fête の逆さ言葉から)女性のパーティー参加者
texte de police 保険証券本文, *body of a policy*
texte en clair 〘コンピュ〙普通テキスト, *plain text*
texte sans trait d'union 〘コンピュ〙ワードラップ, *wordwrap*
texteur ワープロソフト, *word processor program*
thaasophobie 手持ちぶさた恐怖症
thalassophobie 海洋恐怖症, *thalassophobia*
Thalys PBKA (= Paris-Bruxelles-Cologne-Amsterdam) タリス PBKA：パリ - ブリュッセル - ケルン - アムステルダムを結ぶ新幹線
thanatophobie 死恐怖症, *thanatophobia*
thatchérien (マーガレット)サッチャーの, *Thatcherite*
thatchérisme サッチャー政権経済政策：小さな政府,企業民営化,減税, *Thatcherism*
théâtre d'opérations 戦域, *theater of operation*
théophobie 神恐怖症, *theophobia*
théorème de Bayes (統計の)ベイズの定理, *Bayesian Theorem*

théorème de Coase 〖経〗コーズの定理, *Coase's theorem*

théorème de Heckscher-Ohlin 〖経〗ヘクシャー=オリーンの定理, *Heckscher-Ohlin theorem*

théorème de la toile d'araignée 〖経〗クモの巣の定理, *cobweb theorem*

théorème de maximation 〖経〗極大化定理, *maximization theorem*

théorème de Mundell 〖経〗マンデルの定理:効果的市場選別の原理, *Mundell's theorem*

théorème d'Euler 〖経〗オイラーの定理, *Euler's theorem*

théorème du codage 〖コンピュ〗コーディング定理, *coding theorem*

théorème récursif 〖コンピュ〗帰納定理, *recursion theorem*

théorie d'abstention 〖経〗節欲説, *abstinence theory*

théorie d'antinomie 〖経〗アンチノミー理論;矛盾理論, *antinomy theory*

théorie de Black-Scholes 〖オプ〗ブラック=ショールズ理論, *Black-Scholes theory*

théorie de gestion moderne de portefeuille 現代ポートフォリオ理論, *modern portfolio theory*

théorie de grande unification (物理学の)大統一理論:素粒子の強い相互作用,弱い相互作用,電磁相互作用を統一的に記述する理論, *grand unified theory*

théorie de la base 経済基盤理論

théorie de la causa proxima 〖保〗近因説, *theory of proximate cause*

théorie de la causalité adéquate 〖保〗相当因果関係説

théorie de la cause dernière 〖保〗最終条件説, *theory of ultimate cause*

théorie de la cause déterminante 〖保〗最有力条件説

théorie de la concurrence monopolistique 独占的競争の理論, *theory of monopolistic competition*

théorie de la convergence 収束理論, *convergence theory*

théorie de la coutume sociale (貨幣の)社会的慣習理論, *routine theory*

théorie de la dépendance 従属理論:資本主義社会には中心とその周辺になるものができ,中心が周辺を従属させるという理論, *Dependency Theory*

théorie de la dépréciation du futur 打歩(うちぶ)説, *agio theory*

théorie de la distribution 分配理論, *distribution theory*

théorie de la faculté contributive (税の)支払能力の定理, *ability to pay theory*

théorie de la jouissance 受益者負担説, *benefit theory*

théorie de la localisation 立地論, *location theory*

théorie de la parité des pouvoirs d'achat 購買力平価説, *theory of purchasing power parity*

théorie de la préférence de temps 時間選好説, *time-preference theory*

théorie de la préférence pour la liquidité 流動性選好説, *liquidity preference theory*

théorie de la régulation 〘経〙レギュラシオン理論, *theory of regulation (France)*

théorie de la répartition 分配理論, *theory of distribution*

théorie de la segmentation 市場分断理論, *segmentation theory*

théorie de la sous-consommation 過少消費説, *underconsumption theory*

théorie de la surcapacité 過剰能力理論, *excess capacity theory*

théorie de la valeur de travail 労働価値学説, *labor theory of value*

théorie de l'abondance 潤沢性理論, *abundance theory*

théorie de l'abstinence 節欲説;制欲説, *abstinence theory*

théorie de l'efficience des marchés 〘証〙ランダムウォーク理論:株価予想を不可能とする理論, *random walk theory*

théorie de l'équilibre général 一般均衡論, *theory of general equilibrium*

théorie de l'évaluation d'arbitrage 裁定価格決定理論, *arbitrage pricing theory*

théorie de l'innovation 〘経〙(Shumpeter の)新機軸理論, *innovation theory*

théorie de l'intérêt fondé sur l'abstinence 利子の制欲説, *abstinence theory of interest*

théorie de l'unité marginale 限界効用理論, *marginal utility theory*

théorie de portefeuille ポートフォリオ理論, *portfolio theory*

théorie de (W.-N.) Rostow sur la croissance ロストウの成長理論, *Rostow's stages of economic growth theory*

théorie d'équivalence (de Ricardo) 〘経〙(Ricardo の)均等説, *(Ricardian) equivalence theorem*

théorie des avantages comparatifs 比較優位論, *theory of comparative advantage*

théorie des choix de portefeuille 資産選好理論, *theory of portfolio selection*

théorie des coûts constants (J. M. Clark の)共通費用理論, *theory of overhead costs*

théorie des coûts relatifs 比較生産費説, *comparative cost doctrine*

théorie des dominos ドミノ理論:一国が共産主義化すると近隣に波及するという理論, *domino theory*

théorie des effets de retombée 浸透効果, *trickle down theory*

théorie des ensembles (数学の)集合論, *group theory*

théorie des files d'attente 〚経〛待ち行列理論, *queuing theory*

théorie des fonctions de la monnaie 貨幣の機能説, *function theory*

théorie des jeux 〚経〛ゲームの理論, *theory of games*

théorie des lieux centraux 中心地理論, *central place theory*

théorie des marchés ouverts à la concurrence コンテスタブル市場理論, *contestable markets thesis*

théorie des valeurs internationales 国際価値説, *theory of international value*

théorie des variations aléatoires 〚証〛ランダムウォーク理論:株価予想は不可能とする理論, *Random Walk Theory*

théorie des vols d'oies sauvages 赤松理論:産業部門の成長は,雁が斜めに隊列を組んで進む姿のようになると主張する理論, *flying wild geese pattern of development theory*

théorie du bien-être 厚生理論, *welfare theory*

théorie du Big Push ビッグプッシュ:発展途上国のテイクオフを可能にするには大きな一押しが必要とする理論, *big push theory*

théorie du capital humain 人的資本理論, *theory of human capital*

théorie du chaos (数学の)カオス理論, *chaos theory*

théorie du Cobweb 〚経〛クモの巣の理論, *cobweb theory*

théorie du contrat aléatoire 〚保〛射幸契約説, *theory of aleatory contract*

théorie du coût 費用理論, *cost theory*

théorie du crédit considéré comme élément essentiel du cycle 景気循環の信用理論, *credit theory of the business cycle*

théorie du cycle du produit 〚経〛プロダクトサイクル理論, *product cycle theory*

théorie du déséquilibre 不均衡理論, *disequilibrium theory*

théorie du multiplicateur 〖経〗乗数理論, *multiplier theory*

théorie du proche en proche ドミノ理論:一国が共産主義化すると近隣に波及するという理論, *domino theory*

théorie du revenu permanent 恒常所得論, *permanent income theory*

théorie du voyage continu 連続航海主義, *doctrine of continuous voyage*

théorie d'unification (物理学の)統一理論:一般相対性理論を拡張して重力の場のみならず電磁場も空間の性質に帰着させる理論, *unified theory*

théorie keynésienne 〖経〗ケインズ派理論, *Keynesian theory*

théorie malthusienne de la population マルサスの人口論, *Malthusian theory of populations*

théorie psychologique du change 為替心理説, *psychological theory of exchange*

théorie quantitative de la monnaie 貨幣数量説, *quantity theory of money*

thérapie d'animal de compagnie アニマルセラピー, *animal therapy*

thérapie génétique / thérapie génique 〖バイオ〗遺伝子治療, *gene therapy*

thérapie substitutive hormonale / thérapie hormonale substitutive ホルモン補充療法, *hormone replacement therapy*

thermomécanique 熱動力の, *thermomechanical*

thermopériodisme 温度周期性, *thermoperiodism*

thermophobie 暑さ恐怖症, *thermophobia*

thixophobie 接触恐怖症, *aphephobia*

thon bluefin くろまぐろ, *bluefin tuna*

ticket de caisse (買物の)レシート, *receipt*

ticket de métro électronique (センサー方式の)電子地下鉄切符, *electronic subway ticket*

〈**ticket mauve**〉〖言換〗(藤色の切符である)パリの地下鉄切符:従来の緑色から2003年に藤色となったパリ市内用の切符

ticket modérateur (医療保険の)患者負担分, *portion of the cost of treatment paid by the insured*

tierce opposition 〖法〗第三者の異議, *third party proceedings*

tiers-mondiste 第三世界主義者, *supporter of the Third*

tiers-mondiste 第三世界の, *of the Third World*
tiers temps pédagogique 三区分教授法:自発性尊重教育
tifosi (自転車競技・サッカーの)イタリア人サポーター, *Italian supporters*
Tigres de libération de l'Eelam tamoul / Tigres libérateurs de l'Eelam tamoul タミルイーラム解放のトラ, *Liberation Tigers of Tamil Eelam*
tilde スウィングダッシュ(〜), *swing dash*
timbre de caoutchouc ゴム印, *rubber stamp*
timbre-prime 商品引換スタンプ, *trading stamp*
tir d'artillerie antiaérienne 対空砲火, *ground fire*
tir soulevé 〘スポ〙(アイスホッケーの)フリップショット, *flip shot*
tirage à découvert / tirage en l'air 融通手形振出し, *kiting*
tirage en blanc 白地手形振出し, *drawing of blank bill*
tirer à découvert オーバードローイングをする:信用状残高を超える状態で手形を振り出す, *to overdraw*
tireur isolé スナイパー, *sniper*
tissu caoutchouté ゴム製生地, *rubberized cloth*
tissu économique 経済基盤, *economic base*
tissu réduisant la résistance à l'air 機密性生地, *airtight cloth*
tissu social 社会構造, *social fabric*
titrage alcalimétrique アルカリ滴定, *alkalimetry*
titres à ordre 指図証券, *order papers*
titre alcalimétrique complet 全アルカリ分, *total alkali content*
titres assortis d'un droit de souscription des actions 〘証〙新株引受権付き証券, *warrant securities*
titres au porteur 〘証〙無記名証券, *bearer securities*
titres avec certification informatique 〘証〙振替決済証券, *book-entry securities*
titres avec rétrocession immédiate 〘証〙パススルー証券:米国のモーゲージ担保証券の一種, *pass-through securities*
titre budgétaire 予算項目, *budget item*
titres convertibles en actions 〘証〙転換証券, *securities convertible in stocks*
titres cotés 〘証〙上場証券, *listed securities*
titre d'action 〘証〙株券, *stock certificate*
titre de créance 〘法〙債務証書, *certificate of indebtedness*
titre de créance hypothécaire 〘証〙モーゲージ証券,

mortgage-backed securities

titre de créance négociable 〚証〛(CD や CP などの)短期債権証書

titres de firmes de produits de consommation courante 〚証〛消費関連株, *consumable goods manufacturers' stocks*

titre de fonds de créances hypothécaires 〚証〛不動産抵当証券担保債券, *collateralized mortgage obligation*

titres de mouvement 輸送審査書類, *shipping permit*

titres de participation 〚証〛資本参加証券, *participation certificates*

titres de participation à un pool de prêts 〚証〛パススルー証券：米国のモーゲージ担保証券の一種, *pass-through securities*

titres de placement 〚証〛(マネービル目的の)投資証券, *securities of investment*

titre de placement du marché monétaire MMC：TB 金利基準定期預金, *money market certificate*

titre de référence 〚証〛債券指標, *bellwether*

titre de rente 年金証書, *annuity bond*

titres de sociétés associées d'informatique 〚証〛情報科学関連株

titres de technologie de pointe 〚証〛先端技術株, *frontier technology stocks*

titres d'emprunt 〚証〛債務証券, *debt securities*

titres d'emprunt obligataire 〚証〛社債券, *debentures*

titres des secteurs publics 〚証〛公共債, *public sector securities*

titres des secteurs semi-publics 〚証〛準公共債, *semi-public sector securities*

titres détenus en gage 〚証〛担保に入れた証券, *securities held in pledge*

titres détenus en garanties 〚証〛保証に入れた証券, *securities held as security*

titre d'identité républicain 共和国身分証明書：外国人夫婦からフランスで生まれた未成年者が成人してフランス国籍を取得するまで有効

titres émis en devises 〚証〛外貨建て証券, *foreign currency securities*

titres garantis par actif financier 〚証〛アセットバック証券(ABS), *asset-backed securities*

titres hors cote 〚証〛店頭取引銘柄, *over-the-counter stocks*

titre hypothécaire 〚証〛不動産抵当証券, *mortgage*

titre issu d'un réaménagement et d'un partage des flux d'intérêts et de remboursement du principal de créances titrisées selon des modalités diversifiées 〚証〛ペイスルー債券：米国のモーゲージ担保証券の一種, *pay-through bond*

titre légal 法定純度, *legal fineness*

titres libellés en devises étrangères 〚証〛外国通貨建て証券, *foreign currencies denominated securities*

titre mixte 〚証〛混合証券, *registered certificate with coupons attached*

titres nationaux 〚証〛本邦証券, *domestic securities*

titres négociables 〚証〛流通証券, *negotiable instruments*

titres nominatifs 〚証〛記名証券；登録済み証券, *registered certificates*

titres non cotés 〚証〛非上場証券, *unlisted securities*

titres non soumis à la réglementation sur les valeurs 〚証〛適用免除証券, *exempt securities*

titre participatif 〚証〛利益参加証券；参加証券, *participation certificate*

titre préférentiel 〚証〛優先引受権, *preferential subscription right*

titre putatif 〚法〛誤想権限

titres-restaurant レストラン券, *restaurant ticket*

titres sous-jacents 〚オプ〛原証券：オプション取引の裏付けとなる現物の証券, *underlying security*

titre spéculatif 〚証〛投機株, *speculative stock*

titre subordonné à durée indéterminée 〚証〛永久劣後債, *perpetual subordinated bond*

titre subordonné remboursable 〚証〛返済可能な劣後債, *reimbursable subordinated security*

titres synonymes 〚証〛（MATIFで標準物取引に使われる）受渡し適格銘柄

titre universel de paiement 一括支払証, *universal payment order*

titrisation 〚証〛証券化, *securitization*

titulaire d'actions au porteur 〚証〛無記名株主, *holder of bearer stocks*

titulaire de licence 〚スポ〛（各種スポーツ連盟への）登録選手

titulaire de licence 〚経〛ライセンシー：ライセンス契約の実施権者, *licensee*

titulaire de livret 通帳名義人, *holder of passbook*

titulaire d'obligations nominatives 〚証〛記名社債権者, *holder of registered bonds*

tocophobie 妊娠恐怖症, *tocophobia*

togrog (モンゴルの通貨単位で)トゥグリク, *tugrik*

〈**le toit du monde**〉〖言換〗(世界の屋根)チベット, *Tibet*

toiture végétalisée グリーンルーフ：緑地化した屋上部分, *green roof*

tolar (スロベニアの通貨単位で)トラー, *tolar*

tolérance du dixième 10分の1の許容範囲

tolérance temps-température 許容温度時間, *time-temperature-tolerance*

tomographie computérisée (医学の)スキャノグラフィー, *scanography*

tomographie d'émission monophotonique 単一光子放出コンピュータ断層撮影, *single photon emission computer tomography*

tomographie informatisée (医療用)CTスキャン；スキャノグラフィー, *computed tomography*

tomographie informatisée à émission de photon unique 単一光子放出コンピュータ断層撮影, *single photon emission computer tomography*

tomographie par émission de positons 陽電子放射断層撮影；ポジトロンCT, *positron-emission tomography*

ton maussade 〖証〗軟調；弱含み, *weak tone*

tonalité d'occupation (電話の)話し中の音, *busy signal*

tongan 〖地〗トンガ諸島の, *Tongan*

tonne de jauge brute (船舶の)総登録トン数, *gross register ton*

tonne équivalent charbon 石炭換算トン, *tonne coal equivalent*

tonne équivalent lait ミルク換算トン, *tonne milk equivalent*

tonne équivalent pétrole 石油換算トン, *tonne oil equivalent*

tonne de jauge brute (船舶の)総登録トン数, *gross registered ton*

topographie d'entrée-sortie 〖コンピュ〗入出力写像, *input-output mapping*

topographie mémoire 〖コンピュ〗メモリーマッピング, *memory mapping*

topophobie 場所恐怖症：特定の場所を忌み嫌う恐怖症, *topophobia*

〈**la toque de léopard**〉〖言換〗(レオパードの帽子を愛用した元ザイール大統領)モブツ, *Mobutu (Sese Seko)*

tore européen conjoint (欧州共同体の)トカマク型核融合

実験装置；ジェット, *Joint European Torus (EC)*
tore magnétique 磁気コア, *magnetic core*
total de l'actif 総資産, *total assets*
total des créditeurs 負債合計, *total liabilities*
total des dépenses encourues 出費総額, *total expenses incurred*
total partiel 小計, *sub-total*
total reporté 現在合計高, *running total*
totalement souscrit 〚証〛(応募が)完売の, *fully distributed*
totaux autorisés de captures 許容漁獲総量, *total allowable catch*
totipotence 〚バイオ〛全能性：分離された体細胞から全組織を再生する能力, *totipotency*
totipotent 〚バイオ〛分化全能の, *totipotent*
touche barre oblique inversée 〚コンピュ〛バックスラッシュキー, *backslash key*
touche bis (電話の)リダイヤルボタン, *last number redial button*
touche d'arrêt de défilement 〚コンピュ〛スクロールロックキー, *scroll lock key*
touche de clavier numérique 〚コンピュ〛Numロックキー, *num lock key*
touche de commande de curseur 〚コンピュ〛矢印キー, *arrow key*
touche de contrôle 〚コンピュ〛コントロールキー, *control key*
touche de curseur 〚コンピュ〛カーソルキー, *cursor key*
touche de direction / touche de directivité 〚コンピュ〛矢印キー, *arrow key*
touche de fonction 〚コンピュ〛ファンクションキー, *function key*
touche de numérotation abrégée (電話の)短縮ダイヤルボタン, *abbreviated dialing key*
touche de numérotation sans décrochement (電話の)オンフックスイッチ, *on-hook dialing key*
touche de raccourci 〚コンピュ〛ショートカットキー, *shortcut key*
touche de rappel (電話の)リダイヤルボタン, *redial button*
touche de rappel arrière 〚コンピュ〛バックスペースキー, *backspace key*
touche de remise à zéro 〚コンピュ〛リセットボタン, *reset button*
touche de répétition 〚コンピュ〛リピートアクションキー, *repeat-action key*

touche de retour 〚コンピュ〛リターンキー, *return key*
touche de tabulateur / touche de tabulation 〚コンピュ〛タブキー, *tab key*
touche de verrouillage des majuscules 〚コンピュ〛大文字ロックキー, *caps lock key*
touche début 〚コンピュ〛ホームキー, *home key*
touche d'échappement / touche Echap 〚コンピュ〛エスケープキー, *escape key*
touche d'espacement arrière 〚コンピュ〛バックスペースキー, *backspace key*
touche entrée 〚コンピュ〛エンターキー, *enter key*
touche étoile (プッシュホンの)米(こめ)印のボタン, *asterisk button*
touche-majuscules 〚コンピュ〛シフトキー, *shift key*
touche morte 〚コンピュ〛デッドキー, *dead key*
touche page précédente 〚コンピュ〛ページアップキー, *page up key*
touche page suivante 〚コンピュ〛ページダウンキー, *page down key*
〈**Touche pas à mon pote**〉(人種差別SOSの宣伝文句で)おれの達(だち)に手を出すな
touche personnalisée 〚コンピュ〛ユーザー定義されたキー, *user-defined key*
touche pour rembobiner la bande (テープの)巻戻しボタン, *rewind button*
touche programmable 〚コンピュ〛ファンクションキー, *function key*
touche spéciale 〚コンピュ〛ホットキー, *hot key*
tour de chronométrage 〚スポ〛計時台, *timing tower*
tour de table (重要会議に参加する)株主構成, *round table*
tour d'honneur 〚スポ〛ウイニングラン, *honor parade*
〈**tour du chapeau**〉〚スポ〛(サッカーの)ハットトリック, *hat trick*
tour extérieur 外様組:国立行政学院卒が占める高級官僚団に例外的に編入となった秀才公務員
tourisme écologique エコツーリズム, *ecotourism*
tournée de présentation 〚証〛ロードショー:上場前に行われる金融アナリストと機関投資家の集会, *road show*
tous droits de reproduction réservés 複製不許, *all rights reserved*
tous risques 〚保〛オールリスクス, *all risks*
tout-en-un オールインワン, *all-in-one*
tout-terrain (自動車が)オフロードの, *all-terrain*

toutes choses égales par ailleurs 〘経〙他の条件が同じとして, *other things equal*

toutes taxes comprises 税込み, *all taxes included*

toute une gamme de produits 製品のラインナップ, *full line of products*

toxiphobie / toxicophobie 毒物恐怖症, *toxiphobia*

trabandiste (アルジェリアの)闇取引業者

trabando (アルジェリアの)闇取引:特にフランスとの闇貿易・闇為替取引を意味する

traçabilité トレーサビリティー:食肉, Eメールなどの安全性確保目的での出所の一貫追求可能性, *traceability*

traçabilité des mouvements de fonds 資金の流れの追跡可能性

traçage de la piste 〘スポ〙(スキー競技の)コースセッティング, *course setting*

traceur à plat 〘コンピュ〙平面プロッター, *flatbed plotter*

traduction assistée par ordinateur コンピュータ支援翻訳, *computer-aided translation*

traduction dynamique d'adresse 〘コンピュ〙ダイナミックアドレス移動, *dynamic address translation*

trafic de drogue / trafic de stupéfiants 麻薬密売, *drug traffic*

trafic des matières nucléaires 核関連物質密輸, *illicit trafficking of nuclear materials*

trafic en transit 通過のための交通, *traffic in transit*

trafic illicite des drogues nuisibles 危険薬品不正取引, *illicit traffic in dangerous drugs*

trafiquant nucléaire 核の密輸人:プルトニウムなどの核物質の密輸をする人, *nuclear smuggler*

train à sustentation magnétique リニアモーターカー, *superconducting magnetically levitated train*

train d'automobile accompagnée / train auto accompagnée 車と乗客同時運搬列車, *accompanied-car train*

train d'impulsions 〘通〙パルス列, *pulse train*

traité 〘保〙再保険特約, *treaty*

traite à l'encaissement 取立為替手形, *bill for collection*

traite à vue 一覧払い為替手形, *sight draft*

traite bancaire 銀行為替手形, *bank bill*

Traité budgétaire de l'Union européenne 欧州連合予算条約, *EU Budgetary Treaty*

Traité constitutionnel pour l'Europe 欧州共同体憲法条約, *constitutional treaty for Europe*

Traité d'alliance tripartite Anzus アンザス条約：オーストラリア・ニュージーランド・米国による太平洋共同防衛体, *ANZUS (=Australia, New Zealand, US) Treaty*

traité de commerce et de navigation 通商航海条約, *treaty of commerce and navigation*

Traité de coopération en matière de brevets 特許協力条約, *Patent Cooperation Treaty*

Traité de fusion 欧州共同体理事会執行機関統一条約, *Merger Treaty (EC)*

Traité de l'Elysée (1963年1月22日の)仏独協力条約

Traité de Maastricht マーストリヒト条約：欧州連合条約の通称, *Treaty of Maestricht*

Traité (de N'komati) de non-agression entre l'Afrique du Sud et le Mozambique 南ア・モザンビーク不可侵(のヌコマティ)協定, *Nkomati Accord*

Traité de non-prolifération 核不拡散条約；核拡散防止条約, *Non-Proliferation Treaty*

Traité de paix avec le Japon 対日講和条約, *Treaty of Peace with Japan*

Traité de Pelindaba ペリンダバ条約；アフリカ非核化条約, *Pelindaba Treaty*

Traité de protection des minorités 少数民族保護条約, *treaty on the protection of minorities*

Traité de Rarotonga ラロトンガ条約；南太平洋非核地帯条約, *Treaty of Rarotonga*

traité de réassurance 再保険特約, *reinsurance treaty*

traité de réassurance en excédents 超過額再保険特約, *surplus treaty*

traité de réassurance en excédents de sinistres 超過損害再保険特約, *excess of loss treaty*

traité de réassurance en quote-part 比例再保険特約, *quota share treaty*

traité de réassurance stop loss ストップロス再保険特約

traité de réciprocité 交換再保険特約

traité de rétrocession 再々保険特約, *retrocession treaty*

Traité de Rome ローマ条約：1957年ローマで締結された欧州共同体の基本法を定めた条約, *Treaty of Rome*

Traité de sécurité nippo-américain 日米安保条約, *Treaty of Mutual Cooperation and Security between Japan and the USA*

Traité de Tlatelolco トラテロルコ条約；中南米及びカリブ地域核兵器禁止条約, *Treaty of Tlatelolco*

traite des Noires 黒人奴隷売買, *black slave trade*

traite des Blanches 白人奴隷売買；醜業婦(しゅうぎょうふ)売買, *white slave trade*

traite des esclaves 奴隷売買, *slave trade*

traite des êtres humains 人身売買, *traffic in persons*

traite des femmes et des enfants 婦人及び児童売買, *traffic in women and children*

Traité deux plus quatre 両独統一承認条約, *Treaty Two Plus Four*

Traité d'interdiction complète des essais nucléaires 包括的核実験禁止条約, *Comprehensive Test Ban Treaty*

Traité d'interdiction de la production de matières fissiles pour des armes nucléaires 兵器用核分裂物質生産禁止条約：通称はカットオフ条約で，クリントン大統領が提唱したが未成立, *Fissile Material Cut-Off Treaty*

traité dit 〈Ciel ouvert〉 欧州偵察衛星承認条約

Traité du seuil 地下核実験制限条約, *Threshold Test Ban Treaty*

traite du Trésor 国庫手形, *treasury bill*

traite en l'air 融通手形, *kite*

traité en quote-part 比例再保険特約, *quota share treaty*

traité en réciprocité 交換再保険特約

Traité fondamental (1972年12月21日の)両独基本条約, *Basic Treaty*

Traité général des relations entre le Japon et la République de Corée 日韓基本関係条約, *Treaty on Basic Relations between Japan and the Republic of Korea*

traite impayée 不渡り手形, *dishonored bill of exchange*

traité inconstitutionnel 違憲条約, *unconstitutional treaty*

Traité instituant la Communauté économique européenne 欧州経済共同体を設立する条約, *Treaty establishing the European Economic Community*

Traité instituant un Conseil unique et une commission unique des Communautés européennes 欧州共同体理事会執行機関統一条約, *Treaty establishing a Single Council and a Single Commission of the European Communities*

Traité interdisant de placer des armes nucléaires et d'autres armes de destruction massive sur le fond des mers et des océans ainsi que dans leur sous-sol 核兵器及び他の大量破壊兵器の海底における設置の禁止に関する条約, *Treaty on the Prohibition of the Emplacement of Nuclear Weapons and Other Weapons of Mass Destruction on the Sea-Bed and the Ocean Floor and in the*

Subsoil thereof

Traité interdisant les essais d'armes nucléaires dans l'atmosphère, dans l'espace extra-atmosphérique et sous l'eau （大気圏内，宇宙空間及び水中における）核実験禁止条約, *Treaty Banning Nuclear Weapon Tests in the Atmosphere, in Outer Space and Under Water*

Traité panaméricain d'assistance mutuelle 米州相互援助条約, *Inter-American Treaty of Reciprocal Assistance*

traité pool プール特約

Traité relatif à l'harmonisation des législations et à la conclusion de conventions en vue de rendre possible la mobilité juridique des sociétés par transfert de siège et fusion 本店の移転及び合併による会社の法律上の移動を可能とする立法の調整及び協定の締結に関する条約

traite renouvelée 更新手形, *renewed bill of exchange*

traité self-executing 自動執行的な条約, *self-executing treaty*

Traité sur la dénucléarisation du Pacifique Sud 南太平洋非核地帯条約；ラロトンガ条約, *South Pacific Nuclear Free Zone Treaty*

Traité sur la lune et les autres corps célestes 月協定：月その他の天体における国家活動を律する協定, *Agreement governing the Activities of States on the Moon and Other Celestial Bodies*

Traité sur la non-prolifération des armes nucléaires 核拡散防止条約, *Treaty on the Non-Proliferation of Nuclear Weapons*

traités sur la réduction des armements stratégiques （様々な）戦略兵器削減条約, *strategic arms reduction treaties*

Traité sur l'Antarctique 南極条約, *Antarctic Treaty*

Traité sur les principes régissant les activités des Etats en matière d'exploration et d'utilisation de l'espace extra-atmosphérique, y compris la Lune et les autres corps célestes 宇宙条約：月その他の天体を含む宇宙空間の探索及び利用における国家活動を律する原則に関する条約, *Treaty on Principles Governing the Activities of States in the Exploration and Use of Outer Space, including the Moon and Other Celestial Bodies*

Traité Torrijos-Carter カーター＝トリホス（新運河）条約, *Carter-Torrijos Treaty*

traite urgente (支払日が)差迫った手形, *pressing bill*

Traité visant l'interdiction des armes nucléaires en Amérique latine 中南米非核化条約, *Treaty for the Prohibition of Nuclear Weapons in Latin America*

traitement automatique des données 〘コンピュ〙自動データ処理, *automatic data processing*

traitement biologique (汚水の)生物処理, *biological treatment*

traitement de commandes 注文処理, *order processing*

traitement de directeur 社長報酬, *director's fee*

traitement de texte dédié ワープロ専用機

traitement de transactions 〘コンピュ〙トランザクション処理, *transaction processing*

traitement des eaux usées 汚水処理, *treatment of filthy water*

traitement différé 〘コンピュ〙一括処理；バッチ処理, *batch processing*

traitement distribué 〘コンピュ〙分散処理, *distributed processing*

traitement du renseignement et action contre les circuits financiers clandestins トラクファン：麻薬取引資金浄化などの撲滅運動

traitement égal des dédommagements financiers pour ouvriers accidentés entre les ressortissants nationaux et étrangers 労働者災害補償の内外人労働者の均等待遇

traitement électronique de l'information 〘コンピュ〙エレクトロニックデータプロセッシング, *electronic data processing*

traitement en arrière-plan バックグラウンド処理, *background processing*

traitement en simultanée 〘コンピュ〙並列処理, *parallel processing*

traitement en temps réel リアルタイム処理, *real time processing*

traitement hors grille (公務員などの)枠外俸給

traitement implicite 暗黙的賃金, *implicit salary*

traitement indiciaire (公務員などの)号俸, *grade-related salary*

traitement intégré de l'information 〘コンピュ〙統合データ処理, *integrated data processing*

traitement national 〘法〙内国民待遇, *national treatment*

traitements nets (公務員などの)純手取り俸給額, *net sal-*

traitement numérique de signaux デジタル信号処理, *digital signal processing*

traitement séquentiel 〖コンピュ〗シャルファイルプロセッシング, *sequential processing*

traitement substitutif hormonal / traitement hormonal substitutif ホルモン補充療法, *hormone replacement therapy*

traitement vectoriel 〖コンピュ〗ベクトルプロセッシング, *vector processing*

trajectoire de croissance 成長経路, *growth path*

trajectoire de l'ajustement 調整経路, *adjustment path*

tranche 〖証〗(発行債券の)振分け分, *portion*

tranche de crédit 〖金〗クレジットトランシュ：国際通貨基金加盟国が国際通貨基金から受ける条件付き一般貸出し, *credit tranche (IMF)*

tranche de revenu 所得階層, *income bracket*

tranche d'imposition / tranche d'impôt / tranche du barème de l'impôt 税率の段階, *tax bracket*

tranche d'or 〖経〗(国際通貨基金の)ゴールドトランシュ, *gold tranche (IMF)*

tranche inférieure de revenu 低所得層, *lower income bracket*

tranche supérieure de revenu 高所得層, *higher income bracket*

tranchée-artère 気管, *windpipe*

tranquillité sociale 労使緩和, *industrial harmony*

Trans-Europe-Express 欧州横断国際急行列車, *Trans-Europe-Express*

transactions au comptant 現金取引, *cash transactions*

transactions au comptant 実物取引, *spot transaction*

transaction conclue dans des conditions d'indépendance 対等取引, *arm's length transaction*

transactions courantes de la balance des paiements 国際収支の経常勘定, *current account of the balance of payments*

transactions de portefeuille 〖証〗ポジショントレーディング, *position trading*

transactions de règlement par virement 振替勘定取引, *transfer account transaction*

transactions déloyales 不公正取引, *unfair trade*

transactions d'initiés 〖証〗インサイダー取引, *insider dealing*

transactions en capital 資本取引, *capital transaction*

transactions entre banques 銀行間取引, *interbank transactions*

transactions hors séance 〚証〛店頭取引, *over-the-counter transactions*

transactions hors séance 〚証〛場外取引, *transactions outside the stock exchange*

transactions interbancaires インターバンク取引, *interbank transactions*

transactions invisibles 貿易外取引, *invisible transactions*

transactions primaires 〚証〛上場前取引, *transactions before listing*

transaction sans argent キャッシュレス取引, *cashless transaction*

transaction spéculative 〚証〛投機取引, *speculative transaction*

transaction sur bloc de titres 〚証〛ブロック取引；大口取引, *block trading*

transaction sur contrat à terme 先物取引, *futures transaction*

transactions suspendues 〚証〛取引の一時停止, *suspended trading*

(la) Transamazonienne アマゾン横断道路, *Transamazonian*

(la) Transcaucasie 〚地〛ザカフカス, *Transcaucasia*

transcaucasien 〚地〛ザカフカスの, *Transcaucasian*

transcriptase inverse / transcriptase reverse 逆転写酵素：エイズ治療などに使用, *reverse transcriptase*

transcription à l'état civil 戸籍謄本, *certified copy of registry office document*

transcription inversée 〚バイオ〛逆転写：逆転写酵素を利用しRNAを鋳型としてDNAを合成すること, *reverse transcription*

transducteur interdigital 交叉指状変換器, *interdigital transducer*

transduction 〚バイオ〛形質導入：DNAが細胞から細胞に受渡される現象, *transduction*

transferts courants 経常移転, *current transfer*

transfert de fichiers 〚コンピュ〛ファイル転送, *file transfer*

transfert de fonds électronique sur point de vente 〚経〛POS（ポス）での電子資金振替, *electronic funds transfer at point of sale*

transfert de gènes 〚バイオ〛遺伝子導入, *gene transfer*
transfert de messages 〚通〛メッセージ通信システム, *message handling system*
transfert de portefeuille 〚法〛保険証券譲渡；保険契約の包括移転, *transfer of portfolio*
transfert de propriété 〚法〛所有権移転, *change of ownership*
transfert électronique de données 〚コンピュ〛電子データ交換, *electronic data interchange*
transfert électronique de fonds 電子資金振替；電子資金移行決済, *electronic funds transfer*
transfert en capital 資本移転, *capital transfer*
transferts intergénérationnels （公的年金のような）世代から世代への移転, *intergenerational transfer*
transfert par endossement 裏書譲渡, *transfer by endorsement*
transferts sociaux （家族手当などの）社会保障扶助金による所得再配分
transfert télégraphique 電信為替, *telegraphic transfer*
transfert temporaire de position 〚証〛（資金の一時的運用を意味する）駐車, *parking*
transfert temporel asynchrone （データ通信の）非同期伝送モード, *asynchronous transfer mode*
transfert thermique 〚コンピュ〛熱転写, *thermal transfer*
transfert volontaire (de portefeuille) （ポートフォリオの）任意包括移転, *voluntary transfer (of portfolio)*
〈**Transfix**〉（電信の）デジタル専用線, *digital communications*
transformation de créances en participation 〚証〛債務の株式化, *debt-equity swap*
transformation de Fourier rapide （周期関数の）高速フーリエ変換, *fast Fourier transform*
transformation de la société （会社の）組織変更, *transformation of the firm*
transformation en économie de marché 市場経済への転換, *transformation into a market economy*
transgénérisme / transidentité 性同一性障害, *transgenderedness*
transgenèse 〚バイオ〛遺伝子組換え, *gene recombination*
(le) transgénique 〚バイオ〛遺伝形質転換分野, *transgenic*
transgénique 〚バイオ〛遺伝形質転換の, *transgenic*
transgenre トランスジェンダー：広義では異性装者と性転換手術希望の有無を問わずに性同一性障害者，狭義では性転換手術を望まない性同一性障害者をさす, *transgender*

transgression maritime (陸地への)海進, *transgression*
transsexué 性同一性障害者, *transsexuated*
transistor à effet de champ à semi-conducteur à l'oxyde de métal 〖コンピュ〗モス電界効果トランジスタ, *metal oxide semiconductor field effect transistor*
transistor en couche mince 薄膜トランジスタ, *thin film transistor*
transistor MESFET 金属半導体電界効果型トランジスタ, *MESFET (=metal semiconductor field effect transistor)*
transit international routier TIR 条約：国際道路運送手帳による担保の下で行う貨物の輸送に関する通関条約
transition de capital 資本移転, *capital transfer*
transition démographique 人口学的遷移, *demographic transition*
translation 〖コンピュ〗リロケーション, *relocation*
transmission arythmique 〖通〗調歩式伝送, *start-stop transmission*
transmission binaire synchrone 2進同期通信, *binary synchronous communication*
transmission de patrimoine à titre universel 財産の包括承継, *universal transfer of assets*
transmission en bande de base 〖通〗ベースバンド電送, *baseband transmission*
transmission en semi-duplex 〖通〗半二重伝送, *half-duplex transmission*
transmission numérique デジタル伝送, *digital transmission*
transmission temporelle asynchrone (データ通信での)非同期伝送モード, *asynchronous transfer mode*
〈**transparence**〉〖法〗(フランスの裁判官・検察官の)人事異動候補者名簿
transparence en matière de crédits 真正貸付法, *truth in lending*
transparence fiscale 〖法〗税法上の法人格の否認, *system of taxing the income of partners in a firm rather than the firm's profit*
transplantation d'organes 臓器移植, *organ transplant*
transplantation génétique 〖バイオ〗遺伝子移植, *gene transplantation*
transpondeur (車の盗難防止システムを組込んだ)トランスポンダ式キー, *transponder*
transport à grande distance des polluants aéroportés 空気伝送汚染物長距離輸送, *long-range transport of*

airborne pollutants

transports aériens intercontinentaux 大陸間航空輸送, *intercontinental air transport*

transports aériens transrégionaux 地域圏間航空輸送会社, *transregional air transport*

transport en commun personnalisé 少人数高速輸送システム, *personal rapid transit*

transport en vrac ばら積み輸送, *bulk transport*

transports internationaux routiers 国際道路輸送, *international road transport*

transports multimodaux internationaux 国際複合輸送, *international multimodal transport*

transposon 〖バイオ〗可動性遺伝因子, *transposon*

transputeur 〖コンピュ〗トランスピューター:スパコン用高速マイクロプロセッサー, *transputer*

transsexualisme 性同一性障害, *transsexualism*

transsexualité 性転換症;性別違和感症候群, *transsexuality*

transsexué 性転換を望む人, *transsexuated*

transsexuelle 性転換手術により女性になった人

transuranien 超ウラン元素, *transuranium element*

trappe à liquidité / trappe de liquidité / trappe monétaire 〖経〗流動性トラップ, *liquidity trap*

trappe à pauvreté 貧困の罠:低所得者の収入増が生活保護カットを招き結果的に収入増にならない現象, *poverty trap*

traumatophobie 傷恐怖症, *traumatophobia*

travail à façon 委託加工, *hire processing / job processing*

travail à forfait 請負仕事, *job work*

travail à temps choisi 選択時間労働

travail à temps complet 全時間勤務, *full-time work*

travail de terrain フィールドワーク, *field work*

travail 〈délocalisé〉 フレックスプレース:在宅勤務, *flex-place*

travail d'équipe / travail en commun 協同作業, *team work*

travail d'intérêt général 〖法〗(刑罰としての)公益奉仕労働;無報酬労働, *community work*

travail en attente (受注分の)仕事残し, *backlog of work*

travail en équipes / travail en continu / travail par équipes / travail par roulement 交代労働, *work in shifts*

travail en miettes 細分化作業

travail fourni 作業成果, *work performed*

travail insalubre 不健全労働, *unhealthy work*

travail irrégulier 不法労働, *irregular employment*
travail le jour de dimanche 日曜営業, *Sunday trading*
travail non-expérimenté 未経験労働, *unskilled labor*
travail occasionnel 不定期労働, *temporary employment*
travail posté (固定資産の最適化目的で同じ職場を交代制で使う)二十四時間仕事場フル活用, *shift work*
travail routinier ルーチンワーク, *routine job*
travail social ソーシャルワーク, *social work*
travailleur à domicile 家内労働者, *out-worker*
travailleur adolescent 若年労働者, *young worker*
travailleur en chômage partiel 一時帰休者, *worker on short time*
travailleur indépendant 自営業者, *self-employed worker*
travailleur intellectuel 頭脳労働者, *professional worker*
travailleur manuel ブルーカラー, *blue color worker*
travailleur migrant 出稼ぎ労働者, *migratory worker*
travailleur pauvre 勤労貧民, *working poor*
travailleur valide 完全適格労働者, *fully capable worker*
travailleuse du sexe セックスワーカー：セックス産業で働く女性, *sexworker*
travailleuse familiale (社会保険機関が派遣の)家事援助員, *homemaker*
travaux batch 〖コンピュ〗バッチプロセッシング, *batch processing*
travaux d'amélioration foncière 不動産改築工事, *land-improvement operations*
travaux de rénovation 改修工事, *refitting*
travaux d'utilité collective (失業対策の)公共事業雇用, *community service*
travaux personnels encadrés (高校の学習指導の一つで)担当官付き個人勉強
travaux souterrains dans les mines 鉱山坑内作業, *employment underground in mines*
travaux supplétifs 失業救済事業, *relief work*
traversée d'un arbre 〖コンピュ〗樹木歩行, *tree walking*
traversée-jonction double (鉄道の)ダブルスリップスイッチ, *diamond crossing with double slip*
traversée-jonction simple (鉄道の)シングルスリップスイッチ, *diamond crossing with single slip*
traversée oblique (鉄道の)ダイヤモンドクロッシング, *diamond crossing*
treillis complémenté 〖コンピュ〗相補束, *complemented lattice*

treillis complet 〘コンピュ〙完全格子, *complete lattice*
treillis distributif 〘コンピュ〙分配束, *distributive lattice*
trémophobie 身震い恐怖症, *tremophobia*
tremplin de saut à ski 〘スポ〙スキーのジャンプ台, *jumping hill*
tremplin pour sauts droits 〘スポ〙(フリースタイルスキーの)フローター, *floater*
tremplin pour sauts périlleux 〘スポ〙(フリースタイルスキーの)バックキッカー, *back kicker*
tremplin pour sauts périlleux avant 〘スポ〙(フリースタイルスキーの)フロントキッカー, *front kicker*
〈**trente glorieuses**〉 栄光の三十年:Jean Fourastié の言葉で, 戦後フランスの高度成長期
très grand réseau d'antennes 電波望遠鏡網, *Very Large Array*
très gros crédit 〘金〙ジャンボローン:巨額のローン, *jumbo loan*
très gros transporteur de brut 大型石油輸送船, *very large crude carrier*
très haute fréquence 超短波周波数, *very high frequency*
très haute tension 超高電圧, *extra high tension*
trésorerie nette 〘金〙ネットキャッシュフロー:一定期間内に企業が内部蓄積した資金, *net cash flow*
〈**trésoriens**〉〘仏〙財務省国庫局出身の金融エリート
trésorier-payeur général (県・地域圏の)出納長, *chief treasurer and paymaster*
trêve des confiseries (ややふざけて)年末年始の国会休止, *Christmas / New Year truce*
tri à bulle 〘コンピュ〙交換ソート, *exchange selection*
tri de fusion polyphasé 〘コンピュ〙多段階併合法, *polyphase merge sort*
tri numérique par échange 〘コンピュ〙基数交換整列法, *radix exchange*
tri par oscillation 〘コンピュ〙振動整列法, *oscillation sort*
tri par permutation 〘コンピュ〙バブルソート, *bubble sort*
tri par segmentation 〘コンピュ〙クイックソート, *quick sort*
tri vertical 〘コンピュ〙ヒープソート, *heap sort*
〈**triade monétaire**〉 ドル・ユーロ・円の三極
〈**triade nucléaire**〉 核兵器の三種の神器
triangle blanc sur fond orange オレンジの地に白い三角:12歳以下禁止のテレビ番組につく印
triangles de la signalisation (国際道路標識の)三角形の各種危険警告板

triangle de Mundell / triangle d'incompatibilité マンデルのトライアングル：固定為替制度,完全な資本移動,金融政策の自律との折合いの悪さ, *Mundell's triangle*

triangle de présignalisation （自動車の)非常三角停止板, *hazard warning triangle*

〈**le Triangle des Bermudes**〉 バミューダトライアングル：事故多発の魔の三角地帯, *Bermudas triangle*

〈**le Triangle d'or**〉 黄金の三角地帯：インドシナ北部の麻薬生産地帯, *Golden Triangle*

(élection) triangulaire 三つ巴選挙：1977年の国民議会選挙のように保守・左翼・極右が三つ巴で争う選挙

tribunal de première instance des Communautés européennes 〚法〛欧州共同体第一審裁判所, *Court of First Instance of the European Communities*

Tribunal international du droit de la mer 〚法〛国際海洋法裁判所, *International Tribunal for the Law of the Sea*

Tribunal pénal international pour le Rwanda 〚法〛ルワンダ国際刑事裁判所, *International Criminal Court for Rwanda*

Tribunal pénal international pour l'ex-Yougoslavie 〚法〛旧ユーゴスラビア国際刑事裁判所, *International Criminal Tribunal for the Former Yugoslavia*

tribune d'honneur 貴賓席, *grandstand*

trichloréthylène トリクロロエチレン, *trichloroethylene*

trichophobie 体毛恐怖症, *trichophobia*

trieur de documents 〚コンピュ〛文書分類機, *document sorter*

trikédékaphobie （13人で集まることを忌み嫌う)十三恐怖症, *triskaidekaphobia*

triode à cible 電子線照射半導体, *electron-bombarded semiconductor*

tripolarisation （米国・欧州連合・東南アジアへの世界貿易)三極化, *tripolarization*

trisomie 21 ダウン症, *Mongolism*

trisomique ダウン症患者, *Down's syndrome patient*

〈**troc barter**〉 （バーターなどの)見返り貿易, *countertrading*

(la) troïka européenne （前任,現任,後任からなる)欧州連合議長国トロイカ, *European Troika*

(les) trois-huit 〚経〛三交代制, *three shift system*

〈**trois parques d'Ancien Régime**〉 （A. Sauvy の言葉でアンシアン・レジムの三悪)戦争・飢餓・疫病

〈**trois vieilles**〉 〚仏〛三大銀行：BNP, CL, SG を指す, *Big Three Banks*

troisième de couverture 内裏表紙, *inside back cover*

troisième orteil 足の中指
troisième secteur 第三セクター, *Third Sector*
⟨**la troisième vague**⟩ (Alvin Tofflerの)第三の波, *the Third Wave*
⟨**la troisième voie**⟩ (Tony Blair英首相が提唱した政治路線)第三の道, *the Third Way*
troodon トロオドン:恐竜の一種, *Troodon*
trop-perçu 過払い, *amount overpaid / sums of money paid in excess*
trottinette キックボード, *kickboard*
trottoir roulant 動く歩道, *moving sidewalk*
trous à ergots 〖コンピュ〗(連続紙の)スプロケット穴, *tractor holes*
trou déflationniste デフレギャップ, *deflationary gap*
trou (dans la couche) d'ozone オゾンホール, *ozone hole*
⟨**trous noirs de la régulation internationale**⟩ 〖言換〗(為替や税務の国際規制にとりブラックホールである)オフショア, *offshore (tax heaven)*
trou réussi en un coup 〖スポ〗ホールインワン, *hole in one*
troubles de l'identité de genre / troubles de l'identité sexuelle 性同一性障害, *gender identity disorder*
troubles du stress post-traumatique 心的外傷後ストレス障害, *post-traumatic stress disorder*
troubles monétaires 貨幣的攪乱, *monetary disturbances*
troupes aéroportées 空中機動部隊, *airmobile troops*
trousse médicale 救急箱, *medical aid kit*
trucage de bilan 粉飾決算, *window dressing*
trucage des élections 選挙の不正, *rigging of ballots*
⟨**trust**⟩ 信託, *trust*
⟨**trustee**⟩ 受託者, *trustee*
tryponophobie ワクチン恐怖症, *vaccinophobia*
tube à onde progressive 進行波管, *traveling-wave tube*
tuberculophobie 結核恐怖症, *phthisiophobia*
tuciste 〖仏〗公共事業雇用対象者, *youth training scheme worker (France)*
⟨**tueur de coûts**⟩ コストキラー:生産の無駄を大幅にカットする人, *cost killer*
tueur en série 連続殺人犯, *serial killer*
tugrik (モンゴルの通貨単位で)トゥグリク, *tugrik*
tunnel de taux 金利カラー:金利の上限ないし下限を決めてリスクを回避する方法, *interest rate collar*
tunnel publicitaire (おもに1時間当たりのテレビの)広告時間帯

tunnel sous la Manche 英仏海峡トンネル, *Channel Tunnel / Chunnel*

turbulences monétaires 為替の乱高下, *monetary turbulence*

turco- (連結形)土＝トルコ(土耳古)の：用例としては turco-mongol, *Turco-*

turco-persan トルコ・イラン周辺圏の

turcophone トルコ語を話す, *Turkish-speaking*

turnover (新入社員と退職者を比較した)社員の入替わり率；労働移動率

turnover rapide (従業員の)定着率の低さ

(les) Tuvalu 〖地〗ツバル, *Tuvalu*

tuvaluan 〖地〗ツバルの, *Tuvaluan*

tuyaux de la Bourse / tuyaux financiers 〖証〗株式情報, *stock exchange tips*

TVA (= taxe à la valeur ajoutée) encaissée アウトプット税, *output tax*

TVA sociale (社会保障基金赤字解消目的の付加価値税アップの)国民福祉税：Balladur 内閣の発案倒れとなった税

type d'économie guidé principalement par l'investissement du secteur public 公共投資主導型経済, *type of economy led by public sector investment*

typologie des professions 職務分類, *occupation classification*

tyran paternaliste (警察国家の)独裁者, *Big Brother*

U

ulcère de Buruli ブルーリ潰瘍, *Buruli ulcer*
ultime recours 最後の頼み, *last resort*
ultra-haute fréquence 極超短波, *ultrahigh frequency*
ultra-haute température 超高温熱(処理), *ultra high temperature*
ultragros porteur de brut (25トン以上の)超大型石油輸送船, *ultralarge crude carrier*
ultraléger motorisé 超軽量飛行機, *ultralight plane*
ultranationalisme 超国家主義, *ultranationalism*
un risque 〚保〛ワンリスク, *one risk*
(le) une-deux 〚スポ〛(サッカーの)ワンツー(パス), *one-two*
unidirectionnel 〚通〛単向の, *simplex*
unification de certaines règles relatives au transport aérien international effectué par une personne autre que le transporteur contractuel 契約運送人以外の者が行う航空運送についてのある規則の統一, *Unification of Certain Rules relating to International Carriage by Air Performed by a Person Other than the Contracting Carrier*
uniformisation culturelle (文化面での米国帝国主義を和らげて)文化画一化主義
unilatéralisme 一方的軍備軍縮論, *unilateralism*
Union académique internationale 国際学士院連合, *International Academic Union*
Union africaine アフリカ連合:アフリカ統一機構の後身, *African Union*
Union africaine et malgache / Union afro-malgache アフリカ・マダガスカル連合, *Africa-Madagascar Union*
Union africaine et malgache de coopération économique アフリカ・マダガスカル経済協力連合, *African and Malagasy Economic Cooperation Union*
Union asiatique de paiement アジア支払同盟, *Asian Payment Union*
Union asiatique d'électronique アジアエレクトロニクス連盟, *Asian Electronics Union*
Union astronomique internationale 国際天文学連合,

International Astronomical Union

Union constitutionnelle (モロッコの政党で)立憲同盟, *Constitutional Union (Morocco)*

Union cycliste internationale 国際自転車競技連合, *International Cyclist Union*

Union d'assureurs des crédits internationaux 国際輸出信用保険連合, *International Union of Credit and Investment Insurers (Berne Union)*

Union de clearing internationale (Keynes主張の)国際清算同盟, *International Clearing Union*

Union de gauche 左翼連合：1977年に崩壊した共産党と社会党の共闘体制

Union de l'Asie du Sud-Est 東南アジア連合, *Southeast Asia Union*

Union de l'Asie et du Pacifique de radiodiffusion アジア太平洋放送連合, *Asian Pacific Broadcasting Union*

Union de l'Europe occidentale 西欧同盟, *West European Union*

Union de Myanmar ミャンマー連邦, *Union of Myanmar*

Union de recouvrement des cotisations de Sécurité sociale 社会保険料徴収組合, *organization which collects social security payments*

Union démocratique et socialiste de la Résistance 〖仏〗レジスタンス民主社会主義連合, *Democratic and Socialist Union of the Resistance*

Union démocratique internationale 国際民主同盟, *International Democratic Union*

Union des annonceurs 広告主協会, *Sponsors Union*

Union des associations internationales 国際協会連合, *Union of International Associations*

Union des associations techniques internationales 国際工学団体連合, *Union of International Engineering Organization*

Union des confédérations de l'industrie et des employeurs d'Europe 欧州産業・使用者連合同盟, *Union of Industrial and Employers' Confederations of Europe*

union des créanciers 債権者会議, *meeting of creditors*

Union des Etats d'Afrique centrale 中部アフリカ諸国連合, *Union of Central-African States*

Union des étudiants communistes 共産主義学生連盟, *Union of Communist Students*

Union des femmes françaises フランス婦人連盟, *Union of French Women*

Union des foires internationales 国際見本市連盟, *Union of International Fairs*

Union des Français de l'étranger 在外フランス人協会, *Union of French Citizens Abroad*

Union des industries chimiques 化学工業組合, *Chemical Industry Association*

Union des industries de la Communauté Européenne 欧州産業連盟:通称はユニセ, *Union of Industries of the European Community*

Union des industries métallurgiques et minières 金属産業・鉱業組合, *Union of Metal and MIning Industries*

Union des jeunes pour le progrès (政治団体で)進歩のための青年同盟, *Union of Youth for Progress*

Union des parlements africains アフリカ議員同盟, *Union of African Parliaments*

Union des pays exportateurs de bananes バナナ輸出国連合, *Union of Banana Exporting Countries*

Union des pays producteurs de caoutchouc naturel 天然ゴム生産国連合, *Association of Natural Rubber Producing Countries*

Union des républicains de centre (フランスの政党で)中道共和連合

Union des sociétés suisses de biologie expérimentale スイス実験生物学会連盟, *Union of Swiss Societies for Experimental Biology*

Union des transports aériens UTAフランス航空:1993年にAir Franceに吸収された

union douanière 関税同盟, *customs union*

Union douanière d'Afrique équatoriale 赤道アフリカ関税同盟, *Equatorial Africa Customs Union*

Union douanière de l'Afrique australe / Union douanière d'Afrique australe 南部アフリカ関税同盟, *Southern African Customs Union*

Union douanière des Etats de l'Afrique de l'Ouest 西アフリカ関税同盟:西アフリカ経済共同体の前身, *Customs Union of West African Countries*

Union douanière et économique de l'Afrique centrale 中部アフリカ関税経済同盟, *Central African Customs and Economic Union*

Union du Maghreb arabe アラブマグレブ連合, *Arab Maghreb Union*

Union du peuple africain du Zimbabwe ジンバブエ・アフリカ人民同盟, *Zimbabwe African People's Union*

Union économique belgo-luxembourgeoise ベルギー・ルクセンブルク経済同盟, Belgium-Luxembourg Economic Union

Union économique du Benelux ベネルクス経済同盟, Benelux Economic Union

Union économique et monétaire (欧州共同体の)経済通貨同盟, Economic and Monetary Union (EC)

Union économique et monétaire ouest-africaine 西アフリカ経済通貨同盟, West African Economic and Monetary Union

Union en mouvement 動く同盟:2002年再選をめざすシラク大統領支援目的で組織された保守結束運動

Union européenne de commerce du bétail et de la viande 欧州家畜・食肉販売連合, European Cattle and Meat Trade Union

Union européenne de football association 欧州サッカー連盟, Union of European Football Associations

Union européenne de l'ameublement 欧州家具調度連合, European Furniture Federation

Union européenne de médecine sociale 欧州社会医学連合, European Union of Social Medicine

Union européenne de radio-télévision 欧州放送連盟, European Broadcasting Union

Union européenne des alcools, eaux-de-vie et spiritueux 欧州アルコール・ブランデー・蒸留酒連合, European Alcohol, Brandy and Spirit Union

Union européenne des experts comptables économiques et financiers 欧州公認会計士連合, Union of European Chartered Accountants

Union européenne des médecins omnipraticiens 欧州一般診療医連合, European Union of General Practitioners

Union européenne des médecins spécialistes 欧州専門医連合, European Union of Medical Specialists

Union européenne des paiements (1958年までの)欧州決済同盟, European Payments Union

Union européenne du commerce de gros des œufs, produits d'œufs, volaille et gibier 欧州鶏卵・鶏卵製品・鶏肉・猟鳥卸業連合, European Union of Wholesale Trade in Eggs, Egg-Products, Poultry and Game

Union européenne féminine 欧州婦人連盟, European Union of Women

Union européenne pour l'agrément technique dans la construction 欧州建築用品技術認可連合

Union française des œuvres laïques pour l'éducation par l'image et le son　ジャン・ヴィゴ連盟：通称はユフォレイス

Union générale cinématographique　ユジェセ社：映画配給会社, *UGC*

Union générale des travailleurs tunisiens / Union générale tunisienne du travail　チュニジア労働者総同盟, *Tunisian General Federation of Labor*

Union géodésique et géophysique internationale　国際測地学・地球物理学連合, *International Union of Geodesy and Geophysics*

Union géographique internationale　国際地理学連合, *International Geographical Union*

Unions internationales administratives　国際行政連合, *International Administrative Unions*

Union internationale contre la tuberculose　国際結核予防連合, *International Union against Tuberculosis*

Union internationale contre le cancer　国際対癌連合, *International Union against Cancer*

Union internationale contre les maladies vénériennes et les tréponématoses　国際性病予防連合, *International Union against the Venereal Diseases and the Treponematoses*

Union internationale d'angiologie　国際脈管学連合, *International Union of Angiology*

Union internationale d'assurances maritimes　国際海上保険連合, *International Union of Marine Insurance*

Union internationale d'assurances transport　国際運送保険連合, *International Union of Transport Insurance*

Union internationale de biathlon　国際バイアスロン連合, *International Biathlon Union*

Union internationale de biochimie　国際生化学連合, *International Union of Biochemistry*

Union internationale de biophysique pure et appliquée　国際純粋・応用生物物理学連合, *International Union of Pure and Applied Biophysics*

Union internationale de chimie pure et appliquée　国際純粋・応用化学連合, *International Union of Pure and Applied Chemistry*

Union internationale de cristallographie　国際結晶学連合, *International Union of Crystallography*

Union internationale de directeurs de jardins zoologiques　国際動物園長連盟, *International Union of Di-*

rectors of Zoological Gardens

Union internationale de la navigation fluviale 国際河川航行同盟, *International Union for Inland Navigation*

Union internationale de la presse médicale 国際医学出版連合, *International Union of the Medical Press*

Union internationale de laboratoire de langue 国際語学ラボラトリー連合, *International Union of Language Laboratory*

Union internationale de l'industrie du gaz 国際ガス連合, *International Gas Union*

Union internationale de mécanique théorique et appliquée 国際理論・応用力学連合, *International Union of Theoretical and Applied Mechanics*

Union internationale de patinage 国際スケート連盟, *International Skating Union*

Union internationale de pharmacologie 国際薬理学連合, *International Union of Pharmacology*

Union internationale de phlébologie 国際静脈外科連合, *International Union of Phlebology*

Union internationale de physique pure et appliquée 国際純粋・応用物理学連合, *International Union of Pure and Applied Physics*

Union internationale de psychologie scientifique 国際心理科学連合, *International Union of Psychological Science*

Union internationale de spéléologie 国際洞穴学連合, *International Speleological Union*

Union internationale de thérapeutique 国際治療学連合, *International Union of Therapeutics*

Union internationale d'éducation pour la santé 国際保健教育連合, *International Union for Health Education*

Union internationale d'électrothermie 国際電熱連合, *International Union for Electroheat*

Union internationale des architectes 国際建築家連合, *International Union of Architects*

Union internationale des associations d'alpinisme 国際アルピニスト協会連盟, *International Union of Alpinists Associations*

Union internationale des assureurs aériens 国際航空保険連合, *International Union of Aviation Insurers*

Union internationale des avocats 国際法律家連合, *International Union Lawyers*

Union internationale des chemins de fer 国際鉄道連

合, *International Union of Railways*

Union internationale des éditeurs 国際出版社協会, *International Publishers Association*

Union internationale des études orientales et asiatiques 国際オリエント・アジア研究連合, *International Union for Oriental and Asian Studies*

Union internationale des étudiants 国際学生連盟, *International Union of Students*

Union internationale des institutions d'archéologie, d'histoire et d'histoire d'art à Rome 国際ローマ考古学・歴史学・美術史協会連合, *International Union of Institutions of Archaeology, History and Art History in Rome*

Union internationale des instituts de recherche forestière 国際林業研究機関連合, *International Union of Forestry Research Organization*

Union internationale des organismes familiaux 国際家族機関連合, *International Union of Family Organizations*

Union internationale des organismes officiels de tourisme 官設観光機関国際同盟；公的旅行機関国際同盟.世界観光機関の前身, *International Union of Official Travel Organizations*

Union internationale des producteurs et des distributeurs d'énergie électrique 国際電力発電供給連合, *International Union of Producers and Distributors of Electrical Energy*

Union internationale des sciences anthropologiques et ethnologiques 国際人類学・民族学連合, *International Union of Anthropological and Ethnological Sciences*

Union internationale des sciences biologiques 国際生物科学連合, *International Union of Biological Sciences*

Union internationale des sciences de la nutrition 国際栄養科学連合, *International Union of Nutritional Sciences*

Union internationale des sciences d'immunologie 国際免疫学会連合, *International Union of Immunological Society*

Union internationale des sciences et technologies alimentaires 国際食品科学連合, *International Union of Food Science and Technology*

Union internationale des sciences géologiques 国際地質科学連合, *International Union of Geological Sciences*

Union internationale des sciences physiologiques

国際生理科学連合, *International Union of Physiological Sciences*

Union internationale des sciences préhistoriques et protohistoriques 国際先史学・原史学連合, *International Union of Prehistoric and Protohistoric Sciences*

Union internationale des services médicaux des chemins de fer 国際鉄道医療連合, *International Union of Railway Medical Services*

Union internationale des sociétés de microbiologie 国際微生物学連合, *International Union of Microbiological Societies*

Union internationale des sociétés de protozoologie 国際原生動物学会連合, *International Union of Protozoology Societies*

Union internationale des sociétés de techniciens et chimistes du cuir 国際皮革技術者・化学者学会連合会, *International Union of Leather Technologists and Chemists Societies*

Union internationale des syndicats des travailleurs de l'agriculture, des forêts et des plantations 国際農業林業プランテーション労働者組合連合, *Trade Union International of Agricultural, Forestry and Plantation Workers*

Union internationale des télécommunications 国際電気通信連合, *International Telecommunication Union*

Union internationale des transports publics 国際公共輸送連合, *International Union of Public Transport*

Union internationale des transports rail-route 国際鉄道輸送連盟, *International Union of Rail-Road Transport*

Union internationale des transports routiers 国際道路輸送連盟, *International Road Transport Union*

Union internationale des travailleurs de l'alimentation, de l'agriculture, de l'hôtellerie-restauration, du tabac et des branches connexes 食品・食品周辺産業労働者国際同盟, *International Union of Food, Agricultural, Hotel, Restaurant, Catering, Tobacco and Allied Workers' Association*

Union internationale des villes et pouvoirs locaux 国際地方自治体連合, *International Union of Local Authorities*

Union internationale d'histoire et de philosophie des sciences 国際科学史・科学基礎論連合, *International Union of the History for Philosophy of Science*

Union internationale d'hygiène et de médecine sco-

laires et universitaires 国際学校保健連合, *International Union of School and University Health and Medicine*

Union internationale humaniste et laïque 国際人文倫理学連合, *International Humanist and Ethical Union*

Union internationale pour la classification internationale des produits et des services aux fins de l'enregistrement des marques 商標登録のための商品サービス国際分類同盟, *International Union for the International Classification of Goods and Services for the Purposes of the Registration of Marks*

Union internationale pour la classification internationale pour les dessins et modèles industriels 意匠雛形国際分類同盟, *International Union for an International Classification for Industrial Designs*

Union internationale pour la conservation de la nature et de ses ressources 自然及び天然資源の保全に関する国際同盟；国際自然保護連盟, *International Union for the Conservation of Nature and Natural Resources*

Union internationale pour la protection de la propriété industrielle 工業所有権保護同盟：通称はパリ同盟, *International Union for the Protection of Industrial Property*

Union internationale pour la protection de l'enfance 国際児童福祉連合, *International Union for Child Welfare*

Union internationale pour la protection des appellations d'origine et leur enregistrement international 原産地虚偽表示防止同盟, *International Union for the Protection of Appellations of Origin and their International Registration*

Union internationale pour la protection des obtentions végétales 植物新品種保護国際同盟, *International Union for the Protection of New Varieties of Plants*

Union internationale pour la protection des œuvres littéraires et artistiques 文学的及び美術的著作物保護国際同盟, *International Union for the Protection of Literary and Artistic Works*

Union internationale pour la publication des tarifs douaniers 関税表刊行連合, *International Union for the Publication of Customs Tariffs*

Union internationale pour la science, la technique et les applications du vide 真空の科学・技術・応用に関する国際連合, *International Union for Vacuum Science, Technique and Applications*

Union internationale pour le dépôt international des dessins et modèles industriels 意匠雛形国際寄託同盟, *International Union for the International Deposit of Industrial Designs*

Union internationale pour l'enregistrement international des marques 標章国際登録同盟, *International Union for the International Registration of Marks*

Union internationale pour l'étude des insectes sociaux 国際群生昆虫類研究連合, *International Union for the Study of Social Insects*

Union internationale pour l'étude du quaternaire 国際第四紀学連合, *International Union for Quaternary Research*

Union internationale pour l'étude scientifique de la population 国際人口問題研究連合, *International Union for the Scientific Study of Population*

Union interparlementaire 列国議会同盟, *Inter-Parliamentary Union*

Union interprofessionnelle des vins de Bourgogne ブルゴーニュワイン関連業者連盟

Union interprofessionnelle du Gabon ガボン関連業種連合, *Interoccupational Union of Gabon*

Union mathématique internationale 国際数学連合, *International Mathematical Union*

Union médicale de la Méditerranée latine ラテン地中海諸国医学連盟, *Medical Union of Latin Mediterranean Countries*

Union mondiale des écrivains-médecins 世界医学執筆者連盟, *World Union of Medical Writers*

Union mondiale des organismes pour la sauvegarde de l'enfance et de l'adolescence 世界青年保護団体連合, *World Union of Organizations for the Safeguard of Youth*

Union mondiale des sociétés catholiques de philosophie 世界カトリック哲学協会連合, *World Union of Catholic Philosophical Societies*

Union mondiale des sociétés d'histoire pharmaceutique 世界薬学史学会機構, *World Organization of Society of Pharmaceutical History*

Union monétaire européenne 欧州通貨同盟, *European Monetary Union*

Union monétaire ouest-africaine 西アフリカ通貨同盟, *West-African Monetary Union*

Union nationale africaine du Zimbabwe-Front patriotique ジンバブエ・アフリカ民族同盟愛国戦線, *Zimbabwe African National Union-Patriotic Front*

Union nationale des étudiants de France フランス学生全国連合, *National Union of French Students*

Union nationale des institutions de retraite des salariés 給与所得者年金制度総連合会, *National Association of Wage Earners Retirement Fund*

Union nationale des syndicats autonomes 全国自治組合連合

Union nationale interprofessionnelle pour l'emploi dans l'industrie et le commerce 商工業雇用業種間全国連合, *National Commercial and Industrial Employment Federation*

Union nationale karen (ミャンマーの)カレン民族同盟, *Karen National Union*

Union nationaliste des forces populaires (モロッコの政党で)モロッコ人民勢力同盟, *Nationalist Union of Popular Forces (Morocco)*

Union Network International ユニオンネットワークインターナショナル, *Union Network International*

Union patriotique du Kurdistan (イラクの)クルド愛国同盟, *Patriotic Union of Kurdistan*

Union populaire pour la libération de la Guadeloupe グアドループ解放人民連合, *Popular Union for the Liberation of Guadeloupe*

Union postale universelle 万国郵便連合, *Universal Postal Union*

Union pour la défense de la République (フランス政治史の)共和国防衛連合, *Union for the Defense of the Republic*

Union pour la démocratie française (フランスの政党で)フランス民主主義連合, *Union of French Democracy*

Union pour la France フランス連合:1995年の大統領選用の連合

Union pour la majorité présidentielle (フランスの政党で)大統領多数派連合:2002年4月に創設され2002年11月に民衆運動連合と改称

Union pour la nouvelle République (フランス政治史で)新共和国連合, *Union for the New Republic*

Union pour le progrès 進歩のための同盟, *Union for National Progress*

Union pour le recouvrement des cotisations de sé-

curité sociale et d'allocations familiales 社会保障・家族手当負担金徴収組合, *Union for Collection of Social Security Contribution and Family Allotments*

Union pour un mouvement populaire (フランスの政党で)民衆運動連合：シラク支持の大統領多数派連合が2002年11月に創設した新政党

Union radio-scientifique internationale 国際無線電信学連合, *International Union of Radio Science*

Union socialiste des forces populaires (モロッコの政党で)人民勢力社会主義同盟, *Social Union of Popular Forces (Morocco)*

Union technique de l'automobile, du motocycle et du cycle 自動車・バイク・ミニバイク技術同盟, *Automobile, Motorcycle and Cycle Technical Union*

unité à cartouche 〖コンピュ〗カートリッジ駆動機構, *cartridge drive*

unité arithmétique et logique 〖コンピュ〗算術論理演算装置：コンピュータのCPUの演算回路部分, *arithmetic logic unit*

unité boursière 〖証〗取引単位, *trading unit*

unité centrale de traitement 〖コンピュ〗CPU；中央処理装置, *Central Processing Unit*

unité d'activité stratégique (経営学の)戦略事業単位, *strategic business unit*

unité d'affluents 端局ユニット, *tributary unit*

unité d'appel automatique 〖通〗自動呼出し器, *automatic calling unit*

unité de compte (通貨の)計算単位；勘定単位, *account unit*

unité de compte européenne 欧州計算単位, *European Unit of Account*

unité de consommation 消費単位, *consumption unit*

unité de contrôle de transmission 伝送制御装置, *transmission control unit*

Unité de coordination de la lutte antiterroriste 〖仏〗テロ対策調整組織

unité de cotation 〖証〗値動きの最小単位

unité de disque 〖コンピュ〗ディスクドライブ；ディスクユニット, *disk drive*

unité de disque dur 〖コンピュ〗ハードディスクドライブ；ハードディスクユニット, *hard disk drive*

unité de disquette 〖コンピュ〗フロッピーディスクドライブ, *floppy disk drive*

unité de données du protocole 〖コンピュ〗プロトコルデータ装置, *protocol data unit*

unité de données du protocole de la sous-couche convergence 〖コンピュ〗コンバージェンスサブレイヤープロトコルデータ装置, *convergence sublayer protocol data unit*

unité de formation et de recherche 養成研究単位, *university department*

unité de gros bétail 家畜単位, *livestock unit*

unité de poids atomique 原子量単位, *atomic weight unit*

unité de policiers circulant en patin à roulettes 警察ローラースケート部隊

unité de prise (薬の)服用単位, *dosage unit (medical products)*

unité de production homogène 同一生産ユニット, *homogenous production unit*

unité de protocole 〖コンピュ〗プロトコルユニット, *protocol unit*

unité de rendement 能率単位, *yield unit*

unité de réserve collective 複合準備単位:1964年フランスが提案したが不採用となった新準備資産, *collective reserve unit*

(soigner le malade en) unité de soins intensifs 集中治療室(で患者を治療する), *intensive care unit*

unité de stockage amovible 〖コンピュ〗着脱可能記憶媒体装置, *removable storage unit*

unité de traitement 〖コンピュ〗プロセッシング装置, *processing unit*

unité de transaction 取引単位, *unit of trading*

unité de travail annuel / unité de travail par an 年労働単位, *annual labor unit*

unité de travail de séparation isotopique 分離作業単位

unité de travail humain / unité de travail par homme 標準労働単位, *man-work unit*

unité de voiture particulière 乗用車ユニット, *passenger car unit*

unité d'efficacité de travail 労働の能率単位, *working efficiency unit*

unité d'enregistrement et de retransmission 蓄積ユニット, *store-and-forward unit*

unité d'enseignement et de recherche 教育研究単位, *university department*

unités d'entrée-sortie 〖コンピュ〗入出力装置, *input-output*

unity

unité électromagnétique 電磁単位, *electromagnetic unit*
unité fonctionnelle 機能ユニット, *functional unit*
unité internationale 国際単位, *international unit*
unité logique 〖コンピュ〗論理装置, *logical unit*
Unité mobile d'intervention et de protection パリ重要建造物防御・介入機動部隊
unité monétaire asiatique アジア通貨単位, *Asian Currency Unit*
unité monétaire européenne 欧州通貨単位, *European Currency Unit*
unité monolithique 一枚岩の団結, *monolithic unity*
unité périphérique 〖コンピュ〗周辺装置, *peripheral unit*
unité pilote 〖経〗パイロットプラント, *pilot plant*
unité remplaçable en ligne 〖コンピュ〗(コンピュータウイルス撃退法の)ライン置換可能ユニット, *line replaceable unit*
unité stratégique 戦略事業単位, *strategic business unit*
universalité 包括性：予算見積表に収入・支出の全部を盛り込むという予算原則, *universality*
universalité budgétaire 予算普遍性, *budget universality*
Université de téléenseignement 放送大学, *University of Air (Japan)*
Université des Nations unies 国連大学, *United Nations University*
université d'été （政党の)夏期勉強会, *party conference in Summer*
université d'été （大学の)サマーコース, *summer course*
Université du troisième millénaire 三千年紀の大学：フランス政府による将来の大学像
UNSA (= Union nationale des syndicats autonomes) Education 教育UNSA(全国自治組合連合)：全国教員連盟(FEN)の2000年以降の正式名称
uranium naturel, graphite, gaz 黒煙減速・炭酸ガス冷却・天然ウラン(原子炉)
uranophobie 天国恐怖症, *uranophobia*
urinophobie 尿意恐怖症
usages commerciaux 貿易慣行, *trade practices*
usagers de la route 道路利用者, *road users*
usinage par électro-érosion 放電加工, *electrical discharge machining*
usine d'éléments normalisés モジュールプラント, *module plant*
usine marémotrice de la Rance ランス潮汐発電所, *la*

Rance tidal power plant

usine tournevis スクリュードライバー工場, *screwdriver plant*

usufruit (d'un titre) 〖証〗（株の）終身利益, *life interest (of a stock)*

usure normale 自然消耗, *fair wear and tear*

utilisateurs des voitures particulières マイカー族, *users of private cars*

utilisateur final // utilisateurs finaux エンドユーザー, *end user*

utilisateur multiple 〖コンピュ〗マルチユーザー, *multi-user*

utilisation finale 最終用途, *end use*

utilisation rationnelle de l'énergie エネルギー保存, *energy conservation*

utilitaire 〖コンピュ〗ユーティリティー, *utility*

utilité cardinale 基数的効用, *cardinal utility*

utilité marginale décroissante 〖経〗限界効用逓減, *diminishing marginal utility*

utilité ordinale 序数の効用, *ordinal utility*

V

V de la victoire 〖スポ〗Vサイン, *V-sign*
vacataire 〖法〗自由契約職員, *short-time worker*
vaccin TAB チフス・パラチフスA／Bワクチン, *typhoid-paratyphoid A and B vaccine*
vaccination pour logiciels コンピュータウイルスワクチン, *vaccination for softwares*
〈**la Vache Clara**〉 (フランスで人気の縫いぐるみ)乳牛のクララ
vague démographique ベビーブーム, *baby boom*
valeurs à basse cote 〖証〗低位株, *low-priced stocks*
valeur à casser スクラップ価格, *scrap value*
valeurs à coupon zéro 〖証〗ゼロクーポン証券, *zero-coupon securities*
valeur à échéance 〖証〗満期価値, *maturity value*
valeurs à forte cote 〖証〗値がさ株, *high-priced stocks*
valeur à la casse スクラップ価格, *scrap value*
valeur à la cote 市場価値, *market value*
valeur à l'encaissement 取立金額, *value for collection*
valeurs à petite capitalisation 〖証〗小型株, *small caps*
valeurs à revenu fixe 〖証〗確定利付き証券, *fixed income securities*
valeurs à revenu variable 〖証〗変動利付き証券, *variable yield securities*
valeur à taux variable 〖証〗フローター；変動金利証券, *floater*
valeur absolue 絶対価値, *absolute value*
valeur actionnariale (企業が生み出す)株主利潤
valeur actualisée 〖経〗現在割引価格, *net present value*
valeur actualisée nette 〖経〗ディスカウンテッドキャッシュフロー, *discounted cash flow*
valeur actuarielle 保険数理的価値, *actuarial value*
valeur actuelle 〖経〗現価, *present value*
valeur actuelle d'annuité certaine 確定年金現価, *present value of annuity certain*
valeur actuelle d'une rente 年金現価, *present value of annuity*

valeur actuelle nette 正味現在価値；純現在価値, *net present value*

valeurs admises à la côte 〖証〗上場株, *listed stocks*

valeur agréée 協定保険価額, *agreed insured value*

valeur ajoutée 付加価値, *added value*

valeur ajoutée brute 粗付加価値, *gross value added*

valeur ajoutée manufacturière 製造業付加価値, *manufacturing value added*

valeur ajoutée nette 純付加価値, *net value added*

valeur ajoutée par tête 一人当たり付加価値, *value-added per person*

valeur alimentaire 栄養価, *nutritional value*

valeurs alimentaires 〖証〗食品株, *food stocks*

valeur annuelle pour l'indice 100 （給与表上の）指数100に対する給与年額

valeur approchée 近似値, *approximate value*

valeur assurable 保険価額：被保険利益の金額, *insurable value*

valeur assurée 被保険価額, *insured value*

valeur au bilan 決算額, *book value*

valeur au cours 市場価格, *market value*

valeurs au porteur 〖証〗無記名有価証券, *bearing securities*

valeur boursière 〖証〗証券相場, *market value*

valeur capitalisée 資本還元価格, *capitalized value*

valeur circulante 流動資金, *current asset*

valeur classée 〖証〗投資証券, *investment security*

valeur commerciale 取引価額, *commercial value*

valeur comptable 帳簿価格；簿価, *carrying value*

valeur comptable nette 正味簿価, *net book value*

valeur contributive 共同海損分担価額, *contributory value*

valeurs convertibles 〖証〗転換株：ある種の株から他の株に転換できる権利を認められた株式, *convertible stocks*

valeurs cotées 〖証〗上場株, *listed stocks*

valeur courante 現行価格, *current price*

valeur d'achat 購入価額, *acquisition value*

valeur d'apport 出資額, *value of assets brought into business*

valeur d'assurance 保険価額；取替価格.被保険利益の金額, *insurance value*

valeur de base 基本価額, *basic value*

valeurs de biotechnologies 〖証〗バイオテクノロジー株, *biotechnology stocks*

valeur de caisse 金銭的価値, *cash value*

valeurs de croissance 〚証〛成長株, *growth stocks*
valeurs de dimension internationale 〚証〛国際株, *international stocks*
valeur de l'actif 資産価値, *asset value*
valeur de l'immeuble 不動産の価額, *value of the real estate*
valeur de liquidation 清算価値, *liquidation value*
valeur de marché 市場価値, *market value*
valeur de paramètre パラメーター値, *parameter value*
valeurs de père de famille 〚証〛安定株, *blue chips*
valeurs de placement 〚証〛市場性証券, *marketable securities*
valeur de point (給与表上の)指数1点当たりの給与額, *point value*
valeur de pointage 〚証〛呼値の単位, *tick size*
valeurs de premier ordre 〚証〛優良株；上位株, *blue chips*
valeur de rachat 解約返戻(へんれい)価額；解約返還価額, *surrender value*
valeur de rareté 稀少価値, *scarcity value*
valeur de reconstruction 再築価額, *reconstruction value*
valeur de remboursement 償還価額, *redemption value*
valeur de remplacement 再取得価格；再調達価格；取替価値, *replacement value*
valeurs de rendement 〚証〛優良株, *high yield stocks*
valeurs de second ordre 〚証〛下位証券, *junior securities*
valeur déclarée 申告額, *declared value*
valeur des échanges 貿易額, *trade value*
valeur des exportations 輸出額, *export value*
valeur d'estimation 見積価額, *estimation value*
valeur d'inventaire 棚卸価値, *inventory value*
valeurs disponibles 当座資金；流動資産, *liquid assets*
valeur d'origine 原価, *prime cost*
valeur du capital 資本価値, *capital value*
valeur du marché 市場価格, *market value*
valeur du Trésor 国債, *state bond*
valeur effective 実質価値；実際値, *actual value*
valeur effective au comptant 現金換算価値, *actual current value*
valeur en capital 資本価値, *capital value*
valeur en compte 為替手形の受取人の口座への入金額, *value in account*
valeur en douane 関税評価, *customs valuation*

valeur en écriture　帳簿価値, *book value*
valeurs en portefeuille　〖証〗持株, *stocks in portfolio*
valeur faciale　〖証〗額面価額, *face value*
valeur finale　最終額, *ultimate value*
valeurs financières partielles composant le portefeuille　〖証〗部分ポートフォリオ, *subportfolio*
valeur globale　総額, *total value*
valeurs hybrides　〖証〗ハイブリッド有価証券：転換社債,ワラント債など, *hybrid securities*
valeurs immobilières　不動産, *real property*
valeurs immobilisées　固定資産勘定, *fixed assets*
valeurs industrielles　〖証〗工業株, *industrials*
valeurs informatiques　〖証〗コンピュータ関連株, *computer stocks*
valeurs inscrites　〖証〗上場株, *listed stocks*
valeur intrinsèque　内在価値, *intrinsic value*
valeur intrinsèque　〖オプ〗本源的価値, *intrinsic value*
valeurs les plus éprouvées　〖証〗下げ足が最も早かった株, *the most affected stocks*
valeurs les plus résistantes　〖証〗下げに最も強い株, *the most solid stocks*
valeur liquidative / valeur liquidatrice　〖証〗実現可能価額；売却時価；確定値, *realizable value*
valeur liquidative d'un bien　確定財産額, *realizable value of a good*
valeur livrable　〖証〗受渡し適格証券, *deliverable security*
valeur locative　賃貸価値, *rental value*
valeur locative imposable　地方税課税評価額, *ratable value*
valeur loyale et marchande　公正な市場価格, *fair market value*
valeur marginale　限界価値, *marginal value*
valeur matérielle　物的価値, *material value*
valeur mathématique　内在価値, *intrinsic value*
valeur mathématique comptable　純財産額
valeurs mobilières à revenu fixe　〖証〗確定利回り証券；固定金利証券, *fixed interest securities*
valeurs mobilières au sens large　〖証〗広義の有価証券, *transferable securities in a large sense*
valeurs mobilières étrangères　〖証〗外国有価証券, *foreign negotiable securities*
valeur négociable　市場価値, *market value*
valeur nette　正味資産, *net worth*

valeur nette réelle 正味到達価額, *actual net value*

valeur nominale 〚証〛券面額；名目価額, *nominal value*

valeurs non admises à la cote officielle 〚証〛非公式市場証券, *stocks not listed on official quotation*

valeurs non cotées 〚証〛非上場株, *unlisted stocks*

valeur nouvelle 〚証〛新株, *new stock*

valeur numéraire 法定貨幣価値, *legal tender value*

valeur patrimoniale 資産価値, *assets value*

valeurs pharmaceutiques 〚証〛薬品株, *pharmaceutical stocks*

valeurs populaires 〚証〛人気株, *active stocks*

valeur quadratique moyenne 自乗平均根, *root mean square*

valeur réalisable 即時換金可能資産, *readily convertible asset*

valeurs refuge (株式や土地などの)インフレヘッジ資産, *assets as a hedge against inflation*

valeur résiduelle 残余帳簿価格, *residual book value*

valeurs séparées par virgules 〚コンピュ〛CSV：項目値カンマ区切りのデータ形式, *Comma Separated Value*

valeurs sidérurgiques 〚証〛鉄鋼株, *stocks of iron and steel companies*

valeur spéculative d'une société endettée 〚証〛スタブエクイティ：債務を負った会社の投機的価値, *stub equity*

valeur substantielle 調整後簿価, *adjusted book value*

valeur temporelle / valeur-temps 時間価値, *time value*

valeurs tenues 〚証〛安定株, *blue chips*

valeur travail 労働価値, *labor value*

valeurs vedette 〚証〛人気株, *favorite stocks*

valeur vénale 市場価格；換金価値；市価, *market value*

valeur vénale réelle 公正な市場価格, *fair market value*

valorisation des stocks 在庫評価, *inventory valuation*

〈Valscop〉 〚証〛(ミニテルを使った民間企業による)証券情報システム

valse des étiquettes / valse des prix 小売価格急騰, *sharp price rise*

vanuatuan 〚地〛バヌアツの, *of Vanuatu*

variable aléatoire 〚コンピュ〛確率変数, *random variable*

variable autonome 自生変数, *autonomous variable*

variable booléenne (数学の)ブール変数, *Boolean variable*

variable décalée 遅れを伴う変数, *lagged variable*

variable dépendante 従属変数, *dependent variable*

variable d'état 〚コンピュ〛状態変数, *state variable*

variable endogène 内生変数, *endogenous variable*
variable exogène 外生変数, *exogenous variable*
variable explicative 説明変数, *explanatory variable*
variable expliquée 被説明変数, *explained variable*
variable latente 潜在的変数, *latent variable*
variable muette ダミー変数, *dummy variable*
variation accidentelle 一時変動, *accidental movement*
variation cyclique 周期変動, *cyclical variation*
variation de longue durée 長期変動, *secular variation*
variation des stocks privés 民間在庫変動, *variation of stocks in private sector*
variation minimale en baisse (d'un cours) 〚証〛ダウンティック:直近(ちょっきん)の取引値に対する最低下落値, *downtick*
variation minimale en hausse (d'un cours) 〚証〛アップティック:直近(ちょっきん)の取引値に対する最低上昇値, *uptick*
variations saisonnières ajustées 季節調整済, *seasonally adjusted*
variétés à haut rendement 高収穫品種
vaste fosse septique 大規模浄化槽, *vast septic tank*
vatu (バヌアツの通貨単位で)ヴァトゥ, *vatu*
vecteur d'accès 〚コンピュ〛アクセスベクトル, *access vector*
vecteur desserveur de tableau 〚コンピュ〛ドープベクトル, *dope vector*
vecteur d'interruption 〚コンピュ〛割込みベクトル, *interrupt vector*
véhicule à coussin d'air エアクッション艇, *air cushion vehicle*
véhicule à effet de sol ホーバークラフト;エアクッション艇, *ground effect machine*
véhicule à piles à combustible fonctionnant à l'hydrogène 水素燃料電池車, *hydrogen fuel cell vehicle*
véhicule à suspension supérieure 浮揚車両システム, *suspended vehicle system*
véhicule automatique léger 〚仏〛(自動運転の軽軌道交通システムで自動運転小型車両とも呼ばれる)バル(**VAL**), *automated guide-way transit system*
véhicule automobile peu polluant 無公害車, *environmentally safe car*
véhicule bas de gamme 大衆車, *popular car*
véhicule blindé de combat 装甲戦闘車, *armored fighting vehicle*

véhicule de combat d'infanterie 歩兵戦闘車
véhicule de l'avant blindé 前面装甲車
véhicule tout terrain オフロード車, *all-terrain vehicle*
Veille météorologique mondiale 世界気象監視, *World Weather Watch*
veilleuses-codes (自動車の)自動減光装置, *dim-dip*
Velayat-e-Faqih / suprématie du religieux sur le politique 法学者による統治：イランの政治事項に対する宗教事項の優位, *Wilayet Al Faqif*
velcro マジックテープ, *Velcro*
vélocité de circulation de la monnaie 貨幣の流通速度, *velocity of circulation of money*
vendeurs à découvert 〖証〗空売り筋, *short sellers*
vendeur à la sauvette 無許可の物売り, *illicit street vendor*
vendeur agressif 押売り(セールスマン), *high-pressure salesman*
vendeur de call couvert 〖オプ〗カバードライター：オプション取引の裏付けとなる原証券を保有しつコールオプションを売る者などを指す, *covered writer*
vendeur d'option 〖オプ〗オプションの売手, *option seller*
vendeur d'un straddle 〖オプ〗複合オプションセラー, *straddle seller*
vendeur inopportun 押売り(セールスマン), *high-pressure salesman*
⟨**vendredi noir**⟩ 暗黒の金曜日：1869年9月24日に起きた金融市場の大暴落または1978年9月8日イランでの弾圧事件, *Black Friday*
vente à consommer sur place 店頭消費販売
vente à découvert 〖証〗空売り, *short sale*
vente à la baisse 〖証〗競(せ)り下げ競売, *Dutch auction*
vente à la boule de neige マルチ商法, *multi-level marketing plan*
vente à la commission 委託販売, *commission sale*
vente à l'abattage 投売り, *sale at knock-down prices*
vente à l'agréage クーリングオフ付き売買, *sales with cooling-off clause*
vente à l'encan 競売, *auction*
vente à livrer (商品市場の)定期取引, *forward sale*
vente à moitié prix 半額販売, *half-price sale*
vente à perte 不当廉売；出血販売, *dumping*
vente à petits profits et en grande quantité 薄利多売, *small profits and quick returns*

vente à prime 景品付き販売, *premium sale*
vente à réméré 〖証〗買戻し特約付き販売, *sale with option of repurchase*
vente à terme 期限付き売買, *sale for the settlement*
vente à terme 先物売買, *forward sale*
vente agressive 押売り(行為), *high-pressure selling*
vente au cadran 競売, *auction sale*
vente au déballage 臨時販売
vente au détail 小売り, *retail*
vente au détail à prix imposé 再販価格指定販売, *resale price maintenance*
vente au porte-à-porte 訪問販売, *door-to-door sales*
vente au rabais ダンピング, *dumping*
vente avec faculté de rachat 〖証〗買戻し権付き売買, *selling with option of repurchase*
vente avec pose 取付費込販売
vente avec prime 景品付き販売, *premium sale*
vente bénéficiaire 〖証〗利食い売り, *profit-taking sale*
vente brute 総売上高, *gross sales*
vente CAF (= coût, assurance, fret) 〖貿〗CIF 売買, *cost, insurance and freight sale*
vente de gré à gré 〖証〗オープンマーケットでの売却, *sale on the open market*
vente des coûts 原価割当, *cost allocation*
vente directe au consommateur 産地直送販売, *direct sale to the consumer*
vente discrète ソフトセール：積極性を出さない販売, *soft sale*
vente domaniale 国有財産の売却, *sale of national property*
vente domiciliaire ホームパーティー販売, *home party selling*
vente d'un écart papillon 〖オプ〗ショートバタフライ：相場が安定しそうもなく変動が予想される時損益の幅を限定する手法, *short butterfly*
vente en coopération 協同販売, *cooperative marketing*
vente en disponible 〖証〗現物取引, *spot sale*
vente en grande quantité et à petits profits 薄利多売, *small profits and quick returns*
vente en l'état futur d'achèvement （マンションなどの）将来の完成を見越しての売買
vente et contrat de relocation 賃貸借契約付き売却, *sale and leaseback*

vente et location d'une immobilisation 賃貸借契約付き売却, *sale and leaseback*

vente et marketing assistés par ordinateur コンピュータ支援セールスとマーケティング, *computer-aided sales marketing*

vente ferme 〘証〙現物取引の売り, *firm sale*

vente ferme contre achat du double à prime 〘証〙(確定定期の売付とプレミアム取引の)倍額購入

vente FOB 〘貿〙FOB売買, *FOB (=free on board) sale*

vente forcée 強制販売, *compulsory sale*

ventes initiales 当初販売額, *initial sales*

ventes intérieures 国内売上げ, *domestic sales*

vente jumelée 一括販売, *combined sale / multiple sale*

ventes nettes 純売上高;正味売上高, *net sales*

vente par amorçage et substitution (おとりで釣ってより高価な品物を売る)おとり販売, *bait and switch sale*

vente par consignation 委託販売, *consignment sale*

vente par envoi forcé 送付販売, *forced sale by post*

vente par lot ケース売り, *lot sale*

vente par réseau coopté ネズミ講式販売, *multilevel marketing plan*

vente par soumission 入札発行, *sale by tender*

vente par spécimen サンプル先渡し販売, *sale by sample*

vente par téléphone テレフォンショッピング, *telesales / home-shopping*

vente pour liquidation 倒産セール, *closing-down sale*

vente pyramidale ネズミ講式販売, *pyramid selling*

vente rapide à petits profits 薄利多売, *small profits and quick returns*

vente-réclame 特売, *special sale*

vente sans garantie d'émission 〘証〙(債券の)委託販売, *best-efforts selling*

vente sous réserves 条件付き販売:たとえば代金完済まで所有権が売手に残る販売, *conditional sale*

vente sur débarquement 揚地売買

ventilation 個別評価:財産売却に際しての各部分の割合評価, *separate valuation*

ventilation d'un coût 原価割当, *cost allocation*

ventilation mécanique contrôlée メカニカルコントロール空調, *mechanical control ventilation*

ventilation par échéance 〘証〙満期分布, *maturity distribution*

vérificateur aux comptes / vérificateur des comptes

会計検査官, *comptroller*

vérificateur des crédits 貸付監査官, *credit controller*

vérificateur orthographique 〖コンピュ〗スペルチェッカー, *spellchecker*

vérification approfondie de situation fiscale d'ensemble 租税状況の総合的調査：特別税務調査の一つ

vérification assistée par ordinateur コンピュータによる製品検査, *computer-aided testing*

vérification de comptabilité / vérification d'écritures 会計検査, *auditing of accounts*

vérification d'états de dossiers 記録事情確認

vérification du sinistre 〖保〗事故調査

vérité budgétaire 予算の透明性, *budget transparency*

vermiculture (汚染処理目的などでの)ミミズ養殖, *vermiculture*

vermiphobie ミミズ恐怖症, *vermiphobia*

verres à double-foyer 遠近両用めがね, *bifocals*

verre feuilleté 合わせガラス：安全ガラスの一種, *laminated glass*

〈**verrou à l'italienne**〉〖スポ〗カテナッチオ：イタリアサッカーの防御フォーメーション, *catenaccio*

verrou électronique 電子ロック, *electronic lock*

verrou mortel 〖コンピュ〗非ブロック, *deadlock*

verrouillage à distance (自動車の)ドアロックリモートコントロール, *remote control locking*

verrouillage du capital 〖証〗株式の非公開

versant d'une bosse 〖スポ〗(フリースタイルスキーの)モーグルの横側, *side of a mogul*

versement à la commande (割賦払いの)頭金, *down payment*

versement à l'étranger 海外送金, *overseas transfer (of money)*

versement additionnel 追加払込み, *additional payment*

versement au comptant 現金払込み, *cash payment*

versement d'acomptes sur dividendes 〖証〗中間配当支払い, *payment of interim dividends*

versement de l'intérêt 利払い, *interest payment*

versement du salaire sur le compte bancaire 給与の銀行振込

versements échelonnés 分割払い, *installment payments*

versement forfaitaire (sur les salaires) (賃金に対する)定額課徴金

versement initial 頭金, *down payment*

versement représentatif de la taxe sur les salaires
(1978年までの国から地方団体への)所得税交付金

versement symbolique 内払い, *token payment*

⟨**les Versets sataniques**⟩ (Salman Rushdieの)悪魔の詩, *The Satanic Verses*

version brouillon 〖コンピュ〗テスト印刷版, *draft version*

version numérique téléchargeable 〖コンピュ〗ダウンロード用のデジタルバージョン

(les) Verts 緑の党:地球環境保護運動全般を目指す政党, *(the) Green Party*

verts budgétaires 緑書:所轄省毎の予算書

vêtage 外壁化粧板処理

vététiste 〖スポ〗マウンテンバイク競技者

⟨**veuve de Carpentras**⟩〖言換〗(フランスの田舎町カルパントラの寡婦のような)小口投資家

⟨**veuve Mozart**⟩〖言換〗(モーツァルト未亡人と異名をとるフランス人音楽家)イレーヌ・アイトフ, *Irène Aitoff*

vexillologue 旗収集家, *vexillologist*

vice caché dans un programme 〖コンピュ〗バグ, *bug*

vice-ministre des affaires étrangères 外務副大臣, *Vice-Minister for Foreign Affairs*

vice-ministre des finances pour les affaires internationales (日本の財務省)財務官, *Vice-Minister for International Affairs (Japan)*

vice propre 〖保〗固有の瑕疵(かし), *inherent vice / inherent defect*

victime de contamination du sida par des produits sanguins infectés / victime post-transfusionnelle du sida 薬害エイズ被害者, *victim by HIV-Infected Blood Products*

vidage après modification 〖コンピュ〗変更域ダンプ, *change dump*

vidage automatique 〖コンピュ〗自動ダンプ, *autodump*

vidage dynamique sélectif 〖コンピュ〗スナップショットダンプ, *snapshot dump*

vidéo à la demande ビデオオンディマンド, *video on demand*

vidéo accélérateur 〖コンピュ〗ビデオアクセラレーター, *video accelerator*

vidéo d'entreprise 企業紹介ビデオ, *corporate video*

vidéo fixe スチールビデオ, *video still*

vidéo institutionnelle 企業紹介ビデオ, *corporate video*

vidéo inverse 〖コンピュ〗反転映像, *reverse video*

vidéo numérique デジタルビデオ, *digital video*
vidéoachat ビデオショッピング, *videoshopping*
vidéobanque ホームバンキング, *home banking*
vidéoconférence テレビ会議, *video conference*
vidéocratie テレビ重視政治：テレビの宣伝効果や影響を重視した行われる政治, *videocracy*
vidéodisque numérique デジタルビデオディスク, *Digital Videodisc*
vidéogramme ビデオソフト, *videogram*
vidéographie interactive 〚コンピュ〛対話型図形処理, *interactive graphics*
vidéophile ビデオマニア, *videophile*
vidéosurveillance (防犯用の)ビデオ監視, *video security*
vidéotex ビデオテックス, *videotex*
Vidéothèque de Paris パリビデオライブラリー, *Paris Video Library*
vidéothèque personnelle (個人の)ビデオコレクション, *video collection*
vidéotransmission 映像電送システム, *video transmission system*
vidéovente ビデオ販売：ビデオ映像を使ったセールス, *video-selling*
vie active (製品の)耐用年数, *durable years*
vie active (実社会での)職業生活, *working life*
vie anormale 〚保〛標準下体, *substandard lives*
vie en bio 有機食品中心の生活
⟨**la vieille dame de la rue Cambon**⟩ 〚言換〛(カンボン通りの老婦人)フランス会計検査院, *Audit Board (France)*
⟨**la vieille dame de Threadneedle Street**⟩ 〚言換〛(スレッドニードル通りの老婦人)イングランド銀行, *Old Lady of Threadneedle Street (Bank of England)*
⟨**le Vieux Sage**⟩ 〚言換〛(老いた賢人である初代コートジボワール大統領)フェリックス・ウフェボワニー, *Félix Houphouët-Boigny*
vignette d'affranchissement (切手の代わりに印刷で済ます)郵送料支払済みシール
vignette de la Sécurité sociale 健康保険の薬価シール, *price label on medicines for reimbursement by Social Security*
village olympique 〚スポ〛オリンピック村, *Olympic village*
Villages vacances familles 家族バカンス村
⟨**la ville aux sept collines**⟩ 〚言換〛(7つの丘の町)ヤウンデ, *Yaoundé*
⟨**la ville éternelle**⟩ 〚言換〛(永遠の都)ローマ, *Eternal Town*

ville européenne de la culture 欧州文化首都:1998年はストックホルム1999年はワイマールと,毎年欧州連合が選定する文化都市, *European City of Culture*

ville liée sous le pacte d'amitié 友好都市, *friendship city*

⟨**la ville rose**⟩ 〖言換〗(バラ色の町)ツールーズ, *Toulose*

villériste (フィリップ・ド)ヴィリエの, *of Philippe de Villier*

⟨**vingt actions pour l'an 2000**⟩ 二十一世紀に向けた日仏協力20の措置

vingt-deux long rifle (犯罪によく使われる)22口径ライフル, *twenty-two-caliber long rifle*

⟨**vingt piteuses**⟩ 〖仏〗惨めな20年:栄光の30年(戦後成長期)に続く経済不振の20年間

vinothérapie ビノテラピー:ワインを絞った後のブドウかすをボディーマッサージに使用するセラピー, *vinotherapy*

viol commis par l'homme avec lequel une femme vient de sortir 〖風〗デートレイプ, *date rape*

violation de brevet 特許違反, *infringement of patent*

virage à inclinaison extrême 〖スポ〗(スノーボードの)ユーロカーブ, *eurocarve*

virage coupé 〖スポ〗(スノーボードの)カービングターン, *carving turn*

virage en épingle à cheveux 〖スポ〗(自動車レースの)ヘアピンカーブ, *hairpin turn*

virage par appui 〖スポ〗(スノーボードの)チェッキングターン, *checking turn*

virage relevé 片勾配のカーブ, *banked curve*

virage serré 〖スポ〗(スキーの)スモールターン, *small turn*

virement (de crédits) (予算の)流用, *transfer of appropriations (of the budget)*

virement automatique 〖金〗自動振替, *automatic transfer*

virement budgétaire 費目変更, *budget transfer*

virement de comptes 勘定間振替, *transfer between accounts*

virement de fonds 現金振替, *transfer of funds*

virement déplacé 隔地間振替

virement électronique 電子資金振替システム, *electronic funds transfer system*

virement international / virement transfrontalier 国際(銀行)振替, *international transfer (Bank)*

virement télégraphique 電信為替, *wire transfer*

virgule flottante 〖コンピュ〗浮動点, *floating-point*

virus du Nil occidental 西ナイルウイルス, *west Nil virus*

virus informatique コンピュータウイルス, *computer virus*
visa approbatif 承認査証, *approbation certificate*
visa permanent 数次査証, *multiple-entry visa*
visa vacances-travail ワーキングホリデービザ：青少年旅行者が相手国で労働を認めてもらうための査証, *working holiday visa*
visages mosaïqués （プライバシー保護のために）モザイクをかけた顔, *obscured faces*
viscosité des salaires 賃金の硬直性, *rigidity of wages*
viscosité du marché 取引成立可能性の低さ
visée de couverture 〖経〗ヘッジ目標, *hedging goal*
visière antireflet 〖コンピュ〗反射防止スクリーンフィルター
visite corporelle 〖保〗身体検査
visite en qualité d'hôte national 国賓訪問, *state visit*
visite médicale préventive 健康診断, *medical checkup*
visiteur médical （薬品販売の）プロパー, *detail man*
visiteuse sociale ホームヘルパー, *home-helper*
visualisation de la page complète sur l'écran 〖コンピュ〗ページイメージ表示, *page previewing*
visualisation sur écran 〖コンピュ〗スクリーン表示, *screen display*
visualisation sur écran 〖コンピュ〗ソフトコピー, *soft copy*
visuel / visu 〖コンピュ〗ディスプレイ装置, *display device*
vitalité d'une entreprise 企業活力, *corporate vitality*
vitesse angulaire constante 〖コンピュ〗回転速度一定再生方式, *constant angular velocity*
vitesse de basculement 〖コンピュ〗切換速度, *toggling speed*
vitesse de clignotement du curseur 〖コンピュ〗カーソルのクリックスピード, *cursor blink rate*
vitesse de détonation 爆発速度, *velocity of detonation*
vitesse de la circulation de la monnaie 貨幣の流通速度, *velocity of money*
vitesse de pointe トップスピード, *top speed*
vitesse de rotation des stocks 在庫の回転率, *rate of turn-over*
vitesse de traitement 〖コンピュ〗処理速度, *processing speed*
vitesse de transfert 〖コンピュ〗転送速度, *transfer speed*
vitesse linéaire constante 線速度一定：LDなどの信号記録方式の一つ, *constant linear velocity*
vitesse propre 真対気速度, *true air speed*
vitesse-revenu de la monnaie 貨幣の所得速度, *income velocity of money*
vitesse-transaction 取引速度, *transaction velocity*
vitolphiliste 葉巻ラベル帯収集家

vivre et couvert （下宿が提供する）宿泊と食事, *bed and board*
vogue des dépenses 支出の一巡, *round of spending*
vogue du bio 有機食品ブーム, *organic material boom*
voie aller 〚通〛前方チャンネル, *forward channel*
voies de migration （渡り鳥の）渡来経路, *migratory paths*
voie virtuelle 仮想チャンネル, *virtual channel*
voile monétaire ベールとしての貨幣, *money as a veil*
voir et attendre 〚証〛模様眺め, *wait and see*
voirie et réseaux divers 道路・供給及び配水施設
voiture à hydrogène 水素自動車, *hydrogene-fueled engine car*
voiture à piles à combustible 燃料電池車, *fuel cell vehicle*
voiture à trois volumes スリーボックス（の車）, *three-box car*
〈**voiture au double chevron**〉〚言換〛（フロントグリルにトレードマークの二重の山形をつけた自動車）シトロエン, *Citroën*
〈**voiture au lion debout**〉〚言換〛（フロントグリルにトレードマークの立ったライオンをつけた自動車）プジョー, *Peugeot*
〈**voiture au losange**〉〚言換〛（フロントグリルにトレードマークの菱形をつけた自動車）ルノー, *Renault*
〈**voiture aux quatre anneaux**〉〚言換〛（フロントグリルにトレードマークの4つの輪をつけた自動車）アウディ, *Audi*
voiture avec conduite à droite 右ハンドル車, *right-hand drive car*
voiture de direction 重役専用車, *car for executives*
voiture de fonction 公用車, *company car*
voiture expérimentale de sécurité 試作安全車, *experimental safety vehicle*
voiture hybride ハイブリッドカー, *hybrid car*
voiture piégée 自動車爆弾, *car bomb*
voiture-ventouse 路上放置車, *abandoned car*
voiturier （ホテル等で車をパーキングに止めてくれる）運転代行者, *parking valet*
voix afférentes aux titres représentés 〚証〛持株に応じた投票権, *votes attaching to the securities represented*
Voix d'Amérique ボイスオブアメリカ：米国政府の海外向け放送, *Voice of America*
voix-données ボイスデータ, *voice-data*
voix électronique normalisée à l'usage des sourds 聴覚障害者用の標準化電子ボイス
voix off 画面外の声, *voice over*

voix synthétisée 人工音声, *synthesized voice*
vol à la roulette 車上荒らし, *theft from a vehicle*
vol affrété / vol nolisé チャーター便, *chartered flight*
vol dans les rayons / vol à l'étalage 万引, *shoplifting*
vol de cycle 〖コンピュ〗サイクルスチール, *cycle steal*
vol libre 〖スポ〗ハンググライディングとパラグライディング, *hang-gliding and para-gliding*
vol sans visibilité 無視界飛行, *instrument flying*
vol Schengen (パスポートコントロールなしの)シェンゲン領域内のフライト, *Schengen flight*
vol spatial habité 有人宇宙飛行, *manned space flight*
vol subsonique 亜音速飛行, *subsonic flight*
vol supersonique 超音速飛行, *supersonic flight*
volant de manœuvre 臨時労働者
volant de sécurité 準備金, *reserve fund*
volant de trésorerie 予備費, *reserve fund*
volatilité historique 〖経〗ヒストリカルボラティリティ, *historical volatility*
volatilité implicite 〖経〗インプライドボラティリティ, *implied volatility*
〈**voleur au grand cœur**〉 鼠小僧:盗んだ金を貧民にばらまくような盗賊
volontaire de l'environnement 環境志願兵
volontaire du service national 海外協力役務利用者:兵役に代わって海外協力役務に従事する人
volontaire du service national actif 海外協力役務行政機関研修利用者
volontaire du service national en entreprise 海外協力役務企業研修利用者
volontaires japonais pour la coopération à l'étranger 青年海外協力隊, *Japan Overseas Cooperation Volunteers*
volontaire sain (新薬テストの)人間モルモット, *Guinea pig*
volume de point mort 収支とんとんの数量, *break-even quantity*
volume de primes 保険料高, *volume of premium*
volume d'échange 〖証〗出来高, *volume of transaction*
volume des affaires 取引高, *volume of business*
volume des crédits octroyés 融資量, *lending activities*
volume des monnaies en circulation 通貨流通高, *currency in circulation*
volume des titres traités 〖証〗(株式市場の)出来高, *volume of transaction (stock exchange)*

volume journalier 〖証〗一日の出来高, *daily volume of transaction*

votation cumulative 累積投票, *cumulative voting*

vote à bulletin secret / vote au scrutin secret / vote secret 秘密投票, *secret ballot*

vote à la base 直接投票選挙, *election by direct suffrage*

〈**vote anticipé**〉 アーリーボーティング：米大統領選の際スーパーに設置された投票機械で投票日前に行う投票, *early voting*

vote bloqué / vote groupé 一括投票, *block vote*

vote par correspondance 郵送投票, *postal vote*

vote par procuration 委任投票, *vote by proxy*

voyage à forfait パッケージツアー, *package tour*

voyageur représentant et placier de commerce / voyageur représentant placier 委託販売外交員, *traveling salesman and representative*

vraquier ばら積み貨物船, *bulk carrier*

vu-imprimé 〖コンピュ〗WYSIWYG（ウィジウィグ）, *what you see is what you get*

W

warrant à la vente 〖証〗プットワラント, *put warrant*
warrant à l'achat 〖証〗コールワラント, *call warrant*
warrant couvert 〖オプ〗カバードワラント, *covered warrant*
warrants sur les indices boursiers 〖証〗株式指数ワラント, *stock index warrants*
warrantage 質入証券による保証, *securing goods by warrant*
warrantage 〖証〗ワラント割引, *warrant discounting*
warrantage 質入証券の発行, *issuing of warrants*
〈**webzines**〉 (インターネット上の)ウェブマガジン, *webmagazine*
western soja 極東のウェスタン調冒険映画, *noodle western*
western spaghetti マカロニウェスタン, *spaghetti western*
wissam (モロッコ国王が授ける)ウィッサム勲章
won (北朝鮮, 韓国の通貨単位で)ウォン, *won*
(le) workflow 〖コンピュ〗作業の流れ, *workflow*
〈**workshop**〉 〖証〗投資家向けセミナー, *workshop*

X

xénogreffe 動物臓器移植, *xenotransplantation*
xylitol キシリトール, *xylitol*
xylophile 木版収集家

Y

Yakoutes 〚地〛ヤクート族：シベリア中北部ヤクートの住民, *Yakuts*
yaourt à boire 飲むヨーグルト, *yoghurt drink*
yaourtphile ヨーグルト壜収集家
yen non libre 非自由円, *not free yen*
(les) yeux secs ドライアイの, *dry-eyed*
yocto- （連結形）ヨクト：10のマイナス24乗, *yocto-*
yotta- （連結形）ヨタ：10の24乗, *yotta-*
yuan （中国の通貨単位で）元, *yuan*

Z

zaïre (旧ザイールの通貨単位で)ザイール, *zaire*
zapatiste (メキシコの)サパティスタ国民解放軍の兵士, *Zapatista National Liberation Army's soldier*
zappeur 〖風〗チャンネル切替魔, *zapper*
zapping 〖風〗チャンネルホッピング:テレビチャンネルの頻繁な切替え, *zapping*
zélophobie 嫉妬恐怖症
zéro défaut 不良品ゼロ, *zero defects*
zéro et demi pour cent 0.5%, *(a) half per cent*
zéro papier (データベース化による)ペーパーレス, *paperless*
zéro stocks 〖経〗かんばん(方式), *just-in-time*
zidovudine (エイズ治療薬)ジドブジン, *zidovudine*
zillmérization 〖保〗チルメル化:チルメル方式による責任準備金の積立, *zillmerizing*
zimbabwéen 〖地〗ジンバブエの, *Zimbabwean*
zloty (ポーランドの通貨単位で)ズウォティ, *zloty*
〈Zone〉 (国連海洋法条約で)深海底, *Area (UN Convention on the Law of the Sea)*
zone à autonomie d'acheminement 〖通〗自立ルーティングエリア, *self contained routing area*
zone à caractère pittoresque 美観地区;風致地区
zone à économie rurale dominante 農村中心経済地区
zone à industrialiser en priorité 優先工業化区域, *priority industrial development area*
zone à urbaniser en priorité 優先市街化区域, *priority urban development area*
zone algébrique 〖コンピュ〗符号付きフィールド, *signed field*
zone anti-nucléaire 非核地帯, *nuclear-free zone*
zone Asie-Pacifique, Organisation mondiale d'endoscopie digestive 世界消化器内視鏡学会アジア太平洋分科会, *Asian-Pacific Zone, World Organization Digestive Endoscopy*
zone bâtie 市街地, *urban district*
zone bleue (旧)駐車時間制限区域, *meter zone*
zone cible 〖経〗ターゲットゾーン, *target zone*

zone contiguë 〖法〗(国際法の)接続水域, *contiguous zone*
zone d'aménagement 市街化区域, *development area*
zone d'aménagement concerté 国土整備対象区域, *area developed through cooperation between public and private sectors*
zone d'aménagement concerté conventionnée 協約による国土整備対象区域, *area where development has been planned by convention*
zone d'aménagement concerté en régie (公共団体)直営の国土整備対象区域, *area where development has been planned under government management*
zone d'aménagement différé 長期整備区域, *urban area for which provisions have been made for future development*
zone d'aménagement protégé 保護整備区域
zone d'amorçage 〖コンピュ〗ブートセクター, *boot sector*
zone d'architecture imposée 建築仕様強制地区
zone d'assainissement collectif 公共下水道区域
zone d'assainissement non-collectif 非公共下水道区域
zone d'attente 〖法〗(外国人入国管理の)待機ゾーン, *waiting zone*
zone de bilan matière 物質収支区域:核物質の収支を算定可能な区域, *material balance area*
zone de compétition 〖スポ〗競技エリア, *field of competition*
zone de démarrage (機甲部隊の)発進地域
zone de dialogue 〖コンピュ〗ダイアログボックス, *dialog box*
zone de garde protégée 〖スポ〗(カーリングの)フリーガードゾーン, *free guard zone*
Zone de libre-échange anglo-irlandaise 英国・アイルランド自由貿易地域, *Anglo-Irish Free Trade Area*
Zone de libre-échange de l'ASEAN アセアン自由貿易地域, *Association of Southeast Asian Nations Free Trade Area*
Zone de libre-échange des Amériques 米州自由貿易圏, *Free Trade Area of Americas*
zone de l'utilisateur 〖コンピュ〗ユーザー領域, *user area*
zone de mémoire supérieure 〖コンピュ〗上位メモリー領域, *upper memory area*
zone de peuplement industriel et urbain 近郊工業立地区域
zone de protection de la nature 自然保護区域, *conservation area*
zone de protection du patrimoine architectural, urbain et paysager 建築・都市・景観遺産保護地区

zone de référence 〚経〛ターゲットゾーン, *target zone*
zone de réglementation (漁業の)規制水域, *regulatory area*
zone de retransmission 放送領域, *broadcast territory*
zone de revitalisation rurale 活性化対象農村地帯
zone de solidarité prioritaire 〚ODA〛優先連帯地域：1999年1月にフランスが2国間援助の主な対象とした最貧国や仏語圏アフリカ諸国など
zone de télécommunications avancées 〚通〛先進電気通信エリア, *advanced telecommunications area*
zone de travail 〚コンピュ〛作業領域, *work area*
zone d'échanges commerciaux 貿易地域, *trading area*
Zone d'échanges préférentielle pour l'Afrique orientale et australe 東南部アフリカ特恵貿易地帯, *Eastern and Southern African Preferential Trade Area*
zone d'écriture 〚コンピュ〛書込領域, *write area*
zone d'éducation prioritaire 教育優先地区
zone d'entreprise 企業設立振興地域, *enterprise zone*
zone dénucléarisée du Pacifique Sud 南太平洋非核地帯, *South Pacific Nuclear Free Zone*
zone d'environnement protégé 環境保護区域, *environmental protection zone*
zone des armées 交戦地帯, *war zone*
zone d'étude démographique et d'emploi 人口動態研究・雇用地区
zone d'études et d'aménagement du territoire 国土整備研究地区
zone d'exclusion aérienne 飛行禁止区域, *no-fly zone*
zone d'identification de défense aérienne 防空識別圏, *air defense identification zone*
zone d'intervention foncière 土地取引介入区域, *area designated for possible development*
zone dollar ドル圏, *dollar area*
zone d'ombre テレビ難視聴地域；不感地帯, *shadow area*
zone économique exclusive 〚法〛(国際法の)排他的経済水域, *exclusive economic zone*
zone économique locale 局地経済圏, *local economic zone*
zone économique spéciale (中国の)経済特別地区, *Special Economic Zone (China)*
zone euro ユーロ圏, *Euroland*
Zone européenne de libre-échange 欧州自由貿易圏, *European Free Trade Zone*
zone exempte d'armes nucléaires 非核武装地帯, *denu-*

clearized zone
zone franc　フラン圏, *franc area*
zone franc CFA (=Communauté financière africaine)　CFAフラン圏, *CFA franc area*
zone franc nouvelle　新しいフラン圏, *new franc area*
zone franche　(自由港区のような)免税地区；自由地帯, *free zone*
zone franche　(輸入税の賦課を猶予される)保税地域, *bonded area*
zone franche bancaire　国際金融ファシリティ, *International Banking Facilities*
zone franche d'exportation　輸出向け免税地区, *export free zone*
zone franche pour la Corse　コルシカ島免税地区：コルシカ島に進出する企業に対して各種優遇措置を与える制度, *free zone for Corsica*
zone grise　〔経〕グレーゾーン, *gray zone*
zone Guinier-Preston　(析出硬化の)ジーピー集合体, *Guinier-Preston zone*
zone industrielle nouvelle　新興工業地区, *greenfield site*
zone industrielle verticale　垂直工業地区
zone limitrophe　(軍事上の)周辺地域, *limitrophe area*
zone monétaire　通貨圏, *monetary zone*
zone naturelle　自然区域, *natural zone*
zone naturelle d'équilibre　自然均衡区域
zone opérationnelle　事業区域
zone opérationnelle d'habitat　企業設置容認住宅地区
zone recouverte par les glaces　氷結区域, *ice-covered area*
zone réservée à l'industrie légère　軽工業専用地区, *land zoned for light industrial use*
zone sensible　特性保全区：犯罪多発地域を意味する
zone sensible sur le plan d'environnement　汚染警戒地域
zones sinistrées　災害地域, *disaster areas*
zone soustraite au service des douanes　免税地区, *free zone*
zone spéciale d'action rurale　農村特別対策地域
zone sterling　ポンド圏, *sterling area*
zone tampon　緩衝地帯；分離帯, *buffer zone*
zone tampon en frappe continue　〔コンピュ〕連続印字バファー, *type-ahead buffer*
Zone transatlantique de libre-échange　(Tony Blair 発

案の)大西洋自由貿易圏, *Transatlantic Free Trade Area*
zone urbaine sensible 大都市特性保全区:大都市の犯罪多発地域を意味する
zone verte グリーンベルト, *green belt*
zone yen 円経済圏, *yen zone*
zoom arrière ズームアウト, *zoom out*
zoom avant ズームイン, *zoom in*
zoophobie 動物恐怖症, *zoophobia*
zouk ズーク音楽:カリブ海のアンティル諸島で生まれたロックのダンス音楽, *zouk*

付 録

- 現代風俗・流行語及び日本特有の表現を
  中心とした和・仏・英順の用語集
- インターネット国別コード一覧表
- 国際単位系の接頭語一覧表
- ユーロ導入12カ国と換算レート

現代風俗・流行語及び日本特有の表現を 中心とした和・仏・英順の用語集

アイソトニック飲料 boisson isotonique, *isotonic drink*

アウトソーシング externalisation, *outsourcing*

青田刈り offre d'emploi avant l'ouverture officielle d'offres d'emploi pour les étudiants, *early scouting of university students*

足の裏健康法 réflexologie, *reflexology*

足の裏マッサージ réflexothérapie, *reflexotherapy*

厚底靴 chaussures à plateforme, *platform shoes*

ETC(イーティーシー):高速道路料金電子決済システム système de péage électronique, *Electronic Toll Collection System*

一気飲みをする faire cul sec, *to chugalug*

一般参賀 événement où le public japonais rend hommage à l'Empereur au début de l'année, *congratulatory visit of the Japanese citizens to the Imperial Palace*

亥年 année du sanglier, *Year of the Boar*

院内感染 infection nosocomiale, *nosocomial infection*

ウイルス退治ソフト logiciel antivirus, *antivirus software*

ウエストバッグ sac banane, *fanny pack*

ウェッジヒール靴 chaussures à semelles compensées, *wedge-heeled shoes*

ウォッシュレット:洗浄システム付き便座 WC avec siège chauffant et bidet automatique à jet d'eau chaude, *bidet-like water spray*

卯年 année du lapin, *Year of the Hare*

丑年 année du buffle, *Year of the Ox*

裏原系:裏原宿系統のファッション tendance〈arrière-Harajuku〉

エクスタシー(幻覚剤) 〈ecstasy〉, *Ecstasy*

FAQ:よくある質問とその答 foire aux questions / FAQ, *FAQ (=frequently asked questions)*

MPEGファイル fichier MPEG, *MPEG (=moving picture experts group) file*

MP3エンコーダー encodeur MP3, *MP3 (=moving picture experts group 1 audio layer 3) encoder*

遠赤外線 radiation infrarouge lointain, *far infrared radiation*

オーラルケア hygiène buccodentaire, *oral care*

オーラルセックス relations buccogénitales / rapports buccogénitaux, *oral sex*

おせち料理 plats spéciaux préparés au Japon pour le Nouvel

An, *a variety of dishes prepared for New Year's*

オゾンホール trou dans la couche d'ozone, *ozone hole*

オタク現象 phénomène des 〈emmurés〉, 〈*homebody*〉 *phenomenon*

お中元 cadeau de remerciements au mois de juin ou de juillet, *mid-year gift*

おでん pot-au-feu à la japonaise avec des quenelles pour ingrédient principal, *Japanese hotchpotch*

お年玉 étrennes du Nouvel An destinées aux enfants, *New Year's gift*

お年玉年賀葉書 carte de vœux vendue par les PTT avec un numéro de loterie, *New Year's lottery postcard*

おとり販売 vente par amorçage et substitution, *bait and switch sale*

オバタリアン bonne femme bien culottée, *pushy middle-aged woman*

お花見 pique-nique pour admirer les cerisiers en fleur, *flower-viewing*

オフィスビル症候群 syndrome comprenant des maux de tête fréquemment observé chez des personnes travaillant dans des bâtiments équipés de la climatisation, *sick-building syndrome*

お盆 fête bouddhique des morts, *Festival of the Dead*

お守り porte-bonheur, *charm*

おみくじ oracle écrit, *written oracle*

オンフックダイヤルボタン touche de numérotation sans décrochement, *on-hook dialing key*

陰陽道 la Voie du Yin et Yang, *the Way of Yin and Yang*

カーチェース course-poursuite, *car chase*

カーナビシステム système de navigation automobile, *car navigation system*

外形標準課税 taxation selon les signes extérieurs de richesse, *assessment by estimation on the basis of the size of business*

介護保険 〈assurance des soins〉, *nursing care insurance*

会社中心社会 rôle dominateur de l'entreprise dans la vie nationale, *company-oriented society*

会社人間 employé qui s'identifie complètement à sa firme, *organization man*

回転式モニター台 porte-écran pivotant, *swivel monitor stand*

回転寿司屋 restaurant de sushis où des assiettes défilent sur un tapis roulant devant les clients, *sushi restaurant that uses a circulating conveyor belt in order to carry the food to the customer*

海洋深層水ビール bière à l'eau de mer, *sea water beer*
顔パス入場者 resquilleur, *gate-crasher*
カギっ子 enfant, dont les parents travaillent, qui doit rentrer seul après l'école, *latchkey child*
各社対応リモコン télécommande multimarque, *multi-brand remote control*
確定拠出型年金 régime de pension à cotisations déterminées ou à capital constitutif, *defined-contribution pension plan / 401 K pension*
格安航空チケット販売店 bradeur de billets d'avion, *bucket shop*
ガソリン安売り店 discounter d'essence / discounteur d'essence, *discounted service station*
活力ドリンク boisson énergisante, *energizing drink*
カリスマ美容師 coiffeur charismatique, *charismatic beautician*
過労死 mort par excès de travail, *death from overwork*
環境に優しい製品 produit vert, *green product*
環境ホルモン dérégulateur hormonal, *hormone disrupting chemicals*
官尊民卑 bureaucratie honorée, peuple méprisé, *putting government above people*
企業内失業 sous-emploi au sein des firmes conservant leurs salariés sans les licencier, *in-house unemployment*
行政指導 directives administratives destinées au secteur privé, *administrative guidance*
キレる disjoncter, *to go berserk*
クイニアマン：ブルターニュのケーキ kouign-amann, *kouign-amann*
繰越米 riz mis en stock pour une vente reportée ultérieurement, *rice stock brought forward*
グルメガイド guide gastronomique, *good food guide*
グルンジファッション (style) ⟨grunge⟩, *grunge fashion*
形状記憶ワイシャツ chemise à mémoire de forme, *shape-memory shirt*
携帯ストラップ：携帯電話を吊すためのループ状の紐 dragonne de téléphone mobile, *cellular phone strap*
携帯電話メール mini-messages échangés sur les téléphones portables, *simple mails by short message service*
景品交換所 boutique d'échange de lots contre de l'argent liquide, *special booth outside pachinko parlors where players can exchange their prizes for cash*
ゲームセンター用のゲーム jeu d'arcade, *arcade games*

健康食品　produits nutritionnels, *healthy foods*

小泉グッズ：小泉純一郎をキャラクターにした小物　produits dérivés Koizumi, *Koizumi-character goods*

公害病　maladies liées à la pollution, *pollution-related diseases*

抗菌の　antibactérien, *antibacterial*

合コン　soirée de rencontres de célibataires, *match-making party*

コースター：ビールのグラスの下に敷く紙製の下敷き　sous-bock, *beermat*

紅白歌合戦　compétition de fin d'année de la chaîne publique NHK entre chanteurs et chanteuses, *annual contest between male and female popular singers on New Year's Eve, sponsored and broadcast by the NHK*

ゴールデンウィーク　période de vacances annuelles au Japon allant du 29 avril au 5 mai, *period straddling four public holidays, from April 29 through May 5*

五月病　〈dépression(s) de mai〉, *depression that afflicts incoming students during the first few months of college life*

互助会　〈club d'entraide〉, *mutual aid society*

骨髄移植　greffe de moelle osseuse, *bone marrow transplant*

ごみ固形燃料　combustibles à base d'ordures ménagères, *refuse derived fuels*

ごみ箱：ファイル削除用のアイコン　corbeille, *trash box*

米(こめ)印のボタン　touche étoile, *asterisk button*

御用納め　arrêt de travail des administrations, *Year-end closing of office business*

御用始め　reprise du travail des administrations après les fêtes du Nouvel An, *resumption of office business after the New Year recess*

衣(ころも)替え　changement d'habits avec les saisons, *seasonal change of clothing*

コンドーム世代：エイズ対策の必要に迫られた世代　génération caoutchouc, *rubber generation*（注：Latex Generation は，アメリカの音楽グループがこの名を名乗っていることと，LaTeX と呼ばれるコンピュータソフトがあることから混同を招く）

コンピュータおたく　utilisateur passionné d'ordinateur, *computer nerd*

SARS(重症急性呼吸器症候群)　syndrome respiratoire sévère aigu, *severe acute respiratory syndrome*

差額ベッド代　supplément pour la chambre de malade, *patient's pay on the difference (for his bedroom)*

桜前線　vague de floraison des cerisiers, *cherry blossom front*

サファリパーク safari-parc, *safari-park*

サブカルチャー sous-culture, *subculture*

三が日 trois premiers jours de l'An, *first three days of a New Year*

産業廃棄物不法投棄 dépôt illégal de déchets industriels, *improper disposal of industrial wastes*

三種の神器：剣,曲玉,鏡 trois trésors sacrés (glaive, joyau, miroir), *three sacred treasures*

指圧 acupressing / massage shiatsu, *acupressure*

自主流通米 riz à circuit de distribution indépendante, *direct deal rice between producers and wholesalers*

次世代携帯電話 téléphone mobile troisième génération, *third generation cell phone*

自然食による(長寿のための)食事法 régime macrobiotique, *macrobiotics*

シックハウス logement aux matériaux contenant des produits chimiques susceptibles de rendre malades ses occupants, *sick house*

児童買春(かいしゅん)・児童ポルノ処罰法 loi contre la pédophilie, *bill on child pornography*

シネマコンプレックス：複数の映画を同時に上映する映画館 complexe multisalles, *multiplex*

地盤・かばん・看板：立候補者の必需品 clientèle personnelle, trésor de guerre, prestige local (d'un candidat aux élections), *support base, war chest, local prestige*

十二支 douze animaux du zodiaque chinois, *twelve horary signs*

従軍慰安婦 femme de réconfort, *comfort woman*

集中治療室 unité de soins intensifs, *intensive care unit*

住民エゴイスト personne favorable à un projet public à condition qu'il ne soit pas mis en œuvre près de chez elle, *nimbyist*

住民基本台帳ネットワークシステム：略称は住基ネット réseau des registres d'état civil, *Basic Residential Register Network System*

襲名 prise de nom / adoption d'un grand nom pour lui succéder, *succession to another's name*

春闘 au printemps, réactualisation annuelle et concertée des salaires, *Spring Labor Offensive*

少子化 baisse de fécondité, *decline in the number of birth*

浄土真宗 ⟨Secte authentique de la Terre Pure⟩, *Authentic Sect of the Pure Land*

暑中見舞を送る envoyer des vœux (ou un cadeau) pour s'enquérir de la santé d'autrui pendant la canicule, *to write to inquire after a person's health in the hot season*

除夜の鐘を打つ sonner la cloche pour annoncer la nouvelle année et chasser les cent huit mauvais esprits, *to ring the temple bell in the New Year*

シルバー離婚 divorce du troisième âge, *divorce of the elderly*

新型肺炎 pneumonie atypique, *SARS (=severe acute respiratory syndrome)*

スイカカード・システム système de billetterie à carte électronique sans contact avec le miniscanner de la borne d'accès au quai (il s'agit d'une carte à puce dont le montant diminue au fur et à mesure que l'on effectue des voyages sur le réseau de JR Est et que l'on peut recharger aux distributeurs automatiques de billets situés dans chaque gare), *Suica (= Super Urban Intelligent Card) Non-contact IC Card Ticketing System*

水素自動車 voiture à hydrogène, *hydrogen-fueled engine car*

スキンシップ contact physique, *flesh-to-flesh contact*

スクランブル式立食 buffet multipoint, *scramble*

スティレット:10から12センチのハイヒール stiletto, *stiletto*

スライドドア:一部ワゴン車の側面ドア porte latérale coulissante, *slide door*

征夷大将軍 grand général chargé de la pacification des barbares, *generalissimo for the subjugation of barbarians*

生活大国 superpuissance au point de vue de la qualité de vie, *life-style superpower*

成人式 fête du passage à l'âge adulte, *celebrations of passage to maturity*

性転換手術 chirurgie génitale redéfinissante, *genital reassignment surgery*

性同一性障害 troubles de l'identité de genre, *gender identity disorder*

政党支持:親子代々の特定政党への愛着など identification partisane, *party identification*

セクハラ harcèlement sexuel, *sexual harassment*

世襲議員 〈héritiers〉de fiefs électoraux, *hereditary Diet member*

セックスフレンド camarade de lit (男) / compagne de lit(女), *bed-fellow*

節分 veille du jour de l'An dans le calendrier lunaire où a lieu le rituel du jet des graines, *beginning of the natural year*

瀬戸際政策 politique du bord du gouffre, *brinkmanship*

セロテープ台 dévidoir de ruban adhésif, *tape dispenser*

全国高校野球大会 championnat du Japon de base-ball interlycéen, *National High-School Baseball Championships*

禅式長寿法 macrobiotique, *macrobiotics*

専守防衛政策 politique de défense à orientation purement défensive, *exclusively defense-oriented policy*

センター試験 examen unifié pour l'entrée universitaire, *University Testing Center Examination*

双方向テレビ télévision interactive, *interactive TV*

族議員 parlementaires appartenant aux 〈lobbies politiques〉, *lobbyist-politician*

尊厳死 mort dans la dignité, *death with dignity*

尊皇攘夷 respect à l'Empereur, expulsion des barbares, *reverence for the Emperor and expulsion of foreigners*

太極拳 tai chi, *Tai Chi Chuan / Taijiquan*

大選挙区 〈grandes circonscriptions〉, *large electoral district*

脱亜 〈rupture avec l'Asie〉, 〈*Extrication from Asia*〉

七夕 fête des étoiles Véga et Altair, *Star Festival*

タンクトップ débardeur, *tank top*

端午の節句 fête des garçons, *Children's Day*

短縮ダイヤルボタン touche de numérotation abrégée, *abbreviated dialing key*

地域振興券 coupons d'achat destinés à être distribués à la population par les collectivités locales, *vouchers distributed by the local communities as means of promoting regional growth*

地上波デジタルテレビ放送 télévision numérique terrestre, *digital terrestrial broadcasting*

チャイルドシート siège pour enfant, *child seat*

着メロ mélodie d'appel, *ringer melody*

チャンネル切替魔 zappeur, *zapper*

チャンネルホッピング：テレビチャンネルの頻繁な切替え zapping, *zapping*

チョボラ：ちょっとしたボランティア petite charité, *little charity*

使い捨てカメラ appareil photo jetable, *disposable camera*

月見をする admirer le clair de lune de l'équinoxe d'automne, *to enjoy the moonlight*

出会い系サイト site de rencontres, *online dating site*

DNA鑑定 détermination de l'empreinte génétique, *DNA fingerprinting*

定額郵便貯金 épargnes postales à montant fixe, *fixed amount postal savings*

ディスカウントショップ discounter / magasin discount, *discount shop*

ディンクス(DINKS) ménage bi-actif sans enfants, *Double Income No Kids*

デートクラブ club de rencontres, *dating club*

デートレイプ viol commis par l'homme avec lequel une femme vient de sortir, *date rape*

デジタルデバイド fracture numérique, *digital divide*

出初め式 parade des pompiers à l'occasion du Nouvel An, *New Year's parade of fire-brigades*

手ぶらコードシステム système mains-libres, *handsfree system (of telephone)*

テレクラ téléphone rose, *phone bar*

テレビ族 téléphage, *couch potato*

テレビっ子 enfant toujours affalé devant la télévision, *couch-potato kid*

電球形蛍光ランプ ampoule à économie d'énergie, *energy saving bulb*

デンタルフロス fil dentaire, *dental floss*

天人の五衰(てんにんのごすい) cinq signes de déchéance, *five signs of God's decay*

添付ファイル document annexe, *annexed document*

豆乳 lait de soja, *soy milk*

特殊法人：公共の利益または国家の政策上，特別法により設立された法人 entreprise publique〈spéciale〉, *special public corporation*

土建国家：公共工事優先の日本〈Etat-constructeur〉,〈*construction State*〉

ドライブインシアター ciné-parc, *drive-in cinema*

酉年 année du coq, *Year of the Bird*

ドレッドロックス：ヘアスタイルの一種 dreadlocks, *dreadlocks*

内閣支持率 taux de soutien au gouvernement, *approval rating of the Cabinet*

生足(なまあし)の sans bas ni bronzage artificiel, *bare-legged with no artificial tanning*

ナンパスポット lieu de drague, *meat market*

日仏関連団体(日本語とフランス語のみ)：

日仏音楽友好協会 Association franco-japonaise des amis de la musique

日仏海洋学会 Société franco-japonaise d'océanographie

日仏家族の会 Association des familles franco-japonaises

日仏記者協会 Association de presse France-Japon

日仏教育学会 Société franco-japonaise des sciences de l'éducation

日仏クラブ Bilatérale franco-japonaise

日仏経営学会　Société franco-japonaise de gestion
日仏経済学会　Société franco-japonaise des sciences économiques
日仏工業技術会　Société franco-japonaise des techniques industrielles
日仏社会学会　Société japono-française de sociologie
日仏生物学会　Société franco-japonaise de biologie
日仏地理学会　Société franco-japonaise de géographie
日仏東洋学会　Société franco-japonaise des études orientales
日仏図書館情報学会　Société franco-japonaise des bibliothécaires et des documentalistes
日仏文化友好協会　Soleil Levant et Lumières
日仏法学会　Société franco-japonaise de science juridique
日仏薬学会　Société franco-japonaise de pharmacie
日仏料理協会　Association franco-japonaise de gastronomie
日仏歴史学会　Société franco-japonaise des sciences historiques
日本フランス語教育学会　Société japonaise de didactique du français
日本フランス語フランス文学会　Société japonaise de langue et littérature françaises
ニューハーフショー　spectacle de travestis, *drag show*
ニューハーフの演目　numéro de travesti, *drag act*
ニューハーフの芸人　artiste de travesti, *drag artist*
人間モルモット：新薬テスト用　volontaire sain, *Guinea pig*
ネズミ講式販売　vente pyramidale, *pyramid selling*
ネズミ講の会社　société d'investissement pyramidal, *pyramid scheme company*
ネズミ年　année du rat, *Year of the Rat*
根回し　démarches préalables, *wheel-greasing*
燃料電池車　voiture à piles à combustible, *fuel cell vehicle*
ノーパン喫茶　〈café sans slip〉: café au plancher-miroir sur lequel les serveuses déambulent sans slip, 〈*pantyless coffee shop*〉: *coffee shop at which waitresses don't wear panties*
ノーパンしゃぶしゃぶ　restaurant où l'on sert principalement 〈shabushabu〉 et dont les serveuses en minijupes ne portent pas de sous-vêtement, *restaurant where you can eat Shabushabu and at which the waitresses don't wear panties*
熨斗(のし)　ornement exprimant des félicitations que l'on met sur certains cadeaux, *thin strip of dried sea-ear*
飲むヨーグルト　yaourt à boire, *yoghurt drink*
バーチャルペット　créature virtuelle, *virtual creature*
バードウォッチング　observation des oiseaux, *bird-watching*

ハードブーツ chaussures rigides, *hard boot*

梅雨前線 vague de front de la saison des pluies, *seasonal rain front*

初詣で première visite de l'année au temple shintô ou bouddhique, *first visit of the year to a shrine or a temple*

パラグライダー parapente, *paraglider*

パラサイトシングル 〈jeunes adultes〉à la charge des parents / 〈célibataires parasites〉, *young unmarried adults living off their parents*

バリアフリー accessibilité générale pour des personnes à mobilité réduite, *barrier-free*

ハリー・ポッター狂: 児童向け探偵小説ハリー・ポッターの熱狂的ファン 〈pottermaniaque〉, *Pottermaniac*

バンジージャンプ saut à l'élastique, *bungee jumping*

PHS bi-pop nippon, *Personal Handy Phone System*

非核三原則 trois principes non nucléaires, *three principles on peaceful uses of atomic energy*

雛祭り fête des filles, *Doll's Festival*

火祭り fête aux flambeaux, *fire festival*

日焼けサロン institut de bronzage, *tanning parlor*

ピンク情報通信 messagerie rose, *interactive Internet service for sexual contacts*

ファミコン世代 génération Nintendo, *Nintendo generation*

V サイン (le) V de la victoire, *V-sign*

フィットネス狂 fana de la forme, *fitness freak*

風水 feng-shui, *feng shui*

武器輸出三原則 trois principes interdisant les exportations de matériels de guerre (les ventes de ces derniers sont interdites vers les pays communistes, les pays en conflit et ceux frappés de sanctions décidées par l'ONU), *three principles on arms exports*

不登校 absentéisme scolaire, *truancy*

フリーター personne de moins de 34 ans vivant d'un job ou d'un emploi à temps partiel ou étant au chômage et qui préfère vivre d'un job ou d'un emploi à temps partiel, *job-hopping part-timer*

プリクラ photos miniatures autocollantes présentent un décor de fond amusant et que l'on obtient dans une sorte de photomaton, *sheet of stickers made from a photo of oneself*

プルサーマル cycle du combustible nucléaire dans lequel est recyclé du plutonium obtenu par retraitement de combustible irradié, *plutonium thermal use*

ブレークダンサー smurfeur, *break-dancer*

ブレークダンス　smurf, *break-dancing*
プロキシサーバー：実際の情報提供者に代わって，利用者の求めに応じた情報提供をするサーバー　serveur proxy, *proxy server*
ブロードバンドサービス　service à large bande, *broadband service*
文化祭　fête de l'école, *cultural festival*
塀の中の懲りない面々　incorrigibles derrière les barreaux, *incorrigibles behind bars*
ポケットティシュの配布　distribution des pochettes de mouchoirs en papier aux passants, *giving out of free tissues to advertise certain products or companies*
ポケモン　〈Pokémon〉, *Pokémon*
ポケモン狂　pokémaniaque, *Pokemaniac*
保冷・保温バッグ　sac isotherme, *isothermal bag*
間(ま)：物事のタイミング　art de la juste distance entre les choses, entre les hommes, entre les heures de la vie etc., *timing*
マイライン：(電気通信)事業者事前登録制度　choix préalablement établi d'un opérateur téléphonique, *presubscription system*
マインドコントロール　manipulation mentale, *mind control*
マジックテープ　bande Velcro, *Velcro*
末期医療　soins pour les malades en phase terminale, *terminal care*
マック狂　〈Macniaque〉, *Macniac*
マッサージサロン　institut de massage, *massage parlor*
マナーモード　mode silencieux, *silent mode*
真水論争　controverse sur l'injection directe de fonds dans l'économie par le biais de dépenses de construction et de travaux publics, *real money controversy*
ミュートボタン：音声の出力をゼロにするボタン　touche sourdine, *mute button*
迷惑メール　courrier indésirable, *unsolicited mail*
メンコ　jeu des disques de carton, *dump*
モーニングアフターピル：妊娠回避ピルのことで，受精卵の子宮着床を防ぐ経口薬　pilule du lendemain, *morning-after pill*
ヤッピー：都会派若手エリートビジネスマン　jeunes cadres dynamiques, *Yuppies*
ヤマンバヘアー　coiffure 〈à la vieille de la montagne〉, *old mountain hag hair*
やらせ　coup monté, *staged event*
有事関連三法案　trois projets de loi sur l'état d'urgence, *three new bills on defense emergency legislation*

落書き：イタズラで壁や車にスプレーで描く装飾模様　tag, *tag*
ラップミュージシャン　rappeur, *rapper*
ラップミュージック　(le) rap, *rap music*
ランニングシャツ　marcel, *singlet*
リクルートスーツ　costume porte lors d'un entretien d'embauche, *costume suitable for a student visiting a company as an employee candidate*
ルーズソックス　socquettes plissées, *loose socks*
ワーカホリック　bourreau de travail, *workaholic*
ワイン教室　cours d'œnologie, *wine appreciation course*
ワン切り　astuce consistant à raccrocher après une sonnerie et à racketter ensuite celui qui rappelle, *random single-ring calls by commercial business aimed at making profits on return calls*

インターネット国別コード一覧表

(国名コード、フランス語、日本語、英語の順に記す。)

- **ac** Île Ascension, アセンション島, *Ascension Island*
- **ad** Andorre, アンドラ, *Andorra*
- **ae** Emirats arabes unis, アラブ首長国連邦, *United Arab Emirates*
- **af** Afghanistan, アフガニスタン, *Afghanistan*
- **ag** Antigua et Barbuda, アンティグア・バーブーダ, *Antigua and Barbuda*
- **ai** Anquilla, アングイラ, *Anguilla*
- **al** Albanie, アルバニア, *Albania*
- **am** Arménie, アルメニア, *Armenia*
- **an** Antilles néerlandaises, オランダ領アンティル, *Netherlands Antilles*
- **ao** Angola, アンゴラ, *Angola*
- **aq** Antarctique, 南極, *Antarctica*
- **ar** Argentine, アルゼンチン, *Argentine*
- **as** Samoa américaines, アメリカ領サモア, *American Samoa*
- **at** Autriche, オーストリア, *Austria*
- **au** Australie, オーストラリア, *Australia*
- **aw** Aruba, アルーバ, *Aruba*
- **az** Azerbaïdjan, アゼルバイジャン, *Azerbaijan*
- **ba** Bosnie-Herzégovine, ボスニア・ヘルツェゴビナ, *Bosnia-Herzegovina*
- **bb** Barbade, バルバドス, *Barbados*
- **bd** Bangladesh, バングラデシュ, *Bangladesh*
- **be** Belgique, ベルギー, *Belgium*
- **bf** Burkina Faso, ブルキナファソ, *Burkina Faso*
- **bg** Bulgarie, ブルガリア, *Bulgaria*
- **bh** Bahreïn, バーレーン, *Bahrain*
- **bi** Burundi, ブルンジ, *Burundi*
- **bj** Bénin, ベニン, *Benin*
- **bm** Bermudes, バミューダ, *Bermuda*
- **bn** Brunéi, ブルネイ, *Brunei*
- **bo** Bolivie, ボリビア, *Bolivia*
- **br** Brésil, ブラジル, *Brazil*
- **bs** Bahamas, バハマ, *Bahamas*
- **bt** Bhoutan, ブータン, *Bhutan*

bv Île Bouvet, ブーベ島, *Bouvet Island*
bw Botswana, ボツワナ, *Botswana*
by Biélorussie, ベラルーシ, *Belarus*
bz Belize, ベリーズ, *Belize*
ca Canada, カナダ, *Canada*
cc Îles Cocos, ココス島, *Cocos Islands*
cd République démocratique de Congo, コンゴ民主共和国, *Democratic Republic of Congo*
cf Afrique centrale, 中央アフリカ, *Central Africa*
cg Congo, コンゴ, *Congo*
ch Suisse, スイス, *Switzerland*
ci Côte d'Ivoire, コートジボワール, *Ivory Coast*
ck Îles Cook, クック諸島, *Cook Islands*
cl Chili, チリ, *Chile*
cm Cameroun, カメルーン, *Cameroon*
cn Chine, 中国, *China*
co Colombie, コロンビア, *Colombia*
cr Costa Rica, コスタリカ, *Costa Rica*
cs Tchécoslovaquie, チェコスロバキア, *Czechoslovakia*
cu Cuba, キューバ, *Cuba*
cv Cape-Vert, カーボベルデ, *Cape Verde*
cx Île Christmas, クリスマス島, *Christmas Island*
cy Chypre, キプロス, *Cyprus*
cz République tchéque, チェコ, *Czech Republic*
de Allemagne, ドイツ, *Germany*
dj Djibouti, ジブチ, *Djibouti*
dk Danemark, デンマーク, *Denmark*
dm Dominique, ドミニカ, *Dominica*
do République dominicaine, ドミニカ共和国, *Dominican Republic*
dz Algérie, アルジェリア, *Algeria*
ec Equateur, エクアドル, *Ecuador*
ee Estonie, エストニア, *Estonia*
eg Egypte, エジプト, *Egypt*
eh Sahara occidental, 西サハラ, *Western Sahara*
er Erythrée, エリトリア, *Eritrea*
es Espagne, スペイン, *Spain*
et Ethiopie, エチオピア, *Ethiopia*
fi Finlande, フィンランド, *Finland*
fj Fidji, フィージー, *Fiji*
fk Îles Malouines, フォークランド諸島, *Falkland Islands*
fm Micronésie, ミクロネシア, *Micronesia*
fo Îles Féroé, フェロー諸島, *Faeroe Islands*

- **fr** France, フランス, *France*
- **fx** France Métropolitaine, フランス本土, *Mainland France*
- **ga** Gabon, ガボン, *Gabon*
- **gb** Grande-Bretagne, 英国, *Great Britain*
- **gd** Grenade, グラナダ, *Grenada*
- **ge** Géorgie, グルジア, *Georgia*
- **gf** Guyane française, 仏領ギアナ, *French Guiana*
- **gg** Guernesey, ガーンジー, *Guernsey*
- **gh** Ghana, ガーナ, *Ghana*
- **gi** Gibraltar, ジブラルタル, *Gibraltar*
- **gl** Groenland, グリーンランド, *Greenland*
- **gm** Gambie, ガンビア, *Gambia*
- **gn** Guinée, ギニア, *Guinea*
- **gp** Guadeloupe, グアドループ, *Guadeloupe*
- **gq** Guinée équatoriale, 赤道ギニア, *Equatorial Guinea*
- **gr** Grèce, ギリシャ, *Greece*
- **gs** Georgie du Sud et Îles Sandwich, 南ジョージア島・南サンドイッチ諸島, *South Georgia and South Sandwich Islands*
- **gt** Guatémala, グアテマラ, *Guatemala*
- **gu** Guam, グアム, *Guam*
- **gw** Guinée-Bissau, ギニアビサウ, *Guinea-Bissau*
- **gy** Guyane, ガイアナ, *Guyana*
- **hk** Hong Kong, 香港, *Hong Kong*
- **hm** Heard et Îles McDonald, ハード・マクドナルド諸島, *Heard and McDonald Islands*
- **hn** Honduras, ホンジュラス, *Honduras*
- **hr** Croatie, クロアチア, *Croatia*
- **ht** Haïti, ハイチ, *Haiti*
- **hu** Hongrie, ハンガリー, *Hungary*
- **id** Indonésie, インドネシア, *Indonesia*
- **ie** Irlande, アイルランド, *Ireland*
- **il** Israël, イスラエル, *Israel*
- **im** Île de Man, マン島, *Isle of Man*
- **in** Inde, インド, *India*
- **io** Territoire britannique de l'Océan indien, 英領インド洋領土, *British Indian Ocean Territory*
- **iq** Irak, イラク, *Iraq*
- **ir** Iran, イラン, *Iran*
- **is** Islande, アイスランド, *Iceland*
- **it** Italie, イタリア, *Italy*
- **je** Jersey, ジャージー, *Jersey*
- **jm** Jamaïque, ジャマイカ, *Jamaica*
- **jo** Jordanie, ヨルダン, *Jordan*

jp Japon, 日本, *Japan*
ke Kenya, ケニア, *Kenya*
kg Kirghizistan, キルギスタン, *Kyrgyzstan*
kh Cambodge, カンボジア, *Cambodia*
ki Kiribati, キリバス, *Kiribati*
km Comores, コモロ, *Comoros*
kn Saint-Christophe et Niévès, セントクリストファー・ネビス, *Saint Christopher and Nevis*
kp République démocratique populaire de Corée, 北朝鮮, *Democratic People's Republic of Korea*
kr République de Corée, 韓国, *Republic of Korea*
kw Koweit, クウェート, *Kuwait*
ky Îles Cayman, ケイマン諸島, *Cayman Islands*
kz Kazakhstan, カザフスタン, *Kazakhstan*
la Laos, ラオス, *Laos*
lb Liban, レバノン, *Lebanon*
lc Sainte-Lucie, セントルシア, *Saint Lucia*
li Liechtenstein, リヒテンシュタイン, *Liechtenstein*
lk Sri Lanka, スリランカ, *Sri Lanka*
lr Libéria, リベリア, *Liberia*
ls Lesotho, レソト, *Lesotho*
lt Lituanie, リトアニア, *Lithuania*
lu Luxembourg, ルクセンブルク, *Luxembourg*
lv Lettonie, ラトビア, *Latvia*
ly Libye, リビア, *Libya*
ma Maroc, モロッコ, *Morocco*
mc Monaco, モナコ, *Monaco*
md Moldavie, モルドバ, *Moldova*
mg Madagascar, マダガスカル, *Madagascar*
mh Îles Marshall, マーシャル諸島, *Marshall Islands*
mk Macédoine, マケドニア, *Macedonia*
ml Mali, マリ, *Mali*
mm Myanmar, ミャンマー, *Myanmar*
mn Mongolie, モンゴル, *Mongolia*
mo Macao, マカオ, *Macao*
mp Îles Mariannes du Nord, 北マリアナ諸島, *Northern Mariana Islands*
mq Martinique, マルチニーク, *Martinique*
mr Mauritanie, モーリタニア, *Mauritania*
ms Montserrat, モントセラト, *Montserrat*
mt Malte, マルタ, *Malta*
mu Maurice, モーリシャス, *Mauritius*
mv Maldives, モルディブ, *Maldives*

mw Malawi, マラウイ, *Malawi*
mx Mexique, メキシコ, *Mexico*
my Malaisie, マレーシア, *Malaysia*
mz Mozambique, モザンビーク, *Mozambique*
na Namibie, ナミビア, *Namibia*
nc Nouvelle-Calédonie, ニューカレドニア, *New Caledonia*
ne Niger, ニジェール, *Niger*
nf Île Norfolk, ノーフォーク島, *Norfolk Island*
ng Nigeria, ナイジェリア, *Nigeria*
ni Nicaragua, ニカラグア, *Nicaragua*
nl Pays-Bas, オランダ, *Netherlands*
no Norvège, ノルウェー, *Norway*
np Népal, ネパール, *Nepal*
nr Nauru, ナウル, *Nauru*
nt Zone neutrale, 中立地帯, *Neutral Zone*
nu Niue, ニウエ島, *Niue*
nz Nouvelle-Zélande, ニュージーランド, *New Zealand*
om Oman, オマーン, *Oman*
pa Panama, パナマ, *Panama*
pe Pérou, ペルー, *Peru*
pf Polynésie française, 仏領ポリネシア, *French Polynesia*
pg Papouasie-Nouvelle-Guinée, パプア・ニューギニア, *Papua New Guinea*
ph Philippines, フィリピン, *Philippine*
pk Pakistan, パキスタン, *Pakistan*
pl Pologne, ポーランド, *Poland*
pm Saint-Pierre et Miquelon, サンピエール・エ・ミクロン, *Saint-Pierre and Miquelon*
pn Pitcairn, ピットケアン島, *Pitcairn*
pr Puerto Rico, プエルトリコ, *Puerto Rico*
pt Portugal, ポルトガル, *Portugal*
pw Palau, パラオ, *Palau*
py Paraguay, パラグアイ, *Paraguay*
qa Qatar, カタール, *Qatar*
re Réunion, レユニオン, *Réunion*
ro Roumanie, ルーマニア, *Romania*
ru Russie, ロシア, *Russia*
rw Rwanda, ルワンダ, *Rwanda*
sa Arabie Saoudite, サウジアラビア, *Saudi Arabia*
sb Îles Salomon, ソロモン諸島, *Solomon Islands*
sc Seychelles, セイシェル, *Seychelles*
sd Soudan, スーダン, *Sudan*
se Suède, スウェーデン, *Sweden*

sg Singapour, シンガポール, *Singapore*
sh Sainte Hélène, セントヘレナ島, *Saint Helena*
si Slovénie, スロベニア, *Slovenia*
sj Svalbard et Îles Jan Mayen, スバールバル・ヤンマイエン諸島, *Svalbard and Jan Mayen Islands*
sk Slovaquie, スロバキア, *Slovakia*
sl Sierra Leone, シエラレオネ, *Sierra Leone*
sm Saint-Marin, サンマリノ, *San Marino*
sn Sénégal, セネガル, *Senegal*
so Somalie, ソマリア, *Somalia*
sr Suriname, スリナム, *Suriname*
st Sao Tomé et Principe, サントメプリンシペ, *Sao Tome and Principe*
su Union soviétique, ソ連, *USSR*
sv El Salvador, エルサルバドル, *El Salvador*
sy Syrie, シリア, *Syria*
sz Swaziland, スワジランド, *Swaziland*
tc Îles Turks et Caicos, タークス・カイコス諸島, *Turks and Caicos Islands*
td Tchad, チャド, *Chad*
tf Terres australes et antarctiques françaises, 仏領極南諸島, *French Southern Territories*
tg Togo, トーゴ, *Togo*
th Thaïlande, タイ, *Thailand*
tj Tadjikistan, タジキスタン, *Tajikistan*
tk Tokelau, トケラウ諸島, *Tokelau Islands*
tm Turkménistan, トルクメニスタン, *Turkmenistan*
tn Tunisie, チュニジア, *Tunisia*
to Tonga, トンガ, *Tonga*
tp Timor oriental, 東チモール, *East Timor*
tr Turquie, トルコ, *Turkey*
tt Trinité et Tobago, トリニダードトバゴ, *Trinidad and Tobago*
tv Tuvalu, ツバル, *Tuvalu*
tw Taïwan, 台湾, *Taiwan*
tz Tanzanie, タンザニア, *Tanzania*
ua Ukraine, ウクライナ, *Ukraine*
ug Ouganda, ウガンダ, *Uganda*
uk Royaume-Uni, 英国, *United Kingdom*
um îles américaines distantes, アメリカ遠隔小諸島, *US Minor Outlying Islands*
us Etats-Unis, アメリカ, *United States*
uy Uruguay, ウルグアイ, *Uruguay*

- **uz** Ouzbékistan, ウズベキスタン, *Uzbekistan*
- **va** Vatican, バチカン, *Vatican*
- **vc** Saint-Vincent et les Grenadines, セントビンセント・グレナディーン, *Saint Vincent and the Grenadines*
- **ve** Venezuela, ベネズエラ, *Venezuela*
- **vg** Îles Vierges britanniques, 英領バージン諸島, *British Virgin Islands*
- **vi** Îles Vierges américaines, アメリカ領バージン諸島, *US Virgin Islands*
- **vn** Viêtnam, ベトナム, *Vietnam*
- **vu** Vanuatu, バヌアツ, *Vanuatu*
- **wf** Îles Wallis et Futuna, ワリス・エ・フトゥナ諸島, *Wallis and Futuna Islands*
- **ws** Samoa occidentales, 西サモア, *Western Samoa*
- **ye** Yémen, イエメン, *Yemen*
- **yt** Mayotte, マヨット, *Mayotte*
- **yu** Yougoslavie, ユーゴスラビア, *Yugoslavia*
- **za** Afrique du Sud, 南アフリカ, *South Africa*
- **zm** Zambie, ザンビア, *Zambia*
- **zr** Zaïre, ザイール, *Zaire*
- **zw** Zimbabwe, ジンバブエ, *Zimbabwe*

国際単位系の接頭語一覧表

(接頭語、単位、記号の順)

déca- デカ：10の1乗, da
hecto- ヘクト：10の2乗, h
kilo- キロ：10の3乗, k
méga- メガ：10の6乗, M
giga- ギガ：10の9乗, G
téra- テラ：10の12乗, T
peta- ペタ：10の15乗, P
exa- エクサ：10の18乗, E
zetta- ゼタ：10の21乗, Z
yotta- ヨタ：10の24乗, Y

déci- デシ：10のマイナス1乗, d
centi- センチ：10のマイナス2乗, c
milli- ミリ：10のマイナス3乗, m
micro- マイクロ：10のマイナス6乗, μ
nano- ナノ：10のマイナス9乗, n
pico- ピコ：10のマイナス12乗, p
femto- フェムト：10のマイナス15乗, f
atto- アト：10のマイナス18乗, a
zepto- ゼプト：10のマイナス21乗, z
yocto- ヨクト：10のマイナス24乗, y

ユーロ導入12カ国と換算レート

国名	旧通貨名	換算レート
アイルランド	livre irlandaise	1ユーロ＝0.787564アイルランド・ポンド
イタリア	lire italienne	1ユーロ＝1936.27イタリア・リラ
オーストリア	schilling	1ユーロ＝13.7603シリング
オランダ	florin néerlandais	1ユーロ＝2.20371オランダ・ギルダー
ギリシャ	drachme	1ユーロ＝340.750ドラクマ
スペイン	peseta espagnole	1ユーロ＝166.386スペイン・ペセタ
ドイツ	deutsche mark	1ユーロ＝1.95583ドイツ・マルク
フィンランド	mark finlandais	1ユーロ＝5.94573フィンランド・マルッカ
フランス	franc français	1ユーロ＝6.55957フランス・フラン
ベルギー	franc belge	1ユーロ＝40.3399ベルギー・フラン
ポルトガル	escudo portugais	1ユーロ＝200.482ポルトガル・エスクード
ルクセンブルク	franc luxembourgeois	1ユーロ＝40.3399ルクセンブルク・フラン

注：上記12カ国以外にモナコ公国、サンマリノ共和国、バチカン市国、アンドラ公国、モンテネグロ共和国、セルビア、コソボ自治州においてユーロが導入されている。

編著者略歴

大井正博　パリ第一大学公法国家博士（Docteur d'Etat en droit public）

　　　　　元フランス大使館アジア担当財務部財務事務官

　　　　　現在　外務省研修所非常勤講師
　　　　　　　　慶應義塾大学商学部非常勤講師
　　　　　　　　アテネ・フランセ非常勤講師
　　　　　　　　独協大学外国語学部非常勤講師

フランス新語辞典

定価（カバーに表示してあります。）

2003年11月30日　初版発行

編著者　大　井　正　博
発行者　遠　藤　慶　一
製　作　㈱フォレスト

発行所　㈲エディシヨン・フランセーズ

〒101-0062　東京都千代田区神田駿河台3の3
電話　東京(03)3292-2755　FAX(03)3292-2757
振替　00100-6-27439番

発売所　㈱駿河台出版社　(電話(03)3291-1676)

落丁・乱丁・不良本はお取り替えします。
当社に直接お申し出ください
Printed in Japan

◎文部科学省認定◎ 実用フランス語技能検定試験
傾向と対策

1級(CD 2枚付)￥3800　**準1級**(CD 2枚付)￥3500　**2級**(CD付)￥3300

3級(CD付)￥2381　**4級**(CD付)￥2500　**5級**(CD付)￥2450

（各定価税別送料各二九〇円）

仏検に最適！　フランス語の書きとり・聞きとり練習

● 前立教大学教授　大賀 正喜著
- 上級編(CD 2枚付)￥4000(1級向)
- 中級編(CD 2枚付)￥3900(準1級・2級向)

● 長崎外国語大教授　阿南婦美代著
- 初級編(CD付)￥2500(3級向)
- 入門編(CD付)￥2500(4級向)
- 入門準備編(CD付)￥2000(5級向)

仏検直前チェック

- 森田秀二／パスカル・アルヴュ著　2級￥1800
- 阿南婦美代著　3級￥1165・テープ￥1942
- 阿南婦美代著　4級(CD付)￥1700
- 黒川 学著　5級(CD付)￥1600

エディシヨン・フランセーズ　千代田区神田駿河台3の3・振替00100-6-27439
電話03 (3292) 2755・FAX03 (3292) 2757

間違いだらけの言語論
―言語偏見カタログ―

マリナ・ヤゲーロ　伊藤 晃・田辺保子訳

B6判・並製／二四四頁・本体一七四八円＋税

原題── Marina Yaguello : Catalogue des idées reçues sur la langue　▼これは広い意味での言語学の入門書である。著者は、斬新で大胆な切り込み方で、常識的通念のどの点に誤解があるのかを手がかりに、言語に関する問題を様々な面から取り上げ、解明している。それは一般言語学の領域にとどまらず、その言語の歴史、その言語の置かれている社会状況や歴史言語学、社会言語学をも取り入れての、言語についての再考察に及んでいる。

図解仏和辞典
アンヌ・チヴァルディ　ラルース社「フランコスコピー」の邦訳版／図版表多数

B5判／並製色刷七七頁　本体二五〇〇円＋税

生活に密着した11000の名詞を選び訳カタカナ発音を附す

フランス人白書
ジェラール・メルメ／磯村尚徳他監訳

B5判／並製／三〇〇頁　本体三六六〇円＋税

世界の超リッチ
S・クールショール／F・マロ　江口 旦訳

世界の上流社交・実業・映画界等の大立物たちの浪費術

B6判／並製／二〇八頁　本体一七〇〇円＋税

エディシヨン・フランセーズ　〒101 千代田区神田駿河台3の3　電 03-3292-2755
-0062　FAX 03-3292-2757　振替 00100-6-27439

同一編著による姉妹編

大井正博編著 ― 英語対応語付 各種検定試験準備に最適!

フランス略語辞典

新書判／並製／549頁　定価2415円 〒290円

　日常生活でいかに略語が多様されているかはコンピュータのカタログに目を通せば一目瞭然です。「RPR と UDF の一部が統合する形で UMP が誕生」などなど、フランス語の世界でも事情は同じで、省スペース及び時間節約といった理由から近年略語の氾濫現象が生まれています。一つ間違えばとんだ見当違いが生じかねないこの「危ない」略語の世界で迷子にならないためのナビゲーション役として登場したのがこのフランス略語辞典です。これ一冊あれば英語の対応語もすぐわかり、本来便利な道具であるはずの略語のせいで四苦八苦するといった悪夢から解放されること請け合いです。

101　　　　　　　　　　　　　　　　　　　　　　　　　　　　　　CEB

CE　Conseil d'Etat, コンセイユデタ, *Council of State*

CE　comité d'entreprise, 企業委員会, *company council*

CE 1　cours élémentaire 1, （小学校の)初等科第 1 学年：日本の小学 2 年

CE 2　cours élémentaire 2, （小学校の)初等科第 2 学年：日本の小学 3 年

CEA　Communauté économique africaine, アフリカ経済共同体, *AEC＝African Economic Community*

CEA　Commission économique (des Nations unies) pour l'Afrique, （国連)アフリカ経済委員会, *ECA＝(United Nations) Economic Commission for Africa*

CEA　Commissariat à l'énergie atomique, （フランスの)原子力庁, *Atomic Energy Commission*

CEA　Comité européen des assurances, 欧州保険委員会, *EIC＝European Insurance Committee*

（小社の出版物は、駿河台出版社(03)3291-1676で発売しています。)

エディション・フランセーズ　〒101 千代田区神田駿河台3の3 電 03-3292-2755
　　　　　　　　　　　　　　-0062　　FAX 03-3292-2757 振替 00100-6-27439